兰州年鉴

LANZHOUNIANJIAN 2020

(总第13卷)

兰州市地方志编纂委员会办公室　编

甘肃民族出版社

图书在版编目（CIP）数据

兰州年鉴. 2020 ：总第13卷 / 兰州市地方志编纂委员会办公室编. -- 兰州 ：甘肃民族出版社，2020.9
ISBN 978-7-5421-4995-4

Ⅰ. ①兰… Ⅱ. ①兰… Ⅲ. ①兰州—2020—年鉴
Ⅳ. ①Z524.21

中国版本图书馆CIP数据核字(2020)第187790号

书　　名：兰州年鉴(2020)
作　　者：兰州市地方志编纂委员会办公室　编
责任编辑：陈苗苗
封面设计：兰州志鉴印务设计中心
出　　版：甘肃民族出版社(730030)兰州市城关区读者大道568号
发　　行：甘肃民族出版社发行部(730030)兰州市城关区读者大道568号
印　　刷：兰州银声印务有限公司
开　　本：787毫米×1092毫米　1 / 16　印张:33.75　插页:20
字　　数：1193千
版　　次：2020年10月第1版　2020年10月第1次印刷
印　　数：1～1000 册
书　　号：ISBN 978-7-5421-4995-4
定　　价：268.00元

甘肃民族出版社图书若有破损、缺页或无文字现象，可直接与本社联系调换。
邮编：730030　地址：兰州市城关区读者大道568号　网址：http: //www.gsminzu.com
投稿邮箱：405935149@qq.com
发行部：王哲棋　联系电话：0931-8152089（传真）　E-mail：275052316@qq.com

兰州市地方志编纂委员会

（《兰州年鉴》编辑委员会）

《兰州年鉴》编辑部

撰稿人供稿人名单

（按年鉴稿顺序排）

马千里　和敏　张琛　兰俊菲　段志奇　杨家力　裴大智
吴磊　孙建远　邵俊祥　马维龙　李友文　薛广林　孙磊
孙金龙　张俊弘　王鹏　龙小飞　张轩宁　李雅婧　王柏华
刘存来　陈震　王文涛　穆晓娟　王言斌　刘小兰　张尚堂
王雷刚　王泽人　刘国强　韩文钦　杨飞　孙国延　张晓艳
许长彪　武小桢　李红明　彭尔鹏　李彦雄　陈璟　石磊
王汝勃　倪玲　刘锐　娄光明　于伟　赵宇亮　颜瑜
杨磊　柴军荣　付桂林　王明杰　张弛　闫燕　王传良
郭沛　张诗昕　景昱清　李宗林　杨丰乐　杨琼　张健
冯晶　鲁贤德　雷振韬　张晓龙　田鹏　魏彦景　崔军
李凯丽　路有为　黄杰　陈媛　孙万兰　申三红　李萍
卢声白　王智琦　闫国成　陈东亮　韩志磊　王正东　贺欢
陈德全　郁万虎　杨雍梅　张立生　张仲彪　赵雅纳　王杰
张弘　王俪衡　常硙　余国先　刘亚辉　富军　钟芳
陈学义　桑敏　魏含虎　王鹏飞　刘蓉　康立中　张国泰
贾海刚　王涛　王海　李照耀　李娜　任翔　完颜鹏
陶明锐　李锦禄　殷秀梅　宋子霞　廉宝珍　王伟　杨文
王立杰　李芬娥　唐仲虎　王发强　刘占爱　高尚　刘璇
马雪琴　王丹　马文龙　朱海滨　杜霈　陈晓强　蔺亚辉
马晓娟　尹祥佳　张建祥　宋忠东　常秀芝　王虎林　魏静姝
詹玉辉　张建华　文生茂　刘杰　闫龙龙　张生晓　王世峰
牛淑梅　贾婉妮　吴永升　刘冰　周晓霞　赵文娟　钟潇
蒋小蓉　王晓蓉　马玉花　谢生军　周学海　魏周延

数字兰州2019

SHUZILANZHOU

总面积	13085.6平方公里
户籍总人口	331.92万人
城镇人口	235.72万人
乡村人口	96.2万人
常住人口	379.09万人
年平均气温	11.2°C
年降水量	367.9毫米
地区生产总值	2837.36亿元
第一产业增加值	51.68亿元
第二产业增加值	945.38亿元
第三产业增加值	1840.3亿元
一般公共财政预算收入	233.23亿元
一般公共财政预算支出	456.66亿元
工业增加值	749.98亿元
社会消费品零售总额	1454.94亿元
接待国内游客	8205.02万人次
国内旅游业总收入	765.27亿元
房地产开发施工面积	5305.04万平方米
房地产开发竣工面积	131.10万平方米
商品房销售面积	731.25万平方米
金融机构人民币各项存款余额	8834.46亿元
金融机构人民币各项贷款余额	12028.51亿元
城镇居民人均可支配收入	38095元
城镇居民家庭恩格尔系数	30.0%
农村居民人均可支配收入	13605元
农村居民家庭恩格尔系数	31.7%
保险业收入	157.9亿元
股票总市值	1033.39亿元
专利申请量	13728件
普通高等院校在校生	54.66万人
中等职业院校在校生	3.5万人
普通高中在校生	6.3万人
普通初中在校生	10.2万人
普通小学在校生	23.39万人
医疗卫生机构机构	2275个
卫生技术人员	3.97万人
医疗卫生病床位	3.14万张
公共图书馆	8家
文化馆	9家
博物馆(含纪念馆)	13家
货运量	14114.62万吨
客运量	6450.11万人次
电信业务总量	526.81亿元
邮政业务总量	14.78亿元
移动电话用户	594.1万户
固定互联网宽带接入用户	197.3万户
4G移动电话用户	491.1万户

兰州市地图

图 例
省级行政中心
市级行政中心
县级行政中心
乡(镇)、街道办
行政村
自然村
省级界
市、州级界
县级界
自然保护区界
铁路 车站
高速、在建高速及编码
国道、在建国道及编码
省道及代码
河流、水库
渠道 流向
井 泉
山峰 高程点及高程
飞机场
国家级自然保护区
国家级森林公园
附注：1、2属武威市，3属青海省
比例尺：0 10 20千米
G30
G312
S309
1254
武 威 市
青 海 省
临 夏 回 族 自 治 州
天祝藏族自治县
海东市
乐都区
民和回族土族自治县
化隆回族自治县
临夏回族自治州
临夏市
东乡族自治县
永登
红古区
永靖
巴扎藏族乡
天堂
加定镇
炭山岭镇
扎隆口
赛什斯镇
达拉土族乡
引胜
共和
寿乐镇
中岭
马营
雨润镇
高庙镇
岗沟镇
洪水镇
马厂
北山
瞿昙镇
蒲台
桃红营
中坝藏族乡
峡门镇
核桃庄
李二堡镇
巴州镇
西沟
联合
隆治
总堡
古鄯镇
石大仓
初麻
谢家滩
金源藏族乡
坪沟
大通河
吐鲁沟森林公园
连城自然保护区
吐鲁沟
赛拉隆
连城镇
东坪
河桥镇
窑街街道
下窑街道
海石湾
平安镇
花庄镇
红古镇
西河镇
达川镇
河口镇
新城镇
盐锅峡镇
盐锅峡
太极镇
三条岘
陈井镇
徐顶
红泉镇
三塬镇
岘塬镇
王台镇
杨塔
考勒
刘家峡水库
莲花镇
河滩镇
银川
南塬
桥寺
柳树
春台
坡头
土桥镇
东塬
铺川
北塬
折桥镇
井沟东乡族乡
南龙镇
百和
龙泉
北岭
大树
沿岭
汪集
唐汪镇
董岭
祁家
巴米山 2660
黑林
石门岘
富强堡
石家滩
霍家湾
新民
武胜驿镇
缸子沟
烧炭沟
奖俊埠
火家台
奖俊埠岭 3455
宽沟
兑角
金嘴
罗城滩
清水河
绽龙
大湾
黑龙
下川
安仁
鸡冠山
五端
马荒
大营湾
中堡
中堡镇
先锋
八岭
民乐
漫水
清泉
大利
旅顺
邢家湾
五里墩
红沙川
永登
八封
南沟
青岭
团庄
捷岭
高家湾
柏杨
前庄
边岭
通远
苦水镇
龙泉寺镇
红城镇
大同镇
柳树镇
上川镇
树屏
中川
秦王川
坪城
松山镇
中塘
满塘
火石洞
横沟
滩口
三台
七山
直沟
官川
鱼盆
郎儿岭 2436
坪沟岭 2235
大万山寺滩 2064
尖山 2515
审图号：甘S(2020)6201001

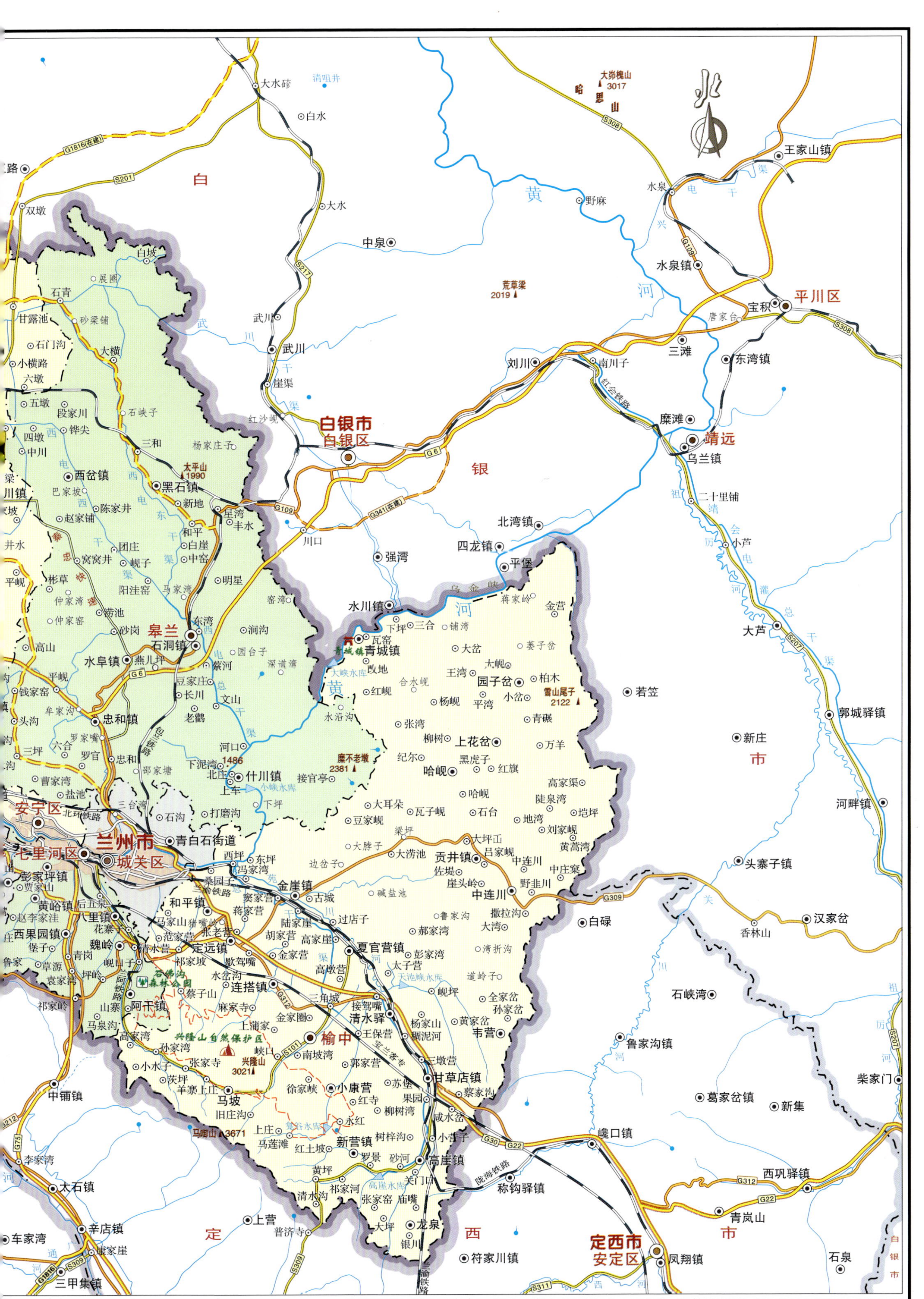

北
白
银
市
黄河
白银市
白银区
平川区
靖远
皋兰
兰州市
城关区
七里河区
安宁区
榆中
定西市
安定区
定
西
大水䃎
白水
清明井
大水
中泉
武川
崖渠
红沙岘
杨家庄子
太平山
1990
大弥槐山
3017
哈思山
荒草梁
2019
水泉
王家山镇
野麻
水泉镇
宝积
唐家台
三滩
东湾镇
南川子
刘川
红会铁路
糜滩
乌兰镇
二十里铺
北湾镇
四龙镇
平堡
强湾
川口
小芦
大芦
若笠
郭城驿镇
新庄
河畔镇
头寨子镇
汉家岔
香林山
白砂
石峡湾
鲁家沟镇
葛家岔镇
新集
柴家门
巉口镇
西巩驿镇
称钩驿镇
青岚山
凤翔镇
石泉
符家川镇
陇海铁路
白城
展圈
石青
甘露池
砂梁铺
石门沟
大横
小横路
六墩
五墩
段家川
石峡子
锦尖
四墩
中川
三和
西岔镇
黑石镇
巴家坡
陈家井
新地
赵家铺
星湾
丰水
和平
白崖
团庄
窝窝井
岘子
中窑
明星
彬草
仲家湾
阳洼窑
马家湾
窑湾
仲家窑
涝池
砂岗
东湾
石洞镇
涧沟
高山
水阜镇
燕儿坪
蔡河
园台子
深沟
平岘
豆家庄
长川
文山
钱家窑
车家沟
老鹳
头沟
忠和镇
罗家嘴
六合
三坪
罗官
忠和
河口
邵家塘
下泥湾
1486
北庄
什川镇
接官亭
曹家湾
盐池
上车
小峡水库
三台阁
下坪
石沟
打磨沟
北环铁路
青白石街道
水川镇
乌金峡
蒋家岭
金营
下坪
三合
铺湾
瓦窑
青城镇
大岔
菱子岔
大峡水库
大岘
王湾
柏木
园子岔
合水岘
红岘
杨岘
平湾
小岔
雪山尾子
2122
水沿沟
张湾
青碾
柳树
上花岔
万羊
纪尔
黑虎子
哈岘
红旗
靡不老墩
2381
高家渠
大耳朵
瓦子岘
石台
陡泉湾
豆家岘
地湾
垲坪
刘家岘
梁坪
大坪Ⅲ
黄蒿湾
大脖子
大涝池
贡井镇
吕家岘
中连川
佐堤
中庄寨
崖头岭
野韭川
中连川
西坪
东坪
冯家湾
边岔子
桑园子
金崖镇
古城
彭家坪镇
贾家山
和平镇
窦家营
碱盐池
蒋家营
过店子
鲁家沟
撒拉沟
黄峪镇
后五泉
八里镇
马家山
猪嘴岭
陆家崖
郝家湾
大湾
赵李家洼
花寨子
范家营
张老营
胡家营
高家崖
西果园镇
魏岭
清水营
定远镇
夏官营镇
彭家湾
湾折沟
堡子
青岗
岘口子
邓家坡
歇驾嘴
金家营
鲁家
草源
坪岭
太子营
袁家湾
石佛沟国家森林公园
水岔沟
高墩营
道岭子
天池峡水库
连搭镇
岘坪
全家岔
蔡子山
三角城
祁家岭
阿干镇
麻家寺
接驾嘴
孙家岔
山寨
上蒲家
金家圈
清水驿
黄家岔
杨家山
马泉沟
兴隆山自然保护区
王保营
韦营
高家湾
峡口
南坡湾
榆中
栅泥河
孙家湾
张家寺
郭家营
三墩营
兴隆山
3021
小水子
茨坪
甘草店镇
徐家峡
小康营
苏堡
羊寨上庄
果园
蔡家沟
马坡
红寺
柳树湾
旧庄沟
咸水岔
马啣山
3671
永红
上庄
新营镇
树梓沟
马莲滩
小营子
红土坡
罗景
砂河
高崖镇
黄坪
祁家河
高崖水库
关门口
清水沟
张家窑
庙嘴
大坪
龙泉
银川
中铺镇
李家湾
大石镇
辛店镇
车家湾
康家崖
三甲集镇
上营
普济寺

（网络图片）

（网络图片）

黄河岸边　　（魏惠君　摄）

（网络图片）

黄河之滨也很美

黄河城关区段　　（兰州广播电视台提供）

深安大桥 （兰州广播电视台提供）

黄河银滩一带 （兰州广播电视台提供）

中山铁桥　（兰州广播电视台提供）

黄　河　（兰州广播电视台提供）

沧桑巨变70年 金城旧貌换新颜

——中华人民共和国成立70年来兰州市经济社会发展辉煌成就

★ ★ ★ ★ ★

2019年，是中华人民共和国成立70周年，也是兰州胜利解放70周年。70载风雨历程，70载春华秋实，勤劳的兰州人民砥砺前行，在历届市委、市政府的正确领导下，坚定不移地贯彻党的路线、方针、政策，艰苦创业、攻坚克难，在改革开放的洪流中，在社会主义市场经济的大潮中，用辛勤的劳动创造了令人瞩目的辉煌业绩，用非凡和智慧谱写了绚丽多彩的时代篇章。

统计量化历史，数据见证辉煌。回望70年历史变迁，社会经济发展取得了翻天覆地的辉煌成就，经济总量从小到大，由弱到强，由内向外，实现了持续快速发展。特别是改革开放以来，完成了由计划经济向市场经济的全面过渡，综合实力显著增强，经济结构不断优化，质量效益逐步提升，城市建设日新月异，人民生活水平显著提高，城乡面貌发生了翻天覆地的变化。

一、经济持续较快增长，综合实力大幅攀升

中华人民共和国成立70年来，全市经济实力显著增强，经济总量连续跃上新台阶，实现了从量变到质变的飞跃。1949年全市经济百废待兴，兰州市地区生产总值仅为0.33亿元。经过多年的艰苦奋斗，1978年地区生产总值增加到21.80亿元，1992年首次突破百亿元大关，从此步入发展快车道，1995年突破200亿元，2000年突破300亿元，2004年突破500亿元，2010年跃上1000亿元大关，2014年迈上2000亿元台阶，2018年全市实现地区生产总值2732.94亿元，比1949年增加2732.61亿元，是1949年的8281.6倍，年均增长10.2%。其中，第一产业增加值42.98亿元；第二产业增加值937.98亿元；第三产业增加值1751.97亿元。分别是1949年的252.8倍、15633.0倍和17519.7倍。

1949—2018年兰州市地区生产总值（亿元）

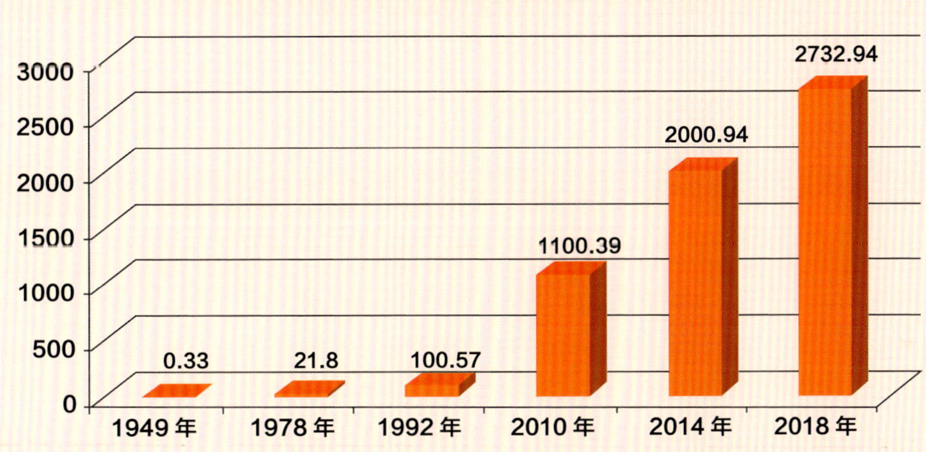

从增长速度看，从1949年至1978年全市生产总值年均增长11.3%，1978年到2000年年均增长8.1%。进入新世纪，经济增长的速度不断加快，2000—2018年均增长11.5%。

1949—2018年兰州市人均地区生产总值（元）

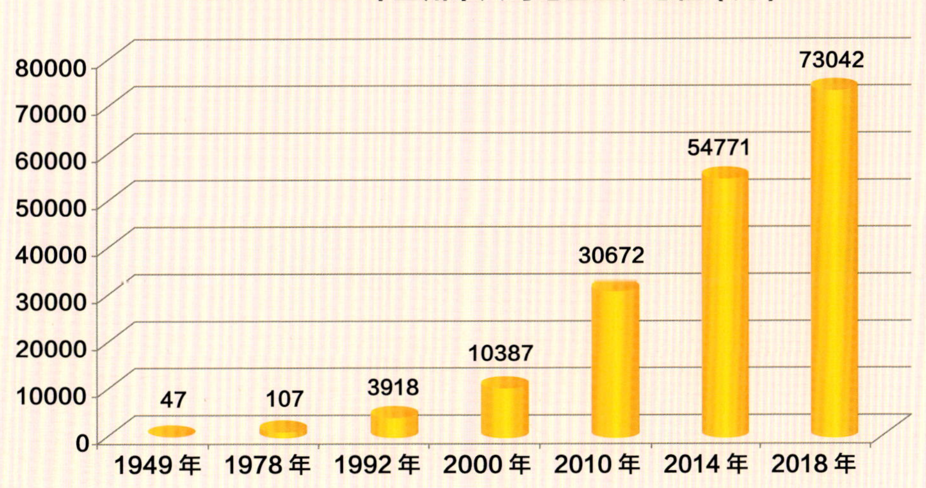

人均地区生产总值稳步提高。1949 年，全市人均 GDP 仅 47 元，到 1978 年全市人均 GDP 达 1067 元，2000 年突破万元大关，2018 年人均 GDP 达到 73042 元，是 1949 年的 1554.1 倍，年均增长 7.7%。

二、产业结构优化升级，第三产业蓬勃发展

70 年来，全市不断加大经济结构调整力度，产业结构不断优化升级，经济增长方式逐步转变。兰州是典型的农业城市，1949 年三次产业结构比为 51.52 ∶ 18.18 ∶ 30.30，农业占半壁江山，产业结构为“一三二”，1970 年“三线建设”开始，兰州成为西北重要的工业基地，1978 年三次产业结构比为 3.39 ∶ 75.96 ∶ 20.64，产业结构变为“二三一”；2001 年，三次产业结构比为 4.94 ∶ 44.89 ∶ 50.17，实现了第三产业占据半壁江山的历史性跨越，三产占全部经济的比重首次超过 50%；到 2018 年，三次产业结构比为 1.57 ∶ 34.32 ∶ 64.11，形成“一产较为稳定、二产转型跨越、三产做大做强”的新格局。

1949—2018 年兰州市三次产业增加值（亿元）

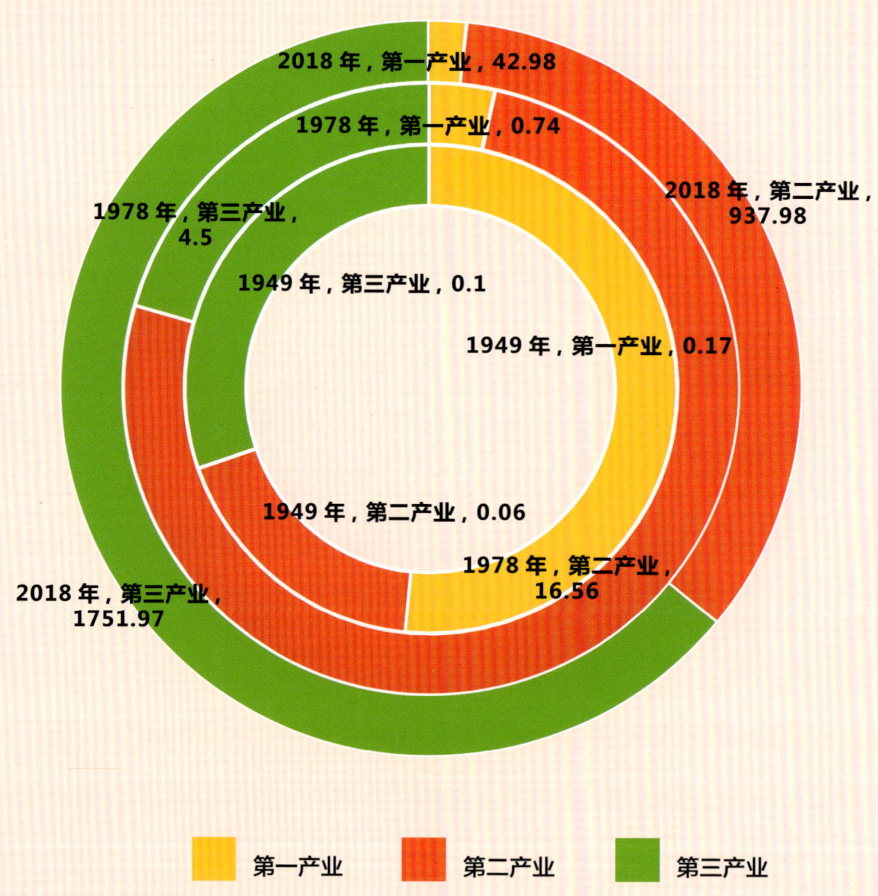

三、现代农业步伐加快，农村经济稳步发展

1949年兰州的农业生产条件很差，几乎没有农业机械，大片土地主要依靠人畜力耕种“靠天吃饭”。随着新中国的成长，农业生产条件明显改善。改革开放以来，全市深入贯彻落实中央惠及“三农”政策措施，把解决好“三农”问题作为重中之重来抓，极大地激发了广大农民生产积极性，扎实推进新农村建设，落实各项支农惠农政策，以农业增效、增收为目标，加快发展农业产业化经营，全市农业生产呈现出稳步发展的良好势头。2018年，农林牧渔业产值78.63亿元，是1949年的182.9倍，年均增长7.8%。2018年，全市粮食总产量达到29.77万吨，是1949年2.8倍；肉类总产量达到4.62万吨，是1949年的38.8倍。

依托资源优势，发展特色产业。全市充分利用独有的自然禀赋与资源优势，因地制宜，按照“一村一品”“一乡一品”的发展思路，依托城市发展农村，突出特色发展农业，重点发展了蔬菜、畜牧、农产品加工贮运三大主导产业，瓜果、马铃薯、优质专用粮三大优势产业，以及百合、韭黄、花卉、玫瑰四大特色产业，“高原夏菜”无公害基地不断扩大，优势产业逐步向规模化发展。2018年全市蔬菜产量166.91万吨，水果产量11.73万吨，药材产量3.17万吨，猪出栏42.54万头。

四、工业总量不断扩张，新型工业化进程加快

1949 年，兰州工业基础非常薄弱。中华人民共和国成立后，兰州被国家确定为首批先建的四个重点城市之一，成为重点布点建设的老工业基地，全市掀开了大规模建设和工业化进程，国家 156 个重点项目有 10 个在兰州。“一五”“二五”时期，国家在兰兴建了 137 个项目。其中，“一五”时期投资 18.46 亿元，兴建了兰炼、兰化、兰石、西固热电厂、兰通、永登水泥厂等 8 个大型骨干企业，从上海北京内迁了 20 余户工商企业，初步建成完整的工业体系，为兰州工业城市定位奠定了基础。“二五”期间，改造和新建兰州通用机器厂、兰州电机、万里机电、兰州铝厂、兰州钢厂、兰州毛纺厂、兰州生物药厂等 102 个工业项目，并相继从沿海迁来了一批机械与轻工企业，支援西部开发生产，初步形成了较为完备的工业门类和发展体系，兰州从此迈上了新兴工业化城市的行列，成为西部重要的重工业基地。“十五”规划以来，全市坚持全面实施“工业强市”战略，推进发展装备制造业，调整优化产业结构，提高自主创新能力，深入推进新型工业化发展，继续加大工业强市战略的实施力度，转变发展思路，创新发展模式，狠抓项目建设，实施节能减排攻坚，工业经济发展实现了五大跨越。

1979—2018 年兰州市工业增加值与规模以上工业增加值（亿元）

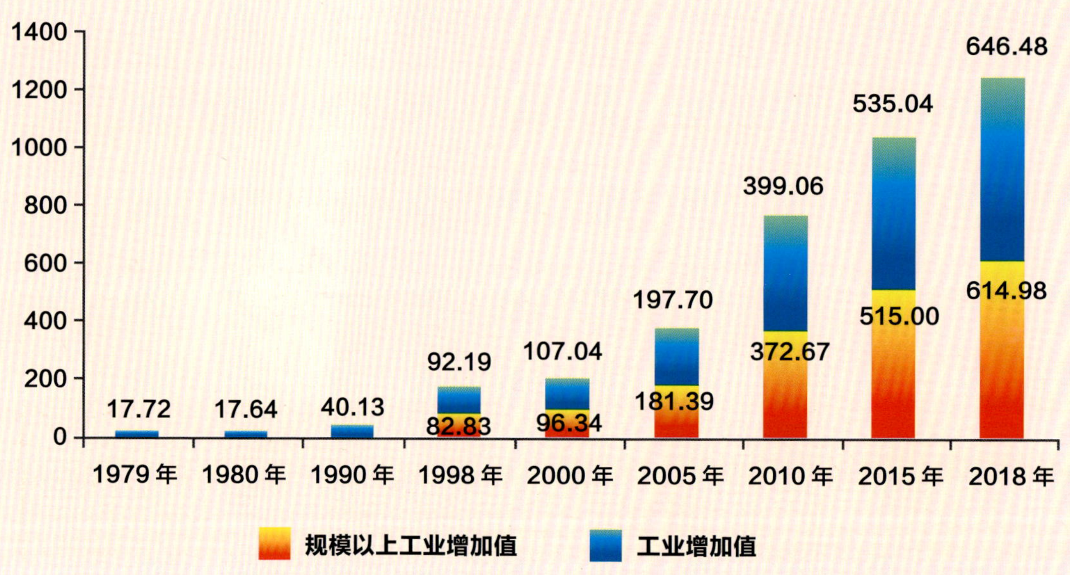

随着改革开放不断推进，已形成以石油化工、机械制造、有色冶金、能源电力、生物医药、建筑建材等为主的产业体系。1949 年全市工业增加值仅有 0.06 亿元，1978 年达 15.85 亿元，1995 年超过 100 亿元，2012 年跃上 500 亿元大关；2018 年达到 646.48 亿元，是 1949 年的 10774.3 倍。1949—2018 年间工业经济年均增长 11.7%。工业效益不断提升，2018 年全市规模以上工业实现利润 70.1 亿元，是 1978 年的 14.2 倍。工业园区建设成效显著，工业发展空间进一步拓展，加大招商引资力度，大力推进出城入园，积极引导出城入园企业向园区集聚、配套发展，在形成龙头企业带动作用、培育新产业上下足功夫。谋划城关区、高新区、兰州新区三个生物医药产业聚集区的发展壮大。空港循环经济园建设加快，吉利汽车等项目建设投产。

五、消费市场繁荣活跃，新兴业态发展壮大

1949年，兰州市工农业生产水平低下，物资匮乏，居民收入低，购买力严重不足，市场发展徘徊不前，商品供应渠道单一。从1949年至1952年，粮食、花纱布、煤建、交电器材等公司成立，到1956年基本形成了国营公司“一统天下”的局面。随着1956年公私合营的推进，确立了以信大祥、泰昌公司、建兰饭店、人民理发馆、悦宾楼等为代表的一批迁兰商业企业，以及永昌路百货大楼、大众市场、甘兰饭店等商业企业，为兰州商业的发展奠定了坚实的基础。

改革开放以来，经济体制改革逐步深入，流通体制不断完善。实现了由卖方市场向买方市场的历史性转变。商品由匮乏到丰富，市场供应由紧张、限量到充足、敞开，商业网点布局由不合理、稀少到合理、全覆盖，较好地满足了人们的物质需求，彻底告别了凭证、凭票定量供应的历史。餐饮、旅游、汽车、通信、住房和教育文化娱乐等新的消费热点不断涌现，多渠道、多层次、全方位、网络化的消费市场体系日渐形成，物流配送、商品集散的大商业、大市场、大物流逐渐规模化、体系化。以汽车、住房、通讯产品以及文教娱乐、旅游、家政等“新兴消费品”为特征的娱乐型、享受型消费，推动了消费结构的快速升级。商品种类日益丰富，供应能力大大提高，居民消费水平和消费意愿显著增强，市场经济下的消费品市场蓬勃发展。

1994年兰州商贸中心建设确定后，相继引进了百盛、华联、苏宁、国美、万达等一批规模大，实力强的外埠知名商业企业入驻兰州，进一步优化了兰州原有商业格局，繁荣了市场供应，增强了辐射和竞争力。近年来网络购物，手机支付发展迅速，连锁超市、专卖店、便民店、网络电商平台迅速发展，形成了传统商业和网络销售共同发展的局面。市场流通领域显呈现向商业中心区、新型流通业态等集中趋势，市场建设格局又提升到新的发展层次。兰州市社会消费品零售总额从1949年的0.33亿元，到1978年达到5.85亿元，1996年超过百亿元，2014年突破千亿元大关，2018年达1352.09亿元，是1949年的4110.9倍，年均增长12.8%。

1949—2018年兰州市社会消费品零售总额（亿元）

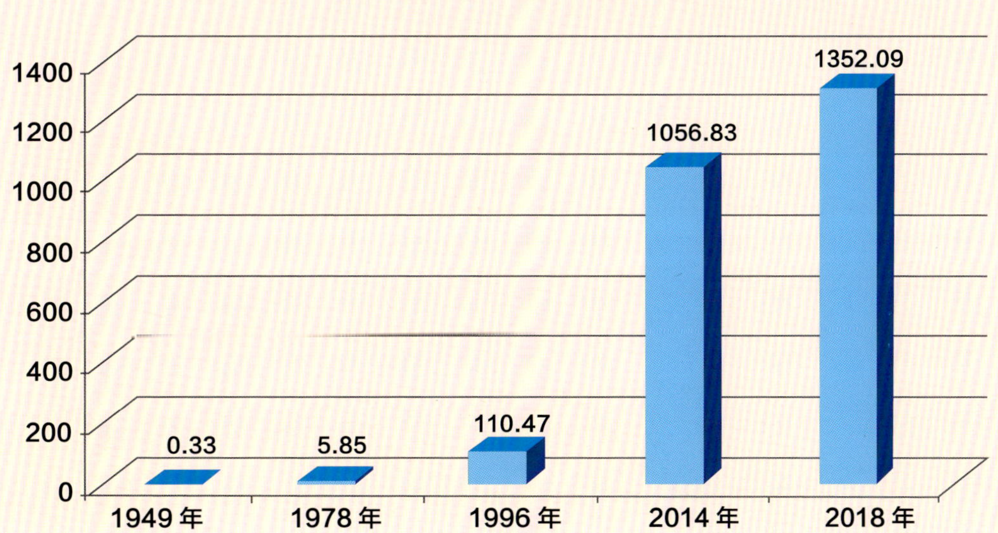

随着国家“一带一路”倡议的实施，兰州作为丝绸之路经济带核心节点城市的区位优势更加凸显，正在逐步打造成为国家向西开放的重要战略平台。中国兰州投资贸易洽谈会（以下简称“兰洽会”）自1993年举办以来，已经成功举办24届。2012年6月，商务部联合主办第十八届“兰洽会”，“兰洽会”正式升格为国家级。经过多年的努力，“兰洽会”的品牌形象已经确立，成为兰州招商引资的重要载体和对外开放的窗口，积极融入中新南向通道，兰州铁路口岸、兰州新区综合保税区建成运营，兰州进口肉类查验场、进口冰鲜及水产品指定口岸通过国家质检总局验收；南亚公铁联运班列和“兰州号”中欧、中亚国际货运班列实现常态化运营，国内外客货运航线达到234条，年旅客吞吐量达1470万人次，并与“一带一路”沿线16个国家开展了33个产能合作项目，促进了地区间、行业间、企业间多层次、宽领域、全方位的合作与交流，有力推动了全市经济社会发展。

六、城市面貌焕然一新，精致兰州精彩开篇

中华人民共和国成立70年来，兰州经济建设规模持续扩大，基础设施日臻完善，城市宜居度不断提升，人民群众幸福感日益增强，“都会城市、精致兰州”建设卓有成效，现代化中心城市建设加快推进。

经过70年的建设，兰州主城区的面积从1949年的16平方公里扩大到357.1平方公里，扩大了21倍，发展成为行政区划总面积1.32万平方公里、建成区357.1平方公里的西部重要城市。

基础设施日臻完善，增强了全市经济发展的后劲。1949年，城市道路总长不过90.24公里，黄河兰州段建成的桥梁也仅有两座——中山铁桥和握桥。1952年10月1日，兰州铁路举行通车典礼，1956年3月1日，成立兰州铁路局。到2018年，全市交通运输建设成效突出，初步形成以高速公路、城市路桥、铁路航空、轨道交通四翼齐飞的交通运输框架体系，辐射陕、甘、宁、青、新、藏等省区，境内有4条铁路干线、6条国道主干线，56条航线直通全国各主要大中城市，并已开通直飞台北、香港、吉隆坡、首尔等地的旅游包机航线。陇海、兰新、青兰、包兰四大铁路干线交汇于此，是西北地区第二大的货运站和新亚欧大陆桥上重要的集配箱转运中心，也是西部地区通信枢纽和信息网络中心。1995年，全市第一条高速公路——兰州至中川机场高速公路建成通车，实现了兰州高速公路零的突破。“十五”期间又相继建成了兰临、

兰白、兰海等7条高速公路，形成了以兰州为中心辐射周边的高速大通道。黄河风情线整治及延伸工程的全面完成，极大地提升了城市品位。雁盐黄河大桥、小西湖黄河大桥、银滩大桥、元通大桥、深安大桥的建成通车，南山路、北环路等绕城道路建设，市内道路拓建和背街小巷整治，有效缓解了城市交通拥挤。兰州市内目前有公交线路120余条，其中兰州公交集团直属94条，全市拥有公共交通车辆4431.2标台，每万人拥有公交车辆16.46标台，建制村通客车率88.90%。2018年6月23日9时，兰州地铁1号线一期正式开通运行，兰州市全面进入轨道交通时代。

邮电通信水平全面提升，加快构建现代信息通信体系。“平信、电报、电话、传呼、大哥大、小灵通、手机、宽带、手机、Wi-Fi、5G”一系列名词深刻反映了兰州通讯方式的发展历程。1949年，兰州市内电话总容量仅900门，实装623部。1988年，兰州电信自筹资金上马了万门程控交换机。20世纪90年代末期，国家邮电体制改革全面启动，大哥大、小灵通、手机等通信工具走进了普通市民的生活。1988年至1994年，6年时间兰州市进行了6次电话号码升位，进一步提高综合通讯能力。1988年城关区部分电话从5位升到6位，1994年兰州市电信局电话号码全部升为7位。2008年12月31日，甘肃第一个3G视频电话在兰州开通。近年来，全市完成了中国联通、移动、兰州市话线路改造等重点工程项目，2017年获选成为中国电信全国5G首发试点城市；积极推进5G基站建设、开通5G体验点，第五代移动通信技术发展迅速。

七、财政实力不断增强，金融领域更加活跃

中华人民共和国成立 70 年来，全市财政收入逐年增加。特别是改革开放以后，兰州经济快速发展，全市财力的不断增强，为推进社会事业全面进步奠定了坚实的基础。2018 年，全市地区财政总收入 721.53 亿元，是 1953 年的 20103.9 倍。

作为现代经济核心的金融业，不断改革创新，服务实体经济的能力不断提升，资本市场表现活跃。2018 年，金融机构人民币各项存款余额 8716.44 亿元，是 1993 年的 70.5 倍，年均增长 18.6%；金融机构人民币各项贷款余额 11010.54 亿元，是 1993 年的 83.0 倍，年均增长 19.3%。

八、人口规模稳步增长，城乡面貌焕然一新

1949 年，全市总人口仅有 69.95 万人。随着经济社会的不断发展，城市规模不断扩大，全市人口总量持续平稳增长。1978 年全市总人口 205.6 万人，2018 年常住人口已达 375.36 万人，比 1949 年净增 305.41 万人，平均每年增加 4.43 万人。

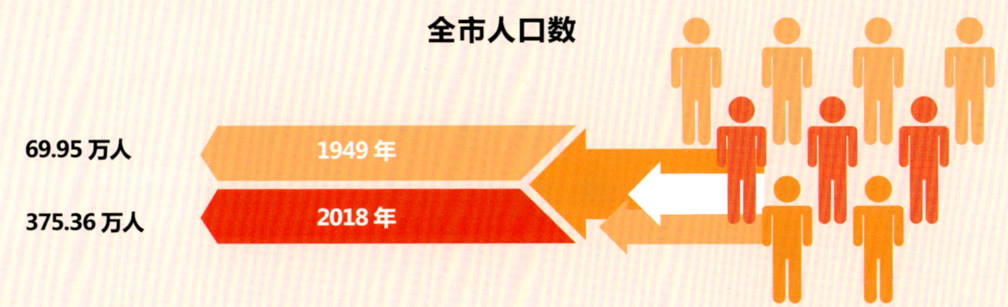

城镇化建设稳步推进。随着经济的快速发展，新型城镇化全面推开，城市化进程明显加快，城乡人口流动性加强，大量农村人口向城市转移，城市人口比重明显上升。全市户籍人口城镇化水平得到了较大提高。城镇人口由 1949 年的 19.96 万人增加至 2018 年的 231.25 万人，占总人口比重由 1949 年的 28.5% 提高到 2018 年的 70.4%，年均提高 0.6 个百分点。

九、居民收入大幅增加，人民生活蒸蒸日上

70年的发展，人民群众得到更多改革和发展的实惠，全市人民日益增长物质文化需要得到充分满足，生活质量进一步改善，逐步由贫困、温饱走向全面小康。

城乡居民收入连年保持较快增长。2018年全市城镇非私营单位在岗职工平均工资85575元，是1949年全市职工年平均工资的365.7倍，年均增长8.9%；城镇居民人均可支配收入达到35014元，是1978年的96.5倍，年均增长6.8%。随着支农惠农各项政策措施的逐步落实，农村居民收入快速增长。2018年农村居民人均可支配收入12368元，是1978年的137.4倍，年均增长7.4%。

城乡居民人均可支配收入

城镇

363元
1978年

35014元
2018年

农村

90元
1978年

12368元
2018年

城乡消费结构发生较大改变，居民生活质量明显提高。2018年城镇人均消费性支出26130元，是1978年的76.0倍。农民人均消费性支出9697元，是1978年的124.3倍。农村居民家庭恩格尔系数从1981年的61.6%下降到2018年的32.3%。城市居民家庭恩格尔系数从1981年的56.9%下降到2018年的28.4%。城乡居民用于食品支出比重均在不断下降，用于改善生活质量的其他支出在不断提高，城乡居民生活质量进一步得到改善。经济发展成就惠及广大人民，人民的获得感、幸福感、安全感不断增强。

十、民生保障成就显著，社保体系日趋完善

中华人民共和国成立70年来，全市社会保障和救助制度不断建立和完善，坚持扩大就业，实施有利于促进就业的财税和金融政策，扩大就业和促进再就业工作取得新成绩，就业渠道不断拓宽，2018年下岗失业人员再就业4.8万人，城镇登记失业人员1.79万人，城镇登记失业率近5年保持在1.7%～2.2%之间。

在以城镇职工养老、医疗、失业、工伤、生育保险为主体的社会保险体系框架基本形成的基础上，社会保障覆盖范围进一步扩大，城乡居民基本养老保险制度实现全覆盖，城乡居民基础养老金、城乡低保和医保财政补助标准持续提高，养老服务体系初步形成，社会救助、社会福利、优抚安置等工作有效开展。2018年末全市参加城镇职工基本养老保险人数83.7万人，参加城镇职工基本医疗保险人数98.7万人，参加城乡居民医疗保险人数214.9万人，参加失业保险人数56.8万人，参加工伤保险人数61万人，参加生育保险人数58.62万人，城乡居民社会养老保险参保人数75万人。城乡居民享受到更多社会保障和救助制度的实惠。

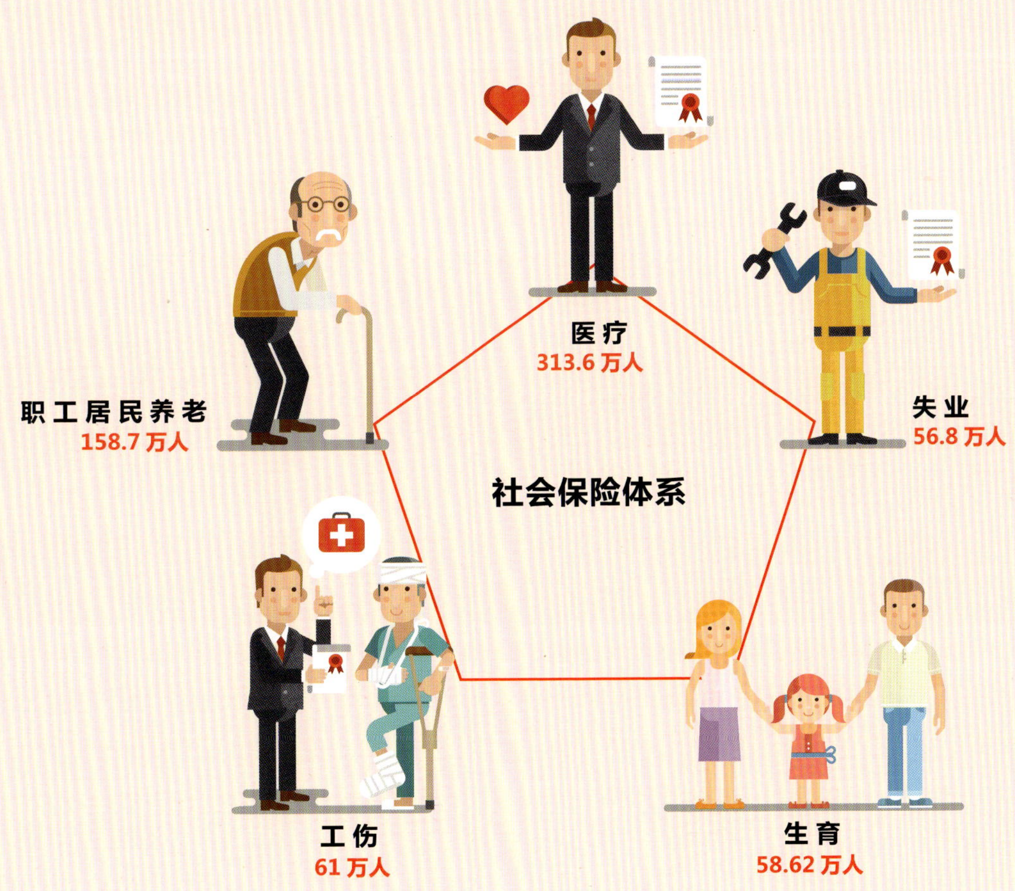

十一、社会事业长足进步，经济社会蓬勃发展

70年来，随着经济实力的不断加强，全市科技、教育、卫生、文化等社会事业蓬勃快速发展，与经济呈现同步加快发展的良好局面。

科技事业在“科教兴市”战略的推动下，进一步发展。1994年兰州被国家科委批准为“科技兴市”试点城市后，全市科技实力有了大幅度的提高，科技队伍不断壮大，科技人员的素质显著提高，以研究中心、工程中心和企业技术开发中心为核心的科技创新体系得以完善，科技成果产业化、市场化进程不断加快。2018年专利申请受理10708件，授权专利5206件，授予发明专利权893件。全年共认定登记技术合同4011项，技术合同成交金额62.86亿元，每万人口发明专利拥有量12.06件。

教育事业成效显著，义务教育全面展开。随着“两基”工作达标巩固、农村中小学标准化建设、城区学校布局优化工程、义务教育经费保障和农村劳动力转移培训取得良好进展，全市义务教育、高中阶段教育、成人教育和民办教育进入新的发展历程。2018年全市研究生教育招生1.4万人，在校研究生3.85万人；普通高等教育招生14.66万人，在校学生48.36万人；中等职业教育招生1.25万人；普通高中招生1.98万人；初中学校招生3.36万人；普通小学招生4.17万人；特殊教育招生251人；幼儿园在园幼儿11.98万人。

文化体育事业得到长足发展。全市上下坚持中国特色社会主义文化发展道路，推动文化事业和文化产业的迅猛发展。20世纪50年代组建成立了兰州市秦剧团、兰州市豫剧团、兰州市越剧团等国营戏剧团体，20世纪70年代又成立了兰州市青年京剧团、兰州市歌舞团。2018年末全市共有文化馆9个（不含省级），公共图书馆8个（不含省级），博物馆（含纪念馆）13个（不

含省级)，国有艺术表演团体 2 个(不含省级)。广播和电视综合人口覆盖率分别为 99.65% 和 99.7%。有线电视用户 30.8 万户，有线数字电视用户 30.8 万户。

原创优秀作品不断涌现。20 世纪 90 年代，第四届中国艺术节在兰州举办，大型舞蹈诗《西出阳关》、豫剧《日月图》、秦剧《唐太宗嫁女》等一批精品力作亮相艺术节引起轰动。大型舞剧《大梦敦煌》成功入选 2003—2004 年度国家舞台艺术精品工程剧目。《丝路花雨》《大梦敦煌》等国家级舞台艺术精品剧目的展演，成为新时期舞台艺术的重大收获和标志性成果。

兰州市图书馆、体育场馆、风情线健身步道等基础设施建成投用。越来越多的市民投入到健身强体的体育运动和锻炼当中，体质得到加强，全民健身运动蓬勃发展。创办于2011年兰州国际马拉松赛至今已连续举办了八届，被评为“最佳马拉松赛事”和“中国田径协会马拉松金牌赛事”，2012年升格为全国积分赛,2013年被国际田联授予“铜牌赛事”称号。2017年2月13日升级为银标赛事。同年12月12日，升级为国际金标赛事。“九曲不回、奔涌向前”的城市精神与马拉松文化相互融合，打造出西北地区独具魅力极具兰州特色的国际马拉松赛事品牌，为城市发展注入了活力和激情。

公共卫生体系不断完善，医疗保障能力逐步改善。70年的努力奋斗，兰州建立起了覆盖城乡的医疗卫生服务体系，医疗卫生事业发生了翻天覆地的变化，医疗机构和技术水平不断提高，基础设施建设明显加强。积极应对重大疫情，加快建设疾病预防控制体系、突发公共卫生事业医疗救治体系和公共卫生体系，取得明显成效。2018年末全市共有卫生机构2211个，其中医院、卫生院192个，妇幼保健院（所、站）10个，专科疾病防治院（所、站）2个。医院、卫生院拥有床位2.8万张。卫生技术人员3.7万人，其中执业医师和执业助理医师1.4万人，注册护士1.7万人。

十二、绿色发展深入人心，生态环境明显改善

70年来，全市强调人与自然的和谐发展，把实现经济发展和人口、资源、环境相协调、改善生态环境作为全面建设小康社会重要目标之一。兰州环境保护事业呈现出蓬勃发展的大好局面，取得突破性进展。

环境污染防治成果有目共睹。为了缓解大气污染，全力推进“蓝天工程”，持续打好蓝天保卫战；实施的“一控双达标”和公交车、出租车双燃料改造等项目，使兰州大气污染问题得到迅速改善，从之前的全国倒数，成为如今的全国空气质量优质达标城市。2015年末在法国巴黎召开的世界气候大会上，兰州作为全国唯一的非低碳试点城市应邀参会，并荣获联合国气候变化框架公约组织秘书处、中国低碳联盟、美国环保协会、中国低碳减排专委会联合颁发的“今日变革奖”。2018年全市城市污水处理率96.8%，城市生活垃圾无害化处理率100%，空气质量优良天数比率的为69.8%。2018年市区全年平均气温11.0℃，平均降水量457.1毫米。

生态环境保护建设得到加强。西部大开发战略实施后，启动和实施了以南北两山绿化为重点的兰州生态环境建设。全市积极开展植树造林，退耕还林还草建设，山水兰州建设取得明显成效。全市建成区绿化覆盖率由1981年的6.7%提高到2018年的32.6%，提高了25.9个百分点。

七十载斗转星移，七十载如歌岁月；七十载砥砺奋进，七十载春华秋实。一串串数字，一组组图表，客观展现了中华人民共和国成立70年来兰州经济社会发展的辉煌成就，回望70年，沉甸甸的数字背后满是老百姓的获得感、幸福感，更是70年来改革成就的深刻体现。全市人民在习近平新时代中国特色社会主义思想指引下，在市委、市政府坚强领导下，不忘初心、牢记使命，认真贯彻五大发展理念，坚定走高质量发展道路，为决胜全面建成小康社会、推动经济持续健康发展努力奋斗。

（兰州市统计局供稿）

编辑说明

一、《兰州年鉴(2020)》是兰州市人民政府主办、兰州市地方志编纂委员会办公室主编的综合性年度资料性文献,逐年出版,公开发行。创刊于2007年,本卷为第13卷。

二、《兰州年鉴(2020)》的编纂以马克思列宁主义、毛泽东思想、邓小平理论、“三个代表”重要思想、科学发展观、习近平新时代中国特色社会主义思想为指导。坚持辩证唯物主义和历史唯物主义的立场、观点和方法,客观、系统、真实地记录兰州市自然、政治、经济、文化和社会的历史现状。紧紧围绕市委、市政府中心工作,突出时代特色和地方特色,反映全市改革发展进程,为全面推进小康社会建设、构建和谐社会,促进兰州经济社会又好又快发展提供基本资料和历史借鉴。

三、《兰州年鉴(2020)》采用类目体编辑法,除特载、大事记和统计公报外,主体内容分为类目、分目和条目3个层次。共设类目31个,分目153个,条目1364个,条目标题均加【】。为方便读者检索,卷末设索引。

四、《兰州年鉴(2020)》记述时间为2019年1月1日–12月31日,为突出年鉴的时效性,卷首彩插中图片、特载中的政府工作报告选用了2020年资料。

五、《兰州年鉴(2020)》各部分初稿、资料由市辖各县区、市直各部门、单位和有关中央、省属驻兰州单位提供,并经各供稿单位领导审定。对个别首次在年鉴中记载的行业、事业或工作其历史情况略作上溯。由于有些部门、单位未提供资料和稿件,致使本卷有所缺漏。

六、《兰州年鉴(2020)》所有数据均经各供稿单位审核;反映全市国民经济和社会发展的统计数据采用兰州市统计局公布的2019年兰州市国民经济社会发展统计公报。

七、《兰州年鉴(2020)》所用图片资料由相关单位提供。

特 载

专 文

大事记

市情概览

兰州概貌

国民经济和社会发展

固定资产投资与重大项目建设

精神文明建设

中国共产党兰州市委员会

常委会议

组织工作

宣传工作

统战工作

政法工作

市直机关党的工作

机构编制

政策研究

机要和保密工作

信访工作

台湾事务

党史工作

老干部工作

党校(行政学院)工作

网络安全和信息化工作

兰州市人民代表大会

重要会议

主要工作

兰州市人民政府

重要会议

民主党派·群众团体

中国国民党革命委员会兰州市委员会

中国民主同盟兰州市委员会

中国民主建国会兰州市委员会

中国民主促进会兰州市委员会

中国农工民主党兰州市委员会

九三学社兰州市委员会

兰州市工商业联合会

兰州市总工会

共青团兰州市委员会

兰州市妇女联合会

兰州市残疾人联合会

兰州市科学技术协会

兰州市文学艺术界联合会

兰州市红十字会

侨联工作

法　治

地方立法

公 安

检 察

法 院

司法行政

军 事

兰州警备区

武警兰州市支队

甘肃陆军预备役高射炮兵师

退役军人事务

人民防空

新区·开发区

兰州新区

兰州高新技术开发区

兰州经济技术开发区

甘肃(兰州)国际陆港

城市建设与管理

城乡规划

城市建设

城市公共交通

城市供气

城市供热

城市供水

城市供电

城市管理与执法

兰州黄河风情线管理

住房公积金管理

环境保护·园林绿化

环境保护

园林绿化

南北两山绿化

农业·林业·水务

农　业

林　业

水　务

工业与信息化

综　述

石油化工

航　空

轨道交通

邮　政

电　信

移　动

联　通

经贸·经合·非公经济

商务贸易

经济合作服务

市人民政府驻外办事机构

金城海关

供　销

粮　油

烟　草

非公经济

财税·金融

财　政

税　务

银行保险监督管理

证券监管

金融工作

招商银行兰州分行

中国农业发展银行甘肃省分行营业部

统 计

审 计

招投标管理

教育·科学技术

中小学教育

校外教育

在兰高校

科学技术

社会科学

气象·地震

气　象

地　震

文广·旅游·新闻

文　化

旅　游

广播电视

报社工作

档案工作

地方志工作

卫生·健康·体育

卫生健康

体育

社会民生

社会保障

劳动就业

民 政

医疗保障

民族·宗教

民族事务

宗教工作

县区概况

城关区

七里河区

安宁区

西固区

红古区

永登县

榆中县

皋兰县

人物与荣誉榜

人 物

荣誉榜

法规文件

地方法规

政府规章

文件选目

附　录

索　引

在市委十三届十二次全会上关于市委常委会工作的报告

李荣灿

（2019年12月30日）

各位委员，同志们：

现在，我受市委常委会委托，向全会报告工作。

今年以来，面对国内外风险挑战明显上升的复杂局面，面对改革发展稳定的繁重任务，在党中央和省委的坚强领导下，市委常委会团结带领全市各级党组织和广大党员干部，坚持以习近平新时代中国特色社会主义思想为指导，全面贯彻党的十九大和十九届二中、三中、四中全会精神，深入落实习近平总书记对甘肃重要讲话和指示精神，坚持稳中求进工作总基调，贯彻新发展理念，推动高质量发展，统筹推进稳增长、促改革、调结构、惠民生、防风险、保稳定工作，各项事业取得新进步，全市呈现出经济平稳运行、改革有序推进、开放不断扩大、民生持续改善、社会和谐稳定、全面从严治党向纵深发展的良好态势。预计全年实现生产总值2837.36亿元，增长6%左右，其中第一产业增加值51.67亿元，增长5.5%；第二产业增加值945.38亿元，增长1.9%，规模以上工业增加值增长2%；第三产业增加值1840.3亿元，增长8.4%。社会消费品零售总额1454.94亿元，增长7.6%。城乡居民人均可支配收入分别达到38095元和13605元，增长8.8%和10%。

一年来，市委常委会深入学习贯彻习近平新时代中国特色社会主义思想，坚持总揽全局、协调各方，坚持以上率下、示范带动，教育引导全市各级党组织和党员干部始终把“两个维护”作为加强党的政治建设的首要任务，把准政治方向，严守政治规矩，涵养政治生态，防范政治风险，提高政治能力，增强“四个意识”，坚定“四个自信”，始终在思想上政治上行动上同以习近平同志为核心的党中央保持高度一致。具体工作中，着重抓了六件大事：

一是不折不扣推动习近平总书记重要讲话和指示批示精神落地生根。把学习贯彻习近平总书记对甘肃重要讲话和指示精神作为全部工作的统揽和主线，作为对做到“两个维护”最直接最现实的检验，一以贯之在抓落实上使劲用力，在全市上下凝聚起引领各项事业持续健康发展的强大精神动力。习近平总书记今年全国“两会”期间参加甘肃代表团审议和8月份亲临甘肃、来到兰州视察后，我们及时组织学习研讨，分解下发责任清单，深入开展专题调研，不断在学习贯彻中悉心领会总书记重要讲话和指示要求的精神实质，深刻感悟总书记对甘肃、对兰州工作和人民的关怀厚爱。市委及时召开全会，研究制定《关于全面落实习近平总书记重要讲话精神加快建设现代化经济体系在不断开创富民兴陇新局面中发挥省会城市辐射带动作用的决定》，这次全会还将审议通过《关于深入学习贯彻习近平总书记对甘肃重要讲话和指示精神为努力谱写加快建设幸福美好新甘肃不断开创富民兴陇新局面时代篇章贡献兰州力量的实施方案》，绘制了贯彻落实的路线图和任务书。总书记视察甘肃时盛赞“黄河之滨也很美”，给予了我们极大的鼓舞和关怀，已经成为最响亮的城市新名片。我们牢记总书记关于

"兰州要在保持黄河水体健康方面先发力、带好头"的重要指示要求,积极谋划生态保护重大项目,扎实推进黄河防洪工程收尾、城区污水处理厂提标扩容、城市管网雨污分流,用好做活黄河文章,编制完成黄河兰州段生态文明建设规划,全面推进黄河风情线、沿河公园景区改造提升,努力让母亲河成为造福群众的幸福河,确保总书记重要指示要求在兰州不折不扣得到贯彻落实。

二是精心开展庆祝新中国成立70周年系列活动。坚持把做好庆祝新中国成立70周年系列活动作为统一思想、凝聚力量的良好契机,突出政治标准,结合兰州实际,精心谋划设计,组织筹办了一系列特色主题活动,营造了浓厚庆祝氛围。隆重举行向人民英雄敬献花篮仪式和升国旗仪式,广泛开展专场新闻发布、大型展览、文艺演出、主题宣传等活动,创作推出一批具有较高思想艺术水平的纪录片、文艺作品和出版物,讲好兰州故事、展示兰州形象。邀请港澳台同胞和海外侨胞来兰参访。市属媒体开设"壮丽七十年·奋进新时代"等专栏专题,在城乡布设各具特色的宣传标语,持续深化拓展群众性主题宣传教育和文化活动,充分展示新中国成立70年来取得的辉煌成就,全面展示我市政治稳定、经济发展、文化繁荣、民族团结、社会进步的大好形势,实现了政治效果、社会效果、舆论效果的统一,在全市上下唱响了礼赞新中国、奋进新时代的昂扬旋律,极大激发了广大市民的爱党爱国热情和民族自豪感,广泛凝聚了各方面干事创业、担当作为的强大精神力量。

三是扎实开展"不忘初心、牢记使命"主题教育。坚持把开展主题教育作为推进全面从严治党的重要举措、锤炼干部忠诚干净担当政治品格的有力抓手,组织全市382个县处级以上领导班子、1万多个基层党组织、19万余名党员,聚焦主题主线,落实四项重点措施,扎实推进"8+1"专项整治,整改解决各类突出问题4万多个,使广大党员干部经历了一次触及思想灵魂的政治体检和党性锤炼,在理论学习有收获、思想政治受洗礼、干事创业敢担当、为民服务解难题、清正廉洁作表率等方面取得了重要成果。把学习贯彻党的十九届四中全会精神作为主题教育的重中之重,认真组织学习研讨,广泛开展宣传宣讲,引导党员干部群众深刻认识我国国家制度和国家治理体系的显著优势,进一步坚定制度自信。特别是坚持把为民服务解难题作为整改落实的主攻方向,紧盯企业客商投资发展和群众反映强烈的突出问题出实招、出硬招,解决了一批长期想解决而没有解决的难题,办成了许多过去想办而没有办成的实事,有效打通了服务群众"最先一公里"和"最后一公里"的堵点痛点,让企业客商和群众看到了主题教育带来的新变化、新气象。我市聚焦突出问题、实实在在为群众解难题的做法,中央电视台《新闻联播》和《人民日报》等中央媒体作了宣传报道。

四是全面圆满完成市县两级机构改革任务。严格按照党中央和省委关于机构改革的部署要求,坚定改革方向,把握改革节奏,稳妥有序推进,在规定的时限内顺利完成了机构改革任务,市县两级分别减少党政机构35个、68个,违规设置的机构、核定的领导职数全部予以核销,稳妥推进经营类事业单位转企改制,完成5个领域综合行政执法改革。坚持和加强党的全面领导,组建了市委国家安全委员会、市委财经委员会等12个党委议事协调机构。按照减上补下、重心下移、力量下沉的原则,有效整合乡镇街道基层审批服务执法力量,将709个编制调剂到乡镇街道和民生领域,真正将有限的编制资源用足用活,在基层组织服务保障群众需求上发挥最大功效。通过改革,市县两级组织机构和管理体制进一步优化,党政机构基本做到了上下对应,职能体系更加完善,党的领导力、政府执行力得到系统性增强,在推进市域社会治理现代化进程中迈出了坚实步伐。

五是坚决抓好各类巡视督察检查反馈问题整改。坚持把整改落实中央和省委各类反馈问题作为检视政治立场的重要考验和改进提高工作的有利契机,主动认领整改任务,精心制定整改方案,健全督促检查、报告反馈、考核评估、追责问责等机制,标本兼治推动各类问题整改见底见效。目前,中央脱贫攻坚专项巡视反馈意见整改方案确定的4个方面25个问题、国家脱贫攻坚成效考核反馈问题涉及我市的7个方面38个问题全部整改完成;中央第二轮环保督察期间交办我市的836件信访投诉件,已办结565件;中央宗教督查反馈意见整改方案确定的45个问题,已整改完成41个;中央扫黑除恶专项斗争督导反馈的16个面上问题和6个具体问题已全部整改完成,特别是中央督导组进驻后,全市新打掉黑恶犯罪组织25个、村霸8个,破获刑事案件479起,查扣涉案资产10.65亿元。

六是上下联动强力推动榆中生态创新城建设破题开局。坚持把榆中生态创新城建设作为全省大事、百年大计来推进,及时成立领导小组,组建筹委会,抽调专门力量,加大向上对接力度,形成了良好运行机制。坚持高标准高水平规划,通过国际咨询的方式编制完成空间发展战略规划,基本完成总体规划和13个专项规划编制工作,加快构建全域覆盖、分层管理、多规合一的规划体系。兰大"双一流"、国道G312线、规划展览馆、保障房等重点项目稳步推进,启动国科大兰州学院和综合性国家科学中心建设,先行完成周边绿化1.38万亩。持续跟踪对接华强方特主题公园、恒大文化旅游康养城、泰康兰州医养健康小镇、高铁新城、百金惠纳米材料生产研发基地、西北航空科技城等项目,争取早日落地实施。认真做好项目包装和凝练,目前谋划储备项目18个,总投资约730亿元,榆中生态创新城建设总体呈现开局顺利、推进有序的良好局面。

一年来,市委常委会坚持把方向抓大事与谋全局促发展相统一,审时度势,积极作为,统筹推进全市经济社会各项事业协调发展。主要做了七个方面的工作：

一、坚定不移推进高质量发展

深入学习贯彻习近平新时代中国特色社会主义经济思想，贯彻党中央和省委关于经济工作的部署要求，以供给侧结构性改革为主线，着力解决城乡发展、区域发展、产业发展不平衡问题，加快推动经济结构调整、发展动能转换、质量效益提升，全市经济创新力和竞争力不断增强。

深入实施乡村振兴战略。坚持把乡村振兴战略作为新时代"三农"工作总抓手，瞄准农业农村现代化发展方向，优化"九区十带"农业产业布局，积极抢抓粤港澳大湾区"菜篮子"专供基地项目建设机遇，不断扩大高原夏菜、玫瑰、百合、中药材等特色产业规模，兰州优势特色农产品的影响力和市场份额进一步提升，以兰州新区全域现代农业为示范的特色农业加快发展。以农产品精深加工为突破口，加大农业经营主体培育力度，全市龙头企业达到168家，市级农民合作社示范社达到266家，市级示范家庭农场达到117家。全面推开"三变"改革，有效撬动农户闲散资金和社会资本投向农业农村，参与改革的5.8万多户农户户均分红1000元。稳步推进农村集体产权制度改革，榆中县农村集体产权制度改革整县试点顺利通过国家第三方评估验收。稳步推进农村土地"三权分置"，土地流转率达到38.4%。扎实开展农村厕所、垃圾、风貌"三大革命"，启动美丽乡村示范行动，改造农村户用卫生厕所5.4万户，创建"清洁村庄"578个，农村面貌焕然一新。积极开展休闲农业示范点创建，深度挖掘开发乡村旅游产品，加快推进农村一二三产业融合发展。

重振"兰州制造"雄风。扭住"四千七百"产业链延伸壮大工程和十大生态产业不放手，制定振兴制造业《实施方案》，着力提升全市制造业发展的整体水平和核心竞争力。重点推进183个工业和信息化项目建设，工业固定资产投资由负转正，全年增长21.3%。全市战略性新兴产业占GDP比重预计提升至15.3%。前三季度，十大生态产业完成增加值458.7亿元，占全市GDP比重21.8%。加快推进军民融合产业发展，预计全年实现总产值120亿元，较去年翻了一番。

加快发展现代服务业。深入推进国家流通领域现代供应链体系试点城市建设，建成西北农产品交易中心主体冷库等一批冷链物流项目和物流配送门店1万多家，成为全国首批城乡高效配送试点城市。完成天缘建材等5家批发市场转型升级。建成运营兰州跨境电商公共服务平台，预计全市电商交易规模达到1500亿元左右、增长20%。大力实施牛肉拉面提升发展质量行动，积极推进肉类蔬菜流通追溯体系建设，制定加快发展城市"夜经济"《实施方案》，着力培育新业态新模式，有力促进了消费转型升级和旅游提质增效，兰州"假日夜经济"活跃度高居全国第三。大力发展全域旅游，实施文旅产业发展突破工程，新引进万达城、华侨城等一批文化旅游综合项目，建成火车站游客集散中心和中川机场游客服务中心，文旅市场产品供给不断丰富、服务功能日益完善。前11个月累计接待国内外游客7758.7万人次、增长22.2%，旅游总收入突破700亿元、增长23.9%。兰州成为今年"十一"黄金周国内跟团游人气榜首城市。

持续释放科技创新活力。坚持把创新驱动发展作为建设现代化经济体系的战略支撑，制定加快推进兰州自创区建设的《实施意见》，积极落实兰州自创区与省直部门"七个直通"机制，新组建一批产业研究院和科技创新工作站，高水平编制完成定连片区总体城市设计，推进实施和建成投用一批道路、污水处理等基础设施，自创区核心区公共服务功能加快完善。召开兰州自创区科技创新大会，兑现政策涉及项目138项、资金3477万元。继续抓好"十大科技项目"和"十大科技创新项目"，基于湿法凹凸棒石高值利用关键技术开发及应用、心脏瓣膜外科创新技术及产品的建立和应用分别斩获国家技术发明二等奖、国家科学技术进步二等奖，我市首次一年内有两项市级科技项目获得国家最高科技奖励。成功举办第四届兰州科技成果博览会、第四届中国创新挑战赛兰州现场赛和第二届"活力金城"兰州市人才创新创业大赛，科博会签订成果转化转移项目合同218项，签约金额17.1亿元，分别同比增长14.7%、11.5%。兰州科技大市场引进国内外科技成果3572项、转移转化303项，品牌效应逐步显现。深入推进大众创业万众创新，新认定一批市级众创空间、科技企业孵化器、产学研科技合作基地。网易联合创新中心落户兰州，成为网易公司在西北地区首个联合创新中心。全市新增高新技术企业103家、增长21.8%，方大炭素、兰州万里、和盛堂三家企业技术中心被认定为国家级企业技术中心。在美国米尔肯研究所发布的"中国最佳表现城市指数"排行榜中，兰州位列第4名。

狠抓项目建设和招商引资。研究出台推进招商引资工作"两真四有"相关制度办法，制定完善项目建设团队服务配套制度办法，组建项目团队186个，特别是创新开展"五比五拼"项目建设大比拼活动，由市四大家领导带队，开展2次现场观摩点评，在全市上下营造了比学赶超、大抓项目的浓厚氛围。今年新建项目开工率97.1%，开工项目入库率92.3%，创历年最高。不断完善PPP项目管理，全市储备PPP项目50个，其中奥体中心等一批PPP项目开工建设。积极参加第25届兰洽会、全省招商引资暨陇商大会等重大招商活动，新引进入库项目280个，新签约"三个500强"和行业龙头企业投资项目36个。

二、全力以赴打好三大攻坚战

坚持把打好三大攻坚战作为全面建成小康必须完成的硬任务，聚焦抓重点、补短板、强弱项，集中优势兵力，打好重点战役，确保取得实效。

巩固提升脱贫攻坚成果。召开8次扶贫工作领导小组会议，分东、西两个片区召开推进会，全面贯彻落实党中央和省委有关部署要求。在实现区域性整体脱贫的基础上，紧盯解决“两不愁三保障”突出问题，扎实开展“3+1”冲刺清零行动，健全完善稳定脱贫和防止返贫长效机制，今年减少贫困人口1.05万人，贫困发生率下降到0.32%，贫困家庭子女义务教育巩固率达到100%，新建“扶贫车间”40个、“百千万”就地转移劳务基地28家，农村四类重点对象存量危房全部清零，饮水安全巩固提升工程年度任务全面完成，贫困人口稳定脱贫的基础得到不断夯实，脱贫质量稳步提升，脱贫攻坚取得了决定性胜利。选派150名优秀干部到西和、东乡、礼县三县开展驻村帮扶工作，为全省决胜脱贫攻坚贡献兰州力量。

持续改善生态环境质量。稳步推进蓝天保卫战，不断巩固“兰州蓝”成果，截至12月28日，全市环境空气质量达标天数294天，同比增加39天，优良天数比例81.4%，综合指数城市排位进入全国中游，改善率进入全国前20名，创国家实行新标评价以来最佳成绩。大力实施碧水保卫战，深刻汲取天水渭河及支流水体污染问题的教训，全面清理整治河湖流域“四乱”问题，黄河兰州段干支流主要水质考核断面及县级以上饮用水水源地水质考核达标率100%。坚决打好净土保卫战，持续做好废旧农膜、尾菜处理和秸秆回收利用等农村面源污染治理工作，土壤环境保持总体安全。深入开展大规模国土绿化行动，持续巩固国家园林城市创建成果，稳步推进违建别墅问题清查整治，完成营造林12.68万亩，提升改造300余条城市主次干道绿化景观，新增改造城市绿地114.16公顷，新建改造小游园16个，全市生态环境持续改善。

有效防范化解重大风险。召开市委国家安全工作暨全市防范化解重大风险推进会，严格对照我市防范化解重大风险《实施方案》，持续深化政治、意识形态、经济、科技、社会等领域风险排查化解工作，全力维护社会大局稳定。特别是把防范化解金融领域风险作为重中之重，积极做好政府债务和隐性债务排摸及债权人复核工作，实现了全口径债务监测平台系统和地方政府性债务管理系统的全面数据监测。严格控制债务规模，将政府债券还本付息纳入预算管理，确保政府债务风险总体可控。积极化解农合机构不良贷款率偏高问题，稳妥处置地方金融机构存在的风险。

三、大力支持“三区”错位竞相发展

兰州新区、高新区、经济区坚决扛起“国字号”发展平台的特殊使命，围绕做大做强实体经济，突出产业集群，强化错位互补，努力争当全市经济高质量发展的排头兵，全力打造全市产业转型升级的主战场。

大力推动兰州新区产业集群发展。聚焦国家赋予的“四大功能定位”，大力实施“改革引领、创新驱动、开放带动、产业崛起”行动，加快建设产业新区、制造新区、经济新区。今年新引进产业项目136个、总投资510亿元，落户“三个500强”企业7家、10亿元以上项目15个，成为新区获批以来项目建设最快最好的一年。绿色化工产业园加快建设，实现引进项目和完成投资“双百”目标，刷新我省建设产业园区、产业项目新纪录。世界最薄铜箔试生产成功，年产20万吨铝箔项目加快建设。西北中小企业云向全国21个省份提供云计算服务，国网云数据中心研发的工业云平台实现设施、数据服务、应用等数据资源一体化管理，佛慈制药荣获“中国中成药行业企业出口十强”，普锐特聚酰亚胺耐高温材料获“世界首创”科技成果。兰州广通新能源客车首批出口到塞尔维亚；亚太新能源汽车与墨西哥签订每年万辆出口协议，首批500辆交付使用。兰石自主研发1.2万米海洋钻机全面试制，1.5万米超深井海洋钻机完成设计，智能钻机进入样机制造阶段。国际花卉拍卖西北分中心开业运营，引进建设新希望250万头生猪养殖项目。持续加大综合改革力度，成功获批国家绿色金融改革创新试验区，入选“中国(区域)最具投资营商价值新区”榜单。朱中铁路建成通车，机场三期总体规划获批并全面完成项目用地储备，省经济社会展览馆、省体育馆建成开馆，红星美凯龙开业运营，丝路国际科技会展中心和五星级皇冠假日酒店开工建设，职教园区建成院校7所、入驻师生7万人，新型智慧城市一期建成运营，新区人气商气加速集聚。预计全年经济增速达到18.5%，固定资产投资、社会消费品零售总额、一般公共预算收入预计分别增长20%、12%、15%，进出口贸易额增长110%。

大力推动高新区创新发展。坚持“高、新、专、精”导向，加快推进“一谷五园”建设，着力打造集产业转型、科技升级、研发培育为一体的区域性高新技术产业集聚区。广药集团王老吉大健康兰州项目、省科学院高技术产业园项目完成土地供应，中农威特生物医药基地、西脉新材料产业园、中牧股份兰州生物药厂整体搬迁加快实施，航天510所、真空设备厂、智慧交通总部经济等项目前期手续加快办理，中生医美产业园、宝武集团两片易拉罐项目前期工作加快推进，成功举办兰州美容健康产业博览会暨第五届西北国际美妆产业博览会，高新产业发展的集聚效应正在加速显现。预计全年完成生产总值277亿元、增长7.5%。

大力推动经济区战略转移。加快建设皋兰生态修复与产业发展示范区，推动形成特色鲜明、梯度有序、互补发展的绿色生态产业体系，示范区空间规划、起步区控制性详细规划编制完成，通过市内调剂和省内异地购买方式解决建设用地指标6590亩，起步区规划建设各项工作稳步推进。认真落实国务院关于推进国家级经济技术开发区创新提升打造改革开放新高地的意见，以创新吸引外资，以利用外资促进创新，致力打造外资创新产业集聚区。实施各类建设项目201个，完成投资208亿元，西部药谷、慈济药业、中海广场

等重点项目进展顺利，恒大水世界、中新中医药产业园项目正在积极对接推进。预计全年地区生产总值同比增长7%。

四、多措并举全面深化改革开放

统筹抓好各项改革任务，不断提升对外开放水平，扎实推动全面深化改革走深走实，切实增强经济社会发展的动力和活力。

持续深化重点领域改革。组建市委全面深化改革委员会及其办公室，制定出台“两规则一细则”，进一步优化改革协调推进机制。深化“放管服”改革，建立线上线下联动、覆盖城乡的四级政务服务体系，开通政务服务平台移动端“金城办”APP，网上可办率达97%以上，市级审批事项减少要件3982个，企业设立注册登记时间缩减到平均1.6个工作日。在全省率先推进工程建设领域审批制度改革，建成运行工程建设项目审批管理系统，审批时限总体压缩到80个工作日以内。营商环境显著改善，荣获“2019中国最具投资吸引力城市”称号。深化国资国企改革，将42户市属国有企业重组整合为24户，积极推进“三供一业”分离移交。扎实推进投融资体制改革，兰州金控公司、兰州黄河生态旅游开发公司挂牌运营。深化金融体系建设，引进新设一批金融分支机构，兰州银行上市通过证监会初审会审核。服务承诺“四办四清单”管理制度得到中央改革办肯定，在今年国务院第六次大督查中得到好评并作为32项典型经验之一在全国通报表扬。市民城管、招聘制教师同工同酬、政法智能化、项目审批制度改革等改革经验在全省推广，有效发挥了省会城市改革的示范带动作用。

着力提升对外开放层次水平。深度融入“一带一路”建设，综合保税区、国际航空港、铁路口岸功能进一步完善，进境粮食口岸建成运营，常态化开展肉类、粮油、木材、棉纱等进口业务，进口商品批发中心跨境电商平台上线运营，京东商投一号云仓投入运营，兰州新区（石油装备）首次获批国家级外贸转型升级基地。兰州国际陆港获批陆港型国家物流枢纽，五大核心功能加快建设，多式联运示范工程通过验收，汽车整车进口口岸建成通过预验收，新引进中新（兰州）国际物流产业园等一批重点项目。国际货运班列开行密度和返程频次逐步增大，今年发运班列264列，新开通兰州至拉合尔等国际货运航线6条，兰州至比利时列日国际货运包机完成首航。出台促进进出口稳定增长、扩大对外开放促进外资增长的《实施意见》，对涉及外商投资企业审批备案事项全部实行网上备案，贸易便利化水平进一步提升，与“一带一路”沿线国家和地区出口额大幅增长、占全市进出口总额一半以上。在第二届中国国际进口博览会“一带一路”沿线国家与地方政府双向合作推介会上介绍了兰州对外开放政策和区位优势，成功举办第九届国际兰马赛、国际篮联三人篮球U23世界杯等国际赛事，高规格承办在亚洲首次召开的国际田联路跑会议，先后在法国巴黎、西班牙马德里举行“感知兰州”国际文化交流活动，持续深化友好城市交往，兰州对外经贸人文交流更加广泛。

不断壮大非公有制经济。全面落实国家和省上支持非公有制经济发展的政策措施，协调解决一批民营企业困难问题，全年减免税费70亿元。搭建“政银企”对接合作平台，配套出台扶持小微企业创业信用贷款、中小微企业互助担保贷款等政策措施，着力解决中小微企业融资难融资贵问题。扎实推进清理拖欠民营企业中小企业账款工作，全市清欠账款7.75亿元，完成66.2%，超省定目标16.2个百分点。累计创建中小企业服务平台74家，新增市场主体4.8万户，平均每天新增140户左右。在最新公布的甘肃民营“3个50强”企业名单中，我市企业占据一半以上。

五、加快推进现代化中心城市建设

坚持以人民为中心的发展思想，着力优化城市功能布局，完善公共基础设施，破解民生热点难点问题，不断增强城市的宜居度，切实提升人民群众的幸福感。

切实提升城市治理效能。启动国土空间总体规划编制工作，开展重点发展建设区域、重大项目区域、棚户区（城中村）改造区域城市设计，着力提升城市规划管控能力水平。深入实施提升城市品质、打造精致兰州三年行动，全面推进“十大精致项目”创建活动，城市形象品质不断提升。制定实施兰西城市群发展规划兰州市《实施方案》和支持红古区打造兰西城市群节点城市发展的《意见》，兰州、西宁两市党政主要领导开展互访活动，深化了城际间合作交流。加快打造城市地标，兰州中心、砂之船奥特莱斯等城市综合体开业运营，亚欧国际、鸿运金茂等项目基本建成，万达城、华润二十四城、杉杉奥特莱斯等项目加快推进。不断完善城市功能，新水源地项目通水试运行，西固污水处理厂提标改造工程即将完工，新建综合管廊4.8公里，改造城区积水点15处，全面完成路灯节能改造。路网建设取得质的突破，轨道交通1号线安全稳定运营，日均客流量保持在17万人（次）左右，在全国单线运营地铁城市中客流强度排名第一，2号线一期工程顺利推进，青白石互通立交、盐什公路等一批工程建成通车，兰州东、兰州北收费站建成投用，打通断头路20条，建成停车泊位5000个，交通拥堵状况得到持续改善。违法建设治理加快推进，“净空行动”扎实开展，清理架空线缆121.2公里，生活垃圾分类初见成效、无害化处理率达到100%，安宁区垃圾分类改革经验荣获中国城市垃圾分类示范奖。大力推进5G试点城市建设。持续推进全国文明城市创建，宣传效应不断放大，创建水平明显提升。

统筹推进各项民生事业。坚持把改善民生作为一切工作的出发点和落脚点，确保财政支出80%以上用于民生投入，高质量完成7件省列、10件市列为民兴办实事。全面落实就业创业政策，发放各类创业就业补助资金4.7亿元，新增创业企业1.2万余个，城镇新增就业9.3万人，输转城乡富余劳动力25.93万人次，城关区“民生就业360”服务模式被中组部编入改革发展稳定攻坚克难案例。坚持社会政策托底，织密织牢民生保障网，城乡低保标准平均提高8%，城乡特困供养标准分别提高至11107元和5226元。市养老服务平台投入运营，新增城乡社区日间照料中心55个，我市打造多级养老服务体系的做法，中央电视台《新闻联播》作了宣传报道。完成棚户区改造1.4万户，改造“三不管”老旧楼院40处，加装老旧小区电梯270部。新建和改扩建中小学、幼儿园20所，新增学位1.64万个，公办园幼儿占比从29.2%提高到40.7%，义务教育阶段超大班额全部消除，大班额比例下降为7.32%，“大班额”“择校热”问题得到有效缓解。市属医院一批改扩建项目加快实施，公立医院改革、分级诊疗制度、医养结合试点等工作稳步推进，县级以上综合医院远程会诊覆盖率达到80%以上。大力繁荣群众精神文化生活，成功举办第九届黄河文化旅游节、第七届兰州国际鼓文化艺术周、首届黄河之滨音乐节等各类大型活动。永登县苦水镇被国家文旅部命名为“中国民间文化艺术之乡”。全力做好退役军人服务保障工作，以全省第一名成绩蝉联创建双拥模范城“九连冠”。

着力打造平安兰州。加快完善社会治安防控体系，加强重点人员稳控，深入开展矛盾纠纷化解，从严从实从细抓好保稳定、护安全、促和谐各项工作，圆满完成新中国成立70周年大庆安保维稳任务。七里河公安分局小西湖派出所荣获全国首批“枫桥式公安派出所”称号。加快“雪亮工程”示范城市建设，推广运用“雪亮云眼”可视化立体防控系统，扎实推进全国禁毒示范城市创建，社会治安形势持续好转。深入开展安全生产各项工作，安全生产四项指标实现全面下降，全市未发生重大食品药品、特种设备和产品质量安全事故。

六、巩固扩大民主法治建设成果

坚持把党的领导、人民当家作主和依法治国有机统一起来，引领社会各界围绕中心、服务大局、汇聚力量，生动活泼、安定团结的良好政治局面不断巩固发展。

全力支持人大依法履职。落实市人大常委会党组向市委请示报告制度，召开市委人大工作会议，出台市委关于加强新时代人大工作的《实施意见》、市人大常委会专题询问《办法》。支持人大依法履职、科学履职、充分履职，市人大常委会共审议地方性法规5部，组织开展检查、视察和调研125次，听取和审议“一府两院”工作报告27次，备案审查规章6件、规范性文件36件，依法保障中央和省、市委决策部署得到落实。市委专题研究人大工作18次，支持人大加强自身建设，人大依法履职能力进一步提升。

深入推进多党合作和协商民主建设。认真学习贯彻中央政协工作会议精神，出台关于加强新时代人民政协党的建设工作的《实施意见》，设立市政协机关党组，建立中共党员委员联系党外委员等制度，加强政协干部和政协委员队伍建设，发挥委员主体作用，率先在安宁区、西固区建立街道政协工作联络机构，切实解决政协基础工作和人员力量薄弱问题。支持加强政协宣传和理论研究，开展“陕甘边革命历史暨南梁精神研究”“庆祝人民政协成立70周年理论研讨会”征文活动。全年，市政协完成17项重点调研视察和8次专题协商活动，形成了一批高质量调研成果，403件提案全部按期办复。

着力提高统战群团工作水平。指导各民主党派深入开展“不忘合作初心，继续携手前进”主题教育，多党合作的共同思想政治基础得到持续巩固。依法管理宗教事务，着力解决宗教领域突出问题，深入开展民族团结进步创建活动，市委统战部被国务院评为“全国民族团结进步模范集体”。依法规范管理东川拱北大型跨区域宗教活动的做法，得到中央有关领导、省委主要领导批示肯定。扎实做好非公有制经济、无党派、党外知识分子和新的社会阶层人士政治引领工作，将党外干部培训纳入全市干部培训主体班次，党外干部挂职交流纳入全市选派干部挂职锻炼的总体规划，新的社会阶层人士统战工作经验做法，在中央和省委统战部有关会议上作了交流。持续加强和改进党对群团工作的领导，各群团组织联系群众的桥梁纽带作用得到充分发挥。

稳步推进全面依法治市。深入开展“七五”普法和“法律八进”活动，加强公共法律服务体系建设，全市公共法律服务覆盖率达到100%。加强产权司法保护，成立兰州知识产权法庭，持续巩固基本解决执行难工作成果，深入开展维护民企权益优化营商环境专项行动。统筹推进司法体制综合配套改革和执法司法规范化建设，法治保障、司法为民、便民服务水平持续提升。市法院自主研发的审判管理模式改革创新与评价计算智能软件，被中央政法委评为“司改亮点”工作，被最高法院评为“智慧法院”典型案例。

七、纵深推进全面从严治党

统筹推进党的政治、思想、组织、作风、纪律建设和反腐败斗争，始终把制度建设贯穿其中，推动各领域党的建设全面进步、全面过硬，为全市经济社会发展提供了坚强有力保障。

压紧靠实管党治党政治责任。市委常委会会议研究全面从严治党议题116个，逐级签订全面从严治党重点工作责任书，坚持和落实党委书记抓基层党建述职评议和分级谈心谈话制度，督促各级党组织书记尽好主责、抓好主业、当好主角。今年以来，市级层面处理落实全面从严治党责任不力问题21起，问责党组织1个、党员领导干部34人，有效传导了责任压力。持续强化理论武装，举办市委理论学习中心组学习22次，不断推动学习贯彻习近平新时代中国特色社会主义思想走深走心走实。坚决全面彻底肃清王三运、虞海燕流毒和影响，着力营造风清气正的政治生态。前11个月，全市查处违反政治纪律问题14人。

严格落实党管意识形态责任制。制定兰州市委意识形态工作联席会议制、规范和加强全市意识形态社会宣传阵地管理使用的《实施意见》，修订完善兰州市党委（党组）意识形态工作责任制测评体系，切实加强对报告会、研讨会、讲座以及各类文化活动的审核管理，牢牢掌握意识形态工作领导权。加快新时代文明实践中心和县级融媒体中心建设，主流舆论阵地进一步壮大。科学做好重大舆情应对处置工作，网络意识形态安全得到有效维护。

全力打造高素质干部队伍。坚持新时期好干部标准，认真做好干部任用、职务职级并行套改晋升、优秀年轻干部培养、干部培训监督等各项工作。截至目前，市委常委会研究干部19批次，任免干部1185人次，晋升一至四级调研员1219人次。深入实施人才强市战略，在美国硅谷建成兰州科技创新工作站，在上海、深圳等地设立驻外人才工作站15个，联合兰州大学设立驻京人才工作站，着力构筑全面开放的人才集聚高地。全面落实全域人才政策，大力实施各类人才计划，今年引进各类急需紧缺人才1662人，赴高校专项引才406人，特别是放宽大中专学生落户条件，今年新增人口14.5万人，其中大中专学生落户近3万人，城市人口人才吸附力日益增强。

全面提升基层党建工作水平。扎实推进各领域党支部建设标准化工作，组织开展“党支部标准化建设观摩周”活动，培育示范点230个，全面优化调整市直机关党组织设置，成立全市互联网行业、律师行业和物业管理行业党委，非公企业和社会组织党组织覆盖率连续保持在全省前列。建立领导干部联系包抓制度，整顿提升软弱涣散村级党组织169个，清理不符合任职条件的村（社）“两委”成员322名，村党组织书记和村委会主任“一肩挑”比例达到67.8%。投入6795万元，改造升级50个社区办公活动场所，新改扩建80个村级组织活动场所，高标准打造6个党群活动中心。举办全市各类党支部书记示范培训班12期，培训党支部书记980人次。

驰而不息推进正风肃纪。坚持把转变作风与破解改革发展难题、优化营商环境、回应企业群众诉求结合起来，持续巩固“治转提”专项行动成果，深入开展“四察四治”专项行动，集中整治形式主义官僚主义，推动解决了一批影响兰州改革发展、群众反映强烈的作风突出问题。前11个月，全市共查处形式主义官僚主义问题92件、处理139人，特别是严肃查处了部分区县统计数据弄虚作假和省妇幼保健院安宁医疗综合体建设中出现的推诿扯皮、不担当不作为等问题。严格落实党中央和省委关于为基层减负的各项要求，以市委、市政府名义召开的全市性会议、下发的文件、开展的督查同比分别减少41%、43%、64.5%，将全市范围内1289项责任状及“一票否决”事项清理压减为10项，有效防止了考核问责简单化、泛化的倾向。推进巡察全覆盖，组建11个巡察组对31个单位开展两轮巡察，共发现移交问题线索292个；积极配合省委第四轮巡视工作，组建3个巡察组对兰州新区9家单位开展巡察。保持反腐高压态势，以减存量遏增量为关键，一体推进“不敢腐、不能腐、不想腐”。前11个月，全市处置问题线索2698件，立案863件，结案686件，给予党纪政务处分761人；因涉黑涉恶问题立案63件，问责处理92人，严肃查处一批严重违纪违法案件，形成了有力震慑。

切实加强常委会自身建设。市委常委会旗帜鲜明讲政治，坚持把党的全面领导落实到改革发展稳定全过程各环节，自觉在抓谋划、做决策上带头发扬民主，在抓班子、带队伍中带头严格要求，在抓发展、促落实中带头担当作为，确保了全市各项事业沿着正确方向不断前进。今年以来，市委常委会共召开会议42次，研究议题236个。及时审议和专题听取市人大常委会、市政府、市政协、市法院、市检察院党组的重要事项和工作汇报，特别是针对高质量发展、全面深化改革、脱贫攻坚、民族宗教、民主法治、党的建设等重大事项，定期召开领导小组或专题会议，有效加强对重大工作的组织领导、统筹协调和整体推进，把方向、谋大局、定政策、促改革的能力和水平持续提高。

在看到成绩的同时，我们也清醒地认识到，工作中还存在一些亟待解决的问题：管党治党方面，形式主义、官僚主义问题仍有一定市场，文件多会议多、督查检查过于频繁、留痕管理等现象还未根绝，党风廉政建设和反腐败斗争形势依然严峻，全面从严治党还需持续用力；经济发展方面，经济发展不平衡不充分依然是制约全市一切工作的根本问题，面对经济下行压力加大的形势，经济发展基础不牢、产业结构不够合理、新旧动能转换缓慢、地方财力紧张等矛盾更加突出，民营经济发展滞后，项目谋划储备不足，产业集聚发展、多元支撑的局面还未形成；城市建管方面，城市基础设施历史欠账多，公共服务资源短缺，城乡公共服务失衡，城市治理水平不高，城市治理体系和治理能力亟待完善和提升；社会事业方面，优质教育资源供给不足，医疗机构布局不均衡，养老体系不健全，巩固脱贫成果的任务依然较重，在发展中保障和改善民生的任务还十分艰巨；生态环保方面，有的地方仍然存在重发展、轻保护的问题，生态环境保护工作中还不同程度存在履职不力、监管不严的问题，生态环境问题时有发生；能力作风方面，一些部门和干部省会意识、竞争意识、危机意识、忧患意识还不够强，还存在不愿担当不会担当不敢担当的问题；等等。对这些问题，我们将高度重视，认真加以解决。

希望同志们对市委常委会工作提出意见和建议，帮助我们把工作做得更好。

兰州市人民代表大会常务委员会工作报告

（2020年1月17日在兰州市第十六届人民代表大会第四次会议上）

兰州市人民代表大会常务委员会主任　张建平

各位代表：

我受市人大常委会委托，向大会报告工作，请予审议。

2019年的主要工作

过去一年，在市委的坚强领导下，市人大常委会深入学习贯彻习近平新时代中国特色社会主义思想和党的十九大及十九届二中、三中、四中全会精神，认真贯彻落实习近平总书记对甘肃重要讲话和指示精神，坚持党的领导、人民当家作主、依法治国有机统一，强化政治担当，依法履职尽责，为推动兰州高质量发展作出了积极贡献。一年来，召开常委会会议7次，审议地方性法规5部，组织开展视察、检查和调研125次，听取和审议“一府两院”专项工作报告29个，开展专题询问2次，作出决议决定6项，任免国家机关工作人员140名，全面完成了市十六届人大三次会议确定的各项目标任务，人大工作在守正创新中持续推进。

一、坚持党的领导，在提高政治站位中把牢前进方向

常委会始终把坚持党的领导作为首要政治原则，不断提高政治站位，增强“四个意识”、坚定“四个自信”、做到“两个维护”，推动党中央重大决策部署和省、市委工作要求落到实处。

（一）坚持以最新理论引领人大工作。始终把深入学习贯彻习近平新时代中国特色社会主义思想作为首要政治任务，与党的十九届四中全会精神、习近平总书记对甘肃重要讲话和指示精神有机结合起来，一体学习领会、整体贯彻落实。坚持把学习习近平总书记最新讲话文章作为党组会议的第一议题、理论学习中心组的常设议题，及时跟进学、融会贯通学，以理论清醒保持制度自信，以思想自觉引领行动自觉。围绕贯彻落实习近平总书记关于坚持和完善人民代表大会制度的重要思想、对地方人大及其常委会工作的重要指示精神，举办了2期辅导讲座，开展了以“学讲话、强本领”为主题的系列活动，引导人大干部坚定信仰信念、强化使命担当、锤炼过硬本领。

（二）坚持以更高站位落实党的要求。始终把人大工作置于党的领导之下，坚决贯彻落实党的路线方针政策和省、市委决策部署，紧扣市委中心任务统筹推进各项工作，确保工作思路、重点举措与市委部署要求同向同步。市委高度重视人大工作，深入贯彻落实省委人大工作会议精神，召开市委人大工作会议，制定出台了加强新时代人大工作的实施意见，形成了上下联动、全面推进人大工作完善发展的良好局面。重新修订常委会党组向市委请示报告制度，重要会议、重点工作、重大问题及时向市委请示报告，确保人大工作始终在党委领导下卓有成效地推进。一年来，向市委专题报告工作39次，落实市委重要批示13件。

（三）坚持以务实举措抓好宪法实施。始终把全面学习宣传和贯彻实施宪法摆在突出位置，隆重纪念地方人大设立常委会40周年，组织开展了系列学习宣传和贯彻实施宪法活动，建立了10个宪法学习宣传联系点，在国家宪法日组织宣传、公安、教育等有关部门召开座谈会，推动学习宣传和贯彻实施宪法常态化。严格落实宪法宣誓制度，全年共组织宪法宣誓35人次，引导国家工作人员尊法学法、守法用法。加强备案审查工作，依法审查规范性文件43件，首次听取和审议了规范性文件备案审查工作情况的报告，建成备案审查信息平台。

二、紧扣务实管用，在强化法治保障中注重立法质量

常委会严把立法权限，紧扣重点领域，深入推进科学立法、民主立法、依法立法，不断提高立法精细化水平，确保以高质量立法促发展、惠民生。

（一）不断完善立法工作机制。坚持党对立法工作的领导，立法规划计划、重大立法项目、立法中的重大问题和立法工作中的重要事项及时提请市委常委会研究决定，根据市委意见做好相关工作。充分发挥人大在立法工作中的主导作用，强化对立法工作的组织协调，及时将生态环境保护、城市建设管理、社会民生发展等重点领域的立法项目纳入年度立法计划。进一步靠实政府立法工作责任，制定出台了法规起草开题会规则，法规起草前与政府有关部门进行商议，合力破解特色不足、操作性不强等立法中的难点问题。积极引导公众有序参与立法活动，广泛征求意见建议，不断夯实立法的民意基础。

（二）切实加强重点领域立法。注重为需而立、立以致用，审议通过《兰州市大气污染防治条例》，将大气污染防治属地化管理、网格化监管的兰州经验上升为法规规定；凸显

规划引领，历时三年、十易其稿，审议通过《兰州市城乡规划条例》，为建设“都会城市、精致兰州”提供了法制保障；审议通过《兰州市城镇燃气管理条例》，进一步提高了燃气行业安全监管效能；制定《兰州市气象灾害防御管理条例》，为构建科学有效的气象防灾减灾体系提供制度依据；对《兰州市物业管理条例》进行修订，补充完善了管理服务、法律责任等方面的内容；开展了《兰州市粮食流通监督管理条例》立法后评估工作，对学前教育管理、轨道交通管理、黄河风情线大景区管理等5个立法项目进行了调研，综合分析研判修法立法的必要性、可行性。支持帮助市政府起草完成了《兰州市城市照明管理办法(草案)》，从制度层面为扮美“夜金城”、发展“夜经济”夯实基础。

(三)有效提升立法工作水平。密切与立法咨询专家、立法联系点、立法咨询研究基地的联系，凡立法必请法学专家到会发表意见，凡立法必征求立法联系点的意见，全年共组织立法咨询专家参与立法活动83人次，征求到立法联系点意见建议300余条，对专业性较强的立法调研、法规起草、立法后评估等工作委托立法咨询研究基地实施，有效防止了立法中的利益偏向。注重"小切口"立法、精细化立法，按照“不抵触、有特色、可操作”的原则，在法规的细化、量化、具体化上下功夫，让立法的制度设计与现实情况精准对接。兰州市人大立法工作经验在省委人大工作会议上进行了交流，人民网以《兰州市地方立法“精细化”渐进之路》为题进行了深度宣传报道。

三、聚焦发展大局，在正确有效监督中突出实际实效

常委会把握人大监督的政治定位、法律定位，紧扣打赢打好“三大攻坚战”等重点领域、重要事项，坚持问题导向、目标导向，扎实开展有效监督、正确监督，监督实效不断增强。

(一)紧扣经济高质量发展的重点强化监督。听取和审议了“十三五”规划纲要实施情况中期评估、计划、预决算、审计等工作报告，依法作出决议决定，全力推动“六稳”工作。建立完善预算审查监督重点拓展改革、国有资产管理情况报告等方面的制度，首次听取和审议了国有资产管理情况综合报告和企业国有资产专项报告，实现预算审查和国有资产监督工作制度化、规范化。对我市民营经济发展、全市公检法机关保障和服务民营企业发展进行了专题调研，对中小企业促进法实施情况进行了专项检查，召开了民营企业家座谈会，推动营商环境持续优化。

(二)紧扣社会治理现代化的难点强化监督。听取和审议了依法行政、扫黑除恶专项斗争、集中解决“执行难”、服务生态环境保护等工作情况的报告，提出意见建议，推动市域社会治理现代化。对我市贯彻实施禁毒法、科学技术进步法、《甘肃省农村扶贫开发条例》《兰州市河道管理条例》等9部法律法规的情况进行了执法检查，紧扣法律法规查找分析和推动解决问题，督促政府及有关部门依法做好毒品犯罪惩治、科技创新驱动、社会民生事业等方面的各项工作，确保行政权得到规范运行，确保法律法规在我市得到正确实施。

(三)紧扣老百姓普遍关注的热点强化监督。立足生态环境保护，听取和审议了我市贯彻实施水污染防治法、环境状况和环境保护目标完成情况的报告，对新水源地建设进行视察，连续两年对《兰州市城市生活饮用水水源保护和污染防治办法》实施情况进行调研，推动打好“蓝天、碧水、净土”保卫战。立足提升城市品质，听取和审议了城市垃圾分类、线缆入地等工作情况的报告，助力全国文明城市创建，推动“精致兰州”建设。立足增进民生福祉，听取和审议了为民兴办实事、劳动就业和社会保障等工作情况的报告，对脱贫攻坚、“停车难”问题、养老服务体系建设、季节性农产品销售等进行视察、检查和调研，推动解决人民群众的操心事、烦心事、揪心事。依法做好涉法涉诉信访工作，转办督办群众来信来访668件次。

(四)紧扣监督工作中存在的弱点强化监督。深刻把握正确监督、有效监督的内涵，完善监督方式，加大监督力度，着力解决不愿监督、不敢监督、不会监督的问题。统筹安排监督工作，科学确定监督议题，有针对性地邀请代表和专家参与监督工作，强化监督工作力量。综合运用多种形式开展监督，对常委会决议决定、审议意见、执法检查报告落实情况跟踪问效，最大限度释放监督能量。注重监督成果转化运用，重大监督和调研成果及时报市委决策参考，并把有关情况作为制定修改法规的重要依据。强化刚性监督手段运用，修订专题询问办法，对水污染防治、“稳增长”工作组织开展专题询问并进行满意度测评，确保监督工作不走过场。

四、尊重主体地位，在保障代表履职中促进作用发挥

常委会始终把代表工作作为一项经常性、基础性工作来抓，不断完善代表工作机制，努力提升服务水平，丰富代表履职形式，支持和保障代表密切联系群众、依法行使职权。

(一)优化代表联系工作。持续深化“两联系”制度，优化常委会组成人员联系“人大代表之家”和市人大代表工作机制，广泛听取、及时反映代表的意见诉求。优化代表小组建设，实现了常委会工作部门联系代表、代表参与代表小组活动全覆盖。进一步延伸代表履职“触角”，依托全市465个“人大代表家(站)”，密切代表与人民群众的日常联系，打通了人大代表联系服务群众“最后一公里”。扩大代表对常委会工作的参与，经常性组织代表开展视察、检查和调研活动，邀请基层代表列席会议，全年共邀请代表参加活动90人次，列席会议37人次。

(二)强化代表建议办理。建立健全代表建议统一交

办、重点督办和答复反馈等工作机制,及时对232件代表建议进行交办,确定11件重点建议跟踪督办,办理情况及时向代表答复反馈,代表建议办结率达到94%。通过代表建议办理,农村人居环境整治、城市基础设施建设、居民小区提质改造等一批群众关心关注的热点问题得到有效解决。围绕提升人大代表建议办理质量开展深度调研,听取了21家承办单位代表建议办理工作报告,全面掌握代表建议办理情况,提出对策建议。

(三)细化代表履职保障。邀请省、市人大代表参加有关测评会、座谈会、听证会127人次,为代表知情问政畅通渠道、拓宽思路。制定了代表经费管理使用办法,规范了代表开展活动的经费标准和支出形式。规范代表闭会期间活动,严格代表履职考核评价,多角度宣传代表履职风采,代表履职的责任感和使命感不断增强。聚焦全面建成小康社会,持续深化拓展人大代表助力脱贫攻坚行动,全市各级人大代表帮助协调落实项目603个,为解决区域整体贫困问题作出了积极贡献。

五、立足强基固本,在加强自身建设中提升工作效能

常委会始终把加强自身建设作为坚持和完善人民代表大会制度的内在要求,增强政治定力,提升履职能力,凝聚整体合力,持续推进"两个机关"建设。

(一)扎实开展主题教育。按照中央和省、市委部署,深入开展"不忘初心、牢记使命"主题教育,落实政治要求,聚焦主题主线,突出问题导向,确保扎实有效。围绕深化学习教育,常委会党组成员参加市委理论中心组学习、党组理论中心组学习100余人次,常委会机关组织开展集中学习230余次、研讨交流30余次、专题辅导8场。围绕深入调查研究,常委会机关确定全面小康建设、非公经济发展等深度调研课题18个,有针对性地提出对策建议85条。围绕深刻检视问题,常委会党组班子和党组成员共检视出问题119个,查改贯通,立行立改,所有问题已基本整改到位。通过深入开展主题教育,常委会机关各级党组织的领导力、引领力、组织力得到新的增强,机关干部的精神面貌、工作作风、办事效率整体向好。

(二)持续提升履职能力。健全完善常委会议事规则和人大机关运行规范,强化工作统筹,签订全面从严治党、意识形态、人大业务工作三个目标责任书,明确工作任务,推动工作落实。认真执行常委会会议请假和通报制度,规范会议程序,改进审议方式,常委会议事质量有效提升。严格落实中央八项规定及其实施细则精神,深入开展"四察四治"专项行动,制定了解决形式主义突出问题的五项措施,推动反"四风"、改作风向深度和广度延伸。严格落实常委会党组理论中心组学习、常委会会议学法和机关日常学习等制度机制,常委会组成人员、机关干部的政治素质、法律素养和工作能力持续增强。

(三)不断强化工作合力。适时召开人大工作理论研讨会、贯彻落实省委人大工作会议精神座谈会、纪念地方人大设立常委会40周年座谈会,将理论学习和实践运用结合起来,在互学互鉴中提高,不断推动全市人大工作与时俱进、完善发展。密切与上下级人大之间的工作协同,通过举办各类培训会、召开专题会、联合视察调研、联动专项监督等多种形式,强化全市人大工作整体合力。进一步加强对人大制度理论和工作实践的宣传报道,兰州日报《人民之声专栏》全年刊发稿件22篇,营造了良好的舆论氛围。加强对外联系沟通,及时将外地人大的有益做法运用到具体工作中,进一步提升了工作质效。

各位代表!过去的一年,市人大常委会依法履职、恪尽职守,取得了一定成绩。这是习近平新时代中国特色社会主义思想科学指引的结果,是市委坚强领导的结果,是常委会组成人员和全体代表主动作为的结果,是"一府一委两院"和全市各级人大共同努力的结果,也是市政协及社会各界和全市人民大力支持的结果。在此,我代表市人大常委会,向所有关心、支持和帮助人大工作的同志们、朋友们,表示崇高的敬意和衷心的感谢!

在总结成绩的同时我们也要清醒的认识到,常委会工作还存在一些薄弱环节,主要是:立法的引领和推动作用发挥还不够有力,立法质量有待进一步提升;刚性监督方式运用还不够经常,监督实效有待进一步增强;基层代表参与活动还不够规范,主体作用有待进一步发挥;常委会及机关运行还不够高效,自身建设有待进一步加强。对此,我们将虚心听取各方面意见建议,强化举措、切实改进。

2020年的主要任务

今年是全面建成小康社会和"十三五"规划收官之年。市人大常委会工作的总体要求是:坚持以习近平新时代中国特色社会主义思想为指导,全面贯彻党的十九大和十九届二中、三中、四中全会精神,深入学习习近平总书记关于坚持和完善人民代表大会制度的重要思想,全面落实习近平总书记对甘肃重要讲话和指示精神,坚持党的领导、人民当家作主、依法治国有机统一,紧扣中央和省、市委决策部署,紧扣全面建成小康社会目标任务,紧扣人民群众重大关切,按照市委十三届十二次全会部署要求,落实宪法赋权、履行职责使命,为决胜全面小康和"十三五"规划圆满收官,加快建设现代化中心城市,共同谱写新时代兰州高质量发展新篇章贡献人大智慧和力量。

一、坚持党的全面领导,在政治立场上坚定不移

持续深入学习习近平新时代中国特色社会主义思想,

坚决贯彻党的基本理论、基本路线、基本方略，增强“四个意识”、坚定“四个自信”、做到“两个维护”。全面贯彻党的十九届四中全会精神，深入落实习近平总书记关于坚持和完善人民代表大会制度的重要思想、对甘肃重要讲话和指示精神，深化人大制度理论研究和实践探索，把制度优势转化为治理效能。全面落实市委人大工作会议精神，严格请示报告制度，围绕市委中心任务谋划、推进人大工作，确保人大工作沿着正确方向奋力前行。

二、努力提高立法质量，在发挥作用上有力有效

坚持党对立法工作的领导，充分发挥人大立法主导作用，落实立法计划，强化组织协调，对《兰州市城市轨道交通管理条例》《兰州市道路交通安全管理若干规定》进行一审，对《兰州市黄河风情线大景区管理条例》进行一审和二审，对《兰州市气象灾害防御条例》《兰州市物业管理条例》进行二审，对《兰州市市政设施管理办法》开展立法后评估，围绕黄河兰州段生态保护和高质量发展、机动车停车设施管理、中小学幼儿园规划建设等7个立法项目开展调研，对涉及机构改革、优化营商环境、生态环境保护等方面内容的法规进行清理，加强备案审查工作，做好全国人大和省人大法律法规草案征求意见相关工作。

三、不断增强监督实效，在促进发展上担当作为

坚持“稳”字当头，把经济社会发展的堵点痛点、群众反映强烈的热点难点作为监督工作的重点，对经济高质量发展、农业面源污染防治、城市管理综合执法、食品安全管理、营造法治化营商环境、退役军人权益保障、公益诉讼等开展视察、检查和调研，听取和审议计划预算执行、依法行政、环境保护、民生保障等方面的专项工作报告，对我市贯彻实施土壤污染防治法、消防法、公证法和《甘肃省发展中医条例》等7部法律法规的情况进行执法检查，围绕学前教育、养老服务、养犬管理等事关全市工作大局和涉及群众切身利益的事项，组织开展2次专题询问。做好信访维稳工作，维护人民群众合法权益。

四、认真做好代表工作，在依法履职上保障到位

分领域组织代表开展专题培训，提高代表履职能力。规范代表小组活动，组织代表开展专题调研和集中视察，拓展代表参与常委会工作的深度和广度。提升“人大代表家（站）”规范化运行水平，畅通“上情下达、下情上传”的渠道，更好发挥代表联系人民群众的优势。注重代表建议办理质效，完善评价机制，提高代表建议的办结率和人民群众的满意度。深化“两联系”制度，加强与代表的直接联系，及时回应代表诉求。严格代表履职管理，完善代表履职档案，通报代表履职情况，建立代表履职网络平台，支持代表依法执行职务。

五、切实加强自身建设，在能力水平上提质增效

全面落实新时代党的建设总要求，以严实作风履行全面从严治党主体责任，巩固“不忘初心、牢记使命”主题教育成果，为常委会依法履职提供坚强组织保证。深入贯彻落实中央八项规定及其实施细则精神，持续转变工作作风，强化调查研究，力戒形式主义，自觉接受人大代表和人民群众的监督。规范机关运行，抓实干部学习培训和培养锻炼，打造对党忠诚、履职担当、本领过硬的高素质人大干部队伍。加强人大理论研讨和宣传工作，密切与上下级人大的日常联系和工作交流，增强人大工作整体实效。

各位代表！道阻且长，行则将至。让我们更加紧密地团结在以习近平同志为核心的党中央周围，高举中国特色社会主义伟大旗帜，在市委的坚强领导下，牢记初心使命，主动担当作为，守正出新，砥砺奋进，为决胜全面小康和“十三五”规划圆满收官，加快建设现代化中心城市，共同谱写新时代兰州高质量发展新篇章作出新的更大贡献！

政府工作报告

（2020年1月16日在兰州市第十六届人民代表大会第四次会议上）

兰州市市长　张伟文

一、2019年工作回顾

刚刚过去的2019年，是新中国成立70周年，也是兰州发展历程中意义非凡的一年。习近平总书记时隔六年再次视察兰州，称赞“黄河之滨也很美”，给全市人民极大的鼓舞与鞭策，为兰州加快发展注入了强大动力！一年来，我们坚持以习近平新时代中国特色社会主义思想为指导，深入贯彻党的十九大和十九届二中、三中、四中全会精神，全面落实习近平总书记对甘肃重要讲话和指示精神，在省委、省政府和市委的坚强领导下，统筹推进“五位一体”总体布局，协调推进“四个全面”战略布局，坚持新发展理念，坚持稳中求进工作总基调，落实高质量发展要求，紧紧围绕现代化中心城市建设总目标，全力打好三大攻坚战，着力做好“六稳”工作，统筹推进稳增长、促改革、调结构、惠民生、防风险、保稳定，较好地完成了市十六届人大三次会议确定的目标任务。

——经济运行总体平稳。我们面对复杂多变的内外部环境，克服经济下行压力带来的不利影响，全力以赴稳增长。实现生产总值2837.36亿元，增长6%，其中一产、二产、三产增加值分别增长5.5%、1.9%和8.4%。社会消费品零售总额增长7.6%。就业、物价、收入三项指标表现较好，新增城镇就业9.36万人，居民消费价格指数控制在2.2%，城乡居民人均可支配收入分别增长8.8%和10%，连续跑赢经济增速，有效保持了经济运行基本面稳定。

——脱贫攻坚连战连捷。我们集中力量持续打好精准脱贫攻坚战，永登县、榆中县脱贫摘帽，皋兰县、七里河区脱贫成果持续巩固，减少贫困人口3638户10562人，贫困发生率由上年的1.22%下降到0.32%，历史性解决了区域整体贫困问题，全面建成小康社会迈出关键一步。

——城市布局不断优化。我们按照“一心两翼”发展布局，加快推进城市副中心建设，高标准编制完成榆中生态创新城空间发展战略规划和总体规划，绿化造林、基础配套、项目建设等重点工作有序推进，为城市长远发展开辟了新的空间。

——生态产业快速发展。我们积极落实省委、省政府关于推动绿色发展崛起的部署要求，主攻十大生态产业，谋划凝炼重点项目264个，建成77个，预计生态产业增加值占生产总值的比重达到22%左右，占全省生态产业增加值的35%以上，现代产业体系正在加快构建。

——精致兰州精彩开篇。我们启动实施“提升城市品质、打造精致兰州”三年行动，全面推进“十大精致项目”创建活动，精细精微建设品质之城成为全市上下共同的价值追求，城市环境质量、特色风貌、形象品位不断提升，市民对城市的认同感、归属感和自豪感日益增强，兰州被评为2019年度“中国最佳表现城市”之一。

——“黄河文章”成效初显。我们深入贯彻习近平生态文明思想，着力做好“黄河文章”，编制完成《黄河（兰州段）生态文明建设规划》，全方位改造提升黄河风情线和南北两山生态景观，实施核心段亮化工程，举办首届黄河之滨音乐节等系列活动，兰州成为全国最火的旅游热点城市之一，生态保护与城市发展相得益彰。

——重点改革取得突破。我们扎实推进服务承诺“四办四清单”管理制度，被国务院第六次大督查作为典型经验通报表扬，并在全国推广。率先在全省实施工程建设项目审批制度改革，审批时限总体压减到77个工作日以内，大幅提高了项目审批效率。营商环境进一步优化，兰州荣获“2019中国最具投资吸引力城市”称号。

——空气质量持续改善。我们久久为功治理大气污染，全年环境空气质量达标296天，同比增加39天，达标率81.1%，同比提升10.7个百分点，兰州稳定退出全国重点城市空气质量排名后20位，创国家实行新标评价以来最好成绩。

一年来，主要做了以下工作：

（一）致力加快经济转型升级，高质量发展迈出坚实步伐。坚持质量和效益并重，制定实施重振“兰州制造”、发展新能源、高铁经济、“夜经济”等政策措施，按照“思想过硬、工作过硬、作风过硬、结果过硬”的要求，坚决树牢“三条线”目标，压实责任，精准调度，推动经济加快转型、提质增效。创新驱动能力不断增强，兰白自创区、兰白试验区建设稳步推进，新增国家级创新示范企业1家、省级企业技术中心3家、技术创新示范企业4家、行业技术中心5家，高新技术企业占全省总数的54.6%，全市科技进步贡献率预计达到58.8%，兰州步入国家创新型城市行列。产业升级步伐持续加快，聚力发展“四千七百”和十大生态产业，实施工业和信息化项目183个，创建智能工厂11户，成立先进制造业发展促进中心，与华为、浪潮等35家企业构建产业联盟，高分子防水新材料产业基地等项目建成投产，战略性新兴产业增加值占生产总值比重达到15.3%。推动现代服务业扩量提质，通道物流、电子商务、会展经济、文化旅游等产业增势强劲，兰州成为全国首批城乡高效配送试点城市，电商交易规模和展会交易额均增长20%，预计全年接待游客和旅游总收入分别增长23%和29%。坚持"两真四有"精准招商，组织参加中国绿公司年会、沪浙招商、新加坡招商等重点活动，新引进项目280个，总投资1944.78亿元，执行省外招商引资项目607个，到位资金877.51亿元，增长24.4%。深入开展项目建设大比拼活动，项目团队管理规范运行，新建项目开工率达到97.1%，为历年最高。发挥"三区"产业发展主战场、经济增长主引擎作用，兰州新区新引进产业项目136个，投资660亿元，高标准规划建设全产业链绿色化工园区，以新材料等九大产业为主体的现代新兴产业框架基本形成，预计生产总值增长18.5%，增速继续位居国家级新区前列，被评为"2019绿色发展优秀城市"。高新区突出"高""新"发展主调，加快推进"一谷五园"建设，高新技术企业达到308家，高新技术产业增加值占到生产总值的三分之一。经济区统筹推进"一区六园"发展，编制完成皋兰生态修复与产业发展示范区起步区控详规划，用地指标争取工作积极推进，北拓发展步伐全面加快。预计高新区和经济区生产总值分别增长7.5%和7%。

（二）致力推动"都会城市、精致兰州"建设，城市面貌呈现崭新气象。启动编制国土空间总体规划，着力优化空间功能布局。轨道交通1号线一期工程开通运行，2号线一期工程进展顺利，兰州迈入"地铁时代"。中通道等重大项目开工建设，东岗立交桥重建、青白石互通立交、川海大桥等工程建成通车，新建兰州东、兰州北收费站并撤销5个收费站，打通疏解路20条，建成公共停车泊位5000个。新水源地项目建成通水。清理空中线缆121.2公里。城区居民生活垃圾分类收集覆盖率达到64.5%，无害化处理率达到100%。奥体中心、万达文旅城等新地标开工建设，兰州中心、名城广场、砂之船奥特莱斯等综合体开业运营。新型智慧城市加快建设，5G商用全面推开，兰州荣获"中国智慧城市建设进步奖"，"市民城管"项目获得"中国城市治理创新奖"优胜奖。

（三）致力实施乡村振兴战略，农业农村发展基础进一步夯实。整合投入扶贫资金12.87亿元，扎实开展"3+1"冲刺清零行动，贫困家庭子女义务教育巩固率达到100%，新建"扶贫车间"40个、"百千万"就地转移劳务基地28家，农村四类重点对象存量危房全部清零，饮水安全巩固提升工程年度任务全面完成。优化"九区十带"农业产业布局，建成"互联网+"现代农业示范点5个，新改扩建规模养殖场62个，特色产业种植面积达到109.4万亩。永登县苦水镇成功入选全国"一村一品"示范镇。开展特色农产品产销对接活动，兰州高原夏菜直供粤港澳大湾区。国际花卉拍卖交易中心西北分中心投入运营。全面推进农村"三变"改革和集体产权制度改革，新评定省级合作社示范社24家。压实"菜篮子"市长负责制，做好重要农产品生产保供稳价工作。实施美丽乡村示范行动，扎实推进农村厕所、垃圾、风貌"三大革命"，新改建农村户厕5.4万户、公厕474座，创建清洁村庄578个。建设"四好农村路"300公里。

（四）致力深化改革扩大开放，发展动力活力得到有效激发。市县两级政府机构改革任务全面完成，机构设置和职能配置进一步优化。"放管服"改革实现新突破，审批事项减少要件3982个，"金城办"APP开通运行，97%以上政务服务事项实现网上办理。实行企业开办"三零"模式，注册登记时间平均1.6个工作日，新增市场主体4.8万户。国资国企产（股）权改革持续深化，42户市属国有企业重组整合为24户，营业收入和利税分别增长7.6%和7.1%。投融资体制改革取得新进展，兰州金控公司挂牌运营，政府债务还本付息纳入预算管理，超额完成隐性债务化解任务。兰州新区获批建设国家绿色金融改革创新试验区。落实更大规模减税降费政策，全年减免税费70亿元。在国内首次承办国际田联路跑会议，成功举办2019兰州国际马拉松赛、国际篮联三人篮球U23世界杯等重大赛事。兰州新区获批国家外贸转型升级基地，兰州陆港型物流枢纽列为首批国家物流枢纽，兰州南亚班列被命名为"国家多式联运示范工程"，国际货运班列发运264列11883车，增长36.2%。新开行国际货运航线6条，中川机场年旅客吞吐量突破1500万人次。进境粮食口岸、汽车整车进口口岸、有色金属交割库建成。白俄罗斯格罗德诺市甘肃兰州特色商品展览中心、跨境电商公共服务平台和丝路跨境电商产业园投入运营。新设立外商投资企业7家，合同利用外资1.23亿美元。实现外贸进出口总额119.41亿元，兰州逐步成为"一带一路"向西、向南开放的重要支点。

（五）致力打好污染防治攻坚战，生态文明建设取得显著成效。开展大气污染专项整治行动，实施兰铝电厂超低排放改造、燃气锅炉低氮改造试点等项目，改造居民小火炉9.6万台。扎实推进"携手清四乱·保护母亲河"等专项行动，整治河洪道262公里，黄河兰州段干支流主要水质考核断面和县级以上饮用水水源地水质均100%达标。湟水流域红古段、黄河干流榆中段水污染综合治理项目稳步推进，西固污水处理厂提标改造工程完工，七里河安宁污水处理厂扩容工程开工建设，城区污水处理率达到96%。深入推进全域无垃圾专项治理行动，清理垃圾458万吨，处置危险废物13.6万吨。巩固提升国家园林城市创建成果，新增改造城市绿地114.16公顷，新改扩建小游园16个，彭家坪中央生态公园西园建成开放。有序实施大规模国土绿化，完成营造林12.68万亩，建设生态镇4个，绿化重点村14个。

（六）致力保障和改善民生，人民群众生活更加幸福美好。市级财政的80.5%用于民生支出，7件省列和10件市列为民办实事全部办结。实施普惠性人才政策，继续放宽落户条件，设立驻外人才工作站，赴北京等地引进高层次急需紧缺人才1662人，新增人口14.5万人。持续推进创业带动就业，发放创业担保贷款、求职创业补贴、就业补助资金4.71亿元，新增创业企业1.22万户。基础养老金标准持续提高，养老、工伤、失业三项社会保险缴费费率降低，减轻企业负担8.6亿元。城乡低保标准提高8%，城乡特困供养标准分别提高到11107元和5226元。棚户区改造开工1.33万户、建成1.44万户，改造老旧楼院40处，加装老旧小区电梯270部。教育资源供给不断扩大，新聘同工同酬教师982名，新建和改扩建中小学、幼儿园20所，新增学位1.64万个，公办园幼儿占比从上年的29.2%提高到40.7%，义务教育学校超大班额完全消除，大班额比例下降为7.32%。医疗卫生基础设施建设加快推进，分级诊疗制度更加完善，居民电子健康卡全面推广，县级以上综合医院远程会诊实现全覆盖。建成医养结合示范点50家，新增城乡社区日间照料中心55个，市养老服务平台投入运营。积极创建全国文明城市，扎实开展“一月一主题”和“十大突破”行动，精心组织新中国成立70周年系列庆祝活动，市民文明素质和城市文明程度不断提高。集中解决房屋产权登记发证历史遗留问题，化解涉企历史遗留问题50个。排查调处矛盾纠纷1.67万件，调解成功率达到99%。纵深推进扫黑除恶专项斗争，打掉黑恶势力犯罪团伙及村霸57个，“两抢”案件首次实现100%全破，命案现案连续三年100%全破，命案积案破案数、破案率和库存逃犯降幅均居全国第1位。消费品和食品药品安全形势总体平稳，安全生产、防灾减灾、应急管理工作推进良好。民族团结、宗教和顺局面进一步巩固。成功蝉联全省双拥模范城“九连冠”。兰州在2019全国省会城市和计划单列市民生发展指数排名中位列第11位、西部第1位。

（七）致力加强政府自身建设，行政服务效能有了新的提升。深入开展“不忘初心、牢记使命”主题教育，增强了政府系统干部守初心、担使命、解难题、促发展的本领。不折不扣落实中央和省市委重大决策部署，扎实推动中央脱贫攻坚专项巡视、国家脱贫攻坚成效考核、环保督察、扫黑除恶专项斗争督导等反馈问题整改落实。强化学习型政府建设，组织干部有针对性地赴外学习考察，借助全国市长研修学院等高端力量，培训提升广大干部专业能力。推进法治政府建设，深入开展“七五”普法宣传，提请市人大常委会审议地方性法规3件，制定修订政府规章4件、废止7件，行政执法“三项制度”全面实施。自觉接受市人大依法监督、市政协民主监督和社会舆论监督，办结市人大代表意见建议232件、政协提案403件。推行督查问责、“双清零”等工作机制，对7个突出问题启动“管理清零”。审计监督作用有效发挥，促进增收节支15.8亿元。我市在第四次全国经济普查中受到国家表彰。严格落实全面从严治党主体责任，坚决执行中央八项规定及其实施细则精神和省市相关规定，积极开展“基层减负年”“四察四治”专项行动，“三公”经费执行数压减6.24%，全市性会议、文件分别减少47.8%和47.3%。

同时，人防、气象、地震、档案、供销、慈善、公积金、机关事务、项目评审、退役军人事务、公共资源交易等工作扎实推进，工会、共青团、妇联、工商联、残联等群团组织桥梁纽带作用充分发挥，为全市经济社会发展作出了积极贡献。

各位代表，过去一年，能够取得这样的成绩实属不易，这是习近平新时代中国特色社会主义思想特别是习近平总书记对甘肃重要讲话和指示精神科学指引的结果，是省委、省政府和市委坚强领导的结果，是市人大、市政协监督支持的结果，是全市人民和社会各界共同努力的结果。这里，我代表市人民政府，向奋战在全市各条战线的人大代表、政协委员、广大干部群众，向各民主党派、人民团体、离退休老同志，向驻兰部队、武警官兵、公安民警、中央省属驻兰单位和新闻媒体，以及所有关心、支持和参与兰州发展建设的同志们、朋友们，表示崇高的敬意和衷心的感谢！

在总结成绩的同时，我们也清醒地认识到，当前兰州发展还存在一些不容忽视的问题：部分经济指标增速有所回落，经济下行压力依然较大，实体经济不强，民营经济不活，稳增长还需付出艰苦努力。新旧动能转换不足，创新能力还不够强，新的增长点不够多，营商环境还需持续优化。发展不平衡不充分问题比较突出，乡村振兴任务艰巨，城乡融合发展还需进一步提升。城市建设历史欠账较多，交通拥堵、停车难等问题尚未得到有效解决，教育、医疗、养老等社会事业还有不少短板。一些干部本领素质还不够过硬，担当精神和工作作风与新时代新形势还不相适应。对此，我们将既不畏难，也不回避，以更大的决心、更有力的举措加以解决，让广大群众感受到实实在在的变化。

二、2020年工作安排

今年是全面建成小康社会和“十三五”规划收官之年，要实现第一个百年奋斗目标，为“十四五”发展和实现第二个百年奋斗目标打好基础，政府工作责任重大。当前，兰州发展既面临着诸多的挑战，也面临着前所未有的机遇。从挑战来看，世界经济依旧处于深度调整之中，不确定性因素增多，增长持续放缓，国内经济下行压力加大，受国际国内大环境影响，我市稳增长、防风险、促发展的任务十分艰巨。从机遇来看，随着习近平总书记对甘肃重要讲话和指示精神全面落实，黄河流域生态保护和高质量发展上升为国家战略，“一带一路”建设纵深推进，新时代推进西部大开发形成新格局深入实施，现代化中心城市建设步伐持续加快，“一心两翼”城市框架不断拉开，基础设施领域补短板等政策利好充分释放，兰州高质量发展未来可期、大有可为。只要我们趋利避害、扬长避短，乘势而上、顺势而为，就一定能够迎来美好的前景，取得更大的成绩。

今年政府工作的总体要求是：以习近平新时代中国特色社会主义思想为指导，全面贯彻党的十九大和十九届二中、三中、四中全会精神，深入落实习近平总书记对甘肃重要讲话和指示精神，坚决贯彻党的基本理论、基本路线、基本方略，增强“四个意识”、坚定“四个自信”、做到“两个维护”，紧扣全面建成小康社会目标任务，坚持稳中求进工作总基调，坚持新发展理念，坚持以供给侧结构性改革为主线，坚持以改革开放为动力，加快建设现代化经济体系，推动高质量发展，坚决打赢三大攻坚战，全面做好“六稳”工作，保持经济运行在合理区间，统筹推进稳增长、促改革、调结构、惠民生、防风险、保稳定，进一步强化省会城市责任担当，加快建设现代化中心城市步伐，确保全面建成小康社会和“十三五”规划圆满收官，为努力谱写加快建设幸福美好新甘肃、不断开创富民兴陇新局面时代篇章贡献兰州力量。

今年经济社会发展主要预期目标是：生产总值增长6%；第一产业增加值增长5%；第二产业增加值增长4.8%，其中工业增加值增长4%，规模以上工业增加值增长4%，建筑业增加值增长7%；第三产业增加值增长6.8%；固定资产投资增长6%；社会消费品零售总额增长7%；一般公共预算收入增长3%；城镇居民人均可支配收入增长7%；农村居民人均可支配收入增长8.5%；居民消费价格指数涨幅控制在3.5%左右；单位生产总值能耗和主要污染物排放完成国家和省上下达的控制目标。

围绕实现上述目标，我们要做好打硬仗的充分准备，发扬斗争精神，全力以赴确保各项任务落地见效。在具体工作中，必须把握以下六个方面：

——必须牢记嘱托，全面落实习近平总书记对甘肃重要讲话和指示精神。越是形势严峻，越要坚持用习近平总书记对甘肃重要讲话和指示精神统揽全局，以强烈的担当意识和奋进姿态，埋头苦干，争创佳绩，不辜负习近平总书记的厚爱和期望。

——必须坚定信心，扎实做好“六稳”工作。认真贯彻落实中央和省市委各项决策部署，坚持稳字当头、以稳求进，着力扩大有效投资、激发消费潜力、拓展外贸空间，确保经济实现量的合理增长和质的稳步提升。

——必须补短强弱，坚决完成全面建成小康社会目标。坚持问题导向，对标全面小康指标体系，持之以恒抓重点、补短板、强弱项，确保与全国同步全面建成小康社会、实现第一个百年奋斗目标。

——必须加快转型，大力推进高质量发展。坚定不移贯彻新发展理念，深化供给侧结构性改革，落实“巩固、增强、提升、畅通”八字方针，以创新驱动和改革开放为两个轮子，切实增强发展的动力和活力。

——必须精准施策，全力打好三大攻坚战。扭住精准脱贫关键点，狠抓环境保护不放松，下好防控风险先手棋，确保全面完成脱贫攻坚任务，确保实现污染防治攻坚战阶段性目标，确保不发生系统性区域性金融风险。

——必须坚守初心，自觉践行以人民为中心的发展思想。始终把人民放在心中最高位置，持续加强普惠性、基础性、兜底性民生建设，不断提高城市治理现代化水平，让改革发展成果更多更公平惠及广大群众。

今年重点抓好九个方面工作：

（一）聚焦推动高质量发展，着力构建现代产业体系。培育壮大生态产业。突出重点、精准发力，优先发展文化旅游、通道物流、数据信息、中医中药等产业，力争取得突破性进展。文化旅游产业，着力实施项目攻坚、文旅营销、景区建设、“六夜”体系构建和市场主体培育“五大突破工程”，加快建设黄河风情线和河口古镇、青城古镇，全面提升白塔山、兰山、兴隆山、什川古梨园、树屏丹霞、石佛沟等景区品质，做大A9创意国际等文化产业园区，推动文旅产业快速发展。通道物流产业，抓好国家物流枢纽城市和流通领域现代供应链体系试点城市建设，推进多式联运物流园、公航旅金融仓储基地等重点项目，建设面向“一带一路”的重要物流基地。数据信息产业，积极推广5G、区块链、物联网等新技术，加快场景应用，推进丝绸之路信息港、网易（兰州）联合创新中心等重点项目，争创数字经济创新发展试验区。中医中药产业，依托兰州新区和高新区两大医药产业园建设，加快推进尚方堂现代中药与大健康产业园等重点项目，促进中医中药与生物医药、医疗器械等关联产业协同发展。统筹培育发展军民融合、清洁生产、清洁能源、节能环保、循环农业等其他生态产业。

着力重振“兰州制造”。实施工业强基和产品强质工程，引导支持兰州石化、甘肃烟草、兰州水泵厂、三毛集团等骨干企业建链、延链、强链、补链，强力推进中车兰州机车整体搬迁、宝方超高功率石墨电极等重点项目，形成新的工业增量。加快新一代信息技术为制造业赋能，培育网络协同制造、个性化制造、服务型制造等新模式，新创建智能工厂、数字车间6户以上，推动产业向绿色化、信息化、智能化方向迈进。着力推进产业循环化改造，打造国家级资源循环利用基地。

大力发展现代服务业。主动适应消费升级趋势，实施现代服务业提升行动。积极培育研发设计、商务和租赁服务等生产性服务业，创建一批省级工业设计中心和示范企业。促进线下线上消费协同发展，改造提升传统商业街区，鼓励发展智慧零售等新业态，支持本地电商企业做大做强，电商交易规模增长15%以上。积极对接引进商业银行、保险、证券等金融机构，争取平安银行在兰开业运营。深度开发中山桥等夜间旅游"打卡"地，丰富夜间消费，扮美"夜金城"、助力"夜旅游"、发展"夜经济"。

（二）聚焦实施创新驱动，着力增强发展动能。加快建设国家级创新平台。推进兰白自创区和兰白试验区一体建设、联动发展，抓好国家级双创示范基地建设，放大政策集成效应，合力打造科学新发现、技术新发明、产业新方向的创新策源地。全面拉开高新区定连片区建设框架，加快实施"三馆一中心"和城市绿廊等基础设施项目。落实普惠性扶持政策，用好兰州科技创新创业风险投资等各类基金，争取在生物医药、新材料、智能制造等领域形成一批应用型科研成果，培育打造瞪羚企业，引领和支撑高新技术产业发展。加强与北京中关村、上海张江等自创区的交流合作，探索成立协同创新联盟，开展从园区到园区、企业到企业的精准对接，促进科技资源共享共建。

推动科技成果转移转化。深入推进政产学研用协同创新，引导支持科研院所与骨干企业共同组建产业技术研究院和科技创新工作站，促进创新链与产业链、资金链、政策链有机融合，催生新产业新业态新模式。强化企业创新主体地位，引导支持企业加大科研投入，提高创新能力。鼓励高校、科研院所开展定向研发、定向转化、定向服务，帮助企业突破发展急需的关键技术。继续实施"十大科技项目"和"十大科技创新项目"，集中力量开展科技攻关。提升兰州科技大市场管理运营水平，继续办好兰州科技成果博览会和中国创新挑战赛（兰州）现场赛，为推动科技成果转移转化搭建平台、搞好服务。

实施人才优先工程。实行更加有效的引才留才用才政策，大力引进战略科技人才、科技领军人才、青年科技人才和高水平创新团队，推进30万大学生留兰就业创业行动计划，推动人才总量提升、结构优化。完善人才使用管理、评价考核、职称评定等制度，赋予用人单位更多自主权，充分调动人才的积极性和创造性。全面落实就业落户、房屋租购、子女就学、医疗服务等优惠政策，完善荣誉奖励评价机制，切实为人才发挥作用、实现价值提供保障。

（三）聚焦做大做强发展平台，着力培育壮大经济增长极。坚持"两翼"齐飞。支持兰州新区全力打造制造新区、产业新区、经济新区。聚焦"强龙头、补链条、聚集群"，打造有色金属新材料、商贸物流、先进装备制造等一批千亿级和百亿级产业集群，推动经济增速在国家级新区中继续保持领先。加快建设绿色化工园区，引进培育企业150家以上，完成投资100亿元以上。实施稀土、电镀等新产业项目，推动德福铜箔二期、高导新材料、高档铝箔等项目建成投产。做大做强广通、亚太等新能源汽车企业，构建整车制造、动力电池、储能电站等全产业链条，打造西北新能源汽车生产基地。强力推进榆中生态创新城建设。立足产业、城市、生态多元融合，加快编制生态创新城控详规划、专项规划和城市设计，构建全域覆盖、分层管理、分类指导、多规合一的规划体系。加快建设创新城规划展览馆、国道312线清水驿至傅家窑段改扩建、生态绿化及园林景观等重点工程，尽快撑起创新城"骨架"。同步强化招商引资，对接引进泰康、恒大等500强企业项目，着力培育经济发展新动能。

推动"两区"提质。致力做强高新区。聚焦"高""新"两大方向，加快建设"兰州肽谷"，协同推进军民融合、生物医药、纳米新材料、新能源等产业园建设，全力实施兰州生物药厂整体搬迁、智慧交通总部经济等重点项目，提升内生发展动力。致力做大经济区。突出战略转移、北拓发展，全面推进皋兰生态修复与产业发展示范区建设，编制完成示范区空间规划和专项规划，加快土地开发整理和基础设施建设。以吸引外资为重点，打造外经外贸发展平台，建设外向型经济集聚区。

促进园区多点开花。深化园区综合改革，以九州、连海、和平、三川口、兰州国际陆港五个省级园区为重点，探索推行"管委会+公司"模式，建立灵活高效的管理制度，推动园区市场化运营、专业化服务、特色化发展。继续完善水电路气等基础配套设施，落实园区工业用地、厂房租赁补贴等优惠政策，提高要素保障能力。支持区县因地制宜发展园区经济，培育壮大特色主导产业，形成错位互补的发展格局。

（四）聚焦狠抓项目建设，着力强化投资关键作用。集中精力抓项目。谋划实施项目1133个，年度计划投资1399亿元。全力抓好省列、市列重大项目，加快中川机场三期扩建、中通道、奥体中心等重点工程建设，强化大项目对投资的拉动作用。有序推进政府和社会资本合作，加快实施已确定的12个PPP项目。紧盯国家政策导向，向上争取基础设施、十大生态产业等项目。继续深化项目大比拼活动，高效务实抓项目、比学赶超促项目，以有效投资推动经济发展。

"两真四有"抓招商。坚持把招商引资作为顶级工作来抓，扎实开展招商引资"两真四有"攻坚年活动，深化项目凝炼储备、对接洽谈、签约落地、开工建设四大行动，力争省外项目到位资金增长8%。聚焦十大生态产业和园区、片区规划，紧盯京津冀、长三角、珠三角等重点区域，引进落地一批优质项目。高水平筹办第26届兰洽会，策划举办企业家校友兰州行等招商活动，推动签约项目数量和质量实现新突破。

破解难题抓落地。推行熟地招商模式，优先保障重大招商项目用地需求，加快实现从"项目等地"到"地等项目"的转变。用好政府专项债券，以出让国有资源资产和资产证券化等多种方式，补充基础设施建设项目资本金，保障项目建设资金需求。强化项目团队管理,实施"五定包抓"责任制,完善项目帮办代办机制,全力做好手续办理、征地拆迁、要素供给等服务工作,为项目快速推进清障搭台。

(五)聚焦提升城市治理能力,着力打造精致兰州。坚持规划引领发展。突出多规合一、全域管控,加快编制"十四五"发展规划和国土空间总体规划,推动实现"双增双控"和城市有机更新。着眼城市修补和生态修复,加强重点区域城市设计和规划管控,高水平编制黄河流域(兰州段)高质量发展、地下空间开发利用等专项规划,加大公共区域、城市出入口、重点街巷、建筑立面等风貌塑造,着力提升城市品质。

加强城市基础设施建设。启动实施中通道南延线等项目,全力实施轨道交通2号线一期、景中高速、城市主干道恢复等工程,继续打通一批疏解路,建设公共停车泊位6000个。加快公交基础设施规划建设,完善城市公交接驳,实现城乡公交全覆盖。加快推进华润未来城、轨道·城市曙光、荣光·陇汇广场等重点项目,建成黄河楼一期、鸿运金茂、金城中心等精品工程,打造城市新地标。实施雁滩、西站等片区整体开发试点,有效盘活土地资源,提升街区价值。

扎实做好"黄河文章"。立足让黄河之滨更加美,启动实施黄河流域兰州白塔山段综合提升改造、"读者印象"精品文化街区等重点项目,进一步打造百合公园、马拉松公园等滨河主题公园,提升滨水广场、沿岸河堤、音乐喷泉等景观风貌,构建黄河之滨生态景观体系。推进黄河风情线大景区特许经营,深化市场化运营,全面用活资源、做大资产。实施黄河兰州段水运提升工程,全面改造重点港区码头,拓展延伸"黄河旅游"精品航线,打造"夜游黄河"品牌。深入挖掘黄河自然人文价值,办好黄河文化旅游节等重大节会,讲好"黄河兰州故事"。

提升城市治理水平。持续开展"提升城市品质、打造精致兰州"三年行动和"十大精致项目"创建活动。厘清市区两级职责,推进事权统一,进一步理顺城市基础设施建设管理、供排水和绿化管理方面体制机制,健全完善网格化管理、"马路办公"等制度。推进城区环卫精细作业全覆盖,深化社区微治理,着力解决卫生死角、占道经营、乱堆乱搭等问题。全面完成建成区存量违建治理任务。完成151条道路线缆入地。启动垃圾处理循环经济产业园建设,推动生活垃圾分类投放运输,覆盖范围达到90%以上。建成智慧城市运行管理中心,打造城市"智慧大脑",让城市运转更加智能高效。

全力以赴争创全国文明城市。今年是新一轮创建全国文明城市总评大考之年,我们要以提高市民文明素质和城市文明程度为根本,让文明融入城市、走进生活,坚决打好创建文明城市这场硬仗。加大创建活动推进力度,持续开展"一月一主题"和"十大突破"行动,形成全面创建、全域创建、全民创建的良好氛围。严格对照测评体系标准,集中力量攻坚克难,确保高水平完成各项创建任务,争取跨入全国文明城市行列。

(六)聚焦城乡融合发展,着力推进乡村振兴。巩固提升脱贫攻坚成果。落实"四个不摘"要求,确保现行标准下农村贫困人口全部脱贫,防止脱贫人口返贫和边缘人口致贫。加强东西部扶贫协作和中央定点帮扶协调服务,拓展帮扶协作深度和精度。全面落实强农惠农政策,因地制宜发展"扶贫车间",完善产业带贫机制,促进贫困群众就近就业、稳定增收。进一步完善水电路网房等基础设施,加快教育、医疗、文化等公共服务拓展延伸,持续推动脱贫地区发展和群众生活改善。

加快发展都市现代农业。高度重视粮食安全,抓好粮食生产,稳定粮食产量。实施特色产业园区、种植基地建设工程,提升高原夏菜、百合、玫瑰等品牌价值,新增特色农产品种植面积4.5万亩。推动农业全产业链开发和标准化建设,促进农产品加工向精深化、高端化转变。培育壮大都市休闲农业、乡村观光农业和农村电子商务等新业态,建设一批现代农业园区和田园综合体。严格落实"菜篮子"市长负责制,加快恢复生猪生产,推进农产品三级市场建设,改造提升标准化智慧菜市场和社区便民服务网点。深化农村"三变"改革和农村土地"三权分置",推动农村集体产权制度改革试点取得实效。

不断改善农村人居环境。扎实推进农村环境"三大革命"和"六大行动",农村卫生厕所普及率达到60%以上。巩固农村环卫保洁长效机制,开展农村面源污染和污水治理,实施农村垃圾集中收集转运站项目。创建清洁村庄78个,建设美丽宜居乡村示范村15个,打造一批宜居宜游的特色小镇。

(七)聚焦打好蓝天碧水净土保卫战,着力加强生态环境保护。坚决扛起"保持黄河水体健康先发力带好头"的重大责任。积极对接黄河流域生态保护和高质量发展战略,围绕打造黄河上游重要的生态屏障区和水源涵养区,谋划实施黄河干流防洪治理完善提升、黄河两岸生态水系建设、南北两山生态修复等重点项目,推动黄河湿地资源保护性开发。严格落实河湖长制,统筹抓好综合治理、系统治理、源头治理,探索建立水土保持和洪沟治理责任制。加强涉水企业监管,加快七里河安宁、雁儿湾、盐场等污水处理厂提标改扩建,进一步完善城市雨污管网。深入开展"清河行动",巩固黑臭水体治理成果。抓好饮用水水源地保护,强化区域联防联控,确保黄河兰州段流域水质持续稳定改善。

继续深化大气污染防治。进一步压实各级环保责任,深入抓好中央环保督察反馈问题的整改落实。综合运用技防手段和网格化监管,全面强化燃煤锅炉、建筑扬尘、夜市油烟、汽车尾气、"四烧"等源头治理。严格落实石化、火电等行业特别排放限值要求，依法整治“散乱污”企业，实现主要大气污染物总量减排“十三五”目标。统筹推进全域清洁取暖，大力实施煤改电、煤改气工程，淘汰县城10蒸吨及以下燃煤锅炉，主城区基本建成“无煤区”。健全完善重污染天气预警和应急机制，环境空气质量优良率保持在80%以上。

全面实施生态绿化。扎实推进国家林业重点工程，加大自然保护区保护和城郊森林公园建设力度，完成营造林12万亩。实施建绿透绿工程，推广屋顶绿化和垂直绿化，推进背街小巷增容扩绿，打造城市“绿色生态廊道”。新增改造城市绿地80公顷。加快实施省门第一道面山治理、九州台景观提升、大砂沟区域环境综合整治等重点工程。进一步完善土壤环境质量检测网络，深入开展重点行业企业土壤污染状况调查，精准实施土壤污染治理和修复试点，坚决守住土壤环境质量底线。

（八）聚焦持续深化改革开放，着力重塑城市竞争新优势。持续优化营商环境。深化“放管服”改革，巩固提升“四办四清单”、工程建设项目审批和商事登记制度改革成果，加大证照分离、多评合一、多图联审等工作落实力度。加快建设“互联网+政务服务”四级体系，推动电子证照共享、手机移动终端和自助服务终端应用，促进信息共享和集成服务，方便企业和群众办事。推进“双随机一公开”、信用监管、大数据监管、“告知承诺+事中事后监管”等监管模式，严格审慎规范执法，维护良好市场秩序。

全力支持民营经济发展。始终坚持“两个毫不动摇”，对各类市场主体一视同仁，保障民营企业公开公平公正参与市场竞争。严格执行中央“支持民企28条”和省、市促进中小微企业发展政策，推行优惠政策“不来即享”兑现机制，全面落实减税降费各项措施。健全完善政企沟通机制，继续开展“千企万商大走访”活动，强化清单管理，有针对性地帮助民营企业解难纾困。健全中小企业公共服务体系，完善陷入困境优质企业的救助机制，推行中小微企业服务“补贴券”，支持民营企业做大做强。依法保护民营企业和企业家的合法权益，继续开展清理拖欠民营企业账款专项行动，下更大功夫解决民营企业历史遗留问题。

推进重点领域改革。强化投融资体制改革，优化市、区县两级财政分配关系，加强政金企合作，积极推动知识产权质押融资，做大政策性担保机构。加快建设兰州新区绿色金融改革试验区。推动兰州银行主板上市。积极稳妥化解政府性债务风险，确保政府债务控制在合理区间。继续抓好国资国企改革，推进国有资本授权经营试点，深化市属国有企业内部重组整合，加快实现从管企业向管资本转变。有序推动混合所有制改革，支持市属重点企业引入战略投资者，优化股权结构，增强发展活力。加快推动市属融资平台公司市场化转型，提升经营发展能力。深化要素市场配置改革，开展集体经营性建设用地入市工作，启动自然资源统一确权登记试点，推进国有土地资源资产核算试点，加强存量用地挖潜和低效用地再开发。

打造开放功能平台。积极抢占“一带一路”建设五个制高点，依托兰州国际陆港、新区综合保税区、中川国际航空港功能平台，争取兰州列入全国多式联运综合体试点城市、中欧班列集结中心和“一带一路”进口商品集散分拨中心。推动综合保税区—航空口岸—铁路口岸“区港联动”一体化融合发展，创建临空经济示范区。深化“兰州号”国际货运班列市场化运营管理，大力推广铁路运输“舱单归并”模式，积极与天津港、山东港等沿海大港共建无水港，加强与新疆、广西等地区口岸协作，优化货物组织运输，推动国际货运班列扩量增效。加快跨境电子商务综合试验区等试点建设，提升释放口岸功能，大力发展外向型经济。

扩大对外交流合作。加快推进兰西城市群建设，加强与西宁及沿线城市沟通交流，合作共谋向上争取项目、共建产业园区、共办节会活动，积极构建一小时经济圈。支持红古区与青海省民和县深度融合发展，推进甘青（川海）民族经济合作示范区建设，打造兰西城市群重要节点。加强同“一带一路”沿线国家和地区的产能合作与文化经贸交流，建设中新（兰州）国际物流产业园、兰州粮食现代产业园等国际产能合作基地。支持兰石集团、佛慈制药、新区商投等重点企业开拓国际市场，推动外贸进出口稳步增长。组织企业参加进博会、东盟博览会等重要展会，加大优势产业和特色产品宣传推介力度，促进项目合作和更多名优特新产品“走出去”。精心办好第八届中国—中亚合作论坛，认真筹办2020兰州国际马拉松赛、黄河对决国际武术节等赛事节会，不断扩大兰州的知名度和影响力。

（九）聚焦满足群众美好生活需要，着力加大民生建设力度。加快发展社会事业。优先做好就业工作，开展职业技能提升行动，扶持创业带动就业，新增城镇就业7.8万人以上。实施扩大教育资源促进教育优质均衡发展专项行动，加大教师培养力度，推动中小学区域集团化办学，开展“新教育”等实验，促进学前教育普惠发展、义务教育均衡发展、高中教育特色发展。推进“健康兰州”建设，加快实施兰州重离子医院、新区第一人民医院等重点项目，积极推行分级诊疗、家庭医生签约、医联体等新模式，努力为群众提供全方位全周期健康服务。深化医养结合，推广“幸福6+N”居家社区养老服务模式，建成市第二社会福利院老年养护中心。推进市图书馆、文化馆、美术馆新“三馆”项目建设，广泛开展群众性体育活动，丰富群众精神文化生活。

健全完善保障体系。落实各项社会保障政策，巩固全民参保计划成果。推进工伤保险扩面“同舟计划”，深入开展失业保险援企稳岗“护航行动”。健全特困人员救助供养制度，进一步提高城乡最低生活保障标准，实现应保尽保、托住底线。持续加大根治欠薪力度，切实维护劳动者权益。坚持“房住不炒”，完善住房保障机制，多渠道增加住房供给。

着力强化社会治理。以推动市域社会治理现代化和建设更高水平“平安兰州”为目标，践行新时代“枫桥经验”，推动治理重心向基层下移，实现政府治理与社会调节、居民自治良性互动。深入开展“七五”普法，进一步完善公共法律服务体系。持续抓好国防动员、人民防空和双拥共建，争创全国双拥模范城“九连冠”。扎实推进民族团结进步创建工作，依法加强宗教事务管理。全面做好安全生产和灾害防治，加强应急管理体系和能力建设，提高防灾减灾救灾水平。强化食品药品、产品质量、特种设备安全监管，积极争创国家食品安全示范城市。持续完善社会治安防控体系，纵深推进扫黑除恶专项斗争，深入开展打击“套路贷”“校园贷”、电信网络诈骗等专项行动，严厉打击侵害群众利益行为。

继续办好民生实事。不断满足群众对美好生活的向往，努力让广大群众拥有更多更直接更实在的获得感、幸福感和安全感，是我们前进的最大动力。今年我们将继续为民办好10件实事：一是新建扩建学校20所，增加学位1.6万个。二是建成人力资源社会保障综合园区。三是完成3万名农村妇女“两癌”检查；提高8万名困难群众基本生活标准；开展残疾儿童康复救助；创建开放科普基地100个，科普教育群众10万人（次）。四是实施100个小区老旧楼院改造项目，加装电梯300部。五是新开工棚户区改造项目1万户，基本建成1万户。六是建设规划路6条，完成“四好农村路”重点养护里程600公里，划设公交专用车道100公里。七是开展各类文化惠民活动550场次。八是改造提升近郊四区背街小巷20条。九是新改建农村户用卫生厕所3.6万户。十是新建黄河风情线健身步道8公里。

三、全面建设人民满意的服务型政府

高质量发展需要高效能政府。面对新形势新任务，我们将深入贯彻党的十九届四中全会精神，紧扣推进政府治理能力现代化，坚持守正创新，强化制度执行，着力提升政府治理水平。

（一）坚定信念，忠诚为政。坚持以政治建设为统领，深学笃用习近平新时代中国特色社会主义思想，进一步增强“四个意识”、坚定“四个自信”、做到“两个维护”，始终同以习近平同志为核心的党中央保持高度一致。切实把旗帜鲜明讲政治贯穿到政府工作全过程，深入贯彻习近平总书记对甘肃重要讲话和指示精神，坚决落实中央、省委省政府和市委的各项决策部署，以实实在在的工作成效，诠释对党和人民的绝对忠诚。

（二）锻造本领，科学施政。深入推进学习型政府建设，注重运用网络、新媒体等多种渠道，加大对新理念、新技术和新知识的学习力度，紧跟时代步伐，提高本领素质。继续强化干部能力培训和实践锻炼，拓宽视野、创新理念，培养专业作风、专业精神。坚持问政于民、问计于民，加强和改进调查研究，主动深入一线察实情、听建议、聚众智，使政府各项决策更贴市情、更接地气、更合民意。

（三）强化职责，实干勤政。着力完善行政决策、行政执行、行政组织、行政监督体制，加快推进政府机构职能优化协同高效。认真履行政府经济调节、市场监管、社会管理、公共服务、生态环保等职能，全面推行政府部门职责清单制度，提高政府的执行力和公信力。促进互联网、大数据等先进技术与政府治理深度融合，着力建设数字政府。健全以高质量发展为导向的考核评价体系，推行工作项目化、项目清单化、清单责任化，狠抓各项任务落地落实。

（四）崇尚法治，依法行政。深入开展法治政府示范创建活动，基本建成法治政府。完善政府立法机制，健全法律顾问制度，提高政府决策科学化、民主化、法治化水平。严格规范公正文明执法，认真做好行政复议、应诉等工作。自觉接受人大法律监督和工作监督、政协民主监督、监委专责监督，主动接受社会监督、舆论监督，办好人大代表建议和政协提案。推进政务公开，加强政策宣传解读，主动回应社会关切。

（五）永葆本色，廉洁从政。巩固“不忘初心、牢记使命”主题教育成果，切实减轻基层负担，力戒形式主义、官僚主义。一以贯之、坚定不移推进全面从严治党，严格落实主体责任，坚决守好廉洁底线。牢固树立过“紧日子”的思想，坚持开源节流、增收节支、勤俭办事，把有限的财政资金用在促发展、保民生上。坚决贯彻中央八项规定及其实施细则精神，加强重点领域、关键环节的审计监督和廉政风险防控，从源头上预防腐败行为发生，努力做到干部清正、政府清廉、政治清明。

各位代表！站在“两个一百年”奋斗目标的历史交汇点上，我们肩负的责任重大、使命光荣。让我们更加紧密地团结在以习近平同志为核心的党中央周围，高举习近平新时代中国特色社会主义思想伟大旗帜，在省委、省政府和市委的坚强领导下，只争朝夕、不负韶华，携手同心把工作成绩一笔一笔写在兰州大地上，确保全面建成小康社会和“十三五”规划圆满收官，共同谱写现代化中心城市建设的崭新篇章！

政协兰州市第十四届委员会常务委员会工作报告

（2020年1月15日在政协兰州市第十四届委员会第四次会议上）

市政协主席　李宏亚

各位委员：

我代表政协兰州市第十四届委员会常务委员会，向大会报告工作，请予审议。

一、2019年工作回顾

2019年，是新中国和人民政协成立70周年，是决胜全面建成小康社会的关键一年。在中共兰州市委的坚强领导下，市政协及其常委会坚持以习近平新时代中国特色社会主义思想为指导，认真学习贯彻党的十九大和十九届二中、三中、四中全会精神，深入贯彻落实习近平总书记对甘肃重要讲话和指示精神，增强"四个意识"，坚定"四个自信"，做到"两个维护"，紧紧依靠和团结带领全体政协委员，把初心使命转化为担当作为、干事创业的实际行动，以服务全市改革发展稳定大局为重点，按照坚持和完善中国特色社会主义制度、推进国家治理体系和治理能力现代化的战略部署，在建言资政和凝聚共识上双向发力，全面履行政治协商、民主监督、参政议政职能，推进人民政协协商民主建设取得了新成效，为促进兰州改革发展做出了积极贡献。

（一）以"不忘初心、牢记使命"主题教育为引领，不断夯实团结奋斗的共同思想政治基础

以高度的政治自觉，扎实推进全市政协系统的主题教育，带领党员干部、引领政协委员、激励各族各界人士，凝心聚力，团结奋进，为实现伟大梦想共同奋斗。

聚焦目标要求，确保主题教育取得实效。一是不断强化理论武装。通过中心组学习、专题读书班、研讨交流、领导讲党课等有效方式，读原著、学原文、悟原理，深钻细研、对标思考，突出对习近平新时代中国特色社会主义思想理论体系、精神实质和科学方法的理解和掌握，突出对坚持和完善中国特色社会主义制度、推进国家治理体系和治理能力现代化各项方针政策的理解和掌握，突出对习近平总书记对甘肃重要讲话和指示精神的理解和掌握，努力做到学思用贯通、知信行统一。深入学习中央、省委政协工作会议精神，紧紧围绕新时代政协工作的职能定位，研究提出工作思路和具体措施，向市委常委会汇报，积极推进贯彻落实。一年来，共组织党组理论中心组学习16次、专题研讨8次、支部和党小组学习115次、领导讲党课和专家辅导35次、集中培训和现场参观学习20余次，参加学习人数达到1800余人次。二是深入开展调查研究。领导带头示范，深入区县政协、党派团体以及企业、农村、社区，围绕加强和改进政协工作、推进改革发展深入调研，撰写了13篇调研报告，这些调研报告既有对原因的剖析，也有解决问题的思路和措施，切实体现了人民政协守初心、担使命的根本要求。三是全面深刻检视问题。严格按照"六个对照"的要求，深入剖析反思、主动对照检查、广泛征求意见，结合中央和省、市委巡视、督查、考核、考察反馈的意见，举一反三、自查自纠。严格按规定程序和要求召开民主生活会和组织生活会，深入开展批评与自我批评，有效提升了各级政协党组织的领导力、凝聚力和战斗力。四是着力推进整改落实。坚持边学边改、即知即改，有序有力推进，不断取得整改实效。一批问题迅速整改到位，对需要长期整改或多方协调逐步解决的问题，盯住不放、持续整改。细化、实化专项整治方面23个重点问题，强化措施、真改实改，切实把中央和省、市委对政协工作的各项部署要求落实到政协全部工作中。

深化政协党的建设，把党的全面领导贯彻落实到政协工作各方面全过程。坚持把党的全面领导作为政协必须恪守的最高政治原则，充分发挥党组在政协工作中的领导核心作用、基层党组织的战斗堡垒作用、政协组织中共产党员的先锋模范作用，持续推进全市政协系统党的政治建设、思想建设、组织建设、作风建设、纪律建设，把制度建设贯穿始终，深入推进党风廉政建设。深入学习贯彻加强新时代人民政协党建工作的意见精神，健全完善"党组书记负总责、分管领导勇于担责、班子成员齐抓共管"的工作机制，严格落实党建工作、意识形态工作和党风廉政建设"三个责任制"，层层传导压力。开展反面典型警示教育，严守纪律红线和廉政底线，努力营造良好政治生态。落实党的组织对党员委员全覆盖、党的工作对政协委员全覆盖的要求，继续调整优化党组织设置，规范党内政治生活，深入贯彻党支部工作条例，严格执行"三会一课"制度，组织13次党员志愿服务、19次主题党日活动，市政协机关党委获市直机关主题党日优秀案例奖，两个支部被命名为示范性党支部。扎实开展"基层减负年""形式主义、官僚主义专项整治"活动和"四察四治"专项行动，从政协实际出发，紧盯改进调查研究、为民营企业排忧解难、改进文风会风等具体问题，明确责任，从严整改，取得明显实效。

强化思想政治引领，携手各党派团体和各族各界人士共同进步。遵循习近平总书记关于人民政协要努力成为坚持和加强党的领导、团结教育引领各族各界代表人士、化解矛盾凝聚共识的“重要阵地”“重要平台”“重要渠道”的指示精神，不断强化思想政治引领。市委高度重视政协工作，专题研究部署政协工作，市委常委会定期听取政协汇报，市委领导对政协调研视察报告及时作出批示、提出要求。市政协常委会坚持、依靠和自觉接受市委的领导，及时请示重大事项、报告重点工作、反映重要情况，紧紧围绕全市中心工作履职尽责，做到市委中心工作推进到哪里，政协工作就跟进到哪里，建言助力就体现到哪里。组织各党派团体、政协委员和各族各界人士深入学习习近平总书记关于加强和改进人民政协工作的重要思想，引导政协委员利用自身影响力主动发声，在各界群众中宣传党的理论政策，积极反映社情民意，协助党委政府做好协调关系、理顺情绪、化解矛盾的工作。政协领导为政协干部、政协委员、基层群众辅导讲解习近平新时代中国特色社会主义思想、习近平总书记对甘肃重要讲话和指示精神、党的十九届四中全会精神，讲解市委市政府决策部署，把党的主张转化为社会各界的共识，凝心聚力、团结奋进。

（二）积极建言资政，紧紧围绕中心努力助推发展

着眼全市改革发展稳定大局和市委市政府中心工作，围绕经济建设、城市发展、文化教育、社会治理、脱贫攻坚等各个领域的重点难点问题，深入调查研究、多方建言资政，全年共开展17项重点调研视察，提出了许多有价值的意见建议，有效发挥了献计献策、助推发展的作用。

围绕长远发展献计党政重大决策。贯彻省委省政府关于兰州发展的重大决策部署和市委确立的“一心两翼”城市发展布局，围绕实施城市“东扩”战略，将“榆中生态创新城发展”作为常委会年度重点调研课题，主要领导带队，多次深入实地，详细了解发展现状和规划设计思路，分析面临的主要困难，并带领政协委员赴雄安新区、北京城市副中心考察取经，学习新发展理念和先进经验，提出高起点规划、高标准建设、高质量发展、深层次改革、有计划推进的发展思路和6个方面25条具体对策建议，省委常委、市委书记李荣灿及市委分管领导对《关于推进榆中生态创新城发展的建议案》作出批示，充分肯定“研究很深入，很有参考价值”，要求有关部门参考采纳。组织开展榆中生态创新城建设重点提案和建议案督办工作，持续推进重大决策之前和实施过程中的深入协商。

聚焦重点问题助推改革发展。围绕“转变作风改善发展环境建设年”活动，重点开展“营商环境建设情况调研”，多次深入民营企业、窗口单位、建设工地实地调研，与企业家、建设者和政府工作人员多方交流，并利用网络问卷等方式，听取群众意见，形成了《关于优化兰州营商环境的建议案》，围绕持续深化放管服改革、切实提高行政服务效率等提出5个方面19条建议，得到了市委市政府高度重视，李荣灿书记作出批示：“市政协这个课题报告，下了很大功夫，做了深入调研，提出的建议有很强的针对性。请各有关部门认真研究报告所提建议”。市政务服务局等部门采纳政协建议，加大简政放权、改革审批制度、提高服务效率等工作力度，取得了良好的资政效果。

着眼难点问题促进工作落实。调研棚户区改造，详细了解现状和存在的问题困难，提出抢抓政策机遇、科学谋划项目、强化规划引领、创新安置模式、拓宽融资渠道等13个方面的对策建议；调研文化产业园区建设，了解运营情况及在产业结构、科技创新、管理体制、政策体系、人才支撑、竞争能力等方面存在的困难，提出了一系列针对性建议；视察批发市场转型升级工作，提出了认真落实“一户一策”举措等4个方面的建议，李荣灿书记对棚户区改造、文化产业园区建设、市场转型升级三个调研视察报告作出批示，肯定报告“有分量”，要求“有关部门认真研究、吸收到下一步的工作中去”。根据市政府意见，发挥政协文史工作优势，开展对兰州城区道路命名工作的调研，提出了实施道路命名规划、扩大地名信息共享、加强地名文化遗产保护和完善管理法规等针对性建议，张伟文市长作出批示，对这项调研给予充分肯定，要求政府部门研究落实。开展脱贫攻坚工作系列视察调研，围绕建立脱贫攻坚长效机制、加强产业扶贫、推进乡村振兴，提出意见建议，在全国政协召开的六盘山片区政协精准扶贫工作推进会上做了交流。

跟进重点工作服务发展大局。认真学习贯彻习近平总书记“两个毫不动摇”的重要指示精神，严格按照市委统一安排部署，积极承担21个重大项目、10户重点企业、10家科研院所的走访任务，深入开展“千企万商大走访”活动，班子成员带领政协委员，先后走访轨道交通项目、第二水源地项目、兰州大学、众邦公司、电子商务商会等多家企业、高校和商会，调查研究、了解情况、发现问题，及时报告市委市政府，并协调相关部门研究解决。利用政协全会大会发言、委员提案、反映社情民意、参加省政协专题协商等履职平台，提出发展实体经济、扩大招商引资、鼓励民营企业转型升级、开拓东盟客源市场、发展中医药产业、发展特色农业等意见建议，努力为促进经济发展排忧解难、帮忙助力。

紧盯关键任务助力文明城市创建。全力投身创建全国文明城市工作，落实对口包抓责任，主席会议成员带领干部和委员深入13个街道和90个社区，宣传政策、指导工作，并深入驻区单位、楼区院落、背街小巷了解实情、总结经验、协调解决困难。发出《倡议书》，号召全市各级政协组织、各参加单位、广大政协委员积极投身文明城市创建。多方征求各界人士和广大群众对创城工作的意见建议，重点督办22件涉及创城工作的委员提案，为文明城市创建增砖添瓦。

积极开展“十大突破行动”“一月一主题整治”等活动，先后参与文化活动场所建设、全域无垃圾整治、背街小巷环境整治、交通秩序整治等“突破行动”，参与全民阅读、法制教育、科学普及、防灾减灾知识宣传等活动，营造浓厚的创建氛围。人民网多次专题报道兰州市政协“助力秋收·服务基层”主题创建活动，民主协商报以《为文明创建凝心聚力》为题专题报道市政协助力文明城市创建工作。

（三）广泛凝聚共识，汇聚正能量推进大团结大联合

紧紧围绕习近平总书记关于人民政协要发挥统一战线组织功能，坚持大团结大联合，努力寻求最大公约数、画出最大同心圆的指示精神，广泛凝聚人心、汇聚力量。

庆祝两个“70周年”，增强凝聚力和向心力。围绕新中国70华诞和人民政协成立70周年，在全市政协系统开展了形式多样、喜庆祥和的庆祝活动。组织政协委员深入学习中共党史、新中国史和统一战线历史、人民政协历史，树牢正确的历史观和大局观；召开全市政协系统庆祝新中国和人民政协成立70周年座谈会，组织政协委员和各族各界人士，回顾历史、畅谈感想、憧憬未来；协助举办全省政协系统“我和我的祖国，我和我们的政协”大型联欢会；举办庆祝人民政协成立七十周年理论研讨活动，组织开展“辉煌七十载、奋进新时代”等各类征文活动；围绕政协70年发展历程征集编印《委员风采录》、开展书画联展等活动。通过系列庆祝活动，展现了新时代人民政协的新风采，凝聚了爱祖国、爱政协的正能量。

搭建交流平台，广泛开展专题协商。围绕全市重大发展和民生问题，召开“推进实施乡村振兴战略”“完善健康养老保障机制”等8次专题协商座谈会，在深入调研的基础上，组织政协委员、专家学者同政府部门领导面对面交流协商，形成了一批协商成果。召开两次专题议政性常委会议，组织政协委员同政府领导围绕建设榆中生态创新城、优化营商环境两个常委会调研课题开展重点协商。充分利用大会发言进行集中协商，十四届三次全会上，57名委员围绕人才队伍建设、“放管服”改革、创建历史文化名城、推进国际陆港建设、为民营企业做好法律服务、推进垃圾减量分类等问题进行大会发言和书面交流，引起党政领导的高度重视和社会各界的广泛共鸣。

拓宽沟通渠道，不断创新提案协商。把提案协商作为沟通党政部门同政协委员和社会各界、听取意见建议的主渠道，组织制定、修订了市政协《提案工作办法》等6项制度，表彰十四届政协以来49件优秀提案，开展提案工作经验交流。采取向政府部门征求、网络公开征集等方式，丰富提案线索、提高针对性。协助推进“市长负责制”提案办理机制，主席会议成员带队开展“深化互联网+政务服务改革”“改造南山路小西湖瓶颈路段”等11件重点提案的现场督办，将403件提案全部按期办复。结合重点提案督办工作，首次合并开展建议案和提案落实情况跟踪视察。将承办重点提案的12个部门和单位全部列为提案双向评议对象，提升评议层次，扩大评议范围，提高评议工作质量和社会影响力。

扩大团结联系，不断凝聚各界共识。按照“建言资政和凝聚共识双向发力”的要求，制定并落实党组成员联系民主党派和党外代表人士、党员委员联系党外委员制度，利用走访慰问、工作约谈、征求意见和反映社情民意信息等渠道，开展了解诉求、宣传政策、凝聚共识的工作。走访调研政协委员所属企业，倾听意见建议、帮助解决困难。加强政协民族宗教工作和港澳台侨工作，积极开展民族团结进步宣传月活动、慰问活动、走访活动，宣传党的民族宗教政策。开展“依法管理宗教事务工作”调研，深入宗教场所详细了解我市宗教组织、宗教活动、教职人员和信教群众的情况，召开协商座谈会，围绕加强党对宗教工作的领导、加强宗教管理等问题，深入交流，提出建议，为贯彻党的宗教工作基本方针、促进宗教和睦社会和谐发挥积极作用，李荣灿书记对这项调研报告专门作出批示。组织港澳台侨界委员和人士开展学习、参观、调研等活动，开展兰州地区高校港澳台在校生和国际交流生情况视察，提出推动文化交流和经贸合作等建议。

加强工作联动，扩大交流交往。建立完善上下联动配合工作机制，积极参与、认真完成全国政协、省政协组织的活动、交办的工作，加强对区县政协的指导。配合全国政协、省政协调研组来兰开展宗教工作、学前教育、民营经济、生态产业、扫黑除恶、城市防汛、循环经济等16项调研、考察、视察。加强横向联合，配合外地和省内其他市州政协来兰开展资源保护利用、城市新区建设、委员联络管理培训等调研考察工作，相互交流、取长补短。组织文化界委员和书画艺术家，参加“一带一路”联盟城市政协书画联展，与淄博市政协共同举办“大河上下”书画名家精品展，以文化交流助推黄河流域生态治理和高质量发展。

（四）坚持履职为民，积极服务群众推进民生事业

认真贯彻落实以人民为中心的发展思想，把实现和维护群众根本利益作为出发点和落脚点，积极协助市委市政府解决好民生问题，开展了大量深入基层、了解民意、研究民生、服务群众的工作。

关注民生问题，建言民生事业。紧盯群众急难愁盼问题履职尽责，尤其是围绕“一老一小”民生关切，了解群众诉求、建言管理服务部门，其中关于老旧住宅加装电梯的建议，经过政协委员的建言、推进，得到有关部门高度重视，投入专项资金办好这一民生实事，得到市民群众的一致好评，人民政协报以《甘肃兰州市政协推动老旧住宅加装电梯工作——“悬空”老人出行难解决了》为题，在头版作了详细报道，民主协商报、兰州日报都作了相关报道。持续关注失独家庭这一特殊困难群体，视察失独家庭养老情况，提出可行

的建议。围绕中小学生家庭教育开展视察，深入分析家庭教育面临的问题和困难，围绕厘清责任、改善条件，以及解决单亲、重组、长期外出打工等特殊困难家庭家教问题，提出了思路建议。开展推进我市医养结合保障机制调研，针对我市养老服务供需矛盾、基础条件、发展水平、体制机制等方面的问题，提出针对性建议。还抓住群众反映强烈的“断头路”问题开展专题调研，提出打通断头路构建交通微循环体系的建议。开展全市社区矫正工作调研，为打造平安兰州、法治兰州建言献策。各界政协委员还围绕安全保障、交通管理、垃圾分类处理、街巷改造提升、殡葬改革等民生问题深入调研、多方反映群众诉求，切实发挥了党和政府与人民群众的连心桥作用。

反映社情民意，回应群众关切。表彰优秀社情民意信息，激发政协委员的积极性。修订市政协《社情民意信息工作规则》，进一步完善制度和工作机制。引导各界委员围绕党政重视、群众关心的企业发展、教育医疗、交通出行、城市建管、脱贫攻坚等问题，深入了解社情民意，全年共征集社情民意信息110多项，其中关于医保异地结算、传统产业改造提升、农村撂荒土地管理、火车站广场改造、小尺度街区建设、桃树坪小学异地安置、防止高空抛物、无障碍设施建设等建议，都具有较强的针对性。省委常委、市委书记李荣灿对“交通建设管理的建议”“无障碍环境建设的建议”作出批示，要求有关部门吸收采纳；副省长张世珍对“推动我省传统产业转型升级和打造优势产业集群的建议”作出批示，肯定建议“具有很好的借鉴、参考意义”，要求“省科技厅、商务厅、市场监管局、兰州新区等参考”。市政府领导对有关社情民意信息也作出批示，兰州新区管委会、市公安局、市交通委、市水务局等部门对一批委员建言及时采纳落实并作出反馈，有效发挥了政协社情民意信息反映群众意愿、优化政府决策的作用。

落实帮扶任务，助推精准扶贫。认真学习宣传贯彻习近平总书记对扶贫工作的重要讲话和指示精神，深入扶贫联系点开展宣讲辅导和调研走访。召开皋兰县脱贫攻坚帮扶工作推进会，把脱贫攻坚与实施乡村振兴战略紧密结合，安排部署脱贫攻坚帮扶工作。主席会议成员深入包抓乡镇及联系帮扶村，紧紧围绕“两不愁、三保障”的要求，着眼增强内生动力、建立长效机制以及推进基础设施、特色产业、环境整治、增产增收、危房改造等问题，协调各帮扶单位落实任务、推进工作。在市政协机关对口帮扶的九合镇李家沟村，加强驻村工作队力量，全面开展入户调研、项目进村、产业帮扶等工作，积极推进合作社建设、温室大棚建设、公路提升改造、村庄环境整治等项目，一名帮扶干部获得“全省脱贫攻坚帮扶先进个人”称号。

（五）加强自身建设，发挥专门协商机构作用夯实履职基础

贯彻落实习近平总书记在中央政协工作会议上的重要讲话精神，紧紧围绕党的十九届四中全会关于国家治理体系和治理能力现代化的要求和省市委的决策部署，切实加强专门协商机构建设。

全面加强制度建设。按照中央关于推动人民政协制度更加成熟更加定型的要求和程序合理、环节完整的原则，贯彻中央和省委关于新时代加强和改进人民政协工作的意见精神，对市政协现有工作制度、工作规则、工作流程进行系统梳理和集中修订，建立一批新的制度，在加强民主协商、改进调查研究、加强委员联络管理、加强自身建设等方面完善制度体系，提高制度的操作性，制定了加强班子作风建设、党外知识分子政治引领与教育工作、全体会议工作等方面的32项制度，修订了提案工作、社情民意、专题协商、团结联系、界别活动、政协宣传、专委会工作、委员履职等101项制度和工作规则，构建了新的制度体系。这项工作受到省委主题教育第一巡回指导组的充分肯定。

切实加强委员培训和联络管理。采取辅导讲座、集中培训、政情通报、论文征集、现场参观等多种形式加强委员学习，继续开展高层次培训，组织30名政协委员参加全国政协培训班。落实委员联络与量化管理考评制度，开展常委提交履职报告和述职工作，引导委员交上合格的“委员作业”。切实发挥委员主体作用，进一步完善调研视察、专题协商、大会发言、协商座谈、提案、社情民意等平台，为委员履职提供良好条件，招商引资、扶贫脱贫、文明创建、民主评议、特邀监督等工作，都发挥委员特长、挖掘委员资源，多层面发挥委员作用。2019年度委员参加调研视察365人次，参加专题协商350人次，参加提案督办90人次，参加界别活动141人次，履职参与率和履职实效稳步提高，1名政协委员入选“甘肃·陇人骄子”候选人，6名政协委员被评为兰州市首批金城萃英人才。

不断提升政协宣传和理论研究、政协文化文史工作。通过各大媒体做好政协宣传，全年刊登市政协新闻报道230多篇，市政协对近两年报道政协工作的好新闻进行了表彰，产生了良好的宣传效果。利用市政协网站、手机客户端等媒介上传300多篇信息和报道，用正能量占领网络阵地。落实意识形态工作责任制，加强网络、媒体、微信工作群管理，举办专题辅导讲座，强化正面宣传引导。完成兰州市人民政协理论研究会换届工作，开展“陕甘边革命历史暨南梁精神研究”“庆祝人民政协成立70周年理论研讨”征文活动，向省政协整理报送37篇论文，受到省政协理论研究会充分肯定。完成政协书画院换届工作，开展大型书画交流活动和书画笔会7次，送书画进乡村进企业进社区活动12次。加强政协文史工作，深入挖掘、研究兰州历史文化，召开五泉山修建100周年暨刘尔炘学术思想纪念研讨会，组织拍摄人文纪录片《刘尔炘》；逐步将历年的《兰州文史资料》上传到

市政协网站，开展《甘肃七十年改革发展建设纪事》史料征编工作，切实发挥存史资政、团结育人的作用。

持续加强政协自身建设。贯彻落实中央和省委政协工作会议精神，推进完成市政协和区县政协成立政协信息工作机构、委员联络管理机构的工作，帮助区县政协成立农业和农村工作委员会，充实了市县政协工作力量；加强协调指导，推进政协工作向基层延伸，安宁区、西固区率先在街道、乡镇建立政协工作联络机构，配备兼职工作人员，在基层单位建立“委员之家”。建成市政协网络履职平台和远程视频会议系统。加强干部队伍建设，组织班子成员和机关干部参加全国政协和省、市调训53人次，参加各类网上教育、辅导讲座等130余人次，推荐、选派4名机关干部到全国政协、省政协和扶贫帮扶点挂职锻炼，提升了干部履行岗位职责的能力和素质。加强干部日常管理，严格执行纪律规定。丰富机关文化生活，营造良好的工作氛围。

各位委员，一年来，我们所取得的成绩，是市委坚强领导的结果，是市人大常委会、市政府及有关部门和社会各界大力支持的结果，是全市政协各级组织、各参加单位和广大委员共同奋斗的结果，我代表市政协常委会向关心、支持政协工作的各级领导、各界人士，向全体委员表示崇高的敬意和衷心的感谢！

我们深切体会到，政协工作要务实高效、充满活力，在新时代有新作为，就必须始终坚持党的领导，牢牢把握正确的政治方向；必须把加强思想政治引领、广泛凝聚共识作为中心环节，不断巩固共同思想政治基础；必须坚持发扬民主和增进团结相互贯通、建言资政和凝聚共识双向发力，切实发挥专门协商机构作用；必须紧紧围绕群众所盼、党政所想、政协所能，建真言、谋良策、出实招、聚合力。我们也清醒地认识到工作中还存在薄弱环节，主要是协商议政内容和形式还有待进一步拓展和完善；建言资政和凝聚共识的效果还有待进一步增强；专门委员会和界别作用还有待进一步发挥；委员履职平台和渠道还有待进一步拓宽等。对此，我们将高度重视，切实加以改进。

二、2020年工作任务

2020年是全面建成小康社会和“十三五”规划收官之年，也是我市加快建设现代化经济体系、推动新时代兰州高质量发展的关键之年。新的一年，市政协工作的总体要求是：坚持以习近平新时代中国特色社会主义思想为指导，深入学习贯彻习近平总书记对甘肃重要讲话和指示精神，认真贯彻落实党的十九大和十九届二中、三中、四中全会及中央和省委政协工作会议精神，增强“四个意识”、坚定“四个自信”、做到“两个维护”，全面落实市委的各项决策部署，牢牢把握团结和民主两大主题，坚持建言资政和凝聚共识双向发力，充分发挥协商民主重要渠道和专门协商机构作用，进一步提高政治协商、民主监督、参政议政水平，不断凝聚共识，努力在决胜全面小康、建设现代化中心城市中更好地体现政协作为、展现政协担当、作出政协贡献。

（一）牢记初心使命，在强化理论武装上不停步

不断巩固“不忘初心、牢记使命”主题教育成果，继续深入推进理论武装，以学习贯彻习近平新时代中国特色社会主义思想为引领，把深入学习贯彻习近平总书记对甘肃重要讲话和指示精神、党的十九届四中全会精神、中央和省委政协工作会议精神，作为重大政治任务，采取各种有效方式，原原本本学原著，认认真真悟原理，学懂弄通、学深悟透、融会贯通。要结合发挥人民政协在国家治理体系和治理能力现代化中的重要作用，从我市政协工作实际出发，深入研究贯彻落实的思路和措施，配合市委筹备召开市委政协工作会议，在落实省委加强和改进人民政协工作的《实施意见》上先走一步、有所突破、作出示范，团结带领党员干部、政协委员和各族各界人士在习近平新时代中国特色社会主义思想的伟大旗帜下携手前进。

（二）提高政治站位，在坚持党的全面领导上不动摇

坚持把党的全面领导坚决落实到政协工作的全过程和各方面，进一步提高政治站位，把准政治方向，坚定政治立场，推动各民主党派、无党派人士和各族各界人士携手新时代、落实新部署，发扬优良传统、忠实履职尽责，自觉做中国特色社会主义的亲历者、实践者、维护者和捍卫者。坚决贯彻党中央大政方针和省市委各项决策部署，严格执行重大事项请示报告制度，确保政协一切工作都在党的领导下开展。认真贯彻新时代党的建设总要求，全面落实市委关于加强新时代人民政协党的建设工作的《实施意见》精神，发挥好政协党组把方向、管大局、保落实的领导作用，发挥好机关党委在加强机关党建中的重要作用，发挥好党支部的战斗堡垒作用，发挥好党员的先锋模范作用，发挥好中共党员委员对党外委员的带动引领作用，推动党的组织对党员委员全覆盖、党的工作对政协工作全覆盖，以党建高标准推动履职高质量。

（三）把握性质定位，在发挥专门协商机构作用上显担当

准确把握人民政协性质定位，更好发挥专门协商机构作用，做到“专”出特色、“专”出质量、“专”出水平。坚持围绕中心、服务大局，重点聚焦发挥兰州在黄河流域生态治理和高质量发展中的作用、在兰西城市群建设中的作用、在开创富民兴陇新局面中省会城市辐射带动作用和“一带一路”建设中重要节点城市作用等问题，围绕打好三大攻坚战、构建现代经济体系、补齐全面建设小康社会短板、创新驱动发展、高质量发展、建设“都会城市、精致兰州”、实施乡村振兴战略、保障和改善民生、编制“十四五”规划等市委、市政府推进实施的重大任务，广泛开展调查研究、协商议政、监督

建言等工作。把以人民为中心的发展思想贯穿工作始终，围绕实现人民对美好生活的向往，真诚倾听群众呼声，真实反映群众意愿，真情关心群众疾苦，切实发挥好政协委员联系群众桥梁纽带作用。完善协商于决策之前和决策实施之中的落实机制，进一步完善和规范全体会议、常委会会议、主席会议、月专题协商会、“面对面”提案办理协商等协商机制，探索开展网络议政、远程协商，加强基层协商，不断丰富协商形式，搭建更多协商平台，广开言路、集思广益，促进不同思想观点的充分表达和深入交流，形成既畅所欲言、各抒己见，又理性有度、合法依章的良好协商氛围，真正实现“有事好商量、众人的事由众人商量”。

（四）加强政治引领，在广泛凝聚各方共识上多作为

坚持把加强思想政治引领、广泛凝聚共识作为履职工作的中心环节，充分发挥人民政协的制度优势，把凝聚共识全面融入调研视察、协商监督等履职活动中，广泛汇聚正能量，共同为全市改革发展稳定增智添力。引导委员持续深入学习贯彻习近平新时代中国特色社会主义思想，学习党和国家各项方针政策，推动政协委员学习党的创新理论全覆盖，夯实团结奋斗的共同思想基础。进一步健全落实与委员谈心谈话、走访看望委员等制度机制，充分调动委员的履职热情。发挥政协大团结大联合的优势，密切同各党派团体、党外知识分子、非公有制经济人士、新的社会阶层人士、民族宗教界人士的交流，正确处理一致性与多样性的关系，把党的主张转化为社会各界的共识，把更多的人紧密团结在党的周围。

（五）坚持完善制度，在推动中央和省、市委决策部署落实上下实功

牢牢抓住制度建设这个“牛鼻子”，把守正和创新统一起来，不断推进履职制度建设，进一步坚持和完善理论学习、政协党建、调查研究、专题协商、民主监督、提案协商、社情民意、委员管理、专委会工作、机关建设等相关制度，完善制度体系，更好地发挥人民政协在推进国家治理体系和治理能力现代化中的重要作用。全力以赴抓好中央和省、市委政协工作会议精神的落实，将《中共甘肃省委关于新时代加强和改进人民政协工作的实施意见》逐项落实到位。积极主动向省政协汇报工作，加强对区县政协的联系指导，深入推进政协工作向基层延伸，积极搭建基层协商平台，建设一批“委员之家”，力争实现政协工作联络组在全市各乡镇街道全覆盖，为政协工作高质量发展进一步夯实基础。

（六）强化责任担当，在委员和干部能力素质上抓提升

深入贯彻落实习近平总书记“懂政协、会协商、善议政，守纪律、讲规矩、重品行”的要求，坚持不懈加强政协委员和政协干部两支队伍建设。在委员队伍建设上，以强化责任担当为重点，完善委员履职工作规则，落实委员履职档案、委员履职情况统计通报、常委提交履职报告和述职等制度，进一步加强对委员的管理。加强委员学习培训，继续组织委员开展高层次集中培训，更好发挥委员在政协工作中的主体作用。在干部队伍建设上，把不忘初心、牢记使命作为全体党员干部的终身课题常抓不懈，按照教育从严、要求从严、管理从严、监督从严的“四个从严”要求，努力打造高素质的机关干部队伍。强化“一线”思维，保持“一线”干劲，做好沟通协调、参谋服务、后勤保障、成果汇集、促进转化、政协宣传等工作，为推动政协工作提质增效提供有力保障。

各位委员，新时代赋予新使命，新征程呼唤新作为。让我们更加紧密地团结在以习近平同志为核心的党中央周围，在中共兰州市委的坚强领导下，不忘初心担使命、凝心聚力抓落实，努力推动人民政协事业高质量发展，为建设现代化中心城市、发挥在开创富民兴陇新局面中的辐射带动作用而努力奋斗！

兰州步入“地铁”时代

——兰州轨道交通发展纪实

兰州是典型的带状盆地城市。随着经济社会快速发展，兰州市常住人口和机动车数量激增，交通拥堵已经严重影响到市民的生活，建设轨道交通对于丰富市民的出行方式，缓解城市交通拥堵、节约利用城市空间、促进经济社会发展和提升城市形象具有重要意义。历届市委、市政府高度重视轨道交通，在主要领导的亲自推动下，经过兰州轨道交通建设者的不懈努力，于2019年6月23日上午9时30分，兰州轨道交通1号线一期工程开通试运营，标志着兰州正式步入“地铁”时代。这是兰州城建史上的重要篇章，也是新时期兰州加快建设“都会城市、精致兰州”进程中的一项崭新成绩。如今，选择轨道交通已成为市民的重要出行方式，正在潜移默化中改变着兰州人民的生活。

回顾兰州轨道交通发展，从概念到方案、到实施建设，再到开通运营，谱写了兰州轨道交通建设者的奋斗乐章。

兰州人民的“地铁梦”可追溯至40年前——1979年，兰州市第一次在国家批准实施的第二版总体规划中提出建设轨道交通。然而因各方面条件不成熟，这个提议被搁置多年。1992年，兰州市开始地铁建设的前期研究工作。2000年之后，兰州市曾先后3次委托不同设计单位编制《兰州市城市轨道交通线网规划》，将修建轨道交通纳入了城市综合交通规划，但由于条件限制，未能进一步启动轨道交通建设。直到2008年8月8日，随着兰州市轨道交通前期工作领导小组成立，建设轨道交通的各项筹备工作才全面展开。2010年9月6日，兰州市人民政府正式批复了兰州市轨道交通前期工作领导小组组织编制的《兰州市城市轨道交通线网规划》。至此，兰州轨道交通规划建设的大幕正式拉开。

兰州轨道交通1号线一期工程开通仪式

兰州轨道交通线网共由5条线路组成，线网总长228公里，共设置100座车站，其中换乘站12座。

1号线：西起西固区石岗，东至城关区东岗镇，线路全长约34公里，是主城区东西向的主骨架线路。

2号线：西起西固区化工南路，东至城关区雁滩雁北路，线路全长约37公里，

1号线一期工程首发列车到达东方红广场站

是东西向的第二条主骨架线路。

3号线：南起兰州火车站，北至青白石片区，线路全长约24公里(含5公里支线)，为中心城区辅助线，解决了城关区黄河两岸的出行联系。

4号线(榆中线)：是主城区向东部城区辐射的市域快线，西起城关区万达广场，东至夏官营大学城，线路全长约52公里，与1号线衔接共同形成城市东西向大动脉，拓展了城市向东发展的空间。

5号线(新区线)：是主城区向兰州新区辐射的市域快线，南起兰州火车站，北至兰州中川机场，支线延伸至兰州新区公铁走廊，线路全长约81公里(含13公里支线)。

2011年1月25日，兰州市城市轨道交通建设管理办公室成立。2011年7月11日，中共兰州市委、市政府印发了《关于加快轨道交通建设的若干意见》，为轨道交通项目顺利实施提供了有力的政策保证。同年10月10日，由兰州市轨道交通建设管理办公室代表市政府履行出资人职责，注册成立了兰州市轨道交通有限公司(以下简称“市轨道公司”)。自此，兰州轨道交通发展步入快车道。

2012年6月9日，《兰州市城市轨道交通近期建设规划(2011—2020年)》获得国家发改委批复。兰州市城市轨道交通近期建设规划包括1号线一期工程和2号线一期工程。

兰州轨道交通1号线一期工程(以下简称“1号线一期工程”)东起城关区东岗，西至西固区陈官营，全线约25.9公里，全部为地下线，共设20座车站，从东到西分别为东岗、焦家湾、拱星墩、省气象局、五里铺、兰州大学、东方红广场、省政府、西关、文化宫、小西湖、七里河、西站什字、兰州西站北广场、土门墩、马滩、兰州海关、兰州城市学院(省科技馆)、深安大桥南、陈官营站；设两座主变电站，在东岗设车辆段，陈官营设停车场，采用A型车6辆编组。

兰州轨道交通2号线一期工程(以下简称“2号线一期工程”)自东方红广场站，终至雁北路站，全线约9.06公里，共设9座车站，依次为：雁北路、雁园路、雁南路、五里铺、定西路、公交五公司、火车站、邮电大楼、东方红广场，排洪南路设停车场，采用A型车6辆编组。

2014年3月28日，1号线一期工程全线开工建设。工程建设历时5年，全面攻克了征地征收、管线改迁、资金筹措、道路疏解、复杂地质施工条件等难题，已建成投运。

1号线一期工程征收工作涉及城关区、七里河区、西固区、安宁区四区，其中涉及国有土地共42家单位、360户住户，拆迁面积116245平方米，涉及集体土地375户，约253亩。为强力推进兰州轨道交通建设，省政府成立由相关副省长为组长的兰州轨道交通项目征地和房屋征收工作协调推进小组，市、区成立了由“一把手”牵头的领导小组，各区成立轨道交通征收办公室，通过签订目标责任书分解下达工作任务，重点难点问题一线协调。征收政策执行前后统一，一把尺子量到底。拆迁安置方式上，采取货币补偿与现房安置相结合方式，在拆迁同时就全方位启动“安家行动”。3个月时间，基本完成了征地征收主要工作任务，创造出了轨道交通建设征地征收的“兰州模式”。

1号线一期工程管线改迁过程中涉及热力、电力、通讯(含军用)、雨水、污水、供水、燃气等18家产权单位的管线，量大面宽，加之地下管线资料不全，改迁过程中，不断发现新增的管线，各类管线改迁又无法同步实施，施工难度不断加大。市轨道公司与各管线产权单位积极衔接协调，建立了管线权属单位与轨道交通参建各方的协调联系机制，及时协调沟通解决管线改迁过程中出现的各类困难和问题。累计完成管线改迁199千米。

1号线一期工程主要沿城市东西向主干道穿行，站点基本设置在城市主干道的主要交叉路口，施工对道路空间的占用或挤压，难免会影响沿线道路、交叉路口的通行能力，施工期间的兰州城市交通状况必将经受严峻的考验。为了做好交通疏解工作，市委、市政府高度重视，统筹考虑，提前采取了一系列应对措施，实施“畅交通”工程，全力改善城区市政基础设施。专门委托专业咨询机构对兰州市交通现状进行诊断，研究制定了城市道路交通组织疏解方案。为缓解施工期间的交通压力，市轨道公司和参建单位全力做好

兰州轨道交通1号线一期工程穿黄隧道贯通

各施工点的交通疏导工作，按照“先疏后进”的原则，对每一个站点，通过拆除部分绿化带或人行道的方法，按照“借一还一”或“借三还二”的措施，铺设车辆临时通行道路，以减少交通拥堵。在施工过程中，针对不同车站采取不同的施工工艺、施工工法，以缓解施工路段交通压力。

为全力保障1号线一期工程的建设资金，市委、市政府提出了以政府投入为引导、以市场化运作为途径、以资源性筹资为保障的资金筹措总体思路，省、市、区共同承担项目资本金，市轨道公司综合运用银团贷款、银行信贷、股权融资和信托融资，充分利用保险、证券等非金融机构的低息资金和通过发行企业债等多种方式，累计筹集资金198.16亿元。

1号线一期工程地质条件极其复杂。穿越黄河隧道主体结构位于黄河河面下40余米，在地铁隧道下穿黄河段，有富水、大粒径、高硬度的砂卵石地层，地层中有大量大粒径漂石，河床下卵石含量高达81.95%。在掘进过程中盾构机漏浆失压、击穿河床、河水倒灌、刀盘卡死等巨大风险随时发生，中国工程院院士、防护工程专家钱七虎教授将下穿黄河盾构施工定义为世界级技术难题。这一技术难题的攻克，成功开创了盾构安全下穿黄河的先例。

东方红广场红砂岩地层深基坑开挖施工

轨道交通建设者还破解了“不遇水坚硬无比，遇水迅速液化变成稀泥”的富水红砂岩地质深基坑施工难题。红砂岩层开挖后遇水强度急剧降低，软化流变，呈流砂状，水由坑外向坑内渗流的过程中，会将部分红砂岩同步带走，引起坑内积砂，坑外形成空洞。轨道交通建设者攻坚克难，通过设置坑外降水井，坑内咬合桩止水帷幕，全面攻克了基坑工程中红砂岩降水问题开挖及外运困难。

随着工程建设的推进，运营筹备工作也及时跟进。2015年5月14日，兰州市轨道交通有限公司运营分公司（以下简称“运营公司”）注册成立。运营公司成立后通过党建引领、健全机构、整章建制、人员培训、工程介入、物资储备、三权接管、联调联试、应急演练等推进运营筹备各项工作。制定了350项轨道交通运营制度。工程介入解决了运建设施工遗留问题10400件。

2018年12月30日，1号线一期全线联调联试正式启动，联调联试期间，运行图兑现率、列车正点率、信号系统故障率、站台门故障率、列车退出正线运营故障率、车辆系统故障率和供电系统故障率等关键指标全部符合国家标准要求。2019年3月10日，兰州轨道交通开始进行全线空载试运行。空载试运行阶段，模拟各种行车密度共执行列车运行图13套。2019年5月29日，市政府印发了《关于兰州市轨道交通票制票价的通告》，针对不同的乘客群体，制定了相应的票价优惠政策。当日，市轨道公司正式启动交通运输部“全国交通一卡通”系统密钥。2019年6月21日，获得《兰州市交通运输委员会关于兰州轨道交通1号线一期工程通车试运营的批复》，至此，1号线一期工程具备开通试运营全部条件。

2019年6月23日，兰州轨道交通1号线一期工程开通试运营！截至12月31日，1号线一期工程安全运营192天，运送乘客3248.79万乘次，客票收入10265.86万元，总客运周转量29116.9万乘次公里，单日最高日客运量达到22.69万乘次（2019年6月29日），日均客流16.92万乘次，开行列车5.36万列次，总运营里程119.81万车公里，高峰时段最小行车间隔290秒，全线最大高峰断面客流0.75万人次/小时（文化宫—西关上行区间），运行图兑现率、列车正点率均达到99.99%，轨道交通占兰州市公交出行总量的比例达到8%。为进一步提升兰州轨道交通运营服务水平，努力打造精品地铁、人文地铁、绿色地铁、智能地铁，满足广大市民便捷出行及多元化乘车需求，市轨道公司还拓宽思路和视野，借鉴国内成熟城市的轨道交通先进经验，积极探索推进智慧轨道建设，运用互联网大数据、区块链等前沿技术和现有二维码电子客票技术，同步开通了城市轨道交通二维码互联互通服务，成功实现了“兰州轨道”APP二维码与上海地铁“Metro大都会”APP二维码在乘车、扣费、行程查询、电子发票开具等方面互联互通的业务，使兰州成为我国首个应用区块链技术接入轨道交通二维码互联互通的西部城市，下一步还将陆续实现与杭州、南京、苏州、无锡等国内长三角地区以及青岛、厦门、徐州等其他城市轨道交通APP二维码的互联互通，兰州市民赴上述城市出差、学习、旅游等，乘坐当地轨道交通时，携带“兰州轨道APP”即可一“码”通行，开启愉快行程。

2号线一期工程建设进展顺利，项目建设资本金由省、市、区政府承担，其余建设资金由市轨道公司利用国家专项建设基金、地方政府专项债券、银团贷款、德国促进贷款筹集。截至2019年12月31日，累计完成投资33.95亿元。主体结构累计完91%（不含雁南路站），其中：雁园路站（2号线部分）、定西路站、公交五公司站、火车站、邮电大楼站、东方红广场站等6个车站主体结构已封顶，正在进行附属结构施

兰州轨道交通开通扫码出行

工;五里铺站—定西路站、雁北路站—雁园路站、雁园路站—雁南路站、公交五公司站—火车站、东方红广场站—邮电大楼站五个区间双线隧道已贯通。排洪南路停车场累计完成15.5%。管线迁改累计完成69.5%。

在实现1号线一期开通运营和2号线一期加快建设的同时,及时启动第二期建设规划报批。第二期建设规划拟上报4号线全线、5号线主线,线路总长128.1千米,总投资估算540.20亿元。2019年3月29日,《兰州市城市轨道交通第二期建设规划(2020—2025年)》已通过市政府第59次常务会审定。按照国家报批要求,市轨道公司已开展了《兰州市轨道交通第一期建设规划执行情况报告》的编制工作,待《兰州市轨道交通第一期建设规划(2011—2020年)执行情况报告》评审完成后,将根据评审结果及时与国家部委沟通确定第二期建设规划上报内容。

轨道交通运营扩大了市区中心商圈的辐射范围,为沿线商业带来了巨大的发展契机。按照"地铁+物业"(即地铁建设+沿线资源开发)的发展理念,市轨道公司积极开展沿线资源开发工作。主动争取政策支持,2014年以来,市政府出台了《支持轨道交通沿线资源开发的意见》《兰州轨道交通周边国有土地使用权作价、入股实施办法》和《兰州市城市地下空间开发利用管理办法》等多个支持文件,为资源开发提供了政策保障。市轨道公司注重政策落地实施,稳步推进资源开发工作。以兰州西站北广场和东岗车辆段兰州科技创新园(兰州软件园)为代表的"地铁商业"项目相继启动。截至2019年12月31日,兰州西站综合交通枢纽工程一期北侧高架车道、高架匝道、西津路下立交、环形天桥、北广场及地下空间已建成投用。兰州科技创新园(兰州软件园)一期工程已完成主体结构施工,东岗车辆段运用库上盖已建成可使用面积15.9万平方米。目前,市政府已引进网易(兰州)联合创新中心落地园区,计划2020年正式入驻。

小西湖商业开发项目已建成投入经营。1号线一期工程附属人防工程迎门滩(兰州海关站)、奥体中心(深安大桥南站)、东方红广场和五里铺站地下空间开发项目总开发面积222万平方米。兰州新区地铁商务中心及沿街商铺于2015年正式开展招租经营。2016年5月,兰州地铁商务酒店经营正式开业。2019年5月,兰州轨道·城市曙光项目开工建设,A区已完成投资5.13亿元,B区完成投资4.62亿元。

兰州轨道·城市曙光和兰州科技创新园效果图

市轨道公司作为兰州轨道交通经营的唯一主体,在加快轨道交通建设、提高运营服务质量和全面推进资源开发项目经营的同时,十分注重自身建设。已形成了由公司党委"把方向、管大局、保落实",公司董事会全面决策、经理层全力执行、监事会有效监督的法人治理结构。公司工会、团委等群团机构健全。现有职工2236人,中级及以上职称人员占总人数的17.75%。其中,有正高级职称人员3人;副高

兰州市轨道交通有限公司运营分公司工作人员

级职称人员115人;中级职称人员279人。

公司自组建以来,荣誉收获不断。公司党委书记、董事长段廷智同志荣获2018年甘肃省五一劳动奖章、2019年“中国地铁50年致敬人物”提名奖。

2015年,市轨道公司被评为兰州市优秀企业。

2016年,市轨道公司获得兰州市国资系统先进基层党组织、工会模范职工之家。荣获2016第三届中国西北金融高峰论坛“一带一路”金融合作与创新优秀企业案例奖。西津西路下立交项目荣获2016年度兰州市建设工程白塔金奖。

2017年,市轨道公司获兰州市“百佳诚信企业”、甘肃省五一劳动奖状。

2018年,兰州轨道交通区间隧道暗挖施工变形控制及预测预警技术荣获甘肃省职工优秀技术创新成果二等奖。该研究成果同年荣获“中国城市轨道交通协会2018城轨科技进步奖”二等奖。市轨道公司研究的《IT治理在城市轨道交通行业的应用探索》获得了中国城市轨道交通协会信息化专业委员会2018年度信息化最佳实践优秀案例奖。

2019年,市轨道公司5位同志入选兰州市“首席专家、青年专家工作室”企业经营管理领域专家库。17名员工获得“甘肃省技术标兵”称号。

未来,随着兰州市轨道交通线网的继续完善,轨道交通将凭借其运量大、时间准、速度快、安全舒适、绿色环保等优势,将有效缩短市民行程时间,大大减轻地面交通压力。兰州轨道交通发展将对促进城市经济快速发展,改善市民生活环境,建设宜居宜业宜游魅力城市产生重大影响。

(张仲彪)

1月

3日 兰州国家自主创新示范区建设领导小组会议召开，传达学习兰州白银国家自主创新示范区建设领导小组会议精神，审议《2019年兰州国家自主创新示范区工作要点》和高新区榆中园区城市设计方案，研究部署近期重点工作任务。

4日6时50分 55502次时速160公里动力集中动车组从兰州西动车运用所驶出，在兰渝线兰州至姚渡、兰州至陇南间进行有动力运用试验。

5日 "写一首情诗给兰州"全国著名诗人交流活动在兰州举行，20余位嘉宾应邀到场，分享心中与兰州的深层次情感交流，用诗意刻画出一个最具文学气质的美丽金城。

7日 国家海外高层次人才引进计划入选者、兰州大学核科学与技术学院侯小琳教授，因在痕量放射性核素分析、大尺度环境放射性示踪、核设施退役废物表征研究等领域作出的杰出贡献，荣获国际放射分析与核化学领域最高奖——赫维西奖章(2019 Hevesy Medal Award)，成为获得该奖章的第二位中国人。

8日 由兰州开往重庆北的D754次动车组列车从兰州站成功发车，由之前近12个小时的普速列车提速近5个小时，仅6小时59分便从兰州抵达重庆。标志着时速160公里动力集中复兴号动车组列车正式开跑兰渝线。

是日 2018年度国家科学技术奖在北京揭晓，两项兰州市"十大科技项目"(基于湿法凹凸棒石高值利用关键技术开发及应用项目和心脏瓣膜外科创新技术及产品的建立和应用项目)分获国家技术发明二等奖和国家科学技术进步二等奖。

是日 以"抢抓数字新机遇，培育转型新动能"为主题的中国兰州数字经济论坛在兰州新区举行，来自国内云计算、大数据研究领域的专家、学者、相关企业代表齐聚兰州新区，共享大数据经验成果，探讨数字经济建设，展望美好未来。

9日 交通运输部对兰州市创建绿色交通城市项目进行正式考核验收，考核组同意通过考核，兰州市成为西北地区第一个通过考核验收的绿色交通试点城市。

11日 兰州市重要的招商引资项目——兰州中心正式开业。

12日 兰州市公安局集中组织开展返还涉案财物仪式，共向130余名受骗群众返还财物2.05亿元。

13日 市委十三届十次全会暨市委经济工作会议召开，学习贯彻中央经济工作会议和省委十三届七次全会暨省委经济工作会议精神，总结上年市委常委会工作，分析兰州市当前和今后一个时期经济形势，安排部署2019年经济工作重点任务。

16日 文化和旅游部办公厅公示2018—2020年度"中国民间文化艺术之乡"名单，全国175地民间文化艺术上榜，兰州市永登县苦水镇"兰州太平鼓"榜上有名。

18日 2019中国马拉松风云会在人民网召开，会上公布了"2018最具影响力马拉松赛事排行榜"Top100，兰州国际马拉松赛位列第三，北京马拉松和上海马拉松排在前两位。

19日 位于城关区新港城张家滩1号的甘肃三木自行车博物馆开馆，该馆填补了甘肃省国有博物馆类型和藏品的空白。

20日 中国台湾特色商品展销馆正式入驻兰州新区，新区及兰州周边消费者在兰州新区即可购买到来自宝岛台湾的优特商品。

22日 市委农村工作会议暨深入学习浙江"千万工程"经验全面扎

实推进农村人居环境整治工作会议召开，传达学习习近平总书记和李克强总理对做好“三农”工作的重要指示批示精神、中央农村工作会议和省委农村工作会议暨深入学习浙江“千万工程”经验全面扎实推进农村人居环境整治工作会议精神，总结工作、分析形势，安排部署全市“三农”工作重点任务。

1日 榆中北山片区921路、922路城乡公交正式开通运营。

12日 市委副书记、市长张伟文主持召开市政府常务会议，研究“提升城市品质、打造精致兰州”三年行动方案、兰州市建设工程和道路挖掘工地文明施工管理规定等事宜。

13日 全市安全生产工作会议暨市安委会2019年第一次全体（扩大）会议召开。会议深入学习贯彻习近平总书记关于加强安全生产工作的重要论述，全面落实全国安全生产电视电话会议和全省安全生产工作会议暨2019年省安委会第一次全体（扩大）会议精神，通报2018年全市安全生产工作情况，分析面临的形势，部署2019年重点任务。

15日 2019年度市扶贫开发领导小组第一次会议暨中央扶贫专项巡视整改工作部署会议召开。会议深入学习《习近平扶贫论述摘编》和中央、省委脱贫攻坚有关会议精神，安排部署中央脱贫攻坚巡视反馈意见整改和2019年脱贫攻坚重点任务。

18日 市委政法工作会议召开。会议深入学习贯彻习近平总书记关于政法工作的重要论述，认真落实中央和省委政法工作会议精神，分析兰州市政法工作面临的形势，研究部署当前和今后一个时期的重点任务。

19日 兰州成为全国首批城乡高效配送试点城市。

20日 市委副书记、市长张伟文主持召开市政府务虚会议，传达学习《中共中央国务院关于支持河北雄安新区全面深化改革和扩大开放的指导意见》及省、市领导关于榆中生态创新城建设的批示精神。

22日 兰州市第十六届人民代表大会第三次会议在兰州市音乐厅开幕。

是日 兰州市举办2019年“春风行动”集中日活动 。

25日 市委常委会召开会议，传达学习习近平总书记在中共中央政治局第十二次集体学习时的重要讲话精神、省委常委会议关于榆中生态创新城规划建设工作有关精神以及省委、省政府主要领导相关批示精神，听取工作进展情况，研究部署下一阶段重点工作。

是日 兰州新区多式联运项目获国家27亿元贷款重点支持。

27日 中川国际机场三期扩建项目获国家发改委批复。

28日 兰州市文化旅游招商引资重点项目专场推介会在北京举行。

5日 兰州金融控股有限公司正式挂牌成立。该公司于2018年1月16日正式注册设立，公司注册资本50亿元，为市属重点国有企业，由市财政局履行出资人职责。

是日 兰州市治欠保支等工作得到了省解决企业拖欠工资问题联席会议调研组充分肯定。

10日 甘肃省文化和旅游厅公布2018年全省乡村旅游示范村评估结果，西固区河口镇河口村荣获兰州市唯一一个优秀村称号。

11日 兰州百合之路百公里城市山地越野赛获得“铜牌赛事”称号，同时，“兰马”也再次获得国际田联“金标赛事”称号，延续属于西北第一马的“双金”时代。

12日 兰州新区规建局日前组织专家对“兰州·中国国际机械城项目修建性详细规划及设计方案”进行审查，方案通过专家组评审。项目建成后将是西北地区最大的机械集散地。

14日 兰州市连续七届荣获“全国无偿献血先进城市”称号。

15日 国际陆海贸易新通道货运班列首发仪式在兰州新区中川北站举行。兰州新区—钦州港—泰国曼谷货运班列的成功发运，标志着兰州新区中川北站铁路口岸作为南向通道关键节点的作用真正得到初步释放。

是日 2019兰州国际广告节——第48节届中国·兰州（春季）广告标识产业博览会，3月15日至17日在甘肃国际会展中心举行。

16日 兰州市首家跨境电商人才孵化中心在兰州交通大学挂牌成立。

22日 全省首个5G人工智能与大数据工程研究中心筹建签约仪式在兰州大学正式举行。兰州市大数据管理局与兰州大学信息学院、中国联通兰州分公司、东华软件股份有限公司、甘肃省文交所、甘肃奇誉科技有限公司签订合作协议，共同筹建甘肃省首个5G人工智能与大数据工程研究中心。

26日 以色列—兰州经济技术开发区项目推进办公室揭牌仪式在安宁区新城科技孵化大厦举行。

1日 兰州海关将全面实行新的进口货物增值税税率，进口货物原适用16%增值税税率的下调至13%，原

适用10%增值税税率的下调至9%。

2日 市轨道公司申报的"兰州地铁隧道下穿黄河强透水卵漂石地层关键技术研究"荣获中国城市轨道交通协会城市轨道交通科技进步奖二等奖。

是日 《兰州市历史文化名城保护规划》获省政府批复，为兰州历史遗产保护和城市更新发展提供法定依据。

3日 首列"兰州号"中欧纸浆专列抵达兰州新区。此"兰州号"纸浆专列共16车，1040吨纸浆，从俄罗斯伊尔库茨克州出发，历时19天抵达兰州新区中川北站物流园。

是日 庆祝中华人民共和国成立70周年"建设者之歌"在兰州启动。

是日 中国田协官员一行5人抵兰考察2019国际田联路跑会议筹备工作情况。

7日 由省委宣传部、甘肃演艺集团共同主办的"好戏周周演"系列活动之"周末有戏看"惠民演出活动在兰州启动。

9日 兰州市再添一个国家级创新平台，国家发展和改革委员会正式批复天华院组建"化工过程节能环保技术及装备国家地方联合工程研究中心"。

是日 由兰州大学文学院张进教授担任首席专家的国家社科基金重大项目"丝路审美文化中外互通问题研究"推进会暨国际学术研讨会在兰州大学举行。

13日 兰州树屏丹霞景区一期工程在永登县树屏镇杏花村正式开工。

是日 第三届"爱阅读爱兰州"2019阅读嘉年华在兰州音乐厅启幕。

16日 甘肃公示2018年度18个摘帽退出贫困县，兰州市榆中县、永登县在列。

是日 黄河风情线文旅驿站设计大赛初评结束，27个优秀设计方案在初评环节脱颖而出。

19日 第九届"中韩友好林"植树活动在兰州九州台举行。韩国驻西安总领馆总领事金柄权带领领事馆馆员、企业界代表和韩国在兰人士及兰大留学生一行与市相关部门领导共35人参加活动，栽下105棵友谊树。

是日 甘肃省轮滑运动协会在兰州成立。

20日 兰州市图书馆"读经典 学新知 链接美好生活"全民阅读推广系列活动拉开帷幕，为四月的金城增加浓浓的书香味。

21日 "桃花迎春·约会兰州"喜迎中华人民共和国成立70周年—第36届兰州桃花旅游节开幕，并举行重点项目推介会暨签约仪式。

22日 兰州文化旅游资源暨招商项目推介会走进广州，向广东及港珠澳地区推介兰州文化旅游资源，推广精致兰州，精致旅游。

24日 兰州市文化和旅游局与重庆市文化和旅游发展委员会签订《战略合作框架协议》，进一步加强两地区域旅游经济合作，促进两地旅游产业发展，实现两地优势互补，资源共享，市场联动，信息互通，推动两地旅游经济快速发展。

26日 兰州极地海洋馆人工繁殖6只北极小狼崽，这也是甘肃首例人工饲养繁殖的北极狼。

27日 "2019兰州国际马拉松赛体育文化嘉年华活动"在黄河风情线近水广场启动，喜迎"2019兰州国际马拉松赛"的到来。

28日 庆祝中华人民共和国成立70周年"都会城市 精致兰州"——礼赞环卫工人主题摄影展在兰州美术馆隆重开幕。

5月

6日 参与兰州市林业局陆地野生动物调研项目的兰州大学生物多样性研究团队，在位于兰州市榆中县北山地区的贡井林场拍摄到了野生金钱豹活动的影像。

7日 在2019年全国U20女子自由式摔跤锦标赛中，兰州市体工队名将蒋倩以不败战绩，赢得76公斤级金牌。这是她在不到两个月时间内，第二次登上全国比赛最高领奖台。

8日 甘肃兰武国际陆港管理运营有限责任公司挂牌成立，标志着甘肃省在打造"丝绸之路经济带甘肃黄金段"与国际陆海贸易新通道战略部署上迈出重要一步。

9日 兰州市农业农村局与广州市农业农村局在广州签订"粤港澳大湾区'菜篮子'"建设合作框架协议，兰州高原夏菜将以更直接的方式进入粤港澳地区。

是日 12家全国著名老字号企业在"2019助力中国品牌成长"论坛上，入选"新华社民族品牌工程·中华老字号振兴行动"，兰州佛慈制药股份有限公司榜上有名。

12日 2019年赫维西奖(Hevesy Medal Award)颁奖典礼于日前在匈牙利首都布达佩斯举行，兰州大学核科学与技术学院侯小琳教授荣获本年度国际放射分析与核化学领域最高奖——赫维西奖。

13日 兰州市首个跨行业、跨层级、区域型基层党建联盟——"兰州西站综合交通枢纽党群服务中心"正式揭牌成立。

16日 为期3天的首届兰州美丽健康产业博览会暨第五届西北国际美妆产业博览会在甘肃国际会展中心举办。

是日 由兰州市人民政府主办，兰州市文化和旅游局、兰州演艺集团承办的2019兰州市首场惠民演出——《巅峰德意志》在兰州音乐厅举办。

21日 兰州中川机场海关正式揭牌开关，成为受兰州海关管辖的正处级隶属海关。

是日 甘肃省税务局、青海省税务局在兰州联合启动“兰州—西宁城市群税收经济分析合作框架”，主动将税收工作融入区域高质量发展大局，助力兰州—西宁城市群经济社会协同发展。

24日 第二届“甘肃·祁连山高峰论坛”在兰州举行。国内知名专家、企业家济济一堂，聚焦“新机遇、新作为、新形象”主题，围绕甘肃十大生态产业发展与脱贫攻坚、抢抓5G新机遇、民营企业转型升级等热点领域进行探讨交流。

31日 由国际田联主办，中国田径协会、兰州市人民政府承办、北京中迹体育管理有限公司协办的2019国际田联路跑会议在兰州市开幕，来自中国、美国、英国、法国、日本、意大利、丹麦、希腊等50个国家和地区的协会领导、行业专家、波士顿马拉松、芝加哥马拉松、纽约马拉松、北京马拉松、上海马拉松、厦门马拉松等123个赛事组委会，约450人参会。嘉宾齐聚金城，共襄全球路跑盛举，共谋路跑运动发展。此次会议是国际田联首次将年度路跑会议落户亚洲、落户中国，是我国迄今承办的路跑领域级别最高的国际会议。

6月

1日 兰州市举行扫黑除恶“陇风一号”集中行动誓师大会。

2日 2019兰州国际马拉松赛成功举行，来自19个国家和地区的40007人参赛。大赛设5公里、半程、全程等项目。其中，全程12896人，半程7172人，健康跑（含家庭跑）19939人。

5日 兰州市人民政府与甘肃银行签订战略合作协议，进一步密切政银合作、实现优势互补，借力金融加快兰州高质量发展。

11日 兰州市开展医疗器械“清网”行动，全面强化医疗器械网络销售监督管理，保障公众用械安全。

13日 召开全市经济运行分析调度暨“放管服”工作推进会，贯彻落实全省经济运行调度工作电视电话会议精神，分析研判当前我市经济运行和“放管服”改革推进情况，调度解决工作中存在的困难和问题。

14日 2019中国西部（兰州）体育产业博览会在甘肃国际会展中心开幕。

是日 兰州市连续七届荣获“全国无偿献血先进城市”荣誉称号。

16日 中央扫黑除恶第十九督导组第一下沉组进驻兰州市开展督导。

17日 兰州市人民政府、杭州网易质云科技有限公司、杭州迦伟科技有限公司签约共建网易（兰州）联合创新中心项目，积极推动兰州市在大数据平台搭建与应用、云计算与云服务、智能制造、电竞游戏、电子商务领域全产业人才培养与梯队建设等领域向纵深发展。

20日 市委财经委员会召开第二次会议，传达学习贯彻党中央有关文件和省委财经委员会第一次会议精神，研究兰州市经济发展重点难点问题，审议并通过市委财经委员会工作规则、办公室工作细则和今年工作要点，安排部署了下一阶段重点工作。

21日 市委常委会召开会议，传达学习《习近平关于“三农”工作论述摘编》和习近平总书记对垃圾分类工作重要指示精神，安排部署兰州市具体贯彻落实意见，审议《兰州市人民政府西宁市人民政府关于省会城市共建兰西城市群合作框架协议》。

22日 甘肃省复制推广自贸区第五批18项改革经验中的11项内容，兰州市、兰州新区和国家级经济技术开发区先行先试。

是日 开展“黄河十里风情线·全民禁毒共创建”兰州市创建全国禁毒示范城市暨国际禁毒日大型宣传活动。

是日 市委副书记、市长张伟文会见尼泊尔商会会长、尼泊尔—中国工商会会长拉杰什·卡齐·施雷斯塔一行。

23日 兰州市轨道交通1号线一期工程全线开通试运营仪式在东方红广场站举行。兰州正式进入“地铁时代”。

24日 中国移动甘肃公司5G（第五代移动通信技术）产业数字化联盟“牵手计划”启动会在兰州召开，甘肃移动5G产业数字化联盟率先成立，标志着甘肃省5G发展进入产业互融、共创、共赢的实质性应用阶段。

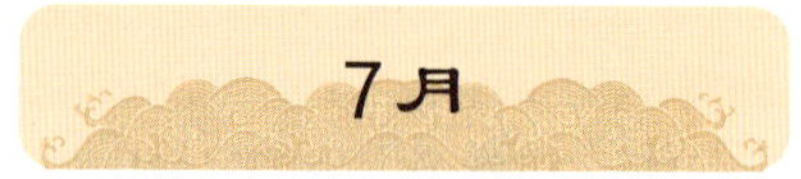

7月

1日 兰州新区举行重点项目集中开工仪式，集中开工20个产业项目，总投资135.6亿元，涵盖先进装备制造、大数据、精细化工、新材料、食品加工、现代农业等重点产业。

2日 在2019中国国际化营商环境高峰论坛暨《中国城市营商环境投资评估报告》发布会上，兰州新区成为19个国家级新区中获评中国（区域）最具投资营商价值的新区。

4日 第二十五届中国兰州投资贸易洽谈会开幕式在兰州隆重举行，“一带一路”沿线42个国家和3个国际组织、13个国家部委、25个省区市、新疆生产建设兵团和港澳台地区的嘉宾参会。在共建“一带一路”500强企业高峰论坛暨“兰洽会”兰州市重点项目签约仪式上，兰州市共签约省列项目125个，投资总额903.07亿元，同比增长14.2%。

5日 “兰洽会”丝绸之路城市可持续发展论坛在兰州市举行，来自海内外的嘉宾齐聚兰州，共话城市可持续发展趋势，共商城市可持续发展之策。

是日 兰州市驻外人才工作站集中授牌仪式暨异地甘肃商会“双招双引”对接会在白云宾馆召开，市委人才工作领导小组与14个兰州市驻外人才工作站共建单位签订目标责任书和合作协议，为兰州市驻外人才工作站授牌，为15名兰州市招商引资顾问颁发聘书。

7日 兰州市首个国医大师中医传承基地工作站在兰州市中医医院揭牌。

10日 兰州至敦煌开通动车，运行时间由13个小时左右缩短至8个小时左右。

11日 2019全国药店周暨中国医药创新发展大会在山东济南举行，在大会公布的“2018年度中国中药企业TOP100(前100名)排行榜”中，兰州佛慈制药股份有限公司位列其中。

22日(美国旧金山时间) 兰州科技创新(硅谷)工作站在美国中关村硅谷创新中心正式揭牌成立。兰州市科技局与中关村(国际)控股公司签署了《“兰州科技创新(硅谷)工作站”合作协议》。

23日 兰州市召开创建全国文明城市工作推进会暨重点区域专项整治部署会议，分析全市第二季度实地测评中存在的问题及产生的原因，安排部署下一阶段创建工作和重点区域专项整治工作。

24日 由兰州市人民政府、兰州大学、兰州高新区管委会和绿色催化专家智库理事会共同主办的“2019第二届兰州自主创新论坛”在宁卧庄宾馆召开，16位院士和39位专家以及多位知名企业家出席本次论坛。

25日 农业农村部和省政府在榆中定远联合举行2019甘肃特色农产品贸易洽谈会，进一步推动甘肃省特色农产品与国内终端大市场建立长期稳定的购销渠道，促进农产品销售。

是日 主流媒体助力“一带一路”建设主旨演讲暨全国党报党媒社长总编兰州行大型采访活动，在兰州大学逸夫科技馆正式启动。

31日 市政府召开第九次全体会议，传达学习省委十三届九次全会、省委财经委员会第二次会议、市委十三届十一次全会和市委常委会(扩大)会议暨市委财经委员会第三次会议精神，深入分析上半年全市经济运行情况，查摆问题、研究对策，确保圆满完成年度各项目标任务。

是日 由科技部火炬中心组织的“第四届中国创新挑战赛组织工作培训班”在兰州市举办。火炬中心副主任李有平、甘肃省科技厅副厅长葛建团、兰州市副市长宋柯等参加开班仪式并讲话。来自全国25个挑战赛承办地省(市)科技厅(局)及高新区、具体承办机构及科技服务机构的160余人参加培训。

8月

1日 由中共兰州市委宣传部主办，兰州市民办教育协会、甘肃智尊京典文化艺术传媒有限公司等单位承办的“一带一路”中国·兰州首届文化艺术教育发展研讨会在兰州大学大礼堂举行。

是日 “弘扬英雄主义精神·传承红色基因‘纪念中华人民共和国成立70周年暨兰州解放70周年’大型图片实物展”在雁儿湾当代美术馆开幕。

2日 市委常委会召开会议，学习传达中共中央办公厅、国务院办公厅有关文件精神以及省委教育工作领导小组第一次会议精神，传达学习全国安全生产电视电话会议精神，安排部署兰州市具体贯彻落实工作。

是日 由中国台球协会主办，兰州市台球运动协会承办、海林桌球俱乐部协办的2019中国职业斯诺克巡回赛(惠州站)兰州站资格赛在兰州市台球运动协会训练基地正式开杆。

6日 省委常委、市委书记李荣灿，市委副书记、市长张伟文率兰州市党政代表团在青岛市考察学习城市规划建设管理，并就深化两地合作交流、实现互利共赢等方面进行沟通对接。

7日 第九届兰州黄河文化旅游节暨沿黄城市文化旅游专场推介会在兰州开幕。

8日 榆中县获评省级农民工返乡创业示范县。

9日 兰州姑娘王媛媛入选2020年东京奥运会女排名单。

10日 在2019年(第十七次)全国物流园区工作年会上，甘肃(兰州)国际陆港荣获“2019年度全国优秀物流园区”称号。

12日至17日 第一届国际核物理青年科学家学校(NUSYS)在兰州举办。来自美国、德国、法国、日本、韩国、克罗地亚和中国各研究机构的60多位研究生、博士后和青年科技骨干参加了本次活动。此次活动由中科院近代物理所和中国科学院大学核科学与技术学院承办，中国高等科学技术中心、兰州大学、中国原子能科学研究院、北京大学、北京航空航天大学、复旦大学、清华大学等单位协办。

13日 市政协召开“纪念刘尔炘先生座谈会”。市政协副主席王璇参加。

15日 由艾力彼主办的中国医院竞争力排行榜500强颁奖典礼在兰州召开，大会上发布了2018届中国医院500强。兰州市中医医院荣获“2018届·中国中医医院·竞争力排行榜·500强医院”荣誉。

16日 第七届兰州国际鼓文化艺术周暨第八届兰州国际民间艺术周开幕。来自西班牙、俄罗斯、韩国、斯里兰卡等四大洲10个国家的鼓乐团队和10支国内鼓乐队联袂表演了不同风格的鼓乐艺术。

20日上午 兰州市青少年事务社会工作服务中心在团市委雁宁路青年之家正式揭牌成立。该服务中心由团市委、市检察院联合指导成立，致力于服务青少年成长发展、维护青少年合法权益、预防青少年违法犯罪等方面工作。

21日 习近平总书记来到兰州，前往黄河治理兰铁泵站项目点，俯瞰堤坝加固防洪工程，沿步道察看黄河两岸生态修复和景观建设情况，听取甘肃省和兰州市开展黄河治理和保护情况介绍，指出甘肃是黄河流域重要的水源涵养区和补给区，要首先担负起黄河上游生态修复、水土保持和污染防治的重任，兰州要在保持黄河水体健康方面先发力、带好头。

是日 网易兰州联合创新中心开园仪式暨2019CITC创业大赛西北赛区总决赛在兰州市举行。该中心是西北地区首个开园运营的基地，同时也是西北首个聚焦于科技文创领域的创新中心。

是日 “2019中药海外发展论坛”在兰州举行，来自巴西、加拿大、美国、德国、俄罗斯、泰国等多个国家以及国内相关领域的专家学者、企业代表齐聚一堂，共同“把脉”中医药的海外发展之路。

22日 兰州佛慈制药股份有限公司与上海中医药大学战略合作协议签署仪式在佛慈制药产业园举行，双方将在特色产品供应、中医药产业技术提升、产学研平台建设、新产品研发与应用、联合人才培养以及终端医生培训等多方面开展深度合作。

是日 兰州海关隶属金城海关签发全省首份升级版中国—东盟自贸协定优惠原产地证书。该证书由甘肃华羚酪蛋白股份有限公司申请，主要货物为出口泰国的工业级干酪素，预计将为企业减免进口国关税约6000元人民币。

24日 市委常委会召开扩大会议，传达学习习近平总书记视察甘肃重要讲话和全省领导干部大会精神，安排部署兰州市具体贯彻落实工作。

是日 兰州市食品药品检验所举办院士专家工作站揭牌仪式。兰州市食品药品检验所院士专家工作站是庞国芳院士在全国建立的第一家工作站。

26日 市政府与全国市长研修学院签订战略合作框架协议，并举办全市城乡规划建设专业能力提升专题培训班，邀请全国城乡规划建设领域的专家，对兰州市广大干部进行专题培训，不断提升全市城乡规划系统干部的综合素质和专业能力。

29日上午 “金城文化名家”工作室授牌暨增补的“金城文化名家”聘任会召开。本次会议择优从“金城文化名家”中确定了27人，作为领衔人建立“金城文化名家”工作室，增补了25名“金城文化名家”。兰州市委常委、市委宣传部部长王宏出席会议并讲话。

9月

2日 中国地震台网正式测定，北京时间2019年9月2日0时23分，在兰州市榆中县发生3.3级地震，震源深度13千米。

5日 城关区联合兰州大学举办“城关区双创园·兰大园区(会宁路双创示范街)”启动仪式，并签订共建园区合作协议。

6日 国务院第六次大督查第十五督查组合理扩大有效投资组抵达兰州新区开展实地调研督查，并召开督查工作座谈会。

8日 省委副书记、省长唐仁健在兰州新区调研时强调，要深入学习贯彻习近平总书记视察甘肃重要讲话和指示精神，践行新发展理念，聚力十大生态产业，加快推动新区高质量发展。

是日 2019兰州新区半程马拉松赛暨兰州市第47届兰州新区第7届环城赛在兰州新区鸣枪开赛，万名选手在新区的大道上竞技、奔跑，首次迎来国际选手的参与。

10日 兰州市召开主题教育部署会议，动员全市各级党组织和广大党员干部进一步统一思想认识，明确目标任务，以高昂的政治热情开展好“不忘初心、牢记使命”主题教育。

12日 国家发展改革委、交通运输部联合印发《关于做好2019年国家物流枢纽建设工作的通知》，甘肃(兰州)国际陆港入选全国陆港型物流枢纽建设名单，兰州新区中川北站物流园作为辅枢纽成功入选。

21日 “农业大数据产业技术创新战略联盟兰州分中心”落户新区。

是日 中国—以色列产业创新合作论坛在兰州举行 。

22日 第四届兰州科技成果博览会科技合作与成果交易项目签约仪式在甘肃国际会展中心举行，共组织签订成果转化转移项目合同218项，签约金额17.1亿元。

是日 首届兰州黄河风情线大景区百公里徒步活动在百合公园启动。

25日 兰州首届黄河之滨音乐节揭幕，以“流动的河水，流彩的乐章，流淌的音乐”为主题，以“名河、名桥、名人、名城”人文品牌，为中华人民共和国成立70周年、中山桥建成通行110周年献礼。

27日 甘肃华夏文化博览园在七里河区开建。

29日 甘肃省首个“无人警务室”在兰州市公安局东侧大厅上线运行。

10月

2日至6日 2019年国际篮联三人篮球U23世界杯在甘肃国际会展中

心举行。此次比赛是2020年东京奥运会前的重要积分资格赛之一，也是甘肃省近年来举办的级别最高、参赛国家最多的国际A级赛事，来自五大洲33个国家和地区的男女40支球队参加比赛。

8日　甘肃(兰州)国际陆港管理委员会与新加坡太平船务有限公司签署中新(兰州)国际物流产业园项目投资合作协议。

9日　兰州市公安局DNA实验室被共青团甘肃省委、甘肃省公安厅授予“2017—2018”年度“全省青年文明号”荣誉称号。

10日　“爱在这里浓缩”兰州佛慈制药九十周年庆典在兰州新区佛慈制药科技工业园举行。

是日　由国家体育总局和兰州佛慈制药股份有限公司联合主办的“佛慈制药”杯全国广场舞锦标赛总决赛在甘肃兰州黄河之滨近水广场举行，来自全国各赛区晋级的12支代表队齐聚兰州，为金城市民奉献了一场广场舞盛宴。

11日　“甘肃彩车在兰州开展仪式”在甘肃会展中心举行。

14日　第五届“润民健康杯”国家亚麻籽油产业技术创新战略联盟大会暨《亚麻籽油》国家标准宣贯会在兰州市举办。

17日　马拉松公园开启“精致兰州·荧光夜跑”。

18日　历时两年半建设，兰州青白石北互通立交项目建成顺利通车。

是日　2019首届西部健康人文论坛在兰州召开，此次论坛是第三届中国医学人文大会的延伸与拓展。

19日　2019“兰山·跑嗨”十公里越野赛在皋兰山大豁岘开跑。

24日　甘肃德福新材料有限公司年产5万吨高档铜箔项目一期投产暨二期开工仪式在兰州新区举行。

是日　绿地中国丝路国际科技会展中心·产业园区项目签约暨开工仪式在兰州新区举行。

25日　兰州市东岗立交桥通车。

是日　公安部召开的全国公安机关庆祝中华人民共和国成立70周年安保维稳工作总结表彰大会上，兰州市公安局交警支队被授予“集体一等功”，这是兰州公安交警史上的最高荣誉。

26日　榆中县青城镇入选首批“甘肃特色气候小镇”。

是日　兰州市首届“环卫工人节”暨“最美环卫工人”“环卫岗位标兵”表彰大会在金城剧院隆重召开。

是日　“艺术兰州·2019兰州国际影像双年展”在兰州市当代美术馆开幕。

28日　首列俄罗斯进口亚麻籽货运专列运抵兰州新区，这是进境粮食指定监管场地获批以来，兰州新区商投集团独立开展完成的首批进口油料作物，标志着商投集团与俄罗斯之间“优质粮油”贸易渠道逐步打开。

是日　兰州市政务服务平台“金城办”在兰州市政务服务中心举行新闻发布会暨上线启动仪式，标志着兰州市“互联网+政务服务”建设迈上了一个新台阶，也标志着兰州市移动政务服务建设步入高速发展阶段。

11月

2日　第十二届甘肃农博会在甘肃国际会展中心开幕，15家企业现场向1725户贫困户捐赠251吨有机肥。

5日　在扬州举办的中视协第十二届中国旅游电视周暨首届中国大运河文化国际电视周上，兰州打造的大型纪录片《兰州匠人》喜获旅游电视专题“好作品”奖。

9日　由甘肃省委网信办主办的“政通甘肃”首届政务号大会在宁卧庄宾馆举行，“文明兰州”喜获甘肃省首届政务最具影响力抖音号。

12日　兰州市新型智慧城市顶层设计编制启动会在兰州组工大厦召开，标志着新型智慧城市顶层设计工作取得实质进展，将为实现“都会城市，精致兰州”城市发展目标提供有力抓手。

15日　“我和祖国共成长”红色经典歌曲群众性合唱展演暨国歌国旗国徽知识宣讲活动，在兰州市城关区金轮广场隆重拉开帷幕，本次活动是兰州市庆祝中华人民共和国成立70周年系列活动的延续。

17日　第四届中国创新挑战赛(甘肃)兰州现场赛在兰州举行，来自全国85支团队挑战兰州市企业的51项技术创新需求。

19日　“搭平台、助脱贫、创品牌、拓市场”兰州市特色农产品产销对接活动在兰州国际高原夏菜副食品采购中心举办，10家农产品流通企业与华润万家现场签约60种商品，年销售额约400万元。

20日　中国市场管理学会召开“共治新餐饮·共赢新经济”圆桌研讨会，兰州市市场监督管理局荣获“2019餐饮安全治理举措创新奖”。

21日　兰州市大数据管理局机关党支部在第二届全国党建创新成果展示活动中荣获“百优案例”荣誉。

22日　新兰州东收费站开始试运行。该收费站的建成运行对于改善兰州出入口交通、完善城市路网具有重要意义。

23日　“兰州市退役军人及现役军人家属就业创业专场招聘会”举行。本次招聘会共吸引退役军人及现役军人家属等3700多人入场求职，1135人与用人单位达成意向协议。

是日　第四届兰州市志愿服务项目大赛决赛在兰州大学第二临床医学院举行。兰州市无偿捐献遗体器官志愿服务队推报的真“心”实“胰”——无偿捐献器官志愿者关怀体系获得金奖。

是日　在昆明召开的2019(第十七届)中国物流企业家年会上，兰州新区商投集团荣获“2019中国物流十佳成长型企业”荣誉称号。

28日 兰州市与北京市海淀区宣传思想文化工作友好合作市区签约仪式举行。

是日 “唱响法治主旋律传播法治正能量”司法行政十大原创金曲献祖国活动揭晓仪式在北京举行，由兰州市城关区司法局报送的歌曲《守护》荣获优秀歌曲奖。

12月

3日 兰州—拉合尔国际定期全货机顺利起航，这是兰州中川国际机场开通的首条国际定期全货机航线，也是甘肃省打通的首条“中巴经济走廊”航线。

4日 首航节能迁址甘肃签约暨助力甘肃脱贫攻坚捐款仪式在兰州举行，首航节能董事长黄文佳与兰州新区管委会主任李东新签署迁址协议，并向甘肃省捐赠脱贫攻坚资金1000万元。

6日 兰州南亚国际班列被交通运输部命名为“国家多式联运示范工程”。

8日 兰州市和兰州大学联合在北京设立人才工作站，借助兰州大学校友会、甘肃商会等力量，吸引集聚各类优秀人才及团队来兰州干事创业。

10日 兰州留学人员创业园入选“中国留学人员创业园区孵化基地”。

12日 国务院正式批复兰州新区为中国绿色金融改革创新试验区，成全国第九个绿色金融改革创新试验区。

是日 全国台联党组书记、会长黄志贤一行赴榆中县开展帮扶调研和捐赠活动，捐赠帮扶资金9.5万元，为榆中县希望小学捐赠7台电脑。

13日 兰州网易联合创新中心项目一期建成投入使用。

16日 环兰高速公路收费站“撤五建二”工程完工，新建兰州东、兰州北收费站正式通车。

24日 中国互联网新闻中心（中国网）评选兰州市为“最具文化魅力旅游名城”和“2020年最值得旅行者去的中国旅游目的地”称号。

是日 本土纪录片《踢球吧，孩子》首获金鸡奖最佳纪录片提名。

26日 兰州机场迎来第1500万个乘客，吞吐量增幅位列千万级机场前三甲。

27日 市政府与北京中软国际信息技术有限公司签订战略合作框架协议，围绕成立“中软国际兰州数字经济创新基地”，共建“兰州市新工科产业学院”、共同举办“一带一路”世界软件产业生态大会等进行深度合作。

28日 环球时报社评选兰州为中国最具投资吸引力城市。

是日 兰州新区被第六届绿色发展峰会评选为“2019绿色发展优秀城市”。

29日 市政府与泰康健康产业投资控股有限公司签订战略合作框架协议，双方将通过全面深化合作，推动医养健康产业加快发展和榆中生态创新城建设。

30日 市委十三届十二次全会暨市委经济工作会议召开，认真总结今年市委常委会工作，分析研判我市经济形势，安排部署了明年全市经济工作；审议通过了市委常委会工作报告、《中共兰州市委关于深入学习贯彻习近平总书记视察甘肃重要讲话精神为努力谱写加快建设幸福美好新甘肃不断开创富民兴陇新局面时代篇章贡献兰州力量的实施方案》、《中国共产党兰州市第十三届委员会第十二次全体会议决议》。

31日 被称为兰州“西大门”的第一桥川海大桥建成开通。

兰州概貌

【地理位置】 兰州市位于北纬35°34′20″~37°07′07″,东经102°35′58″~104°34′29″,地处甘肃省中部,是中国陆地的几何中心。北部和东北部毗邻白银市的白银区和景泰县、靖远县;东部和南部与白银市的会宁县和定西市的安定区、临洮县及临夏回族自治州的永靖县相邻;西南部和西部与青海省民和县相连;西北部与武威市的天祝藏族自治县接壤。全市总面积13085.6平方公里。

【建置沿革】 兰州历史悠久,旧石器时代晚期,兰州市就有先民居住。夏商周时期,为羌戎居地。秦始皇三十三年(公元前214年)置陇西郡榆中县,为兰州市境最早的行政建置。汉武帝元狩二年(公元前121年)置金城县。汉武帝元鼎六年(公元前111年)置令居县(今永登县),在河桥镇置浩亹县。汉宣帝神爵二年(公元前60年),在今红古区花庄一带置允街县。西汉在今永登县苦水镇置枝阳县。汉昭帝始元六年(公元前81年),置金城郡,始领6县,后增至13县,今兰州市境有允街、浩亹、令居、枝阳、金城、榆中6县。十六国时期,前赵、后赵、前凉、前秦、后秦、西秦、后凉、南凉、北凉等占领过金城郡,其中西秦曾建都于兰州。隋文帝开皇元年(581年),置兰州,领金城郡。置兰州总管府,为军事建置。唐代,兰州领五泉、广武、狄道三县。唐代宗广德元年(763年)吐蕃占领兰州,一直到北宋仁宗。宋仁宗景祐三年(1036年),西夏在今永登县红城镇置卓罗和南监军司,并占领兰州。宋神宗元丰四年(1081年)收复兰州,宋与西夏隔黄河对峙。宋高宗绍兴元年(1131年),金占领兰州。元太宗六年(1234年),蒙古占领兰州、金州。明太祖洪武二年(1369年),徐达攻取兰州,降兰州为兰县、金州为金县,属临洮府。洪武五年(1372年),改庄浪州为庄浪卫,属陕西行都司。明惠帝建文元年(1399年),肃王移藩兰县,加强了明朝的统治。明宪宗成化十三年(1479年),升兰县为兰州。清圣祖康熙五年(1666年)陕甘分省,兰州为甘肃省会。清世宗雍正三年(1725年),改庄浪卫为平番县,属凉州府。清高宗乾隆三年(1738年),临洮府移兰州,改称兰州府,兰州改为皋兰县。兰州府领狄道州、河州、皋兰县、渭源县、靖远县、金县。乾隆二十九年(1764年),陕甘总督移驻兰州,管辖今陕西、甘肃、宁夏、青海、新疆。1913年,并兰州府、巩昌府为兰山道,领皋兰等15县;平番县属甘凉道。1919年,改金县为榆中县。1928年,改平番县为永登县。1941年7月1日,成立兰州市,市长蔡孟坚。

1949年8月26日,兰州市解放。兰州市由县级市升为地级市。1950年,兰州市辖9个区和皋兰县,榆中县属定西专区,永登县属武威专区。1958年,辖城关等7个区,永登县划入兰州市,改为永登区。1963年,恢复永登县,划归武威专区。1970年4月,永登县、榆中县划入兰州市。1985年10月,白银区划出兰州市升格为省辖地级市。至2019年底,兰州市辖城关、七里河、安宁、西固、红古5区及永登、榆中、皋兰3县。

【行政区划】 2019年,兰州市行政区域下辖城关、七里河、西固、安宁、红古5个区及永登、皋兰、榆中3个县,拥有兰州新区(国家级新区)和兰州国家高新技术产业开发区、兰州经济技术开发区(均为国家级开发区)。设399个社区居委会,731个村民委员会,4158个村民小组。全市总面积

13085.6平方公里，其中市区面积1631.6平方公里。户籍人口331.92万人，常住人口379.09万人。

2019年兰州市行政区划一览表

单位:个

区域名称	所辖街道乡镇名称	街道	乡	镇
城关区	街道:临夏路、张掖路、白银路、伏龙坪、酒泉路、广武门、东岗西路、皋兰路、渭源路、雁南、雁北、盐场路、草场街、靖远路、团结新村、铁路东村、铁路西村、五泉、火车站、拱星墩、嘉峪关路、焦家湾、东岗、青白石、高新区、雁园	26		
七里河区	街道:秀川、土门墩、西站、西园、西湖、建兰路、龚家湾、晏家坪、敦煌路 乡:魏岭乡 镇:黄峪、西果园、阿干、八里、彭家坪	9	1	5
西固区	街道:西固城、先锋路、福利路、四季青、陈坪、西柳沟、临洮街 乡:金沟乡 镇:达川、河口、柳泉、东川、新城	7	1	5
安宁区	街道:培黎、安宁西路、银滩路、刘家堡、孔家崖、十里店、安宁堡、沙井驿	8		
红古区	街道:窑街、下窑街、矿区、华龙 镇:红古、海石湾、花庄、平安	4		4
永登县	乡:坪城、民乐、七山 镇:通远、柳树、城关、武胜驿、中堡、中川、连城、河桥、红城、上川、树屏、大同、苦水、秦川、龙泉寺		3	15
皋兰县	镇:石洞、忠和、九合、什川、黑石、水阜、西岔			7
榆中县	乡:小康营、清水驿、中连川、园子岔、上花岔、哈岘、马坡、龙泉、韦营 镇:连搭、新营、贡井、甘草店、夏官营、城关、高崖、青城、金崖、定远、和平		9	11
合计		54	14	47

【地形地貌】 兰州市位于陇西黄土高原的西部，是青藏高原向黄土高原的过渡地区。境内大部分地区为海拔1500～2500米黄土覆盖的丘陵和盆地。石质山地是祁连山的余脉，分布在市境的南北两侧。榆中县南部和永登县西北部的石质山地海拔都在3000米以上。其中，马衔山海拔3670米；奖俊埠山主峰海拔3455米；兴隆山海拔3021米。自然植被垂直分布，有云杉林、油松林、辽东栎林、山杨林，以及灌丛。兰州地势西部和南部高，东北低，黄河自西南流向东北，横穿全境，切穿山岭，形成峡谷与盆地相间的串珠形河谷。峡谷有八盘峡、柴家峡、桑园峡、大峡、乌金峡等；盆地有新城盆地、兰州盆地、泥湾—什川盆地、青城—水川盆地等。还有湟水谷地、庄浪河谷地、苑川河谷地、大通河谷地等。

兰州黄河谷地盆地西起青石关，东至桑园峡，东西长60余公里；南北最宽约9公里，最窄处不足1公里，海拔1500～1550米。

【气候状况】 2019年全市平均气温在6.4℃～11.2℃之间，较常年偏高0.5℃～0.8℃。永登较上年偏低0.2℃，榆中持平，其余地区偏高0.1～0.2℃。本年内各月气温起伏较大，其中5月、7月平均气温略偏低，10月基本持平，其余各地偏高，特别是4月异常偏高。

年降水量在276.4～494.2毫米之间，较常年同期全市各地偏多1～3成。兰州市区、榆中、皋兰、永登年降水总量分别为367.9毫米、494.2毫米、276.4毫米、434.3毫米。按照降水等级划分标准，全市降水偏多。

全市总日照时数2258.9小时，较常年偏少282.1小时(−11.1%)，比上年偏少181.8小时(−7.4%)，按日照时数年度评定标准，全市日照正常略少。

全市平均相对湿度为59.4%，较历年同期平均值偏高2.4%，较上年偏高2.3%；全年平均风速1.7米/秒，与历年平均值(1.7米/秒)持平；全年平均雨雪日：兰州市区89天，榆中县为102天，皋兰县85天，永登县112天。

【自然资源】 兰州市林地总面积525.89万亩(不包含兰州新区范围和兴隆山国家级自然保护区面积)。其中，有林地69.87万亩，疏林地0.66万亩，灌木林地182.38万亩，未成林造林地35.07万亩，无立木林地27.18万亩，苗圃地0.55万亩，其他林地210.18万亩。全市森林覆盖率13.94%，森林蓄积量368.5万立方米。饮誉全国的甘肃特产甘草、当归、党参、麻黄、秦艽、鬼臼、祖师麻、玫瑰等中药材，在兰州地区均有分布。

兰州的矿产资源主要有煤、石英石、石灰石、玻璃硅质原料、水泥粘土、铁、铜、铅、金、银等。

兰州市境内拥有全国重点文物保护单位10处(包括长城)，省级文物保护单位40处，市县级文物保护单位109处，各类文物遗存点861处(古遗址458处；古建筑204处；古墓葬67处；近现代重要史迹和代表性建筑

111处；石窟寺及石刻15处；其他6处）。国家级森林公园有徐家山、吐鲁沟、石佛沟；市区有五泉山、白塔山、白云观等名胜古迹，还有兰山公园、西湖公园、黄河风情线大景区、湿地公园等风格各异的景点。兰州是驰名中外的瓜果名城，夏秋季节极具避暑和品尝瓜果旅游特色。

兰州市陆生野生脊椎动物4纲28目83科424种，有50多种湿地鸟类栖居于兰州地区各大湿地。其中，国家重点保护动物58种（国家I级保护动物11种，II级保护动物47种）。有高等植物1614种。其中，裸子植物998种，地被植物1531种。

【人口民族】 截至年底，全市户籍人口331.92万人。其中，城镇人口235.72万人；乡村人口96.2万人。年末全市常住人口379.09万人，比上年末增加3.73万人。其中，城镇人口307.21万人，占81.04%；乡村人口71.88万人，占18.96%。境内56个民族都有，少数民族人口13.2万人。

（市志办）

国民经济和社会发展

【概况】 2019年，全市经济运行总体平稳，民生保障稳步提升，各项社会事业繁荣发展，为全面建成小康社会奠定了坚实基础。全年全市生产总值2837.36亿元，增长6%，占全省比重的32.54%。其中，第一产业增加值51.68亿元，增长5.5%；第二产业增加值945.38亿元，增长1.9%；第三产业增加值1840.3亿元，增长8.4%。三次产业结构比为1.82∶33.32∶64.86。固定资产投资下降4.7%。社会消费品零售总额1454.94亿元，增长7.6%。一般公共预算收入233.23亿元，下降0.1%。城镇居民人均可支配收入38095元，增长8.8%。农村居民人均可支配收入13605元，增长10%。全年城镇新增就业人数9.36万人，年末城镇登记失业率为3.38%。居民消费价格总水平累计上涨2.2%。

【农村经济】 全市粮食作物播种面积114.61万亩，比上年减少2.67万亩。油料播种面积13.63万亩，增加1.55万亩。蔬菜播种面积82.96万亩，增加5.04万亩。中药材播种面积13.78万亩，增加2万亩。果园面积13.40万亩，减少0.21万亩。全年粮食产量30.33万吨，增产1.88%。其中，夏粮产量9.71万吨，增产0.71%；秋粮产量20.62万吨，增产2.44%。全年蔬菜产量180.49万吨，比上年增产8.14%。园林水果产量13.22万吨，增产12.72%。中药材产量3.26万吨，增产2.92%。全年肉类产量4.30万吨，下降6.82%。牛奶产量8.47万吨，增长7.15%。年末大牲畜存栏7.06万头，比上年末下降5.3%，其中牛存栏4.95万头，下降3.7%；羊存栏67.9万只，增长3.90%；生猪存栏37.74万头，增长1.74%。牛出栏1.07万头，下降10.05%；羊出栏38.39万只，增长6.12%。生猪出栏40.77万头，下降4.18%。

【工业经济】 全市工业增加值749.98亿元，比上年增长2.0%。规模以上工业增加值增长2.0%。规模以上工业中，分经济类型看，国有及国有控股企业增加值增长2.6%，集体企业增加值下降48.5%，股份制企业增加值增长1.2%，外商及港澳台投资企业增加值增长5.3%。分隶属关系看，中央企业增加值增长1.5%，地方企业增加值增长3.0%。分轻重工业看，轻工业增加值增长1.6%，重工业增加值增长2.2%。分门类看，采矿业增加值增长0.1%，制造业增加值增长1.0%，电力、热力、燃气及水生产和供应业增加值增长10.0%。

【消费】 全年全市社会消费品零售总额1454.94亿元，比上年增长7.6%。按经营地统计，城镇消费品零售额1246.95亿元，增长7.5%，乡村消费品零售额207.99亿元，增长8.26%。按消费类型统计，商品零售额1290.26亿元，增长7.20%，餐饮收入额164.67亿元，增长10.88%。全年全市限额以上企业实现商品零售额507.43亿元，比上年增长2.44%。

【社会事业】 教育事业稳步发展。深入推进校企合作、产教融合，制定《兰州市深化产教融合工作方案》，兰州现代职业学院与北大青鸟公司、北京东方燕翔航空教育投资有限公司等企业合作办学，共建特色专业。兰州工业学院、甘肃政法大学等高校基础设施加快建设。制定《中小学和幼儿园布局调整规划（2020—2025年）》，新改扩建中小学、幼儿园20所，新增学位1.64万个，全面消除义务教育超大班额、普通高中大班额。新聘同工同酬教师982名。贫困家庭子女义务教育巩固率达到100%。医疗卫生事业持续发展。社区、乡镇卫生机构标准化建设达到100%。建成医养结合示范点50家。省妇女儿童医疗综合体、省中医院西北区域中医医疗中心等项目开工建设，市中医院、市口腔医院、市妇幼保健院等异地新建项目顺利推进。文旅产业快速发展。华夏文化展示中心演出工程、兰州万达城展示中心、水车博览园修复等项目建成，兴隆山、兰山、树屏丹霞、仁寿山、石佛沟、河口古镇等特色景区加快开发，兰州老街、甘肃华夏收藏文化博览园、甘肃简牍博物馆、文成广场、兰州树屏丹霞景区一期项目、“读者印象”精品文化街区、白塔山周边提升改造工程等重点项目加快推进，一批黄河文化旅游新地标逐步形成。体育事业加快发展。高规格承办在亚洲首次召开的国际田联路跑会议，成功举办第9届“兰马赛”、国际篮联3人篮球U23世界杯等重大赛事。奥体中心、七里河体育场等项目开工建设。社会保障不断强化。5区3县城市低保每人每月提高至712元、535元，农村低保每人每年提高至4020元，城乡特困供养标准提高至11107元、5226元。棚户区改造开工1.33万户、基本建成1.44万户。新增城乡社区日间照料中心55个。

【脱贫攻坚】 七里河区、皋兰县、永登县、榆中县全部退出贫困县，历史性实现区域整体脱贫。投入扶贫资金12.87亿元，3638户10562人达到退贫标准，贫困发生率由1.22%下降至0.32%。易地扶贫搬迁在全省率先实现“一年建成主体，两年实现搬迁入住”，涉及搬迁住户1568户，应拆户数1475户，已拆1262户，入住1262户，入住率、拆旧复垦率分别达到100%和86%。完成新增农村危房改造172户，累计改造各类危房7.5万余户，顺利实现农村“四类重点对象”现有存量危房清零目标。

（廉宝珍）

固定资产投资与重大项目建设

【固定资产投资】 2019年，全市固定资产投资比上年下降4.7%。按三次产业分，第一产业投资增长82.95%；第二产业投资增长20.74%，其中工业投资增长21.31%；第三产业投资下降8.62%。按隶属关系分，中央项目比上年增长19.59%；省属项目比上年下降5.71%。

【重大项目建设】 2019年，市列重大项目106个，年度完成投资504.85亿元，占年度计划投资97.76%。其中，64个续建项目完成投资252.93亿元，占年度计划投资89.1%；42个新建项目完成投资251.91亿元，占年度计划投资108.3%。从项目复、开工情况看，64个续建项目63个复工，复工率98.4%。42个新建项目开工41个，开工率97.6%。

（廉宝珍）

精神文明建设

【概况】 2019年，市精神文明建设工作围绕全国文明城市创建，狠抓各项重点任务落实落细。全年全市建成省级农村精神文明建设“八个一”示范村24个、市级示范村26个。全市推荐评选出1092名兰州好人，推荐评选出75名中国好人，推荐上报、入选中国好人的人数均名列全省首位。举办“抖音文明兰州”创建宣传活动线下启动仪式，截至年底，参与“抖音文明兰州”话题总播放量2亿次。“文明兰州”抖音号，粉丝1.5万人，点赞量10.6万次，“文明兰州”被省委网信办评为“最具影响力政务抖音号”。

【公益广告宣传】 在城市街道、广场、旅游景点等各类公共场所制作、悬挂、播放、张贴中央文明办公益广告通稿作品和自创作品。联合市委宣传部、市教育局、市文旅局、团市委、市妇联、市关工委、市校外办在全市未成年人中深入开展“扣好人生第一粒扣子”主题教育实践活动，不断深化“我的中国梦”和社会主义核心价值观教育。对接兰州日报社、市广电台、兰州互联网新闻中心、今日头条（抖音）甘肃区域等媒体，制定社会主义核心价值观宣传落实方案和任务分解表，全年协调市属媒体对市文明办重点工作或活动进行宣传报道百余次。组织力量调研摸底，研究制定《兰州市新媒体公益广告刊播要求指南》，规范刊播的要求和形式。

【主题宣传活动】 组织开展“我们的节日”主题活动，“活态非遗”、兰州鼓子VS丝路民谣、兰州剪纸与刻葫芦、皮影与电影的相约、兰州太平鼓VS武山旋鼓等4期8场活动。完成“欢乐万家·舞动兰州”创建全国文明城市群众性文艺大展演，“写一首情诗给兰州”后期活动，组织后续MTV制作，用作创建宣传歌曲和宣传片进行推广传唱。开展“抖音文明兰州”兰州市创建全国文明城市抖音宣传活动，截至年底，活动参与抖音号5000余个，发布相关短视频2万余条，总播放量3.1亿次，传播效力在哈尔滨、深圳等18个类似项目参与城市中

5月24日，“抖in文明兰州”兰州市创建全国文明城市抖音系列宣传活动启动仪式

排名第一；作为受益主体的“文明兰州”抖音号，粉丝11.8万人，点赞量80.5万次，相比活动前，粉丝增长60倍，点赞量增长232倍。牵头组织在城区黄河两岸持续开展创建主题系列文化活动40大项400余场次。举办“我和我的祖国·辉煌70年·奋进新时代·致敬英烈”“8·26”兰州解放纪念日主题活动，组织2019甘肃省“我为文明家庭拍张照”摄影展（兰州站）巡展活动及参观工作，协调实施“亮彩黄河·绚丽文明”兰州市创建文明城市微灯光秀活动。开办“文明兰州”头条号、抖音号、人民号，打造起“一网两微三号”的文明建设自媒体宣传阵地，并把加强原创首发内容建设放到运维首位，创新运用短视频、长图、H5等形式，稳定创作团队，持续扩源增量。

【道德模范和兰州好人评选】 在全市深入开展“月评十佳，年评百佳”兰州好人活动，评选出81名兰州好人，7人荣登中国好人榜。坚持开展“凡人善举·德润金城”道德模范评选活动，全市累计评选全国道德模范1人、全国道德模范提名奖15人、省级道德模范25人、市级道德模范52人。组织开展2019年学雷锋志愿服务“四个十佳”先进典型活动，推出一批值得学习推广的榜样。组织举办“精致兰州 与爱同行”——2019兰州市慈善公益晚会，对先进进行表彰。创新好人评选机制，成立兰州好人评审组，建立由全国道德模范提名奖、全国文明家庭、中国好人、省市道德模范、兰州好人、十佳志愿者等人员组成的兰州好人评委库，每月随机抽取5~7人参与评审工作。推荐10名候选人报送省文明办参评第7届全国道德模范，兰州市推荐的尹建敏荣获第7届全国道德模范提名奖。深入道德模范宣传，在全市博物馆、图书馆等公共文化设施制作设置道德模范展板。

【诚信建设】 组织发布3期诚信“红黑榜”。截至年底，全市1588家企业列入“红榜”名单，520家企业列入“黑榜”名单。市属媒体在重要时段、重要版面进行宣传报道，大力营造守信光荣、失信可耻的社会舆论环境。深入开展诚信单位、诚信示范街区、诚信经营示范店等主题实践活动，大力宣传规则意识和契约精神，推动全社会形成诚实守信、重信守诺的良好风尚。

【群众性精神文明创建】 制定《兰州市2019年推进创建全国文明城市工作实施方案》等十余项方案、办法，加强针对性和操作性，切实创新工作举措。完善市、区、街道、社区、楼院分级负责的创建文明城市网格化管理体制，在主城区划定50个一级网格、349个二级网格和1691个三级网格，全面形成横向到边、纵向到底的网格化管理工作格局。实施点位长责任制，由各区在2184个实地测评点位设置点位长，设置“对标对点”示意图，全面督促、指导该点位各项创建工作任务的落实，切实提升创建工作规范化、精细化水平。实施“周调度、月通报、季推动”工作推进机制，每周对创建工作开展调度，及时解决存在的困难问题；每月对各区县、各部门创建工作进行调研抽查，发现问题，研究整改；每季度对全市创建工作开展全面测评，测评结果在全市通报并要求限期整改问题，以测促创、以测促改，推动创建任务有效落实。

制订《兰州市2019年创建全国文明城市工作测评目标任务分解表》，细化分解各区县、各单位创建工作目标任务。张伟文市长与全市8区县、“三区”（兰州新区、高新区、经济技术开发区）、68个市直部门签订目标责任书。5月31日，市委副书记张柯兵对主城4区党政主要领导、15个市直部门领导及兰州铁路公司相关负责人进行创建全国文明城市工作集体约谈，指出存在的突出问题，督促整改。上报全市2019年国家实地测评点位，汇总点位2691个。召开全市创建文明城市工作推进会暨重点区域专项整治部署会、市文明委全体会议暨创建全国文明城市工作推进大会、创建领导小组扩大会议，压实责任，全力推进，全力以赴做好年度迎检国家测评各项工作。

【创建工作推进】 永登县、榆中县接受全省治理高价彩礼推动移风易俗专项督查调研，受到省文明办的肯定。全市730个行政村全部修订完善村规民约、建立红白理事会，覆盖率达到100%。围绕“摒除陋习，树立新风”主题，广泛设置农村“红黑榜”，在全市村镇设立红黑榜389处，曝光环境脏乱差17次。截至年底，全市评出“五星级文明户”8553户。兰州市在全省创建全国文明城市推进会上做经验交流发言，会议实地观摩城关区

4月25日，“月评十佳 年评百佳”四月兰州好人评审会现场

创建工作点位，展示兰州市创建工作成果。联合相关部门制定印发《兰州市2019年提升市民文明旅游素质实施方案》，市文旅局等相关部门按照测评要求做好清明、五一、端午期间文明旅游新闻宣传报道工作。市妇联在全市开展“传家训、立家规、扬家风”活动，在市属新闻媒体对活动进行深入宣传。组织全市深入开展“一月一主题”和创建全国文明城市“十大突破行动”，召开调度会，小结工作进展情况，解决创建工作难题，弥补薄弱环节，确保活动实效。

【重点工作治理】 围绕督办“十大突破”“一月一主题”和重点区域整治行动，累计对110个责任单位落实季度测评的相关责任单位通过电话、微信、上门督办等方式进行催办，并审核各单位整改情况，对整改不到位的单位提出具体要求。完成盲道提升、改造无障碍坡口、线缆入地、线廊建设等工作。全域无垃圾整治突破行动，全市加快农村生活垃圾收运体系建设，配备农村垃圾收集转运车并组建保洁队伍，全市乡镇垃圾收运车辆覆盖率100%，90%以上的村庄垃圾得到有效治理。交通秩序整治突破行动，查处交通违法130.57万起，打击非法营运5000余起。清理占道经营3万余个次，规范店外经营2436处。全面落实“四办”（马上办、网上办、就近办、一次办）改革，实现70%以上政务服务事项“一窗”分类受理，网上可办率超过90%。10月28日，市政务服务平台“金城办”正式上线，市民通过“金城办”手机APP，实现70余项便民服务事项、4000余项政务事项的在线办理，标志着兰州市“互联网+政务服务”建设迈上新台阶。建立食品追溯平台，记录食品生产经营企业违法违规信息41299条。全市16万公职人员建立诚信档案；各类市场主体签订信用承诺书1029份，平台网站信用信息查询达55万人次。开展文明养犬专项整治，累计办理养犬登记证21759个，捕捉流浪犬18184只，查处涉犬行政案件47起，警告41人，罚款6人，发出整改通知书100余份，劝阻1200余次。倡导文明行为，制止市民乱扔烟头10460人次、乱吐口香糖4500人次、发放宣传资料6900余份。开展文明餐桌活动，制作文明餐桌提示牌4.2万张、禁烟标示1万张，在全市餐饮行业张贴。

【文明单位创建】 召开全市文明单位创建工作培训会，不断巩固和提升文明单位创建质量和水平，着力提升文明单位的示范性和引导力。修订《测评细则》，严格一票否决事项，把理想信念教育、核心价值观教育、思想道德建设、中华传统美德传承等内容纳入测评细则。实施动态管理，实行文明单位届期制，严格复查考核。组织开展全市第一至第十三批省级文明单位、文明社区复查工作，对全市203个单位社区进行全面复查。

【未成年人思想道德建设】 根据机构改革情况，及时调整兰州市未成年人思想道德建设工作领导小组，严格落实并有效发挥好未成年人思想道德建设工作联席会议制度，召开全市2019年未成年人思想道德建设暨文明校园创建工作推进会，印发《兰州市2019年未成年人思想道德建设工作目标任务分解表》和《兰州市2019年未成年人思想道德建设工作目标任务分解工作手册》，并与各责任单位签订目标责任书，督促指导对标对表开展工作，确保各项任务落实落细。全年与各责任单位签订目标责任书43份，分解目标任务400余条，下发各类问题清单100余份。强化学校主阵地作用，主动连接家庭和社会教育。建成各类家长学校1641所，开展各类“家庭教育公益讲座”“家庭美德大讲堂”活动百余场，数万名家长接受科学的家庭教育指导。先后举办兰州市中小学生“献礼新中国成立70周年——童心向党”合唱比赛，经初赛、复赛，全市92所学校进入决赛。开展“腾飞中国·辉煌70年”2019年兰州市中小学生“向国旗敬礼”主题活动。举办“文化润童心·筑梦新时代”兰州市中小学生传承中华优秀传统文化成果展演，“戏曲进校园”演出、观摩、传授、互动等活动，把中华经典诵读融入日常教学，累计举办“戏曲进校园”100余场次。开展2019年度兰州市优秀童谣征集评选推广传唱活动，评选优秀童谣80首，并举行兰州市优秀童谣征集评选推广传唱活动，在青少年中掀起童谣传唱新高潮，用活泼健康的文化产品弘扬中华传统美德，满足未成年人日益增长的精神文化需求，推动全市未成年人思想道德建设工作深入开展。组织开展“少年宣讲团”活动，以讲述的形式在全市广大未成年人中开展以“我们的价值观”“我的中国梦”、文明城市创建、文明校园创建、文明礼仪、优秀传统文化、好家风家训等为主题的宣讲活动。清明节期间组织开展“传承红色基因 清明祭英烈”主题活动，组织广大未成年人登录兰州文明网“清明祭英烈”专题页面，表达对英烈的缅怀和敬仰之情。深入开展中华优秀传统文化教育，不断深化中华经典诵读、传统美德教育、中华传统戏曲进校园、书法教育、民俗文化教育、文明礼仪教育，用中华优秀传统文化陶冶孩子们的情操，培养他们的家国情怀。

【新时代兰州好少年评选】 评选出2019年“新时代兰州好少年”20名，其中7人入选甘肃省“新时代好少年”，累计选树新时代兰州好少年40人、美德少年51人。在金城大剧院举办2019年上半年新时代兰州好少年先进事迹发布活动。在兰州电视台各频道高频率播放“新时代兰州好少年”事迹短片，各学校组织开展形式多样的学习活动，营造广大未成年人学习争做新时代好少年的浓厚氛围。

【未成年人教育活动阵地建设】 全市建成各类乡村（社区）学校少年宫146所，并定期进行绩效评价，已配备及招募音乐、美术、书法、舞蹈、民间艺术等各类教师2500余名，社会志愿者700余名。继续加强未成年人心理健康辅导站建设，在七里河区新时代文明实践中心举办全市未成年人心理健康辅导工作骨干人员培训班，全市未成年人心理健康工作者400余人参加培训。组织心理健康下乡村入社区进校园活动9期，1781人次参加。开展"心理加油站"自助仪体验活动18次。开展红领巾暑期剧场，放映5场影片239人观看。开展家长课堂与亲子训练营，为1500名高考学子进行辅导。组织心理辅导教师培训2期527人参加。6月中旬，在市第三中学举办全省未成年人心理健康培训集中示范活动，对各区县文明办、教育局负责同志、市级区县级心理健康辅导站教师、中小学校长、中小学心理健康辅导教师，中小学生和学生家长三类群体600余人进行培训。对112所往届文明校园（包含已评为国家级、省级、市级文明校园以及创建全国文明校园先进校）进行全面复查，加强对文明校园的动态管理，不断提升创建水平。

【志愿服务工作】 在"3·5"学雷锋日，承办全省"弘扬志愿精神·助推文明实践"主题实践活动启动仪式。3月9日保护母亲河日，在黄河沿岸亲水平台举行"精致兰州 文明同行"保护母亲河环保实践活动。组织志愿者参加"精致兰州 文明同行""生活垃圾分类我倡导、我践行"党员志愿服务宣传活动。全年组织400余家各级文明单位志愿者利用双休日走上街头，在全市200余个主要交通路口、人群集中的重要路段向群众宣传安全出行、安全行车理念，宣传"畅交通"便民利民措施，倡导市民绿色、文明、安全出行。开展文明交通劝导活动。组织开展全市不文明养犬整治主题志愿服务活动，分发宣传单、《养犬管理条例》、文明养犬倡议书等宣传资料向市民进行宣传讲解，增强养犬人文明养犬、依法养犬的社会责任意识。进一步明确公共文化设施单位成立志愿服务组织，在全市公共图书馆、博物馆、文化馆、美术馆和革命纪念馆基本建成学雷锋志愿服务组织体系、项目体系和管理制度体系，打造全市学雷锋志愿服务的品牌、传承和弘扬中华优秀传统文化的窗口、培育和践行社会主义核心价值观的重要阵地。

"春运"期间开展"暖冬"志愿服务活动，组织志愿者9350余人次，服务旅客478100余名。春节前夕，积极开展党员干部志愿者进社区（村）慰问，慰问城乡困境妇女儿童1198户1297人，发放慰问金98.3万元，为困难群众捐助生活用品价值40.6万元。春节期间慰问各级各类道德模范、兰州好人近200人次，形成礼遇、推崇模范的良好局面。开展"三下乡"志愿服务活动，发放法律援助知识手册、"七五"普法知识手册200余册，法律知识宣传单400余份，宪法小礼品800余份，解答法律咨询近百余人次，发放有关种植、养殖、科普知识、政策法规等资料2850余份，义诊2000余人次，健康咨询解答1500余人，发放健康卫生宣传品5000余份。兰州国际马拉松赛期间，举办"国际兰马，精致兰州"志愿者誓师大会，并圆满完成保障赛事的志愿服务工作。高考期间，举办"精致兰州 文明同行"暨2019年"高考直通车"志愿服务活动，全市出租车、私家车2000余辆爱心车辆参加"爱心送考"。截至年底，全市招募注册志愿者实名认证582206人，在各机关、企事业单位、在兰高校、文明单位、社区等先后建立青年志愿者、巾帼志愿者、党员志愿者、红十字会志愿者、大学生志愿者、老年志愿者等多层次志愿服务组织3476支，发布项目15350个，志愿者服务总时长4272568.2小时。逐渐形成完善稳定的志愿者服务体系，不断壮大志愿服务力量。

市文明办联合市委宣传部等7个部门，组织中石油西北销售公司等20个文明单位和曙光公益等5个志愿服务组织对永登县等4个区县、奖俊埠村等13个村，开展以党课宣讲、惠民政策解读、法律咨询、农技下乡、医疗义诊、文化下乡等为主题的志愿服务活动，参与志愿服务累计千余人次，捐助物资价值170余万元。

（兰俊菲）

6月5日，"精致兰州 文明同行"2019年高考直通车志愿服务活动发车仪式

中国共产党兰州市委员会

常委会议

【市委常委会议】 2019年，中共兰州市委十三届常委会召开43次会议，编发会议纪要43期。会议内容主要有：传达学习习近平主席发表的2019年新年贺词、传达学习习近平总书记在十九届中央政治局第十一次集体学习时的重要讲话、传达学习习近平总书记对做好“三农”工作的重要指示精神和中央农村工作会议精神、传达学习全国、全省组织部长会议以及全省党支部建设标准化工作推进会议和全省老干部工作会议精神、传达学习习近平总书记参加十三届全国人大二次会议甘肃代表团审议时的重要讲话精神以及省委常委会（扩大）会议精神、传达中央纪委国家监委脱贫攻坚调研督导反馈会暨全省贫困县区纪委书记工作例会精神、传达学习《习近平关于社会主义生态文明建设论述摘编》《中共中央国务院关于全面加强生态环境保护坚决打好污染防治攻坚战的意见》、传达学习《党政领导干部选拔任用工作条例》、传达学习习近平总书记在纪念五四运动100周年大会上的重要讲话精神、传达学习《中国共产党党组工作条例》、传达学习《中国共产党机构编制工作条例》、传达学习习近平总书记在“不忘初心、牢记使命”主题教育工作会议上的重要讲话精神以及全省“不忘初心、牢记使命”主题教育动员部署会精神、传达省纪委监委关于给予张国一开除党籍、开除公职处分的通知和决定精神；听取市纪委监委关于住房和城乡建设部通报指出的榆中县北入口环境整治项目有关问题的调查情况报告、听取市安全生产委员会办公室2019年上半年全市安全生产工作情况汇报、听取市纪委关于对兰州市科技局党组履行全面从严治党主体责任不力进行责任追究意见的汇报、听取市政府党组关于建设兰州人力资源服务产业园相关事宜的汇报、听取市政府党组关于第25届兰州投资贸易洽谈会筹备工作有关情况的汇报、听取市外事工作领导小组办公室关于2018年全市外事工作情况汇报、听取市推进“一带一路”建设工作领导小组办公室关于兰州市推进“一带一路”建设工作进展情况的汇报、听取市委网信办关于2019年全市网络安全和信息化工作情况的汇报；审议市人大常委会、市政府、市政协、市法院、市检察院在市“两会”的工作报告、审议《2019年市委市政府为民办实事项目清单》《兰州市2018年国民经济和社会发展计划执行情况及2019年国民经济和社会发展计划草案》《兰州市2018年主要经济指标预计完成情况及2019年主要预期目标建议的报告》《兰州市2018年财政预算执行情况和2019年全市及市级财政预算草案的报告》《兰州市贯彻落实省级环境保护督察反馈意见整改方案》《市人大常委会2019年度立法计划》《兰州市“十三五”规划纲要实施中期情况报告》《关于解决房屋产权登记发证历史遗留问题实施意见》《关于做好退役军人服务管理工作的实施意见》《关于坚持农业农村优先发展做好全市“三农”工作决胜全面建成小康社会的实施意见》《中共兰州市委关于开展“不忘初心、牢记使命”主题教育的实施方案》《兰州市贯彻〈中国共产党党务公开条例（试行）〉实施办法》《兰州市人民政府西宁市人民政府关于省会城市共建兰西城市群合作框架协议》；研究干部人事任免、机构改革等相关事宜。

【中国共产党兰州市委十三届十二次全会暨市委经济工作会议】 12月

30日，市委十三届十二次全会暨市委经济工作会议召开。会议深入贯彻党的十九大和十九届二中、三中、四中全会及中央经济工作会议精神，全面落实习近平总书记视察甘肃重要讲话和指示精神，按照中央经济工作会议和省委十三届十一次全会暨省委经济工作会议部署要求，认真总结2019年市委常委会工作，分析研判兰州市经济形势，安排部署2020年全市经济工作；审议通过市委常委会工作报告、《中共兰州市委关于深入学习贯彻习近平总书记视察甘肃重要讲话精神为努力谱写加快建设幸福美好新甘肃不断开创富民兴陇新局面时代篇章贡献兰州力量的实施方案》《中国共产党兰州市第十三届委员会第十二次全体会议决议》；表决免去2名市委委员。

省委常委、市委书记李荣灿代表市委常委会作工作报告，对2020年全市各项工作作出全面部署、提出明确要求。市委副书记、市长张伟文就《实施方案》作说明，并对经济工作进行具体安排。

市领导张建平、李宏亚、张柯兵、杨建忠、吕林邦、王旭、咸大明、王宏、杨金泉、王方太等出席会议。

（马千里）

组织工作

【概况】　2019年，提交市委常委会研究干部19批次、任免干部1185人，票决干部1082人，起草任免文件508份。发展党员2985名，党员队伍结构持续优化。结合机构改革，调整设置机关党组织32家、更名成立24家、保留29家，为党支部建设标准化提供坚强的组织保障。全市共查处干部不担当不作为问题6起，处理干部19人（市管干部5人），给予诫勉4人，免职8人，调离岗位2人，党纪处分2人，批评教育3人。

【主题教育】　研究制定《关于开展第二批“不忘初心、牢记使命”主题教育的实施方案》，从各区县、各单位抽调130名干部，成立市委主题教育领导机构、工作机构和18个指导组，指导各区县、各行业、各层级3600多名干部组成1155个指导组，下沉工作重心，层层传导压力，推动全市主题教育走深走实。制定下发《兰州市“不忘初心、牢记使命”主题教育基层党组织分领域指导清单》，对农村、社区、机关等10个领域基层党组织进行精准指导，有效防止“大水漫灌”“一刀切”。聚焦学习贯彻习近平新时代中国特色社会主义思想这一主线，举办各类学习班1707期、中心组学习3600次，开展革命传统教育8670次、支部学习18369次、交流研讨2466次，配发学习读物23万余册，引导各级党组织和广大党员干部通过集中学习、专题研讨、参观红色教育基地、重温入党誓词等多种形式，不断在学懂弄通做实上下功夫。聚焦贯彻落实习近平总书记视察甘肃重要讲话和指示精神、破解制约高质量发展瓶颈和短板、解决群众反映强烈的热点和难点问题，组织广大党员干部，特别是领导干部认真开展调查研究，确定3925个调研课题，形成4200余份高质量调研报告。深入查找工作短板和突出问题，全市各级各部门查摆检视出问题48306个，完成整改39457个。各级各单位新建制度772项，修订制度668项，废止制度43项。针对检视出的问题，实行“挂账销号”，解决突出问题，确保取得实效。认真对照党中央和省委部署的八项专项整治内容及整治利用名贵特产特殊资源牟取私利等问题的《实施方案》，形成“8+1”专项整治体系，大力推动各专项整治任务落地落实。针对基层工作力量薄弱的问题，加大编制统筹调剂力度，将市级层面658个编制调剂到乡镇街道和民生领域，充实基层工作力量。对全市各级各部门设立的“一票否决”和签订责任状事项进行集中规范清理，“一票否决”和签订责任状事项由1289项减少为10项。

【教育培训】　先后举办各类市级主体班、专题班、讲堂讲座37期，培训各级各类干部4500余人次。分层分类举办习近平新时代中国特色社会主义思想专题研修班4期，培训党员干部243人次，其中县级党员领导干部83人次；各区县、各部门（单位）举办各类辅导讲座和专题培训班500期次，培训县科级干部15.5万余人次。选派171名区县党政班子成员和市直部门（单位）班子成员参加省一级干部教育网络培训项目“习近平新时代中国特色社会主义思想网络培训班”。根据全国、全省2018—2022年干部教育培训规划和组工干部教育培训规划，结合兰州实际，研究制定《2019—2022年兰州市干部教育培训规划》《兰州市干部教育培训机构培训质量评估办法》《兰州市干部教育培训项目管理办法》等系列制度规定。

【干部队伍建设】　聚焦精准选人用人，每半年对全市8个区县和98家市直部门（单位）、重点国有企业领导班子运行、近600名班子成员作用发挥等情况开展调研分析，研判班子整体状况，对班子成员从专业特长、性格特征、行为特点、履职能力等方面进行精准画像，有力提升干部选任精准度。及时修订完善《市管干部选拔任用工作规程》，研究制定《关于调整市管干部任免管理方式的意见》，将委托部分单位党委（党组）任免的县级干部及市属重点国有企业领导班子成员全部收归市委统一管理，干部选任更加科学规范。制定出台《兰州市关于适应新时代要求大力发现培养选拔优秀年轻干部的实施方案》，明确今后3—5年全市在发现储备、选拔使用、教育培训等方面的具体任务，构建年轻干部“选育用管”全链条机制。开展年轻干部专题调研，成立4个专题调研组，对8个区县、84家市直部门（单位）和14家市属重点国有企业进行全覆盖调研，并结合日常了解，经综合分析研究，分层级分领域建立市级层面近500人的优秀年轻干部队伍。注重强化年轻干部培养锻炼，围绕全市重点工作和中心任务，选派近200名年轻干部参与“不忘初心、牢记使命”主题教育、巡察、文明城市创建、榆中生态创新城等活动，对选派的40名双向挂职年轻干部进行了中期考核，取消挂职资格1人。坚持把引进选调生作为优化拓宽年轻干部来源的重要渠道，积极向省委组织部争取选调生71名。认真抓好《兰州市关于进一步激励广大干部新时代新担当新作为的实施办法》的贯彻落实，为近三年年度考核优秀等次的32名市管党政干部记个人三等功。

【干部监督管理】 严格落实“凡提四必”要求，前移干部选任审核关口，对738名拟任免干部的个人有关事项进行及时审核，对未如实报告30人给予诫勉处理、8人给予取消考察对象资格；听取市纪委监委意见1240人，因有信访举报正在办理、立案调查暂缓上会研究或取消职级晋升资格34人，坚决防止干部“带病提拔”。开展干部任前公示共19批次，对有信访举报的40人进行调查核实。强化干部日常监管，对30个单位的31名市管领导干部进行经济责任审计，审批因私出国（境）县级干部100人。加强对干部人事档案工作的指导，组织开展全市干部档案日常管理、专项审核、任前审核等工作，编印下发《干部档案文件汇编》《干部档案工作业务手册》。严格落实“一报告两评议”制度，对8个区县和85个市直部门单位“一报告两评议”工作进行认真分析评议，逐一向各单位反馈评议情况，对评议分数较低11个单位党委（党组）主要领导发函提醒，要求分析原因，抓好整改。

【公务员队伍建设】 严格贯彻落实新《公务员法》《公务员职务与职级并行规定》，科学合理确定全市公务员职级职数，设置一级巡视员职数5个，二级巡视员职数85个，核定一至四级调研员职数1444个，一至四级主任科员职数4523个。有序推进公务员职级套转晋升工作，完成综合管理类职级套转6835人，晋升一至四级调研员939人次，一至四级主任科员2261人次。严格公务员管理，起草下发《关于做好全市公务员管理有关工作的通知》，规范干部调配、公开遴选和选调、公务员调任、公务员登记、工资审批等政策规定和程序要求，进一步推进公务员管理科学化、规范化。首次集中开展市直机关公开遴选工作，经报名后遴选职位46个，遴选55人，完成笔试、面试、考察等工作。印发《关于调整市直机关事业单位工作人员工资审批职能的通知》，对全市行政、事业单位人员工资审批职责进行重新划定，完成各类工资审批2.4万人次。完成全国第9届、全省第6届“人民满意的公务员”和“人民满意的公务员集体”推荐工作。

【党支部标准化建设】 先后组织召开全市组织部长会议暨党支部建设标准化工作推进会议、全市党支部建设标准化工作推进会和专题培训会议，对党支部建设标准化工作进行系统安排部署，推动6大领域211项具体标准落实落细。规范党组织设置，对全市应建未建党组织情况进行全面排摸，督促完成12个社区、17个区县直部门党组织组建工作。着力推进办公活动场所标准化，投入资金4800万元，新改扩建80个村和50个社区办公活动场所。培育党支部建设标准化示范点230个，编印下发农村、城市社区、事业单位和两新组织党支部建设标准化“口袋书”3.7万册。开展“全市党支部标准化建设观摩周”活动，组织党支部书记300人跨领域、跨地域进行交叉观摩学习。注重运用“甘肃党建”信息化平台推进党支部建设标准化，建立定期通报机制和日常督促包抓机制，督促引导全市各级党组织和广大党员强化应用，全市党员登录率达96%，党组织登录率100%，“三会一课”、主题党日平均进度均达到93.2%以上，位居全省前列。

【农村基层党建】 研究制定《市委组织部中央脱贫攻坚专项巡视反馈问题整改任务工作方案》，梳理96项具体工作任务，明确责任单位和完成时限，确保整改全面彻底，督促永登县、榆中县、市扶贫开发领导小组重点成员单位和脱贫攻坚任务重的12个乡镇召开专题民主生活会。通过统筹70个事业编制开展村党组织书记专职化试点、全力推进村党组织书记和村委会主任“一肩挑”、加大培训力度、提高报酬待遇等举措，切实加强“领头羊”队伍建设，全市村党组织书记和村委会主任“一肩挑”比例达到67.5%。大力加强脱贫攻坚队伍建设，为256个贫困村和68个软弱涣散村选派第一书记，为部分贫困村增派补派232名驻村工作队队员，选派150名优秀干部到陇南市西和县、礼县，临夏回族自治州东乡县开展驻村帮扶工作，对上年不胜任、不合格、不尽职的村党组织书记97人进行调整撤换。持续发展壮大村级集体经济，在上年投入资金1.28亿元、全面消除集体经济“空壳村”的基础上，做好中央和省级财政分配补助扶持兰州市壮大村级集体经济项目31个，严格对照标准要求，最终筛选确定132个村作为中央和省级财政补助扶持发展村级集体经济村。

【城市基层党建】 研究起草《关于深化街道体制改革的实施意见》，探索提出逐步取消街道招商引资、协税护税职能，赋予街道党工委8项职能和对区县职能部门派出机构负责人的人事考核权和征得同意权等“五项权力”的具体操作办法，着力推动街道赋权扩能减负。进一步明确市、区、街道、社区四级党组织党建工作职责，指导8个区县全部建立党建工作领导小组，53个街道实行“大工委”制，425个社区实行“大党委”制，健全完善城市基层党建组织架构和制度体系。学习借鉴北京“街乡吹哨、部门报到”先进经验，积极打造特色鲜明、功能聚焦的城市基层党建新名片，在兰州西站综合交通枢纽成立全省首个跨行业、跨层级、跨区域党群服务中心。

【其他领域基层党建】 贯彻落实《关于在深化市属国有企业改革中进一步加强党的建设的若干意见》，推进30项重点任务落实，市属25家国有企业全部将党建工作写入公司章程，企业党组织书记和董事长（总经理）“一肩挑”达到86.6%，企业党组织成员进入董事会、监事会或经理层达到100%。持续加强机关党建，着力提高“一把手”担任党组织书记比例，全市71家市直机关由党组（党委）书记担任机关党组织书记，占84.5%，着力提升高校党建质量，督促指导兰州职业技术学院和兰州现代职业学院2所市属高校及时完成换届选举工作，培育“双带头”人18名。着力提升非公企业和社会组织“两个覆盖”质量，将“两新”组织党建工作经费列入同级财政预算，下拨经费2400万元，计划建设53个党群服务中心，已完成建设48个。全市非公有制企业党组织覆盖率达到84.23%，社会组织党组织覆盖率达到87.09%，覆盖率在全省位居前列，覆盖质量稳步提升。

【党员队伍建设】 贯彻落实《兰州市党员积分考核管理办法（试行）》，区分不同领域不同类型党员实际，全面推行党员积分考核管理，全市6061个支部、127740名党员参与积分考核。认真做好农村党员“冬训”工作，全市31736名农村党员参加“冬训”，参训率达到96.6%。认真开展党员干部违纪违法处置和农村党员信仰宗教问题专项整治工作，对26名信教党员进行教育转化，2名信教党员予以除名处理。认真开展退役军人党员组织关系转接排查工作，设立退役军人党员组织关系接转窗口，提供“一站式”服务，对未按期接转组织关系的439名退役军人“口袋党员”进行及时转接，受到中组部和退役军人事务部联合调研组的充分肯定。

【“扫黑除恶”专项斗争】 约谈2名扫黑除恶工作推动不力的县区组织部门主要负责人，督促限期整改。严格开展村“两委”成员资格联审情况“回头看”，审查出曾受过刑事处罚、涉黑涉恶、存在“村霸”问题和受过治安处罚、违纪失信的村（社）“两委”成员743名，对应当清理的322名村（社）“两委”成员全部进行清理。结合主题教育，整顿提升软弱涣散基层党组织169个，进一步夯实基层基础。建立《兰州市农村（社区）党员干部问题线索台账》，收到问题线索57条，办结51条。制定《兰州市组织系统扫黑除恶专项斗争宣传舆论引导工作方案》，印制发放《扫黑除恶专项斗争应知应会手册》，发布《致全市共产党员的一封信》，增强全市党员干部开展扫黑除恶的政治意识和斗争本领。

【人才工作】 制定出台《市委人才工作领导小组工作规则》《市委人才工作领导小组办公室工作细则》，建立人才工作联络员、重大事项报告、责任清单、调研督查等制度，有效提升全市人才工作规范化、制度化、科学化水平。出台《“金城萃英”人才计划》《“产业平台集聚人才计划”实施办法》等配套文件，进一步下放医疗、教育等领域的引才自主权，构建起具有较强竞争力的“1+9”人才政策体系。制定出台《兰州市驻外人才工作站建设管理暂行办法》，先后在美国硅谷以及中国上海、广州、深圳、厦门等地设立驻外人才工作站15个，打造全面开放的人才引进交流渠道。与兰州大学签订《人才合作协议》，并在北京联合设立人才工作站，有效推动校地资源共享、优势互补、共赢发展。大力建设高端人才工作站，新建国信网络信息安全、兰大二院、市中医医院、市食药所等院士工作站6个，引进倪光南、王陇德、庞国芳、石学敏等行业领域顶尖专家来兰合作交流，累计建成院士专家工作站21个，引进院士21名。持续开展急需紧缺高层次创新创业人才引进工作，赴清华、北大等全国知名高校开展6场专项引才活动，引进一流大学建设高校毕业生236名，其中硕士研究生101名。柔性引进医疗卫生、生物制药、电子信息等重点领域、重点产业的国内知名专家、学科带头人100名，近三年柔性引进国内外知名专家、学科带头人等375人，引进一流大学建设高校优秀毕业生392人。深入推进“30万大学生留兰创业就业计划”，通过放宽大中专学生落户限制，净增人口16万余人，基本扭转青年人口连续减少态势。制定出台《兰州市金城名校长名师名班主任培养评选管理办法》《兰州市“金城名（中）医”选拔管理办法》等选拔管理办法，评选表彰首批“夕阳红”专家、首席专家、青年专家、“金城工匠”134名并建立工作室，评选第三批“金蓝领”高技能人才100名，第三批“乡村致富之星”农村实用人才100名，补选“金城文化名家”25名。认真组织实施2019年市级重点人才项目和人才创新创业项目扶持计划，举办第四届“活力金城”人才创新创业项目大赛，投入4645万元支持“兰州肽谷生物医药国家重点实验室”“面向低轨互联网商业校卫星星座用霍尔微推进系统”“基于泛在互联网的分布式电源智能平台”等重大项目在内的178个创新带动能力强、人才引领效果好、社会效益显著的人才创新创业项目。建立市级重点人才项目，推荐5个项目入选2019年度省级重点人才项目，2人入选“陇原之光”人才培养计划，1人入选“西部之光”访问学者计划。累计发放院士专家工作站、“夕阳红”专家、首席专家、青年专家工作室等各类津补贴3677万元。投资364.73万元完成150套新建人才公寓的设备购置工作，并主动为西北师范大学、兰州交通大学等6所院校提供人才公寓80套，有力提升各类人才的生活保障服务水平。

【自身建设】 开展“扶贫捐赠献爱心”“结对帮扶、共助脱贫”等活动，为小岔村申请各类项目资金200万，捐赠现金4万元，捐物14万元，帮助小岔村顺利脱贫，被评为全省扶贫工作先进单位。认真落实“基层减负年”部署要求，全面改进和规范督导检查、调查研究等工作，能并则并、能简则简，切实为基层减负。继续开展“千企万商大走访”工作，解决对口企业、事业单位、高等院校有关项目建设、资金扶持等各类问题诉求4件。

（段志奇　杨家力）

宣传工作

【概况】 2019年，市委宣传部自觉承担起举旗帜、聚民心、育新人、兴文化、展形象的使命任务。全市3人成功入选“2019年甘肃省最美人物”，3人荣获“2018年度十大‘陇人骄子’”荣誉称号，4人入围2019年度“感动甘肃·陇人骄子”候选人名单。

【意识形态】 修订完善《兰州市党委（党组）意识形态工作测评体系（试行）》，制定印发《兰州市委意识形态工作联席会议制度》等7项文件，为全市意识形态工作提供详细、明确、科学的制度依据。分类制定5大类，30个版本的《意识形态工作责任书》，明确各部门的主体责任和具体任务，突出工作针对性和可操作性。组织开展意识形态工作督查，印发《关于当前全市意识形态领域情况的通报》，下发整改责任清单106份，推动全市各级党委（党组）意识形态工作责任制落实。加强对报告会、研讨会、讲座以及各类文化活动的审核管理，在重要节点、重大活动举办前对相关单位进行约谈，全年审核各类活动申请156次，有力确保意识形态安全。

【理论中心组学习】 强化对中心组学习的安排部署，制定印发《市委理论学习中心组2019年度学习计划》，精心组织市委理论学习中心组学习活动22次，全市党政领导干部近2200余人次参加学习。编印《习近平总书记视察甘肃重要讲话精神宣讲提纲》《党的十九届四中全会精神宣讲参考资料》《市委中心组学习资料》《干部理论学习参考》等学习资料，为各级党委（党组）及党员干部及时学习提供范本。通过“兰州市党委（党组）理论学习中心组”APP平台，审核全市各级党委（党组）理论中心组学习记录近1000次，对学习不规范、主题不突出、质量不高的150次学习未予通过，并要求及时整改补课。

【理论宣讲】 围绕习近平总书记视察甘肃重要讲话精神，结合第二批“不忘初心、牢记使命”主题教育，组织编写《习近平总书记视察甘肃重要讲话精神宣讲提纲》，组建市委宣讲团深入区县、部门及基层单位开展集中宣讲1597场次。制定印发《全市党的十九届四中全会精神宣讲工作方案》，印制《党的十九届四中全会精神宣讲参考资料》200份，组建市委宣讲团赴全市各区县、各部门、各单位开展集中宣讲，宣讲1800余场次。组织开展扫黑除恶专项斗争宣讲活动，编写《兰州市扫黑除恶专项斗争宣讲提纲》，培训120名宣讲员深入农村、社区、企业、学校等基层一线，开展“扫黑除恶”专题宣讲1648场次。围绕脱贫攻坚开展“精神扶贫”主题宣讲活动。其中邀请甘肃农业大学12名农技专家，组建“精神扶贫”农技专题宣讲团，深入农村地区开展集中宣讲活动58场次。组建“全市选派到村任职第一书记脱贫攻坚宣讲团”，通过村党员大会、党小组会、村民代表大会以及“两户见面会”“田间会”“炕头会”等形式，开展常态化宣讲800余场次。2019年，市委讲师团荣获中宣部“全国基层理论宣讲先进集体”荣誉称号，宣讲微视频《初心》被评为“优秀理论宣讲微视频”。

【“学习强国”学习平台】 成立全市“学习强国”学习平台领导小组，印发《关于组织全市党员学习使用“学习强国”学习平台的通知》，实现全市各级党组织百分之百纳入、在职党员百分之百使用。截至年底，全市加入学习平台党员人数90117人，建立供稿通讯站30家，向甘肃学习平台推送各类稿件2000余篇条，学员总数、总积分、供稿数等各项指标均位居全省各市州前列，在全省“学习强国”学习平台工作推进暨业务培训会议上，兰州市推广使用学习平台工作经验在会上进行交流发言，并得到省委宣传部充分肯定。

【重点课题研究】 制定印发《2019年全市宣传思想文化战线重点课题调研工作的通知》，深入开展并完成重点课题调研4项，完成全市宣传思想战线调研成果36项，组织开展思想政治工作及重点课题研讨会11场，收集整理重点课题研究成果242份。集合出版《2018年加强和改进思想政治工作优秀研究成果文集》3册。编写的《兰州市立足“四大任务”强“四力”》《兰州市以“四个转变”践行“四力”推动宣传思想工作守正创新》等4篇信息专报，被《甘肃信息》《甘肃宣传》刊发，《兰州市用“一碗面”联通“一带一路”》被中宣部舆情局采用，《如何提升中华文化在国际上的影响力的问题研究》获得2019年度全省宣传思想文化战线重点课题调研优秀奖。

【“双中心”建设】 积极推进县级融媒体中心建设。制定印发《兰州市区（县）融媒体中心建设领导包抓制度》，指导督促各区县制定完成《县级融媒体中心建设方案》，全程跟进督导区县融媒体中心建设进展，实现全市8个区县融媒体中心全部挂牌运营，其中榆中县、皋兰县融媒体中心完成与省级技术平台的对接。大力实施新时代文明实践中心建设试点工作。在全省率先实现区（县）、乡镇（街道）、村（社区）新时代文明实践中心、所、站全覆盖，建成率100%，并挂牌各类实践基地122个。创新建设“兰州市新时代文明实践中心集成指挥平台”，全市8个区县，教育、科技、文化、卫生、体育等21家相关部门及35家爱国主义和国防教育基地入驻平台，相继组织开展各级各类文明实践活动9300余场次，实现区县文明实践中心与市级文明实践中心同步建设，形成文明实践“网上号召、线下响应”的特色工作模式，得到省委宣传部、省文明办的高度肯定。

【重大主题宣传】 围绕中心、突出重点，组织策划各类主题宣传活动。围绕学习宣传贯彻习近平新时代中国特色社会主义思想，组织策划“在习近平新时代中国特色社会主义思想指引下 新时代新作为新篇章”等主题宣传，打造H5（超文本标记语言HTML5）、VR（虚拟现实技术）、区（县）融媒体等类型的现象级时政融媒体精品，让党的主张成为时代最强音，市属各新闻媒体累计刊发有关新闻报道2000余篇。围绕学习贯彻习近平总书记视察甘肃重要讲话精神，组织市属各新闻媒体全面、及时、准确宣传报道习近平总书记视察甘肃各项活动和重要讲话精神，并在中国兰州网、兰州发布等新媒体平台开设“黄河之滨也很美”专栏，完成专题策划33期，累计发稿1500余篇。围绕扫黑除恶专项斗争，开展专项宣传工作，全市累计制作悬挂横幅标语、广告牌4.7万余块；利用各类LED电子显示屏2.8万余块；发放各类宣传品210余万份，开展普法活动近万场次，市属各新闻媒体先后刊播相关稿件1.4万余篇。围绕“不忘初心、牢记使命”主题教育，组织市属各新闻媒体开设专栏专题，运用消息、专题、系列报道、连续报道、访谈、评论、直播等形式进行集中持续报道，刊发相关稿件9700余篇。围绕脱贫攻坚、文明城市创建、“精致兰州”建设等开展主题宣传，累计刊播新闻稿件2万余篇。加强爱国主义和国防教育工作，举办领导干部军事日、《国防教育法》颁布18周年纪念日、国防教育及军营开放日等活动，组建法理斗争、舆论斗争、阿拉伯语翻译、藏语翻译等国防动员专业保障队4支。开展2019年文化科技卫生“三下乡”集中示范、“兰州人·百姓讲堂”示范宣讲等活动51场次，受众人数2万余人次。

9月25日，“文化润童心·筑梦新时代”兰州市中小学生传承中华优秀传统文化成果展演

【践行社会主义核心价值观】 结合全国文明城市创建，深入开展培育和践行社会主义核心价值观“十大创建行动”，不断提升城市精神文明水平。成功举办第1届兰州市青少年社会主义核心价值观动漫设计大赛颁奖仪式、“新时代偶像·精神的力量”专题讲座、“时代楷模”——古浪县八步沙林场“六老汉”三代人治沙造林先进群体事迹（兰州）报告会等活动，线上线下参与人数130余万人次，引起社会强烈反响。摄制完成《社会主义核心价值观专题片》《兰州市先进典型人物50集微记录视频》等，在大力宣传兰州市精神文明建设取得的成就和先进典型感人事迹的同时，有力激发全社会尚善尚美正能量。

【中华人民共和国成立70周年主题宣传教育】 制定印发《兰州市庆祝中华人民共和国成立70周年活动方案》《兰州市隆重庆祝中华人民共和国成立70周年广泛组织开展“我和我的祖国”群众性主题宣传教育活动实施方案》等文件。组织各区县、各部门设置庆祝70周年宣传标语、宣传栏、道旗等1.8万余块，悬挂国旗6万余面，利用各类LED电子显示屏3.1万余块。协调组织中央驻甘、省级和市属新闻媒体开展主题采访报道活动，开设“壮丽七十年·奋进新时代”等专栏专题，累计刊发稿件2000余篇。成功举办第2届青少年社会主义核心价值观主题动漫设计大赛、爱国主义和国防教育主题征文大赛、“庆祝新中国成立70周年·图说我们的价值观”书画作品征集巡展、“我和祖国共成长”主题宣讲、“礼赞新中国·奋进新时代”兰州市民舞台式演讲等一系列群众性主题宣传教育活动，发布各类原创图文稿件、海报、H5、动漫视频等280余篇，各端口累计阅读量达380余万次，征集动漫设计、主题作文、书画创作等各类作品上万件，为庆祝中华人民共和国成立70周年营造浓厚热烈喜庆的社会氛围。在代表全省参加中宣部等7部委组织开展的“时代新人说——我和祖国共成长”全国演讲大赛中，荣获铜奖2名、优秀奖3名。

【对外宣传】 承办“大江大河·面面聚道——‘一带一路’兰州沿江之行”城际交流活动，以兰州美食为“小切口”，推动兰州与中部地区间的经贸文化交往，期间刊发微博微信、抖音、图集等相关稿件169篇，阅读量突破189万人次，新华社现场云直播平台浏览量突破112万人次。精心筹划2019国际田联路跑会议、2019兰马赛、第25届“兰洽会”、兰州黄河文化旅游节、兰州青岛啤酒节、兰州鼓文化周和兰州科技博览会等重点节会宣传报道工作，为各项节会赛事营造浓厚的宣传氛围。加强合作交流，开展系列专题拍摄活动。相继配合完成央视国际频道《美食中国——味道金城（第一季）》、日本秋田电视台专题片《飞天——舞动敦煌》、纪录片《飞天——新纪行》等9家媒体单位11部电视、纪录片的拍摄采访活动。赴法国、西班牙开展“感知兰州”对外文化交流活动，邀请两国相关媒体以及新华社驻法、西记者到活动现场进行采访报道，在展现兰州好形象的过程中，主动推进国内国际传播能力建设，对外展现真实、立体、全面的兰州新形象。借助中央新闻媒体，开展对外宣传工作。组织开展“庆祝祖国七十华诞 见证西北兰州发展 世界华文主流媒体兰州行”大型采访活动、“精致兰州”著名作家金城行采风活动等，推送出一批有特色、有亮点的优秀文学作品和新闻稿件。1月至11月，《人民日报》、新华社、中央广播电视总台等20家中央驻甘及香港驻甘主流媒体刊发（播）关于兰州原创稿件4410篇，同比增长29%。《甘肃日报》刊发关于兰州新闻稿件716篇。其中，头版头条13篇；专版30个；头版稿件113篇，其他版面新闻560篇。组织召开2019兰州国际马拉松赛、2019国际田联路跑会议、兰州市生态环境局“一季度环境质量及重点工作情况”等新闻发布会20余场次，为宣传兰州起到了积极作用。

【文化体制改革】 结合机构改革工作，重新调整组建文化体制改革专项小组成员单位。制定印发《2019年文化体制改革工作要点》，建立《2019年文化体制改革工作台账》，明确19项文化体制改革任务。组织召开文化体制改革专项小组会议，审议通过《兰州日报社文化体制改革方案》《兰州广播电视台文化体制改革方案》《关于推进兰州市电影发行放映公司改革的请示》等改革方案，并提交市委全面深化改革委员会第三次会议审定，为下一步如何找准省会城市主流媒体定位、形成全媒体传播格局、发挥好两个效益起到关键作用。

【文化惠民活动】 开展《金城讲堂》《金城文化沙龙》《金城书法沙龙》《金城文学时间》等系列活动92场，邀请钱文忠、刘墉、马伯庸等全国、省内著名学者113人来兰进行讲座辅导，线上线下参与人数60余万人次，发行《金城讲堂》季刊4期2000余册，并对电子版进行全网推送。举办“写一首情诗给兰州”——百名书法家写兰州活动，邀请中书协书法家创作作品101件，甄选社会报名作品236件，通过“笔墨诗情”书法展，集中展示兰州丰厚的文化底蕴。以“庆祝新中国成立70周年”为主题，组织文艺队伍开展文化“七进”活动80场，让老百姓在家门口畅享文化盛宴。举办第3届“爱兰州·爱阅读”嘉年华、第15届兰州读书节活动，通过“读书马拉松”“名篇大家读”“插画绘好书”等活动，征集作品10026篇，邀请25位教育界名人推荐书目100本，调动广大市民爱生活、爱读书的积极性。

【文化事业扶持】 严格落实《兰州市文艺发展扶持奖励办法（试行）》，对兰州市电影、纪录片、展览、对外演出等8个类型68个项目进行扶持，电影《芬芳》获第15届中美电影电视节金天使奖，纪录片《兰州匠人》获第12届中国旅游电视周旅游电视节目专题类好作品奖，《足球少年》被国家体育总局列为重点项目，记录电影《踢球吧，孩子》获第32届中国电影金鸡奖最佳纪录片提名奖，创作电影《丢人》入围荣获东欧国际电影节最佳外语长片、最佳外语长片男主角、最佳外语长片剪辑三项奖项。同时，对获得第9届敦煌文艺奖的12项作品按省委宣传部奖励标准1:1进行配套奖励，对获得第17届华表奖最佳农村电影奖的本土电影《丢羊》进行奖励。制定印发《贯彻落实〈农家书屋深化改革创新 提升服务效能实施方案〉工作方案》，对全市647家农家书屋、58家乡镇文化服务站进行实地考察，完成2019年幼儿园“小书架”40个品种3560册图书和54210本农家书屋出版物的配送工作，评选出“精致兰州·十佳农家书屋”10个、“十佳农家书屋管理员”10名。推荐参评国家2019“我的书屋·我的梦”农村少年儿童阅读实践作品76幅，“耕读人家”8人，“读书明星”7人。

【文化产业发展】 向省委宣传部推荐并通过兰州市申报甘肃省文化产业发展专项资金项目11个。与市财政局、市文旅局联合印发《关于申报2019年兰州市文化旅游产业专项资金补助项目的通知》，对全市28个文化旅游产业项目进行资金补助和贷款贴息，对55个已完成补贴的项目进行后续跟踪监督，确保做到专款专用，充分发挥专项资金对文化旅游产业的引导带动作用。组织开展长征国家文化公园建设项目申报工作，共申报项目48个，对八路军兰州办事处纪念馆酒泉路旧址展览及配套设施提升改造、兰州战役红色景园建设等符合条件的35个项目申请国家、省上补助资金10.5亿元。

【出版发行市场维护】 制定印发《2019年印刷复制暨内部资料性出版物“双随机、一公开”抽查方案》《2019年印刷复制暨内部资料性出版物管理风险防控方案》，梳理涉及行政许可、行政处罚、行政奖励、其他行政权力和追责情形30项，做到“三级四同”（即：省、市、区县三级做到事项名称、类型、依据、编码一致）。完成对全市295个印刷企业、234家出版物发行单位、1家电影发行单位、38家电影放映单位、41个农村电影放映点的年度核验工作。其中，受理审批设立、变更印刷企业35家；注销2家；审批核发一次性内部资料性出版物准印证12个；核发连续性内部资料性出版物准印证14个。新建规范化标准化站点750家，建成“扫黄打非”进基层站点2630家。

【“四力”教育】 制定印发《兰州市宣传思想文化战线开展增强“脚力、眼力、脑力、笔力”教育实践工作的实施方案》等文件，组织开展“四力”主题征文活动，征集文稿68篇。强化“四力”教育实践信息报送工作，向省委宣传部报送信息69篇。其中，中宣部《宣传信息网》综合采用8篇；《甘肃宣传》单篇采用5篇。兰州互联网新闻中心全媒体中心荣获甘肃省新闻战线2019年“新春走基层”活动增强“四力”先进集体荣誉称号。

【人才队伍建设】 制定印发《中共兰州市委宣传部2019年度意识形态教育培训方案》，全年通过“走出去、请进来”的方式，利用“内智”和“外脑”，举办意识形态、理论宣讲、新闻媒体从业人员等各类专题培训9期，培训人数约1300人次。着力实施“金城文化名家”工程，补选“金城文化名家”25名，编印《“金城文化名家”名录》，命名首批“金城文化名家”工作室，推荐产生“首席专家”和“青年专家”各5名，不断扩大“金城文化名家”影响力。向省委宣传部推荐省领军人才候选人1名、全国文化名家暨“四个一批”人才候选人4名、青年拔尖人才候选人1名、宣传思想文化青年英才候选人1名。

（马维龙）

统战工作

【概况】 2019年，全市统一战线工作以加强党对统一战线工作的集中统一领导为根本，始终坚持问题导向、目标导向、效果导向，健全完善领导小组运行体制机制，聚焦统战领域突出问题，推进重点工作任务落实。全年领导小组发文12件，小组办公室发文16件，推动各项工作落实。开展“金城新浪花、我们在行动”系列活动，引导全市新阶层人士参与精准扶贫、公益捐助近50场次，投入资金近600万元，受益人群2500余人。

【加强党对统战工作的领导】 始终把加强党对统战工作的绝对领导，作为巩固和发展爱国统一战线的根本保证，切实履行党委主体责任，强化组织领导，严抓学习培训，加强统筹协调，党对统一战线的领导不断加强。市委主要领导认真履行领导小组组长职责，高度重视，大力推进统一战线工作，主持召开统一战线工作领导小组会议4次，研究安排部署统一战线工作，多次调研民主党派、非公经济统战和民族宗教工作，10余次专题听取汇报，30余次作出批示。领导小组副组长调研督导统战工作累计80余次，召开领导小组办公室会议23次。召开市委统一战线迎春团拜会，市委主要领导与党外代表人士畅叙友情，共话发展。“两会”期间召开人事协商座谈会，就有关人事安排充分征求党外代表人士意见建议。认真组织学习习近平新时代中国特色社会主义思想和党的十九大、十九届四中全会精神，跟进学习中央、省委统一战线工作领导小组会议，以及全国、全省统战工作会议精神，研究贯彻落实意见，全市党员领导干部做好新形势下统一战线工作的能力和水平不断提升。及时调整优化领导小组，增补政协副主席为领导小组副组长，将市委网信办、市城管委、市市场监管局主要负责人纳入领导小组成员，修订完善《中共兰州市委统一战线（市委民族宗教）工作领导小组工作规则》，制定下发《中共兰州市委统一战线（市委民族宗教）工作领导小组成员单位职责分工》，进一步明确领导小组和成员单位职责，完善相关制度，加强领导小组工作力量，全市统战工作实现从“独唱”到“合唱”的转变。

【政党协商工作】 市委高度重视多党合作和政党协商的组织落实，紧扣兰州市发展实际，不断加强多党合作制度实践，着力提升多党合作制度效能，多党合作事业不断巩固和发展。不断加强政治引领。指导各民主党派深入开展"不忘合作初心、继续携手前进"主题教育。组织各民主党派开展庆祝中华人民共和国成立70周年等系列活动，以文艺演出、书画展览、演讲诵读等形式歌颂新中国成立70年来取得的辉煌成就，展示多党合作的巨大优越性和强大生命力，多党合作思想政治基础得到巩固夯实。有序组织开展政党协商。制定《2019年政党协商计划》，组织召开党风廉政建设和反腐败工作通报协商座谈会、全市机构改革工作情况通报会、民主党派调研协商座谈会等政党协商会议5次，征集民主党派重点调研报告6篇、政党协商建议42条，完成市政协提案答复工作，积极协调市地方志办公室，重启《政党志》编纂工作。支持民主党派加强自身建设。深入市级民主党派机关和基层单位开展参政党建设实地调研，掌握实情、分析问题、提出举措，形成加强参政党建设的调研报告。举办民主党派加强自身建设专题辅导讲座暨参政党建设经验交流座谈会和民主党派提升参政议政座谈会，总结社情民意联系点工作经验做法，引导民主党派积极主动反映社情民意，不断提高参政议政、建言献策能力水平。

【民族工作】 扎实推进"一廊一区一带"行动，制定《关于贯彻落实〈全省民族团结进步创建"一廊一区一带"行动方案〉的实施意见》《"沿黄河—洮河民族团结进步提升带"联创共建工作实施方案》和《兰州市创建全省民族团结进步示范市实施方案》，进一步明确创建目标、找准工作方向、细化具体举措。开展民族团结进步宣传，相继举办兰州黄河风情民族团结百米书画展文化惠民活动、少数民族文艺汇演、"民族团结杯"乒乓球羽毛球竞赛、中华传统文化进社区进校园等一系列创建活动，广泛宣传党和国家的民族政策、法律法规以及民族方面的相关知识。23家单位和个人分别受到中央和省委民族团结进步创建命名和表彰，市委统战部被评选为全国民族团结进步模范集体。

【宗教工作】 对标中央宗教工作督查反馈意见，制定《宗教领域突出问题整改方案》，建立问题台账，采取挂账销号的方式推进整改工作落实。扎实推进"四进"(国旗国歌进场所、宣传标识进场所、法制教育进场所、道德典范进场所)宗教场所活动，制定出台《兰州市积极引导宗教界开展"四进"活动实施方案》，将活动开展同宗教界的生产生活、宗教信仰、教职人员培养和管理等结合起来，积极引导宗教与社会主义社会相适应，实现"四进"宗教场所活动全覆盖。制定《关于加强新时代宗教团体建设实施意见》，通过换届改选，进一步加强团体的组织管理。

【非公经济统战工作】 大力开展教育引导，积极推进调研纾困，非公经济"两个健康"工作取得实效。借助"工商联大讲堂"、主席(会长)活动日等平台，利用调研走访、专题学习、座谈交流、现场观摩等方式，组织非公经济人士深入学习习近平新时代中国特色社会主义思想、党的十九大和十九届四中全会以及习近平总书记在民营企业座谈会上重要讲话精神，广泛凝聚发展共识。认真落实"千企调研纾困"行动部署，制定《关于开展全市民营企业大宣讲大调研活动的通知》，在全市260家民营企业、商协会领域中开展"百企调研纾困"行动。集中开展政策解读、入企宣传、定点宣传活动，在解疑释惑中回应关切，在沟通交流中加强引导，提振民营企业发展信心。加强对市工商联工作的指导，增补29名常委、4名副主席、4名副会长。积极推动光彩事业与扶贫攻坚行动深度融合，动员和引导非公经济人士参与扶贫开发、捐资助学、扶危济困等各项光彩事业和社会公益活动，落实全市"百企帮百村"精准扶贫，累计实施项目708项，投入资金3.0255亿元。

【无党派、党外知识分子和新的社会阶层人士统战工作】 积极搭建活动平台，创新工作方式，认真做好新的社会阶层，无党派代表人士(党外知识分子)统战工作，最大限度凝聚共识，形成合力。在新的社会阶层人士工作方面，按照"组织起来、教育引导、作用发挥"的工作要求，指导全市8个区县全部成立新阶层人士联谊组织，实现全覆盖目标。召开全市实践创新推广城市建设现场推进会和新阶层实践创新项目建设现场观摩会，依托街道、园区、楼宇、企业等打造各具特色的实践创新基地，挂牌命名五个市级实践创新基地。在无党派代表人士(党外知识分子)工作方面。支持无党派人士开展"不忘合作初心，继续携手前进"主题教育。指导市留联会召开2019年度第一次会长会议，部署市留联会全年工作任务，明确工作方向。成立"兰州留学人员之家"，为全市广大归国留学人员拓展了联谊交友平台、开展活动的载体和发挥作用的渠道。

【侨务统战工作】 认真贯彻落实侨务政策，对照省侨办权责清单通用系统目录，依据"三定"规定等文件精神，结合工作实际，制定市侨办的权责清单，明确各相关单位侨务身份确认职责，细化完善工作流程。利用侨务渠道开展华文教育，弘扬中华优秀文化，先后选派优秀中小学教师前往老挝、菲律宾等国的华文学校开展教学工作。组织协调2019年春节送温暖慰问归侨侨眷活动，切实做好归侨侨眷、港澳同胞及其眷属考生身份认定，累计为5名归侨侨眷出具身份证明。认真做好侨务信访答复工作，做到件件有着落，事事有回音，有效地维护社会和谐稳定。

【党外干部队伍建设】　严格落实《社会主义学院条例》，起草兰州市贯彻落实《社会主义学院条例》的意见，研究部署兰州市社会主义学院建设的各项工作。配合省委统战部完成党外代表人士调训工作，为各区县各单位分配2期党外干部培训班名额，提出调训名单，完成培训工作。按照省委统战部要求，完成全市厅（局）级、县（处）级党外领导干部名册编制和上报工作，配合省委统战部调研组完成党外代表人士队伍建设大调研工作。积极落实组织部、统战部两部联席会议机制，推进各领域党外干部配备使用工作，完成市级各民主党派16人职级套转和27人职级晋升工作，推荐提拔使用4人。

【机构改革】　稳步推进机构改革工作，根据《中共甘肃省委办公厅甘肃省人民政府办公厅关于印发兰州市及所辖县区机构改革方案的通知》要求，调整中共兰州市委统一战线工作部职能配置、内设机构职责，调整后市委统战部归口领导市民族宗教事务委员会，统一管理侨务工作，将市政府外事办公室（市侨务办公室）的侨务工作管理职责划入市委统战部，市委统战部加挂市政府侨务办公室牌子，规范民族宗教工作运行机制和侨务工作体制；新设立港澳台侨工作科和新的社会阶层人士统战工作科，进一步理顺统战部门与相关职能单位关系，进一步优化统战部门及其系统单位内设机构和力量配备，推动党委统一领导、统战部牵头协调、有关方面各负其责的大统战工作格局逐步形成。（李友文）

政法工作

【概况】　2019年，全市政法机关全面落实《中国共产党政法工作条例》，认真落实中央和省委政法工作会议精神。开展“不忘初心、牢记使命”主题教育，组织全市政法机关开展集中学习2056次，政法各单位领导干部带头讲党课419次，开展各类主题活动1333次，着力筑牢政法干部永做党和人民忠诚卫士的政治信念。以扫黑除恶专项斗争为抓手，全市打掉黑恶犯罪组织109个，破获刑事案件922起，查扣涉案资产金额28.73亿元。

【平安兰州建设】　注重高位谋划部署，先后组织召开市委政法工作会议和维护国家政治安全、扫黑除恶、禁毒、信访、依法治市等9个专项工作会议，全面安排部署政法各项工作。提请市委常委会14次、市政府常务会16次专题研究扫黑除恶专项斗争、新中国成立70周年大庆维稳安保等重点工作，推动解决政法领域重大问题，有力推动政法各项工作开展。注重加强党的领导，认真贯彻落实《中国共产党政法工作条例》，建立政法委员会议事规则，党委政法委派员列席市级政法各单位党组（党委）民主生活会，切实将党的绝对领导贯彻到政法工作的各领域各方面各环节。注重完善工作体系，以机构改革为重要契机，规范市、区县党委政法委内设机构设置，基本做到上下对应，运转顺畅。出台维稳职责任务清单、国家政治安全工作协调机制等10余个配套文件，对各相关单位职能职责、运行程序予以明确。注重压实各级责任，推动平安兰州建设责任制全覆盖，由市委、市政府与8个区县、84家部门单位签订《平安兰州建设目标责任书》，制定出台《平安兰州建设责任制考评奖惩办法》，对平安建设实行清单式量化考核。同时，结合扫黑除恶、维稳安保、法治政府建设等重点工作，开展多轮次“大督导、大检查”，确保各项工作任务全面落实到位。

【维稳工作】　积极应对敌对势力渗透破坏，制定出台《全市政法领域防范化解重大政治安全风险责任清单》。严密防范暴力恐怖活动。不断深化同邪教组织斗争。深入开展涉稳隐患排查化解，建立战时情报会商研判、市级领导值班接访、区县领导包案、信访重点人劝返稳控、情报信息“零报告”等五项机制，集中开展重大涉稳隐患和突出信访问题排查化解行动，成功化解64件重大矛盾，攻坚化解国家信访局、省信访局交办的82件重点信访事项。着力强化各领域风险管控，组织开展学校安全隐患排查、交通安全综合治理、安全生产领域整治等专项行动，整改各类学校隐患问题156项、安全生产问题隐患252处、寄递物流企业安全隐患88处，查处交通违法行为165万起，整改火灾隐患4.1万处，切实保障公共安全。着力提升应急处置能力，建成应急处突专业队伍10支、1233人，成为全省力量最集中、配备最到位、装备最先进的市州一级应急处突力量。圆满完成新中国成立70周年大庆、习近平总书记视察甘肃等561场次重大节会安保维稳任务。在全省“践行新使命、忠诚保大庆”总结表彰大会上，兰州维稳安保工作成绩突出、位列全省第一，受到通报表扬。

【“扫黑除恶”专项斗争】　统筹推进摸线索、打犯罪、挖幕后、治源头、强组织等各方面工作，全市打掉的黑社会性质组织、涉恶犯罪团伙以及破获的刑事案件数、查封冻结扣押涉案资产数均位列全省第一。深度排摸核查线索，组织各级各部门深入开展涉黑涉恶问题线索“大排查、大督查”

兰州市公安机关“扫黑除恶”2019“陇风一号”集中行动

和“线索清零”专项行动，摸排受理涉黑涉恶线索8875件，核查办结8155件，办结率91.9%。保持严打高压态势，组织开展夏季攻势以及“陇风”系列行动。持续发力打伞破网，严格落实“两个一律”要求，做到扫黑除恶与深挖腐败、打伞破网同步推进，市纪委监委因涉黑涉恶立案63件，处理92人。不断深化综合治理，组织开展重点行业领域专项整治，集中清查各类重点场所3453家，整改安全隐患679处；排摸涉黑涉恶线索342条，打掉涉黑涉恶团伙33个。着力营造强大声势，组织开展“十进五百”主题宣传，张贴扫黑除恶《通告》《奖励办法》和宣传海报34.2万份，制作宣传展板1.5万块，悬挂横幅标语1.7万条。特别是在央视《东方时空》栏目播出《枪伤牵出涉黑团伙，警方“一锅端”》典型案例，营造了浓厚氛围。全力配合中央督导，制定“一方案三清单”，细化93项具体整改举措，全部整改完成中央督导反馈的15个面上问题和6个具体问题已全部整改完成。2019年，中央对甘肃省开展督导组督导、回头看和蹲点带片调研等3次重大督查，兰州是甘肃省14个市州中唯一接受3次督查地市，并且是均得到中央督导组充分肯定的地市。

【综合治理】 积极推进社会治理理念思路、体制机制和方式手段，不断提升社会治理现代化水平。加强市域社会治理规划设计，制定出台《关于加快推进市域社会治理现代化建设更高水平平安兰州的实施方案》，明确市域社会治理指导思想、基本原则、总体目标和25项重点任务，逐项细化措施，压实工作责任，明确完成时限。坚持发展新时代“枫桥经验”，开展社会稳定风险评估，完成稳评报备事项366件，重大项目不予实施1件，暂缓实施2件。深化“枫桥式公安派出所”创建，兰州市公安局小西湖派出所作为全省3个派出所之一，入选全国首批100个“枫桥式公安派出所”。排查调解各类矛盾纠纷12907件，化解12812件，调解率达99%以上。扎实推进全国禁毒示范城市创建，开展“清零、清库、清隐”专项行动，破获毒品案件640起，缴获毒品海洛因137公斤。兰州市作为全国40个禁毒示范创建先进城市之一，受到国家禁毒办通报表扬。打造社会治安防控体系升级版，全市公共区域一类视频监控达到2.52万个，全市累计达到4.6万余路，建成“雪亮云眼”、运维平台等具有兰州特色、全国领先的信息化名片和品牌，成为全省首个“雪亮工程”示范城市。大力推进政法智能化建设，加快推进全市信息化支撑管理平台、政法跨部门大数据协同办案平台建设，在第2期全国新时代政法工作创新交流会上，兰州市作为西北地区唯一的地市作了题为《向智能化要执行力以大数据支撑大平安》的发言，向全国推广经验做法。

【法治兰州建设】 坚持把改革创新作为政法工作的强大动力，不断提升法治保障、司法为民、便民服务水平。着力营造良好法治环境，深入落实政法机关服务营商环境24条举措，挂牌成立兰州知识产权法庭，组织开展“维护民企权益、优化营商环境”专项行动，为企业提供精准法律服务。健全完善司法权运行机制，巩固拓展“司法责任制改革提质增效计划”成果，如期完成法官检察官员额制改革、人员分类管理改革，以及单独职务序列等级评定如期完成。大力推进执法司法规范化，组织开展全市政法系统优劣案件评选活动，有效发挥案件评查对执法司法的规范促进作用。健全完善综合治理执行难工作大格局，受理执行案件27643件，执结18202件，“基本解决执行难”目标如期实现。努力提升政法服务水平，积极深化“放管服”改革，推行55项便民利民措施，切实做到“让群众少跑腿、数据多跑路”。指导成立兰州市未成年人司法社会服务中心，稳步推进公共法律服务实体、网络、热线三大平台建设，市、区县公共法律服务中心全部建成。切实增强全民法治观念，组织开展宪法宣传周、“12·4”宪法宣传日等系列法治宣传活动，兰州法学会被授予全省“十佳法治文化基层行活动先进集体”。开通运行首列宪法宣传主题地铁专列，创建“全国民主法治示范村”6个，群众法治观念明显增强。

【政法队伍建设及宣传】 全面推进革命化、正规化、专业化、职业化建设，努力打造高素质政法队伍。筑牢政法队伍忠诚本色，扎实开展“不忘初心、牢记使命”主题教育，统筹推进学习教育、调查研究、检视问题、整改落实工作，创新开展政法系统主题教育“十个一”活动。锻造政法队伍本领过硬，结合大型活动安保、反恐防暴、执法司法等实战要求，组织开展专业警务技能训练、反恐训练应急演练、检察机关司法警察培训，分系统开展庭审直播、裁判文书公开、优秀案件评查、“法官讲坛”等岗位练兵活动，举办、参加各类培训演练1551期5.4万余人次，全面提升了政法干警的专业化水平。确保政法队伍清正廉洁，充分运用扫黑除恶典型案例深入开展警示教育，教育广大干警受警醒、明底线、知敬畏。严格落实干预司法记录、通报和责任追究制度，建成集网络、电话、信函等渠道于一体的干警违纪违法举报投诉平台，依法依规查处、通报干警违纪违法问题36起48人，政法干警纪律作风明显改观。汇聚政法工作正能量，启动运行以“一网两微一号一栏目”为龙头的“兰州政法”新媒体矩阵，上线运行“兰州政法网”和“兰州政法”微信公众号、微博、头条号，组织拍摄的微电影《风吹薪火传》荣获第4届平安中国“三微”作品十大微电影奖，微动漫《公益诉讼在身边》被中央政法委评为优秀奖。

（薛广林）

市直机关党的工作

【概况】 2019年，市直机关党的工作坚持党的全面领导，坚持党要管党、全面从严治党，严把发展党员政治关。全年对500名党员发展对象和预备党员进行集中培训，对市直机关及市属事业单位党员发展对象，预备党员转正材料进行预审、调档阅卷，及时指出存在的问题，备案、预审发展对象117名，接收预备党员117名，预备党员转正130名。召开书记办公会34次、工委委员会17次、理论学习中心组学习会29次、专题研讨交流5次，第一时间带头学习贯彻习近平总书记重要讲话和中央、省委重大决策部署。

【机构改革】 全力保障机构改革工作，主动走访市直涉及机构改革部门，推动机关党建与机构改革同步推进，对市直机关党组织设置进行全面优化调整，撤销31个机关党组织，更名26个机关党组织，保留29个机关党组织，做到机构改革期间机关党组织工作不断、队伍不散、干劲不减。全力保障主题教育工作，根据市委主题教育工作需要，工委2名班子成员和4名党员领导干部积极参与到市委主题教育领导小组办公室各项工作中，工委书记和副书记分别担任指导联络组组长和副组长，及时向各指导组传达上级精神，有效督促各项要求落实。同时，主题教育期间举办市直机关党支部书记主题教育示范培训班，邀请市委书记李荣灿为机关党支部书记现场授课，提振了广大机关党务干部做好党建工作信心和决心。全力保障巡视巡察工作，选派一名班子成员参与省委第四轮巡视工作，由于表现突出，被省纪委评为优秀巡视干部。同时，为进一步加强市委巡察工作力量，规范巡察工作人才库建设和人员管理，工委从市直机关党务干部中推荐上报20名同志充实到巡察工作人才库，16名同志参加2轮次市委巡察工作，为全市巡察工作提供人才保障。

【政治统领】 坚持把政治建设摆在机关党建首要位置，引导党员干部增强“四个意识”、坚定“四个自信”、做到“两个维护”。组织党员干部认真学习《中共中央关于加强党的政治建设的意见》，工委主要负责同志为市委党校主体班全体学员进行宣讲解读，努力增强大家学习贯彻、遵守维护的自觉性和坚定性。开展市直机关党员干部思想状况调查，82个单位4110名党员参加调查，起草完成《市直机关党员思想状况调查报告》，为下一步做好机关党员思想政治工作提供发力方向。召开市直机关推进党的政治建设经验交流会暨党建理论研讨会，交流经验做法，市委副书记张柯兵出席会议并作部署要求。进一步规范和完善机关党的组织生活制度，对市直机关各级党组织主题党日、“三会一课”、组织生活会、民主生活会开展情况，特别是领导干部参加“双重组织生活”落实情况进行监督检查，形成专题报告，把教育、监督、查处、问责相结合，不断推动机关党内政治生活严起来实起来。组织开展市直机关基层党建优秀案例、“主题党日”优秀案例评选活动，评选出基层党建工作优秀案例6个，“主题党日”优秀案例18个。选送市大数据管理局机关党支部《打造“党建+大数据”，切实发挥支部战斗堡垒作用》工作案例，参加第2届全国党建创新成果展示交流活动，荣获“百优案例”称号。

【理想信念】 充分利用新兴媒体平台，弘扬主旋律、传播正能量，及时跟进报道市直机关党建重点工作推进情况和部门机关党建特色亮点，开设今日头条“兰州市直机关党建”公众号发稿39篇。依托兰州机关党建网，采集市直机关各级党组织信息1000余条，编发300余条；在《每日甘肃网》《中国甘肃网》《甘肃日报》《兰州日报》等各级各类新闻媒体发布宣传稿件454篇。与兰州日报社、城关区中共甘肃工委纪念馆共同举办“黄河鎏金·红色记忆”征文大赛。做好市直机关“学习强国”手机APP和“甘肃党建”APP信息化平台使用管理，对相关人员进行2次专题培训，市直机关697个机关党支部，11324名党员，全部下载、登录和使用“甘肃党建”APP。

【组织建设】 起草《关于加强和改进市直机关党的建设的意见(送审稿)》,研究确定机关党建"五抓五提升"工作路线图,细化43项具体推进任务,对各项支部工作进行全面梳理,建立健全相关制度机制。召开2019年市直机关党的工作会议,科学制定年度目标,突出各单位实际,将党建共性目标与个性目标区分开来,签订党建工作目标责任书,印发《2019年市直机关党的工作要点》,明确重点任务,推动落实市直机关党组织直接管理责任和基层党支部主体责任,形成纵向到底、横向到边的工作责任和推动落实体系。谋划提出"十个一"主题活动,召开市直机关推进党的政治建设经验交流会、市直机关党支部标准化建设观摩交流会、市直机关党建理论研讨会;开展机关党员干部思想状况问卷调查,编印一套《市直机关党支部建设标准化工作流程图》,评选"主题党日"优秀案例,命名一批党支部建设标准化示范支部;举办一系列党务干部、党支部书记、党支部委员培训班,开展庆祝中华人民共和国成立70周年合唱比赛、纪念五四运动100周年演讲比赛等,确保机关党建工作干有抓手、做有载体,有效助推机关党建工作水平提升。

会同市委组织部制定下发《关于进一步规范全市机关党组织设置的通知》,严格落实到期换届改选提醒制度,及时完善换届工作动态台账,成立机关纪委44家,增补机关党组织书记19名,新任专职副书记47名,指导20家机关党组织如期完成换届选举。建立健全机关群团组织设置,编印《市直机关群团工作手册》,指导10家单位成立机关工会,9家单位成立机关妇委会,1家单位成立机关团支部,督促指导22家机关工会和妇委会按时完成换届选举。

【党支部标准化建设】 制定下发《市直机关党支部建设标准化工作实施方案》《党支部标准化建设工作流程手册》《市直机关党支部建设标准化台账验收规范对照表》等规范性文件,进一步明确干什么、什么时间干、由谁干、干到什么程度等问题。与市财政局联合印发《兰州市直属机关基层党组织党建活动经费管理办法》,向45个机关党组织下拨党支部标准化建设工作经费93万元,有力保障党支部建设标准化工作深入推进。召开市直机关党支部建设标准化观摩交流会,开展7次专项指导和现场交流,表彰命名11个党建示范点,51个示范性党支部。截至年底,市直机关各级党组织建成标准化党支部494个,占机关在职党员党支部总数的90%,圆满完成年初既定的目标任务。

【"互查、互评、互学、互促"活动】 全面构建党建督查考核新体系,探索建立"四互"考评模式,每季度开展一次"互查、互评、互学、互促"活动,通过调研检查、座谈交流、观摩学习、集中汇报、分析研判等多种形式,以"互查、互评"为手段,达到"互学、互促"的目的,进一步激发机关各级党组织干事创业热情,形成比学赶超、争先进位的浓厚氛围。全年开展"四互"活动三次,对85家市直机关党组织进行全面"会诊把脉",重点对党费缴纳、组织生活制度执行情况和涉及机构改革部门党建工作开展情况及人员转隶情况进行走访调研,形成《关于进一步加强市直机关党建工作的调研报告》,市委书记李荣灿、副书记张柯兵专门作出批示,肯定调研报告的成效。同时,为认真落实"基层减负年"要求,工委将重点工作督导检查转变为"一对一"蹲点指导,不再要求各单位建立整改台账,重复报送整改报告,建立工委领导干部联系基层党组织制度,由工委县级领导带队驻点跟踪指导,真正以实的举措和办法,推进机关党建工作上水平。

【党员培训】 举办市直机关党支部书记培训班3期,入党积极分子、预备党员、党务干部、优秀党员各1期,培训党员人数1147人。依托国内"双一流"大学教育资源,在清华大学、四川大学举办市直机关党务干部培训班和群团干部培训班,邀请国内知名专家、教授为大家传经解惑,引导大家准确把握新时代机关党建工作特点和规律,开阔机关党务干部思路和眼界,进一步提升履职尽责的本领。

【基层减负年工作落实】 集中整治形式主义、官僚主义,不断加强作

9月27日,兰州市直属机关庆祝中华人民共和国成立70周年合唱比赛

风建设，密切党群干群关系。班子成员以上率下、以身作则，充分发挥带头示范作用，下基层调研不搞层层陪同，不打招呼、不定线路，现场办公解决问题。借助机构改革东风，积极协调市委组织部、市委编办，对工委内设机构进行优化重组，重新划分工作职责，进一步明确责任领导和责任部门，切实提高工作效率。大幅缩减会议和发文数量，对工委各部门设立的微信、QQ工作群进行清理整合，关闭QQ群10个、微信群1个。整合党建督查和主题教育调研活动，大力减少会议次数，控制会议规模，既有效推进各项工作，又减轻市直部门接受检查的负担。

【文明城市创建】 研究制定《2019年市直机关创建全国文明城市工作实施方案》和《2019年工委创建全国文明城市工作方案》，设计下发《市直机关创建全国文明城市工作数据统计表》，采集核实3000余条基础数据和近千幅活动图片。把创建省、市级文明单位作为创建全国文明城市有力措施，对34家市级文明单位的申报资格进行审定，完成24个现有省级文明单位的测评任务。广泛开展各类精神文明建设活动，举办市直机关“党员干部做表率，争当文明带头人”承诺活动，1.1万余名党员按照“十带头”的要求，签订个人承诺书，督促机关党员干部争做创文工作的表率。开展市直机关党员先锋行志愿服务系列活动，组织机关党员进社区、进养老院，扶贫救困，充分发挥党员干部引领作用。积极响应国家垃圾分类号召，下发《关于开展垃圾分类工作的通知》，组织机关党员签订《“推行垃圾分类，党员示范带头”责任承诺书》，深入网格点宣讲政策，增强党员干部和群众垃圾分类的自觉。积极开展普法教育，紧盯国家宪法日、国家安全教育日等重要时间节点，开展宪法进机关宣讲报告会、国家安全法系列宣传活动，增强机关党员干部知法、懂法、尊法的意识。

【群团工作】 充分发挥机关工会、共青团、妇委会的桥梁纽带作用，通过多种形式，增强机关凝聚力，提高服务发展的本领。成功举办“礼赞新中国，奋进新时代”市直机关庆祝中华人民共和国成立70周年合唱比赛和“我和我的祖国”主题征文活动，广大机关党员干部通过歌颂中华民族实现伟大复兴中国梦的奋斗历程，进一步凝聚思想共识，激发奋力前进的信心。同兰州广播电视台合办“祖国在我心中”演讲比赛。举办市直机关纪念五四运动100周年演讲比赛，进一步推动市直机关广大青年干部自觉投身兰州发展建功立业。开展“三八”女性健康知识讲座、女性特色讲堂暨手工制作、“最美家庭”“最美母亲”评选、“书香金城 魅力女性”等一系列活动，激励广大妇女干部在促进经济社会发展中认真履职、爱岗敬业、无私奉献。

（孙　磊）

机构编制

【概况】 2019年底，兰州市市直共有各类机构552个。其中，行政机构72个（党委机构16个、人大机构1个、政府机构39个，政协机构1个、群团机构9个、民主党派机构6个）；事业机构480个。各类编制控制在2012年省上核定基数内。

【机构编制管理】 积极创新管理、挖掘潜力，全面完成市县机构改革、承担行政职能事业单位改革和“五个领域”综合行政执法改革等任务，切实做好机构改革“后半篇文章”，深入推进乡镇（街道）行政管理体制改革、事业单位登记管理、统一社会信用代码等重点工作。2019年向区县党建和民生领域调剂编制709名。

【市县机构改革】 市级设置党政机构55个。其中，市委工作机关16个；市政府工作部门39个。城关区、七里河区、西固区、安宁区、红古区、永登县、榆中县分别设置党政机构37个，皋兰县设置党政机构35个。组建市委全面深化改革委员会、市委全面依法治市委员会、市委国家安全委员会、市委网络安全和信息化委员会、市委财经委员会、市委外事工作委员会、市委机构编制委员会、市委军民融合发展委员会、市委审计委员会、市委教育工作领导小组、市委农村工作领导小组、市委巡察工作领导小组等12个党的议事协调机构。加强市委职能部门统一归口协调管理职能，市委组织部统一管理机构编制和公务员工作；市委宣传部统一管理新闻出版和电影工作；市委统战部统一领导民族宗教和侨务工作。市级层面共制定和调整部门（单位）“三定”规定46家。其中，重新制定20家；调整26家。

【事业单位改革】 指导各区县全面完成承担行政职能事业单位改革，纳入改革的事业单位219家，划转行政职能1610项。深入推进事业单位分类工作，完成119家事业单位分类。积极推进从事生产经营活动事业单位改革，制定《兰州市市直从事生产经营活动事业单位改革工作方案》。

【综合行政执法改革】 深入推进市场监管、生态环境保护、文化市场、交通运输、农业五个领域综合行政执法改革。市级层面组建文化市场、农业、市场监管、交通运输、生态环境保护5个综合行政执法机构，红古区、永登县、榆中县、皋兰县组建文化市场、农业、市场监管、交通运输等领域综合行政执法队伍，实行“局队合一”体制，生态环境保护领域实行垂直管理。

【乡镇(街道)行政管理体制改革】 较好完成经济发达镇行政管理体制改革试点工作，公布《兰州市七里河区确定赋予彭家坪镇部分区级经济社会管理权限目录》和《兰州市西固区确定赋予河口镇部分区级经济社会管理权限目录》。

【市政府部门权责清单编制工作】 制定《兰州市政府部门权责清单》，进一步明确部门之间权责关系，市级政府部门保留非涉密权力事项4756项，涉密权力事项1项，责任事项33803项、追责情形41425条。

【事业单位登记管理和统一社会信用代码工作】 办理设立登记3家，变更232次，注销登记4家，证书补领3家。认真组织开展事业单位法人年度报告工作，完成383家事业单位法人年度报告。办理机关群团统一社会信用代码证79个。其中，新发证24个；变更28个；撤销27个。

（孙全龙）

政策研究

【概况】 2019年，市委政研室认真履行以文辅政、调查研究、协调服务各项职责，统筹推进改革、财经等重点工作，牵头制定市委各类指导性文件16余篇，起草完成市委主要领导、分管领导讲话稿和市委全会、市委经济工作会议等重要文稿约600余篇、500万字。

【服务决策】 深入开展专题调研，协助市委制定出台《关于全面落实习近平总书记重要讲话精神加快建设现代化经济体系在不断开创富民兴陇新局面中发挥省会城市辐射带动作用的决定》，起草完成并在市委十三届十二次全会上审议通过《关于深入贯彻落实习近平总书记视察甘肃重要讲话精神努力为谱写加快建设幸福美好新甘肃不断开创富民兴陇新局面时代篇章贡献兰州力量的实施方案》，为推动习近平总书记对甘肃重要讲话和指示精神在兰州落地落实提供工作指南。不断增强调研实效，聚焦中央和省、市委决策部署，紧贴市民群众关注的热点、难点问题，先后开展科技成果转化、外贸主体培育、枢纽经济建设和优化营商环境、实施乡村振兴战略等方面的课题研究，形成《关于我市深化“放管服”改革优化营商环境的调研报告》《关于赴天津等地考察学习情况的报告》《关于加强和改进城市基层党的建设工作的报告》《关于我市行政区划调整优化的调研报告》等多篇调研报告，得到市委主要领导的批示肯定，部分建议举措上升为市委决策，并转交相关部门办理落实。特别是在开展“不忘初心、牢记使命”主题教育中，市委政研室聚焦为民服务解难题，紧盯民生热点难点，深入开展调查研究，有力推动一批调研成果转化：针对兰州市义务教育资源不足、发展不均衡、体制不顺畅等问题，形成《关于优化我市义务教育管理体制机制的调研报告》，提出属地管理、分离办学、去行政化和鼓励支持社会力量办学等系列措施，得到市委主要领导的批示，并转化为优化义务教育管理体制机制的相关意见，为办好兰州市优质教育创新思路；针对征管体制改革后，土地成本拨付、成本核算目录、项目基础设施配套建设等方面出现的新问题，市委政研室深入高新区、经济开发区进行调研，从全局发展高度，认真分析两区在政策执行中形成的落差成因，探索明确土地成本返还时限、调整财政税收分成比例等关键举措，协调市财政局提出《关于兰州高新区、经济区土地出让金和财政管理体制的调整方案》，经市委财经委员会会议审议后实施，有效解决土地储备筹资难题，增强城市基础设施建设的统筹能力。创新决策咨询服务，争取设立兰州市政策研究咨询服务中心，制订《中共兰州市委政策研究室决策咨询研究课题管理办法（试行）》，选择对全市发展具有前瞻性、方向性的黄河兰州段生态保护和高质量发展、兰州市经济社会发展“十四五”规划建议、投融资体制改革和平台公司转型、加快振兴兰州制造业4个课题，委托省委党校、省社科院、兰州财经大学、兰州理工大学等高校开展课题研究，进一步提高为市委决策咨询服务层次和水平。

【服务财经】 认真履行市委财经委员会办公室工作职责，制定出台《市委财经委员会2019年工作要点》《市委财经委员会工作规则》和《市委财经委员会办公室工作细则》，建立财经工作信息定期报告制度，为全市财经工作的高效有序运行提供有力保障。加强经济运行调度管理，先后筹备召开4次市委财经委员会会议，及时研究全市经济领域重点工作和重大事项，推动出台振兴制造业《实施方案》，着力提升全市制造业发展整体水平和核心竞争力。2019年，全市工业固定资产投资由负转正，同比增长21.3%，战略性新兴产业增加值占GDP比重提升至15.3%。推动出台加快发展城市“夜经济”《实施方案》，着力培育新业态新模式，有力促进旅游消费转型升级，兰州“假日夜经济”活跃度高居全国第三。协助市委创新开展“五比五拼”项目建设大比拼活动，在全市上下营造比学赶超、大抓项目的浓厚氛围，2019年新建项目开工率97.1%，开工项目入库率93.9%，创历年最高。推动重点任务落地落实，结合市委财经委员会会议确定的重点工作事项，及时组织召开联席会议，交流讨论房屋产权登记历史遗留问题处置、政府基金运行管理等重点工作进展情况和存在的突出问题，研究提出工作对策建议，形成专题工作报告。制定印发《市委财经委员会第二次会议议定事项责任清单的通知》，全面分解《国家发展和改革委员会关于上半年经济形势和做好下半年经济工作的建议》中确定的重点任务，及时跟进工作进展，持续强化督导落实，形成的督导调研报告得到市委、市政府主要领导专门批示。高度重视与省委财经办的联系衔接，先后参加省委财经办组织的地方政府隐性债务风险防范化解、地方政府债务及融资渠道、重点项目建设、老工业企业发展等专题调研，提交《兰州市关于重点节会招商项目进展情况的报告》《兰州市推进兰白国家自主创新示范区和兰白科技创新改革试验区建设情况报告》《兰州市加快推进5G试点城市建设培育信息消费新业态》等专题工作报告。加强与先进地市之间的联系沟通，组织干部赴西安、成都、杭州高新区考察调研，起草《学习借鉴三地改革发展先进经验加快推动兰州高新区在兰白国家自创区发挥示范引领作用》的专题调研报告，为市委和市委财经委员会科学决策提出参考建议。

【服务改革】 对标中央和省委改革部署，制定出台《兰州市贯彻落实党的十九大报告重要改革举措实施规划(2018—2022年)》，明确全面深化改革的方向路径。立足全市改革发展的阶段性要求，研判改革重点，制定年度工作要点、工作台账，安排部署10个方面31个重点领域和关键环节的改革任务，细化分解141个改革事项，逐项明确责任领导、牵头单位、完成时限，明晰改革的路线图、时间表、任务书。精心组织筹备召开3次市委全面深化改革委员会会议，及时听取改革进展、把脉改革工作、部署改革任务，协调推进重点改革事项落实。加强改革事项前置把关，先后就事业单位车改、不动产管理体制、土地出让金管理体制等重点事项开展专题调研，确保改革决策务实可行。建立市级领导牵头、部门包抓落实的改革推进机制，制定《2019年推动落实重要改革任务清单》，跟进督办户籍制度改革、教育管理体制改革、国有企业混合所有制改革等重点改革事项，组织开展法律援助、农村集体产权、职称制度改革等第三方改革评估，确保改革举措精准落地。2019年部署开展的年度改革任务，除中央、省委暂未出台政策的事项外，其余已全部完成。组织开展改革亮点集中宣传活动，编发《兰州改革动态》40期，积极撰写刊发全市改革工作经验和亮点做法，有效提升改革的知晓度和满意度。总结提炼的打造兰州“双创”升级版、公安机关大幅清理规范派出所报表台账、进一步优化农民工工资保证金管理制度、点亮夜经济打造不夜城等8个方面的改革经验做法得到上级认可，特别是服务承诺“四办四清单”管理制度得到中央改革办肯定，在今年国务院第六次大督查中得到好评并作为32项典型经验之一在全国通报表扬；城关区“民生就业360”服务模式被中组部编入改革发展稳定攻坚克难案例；兰州市打造多级养老服务体系的做法，中央电视台《新闻联播》作宣传报道；安宁区垃圾分类改革经验荣获中国城市垃圾分类示范奖。同时，市民城管、招聘制教师同工同酬、政法智能化、项目审批制度改革等改革经验在全省推广，有效发挥省会城市改革的示范带动作用。

【内刊信息】 坚持正确办刊方向，及时设置贯彻落实习近平总书记对甘肃重要讲话和指示精神、“不忘初心、牢记使命”主题教育、创建全国文明城市等专题栏目，认真编辑刊登反映全市经济社会发展和全面从严治党工作的理论实践文章、特色经验做法，进一步增强刊物的政治性、政策性和理论性、实践性。全年出版《兰州工作》12期，编辑稿件150余篇，其中，《努力让“兰州蓝”更加闪耀亮丽》《推动文化产业升级，打造地方特色品牌》2篇文章在中央政策研究室《学习与研究》上刊发，《关于促进兰州科技创新发展的对策建议》《关于红古区积极打造兰西城市群节点城市情况的调查》等21篇文章在省委《调查与研究》上刊发交流，扩大兰州在全国的影响力和知名度。

【其他工作】 严格落实意识形态工作责任制，配套完善市委政研室《联合党支部领导干部讲党课的管理办法》《防范化解意识形态领域重大风险实施方案》和《舆情信息防控应急预案》，配齐舆论信息员和网评员，选派干部赴县区开展“扫黑除恶”专题宣讲，宣讲4场、420人次，为纵深推进扫黑除恶专项斗争营造良好氛围。积极开展网评工作，由市委政研室网评员撰写的《兰州，您奋斗的样子真美!》获得2019年度兰州市优质网评文章暨首届网评挑战赛三等奖。深入开展“基层减负年”活动，下功夫解决文稿起草、调查研究、改革协调、财经服务工作中存在的形式主义突出问题，进一步提高文稿质量，提升会议实效，减少改革督察频次，减轻基层负担。深入开展“四察四治”专项行动，制定实施《关于加强节假日期间党员监督管理办法》，着力在纠治“四风”问题上抓早抓小、防微杜渐。深入开展市级文明单位创建工作，新设立职工书屋和党员活动阵地，大力开展“创建文明城市·我们在行动”等志愿活动，鼓励党员干部主动讲述自己的文明故事和亲身体验，主动分享“兰州好人”、道德模范先进事迹，引导党员干部向身边的好人好事学习，带头树立新风正气，有效营造出比学赶超、创先争优的浓厚氛围，1名同志荣获市级“最美母亲”称号。深入开展“七五”普法和“法律八进”活动，组织党员干部学习宪法、保密法等法律法规，不断增强党员干部尊法守法学法用法的意识，不断提高运用法治思维和法治方式推动政研工作高质量发展的能力。

（张俊弘）

机要和保密工作

【概况】 2019年，市委机要和保密局不断规范和加强通信报务、密码管理、内网建设及平台升级，开展各类专项检查100余次，上报监管平台周报42份，季报3份，重大信息专报5份，发现查处互联网违法传输涉密文件行为5起、涉密计算机违规外联行为3起。全年，回收销毁涉密载体77.8吨，销毁各类硬盘及信息化设备200余个。兰州市机要密码工作在全省考核中被评为优秀；市委机要和保密局被国家保密局授予“全国保密工作先进集体”荣誉称号，为全省唯一获此殊荣单位。

【组织领导】 召开全市机要和保密工作培训会，传达学习省委书记林铎对全省机要和保密工作的重要批示、省委机要和保密工作会议精神，就密码设备管理、通信报务、干部管理等方面内容开展培训，与各区县委机要和保密工作负责同志签订《机要密码工作安全保密责任书》。

【宣传教育】 刊发保密工作评论文章21篇，录制保密知识小课堂4期。采取省市联动的模式，举办保密形势教育讲座，开展保密宣传健步行和保密集中宣传教育活动。制作4组保密法治宣传教育短视频，分别在户外LED大屏、全市楼宇小区电梯间、公交车车载移动电视上播放。加强干部培训教育，班子成员在各机关单位授课20余次。编印《兰州机要和保密工作》专刊，在甘肃交通广播开设《保密工作在你身边》专栏，拍摄保密宣传教育微电影《迷“图”知返》《帮倒忙》，其中《迷“图”知返》荣获“保密伴我行、护航新时代”全国作品征集三等奖。积极参与市司法局主办的“12·4”法制宣传日活动，向市民群众大力宣传《密码法》《保密法》；在《兰州日报》开设“学习贯彻《密码法》”专栏，在兰州电视台综艺体育、公共频道，对《密码法》进行解读和宣传报道。

12月4日，《保密法》《密码法》宣传活动现场

【专项检查】 全市8个区县、97个市直部门开展自查自评工作，优秀率95%。联合区县保密部门，对全市重要军事设施周边环境安全保密问题隐患整改情况进行“回头看”。组织开展全市保密自查自评工作、全市解密试点工作、全市涉密人员保密教育培训会议，不断提高保密干部管理能力和工作水平。联合市公安局、市司法局、市考试院等单位，完成国家统一法律职业资格考试、高考的保密检查工作。按照国家秘密载体印制资质审批工作要求，完成重点秘密载体定点印刷复印单位的保密检查审批。

【技防能力】 加强涉密计算机预警管控，组织人员在全市开展涉密计算机预警排查工作。积极与涉密网络建设单位沟通衔接，开展涉密网络审查指导和程序告知工作。做好涉密信息系统分级保护监管指导工作，督促落实分级保护技术措施。完成保密综合业务网整改审查工作，按照测评报告要求，组织开展保密综合业务网整改工作，顺利通过省委机要和保密局组织的现场审查。认真做好服务保障工作，为入驻名城广场统办楼单位提供服务保障，为部分市直单位、保密要害部门配送保密文件柜45个、文件回收袋400个；服务保障市委涉密会议8次，架设手机屏蔽设备24台次，提供手机屏蔽柜10组次。做好全市各级党政机关、企事业单位和驻兰部队的涉密载体销毁工作。

（王　鹏　龙小飞）

信访工作

【概况】 2019年，市、区县两级信访部门受理信访事项2244批次、7841人次，同比分别下降27.7%和37.3%。其中，市信访局受理信访事项1149批次、4130人次，同比分别下降28.5%和

39.6%；全市共劝返到北京地区非接待场所有关人员19人次，同比下降68.9%，是省定67人次的控制基数的四分之一；劝返赴省集体上访68批次、1197人次，同比分别下降42.9%和60.2%，在省定73批次的控制基数之内；接待来市集体上访180批次、2911人次，同比分别下降27.4%和41.9%。全市信访事项及时受理率达到100%，按期办结率达到86.3%，群众满意率96.7%。

【机构改革】 2019年1月，市信访局由市政府组成部门调整为市委工作机关，撤销中共兰州市信访局党组，市信访局局长任命为中共兰州市委副秘书长。2019年3月核销市信访局正县级领导职数1名(督察专员)、副县级领导职数1名(督察专员)。7月，根据市委组织部、市编办《关于核定兰州市公务员职务与职级并行职级职数的通知》，市信访局核定二级调研员1名；三级、四级调研员3名；一、二级主任科员7名；三、四级主任科员6名。

【领导接待】 全年，市、区县两级领导干部接访下访250人次，协调解决一大批疑难信访问题。在中华人民共和国成立70周年大庆信访保障工作期间，两办下发《关于做好新中国成立70周年大庆期间领导干部接访下访工作的紧急通知》，集中开展市、区县、街道(乡镇)三级领导干部定点接访、带案下访，做到“每天都有领导接待，主要领导带头接访”，最大限度解决问题、化解矛盾、吸附人员。中华人民共和国成立70周年庆祝活动期间，市、区县两级领导干部接待群众来访97批次、494人次。

【网上信访】 打造更高水平的阳光信访。按照“只进一扇门，最多跑一次”要求，健全完善“信、访、网、电、视频”五位一体信访事项受理渠道，降低群众信访成本，为群众表达诉求、维护权益提供便捷、高效服务。5月，《信访条例》颁布实施14周年，兰州市信访局开展“阳光信访宣传月”活动，积极推广“网上信访”主渠道，让群众诉求反映有“捷径”、办理有“回声”，不断扩大网上信访群众知晓度和社会影响力。全市网上信访占比达到信访总量的50%以上，实现让数据多跑路、群众少跑腿，极大方便群众信访。

【信访矛盾化解】 以迎接中华人民共和国成立70周年大庆为主线，针对突出问题，打好重点战役，对重点领域加强风险防控，对重点群体紧盯政策落实完善，对重点问题压实责任合力攻坚，对重点人员切实做到“事心双解”。在攻坚战中重点开展“三治理一处理”(城乡建设、农村农业、劳动和社会保障、国土资源4个重点领域的专项治理；重信重访问题专项治理；重点人员缠访闹访专项治理；筛选一批重点信访事项由市信访工作联席会议办公室牵头进行直接调查处理)。在化解攻坚中坚持以重点领域为主攻方向，全面深入开展问题排查化解，按照“一案一策”“一人一策”的方法，综合运用领导接访、集中会商、公开听证、专项救助、第三方介入、导入法律程序等多种手段，因案施策，逐案攻坚，集中解决一大批老大难、硬骨头案。国家信访局交办矛盾攻坚件9件，省信访局交办矛盾攻坚件20件，市信访局自排矛盾攻坚件17件，办结率100%。

【基层基础建设】 在上年机构改革中按照“信访工作只能加强、不能削弱”的要求，市区两级信访部门全部由政府部门划转到党委序列，市信访局局长被任命为市委副秘书长，各区县信访局局长也兼任区县委办、政府办副主任，解决了多年来困扰信访部门的机构编制问题，理顺信访部门体制机制。在巩固和提升信访工作“基层基础建设年”和“四无县区、四无乡镇街道”创建活动的基础上，借鉴枫桥经验，积极探索建立符合兰州市实际的基层矛盾纠纷多元化解机制，以点带面，引导基层组织，突出地方特色，因地制宜探索创建“枫桥经验”兰州版。涌现出如城关区酒泉路街道畅家巷社区“居民协商议事厅”、西固区四季青街道四季青社区“村民说事室”、红古区“郭德唐工作室”、榆中县高墩营村“村民解忧室”等一批基层信访工作先进典型，受到省信联办的肯定。以打造全省平安建设“首善区”为目标，整合各级各部门资源，形成有机衔接、协调联动、高效便捷的矛盾纠纷多元化解机制，充分发挥各级各部门职能作用和区县、街道乡镇、社区村党组织在基层矛盾纠纷化解中的领导核心作用，引导社会各方面力量积极参与矛盾纠纷化解，努力

6月5日，兰州市信访系统与永登县武胜驿镇向阳村开展深入推进支部共建活动

把信访问题解决在基层、化解在当地。2019年，市、区县两级排查化解各类突出矛盾和信访问题475件，化解率96.4%。

【信访事项复查复核】 全年，接待群众办理信访事项复查复核173批312人次，同比下降41%和33%。其中市级34批73人次，同比下降54%和62%，应当通过诉讼、仲裁、行政复议等法定途径解决的投诉请求21件，原处理机关事实不清、适用法律政策不当、答复主体层级错位退回重办7件，不予受理并出具告知书2件，引导信访事项进入调解程序4件，按期办结率100%。召开信访事项复查复核调查会、调解会、协商会、审查会、咨询会、意见征询会等各类会议37次，实地调查核实14次，征求律师顾问意见48次，向有关部门和单位信函、电话协助调查52次。

【法治信访】 为进一步加快市信访工作法治化建设进程，结合全市信访工作实际，市信访局起草《关于进一步加强信访工作法治化建设构建大信访格局的实施意见》，并以市委办公室、市政府办公室文件向全市印发，成为兰州市首个关于信访法治化建设的系统规范性文件，为全市各级各部门运用法治思维和法治方式破解信访难题提供路径指引和有力支撑。深入推进诉访分离、依法逐级走访和依法分类处理信访事项工作。2019年，市信访局依法分流涉法涉诉信访事项90批次406人次，告知信访人按照法律规定程序向司法机关提出；对590批次2532人次的越级上访，出具《不予受理告知书》，引导群众向有权处理的最初一级行政机关或其上一级反映诉求。由于政策解释到位、衔接服务周到，未引发大的事端。“信访不信法”“信上不信下”的工作被动局面基本得到扭转。

【重点任务保障】 圆满完成全国“两会”“一带一路”国际合作高峰论坛、亚洲文明对话大会、新中国成立70周年大庆、十九届四中全会等重点时期的信访服务工作，实现到北京和省委、省政府“零上访”“零集访”“零滞留”的工作目标。深入推进扫黑除恶专项斗争工作。共核查省信访局和市扫黑办交办的中央扫黑除恶督导组受理涉黑涉恶线索72件，全部在规定时限办结上报。通过信访途径反映的涉黑涉恶问题线索41件，并建立工作台账，按照“属地管理、分级负责”和“谁主管、谁负责”的工作原则，移交至市、区县两级扫黑办。

（张轩宁）

台湾事务

【概况】 2019年，市委台办按照“保持定力、塑造大势、防控风险、深化融合、积极促变”的对台工作基本思路，坚决反对“台独”，大力争取台湾民心，不断强化涉台服务，持续扩大兰州台湾各领域交流交往和经济合作。全年累计邀请接待台湾基层代表“一带一路”历史文化参访团、“台湾陇原新娘故里行”参访团、台湾乡镇民意代表参访团、台湾教育工作者参访团、“交响丝路·如意甘肃——嗨GO敦煌”两岸新闻交流采访团、台北中华文教交流协会参访团等10个团组306人次。

【机构改革】 2019年机构改革中，市委台办由市委统战部代管机构组建为市委工作机关，正处级建制，加挂兰州市人民政府台湾事务办公室牌子，统一管理全市对台工作。机构改革后，市委台办机关行政编制12名，内设机构2个。设主任1名、副主任2名。科级领导职数4名。其中，正科级2名；副科级2名。

【阵地建设】 随着机构改革变化，及时调整充实市委对台工作领导小组组长、副组长和成员单位联系领导，切实有效调动各成员单位积极性和履职尽责意识。召开对台工作会议，传达学习中央、全省对台工作会议精神，安排部署2019年全市对台工作任务。

【政策宣传】 牢牢把握对台工作的正确政治方向，高度重视涉台领域意识形态问题，引导广大对台干部和台胞台属坚决做到不信谣、不传谣、不造谣，坚决同“台独”分裂势力和西方反华势力等作斗争，努力推动两岸关系和平发展、推进祖国和平统一进程。利用“兰州台办”今日头条号、QQ群、微信群等线上平台载体，探索开展网络对台工作，引导台胞台属界别网络人士围绕“两岸关系”正能量发声，为学习宣传习近平新时代中国特色社会主义思想、党的十九届四中全会精神和贯彻落实“两岸一家亲”理念净化舆论环境，稳步提升兰州市涉台领域舆论主导权和话语权。举办全市台海形势报告会，邀请省委台办主任孙志中为兰州市党政干部作对台方针政策专题辅导。

【交流交往】 组织市政协、市教育局、市城管委、市生态环境局、红古区、安宁区等7个团组116人次赴台因公参访交流。联合台湾花莲中华飞扬关怀协会和台中水湳传爱基金在永登县通远中学和榆中县清水驿中学举办“2019兰台暑期夏令营”活动，40名台湾教育界志工和160余名兰州市中小学生踊跃参加；在市民广场牵头举办“我和我的祖国”“都会城市 精致兰州”——庆祝中华人民共和国成立70周年文化惠民进社区百米书画长卷展示活动，社会反响良好；举办兰州牛肉面百年发展暨促进两岸牛肉面交流合作研讨会，从牛肉面产业发展历程中探寻如何促进兰台两岸牛肉面产业化交流合作的途径；支持华艺公司和台湾“中视”联合摄制组前往城关区、红古区、永登县、榆中县，对兰州市历史、文化、民俗、非物质文化遗产、改革开放新成果等多方面进行宣传采访，扩大兰州在岛内影响力和知名度；每季度举办1次“两岸一家亲——奋进新时代书画进台企入社区活动”，弘扬中华传统文化与社会主义核心价值观，增进与台企职工和基层群众的联系交往。

【对台经济合作】 贯彻落实国家29部委出台的《关于促进两岸经济文化交流合作的若干措施》，专题下发调研活动通知，联合市台协逐户上门走访在兰台资企业，了解发展现状，倾听意见建议，收集生产经营中遇到的困难和问题，积极为他们送政策、当参谋、解难题。邀请四川德阳市青年企业家协会、广西崇左市投资促进局和来自全国各地的台企台商代表45人参加第25届“兰洽会”。组织兰州市台资企业和产品参加中国国际进口博览会、“文博会”、陇台产业交流对接会等。不断营造和谐营商氛围，指导市台协举办“迎新纳瑞、感恩你我”2019年兰州市台商新年联谊会；帮助甘肃盈成泰商贸有限公司、渼林人力资源（兰州）有限公司协调办理营业执照、食品流通许可证、劳务派遣经营许可证和人力资源服务许可证等相关经营证照；帮助涉台非营利机构在公安、教育等部门备案；帮助台胞台商子女在兰就近入学；协调解决台企在商铺产权、经营场地租赁纠纷、涉诉资金冻结等多起投诉信访案件。

【对台联络服务】 持续推进“31条惠及台胞措施”和“26条惠台新举措”落地见效，继续推动有关部门出台相关实施细则，做好台湾同胞居民居住证申领发放工作，为广大台湾同胞在兰投资、创业、学习、生活提供同等待遇，让更多的台湾同胞在兰州找到施展才华的舞台，兰州市12名常住台胞申领台湾居民居住证，占在兰常住台胞总数的75%。上报省台办与国台办对接，协调公安、公证、监狱管理等部门，妥善解决1名台籍释放人员因身份证明遗失滞留兰州问题；为城关区台属王某等3人提供方便，协助前往台北市追思和祭奠亲人；继续发挥市台联法律援助中心作用，举办涉台法治讲座，提供涉台法律咨询。开展两岸婚姻家庭情况调查统计，兰州市有涉台婚姻46对。

（姚文泰）

党史工作

【概况】 2019年，全市党史工作在“兰州党史网”刊登各类文章52余篇，各类信息15条；向省委党史研究室报送信息25条，其中刊登5条；向市委办报送13条，其中刊登2条。“兰州党史网”宣传作用进一步加强。

【党史工作五年规划】 依据省委党史工作领导小组2019年8月下发的《关于印发〈全省党史工作规划（2018—2022年）〉的通知》，兰州市委成立党史工作领导小组，领导小组办公室设在市委党史办。市委党史办在认真总结近年来党史工作取得的成效和经验，并通过调查研究、分析问题和差距、提出思路和对策的基础上，研究拟定符合兰州市实际、操作性强的《全市党史工作规划（2018—2022年）（征求意见稿）》，并向全市党史工作领导小组成员单位及县区征求意见，梳理反馈意见并认真修改后，上报市委党史工作领导小组批准后下发。

【党史征研】 组织编辑出版《8·26决胜兰州》一书，全书分为综述、文献、回忆录、附录和大事记等五个部分，全书63余幅图片和100万余字，于兰州解放70周年纪念活动前完成出版发行工作。为完整回顾兰州市改革开放以来各行业所取得的各项成就，从2018年开始在全市范围内收集改革开放40周年相关资料，共收集专题资料30余篇，口述史资料10篇，35万字，图片100余幅，完成《辉煌的历程——兰州市改革开放四十年实录》出版前的各项工作。改进期刊《兰州党史研究》的内容和版面，充实内容，精心设置栏目，在办刊过程中学习外地好的经验，适度增加县区党史工作动态版面，为各县区党史宣传教育工作交流搭建平台，全年收到县区交流信息20余条，刊登10条；全年出版《兰州党史研究》刊物2期。

【大事实录编纂】 作为一项经常性工作始终发挥存史、资政、育人的作用。年初，为进一步做好大事实录的编纂工作，畅通征集渠道，深入挖掘党史资源，不断提高大事实录编纂质量，加紧对各县区、各相关部门报送资料的范围、方式、时间等作具体要求，并要求各县区、各相关部门把本县区、部门贯彻中央和省市委决策过程、思路、成就、做法和经验教训整理成系统的资料，供党史研究之用。

【党史宣传】 以宣教可视化为突破口，制作推出《西北孔道》等党史专题片，先后在中央、省市等多家电视台、网站播放，将部分鲜为人知的兰州地方党史内容传递给社会群体，扩大党史宣传教育覆盖面。该片被评为中国广播电影电视社会组织联合会第13届纪录片创优评析文献类二等奖以及全省党员教育电视片观摩交流活动二等奖。“8·26”兰州解放纪念日，与《兰州日报》合作开辟兰州解放70周年专刊，用八个版面专栏发表文章《决战兰州众志成城开新天》《突破铁阵攻坚克难占南山》《夺取兰州锁钥4军再立战功》《榆中战场同仇敌忾摧顽敌》纪念兰州解放70周年。为增强党性修养、党员意识和党性观念，不忘初心，砥砺前行，利用新媒体每天开展宣传教育活动，在市委办“两学一做”QQ群、兰州党史部门工作QQ群和兰州党史工作微信群开展推送“党史今日”活动，侧重介绍党的光辉历史、伟大成就、宝贵经验、光荣传统和优良作风等党的历史基本知识，重温中国共产党奋斗的光辉历程。

（王柏华）

老干部工作

【概况】　中共兰州市委老干部局是市委工作部门，由市委组织部管理，全系统有人员编制112名。其中，局机关23名，市老干部活动中心30名，市离休干部管理服务中心22名，兰州老年大学7名，市金城盆景园30名。截至年底，全市有离休干部704人，已故离休干部无固定收入遗属356人，易地安置和长期外地居住的副地级以上离退休干部及已故离休干部无固定收入遗属107人，机关事业单位退休干部32149人，担任过副地级实职以上退休干部90人。全市有离退休干部党支部315个，服务离退休党员干部11382人。调整成立新一届市关工委领导班子。截至年底，全市区县、乡镇、街道、社区、村、学校、企业共建立关工组织1273个，“五老”骨干27192人。市老干部活动中心建筑面积3047平方米，室内活动面积900余平方米，年接待老干部5万余人次。兰州老年大学在市老干部活动中心借用6间房屋用于办学，在市金城盆景园新建教学场地600平方米。全市建成各级老干部活动中心（室）和老年大学18个，建筑面积14667平方米。

【机构改革】　内设办公室、离休干部科、教育活动科、关心下一代工作科。兰州市关心下一代工作委员会办公室设在市委老干部局，接受市关工委和市委老干部局的领导，承担市关工委具体工作，组织开展全市关心下一代工作重大问题的政策研究，协调督促成员单位落实市关工委决定事项、工作部署和要求等。市委老干部局下属市老干部活动中心、市离休干部管理服务中心、兰州老年大学、市金城盆景园4个单位，其中市老干部活动中心为正县级参公单位，市离休干部管理服务中心为副县级参公单位，兰州老年大学为科级建制公益一类事业单位，市金城盆景园为财政全额拨款科级事业单位。机构改革中，全市8个区县均在区县委组织部加挂区县委老干部局牌子，工作人员并入区县委组织部。市委、市人大、市政府、市政协办公室，市纪委监委、组织部、市公安局6家市直单位设有老干部工作科，其余70余个市直单位老干部工作均由组织人事部门、办公室或机关党委负责。

【三项建设】　思想建设方面，市委老干部局发挥离退休干部活动学习主阵地作用，先后举办全市离退休干部党支部书记暨关心下一代工作“五老”骨干培训班、市直机关事业单位离退休干部党支部书记培训班、全市离退休干部学习党的十九届四中全会精神宣讲报告会，培训离退休干部党支部书记和党员430人次，实现对全市离退休干部党支部书记培训全覆盖，带动全市各级老干部工作部门举办各类学习培训220场次，参加学习的老干部达到1.1万人次。政治建设方面，市委老干部局先后举办全市离退休干部专题调研会、“不忘初心、牢记使命”主题教育老干部学习成果交流会，组织300名离退休干部，围绕学习贯彻习近平新时代中国特色社会主义思想展开专题交流研讨；组织举办全市老干部形势报告会，邀请市委党校教授围绕“打造都会城市、建设精致兰州”为主题，为离退休老同志深入解读兰州市经济社会发展现状，把广大离退休干部的思想和行动统一到中央和省市委重大决策部署上来。组织建设方面，在市老干部活动中心、兰州老年大学各协会和班级中建立离退休干部临时党支部61个，使1134名老干部党员重新过上组织生活。联合市委组织部、市财政局制定印发《兰州市关于建立健全离退休干部党组织工作经费保障机制的意见》，将离退休干部党组织工作经费纳入财政预算，为市直机关事业单位143个离退休干部党支部核发党建工作经费68万元，为108名离退休干部党支部书记和269个支部委员核发工作补贴39万元。在全省离退休干部党支部建设标准化工作现场推进会上，市委老干部局作为示范单位交流了离退休干部党支部建设标准化工作经验。

【两项待遇】　政治待遇方面，组织离退休干部参加全市党政军团拜会、全省老干部助力脱贫攻坚报告会、兰州市“不忘初心、牢记使命”主题教育动员部署会等省市重要会议10余次。以离退休干部党支部为单位，通过发放书籍报刊学习资料、集中辅导授课等形式，组织离退休干部学习习近平总书记参加十三届全国人大二次会议甘肃代表团审议时的重要讲话精神和视察甘肃重要讲话和指示精神。生活待遇方面，元旦、春节和国庆期间，市委老干部局安排专人上门看望90名离退休干部，为市属1046名离退休干部和已故离休干部无固定收入遗属发放慰问金227.7万元。将易地安置和长期异地居住的离休干部及遗属的慰问由两年一次改为一年一次，对分布在23个省市的107

名离休干部及遗属进行走访慰问，发放慰问金21.4万元。为61名离休干部提高护理费和医疗待遇，为184名有特殊困难的离退休干部及遗属发放帮扶金45万元，为32名离休干部补发相关资金28万余元，为54名高龄离休干部上门祝寿。市离休干部管理服务中心通过政府购买服务方式，为53名离休干部每人购买700元的家政服务卡和300元的用车服务卡，使300名老干部足不出户即可享受车辆租赁、理发、卫生清理等15个家政服务项目。

【“正能量”活动】 在全市离退休干部中广泛开展“庆华诞·展风采”系列活动。搭建“说、行、展、演、写”等平台载体，举办“展风采·庆华诞”全市离退休干部庆祝新中国成立70周年书画摄影展、全市离退休干部象棋比赛、兰州市老干部第3届乒乓球比赛，在兰州音乐厅举办全市离退休干部庆祝新中国成立70周年文艺演出，600余名离退休老同志同台演出，1200余名老干部到场观看。市老干部活动中心坚持每月开展主题鲜明、符合老年人身心特点的文体活动，举办中国竞技麻将、扑克双扣、沙狐球、台球等比赛活动，助推全市文化健康养老事业的发展。市委老干部局组织地级离退休干部参观考察兰州新区、河西地区重大项目建设和红色革命教育基地。全市各级老干部工作部门组织离退休干部参观考察50余场次，2300余名老同志参加；举办离退休干部文体比赛活动71场次，3700余名老同志参与。

【优势作用发挥】 积极响应全民共创文明城市号召，组织老干部参加反邪教宣传、“书香金城”、关爱自闭儿童等活动，3次组织老干部艺术团成员深入街道社区，为居民进行演出，2次组织书画协会老同志为帮扶村村民书写春联赠送书画。市委老干部局以“我和我的祖国”为主题，在全市广大离退休干部中开展主题征文活动，收到老干部原创作品530篇，其中40篇优秀文章被“学习强国”网络平台和《中国老年报》《陇上夕阳红》《甘肃老干部》等报刊采用刊发。市关心下一代工作委员会组织老专家、老教授在城关区、七里河区、西固区、皋兰县等区县开展思想政治教育百场巡讲活动，为广大中小学生讲国史党史，激励他们勤奋学习，树立远大理想。全市各级关工委组织充分发挥“五老”优势和作用，开展以“腾飞中国、辉煌70年”为主题的爱国主义教育活动，组织开展关爱青少年活动130场次，捐助资金29.74万元，近千名“五老”人员为青少年奉献爱心。

【宣传调研】 主动适应“互联网+”形势发展变化，全年编发“兰州老干部工作信息”16期262条，在“兰州老干部工作网”发布241条，“兰州老干部之家”微信公众号推送80条，在“人民网”“中国老干部网”《中国老年报》《甘肃老干部工作》《兰州日报》等媒体发表宣传报道30余篇。与市委组织部、兰州电视台合作，拍摄完成反映全市离退休干部党支部建设工作的宣传片《丹心一片映晚晴》，拍摄制作了反映兰州市离休干部先进典型事迹的系列专题片《红色记忆》，讲好兰州老干部故事、传递好兰州老干部声音。组织老干部工作者撰写老干部工作调研文章50篇，分别向省委老干部局和市委组织部报送，10篇文章获得省委老干部局表彰。完成全市33029名离退休干部信息的采集录入，10077名离退休老同志安装使用“陇上夕阳红”平台。在市老干部活动中心、兰州老年大学活动学习的离退休干部中推广使用“学习强国”和“甘肃党建”平台，及时在“甘肃党建”平台上传离退休干部党支部活动和学习记录。

【队伍建设】 坚持“请进来、走出去”，在浙江大学举办兰州市新时代老干部工作专题培训班，培训全市老干部工作人员60人。邀请市委办公室领导、市委党校专家为全体干部上课，传经验、讲方法，帮助老干部工作人员增长见识，拓宽视野。严格执行《党政领导干部选拔任用工作条例》规定，经过谈话推荐、民主推荐、档案审核、组织考察、民主测评、会议决定、公示等环节，全年提拔科级干部4名，推荐副县级领导干部1名，完成16名干部职级套转工作。经市委组织部审核，完成1名一级调研员、2名二级调研员、1名三级调研员、3名四级调研员、15名一级主任科员、11名三级主任科员、2名四级主任科员的职级晋升工作。经市委组织部审核，市委老干部局从局属单位中抽出3个空缺编制，参与兰州市2019年公开遴选公务员和参照公务员法管理单位工

9月26日，“‘展风采·庆华诞’全市离退休干部庆祝新中国成立70周年”文艺演出

作人员的工作，完成报名、笔试、资格复审、面试和组织考察工作，进一步改善和优化干部队伍结构。

（刘存来）

党校（行政学院）工作

【概况】 2019年，市委党校坚持以学习习近平新时代中国特色社会主义思想为中心内容和首要任务，着眼于提高党的领导干部政治觉悟、政治能力和执政本领，夯实主业主课地位。全年举办各类培训班次85期，其中主体班次18期，专题班次31期，公务员培训班次32期，培训10867人次。承办全省领导干部"富民兴陇"系列讲座兰州市分会场任务13期，保障全市近2600余人次视频学习。举办兰州市道德讲堂宣讲育人专题活动13期，受众1950余人。根据市委组织部安排，组织86家党政机关及参照公务员管理单位约10720名县、科级干部参加学分制考试。

【机构改革】 出台《中共兰州市委党校（兰州市行政学院）干部选拔任用工作方案》和《中共兰州市委党校（兰州市行政学院）内设机构职能岗位及人员整合方案》。积极稳妥完成各项机构改革任务，实现内设机构和人员的全方位整合，校（院）中层干部配备到位，干部结构明显优化，职能与人员配置更加科学，壮大师资队伍，提升办学水平。

【教学工作】 邀请中央党校（国家行政学院）文史教研部副主任、教授张军为主体班学员及市委党校（行政学院）、市委组织部、市编办全体党员干部300多人作"不忘初心，牢记使命——中国共产党人的价值观"专题辅导报告。举办学习贯彻党的十九届四中全会精神市区县委党校师资培训班。组织召开"用学术讲政治——党建理论课教学方法创新"讨论交流会，进一步凝聚全体教师"用学术讲政治"共识。

【科研工作】 充分发挥党校（行政学院）智库作用。瞄准重大理论和现实问题开展研究，全年组织教职工立项科研课题55项。其中，甘肃省社科规划项目和省委党校系统调研课题7项；兰州市社科规划项目7项；市委组织部、市委宣传部、市直机关工委委托课题23项；校（院）级调研课题18项。全校（院）教研人员全年公开发表科研成果199项。其中，省级以上成果109项；获奖成果10项。出版校刊《黄河论丛》6期，《中共兰州市委党校资政报告（2018年）》1册。举办"回顾七十年光辉历程，礼赞党的执政成就——庆祝新中国成立70周年"研讨会。

【师资培训】 坚持用习近平新时代中国特色社会主义思想武装教职工头脑，着力加强师资培训。组织53名教职工参加在湖南省委党校举办的"坚定理想信念、提升素质能力"师资培训班，选派17名教师参加省内外各类高层次培训。

【其他工作】 认真做好精准扶贫、创建全国文明城市工作与普法宣传教育活动。开展"冬季送温暖"走访慰问活动和支部共建助力美丽乡村建设活动，向全体教职工发出"爱心捐款倡议书"为哈班岔村张积银患脑溢血妻子白海琴发起爱心捐款活动，募集善款11053元；市委党校（行政学院）在5月市委督查调研组《关于开展创建全国文明城市重点工作进展情况》的调研和考核中获总评分95.25分优秀等级；将普法学习宣传工作相关内容列入各类主体班培训必修课，组织全体教职工开展举行"七五"普法宪法知识答题、"五法"普法知识竞赛活动及第13届全国百家网站微信公众号法律知识竞赛活动。

（陈　震）

7月18日，市委党校举行庆祝中华人民共和国成立70周年理论研讨会

网络安全和信息化工作

【概况】 中共兰州市委网络安全和信息化领导小组办公室（兰州市互联网信息办公室）于2017年12月8日成立，是市委网络安全和信息化领导小组的常设办事机构，加挂市互联网信息办公室牌子。在机构改革后，更名为中共兰州市委网络安全和信息化委员会办公室（兰州市互联网信息办公室）（简称中共兰州市委网信

办)。市委网信办主要负责处理市委网络安全和信息化委员会日常事务,开展全市网络内容建设,网络安全保障,互联网信息内容监督管理执法,推动网络社会工作和网络文化、网络文明建设,协调信息化发展工作。设综合科、网络传播评论科、网络管理执法科、网络安全科、信息化发展协调科5个科室。

【网络内容建设】 围绕中华人民共和国成立70周年等重大主题,属地新闻网站开设"壮丽70年、奋斗新时代""精致兰州""创建全国文明城市"等专题专栏63个,设置"生态环保""脱贫攻坚""防灾减灾"等阶段性话题120个,发布稿件36.4万余篇,综合阅读量20.7亿人次。围绕全市经济建设、生态建设、重点节会等内容,向中央网络媒体推送、转发兰州市宣传稿件1万余篇。开展赴法国、西班牙的"感知兰州"国际文化交流活动、"一带一路·兰州走进武汉"城际交流网上宣传活动、"桥见精致兰州"等网络外宣活动,各类稿件综合阅读量665万人次。

【网络空间治理】 加强属地网站基础管理,清理僵尸空壳类网站937家。加强网络空间综合治理和规范管理,开展"扫黄打非""虚假信息造谣传谣""电信网络违法新型犯罪""打击网上非法集资犯罪"等专项行动15个,处置赌博、色情、诈骗、谣言、虚假、侵权、假冒、违规采编等违法违规网站384个,受理处置网络不良内容举报3657条。加强网络执法能力建设,加大普法宣传工作力度,编印《网络管理法律法规汇编》,建立网信行政执法典型案例库,承接技术管网平台4个。

【网络文化建设】 举办"致敬70年·网上兰州"首届网络文化节,开展"精致兰州"网络文学大赛、70年70人与祖国同庆生日、"致敬70年·绿色兰州"网络公益植树等活动。举办承办全国网络媒体生态环保行、"2019金城人居发展峰会"、甘肃省第11届信息安全高峰论坛、科技创新促进网络安全产业发展高峰论坛、"千人计划中国行"兰州站技术分享会、兰州大数据产业发展论坛等网络社会活动。举办"我和我的祖国"兰州市网络自媒体人士交流座谈会、"唱响兰州——网络大V行""网上夸兰州、网下品兰州""品精致兰州、夜游金城"体验式宣传活动,制作媒体作品网络阅读量5948.7万人次,网络话题参与量1.3亿人次。

【网络安全保障】 建立与宣传、公安、工信、大数据等部门组成的网络安全处置协调机制,对属地网站进行24小时不间断巡查监测,通过《网络安全周报》《网络安全月报》《兰州市网络信息安全预警通报》督促83家网站封堵漏洞,5225个网络链接子页面清理违规内容。加强全市关键信息基础设施备案管理,定期开展网站、移动互联网、工控系统网络安全评估,对属地关键信息基础设施、重要领域网络安全开展多轮次抽查、检查。加强网络安全人才队伍建设,与兰州职业技术学院合作,挂牌成立兰州市网络安全学院;组建兰州市网络安全和信息化专家顾问委员会。加强阵地建设,建成全省唯一的网络安全攻防演练靶场和网络安全实验室。

【网络安全宣传】 制定实施《2019年兰州市网络安全宣传活动方案》。举办线下宣传活动30余场,发放各类宣传资料5万套,悬挂横幅420余条、布放宣传展板190余个。在全市公交车、出租车滚动播出网络安全宣传标语200余万次,发送网络安全常识和防诈骗提示短信500余万条。组织开展青少年网络安全知识竞赛等活动。各项活动覆盖全市8个区县70多个乡镇,线下参加人数8000余人,线上阅读量200万人次。

【互联网行业党建】 4月,市委批准成立兰州市互联网行业党委。8月6日,召开兰州市互联网行业委员会党员大会,选举产生第一届中共兰州市互联网行业委员会。

【信息化发展协调】 制定印发《2019年度兰州市网络扶贫重点工作任务推进方案》,协调开展网络覆盖工程、农村电商工程、网络扶智工程、综合信息服务体系、网络公益工程、网络扶贫东西部协作等网络扶贫工作。举办"兰州百合扶贫义拍""兰州百合直播推广活动"等网络扶贫活动,直接带动扶贫产品销售近千万元,扶贫产品话题关注度、阅读量超过2000万次。引导推动全市信息基础设施建设、鼓励信息技术与社会各领域融合,兰州城域网完成IPV6升级改造,5G网络正式商用,全市家庭固定宽带、行政村光纤网络实现全面普及通达。推动网信领域信息化建设,建设完成网信工作应急指挥中心、市级融媒体业务服务平台,全市网信领域的信息化支撑与应用水平得到有效提升。

(王文涛)

重要会议

【市十六届人民代表大会第三次会议】 2月22日—25日在兰州举行。会议应到代表346名，出席会议代表326名。不是市十六届人大代表的市政府副市长、市级有关领导及市政府工作部门主要负责人，市人大常委会工作部门负责人，市委、市政府有关部门及有关机关团体负责人，市监察委员会副主任、市中级人民法院副院长、市人民检察院副检察长（各1名），区（县）政府主要负责人，兰州新区、区（县）人民法院院长、人民检察院检察长等108名人员列席大会，22名民主党派和群团组织代表旁听大会。邀请市政协领导、甘肃陆军预备役高射炮兵师政委、兰州警备区司令、武警兰州市支队政委以及其他在职的副地级领导参加大会开幕式。出席政协兰州市第十四届委员会第三次全体会议的全体委员列席大会开幕式。会议听取、审议和通过兰州市市长张伟文所作的兰州市人民政府工作报告；审查和批准关于兰州市2018年国民经济和社会发展计划执行情况及2019年国民经济和社会发展计划草案的报告（书面）；审查和批准关于兰州市2018年财政预算执行情况和2019年财政预算草案的报告（书面）；听取、审议和通过人大常委会主任张建平所作的兰州市人民代表大会常务委员会工作报告；听取、审议和通过中级人民法院院长王永平所作的兰州市中级人民法院工作报告；听取、审议和通过人民检察院检察长张学军所作的兰州市人民检察院工作报告；会议提出建议232件。会议补选魏丽红为兰州市人大常委会副主任，钱承文为兰州市人大常委会秘书长，王维治为兰州市人大常委会委员。

【市十六届人大常委会第十八次会议】 2月18日在市人大培训中心十九楼会议室召开，会期半天。市人大常委会主任张建平，副主任曹丕玉、李虎林、朱宗礼、段迎存，秘书长刘怀君及委员37人出席会议。市委常委、市委组织部部长王旭，市政府副市长刘延辉，市监察委员会副主任杨孔永，市中级人民法院副院长周应福，市人民检察院副检察长王锐，市人大常委会副秘书长及部分市人大代表，市人大常委会和市政府有关部门负责人列席会议。市人大常委会主任张建平主持会议。会议听取兰州市第十六届人民代表大会第三次会议筹备情况的报告；审议通过兰州市第十六届人民代表大会常务委员会代表资格审查委员会关于个别代表代表资格变动情况的审查报告；审议通过兰州市第十六届人民代表大会常务委员会关于选举和补选兰州市第十六届人民代表大会代表的决定；审议通过兰州市第十六届人民代表大会第三次会议关于设立兰州市第十六届人民代表大会社会建设委员会的决定（草案）；审议通过兰州市第十六届人民代表大会部分专门委员会主任委员、副主任委员、委员人选表决办法（草案）；审议通过兰州市人大常委会关于同意张兆祯辞去兰州市第十六届人民代表大会常务委员会委员职务和兰州市第十六届人民代表大会财政经济委员会副主任委员职务的决定；审议通过兰州市人大常委会关于同意丁肃静辞去兰州市第十六届人民代表大会常务委员会委员职务的决定；审议通过市十六届人大三次会议议程、日程草案；审议通过市十六届人大三次会议主席团和秘书长等名单草案；审议通过市十六届人大三次会议列席范围草案；审议通过市十六届人大三次会议选举办法草案；审议通过市十六届人大三次会议关于议案和建议、批评、意见的处理办法草案；审议通过市政府机构设置的备案报告；审议通过兰州市人大常委会2019年工作要点；审议通过人事任免事项。

【市十六届人大常委会第十九次会议】 2月21日在甘肃大剧院一楼多功能厅召开，会期半天。市人大常委会主任张建平，副主任曹丕玉、李虎林、朱宗礼、段迎存，秘书长刘怀君及委员37人出席会议。市人大常委会主任张建平主持会议。会议听取和审议兰州市第十六届人民代表大会常务委员会代表资格审查委员会关于确认个别代表代表资格的审查报告；审议并通过人事任免事项。

【市十六届人大常委会第二十次会议】 4月29日在市人大培训中心十九楼会议室召开，会期一天。市人大常委会主任张建平，副主任曹丕玉、李虎林、朱宗礼、段迎存，秘书长钱承文及委员30人出席会议。市政府副市长马彩云，市中级人民法院院长王永平，市监察委员会副主任杨孔永，市人民检察院副检察长王锐，市人大常委会副秘书长及部分市人大代表，市人大常委会和市政府有关部门负责人列席会议。市人大常委会主任张建平主持会议。学习传达十三届全国人大二次会议精神；听取和审议市政府关于贯彻实施《中华人民共和国禁毒法》情况的报告；听取和审议市政府关于城市垃圾分类工作情况的报告；听取和审议市政府关于全市劳动就业和社会保障工作情况的报告；审议并通过兰州市第十六届人民代表大会常务委员会代表资格审查委员会关于确认个别代表代表资格的审查报告；审议并通过兰州市人大常委会关于同意张松辞去兰州市第十六届人民代表大会常务委员会委员职务的决定；审议通过人事任免事项。

【市十六届人大常委会第二十一次会议】 6月25日在市人大培训中心十九楼会议室召开，会期一天半。市人大常委会主任张建平，副主任李虎林、朱宗礼、段迎存，秘书长钱承文及委员32人出席会议。市政府副市长刘荣、市中级人民法院院长王永平、市人民检察院检察长张永军、市监察委员会副主任杨孔永、市人大常委会副秘书长及部分在兰全国人大代表和省人大代表，部分市人大代表，市人大常委会和市政府有关部门负责人列席会议。市人大常委会主任张建平主持会议。听取市政府《兰州市大气污染防治条例（草案）》的说明；对《兰州市大气污染防治条例（草案）》进行初审；听取市人大法制委员会关于《兰州市城镇燃气管理条例（草案二次审议稿）》审议结果的报告；审议并通过《兰州市城镇燃气管理条例（草案二次审议稿）》；听取和审议市政府关于“十三五”规划纲要实施情况中期评估报告；听取和审议市政府关于“十三五”规划纲要调整方案（草案）的报告；听取和审议市政府关于贯彻实施《中华人民共和国科学技术进步法》和《兰州市科学技术进步条例》情况的报告；听取和审议市政府关于贯彻实施《兰州市河道管理条例》情况的报告；听取和审议市中级人民法院关于破解执行难工作情况的报告；听取和审议市人民检察院关于服务生态环境保护工作的报告；召开联组会议，听取市人大常委会执法检查组关于检查《中华人民共和国水污染防治法》实施情况的报告，对水污染防治工作进行专题询问；审议通过人事任免事项。

【市十六届人大常委会第二十二次会议】 8月27日在市人大培训中心十九楼会议室召开，会期一天半。市人大常委会主任张建平，副主任曹丕玉、李虎林、朱宗礼、段迎存、魏丽红，秘书长钱承文及委员34人出席会议。市政府副市长宋柯、市中级人民法院院长王永平、市人民检察院副检察长王锐、市监察委员会副主任杨孔永、市人大常委会副秘书长及部分市人大代表，市人大常委会和市政府有关部门负责人列席会议。市人大常委会主任张建平主持会议。听取和审议市人大法制委员会关于《兰州市城乡规划条例（草案三次审议稿）》审议结果的报告，审议并通过《兰州市城乡规划条例（草案三次审议稿）》；听取市政府关于《兰州市气象灾害防御条例（草案）》的说明，对《兰州市气象灾害防御条例（草案）》进行初审；听取和审议市人民政府关于兰州市2019年上半年国民经济和社会发展计划执行情况的报告；听取和审议市政府关于兰州市2019年上半年财政预算执行情况的报告；听取和审议市政府关于兰州市2018年财政总决算草案的报告，审议市人大财政经济委员会关于2018年财政决算草案的审查报告（书面），作出市人大常委会关于批准2018年财政决算的决议；听取和审议市人民政府关于兰州市2018年度市级预算执行和其他财政收支情况的审计工作报告；审议市人民政府关于2018年度国有资产管理情况的综合报告（书面），听取和审议市人民政府关于2018年度企业国有资产的专项报告；听取和审议“一府两院”关于扫黑除恶专项斗争工作情况的报告；听取和审议市人大常委会调研组关于兰州市公、检、法机关依法支持和保护民营企业工作情况的调研报告、关于学前教育的立法调研报告、关于兰州市养老服务体系建设情况的调研报告、关于围绕提升人大代表建议办理质量的调研报告、关于做好新时期人大理论研讨工作的调研报告；作出兰州市“十三五”规划纲要调整方案的决议；审议并通过人事任免事项。

【市十六届人大常委会第二十三次会议】 10月30日在市人大培训中心十九楼会议室召开，会期一天半。市人大常委会主任张建平，副主任曹丕玉、李虎林、段迎存、魏丽红，秘书长钱承文及委员34人出席会议。市政府副市长宋柯、市中级人民法院院长王永平、市人民检察院检察长张学军、市监察委员会副主任杨孔永、市人大常委会副秘书长及部分在兰全国人大代表和省人大代表，部分市人大代表，市人大常委会和市政府有关部门负责人列席会议。市人大常委会主任张建平主持会议。听取市政府关于《兰州市物业管理条例（修订草案）》的起草说明，对《兰州市物业管理条例（修订草案）》进行审议；听取市人大法制委员会关于《兰州市大气污染防治条例（草案二次审议稿）》审议结果的报告，审议并通过《兰州市大气污染防治条例（草案二次审议稿）》；听取和审议市政府关于2019年市级财政预算调整方案（草案）的报告；审议市人大财政经济委员会关于2019年市级财政预算调整方案（草案）的审查报告（书面），作出市人大常委会关于批准2019年市级财政预算调整方案的决定；听取和审议市人大常委会财政经济工作委员关于《兰州市粮食流通监督管理条例》立法后评估情况的报告；听取和审议市政府关于贯彻实施《宗教事务条例》和《甘肃省宗教事务条例》情况的报告；听取和审议市政府关于城市线缆入地工作情况的报告；听取和审议市人大常委会调研组关于兰州市开展学习宣传和贯彻实施宪法联系点活动的调研报告、关于全市脱贫攻坚工作情况的调研报告；听取市政府关于全市前三季度经济运行情况及主要经济指标完成情况的报告，结合报告，开展稳增长工作专题询问；审议通过人事任免事项。

【市十六届人大常委会第二十四次会议】 12月27日在市人大培训中心十九楼会议室召开，会期一天。市人大常委会主任张建平，副主任曹丕玉、李虎林、朱宗礼、段迎存、魏丽红，秘书长钱承文及委员31人出席会议。市政府副市长宋柯、市中级人民法院院长王永平、市人民检察院检察长张学军、市监察委员会副主任杨孔永、市人大常委会副秘书长及部分市人大代表，市人大常委会和市政府有关部门负责人列席会议。市人大常委会主任张建平主持会议。听取和审议市政府关于2019年依法行政工作情况的报告；听取和审议市政府关于2018年度市级预算执行和其他财政收支审计查出问题整改情况的报告；听取和审议市政府关于市十六届人大三次会议代表建议办理情况的报告；听取和审议市政府关于2019年市委市政府为民办实事及兰州市承担省委省政府为民办实事任务完成情况的报告；听取和审议兰州市第十六届人民代表大会常务委员会代表资格审查委员会关于个别代表代表资格变动情况的报告；听取和审议市政府关于兰州市2019年度环境状况和环境保护目标完成情况的报告；听取和审议市政府关于贯彻实施《中华人民共和国中小企业促进法》情况的报告；听取和审议市人大常委会规范性文件备案审查工作情况的报告；听取和审议市人大常委会执法检查组关于兰州市民营经济发展情况的调研报告、关于兰州市"停车难"情况的调研报告、关于兰州市涉法涉诉信访问题的调研报告；审议并通过兰州市第十六届人民代表大会常务委员会关于补选兰州市第十六届人民代表大会代表的决定；审议并通过市人大常委会关于召开兰州市第十六届人民代表大会第四次会议的决定；审议并通过兰州市人大常委会专题询问办法（修订草案）；审议并通过人事任免事项。

12月18日，兰州市第十六届人大常委会第二十四次会议现场

主要工作

【监督工作】 听取和审议"十三五"规划纲要实施情况中期评估、计划、预决算、审计等工作报告，依法作出决议决定，全力推动"六稳"工作。建立完善预算审查监督重点拓展改革、国有资产管理情况报告等方面的制度，首次听取和审议国有资产管理情况综合报告和企业国有资产专项报告，实现预算审查和国有资产监督工作制度化、规范化。对兰州市民营经济发展、全市公检法机关保障和服务民营企业发展进行专题调研，对中小企业促进法实施情况进行专项检查，召开民营企业家座谈会，推动营商环境持续优化。紧扣社会治理现

代化的难点强化监督。听取和审议依法行政、扫黑除恶专项斗争、集中解决“执行难”、服务生态环境保护等工作情况的报告，提出意见建议，推动市域社会治理现代化。对兰州市贯彻实施禁毒法、科学技术进步法、《甘肃省农村扶贫开发条例》《兰州市河道管理条例》等9部法律法规的情况进行执法检查，确保行政权得到规范运行，确保法律法规在兰州市得到正确实施。立足生态环境保护，听取和审议兰州市贯彻实施水污染防治法、环境状况和环境保护目标完成情况的报告，对新水源地建设进行视察，连续两年对《兰州市城市生活饮用水水源保护和污染防治办法》实施情况进行调研，推动打好“蓝天、碧水、净土”保卫战。立足提升城市品质，听取和审议城市垃圾分类、线缆入地等工作情况的报告，助力全国文明城市创建，推动“精致兰州”建设。立足增进民生福祉，听取和审议为民兴办实事、劳动就业和社会保障等工作情况的报告，对脱贫攻坚、“停车难”问题、养老服务体系建设、季节性农产品销售等进行视察、检查和调研，推动解决人民群众的操心事、烦心事、揪心事。依法做好涉法涉诉信访工作，转办督办群众来信来访668件次。紧扣监督工作中存在的弱点强化监督。深刻把握正确监督、有效监督的内涵，完善监督方式，加大监督力度，着力解决不愿监督、不敢监督、不会监督的问题。综合运用多种形式开展监督，对常委会决议决定、审议意见、执法检查报告落实情况跟踪问效，最大限度释放监督能量。注重监督成果转化运用，重大监督和调研成果及时报市委决策参考，并把有关情况作为制定修改法规的重要依据。强化刚性监督手段运用，修订专题询问办法，对水污染防治、“稳增长”工作组织开展专题询问并进行满意度测评，确保监督工作不走过场。

【代表工作】 扩大代表对常委会工作的参与，经常性组织代表开展视察、检查和调研活动，邀请基层代表列席会议，全年邀请代表参加活动90人次，列席会议37人次。强化代表建议办理。建立健全代表建议统一交办、重点督办和答复反馈等工作机制，及时对232件代表建议进行交办，确定11件重点建议跟踪督办，办理情况及时向代表答复反馈，代表建议办结率达到94%。通过代表建议办理，农村人居环境整治、城市基础设施建设、居民小区提质改造等一批群众关心关注的热点问题得到有效解决。围绕提升人大代表建议办理质量开展深度调研，听取21家承办单位代表建议办理工作报告，全面掌握代表建议办理情况，提出对策建议。邀请省、市人大代表参加有关测评会、座谈会、听证会127人次，为代表知情问政畅通渠道、拓宽思路。制定代表经费管理使用办法，规范代表开展活动的经费标准和支出形式。规范代表闭会期间活动，严格代表履职考核评价，多角度宣传代表履职风采，代表履职的责任感和使命感不断增强。聚焦全面建成小康社会，持续深化拓展人大代表助力脱贫攻坚行动，全市各级人大代表帮助协调落实项目603个，为解决区域整体贫困问题作出积极贡献。

（穆晓娟）

重要会议

【常务会议】 2019年,兰州市人民政府召开常务会议27次,研究讨论全市经济社会发展重要事务。主要是传达学习中央、省上主要领导讲话、重要会议精神和相关政策;审议通过《政府工作报告(讨论稿)》《兰州市2018年国民经济和社会发展计划执行情况及2019年国民经济和社会发展计划草案报告》《2018年全市主要经济指标预计完成情况及2019年主要预期目标建议》《2019年市委市政府为民办实事项目清单》《兰州市2018年财政预算执行情况和2019年全市及市级财政预算草案报告》《关于进一步加快推进新三年棚户区(城中村)改造攻坚工作的实施意见》《兰州市流通领域现代供应链体系试点城市建设工作方案》《兰州市关于防范化解政府隐性债务风险的实施意见》《兰州市推进文化走出去工作实施方案》《兰州市政府合同管理规定(草案)》《关于提请审议建设兰州人力资源服务产业园相关事宜的请示》《关于在七里河园区马滩片区引进新型高端集约用地项目的请示》《兰州市贯彻落实省级环境保护督察反馈意见整改方案》《"提升城市品质、打造精致兰州"三年行动方案》《关于解决房屋产权登记发证历史遗留问题实施意见》《兰州市建设工程和道路挖掘工地文明施工管理规定(试行)》《关于对主城区居住建筑天然气供热价格差额进行补贴的紧急请示》《关于兰州市雁儿湾污水处理厂提标改扩建工程特许经营项目实施方案的请示》《榆中生态创新城空间发展战略规划(概念性)国际咨询工作方案》《兰州市关于做好退役军人服务管理工作的实施意见》《关于申请调整中铺子生活垃圾焚烧发电厂垃圾处理服务费政府补贴标准的请示》《兰州市工程建设项目审批制度改革工作实施方案(送审稿)》《关于提请审定兰州奥体中心项目有关事宜的请示》《关于提请市政府审定2019兰州国际马拉松赛总体方案的请示》《关于提请市政府审定2019国际田联路跑会议工作方案的请示》《兰州市城市轨道交通第二期建设规划(2020—2025年)》《关于提请审定兰州轨道交通东方红广场枢纽站周边综合整治工程地下部分土地办理作价出资(入股)手续的请示》《关于在七里河区崔家大滩片区引进文化旅游项目的请示》《兰州市部分市级行政事业单位租赁办公用房及调整方案》《关于签订北环路中段一次性回购补充协议的请示》《关于将兰州交通发展建设集团有限公司97.87%国有股权无偿划转至兰州黄河生态旅游开发有限责任公司的请示》《兰州市2019年政务信息化建设项目计划》《兰州市人民政府关于兰州市2018年度环境保护工作的报告》《市政府部门第十七批取消调整和下放行政审批等事项目录》《关于兰州真空设备有限责任公司出城入园搬迁改造相关工作的请示》《关于2018年度全市目标管理考核结果及奖励意见的请示》《关于将兰州现代职业学院委托兰州市教育局管理的请示》《兰州市政府购买城市公共交通服务管理办法(试行)》《兰州市城市公交运营成本规制办法(试行)》《兰州市城市公交运营服务绩效考核办法》《兰州市2019年度国有土地上房屋征收计划》《关于组建甘肃金控兰州融资担保有限公司的请示》《兰州市人民政府2019年立法计划(草案)》《关于申请调整兰州市市级政府投资项目竣工财务决算审核工作职责的请示》《关于甘肃德龙生态建材有限公司建筑垃圾处理服务费政府补贴标准的请示》《关于审定兰州市轨道交通票制票价听证报告的请示》《第二十五届中国兰州投资贸易洽谈会兰州市工作方案》《兰州市促进科技成果转移转化实施方案》《兰州市初始排污权分配确权管理办法》《关于兰州市节能减排财政政策综合示范城市中央补助资金调整计划的请示》《关于李富仁等职务任免的报告》《兰州市关于改革国有企业工资决定机制的实施办法》《关于支持兰州黄河生态旅游开发有限责任公司加快发展的工作方案》《兰州市2019年城乡基础设施项目责任清单》《兰州市公共建筑节能改造实施方案》《兰州市人口发展规划(2018—2035年)》《关于解决消防执勤人员不足问题的请示》《关于编制〈兰州市黄河两岸建筑节能及立面改造设计〉〈兰州市黄河两岸建筑立面设计导则〉有关问题的请示》《关于轨道交通1号线一期工程初期运营前安全评估(试运营基本条件评审)相关事宜的请示》《关于兰州轨道交通1号线一期工程通车试运营的请示》《关于在城关区雁滩雁儿湾片区引进商业项目的请示》《兰州市建立城乡居民基本养老保险待遇确定和基础养老金正常调整机制实施方案》《兰州市推进招商引资工作“两真四有”实施意见》《兰州市推进招商引资工作“两真四有”管理办法》《兰州市推进招商引资工作“两真四有”的八个严禁》《兰州市推进数字经济创新发展试验区建设实施方案》《兰州市住房发展规划(2018—2022)》《关于异地扩建市司法局强制隔离戒毒所的请示》《关于开展2019“畅享兰州·乐购金城”促消费稳增长系列活动有关问题的请示》《兰州市2019年度地质灾害防治方案》《兰州市开展违建别墅清查整治专项行动工作实施方案》《关于近期开展兰州市国土空间总体规划编制工作的请示》《关于进一步规范我市中心城区建设用地容积率管理的通知(试行)》《兰州市大气污染防治条例(草案)》《网易(兰州)联合创新中心项目协议》《关于S104线兰州(沈家坡)至东岗公路沈家坡至阿干镇段工程PPP项目合同及投资协议的请示》《第九届兰州黄河文化旅游节总体方案》《关于兰州中心330千伏变电站用地补偿有关事宜的请示》《兰州市2019年中小学聘用制教师招聘工作实施方案》《市政府国资委以管资本为主推进职能转变实施方案》《兰州市市级财政预算管理办法》《兰州市机动车停车场管理办法(修改草案)》《兰州市城市地下空间开发利用管理办法(修正草案)》《关于废止〈兰州市组织机构代码管理办法〉等七件政府规章的请示》《兰州市工程建设领域农民工工资保证金管理办法(试行)》《兰州市关于支持装配式建筑发展的若干意见》《兰州市气象灾害防御条例(草案)》《兰州市人民政府甘肃省公路航空旅游投资集团有限公司战略合作框架协议》《关于公共自行车租赁系统有关问题的请示》关于对兰州三维市民卡股份有限公司依法进行清算关闭的请示》《中国(兰州)跨境电子商务综合试验区扶持政策(试行)》《关于将白塔山公园三台建筑划归城关区中共甘肃工委纪念馆作为展馆的请示》《关于兰州市2019年上半年财政预算执行情况的报告》《关于兰州市2018年财政决算草案的报告》《2018年度市级预算执行和其他财政收支的审计结果报告》《兰州市市属事业单位公务用车制度改革实施方案》《兰州市市属国有企业公务用车制度改革实施方案》《第四届兰州科技成果博览会总体方案》《兰州市城市地下综合管廊管理办法(草案)》《关于新建商品住房价格备案工作有关事宜的请示》《关于调整市政府办公大楼安全维修投资概算的请示》《兰州市城市供热保障金统筹使用管理办法》《兰州市国土空间总体规划(2020—2035年)编制工作方案(草案)》《兰州市物业管理条例(修订草案)》《兰州市政府投资项目竣工决(结)算审核管理办法(试行)》《关于进一步支持兰州工业发展控股集团有限公司经营发展的请示》《关于加快推进兰州国家自主创新示范区建设的实施意见》《兰州市创建双拥模范城(县)先进单位和个人奖励办法》《关于2019年市级财政预算调整方案(草案)的报告》《榆中生态创新城总体规划(2019—2035)编制方案》《关于兰州公交集团申报经营困难且恢复有望企业稳岗返还的请示》《兰州市扩大教育资源促进教育优质均衡发展专项行动计划(2019—2022年)》《关于石沟村马家沟村参照执行城中村改造政策的请示》《兰州经济技术开发区皋兰生态修复与产业发展示范区(起步区)控制性详细规划》《兰州市生育保险和职工基本医疗保险合并实施方案》《关于借支解决北绕城东段高速公路建设民事判决相关费用的紧急请示》《兰州黄河风情景观带特许经营权公开出让可行性方案研究报告》《关于今冬明春上浮兰州市非居民用天然气销售价格方案》《雷坛河黑臭水体治理整改工程方案》《关于对城关区、七里河区39条道路命名的请示》《关于先行实施白塔山综合提升改造项目隧道工程的请示》《关于政府投资公益类市政基础设施及校安工程项目建设手续办理情况的总结报告》《兰州市关于进一步深化城镇住房制度改革完善住房供应体系的实施意见(送审稿)》《关于申报2020年城镇棚户区改造项目和公租房保障计划的请示》《关于调整兰州市城镇职工基本医疗保险有关政策的请示》《关于支持红古区打造兰西城市群重要节点发展的意见》《关于兰州市2019年国民经济和社会发展计划执行情况及2020年国民经济和社会发展计划草案的报告》《2019年全市主要经济指标预计完成情况和2020年主要经济指标预期目标建议》《兰州市人民政府与北京中软国际信息技术有限公司战略合作框架协议》《关于市殡仪馆员工绩效工资分配方案的请示》《关于2018年度市级预算执行和其他财政收支审计查出问题整改情况的报告》《关于兰州市2019年财政预算执行情况和2020年全市及市级预算草案的报告》等规范性文件。内容涉及城市建设管理、项目建设、文明城市创建、生态建设、扶贫开发、新农村建设、环境治理、社会保障、旧城改造、科技创新、卫生教育、文化旅游、政务公开、行政审批、机构改革、人事任免等方面。

【市长办公会议】 2019年，兰州市人民政府市长办公会议召开21次，主要研究安排"大棚房"问题专项清理整治、榆中生态创新城规划建设、全市应急管理、全市安全生产、兰州轨道交通建设、兰州市老城区按街区开展连片开发改造、兰州建投公司防范和化解到期存量隐形债务风险、读者印象精品文化街区项目规划设计、先行实施白塔山综合提升改造项目隧道工程、兰州航空产业制造、道路临时泊位经营权移交及混合所有制企业组建，安排推进雷坛河污水收集治理、安排雁儿湾污水处理厂用地、安排河湖"清四乱"突出问题、安排兰州兽医研究所布鲁氏菌隐性感染事件处置、推进黄河干流兰州段防洪治理工程涉及兰州文理学院土地征收补偿等工作有关事宜。

【中央及部委领导来兰州视察】

5月10日，全国政协副主席、交通运输部党组书记杨传堂一行调研永登县交通建设和脱贫攻坚工作。

6月19日，农业农村部副部长韩俊一行在榆中县调研。

7月3日下午，水利部副部长兼应急管理部副部长叶建春一行调研兰州市防汛工作。

7月26日，生态环境部副部长黄润秋一行在兰州开展强化土壤污染防治重点建议办理专题调研。

8月10日，中央第五生态环境保护督察组组长焦焕成一行来兰州督察调研信访交办件整改情况。

8月21日，习近平总书记来到兰州，前往黄河治理兰铁泵站项目点，俯瞰堤坝加固防洪工程，沿步道察看黄河两岸生态修复和景观建设情况，听取甘肃省和兰州市开展黄河治理和保护情况介绍，指出甘肃是黄河流域重要的水源涵养区和补给区，要首先担负起黄河上游生态修复、水土保持和污染防治的重任，兰州要在保持黄河水体健康方面先发力、带好头。

9月10日，中国残联常务副理事长程凯一行来兰州调研慰问。

11月15日，中央扫黑办副主任、公安部副部长杜航伟来兰州开展2019年下半年蹲点带片调研工作。

11月18日，中央宗教工作督查"回头看"第八调查组组长、中国宋庆龄基金会副主席杭元祥来兰州督导检查兰州市中央宗教工作督查反馈意见整改情况。

11月22日，民政部党组书记、部长李纪恒来兰州调研酒泉路畅家巷社区、城关区虚拟养老院。

12月12日，全国台联党组书记、会长黄志贤一行赴榆中县开展帮扶调研和捐赠活动，捐赠帮扶资金9.5万元，为榆中县希望小学捐赠7台电脑。

【外省市代表团来兰考察】 5月29日上午，青海省委常委、西宁市委书记王晓率西宁市代表团来兰州考察。

6月19日上午，天津市委书记李鸿忠率领天津市党政代表团一行赴榆中县考察调研东西部扶贫协作工作开展情况。

12月3日，江西省人大常委会副主任马志武对新区医药产业发展情况进行专题调研。

【省领导来兰视察】 5月5日，省委书记林铎调研督导兰州市扫黑除恶专项斗争工作，并主持召开扫黑除恶专项斗争工作座谈会。

5月6日，省政协主席欧阳坚调研兰州庄园牧场股份有限公司、华能生态能源科技发展有限公司、市税务大厅，并看望榆中县政协机关干部。

8月12日，省委副书记、省长唐仁健调研兰州市大沙沟环境综合整治情况、天水路北口周边城市环境建设情况、"读者印象"精品文化街区项目前期推进情况。

9月19日，省委副书记、省长唐仁健一行来兰调研轨道交通2号线、兰州环球中心、东方红广场枢纽站周边环境综合整治等工程项目并召开座谈会。

9月24日，省委副书记孙伟来兰调研永登县脱贫攻坚、美丽乡村建设及农村人居环境整治情况。

11月11日，省委书记林铎来兰州调研甘肃省妇女儿童医疗综合体项目、兰州市旅游文化集散地（兰州老街）、轨道交通2号线一期工程等省列重大项目建设进展情况。

12月2日，省委副书记、省长唐仁健来兰州调研"兰州老街"旅游文化集散地项目、七里河体育场项目建设进展情况。

12月5日，省委书记林铎来兰州调研红古区非公经济发展和非公经济组织党建工作。

【考察访问】 8月6日，省委常委、市委书记李荣灿，市委副书记、市长张伟文率兰州市党政代表团在青岛市考察学习城市规划建设管理，并就深化两地合作交流、实现互利共赢等方面进行沟通对接。

9月9日，市委副书记、兰州榆中生态创新城管委会（筹）主任张柯兵带队，赴海南江东新区、贵州贵安新区、苏州工业园区、扬州生态科技新城学习考察。

12月7日至10日，省委常委、市

委书记李荣灿带队赴北京、广州、深圳考察招商。市领导杨建忠、王旭、王方太参加。

【为民兴办实事】 一、实施扩大教育资源项目，新建和改扩建幼儿园、中小学20所，新增学位1.4万个；二、实施农村基础设施改造项目，完成农村改炕2万个、改灶2000个、改厕6万户，新建和改扩建乡村公厕450座、农村粪污处理设施50个，配套抽运车辆300辆；三、实施农村公路建设项目，新建农村公路300公里，重点养护600公里；四、实施农村妇女医疗检查及城乡困难妇女儿童关爱救助工程，完成13万名农村妇女“两癌”检查和500名“两癌”妇女、2000名困难儿童救助；五、实施老旧楼院治理改造及电梯加装工程，完成老旧楼院维修改造40个，电梯加装245部；六、实施文化惠民工程，开展惠民演出、文化下乡、文化进万家等活动200场次、放映电影300场次；七、实施背街小巷整治工程，完成治理20条，畅通街巷微循环；八、实施市区高速路口收费站合并整治工程，拆除北龙口、天水路等5个现有收费站，新建兰州东、兰州北2个收费站；九、实施主城区公园和小游园建设项目，建成彭家坪中央公园，新改扩建小游园15个；十、实施棚户区改造项目，开工建设1万户。

（张尚堂）

办公室工作

【值班值守】 严格落实值班值守24小时工作制度和领导带班制度，妥善做好值班值守工作，节假日期间，市政府总值班室以市政府办公室名义安排市政府机关总值班工作，做好公休日以及下班后市政府机关值班工作，承担所有节假日值班工作的主体责任，及时向市政府领导和省政府总值班室报告节假日期间每天的值班及社会安全情况。同时做好对各区县政府和市直部门单位值班工作的检查抽查，杜绝值班人员脱岗、值班电话不通等制度落实不到位的问题，促进政府系统的政务值班工作，确保紧急和重要事项的及时高效处置。

信息报送 2019年，向省政府总值班室和市政府领导上报《兰州市值班信息》320期，传达、督办省市领导批示和要求81件，及时完成省政府总值班室约稿和信息核实等方面工作。向市政府领导和各部门、各区县政府发送各类突发事件提示性信息和气象预警信息301起28428条。全年编辑《兰州市政府总值班室值班日志》12册、65.6万字。按照突发事件信息报送工作要求，督促区县政府和市直部门切实履行主体责任，切实发挥突发事件信息报告主渠道作用，注重做好对报送信息的审核把关，使信息报告工作做到及时、全面、准确。

其他工作 总值班室配合做好7月15日至16日，杭州市人民政府办公厅市委市政府总值班室徐岗主任一行6人，来兰州市考察调研值班值守工作。配合做好11月11日至12日，国办秘书一局（国务院总值班室）值班一处刘斌处长一行，来甘肃调研值班值守和信息报告工作情况。

（王雷刚）

【信息公开】 2019年，政务公开工作坚持“以公开为原则，不公开为例外”，积极推进三大攻坚、“放管服”改革等重点领域信息公开，依法公开各类政府信息。全年主动公开政府信息1568条，对属性为主动公开的文件，做到100%公开，指导全市主动公开政府信息13.6万余条。共受理政府信息公开申请740件，办理省政府行政复议答复137件，规定时限内答复率100%。

（王泽人）

应急管理

【概况】 2019年，全市安全生产四项指标“全面下降”，各类生产安全事故164起，死亡126人，受伤110人，直接经济损失3762.4万元，同比分别下降1.2%、9.35%、17.91%和47.58%，未发生较大及以上生产安全事故，安全生产形势总体稳定向好。全年全市发生火灾1309起，受伤2人，死亡2人，直接财产损失1067.96万元，未发生较大及有影响火灾事故，消防安全形势持续稳定。全市核查报送滑坡、洪涝、风雹、地震等各类自然灾害12起，受灾10855户43421人，农作物受灾面积2750.6公顷，因灾经济损失6505.59万元。

【机构改革】 2月18日，兰州市应急管理局挂牌成立，以原市安监局为主，整合9部门和4个议事协调机构相关职责，核定机关行政编制70名，从市政府应急办、民政、国土、市场监管等部门划入11人，划出3人至市卫健委，净增加8人，内设14个科室，任命“一正七副”领导班子，下辖兰州市安全生产监察支队、兰州市安全生产宣传教育培训中心两个局属单位。坚持边组建边应急边监管，主动承接职能，加强联系协调。围绕安全生产、防灾减灾、应急救援三大类职责，提请市政府调整市减灾委员会、市消防安全委员会、市防汛抗旱指挥部、市森林草原防灭火指挥部、市抗震救灾指挥部、市地质灾害应急指挥部等6个议事协调机构组成，加快建立安全生产、防灾减灾和应急管理责任体系。推动全市115个乡镇街道安监站更名为应急管理所，1150个村（社区）安监室更名为应急管理室，明确安全生产、防灾减灾、应急救援等工作职责，建立起市、区（县）、乡镇街道、村社区“四级覆盖”的应急管理体系。

【应急值守】 初步建立市委总值班室、市政府总值班室以及市应急、气象、水务、卫健、自然资源、住建、交通、交警、消防等部门信息共享机制，畅通信息获知渠道和预警发布途径。进一步规范全市应急值守、信息报送、现场处置等工作，印发《关于进一步做好应急值班值守和信息报送工作的通知》《关于加强安全生产类、自然灾害类等有关突发事件信息报送工作的通知》，累计接收安全事故、自然灾害类突发事件信息109起，向省应急厅编报值班信息83期，向市委总值班室、市政府总值班室编报值班信息99期。认真执行24小时值班值守，有序有效应对处置“5·18”安宁区疑似一氧化碳中毒事件、“8·28”G22青兰高速和平隧道附近天然气槽罐车泄漏事件、“11·22”安宁区北环西路苯胺槽罐车泄漏事件、“11·25”永登县河桥镇山体滑坡等突发事件53起。12月12日，省委常委、市委书记李荣灿在《关于成功处置“11·22”安宁区北环西路苯胺槽罐车泄漏事故报告》上作出批示：“此次北环西路苯胺泄漏事故发生后，市应急管理局、消防支队行动迅速，立即启动应急响应预案，市公安、自然资源、生态环境、交通、卫生健康等部门及安宁区积极响应、密切配合，各方面共同努力，克服困难、科学应对，成功化解险情，排除发生次生灾害隐患，取得应急处置工作的全面胜利，并为今后处置类似事件积累了经验。在此，向全体参与应对工作各单位、全体同志，特别是消防指战员提出表扬，并致以崇高的敬意！”

【消防管理】 将“智慧消防”5G建设纳入《兰州市5G产业发展行动方案（2019—2022）》，打造数字化前方指挥部。深入调研分析制定数字消防站管理、物联网远程监控、119接处警、微型消防站管理调度等系统改造方案。高标准制定“高低大化古”5类省级数字化预案，高质量对车辆定位系统升级改造，实现双模运行。推进消防大数据云基础平台建设及“互联网+消防”深度融合，采集二维地图、全景图及高空图像，制作三维地图；建立市应急救援响应机制，实现“一键式”调派，规范接警出动和火警调度指挥程序，配置“火灾现场全景测量及三维动画复原分析系统”，增强火场勘验的科学性和技术性，有效提高火灾事故调查水平，全年全市消防救援队伍接警3155起，出动2.89万人次，疏散抢救被困人员701人，抢救财产价值1535.91万元。紧盯“高低大化”“老幼古标”等高风险领域、敏感场所，以“防风险保平安迎大庆”专项行动为抓手，开展大型商业综合体“回头看”、电动自行车、集贸（农贸）市场、学校及校园周边经营场所等一系列消防安全专项治理行动，全面整治重点领域火灾隐患。联合文物部门部署开展博物馆和文物建筑消防安全大检查，对全市三级以上博物馆、全国重点文物保护单位逐一实地检查，联合民政、教育等部门开展行业领域督导10余次。全市公安派出所共检查单位3.44万处，督促整改火灾隐患3.22万处，下发责令改正通知书1.4万份，罚款3.94万元。全市基层网格员开展消防安全检查62.16万次，督促整改火灾隐患41.27万处，开展消防宣传培训54.23万次。挂牌督办12家重大火灾隐患单位，通过甘肃新闻网、《兰州日报》、《兰州晨报》、今日头条等多家主流媒体，对全市12家重大火灾隐患单位进行集中曝光，营造舆论监督、社会关注的浓厚氛围，倒逼违法单位认真落实消防安全责任，加快整改进程，截至年底全部整改销案。全市2581栋高层建筑依托专业机构开展消防设施维保，2748栋接入物联网监测系统，安装5617个联网型独立式感烟探测器，实现动态监控、精准监测，有效提升火灾防控质效。市消防安全委员会表彰50名“全市优秀基层网格员”。为基层网格员配置网格化终端设备，制定相关管理制度和使用标准，推动全市消防安全网格化管理工作高效运转。

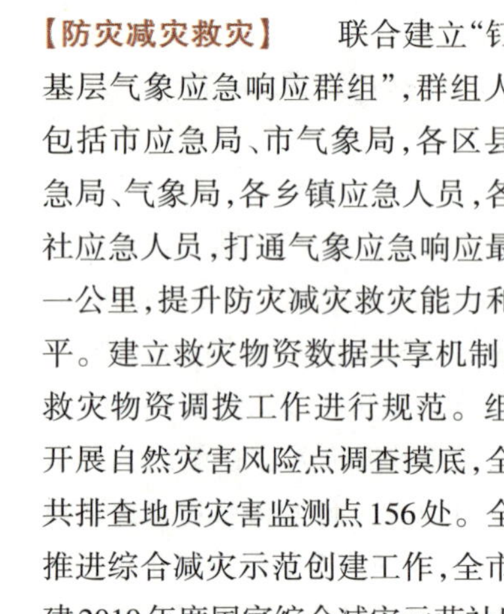

【防灾减灾救灾】 联合建立“钉钉基层气象应急响应群组”，群组人员包括市应急局、市气象局，各区县应急局、气象局，各乡镇应急人员，各村社应急人员，打通气象应急响应最后一公里，提升防灾减灾救灾能力和水平。建立救灾物资数据共享机制，对救灾物资调拨工作进行规范。组织开展自然灾害风险点调查摸底，全市共排查地质灾害监测点156处。全力推进综合减灾示范创建工作，全市创建2019年度国家综合减灾示范社区1

8月28日，G22青兰高速和平隧道附近天然气槽罐车泄漏事件处置现场

5月11日，市消防救援支队参加省消防救援总队地震灾害应急救援拉动演练

个、省级综合减灾示范村4个。及早安排2018—2019年受灾困难群众冬春已救助评估工作，共救助受灾困难群众33594户102535人，发放救助资金1435.35万元。对2017—2019年自然灾害综合保险项目运行情况进行评估总结，研究制订2020—2023年保险周期工作方案，指导督促承保公司做好受灾伤亡人员和房屋损失查灾核损及理赔工作，最大限度减少受灾群众损失，截至年底结案1490件，理赔金额694.30万元，赔付率72.3%。

【水旱灾害防治】 严格落实防汛抗旱行政首长负责制，建立完善市、区县、乡镇街道、村社区四级责任体系，市应急、水务、水文、气象等部门密切协作，全力配合，强化雨情、水情预报预警信息共享和联合会商，通过短信平台、微信群、电话传真共发送各类预警短信72次条。其中，重要水情通报8次；重要水情提示23次；雷电黄色预警信号24次；暴雨蓝色预警信号3次；重要天气提示9次；转发领导批示5次。水务、应急部门汛前以防汛责任制落实、信息报送、预警预报、抢险准备、水库电站度汛、山洪防御、河道防洪、水毁修复等内容为重点，全面开展汛前专项检查，汛期对黄河沿线趸船、公园、码头、工地等地防汛工作检查，公安、交通、景区、公园、街道等部门和单位出动巡查人员18590人次，开展24小时不间断巡查检查，拉设警戒线150余处，设置、张贴、下发各类警示标语、告知单800余份，加强水库、电站防洪调度，科学蓄泄水量，确保安全度汛。利用中央下拨自然灾害救灾资金253.33万元购置防汛物资设备15种42441件，切实保障基层一线防汛物资需求。

【森林草原防火】 针对春季防火关键时期，全面加强森林草原防灭火宣传，采取张贴标语、发送手机短信、悬挂宣传条幅、设立宣传牌等形式进行全方位、多层次的宣传，深入开展“进企业、进机关、进学校、进社区、进农村、进家庭、进公共场所”等“七进”宣传活动，营造浓厚森林草原防火氛围，真正做到家喻户晓，警钟长鸣。加强可燃物清理，突出国家森林公园、国有林场、自然保护区、风景名胜区等重点区域，严密排查重点部位风险隐患。切实加强野外火源管理，严厉打击各种野外违法违规用火行为。严格执行24小时值班、领导带班制度，“零报告”制度，加强火情调度，严格落实火灾信息归口上报制度，坚决杜绝迟报瞒报现象。

【应急救援能力建设】 编制完成《兰州市应急协调联动机制》，《兰州市安全生产和自然灾害预警机制》等10项机制，编制印发《突发事件现场处置手册》，启动修订《兰州市突发事件总体应急预案》，督促部门和区（县）修订完善各类专项应急预案，完成事故灾难、森林草原防火、防汛抗旱、地震和地质灾害等36个市级专项应急预案，消防推动普及三维数字化预案，编制支队级预案72份，大中队级1488份。组织开展应急预案专项执法检查4次，开展应急预案演练192场次，涵盖煤矿、非煤矿山、道路交通、建筑施工、危险化学品、油气管网、特种设备及校园、医院等行业领域。协议聘用各类应急救援专家49名，排摸通用类应急救援设备装备3795台。市消防救援支队按照“六个转型升级”要求，打造重型地质灾害、工程机械、水域、高空救援等7支专业队伍，投入4800万元采购涡喷照明车、强臂破拆车、路轨两用车等高精尖消防车10辆、装备7000余件套，开展装备论证，为7个专业救援队制定装备采购计划，提升装备采购的针对性、科学性，对标专业、精尖要求，分5批组织120名指挥员、攻坚队员和班长骨干开展绳索技术实操、水域、大型机械等专业化救援技术培训，招聘政府专职消防员300人，推动政府专职队和微型消防站指导培训、联合演练200余次，132名企业及政府专职消防员通过职业技能鉴定。

【震灾应急救援演练】 市消防救援支队在“5·12”全国防灾减灾日来临之际，根据总队地震救援拉动命令，迅速响应，按照实战要求对应急响应、力量调集、灾情搜集、信息研判、社会联动、辅助决策等环节进行全过程、全要素拉动演练。接到“地震灾情”拉动命令后，市消防救援支队立即启动应急响应，迅速调集2个重型搜救队、1个轻型搜救队、战勤保障分队、通信保障分队、全勤指挥组120人、4只搜救犬、17台救援车辆，携带72小时自我保障物资，以及生命探测、破拆起重、顶撑支护、警戒洗消等装备器材2122件套，迅速集结作战力量赶赴指定集结地点。支队全勤指挥部值班备勤人员第一时间赴指挥中心集中值守，按照地震应急响应预案赶赴现场成立前方指挥部，前后方建立指挥作战平台，给甘肃省消防总队指挥中心实时传输演练情况，总队按照地震重型（轻型）搜救队器材装备，逐一对各类器材装备进行远程视频点验，确保各支救援队伍器材保障到位、完整好用。市消防救援支队2019年代表甘肃省参加应急管理部消防救援局夏训考核成绩全优，累计开展市级消防安全重点单位熟悉演练12次，典型灾害事故多部门、多力量联合演练及随机拉动实战演练12次。

【重点行业专项整治】 深入开展重点行业领域专项治理。煤矿开展3轮次安全“体检”，形成“两个清单”和“一个报告”。开展全市煤矿安全生产专项执法检查，督促指导各煤矿企业按照省、市方案开展自检自改，开展“一优三减”和“四化”建设工作，推广应用煤矿新型适用安全技术和装备。组织对2016年以来关闭退出的4户煤矿进行复查巡检，防止“死灰复燃”。非煤矿山持续实施生产生活设施改造工程和矿山安全“会诊”评估，完成对榆中县10户符合关闭条件非煤矿山的关闭任务。危险化学品完成西固区危化品重点县专家指导服务并接受国务院安委办专项督查，累计检查企业48户次，复查以往整改问题346项，新查出隐患362项，重大安全隐患6项，责令停产停业整顿2户，暂扣安全生产许可证照3户，依法关闭注销2户，立案调查处理9户。建筑施工开展事故预防专项整治，对169个在建项目进行复工检查，排查燃气企业7家、供热企业（供热站）23家、供水企业1家，排查整改各类问题隐患55处。道路交通启动“平安交通”行动，检查运输企业546户次，排查问题隐患498条，约谈企业120余户次，行政处罚违规企业90户；累计查处各类交通违法行为130余万起。其中，查处酒驾1324起；毒驾23起。

【危险源监控】 全市危险化学品重大危险源151处。其中，一级重大危险源39处；二级重大危险源12处；三级重大危险源59处；四级重大危险源41处。与58户重点企业签订《危险化学品企业安全生产承诺书》，由企业主要负责人对企业风险进行研判的基础上，将安全生产状况向社会承诺，倒逼企业主要负责人履行安全生产职责，以“四张卡”为载体，将风险管控和隐患排查向最小作业单位延伸；强化对易制爆、易制毒经营单位的管控，对剧毒、易制爆危险化学品单位的人防、物防、技防措施以及品名、规格、数量、流向等资料开展检查，上溯生产企业、下追使用单位，逐一核查，全年检查各类剧毒、易制爆、易制毒单位180户，查出问题634条，整改628条。建立健全油气输送管道安全风险管控和隐患排查治理工作机制，对油气输送管道高后果区295处（一级110处、二级145处、三级40处），强化对重大风险管控措施落实。推进危险化学品安全风险（点）“一张图一张表”工程试点项目建设，实现危险源远程监控、安全态势信息感知，2019年完成系统研发调试和2家试点危险化学品生产企业数据接入。

深入矿山企业进行安全生产检查

【行政审批“放管服”】 对应急管理部第二批取消的15项由部门规章设定的证明事项，不再要求办事企业在办证时提供纸质资料，全部改为部门内部核查。遇有申请变更名称、法人和地址情形，及时启动简易程序，依法简化办事流程。严格按照“应认领尽认领”原则，对照国家、省市基本目录进行事项认领工作，19项行政许可、行政给付、行政奖励事项加载进入甘肃政务服务网和兰州市行政审批服务系统3.0，实现政务服务网上可办率的100%。依法依规开展行政审批各项工作，截至年底，通过兰州市电子证照综合管理系统发放各类行政许可证照256个，其中危险化学品经营许可证238个、危险化学品安全生产许可证18个、非药品类易制毒化学品生产经营备案15个、非煤矿山行政许可证36个。生产安全事故应急预案备案247个。

【安全生产执法检查】 先后开展

"元旦""春节""两会""清明节""兰马赛"等重要时段集中排查整治，对春季森林草原防火开展督查检查。3月16日，市政府成立由市应急、公安、人社、住建、总工会等部门组成的联合调查组，提级调查一般生产安全事故1起，对3家事故单位和11名责任人进行行政处罚，行政警告1人、告诫约谈3人、诫勉谈话3人。通过安全生产监察执法，处理一批安全生产违法行为，消除一批事故隐患，企业本质安全得到有效提升。江苏响水"3·21"特别重大爆炸事故发生后，组织开展为期4个月的安全生产大排查大整治大提升专项行动，累计排查整治问题隐患2.42万项，拆除各类非法建设87处、2.5万平方米。6月，为确保"兰马赛"期间安全平稳，组织开展赛事项目的安全论证和排查整治活动。8月，围绕"防风险、保安全、迎大庆"要求，在全市范围内组织开展防风险、查隐患、保安全专项整治行动，累计开展排查660余次，约谈重点监管企业74户，为新中国成立70周年大庆营造安全稳定的社会环境。整合安全生产执法力量，调整执法方式，提高执法效能，全年出动执法人员674人次，执法检查企业210户，使用执法文书468份，查出隐患问题1998条，整改1866条，整改率93.4%，复查企业133户，复查率92%。

【宣传与培训】 先后组织开展1期全市应急管理防灾减灾能力提升教育培训班、1期县处级领导干部和2期乡镇街道领导干部安全生产专题培训班，460余人参加培训。组织开展全市党政领导干部安全生产、防灾减灾和应急救援知识能力考试，8个区县、高新区、经济区和34个部门186人参加考试。集中开展应急管理大排查、大宣传、大培训"百日活动"，"5·12"防灾减灾日集中宣传，全国第18个"安全生产月"和"金城万里行"等活动，依托媒体，普及安全生产、防灾减灾和应急处置知识常识，兰州市在全国危化品及全民安全应急知识竞赛答题活动中，取得全省第一名。充分利用《金城119》《金城消防好声音》持续播放消防公益提示，全市4000余台楼宇电视、1400台公交车滚动播放火灾警示片和公益广告达1800余万次，在全市20个报刊亭、50个地下车库和1200个社区宣传栏投放宣传提示标语，市消防救援支队拍摄的宣传片《5分钟》荣获部局首届"青春火焰蓝·闪耀新时代"主题微电影大赛二等奖，创作全国首部《漫话消防》科普图书，《王海讲消防》系列公益广告荣获全国消防科普宣传教育三等奖，并与消防动画《大闹天宫》公益广告荣获全省优秀消防宣传作品，建成3家省级、2家市级应急消防科普教育基地，社会各界3万群众接受学习教育。全市各培训机构累计培训"三项岗位人员"3.37万人次，其中主要负责人1099人次、安管人员5015人次，组织全市"三项岗位人员"考试1252场次，制发各类安全生产培训证件2.75万余张，全年综合考试合格率78.25%。

（杨　飞）

【概况】 2019年2月，兰州市政务服务管理局新组建成立，为市政府工作部门。负责政务服务总体规划、统筹管理，推进政务服务体系建设，建立全市政务服务平台运行管理机制，推进工程建设项目等重点领域审批制度改革，建立全市政务服务目标管理和考核评价体系等方面的工作。全年共发放施工许可证517个，同比增长48.9%，2019年建设项目审批事项按期办结率100%。梳理编制兰州市依申请类政务服务事项实施清单3296项。其中，市级452项；区县2844项。截至年底，累计网上受理服务事项71981件，累计办结69940件，办结率97.16%，相比上年同期增长88.37%。

【荣誉成绩】 6月6日，中央深改办《改革情况交流》第29期（总第814期）刊发《甘肃兰州全面推行服务承诺"四办四清单"管理制度》，在全国范围内推广兰州市推行"四办四清单"管理制度的做法。7月7日《人民日报》头版文章《扬帆破浪再启航——以习近平同志为核心的党中央推进党和国家机构改革纪实》中对兰州市提升营商环境的体制机制创新做法充分肯定，指出"通过这次机构改革，兰州市整合多部门相关职责，组建政务服务管理局统一开展工作。针对工程建设项目审批多、时限长、程序杂的通病，将所有审批事项时限压减三分之二"。中央机构改革调研组和中央依法治国调研组对组建成立政务服务管理局的做法也给予充分肯定，认为这是政务服务法治化的向前一步。8月国务院"放管服"改革调研组在兰州市调研时对这一做法给予充分肯定。11月1日，《国务院办公厅关于对国务院第六次大督查发现的典型经验做法给予表扬的通报》（国办发〔2019〕48号）对兰州市服务承诺"四办四清单"制度提升服务质量的做法进行通报表扬，为国务院大督查六年以来，兰州市首获殊荣，省委、省政府也在全省推广。工程建设项目审批制度改革工作得到国家、省、市的充分肯定，将工程建设项目审批时限压缩34至77个工作日，解决兰州历史以来的老大难问题，提升营商环境。在工程建设项目审批制度改革方面提出的有关建议得到李克强总理和韩正副总理的批示。新华社、人民网、《甘肃日报》、《兰州日报》等10余家新闻媒体对市政务服务管理局系列亮点做法进行报道。

【"四办四清单"推广】　将各级所有可公开办理事项的办理时限，压减至法定时限三分之一，按照"即收即办、当日办结、限时办结、代办服务"四个类别制定清单。截至年底，全市累计办理"四办四清单"事项540余万件，群众满意度98%以上。同时，对"四办四清单"目录进行再优化，调整后的市级服务承诺"四办四清单"目录755项，比上年增加108项，增长16.7%。总审批时限从10870个工作日压减到4792个工作日，压减率55.92%，市级审批事项减少要件3982个，其中通过电子证照库减少要件1022个。全年市政府第十七、十八批调整、取消、下放行政审批事项26项。坚持落实"四级四同"（即国家、省、市、县四级同一事项名称、类型、依据、编码统一），编制兰州市政务服务事项基本目录和实施清单，规范办事事项。

【"工改最难点"突破】　在全省率先制定和印发《兰州市工程建设项目审批制度改革工作实施方案》，将工程建设项目审批时限控制在34至77个工作日以内，工程建设项目最长审批时限压减50%，最短审批时限压减70.94%。配套建立19项改革制度，建成并上线运行兰州市工程建设项目审批管理系统。同时，兰州市把建设项目涉及的行政审批和政务服务事项（包括供水、供电、燃气、热力、排水、通信）全部纳入到市政务服务中心，设立工程建设项目（投资项目）审批综合服务窗口统一收件、出件。

【"四级新体系"构建】　制定并由市政府办印发《兰州市建立和完善四级一体化政务服务体系建设实施方案》。截至年底，各区（县）乡镇（街道）级实体为民服务中心建设完成率89%，各区（县）村（社区）级便民服务点建设完成率79.6%。推进政务服务工作人员培训工作，跟班培训160余人次，"互联网+政务服务"培训130余人次，工程建设项目审批制度改革工作相关培训1800余人次。制定并由市政府办印发《兰州市企业投资项目帮办代办实施方案》，设立帮办代办窗口，组织成立50余人的帮办代办队伍，采取项目服务团队工作与专业帮办代办机构分工协作的模式，在全市推行工程建设项目审批全程无偿帮办代办服务。全年为需要市级审批的263个建设项目开展帮办代办服务，其中上门服务29家单位。按照"应进必进"的要求，市级政务服务中心进驻部门（单位）44家，进驻政务服务事项520项，相比上年同期增长34.3%，基本实现"应进必进"要求。市级一窗受理率76.25%，相比上年提升19.51个百分点。

【"不见面审批"落实】　对进驻市政务大厅520项事项（含市政公用服务事项）纳入到甘肃政务服务网兰州站和兰州市行政审批服务系统（3.0），确保事项同源发布，实现事项网上可办。将工程建设项目审批事项全部纳入市级3.0行政审批系统，采取"一网赋码、全程有效，统一事项、成果入库"及电子监察监管超时亮红灯的办法，实行全市所有投资项目审批在线办理。积极推进电子证照共享应用工作。截至年底，全市电子证照库存量证照343类511万册，同比证照种类翻番，证照数量增长219.4%。事项共享证照率68.16%，共享证照点击率61.99%。采取窗口服务终端、个人电脑终端、手机移动终端、自助服务终端"四端"联合受理，实现老百姓办事"就近办"。建设和开通政务服务平台移动端"金城办"APP，市级政务服务事项网上可办率达90%以上。

【"服务加速度打造"】　围绕线上、线下"两个环节"，打造政务服务"好差评"制度体系。线下建立现场评价、民主评价、服务回访、互动交流、投诉处理等五个机制为一体的"好差评"制度。线上借助"互联网+政务服务"拓宽群众投诉反馈渠道，推进甘肃政务服务网兰州站与"国家政务服务投诉与建议"专栏关联，在"金城办"APP开设"投诉建议"版块并与甘肃政务服务网关联，开启政务服务"掌上评""指尖评"。加强运用"好差评"评价体系对政务服务质量的监管力度，深入挖掘评价数据价值，及时发现企业、群众关心的热点诉求和政务服务工作中的短板弱项，倒逼政务服务改革，不断提升政务服务水平。全年受理投诉713件，处理率和处理满意率均为100%。

（刘国强）

机关事务管理

【概况】　2019年，市机关事务管理推进集中统一管理，加强国有资产、办公用房、公务用车、公务接待、公共机构节能、后勤服务等各项工作，管理和服务保障机关正常运行。全年完成市区县291辆公务用车的更新、变更及过户审核登记；审核市级16家单位100辆、7个区县67辆公务用车购置；完成市级党政机关26辆公务用车统一更新购置，处置市级公务用车管理平台车辆13辆。审批办公用房维修改造177家单位，审核金额12295万元。审批34家单位在外租赁办公用房，租用面积约11.89万平方米，租金约3401万元。审批19家单位需租用场地，租赁面积约36.4万平方米，租金约1197万元。审批82家单位物业服务申请，物业服务面积约27万平方米，审核经费约726万元。

【机构改革】　经市委、市政府批准，对市机关事务管理局职能配置、内设机构和人员编制进行调整，划入市委市政府接待办公室的接待服务职责，划入市级机关各自承担的机关事务管理保障服务职责，并就有关职责分工进行明确。调整后，市机关事务管理局行政编制36名（含军转干部2名）。为政府组成部门，正县级建制。设局长1名、副局长3名（实有4名）。科级领导职数19名。其中，正科级10名（含机关党总支专职副书记1名）；副科级9名。2019年下属二级事业单位兰州市机关事务管理服务中心事业编制58名，司勤岗位40人。其中，正县级1名；副县级2名。有内设科室9个，内设机构领导职数21名（正科级9名，副科级12名）。

【资产管理】 与市财政、审计部门联合印发《关于加强市级机构改革涉及部门和单位国有资产及财政资金管理工作的通知》，规范资产划转处置，办结各类资产处置申报件152件，处置资产原值合计8.12亿元。完成2018年度市级部门资产决算和资产报告，截至2018年底，市本级财政全额或部分拨款的单位有431家，总资产225.25亿元（其中固定资产账面原值116.51亿元），负债36.67亿元，净资产总计188.58亿元。对12家行政事业单位进行资产清查，摸清底数，解决存在的问题。加强市级行政事业单位经营性国有资产管理，进一步规范经营性国有资产的范围、管理体系和管理责任、经营收益的缴纳、经营情况的统计报送等事项。

【办公用房管理】 为准确掌握市级机关单位办公用房底数，开展党政机关事业单位办公用房测绘登记工作，推进办公用房资源合理配置和集中节约使用。完成市级247家党政机关事业单位办公用房的现场测绘工作。完成17家涉及机构改革单位的牌匾统一制作、悬挂工作。制定《兰州市部分市级行政事业单位租赁办公用房及调整方案》，完成54家单位的办公用房调整工作，面积17093平方米。收回市法院在武都路510号办公用房，经过维修改造后，移交兰州市退役军人事务局使用。整体租赁名城广场4号写字楼16层3.2万平方米，作为市级机关事业单位办公用房，完成14家市级部门单位搬迁入驻工作，按照标准化管理模式，开设职工食堂、会议中心，缓解市级机关事业单位办公用房长期不足的问题。完成市政务大厅升级改造工作，腾退民安大厦第2层房屋，按照规定程序开展维修改造工作。完成市政府统办四号楼2部电梯招标、安装、质检工作，并正式投入使用。开展兰州人力资源服务产业园公共服务功能区购置工作，完成招标和购置合同签订工作。

【公务用车管理】 升级优化公车管理平台系统，实现公务用车平台网上申请、审批、调度、服务、监管及派车，做到“最多跑一次”。全面保障枯水期联防联控巡查督查、市扶贫领域专项巡查、第二次农业污染普查、中央生态环境保护督察等公务出行保障，服务保障单位68家，完成派车任务1046次。加强驾驶员安全教育，每月对平台驾驶员培训1次，完成市级机关单位驾驶员安全培训2期。成立内控小组，强化平台车辆维修核实，确保车辆安全运行。开展事业单位车改工作，按照市级参改事业单位车辆保留比例，核定保留车辆496辆。其中，工作用车25辆；业务用车242辆；特种专业用车229辆。取消车辆472辆（待处置316辆、待报废156辆）。

6月6日，全国节能周（低碳日）启动仪式暨第4届千人低碳竞走活动

【公共机构节能管理】 参加国家机关事务管理局举办的全国公共机构生活垃圾分类“随手拍”摄影活动，获得优秀组织奖。全年在兰州广电总台3个频道、近郊四区1721个楼宇电梯数字视频广告点、四个户外大屏循环播出节水、节电、生活垃圾分类等公益宣传片。开展绿色低碳QQ运动比赛和第29届全国节能宣传周、低碳日启动仪式暨第四届千人低碳竞走大型宣传活动，市直单位和8个区（县）共1500余人参加活动。开展生活垃圾分类“46城万人志愿者”活动，发放宣传资料7000余份。联合教育局举办“绿色发展 节能先行”主题有奖征文比赛活动，印发节能宣传周和生活垃圾分类宣传海报2万张、生活垃圾分类和公共机构节能法规知识宣传手册1.9万本、节能警示广告和倡议书8000张、环保袋4600个。建立“月统计，季通报”制度，形成全市公共机构生活垃圾分类投放、分类收集、分类运输、分类处理的垃圾处理体系。为50余家市级机关单位增配办公室、办公楼层、办公院区及食堂分类垃圾桶3345个。投入节能专项改造资金396.3万元，为市直40余家单位安装节能饮水机211台，安装太阳能路灯127盏，全市推广新能源汽车236台，建成充电基础设施160套。委托专业机构对7家拟创建国家

级、省级节约型示范单位开展能源审计和水平衡测试工作。举办公共机构节能和生活垃圾分类业务培训班，170余名能耗统计员参加培训。完成全市公共机构人均综合能耗、人均水耗、单位建筑面积能耗分别同比下降1.8%、3.3%和1%的目标任务。

【后勤服务】 做好名城广场集中办公区14家单位1200余名机关干部用餐保障工作，积极开展“文明餐桌”行动，倡导文明就餐，推行光盘行动，引导广大机关干部职工节约用餐、文明用餐。做好会务服务工作，对名城广场等现有会议室进行资源整合，实行对内保障、对外经营，会同有关部门进一步加强会议管理，在节约会议支出的同时，创收增收，避免资源闲置浪费，提高资产使用效益，有效节约财政资金，降低机关运行成本。为14家单位提供96场7595人次会务服务，节约办会资金约114万元。

【公务接待】 接待国内外团组358个，接待宾客4000余人次。完成2019国际田联路跑会议、2019兰马赛、第二十五届“兰洽会”、首届兰州美丽健康产业博览会、兰州市与日本秋田市2020—2022年交流项目协议书签约、以色列来兰考察团、科技成果博览会、2019三人篮球世界杯(U23)等活动的保障工作。

【法治建设】 修订《党组会议议事规则》《局长办公议会议事规则》《“三重一大”集体决策制度》《兰州市公共机构能源审计管理实施细则》等管理制度。通过市政府办公室印发《兰州市党政机关公务用车管理实施办法》《兰州市党政机关办公用房管理实施办法》。聘请法律顾问2名，参与单位重大行政决策，充分发挥法律顾问在行政决策、合同审查、公平竞争审核、推进依法行政中的积极作用。开展集中学法10次、法律培训讲座3次，定期向机关事务局系统干部职工印发“每月学法”学习宣传册12期，为机关事务局系统县级干部配发兰州市政府常务会议“一月一法”学习资料12期。开展宪法知识测试和参加全市“七五”普法宪法知识答题竞赛活动。

【标准化建设】 成立机关事务标准化建设领导小组，制定2019年度机关事务标准化建设工作方案。按照“务实管用、急用先行”原则，重点推进国有资产、办公用房、公务用车、公务接待、后勤服务、公共机构节能等重点领域的标准化建设。七里河区、西固区机关事务管理局确定为省级分项试点单位。

(韩文钦)

4月10日，国际田联路跑会议欢迎会筹备现场

参事工作

【概况】 2019年，市政府研究室认真履行“以文辅政、调查研究和决策咨询”三大核心职能。全年编印《政策文件汇编》12期、《兰州发展》6期，创刊《观察与思考》并编印2期。

【以文辅政】 树立以文辅政的思想，在把握发展大局、提升文稿质量上下功夫。起草《政府工作报告》、市政府工作汇报和市政府主要领导讲话等综合性文字材料的起草工作。根据市委、市政府统一安排，抽调骨干力量完成全市深入贯彻落实习近平总书记视察甘肃重要讲话和指示精神推进兰州先行一步、率先发展的实施意见等文字材料的起草工作。

【课题研究】 紧紧围绕全市经济社会发展中的重点、难点和热点问题，深入开展调查研究，有针对性地提出对策建议。起草完成《兰州城市副中心建设起步研究》《兰州市省市县乡一体化办医调研报告》《兰西城市群发展若干问题研究》《关于我市线缆入地工作的调研报告》《基于轨道交通运行半年背景下的城市公交系统优化调整建议》《兰州南山绿带建设研究》《关于进一步引导规范我市网约车行业发展的建议》《一带一路视野下的兰州都会城市研究》等课题研究报告，部分报告得到市委、市政府主要领导和分管领导的批示并转化为领导决策。积极参与市委、市政府安排的相关重大调研活动，完成“兰州市老城区按街区开展连片开发”“兰州市南山地区生态绿带建设”等重点课题的调研并承担调研报告的撰写任务。配合国务院发展研究中心、省政府研究室、省政府参事室、陇海兰新经济促进会等单位和协会

10月15日，陇海兰新经济促进会第十六次年会

开展专项调查研究，配合完成“以改进作风为突破口提高全省干部能力素质问题研究”“‘数字甘肃’建设的现状与对策建议”等调研报告的起草报送工作。接待昆明市政府研究室等省内外兄弟城市对口单位来兰考察调研活动，协助提供涉及“生态资源资本化”等内容的考察材料。结合实际制定出台《兰州市人民政府研究室调查研究工作管理办法（试行）》，使研究室的调查研究工作从课题确定到经费管理做到有章可循、有规可依。

【决策咨询】 立足自身职能，不断创新工作方式，充分发挥好决策咨询服务平台的作用，在服务决策咨询上有新突破。《兰州市情概览（2019）》一书，系统翔实地介绍和反映兰州历史文化、风土人情、行政区划、城市规划、经济社会发展现状和政策平台等情况，为全市各级干部和社会各界提供一本了解兰州的基础工具书，在第25届“兰洽会”上作为对外宣传书籍。

【陇海兰新经济促进会年会】 陇海兰新经济促进会是亚欧大陆桥（国内段）城市政府间的合作组织，1986年在国家民政部注册。陇海兰新经济促进会第16次年会在兰州召开，由市政府研究室承办。10月14日—17日，陇海兰新经济促进会第16次年会暨融入“一带一路”建设推动绿色可持续发展论坛在兰州市成功召开。陇海兰新经济带沿线近40个城市的160多位嘉宾，共同参加陇海兰新经济促进会第16次年会。会议总结陇海兰新经济促进会徐州第15次年会以来的工作，交流相关调研成果，讨论陇海兰新沿线地区和各兄弟城市下一个阶段如何协同发展、互助共进的工作机制。发展论坛上，各位专家学者围绕深度融入“一带一路”建设、发挥亚欧大陆桥在“一带一路”建设中的作用、加快城市间的交流合作、推动绿色可持续发展等内容，进行全视角、宽领域、多维度的深入分析论述和探讨交流。

（孙国延）

人事人才工作

【概况】 按照事业单位分类改革相关要求，做好事业单位因编制增减、内设机构调整、人员结构变化等因素随时调整岗位设置方案，实行事业单位岗位“动态管理”。全面应用事业单位工资网上审核系统，不断提升事业单位工资管理水平，完善事业单位绩效分配制度和公立医院薪酬制度改革，事业单位收入分配制度更加规范。积极推进事业单位公开招聘考试分类改革。深入实施“人才强市战略”，落实人才引进、培养、激励、保障各项措施，常态化开展赴外专项引才工作，人才队伍总量持续增加，结构持续优化，经济社会发展的人才驱动力进一步增强。

【机构改革】 3月，兰州市人力资源和社会保障局职能配置、内设机构和人员编制根据兰办字〔2019〕12号《关于调整兰州市人力资源和社会保障局职能配置、内设机构和人员编制的通知》文件进行调整，统一管理全市人力资源和社会保障工作，对外不再加挂兰州市外国专家局牌子。调整后，市人社局内设职能科（室）21个。另设直属机关党委。划出职责：将全市行政机关公务员（含参照公务员法管理单位工作人员）综合管理的职责划给市委组织部；将拟订全市行政机关公务员（含参照公务员法管理单位工作人员）工资收入分配、工资正常增长机制、福利和离退休等政策的职责划给市委组织部；将全市引进国（境）外人才和智力、管理来兰工作外籍人员以及出国（境）培训工作的职责划给市科学技术局；将军官转业安置的职责划给市退役军人事务局；将城镇职工和城乡居民基本医疗保险、生育保险的职责划给市医疗保障局。内设机构调整：撤销公务员职位管理处、公务员录用考核处、医疗生育保险处、外国专家工作处、专业技术人员管理处（职称管理处）、劳动关系处（农民工工作处）等内设机构；设立专业技术人员管理科、职称管理科（兰州市职称改革工作领导小组办公室）、农民工工作科、劳动关系科、劳动人事争议仲裁委员会办公室、仲裁科（兰州市劳动人事争议仲裁院）。调整部分科（室）名称及职责：办公室（信访办公室）增加承担局机关政务公开、固定资产和物业管理职责；人事处更名为人事科，加挂“兰州市表彰奖励办公室”牌子，增加审核呈报以国家名义、中央部委名义表彰奖励和省政府、省级部门名义表彰奖励的个人和集体，负责拟定市政府表彰奖励制度，会同有关部门办理市委、市政府及市委各部门、市级国家机关各部门表彰奖励事项（对党员和党组织实施表彰奖励除外），承担办理市政府提请市人大常委会决定任免工作人员手续、办理提请市政府任免工作人员有关事项职责。法规处更名为法规科，增加行政执法制度落实和监督局系统执法工作职责；行政审批处更名为行政审批事务科，增加优化行政审批和公务服务等职责；将调研信息处、财务处、规划发展处、就业促进处、职业能力建设处（兰州市职业技能鉴定指导办公室）、事业单位人事管理处、工资福利处、养老保险处、失业保险处、工伤保险处（兰州市劳动能力鉴定委员会办公室）、审计监管处更名为政策研究科、财务科、规划发展科、就业促进科、职业能力建设科（兰州市职业技能鉴定指导办公室）、事业单位人事管理科、工资福利科、养老保险科、失业保险科、工伤保险科（兰州市劳动能力鉴定委员会办公室）、审计监管科。

【人才市场管理】 全市各级人力资源市场共举办综合性招聘会263场，参会企业9159家，为求职者提供用工岗位163989个，达成意向性用工协议40500人，进场求职人数193110人，求职登记人数98793人，其中市本级人力资源市场举办综合类招聘会79场，参会企业3568家，提供用工岗位78703个，接待各类求职人员66676人，达成意向性用工协议人数17646人，求职登记人数53316人。全市就业公共服务“五进”活动在第二届全国创业就业服务展示交流活动中获得优秀项目奖，民生就业360服务品牌入选中组部《贯彻落实习近平新时代中国特色社会主义思想 在改革发展稳定中攻坚克难的生动案例》。紧盯“国家级”目标全面建设兰州人力资源服务产业园，计划总投资4.6亿元，到位资金1.1亿元。对人力资源服务机构《人力资源服务许可证》进行年度资质审验、公示。截至年底，全市有人力资源公司30家，2019年注销3家。

【人才资源开发】 进一步严格引才工作制度程序，强化用人单位引才育才主导权，下放卫健系统引进急需紧缺人才权限。常规引进211名急需紧缺实用人才，宣传“大兰州”人才政策，组织开展2轮次针对“双一流”大学建设高校毕业生专项赴外引才，现场签约346人。做好专家人才服务。推荐上报国家“百千万人才”候选人2名、省领军人才补选候选人11名。新评选出创新创业人才10名，享受甘肃省高层次人才津贴候选人67名，享受国务院特贴专家4名。及时兑现优惠政策，向89名市领军人才、18名专业技术骨干人才发放津补贴380.25万元，向10名创新创业人才发放安家费340万元。认定新一批“金蓝领”高技能人才99名，指导建成6家省级技能大师工作室；组织代表队参加第2届全国创业培训讲师大赛甘肃选拔赛，获得优秀组织奖，一等奖2人，三等奖4人。

【职称制度改革】 下放市国资委和市人才市场中级职务任职资格评审权限，开展各系列副高级及中级职务任职资格评审工作，副高级、中级任职资格评审分别通过996人、3799人，初定专业技术任职资格2292人，向省相应评审会推荐专业技术职务任职资格评审170人。组织开展县以下基层高级职称单独评审，各系列通过副高级评审1769人。开通特殊人才高级职称特殊评价政策“绿色通道”，推荐26名人才参加甘肃省人社厅组织的特殊人才职称评审。其中，正高级职称15名；副高级职称11名。

【事业单位管理】 重新修订并实施《兰州市事业单位工作人员竞聘上岗管理办法》（兰人社发〔2019〕121号），打通事业单位工作人员不同岗位之间的“良性流动”，形成能者上、庸者下的良好选人用人机制。2019年共调整23家事业单位的岗位设置方案，完成市属317家事业单位1311人的岗位变更聘用工作，309家市属事业单位1150人的岗位变更审核、备案工作。制定2019年事业单位公开招聘计划，为7个县区和市属59家事业单位面向社会公开招聘802名工作人员，设置岗位546个，报名缴费28924人。按公告要求，取消无人报考的13个岗位15人。对未达到开考比例的43个岗位采取减少招聘计划、合并招聘岗位的办法进行调整。调整后计划招聘742人。经笔试、面试、体检、考察等环节，为661名考察合格人员办理聘用手续。按照免费师范生公开招聘工作方案，确定123人符合聘用条件并按相关规定办理聘用手续。完成兰州市盐业监管体制改革人员招聘选拔考试工作；配合省人社厅完成国家综合性消防救援队伍消防员的招录工作；发布天津市宁河区事业单位赴甘肃榆中公开招聘人员公告。

（张晓艳）

外事工作

【概况】 2019年，兰州市外事工作紧盯年初确定的各项目标任务，以“一带一路”建设为契机，围绕“都会城市、精致兰州”建设，抢抓机遇、科学谋划，各项工作有序开展。全市因公出访指标与2018年同期相比，团组数减少11个；项目洽谈团和“一带一路”建设团相比2018年团组数增加2个，人数增加36人。全年出访团组派出和指标执行确保向科学技术人员专业交流和“一带一路”建设及经济

7月4日，省委常委、市委书记李荣灿会见尼泊尔第三省首席部长多尔马尼·鲍德尔

项目倾斜。

【健全机制】 2月25日，召开市委外事工作委员会第一次会议并审议通过《中共兰州市委外事工作委员会工作规则》《中共兰州市委外事工作委员会办公室工作细则》《中共兰州市委外事委员会2019年工作要点》等文件，切实加强党对外事工作的集中统一领导。组建区县委外事工作委员会，牵头各区县确定外事联络专员，创建“市区县外事工作微信群”，完善地方外事工作市区县2级架构体系，健全外事工作统筹协调机制。

【外事保障】 5月31日至6月1日，国际田联路跑会议期间高标准完成《2019国际田联路跑会议参会指南》《会场布置方案》《大梦敦煌》剧情简介、工作证件、会议晚宴邀请、官方证书等文本的翻译和校对，累计翻译稿件2万余字，同时承担市领导会见外宾口译工作。7月4日至8日，“兰洽会”期间承担澳大利亚希托普斯市代表团、日本秋田市代表团、尼泊尔第三省代表团以及上合组织代表团（其中包括上合组织秘书长特别代表、莱索托王国驻华大使、格林纳达驻华大使）的参会及参展活动。会议期间，兰州市与希托普斯市签订《中华人民共和国甘肃省兰州市与澳大利亚新南威尔士州希托普斯市重申友好城市关系声明》及两市《友好城市关系备忘录》。10月17日至18日，由张伟文市长带领相关单位组成的代表团，赴广西南宁参加第7届中国—中亚合作论坛，重点向国内外领导嘉宾推介兰州。与会期间，与上合组织睦委员会副主席崔丽会谈，着重就兰州争取承办第八届中国—中亚合作论坛事宜开展深入交流。张伟文市长在论坛闭幕大会上作题为《黄河之滨也很美》的推介，向与会领导嘉宾从“山水、人文、精致、包容”四个方面介绍兰州之美，从“通道、枢纽、基地”三个关键介绍兰州在“一带一路”建设上的区位优势和取得的成效。承担第2届进博会兰州市经贸推介活动、第4届科博会、“一带一路”普惠金融国际论坛等大型节会的外事礼宾、服务保障及翻译任务。

【因公出访】 5月初，兰州市政府代表团访问新加坡，与新加坡华商就经贸、投资、物流、人文、旅游等领域开展合作进行深入洽谈。代表团拜会新加坡贸工部，参加“甘肃特色产品展销中心”揭牌、授牌仪式，并与新加坡华商组织召开座谈会。张伟文市长进行专题推介，宣传兰州市招商引资政策，推介榆中生态创新城项目，与新加坡国际港务区、太平船务集团详细磋商，就开展精致兰州城市建设和专业人才培训项目达成意向。7月下旬，“感知兰州”城际交流活动先后在法国巴黎、西班牙马德里举行，副市长刘延辉对兰州市进行全方位的宣传推介，向国际社会展示兰州的城市魅力以及丰富的自然、文化、历史资源以及在“一带一路”建设中的区位优势，提升兰州市的国际传播力、影响力和美誉度。5月12日，中国甘肃（兰州）国际陆港驻尼泊尔贸易代表处在尼泊尔首都加德满都挂牌成立，标志着兰州陆港与尼泊尔在互联互通体系构建、共享共建“一带一路”方面翻开新的一页。5月25日，以市政协副主席滕耀文为团长、兰州市相关部门领导和市属重点知名企业组成的兰州市政府代表团一行6人应邀参加阿市“白色之城”博览会和阿什哈巴德城市日活动。7月22日，兰州科技创新（硅谷）工作站在美国加州硅谷揭牌。为兰州引入硅谷地区优质科技创新要素，增强国际创新资源流动性。

【因公出境】 全年审核报批96团463人。从团组的任务性质来看，执行专业技术及企业人员培训交流任务的团组46个176人，占出访团组总数的48%，出访总人数的38%；“一带一路”建设团组26个125人，占出访团组数的27%，出访总人数的27%；项目推介洽谈团9个40人，占出访团组数的9%，出访总人数的8.6%，友城访问团3个17人，占出访团组数的3%，出访总人数的3.6%。境外办案等其他业务类团组12个。463人中，地厅级领导14人，县处级以下党政人员102人，专业技术人员和企业人员347人。

【外宾接待】 邀请兰州市友城日本秋田市市长穗积志来兰访问，张伟

5月31日，常务副市长吕林邦会见国际田联主席

文市长会见代表团一行，并就进一步加深两市市民友谊、深化多领域交流与合作深入交换意见。双方签署《兰州市与秋田市2020—2022年度交流项目协议书》，就未来3年的青少年交流项目、艺术、文化、武术交流项目、研修生项目、缔结友好城市40周年纪念活动等事宜达成框架协定。协助配合韩国驻西安总领馆举办第九届“中韩友好林植树”活动，为兰州市新添各类树木100余株，栽种面积3亩。完成白俄罗斯国家科学院经济研究所代表团、西班牙纳瓦拉自治区经济与企业发展部部长代表团、韩国仁川广域市市长代表团等重要团组的外事接待工作。

【涉外事件处理】 2月15日，韩国人明成雨在兰猝死。接到报告后，市外办严格按照涉外突发事件应急预案要求，第一时间向省政府外事办和市政府应急办进行书面报告，并会同公安机关接待韩国驻西安总领事馆崔相民领事及死者家属一行5人，妥善安排处理相关事宜。8月9日，兰州大学一苏丹籍留学生因突发疾病治疗无效死亡。接报后，市外办积极配合公安机关进行相关事宜处理，问题处理及时、恰当，得到相关国家驻华使领馆的积极评价。

（许长彪）

重要会议

【市政协十四届三次会议】 2月21日至24日在兰州召开。市政协第十四届委员会第三次会议于2月21日上午九时在宁卧庄宾馆大礼堂隆重开幕。会议应出席委员333人,实到305人。李宏亚主席向大会作《政协兰州市第十四届委员会常务委员会工作报告》;姜晓红副主席代表市政协常委会作《政协兰州市第十四届委员会常务委员会关于十四届二次会议以来提案工作情况的报告》。会议通过政协兰州市第十四届委员会第三次会议关于第十四届委员会常务委员会工作报告的决议;通过政协兰州市第十四届委员会第三次会议政治决议;通过政协兰州市第十四届委员会提案委员会关于十四届三次会议提案审查情况的报告。省委常委、市委书记李荣灿,市委副书记、市长张伟文,市人大常委会主任张建平,市委、市人大常委会、市政府、市法院、市检察院、驻兰部队领导同志,十三届市政协副主席以及市级民主党派、工商联负责人出席会议。会议期间,委员们列席市十六届人大三次会议,听取、讨论并一致赞同政府工作报告和其他重要报告。

【市政协十四届八次常委会议】 1月9日,政协兰州市第十四届委员会常务委员会第八次会议召开。市政协主席李宏亚主持会议,副主席蒙自福、戈银生、王璇、滕耀文、张永财、姜晓红、杨衍佐,秘书长敬国华出席会议。听取市政府关于政协兰州市第十四届委员会第二次会议以来提案办理情况的通报;审议通过关于召开政协兰州市第十四届委员会第三次会议的决定;审议通过政协兰州市第十四届委员会第三次会议议程(草案)、日程;审议通过政协兰州市第十四届委员会常务委员会工作报告;审议通过政协兰州市第十四届委员会常务委员会关于十四届二次会议以来提案工作情况的报告;审议通过政协兰州市第十四届委员会第三次会议常务委员会工作报告和提案工作报告报告人的决定;审议通过政协兰州市第十四届委员会第三次会议大会秘书长、副秘书长名单;其他人事事项。

【市政协十四届九次常委会议】 2月20日,政协兰州市第十四届委员会常务委员会第九次会议召开。市政协主席李宏亚主持会议,副主席蒙自福、苏广林、戈银生、王璇、滕耀文、

2月21日,政协兰州市委员会第十四届三次会议开幕

张永财、姜晓红、田明、杨衍佐，秘书长敬国华出席会议。协商通过政协兰州市第十四届委员会委员调整和增补名单；通报市政协党组2018年度民主生活会召开情况；其他人事事项。

【市政协十四届十次常委会议】 3月14日，政协兰州市第十四届委员会常务委员会第十次会议召开。市政协主席李宏亚主持会议并讲话。副主席苏广林、戈银生、王璇、滕耀文、张永财、姜晓红、田明、杨衍佐、尤占海、刘怀君，市政协秘书长敬国华出席会议。审议通过《政协兰州市委员会2019年工作要点》；审议通过政协兰州市第十四届委员会关于市政协内设机构变更的决定；审议通过政协兰州市第十四届委员会关于各专门委员会组成人员调整增补名单；通过有关人事事项。

【市政协十四届十一次常委会议】 7月5日，政协兰州市第十四届委员会常务委员会第十一次会议召开。市政协主席李宏亚主持会议并讲话；副主席戈银生、王璇、滕耀文、张永财、姜晓红、田明、杨衍佐、尤占海，秘书长敬国华出席会议。会议听取市政府关于2019年上半年全市国民经济和社会发展情况的通报；听取市政府关于推进榆中生态创新城发展情况的通报；审议通过《关于推进榆中生态创新城发展的建议案》；其他人事事项。

【市政协十四届十二次常委会议】 10月14日，政协兰州市第十四届委员会常务委员会第十二次会议召开。市政协主席李宏亚主持会议并讲话；副主席苏广林、戈银生、王璇、滕耀文、张永财、姜晓红、田明、杨衍佐、尤占海、刘怀君，秘书长敬国华出席会议。会议传达学习习近平总书记在中央政协工作会议暨庆祝中国人民政治协商会议成立70周年大会上的讲话；传达学习全国政协主席汪洋在中央政协工作会议上的总结讲话；审议通过《关于优化兰州营商环境的建议案》；审议通过《政协兰州市委员会提案工作条例（修订稿）》；征求各位常委对市政协的意见建议；其他人事事项。

主要工作

【政协委员建议案】 关于推进榆中生态创新城发展的建议案。从2019年初开始，市政协主席李宏亚带领、分管副主席具体组织，组建了由专家学者、政协委员和政协机关干部参加的课题组，对榆中生态创新城进行深入调研；对国家宏观政策和国内外实践经验和理论成果，进行多视角分析研究；并赴雄安新区、北京通州副中心、天津滨海新区、中新天津生态城等地实地考察学习，详细了解其发展理念、规划思路和建设模式。开发建设榆中生态创新城，是兰州发展史上的一次战略性决策，是基于中央和省委对兰州发展的新要求，体现兰州在全国全省发展中重要战略地位的科学决策，是培育核心增长极、发挥兰州在开创富民兴陇新局面中辐射带动作用的重大举措，是进一步突破空间和发展方式制约、实现兰州转型发展的关键抉择，是推动兰州大学“双一流”大学建设、全面促进生态科技创新的重要路径，也是对西北欠发达地区城市改革发展道路和模式的有益探索。通过多方借鉴、反复研究论证，形成《关于推进榆中生态创新城发展的建议案》，分析生态创新城建设的基本情况，聚众家之长，纳多方之言，提出推进发展的总体思路和具体对策建议。

关于优化兰州市营商环境的建议案。2019年，市政协将优化兰州市营商环境作为常委会重点调研课题，由李宏亚主席、滕耀文副主席牵头，经济委员会具体负责，联合6个民主党派和工商联组成专题调研组开展调研。调研组通过座谈会、函调等形式深入了解法、检两院、13家市委及市级有关部门和8个区县的相关工作情况，认真听取驻兰外埠商会意见，先后深入兰州市近20余家企业进行面对面访谈，分类别分层次召开座谈会9次，赴省外部分城市进行考察学习。同时，调研组从企业层面选择政务、法治、政策、市场环境等指标，利用政协委员微信群、手机客户端开展网络问卷调查与分析，全面了解掌握兰州市营商环境建设情况，形成建议案。

【专题调研】 关于进一步做好兰州市社区矫正工作的调研。组织部分委员对全市社区矫正工作进行专项调研。调研组先后深入兰州市法院、榆中县司法局、公安局、清水驿司法所和城关区司法局、团结新村司法所等基层单位，详细查阅相关案卷资料，查看社区矫正指挥中心、社区矫正视频督查系统、社区矫正监控管理平台及区县法院、公安局、司法局等单位执法规范化建设情况，召开座谈会，听取城关区、七里河区、安宁区、榆中县政府和兰州市司法局的工作汇报，对全市社区矫正工作进行深入调研，并赴武汉、台州、杭州等城市考察，学习借鉴成功经验。在调研中，委员们感到全市社区矫正工作虽然取得了长足进步，但在工作推进过程中，仍然存在一些突出困难和问题。针对存在的困难和问题，委员们提出建设性意见和建议。

关于促进兰州文化产业园区发展的调研。为全面了解兰州市文化产业园区发展状况，推动文化产业的发展，由市政协副主席王璇带领政协委员、政协机关及相关单位工作人员、专家学者组成调研组，对兰州市创意文化产业园、雁儿湾文化产业园、岚木文体旅产业园、兰州新区文化产业园情况进行调研，并就兰州市文化产业园发展情况进行专题协商。

关于对兰州市主城区道路命名工作的调研。城市道路作为市政建设的基础部分，其命名的规范化不仅与城市建设、百姓生活息息相关，而且反映着城市的历史与文化品位。随着兰州市城市化进程不断加快、经济迅速发展，城市街巷面貌日新月异，兰州市道路命名管理中存在的许多问题逐步显现出来。市政协组织文化文史资料与学习委员会工作人员进行深入调研。

关于推进兰州市医养结合保障机制的调研。2018年底全市老龄人口71.48万人，占全市总人口的21.76%，高于全国平均水平，解决养老问题迫在眉睫。为探索符合兰州市医养结合养老保障机制，推动养老服务事业发展，市政协将“关于推进我市医养结合保障机制的调研”列为2019年调研课题之一。成立专题调研组，由戈银生副主席带领部分委员、专家、有关部门负责人，深入城市四区、市卫健委、市民政局、市社保局、市医保局，开展专题调研。通过听取汇报、座谈、实地视察，对收集到的材料进行认真研究，结合借鉴赴外地学习发达城市的先进经验，针对兰州市医养结合问题进行分析探讨，提出进一步优化兰州市医养结合养老保障机制的意见建议。

关于打通断头路构建交通微循环体系的调研。为全面了解兰州市主城区断头路的现状和构建交通微循环体系情况，提出进一步加快打通断头路和构建交通微循环体系的对策建议，按照市政协2019年工作安排，由田明副主席带队，市政协人口资源环境委员会组织部分政协委员及相关部门、城关区和七里河区政府负责人，深入城区五星坪立交工程、E160号道路、T112号道路及西站U型高架、雁滩T636号道路北段、S610号路北段、T605号路、T607—1号路等项目建设一线，通过实地查看、座谈交流、听取汇报、专题协商等形式，重点对我市断头路情况进行深入调研，剖析查找兰州市断头路形成的原因，并就如何加快打通断头路和构建交通微循环体系提出建议。

关于兰州市推进实施乡村振兴战略情况的调研。根据市政府提议，市政协将“关于推进实施乡村振兴战略的调研”列为2019年重点调研课题之一，成立专题调研组，组织部分政协委员、专家、有关部门负责人，深入市农业农村局、皋兰县、红古区开展专题调研，并从市发改委、市人社局、市财政局、市科技局、市统计局等部门和区县进行数据资料的搜集、核对和分析，召开专题协商会，通过听取汇报、座谈、实地考察、专题协商以及对重点问题的深入探讨和研究，对于兰州市实施乡村振兴战略有更深的认识和较为明确的思路，提出加快推进实施的建设性意见和建议。

关于兰州市产业扶贫工作情况的调研。市政协组成专题调研组，对兰州市扶贫产业培育、“五小产业”发展、对接“一户一策”情况及特色产业发展情况，产业扶贫资金保障监管、到户资金落实使用情况，龙头企业引进、农民专业合作社培育，发挥主体带动扶贫产业发展情况，开展技能培训、农业科技推广体系建设、农业科技服务产业扶贫情况，构建营销体系，促进特色农产品销售情况，建立健全产业带贫减贫机制及作用发挥情况，信贷担保体系建设、金融支撑扶贫产业发展情况，产业扶贫成功经验和做法开展专题调研，并就存在的问题提出对策措施。

关于六盘山片区兰州市区域深入推进精准扶贫工作的调研。兰州市共有国家六盘山片区的贫困县3个（榆中县、永登县、皋兰县）和插花贫困县区1个（七里河区），建档立卡贫困村256个。2011年，根据国家2300元的扶贫标准，全市有建档立卡贫困人口31.79万人，贫困发生率24%。2018年，全市256个建档立卡村全部脱贫退出，七里河区、皋兰县实现脱贫摘帽。2019年4月，永登县和榆中县经省政府批准脱贫退出。全市贫困人口减少到1.47万人，贫困发生率下降到1.22%。

关于新形势下搞好宗教事务管理工作的调研。党的十九大以来，以习近平总书记为核心的党中央提出了一系列新时代民族宗教工作中国化方向的新思想。为更好地贯彻这些新思想，坚持宗教中国化方向并与社会主义社会相适应，充分发挥兰州市宗教在建设有中国特色社会主义的正面作用，为全市经济社会发展做出积极贡献，市政协组织部分委员在副主席张永财的带领下，先后深入部分县区宗教场所，对兰州市加强管理宗教事务，认真贯彻落实习近平总书记系列讲话精神和全国民族宗教工作会议精神等情况开展调研。并召开市政协“关于新形势下搞好我市宗教事务管理工作”的专题议政会，邀请市委统战部、市民宗委等相关部门及民族宗教委员会和部分政协委员共同研究协商，提出相应意见建议。

【视察活动】 关于失独家庭养老情况的视察。社会与法制委员会对兰州市失独家庭养老工作进行视察，实地查看养老机构，听取市民政局、市卫健委的工作汇报，深入了解失独家庭养老基本情况、失独家庭养老工作的主要做法，委员们对兰州市失独家庭养老服务工作提出意见和建议。

关于对兰州市中小学生家庭树立优良家教家风情况的视察。由市政协戈银生副主席带领部分政协委员，联合市教育局、市文明办、市妇联、团市委深入各区县部分中小学和幼儿园、街道社区，开展专题调研视察活动。通过听取汇报、座谈、实地视察，对搜集的材料、数据进行研究，针对兰州市中小学生家庭教育重点问题进行分析探讨。同时，赴外地学习兄弟城市的好做法和先进经验，提出进一步改进家庭教育，树立优良家教家风的意见建议。

关于商品交易批发市场转型升级建议案落实情况监督性视察的报告。为加快兰州市商品交易批发市场转型升级步伐，市政协常委会通过调研于2019年向市委、市政府报送建议案，分析存在的突出问题，并从坚持分类施策，完善行动方案；坚持政府主导，营造良好环境；坚持规划引领，强化刚性约束；坚持扶持培育，促进业态升级；坚持规范有序，提高监管水平等5个方面提出17条建议。

兰州市推进棚户区改造工作的视察报告。市政协副主席田明带领市政协人口资源环境委员会和部分市政协委员以及相关部门负责同志对全市棚户区改造工作情况进行视察。先后视察七里河区西客站拆迁安置小区、兰电彭家坪棚户区改造项目基地、安宁区安宁堡街道棚户区（城中村）改造重建安置工程项目等地，详细了解工程整体概况、建设进展、分配入住和存在的问题等情况，并召开座谈会，听取全市棚户区改造情况汇报，广泛征求委员对全市棚户区改造的意见和建议。

关于建立健全脱贫攻坚长效机制的建议。通过实地视察调研，收集资料座谈交流，委员们认为兰州的脱贫攻坚要兼顾眼前和今后长远的发展，狠抓工作落实。对未脱贫户和返贫户，严格落实“两不愁三保障”要求，精准实施“一户一策”精准脱贫计划，确保如期脱贫，坚决打赢打好脱贫攻坚战。对已脱贫的村和人口，巩固提升脱贫成果。对收入刚达标和不稳定的“边缘农户”，持续加大帮扶力度，保证稳定增收，防止返贫和出现新的贫困，确保脱贫成效持续稳定。委员们建议把脱贫攻坚同全面小康、乡村振兴结合起来，做好有效衔接，立足长远发展，建立健全脱贫攻坚长效机制，为全面建成小康社会和实行乡村振兴打牢基础。

关于兰州地区高校国际留学生交流情况的视察。吸引和接待外国青年来华留学工作是国家战略举措，也是中国教育事业的重要组成部分。市政协把“‘一带一路’背景下兰州地区高校国际留学生交流情况”列为2019年度重点调研课题，由市政协副主席张永财带领政协委员、政协机关及相关单位工作人员组成调研组，深入兰州市相关高校和科研院所，了解掌握高校国际留学生交流情况及存在问题，并有针对性提出对策建议。

（武小桢）

纪检·监察

重要会议

【中共兰州市纪委第十三届第四次全体会议】 1月23日举行。出席会议的市纪委委员30人，列席74人。省委常委、市委书记李荣灿出席全会并讲话。市委、市人大、市政府、市政协领导出席会议。全会由市纪委常委会主持。全会以习近平新时代中国特色社会主义思想为指导，深入贯彻党的十九大及十九届二中、三中全会精神，全面贯彻落实十九届中央纪委三次全会和十三届省纪委三次全会以及市委十三届十次全会部署，总结2018年党风廉政建设和反腐败工作，部署2019年工作任务，审议通过市委常委、市纪委书记、市监委主任苟海龙代表市纪委常委会所作题为《牢记使命砥砺前行推动新时代纪检监察工作高质量发展》的工作报告。

1月23日，中国共产党兰州市第十三届纪律检查委员会第四次全体会议召开

主要工作

【监督执纪】 把“两个维护”落实到日常监督、审查调查等各项工作之中，对违反政治纪律和政治规矩的行为“零容忍”。聚焦“三大攻坚战”，全年办结中央和省委扶贫领域专项巡视移交问题线索80件，党纪政务处分36人，办结中央和省市环保督察类问题线索35件，问责处理157人。

提请市委常委会会议研究党风廉政建设和反腐败工作17次、23项；查处落实全面从严治党不力问题24起，问责党组织1个，问责党员干部37人。严把“党风廉政意见回复”关，市级回复廉政意见2301人次；盯牢“关键少数”，开展集体廉政谈话150人次、组织廉政法规知识考试5场次、154人；及时更新完善领导干部廉政档案，对监察重点人员精准画像。

查处形式主义官僚主义问题99件，处理160人，通报曝光典型问题5起8人。重点查处榆中县“造门”和西固、城关、安宁三区统计数据弄虚作假等突出问题。紧盯时间节点和重点领域，深挖细查隐形变异“四风”问题，查处违反中央八项规定问题60件、处理95人，市级通报曝光典型问题10起13人。

查处扶贫领域腐败和作风问题93件、处理168人。紧盯涉黑涉恶腐败和“保护伞”问题线索，对“黄赌毒”问题和市霸、砂霸、菜霸等重点人群以及套路贷、黑车、黑中介等重点问题进行集中整治，核查问题线索1432件，立案查处63件，问责处理92人。其中，党纪政务处分66人；组织处理26人。扎实开展惠民惠农财政补贴资金“一卡通”管理问题专项治理，查处92人，清退追缴资金592.9万元。

【巡察工作】 调整巡察工作领导小组成员，由省委常委、市委书记李荣灿担任领导小组组长，切实加强对巡察工作的组织领导。增设巡察二科和兰州市巡察信息中心，增加事业编制6个。选拔县级、副县级干部66名，组建巡察组组长（副组长）人才库；选拔科级以下干部173名，完善巡察工作人才库。培训市、县巡察干部200余人。

制定下发《兰州市2019年巡察工作要点》，2019年先后4次召开领导小组会议、2次召开巡察工作动员部署会议，对巡察工作进行深入研究、周密部署。开展2轮常规巡察，对16个市直部门单位、2个市属企业和医疗领域9个医院、单位开展巡察。对城关区、七里河区、西固区、安宁区人防部门进行提级巡察。对市级91个巡察“全覆盖”党组织中的50个进行巡察，覆盖率54.9%。

8个区县全年开展17轮次巡察，派出68个巡察组对229个党组织开展巡察，发现各类问题1568个，问题线索125个，立案审查3人，党纪政务处分1人。配合十三届省委第四轮巡视第5巡视组做好巡视带巡察市级层面组建3个巡察组，对兰州新区9家单位（企业）开展巡察；七里河区、西固区分别组建2个巡察组开展交叉巡察。

明确被巡察党组织主体责任和书记第一责任人，压实被巡察党组织的整改责任。督促被巡察党组织建立整改台账，明确责任人、责任单位、整改时限，逐项整改。对巡察发现的问题线索建立台账，定期“对账”，经常督促，推进整改。2019年发现各类问题826个并全部反馈，整改745个，整改率90.1%。

【反腐工作】 市纪检监察机关接收信访举报问题线索4734件、同比增长33.7%；处置问题线索2879件，增长11.6%；立案927件、增长12.5%；给予党纪政务处分859人，增长9.8%；移送检察机关106人，增长146.5%。全市运用“四种形态”处理3570人次，其中第一、二种形态占处理总数的91%。严肃查处了赵祥霞、达文虎等严重违纪违法案，形成有力震慑，释放“越往后越严”的强烈信号。

开展党内法规和规范性文件清理工作，着力解决党内法规制度中存在的不适应、不协调、不衔接、不一致问题。制定《兰州市打击“关系网”“保护伞”工作协调联动制度》《兰州市新任领导干部廉政法规知识考试实施办法》等，使反腐败制度笼子更加细密。畅通举报渠道，健全优化信访检举举报平台，开通扶贫（民生）领域监督信息平台，进一步完善来信、来访、电话、网络“四位一体”的举报网络。

扎实开展“信访举报宣传周”活动，更新发布兰州纪检监察网信息1100余条，做精做优兰州市纪检监察工作期刊《黄河清风》杂志，持续传递正风反腐正能量。大力开展警示教育活动，市、区县两级纪委监委分层次召开警示教育大会，突出反面典型以案警鉴，广泛组织观看《违法建筑背后的贪腐集团》《任性的权力》《亮剑砂霸“保护伞”》等警示教育片，市级77家单位、9000余人接受教育。

【其他工作】 及时补充调整区县纪委书记2人。坚持纪律检查工作的双重领导体制，向市委和省纪委请示汇报案件查办、处置情况117次；强化对区县纪（工）委和派驻纪检机构的领导，开展业务指导、调研检查百余次，完成对58名区县纪（工）委书记和市级派驻机构市管领导干部的业务考核及民主测评。

调整市纪委监委内设机构设置，强化职能权限配置和人员编制配备；优化领导班子成员分工，进一步健全执纪监督、执纪审查、案件审理相互协调、相互制约的工作机制。积极推进纪法贯通、法法衔接，完善23种常用文书格式，制定《执纪审查调查安全工作考核办法（试行）》《审理派驻纪检监察组移交案件工作流程和文书规范（试行）》等5项规范性制度文件。加强与审判机关、检察机关、执法部门的衔接沟通，理顺专项行动、案件移送等方面的联动机制。强化对调查措施使用的监管，严格审批程序和流程，规范使用各类调查措施和手段11934人次。

深入贯彻中央和省上深化派驻机构改革会议精神，对市管企业、市管金融企业、市管高校等单位进行摸底，进一步明确市属国有企业纪检监察组织设置，13家市属国有重点企业设立纪委；不断完善派驻机构改革方案，积极谋划推进派驻监督全覆盖工作。

（李红明）

中国国民党革命委员会兰州市委员会

【概况】 2019年，民革兰州市委员会领导班子成员6人，常委15人，委员56人。全市现有民革党员964人（其中女党员371人），平均年龄57岁，60岁以下党员635人，占比65.9%。在职党员中大学本科以上学历535人，占比55.5%，在职科级及以上干部81人，中高级以上职称249人（高级职称66人），各级人大代表17名，各级政协委员77名，党员分布以经济、教育、卫生、文化、科技、政府部门以及法律、非公经济界为主。现有各级基层组织共51个，其中基层委员会2个（民革兰州市城关区委员会、民革兰州市榆中县基层委员会）；总支7个（七里河总支，安宁总支、西固总支、永登总支、红古总支、皋兰总支、经济总支），支部42个。专门工作委员会7个（参政议政工作委员会、法律工作委员会、经济工作委员会、祖统工作委员会、妇女青年工作委员会、三农工作委员会和科教文卫工作委员会），基层组织遍布3县5区及兰州新区。机关编制12人，下设组织科、宣传调研科、办公室。

【思想建设】 民革兰州市委员会引导全体党员不断增强对中国共产党和中国特色社会主义的政治认同、思想认同、理论认同、情感认同，毫不动摇坚持中国共产党的领导，坚定不移走中国特色社会主义道路，形成鲜明的、正确的政治导向。严格落实领导班子学习会、常委学习座谈会等制度，以中国共产党为师，以坚定的理想信念筑牢精神之基，通过深入学习中共十九大和十九届二中、三中、四中全会精神，习近平总书记视察甘肃时的重要讲话精神和“八个着力”重要指示精神、习近平总书记参加十三届全国人大二次会议甘肃代表团审议时的重要讲话精神、《中共中央关于加强中国特色社会主义参政党建设的意见》等重要文件精神，不断增强政治本领，培育政治气节，锻造政治风骨，切实提高把握方向、把握大势、把握全局的能力。

【系列活动】 组织开展庆祝中华人民共和国成立70周年暨人民政协成立70周年、中国共产党领导的多党合作和政治协商制度确立70周年主题征文、书画家笔会交流、纪念孙中山先生逝世94周年、孙中山先生生平事迹座谈会、书画摄影作品展、诵读会等一系列活动。举办主题教育大讲堂，邀请中共甘肃省委党校教授为党员解读中共十九届四中全会和习近平总书记视察甘肃重要讲话精神，引导广大党员在“懂、通、实”上下功夫，全力推动学习贯彻习近平新时代中国特色社会主义思想往深里走、往心里走、往实里走。各区县基层组织分别组织党员参加所在县区举办大型文艺汇演、运动会等丰富多彩的庆祝活动，抒发广大民革党员真挚的爱国情感。

【宣传工作】 积极创新宣传工作方式，充分利用“中山大讲堂”宣传教育作用，积极发挥兰州民革“一刊一网一号（微信公众号）”三个平台作用，组织引导广大党员主动正面发声，唱响主旋律，弘扬正能量，全方位、多角度宣传报道民革各项工作的成果，扩大兰州民革社会影响力。报送各类工作信息80余条，团结网刊登稿件30余篇，《兰州信息》采用1篇。推送微信信息稿件118篇，编印《兰州民革工作简讯》58期、《兰州民革》刊物4期。征订《团结报》485份，荣获2019年度《团结报》发行征订工作全国先进集体三等奖。结合主题教育活动和70周年庆祝活动，班子成员、机关干部和党员均撰写各类理论研究文章50余篇，分别刊登在《庆祝中国人民政治协商会议成立70周年理论研讨论文汇编》《团结报》《民主协商报》《诤友》《兰州日报》《调查与研究》及省委党校智库专著中。

【组织建设】 2019年，发展新党员30名，平均年龄38岁，其中本科及以上学历26人，行政事业及国有企业人员26人，副高级职称2人，党员质量及结构进一步优化和提升。强化入党仪式教育，以“做一名合格民革党员”为核心，组织开展“聆听一堂党课”“参加一场考试”“举行一场仪式”“举办一次座谈”“发放一本党章”“举行一次宣誓”的“1+6”新党员培训模式，强化入党程序的严肃性，增强仪式感，提升新党员的荣誉感、责任感、使命感。全力推进“一支部一品牌，一家一特色”民革示范支部和“党员之家”创建工作，初步建成党员之家6处，“兰州民革教育研学实践基地”1处，形成“家+场馆+基地”的学习教育、交流展示、活动实践平台。多处场馆在服务党员及基层组织上兼容互补、化零为整，共同围绕民革主题教育、学习会议、交流联谊、履职培训等发挥作用，先后召开常委会议、支部会议、“一带一路”中外国家青年成长与发展石佛沟文化交流活动，台湾书画家大陆参访团笔会交流等各类会议和活动20余次。

【参政议政】 在政协兰州市十四届三次会议上，民革兰州市委员会提交集体提案18件，其中《关于对兰州市创建国家级历史文化名城》的提案被列为大会发言，《关于尽快对南山路小西湖瓶颈路段进行改造》的提案被列为2019年主席督办提案。10篇集体提案和4篇社情民意信息荣获优秀提案和优秀社情民意信息受到表彰。市委会荣获政协兰州市十四届一次、二次会议优秀提案单位。围绕“巩固提升脱贫攻坚成果助力乡村振兴”“兰州市营商环境法治建设情况”“传统优势工业产业如何实现高质量发展”和“秦腔地方戏保护与传承”4项调研课题分别由班子成员带队，先后赴贵州省和榆中县、永登县、皋兰县、兰州新区和兰州市政府相关部门，通过调阅资料、实地参观考察、学习外地经验、数据问题分析等方式深入开展调查研究形成调研报告、政协大会发言和集体提案。《老龄化社会呼唤医养结合》调研报告荣获民革甘肃省委员会2018年参政议政成果二等奖。法律委员会、妇女青年委员会、城关区委员会、西固总支等专委会和县区基层组织也积极开展调查研究工作，围绕妇女儿童权益保护、新阶层人士作用发挥情况、电子商务发展状况、促进城关区旅游业全面升级发展等方面调研，提交调研报告7篇。

【社会服务】 市委会先后组织机关干部和民革党员6批次100余人次深入柏杨村开展帮扶，帮助帮扶户制定“一户一策”巩固提升措施和脱贫增收帮扶计划，累计投入帮扶物资价款近28万元，用于改善基础设施、发展土鸡养殖产业和开展文化、医药扶贫活动，其中筹资20万元为帮扶村修建村社水毁道路3.5公里、涵洞2个。党员彭巨东、李永杰、陈安共捐助资金4万余元，用于为柏杨村150户贫困户免费发放鸡苗1860只，饲料鸡药300余袋，助听器31套。年初，市脱贫攻坚帮扶工作协调领导小组对全市383个市级部门和单位考核中，民革兰州市委会荣获2018年度全市优秀脱贫攻坚帮扶单位。各基层组织和民革党员围绕中心，服务大局，不断探索社会服务工作新思路新方法，拓宽服务领域，在促进贫困地区经济社会发展和贫困群众脱贫增收中做出积极贡献。兰州民革志愿服务队、经济工作委员会、安宁总支、西固总支、市直五支部、六支部、七支部、八支部、石化支部等基层组织和周占琪等民革党员在市区和榆中、碌曲、定西、临夏、礼县等区县开展慰问城市夜晚守护者、困难儿童、残障人士、贫困大学生、特困群众、抗战老兵、扶贫英雄等活动10余次，受益群众3000余人。

【祖国统一工作】 学习贯彻习近平总书记关于对台工作的重要论述，坚持“九二共识”，坚决反对“台独”分裂势力及其活动，践行“两岸一家亲”理念，扎实推进祖统工作。举办学习贯彻习近平总书记在《告台湾同胞书》发表40周年纪念会上的重要讲话精神座谈会，省市民革党员共同学习对台方针政策，关注台湾形势变化，探讨祖统工作新思路。举办何鄂先生“母亲河·两岸情”报告会，邀请著名雕塑家何鄂先生通过亲身经历讲述黄河母亲从创作到落地台湾的过程，分享两岸文化交流的切身感受。多层次多领域加强与岛内坚持一个中国原则和“九二共识”的政党、社团的联系，厚植两岸同胞感情。举办“两岸一家亲”中秋笔会艺术创作交流、“访街道进社区陇台基层民意代表”交流、“我和我的祖国”百米书画长卷展等活动，邀请台湾书画家与兰州市书法名家共同切磋技艺，交流文化，参观社区建设。

（李彦雄）

中国民主同盟兰州市委员会

【概况】 2019年，民盟兰州市委员会发扬优良传统，切实履职尽责，举办庆祝新中国成立70周年暨民盟兰州市委成立35周年系列活动，全年完成调研课题30项，提交社情民意信息104篇，提交党派提案15件，盟员中人大代表、政协委员向各级两会提交个人议案、提案130余件。至年底，民盟兰州市委员会有6个基层委员会，80个基层组织，盟员1655人。

【思想建设】 挖掘民盟在兰州地区历史资料，与盟省委联合在八路军兰州办事处纪念馆举办民盟传统教育活动暨“民盟传统教育基地”揭牌仪式，组织盟员观看中国民主党派历史陈列馆“大道同心 薪火永传”全国巡展兰州站展览。盟市委征集论文26篇，召开“将改革开放进行到底”研讨会。开展“不忘合作初心、继续携手前进”主题教育，班子成员带头到基层开展宣讲7场，召开民主生活会，举办各类主题教育23场，全市盟组织开展宣讲学习、文艺演出、书画展览等活动80余次，参加盟员超过3000人次。全年形成理论文章18篇，《聚焦全面深化改革 完善协商民主体系》等多篇论文在省政协、盟省委、市政协理论研讨会作交流发言，2篇入选市政协优秀论文。盟市委荣获盟省委多党合作理论研究工作“先进集体”，5名盟员荣获“先进个人”，3名盟员受聘为盟省委统战理论研究会特约研究员，2名盟员当选市政协理论研究会理事。通过公众号推送文章190篇，阅读量3.6万人次；在各级各类媒体发表新闻稿件150余篇，盟中央网站采用32篇，盟省委网站采用115篇，兰州统战信息采用20篇；重要会议和活动被省市电视台报道20余次。盟市委荣获盟中央“民盟思想政治建设和宣传工作先进集体”，1名机关干部荣获先进个人。

【系列活动】 举办“庆祝新中国成立70周年暨民盟兰州市委成立35周年大会文艺演出和书画展”。盟省委、市委统战部主要领导为受表彰的先进集体和优秀盟员颁奖，盟省委、市委统战部、市纪委第五派驻纪检组，市级各民主党派、工商联、侨联、对口联系单位，各县区委统战部负责同志及盟员代表等800余人参加大会。举办全市盟员“牢记初心，同心筑梦”盟员运动会，各基层组成10支代表队参加6个项目的比赛。与市级民主党派联合举办经典诵读会，展示盟员积极向上的精神风貌。

【参政议政】 盟市委领导在省政协月协商座谈会、协商建言会上，分别以《加强城市内涝治理》《进一步发挥扶贫车间带动作用》为题作大会发言，受到广泛关注。在中共兰州市委调研协商座谈会上，盟市委主委就《进一步打造城市标识，推进精致兰州建设》作主题发言，提出“五大工程”“十大项目”，得到中共兰州市委主要领导高度评价，并在市委常委会提出表扬。与民盟榆中基层委员会联合义诊群众400余人次，发放药品价值1.25万元。盟市委提交的8条建议得到办理落实。认真做好市政协营商环境建设情况监督性调研，牵头第一调研小组，联合市农工党、九三学社，就“放管服”改革、商事制度改革、政务服务便利化等问题进行实地考察调研，形成的多项建议被市政协采纳。赴东乡县调研扶贫车间、易地扶贫搬迁、控辍保学工作，调研成果在省政协专题协商会发言。与外地盟市委联合开展河岸文化开发、推进5G和数字经济发展调研，举办政府部门和有关企业参加的座谈会。盟市委向民盟教育论坛提交征文13篇，联合盟省委举办“促进教育均衡发展，助力脱贫攻坚”教育调研成果交流大会，为提升贫困地区教育质量，促进教育均衡和公平谏诤言献良策，省教育厅相关负责人听取建议。参加省市政协促进民营经济和中小微企业高质量发展、公共立体停车场建设、推进社区矫正等调研和座谈。盟市委、各基层委和专委会全年完成调研课题30项。全年提交社情民意信息104篇，其中2篇获市委书记批示，1篇获分管副市长批示，2篇在省政协常委会、专题协商会作大会发言，13篇被盟省委采用；市政协全年29期《政协委员建言》刊登盟市委建言信息13篇，单篇印发7期。积极在省市“两会”履职尽责。省“两会”上，盟市委主委向省政协会议提交《政协委员要敢于向唱衰甘肃说“不”》《推进医养结合 增添老人福祉》的大会发言，《关于促进我省乡村旅游发展的提案》被省政协重点督办，省文化和旅游厅、省住房和城乡建设厅对办理情况现场回应。市“两会”上，提交党派提案15件，盟员中人大代表、政协委员提交个人议案、提案30余件。盟市委、盟员中政协委员有7篇建言入选大会发言和书面发言材料，多件提案在省市媒体刊登和推送。各基层组织和县区担任代表和委员的盟员紧扣群众关心关注的民生话题、经济社会发展重大问题，积极履职建言，提交议案、提案100余件。3位盟员荣获盟省委“参政议政工作先进个人”称号，市政协对盟市委提交的《关于深化我市互联网+政务服务改革，提升政务服务效能的建议》进行调研视察和重点督办，盟市委6件提案、3条社情民意信息荣获市政协表彰。

【自身建设】 结合贯彻落实《关于加强中国特色社会主义参政党建设的意见》，按照新型政党制度和“四新”“三好”的要求，抓好“关键少数”，提高“五种能力”。盟市委主委参加盟中央组织工作研讨会，省委统战部民主党派负责人、无党派代表人士暑期谈心活动，参加省委统战部“甘肃省民主党派中青年代表人士培训班”、省政协委员学习培训班。全年发展新盟员63人，平均年龄36.5岁，全部为大学及以上学历，具有中级及以上职称21人，占比33%，新盟员整体层次进一步提升。全年培训新盟员80人次。推荐5名盟员参加盟省委骨干盟员培训班，推荐1名盟员担任特约监察员，1名担任海关特约监督员，6名担任统战工作特约调研信息员。召开基层工作会暨组织工作会，8个基层组织以“图说盟务”形式作交流发言，为带动全市盟组织建设发挥积极促进作用，营造比学赶超的氛围。下发《〈中国民主同盟盟费收缴、使用和管理规定〉的通知》《基层工作记录册》，促进基层组织工作的规范化和制度化。评选表彰10个先进基层组织、80名优秀盟员。在“盟员之家”开展各种有内涵、有影响的活动。在“盟员之家”兰州创意产业园召开常委会，举行庆祝妇女节活动，开展观影和茶艺培训；在盟员之家“野谷艺韵”举办重阳节庆祝活动，召开老盟员座谈会。各基层组织也依托“盟员之家”举办专题学习会，召开调研座谈，开展组织生活，举行节日庆祝等内容丰富、形式多样的会议活动，充分发挥盟员之家丰富组织生活、增强凝聚力的作用。盟中央副主席到盟员之家指导调研，浙江、湖南、杭州等地民盟组织也先后到“盟员之家”参观交流。积极推荐机关干部参加盟省委专职干部培训班、市委统战部党外干部培训班，推荐盟市委秘书长挂职东乡县副县长，1名机关干部挂职榆中县城关镇副镇长。组织干部职工参加市直属机关和有关部门举办的合唱比赛、运动会等文体活动，规范档案建设工作，积极开发档案资源。

【文明城市创建】 参与全市创建文明城市网格工作、在市委会机关开展文明单位创建。深入包抓的雁南街道和张苏滩、天庆嘉园、雁宁路3个社区，盯紧创城短板弱项查漏补缺，对巡查检查中发现的问题反馈跟踪，确保落实到位。在雁南街道举办“中华民族一家亲 同心共筑中国梦”民族团结进步宣讲报告会。积极组织志愿服务活动，开展五四青年节义务植树、社区垃圾分类宣传、“牛皮癣”专项整治、生态环保健步行等志愿服务活动，参加第29届全国节能宣传周低碳竞走，为提高城市文明程度和幸福指数贡献一份力量。

【社会服务】 开展“农村教师烛光行动”，发挥盟组织的教育资源优势，举办素质教育提升工程报告会，邀请盟员专家为红古区各中小学校长、教师等150余人作报告；举办“高三学子生涯规划及心理健康辅导讲座”，盟员教育专家为红古区350余名高三学生作规划辅导；联系盟员企业家向兰州市三十五中学捐赠价值92万元的智慧校园系统和设备。积极争取盟省委和明日之星教育基金会开展“希望工程 创客空间”智慧校园捐赠，向红古区、永登县、榆中县105所中小学，捐赠总价值175万元的3D打印机、平板电脑等教学设备和资源。持续开展好“黄丝带”帮教活动，农历正月十五、国际家庭日分别与盟省委联合在兰州监狱开展帮教活动，国际禁毒日选送节目为监狱民警、服刑人员进行文艺演出。城关区基层委组织盟员企业家走访慰问环卫工人；西固区基层委开展“书法进校园”；榆中县基层委组织“送医下乡”，在幸福养老院开展“送温暖、献爱心、送健康”慰问，联合兰州碧桂园举行“关注特殊教育公益助学”；永登县基层委为高考志愿填报提供咨询，开展重阳节“关爱老人·奉献爱心”活动；盟市委经济委成员向榆中县、东乡县、会宁县等地捐赠农机设备、学生用品等价值20余万元，促进社会和谐稳定积极助推教育改革发展，扩大民盟组织的社会影响力。

【社情民意联系点】 针对社区社情民意联系点特点，进一步打造盟市委“和美行动，同心共进”品牌，以社情民意直通车等六大主题活动为载体，将盟内优势资源用足用活。与和政东街社区共同举办纳凉晚会，组织盟员为社区居民义写春联、暑期围棋培训、冬至节包饺子，丰富社区居民文化生活。组织盟员中的人大代表、政协委员等盟员代表在城关区和政东街社区、团结新村社区，七里河雷坛河社区，西固区康乐路社区、安宁区费家营社区召开征集社情民意座谈会，以提案、议案、信息向有关方面报送，充分发挥社情民意联系点“访民情、听民意、解民忧、送服务、献良策”作用。城关区基层委在西北新村社区举行“书香传情，墨香沁心”少儿图书捐赠仪式，永登县基层委在南街社区举办新年文艺演出，开展送春联活动。盟中央副主席王光谦到盟市委社情民意联系点调研指导并给予充分肯定，市委统战部组织市级民主党派和区县委统战部负责人现场观摩，座谈交流工作经验和做法。

【其他盟务工作】 监督委员会按照《民盟兰州市监督委员会工作条例（试行）》开展监督工作，对盟市委、基层委和直属支部及其领导班子成员在遵守多党合作政治准则、贯彻民主集中制和履行职责等方面进行监督。参与盟市委在榆中县开展脱贫攻坚民主监督工作。参加2019年民盟西部城市盟务工作会，作互动交流发言，提交论文3篇。参加第5届“一带一路”文化与产业发展研讨会。与来兰州的湖南、浙江、广州、杭州、南昌等民盟组织开展座谈交流，相互学习好经验和好做法。

【获得荣誉】 2019年，民盟兰州市委员会荣获盟中央“民盟思想政治建设和宣传工作先进集体”，盟中央群言杂志社2019年度发行工作突出成绩奖；民盟甘肃省委“思想政治建设和宣传工作先进集体”“组织工作先进集体”“社会服务工作先进集体”“多党合作理论研究工作先进集体”；机关获评省二级档案室。

（陈　璟）

中国民主建国会兰州市委员会

【概况】 2019年，民建兰州市委员会有基层委员会3个，总支13个，支部55个，另有专委会9个。截至年底，市委会会员1073人，平均年龄52岁，大专以上学历869人，占会员数的80.99%，经济界会员832人，占会员数的77.54%。

【系列活动】 认真学习习近平总书记关于加强和改进统一战线工作、人民政协工作的重要思想，关于多党合作和民主党派工作的重要论述和指示精神，系统学习中共党史、国史、改革开放史、社会主义发展史、多党合作史以及民建会史会章和优良传统。组织会员参观学习中国民主党派历史陈列馆“大道同心 薪火永传”宣传巡展、南梁革命纪念馆、哈达铺全国爱国主义教育示范基地、遵义会议旧址及主题展览馆、凭吊革命烈士，接受革命传统和爱国主义教育。筹办庆祝中华人民共和国成立70周年文艺汇演、书画笔会、座谈会、征文等特色主题活动，讴歌70年沧海桑田的发展变化，唱响礼赞中国、奋进新时代的昂扬旋律。

【参政议政】 民建会员中省、市、县区人大代表、政协委员有121名，在2019年的各级人大、政协会议上共提交提案、议案176件，人均1.45件。在市政协十四届三次会议上提交集体提案14件，大会发言1篇，书面交流材料2篇，《对我市民营经济进一步加快发展的建议》为会议首个大会发言，《关于进一步加快我市文化旅游融合发展的建议》被列为市政协主席督办提案。在对十四届一次会议以来的优秀集体提案和委员提案的通报表彰中，《关于加快兰州农村集体经济发展的提案》《关于加快我市小康村建设的提案》被评为优秀集体提案；《关于做好下岗失业人员再就业培训和职业介绍的提案》《关于进一步加快兰州市地下综合管廊立法进程的提案》等两篇被评为优秀委员提案。市委会2件社情民意信息被市政协评为优秀社情民意信息。

赴浙江、福建、广东等地开展民营经济发展状况、营商环境的相关调研。与市政府交流合作办公室、民建广州市委共同举办“2019中国（甘肃）非公有制经济发展论坛广州对接洽谈会”。关于《兰州市先进制造业智能化发展情况的调研报告》被国家级刊物《经济界》首篇刊发，并被中共甘肃省委《调查与研究》、省委统战部《甘肃统一战线》、市委《兰州工作》及市委统战部《兰州统一战线》转载。完成《兰州市民营经济发展情况》调研报告。

【宣传工作】 发挥“一网一刊一号”等媒体主阵地宣传作用。集中宣传习近平新时代中国特色社会主义思想以及多党合作的光辉历史、辉煌成就、成功经验和广阔前景。重点宣传“不忘合作初心，继续携手前进”主题教育的开展情况。突出宣传基层组织和会员主体，加大对基层组织履职成效、先进工作经验和会员先进事迹、民建企业家的报道力度。着力宣传市委会重大活动、组织发展、参政议政、社会服务和精准扶贫等方面所取得的成绩。举办信息员能力提升培训班，提高宣传工作能力和水平。全年编印《兰州民建》季刊4期，微信公众号发布信息376条，与上年同期相比增加226条。民建省委采用116条，同比增加53条，民建中央采用125条，同比增加35条。微信公众号在全国市级民建组织综合排名全年稳居前十，在全国500多家市级民主党派中全年排名位居前30名。各类信息稿件被市委办采用近10条，市委统战部采用近20条，宣传信息发布数量和质量位居兰州市统战系统前列。向《民讯》《兰州日报》《民主协商报》《凝聚》《人民政协报》等会内外报刊报送信息30余条，1篇新闻稿件获得全市宣传政协好新闻三等奖。

【组织工作】 指导完成29个支部换届、调整。根据属地管理的原则，将兰州新区支部从市直属总支划出，隶属于市委会管理，独立开展工作。创建会员之家3家。开展标准化支部建设和星级支部创建活动，出台考核细则，量化考核指标，全市5个支部被评为标准化支部，4个支部被评为星级支部。召开青年工作座谈会，引导青年会员在思想上入会。

2019年新发展会员32人，平均年龄37岁，其中经济界会员22人。举办新会员培训班，对2018年至2019年度新发展的40余名会员进行培训。在兰州市人才工作会议上，1名会员被授予“首席专家”称号；在世界中医药大会第4届夏季峰会上，1名会员当选世界中医药学会联合会中药材流通产业发展委员会副理事长；1名会员入选兰州文化旅游产业发展智库成员；1名会员当选西固区新的社会阶层人士联谊会会长；2家会员企业分别获评城关区“商贸服务业二十佳企业”“工业和信息化十佳企业”；4名会员获评城关区“优秀非公有制企业家”；2名会员受聘为甘肃省人民政府外聘法律顾问；2名会员被评为“兰州好人”。

【专委会工作】 企业委员会召开有创新、有创意的会员企业家交流会，通过表彰优秀委员、向班子成员颁授职务名牌等形式，增强成员的荣誉感和责任感；兰州民建思源企业家联谊会与民建法制委员会开展合作，法制委员会组建法律专家团队，为会员企业提供服务；经济委员会发挥专家学者优势，积极组织成员参与市委会赴外课题调研活动，并形成多篇高

7月24日，民建兰州市委协调民建武汉市委赴甘南碌曲开展爱心捐助暨文化交流活动

质量的调研报告和提案；青年委员会组织召开青年工作座谈会，教育引导青年会员担负时代使命，在担当中历练，在尽责中成长；文化委员会和妇女委员会成员无私付出，牺牲大量休息时间进行排练，确保市委会庆祝中华人民共和国成立70周年文艺汇演顺利举办，并代表省委会参与省政协庆祝中华人民共和国暨人民政协成立70周年联欢会，友情参与七里河总支成立20周年文艺演出等庆祝活动；老龄委召开“不忘合作初心，继续携手前进”座谈会，畅谈中华人民共和国成立70年来、改革开放40余年来的重大成就和中国人民的生活巨变；党建理论委员会有5篇理论文章被市政协、市委统战部等单位理论专刊、杂志选登。

【社情民意】 努力打造社情民意联系点品牌，畅通群众诉求渠道，及时倾听和反映群众呼声，为化解矛盾，促进社会和谐贡献力量。在社情民意联系点——詹家拐子社区，通过爱心进社区、法制进社区、健康进社区等“三进”系列活动，进一步加深与社区居民的联系与感情，宣传党的政策，扩大民建的社会影响力。开展春节送温暖活动。在植树节当天，开展“春日暖阳 栽种希望”就业困难人员技能培训，动员会员企业开展免费体检活动。为社区协调安装3万多元的电子显示屏。全年通过市委会及各县区基层组织社情民意点征集各类信息110余条，通过归类、去重，整理出有价值社情民意49条，其中协调有关部门解决9条，向有关部门报送15条，现场解答信息21条。

【对外交流】 参加在安徽亳州举办的“民建泛中原区域工作经验交流会”。组织机关干部、企业家会员、青年会员前往贵阳、钦州、衡阳开展主题教育调研交流活动。接待青岛、武汉、无锡、福州等地民建组织来兰开展会务交流和调研考察，协调联系民建无锡市委向甘南碌曲困难群众捐赠价值10万元的牛羊，民建武汉市委向碌曲群众捐赠价值50万元的衣物。“2019中国（甘肃）非公有制经济发展论坛”在兰召开之际，与多地民建组织广泛开展交流，建立联系，机关全体干部倾力投入会务服务，得到会议主办方和与会嘉宾的好评。

【文明创建】 加强硬件设施建设，开辟“会员书屋”“文体活动室”“道德讲堂”，打造“文化机关”。设置“遵德守礼”提示牌，分类垃圾桶，创建活动展板。装点绿植，进一步亮化、美化机关环境，努力把机关建设成为靓丽、温馨的“会员之家”。强化“软件”建设，打造能力型机关，持续深入开展“发现美、展示美、创造美”的“三美”活动，通过正向激励传递正能量，构建和谐机关。继续开展机关干部“自身建设微课堂”，全年6次干部授课，为机关干部展示才华、提升自我创造机会，推动市委会机关形成热爱学习、善于学习、尊重学习的良好氛围。成立民建兰州市委青年志愿者服务队，通过志愿服务推动创建工作，让更多青年成员参与志愿活动，充分调动广大青年会员积极性，为兰州市文明城市创建和市委会创建文明单位贡献力量。

（石　磊）

中国民主促进会兰州市委员会

【概况】 2019年，中国民主促进会兰州市委员会有8个基层委员会，56个基层支部，设有8个专委会。全市共有会员1102人，界别分布为教育界占71%，文化出版界占6%，公有制经济界占9%,医疗卫生及其他界别占14%。全市会员中,担任各级人大代表、政协委员89人,其中省政协委员4人、省人大代表1人、市人大代表5人、市政协常委6人,市政协委员22人,县级政协委员和人大代表57人。

【组织机构】 中国民主促进会兰州市委员会,领导班子由主委1名,副主委5名(两名女性),常委17名,委员61名构成。市委会机关设有办公室、组织科、宣传科,在编人员9名,其中行政7名,事业2名。

【思想建设】 结合新中国成立70周年、人民政协成立70周年庆祝活动,在全市基层组织和广大会员中开展以"弘扬爱国奋斗精神、建功立业新时代"为主题的系列活动。与省民进联合举办庆祝中华人民共和国、人民政协成立70周年及多党合作制度确立70周年庆祝大会暨文艺演出和征文活动,以鲜活故事展现广大会员以新气象新作为建功立业、奋勇争先的生动案例和良好风貌,用文章热情讴歌多党合作光荣传统;组织老中青三代会员以"薪火相传,不忘初心"为题开展座谈交流,回顾革命光辉历程,继承和发扬民进优良传统;举办"初心与使命"青年会员思想沙龙,开展践行爱国奋斗精神实际行动大讨论;配合省民进开展庆祝新中国成立70周年书画展,参与民主党派经典诵读会等庆祝活动。通过活动开展,弘扬爱国主义精神,激发爱国热情,坚定广大会员走中国特色社会主义道路的理想信念。

【宣传工作】 持续打造会刊、网站、微信公众号、微博等全方位、立体化、多层次的宣传格局,宣传引导汇聚正能量。结合会内工作主线和年度工作主题,加强栏目策划,全年编辑印制会刊4期,推送公众号消息、文章130余篇,报送信息70余条,并开通兰州市民进微博账号,集中展现会内要闻,传播正能量,发出民进好声音。4月,民进中央副主席王刚在调研七里河基层委员会时,高度评价兰州市民进基层组织宣传思想工作取得的成绩和积累的经验。

【组织工作】 制订基层组织建设主题年工作方案和走基层·访会员工作方案,开展一系列行之有效的活动。安排领导班子成员每人联系一个基层委员会和两个市属支部,分赴各基层组织开展调研走访,与会员单位党组织面对面交流、与广大基层会员近距离接触,参加组织生活会或座谈会,深入了解实际情况,听取广大会员的意见建议。全年共深入到8个县区基层委和全市各基层支部,实现对全市县区基层委和市属支部走访的全覆盖,并实现与基层组织所在的中共党组织和统战部门的沟通交流全覆盖。达到收集基层意见,帮助基层解决问题,督促基层和中共党组织建立联系,提升基层工作水平的预期目的。在兰州新区党群工作部的支持下,于10月成立民进兰州新区支部,基层组织的力量得到发展壮大。针对部分支部活力不强的现状,适时对兰州三十三中支部、兰州十四中支部及时进行届中调整,对职业技术学院三支部及时配备代理主任,软弱涣散支部活力得到增强。紧抓基层组织的"关键少数",推荐基层组织负责人及骨干会员参加基层组织负责人培训班120余人次,基层组织负责人接受教育培训全覆盖。会员发展上更加注重界别和专业领域的代表性,严把质量关,全年发展新会员32名。

【参政议政】 坚持问题导向,结合市委市政府中心工作,将提升城市精细化管理水平作为年度重点调研课题,组织会内外专家到城市管理数据处理中心、城市污水管网建设现场、街道社区老旧楼院等实地走访查看,与住建、城管等部门进行座谈交流,向规划、交通等部门进行函询、并借鉴外地发展经验等方式,深入开展专题调研,形成《关于提升城市精细化管理水平的调研报告》并在政党协商会上进行发言,得到市委的高度重视。在市政协专题协商会上提交发言材料2篇。在市政协十四届三次会议上,提交党派提案11件,报送大会发言3篇,政协委员个人提案25件;其中有2件提案和2件社情民意信息获市政协表彰,会内政协委员有5件个人提案获评优秀提案。市委会提交的《关于大力推进多功能社区养老的提案》、张强副主委提出的《关于在全市医院实行统一的就诊卡的提案》被确定为主席督办提案;积极组织民进界别的政协委员参加"社区矫正""营商环境改善"等提案的现场督办和政协调研活动。至年底,11件党派提案全部答复。

【调查研究】 突出民进特色,贴近实际,反映实际,市委会邀请市教育局、市设计协会等单位的会外专家分别参与"办人民满意的教育调研""兰州市智慧教育发展的调研""关于深化'放管服'改革激发微观主体活力专项调研"和"关于提升城市精细化管理水平的调研",使调研更具针对性和实效性。在开展"办人民满意的教育"调研中,改进方法,创新举措,通过网络问卷向学生和家长发放调查问卷,全市广大学生和家长积极参与,收回网络问卷2.4万余份,有效反映有关学生和家长共同关注的问题。积极参与省民进兜底保障专项督察,并对调研发现的问题进一步梳理总结,形成监督报告。注重加强对外联络,"走出去、请进来"相互交流,学习经验,积极联系市直相关单位,协助民进沈阳市委会、济南市委会来兰开展社区养老、文旅产业发展等方面的调研工作;主动走出去向外"取经",组织"智慧教育"调研组成员赴穗、深两地开展调研，与两地教育界专家就中小学智慧教育规划和标准的制定、智慧教育的基础投入、智慧校园建设、智慧课堂的教学模式等议题展开座谈交流，实地走访参观中小学智慧教育项目，为推进兰州市智慧教育建设汲取先进经验。

【社情民意工作】 全市8个基层委员会均建立社情民意联系点，广泛收集社情民意。城关区、安宁区、永登县等基层委年内均在各自联系社区召开社情民意信息征集座谈会，对社区居民提出的问题线索进行现场答疑和解决，对于难点问题交由人大代表和政协委员通过议政建言渠道进行上报解决，化解基层矛盾。同时，加强常委、各基层组织负责人的经常性沟通联系，拓展信息收集渠道，不断提高采编舆情信息的积极性，全年共向市委统战部、省民进等单位报送社情民意信息11篇。

【社会服务】 开展文化帮扶，组织会内书画家为村民书写春联，春节前给帮扶村困难群众送去慰问和祝福。制作文化展板，宣传党的方针政策，开展道德教育，形成崇尚文明、健康向上的良好风气。会内企业家踊跃捐资2.5万元，修缮被洪水冲毁的村道、推进自来水入户工程建设。开展产业帮扶，推进帮扶村实施产业脱贫项目，捐赠1.3万元购买鸡苗，巩固提升脱贫攻坚工作成果，切实提高村民收入。积极参与创城工作，协助盐场路街道举办“礼赞祖国七十年，砥砺奋进新时代”文艺汇演；组织会员开展“同心共创文明城市，携手打造精致兰州”垃圾分类主题宣传活动，有效提升会员和市民对垃圾分类的参与度和知晓率。

【微公益活动】 坚持打造“同心”品牌，带领广大基层组织积极宣传和践行微公益理念。城关区基层委组织会员和民进界区政协委员捐款慰问联系社区困难群众；红古区基层委、市属综合二、综合四支部开展“关爱留守儿童 奉献民进爱心”微公益活动，为留守儿童捐赠文体用品；皋兰、安宁基层委开展公益捐助和社区文化讲堂活动；西固基层委开展春节慰问和送教下乡活动；榆中基层委开展义务植树、在榆中一中开展教师奖励金捐赠活动；永登基层委举办庆祝新中国成立70周年书画展；七里河基层委打造“同心”品牌，组织会员赴古浪县城关一小开展“同心手拉手”送教帮扶活动，并以“同心文化工作室”为主阵地开展系列微公益活动，为会内微公益事业的更好开展作出有益尝试，有效提升广大会员在基层组织的参与度和凝聚力。

【获得荣誉】 2019年，民进兰州市委荣获会中央“民进全国组织建设先进地方组织”称号；民进七里河基层委荣获“民进全国先进基层组织”称号；会员蔡桂贤、机关专职干部郁文生荣获“民进全国组织建设先进个人”荣誉称号。民进西固区基层委、民进东郊学校支部和金浩等四名会员荣获民进全省组织建设先进集体和先进个人荣誉称号。会员汪志刚、张小琴获兰州市首批“首席专家”荣誉称号。

（倪　玲）

中国农工民主党兰州市委员会

【概况】 2019年，农工党兰州市委会新发展党员43人，新成立支部委员会（兰州新区支部委员会）1个。截至年底，全市有农工党员939人，其中女农工党员513人。有各级基层组织79个。其中，基层委员会9个；总支部委员会9个；支部委员会61个。

【学习实践】 开展庆祝中华人民共和国成立70周年暨人民政协成立70周年、多党合作制度确立70周年文艺演出、书画参展、理论研讨、主题征文等系列活动，积极举办和参加专题培训，3名党员当选为市人民政协理论研究会理事监事，推荐5名党员参评市政协“寻找优秀的您”委员画册征集，征集理论文章和主题征文59篇，8篇理论文章入选市政协庆祝人民政协成立70周年理论文集，11篇理论文章被农工党中央评为2019年度理论征文二、三等奖。引导基层组织集中开展交流研讨、集中学习、参观考察、义诊咨询、调研走访，开展活动30余次。2名党员在全省主题教育活动中作宣讲，刊发主题文章49篇，刊发主题教育信息100余条。

【政党协商】 围绕2019年全市重点工作安排部署、全市两会重要人事安排，加强全市党风廉政建设，优化民主党派编制机构，健全完善科技成果转化平台”6个议题，精心准备协商建言材料，认真梳理对策建议，切实履行政党协商职能。其中在党外人士座谈会上提出的“关于我市积极参与2019年中国（甘肃）非公有制经济发展论坛的建议”，得到省委常委、市委书记李荣灿批示，要求主动与论坛筹委会投资洽谈项目组对接，提前做好准备，利用好招商机会，力争签约一批投资合作项目。

【调研工作】 围绕中共兰州市委整体工作安排，着眼政府关注度高、社会反映强烈、群众普遍关心的热点难点问题，精心选择重点课题，先后确定“进一步健全完善我市科技成果转化平台”“我市农村集体产权制度改革工作”等重点课题，赴在兰部分科研院所、科研机构和永登县、榆中县、皋兰县等地开展调研，形成《关于进一步健全完善我市科技成果转化平台的调研报告》《关于我市农村集体产权制度改革工作的调研报告》等调研成果。积极引导各专委会开展年度重点课题调研，先后确定围绕推进兰州市公园景观文化品质提升、农民专业合作社发展、无障碍环境建设等，开展专题调研并形成调研报告。

【参政议政】　坚持开展“一人一建议、一支部一提案”活动，广泛征集议案提案。在市政协十四届三次会议上，提交政协大会发言8件。其中，口头发言3篇；书面交流5篇。提交并立案党派集体提案14件，委员个人及联名提案21件。8篇提案、3篇社情民意信息受到市政协表彰。在市人大十六届三次会议期间，向大会提交议案7件。各县区基层组织充分利用“两会”平台，提交议案提案，积极参政议政，共提交立案提案议案70余件。积极关注提案办理落实，《关于推进我市乡村产业振兴的提案》被确定为市政协主席重点督办提案，进行现场督办和办理答复；市卫计委、市医保局、市农业农村局等政府部门还就提案办理情况登门开展答复落实“回头看”。

【社情民意】　对在2018年调研工作、提案工作和社情民意信息工作中涌现出的8篇优秀调研报告、12篇优秀提案、5篇优秀社情民意信息予以表彰奖励。在农工党甘肃省委会2019年参政议政工作会议上，市委会获评2018年度参政议政工作先进集体，3名先进个人、3篇优秀调研报告和社情民意信息受到表彰奖励。继续深化社情民意联系点建设，在城关区大雁滩社区挂牌建立社情民意联系点暨基层协商民主联系点并召开社情民意征集座谈会，引导县区基层组织通过举办健康讲座、义诊咨询、送医送药、捐资助学、走访慰问等多种形式，在服务社区发展、创新社区管理中发挥农工党的优势和作用。扎实做好反映社情民意信息工作，及时通报工作进度，累计征集社情民意信息45篇，其中《加快殡葬设施建设，深化殡葬制度改革》《关于加大对本土影片〈芬芳〉拍摄制作支持力度的建议》等6篇社情民意信息得到省市政协采用。

【民主监督】　开展市农村集体产权制度改革调研，分别就3县6个乡镇脱贫攻坚工作进行实地调研并提出意见建议，先后形成《关于进一步加强农村改厕工作的建议》《关于推动新建榆定公路尽早复工建设的建议》等社情民意信息，扎实履行脱贫攻坚民主监督职能。充分发挥特约人员作用，积极开展民主评议和监督，杨迎晖、朱天垣受聘担任兰州市监察委员会第1届特约监察员，黄一家应邀参加兰州市轨道交通票制票价听证会并发言。

【文明创建】　定期赴包抓网格对接文明城市创建工作，积极参加街道社区举办的文艺汇演、书画展览、知识宣讲等活动10余次，与社区一道深入查摆创建工作短板和不足，共同研究制定解决办法和措施。积极引导各基层组织广泛开展健康义诊、文明宣讲、环境保护、绿化植树等志愿服务活动，将创建文明城市工作融入日常、抓住经常，不断提升志愿服务实效。

【思想建设】　深入开展多党合作制度、统战理论、参政党建设课题研究工作，形成《牢牢把握参政党“政治建党”核心定位》《以星级基层组织创建为引领、着力提升农工党组织建设高质量发展》《“四抓四推动”不断加强参政党政治建设》等理论成果。进一步强化信息宣传阵地建设，编辑出版《兰州农工》杂志4期，向农工党甘肃省委会、市政协、市委统战部报送活动信息200余条篇，围绕“庆祝新中国成立70周年”“创建全国文明城市”“不忘合作初心、继续携手前进”主题教育等专题，编辑刊发“兰州农工”微信公众号信息101期。被农工党中央授予“2018年度《前进论坛》发行工作先进单位”荣誉称号。联合摄制影片《芬芳》荣获第15届中美电影节“金天使奖”。《脱贫攻坚是一场必须打赢的硬仗》《把青春奉献给多党合作事业》《拳拳医者心、悠悠农工情》《善行诠释人生价值、大爱唱响生命礼赞》《会展领域不懈的耕耘者》等先后刊登在《团结报》《前进论坛》《诤友》等报纸杂志上，在新时代讲好多党合作故事，讲好农工党故事，增强向心力、聚合正能量。

【组织建设】　推动星级基层组织创建常态化，召开星级基层组织创建表彰大会，隆重表彰奖励在2018年度创建达标的2个五星级基层组织、10个四星级基层组织、1个三星级基层组织。市委会主委魏丽红当选为市人大常委会副主任并挂职任省扶贫办副主任，推荐5人担任全市统战特约调研信息员，补充完善17人进入兰州市党外代表人士信息库。加大对优秀党员和代表性人士的培训工作，举办骨干党员能力提升、参政议政培训班2期，积极推荐100余名党员参加农工党中央、省委会和省、市委统战部组织的各类专题培训。

【廉政建设】　发挥政治优势，深入开展“扫黑除恶”专项斗争，旗帜鲜明支持扫黑除恶工作。坚持聚焦“关键少数”，制定出台《开展廉洁风险预警提示活动方案》，对市委会领导班子成员、常委、各基层组织领导班子成员，科级（含副科）以上党员干部和实职岗位的党员干部通过多种渠道开展廉洁预警提示。积极参加赴宕昌哈达铺廉政警示教育活动，观看警示教育片《违法建筑背后的贪腐集团》，警示教育党员干部尤其是领导干部时刻拧紧理想信念“总开关”，自觉筑牢拒腐防变思想防线，廉洁风险预警纳入制度化、常态化、规范化的轨道。

【自身建设】 配齐机关秘书长1名，新增行政编制1名、副科级领导职数1名。启动新一轮制度规则修订完善工作，梳理形成各类规章制度37条，着力提高制度执行力。集中开展下基层走访调研和督导检查，通过召开谈心会、举行述职述廉、开展诫勉谈话，对全体党员和机关干部遵守党章、履行党派职责情况进行党内监督，逐步推动党内监督工作常态化。

【获得荣誉】 党员傅连鸿先后荣获全国“最美志愿者”和第六次“全国自强模范”荣誉称号，并入选2019年度“感动甘肃·陇人骄子”人物评选；朱天垣入围全国“最美奋斗者”评选候选人，并荣获“改革开放40年感动甘肃·陇人骄子”奖等。

49篇主题征文分获农工党全省“纪念改革开放40周年”和“庆祝新中国成立70周年”主题征文活动一二三等奖和优秀奖；2篇社情民意信息被授予2019年度优秀社情民意信息二等奖；王波、张成阁、王汝勃等3名党员被授予2019年度全省反映社情民意信息工作先进个人。

（王汝勃）

九三学社兰州市委员会

【概况】 九三学社兰州市第一届委员会1987年成立。内设办公室、组宣科。机关编制6人，其中行政编制5人，工勤编制1人；年末在职人员4人，退休人员3人。主要职能职责是参政议政、民主监督，参加中国共产党领导的政治协商。

【思想建设】 选派1名机关干部参加市委统战部在四川大学举办的全市统战系统干部培训班、市委党校举办的党外干部第43期培训班，2名市政协委员参加市政协组织的政协委员培训班，8名社员参加社甘肃省委、宁夏区委联合举办的新媒体思想宣传能力提升班，9名社员参加社省委在重庆社会主义学院举办组织的基层组织主委提高班，10名机关干部及骨干社员参加社省委组织的主题教育研讨班。上报九三学社甘肃省委员会、市委信息处、市委统战部各类信息100余条，采用90余条；开通社市委微信公众号。举办庆祝新中国成立70周年暨九三学社建社74周年大会，表彰奖励2018—2019年度先进基层组织和优秀社员、优秀社务工作者和优秀参政议政个人。积极参加社中央“关于新中国成立与中国新型政党制度确立70周年”、关于“五四运动精神与新时代九三学社发展”“不忘合作初心 继续携手前进”主题论坛论文及市政协组织“关于庆祝人民政协成立70周年理论研讨”等征文，共有41人上报44篇征文。举办《加强五种能力建设，做好参政议政工作》的主题讲座和《不忘初心，砥砺前行，愿为祖国治沙事业奉献一生》主题教育宣讲报告会，近200名社员参加。

【参政议政】 利用“两会平台”积极参政议政，提交兰州市政协十四届三次会议大会发言2件，委员个人大会发言2件，集体提案17件，个人提案51件，《关于加快发展我市智力残疾人中等职业教育的提案》被列为主席重点督办提案。提交兰州市十六届人大三次会议议案15件，《关于用工匠精神打造精致兰州的建议》经《可持续发展研究》全文转载发表，引起智库杂志和省市领导的关注与重视。开展对全市生态文化旅游发展情况的专题调研，完成高质量调研报告。班子成员及社员代表、社员委员出席参加协商会、情况通报会、座谈会等各类会议，就《市政府工作报告》、经济社会发展、党风廉政建设和反腐败工作、主题教育以及有关人事安排等方面开展政党协商。召开3次参政议政工作会议，征集信息和线索，完善信息内容；深入社区开展各类活动18次，向市政协上报社情民意信息14篇。

【自身建设】 抓班子带队伍，坚持贯彻民主集中制原则，形成想干事能干事干成事的班子作风。提高基层组织建设活力，深入县区统战部门及社员所在单位，开展走访调研活动；

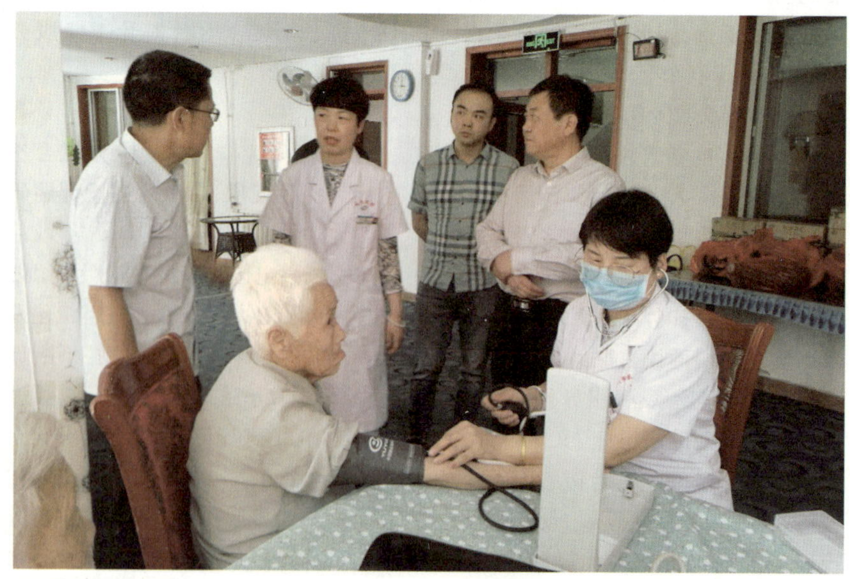

8月1日，九三学社会员下乡开展义诊活动

成立兰州新区支社和城关12支社2个新的基层组织，增设农业工作专门委员会，成立九三学社兰州市南山书画院；全年发展新社员39名；加强自身监督工作，对3个基层委员会和安宁、红古、榆中、永登、皋兰支社开展新一轮全覆盖巡察督导；加大后备干部队伍建设，建立后备干部队伍人才库；加强机关建设，健全完善工作制度。积极开展志愿服务活动，与多地九三学社组织开展学习交流。

【社会服务】 争取九三学社品牌和资源，携手北京康牧兽医药械中心、北京康牧众诚动物药品有限公司，赴榆中一中开展捐资助学活动，向29名高中学生每人资助2000元。举办“翰墨寄丹心——庆祝新中国成立70周年暨纪念中国新型政党制度确立70周年”现场书画笔会，10余名社员书画名家参加活动；组织20位书画家社员参加省委统战部举办的“风雨同舟共携手、同心共筑中国梦”全省统一战线庆祝中华人民共和国成立70周年书画展和社中央、社省委在白银组织的庆祝建国70周年书画展。

【社情民意联系点工作】 将城关区靖远路街道九州大道社区、临夏路街道绣河沿社区等10个社区设为社市委社情民意联系点，认真把握社情民意工作的着力点，积极拓宽社情民意工作渠道，组织开展坚持医疗、法律咨询进社区活动，举办健康讲座3次；邀请社员人大代表、政协委员与基层群众座谈交流，听取社情民意，开展其他各类活动16次。

（刘　锐）

兰州市工商业联合会

【概况】 2019年，新增商会组织7家，新增会员2180名，基层商会组织总数204家，会员总数22534名，五家区（县）工商联荣获全国“五好”县级工商联荣誉称号；积极参政议政，开展专项调研9次，完成4篇调研成果，上报市政协十四届三次会议集体提案10件（最终立案9件），大会发言1篇，并做好提案回复对接工作；积极配合做好“2019年民企陇上行”专项行动各项工作，邀请240家企业参加“兰洽会”，引进投资总额5亿元高端制造项目；开展非公经济人士理想信念教育实践活动，举办兰州市工商联（总商会）祝福祖国·庆祝中华人民共和国成立70周年文艺汇演和党的十九届四中全会精神宣讲，组织“商会进县区”兰州新区行、榆中生态创新城活动2次，组织主席（会长）活动日2次。

【东西部扶贫协作】 组织永登县、榆中县、皋兰县相关领导及民营企业家赴天津宝坻区、宁河区及东丽区对接东西扶贫协作工作，建立完善互通机制、争取帮扶资金、促进两地企业交流和深化“百企帮百村”活动。截至年底，天津市26家企业帮扶榆中县49个贫困村160.29万元；21家企业帮扶永登县20个贫困村33.3万元；6家企业帮扶皋兰县17个贫困村12.5万元，总计53家企业帮扶兰州市3县86个贫困村206.05万元。据全国工商联“万企帮万村”台账显示：截至12月2日，全国369个企业帮扶兰州市316个村（含非贫困村），66740户246186人受到帮扶。提供帮扶资金2.69亿元。其中，产业帮扶资金2.36亿元；就业帮扶资金0.18亿元；公益帮扶资金0.13亿元；技能帮扶资金200万元。

【招商引资】 积极参加第25届中国兰州投资贸易洽谈会，邀请宾客14个团队438人，市工商联接待重点团组3个。联合兰州新区经合局、红古区经合局开展投资环境和重点项目招商推介1次，联合市政府合作交流办公室举办全国商会对接会1次，接洽23家200位全国各地的襄阳商会、襄阳籍企业家进行推介招商1次。组织会员企业参加2019年甘肃省银企对接会，联系农行、民生银行和农业发展银行兰州分行联合发文、签订合作协议，畅通金融机构直接服务会员企业的渠道，为非公经济解决融资难、融资贵问题。全年组织企业家赴上海等地进行推介招商考察交流活动6批次。引进兰鑫钢铁—宁夏恒力战略合作暨精品特钢产业链延伸高端制造项目，投资总额5亿元。向市委组织部人才中心推荐海外甘肃商协会申请4份，省外甘肃协商会申请18份。

【法治建设】 加大“扫黑除恶”宣传力度，召开全市检察院和工商联系统视频会议，向广大非公经济人士宣讲行动的重要意义、目标任务和方法措施。联合市检察院走访直属商会53家，征求商会和会员企业存在的问题线索30条，正式答复4件。配合开展涉政府产权纠纷问题专项治理行动，收集到关于土地纠纷问题2条并上报市发改委。联合市国资委、市总工会开展以“弘扬宪法精神，推进国家治理体系和治理能力现代化”为主题的宪法进企业主题日活动。组织非公经济人士参观学习“法治长廊”建设和公益性企业普法用法经验。与市工信局、市司法局联合组织28家县区工商联和部分商会非公企业家参加2019年省工商联、省司法厅民营企业营商环境法律培训班，邀请市律师协会专业律师深入到商会、民营企业开展法治讲座，维护会员合法权益，增强非公经济人士法律意识，做好民营企业法律服务工作。

【参政议政】 走访兰州市中医院、兰州莆田商会等企业和商会，整理“千企纾困”问题清单65家，报送省工商联协助解决实际问题。开展拖欠民营企业账款情况摸排、民营企业发展中存在困难和问题、2018年度民营企业社会责任情况、2019年四个季度民营企业运行状况网上调查等摸底调研工作，整理汇总《兰州市民营企业运行情况报告》《兰州市民营企业防范化解风险工作报告》《“双百千”培育工程实施情况》《兰州市光彩事业发展情况调研报告》等4篇调研报告。积极参与市政协十四届二次会议，上报市工商联团体提案11件(最终立案9件)，并做好提案回复对接工作。开展“千企万商大走访”活动，走访2家结对企业“中国石油天然气有限公司西北销售分公司”和“兰州石羊饲料有限公司”，配合市委、市政府解决企业提出的问题1条。积极联系市政府、七里河区国土局等部门，帮助协调解决兰阿公路拓宽改造工程严重影响铭帝铝业公司生产经营问题。落实“双百千”培育工程，纳入兰州市“双百千”培育工程库企业251个，企业家255人。入库企业2018年销售额10亿元以上15家；5亿~10亿元企业9家；1亿~5亿元企业57家。

【会员服务】 庆祝中华人民共和国成立70周年，兰州市工商联(总商会)组织全市非公经济界1200余名代表共聚一堂，自编自演祝福祖国文艺汇演。组织市工商联(总商会)主席会长活动日2次。联合省委统战部、省工商联开展大宣讲活动，重点宣讲习近平新时代中国特色社会主义思想和关于非公有制经济发展的系列重要讲话精神、发展民营经济的政策环境及省委省政府贯彻落实习近平总书记关于非公有制经济发展系列重要讲话精神的重大举措。邀请甘肃朗乾环境科学研究有限公司董事长王刚，就习近平总书记在十三届全国人大二次会议甘肃代表团审议重要讲话精神作交流发言。组织开展商会进县(区)“新区行”和“考察榆中生态创新城”活动，组织市工商联执委、常委及区县工商联主席等150余人赴榆中生态创新城实地考察。联合市委统战部在贵州大学举办兰州市非公有制经济代表人士培训班1期。举办中小微企业税收政策及金融知识等“兰州市工商联大讲堂”系列培训5期。配合全国工商联来兰举办助推甘肃特色产业质量发展为主题的德胜门大讲堂活动。

【自身建设】 新成立甘肃省粤港澳企业联合会、兰州湖北商会、兰州市襄阳商会等商(协)会7家，新发展会员2180名。新增副主席4名、副会长4名、常委29名、执委50名。2名会员荣获“全国五一劳动奖章”。新命名兰州市工商联“四好商会”10家。市级“四好”商会总数达到23家，省级“四好”商会5家，全国工商联“四好”商会1家。指导县区工商联开展“五好”县级工商联建设，新推荐申报2家县区工商联为甘肃省工商联“五好”县级工商联。截至年底，城关区工商联、七里河区工商联、永登县工商联、榆中县工商联、皋兰县工商联五家区县工商联荣获全国“五好”县级工商联荣誉称号。与创建文明城市包抓孔家崖街道社区进行对接，协调主要领导对包抓孔家崖街道社区创建工作进行检查指导和互联共建，组织机关党员干部进社区志愿活动，配合市政协主要领导检查安宁区孔家崖街道及下辖科苑文明城市创建工作。

(娄光明)

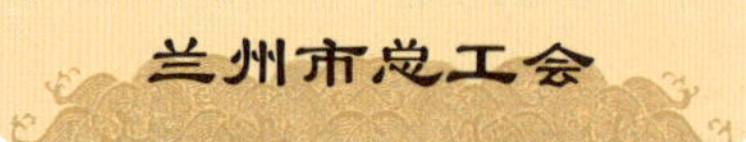

兰州市总工会

【概况】 2019年，全市有各类基层工会组织6089个，涵盖独立法人单位13371个；各类法人单位建会率保持在85%以上，其中25人以上的建会率动态保持在90%以上，基层工会组建规范化率达到85%以上；覆盖职工74.03万人，较2018年净增4365人，工会会员72.30万人，较2018年净增8592人，各类法人单位职工入会率保持在85%以上，其中农民工会员23.77万人，较2018年净增33134人，增长16.2%。

【工会组建】 开展五十人以上企业建会专项行动和“八大群体”集中入会推进年行动。探索创新工会组织体系和工作模式，总结推广“问云经验”和“管家工会”模式，2019年下达批复486个，审核、新建基层工会组织110家。举办兰州市“八大群体”集中入会仪式。依托“兰州市快递行业技能比武”等劳动竞赛，推动组建“兰州市花卉协会联合工会”“甘肃省家庭服务行业系统工会”。全年建设“快递员之家”4个、“货车司机之家”1个。全市各级工会组建“八大群体”企业独立工会188个，行业性工会5个，涵盖企业252家，发展会员15132人。组织开展会员评家工作，围绕“六有”工会建设、会员四权落实等重点工作评议基层工会工作开展情况、工会领导班子履职情况。全市5309家单位开展会员评家工作，开展率87.19%，“满意”等次4555家，占85.80%，基层工会主席(副主席)“满意”等次4738家，占89.24%。

【职工解困脱困】 对全国级建档的困难职工及其家庭成员的车辆、房产、企业注册等信息再次进行比对，剔除问题档案，做到数字清、底子实、帮扶准。以长期停产半停产、经济效益下滑、关停并转的企业和建档的全国级困难职工为重点，筛选出66户深度贫困职工、8家困难企业，建立联系困难企业和困难职工制度。截至11月底，有全国级困难职工档案259户。“两节”期间，市总工会筹措资金694万元，慰问困难企业49家，慰问困难职工15070人次，分两批次发放救助金335.46万元，救助1086人次，为21名患大病困难职工发放医疗救助金16.39万元，对390名困难职工家庭子女实施“子女助学”帮扶，发放救助金117万元。列支经费65万元开展夏送清凉活动，慰问40多家单位，为8000余名一线职工发放防暑用品。联合天庆集团开展新一轮2019—2022年的子女助学活动，筹措资金120万元，2019年为50名考取大学的困难职工家庭子女发放一次性助学金5000元。

【职工技能素质提升】 制定《兰州市2019年职工职业技能素质提升活动实施方案》，举办城市轨道交通建设省级一类决赛、甘肃省“陇原妹”杯家政服务省级一类决赛、“公交杯”驾驶员技能大赛等18个场次，31个工种(岗位)的省、市级技能大赛。全市近34万职工参与劳动竞赛，涉及轨道交通、园艺插花、公交驾驶、钢铁冶炼等专业工种达82个(次)。全市各企业技能展演386场，近20万人参加。涌现出先进操作法110个、被推广使用51个。全市相继涌现出合理化建议1474条，技术革新项目66项、发明创造获得专利14项、累计产生和创造经济效益5268万元。推荐上报甘肃祁连山水泥集团酒钢(集团)宏达建材有限责任公司的分别粉磨工艺的优化改进及应用等10项职工优秀技术创新成果参加全省第12届职工优秀技术创新成果评选。新命名的47个“兰州市创新型班组”班组长和各级工会负责人近百人。兰州石化公司电仪事业部仪表二车间乙烯仪表班等17个班组被评为省级创新型班组。魏本强等8名同志被评为“金城工匠”。兰州鑫源现代农业科技开发有限公司尹建敏荣获“全国五一劳动奖章”，城关物业服务集团有限公司荣获“全国五一劳动奖状”，兰州市轨道交通有限公司孙红斌荣获“省五一劳动奖章”，中铁六局集团有限公司兰州轨道2号线一期2-TJ-5标项目部等5个集体荣获“甘肃省工人先锋号”。新建劳模创新工作室12家，全市劳模创新工作室达到68家。

【职工权益维护】 全年办理工会法人资格证556个。与甘肃玉榕、甘肃雪云、甘肃诚域律师事务所合作，组建一支由28名律师组成的普法志愿者队伍，全年参与普法宣传宣讲4次，为8家企业进行法治体检，参与信访接待、政策咨询接待35人次。联合市司法局、市律师协会开展“尊法守法·携手筑梦”服务农民工公益法律服务行动16场次，发放普法资料1.4万余份，服务农民工和职工2000余人，接受法律咨询近900人。深入兰大二院四建项目工程部施工现场开展根治农民工欠薪夏季专项行动宣讲会。通过“12351”职工维权热线和12345民情通服务热线做好职工信访接待工作，全年接待职工来电来访51起、97人次，办理职工来信1件，受理12345民情通热线投诉件10件，均已按时办结，办结率100%。全市各级工会召开专场招聘会27场次，入场1079家单位，提供就业岗位3.2万个。

【职工思想文化生活】 联合电视台等媒体，拍摄劳模专题宣传片。邀请劳模工匠进企业、进校园、进机关，以“与新中国同成长、与新时代齐奋进”为主题开展宣讲活动。举办“新时代同庆元宵佳节 新风采共竞古韵灯谜”为主题的兰州市第5届职工灯谜竞猜活动，举办劳模、工匠风采图片展，《曲苑百戏周末有戏看》惠民展演56场。“五一”期间，开展“中国梦·劳动美”庆“五一”送文化下基层活动、“中国梦·劳动美—劳动者之歌”大型主题活动，举办“庆祝中华人民共和国成立70周年”系列演出4场，举办纪念中国共产党建党98周年百人名家书画交流展和庆祝中华人民共和国成立70周年书画展，举办兰州市“互助保障杯”第8届职工乒乓球比赛。组织开展迎新春送文化下乡慰问志愿服务、“关爱农民工 情暖回乡路”志愿服务、就业创业服务月志愿服务、“弘扬雷锋精神 助推文明实践”志愿服务、关爱留守儿童志愿服务、为贫困山区孩子献爱心捐赠志愿服务、《国旗法》宣传教育志愿服务、“我们的节日”系列主题活动，垃圾分类宣传活动、支部联建促发展主题党日志愿服务等。

【大型活动】 4月26日，庆五一“中国梦·劳动美——劳动者之歌”大型主题活动在兰州音乐厅举行。主题活动组织中华人民共和国立以来兰州市不同阶段涌现出的全国、省级、市级劳模、金城工匠、五一劳动奖

4月26日，兰州市总工会举办庆五一“中国梦·劳动美——劳动者之歌”主题活动

章获得者、工人先锋号团队、劳模创新团队走红地毯。为金城工匠颁奖，为历届劳模、五一“双奖”代表，班组、工人先锋号代表，民主管理先进单位、模范职工之家代表佩戴大红花。邀请一线产业工人表演节目，讴歌“中国梦·劳动美”的时代主题，展现劳动者的风采，弘扬劳动最光荣、劳动最崇高、劳动最伟大、劳动最美丽精神。全市职工代表千余人参加。

【兰州市“八大群体”集中入会仪式】

8月16日，“听党话、跟党走，迎国庆、比奉献”兰州市“八大群体”集中入会仪式在西湖公园举办。来自兰州润泽物业管理有限公司工会等14家新建工会组织的300余名“八大群体”会员代表参加。现场表彰兰州全程德邦物流有限公司工会、七里河区货车司机工会主席王景昌等“八大群体”建会入会工作先进集体、先进个人，为14家新成立的“八大群体”工会组织授牌。

【庆祝中华人民共和国成立70周年文艺演出】 9月20日，在兰州石化公司文化宫举办“产业工人心向党、创业奋进展辉煌”全市职工庆祝中华人民共和国成立70周年文艺演出。来自全市各行各业的职工群众以文艺演出的形式向中华人民共和国成立70周年献上深情祝福。全市各行各业的劳模、工匠代表及基层一线的劳动者代表共800余人观看演出。

（于　伟）

共青团兰州市委员会

【概况】 2019年，共青团兰州市委干部配备率91%，班子配备率100%；市县两级团干部总体配备率73%，班子配备率90%，在岗率100%。全年推荐上报的典型人选中，荣获全国优秀共青团员、优秀共青团干部称号各1人；荣获甘肃青年五四奖章称号1人。

【思想引领】 构建“导学、讲学、研学、比学、践学、督学”六位一体学习体系，在微信公众号上组织各基层及直属团组织“青年大学习”学习情况进行统计，每季团组织和团员青年开展“青年大学习”行动。对各区县学习结束，对参与率较低的单位进行通报，全年开展“青年大学习”8期。整合全市各级团组织资源优势，从团干部、党政机关青年干部、青联委员、青年教师、青年理论专家、企业青年骨干、农村致富带头人、青年典型等各领域优秀青年骨干中选拔50名优秀青年讲师骨干组建成立“兰州市青年讲师团”，深入基层、走进青年，围绕党的理论、党史国史、形势政策、成就故事等，开展与团组织、团员面对面、互动性的宣讲交流，全年开展宣讲交流20场，覆盖青年6000余人。

【“五四”精神传承和发扬】 4月30日，在金城大剧院开展兰州市纪念“五四运动”100周年暨“五四讲堂”首场报告会，纪念和缅怀革命先辈丰功伟绩，邀请著名雕塑家何鄂先生为青年讲述奋斗历程，激励教育全市青年围绕中国梦、建功新时代。组织全市团员青年集中收听收看纪念“五四运动”100周年大会直播，印发《共青团兰州市委关于认真学习宣传贯彻习近平总书记在纪念五四运动100周年大会上重要讲话精神的通知》，组织专题座谈会3场次，并将重要讲话印制成钢笔字帖，发放给全市广大团员青年，号召广大团员青年继承和发扬光荣传统，把“五四精神”作为成长的方向标，自觉用优秀传统文化滋养心灵、陶冶情操，争作时代新风的引领者。

【“名家讲堂”活动】 每月举办1次名家讲堂、思政课堂、青年论坛、流动教室等内容的“五四讲堂”。5月28日，组织各界青年代表50余人赴武威市古浪县八步沙林场，学习压沙技术，聆听感受“时代楷模”八步沙“六老汉”三代人的先进事迹。邀请雕塑大师何鄂、甘肃省委党校教授刘永哲、中国人民大学教授朱立言、团中央青年讲师团成员张森、力鹏、李东坡为全市团员青年授课8次。

【青少年思想教育】 精心谋划“十个一”主题活动；组织开展“我们都是追梦人”“党的十九大精神我知道”“习爷爷的教导记心间”“好队员在行动”“十八岁成人礼”等1系列主题活动；组织机关干部和全市部分优秀共青团员、优秀少先队员代表200余人前往会宁、兰州新区等地开展“传承红色基因 铭记初心使命”主题活动4场次；10月12日下午，在西固区福利东路第二小学举办兰州市“红领巾心向党，争做新时代好队员”主题队会纪念活动，市委副书记张柯兵出席活动，并为全市少先队员及少先队工作者送上节日慰问。9月21日上午，组织1300余名志愿者，在体育文化广场举办“我为祖国献首歌——庆祝中华人民共和国成立70周年快闪活动”，在全市青少年中唱响爱国主义主旋律。

【宣传工作】 发挥“兰小团宣传工作群”“兰州共青团QQ群”“兰州团团网宣员群”作用，扩大舆论阵地建设；完成全年度《兰州青年》的出版发行工作；完成兰州共青团形象标识的网络评选工作，开展“地铁青春号”设计装饰工作；在中央电视台、人民网、《中国青年报》《甘肃日报》《兰州日报》等主流媒体刊播新闻300余篇条，其中《兰州日报》头版头条39篇，整版发布2篇，《兰州晚报》头版头条8篇，报道50余篇；“兰州青年”微博发布2700余条，累计阅读90万人次；“青春兰州”今日头条粉丝2.2万人，发布

452条,累计阅读252万人次;"兰州共青团"微信发布340余条,点击量23万人次;抖音号发布340条,点击量210万人次,获赞14万人次,粉丝2.2万人;兰州共青团网站累计发布11638篇。

【文明城市创建】 组织开展"精致兰州、文明同行"保护母亲河环保宣传实践系列活动29次,动员2600余名团员青年在黄河边捡拾垃圾、清洁城市。在榆中创新城等地开展植绿护绿活动11场次,栽种樟子松树6700余棵。加强未成年人思想道德建设,承办2019年甘肃省庆祝"六一"国际儿童节暨"习爷爷的教导记心间,争做新时代的好队员"主题活动,在全市中小学校开展以"我眼中的脱贫攻坚 我眼中的家乡变化"为主题的少年儿童手抄报大赛活动,筛选上报作品200余件,30幅优秀作品参加全省集中展示。组织开展"我们的节日"主题系列活动,在清明、端午等节日开展各项活动25场次。

【"扫黑除恶"】 成立"扫黑除恶"专项行动工作领导小组,结合共青团自身实际研究制定《兰州市共青团组织扫黑除恶专项斗争工作方案》,召开扫黑除恶工作部署会和专题会2次,在微信公众号刊发《"扫黑除恶"应知应会》内容10次,向全市广大青少年发放《"扫黑除恶 护航青春"倡议书》3000份,悬挂宣传条幅120条,组织扫黑除恶宣讲会2场。督促指导各级团组织重点围绕"校园欺凌"等进行摸排,切实做到"反应快、底数清、情况明"。

【就业创业工作】 3月2日,在西北师大体育馆与团省委共同举办甘肃共青团脱贫攻坚新春招聘会。邀请到全国各地400余家用工单位,提供就业岗位1万余个,现场初步达成就业意向2800余人;11月20日,启动兰州市网络招聘月活动,参加招聘企业100余家,发布招聘信息上万条。与企业进行对接,对条件成熟、有意向建立青年就业创业见习基地的企业进行创建和培养,有3家企业申报创建青年就业创业见习基地;同时对已建立的共青团"青年就业创业见习基地"的进行回访。按照团中央《"全国青年创业示范园区"管理办法(试行)》相关要求,团市委在全市范围内开展申报创建青年创业园区工作。

1月10日,共青团兰州市委慰问榆中县马坡乡旧庄沟村困难群众

【婚恋新风尚】 发挥共青团组织青年、服务青年、引导青年的职能,帮助解决青年男女的婚恋问题,开展团团为你找对象"青春有约·缘定金城"兰州市青年交友联谊活动2场次,帮助300余名单身男女青年创造温馨、健康的交友环境,搭建了青年相识、相知、相亲的公益平台。截至年底,通过举办青年交友活动已促成35对青年男女牵手成功,帮助1对青年走进婚姻殿堂。

【希望工程工作】 开展希望工程30周年宣传筹资表彰相关工作及希望工程30周年线上集中活动,向省希望办推荐希望公益之星—陈顺贤、金于熙,希望工程优秀学子—何俊毅,希望工程模范—兰州新区周杰希望小学;对希望工程资助项目库10万余名资助学生信息进行录入;推荐第6届"TCL希望工程烛光奖计划"引领奖—赵双贤,并做好实地走访复审工作,审核推荐17名受助学生接受天津"爱心行动"资助,审核推荐25名学生接受"中国茅台 国之栋梁"资助。

【关爱困难留守儿童】 组织开展"百名留守儿童金城过六一""红领巾动感假日"等活动,组织百名农村留守儿童参观甘肃省科技馆、省博物馆,戴上VR眼镜体验地震,在巨幕影院观看感受4D影片带来的惊险刺激和乐趣;参观兰州大学、黄河母亲雕塑、百年中山铁桥等兰州标志性景点,领略黄河风情线的美丽和兰州大学的文化底蕴;积极与临潭县团委联系,在暑假期间组织少数民族地区品学兼优的中小学生来兰州开展"情暖童心相伴成长"——2019兰州团市委关爱少数民族地区青少年夏令营活动,30名藏区留守儿童参观甘肃科技馆、极地海洋世界、兰州新区恐龙园,体验乘坐兰州地铁一号线等。9月,市青联又组织部分青联委员、青年志愿者赴甘南州临潭县开展"2019年关爱民族地区青少年公益行"活动,前

9月4日，共青团兰州市委赴甘南州临潭县开展关爱民族地区青少年公益行活动

往临潭县羊永九年制学校，为同学们送去文体用品，环保袋，配备图书300余册，建设"共青团爱心书屋"。

【青年文明号创建】 对申报2017—2018年度市级青年文明号的86家创建集体开展网络报备审核工作，进行实地检查验收，评选出14家市级青年文明号集体；联合市安监局开展"青年安全生产示范岗"创建工作，评选出5个创建集体为青年安全生产示范岗；推荐参加全国农村青年致富带头人人选1人、省级青年文明号1个、省级青年岗位能手人选3人、省级青年安全生产示范岗3个、国家级青年岗位能手人选1人。承办第14届全省"振兴杯"青工技能比赛。

【志愿服务工作】 招募600名志愿者开展为期40天的"情暖回家路"春运志愿服务行动，服务旅客611968名，志愿服务时长在全国"志愿汇"春运服务温暖榜上排名第8，有5名志愿者服务时长在全国20.6万名志愿者中位列前十。组织开展"垃圾分类齐参与，幸福兰州共分享"活动，发放垃圾分类相关知识宣传彩页3000余份、宣传物品2000件，收集可回收垃圾3吨，有害垃圾1吨。组织兰州的士奔马雷锋车队开展为期1月的"弘扬雷锋精神、践行志愿服务"活动，对70岁以上的老人及残疾人、孕妇提供免费优质乘车服务，服务270余人次。招募选拔120名优秀外语志愿者为国际田联路跑会议嘉宾提供细心周到的接待翻译等志愿服务。招募选拔4300名青年志愿者为2019年兰州国际马拉松赛提供服务。高考期间，招募1000余辆爱心送考车为84名特殊考生和5000名学生家长提供爱心送考服务。组织30余家爱心企业举办"我们的节日"端午、中秋、重阳等志愿服务活动。举办兰州市第4届志愿服务项目大赛，推选优秀志愿服务项目参加全省、全国志愿服务项目大赛。

【基层组织建设】 出台《季度督导检查、半年观摩交流、年终考核评估、全年工作汇报制度》，分领域、分层次逐步理清全市团组织关系。先后统筹成立市教育局系统团工委、市国资委系统团工委，积极筹建市邮政行业团工委；指导城关团区委、电源车辆研究所团委、市城建学校、蓝科高新石化装备有限公司等5家团组织开展换届工作，指导甘肃新科轨道高铁技工学校建立团组织。不断加强直属团组织协管力度，进一步做好团干部配备管理工作，对市、县两级团的领导机关团干部配备情况进行全面摸底、录入系统，进一步提高团干部配备管理水平。

【共青团改革工作】 扎实推进"智慧团建"网上共青团建设，研究出台《关于进一步规范学校领域团籍档案管理工作的实施意见》，指导各区县团委、市教育局系统团工委、直属学校团组织开展学社衔接工作，完成全市学校领域团支部毕业时间标记和乡镇街道、学社衔接临时团支部建立工作，学社衔接率94%。推进网上组织整顿工作，指导2367家支部完成整顿自评。不断加强新发展团员调控工作，严格按照团省委调控指标制定团员发展规划，强化区域统筹，科学分配新发展团员比例。严格落实发展团员编号制度，严格入团程序，强化入团仪式，加强团前教育和推优入团工作，做好团队衔接，提高团员发展质量。

【"主题团日+"活动】 制定出台《关于在全市各级团组织建立"主题团日+"活动长效机制的实施意见》，要求各团支部每月固定时间统一开展主题团日活动；开展"主题团日+"督导及观摩交流工作，重点查看"七事联动"、活动形式、必学内容及自选动作等落实情况，及时反馈督导意见，形成当月"主题团日+"开展情况通报，全面提升全市各级团组织的业务水平。积极组织开展"青春心向党·建功新时代"特别主题团日活动，邀请中国青年"五四奖章"获得者张森等4名同志作先进事迹报告；组织"我与祖国共奋进——国旗下的演讲"特别主题团日活动；开展"红领巾心向党 学雷锋树新风"主题月教育活动，活动学校覆盖面100%，参加人数近20万人。

【推优选先】 认真做好优秀典型

培育挖掘工作，通过推优选先工作激励全市广大团员团干部和各级团组织奋发有为、再创佳绩，积极发挥先锋模范作用。王悦等6人被评为“甘肃省优秀共青团员”，冯天等5人被评为“甘肃省优秀共青团干部”，兰州市城关区酒泉路街道中街子社区团支部等6家团支部（总支）被评为“甘肃省五四红旗团支部”，兰州新区团工委等4家团委（工委）获评“2018年度甘肃省五四红旗团委”。积极开展市级“两红两优”评选表彰工作，评选出20名优秀共青团员，20名优秀共青团干部及15家五四红旗团支部和19家五四红旗团委。

（赵宇亮）

兰州市妇女联合会

【概况】 2019年，全年举办农村妇女就业培训班20期，培训妇女近3000人。投入专项资金近30万元，建成市级“巾帼扶贫车间”17个、省级“巾帼扶贫车间”3个、市级巾帼脱贫示范基地5个。推荐全国三八红旗手1名、三八红旗标兵1名，推荐省级三八红旗集体3个、三八红旗手4名。

【妇女干部选拔培养】 不断优化干部队伍结构，多措并举大力培养女干部。强化重点培养，鼓励年轻干部积极参与中心工作、重点工作，主动压担子，磨练品质、增长才干、创造业绩。积极拓宽选拔年轻干部渠道，争取组织部门的支持，严格组织程序，从基层一线、各行各业选用优秀人才，选优配强挂兼职干部，建设专职、兼职、挂职干部相结合，符合妇联组织特点、充满活力的市妇联机关干部队伍。以培养人才、激发活力、推动工作为重点，调整交流市妇联部分岗位，对有能力、靠得住、肯干事、民意好的年轻干部委以重任、放手去用，实现妇联干部队伍的蓬勃健康发展。

【宣传培训】 持续抓好以学习宣传习近平新时代中国特色社会主义思想和党的十九大、十九届四中全会精神为主题的“十百千巾帼大宣讲走基层”活动近200场次。开展以“巾帼心向党·唱响新时代”为主题的纪念“三八”国际妇女节109周年系列活动，新时代文明实践活动百余场。开展“巾帼心向党·建功新时代”“礼赞新中国·奋进新时代”等有特色、接地气的群众性引领实践活动，动员各行各业、各族各界妇女群众共同唱响《我和我的祖国》，共庆祖国70华诞。在“金城女性之声”微信公众平台和兰州妇女网、《兰州日报》创新推出“学习妇女十二大·金城女性话发展”“热议党的十九届四中全会”等栏目30期。创新设立“学习时光”“金城女性学法”“百姓关注”“金城女性话发展”“书香金城·魅力女性”等专题栏目，群众关注度高，全社会形成向上向善的强大正力量。截至年底，“金城女性之声”微信公众平台累计发布各类信息1000余篇，兰州妇女网累计点击次数近28万余次。2019年，市妇联在《中国妇女报》等国家级网络媒体刊发《兰州妇联：做政治上的明白人、服务基层的贴心人、妇女群众的娘家人》等专稿5篇；中国甘肃网等省级网络媒体刊发专稿15篇；在《甘肃日报》《兰州晚报》等省市媒体刊发《党建带妇建·带红半边天》等专版3期；中国兰州网等市级网络媒体刊发专稿近30篇。

【妇女创业服务】 组织实施女性“双创”培训和“春风送岗位”女性创业就业工程，通过建立“高校+基地+带头人+妇女”和“经纪人+市场订单+产品”的电商发展体系，引领广大城乡妇女积极投身“双创”实践。2019年，帮助全市城镇担保贷款作用妇女近5000人实现创业就业。充分发挥妇女创业，鼓励支持城乡妇女在参与特色农业、庭院经济、乡村旅游、文化创意、电子商务等新业态中实现创新发展。持续加大对巾帼家政服务、妇女手工产业的扶持力度，在全市培育出一大批陇原巧手骨干、巾帼家政经纪人和电商创业女性“双创”带头人。全年培树出以甘肃爽口源生态科技股份有限公司、兰州乡韵农产品专业合作社等全省陇原脱贫攻坚巾

陇原巧手骨干培训班

育婴师技能培训

帼先进集体4个，米家山百合有限责任公司康明兰、安宁区吉祥鸟家政公司傅愈翔等全省陇原脱贫攻坚巾帼带头人10名。建立健全市、县、乡、村四级妇联组织抓脱贫的长效机制，拓展“联盟+产业基地+贫困妇女+市场营销”的扶贫模式，持续组织“姐妹手拉手·巾帼脱贫快步走”和“巾帼大讲堂”活动，帮助支持农村建档立卡贫困户大力发展农副产品加工、手工产品制作、农家乐等特色产业。

【家庭文明建设】 推进“百场家庭教育讲堂”“百场母亲讲堂”“百场心理咨询讲堂”进农村、进社区、进校园，全年组织开展各类主题教育讲座200余场，培训人数近3万人次。持续抓好以“传承好家风·幸福一座城”为主题的家庭文明创建活动，举办第11届家庭才艺大赛、中华经典诵读、优秀童谣传唱、“我的中国梦”“相伴共悦读·共抒家国情”和“书香金城·亲子共读”等群众性主题实践活动近100场次。在“金城女性之声”微信公众平台创新推出“文明创建”“廉政微课堂”等原创专题栏目50期，推动社会主义核心价值观在广大家庭中落地生根。启动实施“家家幸福安康工程”，在全市建成“巾帼家美积分超市”58个，助力城市生活垃圾分类和创建文明城市工作。广泛开展“文明家庭”“最美家庭”“最美母亲”“廉洁家庭进机关”创建评选活动，命名表彰全市“最美家庭”100户、“最美母亲”100名。分别在永登县、榆中县组织承办全省“建设法治甘肃·巾帼在行动”平安家庭与法同行大型三八维权周现场会和全省“共建共治共享·陇原巾帼志愿者在行动”现场推进会2次，组织开展“保护母亲河·巾帼志愿在行动”“学雷锋·巾帼在行动”“垃圾分类·从我做起”等巾帼主题志愿服务活动，在全市打造出“妈妈禁毒队”“妇女清洁队”“爱心妈妈”等巾帼志愿服务品牌，鼓励引导更多妇女群众主动参与新时代文明实践活动。

【妇女合法权益保护】 利用妇联“两微一网”平台，宣传妇女儿童权益相关法律法规及相关维权知识，有效覆盖不同妇女群体，全面提高普法有效性。组建法律志愿者团队及心理志愿者团队，深入社区、农村开展法律咨询活动，有效加大妇女儿童法律保护力度，进一步健全保障妇女儿童合法权益的服务体系。利用“3·8”维权周、“11·25”反家暴宣传日、“12·4”宪法日等重要节日，重点开展以《妇女权益保障法》《反家庭暴力法》等为主的普法宣传活动，不断提高广大妇女儿童的法治意识和依法维护合法权益的能力。切实发挥“12338”妇女维权热线24小时线上作用和“维权中心+工作站+服务点”三级法律援助服务网络的线下功能，全面实现市、区县、乡镇街道、村社区四级妇联信访维权服务网络的互联互通。组织开展“建设法治兰州·巾帼在行动”等各类社会宣传活动近50场。按照全市信访维稳工作要求，认真做好日常接待信访工作，全年受理来信、来访接待案件1347件次，结案率达98%。

【关爱困难群体】 大力实施“恒爱金城·姐妹相助”“金城天使·圆梦明天”城乡困难妇女儿童关心关爱工程，协调各类社会帮扶资金及物品近60万元，对兰州市基层一线环卫女工、城乡特殊困难妇女和家庭、农村留守儿童给予爱心帮扶救助和贴心关怀。发动全市各级妇联干部、广大妇女工作者、巾帼志愿者3042人，以“爱心妈妈”结对帮扶的方式，为全市4026名困境留守儿童常态化开展爱心行动。

【“两规划”实施】 召开市政府妇儿工委全体（扩大）会议，开展“两规划”实施督导调研，着力破解妇女儿童发展中的重点难点问题，2019年市政府荣获省政府2018年度妇女儿童发展规划先进集体荣誉称号。全面落实省、市政府为民办实事农村妇女“两癌”检查救助工作。协调落实市级财政资金283.5万元，会同卫生医疗部门完成86035名农村适龄妇女“两癌”检查。争取全国妇联、中国妇基会农村“两癌”贫困母亲救助资金123万元，救助“两癌”患病贫困母亲123人。

（颜　瑜）

兰州市残疾人联合会

【概况】 2019年，市残疾人联合会为7680名贫困老年残疾人发放生活补贴资金460.8万元，组织实施精准康复服务和省政府实事——助残康复项目，全市康复服务覆盖率和辅具适配率分别达到96.85%和97.46%，新增残疾人就业842人；发放助学资金415万元，资助2087名残疾学生及困难残疾人子女就学，完成目标任务的209%；城关区残疾人傅连鸿获全国自强模范荣誉称号，西固区爱如阳光社会服务中心获全国扶残助残先进集体荣誉称号，全面完成年度目标任务。

【民生保障】 继续实施困难残疾人生活补贴制度，为17980名发放困难残疾人生活补贴，为30027名发放重度残疾人护理补贴，为17420名听力和语言残疾人每人每月发放10元信息消费补贴费。为来访贫困残疾人提供63人次临时性救助经费9.4万元，其中市本级21人次5万元。为711名原残运人员发放就业补助金341.28万元。对全市3034名建档立卡贫困人员的基本情况进行摸底，积极开展危房改造、康复医疗救助、就业创业扶贫、产业扶贫和残疾儿童少年教育救助工作（资助学前教育150人、义务教育836人）。为1万名已就业残疾人购买意外伤害商业保险。投入资金24.2万元完成42户建档立卡贫困残疾人家庭无障碍改造项目。实施普惠加特惠、一般加特殊的保障制度，市、区县政府、残联和相关部门通过节日走访慰问、结对帮扶等方式，救助3万余名困难残疾人。

【就业增收】 认真贯彻落实《兰州市发展残疾人辅助性就业扶持实施方案》，通过扶持残疾人创业、举办“残疾人就业”招聘会、打造残疾人就业创业基地、扶持盲人按摩示范机构、公益岗位等方式，全年实现新增残疾人就业842人。

【康复服务】 持续提升康复服务水平，增强残疾人的生活能力和参与能力。紧紧围绕习近平总书记“重视残疾人健康，努力实现残疾人‘人人享有基本康复服务’的目标”，大力开展残疾儿童康复救助、精准康复服务行动，通过争取项目、筛查摸底、规范操作、督查指导等措施，组织实施社区、视力、听力语言、智力、精神、肢体、辅助器具、人才培养、残疾预防、心理健康等10项康复业务和省政府实事——助残康复项目，积极争取康复项目，不断推动政策、教育、宣传活动融合发展，切实促进残疾人康复工作高质量推进。在《兰州市人民政府关于建立残疾儿童康复救助制度的实施意见》中把受益面从国家制度符合条件的0~6岁残疾儿童和孤独症儿童扩大至0~17岁，达到救助范围全覆盖。市级安排914万元，区县安排256.5万元，全年为703名残疾儿童提供康复救助，为19718名残疾人提供精准康复服务，为7842名残疾人适配辅助器具。开展“全国残疾预防日”“全国爱耳日”“全国助残日”系列宣传活动，扩大残疾人康复知晓度和影响力。

【对口帮扶】 加强东西部扶贫协作帮扶贫困残疾人脱贫工作。积极与天津市宁河区、宝坻区和东丽区残联对接。天津市残联“微善彩虹 扶贫助残”公益项目，为兰州市捐赠价值91万元的足球、架子鼓、布料等扶贫助残物资。继续落实《兰州市东西部扶贫协作三年行动实施意见》，推进贫困残疾人产业扶贫、基础设施建设、劳务合作、教育培训、康复医疗、残疾助学、辅具捐赠等工作，接收帮扶资金692.79万元。

【助残扶贫康复项目】 制定《2019年兰州市助残扶贫康复项目实施方案》，市、区县积极配套项目资金，共投入项目资金415.56万元，实施残疾儿童康复训练和手术25例，适配辅助器具219例。为全市有托养需求的2311名一级智力、精神残疾人和托养机构给予补贴，扶持建设4家规范化的盲人按摩集中就业机构。

【文化宣传】 教师节期间，省委常委、市委书记李荣灿亲切慰问特教教师和残疾儿童，深入调研残疾人托养和社区残疾人工作。组织实施以“自强脱贫 助残共享”为主题的第29次“全国助残日”和以“提高残疾人参与度和领导力”为主题“国际残疾人日”活动，市委副书记张柯兵、副市长刘荣出席活动并讲话。助残日期间，在兰州美术馆举办“喜迎祖国70华诞，庆祝第29次全国助残日暨兰州市残联成立30周年——残疾人书画摄影精品展”，成功举办百家企业残疾人用工招聘会、全市残疾人跳棋比赛、残疾人工作者和托养对象“亲情联谊”会，以帮助贫困、重度残疾人读1本书、看1次电影、游1次园、参观1次展览及参加1次文化活动的形式，按照每户500元标准完成300户贫困、重度残疾人家庭“五个一”项目服务任务，市残联及各区县残联的微信公众号均已开通并正式上线运行。各区县围绕活动主题举办康复辅助器具捐赠、残疾人优惠政策咨询、康复义诊、残疾人文化产品和辅助器具展示、文艺演出等系列活动。完成2019年残疾人文化项目申报工作任务，选送“第6届全省残疾人书画摄影大赛”作品30多幅。

【体育竞技】 举办“兰州市第3届特殊奥林匹克运动会”，全市130名残疾人参加9个大项27个小项的比赛。组织10名盲人参加兰州马拉松赛“梦想一公里”活动；组织15名残疾青少年集训，积极备战全省残疾人运动会；兰州市残疾人运动员在全国残疾人运动会上取得7金2银5铜的好成绩。

【法律维权】 各级法援机构以满足残疾人法律援助需求为导向，采取整合网络、扩大范围、拓宽渠道、强化协作等有效措施，加大对残疾人的法律援助力度。收集、整理2014—2018年度市级残疾人工作规范性文件16份，编印《兰州市残疾人工作规范性文件摘编（2014—2018）》2500册。切实做好人大代表建议和政协委员提案的答复办理工作，接收和办结政协提案4件，办理结果满意度100%。与市公安局、交警支队多次沟通协调，为199名残疾人机动车驾驶员办理尾号限行免于处罚相关手续。接待来访、来电752件次，办结率达98%以上。“12385”残疾人服务热线共接听来电113个，省残联和省、市信访局转办件5件，12345民情通服务热线转办件9件，全部办结。

【社会融合】 不断巩固壮大社会助残力量，全年专门协会开展大型活动5次，组织志愿助残团队开展市残联志愿助残大型活动5次，各类助残公益活动百余场次。投入资金50万元，通过政府向助残社会组织购买服务，为残疾人提供个性化服务，完成2018年购买助残社会组织服务项目验收和2019年项目申报评审。推荐表彰6名全省自强模范、5个全省助残先进集体、5名全省助残先进个人、6个省残疾人之家和5名全省残联系统先进工作者。

【组织建设】 按照“三级网络”残疾人基层组织建设工作要求逐一落实，在人员配备上狠下功夫，社区“三项指标”和“六有”村残协100%实现标准化建设任务。举办残疾人工作者能力提升培训班2期，参训240人次。加强残疾人专职委员培训力度，线下达到2600人，线上达到1240人，全面提升服务残疾人能力。

【文明创建】 补充调整创建全国文明城市工作领导小组，制定《兰州市残联2019年创建全国文明城市工作实施方案》《兰州市残联网格化管理工作实施方案》。对精神文明建设和创城工作及时安排部署，扎实推进残疾人就业、志愿者助残工作，关心关爱未成年残疾人，营造关注残疾人、帮助残疾人、扶助残疾人的良好社会氛围，各项创建目标任务得到有效落实。

（杨　磊）

兰州市科学技术协会

【概况】 2019年，兰州市科协探索科普进社区、进农村、进学校模式，中国科协流动科技馆巡展8场次，科普大篷车宣传83场次，受众6万多人次，荣获甘肃省科普大篷车社会化运行二等奖。编发简报37期，媒体宣传36篇，形成调研报告2篇。

【思想建设】 解决对优秀科技工作者进行表彰、为科技工作者提供法律服务、科普资源实现开放共享等10个问题。帮助甘肃大禹九州空间信息科技公司建立院士专家站，帮助兰州普瑞眼视光医院申报兰州市眼科专家人才工作站。

【理论学习】 整改落实市委巡察反馈意见，配合完成科普专项经费审计，整理印发《常用法律法规实用手册》，通过接受巡察、审计、检查以及整改，促进科协内部管理制度化、工作规范化、决策科学化。在科协网站和微信公众号发稿963篇次，被《中国反邪教通讯》《大众科普》《甘肃科技报》《兰州日报》《兰州晚报》、甘肃电视台、兰州电视台、兰州广播电台、今日头条、丝路明珠网、每日甘肃网、兰州新闻网等媒体报道273篇次，形成多渠道全面宣传、多角度深入报道的良好新格局。

【作风建设】 大力整治形式主义、官僚主义突出问题，大幅度压缩会议、精简文件，作风建设上一个台阶。第一次在区县科协的支持下年度刊发宣传稿件数量破千；第一次在全省率先开展院士专家工作站年度运行集中评估；第一次在市委高度重视及市委办公室、组织部的大力支持下精心完成中国科协领导来兰调研工作；第一次在相关科协、企业、协会的热情帮助下密集接待濮阳、镇江、海口等科协来兰考察；第一次召开座谈会对优秀科技工作者进行表彰；第一次举办青少年科技创新大赛新闻发布会；第一次在网上直播青少年机器人大赛引起15万余人次的关注；第一次通过网络平台组织青少年报名等。干部多上门、面对面宣讲、手把手指导、组织大赛网上报名、重大活动新闻发布和网上直播等模式成为科协服务新常态。

【科普工作】 为安宁区城市规划展示馆等6家科普基地给予资助，7个基层科普组织被评为“全省基层科普行动计划先进集体”。在网站公布36个科普教育基地信息，实现开放共享。购置全媒体科普触摸屏24台，在甘肃移动车载电视、兰州电视台、兰州广播电台、《兰州日报》《兰州晚报》、兰州广播电视报等6大媒体上开设科普宣传栏目。成功举办第2届兰州市青少年机器人竞赛和第35届兰州市青少年科技创新大赛，评出奖项1233项，参加省赛获奖264项，兰州市科协获得两个优秀组织奖。在“小手拉大手——科普大咖进校园”活动中，邀请刘大禾、王邦平、高登义、徐亮、雷占许等10名专家为永登县第八中学、安宁区海亮小学等26所中小学2.2万余名师生作讲座。省、市、区科协联动举办全国科普日启动仪式，开展科普一日游、科技中国70年巡展等系列活动。举办科技助力精准扶贫培训班26期，培训1300人次。

【科技工作服务】　牢固树立“大兰州”理念，主动到中科院兰州分院、中石油兰化公司、航天510所、兰大二院、兰州肽谷研究院、方大炭素公司等30余家科研院所、高校、医院、企业上门服务。结合“弘扬爱国奋斗精神、建功立业新时代”活动，遴选出26名优秀科技工作者，在《兰州日报》《兰州晚报》《甘肃科技报》进行集中宣传报道，在兰州电视台进行系列宣传报道，印制《礼赞共和国、追梦新时代—兰州最美科技工作者风采录》，将受表彰的48名优秀科技工作者确定为首批联系服务对象。向全市广大科技工作者发出“不忘初心、牢记使命”—弘扬新时代科学家精神的倡议书。与北京大成（兰州）律师事务所合作成立科技工作者法律服务中心，批准成立甘肃化工研究院有限责任公司企业科协，帮助成立兰州大学兰州校友科技经济文化促进会。

【创新驱动发展】　与有关企业和单位共同举办科技创新促进网络安全产业发展高峰论坛、川藏铁路建设理论与工程对接高端专题论坛、妇科快速康复微创技术新进展学术研讨会。协办首届甘肃民营科技企业发展峰会。邀请刘维民、薛其坤、袁亚湘、倪光南、庞国芳、石学敏、王锡凡、汤广福、魏子卿、何满朝、陈湘生、金智新、邓子新、王家耀、王陇德等15名院士和王爱勤、张景安等一批专家作学术讲座和报告。兰州市科协被甘肃省科协评为学会工作先进集体。

【科协人才工作】　认真落实《兰州市“产业平台集聚人才计划”实施办法》，指导兰州普瑞眼视光医院申报兰州市高端人才工作站，指导国家电网甘肃电力公司等6家企业建立甘肃省院士专家工作站，使兰州市的甘肃省院士专家工作站达到20家、兰州市高端人才工作站达到1家，引进院士达到21名、专家达78名。年度运行评估中，有12家院士专家工作站被评为优秀等次，获得市委人才专项经费奖励660万元。在全省院士专家工作站推进会上，市科协和甘肃长达路业有限责任公司作交流发言，参观兰州市食品药品检验所和甘肃伯骊江3D科技打印有限公司的院士专家工作站。2家院士专家工作站被甘肃省科协评为优秀等次，各获奖励5万元。以院士专家工作站为核心的高端人才工作站成为科协人才工作的一张新名片。

（柴军荣）

兰州市文学艺术界联合会

【概况】　2019年，兰州市文联发挥文艺家协会作用，搭建宣传交流平台，持续开展文艺创作、人才推荐、文化交流等工作，支持和帮助文艺家开展文艺创作。

【协会管理】　兰州市书法家协会、美术家协会、作家协会、摄影家协会先后召开2019年理事会，分别改选汪志刚为兰州市书法家协会主席，增补照玉任为副主席；增补张巨鸿为兰州市美术家协会副主席；改选任红为兰州市作家协会主席、增补成志达为秘书长；改选马健为兰州市摄影家协会主席、增补王鑫为副主席、改选杨学梅为秘书长。

【文艺创作】　4月13日，策划拍摄的电影《芬芳》在第九届北京国际电影节获“优秀制作项目奖”。8月25日，在兰州举办电影首映式暨新闻发布会，9月6日全国院线上映，献礼第35个教师节。11月5日，在美国洛杉矶举办第15届中美电影电视节上，获“金天使”奖，并在北美展映一个月。

4月30日，策划拍摄的甘肃省首部本土体育励志题材电影《足球少年》在榆中县教育局举行开机仪式。12月，电影被国家体育总局列为重点项目。

5月13日，策划拍摄纪录片《兰州匠人》在兰州举办首映式。7月11日，甘肃电视台公共频道播出。自2018年8月开拍，2019年4月制作完成，每集时长25分钟，共10集。11月5日，在扬州举办的中视协第12届中国旅游电视周暨首届中国大运河文化国际电视周获旅游电视专题“好作品”奖。

6月26日，策划拍摄的甘肃省首部缉毒题材电影《丢人》，在“国际禁毒日”全国院线上映。11月，入围“融合—东欧”国际电影节最佳外语长片、最佳外语长片男主角、最佳外语长片剪辑3项奖项。11月22日，入围第4届巫山神女杯艺术电影周30部展映片之一。

7月14日，在人民剧院举办相声专场“名家说兰州”活动，以曲艺创作的形式宣传兰州。

11月29日，策划摄制的“兰州莎莎”系列公益城市形象宣传片举办首映式。该片以网络短视频的方式通过抖音、微信等网络平台推送。推送首日粉丝关注6623个，评论近8000条。12月3日，视频被“学习强国”平台推送。

【人才推荐】　2月21日，市文联组织申报的电影《丢羊》（导演汪小平）、《丢心》（导演汪小平），文学作品《出警》（弋舟）、《飞蚊症》（向春）、《流徙》（习习），音乐作品歌曲《不忘初心》

（作词汪小平）、《走进你身旁》（作曲苏玮），美术作品油画《与歌同行》（王生凯），书法作品《〈淮南子〉原道训篇》（汪志刚），摄影作品《山路》（王力）等10部文艺作品获省委、省政府颁发的第9届敦煌文艺奖。

4月，汪小平、汪志刚获中共兰州市委人才工作领导小组授予的“首席专家”称号。

2019年度“传承繁荣兰州文艺，扶持优秀艺术人才”项目工程，扶持张海明出版论文集《学习实践懂真知——学习习近平新时代中国特色社会主义思想的思考》，扶持成志达出版散文集《静雪与呼吸》，扶持段新民出版大型文集《敦煌一脉—甘肃美术创作与理论研究文集》，扶持牛路军举办“心象画迹”——牛路军中国画展。

【文化交流】 5月23日，在云南丽江市文化馆举办“黄河之都·精致兰州”兰州市美术书法摄影作品展开幕仪式。展出130幅作品。其中，美术作品60幅；书法作品40幅；摄影作品30幅。活动期间，副市长刘荣与丽江市委副书记、宣传部部长何玉兰分别代表兰州、丽江致辞，并互赠书画作品。8月8日，甘肃文旅、市文联联合打造人物访谈栏目《文艺家》举行开播仪式。省、市文艺界代表120余人参加。2019年，《金城》文艺编辑部主办6期《金城》文艺杂志。

【兰州市作家协会】 5月13日，举办“‘精致兰州’网络文学大赛”活动。来稿择优在甘肃新闻网、兰州新闻网、腾讯、网易等省内外网络平台推送，每周推送5~10篇。同时，《兰州日报》每周择发优秀稿件1~3篇。至7月31日截稿，收到全国各地稿件435篇。10月19日，评选出的获奖稿件在兰州市文联《金城》杂志和《兰州日报》集中刊发，并出版《“精致兰州”网络文学大赛》作品集。

6月28日，在兰州树人中学举办第2届“我是小作家”兰州市中小学生作文大赛年度总决赛颁奖典礼。大赛2017年1月启动，先后收到2000余篇稿件，部分作品在《兰州晚报》发表，首届大赛优秀作品结集出版。小作者张瀚之、蒙雨飞和杨珊珊分获作文大赛一、二、三等奖，并纳入兰州市作家协会成员。

7月6日，举办“庆祝改革开放40周年——丝路文学研讨会”，省内外近100名文学界专家、学者、评论家及媒体出席研讨会。

9月17日，“庆祝新中国成立70周年‘黄河之滨也很美’全国著名作家主题采风活动”启动，邀请全国12位著名作家开展为期4天采风活动，创作书写兰州的文学作品。采风创作的作品分别刊发于《兰州文旅》杂志、《兰州晚报》，并在《金城》杂志以专辑形式全部刊发。

12月21日，协助皋兰县文联、皋兰县作协完成“皋兰县文学创作骨干培训及名家见面会”，作家习习、牛庆国做了专题培训。

【兰州市书法家协会】 1月—2月，组织新年慰问暨文艺家志愿者送文化下乡、送文化进企业、送文化进社区、文化走基层活动8场，全市参与文艺家志愿者45人次，现场书写赠送市民群众春联及书法作品2000余幅。3月5日，组织8名艺术家志愿者参加甘肃省“弘扬雷锋精神·助推文明实践”主题实践活动，现场书写赠送市民群众书法作品100余幅。

4月23日—25日，在兰州市美术馆举办“翰墨艺韵·兰州市‘我们不忘初心’‘我们砥砺前行’‘我们奔向未来’书法展”。全市158位书法家创作的316件书法作品入展。入选作者大部分是曾为兰州市书法艺术事业发展做出过贡献的书法家、入选过中国书法家协会主办的展览、在省市书法家协会主办的展览活动中获奖的作者，另有部分入选作者由基层协会组织酝酿、推荐产生，并经市书协主席团会议研究决定。

6月29日，在兰州市东郊学校举办“兰州市第7届青少年书法现场大赛”。全市中小学350余名学生参加决赛，评选一等奖9名、二等奖12名、三等奖15名、优秀奖30名及优秀辅导教师奖。

8月20日—23日，组织文艺家志愿者在永登县、榆中县、皋兰县等地10个扶贫点开展“脱贫攻坚·文明同行”志愿服务活动，为贫困户送去米、面、油、衣服等生活用品，为当地村民书写书法作品400余幅。10月28日，再次赴永登县通远镇边岭村开展“脱贫攻坚·文明同行”志愿服务活动。

12月15日，市书协完成省书协推荐会员工作，根据省书协工作要求，报送全市符合纳入省书协条件会员名单42人。

12月21日，市书协、市美协、兰州画院主办的“瀚海寻真·野石书法工作室2019年学员临帖展”在甘肃艺术馆开幕，展出作品130余幅。

2019年，开展“书法进校园”系列活动，组织56名市书协书法家会员与市属56所中小学结对，开展为期一年的书法普及教学。积极协调区县书协组织会员参与“书法进校园”活动。

【兰州市美术家协会】 5月8日，组织5名兰州市美术家参加“中国美协第13届全国美展甘肃观摩指导座谈会”。

6月27日，选送11件兰州市美术家创作作品参加“庆祝新中国成立70周年——‘第13届全国美展’甘肃美术作品选拔展”全国评选活动。

11月12日，组织协会会员参加在甘肃省博物馆举办的“大路西行——中国油画作品展（2019）”。

11月20日—25日，在甘肃省美术馆举办“心象画迹”—牛路军中国画展，展出108幅作品。

【兰州市摄影家协会】 4月28日，在兰州美术馆举办庆祝新中国成立70周年“都会城市·精致兰州”礼赞环卫工人主题摄影展。110余位作者报送1300余幅组摄影作品投稿，精选展出优秀作品130幅组。市委、市政府、市政协领导出席开幕式。市委副书记、市长张伟文代表市委、市政府向环卫工人代表赠送肖像照片。

9月30日，在儿童公园举办“庆祝新中国成立70周年——‘黄河之滨也很美’摄影大赛”作品展开幕式，参展作品120幅。省、市领导、摄影家、摄影爱好者、新闻媒体及现场群众300余人参加。活动为期7天，累计参观人数达3万余人次。

11月29日，庆祝新中国成立70周年“都会城市·精致兰州”礼赞兰州好人摄影展在兰州美术馆开幕。摄影展被纳入全市“不忘初心、牢记使命”主题教育活动及精致兰州·志愿同行“国际志愿者日”志愿服务内容，353家省直、市直及各区县机关单位、中小学校、企业组织干部职工与各界群众3500余人参观展览，观众留言、感言500余条。

12月13日，庆祝新中国成立70周年“都会城市·精致兰州”礼赞人民警察摄影展在兰州美术馆开幕。全市政法、公安系统干警1000余人参观展览，展览结束后，兰州市公安局将摄影展作为“不忘初心、牢记使命”主题教育内容，在各区县公安分局机关内部组织观展。

【兰州市音乐家协会】 8月3日至6日，举办第3届华夏口琴艺术节。期间，举办口琴培训、口琴讲座及展演等活动。

9月22日，与甘肃省广播电视总台电视都市频道《家园》栏目“建设者之歌”组委会、兰州市慈善总会、甘肃省第二干部休养所举办“敬老爱老、温馨联谊——建设者之歌走进甘肃省第二干部休养所”联谊慰问演出活动。

10月，组织市音协会员参加在金昌市举办的省音协第2期甘肃省音乐业务骨干研修班培训活动。

12月27日，在兰州音乐厅举办“名校毓秀 国乐飘香——2020兰州市第五中学中学生新年音乐会”。

【兰州市戏剧舞蹈家协会】 5月15日，在兰州市近水广场举办《我和我的祖国》快闪活动，2名手风琴手、20名青年男女、100名健康舞爱好者(群众演员)组成活动队伍，现场约300名群众及游客自发参与。

9月20日、9月22日、10月16日、10月18日，组织开展“庆祝新中国成立70周年——文艺家送欢乐下基层”活动，为环卫工人、人民警察、兰州好人、社区干部和扶贫干部演出4场曲艺专场。

12月21日—22日，在兰州市岚沭产业园举办“舞动金城”第8届兰州国际街舞挑战赛，来自成都、武汉、广西、广东、陕西、香港等地500余名街舞爱好者参加比赛。

12月27日，举办“百花迎新”兰州市文学艺术工作者大联谊活动，市委、市政府领导及全市文艺工作者200余人参加。

(付桂林)

兰州市红十字会

【概况】 2019年，全市红十字系统开展各类应急救护培训、演练活动608场次78985人次，培训人数同比增加6.64%。其中普及性培训337场次60160人次，人数同比增加14.83%；培训救护员249班次17457人次，人数同比增加28.85%；举办师资培训班2期110人，新增师资100余名。开展人道救助工作，累计投入救助款物总价值49.48万元，救助困难群众2382人户。专职副会长王明杰当选为甘肃省代表，参加9月2日召开的中国红十字会第十一次全国会员代表大会，受到党和国家领导人接见。

【改革工作】 组织开展改革工作调研，准确把握全市红十字工作的主要问题和难点、“痛点”，理清改革思路。省红十字会改革方案印发后仅一周，就完成《兰州市红十字会改革方案》起草工作，于7月中旬分送市委编办等有关部门征求意见。针对提出的意见，主动向有关部门沟通说明情况，反映问题，争取支持。经过反复修改，《方案》于10月24日提交市委全面深化改革委员会第三次会议审议通过，11月19日由市政府办公室正式印发。

【人道传播】 组织开展以传播红十字文化、引导群众参与的主题宣传活动，有效提高群众的知晓度、参与度。5月8日，联合省红十字会在市民广场举办纪念世界红十字日大型主题宣传活动。七里河、安宁等区县红十字会分别在当地开展主题宣传活动。全国防灾减灾日前夕，开展以“提高灾害防治能力，构筑生命安全防线”为主题的防灾减灾宣传活动。全年全市红会系统开展各类宣传活动74场次，受众7.5万人次。区县级以上媒体刊播红十字工作有关报道51条次，其中市级以上媒体刊播20余条次。加强媒体关系建设，部分区县红十字会主动对接融媒体中心，建立良好的合作关系。通过网站、头条号、公众号等发布信息90余条次，访问量达3万余次。部分区县红十字会开通微信公众号或头条号，发出自己的声音。

【组织建设】 印发《关于加强红十字基层组织建设的通知》，下达任务指标。各区县红十字会积极和有关部门、街道乡镇对接，深入动员指导，全力推进，建成街道、乡镇、学校红十字会和红十字服务机构200个。全市112个街道、乡镇（不含兰州新区）建成红十字组织94个，覆盖率达83.9%。七里河区14个乡镇、街道成立红十字会，覆盖面达93.3%。基层组织充分发挥扎根基层、贴近群众的优势，通过开展人道传播、应急救护培训和社区关爱等志愿服务活动，积极探索参与社区社会治理的有效途径。全年发展团体会员38个、个人会员5749名。

【应急救护培训】 截至年底，全市累计完成普及性培训23.82万人次，培训救护员3.95万人次，分别达到全市总人口的6.43%、1.07%，提前实现“健康兰州2030规划”确定的2020年目标。强化目标管理导向作用，将培训任务分解下达至区县红十字会，激发区县工作的主动性。争取市财政预算安排培训经费92万元，转移支付下拨区县红十字会43万元；在“兰马赛”志愿者救护员培训中，组织市红十字会和城区四区红十字会展开密集培训，十几天时间圆满完成4066人培训任务。7月下旬，省消防总队请求对300名新招消防员进行救护员培训，市红十字会克服困难迅速组织20余名优秀师资，采取理论大班授课、同步分组实训的方式，严格按照计划要求完成培训任务，受到高度好评。区县自主组织开展培训能力基本形成，培训工作机制日趋完善。推进培训工作标准化、规范化，在救护员培训中实行全市“六统一”（即统一教材、统一训练耗材制式、统一题库和标准试卷、统一制发卡片式救护员证、师资统一穿着红十字标志服饰、培训场所统一布设红十字标识），提升救护员培训工作质量，塑造良好的专业形象，赢得公众认可。

【人道救助】 组织区县红十字会统一开展“博爱送万家”活动，在春节前夕将价值34.2万元（不含省红十字会调拨物资折价）的米面油等慰问品发放到2350户五保户、残疾人、低保户等困难群众手中，向部分困难群众发放慰问金0.58万元。连续4年实施“红十字圆你大学梦”助学行动，受理申请52例，经过逐人实地严格审核，按照困难程度筛选20名高考录取的本科贫困新生，分别给予一次性资助5000元，发放助学金10万元。对罹患大病、重大意外伤害或生活极度困难的12人户分别给予救助，共发放救助款4.7万元，有效纾解救助对象困难。为了增加人道资源动员筹集能力，精心策划，将“红十字圆你大学梦”助学行动包装为网上筹资项目，于9月下旬在腾讯公益平台上线运行。组织各区县红十字会积极参与“99公益日”筹资活动。年内全市筹集捐赠款物56.35万元。

【救援能力建设】 举办为期2天的赈济救援队集训，43名红十字会系统干部职工、志愿者参加首次实战训练。坚持从实战出发，在进行理论培训的同时，重点安排“搭建灾民安置点”等实训科目。参训人员认真学习、扎实训练，顺利完成预定训练科目，熟练掌握相关实战技能，形成初步应急救援能力。5月9日，中国红十字会总会党组书记、常务副会长梁惠玲在集训现场观摩调研后，对训练成果表示充分肯定。在9月11日举行的甘肃省2019年度地震灾害应急救援演练中，按照省红十字会指令，快速反应，派出10名救援队员紧急开赴至演练地域，加入省红十字会救援队参加演练，圆满完成演训任务，救援能力得到检验。

【人体器官及遗体捐献】 志愿捐献遗体、器官在全市形成新风尚，登记捐献人数爆发式增长，全市年内累计网上登记器官捐献3162例、遗体捐献2214例。对部分年老体弱、行动不便的志愿者，市、区红十字会工作人员上门提供咨询和登记服务，线下登记70余例。完成器官（组织）捐献11例、遗体捐献9例。清明节前夕，组织工作人员和志愿者参加遗体器官捐献缅怀纪念暨宣传普及系列活动，深切缅怀捐献者，表达敬意。

【造血干细胞捐献和无偿献血】 组织城关、七里河、安宁、榆中4个区县红十字会开展志愿者招募及血样采集工作，共采集血样824人份，并逐人电话回访确认捐献意愿，圆满完成目标任务。红古、永登、榆中等区县红十字会会同有关部门，多次组织开展无偿献血宣传和集体献血活动，推动远郊和农村地区群众积极参与无偿献血。

【志愿服务】 加强志愿者队伍建设，全年发展各类志愿者5459人，较上年增加81.97%。志愿服务活动日趋活跃，以救护师资、救援队员、救护员等为代表的红十字志愿者活跃在人道传播、应急救护知识普及、社区关爱等人道领域，积极参加文明城市创建、大型文体活动服务等志愿服务210余场次。西固区红十字会组织救护员志愿者参与春节、元宵节灯会救援救护保障工作，为赏灯群众保驾。继续实施志愿服务项目培育计划，对5个入围项目分别给予1万元的资金支持。培育支持的“心智障碍患者关爱”项目开展活动40余次，参加志愿者264人次，632人次直接受益。遍布全市的社区红十字服务站（中心），结合自身实际，经常开展社区关爱、济困帮扶等红十字志愿服务，受到居民群众广泛好评。

（王明杰）

侨联工作

【概况】 2019年，市侨联围绕市委、市政府重点工作，发挥自身优势加强联谊联络，积极主动作为服务经济社会发展，狠抓工作落实深化侨联改革，各项工作取得新进展。全市县区级侨联组织8个，团体会员28个，专委会3个，服务对象9万余人。发挥各级侨联的参政议政职能作用，全年组织侨界人大代表和政协委员，撰写议案提案30余件，开展调研活动3次。

【机构改革】 积极落实《中国侨联改革方案》和《甘肃省侨联改革方案》，按照“编随事走、人随编走”的原则，与市委统战部、原市侨办进行沟通协商，划转原市侨办1名行政编制到市侨联。

【侨务工作】 积极参加中国侨联“法治中国·你我同行”侨界法治学习活动，不断强化侨界群众的维权服务水平，开展涉侨法律法规宣传活动2次，发放宣传材料300余份；发挥兰州市侨联法律顾问委员会及兰州归侨侨眷法律援助中心作用，处理涉法涉诉案件4起。密切关注老归侨、困难归侨侨眷等群众利益问题，先后协调解决来信来访和政策咨询6件次。申请筹措资金2万元，完成“侨胞之家”建设项目，为党员、侨胞搭建起活动平台。

【捐资助困】 发挥“暖侨心”工程作用，动员侨商委员踊跃捐资捐物，先后慰问困难归侨侨眷11人次，发放慰问金3.9万元。

【领导调研】 10月14日，中国侨联党组书记、主席万立骏率调研组一行莅临兰州，就兰州市“侨胞之家”建设项目、侨联组织建设、基层侨联改革、推动新侨创业等情况进行调研，并与市侨联班子成员座谈交流。

（张　弛）

法治

地方立法

【概况】　2019年，兰州市人大充分发挥立法工作中的主导作用，切实加强重点领域立法，注重为需而立、立以致用。全年组织立法咨询专家参与立法活动83人次，征求到立法联系点意见建议300余条，对专业性较强的立法调研、法规起草、立法后评估等工作委托立法咨询研究基地实施，有效防止立法中的利益偏向。

【立法工作】　审议通过《兰州市大气污染防治条例》，将大气污染防治属地化管理、网格化监管的兰州经验上升为法规规定；凸显规划引领，历时三年、十易其稿，审议通过《兰州市城乡规划条例》，为建设“都会城市、精致兰州”提供法制保障；审议通过《兰州市城镇燃气管理条例》，进一步提高燃气行业安全监管效能；制定《兰州市气象灾害防御管理条例》，为构建科学有效的气象防灾减灾体系提供制度依据；对《兰州市物业管理条例》进行修订，补充完善管理服务、法律责任等方面的内容；开展《兰州市粮食流通监督管理条例》立法后评估工作，对学前教育管理、轨道交通管理、黄河风情线大景区管理等5个立法项目进行调研，综合分析研判修法立法的必要性、可行性。支持帮助市政府起草完成《兰州市城市照明管理办法(草案)》，从制度层面为扮美“夜金城”、发展“夜经济”夯实基础。有效提升立法工作水平。密切与立法咨询专家、立法联系点、立法咨询研究基地的联系，凡立法必请法学专家到会发表意见，凡立法必征求立法联系点的意见。注重“小切口”立法、精细化立法，按照“不抵触、有特色、可操作”的原则，在法规的细化、量化、具体化上下功夫，让立法的制度设计与现实情况精准对接。兰州市人大立法工作经验在省委人大工作会议上进行交流，人民网以《兰州市地方立法“精细化”渐进之路》为题深度宣传报道。

（穆晓娟）

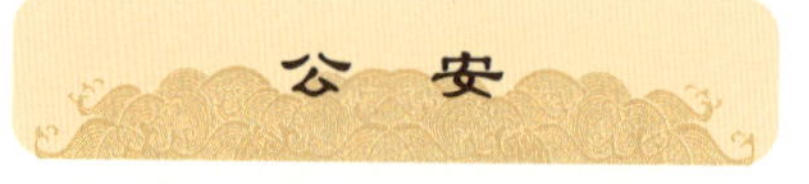

公安

【概况】　2019年，全市公安机关全力打造“四个铁一般”(铁一般的理想信念、铁一般的责任担当、铁一般的过硬本领、铁一般的纪律作风)的金城公安铁军；树牢“三多变三少”(三多“多破案、多查处、多打击”；三少“少发案、少伤痛、少损失”)理念，打防并举、打防融合，统筹打好派出所“巴掌”防控和专业队“拳头”攻坚的“组合拳”，全力维护社会治安秩序；坚持以改革破难题、增活力、促发展，着力提升公安工作整体效能；坚持关口前移，持续深化基层社会治理创新，大力提升护航高质量发展的服务保障能力。聚焦“都会城市”“精致兰州”建设，纵深推进新时代兰州公安工作现代化，奋力打造“最平安城市”。推动全市社会治安呈现“两降三零一安全”的良好态势。即全市刑事发案在2017年、2018年大幅下降的基础上又下降3%，治安案件下降30%，实现涉军群体“零非访”、个人极端事件“零发案”、重大涉稳舆情“零发生”，确保新中国成立70周年大庆和习近平总书记在兰考察调研重大安保维稳任务的绝对安全。

【维护稳定】　强化专案侦控，依法服务管理，对暂住关注人群，有效甄别、动态掌控、防范风险。推进“净网”行动，在重点网站设置网警巡查执法账号，处置网上有害信息140余条。聚焦“平安核心区”建设，紧盯实时预警，推行动态勤务，核心区接警量同比下降23%，确保党政首脑机关绝对安全。以合成作战指挥中心为龙头，实战运行首席“风控官”“指挥官”“研判官”制度，实时分析社情动态，指导妥善处理群体性事件370起。强化非法集资监测预警，排查企业3162家，破获非法集资案件17起、经济案件387起，严防经济风险向政治风险传导。全年投入警力7万余人次，圆满完成全国“两会”“兰马赛”、中华人民共和国成立70周年大庆等561场次重大节会安保维稳任务。国庆期间，全市刑事立案数环比下降56.3%，八类案件“零发案”、重大安全事故“零发生”。以“万无一失、一失万无”标准和“细致、精致、极致”作风，确保习近平总书记在兰考察调研期间绝对安全，赢得中央领导和公安部、省市领导的肯定。

【“扫黑除恶”】　突出主战主责，建立“一办一中心一基地”（扫黑办、核查中心、办案基地）格局，围绕线索核查、专案攻坚、协同整治三个重点，梯次推进“亮剑”“挖掘”“清扫”行动，打“伞”破“网”、打“财”断“血”，打掉黑恶势力犯罪团伙及村霸110个，抓获犯罪嫌疑人1393人，破获刑事案件964起，查封、扣押、冻结涉案资金28.7亿余元，占全省的75%以上。创新打造具有兰州特色的“十个强化”（强化组织领导、强化专业队伍、强化工作机制、强化专案攻坚、强化线索核查、强化督导落实、强化协同联动、强化破网打伞、强化乱点整治、强化工作保障）工作亮点，受到公安部、省公安厅领导的批示肯定，全国扫黑办、公安部向全国推广兰州经验。特别在中央扫黑除恶督导组进驻以来，打响全市“夏季攻势”，开展“陇风系列”集中行动，新打掉黑恶势力犯罪团伙及村霸31个，抓获犯罪嫌疑人456人，破获刑事案件531起。

【整治突出犯罪】　围绕“诈骗信息进不来、被骗资金出不去、人民群众不上当”目标，构建“群防”“银防”“技防”三大防线，成功止付案件2521起、同比提高14%，破获电信诈骗案件1020件，同比提高1.1倍，破案率同比提高6个百分点，止付冻结21.3亿元，返还560余万元，预警劝阻疑似受害人2.5万余人，止付金额5174.66万余元，破获“2·12”特大套路贷、“7·08”“7·15”特大Q仔诈骗案等系列案件，打掉电信诈骗团伙18个，成功返还受害人冻结资金360余万元；树立“打防结合、以防为主”理念，集中开展“全市反电信诈骗大宣传暨无诈社区创建活动”，在全省电信诈骗警情上升的情况下，兰州同比下降10.3%，部分高校实现“零发案”。深化“云剑”追逃行动，抓获“云剑”逃犯520名，其中第一阶段282名，第二阶段238名，抓存比为66.3%，在全国31个省会城市和计划单列市中排名第二，库存逃犯降幅在全国31个省会城市和计划单列市中排名第一。10月，抓获8名潜逃15年以上命案案犯，公安部副部长杜航伟批示要求各地学习借鉴。

【打防体系完善】　围绕“发一破十、发一防十”目标，落实“三员”（技术员、侦查员、社区民警）到场，推进“一案三查”（查办黑恶势力、追查“关系网”和“保护伞”，倒查党委、政府的主体责任和有关部门的监管责任），倒逼加强基础防范，着力提升打防质效。至年底，27起命案全部侦破，发案下降40%，90%的在24小时内攻破。破获命案积案31起，同比提高5倍。八类案件发案同比下降20%；“两抢一盗”发案同比下降38%；查处“黄赌”类刑事案件43起，同比提高30%；首次实现“两抢”案件全部侦破。发挥监所“第二战场”作用，协破刑事案件14起，同比提高36.4%。其中，涉黑涉恶案件3起；挖掘黑恶线索36条。严厉打击“食药环农烟”违法犯罪活动，破获环境案件33起、烟草案件4起，抓获犯罪嫌疑人83人，涉案总额达1.7亿元，成绩名列全省第一。推进合成作战实体化运行，接收研判请求5000余条，支撑破获各类刑事案件1106起，抓获犯罪嫌疑人1507名，抓获命案逃犯33人。

3月18日，兰州公安机关赴陕侦办“2·12”特大套路贷专案组凯旋归兰

【行政服务优化】 治安、网安、交警、内保支队，户政、法制、禁毒处等7家单位进驻市政务服务中心，办理行政审批事项3.1万余件，网办率达到93%。建成11个“平安驿站”，全天候为群众提供紧急安全救助。深化“互联网+公安政务”，“一表式”网约驾考50万余人次，“一站式”办理出入境证件21万余件，推进“全网通办”办理出国(境)证件2.7万余件；放宽落户条件，新增户籍人口2.2万余人，农业转移2.4万余人，其他常住人口落户城市5.3万余人，城镇化率达71.2%，城市人口吸附能力不断增强。建成全省首个“无人警务室”，破解公安服务窗口“短板”，实现业务申请“窗口固定时间办”变为“群众随时自助办”。投放“一键式报警柱”4台。

【禁毒工作】 推进全国禁毒示范城市创建，以“大禁毒、大缉毒”格局为牵引，积极构建“六全”(全覆盖毒品预防教育体系、全环节管控吸毒人员体系、全链条打击毒品犯罪体系、全要素监管制毒物品体系、全方位毒情监测预警体系、全球化禁毒国际合作体系)毒品治理体系，全力抓好“清零、清库、清隐”行动，深化“两打两控”(打击制毒犯罪、打击贩毒犯罪和管控制毒物品、管控吸毒人员)，“抑一老”(抑制老的吸毒人员及违法犯罪)、“防两新”(防止新型毒品和新滋生吸毒人员)，破获毒品案件657起，缴获毒品海洛因137千克，缴获合成毒品21千克、同比提高45%，查处吸毒人员3810人次；强制隔离戒毒2511名，移送起诉776人，社区戒毒康复执行率达到99.1%，局部地区无毒可售、无人敢售的态势更加巩固。成功破获“6·14”部级毒品目标案件，查缴制毒物品10.524吨，抓获犯罪嫌疑人21名。

【基层减负】 出台《全市公安派出所明责减负“10项要求”》，持续规范报表台账，将派出所以往填报的128份报表、13种台账，精简为11份、5种，清理比例分别达到91%、62%，得到基层民警的普遍认可，被公安部在全国推广。明确48类非警务警情分流去向，派出所日均处警量同比下降三分之一。推动派出所民警减负归位，“一标三实”采集常态推进，采录信息826.2万余条。其中，标准地址212.4万余条；实有房屋203.9万余条；实有人口396.4万余条；实有单位13.5万余条。完成10.4万个标准地址门牌上墙，“二维码”门牌3.4万个。结合“一标三实”破获案件294起，搜集线索8991条，排查化解矛盾纠纷2159起。围绕基层实战，创建“警务110”查询平台，全天候实时响应一线警力核查需求，为基层单位提供快速高效的保障服务1300余次，把“优势炮火”投送到“实战一线”。

6月22日，兰州市开展“国际禁毒日”大型宣传活动

【“雪亮工程”推进】 深化“雪亮云眼”可视化立体防控系统，新建高清摄像机1万个，高清化改造标清摄像机2800个，建成公共安全监控25280路，整合摄像头4.5万个。深化应用1500路卡口摄像机，通过动态开展人员信息比对、核查和查缉，破获刑事案件3618起，人员卡口系统协助破案640起。围绕轨道交通1号线运营安保维稳需求，依托“雪亮工程”推进轨道信息化建设，安装350路卡口比对摄像机，盘查可疑人员1003人，抓获逃犯、吸毒人员79人，查获违禁品3640件。

【重点管控】 积极探索安全管理新举措，深入开展打击整治枪爆违法犯罪专项行动，密危爆物品、危险化学品安全监管，收缴各类枪支485支，子弹3.5万余发，炸药324.5公斤，炮弹22发，剧毒化学品152.2公斤，易制爆危险化学品50公斤。依托散装汽油销售治安管理系统，督导全市120家加油站从严落实管理责任。主动加强“蜂巢”“速易递”等新型快递企业监管，严格寄递物流“三个”100%(100%收寄验视、100%实名收寄、100%过机安检)，督导检查寄递物流企业和经营网点356家，滚动排查重点单位135家、要害部位129处，整改安全隐患88处，约谈、处罚违法违规企业48家，确保重点单位、要害部位的绝对安全。推进全市1074个校园警务室建设，督导安装技防设备9000余套，校园全封闭，专职保安配备率100%。

【社会治理】 全力打造以“六控一体化”(强化指挥导控，实现情指勤一体化；强化圈层查控，实现预警核查处置一体化；强化单元防控，实现区域治安治理一体化；强化要素管控，实现信息采集共享应用一体化；强化基础掌控，实现预测预警预防一体化；强化部门联控，实现协同联动一体化）为重点的社会治安防控体系“升级版”，构建以PTU（武装巡逻模式）为核心，TPTU（交警铁骑队）、派出所、卡口警力和视频巡查为支撑的治安防控网络，最大限度挤压犯罪空间，遏制街面抢劫。抢夺发案下降46%，街面扒窃发案下降58%，实现连续63天“两抢”案件“零发案”。深化“枫桥式公安派出所”创建，七里河分局小西湖派出所被公安部命名为全国首批100个“枫桥式公安派出所”。持续推进“四化一体”（社区民警专职化、社区管理网格化、社区警务实体化、基础工作信息化）、“区网融合”〔派出所警务区与乡（镇）街道社区网格的融合〕建设，积极构建“五联两共”（联合采集、联合调处、联合稳控、联合防范、联合治理、信息共享、平安共建）综合治理工作新格局，推进“治安户长”，推行“一事三问”机制，推动社区警务实体化，排查化解矛盾纠纷1885余起、化解率达到83.8%，群体性事件同比下降36%，参与人次下降45%。

【文明交通】　聚焦打造“四个交管”（法治交管、智慧交管、精致交管、温馨交管）品牌目标，注重把交通管理融入社会治理，持续深化文明畅通提升行动，建立交通管理“三同时”（交通安全设施与道路建设主体工程同时设计、同时施工、同时投入使用）联审联批机制，完善分层次科学管理模式，推动压实辖区政府工作责任；研发“5G+无人机”高速公路巡逻执法系统，高效完成非现场执法平台与集成指挥平台数据对接；牵头组建智慧停车运营项目团队，备案登记泊位16.3万个，群众可利用“兰停序”微信小程序实时掌握停车泊位信息；深化“三反一查”，严格“七个一律”，整治“四乱”，倡导“两让”，每月组织“交通管理大家谈”和“向人民汇报”，查处交通违法行为165万余起，交通事故四项指标全面下降，文明交通蔚然成风；集中开展毒驾治理，注销吸毒人员驾驶证511本；开展集中整治报废机动车11352辆，报废注销八类重点车辆报废注销490辆，完成率100%。

【队伍建设】　强化“两责”（党委主体责任、纪委监督责任）、“五察（查）”（纪检监察、政治巡察、警务督察、法制监察、审计核查）大监督格局，匡正警营风气，涵养政治生态，交流调整县级领导干部35名，选拔37名县科级干部履行县级领导岗位职责，交流、选拔科级干部431名。研究制定《市公安局挂职锻炼民警管理办法》，从机关选派29名科级干部到基层派出所挂职锻炼，遴选59名优秀年轻民警开展红色教育、岗位锻炼，举办优秀科级干部综合履职素养提升等各项培训263期，全面提高民警党性修养、业务能力。深化网上督察应用，集中督查8160次，发现查纠整改问题200个，受理办结投诉事项476件，查实46件，禁闭8人、停职14人。率先在全省公安机关实现信息化审计全覆盖，预算资金审减率达到18.81%。

【法治建设】　推进“执法提升年”活动，推动建立符合实际、贴近实战、具有兰州特色的法治公安建设体系。加快市局执法办案中心改造，稳步推进执法办案场所精细化、集成化、智能化建设。严格法制、督察部门网上实时监督，开展受立案问题专项整治，加强警情、案件监督管理，督导整改执法问题2226个，举办专项培训12场次，受训民警1600余人，案管中心督导整改违规操作627起，办案质量持续提升。

【从优待警】　完成公务员职级晋升174名，执法勤务警员职务晋升2053名、警务技术职务晋升285名。落实“两个”津补贴、健康体检，推进民警“团圆”计划；常态化开展抚恤救助、关爱英烈遗属等工作，累计发放慰问金250余万元；开展“心随悦动·情融自然”登山比赛、“巾帼美·春意绽警营”庆祝“三八”妇女节等警营活动，举办民警子女暑期夏令营和战时托管班，进一步激发队伍战斗力。制定《兰州市公安机关容错纠错暂行规定》，坚决维护民警执法权威，办理维权案件51起，查处侵权嫌疑人82人，采取刑事强制措施41人，行政处罚37人，妨碍公务违法行为同比下降28%，队伍向心力、凝聚力、战斗力持续提升。

【其他工作】　组织宣讲习近平总书记重要讲话精神13场次，召开各类专题会议70余次、普法活动127场次，开展法律讲座63次、组织群众观看视听资料22场、受教育群众6.3万人次，提供法律咨询和服务1836次。在全市大力推进“两站一室”建设工作，成立乡镇交管站58个，配备交通安全管理员339名，成立行政村交管室644个，配备协管员1198名，建设标准化检查劝导站106个，配备劝导员325名，全市农村地区道路事故起数、死亡人数分别下降24.6%、4.35%。开展入户走访2万余人次，排查化解矛盾纠纷143余起，举办养殖技术、交通安全法规和驾驶、烹饪技能培训20场次，组织联谊会、文艺演出等活动36场次，开展义诊活动3次；落实脱贫攻坚项目15个，累计投入各类资金112.08万元。

（闫　燕）

检　察

【概况】　2019年，兰州市检察机关

推进刑事检察、民事检察、行政监察、公益诉讼四大检察工作。全年依法批捕各类犯罪嫌疑人3532人，提起公诉4997人；依法提前介入监委调查案件51件，逮捕16人，起诉67人。依法严惩性侵、拐卖等侵害未成年人合法权益犯罪，起诉50人。

【刑事检察】 依法决定不批捕877人，不起诉1041人。监督公安机关立案29件，撤案16件，追捕追诉119人。提出抗诉11件，法院审结改判、发回重审6件。纠正减假暂执行不当157人、脱管漏管16人、刑事执行活动违法19件，立案审查羁押必要性案件157件，建议办案单位依法变更强制措施113人，审查特赦罪犯61人。积极构建“派驻+巡回”检察模式，先后对兰州监狱、省女子监狱等4所监狱开展3次常规和专项巡回检察，发现并监督纠正问题63项。

【民事检察】 对认为确有错误的民事生效裁判和调解书提出抗诉25件、再审检察建议21件，法院采纳6件；提请抗诉21件，上级检察院支持抗诉19件；对审判、执行活动违法情形提出检察建议85件，法院采纳65件。提请抗诉的甘肃欣庆公司借款纠纷案，省高级法院裁定再审后纠正错误裁判，为民企挽回经济损失361.6万元。针对民间借贷等领域虚假诉讼问题开展专项监督，提出抗诉、检察建议31件。探索开展民事检察和解工作，先后促成涉及征地补偿、医患矛盾、买卖合同纠纷等5起民事申诉案件和解息诉。

【行政检察】 开展行政执行监督，提出检察建议143件，法院采纳88件；加强对行政机关行政行为的监督，提出检察建议68件，行政机关采纳41件。城关区检察院与25家行政机关会签协作方案，建立行政执法监督双向衔接机制，畅通行政检察和非诉执行监督渠道。

【公益诉讼检察】 立案办理生态资源、国有财产保护、国有土地使用权出让、食药安全等领域案件349件。发出诉前检察建议326件，采纳率90.5%，对372件诉前检察建议进行“回头看”，促进行政机关主动履职纠错。提起民事、刑事附带民事公益诉讼11件，胜诉4件。与行政机关建立协作配合、数据对接、信息共享、联席会议等长效工作机制，实现法律监督权和行政执法权“1+1>2”叠加效应。兰州新区检察院与新区自然资源局联合开展专项行动，两个月内向46家企业追缴土地出让金3.78亿余元。

【职务犯罪检察】 进一步完善监检协调机制，对受贿1.06亿余元的中国建设银行甘肃省分行投资银行部原总经理林燕提起公诉。认真履行司法人员职务犯罪侦查权，完善侦查工作机制，建立侦查人才库，核查线索51件，已立案侦查2件4人。

【未成年人检察】 依法对未成年犯罪嫌疑人不批捕53人，不起诉47人，对不捕不诉未成年人积极开展观护帮教。推动落实“一号检察建议”，联合市、区县教育局深入343所中小学、幼儿园开展督导检查，发出检察建议8份。两级检察院96名领导、干警在中小学校兼任法治副校长，开展宣讲245场。建成“兰州市青少年法治教育心理干预基地”，与团市委联合成立兰州市未成年人司法社会服务中心。

【控告申诉检察】 依托“12309”检察服务中心，采取领导包案、挂牌督办、部门联动、点对点落实等措施，确保“群众信访件件有回复”。收到群众来信387件，除38件因匿名、无联系方式等原因无法回复外，其余349件均于七日内给予程序性回复；对进入法律程序的案件，全部在三个月内进行办理过程或结果答复。

【服务保障】 立足职能做好新中国成立70周年信访维稳安保各项工作。严厉打击危害国家安全、公共安全和破坏金融安全等犯罪，依法批准逮捕271人，提起公诉1260人。严惩各类侵犯人身和财产安全严重暴力犯罪，批捕925人，起诉904人。办理涉案金额达百亿元的中国邮储银行武威支行王建中等人票据诈骗、合同诈骗案，与公安协作挽回经济损失20多亿元。突出打击危害农村稳定、侵害农村特殊群体、侵吞挪用扶贫资金、妨害扶贫项目实施等犯罪，批捕51人，起诉56人。将司法救助与精准脱贫有效衔接，为因案致贫、因案返贫的9名群众发放救助金26.5万元。加强对帮扶村党建、文化、建设资金方面的支持，自筹20万元支持帮扶村基础设施建设，组织干警植树1500余棵，“兰检人”助学基金资助帮扶村大学生5名，帮扶工作连续7年被市委评为优秀等次。

【生态环境保护】 严惩破坏生态环境违法犯罪，批捕6人，起诉33人。通过检察业务大数据平台采集研判辖区内河湖“四乱”问题线索781条，立案234件，发出诉前检察建议221件，督促清理被污染水域3815亩，清理被污染和非法占用的河道96.3公里，整改拆除违法建筑1.4万平方米，清理生活垃圾1205.5立方米，清理渣土2.6万立方米。

【优化营商环境】 联合市区县工商联开展“维护民企权益、优化营商环境”专项行动，走访民营企业5690家，收集到各类线索553件，已办结并向企业答复256件。对不属于检察机关管辖的469件线索，分类移交相关部门并积极协调推动解决。严厉打击破坏企业生产经营违法犯罪活动，起诉189件307人。开展涉企案件立案监督和羁押必要性审查,对犯罪情节轻微的涉案企业负责人依法不批捕22人,不起诉26人,最大限度保护民企权益。

【“扫黑除恶”】 依法从重从快办理黑恶案件,百分之百提前介入,批捕87件281人,批捕率96.23%,做到应捕尽捕;起诉47件333人,起诉率85.45 %,其中以涉黑涉恶定性起诉40件295人,做到应诉尽诉。摸排掌握线索113件。其中,涉黑涉恶线索63件;涉嫌“保护伞”“关系网”线索38件。监督公安机关立案3件,追加起诉9人。加强联动配合。牵头与市法院、市公安局联合制定《扫黑除恶专项斗争中侦捕诉审工作衔接办法》,与市公安局会签《检察机关提前介入涉黑涉恶案件引导侦查取证工作办法》。提前介入涉及全国31个省份的“2·12”特大“套路贷”涉黑案,多次召开办案协调会,提出引导侦查意见建议69条,批捕119人,追加漏犯5人。强化示范引领,两级院检察长带头办理石斌等35人、朱津良等28人等一批有较大影响的涉黑涉恶案件。制定兰州市检察机关《扫黑除恶专项斗争中依法运用检察建议促进行业领域综合治理的实施方案》,结合办案发出综合治理检察建议30份。

【社会治理】 主动参与禁毒、扫黄打非等专项活动,促进社会治安防控体系建设,被市禁毒委授予“全市禁毒工作先进单位”荣誉称号,被市委政法委评为“平安兰州建设先进单位”。制定《兰州市检察机关创新发展新时代“枫桥经验”检察工作实施意见》,积极开展检察官以案释法,依托12309检察服务中心,派驻乡镇(街道)检察室深入排查化解矛盾纠纷。七里河区检察院针对汽车南站客运管理混乱、安宁区检察院针对水挂庄地区治安乱象等问题制发检察建议,促进治安明显好转。推行律师参与化解和代理涉法涉诉信访案件,促进息诉罢访。将司法救助范围扩大到民事诉讼监督案件当事人,为30人发放国家司法救助金80.7万元,让群众感受到司法温暖。认真落实“谁执法谁普法”责任制,深入社区、学校、军营、企业开展普法宣讲248次,提升群众尊法学法守法用法意识。

【检察改革】 内设机构减少32.48%,人员交流面达31.25%,达到一线力量增强,工作效能提升。实行员额检察官动态管理,检察官及辅助人员职务晋升进入常态化。完善检察官权力清单,健全检察官办案质效考核机制。依托检察业务大数据应用平台,成立调查指挥中心,实现信息化案件管理和智能辅助办案。在全省率先建成覆盖两级检察院的检委会语音会议系统,提高检委会工作效率。在“扫黑除恶”专项斗争和办理毒品案件中,高效完成涉案手机取证、研判分析及多媒体示证等工作,为办案提供了有力的技术支撑。

【其他工作】 市检察院组织拍摄宣传作品6部,其中微电影《风吹薪火传》荣获第4届平安中国十大微电影奖、全国检察机关十大微电影奖和第7届亚洲微电影艺术节平安中国单元优秀作品奖,并在全国检察机关有关会议上做经验交流发言。市检察院被评为“全国节约型公共机构示范单位”。落实检察官联系人大代表制度,通过登门走访、邀请座谈等方式征求意见建议。深化检务公开,依托门户网站对外公开案件程序性信息7994件、法律文书3746份、重要案件信息2579件。依法保障律师执业,办理律师业务网上查询、预约1163件。先后举办“共和国建设者走进检察机关”“维护民企权益 优化营商环境”“加强法律监督 保障律师执业”等主题检察开放日活动。

(王传良 郭 沛)

9月29日,兰州市检察院举行新入额检察官和新晋升职级干部宪法宣誓仪式式

法 院

【概况】 2019年,全市法院受理案件96717件,审结81314件,同比分别增长13.9%和15.9%,法定审限内结案率93.2%,其中市法院受理案件15079件,审结13724件,同比分别增长6.7%和11.7%;法定审限内结案率89%。

【刑事犯罪惩治】 认真落实总体

6月18日，市中级人民法院副院长卓俊林主审一起未成年人涉嫌运输毒品犯罪案

国家安全观，积极推进平安兰州建设，全市法院审结各类刑事案件7275件，法定审限内结案率94.5%。其中市法院审结2909件，法定审限内结案率94.5%。审结特赦案件59件。深入开展“扫黑除恶”专项斗争，先后召开推进会、案件调度会50余次，实行院党组成员分片包抓包案制度，严把案件事实关、证据关、程序关和法律适用关，力争把每一起案件办成“铁案”。全年审结涉黑涉恶案件39件320人。严惩贪污贿赂等腐败犯罪，制定《兰州市中级人民法院支持监察体制改革试点办理职务犯罪案件指导意见（试行）》，依法审理中共庆阳市委原常委、政法委原书记秦华、兰州市国资委原主任杨红心等重大职务犯罪案件，全年审结贪污、贿赂等职务犯罪案件91件。

【民生权益保护】 始终坚持以人民为中心，努力满足人民群众司法需求，妥善审理婚姻家庭、合同纠纷等普通民事案件和拆迁安置补偿、追索劳动报酬、医疗损害责任、社会保险等涉民生案件，切实维护民生权益。全市法院审结民商事案件46349件，法定审限内结案率97%，其中市法院审结6644件，法定审限内结案率96.5%。

【依法行政】 坚持合法性审查与促进纠纷实质性化解相结合，助推行政机关依法行政，切实保护行政相对人合法权益。全市法院审结行政案件1662件，法定审限内结案率98.6%。其中市法院审结行政案件360件，法定审限内结案率99.1%。

【案件执行】 院党组坚持执行工作专题研究，对重大疑难案件由院领导带头攻坚。部署开展“攻坚会战”专项执行活动，制定《关于加强综合治理从源头切实解决执行难问题的实施意见》，充分发挥执行联动机制作用，定期公布失信被执行人名单，强化财产查控手段，推行网络司法拍卖，加大规避执行打击力度，增强执行威慑力，提高执行到位率，保障胜诉当事人合法权益。全年限制高消费17648人，限制出境11人，搜查30人，罚款52人49.7万元，拘传625人，实际追究拒执罪5案5人。全市法院办结执行案件24623件，有财产可供执行案件法定期限内实际执结率94.3%，执行案件执结率85.4%，执行信访办结率92.9%，无财产可供执行案件终本合格率100 %。市法院办结执行案件3026件，执行到位资金达25亿元。

【公正司法】 坚持有错必纠，全年审结再审案件150件，其中改判81件。坚持保障人权、救济损害、恢复正义，审结国家赔偿案件38件，决定赔偿金额218万元，对生活困难当事人发放司法救助金207.5万元。积极推进“一站式”诉讼服务中心提档升级建设，增设自助服务区、人工服务区、12368热线服务区等区域，实现诉讼引导、集中送达、跨域立案、诉调对接等功能，为人民群众提供高效快捷、全方位、一站式的诉讼。持续拓展司法公开的广度和深度，上网公开裁判文书46595件，庭审直播6542场。

【宣传工作】 严格落实意识形态工作责任制，加强法院宣传，召开新闻发布会5场次，面向社会发布法院信息460余条，在市级以上主要新闻媒体、报刊播发新闻稿件181篇，拍摄微电影4部。市法院官方微信、今日头条官方账号和官方抖音关注人群达2.4万人，官微已连续两次进入中央政法委法院系统榜单前20名，司法宣传工作受到最高人民法院通报表扬。加强舆情分析研判，快速有效处理涉法涉诉舆情12起，实现对社会舆情的有效掌控。

【司法改革】 进一步优化审判团队，完善审委会会议制度，出台《兰州市中级人民法院民事、行政、执行专业法官会议制度》《兰州市中级人民法院刑事合议庭、刑事专业法官会议评议案件工作细则》等制度，完善专业法官会议功能。全市法院员额法官人均办案241件，其中市法院人均办案148件。积极构建“一站式”多元解纷机制，畅通诉讼渠道，多元化解矛盾纠纷。全市法院诉前调解收案4875件，调解结案1883件；受理申请确认人民调解协议案件591件，同比增长191.1%，结案586件，同比增长190.1%。以审判为中心的刑事诉讼制度改革扎实推进，庭审实质化取得成效，证人出庭作证率、当庭裁判率、二审开庭率、律师辩护率等都有所提高；认罪认罚从宽制度和繁简分流改革稳步实施。

【智慧法院建设】 坚持科技强院，切实加大投入，加强审判能力现代化建设。全面投入使用裁判文书纠错、庭审语音识别和电子卷宗随案生成系统，实现从立案到归档各个办案节点的智能化运行。建成开通移动微法院跨域立案平台，跨域立案51件，当事人和法官充分感受到“指尖诉讼、掌上办案”的便利。兰州中院自主研究开发的审判管理模式改革创新与评价计算智能软件，被中央政法委评为“司改亮点”工作，被最高法院评为“智慧法院”典型案例，并在全市法院推广。

【其他工作】 全面推进“学习强国”“甘肃党建”等教学平台应用，加强党支部标准化建设，积极打造“一机关一品牌，一支部一特色”党支部特色文化阵地，院机关2个党支部荣获“市直机关示范性党支部”荣誉称号。有14个先进集体、21名个人获得省部级以上表彰。全年组织各类培训74期，培训人数达1131人次。积极开展优秀裁判文书评比、优秀案例分析评选、优秀论文评比等活动。开展审务督察和司法巡查，紧盯“金钱案、关系案、人情案”和诉讼掮客问题，认真查处司法腐败。全年受理各类信访举报件138件，初核问题线索22件，3人受到政纪处分和组织处理。

（张诗昕）

司法行政

【概况】 2019年，兰州市各级法律援助机构办理各类援助案件3798件，解答法律咨询21367人次，帮助困难人群挽回直接经济损失1200余万元；各级公共法律服务实体、热线、网络平台提供各类法律服务2.96万件，解答法律咨询2.2万余次。局机关和2名干部被司法部表彰为2019年国家统一法律职业资格考试工作表现突出单位和个人，1名同志被司法部表彰为“庆祝中华人民共和国成立70周年安保维稳工作成绩突出个人”，中共兰州市委依法治市法治宣传教育专项组办公室被全国普法办表彰为“七五”普法中期先进集体。

【依法治市】 筹备召开全面依法治市委员会第一次会议、全市依法治区（县）办公室主要负责人座谈会暨依法治市下半年工作推进会，制定并提请审议通过“两规则一细则”，印发依法治市工作要点等文件，从制度规划、机制决策层面推进依法治市工作。在兰州大学建立市委依法治市研究咨询基地。圆满完成中央依法治国办和司法部调研组来兰州调研指导接待工作。制定《兰州市全面深化司法行政改革纲要》，梳理出重点任务129项、重点举措208条。

【法治政府建设】 贯彻《法治政府建设与责任落实督察工作规定》，针对14项年度重点任务，采取划片包干形式，直面问题、直插一线，对8个区县进行“全覆盖”督察指导，确保年度目标任务全面落实到位。聚焦食品安全、农民工欠薪、优化营商环境等社会关注的热点难点问题，组织开展专项督察，切实维护群众合法权益。坚持科学立法、民主立法、依法立法，先后审查修改《兰州市大气污染防治条例（草案）》等6部地方性法规和《兰州市城市地下综合管廊管理办法（草案）》等3部政府规章，报送废止《兰州市再生资源回收利用管理办法》等7部规章，推动市政府年度立法计划全面完成。严格政府规范性文件“三统一”和有效期制度，审查各类文件285件。其中，行政规范性文件71件；非规范性文件214件。开展证明事项清理2轮次，涉及工程建设项目审批制度改革的法规规章专项清理1轮次，确保政府各项重大决策合法有效。

【依法行政】 突出政府决策、法律事务等重点任务，不断优化法律顾问队伍，基本实现政府重大决策法制审核全覆盖，市政府法律顾问审查各类政府涉法事务128件、政府合同及框架协议48份，参与办理重要历史遗留案件3件。依法公正受理、办理行政复议和行政应诉案件，全年收到市政府行政复议案件120件，办理政府行政应诉案件95件，有效化解行政争议，坚决纠正违法或不当行政行为。坚持规范严格公正文明执法，完成行政执法人员信息汇总审核和数据录入工作，审核发放行政执法主体资格441个，完成全市行政执法人员第五轮大换证及行政执法人员、监督人员网上培训考试。制定印发《关于全面推行行政执法公示制度执法全过程记录制度重大执法决定法制审核制度的实施方案》等配套措施，组织开展“落实三项制度”电视竞赛活动，推动行政执法“三项制度”落地落实。发挥行政执法案卷评查员队伍和行政执法监督员队伍职能，完成100部执法案卷评查工作，提高行政执法规范化水平。

【行业监督管理】 建立“红黑名单”管理办法，不断规范重点行业的信用信息管理和应用。持续提高民商事仲裁案件办理质量和效率，受理仲裁案件385件，涉案总标的额达到13亿元。推进兰州恒信公证处、兰州市公证处和兰州中山公证处、合作公证处改制进程，公证机构办证3.85万件。加强司法鉴定管理和监督，完成各类司法鉴定案件1.2万余件。提升律师管理水平，实现115个乡镇街道所有村居法律顾问全覆盖，全市律师代理各类诉讼案件10784件。发挥律师在化解矛盾纠纷中的优势，指导律师信访值班300余人次，成立调解工作室10个。圆满完成2019年国家统一法律职业资格考试任务。

【维稳工作】 把“扫黑除恶”专项斗争作为一项重大政治任务，召开专题党组会议9次、工作推进会议11次，成立4个专项调研组进行下沉督导，摸排线索145条，开展宣传活动596次，集中宣讲200次。结合“大排查、早调解、护稳定、迎国庆”专项活动和“陇风3号”除隐患集中行动，坚持和发展新时代“枫桥经验”，调解矛盾纠纷16712件，调解成功16594件，成功率达99%以上。持续加强重点人员管理，通过社区矫正视频督查系统和电子腕表，实现对社区矫正人员全天候、无缝隙定点监控。完善出狱所人员接送及补助经费制度、刑满释放人员信息核查和刑满解除社区矫正人员衔接制度，全年安置刑释解教人员2858人。

【法治帮扶】 开展涉农、涉扶贫领域矛盾纠纷排查化解，调处矛盾纠纷114件。以重点人员脱贫脱毒为目标，推动88名社区服刑人员、安置帮教人员脱贫。构建“法援惠民生、助力农民工”法律援助品牌，办理农民工法律援助案件1132件、援助农民工1719人次。开通法律援助“绿色通道”，为贫困群众免费办理公证和亲子鉴定，开展上门服务75次。加强乡村法治文化阵地建设，实现乡村法律图书角、农家书屋全覆盖。组织法律培训、法治讲座15场次，培养农村法律明白人4.7万余名，指导创建“全国民主法治示范村”6个。协调争取，投入资金160余万元，推进帮扶村在道路硬化、水利建设、厕所改造等方面取得实效，开展“十九届四中全会主题党课”“迎新春、送温暖”等主题活动，全面完成年度帮扶任务。

【思想政治建设】 推进“两学一做”学习教育常态化制度化，通过党组会议、理论中心组学习会议、交流研讨、党员自学等形式，构建全方位、多层次、一体化学习体系。全年组织党组会议学习15次、理论中心组学习15次、局务会议学习4次、领导干部讲党课和上讲台22次、举办司法行政大讲堂11次、人民调解大讲堂7次。

【基层党建】 全面落实两新组织“两个全覆盖”，成立公证、仲裁、司法鉴定直属党支部3个，律师行业党委1个，调整设立市律协联合党支部8个，律师事务所党支部21个，有效推动各行业基层党建工作开展。坚持“一支部一特色”，发挥基层党支部战斗堡垒作用，向市直机关工委推荐党建工作品牌1个、党建工作示范点1个、标准化建设示范性党支部7个，向市社会组织党委和省律师行业党委推荐“双强六好”行业党支部各2个，局强戒所“四型”基层党建工作机制被市委组织部列为年度组织创新项目。

【意识形态】 严格落实《兰州市党委（党组）意识形态工作责任制实施细则》，坚持大局意识和协同意识，把意识形态工作作为重大政治任务，纳入重要议事日程、纳入理论中心组学习计划，开展综合分析研判2次、党组会议学习部署2次，理论中心组学习5次。按照谁主管谁负责的原则，把意识形态纳入党建工作责任制，及时调整工作领导小组，进一步规范宣传阵地管理，强化舆论宣传引导，积极开展社会主义核心价值观和法治建设宣传，召开习近平总书记重要讲话精神培训暨市委研讨班精神学习研讨会1次、专题学习18次，轮训学习21次512人次，为在管戒毒学员宣讲重要讲话精神1次350人次，向市委宣传部报备司法行政大讲堂11次、“扫黑除恶”专项斗争户外宣传展板1次。将意识形态纳入平时考核，考核比重提升至3%。

【队伍建设】 严格按照规定和程序选拔任用干部。结合全市司法行政系统“两项活动”，推动《兰州市司法局2019年干部教育培训方案》全面落实，班子成员参加省市习近平新时代中国特色社会主义思想培训班6次6人，选派业务骨干参加中央和省市各类业务能力提升培训20次33人次、“富民兴陇”系列讲座6次85人次。

【巡察反馈问题整改】 召开市委巡察反馈意见整改专题民主生活会，从党的政治建设、思想建设、组织建设、作风建设、纪律建设和反腐败斗争等六个方面，全面检视问题、深刻剖析反思、找准症结根源、细化整改措施，构建长效机制。年底，市委巡察反馈的5个方面11项问题已全部整改到位。

【“关键少数”学法用法】 认真落实年度学法计划，推动落实市委常委会集中学法6次、理论中心组学法1次，市政府常务会议会前学法13次、党组理论中心组学法9次，印制学法小册子1.2万余份，同步分发至全市各单位学习。突出领导干部这个“关键少数”，重点围绕宪法、环境保护法、重大行政决策程序暂行条例等重点法律法规和依法治国、法治政府建设等重点内容进行专题辅导，不断提高领导干部运用法治思维和法治方式深化改革、推动发展、化解矛盾、维护稳定、应对风险的能力和水平。

【机关干部学法用法普法】 强化机关工作人员学法用法守法意识，联合市委组织部、宣传部等6部门出台《关于做好国家工作人员网上学法用法和考试工作的通知》，推动法治学习教育全覆盖。严格落实“谁执法谁普法”责任制和以案释法制度，深入开展“法律八进”活动，修订公布年度第一批、第二批市级国家机关及部门普法责任清单，开展集中督导调研8次，督促指导各区县、各单位制定年度普法计划、落实普法责任清单。

【全民法治建设】 制定出台《2019年全市普法依法治理工作要点》等文件，举办“12·4宪法宣传周”系列活动，开展“服务大局普法行”“宪法进宾馆、进万家、进公共交通场所”等活动，建成“青少年法治教育基地”9个、市级“依法治校示范校”100个、“大学生法治示范基地”1个、大学生法律服务志愿者队伍1支，中小学聘请法治副校长覆盖率达到100%。持续推行“一地一品”法治文化阵地建设，建成法治文化阵地1335个，法治文化广场、公园53个，法治路、法治一条街、法治长廊等教育基地57个。结合职能开展法治宣传活动391场次，利用重大节日共开展普法宣传80场次，发放法制宣传资料20万份。

【普法创新】 充分发挥村（居）法律顾问、法治副校长、人民调解员普法作用，以各类媒体媒介为依托，开设宪法普法专栏和法治讲堂，构建“报刊有文、电台有声、荧屏有像、网络有言”全方位普法网络。利用中国兰州网PC端、兰州发布、头条号等网络平台发布法制宣传稿件194篇，累计阅读量为166.4万人次。通过本地新闻、今日头条等平台发布法制宣传相关稿件65条。在兰州新闻客户端、《兰州晚报》官方微信、微博等平台刊发法制宣传稿件215篇。在兰州电视台《平安兰州》栏目中设置普法专栏，定期播放宪法及各类法治节目。开通“宪法宣传主题地铁专列”，将宪法学习内容融入地铁公共空间。

（景昱清）

兰州警备区

【概况】 2019年，兰州警备区部队以习近平新时代中国特色社会主义思想和习近平强军思想为指引，贯彻中央军委、军委国防动员部和省军区党委决策部署，在思想引领中提升新站位，在练兵备战中担当新使命，在改革重塑中履行新职能，在革除顽症积弊中树立新形象，部队建设呈现出整体推进、稳中向好势头。

【理论武装】 用习近平新时代中国特色社会主义思想和习近平强军思想指引方向、武装头脑，落实党委中心组理论学习制度，学习党的十九大和二中、三中、四中全会精神，在党委示范带头、专家辅导深化、上下同步践行中推动强军思想落地生根，各级党委（支部）坚决贯彻军委主席负责制。开展“传承红色基因、担当强军重任”“不忘初心、牢记使命”主题教育，围绕中美贸易战和香港局势及时开展形势政策教育，组织观看《坚持底线思维、防范化解重大风险》《我和我的祖国》《榜样》等系列专题教育片，抓好理论灌输、讨论交流、启发感悟等环节落实，推进教育成果深入转化。结合迎接新中国成立70周年，开展“讲好党的故事、讲好红军的故事、讲好西路军的故事”活动，拍摄《“兰州大决战”》红色专题片，组织祭扫烈士陵园、瞻仰烈士纪念碑、参观兰州战役纪念馆、八路军兰州办事处纪念馆和西路军纪念馆。加大新闻报道工作和舆论引导力度，打好意识形态主动仗、攻坚仗，广大官兵、职工和民兵在重温历史长河、追寻初心之旅中，思想经受洗礼，党性得到锤炼，“四个意识”增强，“四个自信”坚定，“两个维护”自觉。政治工作处被甘肃省军区表彰为“新闻报道先进单位”。

【军事准备】 贯彻落实习主席号令指示，树立备战打仗导向，履行党委统战抓训职能，学习全军军事工作会议精神，每季度召开议战议训会议，研究战备训练领域重大问题，结合每月办公会、周交班会，统筹安排军事训练落实。严格按纲施训，邀请国防大学教授围绕识图用图、要图标绘、文书拟制等基本技能辅导授课，组织民兵轮训备勤训练，组织现役官兵年度军事训练考核，应急应战能力在执行抢险救灾、应急救援、维稳处突等任务中得到提升。推动深化民兵调整改革落地，实现布局合理、结构优化、组织健全、素质过硬目标，在中央军委国防动员部深化民兵调整改革检查考评中名列全国第4。城关区人武部被甘肃省军区表彰为“动员备战先进单位”。

【国防动员】 发挥省会城市高校集中的资源优势，打造大学生征兵品牌，圆满完成兵员征集任务，大学生征集比例达80%，兰州市连续3年被甘肃省表彰为“征兵工作先进单位”，永登县、安宁区被甘肃省表彰为“征兵工作先进单位”，红古区、西固区被兰州市表彰为“征兵工作先进单位”，9人被表彰为“征兵工作先进个人”。围绕中心工作，聚焦打赢目标，民兵队伍在实战演练中得到摔打锤炼。推进国防动员和后备力量“三项基础”建设，协调市委市政府在机构改革中全部保留基层武装机构，为专武干部颁发资格证书，在8个乡镇、4个街道、1家企业、3所高校组织基层武装部规范化建设试点，夯实国防动员工作基础。推进国防动员专业保障队伍整组，调研中国电信兰州分公司、兰州市舆论中心、佛慈制药厂等6家单位，对接潜力数据核查采集，调整完善动员专业保障队伍，组织潜力数据核准，提升国防动员综合保障能力。

【党风廉政建设】 突出整治思想、整顿作风、整改问题等环节，纠治部队建设存在的执行力贯彻力刚性不足、原则性战斗性不强、干部教育管理宽松软、处理违纪问题迁就照顾等问题；突出领导干部这个“关键少数”，开展“主官给班子做好样子、机关给部队做好样子、干部给战士做好样子”活动，解决干部队伍模范作用不突出、心思精力不集中、担当任事不主动等问题，部队凝聚力、战斗力增强；把转作风内化于心、外化于行，弘扬我军优良传统，逐人对照找差距，纠风除弊抓整治，树立军事机关、军人良好形象；扭住正规“四个秩序”不放松，细化机关职责分工，理顺上下内外关系，严格一日生活制度落实，一招一式抓好作风养成，在破立并举、固本开新中祛除习以为常、见怪不怪等惯性思维，形成用制度管权、按制度办事、靠制度管人的有效机制，部队上下新风扑面、正气充盈，官兵神清气爽、向心凝聚。永登县、皋兰县人武部分别被甘肃省军区表彰为“安全管理先进单位”“基层建设先进单位”。

【基础建设】 学习军委党的建设会议精神，贯彻落实“下篇文章”，以理论武装凝心聚魂，以整肃作风激浊扬清，以自我革命检视初心、担当使命，部队党的领导全面加强，党委班子凝聚力感召力增强。履行“两个责任”，贯彻执行《党章》《准则》《条例》，围绕思想层面的“和平病”、重点领域的“惯性病”等深层次问题，全面彻底肃清郭、徐、房、张流毒影响，党员干部政治纪律和政治规矩意识增强。认真对待中央军委巡视反馈、作风督查指出的问题，逐条制定整改措施，清退违规占用住房，调整机关干部宿舍，追缴退役士官拖欠房租和奖金，依规依纪对涉及责任人进行问责处理。先后围绕“四个带头”“五个检视”召开民主生活会2次，结合“不忘初心、牢记使命”主题教育，开展政治能力训练，听取官兵、职工对党委班子和常委个人的意见建议，查找指导上的短板、监管上的盲区、制度上的缺失等问题，研究加强党委班子建设的措施，各级党组织建设进一步加强。七里河区、永登县人武部被甘肃省军区表彰为“先进党委”。

【双拥共建】 推动兰州市出台“为军服务、为兵解忧”系列优惠政策，解决驻军部队战备、训练、生活等难题，依法推动落实军人免费乘坐轨道交通，协调解决随军家属就业、军人子女入学、退役军人安置等问题，解决军人“三后”（后路、后院、后代）问题。统筹推进物质扶贫、产业扶贫、党建扶贫、教育扶贫，开展党委带“两委”互促共建活动，先后投入116万元，为皋兰县黑石镇白坡、石青2个帮扶村援建面粉、羊肉加工厂，投入3期种羊200余只，粉刷国防教育文化墙，增添医疗卫生器材，完善小学基础设施。组织“八一”军事日活动，协调兰州市副地级以上领导赴民兵训练基地体验军营生活，参观武器装备展示，观摩训练课目演示，邀请权威军事专家进行国防知识讲座。开展学雷锋活动，深入街道社区献爱心送温暖，举办军地“双拥杯”乒乓球赛、篮球赛和“庆八一”走访慰问活动，协调驻军3000余名官兵和民兵参与创建文明城市、生态建设等活动。兰州市和7个县区被表彰为“省级双拥模范城”，兰州警备区被甘肃省表彰为“拥政爱民先进单位”。

（李宗林）

12月25日，兰州市警备区举办“鱼水情”双拥书画作品展

武警兰州市支队

【概况】 2019年，武警兰州支队以2本《纲要》、1个《读本》和《习近平论强军兴军》等为基本教材，引导官兵学原著、读原文、悟原理，确保习近平强军思想入心入脑、落地生根。推广运用“1+1+互动”教育模式，走深踩实主题教育和六项经常性基础性教育，不断打牢听党指挥、忠诚可靠的政治根基，主题教育做法被武警甘肃省总队转发。开展五·四、七·一、“喜迎国庆70周年”系列活动，拍摄的《我和我的祖国》微视频在央视七套《军歌嘹亮》滚动播出，执勤十七中队官兵自编自演的文艺节目《班长的针线包》

荣获武警甘肃省总队“优秀奖”，支队篮球队在武警甘肃省总队“强军杯”篮球比赛中荣获冠军，支队被武警甘肃省总队表彰为“新闻宣传工作先进单位”。支队先后获得“兰州市拥政爱民模范单位”“兰州市综治维稳反邪教目标考核先进单位”“甘肃省绿化模范单位”“兰州市禁毒工作先进单位”“甘肃省学雷锋活动示范单位”“兰州市平安建设工作先进单位”“甘肃省维护稳定工作先进集体”等荣誉称号。投入26万元，为扶贫村榆中县韦营乡韦家营村援建高原温室大棚10座。

【真训实练】 深入贯彻习近平主席训词训令精神，开展“创纪录、当尖兵”和群众性练兵活动，强力推动通用“五项”清零，严密组织“卫士—19·北京”演习、“魔鬼周”极限训练、勤训轮换、教练员集训和第2届“军人运动会”，训练水平提升明显。常态开展基于任务的“四专”训练和方案演练，压茬推进“智慧磐石”工程建设，如期完成28处执勤隐患治理。严格落实战备值班“3+1”力量体系，组织指挥机构等级部署和支队基（前）指、应急前指训练推演，打造过硬的反恐尖刀和处突拳头。圆满完成中央首长专机警卫、“兰马赛”安保、押运押解、调犯专列地面警戒和敏感时期机动备勤等重大任务，成功处置上访事件，妥善处置执勤险情。

【依法治军】 牢固确立法治思维理念，坚持按纲要建、按条令管、按大纲训，确保部队始终在法治化轨道上有序运行。持续开展“条令年”活动，常态组织条令法规学习教育，修订完善各类管理工作细则，培育官兵懂法、依法、守法的法治素养和行为习惯。深入开展“迎大庆、盯重点、除隐患、保安全”、百日安全竞赛等活动，按照“八个规范”要求，定期分析形势，搞好问题整改。严格枪弹、车辆和手机管理，加强敏感时节、重点部位及“八小时以外”人员管控，严密组织文电归档和办公电脑、移动存储介质清查、电脑病毒库升级。全面检查兵器室、应急指纹枪柜、枪柜存放点及哨位执勤设施，确保问题归零。

【精准帮带】 坚持按纲谋划、按纲规范、按纲指导。认真落实“三个层面、一个争创”、领导机关“1111”挂靠帮带机制和大队“一三”、卫生队“121”工作法，实施“三帮一带”，全面全程全责对基层大中队进行精准帮建，配齐配强大、中队主官，组织参加总队三级主官《纲要》培训和新条令集训，持续深化支队按纲建点成果，把驻点干部与执勤点绑在一起建、一起考、一起评，强化以点为家意识和按纲抓点能力。全力打造“六型”后勤，加强后装专业队伍建设，巩固深化“伙食微信群管理”模式成果，着力提升后装保障质效。全力推进支队指挥中心和机动大队、教导队选址迁建项目，争取地方政府的建设资金已拨付到位。完成公寓房改造、训练馆新建、训练场修缮、温棚搭建等工程建设，配备更换各类给养器材300余件套，基层整体建设质量明显提高。

（杨丰乐）

甘肃陆军预备役高射炮兵师

【概况】 2019年，甘肃陆军预备役高射炮兵师立足改革转型阶段特征和预备役部队特点规律，抓住政治建设、练兵备战、安全稳定、正风肃纪4个重点，狠抓经常性基础性工作落实，圆满完成年度各项工作任务。

【战备训练】 坚持党委议训抓训，常委带头参训参考，严格军事训练“一票否决”，狠抓训风考风，中心工作更加聚焦。组织现役军官逐人进行等级评定考核；着眼应急备战，及时调整预任官兵出入队；按上级要求规模组建抗洪抢险分队，完善物资器材；持续规范作战值班和库室建设，组织节日战备应急处突演练，战备秩序持续正规。按照每年“过一遍”思路，开展各类专业技术骨干技能训练。

【作风建设】 扎实抓好四个专题廉政教育和违纪案例通报，组织观看《忏悔与警示》《铁纪强军》和陆军党的纪律教育“三个一”教育专题片，接受上级巡视检查3次，开展自我监察5次，传导压力，形成震慑。大力查纠“四风”隐形变异和基层“微腐败”，安排纪检干部及基层风气监督员对各类招标、物资采购和训练考核等进行监督，按制度规定办事逐步成为官兵共识。

【宣传教育】 完成6个专题党委中心组带部队理论学习，组织“传承红色基因、担当强军重任”5个专题大小课辅导；聚焦中心任务在各类媒体刊发新闻要讯321篇，宣传报道工作位居战区陆军预备役部队第一。

【双拥共建】 加大对贫困村的帮扶力度，先后为8个帮扶村投入70万余元，建成果蔬保鲜库、集体养殖场等；开展帮建党支部和捐资助学、慰问贫困户等活动，走访慰问驻地社区孤寡老人、低保户。

（杨　琼）

退役军人事务

【概况】 2019年2月18日，兰州市退役军人事务局正式挂牌成立，4月26日，中共兰州市委退役军人事务工作领导小组成立。局机关内设办公室、人事科、政策法规科、思想政治和权益维护科、规划财务科、移交安置科、就业创业科、军休服务管理科、拥军优抚科、褒扬纪念科共10个，局属单位兰州战役纪念馆、兰州市烈士陵园、兰州市军队离退休干部第一、二、三、四、五休养所、兰州市军用饮食供应站、兰州市军队离退休干部服务站、兰州市军队离退休干部第二、三服务站、兰州市退役军人服务中心共12个。5月20日，市、区县、乡镇(街道)、村(社区)4级1200个退役军人服务中心(站)同时挂牌成立，承担信息采集、社保工作、信访接待等15项服务类工作职责。

【政策法规实施】 6月6日，领导小组召开第一次会议，印发《中共兰州市委退役军人事务工作领导小组工作规则》《中共兰州市委退役军人事务工作领导小组办公室工作细则》《中共兰州市委退役军人事务工作领导小组成员单位职责》《中共兰州市委退役军人事务工作领导小组2019年工作要点》等文件，对全市退役军人事务工作进行安排部署。为确保重点工作责任落实到位，印发《2019年兰州市退役军人事务局法治工作要点》《退役军人事务工作政策法规选编》(一、二)、《兰州市退役军人事务局“兰州市退役军人矛盾问题攻坚化解年”活动实施方案》《兰州市退役军人事务局财务管理内部控制制度》等。实现省、市、县三级退役军人事务部门权责清单中事项名称、类型、依据、编码要素“三级四同”标准化管理，与省退役军人事务厅同步开展权责事项梳理，认领权责事项37项。其中，行政处罚1项；行政给付13项；行政确认3项；行政奖励8项；行政监督1项；其他行政权力11项。完成7条政务服务事项的认领和实施清单的编制、审核、报送，制定服务清单，建立服务承诺“四办四清单”管理制度。对照《2019年兰州市依法治市工作要点》，逐步建立和完善市退役军人系统政策法规体系、法治实施体系、法治监督体系、法治保障体系。为推进政策法规宣传，制作的“兰州市退役军人事务局普法宣传片”入围司法部第16届全国法制动漫微视频作品征集展示活动。

【宣传引领】 参与协调相关新闻媒体和新媒体对全市双拥共建、褒扬纪念、脱贫攻坚行动和启动重大退役军人事务项目等活动进行重点宣传。及时召开新闻发布会，就关注度较高的部分退役士兵社会保险问题进行说明。注重发挥企、事业单位、社会组织和乡镇(街道)、村(社区)基层党组织的作用，引导退役军人发挥骨干和先锋模范作用。加强舆论引导，先后开通局官网、官微，及时回应社会关切，全市退役军人保持“兵”的站位，坚守“兵”的本色，传承“兵”的情怀，发挥“兵”的价值，退役不褪色、建功新时代。开展全国模范退役军人和全国退役军人工作模范单位、模范个人及“陇原最美退役军人”表彰选树的选拔推荐，全市推选3名先进典型。广泛进行“最美退役军人”学习宣传活动，树立崇尚典型、争当先进的鲜明导向。

【权益维护】 全年办理信访件446件，交办信访件全部办结，化解率100%。妥善处置重点涉军敏感事宜，先后接待来访、来电群众8000余人次，接待信访重点人员来访30余批180余人次。积极做好军转干部解困工作，截至12月底，纳入数据库管理企业军转干部6502人，其中符合享受解困政策4106人。受理解困补助申报3109人；受理特困救助申报153人，为79名复员干部发放社会保险补助和生活困难救助金。

【军休服务】 根据省退役军人事务厅2019年度军队离退休干部退休士官接收安置计划，全市累计接收各类军休人员40人。为符合条件的71名军休干部发放共和国勋章。按时发放军休人员工资、津补贴、政策性增资和年度定期增资。5月9日，承办甘肃省军休干部庆祝新中国成立70周年文艺汇演。先后组织全市军休干部及家属4000余人开展形式多样的踏春、秋游及“我们的节日”等活动。七一、八一、十一期间，广泛开展“初心、使命、军魂”主题故事会、“爱祖国、保本色”主题宣讲等活动。

【退役军人安置】 落实安置政策，强化组织领导，推进任务完成，完善推行“阳光安置”办法措施，公开安置岗位、安置程序、安置结果，实行量化评分、按分排序、按序选岗，安置工作公平公正。拓宽宣传渠道，在《兰州日报》、今日头条刊登《致转业军人的

3月29日，兰州市军休服务管理单位举行退役军人事务光荣牌发放仪式

一封信》和关于行政事业单位、国有企业挑选退役军人《公告》，鼓励军转干部和接收单位互相推荐，达成双向协议，做到"人岗相适、各得其所"。全年完成计划安置军转干部41人、计划安置士官191人、持安置证退役士兵14人、随调家属3人工作。建立兰州市解决部分退役士兵社会保险问题部门联席会议工作机制，成立联席会议办公室及6个工作小组。通过新闻媒体发布公告，深入街道、社区广泛宣传。截至12月底，全市录入受理申理5250余人，其中市本级受理2930余人，相关审核工作逐步展开。

4月6日，省、市在兰州市烈士陵园举行在四川木里森林火灾中英勇牺牲的4位甘肃籍烈士悼念活动及王佛军烈士骨灰安葬仪式

【就业创业服务】 聘任兰州市退役军人就业创业指导专家26位；认定兰州市退役军人就业创业孵化基地6家、退役军人就业创业培训机构50家；组织"兰州市退役军人及现役军人家属专场招聘会"2场；举办自主择业军转干部培训班4期，扎实推进全市退役军人就业创业，逐步建立完善就业创业服务体系。全年接收安置自主择业军转干部208人，向区县移交复员干部13名和自主择业干部随调家属1名。按时足额发放自主择业军转干部退役金、取暖费，办理医保及相关查询工作。及时拨付全市自主就业退役士兵兵役优待补助金及相关培训经费，指导区县积极做好教育技能培训工作。

【拥军优抚】 4月，组织召开全市双拥工作会议，明确目标、任务及要求。先后举办第7届双拥杯乒乓球、篮球邀请赛，新中国成立70周年暨建军92周年慰问部队专场演出、八·一双拥晚会、慰问"兰州舰""迎新春促双拥，共叙军民鱼水情"迎新座谈会等活动。元旦、春节、八·一期间，市委、市人大、市政府、市政协四大家分管领导带队，走访慰问驻兰部队和优抚对象、军烈属；协调市住建局等单位解决68002部队反映的八里窑隧道建设相关事宜；会同兰州警备区与市教育部门协调解决100余名部队子女入学问题；积极推进2019年20名随军家属调动及就业安置工作；组织领导干部"军事日"活动；举办"爱在蓝天、青春筑梦"军地鹊桥联谊活动和"鱼水情"双拥书画展。7月，兰州市以全省第一名成绩蝉联省级双拥模范城"九连冠"。10月，制定印发《兰州市创建双拥模范城(县)先进单位和个人奖励办法》，形成兰州市创建工作长效激励机制。截至12月底，全市采集退役军人信息12.1万余人，悬挂光荣牌10.7万余块；为增强光荣牌悬挂仪式感，先后多次为烈属军属、军休干部及符合要求的家庭举行悬挂光荣牌启动仪式。拥军优抚各项政策落实到位，年度军供服务保障任务圆满完成。按时发放优抚金和临时物价补贴，指导区县做好"两参"人员(参战参试人员)台账录入工作，完成军残换证、补评残、带病回乡人员认定，以及公务人员和人民警察评残工作。全年先后下达抚恤补助资金指标9873万元、医疗补助资金指标394.1万元，发放临时物价补贴224.39万元。

【英烈纪念活动及宣传】 4月，先后组织"传承·2019清明祭英烈"活动和在四川木里森林火灾中牺牲的甘肃籍烈士悼念活动及王佛军烈士骨灰安葬仪式；8月20日，举行9名参战牺牲烈士骨灰安葬仪式；9月30日，举办省、市各界向人民英雄敬献花篮仪式。全年组织兰州战役宣传展进社区、进学校、进机关、进农村、进军营，巡回展12次。兰州战役纪念馆、兰州市烈士陵园先后接待参观、祭扫团体1300余个，24万余人次，召开纪念大会300余场、专题英烈教育20余次，兰州战役纪念馆被列为全市"不忘初心、牢记使命"主题教育"教育基地"；开展面向全国寻找兰州战役传承人活动。配合中央电视台完成《我的解放时刻—兰州》《百城百战之喋血兰州》和《兰州战役》等纪录片的拍摄。完成兰州市烈士陵园部分设施提升改造，维修第九烈士墓区200余座烈士墓及墓区道路，新建第十烈士墓区。开展中华人民共和国烈士英名录编撰工作，进行《中华人民共和国英雄烈士保护法》法律宣传活动，烈士纪念设施得到有效保护。

(张　健)

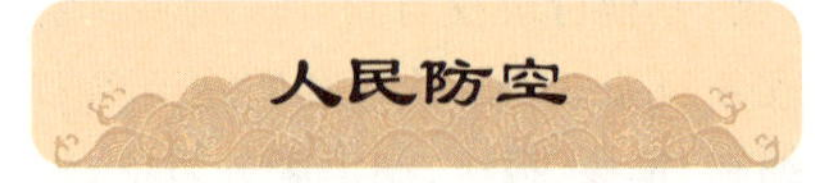

人民防空

【概况】 2019年，兰州市人防建成2个街道人防应急指挥所，组织开展

“9·18”防空警报试鸣，结合警报试鸣，开展防空袭人员紧急疏散演练，2.1万余人参加防空袭人员紧急疏散演练活动。全年新增人防工程平战结合利用面积12.8万平方米，占新增任务的111%。新建人防社区工作站20个。完成办理历史遗留及违法建设项目112件。

【项目建设】 “719”工程改扩建土建工程基本完工。完成信息系统项目施工图审批等工作，正在组织招标。“719”综合管控系统项目完成实施方案编制，市发改委已批复立项。指导城关区、西固区建成2个街道人防应急指挥所，投入使用。指导永登县完成地面应急指挥中心信息系统升级改造项目。城关区基本指挥所综合运维管理系统项目立项、七里河区卫星地面站项目立项、永登县地面应急指挥中心北斗导航定位系统设备采购目已经省人防办批复；红古区中型机动指挥通信系统项目立项已经省人防办批复。督促榆中县和皋兰县人民政府加快地面应急指挥中心建设进度。

【信息保障】 指导七里河区、西固区完成2个早期人口疏散方案。修订完成重要经济目标单位防空袭防护方案2个。与甘肃中石油昆仑燃气有限公司开展重要经济目标单位防护试点工作。抓好人防专业队伍规范化建设试点工作，组建抢险抢修、通信保障等人防专业队伍。采取以岗代训、集中训练等形式，开展技术培训和军事训练。城关区对燃气抢险抢修专业分队进行点验；西固区对新组建的4支治安和消防专业队伍进行点验并授旗；安宁区对辖区6支人防专业队伍进行点验。依据《人民防空训练与考核大纲》，制定训练工作计划，组织开展公共课目和专业课目的训练。参加“西部—2019”等培训和演练2次。开展市区县人防通信专网试线训练、机动指挥所组网演练，参加全省机动指挥所赴青海跨区域联合训练及“铸盾人防—2019”宁、甘、陕、蒙、青5省区机动指挥所协同训练。全年机动指挥所开展训练演练57次。完成各类警报器新增任务。完成无人机信息采集系统接入人防机动指挥所通信系统、无人机实飞训练、信息采集与信息传输训练。维修维护全市警报设备，组织开展“9·18”防空警报试鸣，音响警报覆盖率达到95%。

【防护工程】 完成《兰州市市域人防体系规划（送审稿）》编制工作，永登县、榆中县人防专项规划编制工作正在开展。严格落实“结建”政策，深入施工现场检查，严格按照规范要求把好人防工程审查、质量监督、竣工验收等关口，杜绝漏建、少建等问题。全年办结新报建项目74个，警报控制室23个。积极开展人防工程平战管理工作，落实人防工程属地监管和隶属单位管理原则，发挥人防工程的平战结合效益。全年新增人防工程平战结合利用面积12.8万平方米。加强人防工程安全监管，开展安全生产大检查。发现安全隐患21处，即知即改20处，采取安全防范措施1处。在防汛度汛排查中，发现并解决汛期隐患30处。

9月18日，市人防办在五泉公园门口开展“9·18”防空警报试鸣宣传活动

【法治宣传】 制定并上报《关于加强街道（乡镇）社区人民防空工作的意见（征求意见稿）》。梳理完善人防部门权责事项，编制权责清单目录。开展行政许可、行政处罚信息归集公示工作，共公示行政许可信息129条、行政处罚信息5条。开展日常执法检查，对欠缴人防易地建设费的22家单位首次启动行政处罚程序，对未履行行政处罚决定的11家单位申请法院强制执行。积极推进“五进”宣传活动，结合“5·12”防灾减灾日、“9·18”防空警报试鸣日，组织开展集中宣传活动2次，展出人防宣传展板60余块，发放人防法规政策和人防知识技能宣传资料6000余册。在主流媒体刊登人防宣传专版4版。新建人防社区工作站20个，在城关区、西固区组织开展人防专题讲座2次。制作人防宣传短片，在甘肃电视台等媒体播放。

【其他工作】 开展“不忘初心、牢记使命”主题教育。围绕规定的学习篇目，举办为期5天的读书班，开展学习交流研讨12次，55名在职党员干部形成研讨材料220余篇，71名党员实现全覆盖。安排调研课题3个，形成调研报告3篇。党组梳理检视问题清单30条，已整改26条。专项整治查找问题32条，已整改30条。根据省、市纪委开展人防领域腐败问题专项整治行动的要求，成立领导小组，制定工作方案，积极配合市审计局、市纪委、市委巡察办和省委巡视组开展专项审计、巡察和巡视。对自查自纠14个问题，建立台账，制定整改措施，逐项进行整改。针对历年拖欠人防“结建”费的问题，通过主动上门、集中约谈、下发催缴通知书、行政处罚事先告知书、行政处罚决定书、申请法院强制执行等方式加大催缴力度，截至年底，已追缴项目46个，还有4家单位正在通过行政执法、申请法院强制执行等措施进行追缴。完成整改上年市委巡察反馈的6个方面20个问题。对2019年省委巡视组反馈的8个问题，制定整改方案，积极开展整改。

（冯　晶）

兰州新区

【概况】　2019年，兰州新区地区生产总值增长17.1%，增速连续多年位居国家级新区第一，固定资产投资增长20%。其中，工业投资增长67%；八大国有集团公司营收突破500亿元，增长120%。获评“中国(区域)最具投资营商价值新区”，获批国家绿色金融改革创新试验区。

【系统改革】　充分发挥先行先试政策优势，实行“区域评估、多评合一、多图合一、多验合一”简易审批，企业签订承诺书即可开工建设、平均节约资金300万元以上，企业投资项目审批和开办时间分别是国务院目标的四分之一、八分之一，并联承诺容缺项目验收制使不动产证办理时间大幅缩减，企业经营要素成本降低20%以上。推进“不见面”改革试点，全面取消项目备案前置，全程实现网上办理。探索新兴产业包容审慎监管，73种首次轻微违法行为免予行政处罚。招投标改革举措与国家新修订的《招投标法》高度契合，全员聘用制，绩效考核，土地弹性出让、租赁或先租后让等改革举措纳入《国务院办公厅关于支持国家级新区深化改革创新加快推动高质量发展的指导意见》(国办发〔2019〕58号)，在国家级新区推广。

【绿色化工】　绿色化工园区西区水、电、气、路等基础设施全面配套，实现“引进百个项目、吸引超两百亿投资”目标，创造甘肃省单园区、单产业一年落地项目数量、吸引投资新纪录。“专精特新”化工新材料产业园落地项目35个，填补空白、替代进口、弥补短缺化工产品过百种。上海康鹏威耳从考察洽谈到建成试生产仅用半年时间，刷新国内化工行业项目建设新纪录。

【新材料】　德福年产5万吨超薄铜箔项目一期投产、二期开工，兰飞军民融合高强度铝合金轻量化轮毂等5个项目建成投产，大禹防水卷材获“大世界基尼斯之最”，有色金属、绿色建材、光电材料等新材料产业体系形成。

【大数据】　电信、移动数据中心和新区大数据产业园一期等14个项目上网运行，组织申报国家新型工业化产业示范基地。国网云数据中心、移动和电信数据中心二期等9个项目加快建设，装配机架2.5万个，面向“一带一路”集智能设备研发生产、数据储运、软件开发于一体的大数据产业基地快速形成。

【装备制造】　省铁投装备产业园、新合制罐、博睿重装制造生产基地建成投产。重离子应用技术及装备制造产业基地等16个项目加快建设。新引进柳工西北再制造研发中心等项目13个。兰石自主研发1.5万米超深井海洋钻机完成设计，进入样机制造阶段。兰州广通获得整车出口资质，首批新能源客车出口塞尔维亚。

【生物医药】　申联生物疫苗试生产，兰药抗肿瘤药开展中试，尚方堂现代中药通过GMP认证。安泰堂、国药医疗器械、荣康医药等项目投产。慈济药业等5个项目加快建设。新引进重庆药业集团物流中心、甘药同位素生产基地等项目4个。佛慈荣获“中国中成药行业企业出口十强”，和盛堂获评“中国产学研合作创新示范企业”“福康片”进入全省戒毒采购目录并全国推广。

【科技创新】 围绕打造兰白科技创新改革试验区第三极，不断提升自主创新能力，引进科技型企业63家，培育国家高新技术企业11家，与11名院士、52个创新团队合作，开展产学研合作87项，研发成果95项。2019年，新区有研发活动规模以上工业企业占比45%，全社会研发投入占GDP比重3.5%，科技成果转化率30.5%、增长6.9个百分点，转化产值178亿元、增长62.3%，科技进步贡献率59.5%。西北绿色新型铝加工产业园“双零箔”技术、普锐特聚酰亚胺耐高温材料达到国际领先水平，兰州兰石集团兰驼农业装备公司突破极寒环境电池包生产和电池管理系统技术，世界最薄4.5微米铜箔试生产成功，精细化工医药中间体、农药中间体、染料中间体、化学助剂试剂等35个高附加值成果转化应用。高质量建设创新平台，新组建传感及检测技术应用研究中心等创新平台19个，兰石高端能源装备省级专业化众创空间升格为国家级众创空间，新区产业孵化大厦连续三年获“优秀(A类)国家级科技创业孵化器”。

【对外开放】 全面推行“单一窗口”，实行先放行、后补税，报关填报事项减少45%，候查、查验时间减少50%，报关时间压缩三分之一以上。建成运营木材分拨中心、粮食口岸，不断扩大进口木材11万方、粮食1万吨，汽车、肉类、冰鲜、棉纱等进口业务。大力发展通道经济，多式联运工程获全省最大单笔4亿美元外资贷款，有色金属交割库、汽车分拨、保税仓储、金融仓储等专业物流园运营。兰州兰石集团有限公司获评“国家级外贸转型升级基地”。中川机场旅客吞吐量突破1500万人次，新开至比利时、巴基斯坦等货运航线6条，进出口总额增长110%，国际货运班列到发数增长286%，货物吞吐量增长333%，多平台、多通道、多口岸“开放矩阵”加速形成。

【城市建设】 高效优质保障国家和省列重大项目建设，朱中铁路通车运营，中川机场三期总体规划获批。中兰客专、兰张三四线、景中高速、中白高速、中通道、G109、机场连接线等加快建设。新建城市道路52公里，敷设给排水、燃气、电力、通讯管网276公里。省经济社会展览馆、新区档案馆、职教园区图书馆向社会开放，省体育馆交付使用。城际铁路公交化运营，新增公交线路12条，改造提升城市公厕46座。加快职教园区建设，新建成院校3所，入驻师生总数达7万人。智慧城市政务云平台、运营中心等一期9个子项目建成运营，网格化综合管理、应急指挥平台等11个子项目启动建设，成功举办新型智慧城市峰会，布局5G网络基站100个，荣获“2019年中国领军智慧城区”。

佛慈制药提取生产自控系统

【生态环保】 深入践行绿色发展理念，构建防护林带、生态水系、绿廊花海、湿地公园等为一体的生态体系，获评“2019绿色发展优秀城市”。创新生态修复模式，科学治理“山水林田湖草”，实施生态修复5万亩，建设高标准农田4万亩，系统性解决干旱、风沙、盐碱、水土流失，为黄河中上游黄土高原地区生态治理探出“新区路径”。推进国土绿化行动，新增绿化面积3万亩，城市绿地率增至35%、达到国家园林城市标准。加大环境治理力度，分级分类处置一般工业固废、建筑垃圾、生活垃圾，优化雨污水分流、中水回用系统，科学高效做好源头管控、过程监管、末端治理，空气优良天数330天、达标率95%，饮用水源地水质达标率、垃圾无害化处理率、污水收集处理率均达100%。

【乡村振兴】 紧盯“农业强、农村美、农民富”，全面实施乡村振兴战略，推进城乡一体融合发展。大力发展全域现代农业，实施现代农业项目24个、总投资239亿元。建成可移动、模块化、装配式日光温室1100座。建成36万平方米亚洲单体最大、技术最先进的智能温室高端花卉基地和全省最大的中药材育苗基地。新希望250万头、天兆60万头国内最先进生猪种养智能生态循环项目开工建设，中天、天欣近8000只种羊入栏，饲草种植、规模养殖、屠宰冷链、有机肥加工等全产业链加快形成。加快建设全域美丽乡村，深入实施垃圾、风貌、厕所“三大革命”，完成厕所改造6319户，拆除“一户两宅”340处，实行垃圾全处理、污水全收集，村社道路、巷道实现全硬化全亮化。不断完善农业农村发展机制，鼓励引导农民以土

现代农业示范园智能温室

地、劳务、资金等入股国有企业和村领办合作社，带动农民就业1.5万人、农民转产业工人9000人，农民人均纯收入1.2万元、增长9.9%。

【商贸旅游】　商业综合体42家533万平方米，客流量增长28%，商圈入驻率70%以上。丝路国际会展中心、国际五星级皇冠假日酒店、瑞岭商务中心等商业体加快建设。红星美凯龙、智慧小镇运营，新增酒店10家、客房近千间。全年接待游客620万人次、增长57.8%，旅游综合收入23亿元、增长68.9%。临港花海获习近平总书记点赞，成为网红"打卡地"。

【社会事业】　深入践行以人民为中心的发展思想，推动教育、卫生、文化、体育等各项社会事业全面发展，切实增强群众获得感、幸福感。教育卫生事业优先发展，一批幼儿园、小学建成投用，学前和基础教育总学位达3.5万个；加快医疗卫生综合体建设，公立医疗机构门诊量增长300%、转诊率由90%降至不到10%，学位、床位完全满足新区新增人口上学、就医需求。文体事业蓬勃发展，建成社区体育健身中心，美好未来音乐节、太平鼓传承表演等群众性活动不断丰富，彩虹城、兰石等4个社区被评为全省新型城镇居民终身学习中心；半程马拉松参赛运动员突破万人大关，荣获田协"银牌赛事"。稳步提升社会保障水平，农村一、二类低保在省定标准基础上提高10%，新增城镇化就业5.1万人。坚持"房住不炒"，建设棚改安置房、租赁性住房、保障房2.2万套，商品房销售面积124万平方米、同比增长30%。

【新型智慧城市峰会】　8月30日，由中国电子信息行业联合会指导，兰州新区党工委、管委会主办，华为公司、兰州新区科技局、科文旅集团承办的2019新型智慧城市（兰州新区）峰会在兰州新区举办。峰会以"新区新动能，孕育新发展"为主题，邀请国内著名专家、学者，全国部分省市党政及相关部门代表，省内14个市州党政领导及相关部门代表，39家国企及大数据领域企业代表，新区大数据行业、装备制造行业、新能源汽车行业等19家重点企业代表近千人参会。工信部原副部长、北大兼职教授杨学山，中国工程院院士谭建荣，华为公司中国区总裁鲁勇，省科技厅党组书记、厅长史百战等出席大会。兰州新区党工委副书记、管委会主任李东新出席并致辞，管委会副主任刘浩明主持大会。峰会上，国内专家、学者、与会嘉宾共同探讨智慧城市建设过程中的痛点与解决方案，分享当前国际领先的研究成果及全球智慧城市发展的先进经验、前沿技术、应对面临的挑战与机遇，共话智慧城市的发展趋势，共享新型智慧城市发展的新理念、新思路、新实践，共鉴城市数字化转型的新技术、新业态、新模式，共谋"互联网+"应用、人工智能、工业互联网、云计算等数据信息领域深度合作。峰会主题鲜明，内容丰富，为智慧城市的建设与发展提供了智慧支撑和技术保障，同时也传递出当前中国新型智慧城市创新发展的主要趋势，为当前及今后一个时期的城市创新工作引领了方向。峰会现场，兰州新区聘请工信部原副部长、北大兼职教授杨学山，中国工程院院士谭建荣，中国人民解放军总医院心电专家、汕头大学医学院第一附属医院客座教授卢喜烈，兰州理工大学计算机与通信学院副院长、教授、博士生导师薛建彬等6位专家成为兰州新区大数据领域专家智库成员。

（鲁贤德）

兰州高新技术开发区

【概况】　2019年，兰州高新区围绕建设国家自主创新示范区，紧盯"五区"（科技体制改革试验区、产业品质跃升支撑区、人才资源集聚区、东西合作发展先行区、生态文明建设引领区）定位，加快推进以"自主、创新、示范"为核心的大科技、大创新、大改革，较好地完成经济社会发展目标。全年完成地区生产总值276亿元，增长7%；第一产业增加值1.04亿元，增长6%；第二产业增加值181.3亿元，增长0.5%；规模以上工业增加值153亿元，增长0.3%；建筑业增加值23亿元，增长11%；第三产业增加值93.8亿元，增长24.7%；固定资产投资完成195亿元，增长17.7%；社会消费品零售总额101亿元，增长7%。科技创新能力稳步提升，建设新型研发机构19个，全社会R&D（研究与试验发展）投入占GDP比重达到3%，技术合同成交额达到21亿元，科技进步对经济增长的贡献率达到61.2%。

【项目建设】 紧盯生物医药、智能制造和新材料主导产业，加快建设总投资约108亿元的17个重点项目，按进度顺利推进中农威特生物医药基地、西脉新材料产业园、中铁西北科学院产业基地、甘肃路桥产业园项目、兰州生物产业园(二期)、兰州高科现代医药物流园、中牧股份兰州生物药厂整体搬迁等项目；加快办理航天510所、真空设备厂、智慧交通总部经济等项目前期手续；完成高端制造关键功能部件精密滚动直线导轨副、精密滚珠丝杠副建设项目、广药集团王老吉大健康兰州项目土地供应，正在编制设计方案。系统推进"一谷五园"（兰州肽谷，绿色产业园、军民融合产业园、生物产业园、纳米新材料产业园、新能源产业园）建设，"兰州肽谷"完成投资6000万元，建设多肽全库、抗体库、干细胞中心等科研平台，同步开展多肽药物研究工作。军民融合产业园依托兰州航天高新产业基地和兰州航天真空装备产业基地项目建设，同时与保利集团和在甘军工企业等大型国有企业开展项目对接洽谈。生物医药产业园兰州国家生物医药产业基地一、二期投入使用，兰州高科现代医药物流园开工建设，甘肃药物产业研究院、甘肃中药现代制药研究院成果转化及中试验证中心等7个科研单位将入驻兰州国家生物医药产业基地。

【科技创新】 发挥兰州科研院所集中、科技人才集聚优势，新成立甘肃人工智能与下一代互联网产业研究院、甘肃省中药现代制药工程研究院和特种涂层体系产业研究院3家产业研究院，西脉康复医疗器械健康产业创新工作站、食品安全分子生物检测技术创新工作站等8家创新工作站。兰州西脉记忆合金股份有限公司荣获2019年国家科技进步二等奖，被国家工信部认定为专精特新"小巨人"企业。在兰州科技大市场挂牌成立兰州知识产权法庭，受理各类知识产权案件550件。积极对接甘肃丝绸之路国家知识产权港有限责任公司，拟共同出资设立知识产权港置业管理有限公司，加快建设丝绸之路知识产权港、知识产权服务业集聚区。争取科技部特色载体资金支持，制定《兰州高新区特色载体资金使用管理办法》，分2批支持兰州肽谷生物产业发展有限公司、甘肃陇神戎发制药股份有限公司技术中心等14家单位3700万元。举办创业沙龙、创客分享汇、创客训练营等创业培训活动200场次。

【产业培育】 加强与先进地区链接互动，组织人员赴上海、武汉、杭州、成都、西安、济南、郑州等先进高新区考察学习，与北大深圳研究院、中关村创业公社、上海交通大学第九附属医院、空军军医大学开展项目对接。积极探索国际化发展路径，组织相关单位和企业赴德国参观中德科技园，学习交流园区管理经验。鼓励海默科技、中农威特等企业开展出口贸易、对外投资，提高国际市场拓展能力和竞争力。重点对接"三个500强"企业，储备洽谈华大基因集团、北师大科技集团、深兰生物、美国陶氏集团、拜耳集团等产业项目30余个。与宝武集团包装公司、中生股份公司、浙江绿城等10家企业签订框架协议，总额136.25亿元。第25届"兰洽会"签约文旅康养小镇智能健康养老等项目4个，总投资约52.8亿元。全年招商引资到位资金79.5亿元，到位率106%，其中省外到位资金64.92亿元，到位率185.5%。

【企业发展】 编制《自创区产业发展规划》《军民融合产业发展规划》，明确生物医药、智能制造、新材料、新能源等主导产业和军民融合产业发展方向、发展路径。完善国家自创区创新政策体系，制定《兰州高新区建设国家自主创新示范区"4+7"政策实施细则》，对甘肃陇神戎发药业股份有限公司等110家企业、兰州肽源生物医药科技有限公司创新创业人才团队等6个人才团队，兑现政策项目138项，资金3477.04万元。高新技术产业增加值、战略性新兴产业增加值占GDP比重分别达到33%、18.5%；高新技术企业累计达到308家，新增企业80家，新注册登记企业1090家。孵化总面积达到95万平方米，新引进创新创业服务机构10个、创业企业和团队200个。

【营商环境】 完成行政服务中心"一窗受理、集成服务"改革，实现不动产登记只进"一扇门"，个人不动产登记压缩到3个工作日内，一般工商登记受理时间由原来的5个工作日压缩到3个工作日；对招商引资项目、特事特办企业项目登记及进入绿色通道企业，工商登记受理时间由原来的3个工作日压缩到1个工作日。印发实施兰州高新区工程建设项目《审批制度改革工作实施方案》《"多评合一"实施方案》《区域评估评审工作实施方案》《审批事项清单》，推进工程建设项目审批制度改革工作。制定《兰州高新区城市基础设施配套费征收管理办法》，研究解决定连园区用电、用水同城不同价问题，想方设法减轻企业投资建设成本。

【定连片区35平方公里核心区建设】

坚持绿色发展理念，稳步推进定连绿色科技智慧园区建设，污染防治攻坚战得到加强，单位地区生产总值能耗下降4%，工业固体废物综合利用率92%。坚持"生态优先、以人为本、产

定连园区全景图

城融合、服务优质”原则，高水平编制完成定连园区总体城市设计。积极对接引进绿色节能技术，建成无干扰深层地岩热新型绿色能源项目，在兰州国家生物医药产业园投入使用。完善园区公共基础设施和公共服务设施，开工建设高新一小及幼儿园、文化活动中心项目；新开工建设道路5条，完成定连园区17条道路(EPC模式)前期设计工作；定远污水处理厂(一期)已完工，进入试运行阶段；开工建设定连园区长河一支渠河道治理工程，开始定连园区2号调峰热源厂设计工作。有序推进棚户区改造项目，完成定连园区棚户区改造1#安置区(一期)1-10#楼施工任务，开工建设1#二期、2#安置区项目，办理3#安置区项目前期手续。

【其他工作】 举办金、政、企融资对接会，邀请银行、券商、投资公司、担保公司等金融机构34家、科技型企业40余家参加，为金融机构和区内企业搭建沟通桥梁。推荐30家企业申请特色产业发展工程贷款，获得银行贷款1.2亿元。推荐3家企业申请中小企业互助贷款，6家企业申请小微企业信用贷款。积极推进建立规模2000万元风险补偿资金池、1亿元科技成果转化专项投资基金、军民融合产业发展基金、2亿元中医药孵化基金。梳理8个项目录入国家重大建设项目，申报2020年政府专项债券。其中，产业园区基础设施项目6个；物流项目1个；学前教育项目1个。

(雷振韬)

兰州经济技术开发区

【概况】 2019年，兰州经济技术开发区完成地区生产总值307.65亿元，同比增长7.0%；第一产业增加值同比增长3.5%；第二产业增加值同比增长6.6%；第三产业增加值同比增长7.7%；规模以上工业增加值同比增长7.8%；建筑业增加值同比增长4%；社会消费品零售总额同比增长8.1%；固定资产投资同比增长2.7%。

【示范区建设】 深圳规划院编制完成空间规划，5月15日召开专家咨询会；市规划院编制完成起步区控制性详细规划，7月1日通过专家评审，11月18日经市政府常务会审议通过正式批复并实施；市政(防洪)专项规划、生态修复专项规划通过专家评审，正进行补充完善。全市范围内调剂规划建设用地指标1590亩；在甘肃省自然资源厅协调帮助下，与环县签订流转城乡建设用地增减挂钩指标相关协议，异地购买建设用地指标5000亩，保障起步区土地开发建设需求。摸底统计起步区范围内土地和农民住宅，建立征地拆迁台账，全面开展起步区环境整治、户籍管控、违建整治、债权债务清理。指挥部已建成使用，经济区、皋兰县及九合镇相关工作人员全面进驻，现场办公。运用门户网站、《兰州日报》、推介会等形式全方位、多角度、深层次宣传展示；积极与客商洽谈，年底示范区已洽谈储备恒大水世界等涉及生态旅游、园区能源开发等8个项目。

【项目建设】 全年实施各类建设项目252个，纳入全市投资项目清单项目121个。其中，70个续建项目全部复工；51个新建项目全部开工，项目开工率100%；开工入库项目49个，开工入库率96.1%；12个第22、23、24届“兰洽会”签约项目，全部开工建设。2019年市列重大项目3个，计划投资2.1亿元，全部完成计划投资。组建市级项目团队2个和区级项目团队6个，全年召开指挥长调度会议12次，通过编制团队工作台账、制定项目管理图，抓好项目调度。

【科技创新】 全年申报高新技术企业26家，其中新认定高新技术企业17家；全区高新技术企业总数达到72家。甘肃健顺生物科技有限公司“禽类疫苗生产EB66细胞全悬浮无血清培养工艺研究与人才团队建设”项目获评2019年省级重点人才项目，兰州和盛堂药物研究院有限公司被成功认定为甘肃省第一批新型研发机构；兰州天大华瑞环境成功申报甘肃省生产性服务业示范企业。引进各类人才388人。其中，大学本科63人；

硕士2人；中级以上职称15人；省外人才15人。组织威特焊材等5家企业参加第2届中国西部国际投资贸易洽谈会，组织兰药药业、天霖环保等4家企业参加2019年中国品牌商品（中东欧）展，并赴法国举办投资贸易推介会；“科博会”期间，举办“一带一路生物医药产业发展论坛”，邀请国内外专家学者研讨交流生物医药研发、生产，药品疫苗安全等相关法规政策。筹资40万元与兰州职业技术学院联合举办“经开杯”首届甘肃省文化旅游创意设计大赛，征集参赛作品1118件。

【合作交流】 围绕生物医药、智能制造、节能环保等产业对接北京农品堂、中清实业等企业140余家，储备威特森、新绿色等10个重点项目；在第25届“兰洽会”期间，举办2019全国生物医药冷链物流协作高峰论坛，签约项目26个，总投资117.82亿元，其中市签项目7个，总投资4.85亿元。成立以色列—经济开发区项目推进办公室，组织联系兰州大学、兰州交通大学等5所大专院校、科研院所及兰州威特焊材、兰州万里航空、甘肃兰药药业等18家企业与以色列工业园开展交流合作，促成弘毅天承与以色列方建立专家库、甘肃鑫业环保销售土壤固化剂产品等合作线索17条。全区29家进出口企业，全年完成进出口总额108914万元，同比增长12%。其中，进口额48855万元；出口额60059万元；13家外资企业，全年利用外资2700万美元，同比增长10%。

【营商环境】 制定《兰州经济区工程建设项目审批制度改革实施方案》和办事指南、审批流程图，进一步优化审批流程。对项目建设审批过程的招投标、安全质量监督、建筑节能监督、建筑施工许可、竣工验收备案环节全部实行“一次性告知单”，资料齐全即收即办，进一步压缩审批时间。设立不动产办证大厅和工程建设审批政务服务大厅，不动产登记大厅实现房产、不动产、税务、公积金、公正、银行六联办公，全年完成不动产登记业务51749件、工程建设审批政务服务大厅办理工程建设领域审批事项270余件。全年对高新技术、科技创新企业奖励资金474万元，推荐辖区符合条件的55家企业申请2018年度养老保险缴费补助资金，落实省市返还补助资金1047.25万元。出台《鼓励外商投资和外经贸发展奖励办法》，支持鼓励外资外贸企业发展，为中信环境技术、正威、国际港多式联运3家企业奖励资金103万元，为西部药谷产业园基础网络平台等3个项目争取省商务厅2019年度第五批外经贸项目资金150万元；修订《兰州西部药谷产业园产业用房管理实施办法》；发挥生物医药产业基金引导作用，对赫博陇药、和盛堂、天水长城果汁3家企业进行股权投资，解决企业资金困难问题。继续开展“千企万商大走访”活动，在服务省列重大项目——省妇幼医疗综合体时，特事特办，允许缓交城市基础设施配套费提前开工建设；在服务基础设施、棚户区改造、社会公益项目方面，完成8宗、394.4公顷项目用地划拨供地。提升园区基础设施配套能力，投资近亿元建设热力管网，解决园区内企事业单位和住户供暖问题；西部药谷全面建成，水、电、气、暖、污水、厂房、住房、办公设施全部配套，为园区企业提供全方位服务；进一步改进工作作风，利用节假日上门对兰飞、长风、万里等企业特殊群体和中海河山郡等楼盘集中面签，提升服务效能。

【法治建设】 制定《兰州经济区2019年度法治政府建设工作要点》《2019年经开区领导干部学法方案》，不断完善行政决策程序，全年听取法律顾问法律意见和建议35次，召开专家论证会、咨询会17次。

【其他工作】 制定《关于规范和加强兰州经济区意识形态社会宣传阵地管理使用的办法》，全年接转办理民情通、网民留言、舆情信息等平台反映问题651条，办结率100%。加强专业化干部队伍建设，从重点名校引进专业技术人才2名。注重干部业务能力建设，全年开展教育培训11期。受理、办结各类问题线索14件。

（张晓龙）

甘肃（兰州）国际陆港

【概况】 2019年，兰州陆港经济指标总体态势平稳。其中，完成地区生产总值31.1亿元，同比增长0.51%；第一产业增加值1.73亿元，同比增长4.36%；规模以上工业增加值1.63亿元，同比增长14.68%；建筑业增加值9.75亿元，同比下降14.2%；第三产业增加值17.67亿元，同比增长14.39%；实现社会消费品零售总额6.28亿元，同比下降29.3%；固定资产投资41.8亿元，同比下降33.9%。兰州陆港型国家物流枢纽成功入选全国23个国家物流枢纽建设名单；兰州南亚国际班列公铁联运示范工程项目被交通运输部命名为国家多式联运示范工程；经甘肃省开发区领导小组同意，兰州陆港成功升级为省级开发区；2019年再度荣获“全国优秀物流园区”称号。

【项目建设】 全年凝炼建设项目50个，总投资约375亿元，年度计划投资约45亿元。其中，续建项目19个，总投资约250亿元，年度计划投资约35亿元；新建项目31个，总投资约125亿元，年度计划投资约10亿元。东川铁路物流中心(铁路集装箱和货运中心)货运作业区项目建成运营；兰州铁路口岸项目全面建成，海关入驻并开展报关业务；整车进口口岸项目完成建设，与中国汽车进出口公司合作，积极开展整车进口业务；保税物流中心(B型)项目综合楼投入使用，正向国家部委申办启用手续。园区内多条疏港道路正在建设，其中2条基本建成，累计投资13亿元，基本达到通车条件。其余路网正加速推进，路网框架体系逐步完善；供热项目(一期)完成建设，锅炉房提升改造完成，投入使用；配套供气管网项目，燃气管线敷设、调压站装备调试工程建设完成；配套供水管网项目一期工程完成；应急管理中心开工建设。4个棚户区改造项目总投资约85亿元，累计完成投资约65亿元。年底，东川棚户区改造项目一期建设工程全面完工，已交付使用；达川城乡一体化安居工程、新城棚户区改造项目建设正常推进，分别完成工程量的75%、50%；河口棚户区改造项目正在推进。加大征拆力度，完成储备用地2550亩，征地拆迁1700亩，确保电商物流园等重点项目落地开工。

【国际班列】 新开通兰州至伊朗国际货运班列和兰州至拉合尔国际定期货运航线。中欧木材回程班列实现常态化运营，兰州陆港驻尼泊尔贸易代表处在尼泊尔加德满都市挂牌成立。全年发运国际货运班列199列7639组，货重约15.4万吨，货值约18.8亿元。其中，中欧国际货运回程班列(俄罗斯进口木材班列)发运46列2483组，货值约9200万元，货重约6.5万吨；南亚国际货运班列发运133列4666组，货重约7万吨，货值约16亿元；中亚国际货运班列发运4列170组，货重约3125吨，货值约5670万元；西部陆海新通道国际货运班列发运16列320组，货重约1.6万吨，货值约1.38亿元。

【对外宣传】 兰州国际港务区投资开发有限公司与曹妃甸港集团有限公司签署战略合作协议，并举行了曹妃甸港集团有限公司兰州内陆港揭牌仪式；参与了山东港口兰州无水港挂牌仪式。积极参与承办“大江大河·面面聚道”——“一带一路”兰州沿江之行城际交流和“海陆共进”·陆丝对话海丝——“一带一路”兰州沿闽之行城际交流活动。对接承办“金城兰州”走进“天府成都”专题招商推介活动。全年在国家及省市媒体主流媒体发布各类宣传信息312篇。其中，新华网、中新网、人民网、《人民日报》等国内主流媒体刊登88篇；甘肃新闻网、每日甘肃网、兰州新闻网等省市主流媒体刊登224篇。第25届“兰洽会”期间，各类媒体发稿30余篇，转载转摘量100余篇；赴武汉、成都、泉州组织承办推介会3次，各类媒体报道150余次，中国兰州网现场云点击量均在100万以上。接待记者采访团8次，平均15人次。

【招商引资】 立足特色，抢抓机遇，精准发力，按照“两真四有”(真招商、招真商和招商有功、招商有责、招商有序、招商有方)招商理念，努力构建多层次多渠道多元化立体招商新局面。先后组织人员赴长三角、成渝、西安、郑州等地区开展招商推介和对接洽谈，接待投资客商38批、323人次，引进国内外知名物流企业参与陆港运营发展。加大与菜鸟网络、大陆希望、上海宇培3个成熟项目对接服务力度，争取项目年内顺利落地。10月16日赴成都举办“金城兰州”牵手“天府成都”西部陆海新通道招商推介交流活动，签约6个产业及运营类项目。10月8日与新加坡太平船务有限公司就合作建设中新(兰州)国际物流产业园举行投资签约仪式。第25

陆港全景图

届“兰洽会”上，围绕国际物流贸易基地和物流枢纽建设，举办“新陆港、新枢纽、新时代”发展论坛暨通道物流产业专题推介会，现场签约项目21个。

【运营平台】 兰州国际港务区投资开发有限公司是兰州市属重点国有企业，是甘肃（兰州）国际陆港投资、开发、建设、运营的主体。公司自成立以来，累计完成固定资产投资98.93亿元，其中2019年完成固定资产投资26.05亿元，同比增长85%。累计完成贸易额27.74亿元，其中2019年完成16.98亿元，同比增长57.8%。投资建成保税物流中心（B型）、多式联运物流园、铁路口岸、整车汽车进口口岸、陆港基础设施等28个项目，其中“兰州南亚国际班列公铁联运示范工程”被交通运输部命名为“国家多式联运示范工程”。作为兰州陆港型国家物流枢纽的承载主体，已开通中欧、中亚、南亚、陆海新通道四大国际贸易通道，累计发运国际货运班列542列，实现进出口货值约80亿元，与“一带一路”沿线30余个国家和地区实现贸易往来，促进甘肃省物流贸易和区域经济的快速发展。

【“新陆港、新枢纽、新时代”发展论坛】 7月3日，由兰州市人民政府主办，甘肃（兰州）国际陆港管委会、西固区人民政府、兰州国际港务区投资开发有限公司承办的第25届中国兰州投资贸易洽谈会“新陆港、新枢纽、新时代”发展论坛暨通道物流产业专题推介会在兰州举行。尼泊尔第三省首席部长多尔马尼·鲍德尔及夫人、中国物流与采购联合会副会长贺登才、国家发改委综合运输研究所所长汪鸣、大陆希望集团总裁陈斌、新加坡太平集运服务（中国）有限公司董事长张鼎声、俄罗斯联邦布里亚特共和国工商会主席顾问巴伊洛诺夫、欧洲中国科技文化商贸中心有限责任公司执行董事王耀敏等国内外知名物流专家学者、企业代表、港口口岸负责人及金融机构银行代表参加。中国物流与采购联合会副会长贺登才，俄罗斯联邦布里亚特共和国工商会主席顾问巴伊洛诺夫及新加坡太平集运服务（中国）有限公司董事长张鼎声等众多国内外专家着重就物流发展、兰州与中欧班列沿线国家投资发展等方面进行主旨演讲。与会代表围绕国际物流贸易基地和物流枢纽载体建设，共商甘肃（兰州）国际陆港发展大计，并就甘肃（兰州）国际陆港在“一带一路”建设背景下的发展前景进行展望。

（田　鹏）

城乡规划

【概况】 2019年，兰州市城乡规划工作核发建筑工程类建设项目选址意见书27份、建设项目用地规划许可证93份、规划条件通知书92份、建设工程规划许可证270份，审批电梯20部，配合各区政府完成既有住宅加装电梯387部；核发市政类建设项目选址意见书5份、建设用地规划许可证7份、建设工程规划许可证28份。全市已供应建设用地273宗21617.7亩，全年累计收缴土地出让金（财政入库）109.86亿元，代征契税4.25亿元。累计办理各类不动产登记业务842278件，颁发不动产权证380093本，开具各类证明298765份。

【国土空间总体规划】 启动《兰州市国土空间总体规划（2020—2035年）》编制工作，着力形成全域管控、多规合一的一本规划、一张蓝图。完成《兰州市国土空间规划—空间发展战略》阶段成果。开展资源环境承载能力和国土空间开发适宜性评价、城镇开发边界划定和国土空间规划开发保护现状评估及兰西城市群战略落实与兰州—白银都市圈协同发展和兰州市北部山地公园体系和未利用地整治研究等6项重大问题研究。开展过渡期内现有空间规划的衔接协同研究，为过渡期内的国土空间用途管制提供"多规合一"规划依据。指导督促有关区县及时启动国土空间总体规划编制工作，红古区、榆中县完成总规招标、永登县已发布招标公告，其他区县有序推进。完成城关区、皋兰县、榆中县等区县土地利用总体规划修改和调整工作，解决榆中生态创新城、兰州经济区皋兰生态修复和产业发展示范区、盐池片区等的规划建设用地指标紧缺问题。

【专项规划】 编制完成《兰州市沿黄城市立面改造提升规划》，3月29日第2次城乡规划和国土管理委员会主任委员会审议通过。不断深化完善《兰州市生态修复、城市修补专项规划》，经市政府专题会议审议确定。完成《兰州市十五分钟生活圈配套规划研究与导则》《兰州市中心城区密度强度高度分区研究》《西固石化区域概念规划》，为完善城市功能，高质量发展提供有力指导。

【城市设计】 编制完成迎门滩商务集中区城市设计、《兰州市东岗CBD项目（雁滩东部地区）控制性详细规划修编方案》。组织审查读者印象精品文化街区城市设计，优化城市空间，提升城市形象。邀请住建部专家进行兰州西站南广场规划咨询，论证兰州西站南广场片区交通组织、功能布局、周边协调发展的规划指导意见，科学高效指导兰州西站南广场区域高质量发展。编制完成兰州市金天观、洪恩街街区城市设计。

【控规修编】 编制完成《安宁片区AN07-06单元控规（修改）方案》，优化迎门滩用地功能布局，引导规划区向市级商务商业中心转变。实现多规合一，促进国土空间合理利用，完成《青白石片区（三期）建设用地置换论证报告及用地规划方案》。拓展西固城区城市空间，完善城市功能，组织编制完成西固片区广家坪单元控制性详细规划，并按程序进行报批。优化基础设施布局，完善公共服务功能，调整修编西固河口国际港务区进行咸水沟线位、河口南片区路网、西固区福利东路学校用地、雁滩文理学院用地、市妇幼保健院雁滩异地新建项目控制性详细规划。

【乡镇规划指导】 完成《兰州市西固区河口镇控制性详细规划》审查、报批。组织审查七里河区西果园镇、阿干镇2镇总体规划。制定《兰州市村庄规划编制指导意见》《兰州市村庄规划编制实施方案》，切实推进乡村振兴战略，深入推进兰州市村庄规划编制工作。制定乡村规划人才培育工作计划，开展业务技能培训，深入推进农村人居环境整治和美丽乡村建设，培养造就乡村规划专业人才。

【规划管控】 强化建章立制，出台《兰州市城乡规划条例》，已经省人大批准，制定《兰州市城乡规划管理技术规定》《兰州市中心城区控制性详细规划调整规定（试行）》《兰州市建设项目配建公共服务设施规划建设管理办法》《进一步规范中心城区建设用地容积率管理的通知》《关于城建领域提升服务水平加快项目审批的实施意见》等20余项业务管理制度，初步形成纵向到底、横向到边的规划技术管理制度体系。强化风貌管控，突出城市空间立体性、平面协调性、风貌整体性、文脉延续性，加强城市风貌特色和城市色彩管理，做好黄河文章、讲好黄河故事，重塑兰州独特的山水城市风貌，建设更加美丽宜居的黄河之滨。严格依法行政，持续做好城乡规划审批工作，完成土地利用总体规划确定的农村集体建设用地压减任务，城乡建设用地规模未突破土地利用总体规划。全年核发建筑工程类建设项目选址意见书27份，总用地面积约约178.6万平方米（约合2678亩），建设项目用地规划许可证93份，总用地面积约515.39万平方米（约合7731亩），规划条件通知书92份，总用地面积约465.48万平方米（约合6982亩），建设工程规划许可证270份，建筑面积约1079万平方米，审批电梯20部，配合各区政府完成既有住宅加装电梯387部；核发市政类建设项目选址意见书5份，建设用地规划许可证7份，建设工程规划许可证28份。

【基础设施】 完成白塔山隧道工程、S505#道路、T497#路、T610#路方案设计审查和《兰州市中心城区控制详细规划（晏家坪片区）T244#道路局部优化调整论证报告》论证审查。出具对G312线上海至或霍尔果斯公路清水驿至苦水段、G109线北京至拉萨公路忠和至河口段改建工程、G30连霍高速公路清水驿至忠和段扩容改造项目、兰临高速长下坡路段改造处治工程选址初审意见；继续深化完善《兰州市市城市道路交通专项规划》，为全市道路交通建设提供强有力的规划保障，为宝兰客专、兰州西站、沙井驿编组站、南绕城高速、北绕城高速、G309、G312、G109国道等一批重大基础设施项目完善配套路网体系，确保进出交通的合理组织和内外交通的顺畅衔接。完成规划审批的城市道路长度约3公里，各类管线工程累计长度67公里，轨道交通陈官营站1件，排洪南路停车场1件，人行过街天桥1座，确保重大基础设施项目尽快开工建设，有效缓解城市交通重要节点和路段的交通拥堵问题。

【规划展览】 全年市规划展览馆接待参观人员81759人次，团队315个，讲解638场次，义务讲解326场次。其中包括日本秋田市市长穗积志一行、微软全球副总裁安东尼·萨尔希图一行、澳大利亚希托普斯市市长一行、西班牙纳瓦拉自治区经济与企业发展部部长马努·艾尔迪一行、经济日报社副社长一行、中组部一行、国家统计局投资司彭永涛司长一行、西宁市党政代表团一行、国务院发展研究中心副主任王安顺一行、环保部督查组一行、中央和国家机关工委副书记吴汉圣及全国党建研究会副会长高世琦一行等。专业的接待服务得到参观团队及社会各界的广泛认同和好评。为加强志愿者管理，提升服务水平，更好地发挥校馆共建优势，规划馆不断尝试创新合作模式，在原志愿者队伍基础上，2019年10月初完成新一轮次志愿者换届工作，并对新换届的志愿者进行培训、考核，所有通过考核的志愿者每周末到馆进行志愿服务，提供志愿讲解服务，截至12月底累计服务180场。此外，志愿者还积极参与馆内其他的展陈活动，保障活动同时树立积极良好城市志愿者形象，为城市形象添彩。举办多场丰富多彩的主题活动，如元宵节“游规划馆 猜灯谜”活动，使市民游客在喜庆的氛围中感受中国传统文化的深厚韵味；学雷锋送温暖活动，发扬雷锋精神，促进本职工作；妇女节“内外兼修，有颜值更有气质”化妆技巧学习与体验讲座活动，提升礼仪修养，展示良好形象，打造精致生活；“精致兰州，因你而不凡”小小讲解员活动，丰富知识锻炼能力，讲解精致兰州，宣传城市文明；“小小筑梦师”活动，通过“听”“看”“筑”方式，让广大市民游客了解兰州城市发展变迁、建筑魅影，走进城市规划，用建筑模型搭建未来城市发展构想等这些活动，将保护未成年人成长、发扬优秀传统文化、倡导垃圾分类、增强国家版图意识、庆祝中华人民共和国成立70周年等寓于其中，取得良好社会效应。为使游客准确掌握最新市情及发展状况，规划馆及时与市有关部门联系，获取最新数据，同时参考政府工作年度报告，以权威的信息源更新展陈数据。全年调整更新展板4处（城市概况、建设成就、精致兰州、兰西城市群），全部更换1处（浪漫夜景），涉及文字、数字、图片10余处；通过微信公众号推送，发布信息31篇。及时更新微博官方号内容，与微信平台同步互动。截至年底，微信公众平台关注人数12203人，阅读数11988人次。

（魏彦景）

城市建设

【概况】 2019年，市住建局各项任务目标进展顺利，建筑业增加值完成197.19亿元，同比增长1.6%。其他营利性服务业收入增长和第三产业经济指标均顺利完成目标任务。承担的1件省列和2件市列为民兴办实事顺利完成：棚户区改造开工建设13296户，基本建成14413户；完成40个老旧小区改造，为老旧小区加装电梯270部。梳理各类城建项目76项，投资总额55.2亿元，开工52个项目，开工率68.4%，完成投资47.12亿元。

全年修补路面60.8万平方米，铺筑人行道5万平方米，新建2.2万平方米，维修道牙1.8公里。完成道路探测254条，应急探测112处，发现确认并处理空洞(脱空)91处，有效保障道路安全。完成城区积水点改造15处，改造港湾式公交停靠站29处，完成全市路灯节能改造。

【机构改革】 根据兰州市机构改革方案，原兰州市城乡建设局和兰州市住房保障和房产管理局合并组建成立兰州市住房和城乡建设局，2019年2月19日，正式挂牌开展工作。主要职责是贯彻落实党中央和省、市委关于住房和城乡建设工作的方针政策和决策部署，负责全市住房和城乡建设行业管理，主要职能是住房保障、房产市场监管、城乡基础设施建设及供热、燃气等公共民生服务管理。根据市委构建“大水务”管理体制改革要求，城市供水、节约用水、污水处理等涉水职责划转市水务局。

【城市轨道交通建设】 兰州市轨道交通1号线一期工程西起西固区陈官营，东至城关区东岗镇，是兰州市从西向东的主干交通线路，全线长约26千米，全部为地下线，共设置车站20座，换乘站5座(西客站、西关什字站、东方红广场站、五里铺站、东岗站)，全线设车辆段及综合维修基地1座，停车场1座，主变电站2座，采用A型车6辆编组，总投资198.16亿元。该项目2014年3月开工建设，历时5年，2019年6月23日开通试运营。截至2019年12月底，总客流量达3249.919万人次，日均进站客流16.927万人次，开行列车53637列次，运营总里程1198148列公里，列车运行图兑现率99.99%，列车正点率99.99%。

兰州市轨道交通2号线一期工程起于东方红广场，止于雁北路，在城市蜂腰地带形成东西向的轨道交通第二客流通道，直接沟通两大铁路客站、公路长途客运中心站等交通枢纽，串联了东方红广场、火车站、五里铺、雁滩等大型客流集散点。全线长约9.06公里，全部为地下线，共设置车站9座，换乘站5座(东方红广场站、火车站站、五里铺站、雁园路站、雁北路站)，设停车场1座，采用A型车6辆编组，总投资90.78亿元。该项目2016年5月开工建设，截至2019年底，累计完成投资33.95亿元，项目主体结构累计完成91%(不含雁南路站)，盾构区间累计完成53.2%，管线迁改累计完成69.5%，预计2022年完工。

6月23日，兰州市轨道交通1号线一期工程试运营

【城市骨干路网完善】 推进南环路疏解联通工程和雁青黄河大桥项目前期工作，开工建设轨道交通1号线沿线道路恢复工程，完成东岗立交桥拆除重建工程，南环路和雁滩地区交通拥堵状况得到明显改善。

【城市疏解路建设】 建成T188号路、S569号路、S216号路、古浪路改造工程、B409号路、T088号路、T607-1号路、T608号路北段、S183号路、B566号路、S696号路、T210号路、B277号路、S212号路、B575-1号路等20条道路。

【地下综合管廊建设】 推进马滩片区、兰石CBD片区、崔家大滩片区、S136号道路、雁滩片区地下综合管廊建设，全年新建管廊主体4.54公里，城区累计建成管廊主体10.87公里，马滩片区部分供热管网完成入廊投入运行。出台《兰州市地下综合管廊管理办法》，有效规范综合管廊建设、维护与管理。

【供暖保障】 落实“冬病夏治”措施，做好供热设施建设维护保养，排查化解矛盾纠纷，妥善应对可能出现的燃气供应紧张问题，保障冬季供暖正常进行。2019—2020供暖季，全市按时供暖率99.27%。

兰州西站北广场夜景

【用气安全保障】　开展专项检查、第三方日常检查，发现并消除燃气安全隐患125处。加强燃气管网设施巡护，普及燃气安全教育和居民燃气保险，保障天然气使用安全。

【城市人居环境改善】　基本完成黄河风情线景观亮化改造提升项目示范段和核心段工程，完成"情系母亲河"黄河雕塑长廊项目作品筛选审定，基本建成黄河楼项目一期工程。继续推进城区线缆入地三年行动，全年完成136条道路线缆入地。

【文明城市创建】　实施街区路网结构优化、市政基础设施维护管理、城市综合管廊建设、无障碍设施建设、物业小区环境治理、小城镇建设提标增质专项行动，推动创建工作顺利进行。

【特色小城镇建设】　开展2018年特色小城镇建设项目绩效评价，特色小城镇融资研究，探索财政资金助力特色小城镇基础设施建设。推荐七里河区列入全省村镇建设示范激励县区。

【历史文化名城申报】　协调县区编制历史文化街区保护规划，强化历史文化街区保护和利用，抓好甘肃举院古建群、金天观、城隍庙、五泉山、白塔山、广福寺和兴源寺等7处濒危古建的修缮，综合整治推进历史文化名城申报古建范围内环境工作。

【房地产市场监管调控】　推动全市房地产市场均衡、平稳、健康发展。2019年，新建商品房批准预售面积1033.02万平方米，同比增长24.58%(其中商品房住宅批准预售面积为853.75万平方米，同比增长36.14%)；新建商品房网签销售面积920.6万平方米，同比增长33.18%；网签金额750.28亿元，同比增长32.11%。

【住房保障】　做好经适房和限价商品房配售和资格审核，调整放宽经适房配售条件，将人均住房面积核定标准提高到低于26.65平方米，家庭人均年收入标准提高到低于35014元。向全市8305户公共租赁住房中低收入保障家庭发放租赁补贴。通过筹建、采购，筹集公共租赁住房1038套，其中150套高标准住房为人才公寓。将2020年公共租赁住房保障资格申请标准提高到月收入低于2918元。

【农村危房冲刺清零】　全年完成新增农村危房改造172户，全市累计改造各类危房7.5万余户，顺利实现农村"四类重点对象"(贫困户、低保户、农村分散供养特困人员、贫困残疾人家庭)现有存量危房清零目标，为全市顺利完成脱贫攻坚目标任务奠定坚实基础。

【物业行业监管】　规范全市物业行业服务，对全市841家物业服务企业进行信用等级评定，完成1360家住宅小区星级测评，完成80家物业服务企业审核备案。累计归集住宅专项维修资金15.2亿元。推动《兰州市物业管理条例》修订。

【建筑行业管理】　细化工作任务，靠实工作责任，加大风险排查，确保全市建筑领域安全生产基本稳定。全年市级监管范围内发生安全事故3起，死亡4人，未发生较大及以上生产安全事故。

【消防验收】 完成建设工程消防设计审核2项，技术服务指导12项，建设工程消防验收52项，建设工程消防验收技术服务74项。

【放管服改革】 实施项目质量安全监督与施工许可合并办理，将原29项前置要件简化为9项。建筑工程施工许可证、招标文件备案、接水报装、供热设施审批等审批服务时限大幅缩短。部分项目审批权限下放至县区。精简审批环节，规范审批事项，推进办理流程标准化，营造住建领域良好营商环境。

【房屋产权登记发证历史遗留问题处理】 按照正视历史遗留，积极解决问题原则，化解房屋产权登记发证历史历史遗留问题。全年受理大宗办件141件，退件43件，审批完成37件，核算费用4.7亿元。

【兰州市装配式建筑发展合作论坛】 7月2日，兰州市装配式建筑发展合作论坛暨企业对接洽谈会在甘肃国际大酒店举行。来自全国各地的施工、企事业单位300人参加此次会议。兰州市住建局党组书记、局长李文生主持会议，副市长韩显明致开幕辞。来自中交二航局、中建科技集团和甘肃建投等单位的10余位专家进行交流发言。甘肃建投总工程师冯力强出席此次会议。甘肃建投科学技术处、三建集团、钢结构公司代表分别作交流发言。

装配式建筑是推进供给侧结构性改革和新型城镇化发展的重要举措，有利于促进建筑业与信息化工业化深度融合。作为全省装配式建筑试点城市，兰州市将发展装配式建筑作为推进绿色建筑发展的一项重要举措，制定出台《兰州市大力推进装配式建筑试点工作实施方案》，在全市范围大力发展装配建筑。截至年底，建成兰州新区10万平方米装配式保障房示范项目，正在推进建设兰泰苹果园10万平方米棚户区改造示范项目，确定了发展装配式建筑的产业基地，全市发展成规模的钢结构生产企业4家，在兰州新区建设装配式钢结构生产基地，在西固区打造市政装配式构件生产基地，在榆中县打造装配式混凝土房建构件生产基地。

（崔 军）

城市公共交通

【概况】 2019年，兰州公交集团全年客运量达7.78亿人次，运营计划完成率109.36%，运营公里19102.05万公里，车厢服务合格率97.21%，车辆整洁合格率98.75%，车辆完好率99.88%，行车安全保障率94.35%，行车责任事故间隔里程361.78万公里/次，乘客满意度测评指数97.89分，各项工作目标均全面完成。基于公共交通各项指标出色完成，兰州成为西北地区第一个通过考核验收的绿色交通试点城市，绿色出行意愿指数全国排名第二。

【精致公交】 按照市政府精致兰州“十大精致项目”创建活动要求，集团公司重新划分公交候车亭建设管理区域，在双城门、市政府、天昱凤凰城等站点建成“精致车站”10座；围绕历年来被授予各级先进称号及连续多年获得品牌线路的集体和个人，打造“精致车组”20个，得到广大乘客一致认可和好评。

【智能公交】 全终端NFC交通卡迈出实质性进展，11月起各品牌手机相继开通刷手机乘公交功能；翼支付APP为公交卡线上充值成功实现；不断扩展非现金支付渠道，集团公司联合多家合作商推出扫码乘车优惠体验，促进市民低碳出行意愿。至年底，公司乘车人次IC卡占比53.54%，移动支付占比32.45%，现金占比14.01%。9月，在第3届绿色出行峰会上，支付宝公布十大绿色出行城市，兰州市排名第五。

【线网结构调整】 围绕《兰州市公共交通三网融合规划》，深入推进“快、干、支、微”相互补的运营线路体系，深入调整线网结构、优化线路运力。优化调整43路、68路等10余条公交线路；调整轨道交通1号线58个出入口接驳的37处公交站点，启用13个沿线公交港湾式站点。新开通城区37路、B2路，城际公交608路、城乡区域微公交751路4条公交线路，在完善主城区线网结构的同时，增加新区至市区运力。实现七里河区八里镇、魏岭乡、阿干镇村村通公交。重

精致车组

新编定夏、冬季和节假日运营计划，科学合理管控高峰、平峰运营，狠抓早晚高峰出车率，执行大数据考核，确保运营班圈次计划落实。新区职教园区大客流疏散转运工作形成常态化机制。拓展“定制公交”和差异化服务范围，提高车辆利用率。

【公交服务】 狠抓服务技能培训，全年举办驾驶员服务培训592期、服务提升活动10次，全面提升服务意识和技巧。开展以“人人争创诚信员工、做文明有礼公交人”为主题的诚信员工表彰活动，新闻媒体报道各类好人好事106起，热线表扬3025起，来信来访表扬11次，收到锦旗49面；开展文明志愿活动，深化交通文明行为，组织志愿者在全市主要站点开展劝阻交通违法行为和倡导文明乘车活动190余次，参与志愿者达1万余人次；开展“3·15消费者权益日”“公交出行宣传周”宣传活动2次，吸引更多市民选择公共交通绿色出行，提高公共交通出行分担率。通过日常线路检查、乘客满意度调查、季度验收等形式严格考核考评，提高服务质量。

【安全主体责任】 交通安全方面，完善交通安全考核机制，开展四个季度的行车安全保障率现场评价工作和安全生产标准化年度自评，通过评价机构对公司的安全标准运行进行年度核查；组织开展交通安全百日专项治理暨安全竞赛活动，开展安全教育，弘扬安全文化。与市总工会联合开展兰州市“公交杯”驾驶员技能大赛；落实安全生产“七进”活动要求，开展进家庭活动300余次。与市文畅办、新闻媒体联合开展“出行遇礼·点赞公交”活动。

应急管理方面，开展应急培训30场，培训7000余人，达到全员覆盖。开展突发事件综合应急演练1次和专项应急演练12次。制作完成主要场站风险辨识“四色图”，落实场站出入口安全管理措施。完成2205台车驾驶员隔离装置改造，确保驾驶员及乘客安全，避免侵扰事件发生。

内保和综合治理方面，夯实公交内保工作基础，设立治安管理蓝盾工作站3处，共同参与群防群治。开展常态化隐患排查治理，进行夜间专项检查53次。组织77场次10800人次参加的消防、反恐、安全防范知识等教育培训。开展“扫黑除恶”专项斗争，制定实施方案，广泛发动群众，普及应知应会。

工业生产和加气站安全方面，认真落实安全生产隐患排查治理工作，坚持月查周检制度和加气站定时巡查制度。提高“三项岗位人员”（企业负责人、安全管理人员、特种作业人员）尤其是班组长的培训率和培训质量，持证上岗率、从业人员教育率均达到100%。

【车辆技术管理】 加强新能源公交车技术培训，多方位、全角度对驾驶员、修理工进行技能培训80余场次，参加9500余人次；开展不同形式的技能比武劳动竞赛活动，提升安全操作技能和维修保养水平。加大车辆整洁合格率验收力度，严格考核车容漆色、服务标志、车辆设备等；加强车辆维护保养工作，全年完成一次维修8185台次，二次维修4087台次；审验钢瓶4838支，按计划完成车辆维护保养任务。加强节能减排工作，提高能源管理水平，完成节能减排财政政策示范项目、绿色交通城市建设等项目验收中涉及的工作。完成银隆电动公交车项目一期回购和二期采购招标任务。

【基础管理】 劳动力管理方面，依法规范劳动用工管理，按照“制度管人、流程办事”原则，严把出入口关，明确约束劳资双方利益关系。细化全司职工岗位技能培训计划，充实《教育读本》内容，邀请外部专业培训机构老师增加心理健康、情绪疏导、应急处置等方面培训课时，培训6600人。

基础建设方面，完成兰州新区经七路公交综合车场及兰州新区舟曲新苑公交首末站竣工规划验收备案、档案归集移交、工程决算审核等工作。兰州新区舟曲新苑公交首末站临时用电转正式用电并交付使用。完成东岗立交桥下公交停车场的回迁工作。积极跟进九州公交综合停车场划拨手续。与西固区政府及有关单位达成土地租用协议，建成陈官营场站配套设施。

企业管理方面，配合市交通委对公司2018年度运营服务进行绩效考核，考核总分为91.76分，年度考核等次为优秀。结合企业发展不断完善企业各项议事制度和管理考核制度，提升企业内控管理实效；继续推进集团公司质量管理体系的运行，组织开展质量管理体系内审和第三方再认证审核，持续提升企业内部管理效率。

内部审计方面，对各客运单位上半年预算执行情况、运营成本、事故成本、维修成本及司属各单位办公成本控制情况、经营管理考核指标的完成情况进行审计；对各单位合同管理和合同执行情况、“三公经费”列支情况进行审计。

依法治司方面，对企业重大事项进行法律前置性审核，积极发挥企业法律顾问作用，保证企业重大事项依法决策；做好《兰州市城市公共汽车电车乘坐规则》修订工作；积极承办法人委托的诉讼事宜，全年集团公司处理各类涉诉案件50起。坚持分级管理、统一授权、分工负责、归口把关的原则加强合同管理，完善对外经济合同管控。

【职工权益维护】 改善职工生活条件，全年为全公司职工每月增资

志愿服务活动

200元。按期足额缴纳五项社会保险费2.36亿元，调整核定在职职工社保缴费基数，为178人审核发放身份置换金326万元，为73名因工受伤职工申报工伤，为78名符合条件离职人员申领失业保险金。

【社会责任】 继续落实国家优抚对象免费和优惠乘车政策，全年免费及优惠3.31亿人次，免费及优惠金额1.58亿元。2019“兰马赛”期间，开通免费接送运动员专线3条，提供赛事保障车辆230台供赛事当天运动员和志愿者免费乘坐。中、高考期间安排市区所有公交车和公交出租车对19.8万余人次考生提供免费乘车服务。为确保各类节会的顺利举办，先后开通“清明节”“兰洽会”“生活用品展销会”等多条临时专线，保障西固迎春灯展、草莓音乐节、啤酒文化节等大型节会活动，方便群众出行。

【服务质量提升】 开展西关枢纽站综合整治工作，通过加装隔离护栏、加宽人行过街通道、施划标线、加强劝导员指挥、按信号交替进出站、上下客区域划分等系列措施达到人车分流疏解、安全有序乘车。全面升级改造公交站牌，更新三代全新组合站牌87处。提高车辆保洁质量，清洗车辆220万频次，开展“周末大扫除”活动48次，做到车容车貌焕然一新。倡导公交场站垃圾分类，实行精细化场站管理。深入推进文明畅通提升行动，积极申报主城区百公里公交专用道勘察选址，启用港湾式停靠站点44处，在全市主城区范围内继续扩大公交站点规划公交专用停车标线720余处、公交专用停车位1680余个，提升示范性道路通行效率。

【精神文明建设】 引导广大职工崇德向善，推荐一线优秀员工参加甘肃“最美人物”“兰州好人”等活动评选。践行社会主义核心价值观，借助数字移动电视、公交车载显示屏、公交车站等发布公益广告120余条。做好创建全国文明城市宣传工作，为全公司车辆和BRT站台统一制作行业规范，重新设计“五合一”创建文明城市公益广告240余块、其他公益广告500余张在公交站亭、首末站安装张贴；在“精致车组”“精致车站”设计制作“不忘初心、牢记使命”“黄河之滨也很美”、金城美食等系列公益广告。引导各级志愿者注册文明志愿者网站，发布公交站点文明乘车劝导志愿服务项目，动员全司职工参与志愿服务活动。

（李凯丽）

城市供气

【概况】 截至2019年底，甘肃中石油昆仑燃气有限公司累计建成高中低压天然气管网干线930.45千米、庭院管线4744千米、门站7座、城市配气站5座、调压站（含区域调压柜）101座、调压箱柜6772台。经营业务范围覆盖兰州市、定西市、甘南州等3个市州及皋兰、永登、榆中、临洮、夏河和兰州新区等5县1区。累计发展居民用户122.70万户，商福用户18731户，锅炉用户1968户，工业用户293户，加气站用户30户。全年销售天然气15.95亿立方米，实现销售收入34.18亿元。

【企业经营】 用户市场开发取得新成效，天然气主营业务全年累计发展居民用户7.8万余户，商福用户1389户，工业用户29户，加气站用户1户。非气业务市场稳定发展，PE管材销售业务在拓展中石油天然气销售甘肃分公司系统销售市场基础上，着眼周边区域不断扩大产品销售，新开发清水、临洮、东乡等地用户市场。建安投资公司燃气工程安装业务持续向“走出去”发展，完成青海油田敦煌基地1.96万余户的“三供一业”（供水、供电、供气及物业管理）到期燃气表改造及相关设施维修项目；新增汽车租赁车辆23台。设计（咨询）公司工程设计业务成功入围中石油天然气销售分公司甘肃分公司2019年工程设计招标，获得中石油天然气销售分公司甘肃分公司下属单位燃气工程设计资格。

【安全生产】 进一步完善安全管理制度机制，有效落实“党政同责、一岗双责、失职追责”安全管理制度，夯实管生产必须管安全、管业务必须管安全、管生产经营必须管安全责任体系。修订安全生产管理制度53项，制定甘肃昆仑燃气公司《较大及以上安全环保事故隐患问责实施办法(试行)》《安全隐患报告奖励办法》等制度。建立全员风险分级管控和隐患排查治理"双重"机制，形成风险辨识评估和隐患排查治理长效机制，有力遏制事故事件发生。有效发挥QHSE管理体系作用，在总结完善职责清单、责任清单基础上，基本形成覆盖全员的QHSE体系职责清单。坚持问题导向、即查即改原则，深化落实QHSE体系审核要求，对中石油天然气销售分公司2次体系审核查出的81项问题和西北安全监督中心检查出的308项问进行整改和管理责任追溯，问责通报单位(部门)8个和责任人10人。推动基层站队HSE标准化建设，申报验收通过基层站队标准站队34个、晋升优秀站8个，基层站队标准化建设达标率100%，实现"管理标准化、现场标准化、操作标准化"和安全管理目标。进一步提升QHSE管理体系运行实效性，顺利通过北京中油认证有限公司年度监督审核。按照"亲自安排、亲自检查、亲自落实"原则、"六级安全检查"要求和"全面排查、消项处理"原则，全年检查出安全问题564项，全面整改落实，实现闭环管理。各单位开展月度检查，发现各类问题1747项，并消项整改，极大地降低安全风险，消除安全隐患。坚持生产场站、运行管线、用气终端安全检查，将入户安检率纳入员工业绩考核，有效保障用户用气安全。完成永安支线管道清管和内检测及永安支线和永新支线两条输气干线环焊缝第三方评价，为推动管道合规性管理打下基础。

【隐患排查整治】 突出第三方施工事故预防，全年签订保护协议843份，发放隐患通知单612份，现场施工监护1655人次。加强与政府相关部门联防联控，通过刊登施工保护公告、加大协调辖区执法力度、增加巡查巡检频次等手段，有效减少第三方施工破坏事故发生。开展设施设备大修改造及安全隐患整改，完成液化分公司压缩机大修及河口门站、合作门站、西固配气站、东岗配气站扩容改造。完成西固小坪山加气站、临洮加气站地基塌陷、南输气干线东延段兰临高速水毁塌方隐患治理和平凉路地基塌陷监护工作。全年排查治理庭院隐患370项，户内隐患7735项。不断提升应急保障能力和水平，通过修订完善，制定1个总体应急预案和21个专项应急预案。进一步增强应急处置效力，开展公司级应级演练2次，各单位组织各类应急演练68次，基层站队、班组组织演练610次；全年应急出动280余次，出动迅速、处置果断，保证燃气设施的安全运行和用户供气安全。

【重点项目】 兰州中心城区天然气管网改扩建工程城关和安宁片区完成2.3千米管线建设，七里河片区路天然气管廊工程进入招标准备阶段。兰州国际港务区天然气管线续建工程、人民路至北滨河路天然气管线工程、东岗西路天然气中压管线工程全部完工。年内具备条件的兰州市区13家26台383蒸吨燃煤锅炉"煤改气"工程全部完成施工并实现通气点火。"三供一业"接收天然气设施维修改造工程年底户外改造部分基本完成，户内改造部分完成全年总任务量的近88％，整体工作进入收尾阶段。完成二级维抢修基地维抢修车库及设备库建设施工项目招标工作，施工许可证办理中。

【市场拓展】 临洮县管道天然气代输项目正式落地，甘肃昆仑燃气公司临洮分公司从此告别CNG(压缩天然气)供气，进入管道气发展时代。榆中县城天然气利用工程顺利点火投产。永登县管道气项目全面启动，完成与县政府框架合作协议的签订、项目可研编制、公司内部立项及政府对项目的核准等前期工作，年底进入地勘、施工图设计单位招标。定西市巉口工业园天然气利用项目正式立项，正在开展项目初步设计、施工图设计招标等前期准备工作。兰州新区"飞地经济"产业园次高压管道供气项目，年底完成可研编制，前期手续办理中。完成皋兰县九合镇新型工业现代物流园天然气供气工程项目前期手续办理，进行施工招标工作。榆中县中心城区天然气供气工程和兰州高新区定连片区天然气工程进入招标准备阶段。

【企业管理】 坚持问题导向，排解发展障碍。全面梳理涉及管理制度机制、队伍建设、资源配置、业务发展各层面存在的46项历史遗留问题，形成责任清单，明确责任，分期推进，并召开多次专题会议，强化过程跟踪与督导。全年落实解决问题31项，阶段性成效显著，为推进企业深化改革创造有利条件。公司立足经营管理实际，推进"三定"(定机构、定编制、定职能)工作，开展人事制度改革，在全面梳理公司机关各部门、各单位职能职责基础上，优化核定内设机构、岗位设置及干部人员编制，全面理清管理界面，明晰管理权责，建立青年骨干、专业技术和职业技能3个人才库，配套完善选人用人各项管理制度机制，员工发展通道进一步畅通。

【制度体系建设】 成立公司制度编审委员会，全面推进各项制度的制定、修订和评审工作。制定、修订《董事长办公会议管理办法》《股东行权管理办法》等管理制度17项。进一步规范会议管理制度，恢复召开月度例会、经济活动分析会，并根据公司经营实际和工作重点，创新会议形式和内容，以及时回应解决基层诉求和困难为落脚点，切实提升会议质量和效果。建立“总经理单项奖”制度，通过奖励进一步调动基层单位工作积极性。以“权力下放、责任下沉、流程优化”为原则，通过制订完善《物资采购管理办法》《财务报销资金支付授权审批管理办法》《兰外公司属地化用工试行办法》等制度，结合各单位生产运行实际适度下放人、财、物管理权限，进一步理顺甘肃昆仑燃气公司管理机制。

【发展环境改善】 公司班子积极与股东双方保持良好的沟通，在市场开发、资源供给、政策落实及经营管理等方面得到更大支持，使企业发展活力更为强劲。中石油天然气销售分公司上下游一体化改革政策的有效落实，为甘公司在终端市场开发及天然气资源安全稳定供应创造有利条件，经营管理方面不断改革的新思想、新理念和新举措为深化改革、推进高质量发展奠定基础。股东双方一系列利好政策和举措的出台为公司提供支持和发展动力，企业发展的内外部环境持续向好，发展路径进一步优化。

【安全宣教培训】 坚持开展“优质服务月”“安全生产月”、安全宣传教育“七进”“安全生产法、职业病防治法及质量宣传周”等宣传活动，全年累计开展各类安全宣传589次，发放安全用气宣传手册、资料20.12万份。通过各类媒体开设燃气安全专栏，服务窗口播放安全用气动画片，举办安全用气座谈会、安全知识大讲堂等途径，增强天然气用户安全用气意识，形成良好的用气安全氛围。持续加强员工安全培训，组织企业主要负责人及安全管理人员取证培训3期275人次；组织燃气从业人员继续教育3期208人次；各单位组织各类安全培训401次4975人次。对关键岗位、岗位调整人员、新入职员工等780人开展安全环保履职能力评估。

【优质服务】 以第21个优质服务月活动为总牵引，提升服务效能、推进一站式服务，积极参与“阳光行风热线”“阳光在线”等问政类栏目，企业形象品牌得到再提升。组织开展以“情系中国梦·拥抱新时代”为主题的“首届文化艺术节”，开展困难党员、困难职工、在岗职工走访慰问工作，进一步激发职工凝聚力和企业向心力。积极履行社会责任，持续推进扶贫帮困工作，全年落实扶贫资金20余万元，各类慰问帮扶支出5万元。

12月18日，甘肃中石油昆仑燃气有限公司开展防空袭演练

【其他工作】 深入推进“破解难题”、争创“共产党员先锋岗”等系列主题实践活动，不断夯实党建基础，6个基层党组织和11名党员分别被市国资委党委和昆仑能源公司党委授予“先进基层党组织”“优秀共产党员”等称号。以“形势、目标、任务、责任”教育和庆祝新中国成立70周年系列活动、革命传统教育等活动，不断强化党员理想信念。

立足强化组织效能和队伍建设，全面梳理和优化调整所属单位、机关部门工作职能、工作职责，建立青年骨干人才、专业技术人才、技能人才库，畅通全员职业发展通道，采取个人报名、量化打分、组织审核、基层推荐、党委审批的方式，选优配强各管理层级岗位人员，有效解决长期制约企业发展的干部队伍结构性矛盾问题。

与所属单位签订《意识形态工作责任书》，将意识形态工作纳入领导班子、领导干部目标管理。成立意识形态工作领导小组和公司网络意识形态工作领导小组，制定《舆情报告和分析研判制度》，修订《新闻宣传工作管理办法》《信息化管理办法》制度，实现对主宣传阵地的可控、在控。全年刊发各类宣传稿件635篇，其中在中央、省市媒体刊稿260余篇次。

（路有为）

城市供热

【概况】 2019年，兰州市有总采暖建筑面积1.3948亿平方米，主城区总采暖建筑面积1.2540亿平方米（其中，集中供热面积9779万平方米；天然气壁挂炉采暖面积2761万平方米）。主城区承担居民采暖供热单位

621家(其中,热电联产3家,供热面积2984万平方米;天然气供热单位606家,供热面积6093万平方米;高效煤粉、水煤浆、地源热泵等准清洁能源供热单位12家,供热面积702万平方米),远郊县区采暖面积1408万平方米。

【基础设施】 国电兰州热电公司装机总容量2×350兆瓦热电机组,设计供热面积1678万平方米;国电范坪热电公司装机总容量2×330兆瓦热电机组,设计供热面积1500万平方米;兰州西固热电公司装机总容量1015兆瓦,设计供热面积1715万平方米。

【收费标准】 一类建筑5.00元/月·平方米,二类建筑7.00元/月·平方米,三类建筑8.20元/月·平方米,四类建筑9.20元/月·平方米。计量供热价格一类建筑47.43元每吉焦;二类建筑66.41元每吉焦;三类建筑77.79元每吉焦;四类建筑87.28元每吉焦。全年实行供热计量收费的面积1347万平方米。

【管理范围】 供热管理实行属地化为主的市、区县、街道分级管理。近郊4区供热管理职能由区物业管理办公室承担,并在各街道配备专干;红古区和永登、榆中、皋兰3县供热管理由区县建设行政主管部门负责。

【管网建设】 兰州市供热服务中心利用城区大气污染攻坚治理的有利时机,依靠市区联动、部门协同、供热单位支持,用2年时间全面完成主城区7000余蒸吨燃煤供暖锅炉改造,供热单位由改造前的1000余家减少到年底的623家。特别是西热东输和范坪热网建设,替代西固和七里河区域原有90余座分散锅炉房;国电兰州二热电厂异地搬迁项目的实施,及时化解原有热电机组超期运行和“小马拉大车”等东城区供热瓶颈问题,不仅有力提升热源安全水平,同时也为服务东城区及和平、定远地区开发建设打下良好基础;大唐西固热电厂完成机组环保超低排放改造后,热电机组供热的可靠性进一步提升,社会和环境效益十分明显。

【老旧管网改造】 兰州市供热服务中心把工作重点及时调整到供热老旧管网的改造之上,在广泛调查、充分论证基础上,拟定并报请市政府批准《兰州市城区集中供热老旧管网改造项目建设规划方案(2016—2020)》,明确近期管网改造的目标任务,确定积极推进的关键措施。先后争取国家专项资金3亿元,分期分批、逐年对70余家供热单位279公里的老旧管网实施改造;同时,组织近郊4区供热管理部门连续2年实施城区未供暖建筑供热设施配套建设项目,采取就近并网、新建热源、壁挂炉供暖等方式,对主城区内122万平方米未实行集中供暖的老旧建筑配建供热设施。利用兰州市区设立的城市供热保障金,积极落实“冬病夏治”措施,累计安排改造项目106项、资金6840余万元,逐年改造影响安全供暖的老旧管网,大幅度减少供暖期突发爆管事故,切实维护用户合法采暖权益和社会稳定。

【行业管理】 落实供热分级管理责任,形成市、区、街道、社区四级管理机制;出台《兰州市供热突发事故应急预案》,细化各级各部门参与供热服务职责,通过政府采购招标,一批应急抢修队伍入围,为有效应对供暖突发爆管事故落实人员、材料的储备;督促健全和完善供热运行的各类规章制度,供热运行逐步步入规范;健全完善供热设施审批规范和流程,审批时限由原来的7个工作日压减为年底的3个工作日;高度重视供热安全监管,全方位落实行业管理人员和从业人员安全法规专项培训,各供热站基本配备安全员;加快建设兰州市智慧供热监控系统,逐步实现城区180家供热单位的远程信息化监管。

(孙万兰)

城市供水

【概况】 2019年,兰州城市供水(集团)有限公司按照供水服务标准规定,管网水水质综合合格率保持在99.98%,管网水压力合格率达到98.78%,管网漏损率8.4%,管道故障抢修及时率达100%,水表计量强检率达100%,地表水源水防护取得国家II级标准。

【水量销售】 2019年,公司日生产供水能力138万立方米,供水量完成24526.38万立方米,同比下降0.11%;售水量完成23029.59万立方米,同比下降0.29%。水质检测项目综合合格率99.99%,管网水压力合格率99.85%,直径75毫米以上管道长度773.9公里。

【水务一体化】 8月15日,兰州市政府下发关于市属国有企业重组整合方案,将兰州水务建设管理有限公司按同行业并入兰州城市供水(集团)有限公司。9月16日,兰州市政府国资委党委印发通知,中共兰州水务建设管理公司党委正式划入集团公司党委管理。

【安全供水】 进一步优化活性炭和高锰酸钾投加方式,建立水样留样制度,改造制水一、二水厂系统部分自动化控制装置,提升制水操作控制效能,保证城市供水水质安全。加强生产科学调度,根据供水管网运行及压力变化特点,合理调整生产及管网运行工艺,保障生产设备安全平稳运行。利用各水库加压站增加夜间低

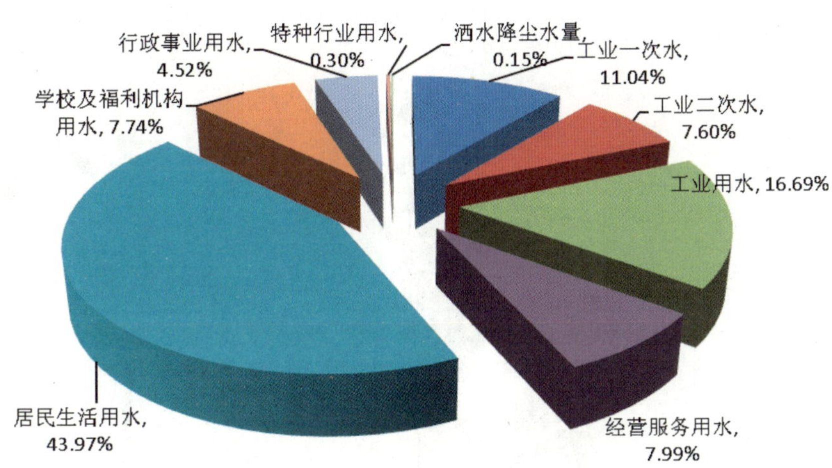

兰州市用水结构示意图

峰期蓄水量，采取错峰调蓄、分时供水等工艺调控手段，有效缓解了盐场、九州和段家滩等重点区域供水矛盾。从黄河原水到各工序水实现了水质在线监测全覆盖，严格执行国家水质检测标准，按照最新制订的水质检测规范，强化对源水及出厂水的水质检测频次，确保水质安全。满足公众知情权提高企业公信力，可登录兰州城市供水（集团）有限公司每月水质检测结果网站查询，或通过纸质媒体进行关注。不定期组织由各行各业市民代表参加“水厂开放日”活动，向社会展示兰州城市供水企业加强企业管理，优化供水工艺，提升供水服务窗口建设水平的成效，同时促进水资源保护的宣传，树立公司良好的社会形象。2019年公司安全生产情况总体平稳，未发生一般及以上等级的生产安全事故。查出隐患55项，各项隐患在整改期内全部完成整改。部署开展“遏重”风控排查和危化品安全大检查。组织1300余人次参加安全培训，810人次参加应急演练。

【供水客户服务】 优化改进新接水报装流程，审批时限由28个工作日压缩至20个工作日，新接水报装手续由10项简化为6项；安排客服工作人员入驻市政服务大厅开展施工项目窗口对外服务工作；实行“一站式”服务，将原各区设立的各接待受理服务站点进行统一管理、集中办公，让用户进一扇门就解决新接水报装需求。

【水质检测】 全年公司供水区域内水质情况良好，水质综合合格率99.99%，出厂水、管网水各项指标合格率均优于目标值，无水质异味情况发生。

【供水工程】 12月31日，彭家坪净水厂试运行，向城市管网供应合格的生活饮用水。此前，12月24日新水源原水联络管投运正式向第二水厂输送刘家峡库区水。彭家坪净水厂投运，标志着城市供水已经进入双保险供水新时代，城市安全供水保障能力得到大幅提升。11月16日，提前完成北滨河路金城关提升泵站至市二院直径1.2米输水主干管最后一公里敷设工程。北滨河路直径1.2米输水干管敷设工程是兰州市重大民生工程，该工程全面完工后将有效缓解城关区、雁滩东岗以及榆中地区的用水紧张状况。

加大投资力度实施老化管网改造项目，先后完成T088#路、T210#路及S244#路等五条道路的管网更新改造工程，完善城市供水管网布局。顺利完成碧桂园二期供水设施移交协议的签订工作。作为兰州市供水抄表到户及二次供水设施“统建统管”工作试点小区的第一家试点单位，碧桂园初步实现了“一户一表”模式。关闭万里厂自备水源，完成万里厂生活用水供水管道和城市自来水管道碰接工作。

【智慧水务】 搭建完成压力检测系统、营销管理平台、表务管理系统、报装管理系统、“三供一业”智能水表管理系统。其中，供水管网压力监控系统改造项目，完成13个测压点的安装内容和设备调试，大幅提升了数据备份安全率、数据传输稳定性、数据刷新频率；继续开展加压站无人值守改造，完成五星坪加压站自控改造项目，做到无人工干预，能够满足周边

8月15日，兰州城市供水集团公司组织开展第31次水厂开放日活动，给中小学生科普用水节水常识

供水需求。

【科技工作】 2019年集团公司承担的甘肃省水务行业技术中心在政府组织的年度考核评价中被评为优秀，排名全省第六；通过鉴定验收的省、市科技计划项目4项，获得兰州市人才创新创业项目立项1项，受理及授权发明、实用新型专利8项，获得省、市各级科技奖励8项。

【供水服务】 优化改进新接水报装流程，审批时限由28个工作日压缩至20个工作日，新接水报装手续由10项简化为6项；安排客服工作人员入驻市政服务大厅，开展施工项目窗口对外服务工作；实行“一站式”服务，将原各区设立的各接待受理服务站点进行统一管理、集中办公，让用户进一扇门就解决新接水报装需求。供水服务热线接听来电26641个，“12345”民情通转办件3513件，处理及时率100%，用户回访2621例，客户满意率90%以上。

（黄　杰）

城市供电

【概况】 2019年，国网兰州供电公司有职能部门14个、支撑机构18个，管理县公司4家、集体企业1家、三新公司1家。至年底，全口径用工3920人。其中，长期职工3090人；劳务派遣278人；三新职工552人。服务用电客户1072578户。其中，6千伏及以上10670户；0.4千伏及以下1061908户。运行变电站148座。其中，330千伏变电站13座；220千伏变电站4座；110千伏变电站75座；35千伏变电站56座。运维35～330千伏架空输电线路319条5067千米；110千伏电缆线路59条长度53.3千米；35千伏电缆线路26条长度6千米；6～10千伏配电线路694条长度8387.8千米。

2月18日，甘肃兰州供电公司员工更换跌落式熔断器

【主要指标】 全年发展投入7.02亿元，同比增长58.74%。售电量252.09亿千瓦时，完成省公司下达计划的104.7%。平均电价（含税、农维费）430.02元/千千瓦时。线损率2.6%，比省公司下达计划低1.71个百分点。“获得电力”指数97.01%，完成下达指标的112.8%。35千伏及以上电网工程新开工线路98.5公里、变电容量1010兆伏安，投产线路78.9千米、变电容量635兆伏安。

【电网情况】 兰州电网新投产永靖“十三五”第二批追加光伏扶贫电站装机35.58兆瓦、莱子沟水电站装机3.2兆瓦。4月，兰州二热电厂2×110兆瓦机组停机退运，因此2019年电源项目装机减少规模181.22兆瓦。至年底，兰州电网电源装机总容量7081.55兆瓦。其中，水电厂（站）39座3383.97兆瓦；火电厂6座3315兆瓦；光伏电站4座125.08兆瓦；垃圾电厂1座40兆瓦；其他类型电厂12座144.5兆瓦；分布式光伏发电2860户容量72.996兆瓦。水电、光伏等清洁能源总装机3582.05兆瓦，占比50.58%。

330～220千伏电网属地化管理，由地市公司负责供电范围内330～220千伏电网的运维和建设发展。年底，建成投运中川330千伏变电站3号主变，110千伏任家庄变、定远变、胜利变、青白石变，扩建改造35千伏宛川变、牌楼变。随着兰州市城郊供电公司上化改制，35千伏武川变移交白银供电公司，35千伏什川、魏岭变及永靖县35千伏红柳变退运。至年底，兰州电网有750千伏变电站2座，330千伏变电站13座，220千伏变电站3座、开关站1座，330～220千伏主变41台，容量10260兆伏安。兰州配电网有110千伏公网变电站73座、开关站4座，主变148台，容量6644兆伏安；35千伏公网变电站55座，主变111台，变电容量717.55兆伏安。电网最大负荷3737兆瓦，电网整体供电能力充裕。

【电网建设】 实施项目储备、独立二次、线损治理3个3年行动。储备项目1070项、投资规模12.11亿元。取得项目核准330千伏3项、110千伏

1项。推动历时5年的330千伏中心变项目核准。续建和新开工项目330千伏1项、110千伏11项、35千伏3项,分别投产1项、4项、3项。基建施工作业层采取“骨干+核心”管理模式。竣工投运城市配网、“煤改电”、业扩配套等工程33项、239个子项。

【电网运行】 全年甘肃省调、兰州地调共同调管兰州电网内兰州供电公司所属330千伏变电站13座,主变33台,容量9210兆伏安;220千伏变电站3座,开关站1座,主变8台,容量1050兆伏安。兰州地调调管兰州电网内兰州供电公司所属110千伏变电站71座,110千伏开关站4座,110千伏地区变2座,变压器147台,容量6661兆伏安;35千伏变电站12座,变压器25台,容量144.1兆伏安。调管220千伏用户变电站3座,主变20台,容量1720.4兆伏安;110千伏用户变电站56座,主变128台,容量5160.9兆伏安;35千伏用户变电站67座,主变181台,容量1403.1兆伏安。

兰州电网内省地调共管水、火电厂(站)9座。其中,火电厂2座,机组5台,容量575兆瓦;水电厂7座,机组32台,容量1479.6兆瓦。兰州地调调管水、火、光伏电站52座,发电机组122台,总容量676.636兆瓦。其中,火电站1座,发电机4台,容量100兆瓦;水电站27座,发电机73台,容量300.33兆瓦;光伏电站10座,容量91.636兆瓦;其他类型电站13座,发电机45台,容量184.5兆瓦。

【电网服务】 兰州电网实现330千伏变电站“主城区外多布点、各县区域全覆盖”,110千伏变电站“双电源、双主变”配置,10千伏配电网“手拉手”供电,电能质量和供电可靠性大幅提升。新装增容12.98万户,容量257.5万千伏安。建立业扩报装“1+1”双经理制。深入推进报装体外循环和计量资产专项治理,逐步落实“台区经理制”“设备主人制”。计量智能库房正式投运。“三供一业”供电换表接收15.3万户,310个改造小区全部进点施工,完工32个。更换09规约表和卡表43万只。全面应用HPLC采集模块。35个网格化抢修点落地高效运转。营配基础数据核查完成23条大馈线、1312个台区。负损线路和台区治理成效显著。线上办电率和智能交费推广率分别达到99%、94%。配网带电作业6488次,多供电量1206万千瓦时。签订综合能源服务业务合同1932万元。实行百日零投诉竞赛,6家单位和25个厅(所)实现百日连续零投诉。

【电网安全】 开展保障大电网安全等专项行动,市委国安办专题研究电网风险防范对策。以“九查九防”作为安全工作主线,防控七级及以上电网风险178项,排查治理隐患1031项。修订安全责任清单。接受省公司安全巡查。完善安全督察队伍,加大现场作业管控。配合组织3个县区大面积停电应急演练。设立打击涉电犯罪特派警务室5个。县公司应急指挥中心全部建成,标准化应急库房建成3个。配合开展兰州市首次网络安全攻防实战演习。圆满完成习近平总书记在兰考察、新中国成立70周年大庆、“兰马赛”等重要保电任务。保障兰州轨道交通正常运营。实行百日安全劳动竞赛,全年实现安全生产3个100天,公司连续安全生产4663天。

【科技信息】 实施10项租赁项目,网络通道容量提升10倍。在全省率先实现综合数据网割接。完成移动作业终端及应用整合。全面推广外网移动办公,全链路贯通多维精益管理体系。试点“每一台设备”价值研究。上线运行“网上国网”、数据调度。全面应用“国网商旅”。建立输电可视化立体智能巡检平台,电网巡检走向机器人+视频+实物ID智能化巡检系统,实现数据交互,运维巡检智能化,在安宁运维站建成首座智慧化运维站。投运新一代配电自动化主站和9条110千伏电缆隧道在线监测系统。低压远程停、复电成功率分别达到91%、97%。完成首个现代智慧供应链业务场景应用。投运110千伏砂坪变“多站融合”项目。举办全省首次0.4千伏配网不停电作业现场成果演示。组建大数据创新工作室,开展创新创意大赛。获省公司青创赛金奖1项、银奖2项,省公司级及以上各类创新成果奖26项,专利授权5项。

【集体企业】 兰州倚能电力(集团)有限公司(以下简称“倚能集团”)是具有独立法人的企业实体。经营

5月28日,兰州供电公司举办兰州市简化“获得电力”助力优化营商环境服务举措新闻发布会

范围涉及电力施工安装、设计监理、综合能源、后勤物业、房产租赁、汽车服务、广告策划等业务，具备电力工程施工总承包一级及建筑工程施工总承包二级、电子与智能化工程专业承包二级、市政公用工程施工总承包叁级和国家能源局一级承装（修、试）电力设施许可证，并通过ISO质量、环境及职业健康安全管理体系认证。

2019年，下设10部6中心，下辖11个分公司，1个子公司。有职工1767人。其中，全民职工660人；大集体职工4人；劳动合同职工927人；劳务派遣职工176人。高级职称人员89人，中级职称人员160人，初级工程技术和经济管理人员245人，项目经理74人；国家一级建造师17人，国家二级建造师97人；国家注册咨询工程师13人，国家注册监理工程师11人，国家注册造价工程师9人，国家注册安全工程师3人，国家一级注册结构师1人、二级注册结构师1人，国家二级注册建筑师1人，国家注册电气工程师3人。

抓实工程技术质量和工期，全年施工电网工程430项，其中基建工程51项，完成29项。按期投运110千伏任家庄变电站、定远变线路、胜利输变电等11项重点电网工程；330千伏银西高铁线路工程已竣工、洪德变电站将于春节前完工。充分发挥主业第二梯队作用，全力配合主业完成特级保电1次，二级保电11次，各类抢修239项，处理应急工单40414件；顺利完成“一区一州”东乡配农网工程帮扶和“煤改电”“三供一业”等改造工程。未发生公司考核的安全责任事故，未发生人身伤害事故。

（陈　媛）

城市管理与执法

【概况】 2019年，兰州市城市管理委员会推进“精致兰州”创建，打造“市民城管”建设，贯彻落实“1533”工作思路，督导全市城管执法部门查处占道摊点19.2万个，露天烧烤3094起，各类噪声污染行为7万余起，规范整治洗车点5302处，协调清理124条道路、135.5千米路段空中线缆，市容市貌、人居环境明显改观，市民满意度显著提升。

【体制改革】 根据中共中央、国务院及中共甘肃省委、省政府关于推进城市执法体制改革改进城市管理工作相关要求，市城市管理委员会在反复征求市编制、建设等部门意见的基础上，参考国内城市成功做法和先进经验，结合本市实际情况和省住建厅反馈意见，经反复研究，牵头修改完善兰州市《关于深入推进城市执法体制改革改进城市管理工作的实施意见》，1月17日由市委、市政府联合印发实施。3月，根据市委办公室、市政府办公室《兰州市城市管理委员会职能配置、内设机构和人员编制规定》（兰办字〔2019〕12号），兰州市城市管理委员会在原有机构设置基础上，增设垃圾分类管理科，至此内设科室10个，下辖县级参公事业单位2个、正科级事业单位1个。

【“精致兰州”创建】 启动实施“提升城市品质、打造精致兰州”3年行动（2019年—2021年），重点开展规划引领服务、精品工程建设服务、交通快捷保障服务及城市精细化管理4大行动、28项任务，编制完成《兰州市沿黄城市立面改造提升规划》《兰州市生态修复、城市修补专项规划》等规划，为建设“精致兰州”提供依据；基本建成棚户区14413户、提升改造老旧小区40个、加装电梯245部、提升改造小游园15个、建成线廊151条，城市基础设施、人居环境不断完善、改善；清掏雨、污水管网77万米，改造城市积水点15处，市政设施维护水平不断提升；推动轨道交通1号线一期工程通车运营，打通疏解路20条，建成公共停车泊位5000个，集中整治非法营运及出租车强行拼客、乱停乱放等顽疾，交通环境更加便捷、顺畅、有序；注重以点带面、示范带动，开展“十大精致项目”创建活动，成功创建精致小区（院落）、公厕、车（船）组、车站（码头、站点）、街巷、广场（什字）、停车场、宾馆（酒店）、游园（公园）、市政工程（设施）等“精致点位”133个，“精致兰州”建设取得明显成效，成为兰州市的一张新“名片”。

【市容秩序管理】 以解决市民集中反映的城市管理问题为突破口，集中开展市容环境综合整治。全市城

6月14日，兰州市城管委“打造‘市民城管’，落实共建共治共享”项目荣获首届中国城市治理创新奖“优胜奖”

管执法部门依法查处影响市容市貌的占道摆摊、店外经营、露天烧烤等行为，持续加强共享单车停放管理，捕捉流浪犬5000余只，协调改造背街小巷20条；围绕城区重点区域开展“净空行动”，拆除违规户外广告13.46万平方米、不符合要求门头牌匾4.12万平方米，城市空间秩序逐步改善。推动出台《兰州市户外广告设施设置管理导则》，为城区户外广告管理提供依据。

【违法建设治理】 根据兰州市城市建成区违法建设专项治理工作五年行动要求，按照“五个一批”（拆除一批、处置一批、整改一批、没收一批、诉讼一批）治理思路，督导全市城管执法部门强力推进违法建设治理行动，全年治理存量违法建设340处、691.44万平方米，累计治理占总量90.55%的存量违法建设1170处、1076.75万平方米；全面落实违法建设网格巡查机制和发现、制止、报告、查处责任制，坚决遏制新增违法建设，违法建设治理成效显著。

【环境卫生管理】 编印、推行西北地区第一个地方环卫作业标准《兰州市环境卫生精细化管理规范（清扫保洁）》，深入实施道路清扫保洁、定期冲洗等标准化作业，城区道路机械化清扫率达93%，清扫保洁率达98%以上。长效实施主城区道路定点祭祀管理，在春节、清明节等传统节日期间，引导14万余人次到指定场所祭祀。累计为51家公司、990余台渣土车安装智能监控设备，并启动在线监控。督导主城区城管执法、环卫部门联合交警部门，在城市主要出入口设置渣土运输检查点14处，建筑垃圾运输监管水平有效提升。坚持“一厕一景”建设，改造公厕。推行环卫公厕24小时开放、按需提供厕纸，常态化运行公厕云平台；每月按20%～30%抽检、考核环卫公厕610座，实现管理效能、社会效益“双提升”，11月，兰州市公厕管理工作被中国城市环境卫生协会评为“2019年度环卫行业示范案例”。

【生活垃圾分类】 在35个示范片区和1002家公共机构推行生活垃圾分类模式，居民小区垃圾分类收集覆盖率64.48%；累计协调改造再生资源回收网点120个、建成垃圾分拣中心14座，生活垃圾回收利用率30.1%，兰州市生活垃圾分类在住建部考核的46个城市中排名中上。12月，承办甘肃省生活垃圾分类工作领导小组第一次会议暨现场观摩培训推进会，兰州市垃圾治理工作得到省内城市、相关单位充分认可。

【全域无垃圾工作】 持续完善城市生活、建筑、餐厨垃圾收运体系，长效加强对现有生活垃圾卫生填埋处理场（厂）、餐厨及建筑垃圾综合处理厂的监管，城市生活垃圾无害化处理率达100%，餐厨、建筑垃圾规范处理水平稳步提升。督导配备农村垃圾收集、转运车辆576辆，全市乡镇垃圾收运车辆覆盖率100%；着力健全农村清扫保洁、垃圾收运制度，在676个行政村组建保洁队伍，配备保洁员5000余人；推行农村“户分类、村收集、镇转运、县处理”垃圾管理模式，农村生活垃圾治理体系逐步健全。每周利用无人机航拍4天，巡查发现并督导整改非正规垃圾点位1.51万余处，协调各区县清理城市出入口等区域及农村堆积垃圾18.4万吨，城乡环境不断改善。

【数字化城市管理】 制定并严格实施《兰州市数字化城市管理平台运行管理制度》《兰州市数字化城市管理考评办法》，推动“数字城管指挥手册”运行监督、考核机制进一步完善，数字化“大城管”运行水平大幅提升。编制《数字城市管理》月报12期，为各县区、高新区推进工作提供新平台。坚持完善流程、健全机制，市级数字管理平台办理“12319”热线咨询及投诉约2.2万件，微信平台上报问题23.6万件。新聘市民50名、城市管理监督员队伍扩大至100名，引导及时发现、上报城市管理问题约5200余件，提出相关改进意见建议；在全市城管系统持续开展“出门就上班，都是采集员”活动，受理城市管理问题20.49万余件，解决了一大批城市管理突出问题。

【队伍建设】 结合“作风建设年”活动，推进“强转树”专项行动，落实城管执法全过程记录、教育培训等要求和“721”工作法，干部职工业务素质不断提升，城管队伍作风持续转变，兰州市城市管理委员会被住建部评为2019年度全国城市管理执法队伍“强转树”专项行动表现突出单位。探索开展城管系统“马路办公”，督导整改市容市貌等方面问题2000余个，在全省推广。深入推进“市民城管”建设，不断提升城市管理和服务水平，持续完善市民群众参与城市管理机制制度，6月，“打造‘市民城管’，落实共建共治共享”项目获得首届中国城市治理创新奖“优胜奖”，“市民城管”品牌影响力不断扩大和提升。稳步推进城管文化建设，狠抓《今日城管》电视专栏及《兰州城市管理》月刊编办工作，城管队伍荣誉感自豪感持续增强。以打造“全域无垃圾示范村”为重点，全面落实“一户一策”要求，协调落实资金8万余元，解决群众生活中的突出困难；举办“脱贫励志”大讲堂讲座3期，邀请5位专家讲授相关知识技能，增强了贫困群众脱贫致富的决心和信心。

（申三红）

兰州黄河风情线管理

【概况】 兰州黄河风情线大景区管委会是市政府直属参公事业单位，县级建制，财政全额拨款，核定编制40名，领导职数3名（主任1名、副主任2名），内设党政办公室、人事处、规划建设处、园林景观管理处、旅游开发处、执法监督处6个处室，科级领导职数12名（正科级6名、副科级6名）；2019年，根据兰州市机构改革方案，大景区管委会调整主要职责，增设2个内设机构，增加内设机构领导职数5名，正科级领导职数3名，（含机关党委专职副书记1名），副科级领导职数2名，内设机构8个。下辖兰州黄河风情线执法支队、兰州市民公园、兰州市百合公园、兰州黄河风情线大景区园林绿化所、兰州市绿色公园、兰州廉政文化公园、兰州市马拉松公园、兰州黄河风情线游客服务中心8个事业单位。

【基础建设】 围绕尽快解决“走”“歇”“看”问题，实施一批基础设施和服务设施项目。完成黄河北岸水上清真寺至马拉松公园段5米宽幅健身步道2.94公里（含栈道360米），打通黄河北岸中山桥至马拉松公园之间所有健身步道未连通段。完成北滨河路中山桥至音乐喷泉段游览步道、台阶、花坛贴面等维修改造近6000平方米，改善景区环境面貌。增设街景店车19辆、自动售货机20台、休闲座椅80套，改造提升公共卫生间12座，为市民游客出行提供便利。

【园林景观改造】 完成沿线马拉松公园、水车博览园、市民公园、绿色公园、廉政公园等9大公园改造提升，打造以“马拉松花海”为代表的主题景观，改造面积32.3万平方米。在核心区沿线重要节点摆放绿雕55组、花钵110组、花柱58个、鲜花440万盆，营造节会氛围。累计补栽花、灌木11.2万株，补种草坪8.5万平方米，修剪树木9.4万株，改造绿地1.5万平方米，更换护栏5500米，全面提升园林景观水平。

【环卫保洁】 针对环境卫生的薄弱区域和薄弱环节，进一步加强对物业公司的管理，增加机械设备投入，改进清扫工具，优化作业时间，在全线组织开展“环境卫生集中整治行动”，全面清理卫生死角，提升景区洁净程度。加大全天候精细化保洁力度，每日清扫保洁面积257.5万平方米，日清洗路面、桥面、护栏、环卫设施60万平方米，日清理垃圾约15吨。集中清理整治河道内的枯死树木、生活垃圾及各类杂物，清理垃圾365吨，石块瓦砾60立方米。

【市容秩序治理】 针对违法建设、乱摆摊设点、乱停车、共享单车乱摆放、流浪犬、噪音扰民6大群众反映强烈的突出问题，与辖区公安、交警、城市管理部门开展联合行动，组织开展全线市容秩序集中整治行动。累计拆除各类彩钢房、棚亭等违法建设5.3万平方米（含一事一议3.9万平方米），清理摆摊设点10575处，清运破损单车3820辆，捕捉流浪犬295只。

【旅游开发】 成立黄河风情线大景区游客服务中心，作为优质旅游服务示范窗口，致力于宣传推介大景区，打造兰州黄河文化旅游品牌。洽谈引进城关小雁滩雁园丽景项目，投资总额12亿元，到位资金1.25亿元。举办“黄河音乐节”“把兰州唱给你听”民谣路演、“趣徒步悦兰州”百公里徒步、“黄河风情、精致兰州”摄影大赛等文体活动135场，聚集景区人气，并从夜景亮化、夜游黄河、文化活动、特色夜市、街景店车等方面入手，进行积极探索，基本形成“夜景+夜演+夜餐+夜购”的夜间经济发展雏形。

【文明创建】 围绕2019年创建目标任务，开展“一月一主题”整治活动和“三大突破”行动，组织公益宣传活动32场、开展“关爱母亲河·保护生态环境”等志愿服务活动100余次、制作投放公益广告牌、遵德守礼牌、导览牌、指示牌1148块，营造创建文明城

5月4日上午，由兰州黄河风情线大景区管委会、共青团兰州市委共同主办的“百人快闪”活动在中山桥举行

4月30日，黄河风情线大景区“把兰州唱给你听”民谣路演活动首演现场

市宣传氛围。开展创建文明单位活动，推选委系统文明家庭2个、最美母亲1名、兰州好人1名，开展“道德讲堂”宣讲活动、“清明文明祭扫”“端午经典诵读”等活动15次。

【意识形态】　制定《兰州黄河风情线大景区管委会意识形态工作要点》，与委属各单位签订意识形态目标责任书，逐项落实意识形态工作各项任务。组建委系统网评员队伍，加强宣传阵地建设，全面完成大景区网站改版工作，增添“旅游服务”“黄河印象”“滨河胜景”“艺苑博浪”“黄河谣”5大精品栏目20个子栏目，录入信息394条、图片211张。加强景区宣传报道，完成大型专题采访活动30余次，接待世界各国华人媒体、《人民日报》、新华社及省市各级媒体记者300余人次，刊发信息近400篇。及时处理舆情信息，办理省委书记、省长、市委书记、市长网络留言板30件、民情通数字城管案件4929件、来信来访23件、舆情信息8起、市民投诉45起。组织撰写的论文荣获全市思想政治工作课题研究成果评选一等奖，大景区管委会荣获市委宣传部组织的“文化兰州·全民共享”工作先进单位、“兰州人·百姓讲堂”汇讲及“双十佳”评选活动优秀组织奖。

（李　萍）

住房公积金管理

【概况】　2019年，兰州住房公积金管理健康发展，各项业务目标均超额完成。其中，归集住房公积金58.76亿元，完成目标任务51亿元的115%；新增缴存职工54658人，完成目标任务1.8万人的304%；发放个人住房贷款39.97亿元，完成目标任务31亿元的129%；个贷率达到94.6%，超出85%的控制目标9.6个百分点；个贷逾期率0.47‰，远低于1.5‰的控制目标；贷款风险准备金充足率达到100%。

【住房公积金归集】　强化对受委托银行的归集业务指标考核，定期通报归集指标完成情况，调动扩面工作的积极性、主动性，保证扩面效果。联系人社、市场监管等部门，共享信息数据，进行精准化对比筛查，全面掌握和重点筛查全市各类企业公积金缴存情况，为增强扩面工作针对性提供准确的数据支持，努力做到应建尽建、应缴尽缴。针对中心干部职工开展业务风险点培训交流，提升工作人员的风险、责任意识；针对缴存职工及单位公积金业务经办人员，开展政策宣传，加深对公积金各项政策的理解，督促单位自觉规范缴存。创新宣传方式，在各大楼宇电梯等候厅电子屏发布公积金公益宣传片，每天循环播放，提高住房公积金制度知晓率。对拒缴住房公积金的50家单位启动行政执法程序督促建缴住房公积金。全年通过行政执法手段新增缴存职工517人。

【住房公积金提取】　全年办理住房公积金提取业务143931笔，为缴存职工提取住房公积金44.69亿元。其中，职工因购买自住住房提取住房公积金14.75亿元；因偿还购房贷款本息提取住房公积金17.11亿元；因租赁住房提取住房公积金0.95亿元；因退休等其他原因提取住房公积金11.88亿元。

【住房公积金贷款】　严格落实商品房和经济适用房项目备案制度，主动联系房地产开发企业在新售楼盘开盘前办理项目备案，保证贷款如期发放，全年新增备案项目51个。坚持“房住不炒”定位和“保一限二禁三”贷款政策，对首套房贷款支持力度不减，从严控制二套房贷款，全力确保贷款资金投放公平合理，保障缴存职工基本住房需求。修订《贷款操作规程》《贷后操作规程》，优化贷款流程，改进和丰富借款人贷后提前还款类别、方式和途径，进一步方便群众办理贷后还款业务，实现贷后还款业务零跑路。积极应对资金流动性不足的风险，按照“随借随还、降低成本、循环使用、灵活周转”原则，通过银行授信贷款，弥补短期资金周转缺口。对群众举报问题线索较多的2家房地产开发企业存在的拒贷、曲解公积金政策、诱导缴存职工等问题，通过微信公众号通报、致函责令整改等方式进行督促整治，切实维护广大缴存职工贷款权益。

【风险防控】 中心与管理部（分中心）主任，管理部（分中心）主任与副主任、业务经办人员层层签订《业务风险防控承诺书》，不断强化风险防控意识。对风险较大的公积金业务由管理部负责人亲自审核，避免出现业务差错。坚持“一查二问三核实”原则，发现骗提骗贷行为立即停止办理并上报，减少骗提骗贷公积金事件发生。召集受委托银行网点和担保公司召开贷款管理业务交流会2次，加强对逾期贷款的跟踪和催收工作。全年开展电话催收15498人次，上门催收662人次，短信服务平台发送逾期催收短信27312条，发送还款提醒短信75.08万条。对逾期严重的50名借款人提请诉讼（其中有10名借款人主动归还欠款108.28万元）。定期分析公积金业务运行和资金收支情况，合理调整资金存量结构，做好结存资金运作，提高资金使用效率，实现资金收益最大化，全年增值收益达2.8亿元。完成对铁路分中心、城关管理部、榆中管理部、永登管理部4个分支机构2017年度、2018年度业务办理情况内部审计，并抽检2019年度归集、提取、贷款业务档案。及时发现和纠正业务办理过程中存在的问题，在规范办理业务、优化操作流程、防范骗提骗贷风险等方面充分发挥审计监督作用。对业务人员进行规范业务行为、落实防控风险制度教育培训，进一步增强防控风险意识，提高业务质量。积极做好“红黑名单”和信用信息报送工作，将查处的16名伪造虚假材料骗提住房公积金的缴存职工、85名公积金贷款逾期人员及时推送到“信用中国（甘肃兰州）”网站及社会媒体进行曝光。按照“扫黑除恶”治乱工作要求，严厉打击制造虚假材料骗提住房公积金的中介机构和个人，调查排摸线索。

【住房公积金服务】 建成集门户网站、网上业务大厅、微信公众号、手机APP、自助终端、12329服务热线等服务渠道于一体的综合服务平台，实现“一窗办”“一网办”与省级政务网单点双向登录，多项高频事项可在网上直接办理，实现公共服务和民生服务事项“指尖办理”。全年微信公众号关注人数30余万人；职工通过网上渠道办理业务60余万笔，占同类业务总数的64%；缴存单位通过线上办理业务16.1万笔；12329服务热线人工服务接通量9.38万人次，约占全省话务总量的39%。按照《全国住房公积金数据平台推广方案》要求，开展系统开发、测试、网络调试等工作，完成全国住房公积金数据平台接入和上线运行。完成铁路分中心业务系统合并工作，实现统一建设、统一管理，做到业务、结算、核算、服务渠道的统一。公布企业和群众办事清单22项，取消证明事项2项，严格落实服务承诺“四办四清单”制度，各项业务均在承诺时限内办结，大部分事项可即时办结，实现“最多跑一次”全覆盖。完善窗口服务首问责任制、一次性告知制、限时办结制、预约上门服务等制度，不断提升服务质量；开展“服务标兵”评选活动，激励干部职工提高服务水平；加大培训力度，对服务大厅工作人员进行业务和服务礼仪培训3轮次，组织前台工作人员25人赴徐州公积金中心临柜现场学习。

【其他工作】 开展“七五”普法工作，制定《依法行政工作要点》《普法责任清单》，开展宪法知识答题竞赛、宪法宣传周、预防职务犯罪专题讲座等普法活动，编制《兰州住房公积金管理中心业务文件汇编》《兰州住房公积金管理中心规章制度汇编》等，积极推进依法行政工作。加强法治队伍建设，组织执法人员参加行政执法网上培训，通过率100%，完成行政执法人员执法证换证工作。开展市级文明单位创建工作，成立志愿者服务队，开展志愿服务30余次；开展经典诵读、运动会、读书会等文体活动12次；深入社区开展义务劳动11次；开展文明餐桌、文明上网、文明交通等活动10次；开展“我们的节日”系列活动20余次。中心2名职工获得市直机关“都会城市、精致兰州”征文比赛二等奖、三等奖。安宁管理部职工马锦艳荣获2019年5月十佳“兰州好人”、2019年度百佳“兰州好人”、2019年兰州市“最美母亲”称号。榆中管理部马永亭家庭荣获“兰州市最美家庭”“甘肃省最美家庭”称号。

（卢声白）

环境保护

【概况】 2019年，兰州市生态环境保护各项目标任务全面或超额完成。环境空气质量优良天数296天，同比增加39天，优良天数比例81.1%，同比增加10.7%，剔除沙尘影响后，达标率83.6%，同比增加4.8%；空气质量综合质量指数5.28，同比下降3.6%可吸入颗粒物PM10、细颗粒物PM2.5、二氧化硫(SO_2)、二氧化氮(NO_2)、臭氧(O_3)第90百分位数分别为79微克/立方米、36微克/立方米、18微克/立方米、50微克/立方米、151微克/立方米，同比分别下降5.3%、7.2%、9.3%、1.9%、1.8%，一氧化碳(CO)第95百分位数浓度同比持平为2.5毫克/立方米，其中臭氧(O_3)第90百分位数浓度在前3年连续超标情况下实现达标，二氧化氮(NO_2)浓度连续两年实现下降，城市排名进入全国中游，创国家实行新标评价以来最好成绩。二氧化硫(SO_2)排放量5.68万吨，较2015年减少1.3万吨，下降18.69%；氮氧化物排放量6.81万吨，较2015年减少1.25万吨，下降15.54%；化学需氧量排放量3.90万吨，较2015年减少0.44万吨，下降15.2%；氨氮排放量0.71万吨，较2015年减少0.06万吨，下降9.5%；单位GDP二氧化碳(CO_2)排放比2017年下降6.39%，较2015年下降18%，全面完成"十三五"主要污染物减排指标和2019年度减排指标。国控空气自动站联网率100%。地表水国考断面水质优良比例达到100%，国控断面湟水桥、新城桥、什川桥、青城桥水质分别达到Ⅲ类、Ⅱ类、Ⅲ类、Ⅱ类，辖区干支流水质达标率100%，无劣Ⅴ类水体。地表水省考断面水质达标，省控断面享堂、包兰桥水质均达到Ⅲ类；6个地下水国测点水质保持稳定；县级及以上集中式饮用水水源地水质达标率100%，水质自动站联网率100%。全年未发生重大环境事件、妥善处置7起突发环境应急事件，危废和辐射安全可控，未发生重大环境污染事故。

【机构改革】 根据市委、市政府机构改革工作安排，兰州市生态环境系统基本完成机构改革工作。2月19日，在原兰州市环境保护局基础上，整合应对气候变化、防止地下水污染、流域水环境保护、农业面源污染治理等职责，经市委市政府批复，成立兰州市生态环境局，内设办公室、人事科、财务审计科、市生态环境保护督察整改办公室、规划发展科、法规与标准科、自然生态保护科、水生态环境科、大气环境科、应对气候变化科、土壤生态环境科、核与辐射安全监管科、环境影响评价与排放管理科、固废化学品科、宣传教育科等15个科室，核定行政编制56名。3月初，各区县生态环境分局相继挂牌成立；4月23日，甘肃省兰州生态环境监测中心挂牌；12月25日，整合环境保护和原国土、农业、水利、林业等部门相关执法职责的兰州市生态环境保护综合行政执法队挂牌成立。

【水环境管理】 制定出台《2019年度落实水污染防治行动计划年度工作方案》，通过月调度、季通报、预警调度、销号制度，有力推动碧水保卫战各项任务落实。全市"水十条"32个重点任务和14个重点工程全部完成年度任务；不断加大枯水期水污染联防联控工作力度，检查企业1037家次，督促整改问题28个；有序推进水源地规范化建设、地下水型水源地环境保护专项行动和千人万吨水源地排查工作，稳步推进湟水流域红古段、黄河干流榆中段水污染综合治理项目；全面完成水污染物减排工作、地表水型水源地8个环境问题整改、黄河兰州段水环境承载能力评估项目、饮用水水源地环境保护专项行动、甘肃省国家地表水考核断面什川桥、新城桥、湟水桥水站建设联网和跨市界联合监测断面先明峡桥水站建设任务；制定《雷坛河黑臭水体整治工作方案》，不断夯实全市入河排污口设置审批和管理工作基础。

【大气环境管理】 制定出台《兰州市打赢蓝天保卫战2019年度实施方案》，着力实施常态化管控和重点源治理，持续开展专项整治行动。实施西固热电厂、兰铝自备电厂超低排放改造、燃气锅炉低氮改造试点、城市建成区煤炭二级配送市场清理取缔、二热电厂“上大压小”等项目，强化大气污染防治。全年完成低氮燃烧改造61家141台777.5蒸吨；淘汰城市建成区10蒸吨及以下燃煤锅炉60台；治理改造燃煤、水煤浆、煤粉锅炉60台438蒸吨；改造居民小火炉9.6万台；改造远郊县区农村土炕2万户。制定出台《兰州市柴油货车污染治理攻坚战实施方案》《关于划定高排放非道路移动机械禁止使用区域的通告》，全面推进油、车、路协同防治机动车尾气污染，全面启动非道路移动机械编码工作；工地扬尘差别化管控措施实现经济、环保共赢；“散乱污”企业综合整治成效显著，全市181家砖瓦企业关闭103家，取缔关闭其他企业37家，搬迁31家，整治达标87家。突出应用技防手段，全时段、全方位监控各类污染源排放情况，科学分析研判污染物迁移变化规律，基本实现7天精准预测，强化重点时段、重点区域污染指数的分析监测，常态化科学分析、精准研判。

【土壤污染防治】 制定出台《年度土壤污染防治工作方案》《重金属重点行业企业排查工作方案》《农村生活污水治理行动实施方案》《兰州市农业农村污染治理实施方案》。开展农用地土壤环境质量调查，配合开展农用地土壤环境监测网络建设。全面展开市级重点行业企业土壤污染状况调查质控、全市农用地详查工作，超额完成51个村环境整治任务；推进垃圾分类、垃圾无害化处理体系建设和5个省级农村生活污水治理试点项目；开展农村生活污水治理，各区县基本完成辖区内现状详查；在全市范围内开展涉重金属行业企业排查整治，在及时上报相关结果的同时，要求各区县根据涉重金属企业防控工作方案开展日常监管工作；完成9个拟改变土地使用性质及用途场地的调查审核。

【生态监管】 开展生态保护红线勘界定标，与甘肃省环境科学院签订工作技术协议，经实地校对，市、区两级多次讨论勘察，修编完善《兰州市生态红线划定方案》和第三次意见反馈。完成永登县、榆中县和皋兰县生态功能区转移支付数据市级审核和上报。投资298万元，对永登县和榆中县生态保护红线区人类干扰活动开展遥感监测试点工作，利用大数据技术和生态遥感数据比对，及时发现红线范围内异常状况和违法行为。发现问题直接转交执法人员，打通自然保护区监管“最后一公里”，构建第一时间发现问题—大数据综合分析比对—快速处置解决问题“闭环式监管”新模式。

【危险废物安全监管】 制定《兰州市2019年度危险废物规范化管理工作计划》《兰州市坚决遏制固体废物非法转移和倾倒进一步加强危险废物全过程监管实施方案》，全市危险废物产生单位考核达标率99%，经营单位考核达标率100%。以危险废物为重点，深入开展重点流域、区域固体废物大排查整治行动，推进固体废物堆存场所整治工作，建立问题清单，制定“一点一策”整治方案，实行挂账销号，杜绝固体废物走私和“洋垃圾”入境，着力提升固体废物监管、处理处置及风险防范能力。经排查，未发现固体废物非法转移和倾倒等问题。加快城市建成区、重点流域重污染企业和危险化学品企业搬迁改造，全市因卫生防护距离不符合要求，列入异地搬迁和就地改造企业5家。其中，异地搬迁3家；就地改造2家。年底完成3套装置防护距离内居民搬迁工作。

【全国第二次污染源普查】 兰州市成立了分管副市长任组长，18个相关部门负责人为成员的兰州市第二次污染源普查领导小组，选聘普查指导员131名、普查员547名，并引进第三方技术服务机构参与普查工作，为普查工作提供技术支撑。在重要阶段采取双周调度、周调度及双日调度和工作信息月报、工作简报季报制度，定期对全市普查进度及质量进行通报。截至年底，经过前期准备、清查、全面入户、质量审核等系列工作，完成4399家单位污染源普查。其中，工业源2417家；农业源310家；集中式污染治理设施36家；移动源134家；生活源1502家。

【气候变化应对】 编制《兰州市2018年温室气体排放目标任务落实及低碳城市建设自评估报告》和支撑材料汇编，2018年兰州市单位GDP二氧化碳排放比2017年下降6.39%，比2015年下降18%，均完成省上下达目标任务；组织7家发电企业完成全国碳排放交易注册登记等工作，并对43家重点行业开展清洁生产审核。

【环境监测】 在每月按时完成地表水例行监测、采测分离任务基础上，完成4个国控断面加密监测工作；完成2019年兰州市地下水水源地保护区地下水水质试点监测、每半年一次黑臭水体交叉监测、49家企业每半年一次的废气监督性监测、38家企业每半年一次的废水监督性监测及42家企业全年一次的土壤监测。完成地表水水质监测月报告、水源地水质监测月报告、县区地下水水源地水质季报;每月定期发布环境空气质量月报告、地表水水质监测月报告、饮用水源地水质监测月报告、兰州市及区县集中式生活饮用水水源水质监测季报告;不定期发布2019年兰州市重点污染源企业监督性监测数据。

【环境执法】 加强环境监管,开展中央及省级环保督查问题整改、大气污染防治、枯水期联防联控、“雷霆”专项行动等执法行动。按月开展污染源“双随机”日常检查,按照时限要求,更新企业库,全过程使用移动执法终端,定期在市生态环境局网站公示。开展全市“散乱污”企业及铁合金行业环境问题排查整治,依法查处执法检查中发现的“散乱污”企业环保问题,采取查封、扣押,责令限期整改等手段,督促企业加紧整改。完成49家重点污染源110个排污口、132台套设备和35家市控企业45排口、59台套污染物排放数据监控及重点污染源企业自测公示汇总上报、督办。聘请专家技术人员全面排查全市在线监控企业,打击数据弄虚作假,确保在线数据真实有效。累计出动检查人员7000人次,检查企业2000余家次,下达行政处罚183件,罚款金额1730.61万元。其中,实施查封查扣10件;限产停产3件;行政拘留移送7件;刑事犯罪移送1件。

【环境应急管理】 编制《兰州市区域环境风险评估报告》,修编《兰州市突发环境事件应急预案》《兰州市重污染天气应急预案》《兰州市集中式饮用水水源地应急预案》《兰州市突发环境事件应急预案》。制定《兰州市2019年环境安全隐患排查整治专项行动方案》。对涉及石油化工、危险废物、危险化学品、饮用水源地、污水处理厂、工业园区、垃圾处理、重金属等污染源企事业单位开展环境安全隐患排查治理专项行动。及时通报督办17个环境安全隐患问题,责令整改。针对重点化工企业等环境风险源分布情况,在分析环境风险高发地区特点基础上,建成兰州市专项环境应急物资储备库2个;全面加强辐射安全监管工作,确保核技术利用单位辐射安全许可证持证率、监督检查率、整改完成率、设备完好率,输变电与广电通信类设施环评备案率、监督检查率、整改完成率均达到100%。

【依法依规加强生态环境保护】 先后修订、制定《兰州市实施大气污染防治法办法》《兰州市煤炭经营使用监管管理条例》《兰州市机动车排气污染防治条例》等地方性大气污染防治法律,先后出台《兰州市扬尘污染管理办法》《兰州市大气污染网格化监管办法》《兰州市大气污染防治示范区管理规定》《兰州市环境保护监督管理责任规定》《兰州市秸秆禁烧管理办法》《兰州市大气污染防治监督管理责任规定》《兰州市煤炭经营使用监管管理条例实施细则》《兰州市大气污染防治奖惩实施细则》《兰州市扬尘污染管控实施办法》等政府规章和规范性文件。总结出有兰州特色的好经验、好做法,纳入地方法规体系;重新修订《兰州市大气污染防治条例》,于2020年4月1日起正式施行。

【生态环境宣教】 利用“六五”环境日“美丽中国,我是行动者”主题,开展生态环境保护知识宣教。与甘肃省交广台、兰州市新闻综合频道合作设置“今天你环保了吗?”、生态环保科普专栏和“2019年兰州市冬季大气污染防治宣传”专栏,每周定期在黄金时段对生态环境知识进行科普宣传;“冬防”期间,利用兰州市出租车顶灯、户外大屏滚动播出“兰州蓝”APP和“冬防”宣传标语。以日常辐射安全、有害垃圾分类、土壤污染治理和环境应急处置为主题,制作完成系列环保公益宣传动画5部,在兰州电视台黄金时段、全市公交LED屏和人口密集场所户外大屏进滚动播放。

【信访及政务信息】 全年受理12369环保举报电话投诉1867件,其中来信来访4件,及时办结、回复,办结答复率100%。累计发布微博1771条、微信841条、网站952条、今日头条539条,聚集关注粉丝60883个,累计阅读量达到147万人次;局政务门户网站累计发布各类信息18796条,编发《舆情信息》简报77期,召开新闻发布会4次,完成网络转发、引导任务877次,中央电视台、人民网、《中国环境报》等媒体报道25篇次,省、市级媒体报道200余篇次。

【反馈问题整改】 截至年底,第一轮中央环保督察反馈兰州市的21个问题完成整改18个,512件信访件办结508件,剩余需要跨年度整改的3个问题、4件信访件(已合并为2个问题,分别为青石沟垃圾场异味和编组站噪音扰民问题)正在全面推进。省级环保督察反馈兰州市的53个问题完成整改32个,306件信访件办结304件,剩余需要跨年度整改的21个问题、2件信访件(分别为雷坛河污水收集和铁路编组站扰民问题)正在全面推进。“绿盾2019”专项行动涉及兰州市的116个问题,完成整改112个,剩余需要跨年度整改的4个问题正在全面推进。第二轮中央生态环保督察尚未反馈意见。督察结束后,组织1000余人次先后2次督导检查中央生态环保督察交办的信访件办理情况,逐项抓好整改落实,交办的836件信访件办结614件,剩余222件正在全面推进。

【其他工作】 圆满完成中央第二轮中央生态环境保护督察保障工作，成立由市委市政府分管领导任双组长的市协调联络组，下设6个工作组全力保障督察进驻；在督察进驻期间，现场核查点位68个，走访单位2家，问询谈话54次、96人；配合协调召开市级会议4次；调阅资料22批、212件；报送简报50期；约谈10人，问责5人。开通“绿色通道”，不断创新环评“放管服”改革工作方式方法，着重为民生工程、绿色工程、省市重点工程开通“绿色通道”。全年完成建设项目环评文件审批备案6107件。其中，760个报告表、报告书，在公示后当日审批办结；其余5347件登记表全部实现网上备案。告知承诺制报告表类项目当日受理，当日办结，其他报告表类建设项目审批时限由法定30个工作日缩短为10个工作日，报告书类建设项目审批时限由法定60个工作日缩短为15个工作日，实现环评审批速度全省最快。环境监测预警预报不断精准，累计向中国环境监测总站、甘肃省环境监测中心站及《兰州日报》发布《空气质量日报》273期、《一周潜势预报》39期、《空气质量冬防研判》26期、《中长期研判》12期、《SPAMS在线质谱监测报告》39期。

（王智琦）

园林绿化

【概况】 2019年，城市园林绿化工作，围绕服务打造“精致兰州”，着力“增绿”和“添花”，拓展园林绿化的城市生态空间，增加绿色绿量、提升绿色景观，推进园林绿地的精细化管理，取得了较好成效。在第12届中国（南宁）国际园林博览会上，市政府获得住建部授予的“表现突出城市”奖，兰州市林业局获得“表现突出单位”奖，3名干部获得“表现突出个人”奖。

【城市园林绿化】 “增绿”方面，城市建成区新增、改造园林绿地1705.95亩（新增600亩、改造1112.4亩），超出年初计划42.7%。其中，城关区455.25亩；安宁区306.3亩；七里河区230.7亩；西固区226.05亩；黄河风情线大景区范围447.15亩；高新区40.5亩。推广立体绿化9.63万平方米（垂直绿化8.96万平方米、屋顶绿化0.67万平方米）。其中，城关区3.58万平方米；七里河区2.75万平方米；安宁区1.8万平方米；西固区1.5万平方米。新建、改建小游园16个（新建4个，改建10个，续建2个），涉及面积20.08公顷（新建5.58公顷、改建9.2公顷、续建5.3公顷）。其中，城关区4个；七里河区4个；安宁区4个；南北两山范围3个；西固区1个。提升改造300余条城市主次干道的绿化景观，补植行道树6000余株、灌木70万株、野花组合4万平方米；对于五泉山公园、白塔山公园、兰州植物园、兰州碑林基础设施改造、斑秃区域补植和古建筑安保消防工程配套，推进金城公园二期、滩尖子湿地公园、安宁湿地公园新建重建工程。“添花”方面，成功举办兰州“金秋菊韵·喜迎国庆”菊花展，设置5大景点展出各类菊花6万余盆、各类造型菊40余组，600余个品种，连续展出20天；实施“百万鲜花靓金城”活动，结合“兰马”赛道整治，在沿线重点区域及节点，摆放梯形花箱3.1万个、安装灯杆花箱140组、设置绿色雕塑12座，摆放时令鲜花和栽植花卉110万株。

【重点项目工程建设】 由七里河区续建的彭家坪中央生态公园（占地21.4公顷。其中，生态绿地约14.67公顷、水面约6.73公顷），完成投资5.02亿元（总投资约8.26亿元），建成狸子沟以西园林景观工程、狸子沟以东附属建筑及人工湖主体结构、百合游客中心主体工程、月桥综合楼基础工程，西园于11月26日开园；省列重大项目——兰州动物园易地搬迁工程，完成年初既定的建设内容：外围路网完成80%，园区内路基本成形，车行区动物笼舍及后勤区的建筑工程主体已完成，南入口区地下车库完成30%，年内完成投资4.24亿元（累计完成投资7.24亿元）；完成湟水城郊省级森林公园总体规划、植物园二期修建性详细规划编制，待批。

【园林绿地精细化管理】 研究和编制《兰州市园林绿化树木花草及管护设施损坏赔（补）偿标准》《兰州市推广城市屋顶绿化及垂直绿化实施办法》，正在向各部门征求意见；以社会化购买服务为主要模式，引入专业化管护队伍全面实施园林绿地的物业管护工作；协调相关单位，修剪乔灌木2万株，修建绿化带及草坪累计

黄河岸边马滩公园一角

面积274万平方米；制作悬挂古树名牌434个、古树群名牌8个（安宁区4个，皋兰县2个，榆中县2个），保护全市445株单株古树和5个古树群（古树16186棵）；严格按程序落实市政工程建设占用绿地、移植树木的审核报批工作。

（闫国成）

南北两山绿化

【概况】　2019年，兰州市南北两山环境绿化工程指挥部牢固树立“绿水青山就是金山银山”生态理念，紧扣“都会城市、精致兰州”建设思路，围绕12345总体工作思路，加强南北两山60万亩林地的抚育管护，完成复整清淤面积4266亩，在薄弱空白地段补植各类苗木26万株，实施森林抚育9400亩。实施城区面山林区强化提升1000亩。5月，在北京召开的关注森林活动20周年总结表彰大会上，兰州市南北两山环境绿化工程指挥部以践行生态文明建设杰出成就荣获“关注森林活动20周年突出贡献单位”称号，受到全国政协人口资源环境委员会、国家林业草原局等10个部门单位的表彰奖励。

【景观提升】　推进九州台、金城公园、大青山等大景区建设，新建小游园6个，实施绿化治理种植景观苗木，配套修建木栈道、景观平台、木制景亭、古建连廊、景轩、悬挑景观平台等景观设施。其中，九州台大景区完成牡丹园小游园提升改造项目、顶小游园建设项目、罗九公路景观带绿化提升，实施绿化治理300余亩；金城公园大景区完成绿化治理61亩；大青山景区启动建设，实施绿化治理172亩。实施“省门第一道”（皋兰段）面山和陡坡绿化美化治理项目，种植花卉1103.3亩，绿化治理孤立山丘、空白陡坡3万平方米，造林面积3768亩。实施北出口骆驼岘绿化治理135.9亩。

【绿化管护】　实施南北两山重点水利工程改造提升项目4项，完成兰州中川铁路沿线生态景观工程刘家湾至茅茨段东侧面山绿化水利配套工程年度建设任务，建成泵站1座，8.4万立方调蓄水塘1座，各类山顶水池10座，闸阀井806座。完成兰州市南北两山“省门第一道”皋兰段绿化景观提升工程（水利配套建设）二期工程，配套水利灌溉管网2668.1亩，敷设各类管道约5万米。完成九州台片区水土保持综合示范项目，新建生态谷坊9座，新增灌溉面积360亩，绿化面积235亩。实施南北两山城区核心段水利工程改造提升项目，新建200立方蓄水池2座，闸门井68座，更换管线29573米。开展两轮次春检维修，完成维修投资758.43万元，确保水利工程安全运行。实施水利工程面山水利维修11项，小型维修项目35项，维修泵站62座，蓄水池清淤647座。适时开展“喷灌降尘”工作，严格按照全市大气污染防治方案要求，克服黄河水位过低取水困难，累计开启喷头数量1.3万个次，喷灌面积22.7万亩次，喷水量达105.8万立方。

【科技兴林】　加强院地合作，开展徐家山陡坡生态修复试验、西北景观植物种子形态学指标测定、红柳扦插试验、南北两山景观植物引种试验和西北景观植物种植试验等研究项目，为两山造景添彩提供技术支撑；实施兰州南北两山运行管理绩效评价研究项目之生态服务价值评价项目，全面评估两山生态服务价值，安装负氧离子浓度监测系统，签约气象站做好两山雨情监测，为两山的生态建设决策、抚育管护提供数据支撑。

中川绿色通道

市委副书记、市长张伟文(中),副市长魏旭昶(右二)、副市长韦青祥(左一)一行检查林区护林防火工作

【依法治林】 落实“四办四清单”制度,严格按照法定程序和时效对行政许可项目进行审核。根据《兰州市南北两山绿化管理条例》《两山总体规划》,严格审批程序,全年受理行政审批事项7件,全部通过兰州市行政审批服务系统按时受理、办结;处理承包单位申报的南北两山绿化服务工程设施项目,年内办结14份。强化对承包单位的管理,根据市政府主要领导调研两山的指示精神,对388家承包单位进行摸底,进一步完善绿化承包单位档案,建立电子信息档案;严格审核养林企业资格,年检养林企业5家、审核养林企业退税报告3家。推进违建别墅专项行动,认真甄别和摸排两山范围内各类违法建筑,全面彻底进行清理整改。

【护林防火】 完善区域联防机制,加大防火巡查力度,定期不定期开展安全隐患排查整治专项活动,消除潜在隐患。把安全生产作为两山绿化工作中的头等大事,落实“一岗双责制”,坚持管行业必须管生产、管业务必须管安全,层层传导压力,靠实安全生产责任,规范安全生产规章制度和工作流程。冬灌结束后,及时清除林缘区的枯枝荒草,开设防火隔离带550余公里。在清明、五一、国庆等重点时段,采取综合措施,严防严查,死看死守,强化火源管控,消除火灾隐患,在2019年防火形势异常严峻的情况下,南北两山林区取得连续19年未发生一般性森林火灾的良好成绩。开展有害生物防治2轮次,防治面积约3万亩,保证有害生物成灾率控制在4.4‰以下,无公害防治率92%以上。

【环境整治】 继续开展全域无垃圾3年专项治理行动,全面落实《兰州市城市生活垃圾分类管理办法》,广泛开展垃圾分类宣传,引导群众形成垃圾分类意识,养成良好垃圾分类习惯。巡回检查重点林区景区,死盯死看林区内乱扔垃圾、偷倒垃圾现象,全程跟踪全域无垃圾活动,整治较大垃圾集中区5处,林区环境卫生明显改观。

(陈东亮)

【概况】 2019年，全市各级农业农村和扶贫部门在经济下行压力持续增大的情况下，积极采取有效应对措施，力保“两项”指标稳步达到预期。全市实现第一产业增加值51.68亿元，同比增长5.5%，超出目标0.5个百分点；农村居民人均可支配收入达到13605元，增长10%，超出目标1.5个百分点，全部超额完成目标任务。

【机构改革】 2019年2月18日，根据《兰州市机构改革方案》要求，将市委农工办、市农委、市扶贫办的职责整合，成立市农业农村局，加挂市扶贫开发办公室牌子，市委农村工作领导小组办公室设在市农业农村局。市农业农村局（市扶贫办）既是市委的“三农”工作机构，也是市政府的组成部门，新机构的成立有利于加强党对“三农”工作的集中统一领导，更好地发挥党在脱贫攻坚和农业农村工作中总揽全局、协调各方的领导核心作用。市农业农村局（市扶贫开发办公室）已由单一抓产业发展的业务部门成为负责全市农村经济发展的综合部门，从抓一农向抓三农转变，农业农村局既要管农业、又要管农村；既要抓产业发展、又要抓综合治理；既要抓发展，又要促改革；既要抓顶层设计、又要抓落地实施。

【农村人居环境改善】 制定出台农村人居环境整治“1+10”配套政策文件，构建农村人居环境整治政策体系的“四梁八柱”（美丽乡村示范、农村“厕所革命”、农村“垃圾革命”、农村“风貌革命”、农村生活污水治理、废旧农膜回收利用与尾菜处理利用、畜禽养殖废弃物及秸秆资源化利用、村庄规划编制和管理、“四好农村路”建设、农村村级公益性设施共管共享）。组织开展农村厕所、风貌、垃圾“三大革命”，积极筹措资金1.33亿元，新改建农村户厕54059户，公厕474座，创建清洁村庄578个，完成农村改炕2万个、改灶3000个，全面完成目标任务。安排美丽乡村建设资金3350万元，全力推进15个美丽乡村示范村和60个环境整洁村建设，支持开展环境连片提升和多种模式户用卫生厕所连片改造。配合省政府在兰州成功举办“一带一路”美丽乡村论坛，兰州美丽乡村示范点获得与会人员赞许认可。

【农村综合改革】 全面推开“三变”（农村资源变资产、资金变股金、农民变股东改革）改革，形成“三变+特色种养业”“三变+乡村旅游”等多种“三变+”改革模式。稳步推进农村集体产权制度改革试点，顺利完成榆中县农村集体产权制度改革整县试点国家验收。持续推进农村集体产权制度改革试点，农村土地经营权流转率达到38.39%。投入470万元资金用于“三变”改革增资配股工作，5.8万余户农户获得入股分红0.58亿元，户均增收1000元。全面完成贫困村合作社整改，全市贫困村合作社运营规范率达到76.87%，较2月摸底情况提高了59.22个百分点。引导农业适度规模经营，新认定市级农民合作示范社38家，市级示范家庭农场10家，推荐省级合作社示范社30家、省级示范家庭农场10家。

【品牌创建】 完成高原夏菜37大类普通商标注册工作，榆中大白菜入选2019中国农产品区域公用品牌目录，兰州高原夏菜、兰州百合、苦水玫瑰、皋兰软儿梨入选“甘味”知名农产品目录，中国·兰州农产品交易中心纳入农业农村部定点市场，完成全市5个农业农村部定点市场挂牌工作，新认证“三品一标”农产品39个。

【质量监管】　健全完善“市、县、乡、村”四级监管体系，为切实抓好田间地头的监管工作提供有力保障。建成市、县、乡、生产经营主体四级农产品质量检测体系，进一步提高农产品质量安全定量检测覆盖率，全年全市未发生重大农产品质量安全事件。

【动物疫情防控】　2019年1月18日，经中国动物卫生与流行病学中心确诊，兰州市七里河区2养殖户发生非洲猪瘟疫情。2个养殖户合计存栏生猪190头、发病143头、死亡37头。疫情发生后，农业农村部立即派出督导组来兰。七里河区严格按照要求启动应急响应机制，采取封锁、扑杀、无害化处理、消毒等处置措施，对全部病死和扑杀猪进行无害化处理。同时，禁止所有生猪及其产品调出封锁区，禁止生猪运入封锁区，成功处置了七里河区非洲猪瘟疫情。同时，持续开展非洲猪瘟日常防控工作，坚决杜绝问题猪肉及其产品调入。加强H7N9禽流感防控，落实排查监测、活禽调运监管、养禽场户综合防控等措施，有效防止疫情传入。

【产业发展】　全市粮食播种面积达到114.61万亩，粮食总产量达到30.36万吨，同比增长1.99%。高原夏菜、玫瑰、百合、中药材向优势产区集中，四大特色产业等经济作物播种面积达到109.36万亩，蔬菜产量达到180.5万吨，同比增长8.14%。全力做好生猪稳产保供，全市畜禽饲养总量达到751.34万头只。以农产品精深加工为突破口，以农产品“产、加、供、销、服”一体化为纽带，积极发展“龙头企业+”模式，全市龙头企业达到166家。持续壮大农民专业合作社，加大示范社创建力度，鼓励发展联合社，提升规范化经营水平。市级农民合作社示范社达到266家，市级示范家庭农场达到117家。积极推进休闲农业示范点创建，李家庄国家级“田园综合体”试点项目，永登县越国开心农场、幸福农场等休闲农业建设成效明显。发挥农业产业龙头企业在全产业链中的关键作用，促进农业生产、加工、物流和服务相互融合，推动农业产+销一体化发展，重点扶持蔬菜、马铃薯、中药材、百合、玫瑰、畜产品等农产品产地加工，延长产业链，提升价值链，发挥一、二、三产业融合乘数效应，使农民真正分享到产业链延伸和功能拓展的好处。

【农业市场化】　与广州市农业农村局签订共建粤港澳大湾区“菜篮子”战略合作框架协议，建成“互联网+”现代农业示范点5个，开展招商活动8次，报备线索项目11个，涉及金额20亿元。组织市、区县和企业参加各类大型国际农博会、产销对接会14次，荣获第7届成都国际都市现代农业博览会最佳组织奖。成功组织举办2019年甘肃省特色农产品贸易洽谈会、“兰洽会”产销对接活动、农民丰收节等活动，通过中央、省、市新闻媒体开展特色农产品及品牌宣传报道34次，有力提升兰州优势特色农产品的区域影响力和市场竞争力，市场份额进一步扩大。

11月10日，兰州市农业农村局在红古区上滩村高原有机皇菊种植户组织乡村振兴战略农业科技种植指导志愿者服务

【脱贫攻坚】　持续加大市县投入和资金整合，全市扶贫资金投入12.87亿元。着力推进东西部扶贫协作和定点帮扶工作，天津市投入兰州市3县帮扶资金0.9387亿元，动员社会力量捐资捐物折合人民币1292万元。深入开展产业扶贫，大力培育发展“六大”(牛、羊、菜、果、薯、药)特色产业和“五小”(小庭院、小家禽、小手工、小买卖、小作坊)产业，巩固提升脱贫成果。4月，永登、榆中2县退出贫困县，全市历史性实现区域整体脱贫。11月，全市3638户10562人达到贫困退出标准，全面完成全年减贫1.05万人的目标任务，贫困发生率下降到0.32%。

（韩志磊）

林　业

【概况】　2019年，全市林业(草原)工作，按照山水林田湖草生态保护修复要求，积极推进大规模国土绿化，发展绿色富民产业，切实加强森林、草原、湿地等生态系统保护修复，为全力打造美丽兰州、“精致兰州”提供生态保障。全年完成营造林12.68万亩(人工造林7.18万亩，封山育林5.5万亩)。其中，退耕还林工程1.05万亩；三北防护林工程3万亩；祁连山重点区域生态保护与修复工程2.6万

亩；造林补贴项目造林0.3万亩；生态修复示范项目1.35万亩；新增经济林0.8万亩；榆中县飞播造林人工促进作业1万亩、人工造林1万亩；森林植被恢复1.58万亩。招商引资，完成到位资金1亿元，实际完成1.8亿元；向上争取资金，年度任务6600万元，实际完成6976万元。

【义务植树】 开展植树周公益宣传活动，指导建设兰州新区全民义务植树基地，组织开展兰州地区省市党政军领导、驻兰部队负责人及群众代表参加义务植树活动，指导各县区完成全民义务植树785万株。

【美丽乡村建设】 建成生态镇4个（永登县红城镇、皋兰县忠和镇、西固区达川镇、榆中县青城镇），栽植各类乔木5万株、种植花灌木7万株；建成重点生态小康村14个（永登县树屏镇树屏村，皋兰县忠和镇忠和村、中铺村、崖川村，西固区金沟乡熊子湾村，达川镇吊庄村，新城镇青石台村，红古区平安镇新安村，花庄镇柳家村、王家庄村、湟兴村，矿区街道下窑社区，榆中县夏官营“生态创新城”范围内2个村），栽植各类乔木5万株、种植花灌木12万株；实施帮扶村绿化，完成中连川乡、贡井镇21个村村组道路及国道绿化65公里，栽植苗木15万株，并完成G109皋兰北龙口段通道绿化，支持14个市直单位、16个帮扶村村庄绿化。

【林业体制机制改革】 2019年，实现市委市政府确定的“提升生态功能、改善生产生活条件、创新管理机制”预期目标，待国家验收。国有林场（苗圃、公园）由原来的21个缩减为16个，全部定性为公益一类事业单位，实现财政全额供给。人员编制由原来945名减为795名，减编16%，所有职工参加“五险”，无拖欠和断缴现象；在职职工缴存“一金”；8名历史聘用人员落实经济补偿，并按照事业单位长期临聘人员规定，重新办理聘用手续。整合近郊国有林场与公园苗圃，建设城市森林公园；整合远郊天然林区国有林场、人工林林场与苗圃场站，建设远郊森林公园，全市国有林场面积增加近2万亩。指导县区完成国有林场基础设施建设，包括红古林场管护房维修改造、人饮工程水网和林区防火工程配套，榆中县贡井林场和榆中县苗圃大门、围墙修建及场院硬化，西固区元岿山林场、关山林场管护房维修改造和安全饮水工程配套。

深化和完善集体林权制度，培育新型林业经营主体，新增林业专业合作社14个，新认定家庭林场15家，扶持发展林下经济示范点17家，实现林下经济产值3亿元以上。

4月21日，兰州市开展春季义务植树活动

【森林资源管理】 年内未发生重特大森林火灾、大面积林业有害生物灾害。争取中央财政资金2613万元，落实544名天保工程管护人员待遇，确保152.43万亩天然林资源安全；争取资金1700万元，落实628名公益林管护人员待遇，确保144.5万亩国家重点公益林资源安全；争取资金545.6万元，面向贫困村建档立卡户选聘生态护林员682名，进一步加强森林资源管护力量；开展“绿盾2019”专项行动，完成全市自然保护区人类活动遥感监测新发现问题线索实地核查；持续推进全市两个自然保护区13类123个生态环保问题整改，初步完成117个，正在推进6个；组织开展“绿卫2019”森林草原执法专项行动，全面推进卫片执法和2018年森林督查“回头看”；严格管控林地占用，依法依规审核报批15件、办结11件，永久使用林地2.11平方千米；正在办理4件，已上报省林草局；查处林业违法案件56起，恢复林地0.06平方千米，责令补种树木2504株。

【草原管理】 年内未发生大面积草原火灾、草原鼠虫害，未发现非法开垦、征占用草原以及禁牧区偷牧、草畜平衡区超载放牧等案件。争取资金343万元，启动3万亩沙化草地治理项目、3万亩退牧还草工程。争取资金171.35万元，启动永登县草原鼠虫防治项目。争取资金116万元，开展草原禁牧、草畜平衡监管和草原监测等。争取资金115.6万元，落实555名村级草原管护人员待遇，确保草原资源安全。受理长期征占用草原审批16件，经复核并报送省级通过审批3件；指导县区办理临时占用草原审批21件。

【湿地管理】 完成全市湿地资源调查，结果移交市自然资源局；组织县区林业部门持续开展巡查、监测和执法行动；开展“世界湿地保护日”

12月14日，爱鸟护鸟志愿者在马滩河心岛为候鸟投食

"爱鸟周""世界野生动物宣传日"等主题宣传活动。

【野生动植物资源保护】 实施全市陆生野生脊椎动物调查项目，初步查明全市有陆生野生脊椎动物4纲28目83科424种，并首次拍摄到金钱豹野外活动视频。加强野生动物保护执法，开展打击破坏野生动物资源违法犯罪专项行动，年内刑事立案11起、破获9起，发生行政案件8起、查处8起。积极开展野生动物收容和救助，收容救助各类野生动物26种129只条。组织开展非洲猪瘟和岩羊小反刍兽疫等野生动物疫源疫病监测防控工作。办理野生动物人工繁育和经营利用行政审批事项5件。

【意识形态工作】 认真做好舆论引导和管控工作，以正面的宣传引导主流思想，形成正面舆论，唱响主旋律、传播正能量，守牢主阵地，营造良好的舆论氛围，年内通过局门户网站发布信息479条，通过报刊传播动态新闻155篇次，通过电台、电视台报道新闻60多篇次。妥善积极应对网络舆情，及时主动发声，澄清事实真相，力争将负面影响减少到最低程度，全年妥善处置舆情28件，办理和回复网民留言事项65件，办理民情通平台交办事项60件。依托全市创建全国文明城市的时机，在全局积极弘扬社会主义核心价值观，着力凝聚共识、汇聚力量，形成人人都是文明使者、人人践行核心价值观的生动氛围。在公园和景区制作安装公益广告牌、悬挂宣传标语、利用LED大屏滚动播放宣传画面，组织志愿者开展志愿服务活动，营造浓厚的文明氛围。

【获得荣誉】 兰州市林业局荣获全国绿化委员会授予"全国绿化模范单位"称号，荣获省林业和草原局授予"全省公益林管理先进集体"称号，局机关1名业务科室负责人被全国绿化委员会授予"全国生态建设突出贡献先进个人"称号。

（闫国成）

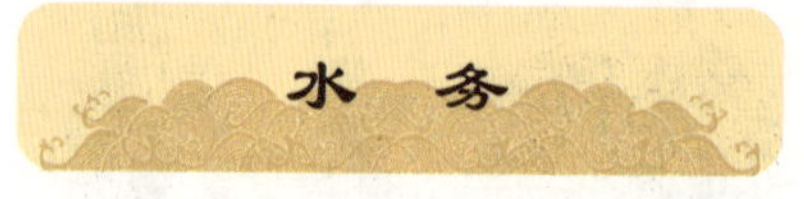

水务

【概况】 2019年，兰州市水务工作聚焦脱贫攻坚和全面小康社会建设，进一步抓重点、补短板、强弱项、夯基础，全面强化水利建设管理工作，圆满完成各项目标任务，办结省市交办、督办及部门配合办理事项2346项。

【水利规划】 研究制定《兰州市水务局贯彻落实习近平总书记视察甘肃重要讲话和指示精神推动黄河流域生态保护治理和高质量发展工作方案》。谋划黄河治理保护和高质量发展规划，着手启动《兰州市黄河流域生态保护治理和高质量发展规划》《兰州市水安全保障专项规划》等系列规划，为进一步推动黄河流域治理保护和高质量发展夯实基础。

【项目建设】 编制完成《兰州城区段防洪治理完善提升项目》（项目建议书阶段）（总投资16.54亿元）和《兰州市防洪综合治理项目可研报告（总投资137.17亿元）》和7个专题报告，办理规划选址和用地预审，纳入《甘肃省2020年中央预算内投资计划（草案）》上报水利部，同时纳入《全国水利防汛抗旱能力提升工程实施方案》和《甘肃省黄河流域生态治理保护和高质量发展规划》（草稿）。全年实施项目34项，完成投资7.75亿元。其中，续建项目8项，完成投资1.02亿元；新建项目26项，成投资6.73亿元。全市累计投入资金超过10亿元，建成农村集中式供水工程200余处，分散式水窖3900余眼，实际解决农村107.43万人的饮水问题。

【河长制推行】 持续深化河湖长制，全面建立四级河长体系，进一步健全完善市、县两级实行党政主要领导为总河长的"双河长"机制，全市设立各级河长1381名。全年各级河长开展巡河3.4万余人次，发现问题778个，整改774个，各级河长巡河护河管河的主动性和责任感不断增强。联系检察机关开展"携手'清四乱'，保护母亲河"等专项行动，累计排查发现"四乱"问题385个，整改370个；累计整治河洪道262余千米，清理垃圾270吨，清运河道管理范围砂石堆料59万余立方米，拆除违章建筑2.8万平方米。

【水生态文明建设】 严格落实水资源开发利用控制、用水效率、水功能区限制纳污“三条红线”管控。加大水资源费征缴力度，征收市管取水单位水资源费230万元。强化水资源监控能力建设，完成水资源国控二期项目——年取水量大于30万平方米的52家安装计量设备。加快地下水超采区治理进展，关闭机井157眼，压减水量819.25万立方米。强化重要饮用水水源保护，组织开展兰州市黄河水源地2018年安全保障达标建设自评估工作。截至年底，重要河流水功能区水质达标率92.9%；用水总量12.43亿立方米，未突破上年14.25亿立方米控制目标；万元工业增加值和万元国内生产总值用水量较2015年分别下降31%和20.5%；重要河流水功能区水质达标率92.9%，各项控制目标全部超额完成。

【防灾减灾应急管理】 全年全市雨情、水情都遇到多年来少有的异常情况，6月28日—7月21日，连续23天流量在3000立方米/秒以上，黄河长时间高水位运行，整体防汛形势面临严峻考验。市县区两级全面落实防汛工作责任制，着力强化责任落实、预警监测、监督检查、值班值守等重点工作任务落实，防汛抢险应急工作经受住重大考验，全市没有发生人员伤亡和大的群众财产损失。

【水利扶贫】 落实扶贫资金9969万元，全面完成10项农村饮水安全巩固提升、7项冻管改造、3642户水窖水水质提升项目，集中供水率达到98%，自来水普及率达到90.6%，冲刺清零和筛查发现问题全部解决。发挥皋兰县九合镇驻村帮扶组长单位牵头抓总作用，依托水利项目带动整村经济发展，针对脱贫攻坚冲刺清零筛查发现的皋兰县九合镇饮水安全工程冬季冻管等问题，投入资金1828万元，更换铺设各类管道45.19公里，新建500方高位水池2座、200方高位水池1座、100方高位水池2座、闸阀井116座，安装智能水表4264块，全面彻底解决了九合镇农村饮水安全工程存在的不足和短板，进一步夯实九合镇稳定脱贫基础。

【水污染防治】 加强供水水质检测，督促兰州城市供水（集团）有限公司加大水质检测力度。每月检测兰州市主城区10个管网末梢水、出厂水，按季度公示第三方水质检测数据和供水企业检测数据，主动接受广大市民监督。强化农村人饮水水质检测，建成千吨万人水厂化验室5处和水源水质在线监测站5处，定期对水源地表水、水厂出厂水进行常规因子和全项分析，各区县每年都委托检测单位对水源地表水进行全项分析，确保水源地水质达标，保证供水安全。着力解决好城市内涝问题。针对雨污混流、部分老旧排水管网亟须改造、工程施工建设对地下管网造成影响等突出问题进行深入排查统计，城市内涝严重地段有23处，完成整治15处，其余积水点整治工作正在实施。加快推进污水处理厂提标改造项目。年内兰州市城区有污水处理厂4家，设计污水处理能力60万立方米日，实际处理52万立方米/日，污水处理厂运行正常，设备完好率大于95%，出水全部达标排放，年底城区污水处理率达到96.70%。实施总投资46.24亿元的西固污水处理厂提标改造项目、盐场污水处理厂提标改扩建项目、雁儿湾污水处理厂提标改扩建项目、七里河安宁污水处理厂提标改造项目。其中，西固污水处理厂提标改造项目12月完工；七里河安宁污水处理厂9月20日开工建设；雁儿湾污水处理厂完成监理招标，开展施工图审查工作；盐场污水处理厂提标改造项目开展土地征收工作。

【水务管理】 按照“水利行业强监管”要求，工作重心进一步向水利重点领域和重点环节监管管理倾斜。严格落实项目建设“五制”（建设项目法人制、招标投标制、合同管理制、建设监理制、竣工验收制）管理，提升水利项目建设管理专业化水平。进一步加强涉河项目审批管理，严肃查处涉河违规建设项目和活动。扎实开展社会信用体系建设，加强水利建设领域拖欠农民工工资清理检查，切实保障农民工合法权益。强化安全生产监管，全年未发生安全生产事故。

（王正东）

9月7日，市水务局工作人员现场调查南滨河路小西湖立交桥下积水点

工业与信息化

综　述

【基本情况】　2019年，兰州市工业有石油化工、新材料、装备制造、电子信息、有色冶金、建材、烟草、生物医药、新能源、节能环保、食品及轻工等11个行业。工业经济的地位举足轻重。全市有规模以上工业企业325户，非公经济市场主体累计32.77万户，占全市各类市场主体97%；轻工业增加值增长1.6%；重工业增加值增长2.2%。轻重工业比重为25.4∶74.6。

【机构改革】　根据《兰州市人民政府关于机构设置的通知》（兰政发〔2019〕6号），2019年1月兰州市工业和信息化委员会更名为兰州市工业和信息化局。4月按照中共兰州市委办公室、兰州市人民政府办公室《关于调整兰州市工业和信息化局职能配置、内设机构和人员编制的通知》，调整后内设办公室、人事科、政策法规科、经济运行科（安全生产监督办公室）、产业规划与项目推进科、电力与交通物流科、技术创新科、化工产业科、有色冶金建材产业科、先进制造与装备工业科、国防工业发展科、融合推进科、电子信息产业科、消费品产业科、绿色发展与工业节能科、中小企业科、生产性服务业科、财务审计科18个职能科室。另设机关党委。调整后，机关行政编制84名。设局长1名、副局长3名。科级领导职数41名。其中，正科19名（含机关党委专职副书记1名）；副科22名。

【主要指标】　2019年，兰州市规模以上工业增加值增长2%；战略性新兴产业增加值占GDP的比重为15.3%；电信业务总量增长56.6%。非公经济增加值实现正增长，中小企业税收完成130.9亿元，占税收比重37%；城镇新增就业9.36万人。

【工业运行】　持续落实企业联系帮扶制度，围绕强化运行调度、政策支撑、降低企业成本、精准施策，解决困难问题。衔接争取指标，多次赴京协调央企总部增加原油加工量、卷烟生产指标，争取项目，调整优化产品结构，2019年原油加工量达到914.7万吨，甘肃烟草生产卷烟94.3万箱。推进项目建设，对全市196个工业和信息化项目，落实跟踪包抓责任，切实协调解决制约项目建设进度问题。加强运行调度，坚决落实兰州市经济运行调度工作办法，制定止滑稳增工作方案，成立6个督导组每月赴各区县及重点企业，加强精准服务，切实落实各项工业稳增长措施。为企业疏困解难，协调办理50户重点企业生产经营困难问题129个。

【项目建设】　强化项目管理，广泛征集项目，建立项目静态、动态台账；实行班子成员及行业科室项目包抓责任制、项目例会制、区县联动工作机制，一月一调度，协调解决项目建设问题33个、推进14个前期项目落地建设、督导31个项目入库纳统；组织项目建设和招商引资大比拼活动，全年建成项目51个、在建项目72个、前期项目30个，第24届“兰洽会”签约项目开工率85%以上。向上争取资金支持，兰州庄园项目、窑煤电“两化融合”建设项目等10个项目获批省级工业转型升级专项资金1450万元。大力开展招商引资活动，在深圳成功举办兰州市工业招商推介会，参加2019中国中医药大健康博览会、第2届“进博会”、中德工业联盟会议等活动；组织相关区县部门和重点企业赴北京、天津等地开展招商活动23次，拜访知名企业50余家，邀请来兰考察企业20余家。全年报备招商项目40

个，登记线索项目37个，实际签约资金142.5亿元，完成目标任务的142.5%，实际到位资金23.75亿元，完成目标任务的395.8%。持续推进出城入园工作，兰州粮油集团兰州粮食现代产业园项目等9个项目建设顺利；解决兰州九州通医药有限公司等8户出城入园企业存在的涉及城区规划问题11个；持续为实施出城入园企业提供政策指导和协调服务。

【新兴产业】　制定印发《2019年兰州市战略性新兴产业发展工作要点》，从政策落实、产业方向、重点工作、重点项目等方面，细化推进12大项40小项重点工作及118个重点项目。2019年全市战略性新兴产业增加值占GDP的比重达到15.3%。加大企业扶持力度，制定印发《兰州市战略性新兴产业及生态产业专项资金管理办法》，遴选兰州新区大数据产业园、中农威特生物医药基地、德福2万吨/年高档电解铜箔、三维物联网智能制造产业园4个符合条件的战略性新兴产业重点项目，支持项目贴息和补助资金900万元。积极开展重点企业项目培育服务工作，及时协调兑现各类科技创新奖补、项目建设贴息政策，帮助企业解决实际困难，战投认定新重点企业10户，推荐企业14项新产品获评省级工业优秀新产品。其中，特等奖1项；一等奖1项；二等奖1项；三等奖11项。可争取省级奖励资金570万元。强化创新能力建设，当年推荐认定省级以上各类创新平台（企业）22个。其中，国家级企业技术中心3个；国家级创新示范企业1个；省级企业技术中心3个；省级技术创新示范企业4个；省级制造业创新中心1个；省级行业技术中心6个；省级工业设计中心4个。

【绿色发展】　严格落实工业治污措施，推进国家能源集团兰州热电有限责任公司，国家能源集团甘肃电力有限公司兰州范坪热电厂，兰州西固热电有限责任公司（大唐甘肃发电有限公司西固热电厂）三大电厂和煤炭市场巡查、高峰期企业限停产工作。加大三大电厂、煤炭市场监管力度，“冬防”期间三大电厂入炉煤煤质达标率100%。按照落后生产工艺装备界定标准，组织行业专家完成2家水泥、1家钢铁企业落后产能退出核查。完成中央环境保护督察工作交办的信访投诉件、生态部西北督查局反馈的三项问题清单和省级督察组两项问题整改工作；完成5项问题销号工作。兰州兰泵“水平中开式单级双吸离心泵”入选国家工业节能技术装备推荐目录（2019），亨润德和皋兰杰林废钢通过工信部废旧钢铁加工行业准入专家核查，兰鑫钢铁集团有限公司荣膺第四批工信部绿色工厂，甘肃省商业科技研究所有限公司被列入工信部行业绿色发展数据基础能力提升系统解决方案供应商，兰石化公司荣获甘肃省节水型企业称号，兰州能投集团甲醇经济示范项目获得省级清洁生产产业基金1亿元。

【安全生产】　加强民爆行业监管，聘请专家协同市局工作人员检查民爆物品生产、销售企业24次，发现、整改问题41个。靠实监管责任，先后制定大面积停电、应急通信、民爆行业应急预案，并牵头开展应急演练，提升政府部门、企业应急处置能力。指导工业企业安全生产，落实汛期24小时应急值守制度，紧盯“两会”期间、中秋、国庆等重要时间节点，组织开展安全生产大检查，防范安全风险。开展安全生产培训，完成2019年兰州市城关区大面积停电事件综合应急演练，举办兰州市工信系统安全生产管理暨大面积停电事件应急处置综合培训班，培训150人，发放学习资料280余份，全面提升工信系统和工业企业安全生产意识。

（贺　欢）

石油化工

【概况】　兰州是国家“一五”期间布局的大型石油化工产业基地之一，石油化工产业是兰州工业发展的第一大支柱产业。经过60余年建设发展，石油化工产业已形成产品较为齐全、规模效益较为明显的产业基础。2019年，有石化化工企业50余家，形成炼油、有机化工基础原料、三大有机合成材料、精细化工、塑料加工、化工机械和化学清洗等23个行业，生产25大类、380余种产品。

【主要产品产量】　全年加工原油915万吨，生产汽、煤、柴三大成品油总量646万吨，乙烯53.3万吨，合成树脂87.7万吨，合成橡胶14.2万吨，炼油催化剂5.2万吨。

【骨干企业】　中国石油兰州石化分公司、兰州润滑油厂、兰州科天环保节能科技有限公司、兰州中石油润滑油添加剂有限公司、兰州三叶实业有限公司、西北永新涂料有限公司、甘肃兴荣精细化工有限公司、兰州助剂厂、甘肃鸿丰电石有限公司。

（贺　欢）

有色冶金

【概况】　有色冶金行业是兰州市工业经济重要的支柱产业之一，2019年，全市有规模以上有色冶金企业47户，其中黑色金属冶炼和压延加工企业25户。全年完成规模以上工业增加值46.81亿元，同比增长21.6%，主要产品包括钢铁及铁合金等，重点企业有酒钢集团榆中钢铁有限责任公司、兰鑫钢铁集团有限公司、腾达西北铁合金有限责任公司等；有色金属冶炼和压延加工企业22户，全年完成规模以上工业增加值12.32亿元，同比下降9.5%，主要产品包括电解铝、铜加工、镍钴新材料等，重点企业有中铝连城分公司、兰州铝业有限公司、正威（甘肃）铜业科技有限公司、兰州金川科技园等。

【钢铁】 有钢铁冶炼生产企业2家，按照工信部产能核算标准，生铁产能合计305万吨，粗钢产能合计380万吨。其中，榆钢公司设计生铁产能234万吨、粗钢产能280万吨；兰鑫钢铁集团有限公司设计生铁产能71万吨、粗钢产能100万吨。全年全市完成钢材生产419.43万吨。兰鑫钢铁集团获得工信部第四批“绿色工厂”称号。

【铁合金】 铁合金产业是兰州市重要传统原材料产业之一。全年全市纳入生产序列的铁合金企业16家，有铁合金矿热炉52台，总产能65万吨，主要生产硅铁、硅钡等合金。全年全市完成铁合金生产30.31万吨。龙头企业有腾达西铁和蓝星硅材料有限公司。

【电解铝及铝加工】 电解铝是兰州市重要支柱产业之一。是年兰州市有中央直属电解铝企业2家，合计电解铝产能97万吨。其中，兰铝设计产能43万吨；连铝设计产能54万吨。全年全市完成原铝（电解铝）生产50.75万吨。初级铝加工企业10家，主要生产铝棒、铝锭、铝板、铝箔和铝型材，设计能力149万吨，分布在连海地区。

【镍钴新材料】 主要依托兰州金川科技园。至年底，园区有兰州金川科技园有限公司、兰州金川新材料科技股份有限公司、兰州金川贵金属材料股份有限公司、甘肃精普检测科技有限公司、兰州金通储能动力新材料有限公司、兰州金川科力远电池有限公司6家企业。金川公司具备1万余吨钴金属处理能力，已形成8000吨/年四氧化三钴、4000吨/年电积钴、3000吨/年镍钴锰三元前驱体生产能力。

【炭素】 方大炭素和兰州阳光炭素是行业龙头企业。方大炭素是世界前列的优质炭素制品生产供应基地和涉核炭材料科研生产基地，形成年产19万吨石墨电极、年产3万吨炭砖和年产1万吨炭素新材料生产能力。2019年先后入选“中国民营企业制造业500强”“全球上市公司2000强”。兰州阳光炭素有限公司具备年产30万吨电极糊生产能力，是中国最大的专业电极糊生产企业，其生产的阳光牌节能自焙电极糊产品成为国内电石、铁合金、有色金属及黄磷四大行业的矿热电炉企业首选品牌。

（贺　欢）

7月4日，第25届“兰洽会”先进制造业暨工业互联网高峰论坛现场

【概况】 建材工业是兰州市重要的基础原材料工业。2019年有规模以上企业83户，2019年完成规模以上工业增加值63.77亿元，同比增长2.5%。主要生产水泥及泥制品、商品混凝土、玻璃、炭素及新型建材等。

【水泥】 兰州市建材工业主导产业，年内有生产企业5户，全部采用新型干法水泥生产线，产能达到700万吨以上。2019全市完成水泥生产1088.99万吨。企业主要有永登祁连山水泥有限公司、甘肃京兰水泥有限公司、兰州红狮水泥有限公司、兰州甘草环保建材股份有限公司、甘肃永固特种水泥有限公司。

【玻璃】 全市平板玻璃生产企业仅兰州新蓝天新材料有限责任公司1家，拥有日熔化量1000吨的太阳能浮法玻璃生产线和年产100万平方米的Low-E低辐射节能镀膜玻璃生产线，年产平板玻璃设计能力为600万重量箱。全年完成平板玻璃生产556.51万重量箱。

【新型建材】 年内有新型建材企业25家，产品主要包括新型墙体材料、节能保温材料、防水密封材料和装饰装修材料。重点企业主要有甘肃建投建材有限公司、兰州雨中情防水材料有限公司、兰州科天环保节能科技有限公司、西部铁建工程材料科技有限公司和甘肃宏森新材料科技有限公司。

（贺　欢）

装备制造

【概况】 实施制造强市战略，加快“四千七百”工程发展，推进装备制造业高质量发展。重点布局一批高端装备项目，高端装备制造业所占比重明显提升，形成以能源装备、电工电气、轨道交通等为主的装备制造业体系，有正威、兰石、众邦、广通新能源等龙头骨干企业，装备制造产业结构进一步优化和升级，成为支撑全市工业经济发展的重要支撑。

【石化通用装备】 依托兰石集团、海默科技等企业技术优势，逐步提高兰州市石化装备“工业四基”创新水平。开展首台套重大技术装备保险补偿申报工作，在10月25日工信部发布的2019年首台套重大技术装备目录中，兰州市入选10套。兰石集团1.5万米浮式海洋平台钻井包项目完成技术和图纸设计，将世界第七代钻机技术收入囊中，兰州市石油钻井装备制造技术再次走在国际前沿。兰州海默科技股份有限公司油气田环保装备生产研发基地建设项目等重点石化装备项目也在加快建设。

【电工电器装备】 依托兰州电机，发展大中型电机、中小型发电机、特种及伺服电机、新能源装备电机。加快建设兰州电机基于个性化定制的大中型高效智能化电机数字化车间建设项目，项目总投资27650万元，智能制造关键技术装备、智能产品、重大成套装备、数字化车间的开发和应用，获国家智能制造新模式应用项目资金支持。兰州电机新能源电动汽车用永磁同步电机驱动系统关键技术研究及产业化项目，开展新能源汽车电机驱动系统研制及人才队伍建设，为开展相关领域技术研发奠定坚实基础。

【军民融合高端装备】 兰州飞行控制有限责任公司智能电动伺服控制系统产业化建设项目和兰州万里航空机电有限责任公司电作动驱动及传动系统产业化建设项目同步进行厂房建设和设备采购。兰州航天高新产业基地真空装备产业项目、兰州航天军民结合产业园建设项目基本完成征地拆迁工作，力争尽快启动项目建设。

【轨道交通装备】 总投资24亿元、占地面积940亩的中车兰州机车公司城轨车辆造修及动车组高级修基地建设项目完成部分厂房钢结构安装，铁路专用线建设工程有序推进。正威兰州新区电子信息产业园三期高导新材料项目包含年产10万吨电气化铁路架空导线、高导合金铜、高导精密超细线、高精度线束等具有高附加值的铜精深加工产品，投产后向铜加工市场提供高附加值高速铁路用铜合金接触线、电气化铁路用铜及铜合金绞合线、精密高导超细线等高新材料，取代进口同类产品。

【智能制造】 开展两批次智能工厂（数字车间）创建工作，创建兰州空间技术物理研究所智能工厂、兰州兰石重工有限公司通用装备智能工厂等11家智能工厂（数字车间）。持续推进兰石集团、兰州电机国家智能制造试点示范和新模式项目，指导兰石集团与法国达索集团SolidWorks智能制造项目成功入选第二批中法工业合作示范项目，在全市形成可复制、可推广的智能制造典型经验和模式。以“以智领航·数造兰州”为主题，成功举办第25届“兰洽会”先进制造业和工业互联网高峰论坛，与甘肃省机械科学研究院共同发起成立兰州市先进制造业发展促进中心。

（贺　欢）

生物医药

【概况】 兰州市医药制造业依托资源优势、科技优势，形成以生物技术药物、现代中（藏）药为重点的产业体系，部分领域关键核心技术达到国内领先水平。依托兰州生物制品研究所、中农威特等企业研发、生产疫苗等生物制品，依托佛慈制药、陇神戎发药业、和盛堂制药等企业发展中医药产业，依托汶河医疗器械、西脉记忆合金等企业发展医疗器械产业。经过多年发展，兰州市拥有A型肉毒毒素、口服轮状病毒活疫苗、口蹄疫疫苗、六味地黄丸、元胡止痛滴丸、福康片、当归腹痛宁滴丸、奇正消痛贴膏等具有一定知名度的“拳头”产品。

【骨干企业】 兰州生物制品研究所、中农威特生物科技股份有限公司、中牧实业兰州生物药厂、兰州佛慈制药股份有限公司、甘肃陇神戎发药业股份有限公司、兰州和盛堂制药有限公司、甘肃奇正藏药有限公司。

（贺　欢）

食品加工业

【概况】 兰州是甘肃省重要的食品工业基地。兰州市食品生产企业积极调整产品结构，不断延伸产业链，加快发展安全、营养的功能食品和绿色食品，企业规模不断扩大、竞争能力不断增强，初步形成涵盖农副食品加工、食品制造、酒饮料制造等产业体系。“黄河”被认定为中国驰名商标，还有“伊利”安慕希、“庄园”系列乳品、“雪顿”酸奶、“爱里”蛋糕、“安旗”蛋糕、兰州百合、苦水玫瑰等一批地方特色食品，为兰州市的经济和社会发展做出了贡献。

【骨干企业】 兰州顶津食品有限公司、甘肃中粮可口可乐饮料有限公司、兰州正大有限公司、兰州伊利乳业有限责任公司、兰州庄园牧场股份有限公司、华润雪花啤酒(甘肃)有限公司、青岛啤酒(甘肃)农垦股份有限公司、兰州黄河嘉酿啤酒有限公司、甘肃爽口源生态科技股份有限公司、兰州爱里食品有限责任公司。

（贺　欢）

信息产业

【概况】 2019年,电信业务总量增长56.5%,其他营利性服务业收入增长15.9%。

【通信行业】 继续推动“宽带中国”示范城市建设,实施电信普遍服务工作,加速补齐农村通信基础设施短板,努力缩小城乡数字鸿沟,建成大容量、高速率、高可靠的信息通信网络。全市城域网出口带宽提升至2600G,城市家庭100兆比特每秒及以上宽带用户接入占比达到95%;行政村光纤网络通达率达到100%。建成5G基站1280个,西关十字、中山桥、万达广场、兰州中心、会展中心、火车站等重点区域实现5G网络覆盖。用户规模进一步扩大,100兆及以上宽带用户数达149.69万户,4G用户数达531.69万户,5G用户数达11.5万户。远程手术示教、无人机高速巡查、无人驾驶测试、5G+VR高清“兰马赛”直播等5G示范应用逐渐增加。

【电子制造业】 积极谋划电子制造业发展,制定电子制造业产业集群发展方案。顺利推进三维大数据物联网智能制造产业园、长风电子智能机器人制造产业化等重点项目。全志电子与福建雪人制冷设备有限公司签订采购合同,正式迈出兰州市自主原创技术微小型PLC(电力线通信)产品走向全国市场第一步。正威(甘肃)铜业科技有限公司高导新材料建设项目落地兰州新区,总投资12.43亿元,发展年产10万吨电气化铁路架空导线、高导合金铜、高导精密超细线、高精度线束等具有高附加值的铜精深加工产品。

【软件及信息服务业】 软件及信息服务业重点企业规模持续扩大,中电万维、甘肃紫光、兰州万桥、北科维拓等龙头骨干企业对行业的核心支撑作用、引领带动作用日益凸显。全市软件与信息服务企业通过国家信息技术服务标准ITSS符合性评估企业总数达到34家(运维服务能力成熟度符合性评估企业31家,数据中心服务能力成熟度符合性评估企业1家,云计算服务能力符合性评估企业1家)。中电万维甘肃省智慧城市移动应用服务平台获2019年新型信息消费示范项目。

【5G试点工作】 兰州市成为全国首批5G规模组网建设及应用示范工程城市,制定《兰州市5G通信网络建设发展的实施方案》《兰州市5G产业发展行动方案》,出台5G建设标准及管理制度,加强5G建设规范管理。市政府与甘肃电信公司、甘肃移动公司、甘肃联通公司、甘肃铁塔公司签订《5G智慧城市战略合作协议》。兰州市通信业共建共享办公室入驻政务大厅,协调相关部门将通信基础设施建设纳入工程建设审批环节,实现通信基础设施联图联审。至2019年底,累计建成5G基站1280个,占全省基站总量的65%。

（贺　欢）

数字城市建设

【概况】 2019年,兰州市大数据管理局推进智慧城市建设、数据资源整合、政务信息化建设、信息化民生服务、深化“放管服”改革和数据信息产业发展,建成市、区县一体化电子证照管理系统、“金城办”政务服务移动客户端、市级工程建设项目审批管理系统、“多规合一”业务协同平台等亮点项目,有力支撑兰州市新型智慧城市建设。兰州市连续2年跻身全国智慧城市建设50强，2019年再次荣获“中国智慧城市建设进步奖”。

【机构改革】 2月19日,兰州市大数据管理局正式挂牌组建。根据《兰州市机构改革方案》,将相关部门的人工智能、信息化推进、社会公共信息资源整合与应用、智慧城市建设、数据信息产业发展等整合,组建市大数据管理局,作为市政府工作部门。内设综合科、标准规划科、智慧城市建设科、数据资源科、产业发展科5个科室。下设市三维数字社会服务管理中心、市信息产业促进中心2个正县级事业单位。

【信息基础设施建设】 推动建成基本覆盖全市主次干道的通信管网1300余公里,城市管道覆盖率达96%以上,行政村宽带通达率达100%,互联网出口总带宽提升至2.4T。扩充市级政务外网出口带宽,实施骨干网络承载能力提升和核心网络节点扩容项目,完成全市政务外网升级改造,互联网出口带宽由3G提升至7G,各单位带宽由10兆提升至100兆以上,集中办公点带宽达到500兆以上。推进5G通讯试点建设,支持5G技术研发和布局,推动建成5G网络基站1280个。截至年底,兰州市电信、移动、联通等基础电信运营商,均实现

5G商用。推动实施机场、车站等重点区域无线网络全覆盖，首次将5G技术融入“兰马”赛事，实现“兰马”赛道沿线重点节点区域5G信号和WIFI信号双重覆盖。

【信息化项目建设】 健全完善市信息化建设管理工作协调推进领导小组，制定印发《兰州市信息化建设管理工作协调推进领导小组议事规则（试行）》《兰州市2019年大数据工作要点》。建立完善项目负责人、包抓领导和专家组分级负责、层层推进的项目审核机制。全年完成全市69家单位、281个政务信息化项目需求充分性、建设必要性和技术合理性审核，并通过优化合并、调整压缩、暂缓建设等方式，审减政务信息化项目46个，审减项目资金5420万元。制定印发《全市政务信息化项目前置审核领导小组工作方案》《兰州市政务信息化项目需求管理审核流程及标准职责》《需求分析报告编制大纲》《建设采购方案编制大纲》和《运维工作方案编制大纲》等制度标准文件，为更好地开展全市政务信息化项目预算前置审核，编制年度项目建设计划、统筹项目建设奠定基础。开展2020年度政务信息化项目预算审核和计划编制，完成全市75家单位申报的718个政务信息化项目的初步整合、优化和核减，凝练确定拟建设项目460个，核减财政预算资金约6.66亿元。

【智慧城市建设】 统筹推进教育、交通、农业、民政、住建、生态等行业信息化建设，加快住建、水务、市场监管等部门内部以及全市各部门（单位）间信息系统的互联互通和业务协同，基本形成各行业部门统筹协调、整体推进、均衡发展的政务信息化建设格局。深入调查研究，组织专家论证，正式启动兰州市新型智慧城市顶层设计编制工作。推动智慧城市民生应用，深化电子证照应用，建成市县区一体化电子证照管理系统，完成33个市级部门和8个县区343类电子证照的整合共享，累计生成颁发电子证照486万余册，实现教育、文旅、市场监管等多家单位电子证照的实时颁发和共享核验。市、县区一体化电子证照系统荣获“2019年中国政府信息化管理创新奖”，兰州市交通大数据公共平台入选“2019数字政府特色评选50强创新案例”，荣获“数据应用领先奖”。

【“数字政府”建设】 推进数据资源整合共享，健全完善大数据中心基础库和业务库，构建形成包含6大基础信息库、7大领域主题信息库、52个部门信息资源的“6＋7＋52”数据库体系，实现52个单位的数据资源整合入库和24家单位的数据共享，共享数据量超过100PB。整合完成包括公安、城管、交通、环保等部门视频监控资源5.6万路，实现30余家单位对视频资源的共享。完善兰州市政务数据共享交换平台，有效承接国家和省级数据197类。建成市政务大数据目录体系，开通共享网站和开放网站，梳理市级政务数据资源目录453条，县区政务数据资源目录161条，承接省级部门政务数据资源目录387条，申请国家部委接口43条，形成涵盖国家、省、市及县区各级的数据资源共享体系，为实现各级政务服务资源共享互通、提升政务服务质量提供支撑。完善兰州市一体化在线政务服务平台建设，实现与省级政务服务平台、省投资项目在线审批监管系统的对接，完成6家单位业务系统与兰州政务服务网及市行政审批系统的对接。建成兰州市“多规合一”业务协同平台，将“一张蓝图”数据录入平台，进一步压缩审批时限，形成基于“一张蓝图”的协同审批新模式。制定印发《兰州市信用信息共享平台及信用门户网站安全管理办法（试行）》，强化信用数据的归集与共享交换，归集41家市级部门和8个县区近1.3亿条信用数据，实现全市各类信用信息数据跨部门、行业、区域的交换共享。充分发挥数据辅政作用，依托政务服务投诉管理信息平台，从市民诉求渠道、诉求内容、诉求涉及行业部门、三大攻坚领域、诉求办理满意度等方面进行数据分析，为各级领导及相关部门科学决策提供数据参考，全年累计报送大数据分析37次。

12345民情通服务热线受理大厅

【信息惠民便民】 提升政务服务投诉管理信息平台服务能力，整合12369环保举报热线，更新录入知识库信息2336条，进一步完善多渠道、统一受理、分类办理、统一督办的政务服务投诉受理工作体系。开展办件满意度提升和逾期清零行动，通过函告提醒、电话督办和实地督办，加强热线诉求件督办力度。全年累计受理回复各类诉求78.51万余件，回复率达99.15%。督促全市35家单位、8个县区加快推进兰州政务服务网网上办理开通工作。截至年底，市级3.0系统和智慧社保系统、公安政务服务平台、电子通行证办证系统等自建或国家、省级垂管业务系统涉及办理的政务服务事项全部完成政务服务网开通工作，市级政务服务事项网办率达97.35%，县区政务服务事项平均网办率达92.88%。发挥网格化信息管理平台作用，建立24小时办件受理机制和核查等制度，进一步优化调整平台办件办理流程，梳理立案、结案标准240条，整理市级办理单位账号20个，进一步提升网格化办件办理效率。全年累计受理办结各类网格化办件365万余件，办结率达99.88%。

【政府网站群运维管理】 完善“1+71”政府门户网站群集约化管理运行模式，不断强化网站群运行管理，在全省政府网站抽查中连续十个季度合格率达到100%，位列全省第一。新建市市场监督局、市自然资源局等22个网站，除10家政务服务网子站外，将纳入全国政府网站普查的55家政府网站全部纳入站群实现统一管理，推动信息资源的高度集成和共享。加强政府网站域名管理，制定印发《关于进一步规范政府网站运行管理的通知》《关于进一步做好政府网站安全工作的通知》等文件，完成55家网站英文域名注销。

【网络安全运维保障】 完成电子政务网络改造和安全平台项目建设，建立健全政务外网信息安全体系和运维管理体系，接入全市网站及政务应用系统178个，实现电子政务外网统一规划部署、运维管理、安全防护，全年累计阻止各类网络攻击和疑似攻击行为12997万次。依托政务信息化项目审核管理，实现民政、住建等7家单位38条互联网(专线链路)统一接入政务外网，提高市级部门(单位)政务外网接入率。推进政务信息系统逐步上云端，实现所有非涉密新建信息系统全部部署于市级电子政务云平台，完成9家单位18个系统迁云工作，推动全市政务信息系统的集约化建设。做好政府门户网站群安全监控、内容审核及更新工作，实行专人把关、多级审核、先审后发，确保网站信息内容安全。强化数据和网络安全保障，制定《兰州市数据资源安全管理办法》，构建数据安全防护体系，荣获全市“2019年网络安全工作先进集体”荣誉称号。

10月28日，兰州市政务服务平台“金城办”正式上线发布

【数据信息产业发展】 深入调研论证，结合兰州市政策、区位和资源优势，研究编制《兰州大数据产业园建设总体思路》，对接国内先进企业研究制定兰州市大数据产业园建设方案，提出以产业数据化为切入点，推动大数据产业发展的新思路。推进兰州电子商务孵化园、丝绸之路西北大数据产业园、中科曙光甘肃先进计算中心、三维大数据物联网智能制造产业园等园区建设，加强与兰州高新区在生物医药、智能制造、新材料等新兴产业领域的沟通交流，合力推动大数据产业发展。贯彻落实《兰州市数据信息产业专项行动方案》，征集数据信息产业重点项目22个，将有发展潜力、带动示范作用强的项目纳入全市十大生态产业重点项目库。加大数据信息产业招商引资力度，主动与上海数慧、深兰科技、航天科工等60余家企业对接洽谈，推动意向合作项目签约落地。与兰州大学、兰州交通大学签订战略合作协议，分别筹建成立5G人工智能与大数据工程研究中心和兰州市城市交通大数据分析与应用联合实验室，推动政学研结合。扩充成立包括华为、腾讯、兰州大学等知名企业和科研院所60余位专家组成的信息化专家顾问委员会，联合高校举办专场招聘会，达成意向100余人，为数据信息企业和产业发展提供智力支撑和人才支持。截至年底，全市数据信息企业新增1366家，总数达到9291家，其中规模以上数据信息企业达到74家，兰州电信、兰州移动、甘肃万维等13家企业年主营业务收入达到亿元以上。

【大数据产业发展论坛】 7月5日，由省委网信办、省发改委、省工信厅和兰州市人民政府主办，市大数据局、市委网信办、市发改委、市工信局、市科技局、市政府合作交流办承办的首届兰州大数据产业发展论坛在兰州万达文华酒店举办，此论坛是第25届“兰洽会”分论坛，多位中国工程院院士、信息化专家、学者及企业界人士300余人参加论坛。省委宣传部副部长、省委网信办主任梁洪涛，市委常委、常务副市长吕林邦到会并分别致辞。市大数据局分别与启迪数华、中软国际、柏睿公司、中国平安等企业签订《战略合作框架协议》，与华为、浪潮、甘通服、中国电信、中国移动、中国联通等35家企业签订《产业联盟发展合作框架协议》，启动成立兰州市大数据产业联盟。

【工程建设项目审批管理系统上线】 9月2日，由兰州市大数据管理局牵头建设的兰州市工程建设项目审批管理系统在兰州举行正式上线运行仪式。甘肃省住建厅、市政府分管领导，市发改委、市自然资源局、市住建局、市政务服务局等部门和各区县政府的分管领导参加系统上线运行启动仪式。上线运行的兰州市工程建设项目审批管理系统通过实现“多规合一”业务协同、在线并联审批、统计分析、监督管理等功能，实现工程建设项目统一受理、并联审批、实时流转、跟踪督办，可有效压减工程建设项目审批时限。

【“金城办”APP上线】 10月28日，由兰州市大数据管理局牵头，浪潮集团提供技术支持建设的兰州市政务服务平台“金城办”正式上线发布，市委常委、常务副市长吕林邦出席上线启动仪式。上线发布的“金城办”是兰州市统一的城市综合移动应用服务端，集成汇聚4000余项政务服务事项，连接80多个政府部门和单位，内容涵盖10个领域，实现70余项便民服务事项的掌上办理，是智慧城市和“数字政府”建设的重要载体。

（陈德全）

公路

【概况】 2019年，全市交通运输系统完成公路运输总周转量218.24亿吨公里，增长6.5%；非营利性服务业指标增速12.1%；完成交通固定资产投资72.4亿元；完成招商引资任务9.7亿元；向上争取资金7000万元。

【机构改革】 制定《涉改事业单位人员转隶工作实施方案》，厘清执法、服务职责，委属事业单位由6个整合为4个，涉改人员258名；同步承接省路政执法移交人员225名，改革过程平稳有序，移交事权顺利过渡，事业单位机构改革全面完成。

【项目建设】 续建项目：青白石互通立交项目于10月18日建成通车，S301线川海大桥连接线工程建成通车，S103线盐什公路实现半幅通车。新建项目：中通道项目完成前期手续，4月开工建设，累计完成投资27亿元；S104线沈家坡至阿干镇公路项目完成驻地和施工场站建设，开展征地拆迁工作；京藏高速海石湾收费站连接线项目可研初设获批复，PPP“一方案两报告”（项目实施方案，财政承受能力论证报告、物有所值评价报告）通过市政府常务会议审定，进行社会投资人招投标工作。S101线中川铁路至黄羊头公路项目新建段达到通车条件，完成投资2.8亿元；G1816线景中高速加快建设，完成投资13.2亿元。G312线清河项目先期建设清水驿至傅家窑段项目可研报告获批复，用地预审等前置手续已办理，正在开展征地拆迁工作；G309线金河高速正在重新论证实施可行性。谋划项目：新建G312线清水驿至来紫堡段“4改6”工程纳入G312线清河高速公路清水驿至傅家窑段实施，新建G312线和北环路、连霍高速青白石连接线工程在该地区按城市道路修建，正在进行初步设计。G30线连霍高速清水驿至忠和扩容改造项目（北绕城东段高速公路）工程可行性报告已编制完成，交通运输部已出具资金安排意见，规划选址、用地预审甘肃省自然资源厅已批复，社会稳定风险完成备案手续，省发改委完成可研报告审查；中通道南延线项目用地预审已批复，规划选址已报省自然资源厅待批复，正在进行可研报批；兴隆山旅游快速公路线路研究已确定，正在编制可研报告。

【农村公路】 围绕脱贫攻坚工作部署，农村公路“省级指导、市州统筹、县（区）主责”的事权初步落实，县（区）政府在农村公路建设、养护和管理工作中的主体作用得到明确。督促全市58个乡（镇）规范设立乡镇农村公路管理所；推广设立路长公示牌，基本做到“县道县养、乡道乡养、村道村养”，红古区、永登县、皋兰县等3县区试点与中国人民财产保险公司签订保险合同，“路长制”、农村公路灾毁保险等日常养护机制得到有效维护。全年农村公路重点养护600公里，新建300公里为民兴办实事全面完成。

【公交优先发展】 建立公交发展导向，牵头印发《兰州市政府购买城市公共交通服务管理办法》《兰州市城市公交运营成本规制办法》《兰州市城市公交运营服务绩效考核办法》等规范性政策文件，为全市公交行业规范运行确定政策导向，控制运行成本，激发行业内生动力，全市公交服务运行水平得到极大提升。优化公交线网布局，完成《轨道、公交、慢行三网融合规划》，结合轨道交通1号线开通试运营，先后调整11条城市公交线路走向，新开线路2条，缩减13条平行线路运力，补充17条边远线路运力，调整21处公交站点设置。全年公交周转7.8亿人次（其中：轨道交通100万人次，城乡公交4400万人次）。全面加快公交都市创建，印发《兰州市公交整治提升行动实施方案》，建成投用山坪子、仁寿山（红艺村）、彭家坪3处公交首末站，东岗、陈官营2处换乘枢纽，17处轨道站点，30处常规站点港湾式停靠站，45.4千米公交专用道建设。11月，委托交通部科学研究院咨询中心对兰州市公交都市创建工作进行预验收，创建工作基本达标，为交通部正式验收创造条件。

【共享单车管理】 全面规范共享单车管理，主动履职，联合市文明办、市城管委、市交警支队下发《关于进一步加强共享单车管理的通知》，总量控制、定点停放，切实落实企业主体责任；引导企业向社区街道购买服务，利用环卫网格力量规范单车摆放，推进"一月一主题"文明志愿活动，解决共享单车过度投放及管理混乱问题。

【黄河水运发展】 开展航道提升改造、码头优化布局、趸船提质增效、高端游船投放、航线拓展覆盖等工程，疏浚航道20公里，养护100公里，美化亮化趸船码头23处，抽疏拆移6艘，改造提升白塔山码头，改造豪华游船1艘、新建豪华游船1艘，延伸"夜游黄河"航线，水上公交巴士实现全年无停航运营，船舶码头污染物防治措施落实到位，治污能力显著提升，黄河文章开发品牌逐步向精致化、产业化迈进。

【行业综合治理】 开展综合整治活动，制定《全市交通运输综合整治提升方案》，围绕公交、出租、客运、长途、旅游、水运、单车、驾培、"打非"等与"都会城市·精致兰州"建设和文明城市创建紧密相关的交通运输9大窗口领域，统筹建立公共服务质量监测周报机制。立足民生加快城乡一体化布局，全市累计开通城际、城乡公交线路77条，实现远郊3县1区城际公交全覆盖。加大对"黑车"的整治力度，开展全天候路面巡查，联合公安部门应用信息化手段，对汽车南站及其周边、西客站等重点区域进行重点监管，开通前往八里镇、魏岭乡、阿干镇等地城乡区域微公交，以加大供给解决市场对"黑车"需求，全年查扣非法营运车辆7014辆。推进交通放管服改革，严格落实"三集中、三到位"，持续实施"三减一压缩"，全年减少证明事项6项，取消没有法律依据的审批要件4件，助推全市工程建设项目审批制度改革，将"交通影响评价核准"事项纳入"多评合一"统一实施，全面推开"证照分离"，实行告知承诺事项1项，实行优化准入服务事项6项，实行"多证合一"，对5个运输服务事项全部开展网上备案。全年完成行政许可及政务服务事项13428件，备案事项45件，总办件量占市政务服务中心总办件量的近20%。

制定《兰州市关于加快出租汽车行业管理工作的实施意见》等政策文件，建立健全以服务质量信誉为导向的经营权配置和管理制度；完成出租汽车运力评估，确定兰州市出租汽车运力投放依据。强化网约车经营管理，全面实施经营许可制度，累计向13家平台公司颁发《网络预约出租汽车经营许可证》，6257名驾驶员发放《网络预约出租汽车驾驶员证》，1804台车辆配发《网络预约出租汽车运输证》。公交服务水平显著提升，据高德地图联合"国家信息中心大数据发展部""中国社会科学院社会学研究所"等机构共同发布的《2019年Q3中国主要城市交通分析报告》，2019年三季度兰州市在各类绿色出行方式中，公交出行意愿排名全国第二，地面公交出行幸福指数榜在大中型城市排名全国第四，兰州公交高峰期平均候车时长仅需5.06分钟，公交服务表现全国最优。行业综合治理成效显著，7月，交通部综合督查组莅兰督查交通脱贫攻坚、物流降本增效、固定资产投资、重点项目建设、行业"放管服"、运输结构调整、法治政府建设、平安交通建设等8个方面，对兰州市农村公路建养、绿色交通发展、出租汽车管理、城乡客运一体化、物流发展环境等方面的做法予以肯定，综合评定为优。

【运输结构调整】 客货运枢纽体系功能逐步完善，新汽车南站、新汽车东站、定远物流园为代表的客货运枢纽初具规模，安宁综合客运枢纽站、榆中县客运中心（北站）、皋兰、红古客货运中心项目加快建设，城市外围8大物流园基本实现出城入园功能，全市物流体系建设持续推进。国际港务区多式联运示范工程列入国家首批16个示范工程之一，兰州陆港型国家物流枢纽成功入选2019国家物流枢纽建设名单。多式联运、甩挂运输和零担运输等新型运输模式得到发展，取消4.5吨以下普货运车辆审批许可。

【行业综合监管】 加快构建绿色智慧平安现代交通协同治理体系，持续加大行业绿色交通、智慧交通、平安交通创建力度。全年组织开展系列交通系统节能、无车日等主题宣传活动，倡导低碳交通出行方式；完成城市绿色货运配送示范工程创建国家验收；加快城市共同配送体系建设，无车承运人试点深入开展；交通新能源推广应用走在全省先列，累计投放新能源公交车1717辆、出租车1328辆。交通领域智能信息技术应用进一步覆盖，ETC高速公路不停车系统推广全省排名靠前；推广发行124.98万张交通联合卡，全国交通一卡通在全行业实现互联互通。行业安全风险防控能力有效提升，建立健

10月18日，兰州青白石北互通立交项目建成通车

全安全责任、督查检查、教育培训、隐患治理、应急救援等五大安全监管体系，排摸出的498条风险隐患得到有效整改，道路运输、水上搜救、轨道运营等应急演练有序开展，行业安全形势总体平稳向好。

【交通法治保障】 组建成立兰州市交通运输综合行政执法队，对全体执法人员进行法治教育培训；修订完善《兰州市网络预约出租汽车经营服务管理实施细则》《公共自行管理办法》等规范性文件，同时强化行业内规范性文件的制定、备案及监督管理；严格落实行政执法"双公示"和"双随机一公开"要求，社会信用体系建设在交通领域深入推进；非法营运、超限超载治理、客货运输市场秩序整治等行政执法工作不间断开展，全年集中整治11项涉路违法行为，查处278起路政违法案件；查处1091台超载超限违法车辆，监督转卸载超载货物近2万吨。

【为民兴办实事】 新建兰州东、兰州北收费站，项目作为2019年市政府为民兴办实事，自3月10日正式开工建设，至12月16日零点正式通车，投资4.1亿元，完成手续报批、征地拆迁、进场施工、调试投用等全流程工序，创造项目建设的"兰州速度"；新建农村公路300公里，重点养护农村公路600公里。兰州市"四好农村路"建管养用效果在5月份国家政协副主席、交通运输部党组书记杨传堂检查调研时得到高度肯定。

【基础设施建设】 顺利完成年初"5通5建6谋划"项目建设既定任务，G341线中川至永登公路、S103线盐什公路、S101线中黄公路、S301线川海大桥连接线、青白石互通立交项目建成通车；G1816线景中高速公路、中通道高速公路、S104线沈阿公路、京藏高速海石湾连接线、G312线清水驿至傅家窑段项目顺利推进；北绕城东段高速公路、S103线什青公路、中通道南延线、兴隆山旅游快速公路、G312线来紫堡连接线、青白石连接线前期工作进展顺利。

【交通项目固定资产投资】 全年固定资产投资完成近70亿元，交通项目成为全市固定资产投资任务的最大支撑，约占全市的1/5。

【项目建设监管】 建立健全项目建设监督管理事前事中事后监管机制，创新"机关干部进驻项目""项目业主蹲守现场""项目进度旬日通报"等多种监管载体，全面督促施工单位赶工期、抢进度、完任务，确保重点项目建设的有序推进。

【轨道交通运营】 协调交通运输部顺利完成对兰州市轨道交通1号线一期工程试运营基本条件评审和安全评估；完成轨道交通公交接驳线路调整；同期建立轨道、公交、城乡、水巴交通一卡通清分结算机制，兰州市公共交通乘车卡与全国实现互联互通。

【资金争取】 北绕城东段高速公路项目顺利获得交通部中央车购税交通专项资金50.89亿元，继2018年中通道高速获批国家车购税35亿元之后，再创兰州市争取国家资金历史新高；同时，借助PPP项目包装，兰州市存量和新建交通项目资本筹措难、建设资金融资难等制约因素也得到有效破解。

（郁万虎）

铁　路

【概况】 2019年，中国铁路兰州局集团有限公司（简称集团公司）营业里程5698.8千米，其中高铁1263.8千米；职工总人数79800人，机关职能管理机构26个，生产机构1个，附属机构26个，基层单位58个。管辖车站（线路所）309个，配属机车1375台（其中电力机车1211台、内燃机车164台）、普通客车车辆1928辆、动车组68组。担当图定客车151.5对，其中管内91.5对、跨局60对。管辖宝兰高铁、兰新客专、银兰客专、陇海、兰新、兰渝、兰青、包兰、宝中、干武、太中、定银、中川、天平（天华）、西平、敦煌16条干线和其他14条支线，连接着甘、宁、青、新、蒙、陕、川7省（区），是西北交通运输和经济建设的大动脉。

【管辖范围】 集团公司管内陇海

线于社棠车站、天水车站间K1392+530千米处与西安局集团公司分界；兰新线于柳沟车站、安北车站间K985+500千米处与乌鲁木齐局集团公司分界，兰青线于水车湾车站、海石湾车站间K60+000千米处与青藏集团公司分界；包兰线于乌海西车站、惠农车站间K423+000千米处与呼和浩特局集团公司分界；宝中线于安口窑车站、崇信车站间K136+100千米处与西安局集团公司分界；太中线于安边镇车站、定边车站间K1461+280千米处与西安局集团公司分界；西平线于长武车站、长庆桥车站间K172+740千米处与西安局集团公司分界；兰新客专于陈家湾西车站、民和南车站间K1726+500千米处，浩门车站、军马场车站间K1944+926千米处与青藏集团公司分界，于柳沟南车站、石板墩南车站间K2580+236千米处与乌鲁木齐局集团公司分界；天平（天华）线于青林车站、华亭车站间K114+694千米处与西安局集团公司分界；兰渝线于羊木车站、广元车站间K497+443千米处与成都局集团公司分界；徐兰高速（宝兰高铁）于宝鸡南车站、东岔车站间K1305+110千米处与西安局集团公司分界；敦煌线于苏干湖车站、马海车站间K412+835千米处与青藏集团公司分界。

【基础设施】　兰州局集团公司管辖线路延长总计11658.61千米。其中，正线延长9351.77千米；站特线延长2306.84千米。道岔总计7355组。其中，正线道岔2972组；站特线道岔4383组。受委托管理的太中银铁路太中线、定银线，兰渝铁路兰州北环线、兰渝线，敦煌线，西平线，中川线，天平（天华）线等普速合资铁路延长2868.69千米。其中，正线2279.23千米；站特岔线589.46千米。道岔总计1627组。其中，正线552组；站特线1075组。受委托管理的徐兰高速（宝兰高铁）、兰新客专、银兰客专银川至中卫南段线路延长2686.95千米。其中，正线2533.85千米；站特岔线153.10千米；道岔总计478组。其中，正线285组；站特线193组。集团公司运营铁路桥梁1819座10.85万米，隧道166座15.11万米，涵渠7082座15.71万横延米，桥隧涵合计28.22万换算米；路基设备长度总计5791.12千米。其中，正线4232.79千米；站线1558.33千米。合资铁路桥梁1200座68.36万米，隧道218座85.10万米，涵渠3750座9.20万横延米，桥隧涵合计104.09万换算米；路基本体长度2774.51千米。其中，正线2111.89千米；站线662.62千米。电气化铁路营业里程5584.9千米，约占总营业里程的98%，接触网运营总里程5538.21千米（13802.47条千米）；电力线路18862.5千米；有接轨专用线、专用铁路230条。其中，专用线205条；专用铁路25条。

【运输安全】　全年整治隐患1109件。坚守政治红线和职业底线，持续深化“三位一体”安全保障体系建设，严格落实高铁和旅客列车105条安全关键卡控措施，确保动客车安全。狠抓制度建设，完善全员安全生产责任制，严抓严管，正向激励，安全管理水平稳步提升。聚焦基层基础，深入推进标准化规范化建设，安全基础更加坚实。紧盯过程控制，科学运用音视频大数据，实时监控、动态分析、严控风险；开发施工电子登销记系统，严抓施工安全“五条禁令”，施工责任事故同比下降40%；全覆盖开展“查问题、灭隐患、保安全”专项行动，多角度强化网络安全管控，分层级深化干部包保检查，确保全国“两会”、中华人民共和国成立70周年等重要时段安全稳定。全年铁路交通事故、行车事故、路外死亡人数同比分别下降40.2%、45%、5.9%。

【运输主要指标】　旅客发送量全年完成6548.3万人，为年计划6500万人的100.74%，比上年同期增加498.8万人，增长8.25%；货物发送量全年完成7533.6万吨，为年计划7370万吨的102.22%，比上年同期减少132.1万吨，下降1.72%；换算周转量全年完成1921.51亿吨千米，为年计划1881亿吨千米的102.15%，比上年同期增加16.17亿吨千米，增长0.85%；旅客周转量全年完成432.68亿人千米，为年计划420亿人千米的103.02%，比上年同期增加19.90亿人千米，增长4.82%；货物周转量全年完成1487.89亿吨千米，为年计划1460亿吨千米的101.91%，比上年同期减少3.72亿吨千米，下降0.25%。

【列车运行图编制】　客运能力调整：2·6兰新客专临时过渡图。兰新客专动车由23.5对调整为14.5对经兰青线迂回运行、普速6对经兰新线运行；调整运行区段中断至兰州西2.5对；增开动车组列车2列；停运动车9对。4·10二季度调图。新增兰州至成都动车1对，优化运行时刻2.5对，管内新增兰州—金昌车次，保证金昌早、中、晚都有到兰州的始发车。7·10三季度调图。新增高速动车组3对、动车组10对，管内临客纳入图定1对、纳入高峰线2对；新增快速列车2.5对，继续按照临客开行5对；延长运行区段2对；银川至陇南运行区段调整为银川至武威；集团公司担当兰州西至成都东CRH200J型160千米/小时动力集中车体重联1对，开创CRH200J型动车组重联先河。7·23、10·3中川线调整图。中川线由20对增加到30对。10·11四季度调图。优化宝兰高铁、兰新客专、兰渝线动车部分动车组列车运行时刻。12·30年底调图。新增高速动车组5对、D字头动车组1对；新增快速列车1对；新增银兰客专银中段城际列车10对；提高伊宁至上海、济南，西宁至上海列车等级为直达，喀什至西安等级列车为特快；调整运行区段1对；优化兰州西—郑州东G4286/5次为高铁大站车。货运能力调整：3月1日兰新线安北分界口货物列车由68对增加至70对。4月10日兰渝线货物列车羊木口由40对增至42对。7月10日安北口货物列车由70对增加至75对；安口窑口货物列车由13对增加至14对，华亭口货物列车1对。12月30日安北分界口货物列车由75对增加到78对。敦格线敦煌至格尔木（分界口苏干湖）嘉峪关至格尔木客车1对、货车1对、嘉峪关至苏干湖各1对。

【国际运输】 开行经阿拉山口（霍尔果斯）口岸出入境，在中国与亚洲、欧洲国家间开行，固定发到站、固定车次和运行线路，明确开行周期和全程运行时刻，按快运货物班列模式组织开行的集装箱国际联运货物列车。兰州局集团公司现图定开行每周1列，由兰州东川、中川北、白银市、武威南、迎水桥、银川南车站装车组织，主要到达哈萨克斯坦、乌兹别克斯坦、土库曼斯坦、吉尔吉斯斯坦、塔吉克斯坦、尼泊尔、白罗斯等国家。主要发送建筑材料、瓷砖、石材、玻璃、机械设备、日用品、医药用品等货物。

【铁路建设】 按照“保开通、保在建、保开工”的顺序，优化施组管理，全力攻坚克难，兰新客专至敦煌铁路联络线及敦煌铁路既有线提速改造工程7月10日开通，动车组列车顺利开进丝路名城敦煌；敦煌铁路12月18日全线通车，构建中国西部一条新的南北铁路通道；银中高铁12月29日开通运营，宁夏回族自治区迈入高铁时代。兰州至张掖三四线铁路中川机场至武威段、酒泉至额济纳铁路酒泉至东风段6月30日开工建设，银西高铁、中兰铁路、包银铁路等在建项目有序推进。西宁至成都铁路等项目前期工作进展有序。中川铁路、干武二线、天平（天华）铁路、兰新客专完成竣工决算。全年投产新线348.9千米，其中高铁211.4千米。

【铁路基本建设投资】 全年完成铁路基本建设投资218.5亿元。其中，兰州至重庆铁路（全线）完成投资22.43亿元；宝兰客专完成投资6亿元；银西铁路完成投资90.5亿元；吴忠至中卫铁路完成投资7.5亿元；新建敦煌至格尔木铁路完成投资3亿元；敦煌铁路提速改造工程完成投资5.9亿元；天水至平凉铁路完成投资5.54亿元；平罗铁路综合货场完成投资0.65亿元；平凉南铁路综合性货场完成投资0.15亿元；代建包头至银川铁路银川至惠农段完成投资3亿元；代建中卫至兰州铁路宁夏段完成投资7亿元，代建中卫至兰州铁路甘肃段完成投资60亿元；干塘至武威南铁路增建二线完成投资0.33亿元；兰州至张掖三四线铁路中川机场至武威段完成投资2.5亿元；酒泉至额济纳铁路酒泉至东风段升级改造工程完成投资4亿元。

7月10日，兰州至敦煌时速160公里的动车组正式开进敦煌站

【兰州至张掖三四线铁路中川机场至武威段建设】 总投资242.9亿元，6月30日开工建设，建设工期5年，由中川公司负责组织建设。截至年底，累计完成投资2.5亿元，完成总投资的1.03%。

【机车、乘务交路】 客运机车交路通至北京、太原、集宁南、武昌、上海、成都、重庆、肃北、乌鲁木齐、西宁；客运乘务交路担当至太原、包头、西安（北）、广元、嘉峪关（南）、肃北、西宁。货运机车交路通至榆次、包头西、郑州北、千河、成都北、兴隆场、肃北、乌鲁木齐西、西宁货；货运乘务交路担当至惠农、靖边、新丰镇、广元南、肃北、柳园、西宁货。主要客运机车交路实现HXD1D、HXD3D型160公里/小时客运机车牵引，兰渝线货运交路牵引定数实现4500吨贯通，兰新线货运交路牵引定数实现5000吨贯通。

【临客及旅游列车开行】 全年组织开行临客4005列、旅游列车58列。春运期间，加开临客126列。暑运期间，加开临客160列。清明等小长假期间，加开临客149列。长期临客3570列。开行跨局旅游专列14列、“环西部火车游”旅游专列44列。

【“铁路e卡通”业务推广】 与中铁银通支付有限公司合作，改造中川城际铁路有关车站售、检票设备，于9月12日开通中川城际“铁路e卡通”业务，该线是全国第二条开通“铁路e卡通”业务的铁路线。

1月8日，时速160公里动力集中复兴号动车组在兰渝线上线试运营

【电子客票试点扩大】 按照国铁集团电子客票推进要求，作为全路第二批电子客票试点，兰州局集团公司分别于11月30日、12月5日、12月29日开通中川城际、宝兰高铁、银中高铁电子客票业务。

【站车竞赛评比】 年内，在全路进京、进沪、进穗直通旅客列车和较大车站评比中，兰州站、银川站、兰州西站分别获得全路"文明车站"称号；兰州局集团公司担当的Z55/6次、Z275/6次、K43/4次、K1177/8次、Z75/6次、K1331/2次、Z217/8次、K359/60次、K227/8次、K1295/6次、T117/8次列车分别获得全路"红旗列车"称号。

【人才强局战略】 大力推进应用技术创新，《铁路客车车轮轮辋超声波自动化检测技术及装备研究》获中国铁道学会科技二等奖，《25T型密接式车钩遥控电动提钩器》等8项成果获全国铁路青年科技创新奖，2篇科技论文、1项成果专利入选铁路重大科技创新成果库。深化"十百千人才"工程，向国铁集团推荐10名专业领军人物、43名专业带头人、3名铁路工匠候选人。加强接续培养人才挂职锻炼，全年提拔领导人员中"70后""80后"占比达到77%。培训管理和专业技术人员1.2万人次，组织职工适应性培训39万人次，在全路职业技能竞赛中获7个总成绩团体奖、9个单项工种团体奖，45人取得竞赛名次，团体和个人成绩均实现历史性突破。广泛培育先进，评选"感动兰铁"年度人物11名，选树"兰铁工匠"10名，12名个人分获"全国五一劳动奖章""火车头奖章"和甘宁两省区"五一劳动奖章"。

【民生工程】 落实改善职工生产生活三年行动计划，先后调整职工企业年金缴费比例和住房公积金缴存基数，两次调增职工安全绩效工资标准，职工平均工资增长8%。实施"青年安居工程"三年规划，专项技术改造投资1090万元，分配保障性住房1566套，办理入住公租房497套，完成单身宿舍改造898间。投入1.16亿元，加大对沿线基础设施差、就餐面积不足的职工食堂硬件设施进行改造。投入4430万元开展职工健康体检。投入11035.03万元建设"幸福餐桌"。投入2648.87万元助困助医助学5.69万人次。高质量办结"十件实事"，民生福祉进一步提升。

（杨雍梅）

航　空

【概况】 2019年，兰州中川国际机场扩充运力、优化结构、深化通道、扩展广度，运输生产实现稳步增长。全年累计通航城市118个，客运航线212条，货运航线10条，运营航空公司43家。完成运输起降11.8万架次、旅客吞吐量1530万人次、货邮吞吐量7.2万吨，同比分别增长8.43%、10.43%、17.17%，三大指标增幅分别位列全国千万级机场第三名、第五名、第六名。

【市场开发】 新引进青岛、春秋、北部湾等航空公司在兰州投放运力13架，驻场运力达到29架。骨干航线进一步加密。北京、上海、深圳、海口等城市航班日均8班以上，广州、天津、成都、昆明等城市航班日均5班以上。宽体机正班执飞取得新进展。海航兰州—北京航线调换为B787-9飞机常态化执行，国航、东航北京—兰州航班调换为A330大机型执行。航线网络通达性不断提升。新开航线40余条，新增湛江、池州、临汾、汉中等21个新航点。全年中转旅客吞吐量突破100万人次，同比增长34.5%。国际航线开发深度融入"国际陆海贸易新通道"建设，年内国际地区通航城市21座，国际客运航线21条，出入境旅客吞吐量27.4万人次，同比增长55.6%。首次引入亚洲航空A330宽体机型执行兰州—吉隆坡国际正班直飞航线；新开通兰州—普吉、西港、新加坡等8条国际航线，国际正班航班比例大幅提升。协调新开仰光、芽庄、莫斯科国际包机航班，采取定期与不定期相结合、直飞与借力跳相结合、长期与短期相结合，有效促进区域国际贸易发展和文化交流。

【兰州中川国际机场三期扩建工程】 2月19日，国家发展和改革委员会批复兰州中川国际机场三期扩建工程预可研报告；9月9日，中国民航局批复兰州中川国际机场2019版总体规划；10月14日，中国民航局向国家发展和改革委员会出具兰州中川国际机场三期扩建工程可行性研究报告审查意见；11月18日，自然资源部出具兰州中川国际机场三期扩建工程项目土地预审意见；12月25日，兰州中川国际机场三期扩建工程水土保持方案通过评审。

【营销模式创新】 兰州中川国际机场针对散客及团队联合执飞航司共同研发推出航旅产品，淡季增加团队及周边旅客吞吐量2.76万人次。以中川枢纽和兰州、西宁、白银、临夏四地城市候机楼为支点，面向全省开展精准营销，全年吸引、保障兰州市区及周边空地客源约400万人次出行，空铁旅客约480万人次出行。与甘肃省广电总台合作，开设“空港之声”“民航信息报”专栏节目，向全省市民每日推送航班信息。借助新媒体开展“一碗面·一生情，经兰飞·如意行”系列短视频传播平台的建设和宣传活动，以地域特色文化为载体，推介兰州机场服务产品。

【体制改革】 兰州中川国际机场股权多元化改革按计划推进，转让20%股权在省产权交易所挂牌。资产支持证券(ABS)融资，年底完成除增信担保外的全部前期准备工作。同时，兰州中川国际机场运行管理委员会(简称兰州机场运管委)在兰州中川国际机场揭牌成立，这标志着兰州中川国际机场运行协调机制的全面升级。兰州机场运管委致力于完善机场资源统筹机制及应急响应机制、推动机场运行数据融合分析及运行流程持续优化，切实为广大旅客出行提供安全、准点服务。按照甘肃机场集团要求推进非航产业整合，完成网络公司、物流内场保障业务、文化传媒公司广告业务剥离和移交等工作。按照集团改革工作要求，基本完成“三项制度”(行政执法公示制度、行政执法全过程记录制度、重大执法决定法制审核制度)改革工作任务。持续健全绩效激励机制，制定完善涉及鸟害防治奖惩、特车驾驶员准驾资质提升、货运行李装卸量化激励等制度，调动员工工作的积极性和主动性。

【航班放行正常率提升】 完成机场容量评估、进离场航线分离、机坪管制移交等重点工作，精细化空地协同，优化资源配置，准确掌控运行保障情况。成立机场运管委，依托A-CDM协同决策系统，与空管、航司建立协同决策机制，制定快速过站保障时限标准，对22个关键保障节点实时监控，升级400兆集群通讯和1.8G企业专网，实现航班保障全链条的精准管控，较好提升边际延误航班保障水平。2019年，航班放行正常率89.45%，位列国内千万级机场第三名。

【安全管理】 兰州中川国际机场大力推进安全管理体系建设，常抓“三基”(即基层建设、基础工作和基本功训练)建设，紧抓重点风险，强化SMS效能，推行法定自查，安全生产管理规范化、制度化、标准化再上台阶，专业技术人员资质能力大幅提升。围绕安全工作“六个零”(工亡事故、重伤事故、重大交通事故、重大火灾事故、重大安全设备事故、职业病发病人数均为零)目标，开展安全隐患“大清零”等专项行动，防范和化解安全风险。7月18日，民航甘肃空管分局与兰州中川国际机场航空器机坪管制正式移交。9月18日，兰州中川国际机场运行管理委员会揭牌成立，进离场航线分离正式实施，飞机维修公司在国内机场维修单位中率先取得B737、A320双机型A检资质，综合保障能力进一步增强。加大新技术应用，运行保障效率持续提升。以最高政治站位和最强政治担当，开展以“防风险、保平安、迎大庆”为主题的安全专项整治活动，圆满完成中华人民共和国成立70周年大庆、习近平总书记专机保障等重大航空运输保障任务，辖区安全运行整体平稳可控。

【服务升级】 推行“无纸化”服务、智慧安检等9项便民举措。兰州中川国际机场将“经兰飞·无忧行”中转服务升级为“经兰飞·如意行”，突出“极

9月18日，兰州中川国际机场运行管理委员会揭牌成立

12月25日，兰州中川国际机场年旅客吞吐量突破1500万人次、年中转旅客量突破100万人次新闻发布会现场

速中转”优势，实现“点对点”无缝隙中转，实行标准化手势、全流程监控的心心“箱”印行李服务品牌在互联网广受赞誉。国内中转旅客跨航司行李直挂服务在辖区机场试点实施。机场部分商户逐步实现同城同价同质，“经济舱·贵宾礼”优质服务品牌创建成效明显，机场影响力持续提升。集团全年获得各类荣誉奖项99项，涌现好人好事2206件，推出服务创新举措207项，机场“小红帮您”班组获得“全国民航五一巾帼标兵岗”称号，并被授予“CAPSE航空服务奖优秀创新服务案例”。

【旅客吞吐量】 12月25日，兰州中川国际机场年旅客吞吐量首次突破1500万人次，年中转旅客量突破100万人次。2015年至2019年底，机场年出入境旅客吞吐量从19万人次增长到27万人次，年中转旅客量从18万人次增长到100万人次，年旅客吞吐量从800万人次到突破1000万人次大关，再到实现1500万人次的新跨越。

【服务品牌打造】 兰州中川国际机场打造“中国最佳中转体验机场”服务品牌，将“经兰飞·无忧行”中转服务升级为“经兰飞·如意行”，突出“极速中转”优势，推出行李直挂、行李追踪等15项服务措施。持续深耕特殊旅客服务品牌，推出9项创新服务举措，全流程、全链条提升“e可视、双预约、常推送”特殊旅客服务功能，获得广大旅客和业内赞誉，“小红帮您”特殊旅客服务品牌在CAPSE2019第五届航空服务创新展演大赛上获得“优秀创新服务案例”奖项。精心创建“心心‘箱’印”行李服务品牌，采取标准化手势、全流程监控、行李竖立码放、拖斗铺设橡胶垫、行李规范摆放等多项措施，行李全流程保障工作品质不断提高，有效降低了行李破损率，在CAPSE中国内地机场服务测评中，行李服务专项评分同比提升6.89%，兰州机场行李保障标准化作业视频在“抖音”等自媒体获得大量好评、点赞。 （张立生）

轨道交通

【概况】 2019年，兰州市轨道交通有限公司聚力“都会城市·精致兰州”建设，为市民提供便捷的轨道交通服务，在运营开通、项目建设、资源开发方面多轮驱动，实现轨道交通1号线一期工程开通、重点项目按计划落地实施、企业良性发展。全年筹措资金99.13亿元，完成固定资产投资31.63亿元，实现营业收入2.09亿元。轨道交通1号线一期工程开通试运营，总运营长度25.9千米，运营车站19座；2号线一期工程建设顺利推进；市政工程和资源开发项目齐头并进。

【项目建设】 轨道交通2号线一期工程累计完成投资33.95亿元，主体结构累计完成91%（不含雁南路站，其中雁园路站（2号线部分）、定西路站、公交五公司站、火车站、邮电大楼站、东方红广场站等6个车站主体结构封顶，进行附属结构施工；五里铺站—定西路站、雁北路站—雁园路站、雁园路站—雁南路站、公交五公司站—火车站站、东方红广场站—邮电大楼站5个区间双线隧道贯通。排洪南路停车场累计完成15.5%。管线迁路累计完成69.5%。东方红广场东、西口过街通道土建工程全部完成；东方红广场枢纽站周边综合整治工程主体结构累计完成20.1%；轨道交通1号线一期工程东岗、陈官营配套消防站及治安用房工程主体结构均已封顶；S696号市政道路工程具备通车条件，该项目于1月开工建设，累计完成投资0.55亿元，占总投资0.69亿元的79.71%；1号线一期工程附属人防工程奥体中心及迎门滩站一、二期主体结构施工完成，三期完成85%，西关人防工程完成32.7%；科创园（兰州软件园）一期主体结构完成；轨道·城市曙光A、B区完成地上部分主体结构，局部已到地面三层。

【运营筹备】 按期开展轨道交通1号线一期工程“三权”（调度指挥权、属地管理权、设备设施使用权）移交和联调联试工作，先后建立涵盖《城市轨道交通试运营基本条件》制度体系的规章制度350项；完成线路冷热滑实验；联合市交通委、市消防支队、市公安局、市应急管理局等11家单位和公司各部门完成试运行应急演练25项，发现并整改问题132项；采购储备应急物资和装备10384个、应急抢修车辆13辆;对运营人员进行上岗证取证考试,取证人员1573人,占应取证人员总数的98%;对639名员工进行技术定级,开展施工负责人取证培训780人次;完成26列电动客车的淋雨实验、承载实验;对线路能力进行多运行图压力测试并进行数据采集;通过工程介入,整改工程建设问题10400件;配合兰州市开展票价听证工作,确定票制票价政策并在试运营前进行票卡发售工作;配备安保安检人员837人,配置大型通道式X射线安全检查设备6台、中型通道式X射线安全检查设备38台,安检门44扇、手持金属探测器136个、液态安全检查仪46台、便携式爆炸探测器46台。

【轨道交通1号线运营】 6月23日上午9时,兰州轨道交通1号线一期工程开通试运营。1号线初期运营时间为6:30至22:00,每天运营服务15小时30分钟,全线单程运行时间约45分钟。截至12月31日,1号线一期工程安全运营192天,运送乘客3248.79万乘次,客票收入10265.86万元,总客运周转量29116.9万乘次千米,单日最高日客运量22.69万乘次(6月29日),日均客流16.92万乘次,开行列车5.36万列次,总运营里程119.81万车千米,高峰时段最小行车间隔290秒,全线最大高峰断面客流0.75万人次/小时(文化宫—西关上行区间),运行图兑现率、列车正点率均达到99.99%,轨道交通运行量占兰州市公交出行总量的8%。借鉴国内成熟城市的轨道交通先进经验,探索推进智慧轨道建设,运用互联网大数据、区块链等前沿技术和现有二维码电子客票技术,同步开通城市轨道交通二维码互联互通服务,成功实现"兰州轨道"APP二维码与上海地铁"Metro大都会"APP二维码在乘车、扣费、行程查询、电子发票开具等方面互联互通的业务,使兰州成为中国首个应用区块链技术接入轨道交通二维码互联互通的西部城市。

【站点管理】 轨道交通1号线一期工程共设20座车站(由于省政府站与在建的中央商务区存在结合部工程,2019年暂未开通),在综合考虑满足使用功能、周边环境识别、建筑艺术效果等基本要求的基础上,根据各车站客流预测、周边地域文化特征以及在城市政治、经济、交通和历史文化演进过程等方面的影响,将车站分为重点站和标准站两个层次。陈官营站、兰州城市学院(省科技馆)站、兰州西站北广场站、西关站、东方红广场站、东岗站6座车站为重点站,其他14座车站为标准站。各站设计以"简洁、大气、明快"为总体原则,贯穿以孕育华夏民族的黄河古水系元素为主线,融入黄河文化、丝路文化、陶瓷文化的元素,用水之飘逸、水之美感、水之韵律展现车站整体装修风格,以统一风格、不同形态来体现"水润金城"的主题。文化宫站被打造为廉政主题车站。轨道交通1号线开通以来,575名站务人员围绕属地接管后的新设备、新环境,在保持正常运营的情况下,加紧提升设备操作能力、服务乘客能力、应急处置能力、行车组织能力、施工管理能力。以"党建+服务"为主导,在19个车站建立8个党支部、4个党建阵地,组织"服务之星"评选活动2次,建设东岗站、东方红广场站、兰州城市学院(省科技馆)站3个作业标准化车站。全线实现支付宝、微信、翼支付扫码过闸,并与长三角13个城市票卡实现互联互通。安检查危方面,全线日均查获违禁物品41.3件,累计查获违禁物品7937件,治安拘留3人。

【项目管理】 优化招标代理机构管理机制,按照"优胜劣汰,有进有出"的原则,全年招标83项;建立工程调度例会机制,每周协调解决建设问题;建立"一月一清理"变更签证清理机制,加快变更签证的办理流程;建立档案标准化、数字化管理机制,完成轨道交通1号线一期工程档案预验收工作;强化安全质量管理机制,开展专项安全质量"大排查、大整治"活

正在入段的列车

动，消除深基坑、区间掘进、消防、特种设备等风险隐患1582项；建立突发事件应急工作机制，全年处理监测预警38起。开发2号线一期工程资金监管系统，并将轨道交通建设项目以外的市政工程和资源开发建设项目纳入资金监管系统进行监控。《提高兰州轨道交通1号线一期工程省政府站红砂岩基坑降水合格率》QC成果获甘肃省质量管理活动一等奖；西津路下立交项目获国家优质工程奖；科研项目《兰州地铁隧道下穿黄河强透水卵漂石地层关键技术研究》获中国城市轨道交通协会城市轨道交通科技进步二等奖，《IT治理在城市轨道交通行业的应用探索》获中国城市轨道交通协会信息化最佳实践优秀案例奖。

【资源经营】 兰州西站北广场两侧商业开发项目前期工作有序推进；兰州西站北广场地下商业和1号线沿线18个便利店进入招商环节；兰州名城广场4号写字楼和小西湖商业开发项目完成租赁。网易（兰州）联合创新中心落地公司承建与经营的兰州科创园；轨道交通1号线一期工程沿线广告媒体全面运营；兰州新区商务酒店管理水平、轨道物业服务水平稳步提升。全年实现资源经营收入7641万元，比上年增加32.4%。

【物业管理】 为轨道交通1号线配备保洁人员374人，全面开展沿线各站点及两端车场物业服务工作，为1号线购置各类清洁设备约50台，完成19座车站的开荒保洁和正常运营保洁任务；做好西客站北广场、北广场公交车场物业服务；开展西客站北广场地下停车场经营服务工作，与兰州市城区四区环卫部门签订1号线站点垃圾清运协议，并完善垃圾分类措施；定期开展车站公共区域的病媒生物防制工作，有效控制和降低病媒生物危害；制定《兰州市轨道物业管理有限公司地铁1号线保洁作业安全守则》《轨道1号线保洁服务红黄绿线标准》等工作制度。物业服务总面积88.87万平方米，物业服务品质进一步提升。

【企业管理】 规范党委会、董事会、经理办公会的权责；健全公司机构，组建资产管理处、运营分公司信息部；加强制度建设，梳理优化工作流程260余项；实现37个项目跟踪审计，完成3个项目结算审计；完善以薪点为基础的薪酬分配机制并予以实施；发挥信息化建设在企业管理中的支撑作用，推进工程一体化、运营一体化、资金监管、人力资源管理、兰州轨道APP、文档云及互联网云票务平台等系统建设；推动人才项目建设，2人获甘肃省“五一劳动奖章”、17人获甘肃省技术标兵、1人获2019年城市轨道交通工程建设“工匠精神模范”荣誉称号。

【轨道治安】 兰州市公安局交通治安分局在1号线一期工程投入安保警力226名，设置派出所4个，设立特警一队、特警二队、轨道交通大队、警犬大队，全面入驻轨道交通车站、车场，按照“站站见警”的要求，执行三班两运转勤务模式，全天候开展全要素上勤；制定17项处置突发事件工作流程和响应预案；建设合成作战指挥中心，通过市公安局、分局合成作战指挥中心、轨道派出所指挥室、站点警务室三级指挥平台开展扁平化指挥调度，实施精准布警，科学用警。开通试运营以来实现轨道交通辖区零发案。

【其他工作】 牵头建设兰州西站综合交通枢纽党群服务中心，吸纳16家成员单位，将兰州西站综合交通枢纽管理服务单位及政府部门、企业、街道社区各级党的基层组织联合起来，打造“党建引领、服务共促、文明共创、品牌共铸、成果共享”基层党建格局。

（赵雅纳）

邮　政

【概况】 2019年，兰州市有邮政、顺丰、京东、德邦、申通、中通、圆通、百世、苏宁、天天、中铁快运等邮政、快递服务品牌25个、企业25家。全年邮政行业业务总量14.78亿元，同比增长26.95%；邮政行业业务收入（不包括邮政储蓄银行直接营业收入）17.61亿元，同比增长19.95%。其中快递服务业务量5255.75万件，同比增长14%；快递业务收入12.06亿元，同比增长20.04%。

【快递园区建设】 初步形成以城关北龙口、榆中和平、安宁兰州西出口、皋兰西货站、兰州新区中川北站物流园等区域为主的快递聚集性园区，聚集规模以上快递企业15家。兰州韵达、兰州煜通、甘肃中通三家企业联合建设的通韵快递电商产业园占地200亩，项目总投资约4亿元，年底完成办公楼建设和2个库区主体建设。全市建成具有自动化流水线作业系统的邮件快件分拣处理场所16个，其中邮政企业建成自动化邮件分拣中转处理场所3个，自动化分拣系统3套，流水线735米，日处理能力最高达81.59万件。兰州顺丰建成半自动化快件处理系统1套，流水线3000米，日处理能力最高达35万件。甘肃中通、甘肃百世、兰州兰韵分别投入2000余万元，各建成自动化分拣系统1套，日均处理能力超过70万件。

【综合运输能力】 公路运输能力持续提升，全市邮政行业运输汽车达到1371辆，干线车264辆。邮政企业开设省内外邮路50条。航空运输逐步扩展，邮政企业开通国内货运航线（兰州—南京）1条，顺丰速运开通国内货运航线（兰州—杭州、兰州—西安）2条。开通铁路（包括高铁、普速铁路、电商班列等）快递班线13条。

【营业投递能力】 邮政企业加大城乡营业投递服务人力、运力、终端和营运资金投入，着力改善营业投递服务质量。开设普遍服务网点156个、邮政机要通信服务网点（场所）9个；开设邮政报刊亭58个、邮乐购网点165个、村邮站643个、三农服务站165个，便民服务站165个。更新城区信筒（箱）100个。开设投递段道734条。服务网点乡镇覆盖率100%。增配承揽投递人员52名、营业人员11名，新增两轮电动车168辆，新增普邮投递PDA终端270台。大力优化整合揽投网，揽投员日均投递量从147件降到100件左右，平均服务半径由整合前的4.85千米下降至3.4千米。加强农村建制村投递车辆（汽车、摩托车）燃油补贴，有力保障邮政普遍服务业务开办和农村投递频次、投递深度达标。县域党报党刊当日见报率100%，建制村直接通邮率100%。建成快递分支机构（营业网点）及末端网点414个，建成快递末端公共服务站150个。投入运营智能快件箱1489组。建成乡镇快递网点166个，村级快递网点30个。

【寄递服务创新】 推动“政邮合作”“警邮合作”“税邮合作”“交邮合作”。邮政企业进驻省、市政务大厅推广“互联网+政务服务+邮政寄递”服务模式，开展申请材料、证照批文寄递送达，变行政审批、公共服务、证照办理要件材料由“上门取”为“送上门”，助力“放管服”改革；在97个邮政网点开办税务代办业务，累计代开发票27.1万笔，代征税款2.087亿元；在18个邮政网点代办公安交管业务，累计办理代补换驾驶证、机动车号牌、检验合格标等业务1.4万笔。

全市邮政企业积极推进邮政普遍服务向公共服务转型延伸，依托线上线下渠道大力打造集“网络代购、电商扶贫、农品进城、平台批销、物流配送、便民服务”于一体的邮政农村电商服务体系，推广“百合+瓜果+牛羊肉极速鲜寄递”电商助农模式，打造“邮政+百合”“邮政+甜瓜”等寄递服务品牌，年均带动包裹量46.76万件，带动农产品销售3612.8万余元。顺丰、圆通、中通、百世、德邦、京东等快递企业面向全省深度贫困地区和农产品主产区，采取跨区域联动、多模式合作，建立扶贫实训基地、开设电商专销平台、发展直达运输业务、提供产地直供服务等方式，大力寄运本省百合、蜜瓜、白凤桃、李广杏、樱桃、土豆、苹果、蜂蜜、牛羊肉、高原夏菜等优质农产品，构建农产品上行通道，解决农产品“卖难”问题。全行业全年累计发运农产品356万件，带动农产品销售2.6亿元。

扩大邮政业与工业、供销、电商等行业合作，“寄递+电商”“寄递+供销”“邮政+快递”等共享网点、“多站合一”模式形成示范效应。

寄递服务电子产品、医药医疗、装备制造业深入推进，全年累计完成制造业领域快递业务量2.51万件，直接服务制造业累计产值超过1000万元。推动邮政快递业服务跨境电商，兰州邮政EMS参与承揽跨境商品落地配送，部分快递企业正在积极合作跟进。

【邮票发行与集邮宣传推广】 全市邮政企业共开设纪特邮票（纪念邮票和特种邮票）销售网点17个，全年发行纪特邮票39套。

打造兰州集邮微商城，通过微信公众号及时向用户推送集邮资讯、新邮票品预告等信息，开展集邮产品展示和线上线下集邮活动。通过在微商城线上下单，用户可选择“自提”或“寄递”方式购买邮品，创新集邮品宣传销售方式。

3月31日，联合甘肃省体育局、兰州国际马拉松赛组委会，在体育公园文化广场举办《马拉松》特种邮票首

兰州市邮政行业2019年主要业务指标统计表

指标名称	单位	2019年	
		累计完成	较上年同期增长%
一、邮政行业业务收入	亿元	17.61	19.95
1.邮政寄递服务	亿元	0.99	32.54
2.快递业务	亿元	12.06	20.04
二、邮政行业业务总量	亿元	14.78	26.95
1.邮政寄递服务	万件	7084.76	2.27
其中：函件	万件	454.65	-9.24
包裹	万件	8.85	-0.78
订销报纸累计数	万份	5674.47	-1.49
订销杂志累计数	万份	342.68	-11.7
汇兑	万笔	18.27	-20.91
2.快递业务	万件	5255.75	14
其中：同城	万件	1131.78	-17.62
异地	万件	4119.3	27.47
国际/港澳台	万件	4.66	-1.05

注：邮政行业业务收入中未包括邮政储蓄银行直接营业收入。

11月14日，兰州市邮政管理局、兰州市总工会、甘肃省快递协会开展关爱快递小哥"双十一"联合慰问活动

发仪式暨"兰州银行杯"2019兰州国际马拉松赛授权集邮文创产品发布会；利用《五岳图》特种邮票发行，结合庆祝中华人民共和国成立70周年主题，于8月2日至4日，在甘肃省文联艺术馆举办《壮丽70年 阔步新时代》——中华人民共和国成立70周年暨兰州解放70周年纪念主题邮展；举办庆祝中华人民共和国成立70周年甘肃集邮巡回展（兰州站）暨全省命题集邮展览活动。

为进一步推广集邮文化，先后在集邮门市店等邮票销售网点组织开展生肖邮品展销会和邮迷抽号摇奖活动。以"邮票上的党课"为题，与城关区相关街道联合举办13场展销交流活动。

【寄递安全管理】 持续加强邮政行业寄递安全、禁毒、反恐、"扫黄打非"、打击侵权假冒、综合治理等工作。制定印发《关于强化落实寄递企业安全生产主体责任的指导意见》《关于加强寄递企业安全生产管理体系建设的通知》《关于持续推进寄递渠道涉枪涉爆隐患集中整治专项行动的通知》等一系列文件，推动寄递企业健全安全生产管理体系，提高落实收寄验视、实名收寄、过机安检"三项制度"的规范化水平。组织开展寄递渠道涉枪涉爆专项整治、中华人民共和国成立70周年寄递安全保障、实名收寄专项治理、野生动植物保护、非洲猪瘟疫情防控等专项行动。发挥寄递渠道安全监管联合机制作用，联合公安、国家安全、"扫黄打非"等部门组成专项检查组，持续开展寄递渠道突击检查、专项检查，全力保障寄递渠道安全畅通。圆满完成快递业务旺季、全国"两会""一带一路"高峰论坛、亚洲文明对话大会、中华人民共和国成立70周年、军运会、进博会等重大会议活动期间寄递安全保障任务。

【行业监管效能】 强化与发改、商务、交通、公安、市场等部门的沟通协调和政策衔接，在跨境电商、高效配送、高铁经济、农业农村优先发展、畅通交通行动、电商产业园区建设等方面获得多项政策支持。强化法律法规宣传，开展社会性普法宣传2次，开展相关法律法规知识培训4次。组织开展"双随机"执法检查。

推进"放管服"改革，加强行政服务事项梳理，依法依规开展行政审批、实地核查和备案工作。全年受理并办理邮政普遍服务行政审批事项2例、备案事项42例。认真落实快递业务经营许可、分支机构和末端网点备案优化方案相关要求，压缩审批时限，精简审批材料，清理证明事项，优化办理流程，取消场地使用证明和消防合格证明。加强快递末端网点备案管理，坚持网上提交材料、网上审核核准，全年开展快递企业（网点）实地核查109次，办理快递分支机构备案49个、末端网点备案76个。

全年监督检查邮政普遍服务网点54个、邮政报刊亭11个、建制村通邮32个，下发责令整改通知书5份。开展机要场所检查35人次，下发责令整改通知书7份，开展行政约谈2次；开展邮票发行检查24人次。开展同城邮件时限测试和邮政专用信箱寄递服务专项检查。

全年出动安全检查562人次，检查企业总部、分拨中心、营业网点251家次，下发责令整改通知35份，约谈企业14家。办理行政处罚案件19起，罚款总计12万元。

持续加大宣传力度，倡导绿色低碳理念，推动使用瘦身胶带、低重高强包装箱、科学打包法。各品牌企业电子运单使用率98%以上，主要分拣、营业场所配置回收装置284个，循环中转袋使用率超过85%，笼车基本实现普及，行业新能源车辆115辆。在西北师大举办“绿色快递进校园”系列宣传活动。

（王　杰）

电　信

【概况】　2019年，电信兰州分公司完成财务收入23.05亿元。全业务收入累计份额46.2%，移动过网用户累计份额38.6%，宽带份额保持65%以上，电视份额保持55%以上，行业内信息化项目招投标中标率超过70%；新兴业务规模3.78亿元，同比增长30.8%，占收比15.5%；存量收入保有率92.6%，存增量收入保有率175%。移动用户累计227.6万户，宽带用户128万户，电视用户83.1万户，三大基础业务规模突破430万户；5G用户份额51.7%；智慧家庭占比超过3%，天翼云位居行业第一阵营，云业务增长162%，物联网突破智慧水务、智慧燃气等重点项目，翼支付月均活跃用户41.2万户，签约地铁、公交乘车等民生项目，智慧城市建设逐步加快；净利润、EVA指标全面完成，企业效益和可持续发展能力进一步增强。获得集团2019年度最佳增长地市分公司，西北大区干线维护先进单位。

【网络工作】　加快网络基础设施建设，全市4G移动网络覆盖率98.4%，光网宽带覆盖率98.7%，核心区域5G网络连片覆盖，县以上核心城区千兆宽带能力100%全覆盖。加快本地信息化建设，承建兰州市政务外网、兰州市教育城域网、兰州新区平安城市、安宁融媒体中心、交通12123平台、智慧青城景区等信息化项目建设，促进兰州信息化水平提升。坚定维护网信安全，重大网络与信息安全事件“零发生”、重大网络数据及用户个人信息泄露事件“零发生”，全面落实网络与信息安全责任制，加强实名制、防诈骗管理和骚扰电话整治，持续营造清朗网络空间。加快5G商用部署，与兰州市人民政府签约5G全面智慧城市战略合作协议，协助完成全省首例5G网络远程医疗演示手术，参与“科博会”“兰洽会”、音乐节等5G演示48次，5G战略合作签约头部客户113家，引领5G产业生态。

【网络提速降费】　流量单价降至3.2元/GB，降幅87%；公众宽带ARPU降至28.3元，降幅43%；家庭宽带普提100M，99元以上档位普提300M；全面完成中小企业光改和提速惠企。携号转网工作顺利开展。

兰州电信公司在2019年“兰马”赛上首次用5G直播

【客户服务】　重点客户感知保持行业领先，综合满意度同业第一，三季度NPS测评宽带行业第一，天翼高清、移动行业第二，全年无重大投诉及群体性事件发生。转变服务考核导向，将客户服务考核占比从8分提升至30分。用户投诉有效压降，工信部申诉派单量同比下降37%，低于管控目标值；全网用户投诉同比下降12.83%；费用争议、装移修机、业务办理等用户关心的问题同比下降超过20%。实施服务典型案例通报制度。开展“守初心担使命，全员服务在行动”“铸鼎行动”、实体渠道服务提升等专项活动，建立以客户为中心的文化、制度、能力、产品四大服务体系，围绕用户感知提升触点服务能力，营造全员服务新氛围。网络服务能力巩固新优势，移动网络类质量投诉同比下降20.2%，VoLTE接通率99.8%，光网（含天翼高清）障碍申告率同比下降0.6%、障碍重复申告率同比下降6.8%，政企客户故障同比下降29%，平均处理时长降至109分钟，政企专线无理由及时开通率提升至98%；开展装维服务感知提升专项行动，装维服务满意率提升至99.9%。倒三角服务稳步推进，全年受理派单15万件，平均及时响应率97.69%，小CEO满意度97.6%；启用“口袋助理”，月均发起流程256条，平均审批时间2天。

【企业转型新变化】　优化组织体系，党、政、军客户营销服务中心下设四大重点客户群分部，设立区（县）政务客户群团队，扩充直销客户经理队伍，清单客户100%进系统，不断提高行业客户服务水平；整合强化支撑力量，构建“政支+万维”大支撑体系，分行业支撑，一点承接。优化渠道布局，提升渠道效能。调优承包模式，

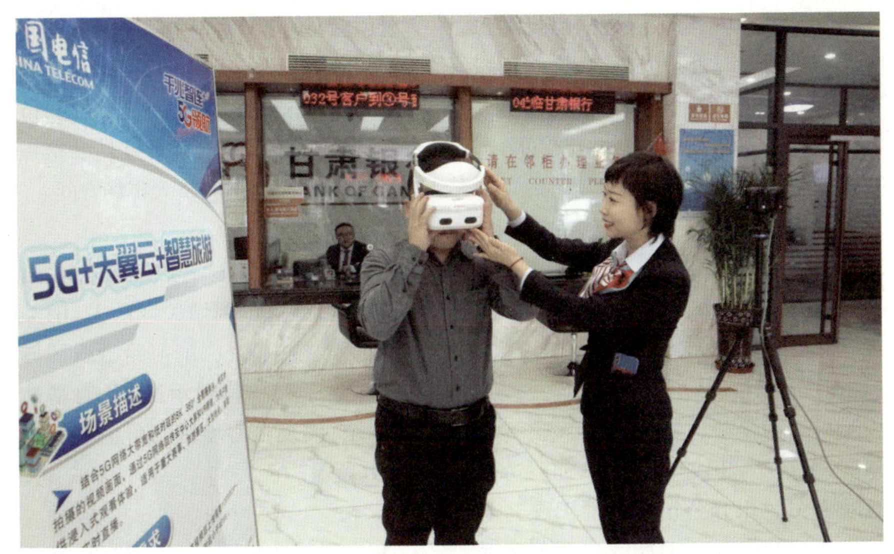

电信兰州分公司携手甘肃银行建成全省首家5G智慧金融营业厅

在整体稳定的基础上，以市场空间为导向，优化支局运营模式，支局服务能力持续提高。连锁化运营初步成型，卖场实现统一操盘运营，店长一体化管理；优化门店运营，逐步关停低效资源型门店；新零售持续转型，奠定数字化营销基础。面向校园新环境，成立市级学子公司，构建市、县两级学子承包体系，全市现有学子公司25家。成立教育机构直属承包单元，专业服务兰州市教育局、城关区教育局等教育行业客户。

【关爱员工】　实施高质量关爱员工十项举措。开展高级专家、专家、技术负责人、区域营销中心总经理、技术经理竞聘工作，员工职业通道更加畅通；组织各类培训；实现冲刺千万目标，全体员工再次普涨一档岗位工资，人均增资244元；落实员工休假办法，鼓励员工有计划安排年休；为51~55岁合同制女员工、56~60岁合同制男员工购买大病医疗保险，全员进行体检；投入230万元用于"四小建设"（小食堂、小卫生间、小浴室、小活动室）；50余名员工住院治疗享受爱心互助费20余万元，慰问劳模及困难员工84人次；发放电影全城通用券；举办庆祝中华人民共和国成立70周年、"不忘初心、牢记使命"、庆"三八节"、排球赛等文体活动；表彰奖励41名女员工为"巾帼风采最美员工"和"巾帼风采最美家庭"，开展员工生日、夏送清凉、双节、秋季迎新等慰问活动。

（张　弘）

移　动

【概况】　2019年，中国移动通信集团甘肃有限公司兰州分公司收入超过21亿元，客户规模近320万户，其中4G客户260万户，5G客户超过6万户，有线宽带用户近70万户。基站总数超过13000座，其中4G基站近9000座，5G基站超过500座。全市自有营业厅50家，他营渠道1150家。公司先后获得"通信产业绿色节能先进单位""甘肃省五一劳动奖状""甘肃省工人先锋号"等多项荣誉称号。

【组织机构】　公司内设党委办公室、综合部、市场经营部、网络部等10个职能部室及政企客户中心、客户响应中心等6个直属生产中心，下辖城关金昌路、城关武都路、安宁区、七里河等13个县（区）分公司。公司建筑面积超过4万平方米，2019年底有在职员工1500人（本科生895人，占比59.67%，研究生131人，占比8.73%），领导班子成员6人。公司党委设党支部29个，党员478人。公司主要经营移动语音、数据、IP电话和多媒体业务，以及与移动通信、IP电话和互联网接入相关的系统集成、漫游清算、技术开发、技术服务等业务。

【网络能力】　不断强化无线网络能力，FDD1800城区连续覆盖率超过98%，室外下行速率超过100Mbps、上行速率超过50Mbps；5G主城区覆盖率近90%，室外下行速率超过1Gbps、上行速率超过80Mbps。持续加强有线网络建设，端口总数超过140万，覆盖用户超过220万户，超过150个城区小区具有千兆接入能力。

【运营能力】　推进转型升级，以融合为基础，在丰富融合产品、强化融合营销、推动融合运营上下功夫，拓展市场空间；以融通为载体，通过能力共享、渠道互通、数据汇通，达成业务互促，增加整体价值；以融智为手段，为生产经营全流程、全环节注智，提升运营效率。深化改革创新，以强能力、聚合力、激活力为出发点，加速构建协同高效的组织运营体系。坚持高质量发展，建立"人工实时质检+稽核组专项稽核+仪表盘长效监控"三位一体质检监控体系，提升发展质量。推行降本增效，推进C-RAN建设，实施核心机楼大工业用电改造，节省资金超过1300万元，网络电费成本下降23%；不断加强集中管理与风险防范，开展"合规护航计划"，修订完善嵌入式风险防控机制，持续优化内控矩阵，促进完善制度流程31项。

【网络与信息安全】　通过联查分析提取高危疑似号码，事前处置精准度高达97%，涉案号码全省占比、语音群呼骚扰电话治理成效显著，关停诈骗号码1800个，拦截垃圾短彩信36

万条，管控骚扰电话2.5万次。完成兰州“两会”“铸盾”“火眼”“护网2019”、中华人民共和国成立70周年等大型活动网络安全保障工作。

【网络提速降费】 开展城市宽带入户示范，推动移动网络扩容升级，加快基础设施IPv6改造进度，推进骨干网网间带宽扩容。强化资费透明度宣传，保障消费者的知情权和选择权，打消客户资费疑虑；优化宽带资费结构，推出宽带免费提速升级产品。同时，主动承担电信普遍服务试点项目，投资近1000万元，解决94个自然村4G网络覆盖难题。

【客户服务】 强化服务管理手段，针对影响客户满意度的焦点热点问题，建立信息反馈、限时整治、闭环监督管理机制，同步加强客户投诉问题责任连带考核。加强服务实时监测，建立市场营销、移动网络、宽带网络高效监测手段，有效提升焦点投诉问题处理时长与处理质量，投诉时长缩短10个小时，营业厅满意度提升超过5个百分点，装维满意度提升超过6个百分点。

（王俪衡）

联　通

【概况】 2019年，中国联通股份有限公司兰州分公司无线网工程共新建基站1165个。兰州人口覆盖率提升至94%，乡镇实现100%覆盖，行政村覆盖率由66%提升至74%。共建共享电信5G基站245个，自建5G基站21个，为电信开放16个，开通19个5G体验重点营业厅。

【经营模式转型】 聚焦2I发展，全面推动泛融合业务发展，存量经营维系创新，强化资金稽核，多举措提升营销队伍能力。多措并举，全力开拓政企市场。聚焦家庭业务、校园市场，加快单宽带融合业务迁转。聚焦校园市场发展创新，扩大市场空间。

【精品网络建设】 全力推进5G电联共建共享，围绕城关区西关、南关商业区、榆中高校、滨河路沿线区域及营业厅等品牌展示区，开通基站261个，实现核心城区高价值区域的良好覆盖。

【客户服务提升】 大力推进制度、流程及业务规则优化，切实解决重点难点客户服务问题。2019年前三季度NPS移网平均3分，较2018年基准值提升6.49分，行业排名第一；宽带NPS平均得分-7.8分，较2018年基准值提升5.3分，行业排名第二。

（常　䂀）

商务贸易

【概况】 2019年，面对国内外风险挑战明显上升的复杂局面，兰州市商务系统坚持稳中求进总基调，突出主责主业，凝心聚力，真抓实干，着力提升商务工作对全市经济社会发展的贡献度，各项工作取得新成效。第三产业增加值增长8.4%；社会消费品零售总额增长7.6%。实现外贸进出口额119.41亿元，位列全省第二，占全省进出口总额的31.43%，其中兰州新区综合保税区实现进出口额21.12亿元，同比增长132.09%。

【机构改革】 根据2019年《兰州市机构改革方案》，对兰州市商务局部分职责进行调整，将酒类商品流通的行业指导职责、兰州市整顿和规范市场经济秩序办公室的职责划给兰州市市场监督管理局；将肉菜等生活必需品、重要消费品等相关物资储备职责划给兰州市粮食和物资储备局；将商业保理公司、典当、融资租赁公司监管等职责划给兰州市人民政府金融工作办公室。对内设机构也进行了调整。将原流通业发展处（安全生产应急办公室）更名为流通业发展科（安全生产应急办公室），商贸服务业处更名为商贸服务业科，市场秩序处更名为市场秩序科，物流业发展协调处更名为物流业发展科，电子商务会展处更名为电子商务和会展科；将原市场运行调节处、第三产业服务处整合，设立市场运行和消费促进科；将人事处、政策法规处、口岸管理处、财务处、市场体系建设处（兰州市商业网点建设办公室）、对外贸易处、机电和科技产业处、外资处、外经处更名为人事科、政策法规科、口岸管理科、财务科、市场体系建设科（兰州市商业网点建设办公室）、对外贸易科，机电和科技产业科、外资科，外经科。调整后，市商务局内设职能科（室）16个，即：办公室、人事科、政策法规科、口岸管理科、财务科、市场秩序科、市场体系建设科（市商业网点建设办公室）、商贸服务业科、市场运行和消费促进科、流通业发展科（安全生产应急办公室）、对外贸易科、机电和科技产业科、外资科、外经科、物流业发展科、电子商务和会展科。另设机关党委。

【消费促进】 制定促消费稳增长具体措施，开展迎新春精品陇货网上行、商务石油石化联手行、汽车平安购购车补贴交强险活动、年货采购会等“畅享兰州·乐购金城”系列促消费活动30余场。举办汽车交易会、体育产业博览会、陇上美食博览会、农业博览会等重点展会80个以上，会展交易额110亿元以上，同比增长20%。搭建农产品销售平台，拓宽兰州市特色农产品销售渠道，举办以“搭平台、助脱贫、创品牌、拓市场”为主题的兰州市特色农产品产销对接活动，华润万家甘青公司与来自兰州市及周边兄弟市州的21家农产品流通企业进行面对面对接签约，签约额400余万元。制定《“金城老字号”认定办法（试行）》和《“金城老字号”管理办法（试行）》，打造商贸服务领域品牌，提升商贸服务品质，认定10家首批“金城老字号”并授予“金城老字号”牌匾。首批授牌的10家“金城老字号”涵盖4个行业。其中，住宿业5家；餐饮业3家；摄影业1家；美发业1家。分别是：和平饭店、兰州饭店、宁卧庄宾馆、人民饭店、迎宾饭店、鸿宾楼、清雅居、张掖路甜食店、兰州照相馆、人民美发厅。

【商贸项目建设】 持续开展“千企万商大走访”活动，制定《2019年协调服务重点企业工作方案》,改进工作作风,联系服务企业。聚焦培育西关、南关、西站商圈,建设东岗、西客站、银门滩三个商业集中区,加快重大商贸项目布局和建设,重点跟踪服务的杉杉·奥特莱斯、七里河兰州万达城等25个重大商贸项目完成投资80亿元。全年现代服务业产业组招商引资认定到位资金9.83亿元,兰州市商务局完成招商引资3亿元。按照《推进主城区商品交易批发市场转型升级工作实施方案》要求,推进市场转型升级,完成天缘建材市场、金港建材市场、西北物资市场、三森众旺板材市场、兰州机动车配件中心等5个市场转型升级。

【电子商务】 支持兰州电商平台线上线下融合发展,推动"互联网+智慧社区"建设,拓宽消费供给渠道。2019年,重点电商平台65家,新增电商平台5家,丝路电商产业园、电商孵化大厦、三维电商孵化园等园区新增入驻企业110家,累计入驻企业430家。线下服务网点、体验店、便民服务店累计550家;新增蜂巢易公里、速递易等智能自提柜150套,累计850套。本地电商平台交易额40亿元左右,全市电商交易规模1500亿元左右,同比增长20%。

【民生商务】 加快推进辖区三县创建国家电子商务进农村综合示范县建设,榆中县顺利通过商务部中期绩效评价,皋兰县完成招标,进入建设阶段。开通京东扶贫馆、苏宁易购中华特产馆、拼多多线上商城、云田优品等多渠道线上销售模式,开展特色农产品线上品牌推广,促进电子商务在农产品、特色产品进城双向流通网络中的应用。全市电子商务乡镇覆盖率90%,行政村覆盖率70%。兰州市9家企业获得全省电商扶贫"优秀企业"称号,17家网店获得全省电商扶贫"优秀网店"称号。加强电商人才培训,培训2000余人次。完成五泉菜市场、中街子菜市场、土门墩粮库菜市场等10个菜市场和南关民族风味一条街、西固区十一街夜市美食城、金城夜市美食广场等夜市街区的改造提升。完善回收网络,新建分拣中心2家、微型打包站1家,新建、提升改造回收站点70家,加大宣传推广"互联网+回收"模式应用,不断完善西部再生资源信息交易平台功能,多渠道开展线上预约、线下回收业务。

【现代物流】 流通领域现代供应链体系试点项目完成投资2.34亿元,通过商务部中期评估。城乡高效配送试点项目完成配送门店1万家以上。推进物流园区提升改造,兰州公路港物流园、皋兰公铁综合物流园、兰州货运西站、兰州铁邦仓储配送中心、苏宁彭家坪物流中心等园区完成投资14亿多元。推进物流标准化,制定开展标准托盘推广和发展单元化物流工作实施方案,加快标准化托盘在快速消费品、农副产品、药品、电商等领域的推广应用,全市托盘使用量超过12万片,周转筐使用量5万个。完成国际高原夏菜副食品采购中心冷链库、红古区高原夏菜冷藏贮运中心等6个冷链物流项目建设,新增静态库容8万吨,全市静态库容量100万吨以上。

【商务诚信建设】 推进肉类蔬菜流通追溯体系建设,上传市级平台肉菜入场交易信息7423.9万余条,逐步实现肉菜产品来源可追溯、去向可查证、责任可追究。加大商务领域诚信建设力度,开展"共铸诚信、德润陇原""诚信兴商宣传月"等宣传活动,建立商务领域"红黑榜"制度。开展扫黑除恶专项行动、文明城市创建、安全生产大检查等活动,商务系统共出动人员5000余人次,查处非法经营成品油等市场经营中存在的违法违规行为,全力打造良好的营商环境。

【通道物流建设】 6月,兰州铁路中川北站进境粮食指定监管场地投入运营,10月,建成甘肃(兰州)国际陆港汽车整车进口口岸。推进兰州国际货运班列常态化运营,发运国际货运班列264列11883车,货重26.79万千克,货值4.3亿美元。兰州国际高原夏菜副食品采购中心、甘肃(兰州)国际陆港多式联运示范工程、西北有色金属交割库等一批通道物流重点带动性项目顺利推进。

【"一带一路"建设】 与共建"一带一路"62个国家和地区实现外贸进出口额62.93亿元,占全市外贸进出口总额的52.7%;完成沿线国家和地区投资1415万美元,占总投资额的82%;完成共建"一带一路"国家合同利用外资额2100万美元,其中新引进的兰州丰恩仓储有限责任公司,为世界品牌500强之一的新加坡淡马锡旗下投资公司独资设立,作为共建"一带一路"国家之一的新加坡,连续两年均有投资项目落地兰州。

【跨境电商建设】 公共服务平台功能覆盖跨境电商全环节,兰州新区综合保税区跨境电商监管中心开展1210(保税备货模式)跨境电商进口业务,兰州铁路口岸新区作业区跨境电商监管中心开展9610(跨境直购模式)进口业务,建成哈萨克斯坦、中哈合作中心、意大利阿美利亚市3个海外仓,完成跨境电商交易额近3亿元。

【对外贸易】 鼓励甘肃中仕达贸易公司、甘肃龙润进出口贸易公司、太宝制药公司等企业开展国际认证,提升国际竞争力。发挥兰州新区综合保税区功能和产业集聚作用,吸引外向型龙头及配套企业入驻,发展面向国际市场的加工制造、货物贸易、保税加工、跨境电商、保税物流、保税服务等产业,扩大进出口规模。

【外商投资】 全面实施准入前国民待遇加负面清单管理制度，不断改善外商投资营商环境，积极引进国家鼓励类外资项目，重点投向装备制造、新材料等高新技术产业和战略新兴产业。立足产业定位，引进一批外资大项目，提升利用外资实效，全年新设立外商投资企业7家，增资2家，投资总额5.53亿美元，合同利用外资额1.23亿美元。

【国际经济合作】 加强境外投资真实性、合规性审查，防范虚假投资行为，境外投资更趋理性，行业结构持续优化，境外投资一批重点项目取得实质性进展，完成境外投资1723万美元；境外工程承包新签合同额4919万美元，完成营业额4524万美元。白俄罗斯格罗德诺市甘肃兰州特色商品展览中心建成运营，展示展销全省特色农副产品、中药材、纺织品、五金电缆、化工原料和文化工艺品6大类87种商品。

【贸易促进】 组织企业参加中国（尼泊尔）商品展、首届中非经贸博览会、中东欧展、西班牙国际精品食品及饮料展、德国科隆国际食品展、“广交会”“京交会”“高交会”等国际国内展会，对兰州市优势产业及特色商品进行推介和推广。组织234家企事业单位，636人参加第二届中国国际进口博览会，参会企业比2018年增长近1倍，参会人数增长1.2倍，“进博会”期间，组织39家企业参加“一对一”贸易对接会，与157家国外客商进行贸易对接；举办兰州市经贸对接会，120余人参加会议，兰州市企业与国外企业签订采购协议。组织14家企业参加甘肃省进口贸易对接会，签约26个项目，签约金额14.33亿元。

（余国先）

经济合作服务

【概况】 2019年，兰州市人民政府合作交流办公室制定出台兰州市推进招商引资工作“两真四有”实施意见、管理办法、八个严禁规定等制度措施。聘请19名市政府经济顾问和59名招商引资顾问，设立14家驻外人才工作站，统筹开展“双招双引”工作。全面优化投资环境，完成招商引资省外项目到位资金865.57亿元，同比增长22.47%，约占全省的37%，是近五年增速最高的一年。全年新签约招商引资项目318个，签约总额3117.86亿元，其中合同项目280个、签约总额1944.78亿元，被《环球时报》社评为“2019中国最具投资吸引力城市”。

【机构改革】 根据中共甘肃省委办公厅、甘肃省人民政府办公厅《关于印发兰州市及所辖县区机构改革方案的通知》（甘办字〔2019〕23号）和中共兰州市委办公厅、兰州市人民政府办公厅印发《关于贯彻落实〈兰州市机构改革方案〉的实施意见》的通知（兰办发〔2019〕6号），在原市经合局基础上，整合管理市政府驻外机构和市“一带一路”多式联运办公室等工作职能，新组建兰州市人民政府合作交流办公室，并于2月19日挂牌。兰州市人民政府合作交流办公室，为市政府工作部门。主要牵头抓总全市招商引资和合作交流工作，牵头组织落实“兰洽会”兰州市各项工作，承担市“一带一路”多式联运协调办公室职责，承办市招商引资工作领导小组办公室各项工作，管理市政府驻外办事机构，负责外地驻兰办事机构管理工作，联系外地在兰投资企业商会和甘肃驻外企业商会。设综合科、统计督查科、经济合作一科、经济合作二科、经济合作三科、经济合作四科、协调监督科、区域合作科、会展科（兰洽会兰州市办公室）、外地驻兰机构管理科、多式联运科等11个内设机构，按规定设立直属机关党委。归口管理6个市政府驻外办事处、驻外招商办公室、驻金华办事处等8个事业单位。机关核定编制56名，设主任1名、副主任3名，科级领导职数24名。其中，正科级13名（含机关党委专职副书记1名、中共外地驻兰州办事机构委员会专职副书记1名）；副科级11名。6个市政府驻外办事处核定编制46名，驻外招商办公室和驻金华办事处核定编制11名。另有机关工勤编制5名。

【招大引强】 全市新引进10亿元以上项目47个，签约华侨城文化旅游综合项目、兰州富力城、海亮教育产业园、绿地丝路国际科技会展中心等4个百亿元大项目，新签约“三个500强”和行业龙头企业投资项目36个，新引进新希望、柳工集团、网易公司等500强企业12家。

【产业招商】 全市新签约产业项目201个，签约总额719.28亿元。其中工业及战略性新兴产业项目114个，占新引进项目数的42.5%，同比增长4%。围绕兰州新区绿色化工园区引进项目78个，精细化工产业招商取得重大突破。

【重要活动】 成功筹办第25届“兰洽会”，举办丝绸之路城市可持续发展论坛等活动69项，邀请1413个团组、6102名宾客参展参会，签约合同项目125个、签约总额903.07亿元，占全省签约总额的37.5%。首次承担兰洽会布展任务，并被第25届“兰洽会”组委会授予“优秀组织和绿色布展奖”。创新开展“招商引资百日大会战”，市委市政府主要领导赴外招商24批次，高规格举办专题招商推介活动17场次。务实参加兰洽会、沪浙招商、绿公司年会、非公经济论坛等7场次省级重大招商活动，签约项目161个，签约总额1423.66亿元，占全省签约总额的42.18%，创历年新高。

【项目落地】 推行“五定包抓”(定人员、定项目、定责任、定措施、定时间)责任制，全年推进119个重点项目新开工建设，38个重点项目建成投产。其中第25届“兰洽会”签约项目新开工82个，开工率65.6%，到位资金185.19亿元，资金到位率20.51%。开展涉企历史遗留问题督办化解专项行动，列入省级清单项目54个，化解51个，化解率94%。

【合作交流】 中亚、中欧、南亚“兰州号”国际货运班列和国际陆海贸易新通道货运班列实现常态运营，全年共发运国际货运班列264列、11883车，同比增长36.2%，占全省发运总量的95%。联合有关部门申报首批全国物流枢纽，兰州市陆港型国家物流枢纽成功入选首批2019年国家物流建设名单。推进兰州与尼泊尔、以色列等“一带一路”沿线国家的经贸合作，与上海青浦区、崇明区签订经济合作框架协议。

（刘亚辉）

市人民政府驻外办事机构

【市政府驻北京联络处】 2019年，驻北京联络处实现联络对接、招商引资接待、重大活动保障等工作任务920余次，累计接待8400余人次，实现接待工作95%以上无失误。主动拓展宣传方式渠道，多方宣传推介兰州；积极推进招商引资和招才引智工作，召开“横向宣传推介 跨域交流协作”等推介会，邀请客商参加25届“兰洽会”。全年向市委市政府报送《北京信息》48期，信息400余条，其中被市委信息处采纳6条。

招商引资 对接拜访参天制药有限公司、壹百合医疗科技有限公司、华西口腔医院等70余家企业；邀请北京东方资产管理有限公司、澳大利亚LML有限公司、润泽科技有限公司等19家企业赴兰州实地考察；邀请北新建材集团党委书记刘贵平、北京维他科技有限公司副总经理王林、北京义利食品有限公司副总经理张勇等30余位企业家参加第25届“兰洽会”；配合市文旅局召开兰州市文旅项目北京推介会、参加兰州市招商引资项目深圳推介会等，并牵头召开“横向宣传推介 跨域交流协作”联合推介会。截至年底，驻北京联络处向市政府合作交流办公室报备北新建材FK生产线项目、千亿纺织产业集群项目、中国好食材净菜配送中心等项目，签约投资额57亿元；兰州新区恒裕星级酒店项目、七里河区中车机车有限公司兰工坪土地开发项目实现到位资金9.35亿元。

项目推介 10月中旬，在北京召开“横向宣传推介 跨域交流协作”联合推介会，参会人员300余名。会议邀请文化部原副部长周和平等嘉宾进行主旨演讲。会议邀请全国近50个城市的驻京联络处和40家各地知名企业及商会；邀请兰州演艺集团进行“大梦敦煌”歌舞表演；邀请北京市甘肃商会、兰州佛慈制药股份有限公司、兰州三维大数据标准化研究院、中国好食材股份有限公司等商会和企业进行宣传推介。会上，兰州新区管委会副主任赵建利围绕兰州新区产业发展环境及支持政策作专题推介，海西、池州等州市就各自城市特色进行推介。同时，现场设置宣传片轮播环节以及地州市主题展区，推介展示各地州市非遗项目、特色农土产品、特色企业。

产品展销会 与兰州市农业农村局合作，积极参与组织省政府驻京办、省农业农村厅于6月22—23日举办的甘肃农产品北京展销推介会，将兰州市15家10大类320种优质农产品输送到北京，让在北京的兰州人能够近距离享受家乡的味道，其中苦水玫瑰、兰州百合、临夏羊肉等9家企业负责人做专场推介，积极拓展兰州市特色农产品外销渠道。

招才引智 成立兰州市驻外工作站北京站，与兰州大学等部门和单位建立良好的合作关系。联络处以原是“兰州本地人、在兰州工作学习居住过的”人才为主，入库人才100余名。联系一批在京就职就读的年轻人才，建立人才大使队伍，进一步扩大联系在京陇籍高层次人才途径。与北京市甘肃商会、兰州大学、兰州

10月16—17日，“横向宣传推介 跨越交流协作 地州市联合推介会”在北京宽沟国际会议中心成功举办

大学北京校友会、兰州一中北京校友会、兰州理工大学北京校友会等单位和社会团体建立合作关系，为开展人才工作拓展工作渠道。12月，兰州市委市政府与兰州大学在北京共同举办兰州市兰州大学驻京人才工作站揭牌仪式暨招才引智政策宣介会，邀请兰州市经济顾问、兰州大学精英校友及兰州市人才工作大使等200余人和多家新闻媒体参会，积极宣传人才政策。

政务联络 加强与中央国家机关、国家部委、有关单位；在京津冀地区全国500强企业、民营500强企业、世界500强企业；东北三省、内蒙古、山西联络片区企业以及各类驻京单位的联系交流，实现信息互动，提高服务精准性。全年，联络处上门拜访北京市通州区政府、雄安新区管委会等行政单位9次，拜访辽宁松原市政府驻北京联络处、安徽池州市政府驻北京联络处、云南昆明市政府驻北京联络处等驻外机构15次，拜访参天制药有限公司、凯盛科技集团有限公司等企业70余次。邀请西宁、宜宾、滨州等27家驻京联络处来访，在拓展驻京工作思路的同时进一步扩大兰州影响力。

（富　军）

【市政府驻上海联络处】 2019年，市政府驻上海联络处负责长三角、安徽等地区的驻点招商工作，全年完成项目签约任务36亿元，对接上报市级重点线索项目5个，落实到位资金3亿元。

机构改革 3月，兰州市人民政府驻上海联络处由原主管单位市政府办公厅，转隶组建单位为市合作交流办公室。委托上海久信会计师事务所有限公司为国有资产清查服务单位，对驻上海联络处资产清查情况进行审计，出具资产清查专项审计报告及管理建议书。7月，修订《兰州市人民政府驻上海联络处规章制度汇编》23个章节，根据机构改革后干部职务变动与职责调整情况重新定岗定责，切实形成科学完备、务实管用的制度体系。

招商引资 2019年，完成项目签约任务36亿元，报备签约项目3个，分别为投资15亿元的新悦会项目、投资15亿元的中铝兰州分公司区域总部经济项目、投资6亿元的新区色彩精细化工染料中间体建设项目，落实到位资金3亿元；对接上报市级重点线索项目5个，联合市科技局、市文旅局，在上海、杭州等地组织开展专题招商推介活动3场，与兰州其他驻外办合作在深圳、北京举办招商推介活动2场；组织来兰参会考察活动16批次，邀请投资考察企业30家。

联系走访浙江上海商会、甘肃浙江商会、宁波上海商会、济南上海商会、中国平安保险公司、深兰科技集团、月星集团、均和集团、携程集团、意大利中国商会、威派格智慧水务、复星集团、上海中信信息发展股份有限公司、海底捞有限公司、百盛集团等30家实力雄厚、有项目倾向的企业单位，并对重点企业进行联系走访，将项目线索落到实处。协调安排中建设计集团及中建照明规划设计院到兰州考察城市美化亮化项目；陪同中金资本、爱尚教育、中清实业、中国好药材集团等赴兰考察；邀请新能源汽车拆解项目、康恒科技到兰考察；持续推进上海百联集团股份有限公司兰州奥特莱斯项目等。

联系上海各经济研究机构、金融机构、商会机构、产业研讨会等机构，如华顿经济研究院、浙江甘肃商会、上海浙江商会、东方卫视第一财经、长宁区各地投资企业（机构）协会、上海中心教育机构等单位，建立长期联系，组织定期座谈，发挥其平台、中介作用。探索第三方参与招商办法，寻求聘请招商顾问、合作中介机构、购买服务等多样化招商模式和利益分享机制开展中介招商，调动社会各方力量开展招商引资工作。

招才引智 上海联络处按照《兰州市驻外人才工作站建设管理暂行办法》，以人才优先发展战略为指引率先起步招才引智工作，开展在沪高层次人才的慰问与走访工作；6月，呈报兰州市驻上海人才工作站设立申请书；7月，完成工作站人员配备并设立驻上海人才工作站，推荐4个创新项目，建立100余人“外埠本土人才信息库”。

联络服务 接待赴长三角区域活动的兰州“四大家”领导及部门考察组、工作组、招商团组等近30批350人次。陪同中金资本、爱尚教育、到兰州考察项目并进行座谈；4月，兰州市政府同上海青浦区、崇明区政府签署合作框架协议，配合省、市主要领导开展长三角招商活动；邀请长三角区域10个团组近50人赴兰州参加“兰洽会”；邀请上海瀛励环境有限公司赴兰州实地考察，联系兰州新区、高新区、经济开发区和市城管委等单位进行座谈调研；邀请新能源汽车拆解项目组及康恒环境、盛大科级到兰

12月8日，兰州市、兰州大学驻京人才工作站揭牌仪式暨招才引智政策宣介会在北京举行

考察；保障市主要领导一行参加上海“进博会”活动；配合市委、市老干局做好驻长三角离退休老干部的慰问。多次为市发改委、市人社局、黄河风情线管委会、佛慈集团、轨道公司等来沪考察单位人员提供协调帮助。

信息报送 上海联络处根据兰州市情及时搜集长三角地区的成熟经验与先进做法，收集本区域内对兰州市发展具有借鉴意义的政策措施，为市委、市政府做好信息整理与传递工作，年内报送《上海信息》10期，100条，报送专项信息8条。

（钟 芳）

【市政府驻深圳(珠海)办事处】 2019年，市政府驻深圳(珠海)办事处完成招商引资报备线索项目14个，项目签约总额53亿元，完成到位资金5.15亿元。对外发布粤港澳大湾区各类经济信息和先进经验200余条。完善驻地商会（协会）数据资料库、招商引资项目库，完整录入驻地商会（协会）9家，更新招商引资项目库中储备项目90余条。

招商引资 6月，设立兰州市政府驻深圳办事处“招商引资工作站”，动员和组织有合作意向的企业家到兰州市实地考察，洽谈合作事项，推动广东重点项目落地兰州。陪同广州佳都新太科技股份有限公司、深圳市精敏数字机器有限公司、深圳市汇鑫科技股份有限公司、中投国汇(深圳)投资控股有限公司、TOT启航未来投资集团考察兰州新区、兰州高新区。陪同深圳市新能源汽车促进会、中亚电子城集团股份有限公司考察兰州市城关区、七里河区；陪同中控智慧科技股份有限公司、珠海太川云社区技术股份有限公司考察兰州新区、兰州经济技术开发区；陪同央聚控股集团、深圳云天励飞技术有限公司、广东智慧音视频科技有限公司考察兰州新区、兰州高新区、城关区；10月，参加北京“横向宣传推介、跨域交流协作——地州市联合推介会”招商活动。

项目推介 3月22日，在深圳举办招商引资推介会。70余个本土项目亮相，达成投资兰州意愿的企业有10余家，签约金额40亿元。深圳主要媒体和人民网、今日头条、网易新闻等主流网络媒体均做报道，引起当地企业和社会各层面的关注，达到向“珠三角”知名企业宣传兰州的目的。推介会结束时，《深圳特区报》以“兰州市来深招商”为题刊发一则消息。文章指出，兰州市深入推动“一带一路”建设，加快“都会城市、精致兰州”建设进程，深圳推介会的举办不仅推动兰州县域招商引资工作成果转化，更深化兰州与粤港澳大湾区的合作与交融，进一步推动形成全面开放新格局。

“兰洽会”项目服务 办事处邀请宾客64人参加第25届“兰洽会”。其中，内宾43人；外宾21人。“兰洽会”期间，邀请深圳市复祺投资控股集团董事长、深圳瑞朝资本管理有限公司董事长考察兰州新区、兰州高新技术开发区，洽谈波音777客改货暨兰州航空卫星产业园项目。邀请中国阳光投资基金管理有限公司董事局主席考察兰州新区、红古区，先后签订“阳光鲜花西部芳香产业鲜花港”项目框架协议。陪同珠海中易方圆控股集团、珠海艾柏尔兰迪医疗科技有限公司、珠海枎移广告有限公司、珠海鸿基伟业贸易有限公司、珠海市欧亚汽车科技集团的企业家，在七里河区考察文旅、医疗、商贸等项目。

招才引智 7月，兰州市驻深圳人才工作站授牌。主动联系兰州大学深圳校友会、深圳市甘肃商会、在深人才中介机构，以及深圳高校、科研、医疗、企业等机构，积极邀请高层次人才参加兰州市大型引才引智活动。与中科院云计算产业技术创新与育成中心洽谈，就共建兰州市深圳人才工作站双方达成合作意向，结合兰州市发展需求，整合中科院各产业技术领军人才资源，引荐兰州急需的各类高端人才。与北大深圳研究生院、清华深圳研究生院、南方科技大学、深圳大学、深圳技术大学等高校进行对接，协助建立“后备人才数据库”。与兰州大学校友会、深圳市甘肃商会建立合作机制，双方共同建立“在深甘肃籍人才信息库”。工作人员逐个登门拜访，介绍近年来兰州变化，邀请他们在2020年带着人才团队和技术重新认识兰州、考察兰州、投资兰州。与中国产学研合作促进会、深圳第一人民医院、罗湖医院集团、港大深圳医院、深创生物有限公司等协会、医院和企业合作，共同筹建“在粤高级人才库”。与深圳市人才交流服务中心有限公司、深圳市辉煌前程人力资源有限公司等人才中介机构建立联系，定期推送兰州市引进人才相关信息，以“兰州市引进人才奖励办法”激励中介机构为兰州市推荐各类优秀人才。12月，举办人才交流座谈会，邀请到11位在深甘肃籍人才，利用他们在深圳的人脉优势、信息优势、技术优势、资源优势，为兰州市经济社会发展建言献策、荐才荐智。

《深圳信息》改版 自2017年1月《深圳信息》创办以来，始终坚持正确的政治导向，和“服务兰州工作，宣传特区经验”的定位，设置“聚焦”“关注”“深度”“热点”“视角”“分享”“评论”等重点栏目，以独特的视角、理性的思考、新颖的编排、丰富的资讯，从党建亮点、政务创新、反腐肃纪、治市方略、民生保障等方面，多角度、全方位对广东地区经济社会发展的经验和前沿创新举措进行充分报道。

2019年，《深圳信息》进行改版，扩大信息量，内容选择更注重新闻性、可读性和对兰州工作的借鉴性。市政府“兰州市协同办公平台”已将《深圳信息》作为传阅文件，正式列入公文管理系统。2019年，有关党建作法、智慧城市建设、垃圾分类、土地新政等方面的报道，都为兰州相关工作决策提供有益借鉴。如《广州平抑猪肉价格》《掘金“夜的美”，广州打造“广州之夜”品牌》等做法，第一时间被兰州有关县区和部门参考和采纳。《深圳信息》由信息反馈的简报提升为政务类品牌刊物。

接待服务 接待兰州市各级各类招商引资、项目推介、会展参展700余人次。重大活动安排有：市委主要领导带队的调研考察团、市政府主要领导带队的粤港澳大湾区招商团、市人大主要领导带队的学习考察团、市政协主要领导带队的出国考察团、市委常委、宣传部长带队的文旅招商代表团、各区(县)园区领导带队的高交会经贸团、市政府分管领导带队的重大项目考察团、兰州新区、高新区、经济技术开发区主要领导带队的招商考察团及县区各类招商团组。

(陈学义)

【市政府驻厦门办事处】 2019年，厦门办事处全年上报各类信息及有价值、有投资意向项目线索15个；报备签约项目4个。签约项目总额31.2亿元，实际到位资金12.73亿元。其中，新签项目到位资金10.38亿元；结转项目到位资金2.35亿元。

项目考察 3月下旬，结合福建省在大数据领域内的产业优势，与兰州市大数据管理局一行组成联合招商考察组，在厦门市、泉州市、福州市开展联合招商推介，就兰州市信息产业的发展与相关部门领导、企业高层深度交流商谈。4月初，陪同马彩云副市长、市政府合作交流办主要领导一行，赴上海开展招商活动，拜访考察均和集团，对产业小镇及文旅康养项目进行洽谈对接。6月，赴武汉拜访湖北省甘肃商会，与湖北宜城市襄大农牧有限公司进行对接。经多次洽谈和深入对接，宜城市襄大农牧有限公司在第25届“兰洽会”上与兰州新区签约投资额为20亿元的现代农业项目。组织像多多集团、百度众创、环球金砖项目及又一城电商等37家企业，分8批次赴兰州考察对接项目。

招商引资 第25届“兰洽会”厦门办事处邀请参会宾客67人，党政代表团2个、商会代表团2个，重点签约项目企业团1个，重要外宾1人，圆满完成宾客邀请任务，项目签约20亿元。6月20日，厦门办事处与市金融办、市合作交流办联合承办在厦门举办的兰州市招商引资项目推介会，邀请120余家厦门企业和商协会代表参会并就项目合作深入交流；参加7月中旬省经合局在福州市组织开展的招商及项目推介和座谈活动，并进行兰州市投资环境宣传及项目推介；在厦门举办中国国际投资洽谈会期间，厦门办事处与市商务局、市政府合作交流办公室共同承办兰州市招商引资项目推介会；配合兰州市委宣传部、新华社甘肃分社等部门在福建泉州举办为期一周的“海陆共进”陆丝对话海丝——“一带一路”兰州沿闽之行城际交流活动。

人才工作站建设 在7月5日的“双招双引”人才工作座谈会上，厦门办事处与负责联络的福建省甘肃商会、湖北省甘肃商会一同被授予兰州市驻外人才工作站牌子，办事处承担工作片区的人才推荐与引进工作，继续深化人才交流与合作，为兰州市经济社会发展提供高质量的人才支持。办事处围绕兰州市对国内外高层次人才的需求，多渠道掌握各行业、各领域拔尖人才，建立“外埠本土人才信息库”，录入博士、学术带头人、各领域专家、学者和各行业领军人才共35名。

(桑　敬)

7月5日，兰州市人民政府驻厦门办事处参加第25届“兰洽会”“双招双引”人才工作座谈会

【市政府驻乌鲁木齐办事处】 2019年，驻乌鲁木齐办事处认真履职，按照“两真四有”(真招商、招真商，招商有功、招商有责、招商有序、招商有方)总体要求，采取走出去、请进来，做好“兰洽会”期间宾客接待及考察活动等形式多样的招商引资工作，积极组织筹备新疆乌鲁木齐兰州商会，落实就业岗位600余个，向新疆输转大中专毕业生和各种劳力800余人次，为市委市政府和各县(区)、市直有关部门提供各类信息24期120条。

招商引资 签约项目4个。新区合力环保科技有限公司年产1万吨凹凸棒提纯粉项目，在兰州新区秦川园区投资2.2亿元；甘肃力通交通物资有限公司，年产20万吨沥青仓储物流项目，在兰州新区秦川园区投资1.36亿元；甘肃华源西域环保科技有限公司10万吨/年灰铝渣资源化利用项目，项目建成投产后，可处理10万吨/年灰铝渣，投资总额2.08亿元；兰州鼎达科技有限公司5200吨/年精细化工新材料项目，投资总额1.2亿元。

拟投资项目4个。山西甘肃商会实地考察永登县树屏工业园区，拟投资4.4亿元建设高端防火门窗和消防设备项目；山东军地集团实地考察永登县和榆中县，拟投资军事文旅项目约100亿元；盐城德安德新材料科技有限公司实地考察兰州精细化工业园区，拟建芳纶产业链产品项目，项目建成投资22.3亿元，产值35亿元，共需用地310亩；石家庄大唐制冷设备有限公司实地考察兰州新区，拟建设中央空调生产线，项目约投资4亿元。

项目推介 3月25日，赴深圳参加招商引资深圳推介会，重点拜访深圳1983科技有限公司创始人冯庆全，并邀请冯庆全于5月21日实地考察兰州新区及电商产业园区，项目进一步跟踪中；先后拜访深圳市中投金信资产管理有限公司、山西省甘肃商会初步达成投资意向；在郑州市成功举办兰州市重点项目招商引资推介会，成立兰州市招商引资工作联络处；与新疆生产建设兵团甘肃商会会员企业交流座谈、推介兰州重点项目，邀请参加第25届“兰洽会”；拜访新疆甘肃商会，赴新疆伊宁、新源、哈密、甘肃酒泉拜访新疆宏诚化工有限公司、新疆新中顺化工有限公司、新疆哈建集团，甘肃力通交通物资有限公司等地和企业，推介重点项目；邀请乌兹别克斯坦兰州籍客商黄连文董事长在乌鲁木齐就甘草深加工项目进行积极接洽；协调兰州新区与香港圣欧集团对其在江苏、上海等地的项目进行实地考察；实地考察广东新疆商会伊犁分会的畜产品深加工项目。

接待服务 由办事处牵头，积极组织新疆兰州籍企业家筹备新疆乌鲁木齐兰州商会，报批成立；与市就业局紧密配合，搜集就业信息，落实就业岗位，并进行跟踪服务管理。多次慰问兰州籍在疆务工人员，帮助解决诸多实际困难和问题；保障市委、市人大、市政府、市政协及市直部门和县区来疆人员的各种公务考察活动；完成市委、市政府和市政府合作交流办公室交办的其他各项任务。

政务信息 抓住新疆与俄罗斯、哈萨克斯坦、吉尔吉斯斯坦、塔吉克斯坦、巴基斯坦、蒙古、印度、阿富汗八国接壤，在历史上又是古丝绸之路的重要通道，是“亚欧大陆桥”的必经之地，战略位置十分重要，紧盯新疆政治、经济、社会等出台的重要举措、取得的成就和经验以及工作亮点，广泛联络、搜集捕捉各类信息，发挥信息共享、服务决策和推动工作、经贸协作、接待联络、输转就业的有效作用。

（魏含虎）

金城海关

【概况】 2019年，金城海关税收入库5.96亿元，监管进出境货物36.8万吨，总值72.3亿元；检验检疫货物4584批次，总值30.43亿元；审批减免税5730.95万元，货值4.75亿元；审批备案加工贸易手册68本，备案金额9.16亿美元。

【机构改革】 根据海关总署“三定”部署，2019年1月18日，在整合兰州海关现场业务处、原甘肃出入境检验检疫局检务处、动植检处、食检处、检验监管处部分职能的基础上，成立金城海关，负责兰州、白银、定西、临夏、甘南5个市（州）海关业务，是兰州海关所辖7个隶属海关中，业务体量最大、业务门类最齐、业务辖区最广、对外开放平台最多的正处级隶属海关为属地综合型海关。内设办公室、综合业务科、监管科、稽核科、查验科、保税监管科6个正科级机构，全关共有在职干部职工39人。

【安全防控】 开展“国门利剑”联合专项行动，打击洋垃圾、象牙等濒危物种及其制品、重点涉税商品、粮食等农产品、涉枪涉毒等走私。全年办理“两简”（即：简单案件、简易案件）案件8起、移交缉私案件线索3起，办理涉检行政处罚案件1起；开展出口果园检疫性实蝇监测，进口粮食运输沿线、定点加工厂（储备库）及其周边有害杂草监测。实施口岸区域病媒生物、入境集装箱和货物查验输入性病媒监测，严控国门生物安全。

【综合治税】 落实税收风险防控主体责任，细化税源调研，分解税收任务，做到应收尽收，完成税收5.96亿元，其中加工贸易内销征税4.01亿元，同比增长28.9%，边角料副产品内销征税247万元，同比增长72.7%。

【检验检疫】 全年检验危化品及包装鉴定597批，货值1.36亿元；检验进口铜精矿、锌精矿2952批，货值22.36亿元；检验出口稀土114批，货值0.52亿元；检验机电类商品61批，货值1.15亿元，其他出口工业产品3批，货值21.15万元，旧机电1批，检出不合格产品16批。完成2批2668头澳大利亚进境种羊隔离检疫。

【营商环境】 优化整合辖区内2家“查检合一”关检作业场所（场地），保障甘肃省首个进境粮食指定监管场地顺利通过海关总署验收，协调拓展场地功能，获批粮食种类8项；推进中国（兰州）跨境电子商务综合试验区建设，指导设立企业公共备货仓，推进跨境电商业务开展，跨境电商1210监管模式进口3票，总货值37万元，清单核放464票，同比增长21倍。9610监管模式出口测试成功；“两步申报”“单一窗口”申报减免税、原产地证自主打印、新一代海关通关系统报关等业务改革，兰州关区5个“首票”“首单”“首册”均在金城海关率先落地。加工贸易“参数判别、分类审

金城海关对供港澳蔬菜基地开展日常监管

核”作业、金关二期加工贸易手(账)册管理系统、新一代查验管理系统率先在金城海关上线运行。新一代海关通关系统应用率100%。增值税改革实施以来,减税9299.78万元。受理“自报自缴”报关单849票,征收税款6950万元。受理集中汇总征税报关单1081票,征收税款6710万元。

【海关监管】 落实国务院、海关总署关于“提效降费”和压缩整体通关时间要求,建立关企联络员机制,实施7×24小时全天候预约通关、重点企业“一对一”联络等措施,引导企业开展“自报自缴”“汇总征税”,整体通关时间明显压缩;推动以信用为核心的海关监管机制,强化企业信用管理,高质量完成辖区企业认证12家,培育企业直接申请高级认证企业1家。办理专项稽查4起,常规稽查1起,保税核查指令51起,保税核查反馈加贸部门补税1.53亿元。

【服务经济】 落实国务院、兰州海关支持措施,创新监管模式,优化业务流程,促进兰州新区综合保税区高水平开放高质量发展。“四自一简”“仓储货物分类监管”“简化进出区管理”“预包装食品先入区后检测”等4项措施落地实施。全年办理“简化进出区管理”货物4680单,其中区内仓储货物分类监管业务3378单,通过“四自一简”备案账册15本。综合保税区外贸总值同比增长135.5%;促成兰州石化公司进口原油保税加工航煤业务落地实施;支持中欧班列货运回程扩量增效,监管出口班列5列,364个标箱,货运量2983.15吨,货值5734.25万元。监管进口班列20列,2038个标箱,货运量1.74万吨,货值人民币2.6亿元;落实兰州海关促进农产品出口十二条措施,设置农产品专门窗口,取消出口初级食用农产品企业备案,提供全天候预约通关和查验服务,促进高原夏菜、中药材等特色农产品出口。指导2家企业成为供港澳蔬菜备案种植基地并入驻粤港澳大湾区“菜篮子”平台。

(张国泰)

供销

【概况】 兰州市供销合作社联合社是参照《公务员法》管理的市政府直属事业单位,内设办公室、组织人事科、财务审计科、业务指导科4个科(室)。有兰州金达(集团)股份有限公司、市再生资源回收公司、市农副土产日用杂品公司、市果品茶叶公司、市土产公司、市三丰农业生产资料有限公司等6个直属公司,永登、榆中、皋兰县及红古、西固、七里河、城关、安宁区等8个县区供销联社。2019年,全市供销系统实现商品购进总额65.50亿元;商品销售总额69.10亿元。其中,农业生产资料销售3.06亿元,占销售总额的4.43%;农副产品销售7.12亿元,占销售总额的10.30%;日用消费品销售19.55亿元,占销售总额的28.29%;再生资源销售34.57亿元,占销售总额的50.02%;电子商务销售0.36亿元,占销售总额的0.53%;其他类销售4.44亿元,占销售总额的6.43%。实现利润989.24万元,较上年同比增长13.21%。庆祝中华人民共和国成立70周年之际,举办以“凝聚供销情,喜迎70华诞”为主题的市供销社直属系统职工运动会,市供销社机关及直属公司6支代表队370余名运动员参加。在兰州市直属机关“礼赞新中国 奋进新时代”庆祝中华人民共和国成立70周年合唱比赛总决赛中,市供销社参赛曲目《娄山关》和《故乡的云》获得二等奖,并受邀参加兰州首届黄河之滨音乐节演出。召开中共兰州市供销合作社联合社直属机关委员会选举大会,以无记名投票、差额选举的方式选举产生市供销社直属机关党委委员和纪委委员。

【资金争取】 全年向上争取资金300万元,包括省供销社下达皋兰县石洞供销社新建经营设施基层组织专项资金25万元,省财政厅下达金达集团“新网工程”建设项目专项资金40万元,生态环境部下达兰州鸿翼废旧电子产品拆解加工中心废弃电器电子产品处理补贴基金235万元。

【综合改革】 全系统通过整合经

营资源，拓展服务项目，土地流转面积达到17385亩，土地托管面积达到9110亩；配方施肥、统防统治、农机作业面积12.23万亩。发挥系统农产品加工流通企业、基层社、集贸市场、冷链和仓储设施等的作用，帮助解决农产品销售难题。组织系统内企业参加“兰洽会”“厦洽会”、甘津扶贫协作“农超对接”洽谈会展览、省供销社组织的农产品产销对接等活动，帮助农民、农民专业合作社加大与消费终端市场、各类产销协会、城市超市、电商平台等的对接力度，扩大农产品销售规模。坚持“走出去”战略，带领农民、农民专业合作社到省外找市场、找销路、找合作伙伴。榆中县、永登县供销社与天津宁河区、宝坻区对接，分别成立兰州永宝宫霄农副产品购销公司、兰州宁榆农副产品购销公司开展农产品购销工作，全年分别实现销售额420万元、4500万元。顺应商业模式和消费方式变革的新趋势，推进电商平台建设，拓展为农服务新渠道。皋兰县供销社搭建的都市农产品公共服务平台正筹备上线运营；金达集团的“金达e购”电子商城有43家商户入驻；榆中县供销社抓住榆中县“国家级电子商务进农村综合示范项目”机遇，发展农村电子商务站点100家，并注册成立榆中供销电子商务有限公司，开发“鲜生活新悦团”APP，向广大居民开展果蔬配送服务，全年销售额580万元。全系统在阿里巴巴、淘宝、京东、市三维商城等开设网店72家。

【供销项目建设】 完成30个村级供销综合服务社改造提升建设项目，市级财政扶持资金180万元全部拨付至项目建设单位。市果品茶叶公司与广东省六建集团有限公司合作投资建设甘肃农副产品精品展销馆及棚户区改造（二期）项目，该项目总投资1.1亿元，基坑支护工程主楼区域工程桩已全部完成，正在进行地基换填处理与胎膜砌筑工程。市供销社招商引资重点项目智能立体停车库1月24日竣工并投入使用。该项目位于西关十字，总投资约1100万元，由兰州市供销社直属企业金达集团负责建设。该停车库为垂直升降类机械式钢结构立体停车库，建筑高度23.79米，有5个塔库10层100个停车位，可连接互联网，通过远程监控掌握车库运行状况，具有智能化程度高、存取便捷、占地面积小、节能环保等优势。车主可通过刷卡和手机预约存取车辆，操作简单、安全、便捷，为周边居民和社会公众提供24小时停车便利，缓解西关什字停车难题。市农副公司积极探索融入“一带一路”建设，以混合制形式组建甘肃兰供华泰进出口贸易有限公司，从俄罗斯进口的300吨亚麻籽于12月4日到关，并于次日完成清关，完成首笔国外商品报关进口贸易业务，第二批、第三批700吨亚麻籽陆续到货，对全部进口货物与多家经销商达成购销协议。市回收公司与青岛领军新材料科技有限公司合作投资建设2万吨/年高分子橡胶利用（二期）项目投资总额5800万元建设资金到位。兰州再生资源循环经济加工产业园扩建20万吨/年废纸再制造二期项目造纸车间建设完成，造纸设备已购置。

【再生资源循环经济】 2019年，加快推进国家“城市矿产”示范基地—兰州再生资源循环经济加工产业园项目建设，打造集回收、仓储物流、拆解、再制造和综合交易于一体的安全高效、节能环保的国家资源循环利用基地。兰州再生资源循环经济加工产业园承建的10个“城市矿产”示范基地重点建设项目基本建成9个，分别是1.18万辆报废汽车拆解加工项目、10万吨废塑料分拣加工项目、100万台废家电拆解项目、6.5万吨废橡胶（复原胶）加工再利用项目、5万吨废电线电缆拆解项目、西部再生资源信息交易平台项目、西部“城市矿产”技术中心项目、回收网点建设项目、再生资源分拣中心项目。35万吨钢铁洁净钢生产项目正在建设轻钢厂房。规划总投资11.89亿元的产业园项目完成投资8.2亿余元，年实现工业产值超过30亿元。全系统形成以城关区、安宁区、榆中县、皋兰县为中心，辐射临夏、酒泉、白银、西宁等地的再生资源回收网络体系。废旧物资收购总量约占全市可收购总量的80%，稳居回收行业前列。市回收公司在中国再生资源回收利用协会发布的“2018年中国再生资源百强企业排行榜榜单”中排名第11位。兰州兴盛源循环经济加工产业园再生资源钢雕产品获第四届兰州市科技成果博览会优秀产品铜奖。

【为农服务】 永登县柳树供销社为解决高原夏菜集中上市季节收购交售点不足、农民卖难问题，帮助农民增加收入，筹措资金8万元，垫高平整供销社自有低洼院落3500平方米，安装1台30吨地磅，新建简易收菜大棚180平方米，将闲置的基层社大院改造成小型农贸市场，交易范围辐射周边6个行政村，每天蔬菜收购发运量5万斤。树屏供销社针对所在地哈家咀村距离县城远、当地煤炭经营户少、农民冬季采暖购煤不方便的情况，拆除基层社大院原来的旧仓库和办公室，引资150万元，新建钢骨架厂棚930平方米，硬化场地1300平方米，新建办公室、宿舍20间以及环保配套设施等，建成煤炭专营市场，开展蜂窝煤加工和煤炭销售，为当地农民冬季采暖用煤提供保障。加大农民培训工作力度，举办各类培训班24期，培训农村实用人才10525人次，其中农民经纪人2215人，发放科技资料12367万份。

【农资供应】 积极筹措资金，衔接货源、扩大储备、做实库存、严把质量关、保障供应。以县区农资经营企业为龙头，以农资配送中心为依托，以基层社、村级供销综合服务社、标准化农资店等为基础，开展农资配送、连锁直供业务。引进高效、环保、新型农资产品，增加掺混肥、水溶肥、缓（控）释肥、有机肥等肥料品种和高效低毒低残留农药、高标准农膜市场供应。发挥庄稼医院的作用，采取测土配方施肥、农技推广、病虫害防疫防治、植保门诊、处方供农药以及相应的农资配套服务，实现农资供应服务转型升级。联合市市场监督管理局开展“2019年全市春季肥料市场专项整治行动”，通过深入全市肥料经营企业和乡村经营网点，严查经营门店证件是否齐全、经营产品是否备案登记、进销货台账是否健全、产品包装标签内容是否规范，以及是否存在掺杂使假、以次充好、以假充真等违法行为，切实把住肥料流通关口，依法严肃查处违法行为，严格维护肥料市场经营秩序，确保农民购买到优质、放心的肥料产品，为春耕生产和推进质量兴农提供有力支撑。2019年，全系统供应各类化肥108491吨。其中，氮肥42254吨（尿素26068吨，碳铵16186吨）；磷肥28379吨；钾肥1504吨；复合肥16256吨；水溶肥20吨；有机肥20078吨。供应农药631吨，供应农用塑料薄膜558吨，供应农用机械类和种子种苗类销售总额分别为349万元和508万元。

【服务平台建设】　全系统建成基层社47个；领办创办各类农民专业合作社71家，专业合作社入社成员16475人；累计改造提升标准化村级供销综合服务社235家。按照行政村“全覆盖、零遗漏”布点要求，建成农资、日用消费品、农副产品等各类县（区）级配送中心11个，农副产品交易市场8个，农资连锁配送经营服务网点280个（其中自营181个）、日用消费品连锁配送经营服务网点702个（其中自营303个），废旧物资村级回收点52个，乡镇社区回收站330个，全方位为农民群众提供生产生活服务。市农副公司安宁堡肉菜市场重视追溯体系信息管理，从流通领域入手，完成肉菜流通信息录入和上报，建立来源可追溯、去向可查证、责任可追究的肉类蔬菜流通追溯体系，从源头提升产品质量水平，保障市民舌尖上的安全。安宁堡肉菜市场被安宁区商务局授予“安宁区肉菜流通追溯信息录入示范岗”荣誉称号。兰州金达（集团）股份有限公司在晏家坪东街112号打造的以销售农副产品为主，占地面积近200平方米的金达易购城南国际店于5月16日正式开业。市回收公司探索再生资源回收与生活垃圾分类回收体系“两网融合”发展新机制，与市城管委、城关区环卫局、西固区环卫局等单位协商，将街道（社区）垃圾房、压缩站等设施资源共享，纳入废品分拣回收功能，在城关区环卫局11个中转站、西固区环卫局6个中转站挂牌成立两网融合网点，助力实现全域无垃圾目标。

（刘　蓉）

粮　油

【概况】　2019年，兰州市粮食和物资储备局抢抓“一带一路”机遇，实施优质粮食工程；深化机构改革，完善物资储备体系。总投资10.265亿元的兰州粮食现代产业园（一期）项目，累计完成投资7亿元；总投资2976万元的兰州花庄粮食储备库有限公司第三期仓房扩建项目完工。总投资1543万元的粮库智能化项目一期全部完工。

【机构改革】　2月19日，兰州市粮食和物资储备局正式挂牌，各区（县）发改局加挂粮食和物资储备局的牌子。兰州市粮食和物资储备局是根据2019年甘肃省委、省政府批准的《兰州市机构改革方案》，在承担原粮食局全市粮食储备管理、流通调控、粮食市场监督检查、监测预警、应急保障和军粮供应等工作职能的基础上，增加原发改委冻肉储备、商务局的蔬菜储备和原民政局应急救灾储备物资的收储、轮换、管理及调拨等11项基本职能和4项转变职能等职责组建的，为政府工作部门，正县处级。局机关内设科室9个，分别为办公室、人事科、财务科、产业发展科（法制科）、粮食储备科（兰州市粮食安全省长责任制考核办公室）、物资储备科、监督安全科（应急保障科）、军粮管理科、机关党总支。按照市委编办工作部署，本次机构改革从市商务局划转1个行政编制，划转后局行政编制34名（不含工勤6名）。

【粮食储备库建设】　在占地1500亩、总投资60亿元初具规模的基础上，加快产业集聚，通过“腾笼换鸟、出城入园”，鼓励兰州市粮食仓储物流、粮油精深加工、粮油电子商务等企业入驻，形成产业集聚、分工有序、相互补充、错位发展的新格局。在入驻兰州粮油集团、兰州润民粮油集团、益海嘉里、海大饲料等企业的基础上，促成新希望集团等企业入驻。总投资6710万元的兰州天润粮油生物有限公司6万吨平房仓建设项目主体完工。继续新建和提升改造放心粮店50家，2019年总投资500万元，项目建设全部完工。“中国好粮油行动”示范企业项目兰州润民粮油有限公司总投资7562万元和甘肃豫兰生物科技有限公司总投资6600万元项目顺利推进。“陇上好粮油”项目，50个示范店店面装修装饰及货架配备等完成，智慧门店系统等待省上统一安装。

【仓储管理】　对全市行政区域内中央、省、市、县政策性粮食承储企业的政策性储粮进行全面彻查；检查结果显示兰州市粮食储备账账相符、账实相符、补贴到位、规范有序。秋季粮油普查投入198人次，检查全市粮油承储企业，普查结果显示，各级粮油储备情况稳定，仓储基础工作比较扎实，数量真实、质量良好、管理规范、储存安全、科学储粮技术应用和“一符四无”（账物相符，保管总帐（会计帐）、统计帐、分仓保管帐与仓房粮食数量相符。无虫害、无鼠雀、无霉变、无事故）粮仓建设成效显著；全市科学保粮率90%以上。对辖区内2019年上半年销售成交的12单省级储备2万吨小麦、22单国家临时存储进口1万吨小麦竞价销售出库情况进行检查，出库手续完备，未发现拍卖粮食在数量、质量、出库信息与实际情况不符导致纠纷的行为，未发现“转圈粮”、收储库点购买本库政策性粮食等违法违规、违反政策及交易细则的问题。健全完善《兰州市粮食应急保障预案》，建立健全突发公共事件信息报告工作机制，保障信息渠道畅通，及时掌握各库区情况，消除安全隐患。在全市确定138家粮食应急供应网点、5家应急加工企业、11家应急仓储企业、11家应急配送企业，确定全市放心粮油配送车为应急配送车辆。

【粮食安全责任制落实】 顺利通过省政府粮食安全省长责任制考核组对兰州市2018年度粮食安全省长责任制考核，第二次获得优秀；完成市政府对各区（县）政府的考核工作；市政府与8个区（县）政府签订2019年度粮食安全省长责任制目标责任书。利用“兰洽会”和世界粮食日、粮食安全宣传周等活动，联合市农业农村局、市教育局、市科技局、市妇联等部门组织开展面向学生、面向社区、面向家庭、面向农户、面向企业的多形式系列宣传活动，宣传粮食安全。

【粮油市场监管】 实施粮食安全战略，推进“食安甘肃”建设，以保障粮油质量安全为重点，进一步明确责任，扎实开展粮食流通监督检查工作，加强粮食收购、储存、加工、销售及运输环节的质量监管工作及政策落实情况的监督检查，出动执法人员1023人次，出动车辆341台次，检查经营网点和粮食仓储企业1016户次，办理案件8件，移交案件2件。持续开展放心粮店诚信“红黑榜”评选活动；市（县）级粮油质检体系得到补充，市粮油质量监督检验中心基本具备运行条件。全年累计抽查粮油样品120个，合格率100%。

【军供保障】 严格执行国家政策规定，保质保量完成军粮供应工作。加强军粮质量监管，对全市各军供站点军供粮油质量安全、军粮供应手续、军粮统筹管理、军供保密等工作进行全面检查，发现问题立即责令改正。加强军粮统筹管理工作，规范军粮供应管理，进一步加强军粮质量监督检查，确保军供粮油安全可靠。立足提升转型，推进军民融合发展，加强军粮网络体系建设，发挥骨干军供站的示范带头作用，将军粮供应体系作为“放心粮油工程”和“中国好粮油行动”的重要载体，扩大军粮供应军民兼营网点和影响力，拓展社会市场，推进放心粮油进部队、进社区、进农村、进校园、进企业工作。推行“优质的服务、满意在军营”活动，把“粮油科技进军营”活动融入日常军粮供应工作中，围绕官兵吃得营养、吃得健康主题，深入基层部队，开展“粮油服务进军营，餐桌节约促强军”活动，利用多平台和多渠道强化军营粮油科技科普宣传服务工作，突出爱粮节粮、服务官兵主题，为部队官兵提供科学储粮、安全用粮、营养膳食、爱粮节粮等科技服务，协助部队加强粮油运输、储存、加工、制作等各环节科学管理，满足广大官兵对科学储粮、副食制作、营养膳食等方面的需求，解决官兵们在日常粮油保管等方面遇到的问题。加强学习培训，强化责任意识，确保军供人员可靠、可信、可用，培养懂业务、会管理、执行力强、作风优良的军粮供应管理人才，提升军粮职工谋事干事创业的积极性、主动性和自觉性。全年抽检军供粮油17个，合格率100%。

10月16日上午，兰州市第39个“世界粮食日”暨第29个“粮食安全宣传周”活动启动仪式在黄河风情线近水平台广场举行

【粮食供需平衡调查】 贯彻执行各项统计制度，将粮油统计数据纳入年度粮食安全省长责任制考核，做好日常评估检查，加强对重点企业和重点指标的跟踪检查，确保数据的真实性、连续性和稳定性。兰州市现有焦家湾、土门墩、张苏滩三大粮油批发

7月4日，在国际会展中心二楼举办的精品粮油展一角

市场，粮油经销商1600余家，粮油价格监测点88个，省级直报点4个，成品粮油购销存监测点100个，严格实行日报、周报、半月报等应急机制，每季度向社会发布粮油质量监测、粮食价格及监管动态信息，为各级政府部门宏观调控粮食市场提供及时准确的理论依据。全年粮油市场价格稳定，未出现波动。

【招商引资】 引进年出栏10万头生猪种养循环农业产业园项目，计划总投资约2.2亿元，年底项目到位资金1亿元。接待来兰考察企业40余家，接受电话咨询50余次，赴外招商4次，报备线索项目3个，跟进线索项目3个，重点跟踪项目2个，报备签约项目1个。此外，在向上争取资金方面，向省局、市发改委申报中央预算内补助项目、粮食应急保障项目、“十四五”重大工程项目和粮食仓储基础设施维修改造等各类项目，增加本地区粮食仓储物流基础设施，累计争取资金1380万元，超额完成目标任务的360%。

【粮食对外合作】 7月4日至8日，成功举办“一带一路”粮食安全高峰论坛暨精品粮油展，新加坡、菲律宾等“一带一路”沿线部分国家和国内10余个省（区）、20个市的嘉宾和近百家国内外知名粮油企业1000余人参会参展。本次论坛由甘肃省人民政府主办，甘肃省粮食和物资储备局、兰州市人民政府承办。甘肃省委常委、常务副省长宋亮，兰州市委副书记、市长张伟文到会致辞。论坛期间，联合国世界粮食计划署驻华代表屈四喜博士等国内外知名专家学者和粮油企业代表围绕完善粮食安全体系、加强粮食合作机制、构建“一带一路”粮食物流通道等方面发表主题演讲。

活动期间，兰州市与银川市达成政府间合作框架协议，兰州市多家粮油企业与宁夏、青海、江苏、北京等省市及菲律宾的粮油企业达成产销合作，现场达成9项合作成果，涵盖“西部粮都”招商、“智慧粮仓”建设、粮油电商、粮油产品代理等方面，总签约资金10亿元。4月10日，由哈萨克斯坦进口的9000吨小麦运抵兰州粮食口岸，标志着兰州进口粮食指定口岸获国家批准后第一批进口粮食正式通关。

（王鹏飞）

烟　草

【概况】 2019年，兰州市烟草专卖局（公司）下辖兰州新区、城关、七里河、西固、安宁、红古6个区级烟草专卖局（营销部）和榆中、皋兰、永登3个县级烟草专卖局（营销部），从业人员577人。

【卷烟营销】 现代终端建设不断升级，“陇之情便利”卷烟流通品牌有序推广，其中“新商通”使用客户、“微商盟”开通客户、“陇之情”注册会员显著增加。聚焦提升客户盈利，探索构建消费者消费行为模型，开展批零网上配货业务改进试点工作，探索“烟草+彩票”兼营模式，帮助零售客户提高经营能力、拓宽盈利空间，客户服务满意度和卷烟毛利率均有所提升。送货车辆智能调度指挥平台、叉车智能调度系统以及工商同城共库项目的全面运行，为打造“智慧物流”提供助力。

【专卖管理】 与兰州海关建立协作关系，打击制售假烟和走私贩私违法犯罪活动力度不断加大，兰州市烟草专卖局稽查支队、城关区烟草专卖局、七里河区烟草专卖局破获的4起案件，涉案金额均超过千万元。深入推进打击“食品药品农资环境烟草”领域违法犯罪行为专项行动和“昆仑”专项行动，常态化开展物流寄递渠道专项整治，探索开展新型烟草制品监管。以打击贩销团伙为目标，突出大要案查办，查处一批较大规模的涉烟违法犯罪案件。其中，查获5万元（或20万支）以上案件35起，移送司法机关22起，刑事拘留10人，逮捕4人。严格落实零售许可5日办结制和“最多跑一次”，推行“十日送货到户”。榆中县烟草专卖局被榆中县政府评为“一窗受理、集成服务”优秀窗口。侵害零售客户利益问题专项整治、电子烟监管和全市中小学周边卷烟零售店专项清理整顿工作成效显著。

【企业管理】 完成标准体系信息化建设试点工作，标准体系管控和使用效率大大提高。持续开展管理诊断基层行活动，集中解决基层管理工作中存在的共性问题和关键症结。推进创新管理及QC小组活动，5项成果被省质量协会评为一等奖。组织开展不稳定因素排查，未发生安全生产责任事故和重大信访舆情事件。参与完成两轮行业网信安全攻防演习，建立市、县两级网络安全防护体系，网信安全应急处置能力得到提升。

（康立中）

非公经济

【概况】 2019年，全市各级市场监管部门累计登记各类市场主体337626户，新增市场主体51631户，同比增长7.17%，其中内资企业141786户。全市非公经济市场主体327670家，其中外商企业765家，私营企业131830家，非公经济市场主体占全市各类市场主体97%。全年全市城镇就业9.36万人，民营经济市场主体带动城镇就业约9万人，占全市城镇就业人数的96.7%。上缴税金130.9亿元，占全部税收的37%。有21家企业在主板、新三板、科创板上市。在最新公布的甘肃民营"3个50强"企业名单中，兰州市有49家企业入围。其中22家进入营业收入50强；20家进入纳税50强；15家进入安置就业50强，占全省50强比例分别为44%、40%、30%，在全省各市州排名均居首位。另外，西脉记忆合金、方大炭素、陇萃堂等48户企业入选全省战略性新兴产业企业。2019年，全市非公经济增加值占GDP的比重约为46.2%，连续四年实现正增长。中小企业从传统产业正在向装备制造、生物医药、信息技术、新材料、新能源、节能环保等战略性新兴产业方面延伸发展。

【政策支持】 制定出台《进一步优化营商环境大力支持非公有制经济发展的实施意见》《努力构建亲清政商关系的指导意见》《营造企业家健康成长环境弘扬优秀企业家精神更好发挥企业作用的通知》和《关于贯彻落实全省促进中小微企业高质量发展若干政策任务分解的通知》等政策，不断夯实政策导向基础。调整升格市非公有制经济发展协调推进领导小组，领导小组成员单位调整为42个；成立市促进中小企业发展领导小组，市政府常务副市长任组长，领导小组成员单位21个，进一步强化对全市民营经济、中小企业发展的组织领导，逐步形成各区（县）、部门联动，共同促进中小微企业发展的工作机制。

【平台建设】 累计创建国家、省、市级中小企业服务平台74家，为中小企业提供财税、融资、法律、创业、质量认证等服务；对兰州中小企业公共服务平台进行改造提升，投入150万元，开展中小微企业公共服务电子补贴券工作，为小微企业购买服务提供补贴，减轻中小微企业负担。按照国家工业和信息化部、国家统计局、国家发展和改革委员会、财政部部颁标准为700余户小微企业进行划型认定，帮助企业降低招投标成本；兰州威特焊材炉料有限公司等13户企业被认定为甘肃省"专精特新"中小企业，其中西脉记忆合金股份有限公司被评为国家级小巨人企业；鼓励和培育中小企业开展"双创"（大众创业 万众创新）工作，新培育省级科技孵化器2家、众创空间15家，累计培育省级创业就业孵化示范基地25家，认定国家级企业技术中心9个、甘肃省企业技术中心72个，省级以上创新示范企业29户、省级以上工程研究中心达到160个，特别是兰州丝路新材料技术有限公司的"一体化气凝胶防护材料项目"和兰州兰润生"医用级牦牛胶原蛋白项目"分别获得2019年全国创客企业组和创客组两个一等奖。

【项目认定】 加强中小企业科技创新体系和项目建设，加快培育具有一定规模、优势比较突出、掌握核心技术的企业建立技术研发平台，加大科技研发投入，积极研发新产品，争取省、市科技创新政策支持。兰州兰泵有限公司等3户企业被认定为2019年省级企业技术中心；甘肃蓝科石化高新装备股份有限公司等4户企业被认定为2019年省级工业设计中心；兰州高压阀门有限公司被认定为2019年国家级技术创新示范企业；兰州电机股份有限公司等4户企业被认定为2019年省级技术创新示范企业。向2018年获得国家、省级技术创新平台认定的西脉、佛慈等7户企业拨付350万元奖励资金。推动产学研融合，鼓励在兰的高校院所和企业建立产学研紧密结合的技术创新体系，认定科技成果转化基地和研发机构15家。支持兰州科技大市场提升服务功能，完成技术合同认定登记4528项，技术合同认定登记额68.46亿元，促成36项科技成果在省内转移转化。

【重点企业】 **甘肃兰金民用爆炸高新技术中心**：成立于1991年，隶属甘肃省化工研究院，为具有独立法人资格的国有企业，主要从事民用爆破技术的研发、推广应用和爆破工程的设计施工、安全评估、安全监理工作，同时开展爆破技术咨询、安全培训、地质灾害治理、振动监测、废旧爆炸物品销毁等工作。公司在工程爆破、油气井爆炸增产和特种爆破技术领域取得了显著成绩，经甘肃省科学技术厅批准，甘肃省化工研究院依托甘肃兰金民用爆炸高新技术公司成立了油气井爆炸新技术研究创新团队、甘肃省兰金民爆行业生产力促进中心、甘肃省民用爆破工程技术研究中心和兰州市民用爆破工程技术研发中心。公司注册资金2010万元，拥有营业性爆破作业单位一级资质(岩土爆破、拆除爆破、特种爆破)、矿山施工总承包三级资质、爆破与拆除工程专业承包三级资质、土石方工程专业承包三级资质、地质灾害治理丙级资质、振动测试CMA认证,取得建筑施工、金属非金属矿山施工、油田井下作业安全生产许可证,通过ISO9001质量管理体系、ISO14001环境管理体系、OHSAS18001职业健康安全管理体系认证,是中国工程爆破协会常务理事单位,甘肃省工程爆破协会和甘肃省民爆器材行业协会副理事长单位,中文核心期刊《爆破》杂志协办单位。2019年有专业技术人员50名,其中正高级工程师2名,研究员1名,高级工程师11名,高级会计师1名,工程师20名;博士1名,硕士3名;享受国务院特殊津贴专家1名,甘肃省领军人才1名,中国工程爆破协会特聘专家1名,工信部民爆专家1名,国家民爆器材行业专家1名,"西部之光"访问学者2名,兰州市科技领军人才2名,甘肃省反恐怖防爆炸专家2名,省属科研院所学科带头人1名,甘肃省公安厅工程爆破专家7名;有注册安全工程师4名,注册建造师18名;36人持有公安部颁发的《爆破工程技术人员安全作业证》(其中高级14人,中级20人)。公司具有较强的研发实力,先后完成省部级科研项目30余项,通过省部级科技成果、新技术新产品鉴定验收10项,荣获中国工程爆破协会科学技术奖一等奖1项,甘肃省科学技术进步奖二等奖2项、三等奖3项,甘肃省优秀新产品新技术奖3项,甘肃省职工优秀技术创新成果奖二等奖1项,获得科技部中小企业技术创新基金1项、甘肃省中小企业技术创新基金1项,获得19项授权专利,累计发表学术论文110篇。

兰州威特焊材科技股份有限公司:是一家集科研、生产、销售和技术服务为一体的国家级高新技术企业,是专业生产经营焊接材料和金属合金材料的民营企业。公司成立于1999年,现有注册资金5695万元。2016年9月1日公司成功在北京全国中小企业股份转让系统完成新三板挂牌(证券简称:威特焊材;证券代码:838332)。公司总部地址:甘肃省兰州市安宁区万新路348号,占地面积4600平方米;公司生产地址:兰州新区纬三十二路以南经二十七路以东,占地面积7.6万平方米。2019年有职工50人,其中硕士研究生学历人员4人,大专及以上学历人员占到70%。

公司以自主创新为主,坚持"产、学、研、用"相结合,先后与兰州理工大学、武汉大学、东北大学签订技术开发合作协议,在铝及铝合金焊丝、镁合金焊丝研发方面已获得授权国家发明专利8件、实用新型专利2件、外观设计专利1件;新受理1件发明专利,专利所有权都属于兰州威特焊材科技股份有限公司。公司现已注册商标3个,完全包含了公司所经营的各类产品,保护范围全面。其中兰光商标覆盖了焊接材料,威特商标覆盖了金属合金材料。

公司是西北地区知名的铝合金焊材生产企业,主导产品有铝及铝合金系列焊丝,包括纯铝、铝硅合金、铝镁合金、铝锰合金、铝铜合金、铝锂合金6大类22个品种。在生产过程中,严格按照ISO9001:2015国际质量管理体系进行控制,生产的产品质量稳定,用户使用满意。近年来,为航空航天、电动汽车、运动器材、化工容器、建筑装饰、电力家电等领域提供了高性能铝合金焊丝。其中航空航天用铝锂合金焊丝的研发填补了国内空白。公司已制定了铝锂合金焊丝企业标准,该标准已被甘肃省质量技术监督局专家组评定通过,拟推为国家标准。

公司响应中央军民融合发展委员会关于民企参军的号召,积极投身到军工装备协作配套建设中。已取得"国军标质量管理体系GJB9001C-2017"认证、"武器装备科研生产单位三级保密资格""武器装备科研生产许可"证书,完成产品在"全军武器装备采购网""国家军民融合公共服务平台"和"军队采购网"的注册。公司相关产品先后入选国家发展和改革委员会经济与国防协调发展司编印的《"民参军"企业推荐目录(2017年版)》,中华工业商业联合会编印的《军民两用高新技术民营企业及产品推介目录(第六册)》。2017年9月,在甘肃省工业和信息化委员会的指导下,以兰州理工大学为牵头单位,兰州威特焊材科技股份有限公司、兰州理工合金粉末股份有限责任公司为协同单位,共同建设了"甘肃省有色金属先进加工技术军民融合协同创新中心"。

公司建有省发改委授牌的省级高强新型有色合金材料工程实验室,是全省计划培育的100家工程实验室之一。该实验室为公司高强新型有色合金焊丝的研发和检验提供优越的科技支撑平台。2017年3月,在兰州新区孵化大厦设立了甘肃省院士专家工作站,并已聘请多名专家及教授入驻。进站专家主要有原省政协副主席、原甘肃工业大学校长、"中国焊接终身成就奖"获得者陈剑虹教授,中国工程院院士薛群基,兰州理工大学博士生导师马勤教授,兰州空间技术物理研究所主任何成旦博士,中国机械研究总院中联认证中心主任、高级工程师付志坚,武汉大学动力与机械学院材料工程系副主任、武汉大学焊接研究所所长张国栋教授,原甘肃工业大学教授、博士生导师阎峰云等。

2016年9月1日,公司在全国中小企业股份转让系统举行挂牌仪式,正式成为新三板挂牌企业。2016年11月,公司完成首次定向增发,发行股票1350万股,募集资金4050万元。公司自挂牌之日起,严格遵守股转系统的相关规定，保护投资者合法利益，受到全体股东和主办券商的信任与认可。

公司借助“一带一路”倡议机遇，把握兰州新区开发开放的战略时机，积极提升西北地区铝合金及有色金属焊接材料制造技术，在兰州新区投资3亿元筹建“10000吨/年铝及铝合金焊丝生产线项目”。

兰州华能生态能源科技股份有限公司（原兰州华能太阳能有限公司）：成立于1996年，以改善农村生态生活环境作为产业发展方向，致力于节能、环保技术及产品的开发应用，是一家农村能源产品研发、生产销售、整体解决方案设计及服务为一体的高新技术企业。注册资本2000万元，该公司设有21个事业部，2个分公司，以及5个全资子公司，在传统渠道上拥有优秀代理商169家，在新零售销售模式上拥有销售代表600余人。

公司拥有地球公社、暖媳妇、美家暖、蓝色之恋等多个著名品牌，主要产品及服务涉及：合同能源管理服务；绿色建筑设计、建造；太阳能光伏发电系统工程；蓄热式电磁热能采暖系统；空气源热泵、石墨烯采暖系列产品；污水处理；新型材料开发及相关技术服务等，其中多项产品获得“甘肃名牌产品”称号。公司拥有进出口经营权，具备完善的经销网络，在国家“一带一路”倡议推动下，公司多项产品先后走向国际市场，畅销俄罗斯、印度、波兰、哈萨克斯坦等国家，受到国内外消费者的高度赞誉。

在技术研发与产品创新上，华能生态科技股份与加拿大、日本合作成立技术研发中心，并与国际、国内多所院校及科研机构达成产学研联盟合作，拥有专业技术研发人才50余人，获得近百项国家专利，多项技术达到国家先进水平。

公司始终积极推行全面“精益”质量管理，在行业中率先通过了ISO 9001：2015、ISO14001：2015和OHSAS 18001：2007管理体系认证。2018年公司制定出“低碳建筑，把控未来”的发展战略，打造绿色建筑清洁能源产业园，园区与国际、国内知名企业、高校、研究院合作，引进国际先进装配技术，共同开发“地球公社”绿色建筑，在园区设立博士工作站，培养技术人才，培育相关产业链服务体系。

兰州宏方新型建材科技有限公司：是一家集产、学、研为一体的甘肃省高新技术企业。公司拥有多项科技成果，2010年至2013年连续被认定为甘肃省高新技术企业，承担国家科技型中小企业技术创新基金项目两项（新一代节能环保型建筑砌块10C26226203395，西北寒冷地区水泥粉磨外加剂13C26216206017），2013年列为甘肃省科技小巨人企业培育计划，获建设部全国绿色建筑创新三等奖等荣誉称号。公司内部设有技术研发中心，人才梯队合理，专业技术实力雄厚。拥有节能墙体屋面材料、特种砂浆、抹面石膏、抗硫剂、防水剂、助磨剂、防渗剂、减水剂等生产线，在功能建筑材料领域拥有雄厚的技术研发实力。

兰州海红技术股份有限公司（以下简称“公司”）：始建于2000年7月1日，坐落于兰州国家级高新技术产业开发区七里河园区（彭家坪240号），占地面积40亩，建筑面积3万余平方米，注册资金10606.4万元，下设4个职能中心、8个部门、2个事业部和1个全资子公司。公司自成立以来，保持持续快速增长，现已发展成为总资产超2亿元、年产能4亿元以上、员工总数400余人的规模，成为集科研、生产、销售和技术服务为一体的创新型高端制造企业，是智能节能能源管理整体解决方案及通信系统设备、智能配电开关控制设备供应商。

公司是由兰州海红通信设备有限责任公司整体变更设立的股份制公司，于2012年5月完成股份改制，2014年1月24日在“新三板”成功挂牌上市（全国首批，甘肃省首家），证券简称“海红技术”，证券代码“430553”。

公司主营业务：通信系统设备、智能配电开关控制设备、新能源电动汽车充电设备的研发、生产、销售和技术服务。

公司主要产品：1.通信系统设备：通信智能交/直流配电设备系列产品、通信网络物理连接（配线）设备（MDF、DDF、ODF、GXF、GF-KJN、SPX等）系列产品、通信集装设备（网络综合机柜、综合柜、一体化机柜等）系列产品、节能数据中心设备（热管背板空调系统、封闭冷通道系统、柜式机房等）系列产品、其他通信（光电一体化箱、走线架、尾纤槽、蓄电池保护装置等）系列产品；2.智能配电开关控制设备：智能高低压成套电气及自动化控制设备（BM6-Plus、KYN28、MNS、GCS、HGGD、环网柜、箱式变电站、母线槽等）系列产品、智能电力仪表系列产品、电能质量治理系统、能效检测管控系统；3.新能源充电设备：电动汽车充电桩（站）系列产品及管理系统。

公司主要业务范围涉及通信、电力等多个行业。

公司是：国家高新技术企业，国家级“知识产权优势企业”，国家级“两化融合管理体系贯标试点企业”。

甘肃璐腾电子科技有限公司：办公室地址位于兰州市城关区通渭路1号2502室，于2013年07月05日在兰州市工商行政管理局城关分局注册成立，主要经营电子与信息技术、太阳能利用技术、蓄电池维护技术的研发；通信工程、网络工程、系统集成与维护；机械设备（不含小轿车）、电子设备（以上各项不含卫星地面接收设施）的批发与零售。（依法须经批准的项目，经相关部门批准后方可开展经营活动）。

甘肃通源伟业机械设备股份有

限公司:位于兰州市城关区高新雁南路18号17层1717-B室,于2012年12月10日在兰州市工商行政管理局兰州高新技术产业开发区分局注册成立,注册资本3000万元人民币,主要经营建筑工程机械设备生产、销售、租赁、安装、拆卸及维修,建筑装修装饰工程施工,建筑工程机械及配件的销售,建筑防水工程施工,防腐保温工程施工,模块脚手架设计、制作、安装施工、租赁,起重设备的安装与拆卸、建筑工程机械技术咨询、技术检测及技术服务。

兰州西脉记忆合金股份有限公司:成立于1997年,是国内专业化从事形状记忆合金医疗器械研制和开发的国家级高新技术企业,也是国内首家、国际上较早实现形状记忆合金规模化生产的企业。公司首先将"记忆合金"材料应用于医疗器械领域,同时在航空航天、电力电气、温控机械、节能环保及军品、民品等多方领域拓展,在电力电气方面已取得突破性进展。2016年公司成功在新三板实现挂牌。

兰州西脉公司通过建立技术创新平台,来推动企业技术创新工作,拥有甘肃省记忆合金材料工程实验室、兰州生物材料工程研究中心两个省级技术创新平台。公司的核心产品专利技术全部为自主创新产品,拥有专利137项。累计荣获国家重点新产品、中国标准创新贡献奖、甘肃省科技进步奖、甘肃省科技小巨人、甘肃省"专精特新"中小企业、甘肃名牌、甘肃省著名商标等省部级奖励,并成功推出记忆合金心胸外科产品、记忆合金智能垫片等多项全新产品。2013年公司与北京301医院联合研制开发的肋间捆扎项目被北京市科技局评为北京市创新成果奖。记忆合金智能垫片经中国电力企业联合会鉴定达到国际领先水平。除记忆合金材料的研发外,公司与广州中山大学联合开展生物可吸收式内固定植入器械研发。产品销售覆盖全国2000余家医院。

甘肃阿敏生物清真明胶有限公司:阿敏生物集团创办于2003年,公司的发展方向是利用现代生物技术研制生产动物蛋白及其衍生产品(清真)。集团总部和研发中心位于上海国际医学园区,生产基地坐落于兰州阿敏生物清真产业园区。

阿敏生物是国内较早从事胶原蛋白研发,并成为国内较早获得胶原蛋白生产许可的企业。在胶原蛋白的生产和市场应用方面做了大量的试验研究,研制开发了硫酸软骨素胶原蛋白粉。

同时阿敏生物积极响应一带一路发展战略,在马来西亚和印度尼西亚成立了销售办事处,把公司的产品推向东南亚和西亚市场。

甘肃亚盛实业(集团)股份有限公司(下称:"公司"):是一家以丰富的土地资源为基础,集农资服务、农作物种植、农产品加工、农业技术研发、商贸流通为一体的大型现代农业企业集团。公司1995年12月设立,1997年8月在上海证券交易所挂牌上市(股票名称:亚盛集团,A股代码:600108),总股本194,691万股,总资产84亿元,年营业收入20亿元以上。

公司总部位于甘肃省兰州市,所属分公司14家、全资子公司8家、控股子公司1家、参股公司1家。有从业人员1.2万人。主要生产经营啤酒花、马铃薯、牧草、果品、食葵、辣椒、枸杞、香辛料、甜菜、甜叶菊、药材等农产品及节水灌溉材料。

公司是首届中国企业形象AAA级单位,科技部认定的"国家火炬计划重点高新技术企业",农业农村部等九部委确定的"国家农业产业化重点龙头企业",农业部确定的"农产品加工企业技术创新机构",甘肃省科技厅认定的"甘肃省高新技术企业",是"2018中国农业产业化龙头企业500强"。

公司以向市场提供安全优质农产品为宗旨,围绕规模化、机械化、标准化、集约化、信息化、产业化的发展方向,建设大基地、发展大产业,建成了一批种植规模过万亩、产值过亿元的主导产业,实现了标准化和绿色化生产全覆盖。旗下的绿鑫啤酒原料集团是国家级啤酒原料产业化龙头企业,拥有上万亩优质啤酒花种植基地;田园牧歌草业集团在甘肃、内蒙古、宁夏、山西、河北等地拥有20万亩优质牧草生产基地,是中国畜牧业协会草业分会会长单位;亚美特公司引进以色列滴灌节水核心技术,拥有全国领先的节水滴灌设备生产线;薯业集团集马铃薯品种选育、原种繁育、商品薯种植、全粉加工为一体,是中国马铃薯产业发展优势企业。

组建了亚盛好食邦食品集团、亚盛农业研究院、亚盛农业综合服务公司,推动产业链向上下游两端延伸。

甘肃陇萃堂营养保健食品股份有限公司(简称"陇萃堂"):创始于1994年,是国内营养健康食品行业的领先企业,集健康食品技术研发、产品设计及全渠道销售为一体的新三板挂牌企业(证券代码871486)。

企业历经25年发展历程,建立了技术研发中心、品质检测中心、甘肃省苦水玫瑰研究与应用工程实验室、陇萃堂营养科学与功能食品研究院、国家GMP认证食品药品生产基地及多条现代化的产品生产线,获得绿色食品证书、ISO9001、HACCP管理体系证书等。公司拥有专利50余项,拥有注册商标35类近百项。

公司在省内设有10余家直营专卖店,产品销售涉及省内各大商超及全国30余个省、市、自治区和港澳台地区;有员工350余人;年销售规模上亿元;产品主要有陇礼三泡台系列特产、陇萃堂净制冬虫夏草系列、玫瑰镇玫瑰花蜜茶饮系列、党参当归黄芪锁阳、奇珍系列、农副食品系列、文化艺术品系列等特色物产。先后获得国家电子商务示范企业、全国商贸流通企业先进集体、甘肃省食品安全生产示范企业、甘肃省首批战略性新兴产业骨干企业、甘肃省著名商标、兰州市农业产业重点龙头企业等称号，2018年经国家知识产权局审核并确定为国家知识产权优势企业。

甘肃健顺生物科技有限公司：2011年7月，公司创始人罗顺博士作为中国急需紧缺的海外高层次科技创新创业人才被引进回国，为改变生物制药关键原材料细胞培养基长期受制于西方国家的被动局面，创办了甘肃健顺生物科技有限公司，并先后引进多位海内外生物医药领域的技术和管理方面的杰出人才，组成了一个强大的科研和营销管理团队。

健顺生物专业从事无血清细胞培养基的研发、生产和销售。公司产品和技术服务主要应用于生物制药、细胞治疗及人、兽用疫苗行业，现已成功打破欧美企业在生物制药领域的绝对垄断，填补了中国在生物制药、疫苗生产核心原材料工业化生产的技术空白。目前是中国最大的具有自主知识产权的细胞培养基企业。

公司位于兰州，总面积7800平方米，包括3000平方米无血清细胞培养基工程实验室，符合cGMP标准的干粉培养基生产车间，产能达到300吨/年，批次可生产10~380千克。

公司实验室和生产车间均由美国CRB公司（曾参与美国GMP大纲编写，是美国资深的生物安全实验室和GMP生产车间设计公司）设计、监理建造。公司在上海张江高科设有研发中心和华东销售办事处。2012年公司研发实验室被甘肃省发改委授予“甘肃省无血清细胞培养基工程实验室”称号。

公司建立了与国外细胞培养基生产公司一致的质量管理体系。2013年通过ISO9000质量和ISO14000环境管理体系认证。2015完成产品向兰州市食品药品监督管理局的一类医疗器械生产备案登记，成为国内首家细胞培养基产品纳入国家食品药品监督管理局监管的培养基生产企业。2018年，顺利同时通过了ISO9000/ISO14000转版认证和ISO13485医疗器械管理体系认证。

公司有员工145人，本科以上学历人员占比70%（博士、硕士研究生占比13%），其中包括一支由外国专家带队的逾50人的强大研发团队，培养了一大批高素质、高水平、掌握核心技术的生物技术方面的本土人才团队。公司先后获得甘肃省外专局“引智示范基地”、省人社厅“博士后创新实践基地”、省工商局“甘肃省著名商标”“兰州市民营示范企业”“兰州市守合同重信用”企业、省工信厅“专精特新”中小企业、“省级企业技术中心”等称号。

公司累计自主开发出上百种商业化培养基产品，同时为客户提供载体设计和构建、细胞株开发、细胞系的评估、细胞培养工艺开发与放大、培养基配方委托生产、临床前/临床蛋白原液生产、临床申报相关文件支持等完整解决方案。

公司培养基产品和服务遍布全国，已与全国20余个省市地区逾百家生物药企建立长期供应和业务合作关系，同时开拓欧美、亚洲等国际市场。

兰州裕隆气体股份有限公司：创建于2001年，总部位于西固区，注册资本3200万元，总资产1.5亿元，是一家专业从事工业废气回收利用、气体研发生产、运输销售服务和清洁能源开发为一体的高新技术企业。2017年1月成功挂牌新三板，股票代码：870637。下设9个分子公司，在兰州、金昌、西宁、五家渠、宝鸡等地建有多个生产基地。主营产品液体二氧化碳、氢、氨、乙炔等大宗气体及各类高纯气体、混合气体100余种。公司拥有低温液体运输槽车和气瓶配送车共65辆，日运输低温液体1500吨，同时具备各类气体钢瓶、槽车的充装资质和危险品道路运输资质。公司气体产品种类丰富、物流配送运输实力强大，是西北地区规模化工业气体综合供应商，为客户提供安全、环保、集约型的一站式供气解决方案。

公司坚持“管理规范、技术创新”的发展理念，建立健全高效的质量、安全管理体系。设有气体研发技术中心（省级），有研发人员32名，已取得自主研发专利30项，与高校、科研院所建立了长期的合作研发关系。公司产品被列入《2015年资源综合利用目录》《战略性新兴产业目录》，享受增值税即征即退政策。公司被认定为甘肃省高新技术企业、甘肃省专精特新中小企业、甘肃省资源综合利用企业、兰州市循环经济示范企业、兰白试验区科技创新型企业、兰州市科技小巨人企业、兰州市产学研科技合作基地。公司是中国工业气体工业协会理事单位，二氧化碳副主任委员单位。荣获中国气体行业知名品牌、中国气体行业贡献奖、可口可乐最佳合作伙伴，重合同守信用单位、政府质量奖等多项荣誉，被评为中国气体行业优秀民营企业，改革开放40周年中国气体行业优秀民营企业。

公司不断致力于废气回收综合利用、工业气体投资建设和生产运营，建立了良好的企业形象和广阔的区域市场，现已覆盖陕、甘、宁、新、青、藏等地区，被可乐、百事、康师傅、雪花啤酒、国家电投、金川公司、酒钢集团、中石油、中国铝业、祁连山、海螺等大型国有企业和外资企业认定为合格供应商及长远战略合作伙伴，为广大用户提供一流的气体产品和优质的配套服务。产品广泛应用于冶金化工、装备制造、食品加工、生物制药、光纤通信、航空航天、半导体、医疗卫生、科研院所、油田驱油等领域。

（贺　欢）

财 政

【概况】 2019年,兰州市一般公共预算收入233.23亿元,同口径下降0.11%。其中,市级114.81亿元,同口径增长3.03%;兰州新区17.64亿元,同口径增长27.55%;区县100.78亿元,同口径下降6.87%。兰州市一般公共预算支出456.66亿元,下降1.93%。其中,市级187.84亿元,增长7.97%;兰州新区43.06亿元,增长6.52%;区县225.45亿元,下降10.27%。全年兰州市政府性基金收入167.91亿元,增长39%。其中,市级108.12亿元,增长112.69 %;兰州新区25.37亿元,下降12.85%;区县34.43亿元,下降16.17%。兰州市政府性基金支出160.59亿元,增长10.29%。其中,市级74.47亿元,增长15.41%;兰州新区40.26亿元,增长19.95%;区县45.85亿元,下降3.5%。全年兰州市国有资本经营收入1.27亿元,加上年结转0.31亿元后,收入总计1.58亿元;全市国有资本经营预算支出1.24亿元,调出资金0.19亿元,支出总计1.43亿元,年终结余0.15亿元。

【收支平衡】 2019年兰州市新增减税规模约70亿元,影响一般公共预算收入短收约45亿元。通过加大预算稳定调节基金、政府性基金调入力度以及清理盘活闲置资金等措施,尽力弥补政策性减收形成的缺口,实现全年预算收支平衡。

【预算执行】 出台《兰州市市级财政预算管理办法(试行)》,树牢过“紧日子”的思想,按照“三公”经费压减3%,其他机关运行经费再压减5%的比例对预算进行压减,加大存量资金清理力度,统筹用于“三大攻坚战”、乡村振兴、基础设施补短板、改善民生等重点领域所需支出,真正把有限的资金用在“刀刃”上。严格落实转移支付限时下达、部门预算限时支出等具体措施,分类施策、分级管理,加快预算执行进度。严格执行市人大批准的预算,严禁无预算、超财力拨付财政资金,进一步规范预算调整程序,提高预算管理的全面性、精准性和时效性。

【防范化解债务风险】 出台《兰州市关于防范化解政府债务风险实施方案》《关于防范化解政府隐性债务风险的实施意见》,压实各级责任,依法加强限额内地方政府债务管理,从严整治举债乱象。把握防控风险重点,积极探索融资服务便利和降低融资成本,超额完成2019年隐性债务化解任务,通过建机制、强管理、盘底数、化存量、控增量、堵后门、开前门等多种举措,严守不发生系统性、区域性风险的底线。将政府债券还本付息纳入预算管理,确保政府性债务本息及时偿还,避免财政风险,维护政府信誉。实行市、区(县)两级分级管理,加强隐性债务监管,确保隐性债务只减不增,政府债务风险总体可控。

【重点项目保障】 拨付高新区、经济区、国际港务区补助资金5.3亿元,促进开发区更好更快发展;支持组建兰州金融控股有限公司,构建资金、资产、资源整合统管的运作机制;拨付资金2.6亿元,助推黄河生态综合开发建设,提升道路沿线绿化景观效果;拨付人才经费1.06亿元,支持人才队伍建设;拨付工业发展专项资金7830万元,重点支持生物医药、高端装备制造、新材料、节能环保、清洁生产等战略新兴产业和生态产业重大项目建设和重点企业发展等;拨付资金2108万元,支持融媒体中心建设与运行，推动纸媒、网络、电视等媒体融合发展；拨付市政工程维护费3亿元，全面提升城市形象；拨付餐厨垃圾处理补助资金3813万元、中铺子生活垃圾无害化处理补助经费1.14亿元，大力改善城市环境。

【民生事业改善】　完善民生投入机制，多层次、全覆盖推进落实民生政策。在教育体育方面，安排资金7.8亿元，进一步扩大和优化教育资源，促进职业教育现代化发展；安排资金1.54亿元，支持学生营养改善计划、薄弱学校改造、教师队伍建设和校园安保建设，不断推进教育均衡发展；安排专项资金1663万元，持续推动体育事业，成功举办"兰马赛"、2019年国际田联路跑会议及各类竞技体育、群众体育活动。就业方面，安排资金2.2亿元，坚持创业带动就业，支持职业技能培训，不断完善全市公共就业服务体系。卫生服务方面，安排资金2.04亿元，围绕2019年卫生健康改革发展十大重点任务，扎实做好重大疾病防控和公共卫生资金保障。社会保障方面，安排资金4.76亿元，用于补助社会保险基金，主要用于补充城乡居民养老保险、企业职工养老保险和行政事业单位养老保险及职业年金；安排资金2180万元，推进居家养老、医养结合服务试点工作发展；安排资金4319万元，确保孤儿基本生活保障、流浪乞讨人员救助、困难群众基本生活救助补助等资金及时到位；安排资金2290万元，全面开展环卫工人"爱心早餐"活动，让环卫工人辛苦之余感受到政府的关爱与温暖。在城市基础设施方面，安排资金9640万元，推进公租房、廉租房建设和周边环境整治，支持老旧楼院电梯改造；安排资金3.3亿元，全面保障公交公司正常运行，轨道交通建设突破提升，市民出行环境明显改善，兰州迎来"地铁"时代。

【预算绩效管理】　出台《兰州市全面推进预算绩效管理的实施办法(试行)》，提高预算管理水平和政策实施效果。加强部门预算绩效目标审核，提升绩效目标填报质量，实施绩效运行监控，对2019年预算安排全部项目通过绩效监控实施纠偏。引入第三方机构参与市级预算绩效评价，对上年全部项目分财政、部门、预算单位三个层次开展评价工作。加强评价结果运用，实现预算安排与绩效目标、资金使用效果、预算执行情况、资产管理等挂钩约束机制，推进全市预算绩效管理聚力增效。

【财税体制改革】　推进市与区(县)财政事权和支出责任划分改革，出台市与区(县)基本公共服务领域、医疗卫生领域财政事权和支出责任划分改革方案，明确市与区(县)两级财政支出责任。为促进开发区更好更快发展，出台《兰州高新区经济区土地出让金和财政管理体制调整方案》，理顺市与开发区财政分配关系。建立转移支付市级资金整合机制，加强转移支付管理，逐步增强困难区(县)的资金统筹和保障能力。深化投融资体制改革，支持市级机构改革工作，认真做好涉改机构资金资产的清查、划转、接收工作，确保资金和资产随机构改革的进行有序到位。深化"互联网+政府采购"领域制度改革，打通政府采购部门预算与采购计划之间的衔接通道，确保"先有采购预算，后有采购支出"。配合人大对预算开展全口径审查和全过程监督，认真落实人大预算审查监督重点向支出预算和政策拓展的实施意见，提高支出预算编制质量和预算执行规范化水平。

(贾海刚)

税　务

【概况】　2019年，兰州市税务系统完成税费收入516.14亿元。其中，税收收入351.51亿元；社保基金收入146.6亿元；非税收入12.48亿元；工会经费等其他收入5.55亿元。

【减税降费】　全年落实新增减税降费47.72亿元。其中，新增减税39.94亿元(2019年新出台政策减税27.88亿元；2018年中出台减税政策翘尾新增减税11.52亿元；2018年到期后在2019年延续的政策减税5401.5万元)；新增社保费降费7.78亿元。

【税费改革】　完成"金三"并库和增值税发票系统2.0版上线推行工作，细化落实深化增值税改革工作任务，累计为13.76万户小规模纳税人免征增值税5.22亿元，为2.7万户增值税一般纳税人减征增值税16.55亿元，为66户纳税人办理留底退税5.26亿元，办理出口退税7974万元。个人所得税改革推进顺利，通过提升基础数据质量，加大辅导培训力度，扎实做好信息核验等工作，累计落实专项附加扣除等税收优惠9.63亿元，惠及全市纳税主体和自然人400余万人次。完成企业所得税汇算清缴工作，为1.22万户小微企业落实优惠3.27亿元；落实研发费用税前加计扣除4.68亿元，位居全省前列。国际税收管理实现新的突破，全年组织入库非居民税收1.08亿元，首次突破亿元大关；服务全市"一带一路"建设，落实企业境外税收抵免722万元，非居民享受税收协定待遇336万元，切实减轻"走出去"企业的税收负担。城乡居民"两险"金三系统、城镇职工社会保险费系统顺利上线，社会保险费征管职责划转稳步推进。扎实做好水资源税费改革前期摸底调研和耕地占用税新法实施前期测算工作，为全面推开打下坚实基础。存量房征管新系统顺利上线运行，进一步提升存量房征管的统一化、标准化。落实“六税”(资源税、城市维护建设税、房产税、城镇土地使用税、印花税(不含证券交易印花税)、耕地占用税)减征政策，为11.42万户小规模纳税人减税1419.91万元。

【纳税服务】　在简政放权、放管结合、优化服务中持续发力，税收营商环境持续向好。细化落实国家税务总局、甘肃省税务局各项便民服务举措，实现13大类175项办税事项“最多跑一次”。为新办企业推出“套餐式”服务，将12个办税事项和24张申请表单进行整合，实行一次性办理；深化行政审批制度改革，7780件行政许可事项实现“零超时”。创新推出系列减税降费政策辅导“在线直播”、移动税收课堂等新模式。联合甘肃省税务局建立电子税务局远程运维服务中心，建成运行城关区局东办税服务大厅，筹措资金在主城区建立自助办税场所，为纳税人缴费人提供更加方便快捷的办税缴费渠道。精细推开“项目管家”，为全市27个省级重点项目、51个市级重点项目、119个区级重点项目建档立卡，提供个性化全流程服务。在税务总局开展的纳税人满意度第三方调查中，兰州市税务局取得全国省会城市排名第二的优异成绩。

【税务稽查】　重拳出击开展打虚打骗，累计登记案源1306起，立案708户，入库稽查收入2.38亿元。探索建立发票虚开“大数据库”，集成大数据分析应用，成功收网“9·03”虚开发票大案。税收风险管理不断加强，开展风险应对108批次6538户，风险核查量占全省的70%，累计核查入库税款、滞纳金4.02亿元。

(王　涛)

银行保险监督管理

【概况】　2019年，全省有政策性银行3家，大型商业银行5家，股份制商业银行8家，城市商业银行2家(兰州银行和甘肃银行)，邮政储蓄银行1家，甘肃省农村信用合作社联合社1家(辖农村商业银行37家、农信社43家、农村合作银行5家)，新型农村金融机构27家(村镇银行24家、资金互助社3家)，非银行金融机构10家。全省银行业金融机构资产总额28971.61亿元，较年初增加1508.22亿元，同比少增253.9亿元。全省银行业金融机构各项贷款余额20689.5亿元，较年初增加1315.13亿元，同比少增351.32亿元。全省银行业金融机构各项存款19305.43亿元，较年初增加1137.69亿元，同比多增339.16亿元。

2019年，全省有法人保险主体1家(黄河财险)，省级保险主体32家。其中，财产保险公司20家；人身保险公司12家。保险专业中介机构76家，兼业代理机构5337家。全省保险业实现原保险保费收入444.32亿元，同比增长11.36%。保费规模全国排名第29位，保费增速全国排名第13位。全年赔付支出151.59亿元，同比增长9.04%。财产险公司赔付支出86.69亿元，同比增长20.12%。人身险公司赔付支出64.9亿元，同比下降2.93%。

【风险防范】　加大金融风险防控力度，认真分析风险变化规律和特征，摸清重点区域、重点行业、重点机构风险底数，夯实数据质量。加大高风险机构处置力度，积极汇报沟通，推动成立由省委省政府主要负责人任双组长的防范化解重大风险工作领导小组、金融风险防范专责领导小组，压实地方责任，形成工作机制，制定风险预案，细化工作措施，及时处置包商银行风险外溢事件；紧盯甘肃银行、武威农商行等高风险机构，强化风险预警，成立监管服务组，跟进做好风险处置工作。持续深化市场乱象治理，督促银行保险机构从制度规程、业务流程、信息系统等方面深挖问题根源，补齐短板，清理风险隐患，遏制风险势头，防止风险蔓延。夯实信用风险底数，督促银行业金融机构做实不良贷款分类，加大不良贷款处置力度。保持案防高压态势，及时进行案件检查和督导，推动发案机构做好止损、问责和总结工作。与公安机关协同开展金融机构安全评估和网点安全大检查，不断提升银行业安全保障能力。严防保险业市场经营风险，持续关注满期给付和退保风险，开展车险缴费实名认证工作，严厉打击非法经营、违规销售活动。落实省委、省政府和银保监会扫黑除恶专项斗争“打伞破网”“打财断血”工作要求，推进扫黑除恶专项斗争工作取得实效，得到中央扫黑除恶第19督导组的充分肯定。严厉打击非法集资和电信网络新型违法犯罪。扎实开展P2P网络借贷专项整治，制定网络借贷中介机构良性退出方案，推动出清工作，全省28家机构市场退出全部实现。

【市场监管】　按照穿透式监管、实质性合规的原则，严查公司治理、影子银行和交叉金融产品风险、违法违规展业、侵害金融消费者权益等方面的问题，指导各银行保险机构把整治市场乱象贯穿于经营管理的全过程，坚持把解决银行业保险业长期结构性问题与化解短期集聚性风险相结合，有效发挥现场检查、非现场监管、行政许可、行政处罚联动作用，形成监管协同效应，开展现场检查项目24个，发出现场检查意见书346份，作出行政处罚决定68件，处罚银行保险机构46家次，罚款1545.45万元，处罚责任人员70人次。加强金融消费者权益保护工作，进一步压实机构主体责任，处理消费投诉事项2710件。

【服务经济发展】　引导银行保险机构主动融入全省经济发展战略，积极对接重点领域、重点项目资金需求，盯住经济下行压力，持续加大支持力度，截至2019年末，全省银行业金融机构各项贷款余额20689.50亿元，同比增长6.79%。保险业累计实现原保险保费收入443.87亿元，同比增长11.25%；赔付支出151.22亿元，同比增长8.77%。全省电力、交通、水利等重大基础设施建设项目贷款余额5370.45亿元，同比增长9.21%；“险资入甘”连续4年突破100亿元。全省小微企业贷款余额5577.61亿元，“敢贷、愿贷、能贷”的长效机制正在逐步形成。全省涉农贷款余额6738.49亿元。农业保险实现保费收入16.70亿元，同比增长44.80%，支付赔款11.38亿元，同比增长50.15%，农业保险位居西北第二。支持银行保险机构创新金融产品，有效地减轻企业资金压力，激发市场活力。积极推进供给侧结构性改革，健全债权人委员会和联合授信机制，联合出台全省首台（套）重大技术装备保险补偿政策和管理办法，为重点产业产品结构调整和转型升级提供保障。

（王　海）

证券监管

【概况】　截至2019年底，证券监管局甘肃辖区共有33家A股上市公司，9家拟上市公司，32家新三板挂牌公司，1家证券公司、22家证券分公司、96家证券营业部，1家期货公司、1家期货分公司、7家期货营业部。

【风险处置】　严密防控金融风险，确保市场稳健运行。面对宏观经济下行压力加大、资本市场各类风险频发的严峻局面，局党委保持政治定力，紧盯股票质押、债券违约、退市等重大风险，及时报告、分类施策、快速处置，有效控制风险蔓延恶化趋势，没有发生区域性金融风险，基本实现市场稳健运行。加大监管执法力度，不断增强监管威慑。坚持问题和风险导向，通过全面检查、专项核查和“双随机”抽查等方式，全年完成各类现场检查45家次。严肃处理市场主体违规行为，采取行政监管措施8次，涉及5家公司和13名个人。加大稽查执法力度，严厉打击证券期货违法行为，主办案件10起，其中立案4起，作出行政处罚4起，罚没款合计382万元。

【服务经济】　凝聚推动资本市场发展合力，多次举办金融研修班、培训班、讲座、座谈会。上市公司实现融资141亿元，新三板公司实现融资1.58亿元，区域性股权市场实现融资81.85亿元。加大拟上市公司培育力度，协调解决拟上市过程中的重大问题。履行全省脱贫攻坚领导小组成员职责，落实任务分工、主动配合，全力助推打赢脱贫攻坚战。调整并选派2名优秀干部担任帮扶村党支部第一书记兼帮扶工作队队长。开展消费扶贫、产业扶贫、基础设施扶贫、文化教育扶贫，发挥行业力量，25家上市公司、26家证券期货经营机构在全省29个贫困县区累计投入资金1.7亿元。推动“保险+期货”试点业务，赔付金额超过800万元。

（李照耀）

金融工作

【概况】　截至2019年末，全市银行业金融机构本外币贷款余额12272.83亿元，同比增长8.91%；本外币存款余额8875.50亿元，同比增长0.70%；人民币存贷款余额20862.98亿元，同比增长5.90%。全市实现原保费收入157.7亿元，同比增长15.9%。全市66家证券分支机构证券交易额8210.74亿元，同比增长32.18%；证券开户数155.38万户，同比增长10.98%。

【搭建金政企合作平台】　加强与金融机构合作，召开特色产业、文化旅游、陆港建设、兰白科创、乡村振兴等大型融资对接活动10余场次，推介各类项目500余个，召开民营企业专场对接会15次。

【开展“招行引资”】　平安银行兰州分行获得银保监会批筹，英大泰和、太平财险2家保险机构和华创证券、东方财富证券2家证券机构入驻营业。联合兴业证券甘肃分公司赴福州、厦门举办2期招商引资推介会。争取中央小微企业融资担保降费奖补资金1900万元。

【缓解“三农”和小微企业融资难】　引导金融机构创新面向三农、小微企业的普惠金融产品，加大信贷投放，截至12月底，全市金融机构小微企业贷款余额2353.43亿元，占各项贷款余额19.57%，同比增长1.63%；全市金融机构涉农贷款余额1999.14亿元，占各项贷款余额16.62%，同比增长3.27%。

【普惠金融实施】　全市658个行政村设立农金室，完成挂牌、人员配备、制度上墙等工作，行政村金融服务覆盖率100%。推进特色产业发展工程贷款，截至12月底，全市累计发放特色产业发展工程贷款212.14亿元。落实精准扶贫专项贷款政策，截至12月底，全市精准扶贫贷款累计发放13.73亿元，贷款回收总额12.60亿元，续贷余额1.13亿元，逾期金额8.19万元，逾期率0.07%。

【保险服务业发展】 推进玉米、马铃薯、能繁母猪、奶牛等中央政策性农业保险险种，扩大政策性农险覆盖面。在全面组织实施中药材、肉羊、温室大棚3个地方特色优势产业保险的基础上，创新开展百合、玫瑰、高原夏菜3个地方农业保险新品种，以及试点开展生猪价格指数保险。“和谐金城”、自然灾害、“两保一孤”（五保户、低保户、农村孤儿）等3个重点民生保险项目自开办以来赔付5104.61万元，平均赔付率92%，解决启动救灾应急预案“标准以下”的小范围或单一事故的救助问题，实现了民生兜底。引进保险资金支持兰州市经济建设，围绕支持高原夏菜项目发展、推动医养结合项目建设等领域，全年全市引进保险资金23.5亿元。

【直接融资渠道拓宽】 市政府金融办深入德生堂、和盛堂、大成科技等民营企业调研了解情况，调整充实上市企业后备库，协调证监、券商加强对拟上市企业辅导培训。全市上市公司总数21家，占全省上市公司总数的61.8%（全省共有上市公司34家），纳入上市企业储备库的企业14家；10月10日，兰州银行通过证监会初审会审核；西部中大处于辅导期。全市在省股交中心挂牌企业153家，1—12月份融资总额262.7亿元，占全省融资总额的79.79%。截至12月底，全市完成直接融资283.38亿元（不包含政府专项债券）。

【地方类金融机构监管】 组织全市小额贷款公司、典当公司、融资担保公司高管和业务骨干集中培训2批次，邀请法律、财务管理、企业管理等方面的专家就非法高利放贷、非法集资、暴力催收等涉嫌犯罪行为作专题辅导和讲解。加大合规经营检查力度，各区县金融办对3类机构（小额贷款公司、融资担保公司、典当行）进行全覆盖现场检查，全面核实3类机构股东信息。注重建章立制，经过现场调研和充分论证，制定下发《小额贷款公司现场检查工作流程》《融资担保公司现场检查工作流程》《典当行现场检查工作流程》，对检查内容、方式、频次、覆盖面等进行明确，使监管工作更具规范性、针对性和操作性。

【金融乱象治理】 2019年，全市受理非法集资案件24起，同比下降7.69%；立案17起，同比下降32%；破案13起，同比下降35%；涉案金额18492.09万元，挽回经济损失593.5万元。集中开展防范和处置非法集资宣传活动，组织在兰州各金融机构、各区县开展防范非法集资和金融领域扫黑除恶集中宣传活动。金融机构网点电子屏滚动播放宣传标语。制作防范非法集资和扫黑除恶宣传片，在兰州电视台黄金时段常态化播放，在公交移动电视、楼宇媒体等集中播放。发送手机短信100余万条，设立“兰州打非专线”微信公众号，刊发宣传信息100余条。针对学生群体开展进校园活动，组织城关、七里河、安宁区金融办在兰州大学、西北民族大学、甘肃农业大学、兰州文理学院、兰州城市学院等院校以大讲堂、摆放展板、悬挂横幅、现场发放宣传彩页等形式集中开展远离非法集资、“套路贷”、非法“网贷”“校园贷”和网络电信诈骗等教育宣传活动，累计覆盖师生近10万人。加强涉嫌非法集资线索核查，将扫黑除恶举报奖励和救助、非法集资举报救助费用纳入“和谐金城”民生综合保险项目，制定《兰州市非法集资举报奖励工作实施细则》，对线索举报人给予200~5000元的奖励。探索将非法集资线索监测预警纳入城乡网格化管理，多渠道、

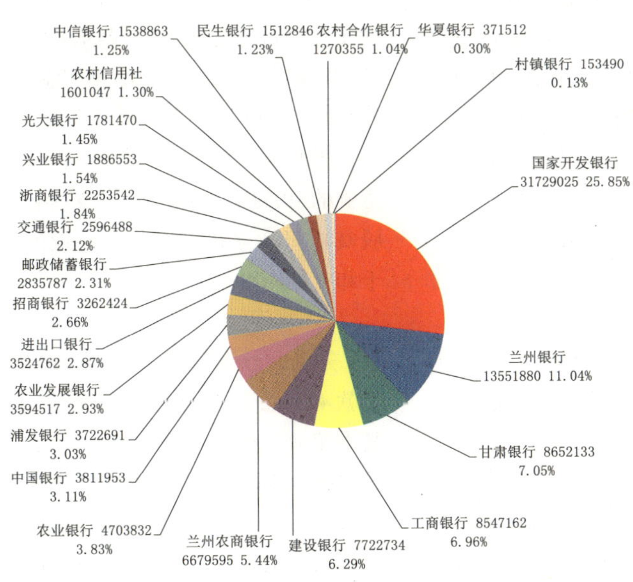

12月末，全市银行业金融机构本外币各项贷款余额（万元）及占比

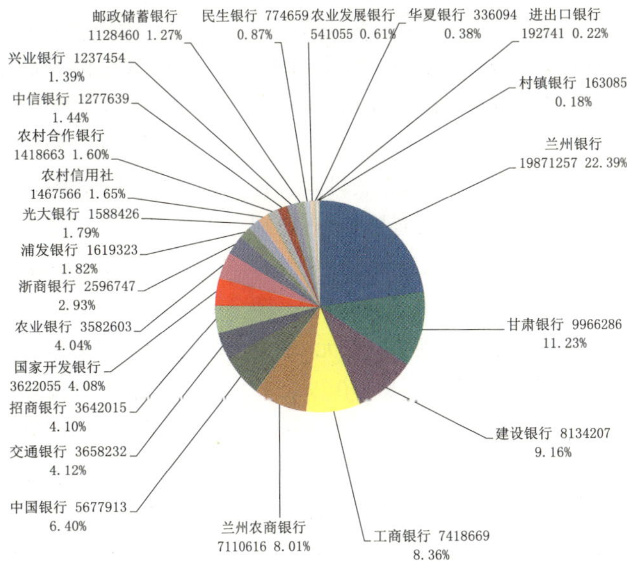

12月末，全市银行业金融机构本外币各项存款余额（万元）及占比

广覆盖摸排非法集资和扫黑除恶线索。集中开展重点区域排查,针对投诉反映重点区域,县、区金融办协调组织辖区市场监管、公安等部门对可能存在非法吸收公众存款、非法高利放贷、暴力催收贷款等违法行为重点区域开展集中排查整治。紧盯重点案件做好稳控工作,针对科达房地产公司、西部欢乐园、好小仔、今金贷等重点非法集资案件,协调有关部门加快侦办进度,密切关注受损群体动态,做到早知情、早介入、早化解,防止群体性事件发生。开展“e租宝”案受损集资参与人信息核实登记工作,设立核实登记点26个,核实登记460人,核实登记金额4182.80万元。清理整顿P2P网络借贷机构,2019年底全部关闭退出。

(宋子霞)

招商银行兰州分行

【概况】 2019年招商银行兰州分行实现营业净收入13.46亿元,实现净利息收入11.01亿元,完成考核利润5.5亿元。全折人民币自营存款余额357.76亿元,较上年增长3.59亿元;自营贷款余额326.78亿元,较上年增长48.92亿元,其中零售贷款突破百亿元大关,达到101.82亿元,较上年增长11.12亿元,增幅12.5%。

【风险管控】 不断夯实风险管理基础,强化对风险的有序管控,实现双降(不良贷款的总量和不良贷款占贷款总额的比率同时下降)目标。截至年末,不良贷款额2.57亿元,较上年末减少2.17亿元;不良率0.79%,较上年下降0.91个百分点。

【市场攻坚】 分行批发条线落地60亿元甘肃公路投资基金、3亿美元境外高级固息债券项目推介、16.42亿元配股融资等业务;协助地方政府发行收费公路、棚户区改造、绿色生态、水利建设等专项债券,引流存款46.6亿元;中标甘肃省职业年金计划受托及托管双资格等等,推动分行存款有力回升。零售条线全力做好存款提升工作,截至年末,全折人民币储蓄存款日均余额120.36亿元,较上年增长15.62亿元,创2014年来历史最高水平。客群增长净增对公有效户1075户,净增批发高价值客户123户,均超额完成招商银行总行下达计划。新增零售有效基础客户3.69万户,增幅7%。新增中高端客群1.23万户,增幅182%。新增私钻持卡客户139户,增幅25%。

【结构调整】 截至年末,分行零售存款、考核利润占比均达到35%,较上年分别提升4个百分点、近5个百分点;营业净收入占比接近4成,较上年提升2个百分点。全年压缩退出各类资产6.2亿元,总、分行两级战略客户及支持类行业资产占比86%,较年初提升近4个百分点;绿色贷款、新动能贷款分别较年初提升6个百分点和9个百分点,占比均达到17%以上。

【普惠金融】 积极践行普惠金融,缓解中小微企业融资难题。截至年末,普惠小微企业贷款余额28.56亿元,较年初增加近1亿元;小微有贷户数5110余户,比年初增加610余户。小微贷款当年新发放小微贷款加权平均利率6.04%,较上年同期下降1.02%。小微企业贷款不良余额3034万元,较年初减少6328万元。

【金融科技】 践行“支付为民”理念,搭建覆盖老百姓衣食住行、娱乐、教育等生活消费场景,致力于为客户提供便捷便利的智能化金融服务。截至年末,公交累积交易426万笔,占交易总笔数的14%;地铁累积交易240万笔,占交易总笔数的29%;党(团、工会)等云缴费业务,上线缴费商户49户,交易2.34万笔。招商银行手机银行APP在兰州用户近96万人,月活用户稳定在45万人左右,全年累计64万人通过APP办理业务。此外,还借助科技手段,通过手机银行APP向全省14个地州市发行电子社保卡,打造融合“科技+生活”的3.0网点、在全国率先推行网点“全面无卡化”、推动线下业务线上迁移等。

【品质服务】 持续提升员工服务意识和能力,强化服务品牌建设。2019年全行收到客户表扬1044笔,同比增长66%,客户投诉处理响应和反馈时效均达到100%。在兰州市区所有银行评选出的12个“2019年银行业文明规范服务五星级网点”中兰州分行独占两席,居所有银行首位。

(任 翔)

中国农业发展银行甘肃省分行营业部

【概况】 2019年,中国农业发展银行甘肃省分行营业部助力脱贫攻坚、服务国家粮食安全、信贷支持乡村振兴、黄河生态保护治理等国家战略,全年累计投放各类贷款88.43亿元,同比多投18.3亿元,年末各项贷款余额359.46亿元,较年初净增33.86亿元,其中投放扶贫类贷款43.8亿元,扶贫类贷款余额183.76亿元,占贷款总额的49.53%,继续发挥好支持省市脱贫攻坚和兰州市“三农”建设的骨干和支柱作用。

【服务脱贫攻坚】 全年累放扶贫贷款43.8亿元,同比多投11.45亿元,其中累放产业扶贫贷款40.9亿元,同比多投放36亿元。年末扶贫贷款余额183.76亿元。其中,项目精准扶贫贷款余额126.47亿元;产业精准扶贫贷款余额57.29亿元,产业扶贫贷款比重较上年上升26%。向永登、皋兰、榆中3个县投放扶贫贷款30.3亿元，较年初净增28.76亿元。

【保障粮食安全】 全年新增粮棉油客户数6户，投放粮棉油条线贷款84153万元。其中，发放中央储备小麦贷款4774万元、省级储备粮贷款534万元、县级储备粮贷款1350万元，支持轮换小麦34390吨、储备面粉1500吨、新增县储规模2500吨；发放粮油收购、调销贷款15270万元，支持收购各类粮油43800吨；发放省级以上储备肉贷款5225万元，支持储备猪肉、牛羊肉共计3100吨；发放国家储备化肥贷款10000万元，支持储备化肥50000吨；发放仓储设施贷款4.7亿元，新增仓容26.5万吨。

【支持农业农村基础设施建设】 围绕保障民生，聚焦黄河流域生态保护，从棚户区改造、农村路网、水利建设、城乡一体化、改善农村人居环境、生态环境建设与保护等重点领域入手，支持农业农村基础设施建设。全年审批获批贷款37.73亿元，累放31.15亿元。其中，投放自营性棚改贷款3亿元，支持城关区东岗镇城中村改造安置项目建设；投放全市脱贫攻坚农村公路PPP项目和全市农村公路养护流动资金贷款7亿元，助力农村四好公路建设；投放水利建设贷款8500万元，支持兰州新区石门沟水库管道项目建设；投放城乡一体化贷款13.2亿元，支持兰州新区供气供热、兰州新区保障房、榆中县文成广场等项目建设。

【支持产业振兴】 围绕推进农业现代化和乡村产业振兴，以旅游扶贫项目、休闲示范农业项目为重点，投放34亿元贷款支持永登树屏丹霞景区、兰州新区现代农业产业园、兰州新区现代牧草示范园区、榆中李家庄田园综合体等项目建设，助力农村新产业新业态发展。投放农村流通体系建设贷款13.5亿元，支持兰州国际港务区多式联运物流园、综合保税区、兰州粮食产业园等项目建设，助力兰州打造西部物流节点中心城市。投放产业化龙头企业贷款2.6亿元，支持兰州新区陇原中天羊业有限公司兰州新区生态农业示范园区建设项目，助力地方特色优势产业发展。

【服务民营小微企业】 结合“一县一业”等当地特色产业和“万企帮万村”精准扶贫行动，加强与当地发改委、农委、工商联等部门合作，重点营销符合国家创新驱动战略、产品和环保政策的高质量小微企业。开通绿色办贷通道，对于选定的优质小微客户，组织业务骨干，规定前台调查不过周，后台审查不过夜，资料补充次日必须完成，在风险可控前提下，进一步缩短调查、办贷流程、资金支付等时间，提高办贷效率，优质服务民营小微企业提升工程。加强与专业担保机构合作，建立风险共担机制，最大程度降低风险敞口，对经营和资金周转困难但仍有发展前景的民营和小微企业不盲目抽贷、压贷。全年投放农业小企业贷款15户、金额3160万元。

（完颜鹏）

中国工商银行股份有限公司兰州分行

【概况】 2019年，中国工商银行兰州分行人民币存款余额715.61亿元，各项贷款余额764.73亿元，较上年净增53.72亿元。拨备前利润17.7亿元，较上年净增1.71亿元。个人客户创历史新高达312万户，较年初净增22.45万户；新开对公结算账户3778户，其中有效结算账户2136户，日均金融资产5万元以上公司客户净增338户。全年ETC安装量100152户，增量同业排名第一。

【支持实体】 围绕市政府关于丝绸之路经济带甘肃段发展战略的导向，以每年举办“甘肃·祁连山高峰论坛”为媒介，聚焦“服务实体经济、防控金融风险、深化金融改革”三项任务，围绕兰州市十大生态产业领域优化信贷结构，打造现代金融服务体系，加大信贷投放，切实改善企业融资难、融资贵等问题。累计向节能环保、低碳经济、新能源、循环农业等绿色环保企业和项目发放贷款5.29亿元，向电力、公路、铁路、机场建设、棚改等省、市重大基础设施项目发放贷款83.68亿元，全年累计向实体企业投放贷款167.46亿元。

【普惠金融】 加大对兰州区域小微企业、三农、创业创新和扶贫领域的金融支持，先后推出网上票据池质押融资业务、税务贷、经营快贷和“E抵快贷”等业务。创新发展上下游企业的应付款保函、租赁、保理等供应链融资产品，促进实体企业业务链与资金链的有机融合，特别是“E抵快贷”业务累计发放286户32.64亿元。同时，继续推广惠农及金控担保贷款，解决农户无抵押担保的难题，有力支持当地农业发展，全年累计发放农担贷款44笔10.23亿元，发放金控担保贷款19笔7968万元。

【智慧银行】 丰富融e行、融e联、融e购“三融”平台内涵，通过开展工银信用卡合伙人“码上赢”“码上荐”等活动，实现线上直营获客。成功落地“e企付”电子商务平台业，实现“电商采购+在线支付+在线融资”业务的零突破，开启全省融e购B2B“一触即贷”创新业务发展新模式。聚焦民生缴费、移动支付、智慧党务等领域，构建开放多元的场景服务生态，新增e缴费项目133户，实现缴费额20.66亿元，新增党费云项目12个，为全市各类机构、事业单位3万余名党员提供优质金融服务，实现缴费190万元。

【多方合作】 银医、银政、银校项目合作项目取得全面突破，与甘肃省人民医院、甘肃省肿瘤医院、甘肃省康复医院、甘肃省第三人民医院、兰大口腔医院、兰州市妇幼保健院等6家三甲医院签订银医合作协议，增存6.16亿元。兰州市职业年金基金归集户成为工行机构存款增长的新亮点，全年归集资金4.02亿元，其中榆中、永登、七里河职业年金归集已达2.14亿元。同时，成功营销多个重点领域机构的基本账户、零余额专户、质押金专户和代发工资户等，实现与兰州理工大学“一卡通”银校项目合作，新拓安心账户托管客户11户，新增对公存款2140万元。

【稳健运营】 全年对贷款质量、法人信贷业务档案管理情况等分析排查和专项自查，核查押品362个(宗)，切实提高贷款风险防控能力，完善贷款押品管理工作。全行业务量750.25万笔，年度可控风险暴露水平0.82‰，比上年同期降低0.71个万分点。认真履行反洗钱工作职责，确保各项反洗钱监管规定的落实。挖掘“安保”三大系统应用潜力，强化报警监控联网平台对营业网点每日安全检查、撤布防管理和款箱交接等重点环节监测、预警功能，并对消防设施进行建档、明确责任人，实现消防安全责任量化管理，有效地防范盗、撬等外部欺诈案件和火灾事故的发生。

【品质服务】 坚持“撤、迁、改、建”并举，持续推进网点布局优化和竞争力提升，实现网点轻型化、智能化转变。以“管理上水平、效率上台阶、体验上层次”为方向，以客户、员工、银行“三重满意”为目标，狠抓服务质量管理，服务规范化水平得到较大提升，中央广场第二支行被中国银协评定为年度服务千佳网点，并被共青团中央授予“青年先锋号”荣誉称号。

（陶明锐）

中国农业银行股份有限公司兰州分行

【概况】 2019年，中国农业银行股份有限公司兰州分行在优服务、强基础、促转型、防风险、提价值上下功夫、求实效，全行改革发展企稳回升，稳中向好的良好态势正在形成。各项贷款余额462.29亿元，净增41.37亿元，其中累计投放重大基础设施项目贷款55.7亿元，城市个贷34.68亿元。农户贷款净增1.39亿元。央行、银保监口径普惠金融监管“双达标”，营业收入、净利润实现“双提升”，不良贷款余额、不良率实现“双下降”。全行不良贷款率1.35%，内控评价保持一类行，未发生案件和重大责任性事故。

【客户建设】 开展客户建设“突破行动”，多策并举拓展客户，持续夯实客户基础。新增预算单位基本账户与零余额账户103户，新增机构类客户78户、机构类账户205户。创新推出轨道交通联名信用卡，累计发行4.4万张，优惠补贴市民乘车费260万元，开展ETC专项推广，安装ETC设备2.2万户，服务市民智慧便捷出行。持续加大辖内“专精特新”中小企业、全省民营企业在兰“三个50强”等重点客户支持力度，小微企业法人有贷客户净增61户，央行、银保监口径普惠型小微企业法人贷款净增1.2亿元、1.26亿元。开展无效低效户客户维护提升、个人客户包户管户、新型客户精准营销等综合营销，新增个人贵宾客户6133户。

【信贷支持】 全年向重点客户、重点项目累计投放贷款189亿元。深入企业、项目实地调查，收集资料上报甘肃省农业银行审批220亿元，获批授信100亿元以上，将按照需求及时投放到位。践行普惠金融责任担当，坚持竞争中性原则，实行平行作业和限时办结，简化信贷业务流程，提升中小微和民营企业服务能力。央行、银保监口径普惠型小微企业法人贷款余额3.86亿元、3.92亿元，较年初净增1.2亿元、1.26亿元，均实现监管“双达标”。紧扣全市民众各类消费需求，以“家装贷”“保捷贷”“网捷贷”“经营贷”等产品为主，一手、二手房并重，经营、消费类并举，全力支持个体经营和居民消费。累计投放城市个贷资金34.68亿元，同比多投7.62亿元。个人消费贷款较年初净增2.17亿元，同比多增1.74亿元。个人经营贷款较年初净增0.54亿元，同比多增2.51亿元。

【“三农”服务】 以“陇原农担贷、特色产业发展贷”为主，逐户上门对接农业产业化龙头企业和农业示范合作社，对接有带贫成效的涉农中小企业和种养殖专业合作社30户，落实建档立卡户帮扶带动新增1302户。投放精准扶贫贷款8.09亿元，净增3.12亿元，同比多投2.63亿元。贷款增速、存量贷存比、增量贷存比、不良率四项指标均达到监管要求。围绕特色产业、政府增信、信用村三种模式，推出“高原夏菜贷”等5个特色产业贷，加快农户投放力度。农户贷款余额3.17亿元，较年初净增1.39亿元，同比多投1.1亿元，增幅496.9%，第一次年增量过亿。其中，投放“惠农e贷”较年初净增2.21亿元，同比多投1.55亿元。对接皋兰六合村，采取评定信用村、购买农产品、共建党建活动室、开展节日慰问、特困户帮扶捐款等具体帮扶措施，做实做细定点扶贫工作。

【数字化转型】 坚持"掌银优先"战略，线上线下协同，厅堂外拓联动，全面推进数字化转型。加大贵宾客户、个贷客户、代发工资客户以及借记卡开卡客户、信用卡领卡客户等掌银渗透。个人掌银活跃客户净增10.54万户，掌银月均活跃客户5.46万户。加大惠农e贷、网捷贷、微捷贷等互联网信贷产品的推广应用力度，利用大数据分析、自动审批、一网三化、模型监控等线上运作机制，提高信贷业务办理效率和风险管理水平，有序推进数字化信贷。统筹资源设备，优化业务流程，有效推进网点智能化、轻型化和营销化，网点业务线上线下一体化融合发展按序推进。实现新一代超柜对公智能开户和人脸识别网点79家，智能化改造网点5家，机器人自助引导网点1家。

【风险防控】 狠抓信贷基础管理，加强放款中心、贷后例会规范化运作和指导，按季考核通报贷后管理情况，夯实信贷管理基础。严格执行行业限额管理，开展风险区域专项治理，管控高风险客户，把好资产质量关口。全年"两高一剩"行业压降用信1.44亿元，压缩退出类客户和退出僵尸企业7户。制定案件风险排查方案，重点排查普惠贷款、金融扶贫以及个人自助小额消费贷款违规进入资本市场等重点领域，将检查发现问题督导及时整改到位。开展职务违法职务犯罪案件线索大起底，分层走访纪委监委、检察院等单位，及时排查问题线索。持续做好反洗钱合规管理，及时组织业务培训，召开反洗钱合规管理委员会会议，强化洗钱风险监测管控，有效避免声誉风险和交易风险。上报重大可疑交易报告9份。发挥安全生产管理委员会职能，着力提升人防物防技防水平。公安部、银保监会第六轮银行业金融机构安全评估中，综合得分居"四大行"第一。

（李锦禄）

兰州银行

【概况】 2019年底，兰州银行资产总额3335.03亿元，净增331.23亿元，增长11.03%；各项存款余额2681.34亿元，净增304.24亿元，增长12.80%；各项贷款余额1758.55亿元，净增118.36亿元，增长7.22%；营业收入74.57亿元，同比增加7.98亿元，增长11.98%；净利润24.52亿元，同比增加2.22亿元，增长9.96%；资产利润率0.77%，资本利润率11.31%，资本充足率11.55%，拨备覆盖率169.12%，不良贷款率1.84%，单一客户贷款集中度和最大十家客户贷款集中度均控制在规定范围内。

【荣誉展示】 在2019年英国《银行家》杂志"全球银行1000强"排行榜中，兰州银行按一级资本排名位列第362位，按总资产排名位列第349位。获中国银行业社会责任百佳评估"最佳普惠金融成效奖""2019年度区域影响力银行天玑奖"、《中国经营报》"卓越竞争力价值成长银行奖"；在中国金融思想政治工作研究会推出的"中国金融品牌榜城商行50强"中，位列第35位；获2019中国金融创新论坛"十佳财富管理创新奖"、2019年《当代金融家》"铁马"银行"最佳科技竞争力中小银行"；"现金管理——招标通"获财资中国2019年度"最佳交易银行行业服务奖""场景化金融开放服务平台"获"2019年度金融科技渠道创新突出贡献奖""大数据智能运维平台"获"2019年度中国金融信息化与创新优秀案例奖"；获"银行间本币市场活跃交易商"称号、"中国银联无卡支付业务合作先进单位"；连续八年获省长金融奖；2019年全省金融机构金融统计考核评比三等奖；中国银联甘肃分公司"移动支付特殊贡献奖章""甘肃省首届'陇原杯'网络安全技能大赛"团体二等奖。

【风险防控】 印发《信贷投向及信贷政策指引》，出台年度信贷投放管控意见、风控指导意见和信贷授权管理意见，出台制造业等重点行业风控指导意见，加强重点行业风控工作。修订信审会议事规则，规范授信业务审查程序；调整小微业务信贷审批权限，优化业务办理流程。实施客户分层管理，制定大额违约贷款化解方案，按季召开违约贷款压降专题会议，及时通报压降进展，有序推进违约贷款压降工作。开展授信审批意见落实等专项检查，从业务风险、流程规范及内控合规入手，严控信贷风险；全面监测与重点监控相结合，对重点客户实施名单制管理，进一步提升贷后管理精细化水平；制定《贷后风险预警管理办法》，开发风险预警系统，及时发送风险预警提示，推动预警体系建设；建设贷后管理信息库，提高系统化管理水平。建设新一代SDN网络系统；投产部署自动化巡检平台；加强机房安全管理，完成多因素身份认证改造，开展机房动力系统认证；推进中间件和数据库集群标准化建设工作，数据安全进一步加强。

【业务结构优化】 对公存款营销取得实效，积极跟进各级财政和行政事业单位代理资质、定期存款招投标工作，推进"政银便民通"业务，有效开展机构客户营销，拓展合作广度和深度，对公存款净增47.25亿元，取得全省对公存款净增第一的好成绩；个人存款市场份额稳步上升，更新上线12款产品，落地借记卡同号换卡、省级电子社保卡等项目，成功营销铁路医保卡项目，单项新增社保卡9.94万张，推出移动联名卡、退役军人联名卡、青年志愿者卡等定制卡产品，全年实现个人存款增长257亿元。新签约集群客户25户，集群客户数量165

户，存款余额278亿元，贷款余额438亿元；开展地方政府债券资金营销，落地资金16亿元；推动PPP项目营销，累计支持省内PPP项目13个，新增投放19.8亿元。开展"下沉式"培训，营销走访68户核心企业，优化交易银行平台，整合交易银行各类业务产品，搭建完成3大种类、8小品类、30个单项产品的"交易e+"产品体系，上线包括"专项资金分账通""项目资金监管通""多银行账户资金管理""电子保函""票无忧"等9项特色产品，现金管理平台累计交易量1.68万亿元，供应链金融管理平台累计融资业务量10.7亿元，新签发银行承兑汇票金额245.8亿元，新增贴现业务金额19.03亿元。与8家全国性大型房地产企业实现按揭业务合作，推出线上消费信贷产品"信用一键贷"，与公积金中心合作推出"商转公"产品；发行首届马拉松纪念卡、ETC虚拟信用卡、移动联名卡，烟商贷客群配发信用卡，开展大额分期业务，个人消费贷款新增69.08亿元；发展线上消费信贷，推动网贷平台一期项目建设，联合贷款累计放款34.07亿元。推动财富管理业务转型，全面启动贵金属、基金业务，销售贵金属2289.62万元，引入9只基金产品，实现多渠道代销。构建扶贫小额信贷政银持续合作机制及贷款管理回收体系，累计回收贷款114.73亿元；落实政策红利，累计吸收国家开发银行扶贫、小微转贷款资金21.29亿元，中国进出口银行小微企业转贷款资金5亿元，申请支小再贷款资金8.75亿元；推出"酒商通"，上线"烟商快贷"，开发"优房快贷"，推广"农民工工资支付保函"业务，优化"税e通"业务，确保"两增两控"（"两增"即单户授信总额1000万元以下（含）的小微企业贷款同比增速不低于各项贷款同比增速，贷款户数不低于上年同期水平。"两控"即合理控制小微企业贷款资产质量水平和贷款综合成本）年度达标。加大短期限低成本资金对营运资产的支撑作用，扩大主动负债规模，成功发行20亿元3年期绿色金融债券；稳步扩大资金投放，增配免税资产，信用债券投资向省内倾斜，同业投资结构进一步优化；探索"一级承销、二级买卖"联动业务模式，实现承销手续费收入大幅增长，与招商银行、邮储银行等13家机构新签署债券借贷协议。加快理财系列产品整合，有序压降老产品，大力发展净值型产品，搭建完成开放式净值型、货币净值型、定开净值型、封闭式净值型的理财产品线，截至年末，净值型理财产品余额36.95亿元，占理财总规模的21.36%。

【金融科技】 手机银行完成7次版本更新升级，实现生物认证、手机盾、3D人脸系统的开发上线，百合直销银行成功切换新基金系统、新建"类余额宝"基金代销系统，网上银行完成客户端改造、上线国密浏览器、新增Ⅲ类账户开立等10项功能。推进互联网开放平台开发，为兰州昆仑燃气等提供一站式互联网安全接入和快速集成服务；上线ETC停车场业务，有序推进商业综合体MIS收单业务，与省电力公司开展"一省一行一户"业务对接，上线兰州城乡公交、嘉峪关公交移动支付项目；完善雄关便民卡流程，整合上线多种应用场景；升级上线票交所系统3.0版本；完成现金管理平台二期项目轨道交通资金监管、电力管家卡账簿管理及电子工资单功能上线。确定信贷系统升级需求，开展信贷系统优化升级工作；推动柜面无纸化、集中授权系统建设，开展综合前端系统业务量计价功能改造；建设智能财务项目，上线智能机构选址系统、智能客户关系管理系统、VIP权益系统，完成人力资源系统、OA系统的功能优化。推动百合生活网商户资源与存款业务融合，创新衍生商品储蓄业务；拓展便民服务使用场景，上线燃气、热力、水电费等缴费服务；深挖优质商户，将平台爆款商品与信用卡分期相结合，定期开展兰银分期特色活动；高频次开展特色营销活动，持续提升对金融业务的贡献度。

【效能提升】 按时完成申报材料更新，开展资产质量优化、股份处置、国有股东确认等工作，选聘财经公关公司加强舆情管控，推动上市进程。顺利完成董事会、监事会和经营管理层选举换届，组成新一届领导班子；建立季度经营形势分析会、行务会和行领导周例会制度，确保"三重一大"事项经过行党委集体研究，决策程序更加民主化、制度化、科学化。面向未来发展，修订完善绩效考核方案，启动绩效考核系统建设，突出绩效考核的激励作用。编写《授信业务审批操作手册》，进一步规范授信业务上报时间、资料、流程及各环节职责；通过各环节监测及专人跟进督促管理，持续提升审批及放款效率；完善LPR利率定价管理，推进贷款市场报价利率落地。开展"三定"工作，明确总行部门职能、岗位职责和人员编制，规范内设中心设置；转授干部人事管理权限，调动基层选人用人自主权；推进员工职业生涯规划，强化培训体系建设。甘南分行开业，实现全省14个市（州）全覆盖；加快推动兰内网点整合，试点独立运营5家社区支行。开展网点国家标准服务认证工作，首批71家网点高标准、高质量达标；实施柜面业务"一窗办""弹性工作日""弹性工作时"和"弹性工作窗口"服务制度，调整网点设施布局，推进网点分流引导，开展特殊人群服务演练，提升特殊人群服务能力，着力加强"军人优先""午间餐包"等个性化、柔性化服务；持续推进消保工作的制度化、规范化、程序化，完善消保内控制度，妥善处理各渠道投诉，强化督导检查，全年未发生重大消费者权益侵害事件。

（殷秀梅）

中国人寿保险股份有限公司兰州市分公司

【概况】 2019年，中国人寿兰州市分公司实现总保费收入14.4亿元。其中首年期交2.5亿元，保障型6308万元，十年期9617万元，短险保费9737万元，处理各类理赔案件36565件，累计提供风险保额1.57亿元。

【个人保险】 通过队伍发展带动业务发展；强化执行力建设，加强自主经营，提高专业化管理水平；不断加强销售，提升人员素质和提高服务质量的培训与教育，力求为更多客户提供更为全面、优质的保险服务和保障。有效提高渠道经营的效率、效果和效能，不断强化制度经营理念和管理模式拉动业务发展。有效利用财务、人力、产品、客户、基本法五大资源，分层面、分职级对各级营销员进行有针对性的帮扶。以基层一线为发展重点，以客户需求为导向，不断提升销售队伍诚信销售和专业服务水平。

【团体业务】 加强政保合作，积极参与地方政府民生工程项目建设。以市场为导向，全面调动渠道发展业务的积极性，增强客户服务意识，使公司为更多企事业、机关团体、部队官兵、各类院校和建筑、航空等行业和单位以及政府小额贷款、城乡居民大病保险等重点项目提供医疗、意外保险保障，承担保险行业应有的责任，为社会做出应有的贡献。

【银行保险】 坚持“银保姓银”，着力强化制度经营，夯实渠道基础管理，提高渠道精细化管理水平。建立精简高效的客户经理队伍，管理基础不断夯实。与各银行渠道不断加强合作力度和领域，关系进一步密切，合作进一步深化。后援服务支持强化，防范化解经营风险。在销售过程中倡导依法合规销售，并不断强化职场培训，要求销售人员在售前、售中、售后过程中，坚持诚信销售，为客户提供良好的服务保障，坚决维护职业安全，杜绝违规行为，有效化解经营风险，得到多方肯定。

【运营服务】 运营渠道坚持以基层满意度和客户满意度为衡量标准，以服务基层为重心，以支持销售为主线的服务理念，以全力做好“转型发展、提升价值、服务一线”的后台保障原则，进一步强化提升柜面的自主管理能力和工作执行力。运用科技赋能，简化业务办理流程，加快业务处理时效，提高理赔速度。个人保全e化率95%，团单保全e化率83%，全年无纸化投保率99.06%，理赔申请支付时效1.38天。加强培训、考核力度，提高员工业务素质；通过加强业务管理，规范业务流程，提高业务质量，支持业务发展；通过严格权限管理，强化监督检查，进一步提高风险管控力度，打造统一规范、出单迅速、理赔给付便捷及时的服务平台。

【合规经营】 开展“保险中介市场乱象整治风险大排查回头看”“五虚问题”“治乱象促合规”“消费者权益保护”及“反洗钱排查”等专项治理。持续落实风险管控工作常态化、岗位化，通过建立风控联系人、联络员工作机制，推动监控力量下沉。排除可疑风险数据8546条，处理重点风险监测任务46条；有效处理诉讼案件52件。配合监管机构和上级公司完成现场检查工作，并按要求完成整改。

（李　娜）

经济管理与监督

发展和改革

【概况】　2019年，兰州市发展改革工作坚持稳中求进工作总基调，自觉践行新发展理念，统筹稳增长、促改革、调结构、惠民生、防风险、保稳定，着力推进“六稳”工作，坚持“底数清、情况明、方法对、措施实”，坚持“思想过硬、工作过硬、作风过硬、结果过硬”，城市知名度实现新提升，科学规划绘就新蓝图，营商环境获得新突破，“兰州制造”再启新征程，“精致兰州”展现新面貌，“三大攻坚战”取得新成效，项目建管形成新机制，人民生活持续改善，全市经济社会保持平稳健康发展的态势。三次产业结构比由上年的1.57∶34.32∶64.11调整为1.82∶33.32∶64.86，第一产业比重提高0.25个百分点，第二产业比重回落1个百分点，第三产业比重提高0.75个百分点。按常住人口计算，人均地区生产总值71772元，比上年增长5.1%。

【机构改革】　依据兰机编字〔2019〕4号文件精神，改革后市发改委设28个内设机构，设5个事业单位。内设机构：办公室、人事科、计划财务科、政策法规科、发展规划科（推进城镇化工作办公室）、国民经济综合科、经济体制改革综合科、重点项目建设管理科（市政府重大项目建设管理办公室）、固定资产投资科（市投融资办公室）、园区开发科（市开发区建设发展领导小组办公室）、区域开放科（推进“一带一路”建设工作领导小组办公室）、农村经济科（以工代赈办公室）、综合交通科、产业发展科、创新和高技术发展科、资源节约和环境保护科、社会发展科、经济贸易科、财政金融和信用建设科、能源科、石油天然气和科技装备科、价格科、收费和服务价格科、价格监测科、成本调查监审科、行政审批事务科、目标管理办公室、经济装备动员办公室。委属事业单位5个：兰州市人民政府铁路枢纽建设办公室（参公，县级）、兰州市价格认证中心（参公、科级）、兰州市发展和改革委员会经济发展研究中心（科级）、兰州市政府和社会资本合作项目管理办公室（科级）、兰州市政府和社会资本合作项目评价中心（科级）。另设机关党委。

【主要职责】　拟定并组织实施全市国民经济和社会发展计划、中长期规划，分析研判经济形势、社会发展等重大问题并提出相关政策建议，总体指导和综合协调推进全市经济体制改革工作，规划全市重大项目和生产力布局，推进经济结构调整，组织拟定全市区域协调发展方向、目标、规划和相应的政策措施等。贯彻新发展理念，管宏观、谋全局、抓大事，加强跨部门、跨地区、跨行业、跨领域的重大规划、重大改革、重大工程的综合协调，统筹全面创新改革，提高经济发展和效益。

【发展规划】　编制完成《兰州市国民经济和社会发展中长期规划（2020—2035年）》《兰州市高质量融入“一带一路”建设发展规划》《榆中生态创新城空间发展战略规划（概念性）》《榆中生态创新城总体规划》及13个专项规划、《高新区定连片区总体城市设计》《皋兰生态修复与产业发展示范区空间规划》及《起步区控制性详细规划》等规划，启动编制《国土空间总体规划（2020—2035年）》《黄河流域（兰州段）生态保护和高质量发展规划》和《国民经济和社会发展“十四五”规划纲要》及各专项规划，印发实施《人口发展规划（2018—2035年）》。

【国民经济运行与监测】 研究宏观经济形势，强化兰州市经济社会各领域发展情况的跟踪监测调度，不断健全经济运行调度工作机制，统筹市直相关部门和区（县）抓好经济运行调度工作，重点对农业、工业、建筑业、服务业、固定资产投资、财政收入、城乡居民收入等指标进行逐月、逐季跟踪监测调度，掌握动态变化趋势，认真分析经济运行中的问题，提出针对性的工作措施。研究把握国家定向调控、微刺激等一系列政策措施，加大向上争取力度，为经济社会发展提供新的支撑。

【目标管理】 编制完成2019年度目标责任书。按照市委、市政府确定的2019年度经济社会发展主要预期目标任务，遵循差异化分解原则，在综合考虑各区（县）总量基数、区位特点、发展条件的基础上，对2019年全市经济社会发展主要预期指标进行测算分解，组织编制完成各区（县）、各部门2019年度目标责任书。组织对全市8个区（县）、"三区"及88个市直部门和单位2018年度目标任务完成情况进行全面考核，通过对多项考核数据、考核资料的核查汇总，严格依照考核办法，客观公正地反映各区（县）、各部门目标完成情况，研究提出2018年度全市目标管理考核结果。

【对外开放】 编制完成《兰州陆港型国家物流枢纽规划方案》，获批建设兰州陆港型国家物流枢纽，"一主一辅"枢纽加快建设，综合保税区、国际航空港、兰州铁路口岸功能进一步完善，兰州跨境电商公共服务平台、进境粮食口岸、肉类指定查验场建成运营，启动建设汽车整车进口口岸。发运国际货运班列264列11883车，增长36.2%。京东商投一号云仓投入运营，多式联运示范工程通过验收，新引进中新（兰州）国际物流产业园等一批重点项目。全年预计完成公路运输总周转量218.24亿吨公里，增长8.1%。新开行国际货运航线6条，中川国际机场年旅客吞吐量实现百万量级新跨越，首次突破1530.30万人次。实现外贸进出口额119.41亿元，其中与"一带一路"沿线国家和地区进出口额62.93亿元。

【发展动能培育】 创造性开展项目建设"五比五拼"活动，由市"四大家"领导带队，开展现场观摩点评，营造比学赶超、大抓项目的浓厚氛围。认真开展项目前期攻坚战，全市审批、核准、备案项目1073个，办结981个、办结率91.43%，全省排名第一，实现窗口、用户、申报、反馈"四统一"，奥体中心、万达城等一批重大项目审批时间大幅缩减，展现项目审批的"兰州速度"。推进项目管理"三个清单"，按季度考核通报，并将结果计入年终考核和年度目标管理考核。其中，2019年实施的1517个投资项目中，469个续建项目复工466个、复工率99.4%；1048个新建项目开工1018个、开工率97.1%。940个项目入库、入库率92.3%。全市实施106个省市列重大项目、总投资3321.12亿元。其中，64个续建项目复工63个、复工率98.4%；42个新建项目开工40个、开工率95.2%。全市12个重大前期项目纳入全省重大前期项目清单库，扎实有序推进。规范项目团队管理运行机制，组建市级项目团队48个，区（县）级项目团队143个，市级团队由市"四大家"主要领导带头担任总指挥，直接调动团队开展工作。切实规范PPP操作流程，储备PPP项目50个、总投资1296亿元，七里河安宁污水处理厂、中通道、S104沈阿公路、青白石互通立交等12个项目顺利推进建设。坚持"两真四有"（两真，即真招商、招真商；四有，即招商有功、招商有责、招商有序、招商有方）招商理念，通过举办兰洽会、科博会，参与进博会、陇商大会、京沪浙招商、2019年中国绿公司年会等重大活动，全年新引进项目280个、总投资1944.78亿元，完成省外到位资金877.51亿元、增长24.4%。国电兰州热电联产"上大压小"异地建设、兰石化炼油厂烷基化装置改造、兰州新区大数据产业园等77个项目建成，总投资1963亿元，累计完成投资662亿元。全年十大生态产业增加值占地区生产总值的比重为22.7%，占全省十大生态产业增加值的31.26%以上。推进出城入园项目建设，累计建成出城入园工业企业63户、转型升级商品交易批发市场19个。设立20亿元的科技创新创业风险投资基金和科技产业发展投资基金，累计投放贷款43.94亿元。建成兰州科技创新工作站。认定国家级创新示范企业1家、省级技术创新示范企业4家。认定38户军民融合企业，创建省级协同创新中心13个。新认定高新技术企业137家，新建成果转化基地22家，303项科技成果在甘转移转化，科技进步贡献率58.8%。商贸流通、现代物流、旅游、电子商务等服务业发展势头良好。流通领域现代供应链体系试点城市建设稳步推进，第一批试点项目完成投资2.7亿元，建成西北农产品教育中心主体冷库等一批冷链物流项目和物流配送门店1万余家。兰州中心、砂之船奥特莱斯等城市综合体开业运营，亚欧国际、鸿运金茂、南关民族风味一条街、金城夜市美食广场等一批品质提升项目顺利建成。万达城、杉杉奥特莱斯购物广场、兰州中央商务区、高原夏莱副食品采购中心等总投资近993亿元的55个重点商贸项目加快推进，完成投资80亿元。签约引进万达茂、中国智能骨干网甘肃枢纽中心等重点项目。成功举办重点展会80个，交易额110亿元，增长20%。新增电商平台5家，电商交易规模1500亿元、增长20%。兰州"假日夜经济"活跃度高居全国第三，全年接待国内外游客和旅游总收入分别增长23%、29%。

【重点领域改革】　有效化解生铁产能100万吨、粗钢140万吨。批准新建商品房预售面积900万平方米，及时消纳商品房销售库存。严格落实国家减税降费政策，全年减免税费70亿元。将工程建设项目划分为十类，即：带方案出让土地工程建设项目、一般工业建设项目、小型社会投资工程建设项目、现状改建工程建设项目、一般社会投资工程建设项目、一般社会投资非营利性工程建设项目、政府投资房屋建筑工程建设项目、政府投资线性工程建设项目、一般交通项目和一般水利项目，审批时限较以往大幅压减，分别控制在34、49、49~58、54、65、75、75、61~77、72~74个工作日以内。落实一体化在线政务服务，完善市级政务服务门户、政务服务事项管理库、电子证照系统、电子印章系统、运维系统、安全保障等系统，按期完成与国家和省级平台的对接工作。将42户国有企业重组整合为24户，全年营业收入和利税分别增长7.6%和7.1%。推进“证照分离”改革，企业开办实行“零跑腿、零纸张、零见面”的“三零”模式，新发放多证合一营业执照4.8万户、累计13.2万户，新增市场主体4.8万户、累计33.6万户。全面落实院长负责制，深化人事薪酬制度改革。巩固完善分级诊疗制度，将国家基本药物作为临床首选药品。建成全民健康信息平台，实现群众就医“一卡通”。全市27家二级以上医疗机构均设置老年人就医绿色通道。加快推进医联体和专科联盟建设，建成各类医联体114个，县级以上综合医院远程会诊覆盖率80%以上。一般性工商业电价再降10%，累计为企业节约成本1.3亿元。制定轨道交通票价，修订完善停车收费办法，停车设施免费停车时限由15分钟延长至30分钟。启动城市公交票价调整，开展用气、供水价格调整谋划工作。

【城市基础建设】　轨道交通1号线安全稳定运营，在全国单线运营地铁城市客流强度排名第一，2号线一期主体结构完成91%。积极融合轨道交通1号线路，优化公交线路81条，累计服务换乘市民2300万人次以上。打通20条疏解路，东岗立交桥完成拆除重建，南绕城、青白石互通立交、川海大桥等建成通车，中通道、中川机场T3航站楼连接线等项目开工建设，中川机场三期扩建工程完成可研并上报国家发改委。5G试点城市加快建设，建成5G基站1300座。清理空中线缆121.2千米，新建及改造10千伏及以下配电线路886千米。治理建成区违建1075.9万平方米，生活垃圾无害化处理率100%。建成地下综合管廊4.5千米，新建停车泊位5000个。新水源地通水试运行，西固污水处理厂提标改造工程即将完工。2.94千米水上清真寺至马拉松公园健身步道竣工，贯通黄河风情线滨河步道“堵点”。完成营造林12.68万亩，新改造城市绿地1712.4亩，新改扩建小游园16个。

（廉宝珍）

国土资源管理

【概况】　2019年，兰州市自然资源局统筹推进机构改革融合、国土空间规划编制、“三调”工作、土地报批储备供应、生态修复、地灾防治、矿产资源管理、不动产登记、历史遗留问题解决等重点工作开展。全年入库土地57宗，总面积约4160亩，超出目标任务3500亩的18.86%；出库土地70宗，总面积2833亩，超出目标任务2500亩的13.32%，实现出让收入102.7亿元。

【机构改革】　根据2019年1月11日《中共甘肃省委办公厅 甘肃省人民政府办公厅关于印发兰州市及所辖县（区）机构改革方案的通知》（〔甘办字市2019〕23号）文件，组建兰州市自然资源局。将市国土资源局、市城乡规划局的职责，以及市发展和改革委员会的组织编制主体功能区规划职责，市水务局的水资源调查和确权登记管理职责，市农业委员会的草原调查和确权登记管理职责，市生态建设管理局的森林、湿地资源调查和确权登记管理职责等整合，组建市自然资源局，作为市政府工作部门。市自然资源局加挂市不动产登记管理局牌子。不再保留市国土资源局、市城乡规划局。根据2019年1月31日《兰州市人民政府关于机构设置的通知》（兰政发〔2019〕6号）文件，成立兰州市自然自然局。根据2019年2月13日《中共兰州市委关于市级机构改革中有关部门（单位）党组设置调整的通知》（兰委〔2019〕17号）文件，设立中共兰州市自然资源局党组，撤销中共兰州市国土资源局党组、中共兰州市城乡规划局党组。《兰州市自然资源局职能配置、内设机构和人员编制规定》自2019年3月24日起实施。根据2019年10月16日《中共兰州市委机构编制委员会关于调整兰州市自然资源局派出机构的通知》（兰机编字〔2019〕64号），对派出机构进行调整。

【土地储备】　构建土地储备资源管控体系，建立土地储备“一库四计划”，即：《市本级经营性用地土地储备资源信息库》《2019年度土地储备计划》《2019年度土地储备资金需求计划》《2019年度储备土地供应及收支预算计划》《2018—2020三年土地储备滚动计划》；以服务重点项目、社会公共事业和棚（城）改项目建设为重点，全力盘活存量土地，挖掘增量土地，实现应储尽储。完成招商引资备案5000万元任务和投资总额约30亿元的“黄裕镇恒大足球小镇”招商引资项目线索上报工作;主动对接服务,推进重大项目。崔家大滩片区项目28宗土地全部出让成交,已开展成本审计工作。雁儿湾片区土地储备专项债项目完成全部9宗土地测图、放路、申请规划条件等前期工作,其中4宗土地共329.04亩出让成交,正在开展成本审计。青白石片区土地储备项目完成全部24宗土地测绘、放路、权属核查及验收等前期工作,其中项目一期9宗土地出让成交,已开展成本审计。黄峪镇片区储备专项债项目共434.891亩土地完成熟化申报供应。石沟片区商业二期土地储备项目已申报开展供应前期工作。安宁中央商务区项目收储面积约782亩,土地征收熟化完成85%,其中10宗土地约400亩已申报开展供应前期工作。

【开发利用】 建立全市土地、矿产市场交易规则和交易平台,统一在兰州市公共资源交易中心进行交易。组织开展公共服务项目用地基准地价、标定地价、农用地和集体建设用地基准地价的分等定级及价格评估、更新兰州市本级基准地价分等定级及价格评估等工作,夯实土地市场建设基础,建立政府公示地价体系。根据自然资源部和省自然资源厅的要求,组织开展兰州市2019年土地节约集约利用评价(整体评价)和7个国家级、省级开发区节约集约利用评价(区域评价)工作,按要求向省自然资源厅提交相关数据成果,并通过省自然资源厅验收。在全市自然资源领域开展社会信用体系建设工作。

【耕地保护】 将耕地保护责任目标纳入各级政府年度责任目标并组织考核,年初市政府与各县(区)政府签订《目标管理责任书》,将省上下达的耕地保有量371.51万亩、基本农田保护面积279.61万亩的责任目标分解到各县(区),实行永久基本农田动态监管,规范有序开展永久基本农田储备区划定工作,划定图斑526个、面积15477.3亩。督促各县区全部出台《乡镇政府耕地保护责任目标考核办法》,建立健全全市耕地保护目标责任体系。根据土地变更调查成果,全年全市耕地保有量420.19万亩,划定基本农田保护面积279.77万亩,完成省上下达的目标考核任务。为奥体中心等15个项目补充耕地占补平衡指标896.19亩,向城关区、七里河区、榆中县、皋兰县有偿调剂补充耕地指标5580亩,推进全市补充耕地指标的市场化管理。加快农转用征收报批工作效率,制定农转用报批审核工作流程,上报农用地转用和土地征收请示25宗,总面积11340.49亩;下发农用地转用和土地征收批复53宗,总面积11487.54亩。优先保证国家扶贫开发工作重点县用地保障,榆中、皋兰、永登三县年度新增建设用地指标均不少于600亩,切实保障贫困县扶贫攻坚项目用地。

【土地整治及统征】 加强项目验收程序和过程的管理,细化验收过程,确保项目建设质量。组织验收项目16个,其中14个通过验收,总投资9464.43万元,总规模62332.05亩,新增耕地2147.5亩。4月,组织县区在甘肃省土地整治监管系统中进行项目信息的核查和填报,完成166个土地整治项目的信息核查填报。根据省自然资源厅对于土地整治资金使用监管“最后一公里”突出问题整改工作安排,结合在建项目推进工作,重点对工程款是否及时支付、质保金是否按比例扣除、结余资金的管理等几个方面进行督导检查,按月向省自然资源厅上报资金支付进展情况,对于存在的困难,及时帮助,及时处理。通过努力,土地整治项目未支出资金从21170.1万元下降到5025.17万元,推动资金支付效率和使用效益。做好重大项目建设服务工作。持续推进兰州南绕城高速公路项目征地安置补偿工作,征收集体土地5500余亩,兑付各类补偿资金约13.7亿元。认真梳理兰渝铁路、兰新铁路第二客运双线、宝兰客运专线、中川铁路、兰州铁路综合货场等重点项目征地实施而产生的遗留问题,并积极协商相关单位配合解决。配合省征地办、铁路建设单位、相关区、县自然资源部门,按照铁路项目征地拆迁补偿资金验工计价的要求,开展验工计价工作,完成验工计价金额约64亿元。

【生态修复】 推进全市矿山恢复治理工作,完成2宗《矿山地质环境保护与土地复垦方案》审查、6宗矿山环境恢复治理阶段性验收工作。严格落实矿山地质环境恢复治理基金制度,按照《甘肃省矿山地质环境恢复治理基金管理办法》,开展矿山地质环境恢复治理保证金清退、基金制度建立工作,对全市所有持证和有责任主体的矿山企业矿山地质环境恢复治理情况,开展一次全面检查,并建立矿山地质环境恢复治理工作台账,逐矿填写,按季更新。调查采煤沉陷区,督促各县(区)对全市采煤沉陷区基本情况进行调查,对涉及兰州市的采煤塌陷区图进行认真核查,对综合治理重点项目、采煤沉陷区界定分类、总体情况形成台账。谋划黄河流域兰州段生态修复项目,包括兰州市城关区大砂沟山体修复项目、兰州市安宁区树坪—九合一带李麻沙沟中游废弃矿山生态修复综合治理项目及兰州市西固区达川镇生态综合治理项目等,同时完成兰州市黄河北岸水阜镇西侧沟道历史遗留无主矿山地质环境恢复治理项目及兰州市七里河区阿干矿区(石佛沟国家森林公园)无主矿山地质环境恢复治理项目两个无主矿山恢复治理项目的前期研究工作,并上报至省自然资源厅。

【调查测绘】 稳步推进第三次全国国土调查工作，完成全市8县区现状调查工作并进入国家级核查整改阶段。完成全市2018年度土地利用现状变更调查工作，并通过国家核查，调查数据成果已运用于各项工作。完成集体土地所有权、城镇国有建设用地使用权和房屋所有权的存量现势登记数据二次整合汇交，实现增量数据准确、实时上传。开展皋兰什川、永登树屏等重点区域约60.3平方公里的1:2000基础影像更新工作，并协助完成卫星导航定位基准站备案，完成地理信息公共服务平台市级节点统一门户、资源三号卫星影像云服务平台市级节点建设工作。对104家测绘单位的注册、资质申请、信息变更、注销等进行审核，为112家单位办理涉密测绘成果资料使用审核手续，严格要求地图使用单位签署涉密测绘成果安全保密责任书，做好涉密测绘成果保密工作。同时，按照《测绘地理信息质量管理办法》及"双随机、一公开"要求，抽取15家丙、丁级测绘资质单位进行行政检查，检查测绘单位执行法律法规、涉密成果管理、质量管理体系、测绘产品质量等是否符合测绘规范要求，全力提升全市测绘行业工作水平。

【放管服改革】 起草并提请市政府印发《关于城建领域提升服务水平加快项目审批的实施意见》，与市住建局联合制定印发《兰州市工程建设项目并联审批管理暂行办法》，出台一系列从供地、审批到实施、验收的项目审批改革措施，得到国务院和省政府的通报表扬。整合国有土地划拨决定书、建设用地批准书、建设用地规划许可证，统筹用地供应和用地规划许可，积极推进"多测合一"，合并用地审批、规划许可和不动产登记等涉及的测绘业务，避免重复提交测绘成果。推进并联审批，严格落实《兰州市工程建设项目并联审批管理暂行办法》，进一步压缩审批时限。创新服务方式，推行规划预审联审、容缺受理、申报内容承诺制等服务方式，在立项、土地手续不全的情况下，建立"建设单位和设计单位承诺制+第三方技术审核+经办人要件把关"审查模式。解决项目建设难题，组织编制《兰州市中心城区部分发展备用地启用专题论证报告》，提出《关于办理近期实施重大建设项目、重点工程及原审批项目的意见建议》，妥善解决青白石碧桂园三期等28个重大项目的建设难题。

【不动产登记改革】 推进不动产登记改革，整合不动产交易、缴税、登记业务流程，设立窗口统一受理，推进不动产登记机构、登记簿册、登记依据和信息平台"四统一"，将原兰州房产交易中心承担的房屋产籍测绘、交易登记受理、产权档案管理、产权纠纷调处等职能划转至兰州市不动产登记事务中心，所有涉及登记业务相关事项由不动产登记机构统一受理，形成一个机构统办、多个部门监管、落实多方任务的工作格局，最大限度地消除部门之间职能相互交叉现象，切实实现"一窗受理、一站服务、一次办结"。同时，推进"互联网+政务服务"，实现在银行和公积金中心网点直接办理抵押登记，确保全市主城区除政府组织开展的农村不动产登记、企业改制、非公证继承(受遗赠)不动产登记等较为复杂的情形30个工作日内办结、大宗批量不动产登记10个工作日内办结外，查(解)封、异议登记、抵押注销登记随到随办、立等可取；抵押登记1~3个工作日办结；其他各类登记业务均在5个工作日内办结。全力推进农村集体土地使用权及农房所有权确权登记发证工作，组织专业技术人员对各县(区)的调查确权发证情况进行全覆盖督导检查。截至年底，完成农村宅基地确权登记发证调查宗地233592宗，调查完成率95.7%，发证82684宗，发证完成率31.8%；集体建设用地调查4528宗，调查完成率97.7%，发证1220宗，发证完成率26.9%。

【互联网+不动产登记】 8月30日，兰州市"互联网+不动产登记"信息服务平台开始上线试运行。在省级大集中框架下，推出兰州市专门的不动产登记网页版、微信版、自助终端版网上申请平台，构建线上申请、联网审核、网上反馈、现场核验、一次办结的不动产登记网上办事大厅，为群众提供多种选择，随时随地可申请登记，实现"24小时不打烊"。11月，联合市财政局打通不动产登记信息管理平台与省财政厅非税收入平台之间的"壁垒"，不动产登记费用通过微信或支付宝等多形式、多渠道线上直接缴交，改变过去传统单一、仅收取现金的缴款方式，实现服务企业和群众"零距离"。

【便民服务】 7月，市不动产登记大厅在原来的基础上进一步优化流程，精简要件资料：不再收取身份证复印件；产籍测绘报告不再是登记必收要件；按照不缺、不漏原则，对涉及不动产交易、核税、登记需提交的申报材料进行清理"减负"，凡是没有法律依据的一律取消。对法律规定的申报材料进行整合，能合并则合并，形成统一的申请材料目录清单，通过省、市政务服务网对外公布，实行一套材料"转到底"，要件材料由原来的23份减为现在的5~8份；对原要求申请群众填写的申请书统一标准化填写模版，改由工作人员从"共享平台"提取信息，经当事人签字确认即可；同时对法律法规规定申请人提交的身份证明(包括户口簿、结婚证、营业执照、组织机构代码证等)复印件，改为办事群众和企业只提供原件，由窗口工作人员通过复印或扫描取得。与8家金融机构、2家公积金中心和市公证处签约开展延伸服务，累计设立延伸便民服务网点近30个。将登记服务场所延伸至银行金融网点，申请人在与银行网点签订主债权合同、抵押合同、一次性提交申请材料的同时，可随时随地直接通过网络在线申请不动产抵押登记，实现不动产抵押登记“秒批”“零跑动”服务新模式。

【地质勘查】　印发《兰州市2019年度地质灾害防治方案》。完成全市2019年地质灾害隐患点核查结果的汇总、核实、统计工作。截至年底，全市有地质灾害隐患点2470处，总数较2018年底汛后核查增加7处（新增隐患点23处，合并及撤销隐患点16处），按灾害区域划分为：城关区554处，七里河区294处，安宁区105处，西固区555处，红古区148处，榆中县363处，皋兰县132处，永登县292处，高新区27处。全市发生各类地质灾害13起。其中，滑坡9起；崩塌4起。造成1人死亡、1人受伤，直接经济损失29万元。在接到各类险情报告后，组织指导相关人员快速反应，及时赶赴现场，根据现场情况提出应急处置意见，进行有效处置。7月，榆中县马坡乡成功预警避险滑坡灾害1起，由于预警及时，处置妥当，避免7户35人伤亡，避免经济损失320万元。做好预警信息发布和汛期地质灾害应急技术保障值班工作。发布各类预警86次，其中加强地质灾害防治领导决策7次，根据省、市领导重要批示发布防灾紧急通知及要求5次，与市气象局会商发布地质灾害气象风险预警14次，转发重要雨情、天气信息60次，累计发布短信10305条。建成国家级地质灾害示范社区3处（其中：城关区2处，西固区1处）；兰州市地质灾害防灾减灾教育基地建设稳步推进，进入设计施工招投标公告发布阶段。全面保障地质灾害综合治理。截至年底，21个治理工程有8个工程完工并通过初步验收；1个项目工程完工准备初步验收；9个项目正常施工；1个项目正在组织施工、监理招标工作；1个项目施工图设计审查已经通过，正在市项目投资评审中心评审；1个项目正在编制优化施工图设计。完成年度项目投资1500万元，完成达家台台缘滑坡群河嘴村北段治理工程，年底完成预验收，下一步等待省自然资源厅最终验收。督促各县（区）完成地质灾害治理项目的各项进度和各项绩效目标，指导红古区、永登县实施地质灾害危险区内50户212人的搬迁避让工作。同时，其他相关县（区）的搬迁避让工作完成651户、2544名群众的搬迁工作，其余群众的搬迁工作正在组织实施中。

按照省自然资源厅《提升科技支撑能力，加强地质灾害防治三年行动计划》（2019—2021），安排8个县（区）和高新区对今后3年全市的地质灾害工程治理项目进行全面排查，并上报各县（区）的《地质灾害防治三年行动计划储备项目》。4月起配合省厅专家对县（区）上报的68个地质灾害工程治理项目进行现场踏勘，并根据专家意见，编制完成全市地质灾害防治与监测预警技术方案三年行动计划（2019—2021），上报省厅地质灾害工程治理项目41个，需要争取中央、省级总投资5.68亿元，可有效保护地质灾害隐患区3.8万人的生命安全，保护22亿余元的财产安全。经过不懈努力争取，省自然资源厅已经于10月下达全市2019年度国家特大型地质灾害防治工程治理项目4项，总投资1亿元。

【矿产管理】　完成3宗市级发证采矿权的招拍挂出让工作，组织县（区）完成建筑石料资源的出让计划，市场化配置率100%。完成19个项目建设前是否压覆矿产资源审查，有力保障全市项目建设。规范矿产资源开发管理秩序，完成2018年度矿业权人勘查开采信息公示工作，探矿权公示率100%，采矿权公示率95.08%。落实储量动态巡查制度，完成2018年度市级发证生产矿山储量年报编制及通报工作。按要求整改“绿盾2017”“绿盾2018”专项行动发现的问题，推进保护地内矿业权退出工作，各级各类保护地内16宗矿业权完成退出12宗，其中市、县级审批发证采矿权退出率100%。未退出4宗为省厅审批发证，正积极协调省厅及永登、榆中县政府推进退出工作，全市各级各类保护地内无新设矿业权。组织开展2019年度全市露天矿山大检查，对发现存在问题的矿山企业发放现场发出整改通知单110份，着力规范露天矿山开采行为。加快推进绿色矿山建设进度，市级新立、延续、变更的矿山企业均编制绿色矿山建设方案，严格按照绿色矿山标准进行建设，年底祁连山水泥公司大闸子石灰石矿正在申报省级绿色矿山示范点，按照各矿山企业编制的《矿山地质环境保护与土地复垦方案》，完成矿山地质环境恢复治理和土地复垦阶段性工作，全年组织验收项目16个，其中通过验收项目14个，总投资9464.43万元，总规模4155.47公顷，新增耕地142.7公顷。

【执法监督】　全力做好规划竣工验收工作，2019年共核发《建设工程规划竣工验收合格书》82件，建筑面积347万平方米。推进常态化监督检查，全年组织实施市级动态巡查3次，查阅各类记录、台账200余册，案件卷宗296个，发现国土资源违法案件345宗。完成年度土地矿产卫片执法工作，对自然资源部下发兰州市的2341个土地卫片图斑和23个矿产卫片图斑严格进行核查判定，最终确认土地卫片违法案件670宗、矿产卫片违法案件15宗，对督察中发现的问题及时督促整改。开展“大棚房”“违建别墅”等问题专项清理整治行动，全市共认定“大棚房”问题50个，已全部整改到位并通过验收。严肃查处违法建设项目，立案调查处理违法建设13起，下达违法建设案件行政处罚决定书13份，处罚面积34286.25平方米，处罚金额407.26万元，新增违法建设查处率100%。办理国家自然资源督察西安局转办案件1件，省自然资源执法监察局转办案件2件。

【历史遗留问题专项整治】 开展房屋产权登记发证历史遗留问题专项整治，制定印发《关于加快办理房屋产权登记发证历史遗留问题的支持措施》，截至年底，办结房产历史遗留项目84件，需补缴罚款和土地出让金共计56945万元。办理建成区违法建设历史遗留项目8件，消化违法建筑面积5.7万平方米。

【依法行政】 制定下发《兰州市自然资源局学习宣传和贯彻实施宪法活动实施方案》《兰州市自然资源局2019年普法依法治理工作要点》。成立兰州市自然资源局"七五"普法工作领导小组，印发《兰州市自然资源局关于成立"七五"普法工作领导小组的通知》。在局门户网站、微信公众号及时更新自然资源规范性文件管理规定，城乡规划相关法律法规。组织全局系统人员参加市上举办的"七五"普法宪法知识答题竞赛。按照《兰州市法治政府建设绩效考评指标》的要求，牵头组织落实好市自然资源局法治政府建设的相关任务。围绕"12·4"宪法宣传日、"4·22"世界地球日、"6·25"全国土地日、"8·29"测绘日及《城乡规划法》等主题宣传活动，结合"法律八进"，通过电视台、网络、现场宣传等形式开展宣传活动。依法做好行政复议与行政诉讼工作，通过复议和诉讼工作检验依法行政工作。共收到复议申请34件，受理17件，不予受理17件，办结11件，其余6件正在办理中。全局诉讼案件共计42件，其中行政诉讼36件，民事诉讼6件。建立健全组织机构，成立兰州市自然资源局行政复议委员会，认真履行行政复议决定集体决策制度。同时，与兰州铁路运输法院探讨建立行政纠纷诉调对接机制，畅通行政纠纷解决渠道，依法开展项目审批中的听证工作，促进矛盾纠纷实质化解。

配合市人大常委会做好《兰州市城乡规划条例》制定出台工作。《条例》已由甘肃省第十三届人大常委会第十三次会议于2019年11月29日批准，由市人大常委会于2019年12月11日公告，自2020年4月1日起施行。开展《兰州市制止和处理违法建设办法》《兰州市重点区域规划管理暂行办法》的立法后评估工作。提出评估意见和建议，并报市人大法工委。出台《兰州市自然资源局关于建设项目地下车位（车库）土地使用权出让手续的办理意见》。梳理原国土、规划两局已出台的工作制度、规章和规范性文件，为工作顺利推进打好制度基础。同时，对历史出台的规范性文件全面清理，从法律依据、实施主体、条款内容、时效适用等方面进行合法性、是否涉及公平竞争进行审查，提出清理意见，确保依法行政。依据国家法律法规及相关政策，对自然资源局依法行政和行政措施提供法律法规和政策依据。对涉及《甘肃省养老服务条例》《兰州市机动车停车场管理办法（修改草案）》《兰州市城市交通管理条例》《兰州市大气污染防治条例》《兰州市城市照明管理办法》等法规规章提出修改建议。协调法律顾问出具20余份法制审核意见，为全局依法行政或行政决策提供法律保障。持续推进"放管服"工作。认领并编制服务事项清单31项，并在兰州市行政审批服务系统3.0进行展示和动态维护，办事指南、办事流程、申报材料等要素齐全，精简办事材料60%以上，压缩办理时限三分之二以上，网上可办率90.3%。进一步完善编制、上报"四办四清单"目录，由市上统一向社会进行公布。

（魏彦景）

国有资产监督管理

【概况】 2019年，市政府国资委抓好国企改革、职能转变、项目建设及国企党建等重点工作，加快推进市属国企做优做强。24户监管企业实现营业收入188.95亿元，同比增长7.6%；实现利税12.45亿元，同比增长7.1%；完成招商引资到位资金1.7亿元。

【国企改革】 制定印发《兰州市市属国有企业重组整合方案》，按照"产业相近、行业相关、主业相同、资产同质、经营同类、优势互补"原则，将原直接监管的42户国有企业重组整合为24户；支持兰州黄河生态旅游开发有限公司，将兰州交通发展建设集团公司等8户市属国有企业国有股权约125亿元资产注入兰州黄河生态公司，用于增加黄河生态公司国有权益；推进混合所有制改革，支持兰州佛慈集团引入有实力的战略投资者，已收购成立陕西佛慈医药有限公司、广东佛慈普泽医药有限公司等，扩大业务布局；推进"三供一业"分离移交，累计与78户中央、省属企业签订职工家属区分离移交协议，涉及居民户数约18.9万户，涉住户小区510个，分离移交后供电、供水、供暖、供气等维修改造工作有序推进。

【国资监管】 制定印发《市政府国资委以管资本为主推进职能转变实施方案》，制定《市政府国资委"三重一大"监管事项清单》《取消监管事项清单》《授权事项清单》和《市属国有企业投资项目负面清单》，实现由管企业向管资本转变，切实激发企业发展活力；探索国有资本授权经营试点，制定《国有资本授权经营试点工作办法》，促进企业真正成为自主经营、自负盈亏、自担风险、自我约束、自我发展的独立市场主体；修订完善《市属监管企业工资总额管理办法》，完善多层次多元化激励约束机制；起草《市人民政府向市人大常委会报告国有资产管理情况制度的实施意见》，并在市十六届人大常委会第二十二次会议上专项报告2018年度企业国有资产监督管理情况，自觉接受人大监督。

【项目建设】 市属国有企业承担的城市基础设施建设、公用事业等88个新建、续建项目，全年完成投资72.6亿元；轨道交通1号线一期工程通车运行；兰州水源地项目建设工程进行试运行；兰州北绕城东段高速公路项目、兰州现代粮食产业园等重大项目有序推进，进展良好。

【防范化解债务风险】 制定工作方案，将防范化解债务风险工作任务分解到各国有企业并纳入企业负责人年度经营业绩考核，确保市属国有企业特别是各融资平台公司负债风险可控，资金链安全；改善资债结构，通过实施市属国有企业重组整合，优化国有资本配置，切实改善市属企业资产负债结构；增强融资能力，市属国有企业全年融资到位资金535亿元，有效提升防范化解债务风险的能力；强化投资管理，出台《兰州市市属国有企业投资监督管理办法》，健全完善投资监督机制和投资效果评价机制，确保项目投资建设不产生新的债务风险。

【创新发展】 推进兰州国器装备与中科院上海物理所联合研发的“第四代先进核能钍基熔盐堆系统（TM-SR）”700℃超高温熔盐泵项目，已列入国家战略性先导科技专项计划，并拟在国器装备制造集团建立博士后工作站；鼓励兰州佛慈制药、粮油集团、国资利民、人民饭店等企业利用“互联网+”信息平台，创新经营模式，积极发展电商业务，建成天猫佛慈旗舰店和佛慈养生堂、益民网约车、易享行共享电动汽车、蓝莓精品酒店等电商网络平台并正式上线运行。

【国企党建】 组织全系统扎实开展“不忘初心、牢记使命”主题教育，举办各类培训班28期1500余人次，中心组学习259次4856人次，班子成员开展交流研讨125次，委机关和各企业共619个基层党组织聚焦主题教育各项重点任务，完成调研课题189个，检视各类问题350条，梳理归纳后解决实际问题156个；充分发挥国有企业党组织把方向管大局抓落实的把关定向作用，把党组织内嵌到公司治理结构之中，全面落实企业党组织书记和董事长“一肩挑”，实行“双向进入、交叉任职”和企业“三重一大”事项党组织前置把关制度，确保党组织在公司治理结构中的领导核心和政治核心地位；加强纪检监察正风肃纪，以扫黑除恶专项斗争、市委巡视巡察为契机，用好监督执纪“四种形态”，坚定不移全面从严治党，严格监督国企领导人员履职用权情况，确保权力规范运行。

8月14日，市政府国资委领导一行到兰州市农业发展有限公司动物园异地搬迁项目建设现场实地调研

【安全生产和信访维稳】 落实出资人安全生产监督职责，持续推进安全责任、检查指导、考核问责、培训教育及应急救援等体系建设，全年未发生重大安全生产事故；全年协调处理信访件946件（其中：上级部门转办信访件18件，网上信访96件，民情通832件），接待群众上访256批次，705人次（其中：集体访41批次，344人次），全年未发生重大维稳事故。

【公共资源交易监督管理】 制定《非必须招标项目进场办法》，积极推进公共资源阳光交易；加强综合监督，组织开展工程建设领域招投标专项治理，及时协调解决公共资源交易活动中遇到的具体问题，促进公共资源交易活动依法合规开展。

（杨　文）

市场监督管理

【概况】 2019年，兰州市市场监督管理局认真履行强化市场监管和服务经济发展两大使命，全市市场监管工作各项目标任务圆满完成，各项工作取得显著成绩。被人力资源和社会保障部和市场监管总局授予“全国市场监管系统先进集体”称号。推行的“四办四清单”制度，在国务院第六次大督查中以典型经验受到国务院办公厅通报表彰。全年，累计登记各类市场主体33.11万户，同比增长6.65%，完成行政许可工作2.36万件。

【机构改革】 2月19日，兰州市市场监督管理局正式挂牌成立。4月18日，根据市委、市政府印发的“三定”规定，兰州市市场监督管理局为市政府工作部门，正处级建制，加挂兰州市食品安全委员会办公室、兰州市知识产权局牌子。市级市场监管部门核定人员编制1060名，机构14个。市局机关核定编制225名，设局长1名，副局长3名，核定内设机构33个。成立市场监管综合行政执法队，近郊四区统一由市局行使行政执法权，红古区、永登县、榆中县和皋兰县设立局队合一的市场监管综合执法队，市市场监督管理局进行工作监督指导，推动实行统一监管综合执法。

【市场主体增量】 统筹推进“多证合一”改革，推行“四办”改革，开展个体工商户直接注销登记改革试点工作，推动电子营业执照广泛应用，实现企业“一照一码走天下”。借助机构整合优势，打造一窗通办模式，实现“大窗口、大登记、大服务”的工作新格局。扎实推进服务承诺“四办四清单”（“即收即办、当日办结、限时办结、代办服务”四个类别分别制定清单）管理制度，大胆实践“容缺受理”新模式，确保企业与群众办事“最多跑一次”。

【监管执法】 加大执法力度，推进竞争执法组织指导协调工作，强化反垄断和反不正当竞争执法，组织开展打击传销、规范直销，投资公司清理整治等工作，全力维护市场公平竞争，为企业优胜劣汰和经济健康发展营造良好环境。全市共出动执法人员1464人次，检查各类场所、区域4851处，检查各类市场主体11547家次，开展行政指导、行政约谈509次、各类宣传活动1045次，参与协作执法90次，受理消费者申诉举报257起，立案调查案件59起，结案57起，罚没款97.5万元，挽回消费者损失138.32万元。强化网络监管，首次对兰州市3大类5个品种的网络交易商品质量进行抽查检验，抽查企业28家，检验产品45批次，合格率93.3%。强化广告监管，加大对虚假违法广告案件查办力度，全市共查处虚假违法广告案件57件，罚没款335.39万元。集中整治漠视侵害群众利益突出问题，办理案件3起，罚没款15.47万元。开展全市“双随机一公开”监管工作，对全市2018年度新设立企业公示信息及经营行为和农民专业合作社、个体工商户年报公示信息进行不定向抽查并及时统一归集涉企信息。继续推进企业经营异常名录的列入和移出及严重违法失信企业名单管理工作，不断做好跨部门联动响应和失信联合惩戒工作。全市有11731户企业、412户农民专业合作社被列入经营异常名录，36122户个体工商户被标记为经营异常状态；有2274户企业、331户农民专业合作社被移出企业经营异常名录，9289户个体工商户恢复正常标记，210户企业被列入严重违法失信企业名单，并通过企业信用信息公示系统向社会予以公示。

2月19日，兰州市市场监督管理局挂牌仪式

【价格监管】 开展集贸市场专项整治，集贸市场不明码标价、价格欺诈等市场乱象得到有效治理。持续加强涉企收费、电力价格和厂房租金监管，降低企业成本。突出抓好转供电环节加价行为整治工作，行政处罚转供电相关企业10家，罚款26.98万元，监督退款1226.72万元。

【知识产权保护】 实施知识产权战略，做好知识产权运营服务体系建设申报工作，起草《做好兰州牛肉拉面商标注册工作促进牛肉拉面行业发展的报告》。2019年，兰州市专利申请量突破1万件，有效发明专利4887件，每万人口拥有发明专利13.02件，同比增长10.05%；全市商标申请量8639件，新增注册商标7142件，商标申请量、注册量均居全省首位。

【质量监督】 推进质量提升机制建设，履行市质量发展领导小组办公室职能，发挥牵头抓总作用，先后印发《公共服务质量监测技术指南》《公共服务质量监测准备工作方案》，起草《兰州市公共服务质量提升工作总体方案》。2019年，甘肃七建集团、兰州高压阀门有限公司顺利通过省政府质量奖复评。继续实施标准化战略行动，全面加强农业、工业、服务业、高新技术产业、高端装备制造等领域的标准化工作，标准化示范点建设进展顺利，有效推动产业提档升级。标准制修订工作稳步推进，修订、审核、指导拟定各类标准12项，组织市水泥、涂料、地膜等领域的59家企业开展对标达标工作，进一步夯实高质量发展的标准基础。扎实开展检验检测机构的监督检查工作，督促指导辖区内检验检测机构完成统计直报和监督检查自查表网上提交工作。深入排查认证质量风险，共检查认证活动2466个。不断完善“智慧质监”平台，指导242家检验检测机构、143家生产许可证获证企业完成信息录入。加强工业产品生产许可证证后监管，组织开展危险化学品生产企业监督检查。持续开展全市集贸市场计量整治工作，有力打击利用计量器具作弊的违法行为，维护市场公平交易。开展全市加油机计量监督抽查、民用三表备案、环境监测类计量器具等专项监督检查，多方面加强民生计量监管，构筑诚信计量体系。全年累计完成计量器具强制检定37574台(件)，商用衡器受检率90%以上，合格率97%以上。组织产品质量监督抽检工作，有效遏制和及时消除质量安全隐患。开展质量分级试点工作，探索建立并实施质量分级制度，完成761户工业企业产品质量分类监管工作。依法落实公告、曝光、整改、处罚和约谈等后处理措施，督促企业自觉落实主体责任。持续推进大气污染防治工作，做好煤炭、油品质量检测，完成汽柴油抽检274批次，煤炭抽检1346批次，推动全市大气污染防治工作的有效落实。

【食品安全监管】 推进食品安全监管工作，围绕国家食品安全示范城市创建，以打造“食全食美、如兰之州”的饮食环境为目标，严格落实“四个最严”(最严谨的标准、最严格的监管、最严厉的处罚、最严肃的问责)，推动国家食品安全示范城市创建，加大对农村、市场等重点区域和婴幼儿食品、校园食品等重点领域的安全监管，切实保障全市人民“舌尖上的安全”。进一步推进“明厨亮灶”“食品追溯平台”推广应用等工作，全市实施“明厨亮灶”工程的企业2.63万户，食品生产企业、婴幼儿配方乳粉专营门店等重点区域100%加入电子追溯平台，食品经营企业加入追溯平台5.6万户、加入率80.3%，监管手段更加多元有效；加强重大节会食品安全保障工作，完成“马拉松”“兰洽会”、中央领导来兰等34项重大活动保障任务。开展“百家企业示范引领”行动，选取17家企业申报省级示范引领企业。围绕重点环节、重点领域、重点时段、重点产品扎实开展各类专项检查整治活动30余次，出动监督执法人员14.5万人次，检查单位13.47万户次。严厉打击食品安全违法行为，立案、办结涉食案件444起，罚款707.31万元，移送司法机关案件7起。持续加大食品检验检测力度，超额完成年度任务，全年完成食品抽检1.68万批次，合格率94%，完成快检任务14.8万批次、合格率99.27%，完成858件不合格食品的后处理工作。

【药品安全监管】 推进药械安全监管工作，强化疫苗、中药材、基本药物、高风险医疗器械等重点领域监管，开展中药饮片、辐照灭菌、高温季节高风险药品等专项检查整治行动，严厉打击各类违法违规行为，全力保障药械质量安全。出动执法人员近1.93万人次，检查药械领域生产、经营、使用单位1万余家次，警告36家，责令整改754家，没收违法经营产品1328件，立案213起，罚没款145.6万元；检验检测药品2267批次，合格率97.57%。药品不良反应监测报告4374份、医疗器械不良事件报告1176份。成功组建院士专家工作站、“首席专家、青年专家”工作室，进一步提升食品药品领域的科研实力，为兰州市食品药品安全监管工作提供有力的技术支撑。

【特种设备安全监管】 推进特种设备安全监管工作，完善特种设备监管责任体系，强化重点环节重要时段安全检查，组织开展以电梯、锅炉、客运索道、大型游乐设施为重点的隐患排查治理工作，推进构建特种设备安全风险管控和隐患排查治理双重预防机制，全市特种设备安全形势稳定向好。市级共督查检查特种设备生产使用单位131家，发现安全隐患260项，全部完成整改，对140家特种设备生产、使用单位主要负责人进行集体约谈。成功举办2019年电梯应急处置技能竞赛暨质量安全宣传公益活动，提升全市电梯维保单位的安全意识和维保水平。

【消保维权保障】 组织开展“3·15国际消费者权益日”等大型宣传咨询服务活动、“放心消费在陇原”示范创建活动。建立106个小额纠纷先行赔付机制站点，高效便捷解决消费纠纷25件，赔付金额23万元。不断完善12315执法体系建设，实现消费维权效率、投诉解诉率、举报办结率、消费者满意率的全面提升，全年接收省市场监督管理局12315中心分派和自行受理登记的消费者情况反映16604件，办结16405件，办结率98.8%，为消费者挽回经济损失1140.85万元。受理12345民情通分派消费者投诉1179件，办结1156件，办结率98%。

【非公企业党建】 2019年，全市非公有制企业切实履行非公党建工作任务。全面推进全市非公经济领域党的政治建设、组织建设、标准化建设，大力开展“千企帮千村、党建促脱贫”、软弱涣散党组织整顿等工作，紧密结合兰州市非公企业实际，创新开展“促进企业发展大讨论”“岗位劳动竞赛”“产品科技创新”等10项系列主题活动，推动主题教育各项部署在非公经济领域落实落地。全年，兰州市非公企业建立党组织1613个，党组织覆盖非公企业4784个，覆盖率76.95%，有党员12759名；全市建立非公企业工会352个，团组织412个，妇女组织87个，纪检组织30个；甘肃党建APP注册使用率98%以上。

（王　伟）

统　计

【概况】　2019年，全市统计系统围绕市委、市政府中心工作，强化经济运行预警监测，积极应对经济发展中的不利因素，为全市经济社会发展做出积极贡献。全年撰写统计信息208篇，分析报告60篇，编发《统计快讯》22期、《兰州市经济运行情况分析》和《兰州综合统计信息》各11期。

【统计调查】　开展企业创新调查、规模以上工业企业成本费用调查、限额以下抽样调查、游客抽样调查、企业用工调查、客货运输经营情况调查、行政事业单位统计调查、妇女儿童统计监测等专项调查和兰州市营商环境评价问卷填报工作。开展人才队伍状况统计调查、创建全国文明城市工作群众满意度调查、未成年人思想道德建设群众满意度调查、公众对城市园林绿化满意度调查、公众对创建环保模范城市满意度调查、公众对环境卫生满意度调查、“2019年为民兴办实事”调查、生态环境公众满意度调查、“公共服务质量”监测等社情民意委托调查，撰写各项调查报告9篇，完成统计分析评价工作。

【统计服务】　加强主要经济指标的监测，密切关注主要指标的速度升降、位次变化，超前发现经济运行中趋势性、苗头性问题，及时预警经济运行中出现的新情况、新问题。加强高质量发展统计监测，发挥预警精准指导作用，强化与经济指标牵头部门的联动合作，对工业、投资、商贸等重点领域指标提前介入，提出经济运行意见建议，指导各区（县）、各部门做好稳增长、强弱项、补短板工作。坚持每月召开经济形势分析通报会，对照全市目标任务要求逐项进行梳理对比，为市委、市政府把握经济走势、部署指导工作提供参考依据。构筑立体化服务平台，组织开展“坚守统计初心 践行时代使命”中国统计开放日宣传活动，利用网络、报刊等多种渠道及时发布统计信息、宣传统计工作、传播统计知识，发布《2018年兰州市国民经济和社会发展统计公报》，推送《兰州统计微讯》34期，精心编印《激荡40年——数说兰州1978—2018》《沧桑巨变70年 金城旧貌换新颜——新中国成立70周年兰州市经济社会发展辉煌成就》《兰州统计年鉴2019》等综合专辑，完成《2019年甘肃发展年鉴》和市地方志《兰州年鉴2019》统计部分的组稿工作。

【统计改革】　按照《甘肃省全面建成小康社会统计监测指标体系》，对2015—2018年全市及各区（县）全面建成小康社会进程进行监测，撰写《兰州市全面建成小康社会现状与对策》。根据《甘肃省统计局关于调整2019年季度地区生产总值核算方法的通知》，进一步规范核算和评估流程。跟进地区生产总值统一核算改革，制定《兰州市地区生产总值统一核算改革方案》。制定《兰州市人民政府办公室关于认真做好全市资产负债表编制工作的通知》《兰州市资产负债表编制工作实施方案》，组织召开联席会议，学习资产负债表编制工作原则、内容及步骤，明确基础资料数据来源机构和部门。推进招商引资项目统计监测，完成兰州市2016—2018年兰州市经济高质量发展统计监测。推进全市十大生态产业统计监测工作，全面梳理十大生态产业企业名单，建立完善产业项目库。加强部门沟通衔接，开展生态文明建设年度评价工作。科学测算全市非公经济增加值，努力构建责任明确、制度健全、管理规范的非公有制经济数据报送及审核体系。探索开展“三新”（新产业、新业态、新商业模式）统计研究，建立大型城市商业综合体数据统计体系。与西北师大对接合作，开展现代化中心城市课题研究。

【统计普查】　严格执行经济普查方案，全市3750名普查员和普查指导员深入1142个普查区1753个普查小区，到各普查区的法人单位、产业活动单位、个体经营户采集普查数据。通过现场指导、听取汇报、召开视频调度会等多种方式，全面完成现场入户采集任务。严格执行国家和甘肃省第四次全国经济普查数据审核验收组织实施方案，制定下发审核实施细则，明确数据审核重点，逐级做好普查数据的审核工作。严格执行《统计法》《全国经济普查条例》等有关规定，依法进行普查数据采集、审核、上报以及数据处理和质量控制等工作，认真开展数据检查和事后质量抽查，顺利通过国家统计局和甘肃省统计局事后质量抽查。加快推进经济普查资料的汇总，有计划地开展经济普查数据解读和普查数据资料课题开发利用工作，充分发挥经普资料开发应用的最大效益。积极筹备启动第七次全国人口普查。

【统计执法监督】　学习《统计法》

《统计法实施条例》，提升统计法律意识，中央两办《关于深化统计管理体制改革提高统计数据真实性的意见》《统计违纪违法责任人处分处理建议办法》等文件规定，在市政府常务会议上解读学习《防范和惩治统计造假、弄虚作假督查工作规定》，起草《兰州市关于认真学习贯彻落实〈防范和惩治统计造假、弄虚作假督察工作规定〉的通知》和《兰州市贯彻落实〈防范和惩治统计造假、弄虚作假督察工作规定〉实施方案》，编印《统计法律法规读本》300余册，主动送法上门。结合第四次全国经济普查，对普查数据填报对象开展“双随机”（随机抽取检查对象、随机选派执法检查人员）抽查检查4次，抽查企业360余家，个体经营户600余户；对省统计局行政处罚的69家统计违法企业，全程跟进，切实做到处罚到位、执行到位。推动诚信体系建设，与各级统计机构和“四上企业”（规模以上工业企业、资质等级建筑业企业、限额以上批零住宿餐饮企业、规模以上服务业企业）4000余人签订《统计人员信用承诺书》《调查对象信用承诺书》。建立领导干部违规干预统计工作记录台账、网报数据核查台账、“双随机”统计数据核查台账，实行全面记录。落实国家和省统计局统计造假专项整治工作要求，开展“双随机”统计数据核查和对国家统计局执法检查整改情况回头看，大力整治“统计造假、弄虚作假”。

【基层基础建设】 做好“四上企业”上报入库工作，主动加强与市场监管局、编办、民政、税务等部门的联系，做到基本单位名录库动态管理、应入尽入，全年全市基本单位名录库在库单位60330个，“一套表”调查单位3055个。组织国家统计执法证培训考试工作，16名初审资格通过的市县统计人员参加国家统计执法证培训考试工作，考试通过取得“国家统计执法资格证”人员8人。组织市统计局相关人员参加2019年度行政执法人员资格考试，全局26名干部参考，参考率100%。

（王立杰）

审　计

【概况】 2019年，全市实施审计和审计调查项目335个，查出违规问题资金167476万元，管理不规范资金8113195万元。通过审计处理，上缴财政资金50546万元，促进增收节支158000万元。向纪委监委、司法机关及有关部门移送案件线索90件，问责处理处分58人次。扎实推进机构改革，于2019年4月成立市委审计委员会，充分发挥市委审计委员会办公室的职能作用，市审计局成立18个内设处室和10个派出分局。

【机构改革】 4月，成立中共兰州市委审计委员会，市委审计委员会办公室设在市审计局，承担市委审计委员会具体工作；领会省、市机构改革文件精神，及时成立机构改革工作领导小组，于2019年4月完成内设机构调整，撤销三农资金审计处，设立综合管理科、重大政策执行审计科、金融审计科，同时调整部分科室名称及职责，调整后，确立内设职能科（室）18个，另设机关党委，又根据《审计法》有关规定，设10个派出分局，根据市审计局的授权依法进行审计工作，参加领导干部经济责任审计和专项审计等任务；5月，各科室、分局人员均调整到位，调整后，机关行政编制134名，科级领导职数72名，其中：正科级31名（含机关党委专职副书记1名、总审计师1名、总经济师1名）、副科级41名。

【重大政策措施跟踪审计】 制订《兰州市2019年重大政策措施落实情况跟踪审计工作指导意见》，将深化供给侧结构性改革、优化营商环境、防范化解重大风险、脱贫攻坚等列为关注重点，统筹组织市、县两级审计机关开展审计，先后向市政府、省审计厅提交专题报告4篇。开展兰州市六个区（县）惠民惠农财政补贴资金使用“一卡通”情况专项审计调查，发现审计问题42个。

【财政审计】 以大数据审计思路为核心，开展全市110家一级预算单位财政审计并实现全覆盖。受市政府委托，8月向市人大常委会作同级财政审计工作报告，12月作审计整改情况报告。

6月27日，兰州市审计局党员干部赴会宁进行红色教育

9月24日，兰州市审计局组织参加市属机关庆祝中华人民共和国成立70周年合唱比赛

【经济责任审计】 推进经济责任审计工作制度化、规范化建设。坚持党政同责、同责同审，构建以任中审计为主，离任审计和离任事项交接为辅的经济责任审计工作新格局，完成31个单位领导干部经济责任审计和离任经济责任事项交接。

【资源环保审计】 采取审计项目“一拖二”的模式，组织实施兰州市水务局局长经济责任和自然资源资产离任（任中）审计，同步指导6个区（县）审计局实施本区（县）水务局局长自然资源资产离任(任中)审计。

【固定资产投资审计】 重点对市列的市区高速路口收费站合并整治工程、市中医医院异地新建项目、市动物园异地搬迁建设项目、扩大全市教育资源及彭家坪中央生态公园、七里河安宁污水处理厂改扩建工程和历年结转的37个项目进行跟踪审计，着力反映投资结构不合理、重复建设、损失浪费等问题，促进规范政府投资项目管理，提高公共投资绩效。

【企业审计】 完成2018年度兰州塑料工业总公司、兰州虹云宾馆有限责任公司财务收支审计、公交运营成本专项审计调查；对全市清理拖欠民营企业中小企业账款情况进行3次专项调查，并对5个区（县）清理拖欠民营企业中小企业账款“零报告”情况进行审计核查；对全市国有企业进行摸排，初步建立市属国有企业审计对象库。

【民生资金（项目）审计】 组织对张掖市市本级及五县一区2018年度棚户区改造和公共租赁住房的投资、建设、分配、使用和后续管理等情况进行审计，开展榆中县、永登县精准扶贫专项贷款资金使用审计调查，实施2017年至2018年科技计划项目实施情况及双创扶持资金管理使用、教育扶贫及教育专项资金管理使用、市医疗保险基金运行等民生领域专项审计，全力助推民生服务项目落地见效。

【信息化建设】 强化科技强审理念，全面推行大数据审计组织模式，首次实现全市110家一级预算单位电子数据财政审计全覆盖。加快推进“金审工程”三期建设，建立Oracle数据库用户51个，标准表137个，归集并整理出24种数据资源。

【内部审计】 对市属机关行政事业单位及金融机构开展内部审计调查工作。对市属国有企业内审工作情况进行调研，摸清掌握市政府国资委监管24户重点企业的内审机构设立及人员配备情况。

【审计整改】 健全完善整改进展情况“回头看”机制，强力推进督促市属相关单位和区（县）完成审计署驻兰办审计发现的28个问题和省审计厅审计发现的27个问题的整改工作。同时，加大对市本级审计查出问题的整改监督力度，2019年，市本级审计发现问题422个，已整改322个，正在整改100个。

（李芬娥）

招投标管理

【概况】 2019年，全市完成各类公共资源交易项目3247项，交易金额455.15亿元。其中，工程建设类进场交易项目546项，交易金额173.09亿元；政府采购类进场交易项目1152项，交易金额102.21亿元；国土资源类进场交易项目50宗，成交金额137.43亿元；县区分中心各类进场交易项目1499项，交易金额亿42.42元。

【工作实施】 深化“一窗办、一网办、简化办、马上办”改革，发挥交易平台“窗口”作用，落实一次性告知、限时办结制、首日开评标承诺、最多跑一次等工作制度，继续对重大项目实施全程“保姆式”服务，及时发布招标公告、发售招标文件，对进场交易项目实行优化管理和标前、标中、标后全流程服务。中心紧紧围绕“应进必进、统一规范、公开透明、服务高效”原则，推动平台整合共享“五化”建设（市场化配置公共资源、精细化推进互联共享、标准化规范平台服务、智能化开展交易监管、系统化推进信用信息体系），并结合市政府下发的《兰州市工程建设项目审批制度改革工作实施方案》，围绕项目建设出措施、做服务、促发展，不断细化服务标准，完善制度规则，规范服务流程，提高服务效率。对公共资源配置过程中产生的政府信息，除涉及国家秘密、商业秘密等内容外，在原基础上增设交易公开栏目，公开11大类、62分项、472小项交易信息，加大各类交易项目信息公开力度，将项目办理过程的流程信息在中心网站进行公示，并同步上传到省级公共资源交易平台。社会公众可以通过平台系统“一站式”获取对应项目的所有可公开信息，实现交易过程全程公开透明。与市公管办对接，将规模标准以下的工程建设项目和限额以下的政府采购项目，由招标人自愿选择，是否进入阳光采购平台进行交易。同时对工程建设项目及法律法规规定的必须招标的项目之外的项目，中心可以直接受理，交易活动结束后向招标人出具交易鉴证书，切实解决所有项目均可入场交易和“应进必进”要求。加强工作衔接和咨询服务，真正做到交易进场“零门槛”、交易过程“零拖延”、交易环节“零障碍”、交易服务“零距离”。2019年优质高效完成兰州奥体中心PPP项目和监理项目、兰州市交通运输委员会S104线兰州（沈家坡）至东岗公路沈家坡至阿干镇段工程PPP项目、兰州市中医院异地新建施工项目、兰州市道路临时停车泊位特许经营权出让项目、G1901-1-28号国有建设用地使用权公开出让等兰州市重大项目的招投标交易工作。

【信息化建设】 完成招投标评审专家抽取系统硬件升级改造，实现评审专家自助抽取。将原来由交易中心工作人员操作抽取改变为由项目实施单位自行在中心自助抽取系统完成评审专家抽取工作，使电子招标采购全流程更加透明公开，科学高效。按照利企便民要求，依托兰州市政务数据共享交换平台，申请国家数据共享交换平台发布的基准信息查询数据接口，成功申请12个数据接口，完成与公安部人口基准信息查询、国家发展改革委统一社会信用代码及黑名单信息查询等数据接口对接，为各类主要信息数据的实时核验提供有利条件。运用“互联网+”思维，在现行电子交易系统基础上，运用“大数据”资源，整合“多维数据”，通过采集、挖掘、分析大数据，采取有效控制措施，打造新型公共资源交易服务与监管模式，不断提高招标效率。对所有项目交易全程资料进行云上储存，做到过程留痕、存档备查，为各级各部门开展大数据分析、定位围标串标等违法违规行为提供技术支持。推进远程异地评标工作，拉设用于开评标的数据专线，为各县区分中心购置配备远程异地评标软硬件设施设备，开展远郊县区异地评标工作，有效杜绝围标串标的现象。截至年底，红古、安宁、七里河分中心已进行远程异地评标5次。推进全流程电子化深度，基本完成安宁、七里河、榆中、永登、红古分中心房屋与市政工程开标评标电子化。同时，完成国土资源交易全流程电子化县区应用，红古、皋兰、榆中分中心已逐步投入使用。

【诚信体系建设】 按照全市社会信用体系建设工作要求，严格落实国家各部委联合签署的惩戒备忘录措施，在政府采购和工程建设招投标方面，充分应用联合惩戒结果，将“无欠薪”证明作为招投标必备条件，打造“一处失信，处处受限”的惩戒格局。截至年底，政府采购项目完成1.5万项查询及使用信用记录。

（唐仲虎）

教育·科学技术

中小学教育

【概况】 2019年,全市有各级各类学校1654所。其中,幼儿877所;小学507所(另有教学点142个);初中88所;九年制学校54所;十二年一贯制学校7所;完全中学31所;普通高中26所;中等职业学校58所;特教学校6所。在校学生554735人。其中,幼儿园120223人;小学233858人;初中102029人;普通高中63034人;中等职业学校34972人;特教学校619人。教职工51628人,其中专任教师42159人(幼儿园8781人、小学14439人、初中8752人、普通高中7808人、中等职业学校2168人、特教学校211人)。

【学前教育】 成立兰州市学前教育研训中心,分类组建9个学前教育教研工作坊,举办学前创新教育万里行园长高峰论坛。依托教育部幼儿园园长培训中心,成立21所幼儿园为教学研究实践基地。开展全市幼儿园分类评估工作,认定省级示范园2所、省级一类园7所及标准化幼儿园52所,榆中县幼儿园和永登县新城区幼儿园建成省级示范园。评选第十二届幼儿园教学新秀99名。启动新一轮全市幼儿园办园行为督导评估工作,开展学前教育现状调研。市政府印发《兰州市城镇小区配套幼儿园治理工作方案》,市教育局制定《关于学前教育深化改革规范发展的实施意见》,与各区(县)签订目标管理责任书。全市幼儿园完成移交21所、转普15所、在建45所,公办幼儿园占比从29.20%提高到38.27%,普惠性幼儿园覆盖率由75.17%提高到89.21%。学前三年毛入园率94.38%,比上年增长0.7%。

【义务教育】 完善全市小学招生工作,严格划片入学,明确同一学校片区内一套房产六年只提供一个学位,防止"学区房"炒作,进一步规范招生行为,严控大班额。对照《义务教育学校管理标准》,核查义务教育学校768所,达标率98.83%。制定"减负"措施,开展规范学校办学行为专项检查。完成全市义务教育控辍保学各项工作,确保义务教育阶段无一人失学辍学。推进11所市属义务教育阶段学校综合督导评估工作,完成国家义务教育质量监测工作。市教育局制定《县域义务教育优质均衡发展实施方案》,在全市建立义务教育优质均衡发展工作情况年报、通报制度,组织县(区)开展政府教育工作自查自评。

小学适龄儿童入学率100%,毕业率100%;初中阶段适龄人口入学率100%,毕业率100%;九年义务教育巩固率100.31%;初中毕业生综合素质评价合格率99.91%,其中A、B、C等分别占毕业总人数的92.07%、7.01%、0.83%。全市初中共招生35089人。

【普通高中教育】 启动实施兰州市高中阶段学校考试招生制度改革试点工作,改革招生录取办法,实行计分计等相结合的高中招生录取制度,强化学生综合素质评价认定,促进学生全面发展。深化全市高中阶段教育普及攻坚计划,强化省、市级示范性高中建设和评估工作,举办首届远郊县(区)高中学校教育质量研讨会。组织全市第二届高中优质课课堂大赛和观摩研讨活动。组织参加陕西师范大学主办的"课堂革命,西北行动"高峰论坛,13名教师喜获佳绩,陕西师范大学教授工作室落户兰州。深入落实全员育人导师制,开展全市"生涯规划师"岗位能力培训。高中阶段毛入学率99.70%,其中普通高中入学率62.83%；中职就业升学率94.93%，专业对口率93.40%。全市参加高考人数27588人，较上年增加590人。全省文理科前百名考生中，兰州市83人，比上年提高6.4%。600分以上849人，比上年下降3.74%。一本上线率26.36%，比上年提高2.05个百分点；二本及以上上线率76.36%，比上年提高2.83个百分点；总上线率99.67%，比上年提高0.34个百分点。全市高考理科总均分427.4分，比上年提高3.2分；全市文科总均分407.4分，比上年提高21.9分。

【中等职业教育】 推进校企合作、产教融合，教育局制定《兰州市深化产教融合工作方案》《兰州市教育科技赋能文旅产业实施方案》，促进教育链、人才链与产业链、创新链有机衔接，提升人才培养质量和社会服务水平。加大师资培训力度，先后组织70名学校管理者开展能力提升培训、84名教师参加国家及省级培训。组织市属职业学校185名选手参加2019年省级职业学校技能大赛近60个比赛项目，荣获一等奖31人次，二等奖33人次，三等奖36人次；组织市属职业学校18名选手参加2019年国家级职业学校技能大赛，荣获三等奖5人次。全市中职学生录取人数6040人，高职学生录取4688人。

【特殊教育】 全面开展重度残疾儿童送教上门工作，对市属义务教育学校残疾学生进行摸底建档，推进差异化和个别化教育，放宽职业学校招收残疾学生条件，通过随班就读等形式开展教学，保障残疾人接受职业教育的权利，特殊教育公平融合发展。义务教育阶段残疾儿童入学率91%。

【成人教育】 根据社区教育发展实际，教育局联合九部门下发《关于印发〈贯彻落实教育厅等九部门进一步推进社区教育发展意见的实施意见〉的通知》和《关于成立兰州市社区教育指导委员会》，明确兰州开放大学由兰州市人民政府举办，兰州市教育局主管，承担学历教育职能，并利用相关教育资源开展社区教育，承担学习型社会和终身教育体系建设的职能。召开全市社区教育工作会，总结兰州市社区教育工作成绩和经验，分析形势任务。举办社区教育工作研修班，组织有关8个市直部门、市教育局及各县(区)教育局主管社区教育工作的负责人参加培训学习。紧密联系8个部门，统筹整合社区教育资源，搭建多种形式的社区教育平台，拓宽社区教育办学渠道，实现与8个部门实行“上下联动、左右互动、前后滚动、全面发动”的运行机制，推动全市社区教育健康发展。2019年社会参加自学考试共计33994人88801科次。

【民办教育】 完成全市民办学校(机构)办学许可证的更换、发放、统计工作。委托第三方评估机构对市管民办学校逐一进行年检评估，通过查看资料、实地走访、问卷座谈等形式，围绕学校法律法规执行、规范办学行为、学校校园安全、师德师风建设、教育教学管理、办学条件达标等方面，对全市市管民办学校(机构)进行评估打分，并在网络和媒体上进行结果公示，同时，将市管民办学校和各县区管理的民办学校年检结果上报省教育厅。通过年检，全市由市、县(区)教育部门审批管理的726所民办学校(机构)，合格学校416所，基本合格学校182所，不合格学校26所。全市新增民办学校(机构)110所，注销取缔民办学校(机构)18所。

全市共有民办学校723所。其中，幼儿园704所；小学4所；初中5所；普通高中10所。在校学生101727人。其中，幼儿园84985人；小学4184人；初中7980人；普通高中4578人。教职工16692人。其中，幼儿园11781人；小学1485人；初、高中3426人。

【教育科研】 认真落实兰州市科研强教五年行动计划，建成31个基础教育学科教研基地，聘请326名兼职教研员，并先后召开全市学科基地成立大会和各学科基地启动会议32场，打造区域有效课堂模式，促进教师专业成长、催生一批有影响力的教育成果。完成对25所学校的初、高三学科视导及备考指导工作，进一步提升视导效能；完成初三、高三诊断、模拟试题命制、成绩分析和备考研讨工作，切实加强对毕业年级教学工作的系列化指导；举办全市名优特化学教师论坛和首届中学物理教师创新实验大赛，组织开展全市第一届高中原创命题大赛；继续推进实施“一师一优课”评选活动，对全市1100余节优课进行评审，评出一等奖178名，二等奖285名，三等奖287名；完成兰州市第二届中学优质课比赛，通过初赛、复

12月26日，兰州市2019年教育实验项目总结推进会召开

赛和决赛共评出高中组一等奖28个，二等奖43个，三等奖54个，初中组一等奖33个，二等奖49个，三等奖54个；完成年度教师个人课题立项3473项、结题860项；完成市级教育规划课题立项1329项，结题鉴定205项；省级课题结题鉴定294项。

【师资队伍建设】 落实新时代教师职业行为十项准则，推进“五师四有”主题教育活动，开展“我的教育故事”“我的成长历程”展示活动；启动班级管理领航人才培育工作，举办第二届名师发展学校高级研修班；继续实行柔性引才举措，已有10名国内外著名教育专家、学者在兰建立名校长、名师工作室，引领助推兰州教育发展；启动实施卓越教师培育行动计划，开展全员教师素质提升、新教师全员跟进培育、研训指导团队培育、培训项目品牌孵化四项行动计划，着力实施乡村教育领雁人才、班级管理领航人才、教育管理领导人才、学科教学骨干人才、兰州教育“三名人才”以及“金城教育家”六项人才培育工程，形成“入职教师、教学新秀、骨干教师、学科带头人、金城名师名校长名班主任、金城教育家”层级梯度攀升的“金字塔”式教育人才专业提升和培养机制，打造一支与建设区域教育中心相适配的卓越师资队伍。全年举办名师大讲堂活动近54期，培训教师5000余人次，校长发展学校培训130人，千进八百项目共10期培训1000人，联校研训片区持续开展自主研训，共培训教师近万人次。评选出全国教育工作先进集体1个、全国模范教师2名、全国优秀教师2名；评选出甘肃省特级教师16名、甘肃省省级骨干教师86名、省级农村骨干教师258名；评选出兰州市教育工作先进集体50个、优秀教师100名、市级骨干教师培养对象300名、兰州市中小学学科带头人88名、县（区）级骨干教师培养对象862名。

公开招聘公费师范生123人，引进急需紧缺人才86人，事业单位公开招聘教师34人，公开招录同工同酬聘用制教师982人，公开引进人才112人，极大缓解各中小学校教师缺乏问题。

【改革创新】 成功召开全国新教育实验“缔造完美教室”研讨会，来自全国各地600余名校长教师齐聚黄河滨，共话新教育。参加在北京举办的中国教育三十人论坛，以《飞天计划 圆梦未来——基于学生未来的科技教育实践与探索》为题的兰州教育实践成果分享获得瞩目。组织开展以“新时代 新使命 新作为”为主题的校长分享学习会，全市70余名校长登台亮相，交流分享办学思考与治校策略，展示兰州市校长队伍风采。举办教学副校长、主任的分享学习会，进一步扩大交流范围，分享教育智慧。持续推进实施课堂效益提升计划，通过“新教育”“自学·议论·引导教学法”“情境教育”等试验项目纵深推进，不断提升教育教学品质。开展“自学·议论·引导”优质课评选，选派教师参加全国“自学·议论·引导”教学法优质课比赛，取得优异成绩。组织“情境教育”赛课活动，确定兰州市“情境教育”实验学校种子教师人选并选派教师进行跟师跟班培训。实施“名师在线”“智慧课堂”“‘名师课堂·教育扶贫’项目”等新型智慧教学模式，项目集中市域名师优势，利用课余、双休日和寒暑假，通过互联网开展远程课后辅导，为学生提供适时、精准、有效的教育服务。

【合作交流】 选派中小学校长、骨干教师赴美国、日本、英国、芬兰等7国及台湾、澳门地区参加高端培训。组织中小学生赴美国、日本等国家以及澳门、台湾等地区参加青少年夏（冬）令营、中日青少年交流促进年，组织国际中小学生棒球（垒球）比赛、学科竞赛、书画交流展等活动。承办全国外国语学校工作研究会第36届年会，展现“扎根中国，融通中外，聚焦素养，面向国际”的办学理念，给兰州教育提供更多的机会和平台。

【体育与艺术】 将体育、美育纳入中考，实施体育艺术“2+1”项目。推进“全员育人体育教学改革”，邀请北京师范大学毛振明教授在兰成立体育教学工作室，召开第十七届全国学校体育联盟兰州市城关区现场展示活动。推动学校体育教学改革，确定200所改革试点校开展项目培训、专题改革试验。深入推进“足球进校园”活动，30所中小学、幼儿园被评为国家级足球特色学校，16所学校被评为全国青少年校园冰雪运动特色学校，2所学校被评为北京2022年冬奥会和冬残奥会奥林匹克教育示范学

“新时代 新使命 新作为”为主题的直属学校校长（主任、所长）分享学习会

校。举办“校园冰雪文化，我为冬奥助力”少儿书法、绘画、手工作品等比赛。实施“素质型音乐教育新体系”项目，改革音乐课堂，提升音乐教学品质。兰州十四中合唱团在甘肃省首届学生合唱艺术节上获一等奖，在全国中小学班级合唱展示中获三等奖；兰州五十三中等学校联合举办“中美中学美术作品联展”等活动，展现师生艺术素养，加强国际交流。参加第四届全省中学生运动会10个大项、83个小项的比赛，共获得73枚奖牌。其中，金牌36枚；银牌18枚；铜牌19枚。取得团体总分958分位列全省第一的好成绩。举办兰州市属学校首届教职工运动会，67所学校的1700余人次教职工参加比赛。按照教育部的安排，完成一年一度的《国家学生体质健康标准》测试和数据上报工作；举办兰州市第七届中小学生合唱比赛及兰州市中小学教师庆祝中华人民共和国成立70周年合唱比赛，130所学校近1万余名师生参加。

【心理健康教育】　建成4所中小学心理健康特色校和8个以上B级心理健康辅导室。开展全市中小学“接纳自我，乐观自信”心理健康主题教育活动，组织名班主任、骨干班主任、专兼职心理健康教师开展“有话好好说”心理健康教育主题研讨活动，受益教师1000余人。举办全市中小学“呵护温暖心灵”心理健康教育巡回指导20场，受众师生及家长6000余人。落实中小学心理健康教育工作三年行动计划，举办全市中小学心理健康专兼职教师集中培训及“牵手未来”未成年人心理健康辅导教师培训，近千名教师参训。开展标准化心理辅导室建设工作，创建市级心理辅导室22所，预评省级26所。选派名师、骨干教师赴远郊县区开展“送研送教”心理健康教育巡回指导，460余名心理教师受益。完善心理健康教育网络服务平台，初步建立危机干预识别体系和心理危机预警机制。

【科技活动】　举办全市中小学科技骨干教师暨STEM教育课程培训，建成标准化创客室及其STEM种子校30所，评选出小小科普宣讲员33名。参与第五届中国“互联网+”大学生（高中生）创新创业大赛，2所学校分别获得银奖、铜奖，1所学校获得第四届兰州市科技成果博览会优秀产品铜奖。参加中国教育三十人高峰论坛第六届年会，兰州科技教育“飞天计划”反响良好。

【学校卫生保健】　2019年全市学校（幼儿园）有食堂1213家，就餐人数18.3万余人，有寄宿制学校136所，寄宿生4.3万余人。市教育局会同市场监管局等有关部门，严格履行对学校食堂食品安全的监督管理，靠实食品安全主体责任，严格落实校长是学校食品安全第一责任人的责任主体，将校园食品安全纳入学校年度目标绩效考核，强化食品安全日常监督检查，落实各项制度措施，严格贯彻落实《食品安全法》《学校食品安全与营养健康管理规定》，制定《兰州市学校食品安全管理实施意见》，进一步规范食堂内部管理，从人员、采购、储存、加工、出售等所有环节进行细化管理，升级完善“全省食品安全电子追溯平台”。为79856名农村中小学生提供安全营养早餐，切实改善农村学生的膳食结构。推行学校食堂“明厨亮灶”工程，食品加工过程透明可视。全年对各级各类学校食堂开展督导检查116次，全市共出动执法人员10884人次，组织学校、供餐单位及校园周边食品经营者开展自查5506户次，抽检食品998件，整改食品安全问题或隐患1214个，检查校园及周边食品经营单位5605户次，警告71户，责令改正300户，组织开展约谈929家，约谈学校食品安全负责人600人次，立案8起。对食品安全负责人、食品安全管理员、食堂经理等主要从业人员进行食品安全集中培训，受训人员4007名。

全面开展全市教育系统毒品预防教育工作，组织全市91人次参加省教育厅、省禁毒委开展的毒品预防教育师资培训；组织小学五年级至高中二年级、中等职业学校一、二年级的所有在校学生参与全国青少年禁毒知识竞赛，禁毒知识知晓率95%以上。扎实有序开展学校传染病预防控制工作，根据国家、省市相关部署要求对全市中小学校及托幼机构的传染病防控工作进行安排部署，建立健全卫生、教育等行政部门定期沟通和学校传染病区域性联防联控机制，形成学校传染病防控合力，确保一旦

12月24日，2019年全市教育质量工作会在市教育局二楼会议厅召开

发生疫情能做到早发现、早报告、早处置。认真落实综合防控儿童青少年近视工作。

【校园安全管理】 完善“日巡查、周检查、月排查、季督查”的校园安全隐患排查机制，优化校园周边环境和综合治理，构建完善人防、物防、技防相结合的治安防控体系。加强校园警务室的民警驻警制度，协同公安部门加强护学岗“三见”（见警车、见警察、见警灯）等工作。健全学校法律顾问制度和风险管理顾问制度，完善安全风险的事前预防、事后转移机制，形成教育主管部门、学校基层、承保公司三方齐抓共管，互相监督。及时解决学校重大伤亡事故的理赔难问题，达到以人为本、服务学校、保障师生合法权益的效果；进一步健全预防、处置学生欺凌的工作机制和规章制度，建立校园欺凌班级信息员制度，形成综合治理的长效机制，进一步提高校园欺凌事件的应急处置水平。全年组织召开6次学校安全管理工作会议和学校安全培训会，特邀学校安全教育专家崔祥烈、申霞、张梦茜，为全市学校安全相关人员进行专题讲座；联合兰州市应急管理局、兰州市地震局、兰州市电教中心、七里河区消防救援大队和兰州市第一人民医院在兰州市第四中学联合举办全市中小学生应急疏散演练现场观摩活动。兰州市校方责任保险事故学生共上报530笔，其中已结368笔，赔款金额135.9164万元。兰州市校方责任保险事故教师共上报108笔，其中已结71笔，赔款金额18.3516万元。

【家庭教育】 与国家行政学院家庭教育研究中心合作，举办以“润德育品、修身齐家”为主题的家庭教育论坛。依托“赵刚兰州家庭教育名师工作室”举办讲座及沙龙活动。开展“兰州市智慧父母大讲堂”家庭教育专题讲座。组织家庭教育地方教材编写工作，征集家庭教育优秀案例和论文，出版《家庭教育好故事》，开展“家校共育风采展播”活动。

【办学条件】 依据《2019年市委市政府为民兴办实事教育类项目实施方案》，全部完成新建、改扩建学校20所任务，新增学位16735个；兰州二中雁滩分校项目完成所有拆除，全面开工建设，主要单体已封顶；北京八中兰州分校初中部建设项目正式奠基开工；兰州五十一中九州校区和兰州五十八中新校区审批招标等工作有序开展。“出城入园”职业学校移交办学持续推进，省属11所中职学校全部移交，市属10所中职学校14个校区已移交12个，移交学校已有10所投入使用。投入资金2616万元，优化兰州五中等22所中小学和市体校的装备条件，分别完成航模室、科技创新航模训练中心、音乐美术教室的建设；安排经费805万元完成兰州七中等学校数字化理化生实验室建设；安排资金997.5万元完成兰州九中等13所学校实验技能考试标准化考场建设。利用互联网+教育，探索“一校带多校，一校带多点”机制，开展“同步课堂”，实现“统一班级、统一学科、统一课表、统一时间”的远程互动教学。实施新一轮义务教育学校结对帮扶工作，继续实施农村学校紧缺学科教师“走教”，努力扩大优质教育资源覆盖面；举办全市中小学数字化实验教师培训和初中理化生教师实验教学集中培训，提高教育装备的使用效益。

校舍总建筑面积525.93万平方米，生均建筑面积小学6.79平方米，初中12.19平方米，普通高中24.11平方米，中职学校 25.96（产权+非产权）平方米。

（王发强）

校外教育

【概况】 2019年，全市校外教育工作广泛开展兴趣培训、图书借阅、社会实践等活动，为少年儿童健康成长提供优质校外教育服务。以“德润童心 做新时代好少年”为主题，围绕文明城市创建和“精致兰州”建设，面向全市少年儿童组织开展大型主题教育活动10项，广泛吸引未成年人参加，成为全市未成年人思想道德建设工作的重要载体和特色亮点。兰州市少年儿童活动中心、兰州市儿童艺术剧团、兰州市少年儿童图书馆获得全国“双有”主题教育活动优秀组织奖，全市41所学校和51名教师获得先进集体和先进个人称号。

【“我和我的祖国”主题活动】 3月至5月，开展“我和我的祖国”兰州市青少年学生第二十七届作文比赛、第十九届手抄报比赛、第三届硬笔书法比赛，旨在庆祝中华人民共和国成立70周年，弘扬社会主义核心价值观，引导广大青少年学生从小树立爱家爱国、积极向上的优秀品格。三项活动参赛学校345所，初赛人数6万余人，15038份作品参加全市决赛，1975名学生获得等次奖，1758名教师获得优秀辅导奖，60所学校获得先进集体奖。

【第十届生态道德实践活动】 “我为兰州添一抹绿”兰州市少年儿童第十届生态道德实践活动分为知绿播绿、爱绿护绿、炫绿展绿三个阶段进行，引导少年儿童认识身边植物，培养生态文明价值观，提升生态道德素养，全市百所中小学校近4万名少年儿童参加活动。6月，100名中小学师生齐聚甘肃省农业科学院，参加生态道德实践活动营开营仪式，参观农业科技馆，聆听育种专家讲解小麦、油菜、马铃薯等农作物的起源、种类、播种、生长、发育等知识，动手参与农作物实验，参加团队思维模式训练游戏。7月，组织160名师生在武威市民勤治沙研究所开展4期生态道德实践活动。5000份摄影、征文、书画作品参加成果征稿活动，经专家评审后494名同学获奖，316名教师获辅导奖。

【青少年成长教育公益大讲堂】 5月至12月，以“扣好扣子 塑好品格”为主题的兰州市青少年成长教育公益大讲堂活动走进50所基层学校，邀请专家为青少年学生、教师、家长开展品格教育、财商培养、班主任辅导、亲子教育、教师品格培训、教师课题研究等内容的讲座50场，1.5万名学生、教师、家长参与活动。10月至11月，聘请专家走进10所基层学校开展安全知识专题辅导讲座，讲解校园生活安全、自然灾害防范、交通安全、意外伤害救护、饮食卫生安全、社会生活安全、户外活动安全、家庭生活安全以及火情应对等方面的安全知识。兰州电视台《零距离》栏目组等多家媒体报道进行报道。

【图文创作大赛暨少儿美术展览】 3月至9月，开展“美好生活我的家”全国少年儿童图文创作大赛暨兰州市少儿美术展览活动，收到92所中小学校3383幅（组）作品，127名少年儿童获全国少年儿童图文创作大赛兰州市等次奖，225名少年儿童获兰州市少儿绘画比赛等次奖，207名教师获全国少年儿童图文创作大赛暨兰州市少儿绘画比赛辅导奖，20组优秀图文作品参加“美好生活我的家”全国少年儿童图文创作大赛。9月6日至14日，甄选300幅作品在甘肃艺术馆进行展览，9月底在永登城关回民小学和永登县通远乡张坪小学展览，《兰州晚报》、兰州电视台等多家媒体报道活动。

【庆“六一”展示活动】 六一儿童节到来之际，兰州市校外教育系统开展丰富多彩的文艺演出、读书活动，集中展示兰州市校外教育成果。5月31日，由兰州市儿童艺术剧团承办的兰州市少年儿童庆“六一”文艺演出在黄河剧院演出2场，为2000余名少年儿童送上节日礼物。歌舞节目《happy“六一”》《少年少年祖国的春天》、小品《支撑》、音乐小品《社会文明你我他》、音乐快板《十九大精神伴我行》和七里河小学的节目《鼓舞》等精彩节目轮番上演。6月1日，兰州市少年宫“小飞天”艺术团承办的“德润童心 筑梦前行”2019年兰州市少年儿童庆“六一”文艺演出拉开序幕，300余名小演员在兰州市音乐厅参加演出，歌曲联唱《红星队歌庆“六一”》《走向复兴》、舞蹈《红色曙光》《征程之路》《红色记忆》《相约中国梦》《红旗下的小白鸽》《让我们荡起双桨》《红林》《我的红领巾》、竹笛合奏《集结进行曲》、小提琴齐奏《激情岁月》、数码交响乐合奏《我的祖国》、独唱《雨花石》等节目精彩纷呈。5月31日，兰州市少年儿童图书馆在城关区华侨实验学校举办“阅读点亮童心 书香陪伴童年”曹雪纯“六一”小读者见面会，作家曹雪纯以“在阅读中学习写作”为主题，为450名师生送上精彩讲座。

【理论课题研究】 5月，在充分征求各职能科室、各单位和区县校外教育办公室意见建议的基础上，制定《2019—2020年兰州市校外教育理论研究课题计划》，新一周期的校外教育课题研究工作开始启动。5月10日，开展课题研究专题讲座，邀请甘肃省教育科学研究院教师发展研究所所长李丽娟讲授中小学教师课题研究方法、教育科学规划课题的组织与管理等内容。5月，申报2019年省市教科所规划课题1项、市级个人课题2项。2018年立项的1项市级个人课题成功结题，4项省级规划课题完成中期报告。

【书刊编辑】 全年编辑《兰州校外教育》杂志4期，收录校外教育工作指南、活动简报、县（区）特色活动、优秀论文、学生作品、校外工作心得体会等200余篇，刊登照片400余张，印刷2000册，全面翔实反映全市校外教育工作面貌。5月，编印《春风进我家——全国少年儿童图文创作优秀作品画册》1000册，收录2018年“春风进我家”全国少年儿童图文创作优秀作品100余幅。“六一”儿童节前夕，编印《“传承优良家风 争做新时代好少年”兰州市青少年学生优秀作文、手抄报、硬笔书法优秀作品集》1400册，作为兰州市校外教育主题活动的奖品发放基层学校师生。12月，编印《安全知识手册》10000册，赠送中小学师生。

【社会实践活动】 1月12日至19日，开展“学习西柏坡精神，传承红色基因，向新中国70周年致敬”河北研学活动，35名师生在冀中大地开展游学活动，从石家庄到衡水，从邯郸到邢台，从保定到正定，研学师生走进赵州桥、孙敬学堂、邯郸成语故事苑、革命圣地西柏坡、正定古城、河北省博物院等地参观、实践。7月15日至26日，开展4期“我为兰州添一抹绿”兰州市少年儿童第十届生态道德实践赴民勤实践活动，160名学生走进甘肃治沙研究所民勤防沙治沙综合实验站，参观亚洲最大的沙漠水库——红崖山水库、甘肃省民勤治沙综合试验站科技成果展览室、沙漠动植物陈列室和沙生植物园，开展沙漠拓展训练，动手扎尼龙沙障和麦草沙障。7月18日至28日，50名师生赴嘉峪关、敦煌、武威、张掖，先后参观敦煌莫高窟千佛洞、鸣沙山、敦煌画院、张掖国家地质公园、武威文庙、张掖市博物馆、凉州词博物馆、活字印刷展览馆等历史人文景观，瞻仰爱国主义教育基地高台县中国工农红军西路军纪念馆，参观中国旅游标志铜奔马出土地雷台汉墓。7月和11月，开展3期“书本是怎样炼成的”研学活动，140余名小读者参观《读者》历史展厅，参加“阅读与写作”主题讲座，接受方舟救援队队长教授的“密集人群防踩踏”安全教育活动，参观敦煌艺术馆、新华印刷厂。

【督导与创建工作】 年初制定全年督导工作计划，对校外教育系统业务活动进行督导。通过听取汇报、全程观看、跟踪进程、查看资料、座谈交流、讨论沟通等多种方式，分别对市少年宫舞蹈教学工作、市少儿图书馆读书活动、市儿童艺术剧团下学校演出等工作进行专项督导，反馈督导意见。制定《兰州市少年儿童活动中心2019年创建全国文明城市工作实施方案》《兰州市少年儿童活动中心2019年创建全国文明城市“十大突破”行动方案》，召开中心系统创建工作例会3次。组织志愿者参加中心系统庆“六一”演出及公益大讲堂等活动，重阳节前夕志愿者深入永登县通远镇青岭村，对10位孤寡老人进行入户慰问，宣传帮扶政策，送去慰问品。

【校外宣教工作】 开通微信公众号，完善信息发布登记制度，加大政务头条号、微博、微信的工作力度。今日头条官方号发布校外教育工作信息65条，发布微博499条，宣传县(区)校外教育工作信息6条。在省、市新闻媒体刊发稿件101条，转发200余次。阅读播放量5.8万余次。完善中心系统意识形态工作约谈登记表、完成《中心2019年意识形态工作研判报告》2份、上报《中心网站及新媒体专项整治工作总结》《中心宣传思想工作大事记》，宣传思想文化战线重点课题调研结果1篇。制定《兰州市少年儿童活动中心意识形态社会宣传阵地管理使用方案》《兰州市少年儿童活动中心内部出版物管理制度》，上报小微课题2篇。组织系统网评员完成市网信办安排网评任务83条，参与中心系统网评610人次。9月，邀请原市政府应急办主任高生军以“居安思危，做好社会转型期突发事件的应急处置与舆情应对”为主题，面向全系统干部职工开展意识形态工作培训。

【流动少年宫】 兰州市少年宫流动少年宫分赴三县五区的乡村社区和基层学校广泛开展送教下乡、师资培训等工作，开展艺术指导、科技体验、体育竞技、青少年心理健康、自我保护教育、普法禁毒知识展览宣传、3D电影放映、智趣游戏等主题体验等活动，共计500课时，受辅教师120人，参与学生4400余名。开展传统文化进校园活动5次，参与学生2500余名。组织骨干教师定期深入帮扶点何罗小学进行教育帮扶，组织何罗小学学生参加2019年图文创作大赛，展示优秀获奖作品。在基层学校、乡村(社区)少年宫开展“非物质文化遗产”进校园活动，邀请老艺人作为特聘教师，开设剪纸、泥塑、兰州鼓子、崆峒派武术、书法、彩灯制作、锅庄舞等10余项课程，形成相对完整、综合、全面的“非遗”活动板块和较为成熟的公益教学活动体系。2019年，“非遗”活动和智趣体验活动深入到皋兰县黑石小学、安宁区水挂庄小学和刘家堡小学、城关区上沟小学、西固区新滩小学、榆中县高崖学校、永登县城关小学等学校开展活动，让学生在参与中感受“非遗”魅力，体验智趣游戏的快乐，增强动手能力。

【未成年人心理健康辅导站】 兰州市未成年人心理健康辅导站拥有沙盘游戏室、情绪宣泄室、音乐放松室等心理健康辅导功能室，面向全市少年儿童开放，开展未成年人心理健康面询辅导活动，每周日定期面向广大未成年人和家长开展心理电影放映公益活动，每季开展两期团体辅导活动。公示邮箱、热线，实现网络、电话多渠道咨询，全年开展各项活动312次，参与5026人次。2月，为城关区贡元巷社区送去主题为“团队与沟通”的心理健康辅导课。4月，在皋兰县石洞小学开展“感悟成长 静待花开”心理健康辅导课。5月，走进榆中县恩玲中学，开展以“在今天播种未来”为主题的高考减压心理健康辅导讲座。8月，在城关区贡元巷社区开展“从心理咨询的角度看家庭教养关系”“遇见未知的自己”心理健康辅导讲座。9月，在榆中县第九中学，开展“心若安好，便是晴天”为主题的心理健康辅导讲座。10月，为皋兰县第四中学初二年级带去“放飞思维的翅膀”为主题的心理健康辅导课程。12月，承办全市未成年人心理健康知识巡讲示范活动，全市各县区未成年人心理健康辅导站负责人、社区未成年人心理辅导骨干80余人参加。

【儿童艺术剧团】 加大创编力度，创编小品《支撑》、动物小品《主题班会》、音乐小品《社会文明你我他》、情景诗表演《妞妞》、音乐快板《十九大精神伴我行》、独舞《少年梦》等10余个节目。3月，开展以“弘扬十九大、争创全国文明城市”为主题的汇报演出及业务考核。2019年下基层学校、社区演出60场，观众约5万人次。4月开始开展“大手拉小手 艺术伴我走”进校园公益演出，以弘扬十九大精神、争做新时代好少年、争创全国文明城市为主要内容，赴安宁区、七里河区、城关区等基层学校演出44场。1月，参加七里河区春节晚会，演出小品《一家亲》。3月，赴永登县民乐乡铁丰村参加庆“三八”妇女节慰问演出。4月，创编的小品《支撑》参加兰州市2019年中小学生清明“缅怀革命先烈 传承红色基因”主题活动。5月，参加“永远的经典”纪念中国经典舞剧《丝路花雨》创演40周年文艺晚会。5月31日，庆“六一”文艺节目在黄河剧院演出2场。6月1日，赴兰州市儿童福利院公益性演出1场。6月，小品《一生守候》《支撑》亮相首届“金百花”全国小型戏剧戏曲作品展演，和来自全国14个省份的28台入围剧目同台竞技，兰州市儿童艺术剧团获得优秀团队荣誉称号和优秀剧目奖，13人获得优秀演员奖，1人获得优秀编剧奖和优秀导演奖，1人获得明星演员奖，1人获得优秀化妆造型奖。8月，小品《主题班会》参加“黄河情”全国小戏小品展演。9月，参加崔家庄社区庆祝中华人民共和国成立70周年文艺演出1场。10月，在兰州金城大剧院举办庆祝中华人民共和国成立70周年专场晚会。

【兰州市少年宫】 2019年，兰州市少年宫充分发挥公益职能，确立“以德立宫、全面育人”的办学思想，将核心价值观教育作为德育的中心任务，积极发挥省会城市少年宫校外教育服务功能，举办培训班250个，培训学员5000人次，参加市级以上竞赛、演出等获奖200人次以上。继续以创客类课程为载体，创建青少年创客基地，开展多样创客活动，开设Make-block初级、中级课程、jimu机器人亲子体验活动等项目。培训部面向各专业开展“推门听评课”督查工作，强化教学管理，规范教师行为，提高教师备课、授课质量，探讨研究教学中存在的问题，积极整改。美术教研部编印《兰州市第四届中小学生“绿色环保”手工艺作品制作大赛画册》。5月，举办“3D打印技术与课程开发师资培训”活动，为一线教师带来创客教育理念、3D打印技术、校本课程内容开发等内容，兰州市各县区中小学在职教师50人参与活动。暑假期间，挑选适合少年儿童观看的动画影片放映，丰富孩子们的课余生活。9月，举办“我和我的祖国”庆祝中华人民共和国成立70周年百米长卷书画活动，300位“小画家”“小书法家”围绕主题进行创作，多角度展现中华人民共和国成立70年来的发展变化和伟大成就。兰州市少年宫获得2019年“天眼杯”中国杭州国际少儿漫画大赛组织奖。

【少年儿童图书馆】 全年办理借书证565个，上架新书2206种8693册，为分馆配送图书5200册，为流动阅览站、爱心阅览点送书4800册，全年馆内外接待读者75756人次，流通图书129292册次。微信公众号发布信息116条，阅读量17084次，累计关注读者4560人。兰州市少儿图书馆自1987年开始设立少儿分馆和图书流动阅览站，2019年新建3家，年底已在偏远社区、农村学校等单位建起5所分馆、16家图书流动阅览站，把图书馆服务触角向基层延伸，形成多层次、多渠道、多领域的图书流动站服务网络体系。兰州市少年儿童图书馆充分发挥社会文化机构教育职能，举办30余项读书活动，吸引广大小读者参加，助力全民阅读活动。寒暑假开展“小小图书管理员社会实践”活动14场，214名小读者成为小小图书管理员。开展绘本阅读分享活动4场，185名小读者参加。举办法制讲堂进学校活动2场，540人次参加活动。开展“写中国字、过红火年”“元宵节猜灯谜”“雅韵华章 华夏衣冠”“以木为友 沉浸木作”“中秋诗会”“精意向真、书法展览、现场笔会”中华传统文化推广活动6场，吸引662名中小学生参加活动。开展“扣好人生第一粒扣子”系列主题活动，包括“描绘我彩色的梦”“讲出你心中的故事”“走进非洲鼓”“编程小课堂”“英语小沙龙”“涂鸦小达人”等多项主题活动，159名中小学生参与活动。开展关注特殊儿童活动，与特殊儿童教育机构凡尘安星合作，开展绘本阅读、小图书管理员社会实践、阅览站建设等3场活动。在世界读书日，组织70位小读者参加在城关区千禧保育院举办的绘本故事会。

（刘占爱）

在兰高校

【兰州大学】 兰州大学是教育部直属的全国重点综合性大学，是国家“985工程”“211工程”重点建设高校之一，是国家“双一流”建设高校之一。

兰州大学有2个校区，3所附属医院，校园面积2974.2亩。学科门类齐全，学科特色鲜明，涵盖12个学科门类。学校现有103个本科专业，有本科生19964人，硕士研究生11408人，博士研究生2885人。有教学科研人员2228人，在站博士后169人，教授等正高级职称人员705人，副教授等副高级职称人员940人，临床医学教授110人，副教授267人。研究生导师1836人。“两院”院士18人，“千人计划”特聘教授13人，“万人计划”领军人才14人，教育部“长江学者奖励计划”特聘教授18人，国家杰出青年基金获得者22人，百千万人才工程国家级人选12人，“创新人才推进计划”中青年科技创新领军人才7人，教育部“高等学校教学名师”4人，“万人计划”青年拔尖人才5人，教育部“长江学者奖励计划”青年学者项目人选4人，国家优秀青年科学基金获得者24人，教育部新世纪(跨世纪)人才129人，甘肃省高等学校教学名师33人，甘肃省领军人才104人，国家自然科学基金委创新研究群体4个，教育部创新团队8个，高等学校学科创新引智基地7个，国家级教学团队5个。

兰州大学是中国首批具有学士、

硕士、博士学位授予权，首批建立博士后科研流动站，首批设置文、理科国家基础科学研究与教学人才培养基地，首批入选国家大学生创新性实验计划的高校之一。也是中国实施基础学科拔尖学生培养实验计划19所高校之一，具有学位授权自主审核的31所高校之一。有国家级人才培养基地6个，国家级实验教学示范中心7个，国家级人才培养模式创新实验区2个，国家级特色专业16个，省部级基础科学研究和教学人才培养基地8个，甘肃省基础学科拔尖学生培养基地2个，省级实验教学示范中心11个，省级特色专业17个。硕士学位授权一级学科45个，博士学位授权一级学科24个，硕士专业学位授权类型21个，博士专业学位授权类型1个，博士后科研流动站19个。有国家重点学科8个，国家重点（培育）学科2个，省级重点学科40个。有国家重点实验室2个，国家地方联合工程实验室2个，国家联合实验室1个，省部共建协同创新中心1个，国家国际科技合作基地5个，高等学校学科创新引智基地7个，教育部重点实验室6个，教育部工程研究中心4个，农业农村部重点实验室1个，甘肃省重点实验室17个，甘肃省技术创新中心2个，甘肃省临床医学中心4个，甘肃省科技创新服务平台4个，甘肃省野外科学观测研究站8个，甘肃省国际科技合作基地13个，甘肃省工程研究中心（工程实验室）12个，甘肃省行业技术中心1个，甘肃省企业研究院1个，甘肃省高校重点实验室2个，甘肃省军民融合协同创新中心1个，教育部人文社会科学重点研究基地2个，教育部区域和国别研究培育基地1个，教育部国别和区域研究中心（备案）4个，全国高校思想政治理论课骨干教师理论研修基地1个，教育部高校思想政治工作创新发展中心1个，省高校新型智库4个，省哲学社会科学重大研究基地1个，省高校人文社会科学重点研究基地5个。

人才培养 制定《兰州大学专业类质量标准》，组织修订人才培养方案，推动专业大类培养，增设辅修专业与辅修学位。新增人工智能、基础医学、汉语国际教育3个专业，获批18个国家级、20个省级一流本科专业建设点、2个省级基础学科拔尖学生培养基地。完成临床医学专业认证。以“双万课程”建设为牵引，构建专业核心课程与通识教育课程通专相融的课程体系，获批省级精品在线开放课程10门、省级虚拟仿真实验教学建设项目11个；立项83门教学改革示范课程建设项目、122门“课程思政”示范课程建设项目、106门通识教育选修课，引入优秀在线开放课程约500门。形成“制度保障、过程监控、及时反馈、有效改进、后续跟踪”的本科教学质量监控闭环体系。全面强化教学管理，调停代课较2018年下降55%；教学事故较2018年度下降33%。完善教师培训体系，组织教师成长苑、教学技能专项培训、教学研修等60余场，培训4752人次。全年获评省级教学名师6人、省级教学团队7个，入选省级教学成果培育项目15个。修订本科招生宣传工作实施办法，理顺全校联动、全员参与的体制机制。首次在全校范围内举办暑期学校，开设课程66门、举办学术报告129场，参与学生人数12000余人，占在校生人数的80%。优化教学服务，建成校内网络教学平台，启动建设人脸识别自助注册系统，投放本科生相关证明自助打印盖章设备。

学校成为全国31所可自主审核增列学位授权点的高校之一，增列新闻传播学为博士学位授权一级学科，政治学、电子科学与技术为硕士学位授权一级学科。制定《研究生培养方案修订指导意见》，实施课程体系提升计划，立项建设人文和科学素养课程、专业学位研究生示范课程、学科前沿和学科交叉课程等54门课程。优化创业教育管理模式，支持国家级“大学生创新创业训练计划”项目248项、学校“创新创业行动计划”项目1268项，本科生参与率39.86%，教师参与率36.6%，106名研究生成为科研朋辈导师。获“挑战杯”“互联网+”等创新创业赛事国家级奖项10余项、省部级奖项60余项。“会宁路双创街”完成功能规划和业态布局。加强职业规划课程建设，拓展线上精准就业服务，实现点对点就业信息推送。提升校园招聘服务能力，全年举办校园招聘活动880场次，同比增长51.72%；来校招聘单位数3803家，同比增加61.83%，学生总体就业率90.38%。

继续教育规模不断发展。网络教育全年招生31085人，成人教育招生3149人。拓宽培训渠道，开展非学历培训7350人次，办学规模不断扩大。

科学研究 全年到账经费总额7.23亿元，同比增长1.15亿元，增幅18.6%。其中，自然科学类单位到账科研经费6.75亿元，同比增长1.01亿元，增幅17.50%；人文社科类单位到账经费4816.35万元，同比增长1418.47万元，增幅41.75%。

获批国家重点研发计划项目2项、课题8项、第二次青藏高原综合科学考察专题研究任务3项。国家自然科学基金申报数量同比增长26.79%，获批项目221项。两所附属医院首次作为依托单位独立申请并获批地区基金项目39项。获批国防科研项目57项，承担军委科技委、装备发展部、国家国防科工局重点项目。获批国家社科基金等各类纵向项目99项，其中国家社科基金重大项目1项、国家社科基金重点项目2项、教育部重大课题攻关项目1项、“冷门绝学”重大专项3项、国家社科基金重大项目滚动资助2项，滚动资助项目实现“零”突破。

成立黄河流域绿色发展研究院、国家核产业研究院、西部生态安全协同创新中心、草地微生物研究中心等4个自然科学类实体性科研机构和兰州大学先进催化中心等12个自然科学类非实体性科研机构，新增省部级重点研究基地15个。持续推进“一带一路”生态环境与气候变化野外科学观测研究网络建设，新建甘肃省大气组分超级站和子午岭站。启动野外科学观测研究数据共享服务平台软件系统自主研发，获批教育部野外站2个，实现兰州大学部级野外站“零”突破。

1项成果入选《Science》杂志2019年十大突破和中国高等学校十大科技进展。获省部级科学技术奖17项，其中高等学校科学研究优秀成果（科学技术）一等奖3项，甘肃省科学技术奖一等奖4项。获省部级人文社科类奖63项。其中，高等学校科学研究优秀成果奖（人文社会科学）9项；甘肃省哲学社会科学优秀成果奖47项；全国民族研究优秀成果奖4项。2019年发表SCI论文2154篇；发表人文社科类学术论文739篇，其中SSCI论文24篇，超过过去三年总和，出版著作85部。获授权专利231件、授权软件著作权58件，获批地方标准1项、团体标准2项、药材标准5项。

人才工作 充分发挥中层单位主体作用，形成学校考核中层单位、中层单位考核个人的分类分层考核评价机制。将医院人事人才工作纳入学校队伍建设总体规划。建立绩效工资制度，完善薪酬分配体系，扩大中层单位绩效工资分配自主权。

制定《人才引进工作规范（试行）》，培养与引进并重，构建多层次人才队伍体系。新增国家重大人才工程人员25人。其中，双聘院士2人；入选海外高层次人才引进计划外专项目1人；短期项目2人；青年项目3人；“万人计划”科技创新领军人才3人；科技创业领军人才1人；青年拔尖人才1人；“长江学者”特聘教授1人；青年学者6人；国家“杰青”1人；“优青”3人；百千万人才工程国家级人选1人。全年引进人才130人，其中40岁以下青年人才93人，占比69%；柔性引进高端专家20人，占比15%。创新评价遴选模式，完成首批147名“萃英学者”遴选工作。用好用足地方人才政策，与兰州市签署人才合作协议，首次获得2000万元人才经费、首批30套人才公寓支持，联合在北京设立人才工作站。完善博士后培养体制机制，计算机科学与技术、基础医学2个一级学科获批设立博士后科研流动站。

交流合作 与美国加州大学戴维斯分校、日本千叶大学、韩国中央大学等23所国外高校（机构）签署合作协议。与加州大学伯克利分校、华西希望集团和眉山市共建研究院。获批引智经费1440万元，申报引智项目98个，资助317名外国专家来校工作或交流。1名专家获2019年中国政府“友谊奖”，2名专家获甘肃省人民政府外国专家“敦煌奖”。制定《学生出国（境）交流资助办法》《学生出国（境）交流突发事件应急预案》。全年派出1035名学生赴58个国家（地区）交流学习，同比增长27.3%；接收来自11个国家（地区）20所合作院校的78名学生来校学习交流；派出515个团组1028人次的教师赴国（境）外学术交流；举办高水平国际会议19场。与台湾6所高校签署/续签合作协议，332名师生赴港澳台地区交流学习，71名港澳台地区师生来校交流。获批教育部港澳与内地高等学校师生交流计划（万人计划）项目11个，金额288万元；对台教育交流项目8个，金额126万元。

格鲁吉亚第比利斯开放大学孔子课堂升级为孔子学院。3所孔子学院先后建立近50个教学点，累计注册各级、各类学员5000余人。承办2批“邂逅中国文化”教育访华团和学生夏令营，举办文化宣介活动约70场次。

全年录取国际学生648人，完成招生计划144%，生源国增加至68个。顺利通过来华留学质量认证。修订来华留学生汉语言和汉语国际教育本科专业的培养方案。加强留学生管理，留学生满意度持续提升。

服务地方 两所附属医院2019年门急诊量近397.3万人次，手术量13.48万台次，住院人数21.21万人次。第一医院位列复旦版中国医院排行榜“2018年度西北区医院综合实力排行榜”第7名，第二医院连续5年入围中国医院竞争力·顶级医院100强。

开展帮扶地区“一户一策”动态管理，全年入户800余人次。组建第三方评估团队开展贫困人口评估和宁夏、甘肃、新疆等地的贫困县退出工作。聚力一流学科，着力推进“一校一案”，与云南大学、西藏大学、内蒙古大学形成合建工作新机制。

校庆校友工作 开展“历史赓续、校友光华、师生成长、学术登峰、校园焕彩、盛事共襄”等六类“校庆年”系列活动，主办或承办特色学术会议600余场，组织校庆学术报告、讲座、论坛1300余场。组织出版《Nature》兰州大学110周年校庆品牌特刊、《兰州大学110周年校庆纪念文库》等。举办110周年校庆纪念大会、校庆晚会，开展校庆“坚守·奋斗”奖评选工作。

建成新加坡、吉林、天津、湖北、广西、西藏、兰州、天水、庆阳9个地域校友组织，成立药化产业校友会、粤港澳大湾区经济行业校友会、涂料油墨胶黏剂及相关产业校友会等3个行业校友组织，校友组织目标建设覆盖率77.33%。签订基金协议271份，金额3.85亿元；接受捐赠10520笔，捐赠收入金额7516.86万元。

成立兰州大学理事会，于9月16日下午在宁卧庄宾馆举行兰州大学理事会成立大会暨第一届理事会第一次会议。中国工程院院士、中华预防医学会名誉会长王陇德，中国科学院院士吴云东，中国科学院院士詹文龙，北京大学未来教育管理研究中心首创主任、北京大学、浙江大学、重庆大学原校长林建华，国务院参事室特约研究员、中华全国集邮联合会会长杨利民，全国党建研究会副会长、中共党史学会副会长高永中，甘肃农业大学原党委书记王家勋，甘肃省妇幼保健院院长仇杰，陕西省社会科学界联合会主席甘晖，中国法学会副会长甘藏春，毅德控股集团主席王再兴，中国石油兰州石化公司总经理、党委书记李家民，浙江国城控股集团有限公司董事长吴城，纳思达股份有限公司董事长汪东颖，美国通用航空公司董事长张博，兰州泰美生物科技有限公司董事长、甘肃陇邮医药物流股份有限公司董事长杨金山，甘肃大成置业有限公司董事长、甘肃黄河彩陶文化研究院院长杨学成等理事出席会议。校党委书记袁占亭，校长严纯华，党委常务副书记吴国生，党委副书记、副校长徐生诚，副校长范宝军，校长助理、学校办公室主任李鹏杰以及部分职能部门负责人出席会议。成立大会由吴国生主持。

办学条件　完成榆中校区7个学科组团可研编制和设计招标，完成6栋学生公寓建设，综合楼、第二教学楼、第二实验楼、学生综合服务中心建设有序推进。完成城关校区基础设施改造（二期）、学生公寓节能改造及综合维修、各校区食堂功能性修缮改造及礼堂、体育馆等维修改造工程，园林绿化改造6.78万平方米。拆除电子商贸城2.9万平方米建筑物，建成1.5万平方米的简易停车场。

启动“互联网+物业”智慧后勤建设，推进物业改革。提升学生公寓服务质量，在榆中校区学生公寓内设立浴室、自习室，各楼宇引入烘干机、晾衣架，设立无障碍宿舍、晾衣房等。调整食堂功能定位，更换桌椅及洗消设备，就餐环境和菜品质量进一步改善。制定《安全生产责任制实施办法》，开展校外交通调整和周边环境治理，启用城关校区西区北门、城关校区东区南门。改善附属小学、幼儿园办学条件，推进与北师大教育集团托管共建工作，与兰州市教育局签署工作备忘录。提高住宅小区物业管理服务标准，维修改造人才周转公寓61套，完成家属院15部电梯加装项目，启用家属区地下车库。

（高　尚）

【西北师范大学】　2019年，学校设26个二级学院（65个系、3个教学部），1个独立学院，3个孔子学院。1个国家地方联合工程实验室，1个国家级人文社会科学重点研究基地，1个国家级研究院，1个国家级星创天地，2个国家级教学团队，1个教育部重点实验室，2个教育部创新团队，3个教育部研究中心，6个省高校人文社会科学重点研究基地，4个省级重点实验室，20个省级研究中心，5个省高校新型智库，5个省创新群体，9个省级工程研究中心（工程实验室），1个省级大学科技园，3个省级国际科技合作基地，3个省级联合实验室。有各类学生34937人。其中，普通本科生17226人；博士研究生490人；硕士研究生7798人；留学生479人；继续教育学生8944人。有教职工2191人，正高级职称人员332人，副高级职称人员725人，具有博士学位人员662人，硕士学位人员917人。其中专任教师1344人，教授（研究员）308人，副教授（副研究员）559人。博士导师162人（含校外兼职导师26人），硕士生导师1122人（含校外兼职导师393人）。有双聘院士5人，国家“万人计划”领军人才3人，国家文化名家暨“四个一批”人才2人，“长江学者”特聘教授2人，国家级教学名师1人，全国先进工作者2人，全国教书育人楷模1人，全国优秀教师2人，“党和人民满意的好老师”1人，国家有突出贡献中青年专家5人，国家“百千万人才工程”5人，享受国务院特殊津贴在职人员11人，教育部“高校青年教师奖”3人，教育部“新世纪优秀人才支持计划”13人，甘肃省领军人才第一、二层次人选52人，甘肃省“飞天学者特聘计划”人选34人，省级教学名师27人。有9个博士后科研流动站，10个一级博士学位授权学科，1个专业博士授权类别，2个二级学科博士点，30个一级学科硕士点，1个二级学科硕士点，18个专业硕士学位授权点。有2个国家重点（培育）学科、36个省级重点学科，7个省级优势特色学科。有77个普通本科专业。校本部占地面积960亩，新校区占地面积541.8亩、生态实训基地2272.5亩。校舍总规划建筑面积100.5万平方米，其中各类教学及辅助用房30.7万平方米。各类教学科研仪器设备总值46977万元，各类文献资源388.5万余册。固定资产总值19.05亿元。

教育教学工作　2019年，召开本科教学工作会议，制定《一流本科教育建设行动计划》和《本科课堂教学延伸“五个环节”实施办法（试行）》等11个配套制度。积极对接国家“双万计划”，确定国家级一流本科专业13个，确定省级一流专业5个；获批省级教学团队2个、实验教学示范中心1个、教学成果培育项目15项、创新创业教学改革项目7项。推进落实“新师范”教育创新行动计划。落实教育部卓越教师培养改革项目和卓越教师“本硕一体化”培养计划。推动STEAM创新教育“新工坊”建设。组织8620名师范生开展教师专业能力训练。组织召开甘肃高校教师教育联盟年会，形成《兰州共识》。组织654名学生赴新疆阿克苏、227名学生赴临夏州开展实习支教工作。制定实施《全面落实研究生导师立德树人职责实施细则》《研究生国（境）外研修资助管理办法》《研究生培养管理办法（试行）》《研究生创新能力提升计划》《硕士研究生优质生源奖励办法》《本科直博研究生管理办法(试行)》,修订《博士、硕士学位授予办法》《博士、硕士研究生学位论文评审及答辩工作实施办法》《博士研究生指导教师遴选工作实施细则》《推荐接收优秀应届本科毕业生免试攻读硕士学位研究生工作管理办法》。录取博士研究生142人,硕士研究生2758人,普通本科生4343人。

学科建设与科研工作 制定实施《高水平大学建设行动方案》,明确“七高一体系”高水平大学建设的“路线图”和“施工图”。制定《二级学院效能考核实施办法(试行)》和8个配套实施细则,围绕高水平大学建设确定的目标任务和学校年度重点工作,对二级学院效能进行考核。编写《2019年学科学位点建设调研报告》。开展学位授权点动态调整工作。完成电气工程及其自动化和文化产业管理2个专业的审核工作。承办“西部地区学位与研究生教育工作管理人员专项培训班”。获批国家社会科学基金项目33项(含1项国家重大招标项目),国家自然科学基金项目36项。获批科研经费7742.6万元。编发完成10期《西北师大智库》。获批中国科协“海智计划”甘肃基地西北师范大学工作站。推进西北师范大学新农村发展研究院建设。发挥基地平台在凝练学科方向、催生科研成果、稳定高层次人才方面的重要作用。承办第八届“新子学”“2019年第二届丝绸之路舞蹈教育”“乡村振兴与西北乡村社会发展”等国际学术会议,新时代教育理论与教育实践变革暨西北师范大学首届教育博士论坛、有机化学高峰论坛、嘉峪关与明代丝绸之路高层论坛等学术会议30余场;邀请知名专家、学者来校做学术报告370余场次。

学生工作 2019年,学校构建“学院党委+学生社区党工委+楼宇功能性党支部”点线面结合的基层党建组织体系。启动实施“党员争先锋、岗位见行动”学生党员教育实践计划。构建“辅导员(支部书记)+学生党员+宿舍互助引导员”4000余人的网格化管理体系。推进文化活动进公寓,举办学生公寓升国旗、集体观看阅兵等系列活动。将国防教育工作融入大学生思想政治教育和爱国主义教育。新增25名专职辅导员。深化学生“四自”(自重、自省、自警、自励)工作,开设“互联网+安全教育”微课,抓好节假日及敏感节点的安全教育和维稳工作。深入开展“创建文明美丽新公寓”活动,建成兰天学生公寓学生事务服务大厅,打造“一站式”窗口服务平台,开通“智慧报修”手机APP,提升公寓技防和人防水平。修订《学生资助资金管理办法》《普通本科学生助学金管理办法》。通过奖、助、勤、补、贷五种方式,解决全校建档立卡户子女学习生活困难,斩断因学返贫根源。完善“五位一体”的心理健康教育工作体系,举办“5·25—我爱我”大学生心理健康节活动。实施“学生创新创业能力提升计划”。举办3场大型双选洽谈会,450余场专场招聘会,提供3万余个招聘岗位,毕业生整体就业率79.86%。组队参加第四届甘肃省大学生运动会,获团体总分第一和甲组团体总分第三、乙组团体总分第一的优异成绩。举办大学生文化艺术节、“丁香花开”中国诗词文化节等品牌校园文化活动;组建120支团队开展社会实践活动,开展“青春伴夕阳”帮扶离退休教职工志愿服务活动,继续扩大“‘爱·尚’微公益”实践项目的社会影响,在第四届中国青年志愿服务项目大赛中获银奖3项,第二届甘肃省青年志愿服务项目大赛中获金奖2项,银奖3项。

9月19日上午,西北师范大学河西走廊研究院在兰州揭牌成立

交流合作 学校与波兰密兹凯维奇大学、英国中央兰开夏大学、俄罗斯乌拉尔联邦大学以及台湾“中央大学”等高校签署校际合作协议。成功获批与英国南威尔士大学化学专业中外合作办学项目。制定《学生海外交流资助管理办法》,选派349名学生赴国(境)外交流学习,人数较上一年度同比增加51%。聘请外籍教师14人,邀请短期来校讲学外籍专家70余人次。推进中外学生趋同管理,加强和兰内高校在留学生教育方面的合作与交流,努力探索高校之间“语言学习+专业学习”“专业学习+实习实践”等联合培养方式。招收各类留学生200余人。与中央统战部和省上部门对接,完成第八届中亚本科留学生的招生工作。三所孔子学院共计开设162个汉语班次,注册学员3200

余人。持续加强中亚研究，举行《吉尔吉斯斯坦常用法律》首发式，举办第三届“中国与中亚人文交流与合作国际论坛”和中亚研究院学术院长续聘暨《哈萨克斯坦常用法律》翻译项目签约仪式。成立“国别与区域研究院”。举办第四届“一带一路”高校联盟国际美术作品展、第五届（2019）“魅力甘肃·民族风情”海峡两岸大学生文化体验暨就业创业研习营，组织在校台湾交换生赴甘南、临夏、张掖等地开展文化体验。

社会服务 做好2020年北师大对口支援学校工作。与天水师范学院、陇东学院、陇南师专签订战略合作协议。在陇南师专设立初等教育学院，致力于培养服务乡村振兴战略的全科型基础教育师资。与窑街煤电集团、天水汉唐麦积山艺术陶瓷有限公司开展校企合作。成功举办军转干部培训班。与广西北海市人民政府和兰州万科企业有限公司开展合作办学。拓展成人学历教育联合办学空间，成人学历教育学生数量大幅增长，经济和社会效益显著增加。整合校内外学科和资源优势，对接经济社会发展需求，成立“白银高新技术产业研究院”“河西走廊研究院”，推动应用研究与产业开发，服务地方经济社会发展全局。发挥学校文科资源优势，开展华夏文明传承创新区“十三五”工作评估和“十四五”规划编制工作。受省财经委委托，承办“甘肃高质量发展”论坛。受教育部教师工作司委托，起草完成《推进临夏州甘南州民族教育高质量发展实施方案》。召开校友工作推进会，强调为校友终身服务理念，加强与各地校友的联系，组织校友返校周活动，举办杰出校友论坛，切实发挥广大校友爱校荣校、宣传学校及服务学校的作用。加强同教育部、北师大等部委和兄弟院校的沟通联系。完成上级部门对学校的专题调研和督查工作。增派12名优秀年轻干部充实到驻村帮扶工作队。选派70余人次到帮扶村镇学校开展教师全员培训，举办两期“国培计划（2019）”乡村英语教师培训班。开展精神文化扶贫，先后实施“一村一特色，一村一亮点”村容村貌提升工程，建设产业圆梦车间和“巾帼家美”积分超市，开发“蒲陈珍品”系列产品，在学校开设帮扶礼县消费扶贫窗口，形成帮扶礼县“西北师大模式”，受到人民网等多家媒体的关注和报道，学校被评为“礼县2019年度全省脱贫攻坚先进集体”。

公共服务保障 2019年，学校北校区教师公寓建设项目顺利推进，1#楼、5#楼主体封顶。完成北校区教师公寓住房分配工作。藏汉双语培训基地建设项目开工建设。完成校本部17栋住宅楼的外墙保温及粉刷工作。对三栋家属楼加装电梯。推进科教城经济适用房不动产证办理工作。完成新校区部分道路改造工程。完成新建学生生活与创新发展中心项目的概念设计及可行性研究报告的编制工作。按照“扁平化、综合化”的管理模式，优化后勤保障部内设机构和岗位配置、改革薪酬分配原则，充分调动职工工作积极性，后勤保障服务水平显著提升。完成北西门、北门、东门的改造及部分围墙的破墙透绿改造工程。做好部分楼宇的维修粉刷和供热管网改造工程。完成民族餐厅和新校区学生餐厅的全面改造。建设极限运动场，完成东操场改造及校园绿化、美化工作。推进化解债务工作，争取政府债务救助资金13452万元。制定《内部控制体系建设实施方案》《公务交通费用报销管理办法》《劳务酬金管理暂行规定》《货币资金管理办法（修订）》。优化政府采购工作流程，改革创新政府采购工作制度。完成学校公务用车改革。成立学校国有资产管理委员会，出台《国有资产管理委员会章程》。完成文科实训中心信息化智慧环境建设项目和网上综合服务大厅。开展校园交通专项治理，实现教学区和家属区分区管理，持续做好校园流浪犬只的整治工作。图书馆、档案馆、博物馆保障教学科研的服务水平不断提升，学术刊物和杂志的办刊质量和影响力进一步提高。附属中小学、幼儿园办学影响力不断提升。“学习型、服务型、创新型”机关建设不断深入。

思想政治工作 利用“学习强国”学习平台，推动师生党员政治理论“大学习”。5214名党员实现实名注册学习，占全校党员的97%。制定学校《“课程思政”教育教学改革实施方案》《“大思政”格局综合改革实施方案》，努力构建“三全育人”大思政工作体系。与学院党委签订《党委意识形态工作责任书》，及时上报意识形态工作报告。制定《校园网络媒体（群组）管理办法》，实现对校园网络媒体的全覆盖、全方位、全过程监督。制定《防范抵御宗教渗透工作实施方案》，从源头上做好防范和抵御宗教向校园渗透。坚持用甘肃党建信息化平台推进党支部建设标准化，党支部、在职教师党员和学生党员注册率100%。对摸排确定的14个软弱涣散党支部进行整顿提升。组织教师党支部书记“双带头人”、基层党组织书记、学生党支部书记参加党务专题培训和研修。全年培训党员发展对象1744名，发展党员1734名。为305个党支部下拨标准化建设专项经费61.4万元。全年研究干部6次，调整干部66人。做好向省委组织部推荐优秀年轻干部工作。承办“2019年省属高校基层党组织书记培训班”。完成学校领导班子、领导干部及中层班子和主要负责人年度综合考核工作。严格落实中央八项规定精神，召开全面从严治党暨警示教育大会，运用审计结果强化对重点领域、关键环节的监督。制定《党员干部职工明底线守纪律40条不准》。

主题活动开展 学校扎实开展

“不忘初心、牢记使命”主题教育。坚守“为党育人、为国育才”初心，通过读书班、夜校学习会等形式强化理论武装，编发简报22期；瞄准学校发展中的大课题，形成一批高质量的调研成果；多种形式征求意见建议723条，形成检视问题清单；以解决师生关注的紧迫问题为整改目标，梳理80项整改措施，已完成49项。省委书记林铎全程指导学校领导班子主题教育专题民主生活会，充分肯定学校主题教育工作。省长唐仁健莅临学校调研指导工作并宣讲十九届四中全会精神。

成功举办中华人民共和国成立70周年系列主题活动。开展中国梦宣传教育、“青年大学习”网络主题团课、“我和我的祖国”快闪等活动，推动习近平新时代中国特色社会主义思想入脑入心、落地生根；举办优秀特岗教师巡回报告会、八步沙林场“六老汉”先进事迹宣讲、首都高校服务保障国庆活动宣讲会和延安精神宣讲，组织“同升国旗、同唱国歌”等活动，引导师生深刻领会爱国奋斗精神的时代内涵和历史意义；举办“春绿陇原—丝路绽放”专场文艺晚会、“我和我的祖国”教职工合唱比赛、安宁区新年音乐会，展示西北师大人坚守初心、扎根西北、教育报国的精神风貌。

开展迁兰办学80年主题活动。举办“讲好师大故事·传承师大精神”校史演讲比赛、“追梦新时代”大学生艺术教育展演，编演原创舞剧《吾道西行》，建设“燕园”“秦园”“陇园”校史微景观，生动呈现了学校发展史诗，激发广大师生爱国爱校热情；坚持以史笃志，组织“西迁精神 烽火相传”寻访团，实地寻访学校西迁办学旧址，开展名人轶事口述史料的收集整理，引导师生从光荣历史中吸取精神力量；坚持以史明鉴，回望学校“西进”历程，系统总结办学成就和经验得失，进一步明晰学校发展战略定位，提振师大人弘扬西迁精神、努力建设高水平大学的信心和决心。

2019年，学校积极推进，兰天学生公寓问题解决取得重大进展。经多方努力，学校对兰天学生公寓实现全面接管，并投入1500多万元进行全面维修改造，美化学生社区大环境和楼宇小环境，学生的学习生活条件得到较大改善。

（朱海滨）

【兰州理工大学】 兰州理工大学是省属本科院校，是甘肃省人民政府、教育部、国家国防科技工业局共建高校，具有百年历史和良好的办学基础条件。2019年，学校占地面积2430亩，校舍建筑面积107万平方米，图书馆馆藏图书239.6万册。下设19个二级学院，1个教学研究部，开设69个本科专业，有9个学科门类，涵盖工学、理学、管理学、文学、法学、教育学、医学、艺术学、经济学。全日制在校生2.8万余人。学校有教职工2309人，专任教师1478人；教授、副教授等副高级以上职称人员869人，博士生导师156人；有双聘院士4人，入选“长江学者”特聘教授2人、“百千万人才工程”国家级人选2人、教育部新世纪优秀人才3人、首批全国高校黄大年式教师团队1个。柔性引进“长江学者”等国家级高层次人才9人，聘请120余名国内外知名专家学者担任客座教授。有全国优秀教师、全国先进工作者、全国师德标兵、全国优秀教师等国家级荣誉称号12个，享受国务院政府特殊津贴专家30人，教育部高等学校专业教学指导委员会委员8人、省级教学名师14人。入选甘肃省领军人才35人、“飞天学者”33人，获得甘肃省“五一劳动奖章”、优秀专家、教学名师、师德标兵等荣誉称号70余人。有2个国家级教学团队、3个国家级实验教学示范中心。

思想政治工作 突出政治标准，加强干部队伍建设。选拔任用处级干部21人、科级干部91人、女干部16人，向上级推荐年轻干部14名。制定进一步激励广大干部新时代新担当新作为实施意见，优化干事创业的正向激励环境。高标准抓好基层党建。选任配备24名组织员，轮训354名支部书记。建立党员干部联系党支部制度，党委常委每人联系2个党支部，党员中层干部每人联系1个党支部。高质量发展党员，吸收预备党员2122名（其中高知群体16人），按期转正党员986名。加强“甘肃党建”推广运用，所有二级党组织都利用平台开展“三会一课”党内生活。全面加强党建阵地建设，建成6个学生“党员之家”。经济管理学院党委获批“全国党建工作标杆院系”培育创建单位，能源与动力工程学院流体机械及工程系教工党支部获批“全国党建工作样板支部”培育创建单位。落实全面从严治党主体责任。对6个二级党组织和单位开展校内巡察，发现问题16个、反馈巡察建议28条，推动全面从严治党工作向纵深发展。对12个单位开展重点领域突出问题自查自纠，提出整改措施并推动落实。开展转变作风改善发展环境建设年活动，查摆问题221条，制定整改措施164项。对8名干部因未认真履行岗位职责给予党纪政务处分，办理问题线索17件。培训二级党组织纪检委员近30名。贯彻落实审计署11号令，完善经济责任审计联动协作机制；接受省审计厅专项审计。创新改革思政教育教学。思想政治理论课、思想道德修养与法律基础课程分别入选红柳一流课程、混合式教学示范课程，持续强化思政课程内涵建设。制定实施课程思政教育教学质量考核评价体系，举办“课程思政教学设计”工作坊，202门课程进行课程思政试点，各类课程育人功能充分发挥。建设具有学院特色的“一院一品”易班思政教育特色品牌创建活动，线上累计参加主题教育活动学生56万人次。56名辅导员参加教育部等组织的培训，2名辅导员获甘肃省"全国高校辅导员年度人物"提名奖。开展"青年红色筑梦之旅"活动，深入推动创新创业教育与思政教育相融合。

"双一流"建设 工程学和材料科学在ESI全球前1%的排名较上一年提升8%以上，发表论文1935篇，较上年同期增加442篇，其中高被引论文和热点论文75篇。化学学科距离ESI前1%的接近度88.67%，提升14.85个百分点。

教育教学 10个专业获批国家级"双万计划"(教育部建设一万个国家级一流本科专业点和一万个省级一流本科专业点。)一流专业建设点，6个专业获批省级建设点。2个专业通过工程教育专业二轮认证，2个专业通过首轮认证。有69个本科专业，国家特色专业建设点6个，教育部战略性新兴产业相关专业2个，国家级专业综合改革试点专业1个；10个专业通过工程教育专业认证，进入全球工程教育的"第一方阵"；立项建设8门研究生精品课程、4门全英文授课课程。遴选建设红柳特色优势专业11个、重点专业12个。立项建设红柳一流系列课程4门、课程群5个，投入建设经费310万元，打造"金课"。立项建设混合式教学课程54门、创新课程20门、通识教育公共选修课12门，发挥品牌课程示范引领作用。2019年，获批省级教学名师1名、教学团队1个、实验教学示范中心1个、教学成果培育项目15项。思想政治理论课入选首批红柳一流课程，思想道德修养与法律基础课入选混合式教学示范课程，202门课程进行课程思政试点，课程思政与思政课程同向同行。新增156项教育部教研项目。获批省级创新创业教学团队1个、教育试点改革专业1个、创新创业教学改革研究项目3项。开办"新工科+"创新创业实验班，180名学生入选就读。举办第五届中国"互联网+"大学生创新创业大赛甘肃赛区选拔赛，获得8项奖励。举办各类竞赛120余项，获得美国数学建模大赛特等奖等国家级奖励89项、省级奖励611项，参与学生超过2万人次。获批国家级项目28项，1个项目入选国家级大学生创新创业训练计划年会。获批省级创新创业教学名师1名，67名教师通过国际认证。与智慧树合作建设线上课程22门。建成13间智慧教室，初步建立智能开放教学活动环境。邀请高水平大学专家来校举办信息化平台培训，培训教师1300余人次。

学科建设和研究生教育 学校现有20个省级重点学科，4个国防特色学科方向。工程学、材料科学两个学科进入ESI排名全球前1%。在全国第四轮学科评估中，土木工程、机械工程、材料科学与工程、控制科学与工程4个学科进入B档。有5个博士后科研流动站、6个一级学科博士点、23个一级学科硕士、14个硕士专业学位类别。遴选博导、硕导32人。获得国家级创新实践竞赛奖励69个；启动研究生科创活动，15个项目入选校级"科研探索项目"，资助42名研究生学术交流，举办研究生"两坛"活动38场。提高学位论文质量，学位论文抽检、盲审实现一级学科全覆盖，博士学位论文盲评率100%、硕士学位论文盲评率65%。继续培育优博论文，3名博士进入培育计划，18篇研究生学位论文被评为省级优秀。

师资队伍建设 新增1名长江学者特聘教授，东南大学张云升教授依托兰州理工大学成功入选，再次全职引进高端人才。柔性引进中科院金属研究所研究员李秀艳担任国家重点实验室主任，并以兰州理工大学为第二单位在《Science》发表重要学术论文。在职教师博士化率持续提高，引进博士80名，36名教师定向培养获得博士学位，专任教师博士化率45.92%，教师队伍学术业绩及年龄结构、学缘结构等进一步优化。持续推进"红柳育才"工程，朱彦鹏教授获得"全国优秀教师"荣誉称号，1名国家"千人计划"候选人通过会评，11人入选国家级、省级人才项目，遴选资助红柳杰青、优青28名，23人晋升正高级专业技术职务。学校在全省组织部长会议上作交流发言。

科学研究 学校现有"长江学者和创新团队发展计划"创新团队2个、国家级科技创新平台4个、教育部科研基地6个、省部级科研机构36个。2019年，获得甘肃省科技进步一等奖2项、甘肃省机械工程学会科技奖一等奖4项、甘肃省电工技术学会科技一等奖3项，省级科研项目一等奖数量实现再次突破。获批国家级科研项目89项，其中国家自然科学基金72项、社科基金项目4项，主持及参与国家重点研发计划项目课题5项，国家级科研项目立项数创历史新高。授权国家发明专利102件、发表高水平论文1222篇，签订技术合同484项。"甘肃省军民融合发展研究院"依托兰州理工大学成立运行，获批国家级军工项目5项，实现军工项目进款1270万元。支持甘肃省核产业发展，与兰州大学共同成立"甘肃省核产业联盟"，联合中科院近物所等单位筹建甘肃省同位素实验室，被省上确定为支撑核产业发展重点高校。设立国防特色学科建设发展基金。制定甘肃省推进绿色生态产业(军民融合产业)发展规划，参与编制甘肃省军民融合发展、核产业发展规划等。顺利通过"武器装备科研生产单位二级保密资格证"复查。建成校级虚拟仿真实验教学中心等校级标准化实验室31个，完成实验室建设专项37项，构建两校区硬件空间布局合理、涵盖所有专业的"平台+中心+项目"三级实验室教学体系。获批省级虚拟仿真实验教学示范项目5项，立项资助2个自制实验教学设备项目。入选教育部"校企合作双百计划"实验室典型案例1项，大型仪器设备使用率

9月20日，兰州理工大学百年校庆庆典大会现场

96.01%，工科实验室开放程度保持90%。

学生教育管理 2019年招收本科生5699名、研究生1970名。生源质量提升明显，一本招生省份扩大至17个，研究生优质生源比上年增长37%。毕业生就业率98.41%，百强企业签约率58.45%，军工类企业就业人数335人。14188名学生获得各类奖助学金6378.5万元。3500人次参加心理健康教育活动，重点学生心理帮扶有效开展，及时化解8起心理危机事件。全国优秀共青团员娄婷娜、见义勇为学生范效宏、2名中国大学生自强之星，1名甘肃省“青年五四奖章”获得者、全国钢结构大赛一等奖团队等优秀师生代表成为践行社会主义核心价值观的典型模范。

国内外交流与合作 2019年，拓展海外合作办学平台，新增海外合作高校6所，乌克兰文尼察国立技术大学孔子学院正式获批建设。师生海外学习交流频繁，全年出国(境)学习交流教师191人、学生450余人，来校访问交流外籍专家100余人次。招收国际学生180名，以优异成绩通过首批来华留学质量认证。

保障与服务 深入智慧校园建设，改善育人“硬”条件。技术工程学院原校址整建制移交学校，文理综合实验楼开工建设，机电工程学院教学实验楼建成启用，启动彭家坪校区东区教学楼改造。在两校区实施60余项基建及维修改造工程项目，总建筑面积4.5万平方米，涉及390间学生宿舍、100间办公室，改造建筑面积26000平方米、广场运动场35000平方米、校园道路7公里等校园基础设施。加强校园文化设施建设，弘扬红柳精神，丰富文化载体，提升文化品位。举办红柳大讲堂9次，弘扬中国传统优秀文化、革命文化。建成彭家坪校区校史馆。美化4栋教学楼环境，引领文化熏陶。统一命名学校主干道路、建筑物，实现校园标识系统规范化、标准化。以庆祝中华人民共和国成立70周年和建校100周年为契机，落成“万世师表”孔子等3尊文化雕像，在两校区主干道路安装500余组道旗、国旗等，丰富育人载体。制定学生食堂饭菜价格平抑基金管理办法，改造彭家坪校区北村食堂，改造标准化教室47间，更换桌椅万余套，宿舍家具14700余件、改造公共水房、卫生间42间，提升师生学习生活条件。附中中考成绩高出省级示范性高中录取线，维修改造兰工坪校区校医院，提升师生基本医疗服务水平，增强师生群众的获得感幸福感。档案馆获批甘肃省省级档案特级单位。

（马雪琴）

【兰州交通大学】 兰州交通大学为甘肃省高水平建设大学。全校占地面积104.2万平方米，约合1564亩。有本部和铁道学院两个校区。校舍建筑总面积88.74万平方米。图书馆藏书223.5万余册。有直属学院(部)21个。有国家级省部级研究机构58个。其中，国家工程技术研究中心1个；国家地方联合工程实验室1个；国家地方联合工程研究中心1个；教育部重点实验室2个；教育部工程研究中心1个；教育部协同创新中心1个；教育部文化传承创新基地1个；铁道部重点实验室3个；科技部星创天地1个；甘肃省重点实验室3个；其他省级实验室(研究中心、合作基地)43个。学校涵盖工学、理学、经济学、管理学、文学、法学、艺术学和教育学8个学科门类。博士后科研流动站5个，博士学位授权一级学科6个，硕士学位授权一级学科24个，硕士学位授权二级学科点(不含一级学科覆盖点)3个，硕士专业学位授权类别15个。普通本科专业67个。其中，工学专业42个；理学专业5个；文学专业8个；管理学专业5个；艺术学专业5个；经济学专业2个。国家特色专业6个，省级特色专业14个。省级一流学科建设项目学科(群)5个，省级“双一流”特色建设工程一流学科6个，省级重点学科(一级学科)24个。专科(高职)专业15个。全校有教职工2400人。正高级职称人员328人，副高级职称人员756人。专任教师1655人，其中教授316人，副教授622人。博士生导师82人，硕士生导师820人，在站博士后18人。行政管理人员228人，教辅人员139人。2019—2020学年，学校有全日制在校生30581人。其中，博士研究生289人；硕士研究生5161人；普通本科生22314人；普通专科生2474人；预科生70人；留学生273人。成人本、专科生14799人(其中函授本科生6339人，函授专科生8460人)。全校折合在校生人数35719人。

体制改革 原实验室管理处、对外联络合作处和离退休工作处分别更名为实验管理中心、校友会(教育发展基金会)办公室和离退休教职工服务中心(老年大学);独立设置高等教育研究所;成立招标中心,与北山征地建设办公室合署办公。11月20日,《兰州交通大学章程》(2019年核准稿)经甘肃省高等学校章程核准委员会评议和省教育厅常务会议审议通过,正式核准生效。制定《兰州交通大学校务公开实施办法》,推进学校治理体系和治理能力现代化建设。实施法律顾问参与学校重大决策、重大事项、重要合同实施前合法性审查论证制度,切实加强合同管理规范化运转。

教育教学 制定《兰州交通大学"一流本科"专业建设实施方案》。车辆工程、电气工程及其自动化、通信工程、土木工程、交通运输等11个专业获批国家级一流专业建设点;机械设计制造及其自动化、自动化、水利水电工程3个专业获批省级一流专业建设点。全面落实专业负责人制度和课程负责人制度,聘任181位教师为290门课程的课程负责人。认定12门课程为双语课程。研究制定《兰州交通大学"金课"实施计划》,推荐《动车组车辆构造与设计》《铁路运输调度与统计分析》等5门课程参加2019年国家级一流本科课程评审。交通运输、水利水电工程和通信工程专业通过工程教育专业认证复评,自动化专业通过初评。土木工程、交通工程、电气工程及其自动化等6个专业获批参加2020年的工程教育专业认证,工程管理专业获批参加2020年专业复评。新增省级教学名师2名,省级教学团队2个,引进和使用国内外优质在线开放课程14门,省级高等教育教学成果培育项目14项。加强在线开放课程建设,实行课程联系人制度,12门课程上线"中国大学MOOC"。完善校院系三级教学质量保障与监控体系,增设本科生学业指导中心,加强本科生学业学情分析、学业警示和指导帮扶。"数据与场景驱动的高速列车运行控制虚拟仿真实验"获批国家虚拟仿真实验教学项目。机车车辆实验中心获批省级实验教学示范中心。学校成立创新创业工作领导小组,加强将"双创"教育融入教育教学、科研活动,不断加强人才、课程和基地建设,获甘肃省创新创业教育改革项目立项6项,甘肃省就业创业能力提升工程项目5项。学科竞赛获国家级奖269项,省级奖386项。新版研究生管理信息系统全面投入使用,提升研究生教育管理的信息化水平和效率。制定《兰州交通大学研究生短期国际学术交流资助管理办法》,首批资助10名研究生获得短期国际学术交流资助。建立超年限博士研究生学籍处理和预警机制。

学科建设 "工程学"学科首次进入ESI全球学科排名前1%,步入国际高水平学科行列。"化学"学科继续保持ESI排名前1%。"测绘科学与技术"一级学科获批博士后科研流动站设站资格,博士后科研流动站增至5个。新增电子信息、机械、材料与化工、资源与环境、能源动力、土木水利、交通运输等7个硕士专业学位授权类别,硕士专业学位授权点增至15个。"土木工程"博士学位一级授权点及4个硕士学位授权点通过合格评估,汉语国际教育、会计、艺术等3个硕士专业学位授权点全部通过国家专项评估。召开"天佑学科高峰行动计划"一流学科建设会议,开展2020年新一轮博士点申报专项调研,筹备第五轮学科水平评估。化学、土木工程、交通运输工程、环境科学与工程等6个学科入选甘肃省"双一流"特色建设工程一流学科。学位论文质量稳步提高,获甘肃省优秀博士论文4篇、优秀硕士学位论文14篇。

科学研究 新增国家发展改革委员会"地理国情监测技术应用国家地方联合工程研究中心"和教育部"聚光太阳热能产业关键技术与装备省部共建协同创新中心"。推进中国工程院与甘肃省人民政府共建中国工程科技发展战略甘肃研究院的筹建工作,2019年完成省院会商。成立兰州交通大学院士专家工作站,实现安宁区院士专家工作站零突破。黄河水环境研究院获批省级重点实验室。获批教育部"敦煌彩塑制作技艺"全国普通高校中华优秀文化传统基地1个和甘肃省工信委"甘肃省轨道交通信号与控制评测行业技术中心"1个。"地理空间数据版权保护关键技术及应用""干旱地区雨水应用关键技术体系研究与装备示范"两项成果获得甘肃省科技进步一等奖。"高海拔高寒大温差恶劣环境下高速铁路混凝土耐久性及建造关键技术研究"获得中国铁道学会科学技术一等奖。专利授权量持续增长,总数突破300件大关,增长率53.9%。中国科技论文与引文数据库(CSTPCD)收录论文660篇;科学引文索引(SCIE)收录247篇,同比增长21.6%;工程索引(EI)收录307篇,同比增长24.3%;科技会议录引文索引(CPCI-S)78篇,同比增长23.8%。截至年底,学校共检索ESI高被引论文96篇。其中,前1%论文56篇;前3%论文40篇。国家自然科学基金项目34项,直接经费1505万元,其中"面向全自动地图综合的空间相似关系理论"国家自然科学基金重点项目为甘肃省2019年省属高校获批的唯一一项重点项目。国家重点研发计划课题1项,子项目2项,中央引导地方科技发展专项1项。甘肃省高等学校产业支撑引导项目获批2项,甘肃省引导科技创新发展专项资金项目获批立项1项,国家铁路局项目6项。国家社科基金项目4项,教育部人文社科项目2项,甘肃省社科规划项目8项。

师资队伍建设 制定《兰州交通

大学“天佑杰出人才”支持计划》，全校范围内选拔A、B两个层次共31名教师进行资助。开展第三批“百人计划”和第一批“天佑青年人才托举计划”遴选工作，分别选出28名教师（科研型13名，教学型15名）和15名教师进行资助。落实第一批天津大学对口支援兰州交通大学定向培养工作，选派9名青年教师到天津大学攻读博士学位。开展甘肃省中国工程院院士候选人储备人才、甘肃省“西部之光”访问学者和甘肃省省级重点人才项目、甘肃省陇原青年人才（团队）项目、甘肃省拔尖人才等的遴选和推荐工作。柔性引进高层次人才2人。加大招聘宣传力度和频次，赴清华大学、北京大学、天津大学、上海交通大学、西南交通大学等高校开展高层次人才引进工作。开展公开招聘博士工作4次。成立科技园引进人才公寓建设领导小组，统筹推动科技园教师公寓建设工作；制定引进博士住房补贴政策。2019年，引进各类人才86人，其中公开招聘专业技术人员65人。其中，博士28人；硕士37人。引进白俄罗斯高层次人才博士后1人。建立师德档案，实行师德一票否决制，不断建立和完善师德师风建设长效机制。1人获“全国优秀教师”称号，1人获“全国模范教师”称号。

交流与合作 推进省部共建和天津大学对口支援工作，成立推进与天津大学对口支援工作领导小组。协助推进甘肃省人民政府和中国国家铁路集团有限公司共建兰州交通大学工作。成立外事工作领导小组，强化党对外事工作的统一领导。建立外事管理台账制度，完善国际合作协议签署程序，制定《兰州交通大学境外非政府组织管理办法》《兰州交通大学语言类外籍教师聘请与管理暂行办法》，工作流程不断优化，效率不断提高。启用学生出国境学习管理平台，建立学生出国境学习资助机制。与美国、英国、加拿大等11个国家和地区的21个学校签署国际合作协议26项。与葡萄牙、西班牙、英国、美国等16个国（境）外学校开展学生交流、联合培养、海外游学、海外实习、国家公派留学、跨文化沉浸等合作项目18个。联合承办国际学术会议“2019年亚太信号与信息处理联合会”第11届年会。联合举办“人类纪与人类命运共同体”国际学术研讨会。持续与“一带一路”沿线国家和地区开展合作。开展土库曼斯坦第二批青年教师来华研修项目、第二届孟加拉电力培训项目，举办兰州交通大学—北马其顿科技文化交流中心建设项目学术交流活动，协助建成中国甘肃—北马其顿科技文化交流中心实验室。顺利通过教育部来华留学质量认证。赴老挝、马来西亚、印度尼西亚等东南亚国家中学、高校开展招生宣传推介。共录取29个国家的新生214名，实际报到191人。2019年度在校各类留学生602名。

学生工作 制定推进领导干部深入基层联系学生制度“七进”和“七个一”活动。校领导班子深入师生讲党课、听思政课。加强辅导员队伍和班主任队伍建设，1人获得“2019年甘肃省高校辅导员年度奖”，1人获得“2019年甘肃省高校辅导员年度人物提名奖”。构建“大学生阳光心态成长发展体系”，举办“快乐心灵工作坊”，开展“心理健康活动月”，年度累计接待来访者565人次，重点干预87人。开展武装国防教育。推进学生公寓全方位育人平台建设，健全本科生、研究生、留学生公寓管理制度，全力打造“平安宿舍、数字宿舍、文明宿舍”。修订完善《兰州交通大学家庭经济困难学生认定办法》《兰州交通大学研究生“三助一辅”岗位及实行岗位津贴制度实施办法》，全年奖助本科生29561人次，金额9724万元，

11月15日上午，兰州交通大学测绘科学与技术博士后科研流动站揭牌仪式暨学术会议隆重举行

研究生10884人次，金额3575万元。

招生就业 2019年一本录取省份由9个扩大到16个，新生一本上线率90.6%。建成甘肃首家高校“就业大数据中心”，提高就业指导的科学性和精准度。抢抓“一带一路”机遇，持续与中国中铁、中国交建合作开展“3+1”国际工程技术人才联合培养，增设10门课程，131名学生签约。2019届博士研究生就业率96%以上，硕士研究生就业率85%以上，本科毕业生就业率89%以上，高职生就业率90%以上。

基本建设与服务 体育馆正式开工建设，北教学实验楼完成主体结构施工，学生食堂、图书馆、19号公寓、20号公寓室内及北侧道路、校本部水暖电管线等改建项目验收并投入使用，5号、6号、7号保障房、23号学生宿舍建设的手续办理完成。制定《兰州交通大学国有资产处置管理办法》，登记建账固定资产10090台（件），价值3305万元，处置报废资产2216.27万元。完成北山总体设计规划，被评为安宁区优秀绿化单位。推进智慧校园建设项目建设，完成主数据平台、统一身份认证平台、数据交换平台、研究生系统、大学工系统、迎新系统、毕业离校、宿管系统、OA系统的实施和验收工作。开展数据中心、智慧校园超融合平台建设，展现智慧化图书馆、信息化校史馆、档案馆新面貌。实现校园部分公共区域、楼宇校园无线网络覆盖。更新校园卡系统服务功能，增设教工食堂早餐，实行开水房开水免费供应。制定《兰州交通大学修缮项目管理办法》，建立校园专项修缮项目库，完成修缮项目162项。制定《兰州交通大学学生食堂饭菜价格平抑基金管理办法》，启用平抑基金，保持饭菜价格稳定。推进“平安甘肃”建设和扫黑除恶专项斗争，开展文明校园创建活动，2019年，各类传统案件发生率同比下降20%，网络电信诈骗案件发生率同比下降15.9%，全年未发生一起安全事故，全年火灾零事故。

校园文化建设 开展“万人同唱一首歌”“青春之歌献祖国”合唱比赛、大美西部美术作品邀请展等一系列喜迎新中国成立70周年活动。在甘肃省第四届大学生运动会上，学校代表团获甲组团体总分第二名，乙组团体总分第七名的好成绩。两组共夺得金牌19枚，银牌25枚，铜牌19枚，位列全省高校第三名，在三大球类比赛中，勇夺男子足球、篮球甲组冠军，排球甲组季军，女子获得排球甲组冠军，篮球甲组亚军。

（王 丹）

【甘肃农业大学】 甘肃农业大学是农业部和甘肃省人民政府共建大学、国家重点建设的中西部百所高校之一、甘肃省高水平大学。2019年，学校占地面积165.01万平方米，校舍建筑总面积66.18万平方米，固定资产总值13.56亿元，下设24个学院（教学部），新增草坪科学与工程、动物医学（5年制）2个专业，本科专业总数达到64个。学校有教职工1423人，专任教师1151人，其中高级职称人员556人。在国内外学术刊物发表论文1345篇，其中SCI论文391篇。新增马克思主义理论、化学、水利工程、软件工程、公共管理5个省级重点学科，总数达到18个。新增“食品科学与工程”1个一级学科博士学位授权点，“马克思主义理论、水利工程、软件工程”3个一级学科硕士学位授权点。录取研究生1008人。其中，博士研究生121人；硕士研究生887人。研究生初次就业率87.67%，较2018年提高14.83%。新增15个专业在本科一批次招生，使学校一批次招生专业达到40个，录取本科生4680人。2019届本科毕业生初次就业率87.84%，年底就业率94.98%，签约率、升学率分别提高4.67个百分点和2.19个百分点。招聘各级各类人员76人。

思想政治工作 制定《中共甘肃农业大学委员会基层党委（党总支）书记党建工作职责》《中共甘肃农业大学委员会党建工作重点任务责任清单》《中共甘肃农业大学委员会党支部建设标准化工作实施方案》等，为加强党组织建设提供制度保障。组织召开5次党建工作专题会议，对党建工作进行研究、安排和部署。认真落实党建任务，开展校内党建专项督查5次，通过听、问、看、查等方式对基层党委、党总支落实基层党组织制度、党建任务推进情况、党支部标准化建设情况及“三会一课”执行情况进行调研督查，促进各基层党组织党建任务的落实。成立中国共产党甘肃农业大学园林工程学院委员会和中国共产党甘肃农业大学甘肃省干旱生境作物学重点实验室总支部委员会。

制定《中共甘肃农业大学委员会关于学习贯彻落实党的十九届四中全会精神的意见》《关于深入学习宣传贯彻习近平总书记视察甘肃重要讲话和指示精神的安排》《关于深入学习宣传贯彻习近平总书记给全国涉农高校的书记校长和专家代表回信精神的安排意见》《甘肃农业大学党的十九届四中全会精神宣讲工作方案》《甘肃农业大学2019年党委理论学习中心组学习计划》，组织校党委理论学习中心组学习15次，进一步树牢“四个意识”，坚定“四个自信”，做到“两个维护”。

教学工作 制定《甘肃农业大学一流本科专业建设实施方案》，新立项生物技术、园艺、林学、食品科学与工程、农学5个校级一流本科专业建设项目。食品科学与工程、农学、动物科学、动物医学、林学、草业科学等6个专业入选国家一流本科专业建设点。制定《甘肃农业大学关于进一步深化本科教育改革提升人才培养质量的若干意见》。制定《甘肃农业大学混合课程建设管理办法（试行）》，把混合课程、慕课建设作为提升教学质量的突破口，全面提升学生学习效果。13门课程获批2019年引进和使用国内外优质在线开放课程。2个教学团队获批甘肃省教学团队。动物医学类实验教学示范中心获批省级实验教学示范中心。

科研工作 152项科研项目获得资助，到位科研经费9479.86万元。国家自然科学基金申报及立项数量创历史新高，46项课题获得资助，资助直接经费1804万元，获批数量和资助经费较上年分别增长15%和15.86%。授权专利145项。获全国农牧渔业丰收奖一等奖1项、二等奖1项，甘肃省科技进步奖二等奖7项、三等奖3项，自然科学奖二等奖1项，神农中华农业科技奖三等奖1项。获批2个省级科技创新平台。

学科建设与研究生工作 农业科学进入ESI学科排名全球前1%，植物和动物学科ESI全球前1%学科接近度大幅提升，18个一级学科入选省级重点学科。全面完成2018年学科建设项目绩效考核工作，进一步完善考核指标体系、评分标准，主客观评价相结合、校内外专家同评价，学科建设绩效逐年提高。召开学科建设工作推进会，围绕学科建设现状与成效、差距和问题、绩效评价、建议措施等方面进行深入讨论和分析，明确短板和重点任务，为进一步优化学科团队和平台建设管理机制奠定基础。启动学校"十四五"发展规划编制工作。

完成17个博士、硕士学位授权点的国家合格评估抽评工作，5个抽评学位点全部通过国家合格评估。中药学、林业2个专业学位授权类别通过教育部专项评估。全面修订硕、博士研究生培养方案，制定新增硕、博士学位授权点研究生培养方案和所有留学生招生学科的硕、博士研究生英文版培养方案。

师资队伍建设 不断完善从人才引进培养到管理服务的制度体系，制定《甘肃农业大学专业技术职务评审工作实施办法》《甘肃农业大学关于建立健全师德建设长效机制的实施办法》《甘肃农业大学非编制人员管理办法》等，做好人才培育制度的优化监管工作，推动学校人才队伍建设任务有效落实。新进各级各类人员76人，入选全国林业和草原系统教学名师1人、甘肃省领军人才第二层次1人、飞天学者7人、省级教学名师1人、青年教师成才奖2人、全国模范教师1人。

学生工作 制定和修订综合测评、学风建设等规章制度13项。重视辅导员队伍建设，先后选派50余名辅导员参加省内外主题研修班等专题培训，2名辅导员分获第八届全国辅导员素质能力大赛一等奖和三等奖，1名辅导员入围教育部"第十一届高校辅导员年度人物"。学校获得第三届甘肃省大学生军事训练营活动优秀组织单位、2019年度征兵工作先进单位。构建"一体两翼四主线"工作格局，举办"5·25大学生心理健康月""大学生朋辈心理互助主题活动月"，成功干预20起学生心理危机。进一步完善资助工作体系，严格按照国家相关政策，审批和发放近3000万元各类奖助金。

校团委获得"甘肃省五四红旗团委"称号，动物科学技术学院、理学院两个团支部获得"甘肃省五四红旗团支部"称号。召开学校纪念五四运动100周年暨共青团表彰大会。组织以"心怀甘农稼穑情，青春建功新时代"为主题的大学生暑期"三下乡"社会实践活动，161支社会实践团队奔赴省内外，广泛开展"筑梦乡村扶智行"脱贫攻坚等专项实践活动。

交流与合作 积极拓展国外合作渠道，与美国农业部农业研究所等6所高校、科研院所签署合作协议，开展科研合作，进行学术交流，举办国际学术会议2场。4名学生被国家留学基金委建设高水平大学公派研究生项目录取。1名学生被国家留学基金委摩尔多瓦互换奖学金项目录取。38名教师被确定为校派访问学者。2019年，招收留学生65人，在校留学生人数达到100人。其中，博士留学生35人；硕士留学生64人；语言生1人。制定《甘肃农业大学境外非政府组织活动管理办法》，进一步规范境外非政府组织在学校的活动。与北京林业大学、中国农科院作物研究所、中科院遗传发育所农业资源研究中心签署战略合作框架协议，拓展与高校、科研院所的交流合作平台。

办学条件 争取专项资金，扩大经费来源渠道，财政经费到账4亿余元。修订《甘肃农业大学校园网管理办法》，制定《甘肃农业大学通信资源管理办法》，校园网出口带宽由4G升级扩容至10G。完成校内10个应用系统的信息安全等级保护测评与备案工作。稳步推进后勤管理模式改革，完成学校家属区物业化管理，校园环境进一步提升。图书馆建设项目完成9层施工，超额完成年初计划。实验教学中心B栋(农业部科研基地)主体竣工。完成学校西出口268米铁艺围栏建设工程。建成桃李园等7个景园，对敦品路等6条主要道路进行翻新铺装，硬化和改造学生区及家属区部分活动场地。

社会服务 成立甘肃农业大学乡村振兴学院，举办"助力精准脱贫，服务乡村振兴"学术论坛，制定《甘肃农业大学服务甘肃省乡村振兴战略行动计划》，全面落实"4大工程16项计划"。依托学校5个省部级培训基地，实施"省一级干部教育培训"等省级重点培训项目，全年举办各类专题培训班31期次，培训农业干部人才2860余人。

(石万里)

【西北民族大学】 西北民族大学是中华人民共和国成立后创建的第

一所民族高等院校。隶属于国家民委，是国家民委与教育部、国家民委与甘肃省人民政府共建院校，是甘肃省高水平大学建设单位。学校具有学士、硕士、博士学位授予权，设有博士后科研流动站。建有2个校区、1所直属附属医院，设有28个教学单位、3个独立建制的科研机构。学校拥有各类图书401万余册、博物馆馆藏文物3381件，教学科研仪器设备总值约6亿元、固定资产总额约38亿元。

学校始终坚持立德树人根本任务，始终坚持为国家战略和少数民族、民族地区经济社会发展服务，始终坚持把为民族地区培养“下得去、用得上、留得下、靠得住、干得好”的专门人才作为使命自觉，已培养各类人才17万余人。学校学科门类齐全，特色鲜明，涵盖11个学科门类、72个本科专业；面向全国31个省、自治区、直辖市和香港特别行政区、澳门特别行政区、台湾地区招生。

思想政治工作 强化价值引领，推进习近平新时代中国特色社会主义思想“三进”，及时跟进学习宣传十九届四中全会和全国民族团结进步表彰大会精神，确保青年学生在习近平新时代中国特色社会主义思想指引下成长成才。培育践行核心价值观，贯彻落实新时代公民道德建设实施纲要，编演话剧《雨花台》、舞蹈诗《灯塔》；以铸牢中华民族共同体意识为主线，推进学生嵌入式居住，连续24年开展民族团结进步教育月活动；1名教师获全国民族团结进步模范个人称号、1个研究机构获全国民族团结进步教育基地和甘肃省民族团结进步模范集体称号。实施思政工作质量提升工程，推进课程思政建设，实施思政课集体备课制度，承办甘肃省高校形势与政策集体备课会，推进思政课同行评价全覆盖；评选思政创新项目27项，1名教师在“首届全国高校思政课教学展示活动”中获二等奖，“如是敦煌”入选教育部2020年思政培育项目。加强思政工作队伍建设，严格按中央要求选优配强思政课教师、辅导员等，推进思政队伍职业化专业化，2名教师分别获甘肃省辅导员年度人物、入围全国辅导员年度人物。强化意识形态阵地管理，校院签订意识形态、网络与信息安全责任书，严格落实意识形态工作责任制；召开防范化解学校重大风险推进会，完善意识形态管理制度；恢复学校派出所，确保学校和谐稳定。

学科建设 深入落实《一流学科建设实施方案》，推进音乐舞蹈、美术学等“艺术类”一流学科建设，将学校一流学科建设体系拓展为“民族学、中国语言文学、生物工程、计算机与民族信息技术和艺术类”5个一流学科建设体系，同时组建5个一流学科建设办公室，编制完成5个一流学科建设规划，出台《西北民族大学一流学科建设项目管理办法》。建立民族学、生物工程、计算机科学与技术3个学科建设台账，制定学校《“双一流”特色建设工程实施方案》，在“高水平提升计划”“一流学科冲击计划”上聚焦发力。与西南民族大学、甘肃农业大学签署战略合作框架协议，11名教师遴选为合作学校博士生导师。2019年西北民族大学一流学科排名位居校友会甘肃省第4位，较之前上升2位；学校中国语言文学学科排名位居全国前19%，由原来的排名C档进入到B档序列；一流学科建设推动学校踏上高质量发展的轨道。

教学工作 签署《国家民委、甘肃省政府共建共管西北民族大学直属附属医院的合作协议》，解决学校办学历史上一直想解决而未解决的问题，拓宽办学空间，为学校新时代医学教育注入新动力。推进实施《加快建设一流本科教育行动计划（2018—2022）》，完成2018版培养方案修订。18个专业列为校级一流本科专业，16个专业列为省级一流本科专业。深化校企合作，航空服务艺术与管理实训基地投入使用。获批教育试点改革专业1个、教改项目2项。学生参与创新创业竞赛40余次，获国际级奖12项、国家级奖25项、省级奖219项。

持续推进研究生教学项目立项，开展第14届“求知杯”研究生学术论文比赛，组织150余名研究生参与国内学术会议、短期访学、课程进修班等活动，提升研究生科研与实践创新能力。对博士学位授权点开展达标评估，金融硕士、工程硕士、艺术硕士通过甘肃省专项评估，完成电子信息、材料与化工2个工程硕士专业学位点对应调整工作。

招生工作 2019年本科招生6200名；预科招生392名；本科第一志愿录取5811名，第一志愿录取率93.4%，比上年增加1.4个百分点，录取台湾高中毕业生1人。学校录取的6593名本、预科新生中，少数民族考生4171名，占63.26%，涵盖49个民族成分。

2019年录取博士研究生41人（含5名骨干计划），硕士研究生618人（含66名骨干计划，5名退役士兵计划）。其中，学术型308名；专业学位310名。少数民族学生182人，占29.45%；第一志愿考生305人，占49.35%；调剂考生313人，占50.65%；应届本科毕业生321人，占51.94%；大学本科毕业生612人，占99.03%，同等学力考生6人，占0.97%。

科研工作 全年获批国家社科基金重大项目招标项目4项，获批数量在省内高校和委属院校中位居第一。获批国家社会科学基金冷门“绝学”和国别史研究专项3项。全年获省部级以上科研奖励35项，首次获得甘肃省专利奖，获奖数量为学校历史最高。全年承担各级各类项目401项，到账总经费约4189万元。出版包括三卷30册约2500万字的学术巨著《格萨尔文库》在内的论著62部，其中《格萨尔文库》在全国获得极大反响与好评，受到党和国家领导人的高度评价。学校与省属国资企业“丝绸之路信息港股份有限公司”共同组建成立“甘肃鸿智达网络技术股份有限公司”，扎实推动科研成果产业化。推动高级别平台建设，获批组建“丝绸之路信息港大数据研究中心”等，响应“一带一路”倡议。

《西北民族研究》获批国家社会科学基金优秀期刊，刊载的论文《中国民族学学科设置叙史与学科建设的思考——兼谈人类学的学科定位》被评为国家社科基金优秀文章；《西北民族大学学报》(人文社科汉文版)获批全国高校社科精品期刊，西北民族大学学报民族宗教栏目被评为全国高校社科期刊特色栏目，尤其是《西北民族大学学报(哲学社会科学版)》获得中国人民大学复印转载指数排名第九名的佳绩。

师资队伍 2019年，学校教师获评国家民委突出贡献专家奖1人、领军人才支持计划4人、民族问题研究中青年专家、教学名师、青年教学标兵各2人；入选中青年英才计划8人、创新团队支持计划1个。获批甘肃省省级创新创业教学团队1个；获评“2019年甘肃省高等学校教学名师”1人，获得“陇原青年创新创业人才项目”立项资助1人，88人享受“甘肃省高层次人才津贴”；完成甘肃省领军人才聘期考核和补选工作，1人考核优秀并晋升第一层次领军人才、3人新入选、7人续聘。

交流与合作 推进四川大学对口支援，在学科建设、双向挂职、学术交流、教师访学进修等方面取得积极成效。争取外来资金700万元，全年组织6个高级别文化艺术交流活动，坚持“请进来”与“走出去”相结合，签订4个校际合作协议，举办4次国际会议，学校外事及港澳台工作3次登上中央电视台。实现两个“最”，赴奥地利联合国总部演出百名民族师生赴澳门参加庆祝中华人民共和国成立70周年暨澳门特区回归20周年庆典系列活动。

综合改革 召开人事人才工作会议，出台学校《高层次人才引进办法》，实施“兰山学者”人才计划、青年教师学历提升工程等“6计划6工程”，引进各类高层次人才26人，努力解决人才外流、吸引人才困难的问题。推进教育教学改革，首次实现临床医学等20个专业列入甘、青、宁等省区本科第一批次招生，并按规定，提高医学类专业在甘招生比例；实施基于人工智能、大数据专业升级改造方案，启动智慧教室建设。推进“放管服”改革，推进智慧校园建设，发挥大数据服务发展、服务决策、服务落实作用，办公自动化取得实质性进展；依托互联网信息技术，调整考试组织等教学管理模式，进一步简化程序、优化服务，增强学院办学自主权；改变以往报账难、手续繁的问题，提升两校区师生满意度。

重大活动 全年举办28场大型学术会议、151场学术报告。3月29日，《格萨尔文库》出版发布及捐赠仪式在北京举办。全国政协副主席、国家民委主任巴特尔出席会议并讲话。4月12日，国家民委与甘肃省人民政府共建共管西北民族大学直属附属医院合作协议签署仪式在兰州举行。国家民委副主任陈改户、甘肃省人民政府副省长何伟出席签约仪式并讲话。6月19日，学校召开人事人才工作会议。7月1日，学校在两校区同时举行“不忘初心跟党走，牢记使命建新功”——庆祝中国共产党成立98周年升国旗仪式，党员师生重温入党誓词，学校在校校领导、两校区干部师生近2万人参加。9月3日，在中华人民共和国成立70周年和第35个教师节来临之际，甘肃省人民政府副省长张世珍，省委教育工委书记、省教育厅党组书记、厅长王海燕，省人民政府副秘书长贾宁一行莅临学校慰问教学一线教师。9月10日，学校召开庆祝2019年教师节暨表彰大会，隆重表彰近年来学校涌现出的先进典型，颁发“庆祝中华人民共和国成立70周年”纪念章，举行教师荣休仪式。9月30日，学校开展“我与祖国共奋进”主题活动。11月21日，学校与第九四〇医院签订合作发展协议。11月27日，学校举行建校70周年校庆动员大会。12月20日，甘肃省委常委、统战部部长马廷礼莅临学校作题为“党的十九届四中全会精神”的专题辅导报告等。

（刘　璇）

【兰州财经大学】 兰州财经大学是黄河上游甘青宁三省(区)唯一一所财经类普通高等学校。建有和平、段家滩两个校区，占地面积1732.99亩，校舍建筑面积73.01万平方米，校园绿化面积20.79万平方米，获得“甘肃省第一届文明校园”荣誉称号。2019年，全日制在校本科生17506人，硕士研究生1787人，博士研究生10人，继续教育学员4557人，留学生72人。教职员工1343人，其中专任教师1026人，具有教授、副教授职称教师567人，具有博士、硕士学位教师838人，引进项目博士20人、岗位博士267人。设有19个教学单位，11个校级科研机构，31个内设科研机构。建成省级人文社科重点研究基地3个、省级2011协同创新中心1个、省级重点实验室1个、省级科研平台1个。学校有甘肃省一流(特色)学科2个，省级重点学科10个，一级学科博士点1个，一级学科硕士点7个，硕士专业学位授权点10个。开设本科专业58个，有国家级特色专业建设点3个、省级特色专业建设点16个，甘肃省“一本”招生专业35个。省级教学名师6人、省级教学团队10个、省级精品课程31门。建成国家级实验教学示范中心1个、省级实验教学示范中心5个、国家级“大学生校外实践教育基地”1个，获得甘肃省教学成果一等奖4项。

思想政治教育 形成"1位书记抓、178名支部书记带、3901名党员做"的主题教育开展模式，邀请校外专家开展专题辅导报告30余场，中国教育报、甘肃日报、甘肃卫视先后宣传报道学校主题教育开展情况。加强理论研究阐释，在《甘肃日报》《党的建设》《中国教育报》等报刊上发表理论文章15篇。制定《"党建铸魂"工程实施方案》《进一步加强党支部建设的实施意见》，增设4个直属党支部，建成使用党员活动室26间，全年培训入党积极分子4726名，培训党员发展对象2200名，发展党员2136名，完成2019年全省防范化解重大经济金融风险专题研讨班的培训任务。召开学校党的建设和宣传思想工作会议，出台《思想政治工作质量提升工程实施方案》《深化新时代思想政治理论课改革创新的实施意见》，评选表彰6个思想政治工作先进集体和23个优秀思想政治工作者，完成独立学院党建和思想政治工作督查工作。

教育教学工作 2019年，全面启动创建一流财经教育行动计划。学校获批国家级一流本科专业建设点6个、省级一流本科专业建设点7个，新增"互联网金融"和"数据科学与大数据技术"2个专业，申报的"地理信息科学"和"智能科学与技术"2个专业获教育部备案审批；获得省级教学团队1个、省级教学名师1人、省级青年教师成才奖2人、甘肃省教学成果奖培育项目11项。制定《"课程思政"示范项目建设与管理办法》，立项建设"课程思政"示范项目20项，开展"思政课评价"特色专项工作，获批甘肃省第一批思想政治理论课名师工作室。立项建设校级在线开放课程17门，开设慕课选修课程50门。组织开展2019年教师课堂教学技能大赛、优秀教学奖和教学名师奖评选活动，评选校级教学名师1名、优秀教学奖获得者12名、青年教师成才奖3名。获准立项省级创新创业教学名师1人、创新创业教育慕课1门、创新创业教学改革项目3项、省级大学生创新创业训练计划项目27项，大学生就业创业能力提升工程项目3项。大数据模拟仿真实验中心获批省级实验教学示范中心，学校成为中国高校众创空间联盟首批成员单位。完成首届博士研究生的招生录取工作，录取博士研究生10人，录取硕士研究生665名。

学科建设与科研工作 通过博士学位授予单位建设核查，遴选博士研究生导师5人，修订完善统计学博士研究生培养方案，制定博士研究生学位授予标准；制定《关于推进一流特色学科建设的实施方案》，新增甘肃省重点学科6个。2019年，国家级项目立项12项。其中，国家社科基金项目10项；国家自然科学基金项目2项。立项教育部人文社科研究项目2项、全国统计科研项目2项、省社科规划项目23项、省高校科研项目27项。成立中国特色社会主义理论体系研究中心，联合天水师范学院、河西学院等省内高校和巴拉诺维奇国立大学等3所白俄罗斯大学联合成立白俄罗斯研究院，与北京大学联合举办兰州财经大学新结构经济学工作坊。承办第25届"兰洽会""一带一路"陆海贸易新通道与国家核心物流（兰州）枢纽建设论坛，举办全校性学术报告112场次。

学生管理服务 组织新进辅导员岗前培训和专兼职辅导员校内培训、赴兄弟院校和红色教育基地调研学习，两位辅导员获得第八届全国高校辅导员素质能力大赛（甘肃赛区）三等奖，学校获得"优秀组织奖"称号。组织"高雅艺术进校园"活动，举办"不忘初心，礼赞祖国"师生合唱比赛、书画摄影作品比赛、微电影作品比赛，开展"兰财讲堂"等校园文化活动。在甘肃省第四届大学生运动会上，学校代表队摘得金牌4枚、银牌6

7月5日上午，兰州财经大学承办的"一带一路"陆海贸易新通道与国家核心物流（兰州）枢纽建设论坛在兰州成功举办

校、铜牌5枚，全省高校排名第六，取得省级体育赛事最好成绩。持续加强招生预警系统建设，新增甘肃省“一本”招生专业11个；学生奖补资助金额2660余万元。

师资队伍建设 评聘教授8人，副教授5人，定职副教授10人，讲师27人，入选省级各类人才工程18人，遴选博士研究生导师5人。实施“三类引进、两项支持”计划，引进全职博士10人，聘任人才项目博士9人，新增岗位博士5人，岗位博士总量达到272人。支持23名教师和管理教辅岗位人员定向攻读博士学位，与14名考取博士研究生的本校优秀硕士毕业生签订毕业后返校工作协议。成立学校师德建设委员会，制定《兰州财经大学教师师德失范行为处理实施细则(试行)》《教师师德失范行为“负面清单”》，组织“深化师德师风建设培养造就新时代高素质教师队伍”专题网络培训，开展“立师德 铸师魂”开学第一讲教师教育活动。

合作交流 推进校际、校地合作与对口支援工作，与中央财经大学签署《研究生交流培养协议》，与兰州市城关区人民政府签署《全面战略合作协议》以及四项分项协议。搭建国际教育新平台，与俄罗斯圣彼得堡国立经济大学、马来西亚博特拉大学、韩国清州大学开展校际访问并签订合作协议。全年接待校际合作访问13批次、专家学者短期学术讲座9批次、各类境内外来访26批次，完成出访团组任务9批次，选派参加各类出国(境)学习交流或联合培养项目学生49名，招收留学生37人。

保障与服务 和平校区实验实训中心工程完工并投入使用，主供电源项目顺利完工，专家教师公寓主体工程建设顺利推进，接收新征教育用地18.56亩。完成段家滩校区图书馆改造、校园无线网络覆盖建设，图书馆智慧平台手机版上线运营。设立学校采购与招标管理中心，启用“报修服务”平台，完成校级维修改造项目24项。智能可视化安防工程完工，建成校园及周边无死角、全覆盖的“三位一体”平安校园安防系统。

（杜 霈）

【甘肃中医药大学】 2019年，学校本部设有21个教学机构、4个直属机构、3个科研机构，开设27个本科专业。有3个一级学科博士学位授权点，5个一级学科硕士学位授权点，5个一级学科硕士专业学位授权点，14个省部级重点学科，12个省医疗卫生重点学科，19门省级精品课程，5个省级实验教学示范中心，125个教学实践基地。全日制在校生15194人。其中，本科生11823人；专科生1866人；硕士研究生1306人；博士研究生96人；留学生103人。校本部教职工892人，其中专任教师758人，有双聘院士3人，博士研究生导师61人，硕士研究生导师448人，全国优秀教师3人，甘肃省名中医63人，甘肃省优秀专家11人，26人获“甘肃省青年教师成才奖”，23人入选甘肃省“333”“555”人才工程，7人入选甘肃省高校跨世纪学科带头人，16人被选拔为甘肃省领军人才，27人被选拔为甘肃省卫生厅领军人才。有4所直属附属医院，8所非直属附属医院。学校本部及和平校区占地面积15750亩，建筑面积146.33万平方米，固定资产总值5.30亿元。学校另有定西校区和设在甘南州卫校的藏医学院。

思想政治工作 加强各类人文社科类讲座管理，强化意识形态阵地管理。制定《2019国家宪法日暨宪法宣传周系列活动方案》，开展“12·4国家宪法日”、国家安全日、全省青少年税法宣传日等法制宣传教育主题活动和法制宣传进课堂活动，组织学生参加第四届全国学生“学宪法 讲宪法”甘肃省选拔赛。加强“课程思政”建设，举办“经典医籍诵唱”“青年说中医”等经典文化活动，开展南梁精神进校园、敦煌文化进校园专题讲座、第二届马克思主义经典诵读等活动，推进社会主义核心价值观进教材、进课堂、进头脑，引导全体学生牢固树立正确的国家观、民族观、历史观、文化观、宗教观，更加自觉地爱党、爱国、爱社会主义。

机构改革 新设置机构含校本部党政管理机构17个、纪检监察机构2个、群团机构2个、教学机构21个、研究机构1个、公共服务机构8个、特设及派驻机构2个，定西校区管理机构及教学机构10个、附属单位2个，调整任用处级干部104人次，科级干部人86人次。

教学工作 制定《振兴本科教育实施方案(2019—2023)》，召开新时代本科教育建设研讨会，修订本科专业人才培养方案，修订和完善各级各类本科教学相关制度99项。推进教学质量工程建设，健全教学质量监控及反馈机制，新增2个省级教学团队、1个省级实验教学示范中心。建立专业动态调整机制，实行专业预警和退出机制，实施专业、学科、课程负责人制度，确定11个专业为校级一流本科专业建设点，推荐7个专业为省级一流本科专业建设点，推荐6个专业为国家级一流专业建设点，推荐3个专业申报国家“双万计划”，新增中医骨伤科学、助产学2个本科专业。形成“3平台＋9模块+X课程群”课程体系，开放近80门网络选修课程，7门优质在线开放课程获评甘肃省高等学校引进和使用优质在线开放课程。在校内和各研究生培养基地建立博导工作室，成人教育和留学生教育实现网络信息平台授课与面授相结合的教学模式。

科研工作 成立甘肃省中医药研究中心和甘肃省临床医学研究中心，启动陇药产业创新研究院建设项目。改造建设敦煌医学转化与应用教育部重点实验室、修缮药学类实验楼，推进甘肃中医药文化传承发展研究智库和甘肃省中医药发展政策研究智库建设，获批各类科研项目、平台、学科经费1918.7万元。制定和完善《科研管理费使用办法(修订)》等5项制度，组织推荐17个计划类别323项科研项目，立项纵向项目106项，经费1473万元，横向项目14项，经费90.7万元。各级各类科研项目结题验收79项。组织推荐申报各级各类科技、社科奖参评项目11项，获奖5项。发表科研学术论文604篇，论著20本。3个一级学科获批省级重点学科，完成《统筹推进双一流(特色优势)学科建设实施方案》，推荐3人申报国务院学位委员会第八届学科评议组成员。对各一级学科开启预评估下达省、校级重点学科建设经费335万元。

师资队伍建设 通过在编招考和聘用制人员招聘方式公开招聘录取73人。其中，博士5人；硕士24人；聘用制人员44人。聘任外籍名誉院长1人、客座教授2人，赴清华、北大招聘高层次人才两批次。取消外语、计算机作为职称评审的限制性条件，将职称评审的审核和推荐环节下放到各二级学院。聘任校内副教授2人，完成新进、晋升人员99人岗位聘用。推荐甘肃省教学名师1人并获评，推荐青年教师成才奖2人并获评，推荐张士卿全国中医药传承贡献奖获评，推荐3名教师入选青年骨干教师访问学者，中西部高校新入职教师国培示范项目参培学员2人。

学生工作 严格教师每日值班制度及每周日学生晚点名制度，加强学生日常管理。开展多形式辅导员业务培训，组织选拔优秀学生干部挂职团委副书记，组织校院两级专兼职团干部开展“我和祖国共奋进”团干思想引领宣讲活动。开展学生学术科技活动，其中1个项目获得国家级立项，5个项目获得省级立项，2个项目获得教育厅立项。团员青年参加志愿活动391次、4074人次。暑期社会实践参与者5123人次。招收本科生2855人，硕士研究生555人，博士研究生35人，留学生23人，专科生650人。毕业学生本科1843人，硕士研究生283人，博士研究生11人，本科毕业生就业率88.48%，硕士研究生就业率84.45%。

基础建设 完善优化和平校区，完成一期工程17栋单体建筑以及相关基础配套设施的单体竣工验收，推进各单体和校区整体的消防专项竣工验收、人防专项竣工验收、工程总体竣工验收备案和竣工决算审计，开展1-4#教学楼、行政楼、师生活动中心、1-5#学生宿舍楼、1#食堂、体育馆等单体建筑的质保期维修整改工作，开展各单体周边、校区内道路(人行道)、室外管网、室外景观绿化等工程塌陷的维修整改。一期遗留工程图书馆项目完成外幕墙外立面、建筑安装工程、消防管道安装、室内装修地坪等工程内容，完成二期部分工程(2号食堂、游泳馆、国际教育学院)建设工程规划许可证办理、初步设计审查及施工图审查。制定《甘肃中医药大学和平校区造价咨询机构管理办法》《甘肃中医药大学和平校区招标代理机构管理办法》，完成甘肃中医药大学和平校区招标代理机构备选库、造价咨询架构备选库的入库遴选。

交流合作 深化与上海中医药大学全方位合作。派出13个团组52人次专业教师赴澳大利亚、捷克、希腊、意大利、德国、俄罗斯、白俄罗斯、乌克兰、阿塞拜疆等国开展国际学术交流活动，接待澳大利亚悉尼大学、菲律宾女子大学、马来西亚、法国等国(境)外来访交流团组30余人次。选派专业教师赴吉尔吉斯斯坦“岐黄中医学院”开展第五期中医针灸高级培训班，选派5名中医药专家赴乌克兰“岐黄中医学院”开展中医药健康文化传播活动及中医针灸适宜技术培训活动，共计培训学员85名。选派1名专家赴莫斯科开展“针灸治疗神经科疾病”的学术交流和俄罗斯医疗制度中医药壁垒状况调查，选派2名专家赴阿塞拜疆国立医科大学开展为期两周的中医药教育培训，培训来自阿塞拜疆国立医科大学附属医院、国家医院和当地中医药从业人员共计50人，完成课程授课96学时，并诊疗当地患者90余人次。邀请友好高校乌克兰巴卡莫列茨国立医科大学副校长丽玛·斯科尔卢科教授一行参加第二届中国(甘肃)中医药产业博览会。选派10名师生分别赴香港大学、香港浸会医院和台湾辅英科技大学进行为期1周和15天的学习交流。

社会服务 承办世界中联第二届非物质文化遗产高峰论坛，主办“李少波诞辰110周年纪念暨养生文化真气运行学术研讨会”，协办第二届中国(甘肃)中医药产业博览会中医药新政策新标准新技术新产品论

8月22日—24日，在甘肃陇西召开的第二届中国(甘肃)中医药产业博览会

坛和“一带一路”上的中医药论坛，参加甘肃中医药文化展示。举办第三和第四附属医院挂牌仪式。第二附属医院派出10余名医护人员完成吉尔吉斯斯坦中医药中心和巴西基地以及其他境外医疗工作，接诊1200人次，派出13个团组52人次专业教师赴澳大利亚等9个国家和地区开展国际学术交流活动。

增派13名干部到宕昌县八力镇驻村开展扶贫攻坚工作，多次选派专家到扶贫车间及田间地头进行技术辅导。自筹资金40万元、争取项目资金近80万元推动富民合作社、脱贫工厂建设。联合兰州兰雅集团为八力镇贫困群众捐赠价值4万余元的御寒衣物，协调资金6万元帮助解决宕昌县6个帮扶村“巾帼家美积分超市”资金缺口问题。组织科学公关，解决“归灵养生液”制作工艺落后问题。在宕昌县召开道地药材生态种植助力脱贫攻坚研讨会，与12家企业、9家合作社签订协议，签约中药材及产品4000余吨。派出教师和实习教师10名到八力镇9年制学校支教，组织两支社会实践小分队开展大学生“三下乡”活动。将中药栽培鉴定专业研究生的实习教学基地调整到八力镇，为药农种植进行科学服务。投入资金60余万元在八力镇卫生院建成远程会诊中心，解决偏远贫困地区“看病难”问题。第二附属医院派出5人赴藏区支援碌曲县人民医院，3人赴永靖县人民医院开展支援工作，4人赴康县中医院进行支援工作，4人支援临洮县中医院，完成8轮碌曲县入户及4轮永靖县入户工作，使建档立卡贫困户签约管理率达99%。第三附属医院全面开展对宕昌县中医院对口帮扶工作。组织6批义诊团队到八力镇卫生院开展义诊活动，诊治患者1000余人次，赴康乐、临洮、渭源、榆中、宕昌、礼县、环县、漳县等县乡开展健康扶贫义诊活动60余次。

（陈晓强）

【甘肃政法大学】 甘肃政法大学是甘肃省博士学位授予立项建设单位，国家首批西部基层卓越法律人才教育培养基地院校，第二批全国高校实践育人创新创业教育基地，国家级大学生校外实践教育基地，教育部共建的青少年法制教育中心，全国政法院校“立格联盟”成员。2019年6月10日，经教育部同意，学校名称由甘肃政法学院更名为甘肃政法大学。2019年，学院设有13个二级学院，开设35个本科专业。有一级学科硕士学位授权点3个，二级学科硕士学位授权点21个，国家级特色专业建设点3个，国家级法学应用型人才培养模式创新试验区建设项目1个，省级重点学科（一级）9个。在校学生10993人。其中，研究生1030人；普通本科生9963人。有教职工817人，其中专任教师总数615人，有正高级职称142人，副高级职称290人。专任教师中享受国务院特殊津贴专家3人，全国优秀教师2人，入选教育部“新世纪优秀人才支持计划”3人，教育部高等学校教学指导委员会委员4人，甘肃省领军人才5人，甘肃省优秀专家2人，甘肃省“飞天学者”15人，甘肃省“555”创新人才13人，“甘肃省园丁奖”9人，陇原师德先进个人1人。学校3个校区占地面积1066.58亩，建筑面积70.16万平方米，固定资产总值4.53亿元。

思想政治工作 制定《甘肃政法大学关于加强学校领导班子政治建设的规定》，坚持和加强党的全面领导，自觉同党的政治路线对标对表、及时校准偏差，从组织上、制度上保证党对一切工作的领导。组织校党委理论中心组学习16次，组织交流发言20余人次，编印、配发《新中国发展面对面》《习近平新时代中国特色社会主义思想学习纲要》《〈中共中央关于坚持和完善中国特色社会主义制度、推进国家治理体系和治理能力现代化若干重大问题的决定〉辅导读本》等学习资料800余册。开展师生思想政治、理想信念和社会主义核心价值体系教育，将思想政治工作贯穿育人始终。基本配齐专职思想政治理论课教师和专职辅导员队伍，达到教育部队伍配备标准。选派15名思想政治理论课教师参加有关培训，选派5名思政工作骨干参加全省高校网络舆情联络员骨干培训班。发挥思想政治理论课的主渠道作用，协调推进思想政治理论课教学改革；协调相关部门落实校领导、各学院领导上思政课制度，组织形势与政策讲座100余场，进行形势与政策课专职兼职教师定时系列示范教学直播，及时准确向师生传递党中央的声音。引导广大青年学生开展习近平新时代中国特色社会主义思想的学习，设多个会场分批次组织师生观看大型纪录影片《厉害了，我的国》，不断加强学生理想信念教育和监督“四个自信”。

8月16日，武威市人民政府 甘肃政法大学签订法治建设战略合作框架协议现场

制定《甘肃政法大学网络运行与管理办法》，加强网络意识形态主导权和话语权。举办"甘肃政法大学庆祝中华人民共和国成立70周年"主题书画展，组织师生参加"庆祝中华人民共和国成立70周年——第十三届全国美展甘肃美术作品选拔展"和"庆祝中华人民共和国成立70周年——第十三届全国美术作品展"；组织学校党外代表人士赴重庆开展"弘扬爱国奋斗精神、建功立业新时代"主题教育培训；组织师生党员参加"庆祝中华人民共和国成立七十周年，黄河之滨也很美"保护黄河主题党日活动。深入开展师生思想政治教育、理想信念教育、社会主义核心价值体系教育，并将其贯穿学习始终。

教学工作 9项教学成果培育项目获省级教学成果培育项目立项。11月，召开学校新时代本科教育工作会议，印发执行《甘肃政法大学一流本科教育行动计划》《甘肃政法大学课堂教学改革实施方案》。在实施"走出去"培训的同时，持续采取"请进来"培训的方式，委托复旦大学于1月中旬对首批50名课程思政骨干教师进行综合素质能力提升培训，委托清华大学、四川大学为骨干教师和教学管理干部量身定做3期培训班。特邀湖北大学党委书记尚钢教授、四川大学张露露教授、陕西师范大学何聚厚教授分别为全校师生及管理干部做专题报告，举办集体备课、教学方法研讨、教学经验交流、教学档案规范等专题教研活动；举办教师教学能力提升讲座，营造良好的学习交流环境；发挥教学经验丰富教师的示范引领作用，做好"传、帮、带"，注重对课堂教学效果不佳、教学基本功不扎实的年轻教师进行有针对性地帮扶。严格标准，完成首批"课程思政"示范课中期检查，稳步推进"课程思政"育人大格局。对遴选出的60门课程、166名教师组成课程团队，以教改项目立项建设的形式，开展课程思政示范课中期检查，根据不同专业人才培养目标和特点，合理融入思政教育内容，打造一批课程思政示范课堂，选树一批课程思政优秀教师，推出一批育人效果显著的精品专业课程，构建学校专业课教学与思想政治理论课教学紧密结合、同向同行的育人格局。继续实施与中国政法大学对口支援项目，加大本科生交流培养工作力度，10名本科生完成交流学习，另有10名本科生，前往中国政法大学进行为期一年的交流学习。

科研工作 2019年，学校获批立项各级各类科研项目75项（不包括甘肃省科技厅项目和校级项目），资助经费562.55万元。其中，纵向科研立项51项，资助经费233.3万元，学校配套资助经费232.65万元；横向科研立项24项，资助经费84.1万元，配套经费12.5万元。发表学术论文244篇，其中C1类以上学术论文46篇，占比17.62%；C2类以上学术论文47篇，占比36.48%；出版学术著作16部。《〈信息安全导论〉精品课程建设》《基于哲寻公共管理实训平台的〈电子政务〉课程混合式教学改革研究》《公共管理互动创新实验室建设项目》《西北地区应用型本科人力资源管理专业师资培训项目研究》等4个项目获批教育部产学合作协同育人项目。

师资队伍建设 通过公开招聘方式引进博士研究生11人、硕士研究生20人、紧缺专业教师3人，通过人事调动方式引进博士研究生3人、高级职称教师2人、普通教师4人，通过签订全职聘用合同方式柔性引进博士研究生105人。省委编办为学校增加事业编制85名，省人社厅为学校增加管理岗位17个、专业技术岗位68个，其中专业技术高级岗位44个。强化意识形态建设和师德师风建设，确保教师队伍健康发展，开展优秀教师选树宣传活动，综合运用广播、电视、报纸、杂志等传统媒体以及校园网、博客、微信、微博等新型网络媒介，充分发挥典型引领示范和辐射带动作用；落实师德师风作为评价教师队伍素质的第一标准，实行教师职称评聘、推优评先、表彰奖励、师德师风"一票否决"，充分发挥师德考核对教师行为的约束和提醒作用。抓好人才分类培育，构建完备的人才梯次结构，选派17名教师赴国外进修访学，选派3名青年骨干教师作为访问学者进入华东政法、北京大学、中国人民大学参加为期一年的国内访问，选派4名教师赴省内、省外其他高校进行为期6—12个月的单科进修培训及访问学者；扶持5名教师考取对口支援博士研究生，9名教职工考取在职博士研究生，8名教职工取得博士学历学位证书。

学生工作 11月22日—24日，学校举办第二届全国法学院系"法成杯"法律专题辩论赛，参赛院校30所，31支代表队。学校男子足球队代表甘肃省参加由教育部主办的2018—2019全国校园足球联赛大学生男子高水平组冠军联赛北区决赛，以北区决赛前六名的优异成绩进军全国总决赛，进入全国高水平专业组16强，创甘肃省历史最好成绩。在2019—2020全国青少年校园足球联赛（甘肃赛区大学组）中，学校男子足球队获大学超级组冠军。女子足球队以全胜战绩勇夺首届甘肃省女子校园足球联赛大学组冠军。学校"七彩丝带"志愿服务项目，在中央宣传部、中央文明办等单位组织开展的全国学雷锋志愿服务"四个100"宣传推选活动中，获"全国最佳志愿服务项目"称号。学校"讲文明，树新风，智慧普法助力脱贫攻坚"暑期社会实践队在团中央2019年全国大中专学生暑期"三下乡"社会实践活动中获得"优秀实践团队"称号。2019年共招生2464人，毕业生2653人。举办3场大型校园双选会及300余场专场招聘会，赴新疆乌鲁木齐市、吐鲁番市、喀什地区、阿勒泰地区等地开拓就业市场，普通本专科毕业生一次就业率72.37%。

合作交流 成功举办第二届“丝绸之路沿线国家法治合作高端论坛”、第一届法律与科技国际学术会议、第九届中国法律英语教学与测试国际研讨会等高规格国际会议。讲好中国故事，积极拓展与国(境)外青年文化交流，9月1日，澳门青年志愿者协会一行来学校开展座谈交流活动；10月21日，与日本静冈县国立大学师生调研团就“幸福是什么”展开交流讨论。组团出访研修，强力促进学科建设，选派重点学科骨干教师15人，赴新加坡南洋理工大学访学研修30天，实现规模化国(境)外访学研修零突破。国际学生从2017年的2个国家扩增到15个国家。成功举办第六届密码与安全前瞻性论坛、第七届“全国司法文明博士生博士后论坛”、第十届监狱学论坛“新中国监狱理论与实践回顾与展望”研讨会、第五届“陇籍法学家”论坛等高层次学术会议。

基础设施建设 完成学生食堂改造工作，达到明厨亮灶、设计规范、设置合理的目标。兰州新区新校区建设项目一期(第一批)5栋单体建筑完成结构主体验收，全面进入设备安装及装饰装修施工阶段。本部教学综合实训体建设项目2#楼、3#楼顺利实现结构主体封顶。教职工公寓北区5#楼完成结构主体验收和室内大部分安装和装饰工程。教职工公寓建设项目(北区6#楼及幼儿园)进入全面实施阶段，完成项目规划调整、设计深化和招标投标工作。“锅炉供暖分时分区”项目完成并投入运行。档案工作上新台阶，获批为甘肃省档案工作规范化管理省特级单位。

社会服务 2019年，学校智库建设取得突破，陈君武教授受聘公安部治安系统法制专家；史玉成、俞金香两位教授受聘为甘肃省人民政府法律顾问；刘晓霞教授、法学院杨红教授受聘为甘肃省人民检察院民事行政诉讼监督案件咨询专家。史玉成教授领衔起草修订的《甘肃省环境保护条例》正式通过即将施行；俞金香教授领衔起草的《贵州省环境保护条例》于2019年8月1日正式实施；任文启教授团队领衔起草的《甘肃省中长期青年发展规划(2018—2025年)》发布；马进教授撰写的《关于建立培黎职业大学建议的报告》得到甘肃省委书记林铎同志明确批示并被采纳。与武威市人民政府签订法治建设战略合作框架协议，与省高级人民法院合作共建“环境司法理论研究与实践基地”签约并举行“环境司法理论研究基地”揭牌仪式。司法鉴定中心正式受理的案件1236件，出具司法鉴定意见书990件。

(蔺亚辉)

【兰州城市学院】 学校现有校本部、培黎校区、东校区三个校区，占地面积50.54万平方米，校舍建筑面积44.97万平方米。固定资产总值7.13亿元，其中教学科研仪器设备值1.68亿元。馆藏纸质文献117.58万册，电子图书100万册，电子资源数据库29个，馆舍面积2.89万平方米。学校有教职工1176人。其中，教授117人；副教授298人；博士165人；享受国务院政府特殊津贴专家2人；甘肃省领军人才5人；教育部“新世纪优秀人才支持计划”入选2人；全国优秀教师2人；全国师德标兵1人；全国高校优秀辅导员1人；甘肃省优秀专家3人；甘肃省“园丁奖”获得者10人；省级教学名师5人；省级创新创业教学名师2人。本科专业57个，涵盖工学、理学、经济学、管理学、法学、教育学、文学、历史学、艺术学9个学科门类。拥有教育部“本科教学工程”地方高校第一批本科专业综合改革试点专业1个，教育部本科专业课程教学试点项目1个，省级特色专业8个、省级重点学科5个、省级工程研究中心2个，高校省级重点实验室2个、高校省级人文社会科学重点研究基地3个、高校省级新型智库1个。设有18个二级学院和甘肃省城市发展研究院、甘肃文化翻译中心、路易·艾黎研究中心等23个研究院(所)。全日制在校生13500余人。

教学教研 数学与应用数学等10个专业被确定为省级一流本科专业建设点，申报航空服务艺术与管理、音乐表演、地理信息科学3个本科专业，申请将数据科学与大数据技术专业学位授予门类由理学调整为工学、城乡规划专业修业年限由4年调整为5年。各专业提交初审课程说明1599门。其中，1462门课程说明认定为第三类课程说明；28门课程说明审核认定为第二类课程说明；38门课程说明审核认定为第一类课程说明。省教育厅创新创业教学改革研究项目1个，创新创业教育试点改革专业1个，省级教学名师2名、教学团队1个、实验教学示范中心1个、教学成果培育项目10项。“地方本科院校专业集群化建设的探索与实践”等11个项目获批省级教学成果培育项目，“常微分方程课程教学团队”获批省级教学团队，“融合传媒技术实验教学中心”获批省级实验教学示范中心，赵廷刚、李兰芳2位教师获得省级教学名师称号，“通信工程”专业获批省级创新创业教育试点改革专业，“基于CDIO理念的专创融合项目化教学改革研究与实践——以油气专业为例”入选省级创新创业教学改革研究项目，《大学生职业发展和就业指导》等15门课程入选“2019年甘肃省高等学校引进和使用国内外优质在线开放课程”“乙酸乙酯合成条件探索实验”获甘肃省2019年度虚拟仿真实验教学项目。

组织参与全国大学生数学建模竞赛、全国大学生数学竞赛、“外研社杯”大学生英语挑战赛、第三届甘肃省大学生物理实验竞赛、第十届蓝桥杯全国软件和信息技术专业人才大赛、甘肃省大学生化学知识竞赛、2019年"西门子杯"中国智能挑战赛等比赛。获得2019年全国大学生数学建模竞赛甘肃赛区本科组特等奖1项、一等奖1项、二等奖3项；全国大学数学竞赛甘肃赛区专业组一等奖16项、二等奖13项、三等奖25项，非数学专业一等奖1项、三等奖2项；第三届甘肃省大学生物理实验竞赛特等奖1项、一等奖1项、二等奖2项、三等奖1项；第三届甘肃省大学生物理实验竞赛团体一等奖并获批为优秀组织单位等。

科学研究 获批准立项各级各类科研项目168项，资助总经费1256.972万元，实际到账经费1298.666万元。纵向科研项目106项，资助总经费507.2万元。其中，国家级科研项目7项，资助经费196万元；省部级科研项目35项，资助经费257万元；地(厅)级科研项目64项，资助经费54.2万元。签订各类横向科研合同62项，合同金额749.772万元。国家自然科学基金项目3项，资助经费106万元；国家社科基金项目4项，资助经费90万元；教育部人文社科基金项目3项，资助经费56万元；中国科学院"西部青年学者"项目1项，国家民委民族研究青年项目2项，全国科学技术名词审定委员会"十三五"科研规划项目，甘肃省委组织部重点人才项目，教育部重点实验室开放基金项目，甘肃省社科规划项目20项，甘肃省高等学校科研项目18项；甘肃省教育科学"十三五"规划课题11项，甘肃省体育局体育社会科学研究项目11项；兰州市社科规划项目12项。其中，国家社会科学基金冷门"绝学"和国别史研究项目以及"十三五"规划教育学项目均实现零的突破。获得省部级科研成果奖励13项，包含甘肃省第十五次哲学社会科学优秀成果奖12项(1等奖1项，为校首次获得)，甘肃省技术发明奖1项(为兰州城市学院首次获得)。授权专利35项。其中，发明专利2项；实用新型专利33项。

学科建设 4月，教育学、体育学、中国语言文学、石油与天然气工程和环境科学与工程5个学科获批省级重点学科。加强省级重点学科建设和科研创新团队建设，根据学校制定的对口支援协议实施方案，持续对"城市发展""环境生态""语言文学""学前教育"4个学科投入建设资金250余万元，在华东师大专家团队带领下，从学科建设、学科团队、研究方向、科研成果、师资配置等方面全方位加强重点学科建设。对已立项的申硕学科严格对照申硕建设目标，逐项分解目标任务到相关学院、单位、学科和个人，扎实推进各项基础性工作建设，每月召开1次专题申硕工作推进会，利用华东师大对口支援开展申硕学科建设，加大人才引进力度，提升人才结构。年底，生师比为18.89:1，生均经费收入3.19万元，专任教师博士占比23.59%、硕士以上占比82.90%，各项指标均基本达到国家申报条件。

师资队伍建设 制定《关于进一步加强和改进师德师风建设的意见》《师德师风建设长效机制实施办法》等制度，开展师德师风考评工作，实行师德师风一票否决制。发挥职称评审导向作用，制定教师系列高级专业技术职务任职资格评价标准、实施办法，自主完成7名教师高级职称评聘，77名转正定级、6名中级专业技术人员职称评聘、91名各类人员工资审批进档兑现工作。坚持内培外引两手抓，全年新入选甘肃省领军人才1人，引进国家"万人计划教学名师"1人，柔性引进一流专家6人，引进博士28人，考取博士19人，博士后进站3名，截至年底，博士学位教师占比23.6%。积极利用兰州市人才公寓提供的便利条件，为学校引进的高层次人才解决住宿问题，19名博士顺利入驻兰州市人才公寓，先后兑现各类人才住房补贴、科研基金等待遇1000余万元。

团学工作 督促各学院开展帮扶工作，帮扶人数由上年入库前的1196人下降到679人，出库人数比例为43.23%。建立健全资助体系，完成5344名家庭经济困难学生的认定与资金发放工作，受助金额1425.93万元。评审国家奖学金获得者27人，奖励资金21.6万元；评审国家励志奖学金获得者456人，奖励资金228万元；评审学校奖学金获得者1890名，奖励

9月21日，由共青团甘肃省委、省委网信办主办，兰州城市学院承办的庆祝中华人民共和国成立70周年"我与祖国共奋进"暨2019年甘肃省网络安全宣传周青少年日活动启动仪式

资金309.9万元；评审单项奖学金获得者562名，奖励资金26.5333万元。邀请全国知名专家教育部高校社科中心主任、博士生导师王炳林教授，华东师范大学党委学生工作部部长余佳教授做专题报告，进一步提高全体学工人员的科学决策能力、贯彻执行能力、综合协调能力、组织管理能力、开拓创新能力和学习实践能力。聚焦青年学生需求，开展各级各类团学活动。全年立项支持校院两级特色校园文化活动44项，支持经费16.265万元，活动人数9000余人次。立项支持学生创新创业项目165项，支持经费33.9万元。支持学生成果转化，发表论文42篇，获得实用新型专利12项，计算机软件著作权5项。6个项目获批国家级大学生创新创业训练计划项目，19个项目获批甘肃省大学生创新创业训练计划项目。1个项目获得第十六届“挑战杯”全国大学生课外学术科技竞赛三等奖，实现兰州城市学院在该赛事上奖项零的突破；组织学生参加首届“甘青宁”高校创新创业大赛，获优秀组织奖，二等奖3项、三等奖3项；组织学生参加第五届中国“互联网+”大学生创新创业大赛甘肃赛区选拔赛，获省级银奖2项、铜奖2项；组织学生参加第九届全国大学生电子商务“创新、创意及创业”挑战赛甘肃赛区赛事，获省级二等奖4项、三等奖2项、优秀奖8项。“艾创”众创空间获批省级众创空间和市级创业就业孵化示范基地（园区），争取资金30万元。“萤火虫”儿童家庭性教育项目获得2019年甘肃省第二届学雷锋志愿服务“四个十佳”先进典型最佳志愿服务项目。在甘肃省第二届青年志愿服务项目大赛中，获得2金6银的优异成绩。1个基层团委被授予“甘肃省五四红旗团委”荣誉称号，2个基层团支部获得“甘肃省五四红旗团支部”荣誉称号，2名团支部书记获得“甘肃省优秀共青团干部”称号，学校获得2019年全国大中专学生志愿者暑期“三下乡”社会实践优秀单位荣誉称号。

合作与交流 2019年，新西兰驻华大使、罗马尼亚议长、塞浦路斯欧洲大学校长等政府代表团、教育代表团访问兰州城市学院。承办丝路文化交流活动。组织开展甘肃省高校与台湾昆山科技大学交流合作五年规划之2019“昆山学子牵手陇原行”参访活动。引进长期外籍专家及短期来自美国、英国3名教授任教，其中3名短期外国专家与美术与设计学院教师一起致力于甘肃陶土研究。选派师生代表中国和甘肃省参加罗马尼亚国际民间艺术节展演。全年办理因公临时出国（境）教职工及学生43人次，开展3次教职工因公（私）出国（境）行前安全培训。完成独联体国家互换奖学金项目学生2人次、与俄罗斯奔萨国立大学联合培养国际经济学硕士研究生18人次、与塞浦路斯欧洲大学联合培养幼儿教育硕士研究生3人次，以及开展与新西兰Ara坎特伯雷理工学院暑期游学项目、与美国加州州立理工大学交换学期项目、与美国福特海斯州立大学“2+2”留学项目等相关工作。

（马晓娟）

【甘肃广播电视大学】 2019年，全省电大设有省校1所、分校17所、直属开放教育学院1所、直属工作站（教学点）8所，分校（含开放教育学院）下设县级工作站（教学点）93所。开设开放教育本科（专科起点）专业26个，开放教育专科专业37个，“新兴产业工人培养和发展助力计划”试点专业12个，开放教育“一村一名大学生计划”专科专业9个，成人大专（高职）专业39个，中职中专专业22个。开放教育在籍生77479人，成人专科（高职）在校生5858人，中专（中职）在校生4370人。全省电大教职工3058人，其中专任教师2505人，专任教师中具有高级职称的771人，具有硕士、博士学位的168人。省校教职工200人，其中专任教师130人，专任教师中具有高级职称的61人，具有硕士、博士学位的82人。省校聘请校外教师47人。省校产权校区占地面积4909.8平方米，产权校舍建筑面积54707.46平方米，固定资产总值23596.4万元。

事业发展 兰州航空工业职工大学整体移交方案获甘肃省人民政府2019年第64次常务会议审议通过。成立兰航职大移交工作小组，整体移交工作有序推进。推进甘肃开

11月16日，兰州航空工业职工大学（兰州航空工业技工学校）移交地方管理协议书签字仪式

放大学建设，两个共享专业通过国家开放大学验收，5个拟建专业完成人才培养方案和可行性论证报告的制定。推进学分银行建设，向教育厅报送《甘肃省终身教育学分银行建设项目书》，全年为参加社区教育培训学习的572名学员建立学分银行账户，为5000余名电大系统在籍学生开展学习成果存储工作。构建质量保证体系，成立第一届质量监控与评估委员会，修订分校(站)质量因子考核办法，发布《甘肃广播电视大学2018年度教学质量报告》。成功举办甘肃广播电视大学推进开放大学建设暨纪念建校40周年大会及系列活动。

管理机制 完善学校管理制度，推进学校治理体系和治理能力现代化。修订16项内控制度、新制定21项内控制度，编印《内控制度汇编》和《内控操作手册(2019版)》，建立健全既符合国家和甘肃省各项法规又能满足学校内部管理要求的内控操作体系。成立预算编制委员会，以预算编制为突破点推进预算管理规范化。开展集中整治“三类”突出问题专项审计、部分处级领导干部任期经济责任审计，新校区一期工程跟踪审计、以及校内修缮工程结算审计等。加强对重点领域和关键环节的监管，对涉及“三重一大”决策职权运行的核心程序、议事规则和工作规则中的关键节点，特别是干部选用、教职工招聘、专业技术职务评审、财务管理、科研经费、招标采购、基建修缮、招生考试等以及履行日常业务时存在较高廉政风险的关键节点，强化监督检查，确保无违规违纪问题的发生。

学历教育 学校坚持发展不动摇，着力调整办学结构，努力拓展办学领域，通过规范招生环节、创新宣传思路、拓宽招生渠道等办法，完成全年招生任务。2019年，开放教育招生22882人，同比上年增长16.08%。中职招生1493人；成人高职招生2838人。全年向社会输送各类毕业生19170人。

非学历教育 举办各类培训项目30余个，培训5.5万余人次，其中甘肃干部网络学院培训5.1万余人次。开展各类社会化考试44项5.5万余人次。推动社区教育，扩大教育供给，拓展培训项目，开设11个培训课程项目，组建24个班级，在籍培训学员1000人。

教学改革 全力推进“六网融通”人才培养模式改革，逐步扩大网络考核改革试点范围，推进数字化题库建设，利用省开课程考核平台为学生提供预约考试、随学随考等个性化学习评价服务。探索基于云教室教学模式。进一步深化以“课程思政”为目标的课堂教学改革，举办第四届教师技能大赛暨思政课程和课程思政教学技能大赛。成立62门网络核心课程网络教学团队，组织教师参与国开网络核心团队、国开网络实施团队建设，有效发挥团队的引领和带动作用。

教师队伍建设 全年组织44名教师参加国家开放大学骨干教师研修班，选派7名教师到省内外高校参加进修，19人取得高校教师资格证书。开展首届优秀青年教师候选人培养工作，从全系统遴选出16名教师作为培养对象。6位教师获“国家开放大学优秀教师”称号，3位教师被认定为“国家开放大学首届优秀青年教师”候选人。举办2019年全省电大系统思政课程骨干教师培训班。落实师德师风长效机制，成立“师德师风建设工作领导小组”和师德建设委员会，制定《甘肃广播电视大学教师师德失范行为处理实施细则》。

科研工作 4个项目获得甘肃省高等学校科研项目立项，9个项目获校级科研项目立项(其中4项为思政专项项目)，12项科研项目通过结题验收。全年学报编辑出版6期，刊发论文116篇。

网络和资源建设 推进学校信息化建设，增置网络安全设备，强化网站巡查和报警机制，做到人防到技防的转变。推动技术融合，将直播技术融入日常教育教学活动中，实现“时时、处处”能教、能学的远程教学方式。实施“OA协同办公系统”软件平台建设项目，提升服务效率。推进“互联网+教育”行动，甘肃省数字化学习资源中心平台上线运行，整合、开发、入库各类课程1200余门。加强图书馆馆藏建设、引进资源、微课建设、地方特色资源建设等，丰富学历和非学历教育资源。拓展合作渠道，挖掘对外合作潜力，与兰州理工大学等多所省内高校单位达成合作意向，资源推广服务取得新成效。

校园安全稳定 重视平安甘肃建设，成立学校安全稳定工作领导小组，实行党政主要领导共同负责制。坚持问题导向，突出整治重点和源头防控，开展安全生产月活动、扫黑除恶专项斗争、安全管理专项整治、防风险查隐患保安全专项整治等行动。成立防欺凌和防范不良网贷工作领导小组，开展相关知识宣传、专题教育和警示教育，增强学生抵御能力。增置网络安全设备，健全网站巡查和报警机制，做到人防、技防相结合，提升学校网络安全防范等级。健全完善学校安全稳定相关制度，新建《甘肃广播电视大学维护安全稳定工作管理规定》《甘肃广播电视大学维护政治安全和校园稳定的规定》2个制度，修订完善21项有关安全工作的制度。认真贯彻落实党管意识形态工作责任制，加强对学报校报、专报简报、宣传橱窗、校园网站等媒介的审核检查。坚持守正创新防风险的原则，充分利用传统媒体和各类新媒体宣传学校改革发展、招生培训、民族团结教育、校园安全稳定、精准扶贫工作成果等，营造爱国爱党、兴校荣校、立德树人的良好氛围。

(常秀芝)

【兰州职业技术学院】 2019年，学院设有9个院系、3个教学部，开设67个专业。在校学生10000余人，教职工746人，其中专任教师586人，有教授38人、副教授216人，“双师型”教师409人。

师资队伍建设 2019年，学院光伏发电技术与应用教学团队获评全省首批职业教育教师教学创新团队，获评2个甘肃省职业教育名师工作室、1个甘肃省技能大师工作室、5个兰州市首席专家工作室、4个兰州市青年专家工作室、2个“金城文化名家”工作室、2个兰州市劳模创新工作室。在多次调研、论证的基础上，出台“一标准、两办法”，4名教师聘任为教授，21名教师聘任为副教授，32名教师晋升为讲师。学院邀请省社科联副主席、兰州大学马克思主义学院教授、博士生导师刘先春为全院师生做以《坚持和完善中国特色社会主义制度开辟“中国之治”新境界》为主题的十九届四中全会精神专题辅导培训。学院教师在2019年全国职业院校教师教学能力比赛中获三等奖1项；获得2019年中国技能大赛——全国新能源汽车关键技术技能大赛决赛汽车装调工（新能源汽车轻量化技术）赛项二等奖。在甘肃省教师教学能力比赛中获一等奖1项、二等奖2项、三等奖3项。在2019年全省职业院校教师技能大赛中获个人一等奖2项，团体一等奖2项；个人二等奖5项，团体二等奖3项；个人三等奖8项，团体三等奖6项，获得全省团体总分第一名。

教学工作 数控技术专业和学前教育专业获评国家级骨干专业，数字化设计与智能制造应用技术协同创新中心获评国家级应用技术协同创新中心，机械工程实训中心、汽车钣喷实训中心、食品工程实训中心获评国家级生产性实训基地。汽车检测与维修技术、动漫设计与制作技术、物流管理获评省级骨干专业，营养保健食品研发与生产应用技术协同创新中心获评省级应用技术协同创新中心。《综合物流实训》和《课件制作》建成省级职业教育在线精品课程。获评省级创新创业教育教学改革项目1项，省级职业教育教学改革研究项目5项，省级职业院校英语教学改革研究项目2项。获批“1+X”证书制度试点9个项目。12月2日，学院名誉院长、中国工程院院士沈昌祥，莅临学院指导信息安全与管理专业的学科建设及兰州市网络安全学院工作，做题为《以科学网络安全观做好网络空间安全学科建设与人才培养》的学术报告。

学生工作 2019年，学院招生突破4000人，历史性地进入万人规模学院，顺利完成两批高职专项扩招工作，200余名社会人员开始新的大学学习生活。学院探索专项扩招生全日制班、现代学徒制班、半工半读制班等培养新模式。学院毕业生就业率95%以上。学院先后举办张富清同志先进事迹报告会等60余场学生活动，向全院学生发放《青春做伴好读书第二辑》，“天行健”体育社团获全国高等职业院校体育工作“一校一品示范基地”。学院学生在各类大赛中共获奖291人次，在2019年中国技能大赛第十一届全国交通运输行业汽车维修工职业技能大赛全国总决赛中获得团体一等奖、第12届全国三维数字化创新设计大赛年度总决赛中获得一等奖、第十八届全国大学生机器人大赛ROBOTAC赛事中获得一等奖。在全国职业院校技能大赛中获得全国三等奖2项；在第九届全国大学生电子商务“创新、创意及创业”挑战赛全国总决赛中获三等奖；在第十二届“高教杯”全国大学生先进成图技术与产品信息建模创新大赛中获三等奖。在全省高职院校技能大赛中获一等奖4项，二等奖15项，三等奖29项；获全国大学生电子设计大赛甘肃赛区一等奖4项，二等奖3项。

科研及双创工作 2019年，学院立项各级各类课题70项，完成国家级、省级、市级、院级科研项目38项。获得首个“互联网+”大学生创新创业大赛全国总决赛国家金奖。参加2019年全国大众创业万众创新活动周甘肃分会场活动启动仪式及组织部分非物质文化遗产创新作品、“永恒之兰战队”演示机器人、子懿手工社文创产品和2018级学生创业公司“磁佳建科”的磁性材料，参加了本次双创成果展示。参加第四届兰州科技成果博览会暨兰州高质量发展论坛并展示科技成果5项。学报编辑部出版《兰州教育学院学报》12期。

非遗工作 2019年，学院获批设立甘肃省古籍修复技艺传习所兰州职业技术学院传习点，参加西北五省非遗展演，集中展示唐卡、洮砚、彩陶、掐丝珐琅壁画、刻葫芦、临夏砖雕、陇瓷瓷板画等7类代表甘肃省非物质文化遗产项目的精品200余件。承办由中共兰州市委宣传部、市文明办主办的“兰州市活态非遗系列展示分享活动”。

内部质量保证体系 2019年，学院搭建内部质量保证体系网格，形成常态化诊断与改进机制。构建“五纵五横一平台”质量保证体系，完善各层面的质量标准和工作制度，实现学院管理水平和人才培养质量的提升。学院院长宋贤钧被甘肃省教育厅聘为甘肃省职业教育教学指导委员会教学工作诊断与改进委员会主任。承办甘肃省职业院校教学诊断与改进研讨会，召开3次内部质量保证体系建设工作推进会，举办学院内部质量保证体系诊断与改进专题讲座。按照国家职业院校设置标准、办学标准、专业标准、课程标准深化教师、教材、教法“三教”改革，与行业企业合作，探索产教岗位互通、专兼教师结合，多措并举打造“双师型”教师队伍，组建模块化的创新教学团队，深化课堂变革。形成“质量意识人人讲，质量工作人人做，质量特色处处显，质量成果人人享”的学院质量文化。

基础设施建设 完成综合实训大楼信息化、财务报销信息化、教学诊改系统的建设工作。安装完成三校区周界治安监控设备，三校区老旧烟感消防报警系统，打造稳定安全的校园周边环境。与兰州市经济开发区城投公司下属的兰州宝和园热力公司合作，实现学院供暖并入区域连片供暖。为学生宿舍、教学楼、办公楼配置直饮水装置50余台，实现直饮水配置全覆盖，切实保障师生饮水安全。对三校区食堂全部进行装修和设备更新升级，通过招标引进5家优质餐饮公司，改善食堂就餐环境，提升师生的就餐质量。

交流合作 2019年，甘肃省人民政府副省长张世珍，中国民间文艺家协会副主席、中央美术学院博士生导师乔晓光教授，教育部职成司教学与教材处处长黄辉，甘肃省文联、民间文艺家协会副主席路学军等政府、院校、企业各界人士100余人次先后赴学院进行调研。院长宋贤钧应邀参加由“中国教育三十人论坛”和天水市人民政府主办的“首届中国西部教育发展论坛”，并做题为“新时代、新课程、新课堂”的主题演讲。与泰国南邦皇家大学签订校校合作协议，召开泰国南邦皇家大学专升本项目推介会，组织代表团成功访问泰国南邦皇家大学，邀请德国教育专家Ulrich与学院“德国技术员班”和“中德职业教育汽车机电合作(SGAVE)项目班”进行学术交流活动。承办第十届全国职业院校民政职业技能大赛婚庆类赛项和全国职业院校专业人才培养方案培训会议。与兰州经济技术开发区联合举办“经开杯”首届甘肃省文化旅游创意设计大赛，为“精致兰州、都会城市”建设、创建全国文明城市贡献学院的智慧和力量。协办小康梦想·首届甘肃剪纸艺术大展系列活动。

社会服务 完成兰州市机关事业单位工勤岗位汽车驾驶、汽车维修、电工等13个工种的培训考核。与安宁区民办教育协会签署联合培训协议，培训中级保育员155名；培训阿克塞哈萨克自治县SYB创业培训班50人；完成安宁区复转军人技能培训1428人次。承接2019年度国家法律职业资格考试、2019年全国会计专业技术资格考试、2019年全国会计专业技术中级资格考试等工作累计6000人次。组织实施学院2019年国家职业资格鉴定考试880人次。为2019年兰州国际马拉松赛、第三十六届兰州桃花旅游节、保护母亲河活动、艾滋病防控宣传等各级活动选派志愿者8000人次。与渭源职中签订“3+1”教育对口帮扶协议，与环县职中签订《职业培训项目合作协议》，选派4名青年干部赴灵台县开展驻村帮扶工作，筹资22.2万元用于两村的基础设施和“光荣超市”建设，学院帮扶的饮马咀村“光荣积分超市”案例荣登《中国高等职业院校精准扶贫发展报告》。

（尹祥佳）

【兰州石化职业技术学院】 兰州石化职业技术学院是省属高职院校，是国家示范性高职院校。学校占地面积450亩(其中分部80亩)。下设12个二级学院和成人与职业培训学院，开设65个专科(高职)专业，专业门类涵盖工学、理学、文学、管理学、经济学5个专业门类。全日制在校专科(高职)学生15633人，成人教育和短期培训学员4000余人。2019年专科(高职)招生6797人，毕业生就业率98.92%。有教职工723人，专任教师574人，其中具有高级职称287人，具有“双师型”教师资格427人。

12月10日，学校入选教育部、财政部中国特色高水平高职学校和专业建设计划建设单位名单，学校成为中国特色高水平专业群建设单位(A档)，“石油化工技术”专业群获国家高水平专业群建设立项。

高等职业教育创新发展行动计划实施 7月1日，教育部公布《高等职业教育创新发展行动计划(2015—2018年)》项目认定结果，学校有23个项目被认定为“高等职业教育创新发展行动计划”国家级项目，位居全国第六、甘肃第一。其中，学校被认定为国家优质高职院校；工业过程自动化技术、工业分析技术、化工装备技术、精细化工技术、石油炼制技术、应用英语、应用化工技术、电子商务、煤化工技术、石油化工技术10个专业被认定为国家级骨干专业；智能制造专业群生产性实训基地、化工安全生产性实训基地、自动控制生产性实训基地、石油炼制校企共建生产性实训基地、煤制甲醇生产性实训基地、煤化工生产性实训基地6个基地被认定为国家级生产性实训基地；电子商务专业“双师型”教师培养培训基地、机电设备类专业“双师型”教师培养培训基地、化工技术类专业“双师型”教师培养培训基地、自动化类专业“双师型”教师培养培训基地4个基地被认定为国家级“双师型”教师培养培训基地；石油化工过程工程应用技术协同创新中心被认定为国家级应用技术协同创新中心；张恒珍技能大师工作室被认定为国家级技能大师工作室。

教学工作 电气自动化技术、数控技术、汽车检测与维修技术3个专业被评为2019年甘肃省职业教育骨干专业；新增移动应用开发、材料工程技术、测绘地理与信息技术3个招生专业。煤化工技术专业教学资源库入选国家级教学资源库。在16个专业(562名学生)实施现代学徒制试点，国家现代学徒制试点工作通过教育部检查验收。建成《商旅英语轻松学》等省级职业教育在线精品课程8门。石油化工过程虚拟仿真教学系被评为省级虚拟仿真教学系统。推动信息技术与教学改革有效融合，学校被北京蓝墨大数据研究院评为全国云教学工具示范校和云教学管理示范校。推进专业拔尖学生培养工作，师生参加2019年各类技能大赛获奖308项，其中国家级一等奖7项、二等奖9项、三等奖16项，行业、省级一等奖90余项；学生参加第五届全国大学生“互联网+”创新创业大赛甘肃赛区比赛，获金奖2项、银奖2项、铜奖3项。学校在中国高等教育学会发布的2015—2019年全国高职院校组、西部地区高职院校组学科竞赛排行榜分列第45名、第8名，在2019年全国高职院校学科竞赛排行榜位列全国第11名，均位居甘肃首位。

1+X证书制度试点工作 汽车运用与维修、智能新能源汽车、智能财税、电子商务数据分析、特殊焊接技术、云计算平台运维与开发、工业机器人操作与运维等11个职业技能等级证书获批试点；“1+X传感网应用开发职业技能等级证书”获批首批全国师资培训基地。

师资队伍建设 新引进教师40人。其中，博士4人；硕士22人；高级工程师13人；正高级工程师1人。开展高级专业技术职务自主评审工作，新晋升教授5人、副教授14人。加大教师培训力度，组织教师参加技师培训、“双师”素质培训、企业实践锻炼等1682人次，选派30余名青年教师赴国外进修。石油化工技术教学创新团队获得教育部首批国家级职业教育教师教学创新团队立项；石油化工技术、汽车检测与维修技术、电气自动化技术3个教学团队被评为甘肃省职业教育创新教学团队；工业过程自动化教学团队、应用化工技术教学团队被中国化工教育协会评为“全国石油和化工教育优秀教学团队”。新建省级技能大师工作室1个、省级职业教育名师工作室2个。3名教师获得“全国石油和化工教育教学名师”称号。教师参加教学能力大赛获国家级二等奖1项、三等奖2项，位列甘肃第一；获省级一等奖2项、二等奖3项、三等奖5项。学校在中国高等教育学会发布的2012—2019年全国普通高校教师教学竞赛状态数据分析榜单中，分别位列全国高职院校组、全国示范性高职院校组、全国“高水平”高职院校组、西部地区高职院校组第46名、第17名、第36名、第7名，均位居甘肃首位。学校在中国高等教育学会发布的2019年全国高职院校教师教学发展指数排行榜中，位列全国第52名、甘肃首位。

产教研融合 全年立项各类课题和项目74项，获资助经费479.2万元；项目结题53项；获得专利授权48项、软件著作权授权3项；全校教职工公开发表论文441篇，其中SCI期刊论文4篇。新增校企联合技术研发中心5个，校企联合申报科技“小巨人”企业项目等纵向项目10余项，实现“C5/C9共聚石油树脂热聚合成工艺研究”等技术成果转化5项，实现专利成果转让1项。教学化处理校企联合技术研发成果，形成典型教学案例和实训项目100余个。校企联合申报的“工业气体科技成果产学研协同转化基地”获批兰州市产学研成果转化基地。

国际化办学 服务“一带一路”建设，加强国际合作办学，学校与加拿大荷兰学院会计专业人才培养项目经教育部报备通过，该项目是甘肃省第一家高职院校国际合作办学项目，填补甘肃省高职院校国际合作办学的空白；“中国—文莱‘1+1+1’恒逸石化技术人才联合培养项目”（规模600人）落地实施，第一批31名学员当年入校学习。加强国际交流，全年接待外事来访团10个32人次，派出出访、培训团12个45人次。招收“一带一路”沿线国家19名留学生来校学习，留学生107人；选派10名大学生赴阿塞拜疆国立石油大学、波兰维斯瓦大学留学。

学生工作 2019届毕业生4347人，就业率98.92%，位居全省高校第一；其中，毕业生在规模以上企业就业占75.75%，在世界500强、全国500强、民营500强、化工500强企业就业占63%，在保持高就业率的同时，实现就业质量高、就业对口率高、就业稳定性高及就业满意率高的“五高”工作目标。落实中层干部联系班级、宿舍制度，120余名领导干部联系班级376个、宿舍1230个，学生覆盖率100%，开展规范“五进公寓”服务活动，学生教育服务管理水平全面提升，学校获全国职业院校“学生管理50强”。全年资助家庭经济困难学生10007人次，资助金额2568.23万元。

基础建设 全年争取各类专项资金5300万元，建设化工类专业群创新创业实训基地、机电控制与机器人实训基地、物联网智能设备仿真实训基地等22个实践教学基地。全年投入1300余万元实施学校基建维修工程，西校区英华学生公寓楼及留学生公寓楼顺利封顶。推进保障房建设，西区家属院保障房2#楼顺利封顶、1#楼开始前期施工；申请保障房建设政府补贴资金117.8万元。

社会服务 学校分别被甘肃省总工会、兰州市退役军人事务局认定为首批甘肃省陇原工匠培训基地、首批兰州市退役军人市级就业创业孵化基地和培训机构。学校成功申报国家开放大学“化学工程与工艺专业（本科）”“工业分析技术（专科）”两个专业并开始招生，成立西固区老年大学和社区学院。全年开展各类培训26500余人次，收入1000余万元。组织12支团队160名学生开展以“青春心向党 建功新时代”为主题的暑期“三下乡”社会实践活动；全校15802名学生志愿者全年开展学雷锋等志愿服务82782人次，累计服务时长1024742小时。

思想政治工作 马克思主义学

院、人文学院教工第一党支部被教育部办公厅确定为“全国党建工作样板支部”。学习贯彻十九届四中全会精神，强化制度建设，出台学校人才引进、职称评审、科技创新、学生管理等方面的制度文件14份，严格执行ISO9001质量管理体系，进一步提升精细化管理水平。成立学校第一届理事会，探索学校治理新模式。不断加强和改进思想政治工作，实施大学生思想政治教育“百千万”工程和“课堂思政三分钟育人”工程，完善“全员、全方位、全过程”三全育人体系。马克思主义学院成为甘肃省“省级重点培育马克思主义学院”；开展庆祝中华人民共和国成立70周年、纪念五四运动一百周年系列活动；承办首届全国职业院校“工业文化节”；充分利用新媒体加强宣传工作，学校官方微信被评为全国高职官微十强，学校被中国石油和化学工业联合会、中国化工报社评为“全国石油和化工行业新闻宣传先进单位”。

（张建祥）

【兰州现代职业学院】 兰州现代职业学院是甘肃省人民政府批准、教育部备案，兰州市人民政府举办和管理的全日制公办高等职业学院。2019年，学院设有14个部门和城市建设、理工、教育艺术、卫生健康、农林科技、旅游、财经商贸、继续教育8个二级学院，开设高职专业32个，中职专业54个。有在校生17793人。其中，高职学生8757人；中职学生9036人。有教职工1176人，其中高职教师468人，兼课专任教师250人。学院占地面积2708亩，建筑面积100.3万平方米，固定资产总值54亿元。

思想政治工作 坚持和完善党委领导下的校长负责制，修订《党委会议事规则》《行政会议事规则》《贯彻落实“三重一大”制度实施办法》。5月28日，召开学院第一次党代会，大会选举产生学院第一届党委班子和纪委班子，确定学院五年改革发展总体规划和目标任务。推进党支部标准化建设，发展预备党员5人，预备党员转为正式党员6人。加强校园思政文化载体建设，择优选拔32名思政课教师，全年讲授思政课12240学时，形势与政策课4964学时，开展思政实践教育活动9次，参加8000人次。加强活动育人，以庆祝中华人民共和国成立70周年为主题，举办文艺汇演、高雅艺术进校园、大国工匠、劳模作报告、安全法制讲座等教育活动305场次。组织召开学习交流座谈会，坚持思政课教师集体备课制度，统一要求，讲好思政课，发挥领导干部学习政策理论水平优势，走进学生课堂，形成“三全育人”的初步格局。

教学工作 新增新能源汽车运用与维修、消防工程技术、工程测量技术、园艺技术等8个专业。对现有专业进行课程体系优化，加强实践课程教学力度，使课程设置与人才培养目标和就业需求相匹配，专业知识与能力相衔接。推进BIM个专业“1+X”试点工作。新增实训设备7739套，价值1716.56万元，各类实训设备使用率276944人次。截至年底，共建校内实训基地51个，设备总值7005.29万元；校外实训基地43个，接待顶岗实习学生1752人次。

科研工作 科研项目立项省级33项、市厅级35项，结项科研项目省级5项、市厅级11项。获批国家专利8项。教师正刊发表论文95篇。出版专著12部。

师资队伍建设 从兰石集团聘请3位大国工匠，作为客座教授，引进“双一流”高校本科毕业生和硕士研究生29人。学院有省级名师工作室3个，市级名师工作室4个，特聘企业大师工作室3个。高职专任（含管理人员兼课）教师468人，其中高级职称159人，中级职称197人。博士学位1人，硕士学位60人，“双师型”教师243人。乔新军老师被教育部评为全国优秀教师，李军老师被中共兰州市委人才工作领导小组评为兰州市首批青年专家，辛鹏、刘翠莲等8名教师被命名为“兰州市第三批‘金蓝领’高技能人才”。

学生工作 各专业开展校级技能竞赛48场次，校级学生作业作品展示1800余件。组织学生参加职业技能大赛，学生获得省级技能竞赛一等奖8人，二等奖4人，三等奖15人，4位教师获优秀指导教师奖，15名学生代表学院参加全国技能大赛。农林科技学院选手在全国农业职业技能大赛中获“植物组织培养”项目二等奖、城市建设学院4名学生获得全国职业院校学生技能大赛工程测量三等奖、财经商贸学院4名选手在全国财会职业能力大赛（科云杯）比赛中获集体三等奖，2名选手在全国烹饪技能比赛中分别获中式面点金奖和银奖。

招生就业工作 招生4890人，实际报到4027人，新生报到率82.35%。2019年扩招527人。学院举办“双选会”“招聘会”等专业招聘会5场，大型招聘会1场，单位数量90个，岗位数量5000个；举办用人宣讲会46场，单位数量54个。遴选优质企业召开专场招聘宣讲会6场次，组织职业指导类讲座、报告会12场次。学院与深南电路（央企）、中国龙工控股有限公司、兰石集团（国企）、甘肃伊真集团、王品（中国）餐饮有限公司、西北金岛集团、兰州皇冠假日酒店、西北以纯集团、兰州市第二人民医院等单位建立良好的长效合作机制，为毕业生搭建优质就业平台。2019年毕业生主要在省内就业，在本区域就业比例73.94%，专业对口率96.67%。

办学条件改善 投入1.43亿元，完成中高职一体化信息化综合管理和应用环境，完成数字化校园建设，完成交互式白板教室建设、校园数字地图，校园一卡通系统建设等。学院建有图书馆、学生活动中心、风雨操场等共享公共设施建设，建成数字化教学资源库、教学管理服务系统等信息化共享平台，馆藏纸质图书总量55万册，电子图书30万册，基本满足教育教学工作需要。引入12家餐饮企业入驻经营，保障师生餐饮，建立“警校共建”警务校务联动机制，开展各类安全演练活动，校园安全稳定。

社会服务 承办2019年兰州市中职学校学生技能大赛。全市34所中等职业学校的1500余名选手在为期5天的比赛中，参加65个项目的角逐。学院荣获2019年全省职业院校学生技能大赛突出贡献奖。学生参与校内社会实践活动86场次；850名学生参加暑假“大学生三下乡”社会实践活动，志愿者参加美丽中国实践、科技支农帮扶、爱心医疗服务、理论普及宣讲等实践活动。学院对于录取的建档立卡户贫困户，落实国家助学金、各分院落实一系列奖学金制度，确保学生能安心上学。对口帮扶礼县职专，签订三年帮扶计划，先后5次到礼县职专，帮助开展专业建设、师资培训等。解决民族地区学生上学难问题，录取临夏州559人，甘南州及天祝县学生150人，扩招社会人员527人。在西岔镇举办2期100余人参加的蔬菜种植和病虫害防治培训班，在甘南州卓尼县喀尔钦乡达子多村举办1期300余人参加的獭兔养殖培训班，解决该村獭兔养殖技术困难和疫病防治等问题。

（宋忠东）

科学技术

【概况】 2019年，兰州市通过创新型试点城市验收，在72个国家创新型城市中排名第37、西北地区排名第2，在参与排名的27个省会城市中位列第19。全市科技进步贡献率58.8%；财政科技支出占财政支出比重1.85%；培育科技型中小企业200家；组织265家企业参加高新技术企业认定工作，新认定高新技术企业137家；新建企业研发机构和高校院所成果转化基地22家；新建市级以上农业科技示范园10家；招商引资认定到位资金11.9亿元。

【科技机构改革】 2019年市科技局顺利完成机构改革各项任务，重新制定“三定”规定，将市知识产权服务中心整体移交至市市场监督管理局，将市人社局的外国专家工作处调整为市科技局的外国专家工作科，转隶人员4名。根据新的“三定”规定，市科技局确定主要职责14条，与改革前相比，优化调整职责7条，整合职责2条，划入市人社局的引进国外智力工作职责，划出“负责全市知识产权工作的指导和管理”职责。核定市科技局机关行政编制41名。设局长1名，副局长3名。科级领导职数23名，其中正科级12名（含机关党委专职副书记1名），副科级11名。

【科技体制改革】 改革科技计划体系，按照“四棒接力”要求，将现行科技计划体系调整为应用基础前沿专项、高新技术研究发展计划、科技成果转化专项、自主创新产业化重大专项、科技创新平台和人才计划等五类专项。推进“三评改革”（项目评审、人才评价、机构评估），研究制定《兰州市关于深化项目评审、人才评价、机构评估改革的实施意见》，简化科研项目经费预算编制、扩大科研经费使用自主权、科研机构分类支持、赋予科研人员职务科技成果所有权或长期使用权；加强科技项目管理改革，重新修订完善《兰州市科技计划项目管理办法》和《兰州市科技计划项目经费管理办法》，完成“兰州市科技计划项目申报系统”和“兰州市人才创新创业项目申报系统”的更新工作，建成“兰州市科研诚信公示系统”和“兰州市科技项目验收系统”，建立守信“红名单”和失信“黑名单”奖惩机制，实现科技项目从申报到验收全过程信息化管理。

【科技创新生态】 丰富创新载体建设，新认定市级众创空间12家、科技企业孵化器1家、2家市级科技企业孵化器被认定为国家级孵化器，新认定产学研科技合作基地8家、企业研发机构14家，新认定兰州市引进国外智力成果示范推广基地4家、兰州市引进国外智力示范单位6家，组织265家企业参加高新技术企业认定工作，新增高新技术企业101家；支持企业研发机构和高校院所科技成果转化基地建设，制定下发《兰州市促进高校院所成果转移转化的实施方案》，组织召开兰州市高校院所产学研工作联席会，深入在兰高校院所了解和征集各单位在技术转移转化机构建设、成果转化项目平台建设、重点项目实施等方面的计划和需求；抓好科普宣传工作，在全市范围内组织开展2019年科技活动周宣传工作，同期举办“创客空间·分享汇”论坛、适应新时代创新发展要求等20余项科普活动；市科技局与科协、市教育局等单位共同组织开展第二届兰州市青少年机器人竞赛活动，164所中小学的309支参赛队伍、1250名选手参加竞赛；组织召开2场服务民营科技型企业恳谈会，5场科技惠企政策宣讲会，解读科技创新政策应用、现代农业和生物技术类民营企业的发展等内容。

【科技服务水平】 组织落实《甘肃省支持科技创新若干措施》和《兰州市支持科技创新若干措施》，2019年各部门落实《若干措施》为各类创新主体提供各类扶持资金11365.63万元，企业申报研发费用加计扣除及减免技术转让等税收金额46637.22万元；推进“放管服”改革工作部署，简化审批手续、优化审批流程、压缩审批时限，再次梳理“一网通办”事项，完成3项公共服务和便民服务事项在线办理，提升审批服务效能；发挥兰州科技大市场功能，兰州科技大市场引进专业服务机构7家，推介科技成果及专利技术1049项，开展各类成果推介、项目路演及线下培训等活动21场，引进国内外科技成果3572项、转移转化303项，兑现科技创新券5307.1万元，引导开展科技服务17836项，形成科技成果179项；发挥科技基金作用，“兰州科技创新创业风险投资基金”和“兰州科技产业发展投资基金”调查有融资意向的企业40家，完成25家企业的尽职调查工作，向5家企业投放基金9320万元，“兰州重点产业知识产权运营基金”走访企业30余家，完成初步调研企业15家，1家企业通过投委会表决，投放基金1000万元，正在进行尽职调查企业2家，拟投资6500万元；开展技术合同登记工作，全市完成技术合同认定登记4102项，登记金额70.68亿元，占全省技术合同登记金额的36%。

【科技活动赛事】 举办第四届兰州科技成果博览会，参展单位383家，展出科技成果920项，展品1260件，同比分别增长20%、21%、15%，签订成果转化转移项目合同218项，签约金额17.1亿元，同比分别增长14.7%、11.5%，展会期间还举办6项论坛、8项创新活动；举办第四届中国创新挑战赛（甘肃）兰州现场赛，经过积极争取，2019年，兰州市再次被科技部火炬中心确定为承办中国创新挑战赛现场赛城市之一，本届创新挑战赛共征集到企业技术创新需求219项，征召到来93支挑战团队针对67项技术创新需求的解决方案126个，经过比拼，现场赛决出优胜奖、优秀奖、鼓励奖各3名，竞争对接现场，签订三方产学研合作协议38项，签订产学研合作协议金额3876万元；成功组织第二届“活力金城”兰州市人才创新创业大赛，评选出一等奖2名、二等奖6名、三等奖7名，采取“以奖代补”的方式，发放研发补助资金780万元，打造创业人才挖掘选拔、宣传展示、培养提升、交流推介“四位一体”的人才培养新平台。

【科技创新之核】 推进兰白国家自主创新示范区和兰白科技创新改革试验区建设，“创新之核”引领示范带动作用初步显现。加强自创区建设的顶层设计，印发《关于加快推进兰州国家自主创新示范区建设的实施意见》，从总体要求、重点工作、保障措施三个方面对自创区建设工作进行谋划；持续完善和抓好现有政策落实工作，完善国家自创区“1+4+7”政策体系，受理和审核兑现各类政策扶持项目147项，完成自创区政务服务大厅“一窗受理、集成服务”改革，一窗受理事项达到46项，“最多跑一次”办事事项达到34项，投资项目在线办结率100%；抓好项目建设工作和人才引进工作，全力推动总投资约98.8亿元的18个产业项目早日开工建设，落实省市人才奖励政策，兑现市级奖励扶持资金385万元，柔性引进院士和专家共23人，引进各类高层次人才85人、各类实用人才710人，企业接收高校毕业生1000余人；促进科技与金融深度融合，筹备设立自创区科技成果转化引导基金，正在建立规模2000万元风险补偿资金池、1亿元的科技成果转化专项投资基金、2亿元的中医药孵化基金；扎实做好招商引资工作，先后在深圳、杭州开展招商引资推介会2场次，外出开展招商对接活动10余次，认定招商引资项目2个，到位资金11.9亿元，重点对接腾讯成都分公司、杭州网易质云科技有限公司、百度科技园等企业，其中，网易公司与市政府签署共建网易联合创新中心协议，各项工作全面启动。

9月21日，第四届兰州科技成果博览会开幕仪式现场李荣灿书记发表致辞

8月21日，网易兰州联合创新中心开园仪式现场

【科技支撑发展】 抓好“十大生态产业”项目支持，对照《甘肃省十大生态产业技术引进指南(2019年版)》整理印发《兰州市十大生态产业技术需求目录》，结合兰州市产业结构优化升级、龙头企业培育、经济发展的需要，以电子信息、新材料、新能源、节能环保、先进装备制造等产业为重点，引导和鼓励企业引进领军人才和团队实施人才创新创业项目，提升持续创新能力和成果转化能力，开展新技术、新产品研发和产业化，对140个项目给予资金支持3220万元；抓好“十大科技项目”和“十大科技创新项目”，遴选2019年度兰州市“十大科技项目”和“十大科技创新项目”，支持资金1700万元，涉及生物医药、现代农业、装备制造、新材料、资源环境和电子信息等领域，项目实施周期约为2~5年；扎实做好科技扶贫工作，选派44名“三区”(边远贫困地区、边疆民族地区、革命老区)科技人才赴贫困村开展帮扶工作，争取到国家“三区”科技人才专项资金88万元，建成市级农业科技园区10个，引进新技术、新品种320项，投入资金210万元建立年产百合苗300万株的百合培养及脱毒快繁技术中心1座，试验示范基地共1000亩。

【科技交流合作】 在美国硅谷建成兰州科技创新(硅谷)工作站；与俄罗斯亚洲工业企业家联合会签订筹建兰州科技创新(莫斯科)工作站备忘录，与青岛市科技局、西宁市科技局以及亿达未来科技发展(中国)有限公司签订科技交流合作框架协议，兰州科技大市场管理有限公司与中日青年促进会签订战略合作协议；组织北美、俄罗斯、上海张江高新区企业代表60余人，参观考察兰州市生物医药、智能制造、物联网、人工智能等领域企业，组织北美、俄罗斯14家企业围绕物联网、环境科技、医疗健康等领域进行项目路演活动，为促进企业协同创新，推动区域产业互补和共赢发展建立紧密联系；实施引进国外技术、管理人才项目9个，引进美国、法国、澳大利亚等国家和地区专家39人次，组织实施出国(境)培训项目2个，推荐兰州市9名专业技术和管理人员参加省直出国境培训项目，累计办理外国人工作许可业务116件。

(王虎林)

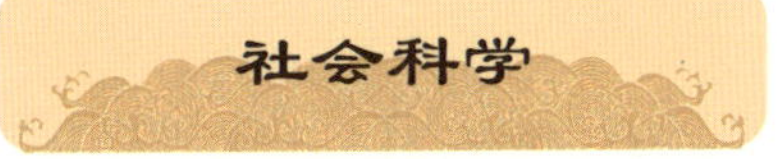

社会科学

【概况】 2019年，兰州市社会科学院充分发挥职能作用，注重基础研究，着眼于应用研究，通过提升研究水平支撑科学决策，通过优化社科服务助推科学发展，发挥社会科学工作为党委、政府决策和经济社会发展服务的重要作用。全年完成省级课题研究1项，市级课题研究10项。其中，全市综合类课题6项；经济类课题3项；民生类课题1项。成功立项省级课题2项，市级课题3项。社科规划工作受理申报项目353项，经评审立项110项。其中，立项资助67项；立项不资助43项。

【课题研究】 继续深化课题组长负责制，完成市委交办的《建国70年兰州市经济社会发展综述及评价》研究课题(研究成果发表在2019年8月9日《经济日报》)、市政府交办的《兰州市域内外行政区划战略调整可行性研究》研究课题。编写出版《兰州市经济社会发展蓝皮书·2019—2020》。完成《加快兰州新区发展建设研究》《兰州如何做到更好地降低企业经营性成本和制度性交易成本研究》《兰州全国文明城市创建现状和问题调查》《陇上学人文存·武文军卷》等4项院级重点课题以及其他课题的研究。

【社科规划】 完成2018—2019年度市社科规划立项项目的结项及《兰州发展研究(2018)》的编辑出版工作。开展2019—2020年度兰州市社科规划工作，经过严格筛选，受理项目申报课题353项，经过专家评审立项110项。其中，立项资助67项；立项不资助43项。完成甘肃省社科规划项目《供给侧改革背景下甘肃文化产业跨越发展研究》的结项工作。成功申报2019年甘肃省社科规划项目《推进甘肃经济高质量发展中补短板强长板共举策略研究》与甘肃省社科联和甘肃社会科学学术活动基金会资助项目《提升黄河流域兰州段文化旅游竞争力研究》。

【期刊出版】 加强《兰州学刊》品牌建设，推出“习近平新时代中国特色社会主义思想研究”“新中国成立70周年专题”“反贫困研究”“乡村振兴研究”“纪念改革开放40周年”“纪念五四运动100周年”等时效性强的专题，通过多种渠道、采取多种方式组织优质稿源、严格执行三审制度，编辑出版《兰州学刊》12期、210余篇文章、400余万字，并通过中国知网、万方数据、维普数据、中国社会科学网、超星数字等出版平台实现数字化出版。11月，在北京会议中心召开的“2019中国学术期刊未来论坛”上，清华大学中国科学文献计量评价研究中心与中国知网CNKI发布《2019年中国学术期刊影响因子年报》，《兰州学刊》期刊影响力指数(CI)在“人文社会科学综合”学科436种期刊中排名第50位，排名位次较往年持续前移，标志着《兰州学刊》进入国内一流人文社科综合期刊行列。办好服务市级领导决策的刊物《决策眼》，编辑印发《决策眼》12期、35万字，深入剖析兰州市发展中存在的问题，为市委市政府建言献策。

【学术交流】 加强与国内外智库组织以及有关单位的学术交流与合作，不断扩大兰州市社科界在国内外的影响力。在第二十五届中国兰州投资贸易洽谈会期间举办弘扬丝绸之路精神促进人文交流合作国际智库论坛，加强与“一带一路”沿线国家和地区智库的学术交流。西安社科院、郑州社科院与南宁市社科院先后到兰州社科院开展交流调研活动，组织兰州市相关专家学者围绕调研主题举行座谈，座谈会后双方表示在今后的学术交流中加强合作，积极寻求共同点，合力破解经济社会发展的重点难点问题，搭建共同发展的学术平台。组织专家学者参加11月初在杭州召开的全国城市社科院第二十九次院长联席会议暨全国城市智库联盟第五届年会，与全国社科界系统进一步加强联系和交流，共同开创社科院哲学社会科学建设新局面，在此次会议上被授予“全国城市社科院先进单位”荣誉称号。

【社科联工作】 推动各县(区)社科联建设，市社科院调研组于12月到定西市社科联进行调研，就县(区)基层社科联学科建设、课题管理、社科评奖等进行交流座谈。调研组先后到省社科院、省社科联就科研管理、蓝皮书编纂、社科评奖、项目申报等进行调研，双方就开展人员交流、课题管理等事宜达成一致。召开党组会议迅速启动建立县(区)社科联工作，会后带队再次赴省社科联进行学习对接，随后赴定西市社科联就县(区)如何成立社科联的程序流程进行学习调研。加大协调沟通力度，争取各方面的支持，加快县(区)社科联组织建设进度，促进基层社科工作进一步发展。兰州市社科联要将开展的第二批主题教育与第一批主题教育上下联动、有机衔接，抓住县(区)机构改革的机遇。市委宣传部牵头、市社科院参与的方式开展县(区)社科联建设专项问题的调研工作，并与其他相关部门积极沟通、配合协调，确立机制体制、明确组织机构，尽快成立县(区)区社科联，切实抓好加快推进县(区)社科联机构建设问题的整改落实。

【学术论坛】 组织召开“兰州市学习贯彻党的十九届四中全会理论研讨会”；参与组织邀请专家学者和与会人员召开“弘扬丝绸之路精神促进人文交流合作国际智库论坛”学术论坛。组织邀请省社科院院长王福生至兰州市社科院进行《蓝皮书》编写讲座，组织邀请西北师范大学李怀教授关于填写调查的讲座。

(魏静姝)

【概况】 2019年全市平均气温在6.4℃～11.2℃之间，较常年偏高0.5℃～0.8℃。年降水量在276.4～494.2毫米之间，较常年同期全市各地偏多1～3成。降水量偏多但雨日偏少。年日照时数正常略少。年内冷暖起伏大，入秋和入冬略晚，春夏偏早。主要的气象灾害有暴雨洪涝、冰雹、大风、雷电、干旱等，造成部分地方农业损失，总体上看，2019年属于气候条件较好的年景。

【气温】 2019年全市年平均气温8.3℃，较常年同期偏高0.7℃，按照气温等级评定标准，属正常略偏高年份。各站年平均气温6.4℃～11.2℃，较常年偏高0.5℃～0.8℃。永登较2018年偏低0.2℃，榆中持平，其余地区偏高0.1℃～0.2℃。本年内各月气温起伏较大，其中5月、7月平均气温略偏低，10月基本持平，其余各地偏高，特别是4月异常偏高。

冬季(2018年12月—2019年2月)：季平均气温-5.3℃，较常年同期偏低0.1℃，较上年同期偏高0.4℃。其中市区-2.1℃、榆中-5.7℃、皋兰-6.4℃、永登-6.8℃，与历年同期相比，皋兰持平，兰州市区偏高0.4℃，永登、榆中偏低0.1℃～0.4℃。与上年同期相比，永登持平，其余地区偏高0.4℃～0.8℃。按气温异常等级标准，全市各地气温正常。

春季(3月—5月)：季平均气温10.5℃，较常年同期偏高1.4℃，较上年偏低0.9℃。其中市区13.5℃，榆中9.7℃、皋兰10.4℃、永登8.2℃，与历年同期相比，全市各地偏高1.2℃～1.5℃。与上年同期相比，全市各地偏低0.6℃～1.4℃。按气温异常等级标准，全市各地气温偏高。

夏季(6月—8月)：季平均气温19.2℃，较常年同期偏高0.2℃，较上年偏低1.2℃。其中市区22℃，榆中18.1℃，皋兰19.8℃，永登17℃，与历年同期相比，市区持平，榆中偏低0.1℃，其余各地偏高0.3℃～0.4℃。与上年同期相比，全市各地偏低1.1℃～1.4℃。按气温异常等级标准，全市各地气温偏高。

秋季(9月—11月)：季平均气温8.1℃，较常年同期偏高0.5℃，较上年偏高0.8℃。其中市区10.7℃，榆中7.3℃，皋兰7.7℃，永登6.6℃，与历年同期相比，全市各地偏高0.3℃～0.7℃。与上年同期相比，全市各地偏高0.6℃～0.9℃。按气温异常等级标准，全市各地气温正常。

日极端最高气温：市区36.6℃(7月26日)、榆中32.0℃(8月15日)、皋兰35.2℃(7月26日、8月15日)、永登31.3℃(8月15日)；高温日数(日最高气温≥32℃)：市区23天、榆中1天、皋兰11天。与上年同期相比市区偏少6日，皋兰偏少3日，榆中偏多1日。高温时段较为集中，其中市区8月14日—8月19日连续6日出现晴热高温天气。

日极端最低气温：市区-11.1℃(1月22日)、榆中-18.0℃(1月31日)、皋兰-22.2℃(1月22日)、永登-19.2℃(12月26日)。

【降水】 2019年全市年平均总降水量393.2毫米，较常年偏多83.5毫米，偏多近3成左右。兰州、榆中、皋兰、永登四站年降水总量分别为367.9毫米、494.2毫米、276.4毫米、434.3毫米。按照降水等级划分标准，全市降水偏多。

各月降水量1月和2月降水较常年同期基本持平，3月较常年同期偏少8成左右，4—7月偏多3～6成，8—9月降水较常年同期基本持平，10—

11月偏多4～6成，12月偏少6成。

全年降水日数略偏少。兰州全年平均雨(雪)日(R≥0.1毫米)，兰州78天、榆中81天、皋兰72天、永登99天。

冬季(2018年12月—2019年2月)：冬季降水量8.1毫米，较常年同期平均偏多2.1毫米(35%)，比上年冬季偏多0.4毫米(5%)。其中兰州5.8毫米、榆中12.2毫米、皋兰6.1毫米、永登8.3毫米。按降水量异常等级划分标准，全市冬季降水偏多。

春季(3月—5月)：全市降水总量86.0毫米，较常年同期偏多22.1毫米(34.6%)，较上年同期偏少2.3毫米(-2.6%)。其中兰州67.1毫米、榆中100.3毫米、皋兰79.7毫米、永登96.7毫米，较常年同期相比全市各地偏多1～6成，其中兰州偏多近1成、榆中偏多近3成、皋兰偏多5成、永登偏多6成。按降水量异常等级划分标准，全市春季降水偏多。

夏季(6月—8月)：全市降水总量227.0毫米，较常年同期偏多55.4毫米(32.3%)，较上年同期偏少74.1毫米(-24.6%)。其中兰州218.9毫米、榆中297.9毫米、皋兰131.0毫米、永登260.1毫米。按降水量异常等级划分标准，全市夏季降水偏多。

秋季(9月—11月)：全市降水总量74.6毫米，较常年同期偏多7.5毫米(11.2%)，较上年同期偏少46.2毫米(-38.2%)。其中兰州78.6毫米、榆中88.1毫米、皋兰61.1毫米、永登70.5毫米。按降水量异常等级划分标准，全市秋季降水略偏多。

【日照】 2019年全市总日照时数2258.9小时，较常年偏少282.1小时(-11.1%)，比上年偏少181.8小时(-7.4%)，按日照时数年度评定标准，全市日照正常略少。

各月日照时数：除3月—4月日照时数较历年平均值偏多外，其余各月日照时数以偏少为主，其中5月日照时数为1961年以来第2低值。

【相对湿度】 2019年全市平均相对湿度59.4%，较历年同期平均值偏高2.4%，较上年偏高2.3%；与历年同期平均值相比，市区偏低2.5%，其余各地偏高2.8%～6.6%；较上年，市区偏低1%，榆中持平，其余各地偏高0.4%～1.5%。

【风速】 2019年，兰州全市年平均风速1.7米/秒，与历年平均值(1.7米/秒)持平。其中兰州、榆中、皋兰、永登四站年平均风速分别为1.1米/秒、1.8米/秒、1.6米/秒、2.1米/秒，与历年平均值比较：兰州偏高0.2米/秒，皋兰持平，榆中、永登偏低0.1～0.2米/秒。

【主要天气事件】 大风：年内有三站出现大风天气，累计出现8站日，其中兰州未出现，皋兰4站日，永登3站日，榆中1站日。

扬沙：年内仅皋兰出现扬沙天气，共计2站日。

浮尘：年内全市四站累计出现浮尘27站日，其中兰州12天，榆中6天，皋兰4天，永登5天。

第一场透雨：4月27日(26日21时—27日20时)榆中县出现今春第一场透雨(15.1毫米)，比历年同期(5月3日)提前7天。

4月27日(26日21时—27日20时)皋兰出现今春第一场透雨(12.4毫米)，比历年同期(5月16日)提前了20天。

5月6日(5日21时—6日20时)兰州出现今春第一场透雨(10.12毫米)，比历年同期(5月15日)提前了10天。

5月6日(5日21时—6日20时)永登出现今春第一场透雨(32.2毫米)，比历年同期(5月29日)推迟了24天。

高温天气：最高气温≥32.0℃的高温天气，兰州出现23天，皋兰出现11天，榆中出现1天。

暴雨、短时强降水：兰州全市短时强降水、持续性降雨多有发生，给群众财产和基础设施造成了重大损失。全市暴雨日数较常年同期偏少，暴雨洪涝天气主要出现在5月上旬—8月下旬，局地受灾较为严重。

冰雹：年内全市冰雹天气主要出现在4月下旬—7月下旬，冰雹天气频发，全市各地受灾较为严重，全市冰雹日数偏多。

晚霜冻：兰州、榆中的晚霜冻结束日期均出现在4月16日，皋兰、永登均出现在4月30日。

寒潮、强降温天气：年内主要出现4次寒潮(强降温)天气过程，分别为1月30—31日(榆中)、2月15—17日(永登)、4月29—30日(皋兰、永登)、11月17—18日(兰州、永登)。

连阴雨：年内主要出现2次连阴雨天气过程，分别为5月5—10日全市大部地区出现了连续6天的连阴雨天气过程，6月19—27日兰州大部地区出现连续7天的连阴雨天气过程，其中皋兰连阴雨长达9天。

气象科普进校园

李家庄田园综合体

【公共气象服务】 全市发布气象预警信号361期，联合发布地质灾害、中小河流洪水气象风险预警76期，累计发送服务短信20余万条。启动应急响应3次。在“4·26”强对流过程和“6·26”“7·28”“8·20”等17场区域性暴雨、局地强对流天气过程中，预报准确、预警及时、联动有效，为防灾减灾赢得时间。

【决策气象服务】 印发《兰州市决策气象服务周年方案》，全市提供领导决策服务材料62期，并多次针对重大天气过程进行专项汇报。决策材料市领导书面批示2次，三县党政领导批示9次并多次亲临调研指导当地气象服务工作。全市气象部门有6人次获得全省气象服务先进个人，气象台荣获“2019年度全省重大气象服务先进集体”和“最美新气象团队”奖项。

【农业气象服务】 制定《兰州市2019年农业气象周年服务方案》，开展春耕春播、夏收夏种气象服务，发布为农服务材料79期。以榆中李家庄田园综合体为依托，组建科技创新团队，针对特色农业旅游项目开展专业气象服务，实施气象为农服务“两个体系”建设、“三农”服务专项等项目，以“互联网+”、大数据、云计算等信息技术为手段，充分利用气象、农业大数据，将“智慧气象”融入“智慧农业”建设，实现设施农业种植管理、生长指标监测、温棚环境控制、农业观光休闲、健康养生、果蔬采摘到农禽产品售卖等全流程的农业、气象、旅游大数据信息服务，打造田园综合体气象服务试点，促进气象为农服务转型升级，同时将气象科普等气象因素有效融入农业观光体系，借力扩大气象防灾减灾知识的普及人群，提升气象为农服务综合能力。

【重大社会活动保障】 为安宁桃花会、什川梨花会、永登玫瑰节、高考中考天气、“兰洽会”、兰州新区全国应急救援演练、兰州大学校庆、“兰州花间田音乐节”、2019“中国农民丰收节”、兰州国际马拉松赛等系列活动制作发布专题天气预报和气候风险分析。2019年兰州市气象局为兰州国际马拉松成立专门工作小组，将智慧气象元素融入兰州国际马拉松比赛保障过程中，每5分钟向现场提供1次天气实况资料，各类实况数据在大屏幕上实时显示，同时在赛道布设7个区域站（会展中心、白塔山公园、省委党校、湿地公园、甘农大、黄河母亲、水车博览园）与市气象台联合做好赛事服务。共发布《2019兰州国际马拉松赛气象服务专报》24期、中英文双语服务材料10期、专题服务短信40余条共1600余人次，向现场电视直播播报人员发布逐小时短信6条。

【蓝天保卫战】 2019年兰州大气质量达标天数285天，与2018年同期相比增加44天。优良天数达标率（剔除沙尘天数）87.7%，同比增长6.8%。在2019年夏季兰州市辖区（城关区、七里河区、安宁区、西固区）及沿黄一线未出现明显城市热岛。兰州市气象局与市生态环境局合作开发的“兰州市大气污染防治信息共享平台”，经过五年多的运行，已基本可以满足生态环境部门和气象部门的主要业务需求，为大气污染防治提供重要科技支撑，提升兰州市“蓝天保卫战”的作战精确度。

【人工影响天气工作】 审批通过2019年人工影响天气作业计划，举办1期作业人员安全管理培训班，完成全市人影高炮和火箭年检工作，开展4次人影安全专项检查。开展增雨雪作业56点次，发射火箭弹248枚，燃烧碘化银焰条580支；防雹作业128点次，发射高炮防雹弹1783发。祁连山生态保护人工增雨工程项目有序推进，完成22个计划项目，剩余4个在建项目有序推进。

【气象现代化】 完成地面观测自动化软硬件建设和试运行，光电式自动日照观测开始单轨运行，地面、辐射气象数据标准格式进入单轨运行。对综合业务平台相关模块进行升级调整，开发了报文解析软件，与兰州市本级业务平台完成对接融合，完成智能网格预报业务单轨切换运行。开展智能网格预报产品的解释应用，实现从传统预报向智能预报模式的转变。依托“互联网+气象”，嵌套精细化智能网格气象要素预报产品，初步实现智能动态气象服务发展。预报产品在“兰马”气象服务保障、李家庄观光农业服务等工作中得到充分应用，取得良好社会效果。

【部门合作】 2019年，与市应急管理局、市自然资源局、市生态环境局、城关区数字办等部门签订合作协议，通过基础数据、实时信息共享，以气象信息为基础，联合制作发布应急处置、空气质量、地质灾害、防汛抗旱、森林防火、农业气象灾害等预报预警材料，建立部门间应急联动机制。完善灾情调查收集流程，为应急管理工作提供有力支撑。

与市防汛抗旱指挥部办公室签署联合加强水务气象防灾减灾工作的合作协议，健全完善气象、水务防汛抗旱联动机制，主汛期实行定期联合会商机制，有重大天气过程时加密会商，并通过可视会商系统实现24小时在线联动。

与市农业农村局联合开展面向农业保险气象服务对象的需求调查，参与市农业保险体系建设，共同确定服务内容、服务时间、服务方式等，双方在人才队伍、基础设施、调查会商、产品制作和发布等。

【依法行政】 推进气象行政审批制度改革，深入贯彻“放管服”改革、工程建设项目审批制度改革等各项改革要求。加强行政执法与防雷安全监管。市十六届人大常委会第二十二次会议已完成对《兰州市气象灾害防御条例》的审议。完善法律顾问制度，重大合同由法律顾问审查并出具《法律意见书》，实现关口前移，确保依法决策。牵头开展面向合作部门、专业气象服务对象的调研走访。气象服务窗口标准化、制度化、规范化，各许可和非许可审批事项全部进驻行政服务中心办理，行政业务流程均在网上操作，全程留痕，办理程序、承诺期限在服务窗口进行公示，接受社会监督。

【安全生产】 签订安全生产责任书；召开安全生产工作部署会议19次；开展“安全生产月”“安全生产大排查大整治大提升专项行动”等多项活动，有方案、有措施、有检查；针对气象业务进行自检、检查6次，人影安全专项检查7次，召开涉氢安全专题会议3次，网络安全现场检查3次、自查4次、系统评测1次，开展防雷安全专项检查2次，内部安全检查5次；举办安全知识讲座2次、应急演练活动2次、组织观看宣传片4次。全年未发生安全生产事故。

（詹玉辉）

地震

【概况】 2019年，市地震局做好机构改革后工作职能调整，加强与市应急管理局的协调沟通，积极开展地震应急演练与培训，收集灾情、汇总上报、通信设备使用、震害调查等重点科目，组织开展地震现场工作应急演练、地震应急知识宣传培训等。编制完成《2019年度兰州市地震趋势研究报告》和《兰州市地震监测台网中长期建设规划》。全年市地震博物馆接待观众3万人次，接待科普研学团队20余批次1000余人。

【依法行政】 全面落实《2019年兰州市依法治市工作要点》，结合实际，认真落实好中国地震局、省地震局业务体制改革的有关政策法规，提高法治能力。制定干部学法计划，坚持开展“每月一法”集中学习培训，组织执法人员开展网上法制培训考试，指导区县地震部门加强“放管服”改革政策学习，切实提高全市地震系统法治意识和法治能力。落实行政执法责任。结合“双随机、一公开”活动，推进“四办”改革，规范建设项目抗震设防要求监管事项，做好执法案卷评查和规范性文件报备、清理工作，提升行政效能。

【地震监测预报】 首次编制完成《2019年度兰州市地震趋势研究报告》，为上级决策部署提供依据。完成周会商40次，月会商11次，编制半年震情趋势会商报告1期、月震情会商意见11期。认真落实24小时震情值班制度，规范异常落实报告制度，对5月24日榆中马坡乡上庄村深井水位异常和6月25日红古区花庄镇洞子村井水水位下降异常及时开展调查核实、情况上报和后续跟踪。调整充实群测群防队伍，严格规范工作制度和程序，明确双方权利义务、落实经费保障，有效发挥宏观观测作用。高效应对9月2日榆中3.3级地震和10月6日红古2.8级地震事件。科学规划台网，建立布局合理、功能完善的监测台网的新思路，将省地震局在兰州境内及周边的部分台站数据接入市局监测系统，将现有7个台站纳入全省地震监测台网，实现数据资源共享，对榆中兴隆山台、榆中深井观测台、民乐测震台等台站进行改造提升，对无法消除干扰的七里河电磁波台择址搬迁。对地震监测预报中心的监测系统进行优化升级改造。编制《兰州市地震监测台网中长期建设规划》，拟在永登南部、兰州新区和皋兰交界一带、榆中东北部空白点选址新建一批台站，对现有地震前兆手段开展监测预报效能评估，科学遴选预报效能高的测项重点发展，填补监测空白，消除监测盲区。

【震害防御】 2019年由审批制向监管制改革过渡时期，着力加强建设工程抗震设防要求监管，按照工程建设审批改革有关程序取消审批，推动一般建设工程项目由审批制向监管制转变。按原程序对51个一般建设工程项目办理抗震设防要求审批手续，完成对兰州奥体中心等一批重大项目的地震安全性评价工作。

推动城乡震害防御平衡发展，加强与相关部门沟通协调，了解掌握兰州市建筑减隔震技术应用和农村危旧房改造情况，配合有关部门做好建筑工程减隔震技术应用、综合减灾示范社区创建、农村民居建设地震安全引导和技术服务等工作。积极争取地震小区划成果应用，兰州新区地震小区划成果已通过中国地震局评审。

【地震应急准备】 配合市应急管理局做好《兰州市地震应急预案》修订完善以及区县、部门地震应急预案修订工作的指导和备案管理工作。积极开展地震应急演练与培训。以地震现场工作队集结出队、收集灾情、汇总上报、通信设备使用、震害调查等科目为重点，组织开展地震现场工作应急演练。组织参加“国家陆地搜救兰州基地公开日”活动和全市“安全生产月”“安全生产金城行”等活动，开展多期地震应急知识宣传培训。加强应急设备维护管理，坚持定期测试全市地震应急无线通信系统、与省地震局视频会议连线联调，及时对地震应急装备进行日常维护和保养，保障通信、设备、网络等设备畅通。

【防震减灾宣传教育】 同市教育局在兰州市第四中学开展兰州市中小学“5·12”防震减灾应急疏散演练现场观摩活动。同省地震局、城关区地震监测服务中心、酒泉路街道开展“7·28”防震减灾科普宣传活动。运用门户网站、两微一端、手机短信平台以及电视、广播、报刊、公交电视、楼宇广告等媒体，强化防震减灾知识宣传普及。在兰州生活文艺广播微信公众号《防震减灾科普》专栏推送防震减灾科普知识视频100余条，在《兰州日报》科普专栏刊登地震科普知识10余次；在全市1000多辆公交车车载电视连续播放防震减灾公益宣传片，向市民发送防震减灾知识手机公益短信10万余条；在近郊四区200个社区点位电子条屏滚动播放防震减灾科普知识。开展形式多样的防震减灾知识“进机关、进社区、进学校、进企业、进院校、进农村、进家庭”活动和科普研学活动，举办基层防震减灾知识培训讲座20余次。组织兰州市代表队参加全省防震减灾科普知识大赛，获得二等奖。会同相关部门和区县举办3场防震减灾科普讲座公益活动，邀请中国地震局原领导和灾害防御协会专家授课。编辑制作兰州市首部防震减灾MG动画公益短片和市地震博物馆科普研学系列动画短片等5部科普作品。完成《防震减灾》杂志编印工作，向省市相关部门、兄弟城市地震部门赠送杂志1000余本。对2014年12月31日前已命名的省级防震减灾科普教育基地和省级防震减灾科普示范学校开展检查考核和重新认定。优化市地震博物馆参观环境、提升服务水平、拓展研学内容，在打造精致品牌上下功夫，逐步推动市地震博物馆向高精尖、宽领域发展。全年市地震博物馆接待观众3万人次，接待科普研学团队20余批次1000余人，研学项目绩效目标达到85%以上，成为省市机关、企事业单位开展主题党日的重要活动阵地和市委党校主体班教学实践基地。

（张建华）

5月12日，兰州市地震局在市民广场进行防震减灾科普知识宣传

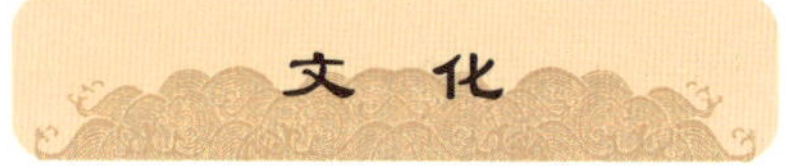

文化

【概况】 2019年，全市共有公共图书馆8家、文化馆9家、美术馆1家；已建成53个街道、401个社区综合性文化服务中心，58个乡镇文化站(不含兰州新区)、676个村综合性文化服务中心(不含兰州新区)；有全国重点文物保护单位10处(含长城)、省级文物保护单位40处、市县级文物保护单位109处；列入全省博物馆名录的博物馆(纪念馆)共有29家。其中，国有博物馆21家(市县区文化部门直属博物馆10家，行业博物馆11家)；非国有博物馆8家。市县(区)文化部门直属博物馆(纪念馆)共有藏品18987件，其中一级文物105件、二级文物225件，三级文物1141件。全市实现乡镇文化站、农家书屋、文化共享工程、广播电视"户户通"、城乡地面数字化电视网络全覆盖，公益性文化场馆全部免费开放。

【园区建设】 兰州创意文化产业园国家级示范园区创建有序推进，西部创客"文创+"创新创业生态综合体、爱立方民族文化婚庆创意产业园等10个文创园区建设逐步推进，形成西北文化创意产业园区第一梯队。

【文化惠民】 实施"百千万"文化惠民工程，市级举办活动218场、县(区)举办活动2976场、乡镇(街道)举办活动12291场。放映优秀主旋律公益电影350场。全市公益性场馆接待观众超过300万人次，接待团体350余个，开展特色社教活动260余场次，举办展览100余场、读者阅读推广活动近200场。《智勇红色文化校园建设》《青少年教育课堂》被评为全省博物馆纪念馆社会教育示范项目。推进县级文化馆、图书馆总分馆建设，全市建成县级文化馆总分馆84个、县级图书馆总分馆70个。

【精品文艺创作】 甘肃文博信息产业发展有限公司的东方密语·人文意境丝带长巾系列和甘肃华晨文化发展有限公司的敦煌故事·凝视旅途系列商品在全国旅游商品大赛上分别荣获金奖和铜奖。创作编排话剧小品《精准扶贫》和情景剧《那在的住院日记》在全省卫生系统进行展演。兰州画院13名画家全年共创作国、油画作品538幅。其中巫卫东、王生凯、张云作品入选第十三届全国美术作品展，巫卫东、丘宁、张光宏、郑薇作品入选第六届全国画院优秀作品展。原创歌曲《黄河之滨也很美》，新编新版歌剧兰州芭蕾版《灰姑娘》《图兰朵》《波西米亚人》《茶花女》上演。

【文物保护和"非遗"工作】 启动

"2019年兰州市惠民演出"——《大梦敦煌》

实施皋兰县文庙消防工程等文物保护项目11个，延续实施五泉山建筑群消防工程等文物保护项目9个。完成西北民族大学东汉墓抢救性清理发掘工作，清理文物31件。完成全市第八批国保单位遴选申报和市、县级文保单位档案编制工作。做好兰州清汤牛肉面、兰州刻葫芦第五批国家级非物质文化遗产申报工作。

（文生茂）

【概况】 2019年，全市接待国内外游客8210.8万人次，同比增长22.2%；实现旅游总收入766.5亿元，同比增长29.0%。12月22日，在北京召开的新时代·中国品质旅游营销峰会暨2019锦绣中国榜发布盛典大会上兰州市荣获“最具文化魅力旅游名城”“2020年最值得旅行者去的中国旅游目的地”两项殊荣。《2019年中国避暑旅游预测报告》显示，兰州市成为中国十大“最火”避暑地。全市有A级景区26家，其中4A级景区7家；旅行社290家，导游6450名；有星级酒店44家（其中五星级1家，四星级12家，三星级28家，二星级3家）；有市级旅游示范乡镇16个、农家乐1500户。

【项目建设】 全市76个文旅产业项目建设，完成投资51.55亿元。其中，黄河楼、兰州老街完成主体建设，晴望川民俗文化村一期完工投入运营，“读者印象”精品文化街区、树屏丹霞景区一期、万达文旅城、金城公园二期等重点项目加快建设。

【基础设施建设】 完成水车博览园水车修复工作，市博物馆于8月26日开馆。抓好城关区、榆中县2个国家级全域旅游示范区创建工作，深化国家文化消费试点城市和国家级文化产业园区创建工作，指导七里河区、西固区2个省级“全域旅游示范区”创建工作，推进9个省级旅游示范村、4个市级旅游示范乡镇、12个市级旅游专业村、300户农家乐、109座旅游厕所、3座品牌旅游厕所、9座“城市自助书吧”建设和创建工作，建成火车站游客集散服务中心总部、中川机场和西客站两个游客服务中心。

【城市影响力提升】 成功举办第九届兰州黄河文化旅游节、第七届兰州国际鼓文化艺术周暨第八届兰州国际民间艺术周等重点节会活动。9月29日，“兰州十一去哪玩”话题荣登新浪热搜榜前三，点击量超过200万次。兰州演艺集团作为西北唯一演出单位参演中华人民共和国成立70周年盛典。举办文旅产业博览会、文创旅游商品大赛、兰州地方特色美食烹饪大赛，评选出特色文旅商品24件、兰州地标名宴15个、兰州地标名菜46道。在北京、广州、成都、南京等城市举办文化旅游推介会，与南京、上海相关旅行社签订合作协议，互送游客5万人次以上。赴俄罗斯奔萨、韩国首尔开展对外文化交流活动。

【招商引资】 组团赴北京、深圳、上海等城市开展项目推介及招商活动，市文旅产业组签约项目5个，签约金额120亿元，到位资金9亿元。申报省级文旅产业发展专项资金项目21个，申请资金4500万元，争取文物保护专项资金4527万元。组织舞剧《大梦敦煌》赴新加坡、马来西亚交流演出。

【舆论引导】 聚焦“公益、文化、原创”，深入推进创新创优，大力繁荣文艺创作，努力打造更多思想精深、艺术精湛、制作精良的广播电视和网络视听精品力作。组织全市2018年度广播电视优秀节目评选工作。积极推进新媒体融合发展，推进传统媒体与新媒体从简单相“加”迈向深度相“融”，实现一体发展、快速发展、融合发展。

【市场保障】 开展涉黑涉恶线索“大排查、大核查”和营业性演出市场、噪声污染、旅游行业利剑等专项整治行动，营造平安、和谐、繁荣的文化旅游市场环境。做好网络视听广播电视节目监管工作，整治非法卫星地面接收设施，确保网络视听广播电视节目内容安全，完成元旦、春节、“两会”等重要时间节点的安全播出保障工作。

【思想建设和理念创新】 注重把党建谋在日常、抓在平常、严在经常、落在时常，利用中心组学习、专题党课辅导、大会精神宣讲等方式，以党建促队建，推动“不忘初心 牢记使命”主题教育深入开展，通过一线走访、

8月7日至11日，第九届兰州黄河文化旅游节在兰州举办

专题座谈等方式，围绕焦点、热点、难点问题，集思广益、群策群力，提出“1151”（一条主线、一带一路、五个突破、一个理念）产业发展思路，形成新的工作思路和部署。10月17日，省委副书记、省长唐仁健批示：兰州文旅“五大突破工程”和“一河两镇四区”的谋划是好的，衷心希望加快付诸实施，尽快落地见效。

【重点攻坚和服务提升】 举办兰州首届黄河之滨音乐节，活动在《朝闻天下》《新闻联播》等央视媒体播出。国庆前夕发布兰州文旅“七大主题活动、十项精品内容”，“今日头条”点击量149万人次，通过“七大主题”活动牵引，国庆期间来兰游客酒店入住率同比增长70%。树立以游客为中心的理念，安排“八办”、市博物馆、金城关“五馆”国庆期间夜间免费开放，被中央电视台《24小时》栏目报道。举办兰州文化旅游产业“1151”突破工程战略合作暨2019兰州冬春文化旅游推广活动，推出十“福”之旅百项精品活动。针对群众反映的突出问题，启动“平安一号”“平安二号”专项整治行动，确保全市文化旅游市场安全。

（文生茂）

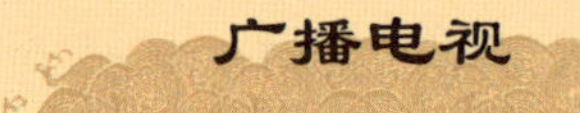

广播电视

【概况】 2019年，兰州广播电视台坚持正确的舆论导向，围绕全市发展大局和工作重点，制定59个宣传方案和报道计划，安排播出各类公益宣传片210余部。在央视发稿180条（新闻联播发稿46条）；在中央人民广播电台发稿109条，在央广网发稿114条，在省级媒体发稿438条，在《甘肃新闻》发稿683条，在全省14个市州排名第一。兰州广播电视台全媒体矩阵一网、一端、34个发布账号全年总影响力规模超过152万，全媒体矩阵累计阅读、播放量超过1亿。

【机构改革】 按照《兰州市机构改革方案》，兰州广播电视台由市委直属事业单位调整为市政府直属事业单位，归口市委宣传部领导。主要职责是宣传党的理论和路线方针政策，统筹组织重大宣传报道，组织广播电视创作生产，制作和播出广播电视节（栏）目，做好舆论引导和舆论监督。

【主题宣传】 开设《深入学习宣传贯彻习近平总书记视察甘肃重要讲话精神》、“我和我的祖国”“精致兰州”“黄河之滨也很美”等专栏，全方位、多视角、大容量地展现兰州市在经济发展、重点工程建设及推进重点工作开展等方面所取得的成就，在全市营造干事创业的良好舆论氛围。

【节目创新创优】 兰州广播电视台创拍的记录电影《踢球吧，孩子》获第32届中国电影金鸡奖最佳纪录片提名，填补甘肃本土记录电影史多年的空白。创拍的记录片《决战兰州》，作为“优秀理论文献片”入选2018年度国家广电总局国产纪录片及创作人才扶持项目。《决战兰州》《西北孔道》分获第十五届全国党员教育电视片一等奖和优秀奖。1月28日，纪录片《西北孔道》在央视纪录频道播出。12月27日，纪录片《解放之战—兰州血战》在央视中文国际频道《国家记忆》栏目首播。2019年兰州广播电视台在各类广播电视节目评奖中，65件作品获得市级奖励，66件作品获得省级奖励。其中《落实进行时》等15件作品获省级一等奖，16件作品获省级二等奖、28件作品获三等奖，其他7件作品获专项类奖项。记者魏沁园获“好记者讲好故事”全省一等奖。主持人杨安入围中央广播电视总台主持人大赛全国新闻类主持人30强。

《踢球吧，孩子》纪录片获奖

【外宣工作】 深入挖掘报道题材，多渠道、多栏目发稿，一批反映兰州市重点工作的新闻稿件在中央台、省台播出。1月24日，消息《总书记的牵挂 一枝一叶总关情——深怀爱老之情 笃行为老之事》在央视《新闻联播》头条播出。10月26日、12月29日，消息《甘肃兰州：聚焦难题重在整改》《甘肃兰州：打造多级养老服务体系》在央视《新闻联播》单条播出。

【媒体融合】 兰州广播电视台将2019年定为“媒体融合深化年”。“爱兰州”APP获第四届中国云城市联盟峰会融媒体标杆奖，并被中国云城市联盟接纳为中国云城市联盟会员单位。“爱兰州”移动客户端用户下载量累计达到72万。爱兰州现场云以14.8万的报道总量位居新华社现场云3000多家媒体生产力榜第一位。协助全市8个区（县）完成融媒体中心的技术系统搭建、大屏展示及技术服务支持工作。“爱兰州”移动客户端先后开设“爱七里河”“爱安宁”“兰州城管”等频道，共建区县媒体融合大平台。

【重大活动】 兰州广播电视台策划举办“2019我们的中国梦——文化进万家惠民演出走乡村”“2019年兰

州市少儿春节联欢晚会”“兰州市斑马线礼让之星颁奖典礼”“2019年兰州市春节团拜会”“‘我为祖国唱支歌——2019,用歌声祝福祖国’公益活动”“兰州市总工会庆五一‘中国梦·劳动美——劳动者之歌’主题活动”“‘东瓯世贸广场’杯第五届中国兰州主持人大赛”“‘我忆兰州好·城市新民谣传唱’活动”“第三届‘国学少年强’国学知识挑战赛”“第十三届(2019)金城大专辩论赛”等74项市民参与的大型赛事和活动。

5月30日,中国人民大学宋建武专家工作站揭牌,通过聘请宋建武教授为兰州市柔性引进高层次人才,为兰州广播电视台媒体融合工作提供更多重要建议和发展路径。

【转播台站运行】 兰州广播电视台加强广播覆盖技术系统项目建设,新建完成皋兰什川、兰州新区共2座转播台站,并开通运行。改造完成榆中白虎山、皋兰西山、红古平安台共3座老旧台站,安全运行率及广播节目信号传输质量不断提升。

【影院建设】 兰州市电影发行放映公司开拓市场,开展点播影院加盟连锁品牌的推广,在西固区虹盛百货5楼新建完成CC自在影酷点播影院加盟店一间,积极筹备省内点播院线。兰州百安概念影城保障安全运营服务,2019年放映电影1.8万场次,观影人次20.8万人。

(刘 杰)

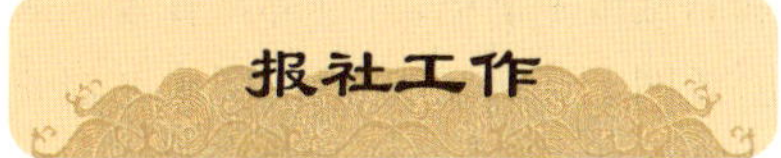

报社工作

【概况】 2019年,兰州日报社贯彻落实市委重大决策部署,办报、经营、管理和作风建设等方面工作都有新进展、新突破、新提高、新成绩。推出学习贯彻习近平总书记视察甘肃重要讲话和指示精神系列报道,开设庆祝中华人民共和国成立70周年特刊,采写100余个版面专题报道。扎实做好“不忘初心、牢记使命”主题教育宣传报道工作,共发稿3000余篇。各报网开设“扫黑除恶专项斗争”专栏,推送相关稿件300余条。

【舆论引导】 兰州日报社所属“三报一网一中心”,开设“精致兰州周刊”“精致兰州文明同行”“兰马”专版,推出“黄河之滨也很美”大型策划报道和兰州市2019年创建全国文明城市专题报道。其中《把金城关打造成兰州的洪崖洞》受到省长唐仁健、市委书记李荣灿批示。主动作为、延伸服务,打通新闻媒体服务群众、做好公益的最后一公里。举办“种下一棵爱心树,让你养到20岁”千人大型公益植树活动、乡村旅游助推青土坡村向富裕“奔跑”“暖冬行动”等大型公益活动,报网公益服务能力和社会影响力不断增强。

【媒体融合】 举办“领读金城、看见未来”大型读书活动,多城互动、多媒联动,在全市范围内产生良好的社会效益。举办“四力”教育实践之“精致兰州——百毫写金城”书画活动,吸引百名书画家以文化活动的形式描绘发展中的兰州。举办“全国党报党媒社长总编兰州行”大型采访活动,向全国53家主流媒体展示兰州经济社会发展成就。举办“十城相约·爱上兰州”大型直播活动,124.1万人次同时收看,创造报社网络直播关键指数的新高度。成立“兰美美”“西游记”两个融媒体工作室,制作“兰美美早报”“兰美美回家记”等10余个新媒体栏目,其中“兰美美回家记”系列作品荣获ZAKER融媒体城市群最佳创意互动奖。报社与方正公司、中国移动达成项目合作协议,将兰州市新时代文明实践中心与报社融媒体中心一同建设。“双中心”格局将成为报社实现改革转型发展的重要抓手和平台。

【广告经营】 兰州日报社逐步形成以项目建设为引领、广告创收为基础、轻印刷为生力的多元化创收体系。实施“项目立社”策略,组织调动干部职工筛选凝练出经济效益佳、社会效益好的发展项目,项目达到20余个。新媒体中心通过政务托管、活动策划、项目运营等业务,创收近800万元。印务中心高质量完成出报任务,发行中心开通网上征订业务,物业保障平稳有序运行。

【重点工作】 推动高原艾草产业链发展,协调督促甘肃百草中药材种植有限公司发放工人工资116万元、分红资金91.5万元、奖学金1万元。10月29日,中央电视台(网)17套农业农村频道《遍地英雄》节目讲述报社首席记者、驻黄蒿湾村工作队队长杨贵智的扶贫故事。兰州日报社获“全国报业推动脱贫攻坚和生态文明建设先进单位”荣誉称号。修订完善《兰州日报社深化体制改革方案》,认真梳理盘点,理清各类有形资产,挖掘经营创收潜力,为报社增收创收发挥积极作用。统筹做好报社精神文明建设和创建文明城市宣传工作,报社所属“三报一网一中心”围绕创建文明城市刊发稿件2000余篇,两报全年刊发公益广告累计240个整版,完成2019年度创建文明城市新闻宣传工作。

(闫龙龙)

档案工作

【概况】 2019年,档案工作从“管文件”向“管数据”转型,推进档案馆从单纯的档案保管、档案利用场所向档案保管基地、爱国主义教育基地、档案利用中心、政府公开信息查阅中心、电子文件备份中心“五位一体”的方向转型，实现创新发展。馆藏档案20万卷(件)，电子档案全文800万幅、目录100万条。市档案馆被甘肃省档案局确立为全省档案信息化试点单位。

【机构改革】 机构改革后，市档案局、市档案馆分设，不再保留与市档案馆合并设立的市档案局，档案行政管理职能划归市委办公室，加挂市档案局牌子，市委办公室增设文书二科，履行全市档案行政管理职能。市档案馆为市委直属正县级公益一类事业单位。2月15日，市委任命市档案馆领导班子。8月，经市委直属机关工委批准，成立中共兰州市档案馆机关党总支，下设3个党支部。

【档案信息化建设】 推进档案数字化工作，完成电子档案录入44万幅、电子档案转换缩微胶片168万幅，历史音像档案数字化转换2510.4小时6544条。推进纸质与电子档案“双套制”进馆工作，制定《兰州市档案馆数字化档案接收标准(试行)》，重点确定市政府办公室、市审计局、市体育局、市供销社等4家单位对照标准试行，积累经验。推进兰州市电子档案接收利用系统项目建设和涉密机房建设，完成档案信息系统涉密网络安全防护项目分析报告初稿，建成涉密机房。

【档案服务利用】 为全市重大活动、重大事件等做好查档利用服务，全年接待查档4000余人次，提供档案资料6万卷件、复印1.4万页。打造“最多跑一次”档案查阅利用服务体系，“让档案信息资源多跑路，让群众少跑路”，使广大人民群众更为便捷地查阅利用档案资源，尤其是关系切身利益的民生档案，使馆藏档案社会效益最大化、便民服务最优质。与北京市海淀区、河南省、福州市、成都市、宁波市、安顺市6地档案馆签订“民生档案跨馆异地利用服务工作协议”试点；与西安市、太原市、呼和浩特市、南昌市、贵阳市、昆明市等11个中西部省会城市综合档案馆签订《中西部城市档案馆合作交流倡议书》，同步推进市、区(县)档案馆之间的跨馆民生档案服务利用联动工作机制建设，增强各地档案资源信息互联互通、便利服务，实现兰州市查档群众就地申请查阅兰州外跨区域的婚姻档案、独生子女档案、就业分配档案等民生档案，节省查档群众往返时间、精力和财力，做出有益的尝试和工作改进。

【档案规范化管理】 强化机关档案工作，指导市直各部门、各有关单位、人民团体、高新区、经济技术开发区完成3万余件文件材料的归档整理工作，接收进馆582卷、2.9万件。围绕服务于全市机构改革，制定全市机构改革档案处置工作实施方案，对22家涉改部门和单位的档案处置工作进行检查指导，接收进馆档案3649件，接收实物档案包含挂牌14块、废旧公章类192枚。完成轨道交通一号线建设、第二水源地建设等18个建设项目资料的监督指导工作；发挥档案整理业务优势，选派2名业务骨干协助市文明办做好创建文明城市材料收集、审核、整理工作。

【档案宣传教育】 在“6·9国际档案日”举行《兰州红色档案》一书公开发行仪式，推进“走进档案守初心”为主题的“兰州档案·红色记忆追寻活动”。活动分为《兰州红色档案》印刷出版、专场发行宣传、兰州红色档案征集、兰州红色记忆展览、兰州红色档案线上推介、兰州红色档案专题调研寻访活动等6个专项系列，发行《兰州红色档案》近2000册，征集到失散西路军老战士档案、兰州地区兵要地志等重要珍贵红色档案文献史料31套(组)106件。举办“兰州红色记忆展”，接待社会各界参展者1600余人次，专题调研寻访兰州战役纪念馆、高台西路军纪念馆等革命遗迹7处，拜访参加过革命的老同志6名。“兰州红色记忆展”被市委组织部推荐为全省基层党员教育培训现场教学点。

【档案安全管理】 对照国家档案局《档案馆风险评估指标体系》馆库安全、档案信息安全、安全保障机制、档案实体安全4个方面154项指标，推进档案安全风险评估工作，建立工作台账，实行挂账销号作业管理，取得阶段性成效。领导班子成员带队，分组对各区(县)、重点市直部门共34个单位进行现场检查，发现安全风险隐患随即签发整改意见书，要求建立问题整改台账，确定整改措施，逐项整改到位。实行“周督促，月总结，科室联动”的工作推进机制，每月召开专题工作推进会议，针对存在的问题和困难，研究制定切实可行的整改措施，确保安全风险评估各项工作任务落实到位。

【档案法治建设】 加强对档案工作人员的法治教育，建立学法用法制度，把党章党规、宪法法律和档案法规、规章知识等列入干部职工学习培训内容，提高档案工作人员法治思维和法治意识。梳理、认领市级政务服务事项10项，严格落实服务承诺“四办四清单”制度，按照“即收即办、当日办结、限时办结、代办服务”四个类别制定服务清单，且全部在甘肃政务服务网上开通在线办理，明确办理流程和办结时限。推进简政便民，梳理、认领涉及的行政许可、行政处罚等行政执法职权职责及其他权力事项清单共16项，并报市委编办审核通过。

【档案业务培训交流】 5月初，与苏州大学联合举办档案服务管理创新培训班，对全市80名档案专业人员进行新时代档案事业发展和主要任务、档案利用服务方式和手段创新、档案信息资源开发与利用、档案服务的网络化建议等方面的培训。6月中旬，组织各区（县）档案局、档案馆负责人进行档案安全风险评估、档案信息化建设、机构改革单位档案处置工作的业务培训。上门帮助和指导各区（县）、市直部门等举办业务培训班12期。发挥好兰州市档案学会的作用，组织广大档案工作者开展档案业务交流活动，全年在省级以上档案专业杂志发表宣传稿件5篇、学术论文3篇。

【其他工作】　把制度建设贯穿到各项工作中，修订完善《兰州市档案馆馆长办公会议议事规则》《兰州市档案馆工作例会会议制度》《兰州市档案馆机关财务管理制度》等规章制度。组建兰州市档案馆档案文献史料征集鉴定委员会，建立《兰州市档案馆档案征集鉴定工作制度（试行）》和工作流程，提升档案征集工作的科学化、规范化水平。针对市档案馆和安宁区、榆中县档案馆存在较为严重的安全风险隐患的问题，与市发改委、市建设局、安宁区委等对接协调，争取集中力量尽早解决异地新建市档案馆、安宁区档案馆的问题。

（张生晓）

地方志工作

【概况】　2019年，为“全省志书编纂和年鉴编辑”攻坚年。市地方志办公室通过开展志书编纂和年鉴编辑攻坚年活动，提前一年完成全市二轮志书公开出版、综合年鉴一年一鉴公开出版的“两全目标”任务。在2019年度考核中，兰州市在全省市州排名由上年的第5名，晋升为全省并列第1名。

【二轮志书编纂出版】　市本级二轮志书《兰州市志》经过10年半的努力，于2019年3—5月在新任领导手中完成第一遍审校和史料补充；6—8月完成第二遍审校和史料补充；同时实行责任包干制，安排6名业务骨干分头再审校；9—10月完成第三遍审校；10月30日对《兰州通志》的初审稿、复审稿和终审稿等原始性资料，通过与市发改委、市统计局等部门对重要数据进行20余天的再核对再把关，于12月23日出版发行；《安宁区志》于9月出版发行；《榆中县志》《红古区志》于12月2日出版发行，《榆中县政协志》于10月出版发行。全市八县（区）全部实现志书出版发行。

【年鉴编辑出版】　经过3月8日、5月31日和8月8日三次全市年鉴和史志工作推进会议、17次督查督办，市本级及八个县（区）的综合年鉴，于9月30日前全部完成编辑和出版社书号审批。由市志办牵头，经过85天和省市自然资源厅局不懈协调努力，市和八县（区）于10月30日完成有当年审图号的地图，志书和年鉴历史性实现载图出版。《兰州年鉴（2019）》与各县区综合年鉴于11月底前完成公开印刷出版。市和县区年鉴实现一年一鉴、公开出版。两全目标全面实现。其中《安宁区年鉴（2018）》被评为全国精品年鉴。

【地情资料工作】　《兰州戏剧史话》于2019年2月出版发行。《兰州历史图录》正在编审。《安宁桃文化》《安宁之歌》出版发行。《西固文史资料》教育专辑12月完成出版发行。完成全省首部村落历史影像志《历史文化名村——沙井驿》。

【旧志整理】　《皋兰县新志稿》整理点校工作完成，12月30日进入印刷出版环节。榆中县完成《重修榆中县志校注》出版发行。

【乡镇村志工作】　《金城村史》安宁卷、红古卷、皋兰卷于2019年12月30日由甘肃文化出版社开机印刷。《窑街史话》《向阳村史》等出版发行。

【“一纳入、八到位”落实情况】　全市业已形成党委领导、政府主持、地方志工作部门组织实施，社会各界广泛参与的工作局面，“一纳入、八到位”良性运作的工作机制已全面形成。从市级层面来看，《兰州市地方志事业“十三五”发展规划》得到较好贯彻，史志工作已有效地纳入全市经济社会发展规划中并得到有效执行。市地方志编纂委员会组成人员及时进行调整并呈报市政府批准；机构、人员编制、设施设备落实到位，全办共有工作人员19名，其中满编18名、外聘人员1名，办公用房11间、资料室2处4间160平方米；11月，在五泉下广场申请到一个有74平方米的书库，已经完成维修粉刷，安装重型货架，部分志书和年鉴已经得到安全转移。市地方志编纂工作专项经费列入年度市级财政预算。2019年，市级财政共拨付专项印刷资金105万元；信息化建设资金60万元。从县区层面看，各县（区）均制定出台符合各自实际、具有地方特色的《地方志事业“十三五”发展规划》，特别是安宁区将地方志工作纳入全区年度目标责任考核体系，做到责任人员“双靠实”；各县（区）成立由县（区）政府主要领导为主任的编纂委员会，按年度召开工作会议，做到地方志工作早部署早落实；各县（区）机构、编制、人员、设施、资金五到位，均设有地方志专职机构，人员编制、办公地点、办公用房、资料室落实到位，有的县（区）因工作需要还另外聘请专业人员充实编修力量。市本级及八个县（区）

"一纳入、八到位"全面落实。

【志书年鉴信息化工作】 是年，市地方志办信息化5个项目执行预算54.6万元。年初，兰州市情网迁移到市政府网站群并改版上线；《兰州年鉴2019》利用在线编纂系统完成3轮编审；兰州市参加在江西吉安召开的2019年全国地方志系统信息化工作研讨会暨信息化业务培训班，作大会交流发言。兰州市情网内容更新48条，微信公众号内容更新44条。

【县区考核情况】 根据"十三五"发展规划任务完成情况和省地方志年终考核办法，对兰州市8县(区)进行认真考核评估，考核等次为一等奖单位是城关区、安宁区、皋兰县、永登县、榆中县；二等奖单位是七里河区、西固区、红古区。

【业务培训】 为贯彻落实全省地方史志工作会议精神和"全省志书编纂和年鉴编辑"攻坚年活动的要求，加快推进《兰州年鉴》(2019卷)、城关区等八县(区)年鉴(2019卷)编辑和榆中、红古志书出版工作，3月8日、5月31日、8月8日市志办共集中召开三次"2019年兰州市年鉴和史志工作推进会议"。采取以会代训的方式，对参会的140个单位进行年鉴编辑过程中的常见问题予以详细讲解。7月22日—26日高生军主任参加中指导组组织的第四期全国年鉴主编吉林培训班，8月参加山东济宁举办的全国新任地方志办主任培训班。市志办的三次集中培训，围绕第四期全国年鉴主编吉林培训班的8场培训课内容，就如何打造精品年鉴，地方综合年鉴常见的质量问题，军事内容质量管控等进行讲解，分享北京海淀区党史地方志办公室钟冷主任的《精品路上漫求索》，海淀区如何打造精品之路的过程，高生军同志用500多张PPT，讲解了以年鉴编辑为主要内容的业务培训课，从各个方面详细普及年鉴相关知识，为同志们提供详实的案例指导。利用重大节日的活动节点和主题党日活动，高生军主任对全体党员职工系统进行各方面各种类型的党史知识培训。

【其他工作】 2月初，市志办全体帮扶人员给12户对口帮扶户，每户送去300元春节慰问品。3月，为每户又送去100余元慰问品。5月，为9户帮扶户送去连心卡。6月，主要领导联系动员兰州陇萃堂公司给帮扶村捐款10000元，用于新农村建设。9月初动员甘肃东方南洋昂立教育科技有限公司捐款10000元解决自来水入户工程欠款难题。9月中旬，支部组织全办党员干部给村上3名贫困大学生捐款3000元。10月，帮助贫困户销售大蒜1200斤。11月，开展"认领微心愿、温暖身边人"活动，全体党员自筹600元，为雁宁路社区3户贫困户送去慰问品。

【队伍建设】 2019年，全办18名公务员全部解决副科级以上待遇；任职配齐四个科的科长、副科长；解决二级调研员待遇1人；四级调研员待遇1人。在财政压缩经费的指令下，从7月到12月间，先后4次向市财政局申请到经费27万元，报废配备彩色复印机、收发文机，为大家配备22套环保桌椅和22套高金属书柜等；协调市机关事务局和市财政局，在五泉下广场附近申请到一处74平方米的书库，完成粉刷、装修、配置了26组重型货架、33组金属书架；对办公楼上的资料室配置25组金属书架；五泉书库已转运志书年鉴360多箱，使志书和年鉴的存放条件得到极大改善。

(贯婉妮)

卫生健康

【概况】　2019年,全市有各级各类公立医疗机构969家,民营医疗机构1804家,专业公共卫生机构103家。公立医疗机构共有床位12282张。从业人员48714人,卫生技术人员39716人。全年建成各类医联体114个。其中,医疗集团2个,专科联盟34个,县域医共体3个,其他形式的医联体75个。确定17家市县级农村贫困人口大病、9家甘肃省光明扶贫工程救治定点医院。市级医疗集团通过医院信息平台、手机APP开通远程会诊系统,县级以上综合医院远程会诊实现全覆盖。三县和西固区已建成紧密型医共体,基层医疗机构全部参加医联体建设。

【机构改革】　2月18日,兰州市卫生健康委员会正式挂牌成立。将原兰州市卫生和计划生育委员会、兰州市深化医药卫生体制改革领导小组办公室、兰州市老龄工作委员会办公室的职责,以及兰州市安全生产监督管理局的职业安全健康监督管理职责整合,组建兰州市卫生健康委员会,为兰州市政府组成部门。保留兰州市老龄工作委员会,其日常工作由兰州市卫生健康委员会承担。

【医药卫生体制改革】　持续推进公立医院改革,完成全市二级及以上公立医院章程制定,明确党委领导下的院长负责制;落实三级公立医院总会计师配备,推行医院经济全成本核算管理;持续推进公立医院人事薪酬制度改革,建立绩效考核分配方案;联合市医保局对公立医院药品零差率补助资金进行绩效评价,价格补偿率平均75.6%,实际财政补偿率15.2%。全市有20家医院设置老年病科、27家二级以上医疗机构设置老年人就医绿色通道、建设成医养结合示范点50家,31家养老机构中有29家实现医养结合。城关区入选全国第三批智慧健康养老应用试点示范名单,成为全省首个获此称号的区县,城关区临夏路街道、团结新村街道、盐场路街道为全国智慧健康养老示范街道(乡镇)。分级诊疗制度持续完善,对分级诊疗病种实施动态管理,印发100个县级医疗机构分级诊疗病种和50个农村重大疾病分级诊疗病种临床路径;严格分级诊疗患者转院审核,出台不按规定转诊患者在省级医院按30%支付、市级医院按50%支付的政策。基层医疗卫生机构废除“收支两条线”,乡镇卫生院对村卫生室实行“六统一”管理,全面落实在岗村医养老保险政策和离岗村医退养补助政策,离岗乡村医生养老金提高至每人每月105元标准。

【医疗卫生】　健全卫生应急指挥体系,补充优化卫生应急队伍,修订《兰州市突发公共卫生事件应急预案》,组建兰州民兵应急营医疗救护排。组织开展兰州市卫生应急综合演练,参加全省卫生应急综合演练,获得“综合演练一等奖”。处置21起突发公共卫生事件,均为一般及以下事件,共发病478例,无重病无死亡病例,及时开展流行病学调查与处理,迅速有效控制事态发展。完成2019年国际马拉松赛体育文化嘉年华活动等47项大型活动卫生保障,共出动现场保障人员1575人次、救护车426台次。全面落实国家基本药物目录,动态调整各级医疗机构基本药物使用比例,基层医疗卫生机构(含村卫生室)实施基本药物制度与中央转移支付补助资金拨付挂钩，调动医疗机构和患者使用基本药物的积极性。强化卫生健康人才队伍建设，引进各类卫生健康人才133人。其中，招聘专业技术人员9人；引进急需紧缺人才64人；引进高校毕业生60人。命名“夕阳红专家”5名、“首席专家”14名、“青年专家”12名。表彰奖励优秀医师团队20个、优秀医师80名。设立专家工作室31个。乡村医生孙明海被评为全国“百姓满意的乡村医生”。加强对外合作交流，选派103名专业技术骨干到瑞典、美国、新加坡等国外知名医疗机构研修学习。引进国外先进医疗技术，与丹麦哥本哈根大学哈维德夫医院建立合作关系，在市二院、市妇幼保健院分别建立外科（妇科）快速康复教学培训基地。实行“人才+项目”培养模式，全市卫生健康系统共有14个学科被评为省级重点学科。推进“互联网+健康医疗”，全面启动医院居民电子健康卡，全市二级以上公立医院全部实现挂号、就诊、检查、缴费、住院等医疗服务“就诊一卡通”，被省卫健委评为“全省电子健康卡建设工作中作出突出贡献的单位”，完成全民健康信息平台建设，初步实现全员人口数据库、健康档案、电子病历等核心数据共享，全市医疗机构全民健康信息平台接入率100%。妇幼健康服务信息系统项目完成主平台建设和试运行工作，实现与省级妇幼健康服务信息平台互联互通。全市26家医院完成双向转诊系统对接启用，推进情况居全省首位。

86岁患者张学文（左）亲绘徒手年画，送兰州市二院神经外科专家魏晋旺主任（右），赞誉他高尚的医德。

【医疗服务】 开展改善医疗服务行动计划、医疗机构综合评审评价（千分制考核）、综合医院等级评审、“优质服务基层行”活动；建成市级质量控制中心34个，开展医疗质量控制培训7期，培训相关专业人员1500余人次。榆中县第一人民医院等6家综合医院被评为二级甲等综合医院，七里河区人民医院被评为二级乙等综合医院，市妇幼保健院被评为二级甲等妇幼保健院，兰州市中医医院等6家中医医院均被评为二级甲等中医医院。1个社区卫生服务中心被评定为中国社区卫生协会培训基地，2个社区卫生服务中心被选定为国家级社区医院试点单位，榆中县、西固区被定为省级紧密型县域医共体建设试点区县。市级财政向市属医院投入1.2亿元，加强重点学科建设。提升卫生健康科技创新能力，获得甘肃省医学科技奖二等奖2项、三等奖3项，获评省级重点学科10个。通过基层医疗卫生机构管理信息系统（云his系统）完成335名全科医生的信息录入。开展伦理委员会备案及监管自查工作，设立伦理委员会医疗卫生机构21家，3家医院伦理委员会开展项目研究审查。推进“平安医院”创建，截至2019年末，全市5家市属公立医院，被市委、市政府评为兰州市“平安医院”。

【妇幼保健】 市妇幼保健院被评为二级甲等妇幼保健院，红古区、永登县新建标准化妇幼保健机构，西固区异地重建标准化妇幼保健机构，皋兰县、七里河区异地重建标准化妇幼保健机构完成前期项目申报审批，8个区县妇幼保健机构等级评审工作全面启动。实施《母婴安全行动计划》和《健康儿童行动计划》，开展孕产妇现场应急急救演练督查考核，举办各类妇幼健康业务培训班10期。完成为民办实事农村妇女“两癌”免费检查88723人，深入实施贫困地区儿童营养改善项目，全面使用母子健康手册，手册使用率100%。规范儿童卫生保健服务，加强儿童保健工作培训和指导，对辖区7岁以下儿童进行健康检查和随访，落实0~6岁儿童眼视力保健工作。强化出生缺陷综合防治，建立出生缺陷防止网络，加强出生缺陷防治人才培训，有效开展出生缺陷三级预防措施。全市辖区活产数32441人；孕产妇死亡率18.5/10万；5岁以下儿童死亡率3.76‰，婴儿死亡率3.11‰，母婴安全主要指标均控制在两规划范围内。

【疫病预防与控制】 坚持“预防为主”工作方针，全市传染病防控、扩大国家免疫规划、严重精神障碍患者管理治疗、饮用水卫生监测、慢性“四病”防控等工作都有新的进展和提高。全市无甲类传染病报告，报告乙丙类传染病22种15880例，报告发病率为425.78/10万，积极应对并有效处置水痘、布鲁氏菌病感染疫情，全市传染病防控态势整体平稳。制定艾滋病、结核病防治等重点传染病防治项目方案，全市累计报告现住址艾滋病感染者和艾滋病病人2364例，艾滋病疫情处于低流行状态。联合市教育局对全市市属学校及民办学校近2万名入学新生进行肺结核筛查。第四轮全国艾滋病综合防治示范区项目获得国家卫健委审核通过。成功举办全市免疫规划业务骨干技术培训暨预防接种技能大赛。加强严重精神障碍管理治疗，全市累计检出并录入国家严重精神障碍信息系统患者11249例，检出率3.02‰，规范管理率68.83％，服药率48.32%，精神分裂症患者服药率51.59%。依托市一院、市二院、市三院、市肺科医院建立全市高血压、糖尿病、严重精神障碍、结核病医疗质量控制中心，加强慢性“四病”综合防治与全程管理，动态掌握各区县慢性“四病”进展情况。加强城乡生活饮用水及环境卫生监测，全市共设置85个生活饮用水监测点，采取月监测、季度监测和年监测方式，完成1322份水样的检测任务，共计22214项次；完成72份环境土壤的检测，共计504项次。

【爱国卫生运动】 举办2019“健康中国行·健康促进一带一路行·健康巡讲西部行”走进金城兰州活动，开展“2019年健康中国行·健康科普巡讲”走进校园，打造《健康生活》杂志健康教育科普品牌。创建省级卫生乡镇（街道）、村、社区、单位（小区）21家；市级卫生乡镇（街道）、卫生村（社区）、卫生小区和卫生单位22家，兰州市通过第六次省级卫生城市复审验收，红古区、永登县、皋兰县通过省级卫生县城复审验收，卫生创建工作走在全省前列，受省爱卫办通报表彰。

加强农村改厕技术指导，建立兰州市农村改厕技术骨干库，储备改厕工作技术人才；编印《兰州市农村改厕技术指导手册》《兰州市农村改厕知识十八问》，为农村改厕提供技术保障。开展全市医疗卫生机构“厕所革命”，全市二级以上医疗卫生机构的厕所基本符合《城市公共厕所设计标准》一类标准。

制订《兰州市健康细胞考评指标（试行）》《兰州市健康城市细胞工程创建评审与管理办法（试行）》，创建市级“健康单位”18个，奠定健康细胞建设基础。加大病媒生物防治力度，兰州市近郊四区防治效果达到C级标准要求，位居全省第一。

【中医中药】 5家中医医院被评定为二级甲等中医医院，全市乡镇卫生院和社区卫生服务中心均设置中医科和中药房，能够提供6类以上中医药技术方法，社区卫生服务站和村卫生室能够提供4类以上中医药技术方法。中央专项资金拨付300万元，加强榆中县、永登县和皋兰县中医医院标准化建设，市财政专项建设资金拨付90万元，加强9家市级中医药重点专科建设。西固区通过全国基层中医药工作先进单位复核、榆中县通过全国基层中医药工作先进单位省级评审。建成兰州市中医医院国医大师中医传承基地和院士专家工作站，中国工程院院士、国医大师石学敏教授入驻工作站，推进全市医疗卫生领域“产、学、研”融合发展。推进人才科研建设，4个中医药课题项目获得2019年度甘肃省皇甫谧中医药科技奖二等奖1项、三等奖3项。参加2019年甘肃省中医适宜技术技能大赛，获得团体三等奖1项、个人二等奖1项、个人三等奖1项。参加“第二届中国中医药产业博览会”会展。

【卫生监督】 加强公共场所、生活饮用水、学校卫生、消毒卫生、职业卫生、放射卫生监督管理，深入开展住宿场所、餐饮具集中消毒、不合格消毒产品查处、二次供水、预防接种等系列专项整治，严查违法违规行为，全市共实施卫生行政处罚982起，罚款金额234.96万元。其中，一般程序700件，罚款金额234.25万元；简易程序282件，罚款金额0.71万元。受理投诉举报194起，立案查处8起，查处率、回复率均达100%。采取“双随机、一公开”监督执法模式，完成随机监督抽检任务1932单。其中，国家任务1482单，监督完成率97.44%，任务完成率90.62%，任务完结率100%；省级任务450单，监督完成率92.67%，任务完成率92.67%，完结率100%。开展扫黑除恶专项行动、医疗乱象专项整治行动和医疗综合监管风暴行动，监督检查各级各类医疗机构6093家次，立案实施医疗行政处罚567起，罚没款154万元，吊销医疗机构诊疗科目5家，注销医疗机构诊疗科目13家，查处非法行医案件70起。加大卫生监督宣传，《如何将记者“偷拍”的视频作为行政处罚的依据》获得2019年度全国卫生监督微课优秀作品二等奖。

【医政管理】 落实“放管服”改革，完成13项许可事项办理流程及办理须知的清理规范，二级及以下医疗机构设置审批与执业登记实行“两证合一”，简化审批程序，取消《设置医疗机构批准书》，取消执业登记时的验资证明，落实电子证照库运行及“一网通办”，所有许可事项在“信用甘肃”网站和兰州市卫健委网站进行双公示，落实证照分离，进一步简政放权。加强区域医学中心建设，推进县级医院病理、影像、心电、检验、消毒五大区域医学中心和远程会诊诊断中心建设，榆中县、永登县、皋兰县综合医院全部建成远程会诊平台，实现了检验、心电、影像、病理等基层检查检验传输和上级医院诊断；市一院胸痛中心通过国家验收，市二院卒中中心通过省级验收。建立健全医疗纠纷处理与医疗事故鉴定机制，发挥人民调解主渠道作用，柔性化解，减少对抗。全年受理患者投诉399起，调解成功375起，调解成功率94%。委托医疗事故技术鉴定3起，委托尸检5起。通过调解，退还或赔偿经费共计37.8474万元。

【健康扶贫】 开展基本医疗有保障冲刺清零专项行动，县、乡、村三级机构、人员“空白点”全面消除，冲刺清零行动如期完成。通过省级健康扶贫退出验收和脱贫成效考核，中央专项巡视12个问题全部完成整改。贫困人口“有地方看病、有医生看病、有制度保障看病”目标基本实现。“组团式”帮扶的两家县级医院均达到二级甲等医院水平。加大健康扶贫宣传力度，2019年，在市级以上媒体发布报道60余篇，定期在兰州电视台《健康生活名医访谈》节目、兰州日报《健康兰州》专版中对健康扶贫政策内容进行宣传解读，编印健康扶贫工作指导手册、健康扶贫政策手册、折页、海报等宣传品10余万份。参加全省健康扶贫及科普达人演讲比赛，市卫健委获得优秀组织奖，个人获得二等奖1人，三等奖2人。参加省卫健委组织的全省健康专干岗位技能竞赛中获得一等奖。

（王世锋）

体育

2019年兰州市第三届广场舞大赛现场

【概况】 2019年，全市体育立足“全民健身”和“全民健康”融合发展，推动群众体育率先发展，竞技体育稳步发展，体育产业加快发展，整体事业跨越发展。全年开展全民健身活动200余次，参与群众人数70万人次。

【群众体育】 8月8日兰州市在体育公园举行全民健身运动会开幕式，以“欢乐运动嘉年华”为主题，共27个项目，历时4个半月，30万人参赛，产生218个冠军。运动会突出“全民”特点，年龄最小的4岁，年龄最大的75岁。

制定兰州市乡镇“五小工程”小文体室和10个三人制篮球场实施方案，全面完成器材安装工作。开展国民体质监测工作，加大国民体质监测力度，持续推进国民体质监测网络体系建设的检测存档，全年监测人次3万人。

开展二级社会体育指导员培训工作，举办科学健身讲座6期，培训骨干1000余人，二级社会体育指导员300人，全民健身网络平台持续推进，市、县、乡三级全民健身网络体系正在形成。

【竞技体育】 抓住训练与参赛中心环节，依托各类大赛锻造队伍。体工大队运动员蒋倩在2019亚洲青年摔跤锦标赛和全国第二届青年运动会，均获得自由式摔跤项目女子76公斤级第一名；运动员胡尧红获得全国第二届青年运动会自由式摔跤女子乙组57公斤级第二名；运动员何苗苗获得全国第二届青年运动会自由式摔跤女子甲组59公斤级第三名。

【品牌赛事】 2019兰州国际马拉松赛以“国际兰马、精致兰州”为主题，共有19个国家和地区的40007名选手参赛。赛事由中央电视台体育频道全程直播。路线沿着“百里黄河风情线”，途径各大名胜景点，充分展示“都会城市·精致兰州”的美好风貌。

2019国际田联路跑会议首次在中国兰州举办，是国际田联首次将年度路跑会议放在非欧洲地区举办。来自全球50个国家和地区的130余名路跑行业人员参会，以“路跑运动助推城市文明”为主题，进行17场主题演讲及分享沙龙。3小时电视转播和网络媒介，提高兰州市独特景观、人文特色的全球影响力，从而带动全市经济特别是旅游业发展。

10月2日至6日，与省体育局、省篮球协会共同在甘肃国际会展中心举办国际篮联三人篮球（U23）世界杯赛。共有来自五大洲33个国家和地区的男女40支队伍参加比赛。这是甘肃省举办的级别最高、参赛国家最多的国际A级篮球赛事。

【青少年体育】 组织多场乒乓球

2019兰州新区半程马拉松赛起跑

冬夏令营活动，邀请甘肃省部分偏远地区的150名留守儿童一同参与，构建青少年夏令营体系取得突破，持续推进武术、空竹、跳绳、体育舞蹈等传统特色体育项目走进兰州市50余所中小学校，累计超过1000课时，达到5万余人，传统特色体育进校园取得突破，体教结合不断深化。

【全民健身】 完成《兰州市中心城区黄河两岸休闲运动带和南北两山运动带规划》，规划构建南北两山山地运动带、黄河两岸休闲运动带、城市绿廊运动带为骨架的中心城区全民健身运动体系。完成32个行政村农民体育健身工程项目，完成省体育局2019年第一批全民健身项目，包括7个乡镇和社区体育健身中心，1个笼式足球场，5套二代智能健身路径，14个农民体育健身工程。

【体育产业】 持续推进体育彩票销售工作，全年销售体育彩票12.55亿元。

举办中国西部（兰州）体育产业博览会，打造“兰马”品牌化发展平台，累计人流量4万余人次，专业观众注册超5000人，参展企业与政府达成重点意向10个、初步意向16个，与观展买家达成意向160个，现场交易额500余万元，体育产业对地域经济的拉动作用逐步显现。

【奥体中心建设】 兰州市奥体中心项目，2019年7月27日在七里河区崔家大滩开工奠基，总建筑面积463910平方米，建设内容包括6万座的体育场，8000座的综合馆，3000座的游泳馆和3000座的网球馆，2019年底，已完成1132根试验桩、537根工程桩的施工任务，累计完成固定资产投资1.06亿元，项目计划于2022年竣工并投入使用。

（牛淑梅）

社会民生

社会保障

【概况】 2019年，兰州市企业职工基本养老保险参保人数904994人，缴费人数420919人，增长率7.9%，完成缴费53.28亿元，完成年度目标53.88亿元的98.8%，基金支出78.01亿元，低于控制数79.29亿元，完成率98.4%。工伤保险参保、缴费人数分别达到692855人，征缴2.45亿元，完成年度目标2.21亿元的110.6%，基金支出2.47亿元，完成年度目标任务2.41亿元的102.6%；农民工工伤保险参保人数6.67万人，参保率91%，新开工项目167户，项目参保率98.8%。失业保险参保人数600165人，缴费人数561308人，参保人员缴费率93.5%，缴费人数增长率6.5%，征缴收入3.7406万元，完成目标任务3.35亿元的111.5%，基金支出3.05亿元，完成年度目标任务1.56亿元的195.9%。机关事业单位养老保险参保人员125833人，参保缴费率100%，征缴收入16.38亿元，完成年度目标15.28亿元的107.2%，全年基金支出25.24亿元，低于控制数25.77亿元，完成率97.9%。截至年底，全市城乡居民养老保险参保人数758697人，缴费506983人；全市城乡居民基本养老保险贫困人员参保人数270465人，覆盖率100%，其中社保扶贫政府代缴各类人员212531人，代缴比例100%，符合发放53657人，发放率100%。社保卡制卡数据采集入库率97.8%。

【社保基金管理】 按照全市机构改革职责划转的统一安排，涉及医疗保险、生育保险、征缴业务划出，工伤保险业务划入，职责划转平稳过渡。电力、铁路部门医疗保险移交兰州市。社保与金税系统对接。在原有32项社保经办内控制度的基础上，出台《兰州市社会保险高风险业务核查管理制度》等16项风控制度。顺利通过全省社保基金管理风险防控市州互查，得分98.5。统一安装社保基金预警系统软件，处理各类风险预警排查7次。认真做好基金防诈，排摸重复参保、重复待遇领取人员14名，追回基金15.99万元。深化“放管服”改革，取消各类证明资料55项、141份，上线运行“智慧社保”平台，56项公共服务事项实现网上在线办理。开展

6月14日，省市人社部门联合在中铁二十一局七里河管廊项目部举办“2019年工伤保险知识普法集中宣传日咨询日活动”

全市社保基金管理风险防控审计，对市、区（县）社保经办机构的抽审实行全覆盖，乡镇的抽审率30%以上，贫困区县的抽审率50%，对发现的问题提出具体审计建议128条。

【养老保险】　稳妥推进养老保险制度改革，完成全市机关事业单位养老保险征缴和6026名自2014年10月至2018年12月退休“中人”新老办法待遇对比计发，补发待遇差额11484.86万元。全市43849名机关事业单位退休人员人均调增189元，补发5815.71万元。建立城乡居民基本养老保险待遇确定和基础养老金正常调整机制，7月15日下发《兰州市关于建立居民基本养老保险待遇确定和基础养老金正常调整机制实施方案》（兰政办发〔2019〕91号）。企业职工基本养老金按时上解省级调剂金2.69亿元。5月1日起兰州市企业职工养老保险单位缴费比例降至16%，累计为市辖区内企业和机关事业单位减负8.6亿元。全市企业退休职工养老保险平均增幅175元，同比增长6.16%。严格落实全市81宗征地项目被征地农民养老保险资金16494.32万元，涉及失地农民3925名。为21.64万名建档立卡及四类贫困人员代缴城乡居民养老保险费212531人，2125万元，政府代缴各类人员保险费代缴比例100%，符合发放53657人，发放率100%。实现建档立卡贫困人员应保尽保。市县两级全部建成标准化社保经办服务大厅。

【失业保险】　充分发挥失业保险“保生活、防失业、促就业”的功能作用，对符合申领条件的失业人员全部及时足额发放失业保险金，做到应享尽享，失业保险金发放率100%。全面实施失业保险援企稳岗“护航行动”和失业保险支持技能提升“展翅行动”，突出做好困难企业稳岗返还工作，实现失业保险金网上申领，继续执行失业保险阶段性降费政策，及时发放领取失业保险金人员价格临时补贴，强化失业动态监测、失业预警工作。2019年累计为1276户企业发放稳岗返还资金2.9亿元、惠及职工27万余人。发放技能提升补贴468万元、惠及职工3022人；发放价格临时补贴45.19万元、惠及领金人员21180人次。

【工伤保险】　工伤保险划入社保中心后，重新确定定点医疗机构40家，辅助器具配置（安装）定点机构6家，康复定点机构1家，各项待遇支付和结算工作正常进行；医保移交业务完成6个月代管过渡期，实现系统交割，做到整体平稳移交。全市机关事业单位工作人员全覆盖参加工伤保险。落实公路、能源、机场等各类工程施工企业以建筑项目为单位优先参加工伤保险。落实工伤保险基金省级统筹制度，向省级社会保障基金财政专户上解工伤保险调剂金2228万元。全年做出工伤认定结论1731件，做出劳动能力鉴定结论773件次。开通专享“绿色通道”，协调劳动能力鉴定医学专家对截瘫、植物人状态行动不便的工伤职工开通专享“绿色通道”，开展上门鉴定服务活动。

【信息化建设】　全市4600余家各类机构的网络和社保业务实现人社信息化建设和管理全覆盖。社保三险（失业、养老、工伤）在同一数据库、同一网络业务办理；城镇职工医保、城乡居民医保同一业务系统运行；实现社会保障卡一卡通，城镇职工、城乡居民省内、省外异地就医直接结算；基本医保、大病保险、医疗救助实现“一站式”即时结报；实行就业创业、人才服务、劳动关系、政务办公的系统管理，为全市340余万各类参保市民提供方便快捷的信息化服务。智慧社保于11月5日上线运行，“兰州人社”手机APP改版。人事工资管理信息系统建设完成。制定省持卡库社会保障卡应用方案，实现社会保障卡省级持卡库在兰州市应用。率先在甘肃省人力资源和社会保障网办事大厅启动互联网失业保险金网上个人申领通道，兰州市职工只需提供一次申请，就可通过网上申领失业金。

【便民服务】　微信公众平台在线服务和自助查询栏目提供7×12小时客服在线解答和7×24小时人机自动对话功能，可进行人社全业务政策咨询，社保信息查询、社保卡挂失等诸多功能。12333服务热线为群众提供

兰州市人社局在民安大厦开展12333全国统一咨询日“智慧人社智慧服务”主题宣传活动

12小时人工座席服务和24小时自助语音服务功能。2019年12333咨询服务热线接通率91.75%。自助语音电话共89930通，微信平台合计提供58869次咨询服务。

（张晓艳）

职业技能培训宣传走进第十二届中国玫瑰之乡·兰州玫瑰节

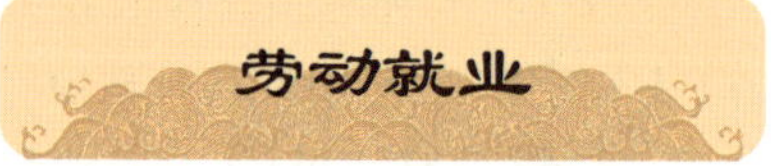

劳动就业

【概况】 全市城镇新增就业93576人。城镇登记失业率控制在3.38%，低于4%的年度控制指标。失业人员再就业3.75万人。就业困难人员再就业1.15万人，创业担保贷款发放数1.88亿元，职业技能培训5.28万人；精准扶贫劳动力培训1.5万人，其中建档立卡贫困劳动力培训4305人。开展职业技能鉴定13645人。累计建成“扶贫车间”94家，吸纳劳动力4593人，其中建档立卡贫困劳动力1298人。

【高校毕业生就业】 2019年，各类服务基层项目招录高校毕业生316人，完成支持高校毕业生进企业就业1300人，全市新增就业见习单位213家，2098人参加就业见习，有就业意愿的建档立卡贫困家庭高校毕业生100%实现就业。实施高校毕业生基层成长计划、创业引领行动、青年见习计划等，着力促进高校毕业生等青年群体就业。完善“一行动、四平台”（大学生创业扶持“兰州启航行动”；创业孵化、创业培训、资金扶持、创业服务四个平台）机制，发挥“资金+政策+培训+指导+服务+平台”六位一体的联动作用，激发各类群体创新创业活力，创造更多就业岗位。开展创业先锋训练营进校园，金城大学生创业启迪导航行动，联合13所高校共同开展大学生创新创业教育，举办“大学生创业先锋训练营”43期，培训学员1726人。培育甘肃农业大学“北空惠农”和西北师范大学“基于锑性材料锂离子蓄电池”2项创业项目，并与多所高校就创新创业教育、职业测评、就业见习建立协作关系。推进30万名大学生留兰创业就业行动，吸引6.47万名大学生就业创业。落实东西部协作三年行动，天津市宁河区事业单位录用5名建档立卡贫困高校毕业生。

【公共就业服务】 2019年新培育认定市级创业就业孵化示范基地16家，累计认定45家，推荐认定省级基地3家，国家级基地1家，共发放扶持资金711万元。全年新增创业实体1.2万家，带动就业2.98万人。培育并推荐认定省级农民工返乡创业示范孵化基地4个，榆中县被认定为定省级农民工返乡创业示范县，全市召开返乡创业明星报告会27场；新登记返乡创业人数1600人，培育树立返乡创业典型126人，发放扶持资金180万元。

【职业技能培训】 制定《兰州市职业技能提升三年行动实施方案（2019—2021年）》，计划三年内投入6.5亿元开展各类补贴性职业技能培训20万人次以上。年内为甘肃农业大学、兰州陇桥学院、兰州职业技术学院、西北师范大学知行学院等高校1300余人开展职业指导讲座及小专项培训20余场次，职业测评300人，为兰州华视眼镜有限责任公司等20家单位提供职业指导服务。实施就业创业培训指导师资队伍在金城培育提升工程，以打造全省一流创业师资队伍为目标，积极推进兰州市创业师资梯队建设，举办1期“兰州市创业实训师资培训班”，培训师资45人。已建立“创业导师库”“创业讲师库”和“师资后备库”，在库专家导师20人，创业讲师23人，后备师资65人。举办创业能力培训5653人（其中网络创业培训512人）。全市完成农村劳动力职业技能培训1.8671万人，劳务品牌培训5050人。

【劳务输转】 全市共输转城乡富余劳动力25.935万人，实现劳务收入641658.36万元。市内就地转移20.1199万人，省内就近就地输转就业23.9534万人，有组织输转18.4425万人。输转贫困劳动力8.86万人，其中未脱贫建档立卡贫困劳动力1678人。实现应转尽转，其中省外输转231人，省内就近就地输转就业1447人，实现劳务收入2981.16万元。落实东西部协作三年行动规划，榆中、皋兰、永登三县共组织天津市部分用工企业到县、乡镇开展东西部劳务协作专场招聘会9场，向天津输转67人，其中建档立卡贫困劳动力59人，天津帮助就近就地转移就业1197人，其中建档立卡贫困劳动力656人。天津市三区协作帮建扶贫车间32家，累计帮建扶贫车间40家，共吸纳劳动力1164人，其中建档立卡劳动力460人，落实援建资金90万元，全市累计认定“扶贫车间”97家，带动就业4633人，其中建档立卡贫困劳动力1298人，落实财政将补资金180万元。

【劳动关系】　2019年，市本级收缴农民工工资保证金约6.8亿元（本金），共为37家企业返还保证金，返还约13.17亿元（本息）。新《兰州市建设领域农民工工资保证金管理办法》试行后共有175家企业缴纳农民工保证金，其中20家企业选择以保函替代保证金的方式，占比为11%，其中1/3的企业在新办法出台后用保函替代原有已缴纳保证金，涉及金额1.6亿元（本金），有效降低企业经营成本，缓解企业资金压力。推进国有企业负责人薪酬制度改革，完成兰州市市属国有及国有控股企业在岗职工平均工资测算；完善薪酬调查和信息发布制度，会同市总工会完成未来三年集体协商规划要点，通过厂务公开、民主管理规范化创建等措施健全工资集体协商机制，全市劳动合同签订率96.56%；集体合同签订率87.15%；劳动保障监察举报投诉案件结案率100%，分别完成94.1%、85%、100%的年度目标。

【劳动监察】　组织22家相关部门，扎实开展根治欠薪攻坚行动、工程建设领域根治拖欠农民工工资问题专项整治、打击“使用童工”违法行为等8个专项行动，检查118户企业，涉及8900余人，检查建筑工地504个，督促453个建筑工地办理农民工工资“一卡通”，涉及农民工34713人，严厉打击违法发包、转包及挂靠承包等违法行为；完善信用联合惩戒体系，对4200户企业进行劳动保障守法诚信档案ABC评定，评出A级企业865户，B级企业3080户，C级企业255户，公布重大劳动保障违法案件4批23件，列入拖欠农民工工资“黑名单”企业4批5户；劳动保障监察执法检查用人单位10252户；接听投诉电话28968起，接待来访5108起，涉及19876人；受理劳动保障监察案件211件，100%按时办结；追发用人单位拖欠劳动者工资1158.42万元，涉及1232人；协调处理案件1273起，追回劳动者工资5899.51万元，涉及5282人，追回押金2.85万元；全市9家法律援助机构接受农民工法律服务咨询2200余人次，受理农民工讨薪法律援助案件1435件，1575人，办结907件，挽回经济损失1100余万元；市本级收缴农民工工资保证金6.23亿元，新办法实行后21家单位以保函替代保证金的方式缴纳，涉及金额1.87亿元，返还14亿元，为企业减负的同时也为保障农民工工资护航；接听投诉电话次数、来访投诉起数、受理案件数和拖欠劳动者工资数、人数分别下降14.25%、40.76%、19.47%、47.99%、12.44%，实现了连续3年“五个下降”维护劳动者的合法权益。

7月19日，兰州市在兰州人力资源市场举行“迎国庆庆八一”2019年兰州市退役军人及现役军人家属专场招聘活动

【劳动仲裁】　落实劳动人事争议多元处理机制和内外部监督机制，实施“互联网+调解”试点工作，在争议复杂多发的行业和组织中建立调解组织，在劳动人事争议调解组织和管理平台上登记录入128家调解组织、166名调解员。2018年11月1日至2019年10月31日全市共受理劳动人事争议案件2356件，不予受理190件、案前调解处理373件、立案处理1772件，立案率100%，按期结案率94.6%，调解率58%。2019年城关区、七里河区、安宁区、西固区4个近郊区县25%以上的调解组织实现在线调解，红古区、永登县、榆中县、皋兰县4个远郊区县10%以上的调解组织实现在线调解，全市通过“互联网+调解”平台调解结案320件，为320余名劳动者挽回经济损失230余万元，网上调解成功率65%以上。甄选出5家调解组织作为全市“互联网+调解”示范单位。全市集中举办调解员培训班5期，培训调解员286人，派专人赴偏远街道培训13次，现场一对一培训调解员30余人。组织全市各级仲裁机构参加全省仲裁员调解员仲裁业务远程培训20人。

（张晓艳）

民 政

【概况】 2019年，市民政工作坚守“民政为民、民政爱民”初心使命，奋力推进民政事业改革创新。全市城市低保提高8%，由每人每月659元、495元提高至712元、535元，农村低保由每人每年3720元提高至4020元，城乡特困供养由11016元、5155元提高至11107元、5226元，5月底前完成提标和补发工作。同时，按照全自理、半失能、全失能三类标准，每人每月给予特困供养对象100元、200元、300元的照料护理补贴。2019年度，累计为3.964万户8.1036万名困难群众发放各类生活保障资金3.53亿元，有效保障困难群众的基本生活。

【专项救助救急】 优化全市“两保一孤”保险项目方案，将非初次患病和因病身故对象理赔金分别提高500元，达到2000元和2500元，支出196万元为16421名农村困难群众和孤儿购买重特大疾病商业保险，赔付到位223.4万元。全年实施临时救助8.3万人次5413.87万元。同时，从5月开始及时启动救助保障标准与物价浮动联动调整机制，累计发放临时物价补贴1106.3526万元，确保困难群众基本生活水平不因物价上涨而降低。

【农村低保专项治理】 推动全市农村低保和惠民惠农财政补贴资金“一卡通”管理问题专项治理，累计排查13.76万人次，查出的282个问题全部整改到位。开展脱贫攻坚兜底保障冲刺清零筛查专项行动，为132户601名困难群众妥善协调解决实际问题，并将符合条件的困难群众全部纳入相应低保、特困、临时救助等救助范围，做到了不漏一户一人。

8月7日，民政部慈善事业促进和社会工作司副司长义芳赴兰州市儿童福利院调研指导工作

【身份信息核对】 定期入户核查，加强动态管理，及时调整保障类别，2019年累计复核农村低保对象家庭经济状况3.9741万人次，新纳入农村低保对象4014人，动态调整不符合农村低保人员20035人。

【养老机构项目建设】 建成兰州市第二社会福利院老年养护中心，并完成“公建民营”招标；市老年公寓西站分部项目开工，指导推进榆中县夏官营敬老院、皋兰什川颐养中心（二期）项目建设，全年养老机构项目累计投资8000余万元。

【居家社区养老服务改革】 建成运营全市居家社区养老服务综合信息平台，成立市级养老服务运营中心、区（县）养老服务中心、新建城乡社区日间照料中心55个，对近10万名困难老年人完成数据摸底和入库工作，全市养老服务改革成效被《新闻联播》、新华社、“学习强国”等媒体专题报道。

【养老服务提升】 对照养老院服务质量建设115项具体指标和28项重大风险隐患指标，督促养老机构开展自查和“清零”整改工作，会同应急局、卫健委、市场监管等部门相继开展专项检查2次，列支500余万元实施“百院万床”计划、养老机构安全评估、首届养老护理员职业技能大赛，全市养老服务质量稳步提升。累计落实经济困难老年人养老补贴、养老机构运营补贴800万元，60岁以上老年人意外伤害保险制度运行良好，全年受理780件，理赔359万元。

【儿童福利保障】 全年累计培训各级儿童督导员115名、村居儿童主任1084名，明确村社、学校、监护人等各方责任，形成高效联动的工作机制。落实孤儿基本生活最低养育标准自然增长机制，自1月起，将全市集中供养和社会散居孤儿保障标准分别提高至每人每月1520元、1160元，均高于省级标准160元；投入56.5万元引入专业社工机构，复核评估1.5万名农村留守儿童、困境儿童。在权益保护方面，指导全市2857名农村留守儿童签订《监护确认书》，为12633名困境儿童给予基本生活、医疗教育、监护安全等全面保障，将571名孤弃儿童纳入“明天计划”，完成886名事实无人抚养儿童生活补贴审核审批，努力做到精准管理、分类救助。

【社会组织管理】 全市依法登记并正常开展活动社会组织2948家，按照培育发展和监督管理并重的方针，建立健全直接登记与双重管理相结合的登记运行机制，梳理甄别行业协会商会与行政机关脱钩名单，支持鼓励社会组织参与政府公共服务，向社会组织购买养老助老、扶残助残及儿童关爱三个项目，在全市开展社会组织评估、“诚信建设万里行”和“社会组织亮信”等活动，着力规范行业协会商会涉企收费，2019年为企业减负439.52万元，确保社会组织诚信自律、健康、有序发展。开展打击非法社会组织、整治校外培训机构、扫除社会组织黑恶势力等专项行动，全年注销登记26家、整改规范6家、执法约谈13家、教育劝散7家。

【基层社会治理】 在全市409个社区和676个村普遍建立村（居）民会议、村（居）民代表会议、村（居）务公开、村（居）务监督、村（居）民议事会等民主决策机制，为城乡社区居民实现自我管理、自我教育、自我服务、自我监督营造浓厚的氛围，保证城乡社区居民平等参与公共事务；2019年，配合组织部门开展软弱涣散组织专项整治，各市各级民政部门累计培训村干部近4000人次，对全市村规民约完成修订完善，有效推进自治、法治、德治相结合的乡村治理，全市各乡村呈现充满活力、和谐有序的新面貌；在全市125个村有序推进农村社区建设试点工作，西固区河口村等3个村被命名为全省第三批农村社区建设示范单位。

【地名公共服务】 联合公安等8部门印发《关于清理整治不规范地名实施方案》，加大全市城镇构筑物、建筑物命名及门楼号牌编排设置规范整治，共清理整治不规范地名61条，新命名道路39条，设置二维码门楼牌3.2万余块，并结合创建全国文明城市工作，加大路牌保洁、维护和公益广告的投放，提高了地名服务群众、服务经济社会的能力。制定全市地名地址库试点初设方案，启动国家和省市地名图、录、典、志的招标，完成市级地名图集采编和省典释文的词目审核，形成全市乡镇界线、界桩数据矢量图，为促进全市经济社会高质量发展提供有力的区划地名支撑。

【殡葬改革】 提请市政府印发《关于建立兰州市殡葬改革工作联席会议制度的通知》，与25个市直部门建立联席会议制度，形成政府领导、民政牵头、部门配合的殡葬改革工作领导机制。清明期间，印发《关于全面做好2019年全市殡葬管理服务暨清明祭扫工作的通知》《2019年清明节殡葬改革宣传工作方案》等文件，推送文明祭扫短信200万条，制作公益片2个。举办第三届“公众开放日”和“鲜花换纸钱”活动，并牵头在全市组织开展违法违规私建“住宅式”墓地和殡葬领域突出问题专项整治“回头看”，对发现的问题逐一跟踪，督办落实。

【婚姻登记服务】 全市办理婚姻登记3.2万对，补录1949年至2012年7月婚姻登记历史档案78.88万对；在全省创新实施“离婚劝和”守望婚姻幸福工程，破解盲目离婚、冲动离婚、不理性离婚的社会难题。启动全市民政领域治理高价彩礼推动移风易俗专项行动，制作治理高价彩礼宣传片，在近郊四区5块LED大屏、部分住宅小区、电梯轿厢广告播出，积极弘扬新时代文明婚礼新风尚。

【残疾人补贴】 将听力、言语一级和听力、言语、肢体、视力二级残疾纳入两项补贴范围，按照每人每月50元的标准，每月为3.6万名残疾人足额落实残疾人补贴，全年累计发放4765万元。

【流浪乞讨救助】 印发《关于调整兰州市生活无着落的流浪乞讨人员四级救助服务网络建设领导小组成员及职责的通知》，进一步明确部门职责，形成齐抓共管、协同配合的工作合力。开展“寒冬送温暖、热餐暖民心”“互联网+寻亲服务”“人脸识别比对”，列支100万元，为长期滞留救助人员购买专业的医疗护理和日常保洁服务，全年累计救助流浪乞讨人员4277人，未成年人员230人，成功寻亲454人，资助护送返乡1533人次。

【福利彩票发行和慈善事业管理】 全市销售福利彩票10.76亿元，募集公益金3.2亿元，福彩助学金50万元资助困难学生215名；接受社会捐款754.29万元，物资98.35万元，受助困难群众1.27万名。全年完成慈善信

7月18日，兰州彩民观摩团一行走近北京中国福利彩票中心双色球开奖演播大厅

托备案20单，全市慈善备案资产总规模5.61亿元。开展“中华慈善日”宣传活动和“精致兰州、与爱同行”大型文艺晚会，在全社会持续营造向善向好的慈善氛围。

【志愿服务团队建设】 全市共注册志愿服务团体3520个，志愿者63.68万人，实名认证59.24万人，登记志愿项目1.8万个，服务时长482万小时，“奉献、友爱、互助、进步”的志愿精神在兰州市蔚然成风。

【社工人才队伍建设】 推动“三社联动”试点，累计培育社区社会组织110个，引导近万名居民参与，举办社会工作人才培训班3期，培训社工骨干400余人次，全市持证社会工作者总数1300余人，培养一批具有丰富实践经验的“兰州社工”，社会服务专业化水平得到提升。

【依法行政】 全面落实“一窗办、一网办、简化办、马上办”改革，将8项行政许可全部进入市政府行政服务大厅，严格按照审批事项总的承诺时限比法定时限压缩三分之二以上的标准，优化再造流程。共受理社会团体成立、注销、变更登记61家，民办非企业单位成立、变更、注销登记148家，社会团体印章、账号备案111家，年检509家，全部提前或按期办结，办结率100%，提前办结率96.1%。

【信访工作】 落实主要领导接访制度，及时排查和化解矛盾纠纷，共受理接待信访、来访150余人次，答复满意率100%。答复人民网、中国兰州网、民政部网、兰州问政平台等网民留言78条，接收民情通呼叫服务43次，回复满意率均达100%。

（周晓霞）

医疗保障

【概况】 截至2019年10月底，全市城乡职工基本医疗保险、城乡居民基本医疗保险、生育保险基金累计收入27778万元，累计支出30428万元，同比增加17.67%，基金运行基本平稳。其中，职工基本医疗保险基金累计收入329473万元(统筹基金189881万元、个人账户139592万元)，累计支出247701万元(统筹基金124862万元、个人账户122839万元)；城乡居民基本医疗保险基金累计支出101310万元，上解大额医疗保险基金19341万元；生育保险累计收入27778万元，累计支出30428万元。城镇职工大额医疗保险累计基金收入22645万元，累计支出13118万元；城镇职工公务员补助基金累计收入17310万元，累计支出5249万元；离休干部统筹基金累计收入932万元，累计支出2352万元。

【机构改革】 根据《兰州市机构改革方案》，将市人力资源和社会保障局城镇职工和城乡居民基本医疗保险、生育保险职责，市发展和改革发展委(市物价局)药品和医疗服务价格管理职责，市民政局医疗救助职责等整合，组建市医疗保障局，2019年2月19日正式挂牌成立。“三定”方案核定市医保局机关编制人数20名。其中，领导职数4人，设置综合科室1个(办公室)、业务科室4个(规划财务和政策法规科、待遇保障科、医药服务管理科、基金监管科)。任命班子成员3人，从市发改委、人社局、民政局转隶科级及科以下干部12人，共计15人。市纪委设置派驻纪检组1个，任命党组成员、组长1人，派驻纪检干部1人。

【打击欺诈骗保】 加强宣传，在各类媒体推送宣传信息，在“两定”(定点医疗机构、定点零售药店)机构和人流密集区域张贴、发放宣传品，通过楼宇广告和公交车载平台播放政策宣传短片。

开展“打击欺诈骗保、维护基金安全”专题集体约谈2次，约谈“两定”机构负责人和区县医保机构负责人81人次，开展工作约谈12次、廉政约谈3次，做到约谈人员全覆盖、问题全覆盖。出台《督查稽查工作制度》《问责追责办法》等制度措施20余项，切实严明政治纪律和政治规矩，强化正风肃纪，不断建立健全用制度管人管事监管体系。严格落实“五查五核实”制度，建立长效督查机制，现场督查定点医疗机构610家、定点零售药店1423家。对住院参保患者就医情况开展入户调查和电话随访，实现两定机构稽查督查全覆盖。建立病历审核机制，在智能审核的基础上，每月随机抽调专家对住院、门诊病历对入院是否合理、是否达到住院标准、是否存在小病大治、是否存在重复检查、用药是否合理、病历是否雷同、发票金额是否正常等方面进行全方位审核。截至2019年底，共督查检查全市各级医疗机构991家、医药机构1012家，实现统筹区内“两定”机构督查检查全覆盖。其中，发现涉及欺诈骗保问题303件、其他问题316件，追回医保基金589.07万元，按协议执行违约金6.01万元，行政处罚4起，行政罚款13.79万元，暂停执行协议50家(含3家医疗机构)，对4家医药机构进行行政处罚。

【信访投诉处理】 主要领导带头履行领导接访制度，全局县级干部每天轮流坐班接访，特别是对国家、省、市信访部门交办、转办的疑难案件和排查出来的重点问题，通过领导包案、联合会办等方式，推动一批久拖不决的信访积案得到妥善化解。截至2019年11月中旬，共收到信访案件245件，其中国家转办件3件、省级转办件8件、市信访局转办件56件、市医疗保障局受理178件，全部依法按程序办结。办理各类咨询、投诉、意见、建议近1700余件，其中国家转办件6件，省委、省政府转办件16件，市委、市政府转办件65件，接听群众来访和热线1600余人次，全部认真办理答复。

【异地就医保障提升】 把异地转诊权限下放到医院，打开异地结算通道，提高直结率，实行参保地、备案地均可就医和省内异地同待遇等政策，解决群众异地就医转诊难和异地直接结算难的问题。研究制定谈判药品的补办申报备案手续的政策，妥善解决异地安置人员因两地政策差异影响谈判药品报销的问题，还专门制定出台相关规定，将终止备案时间提前1天，有效解决异地安置人员终止备案当天不能在兰住院刷卡结算的问题。同时，积极推行市级网上备案和县区手工备案“双通道”，将审核权限下放至区县，方便参保群众申请办理。截至2019年10月底，审核通过异地备案7440人次。其中，职工6014人次；居民1426人次；网上备案2841人次，占38.19%；窗口备案4599人次，占61.81%。职工清算11676人次14060.98万元。其中，线上9519人次12224.88万元（跨省8402人次11470.87万元，省内1117人次754.02万元）；线下2157人次1836.10万元。居民跨省清算650人次726.33万元。

【医保扶贫政策落实】 制定出台《兰州市医疗保障扶贫三年行动实施方案(2018—2020年)》。针对中央脱贫攻坚专项巡视反馈指出的“3000元兜底”和“搭车”的问题（对贫困人口自付合规医疗费用年度累计超过3000元以上全部兜底解决，对非贫困户搭车提高基本医疗报销比例5个百分点，财政负担沉重的问题），成立专项整改工作领导小组，对过去3年的医保结算数据进行认真测算分析和研判，在此基础上制定《兰州市医疗保障扶贫问题整改工作实施方案》《关于调整城乡居民住院患者基本医疗保险报销和建档立卡贫困人口医疗救助标准的通知》，取消3000元兜底和5%的搭车政策，调整为“对农村贫困人口政策范围内住院医疗费用经基本医疗保险、大病保险报销后的个人自负部分，按照年度救助限额内，按照特困供养人员100%、低保家庭成员80%、建档立卡贫困人口不低于70%的比例进行救助”，实现建档立卡贫困人口政策范围内住院费用经基本医保、大病保险、医疗救助三重报销后平均报销比例不低于85%的目标。同时，落实农村贫困人口就诊“先看病、后付费”机制，加大大病保险倾斜支付力度，农村贫困人口大病保险起付线降低50%、大病保险报销比例提高5个百分点、取消封顶线，重点聚焦特殊贫困人口，进一步完善大病保险倾斜支付政策，最大限度减少群众因病致贫返贫问题。按照省市统一部署，市医保局认真落实基本医疗（医保部分）有保障冲刺清零筛查工作，制定下发《关于落实全市医保扶贫冲刺清零筛查工作的通知》《兰州市医疗保障局基本医疗（医保部分）有保障冲刺清零互查复查工作实施方案》，全面组织实施区县自查、县级互查、市级复查，并配合完成省级核查工作。经过全面细致的冲刺清零筛查，2019年全市建档立卡户共201936人，本地参保194579人，视同参保7357人，建档立卡参保率100%。截至2019年9月30日，全市住院共结算建档立卡贫困人员34377人次，住院总费用18008.36万元，医保基金支付11328.53万元，建档立卡提高5%支付773.82万元，大病保险支付1785.36万元；“10元85%”大病兜底612.08万元，实际报销比为80.52%。

【医疗机构监管】 修订兰州市“两定”机构服务协议范本，8月完成协议续签工作，续签医疗机构202家、社区门诊1150家、药店958家，共计2310家。10月完成新增医疗机构协议签订工作，新增医疗机构社区门诊88家、药店133家。截至年底，全市“两定”机构2373家，未签协议定点机构108家，待筛查核实机构173家。

【政策体系完善】 全国137个城市公共服务质量检测结果通报指出兰州市“医疗费用高、报销范围窄、报销比例低”，市医保局完善定额付费、按病种支付等复合支付方式，探索DRGs付费方式改革，制定医疗机构住院费用自付率、自费率控制指标，扩大职工长期门诊病种和异地就医直接结算范围，适当调整医疗机构付费标准，提高参保居民住院实际报销比例等方面制定整改措施，有效缓解群众和医疗机构反映的突出问题。

不断丰富、规范原有单病种、门诊慢性特殊疾病及特殊诊疗项目范围和标准，制定《关于完善城乡居民高血压糖尿病门诊用药保障机制的实施办法》，进一步减轻城乡居民患高血压、糖尿病参保人员医疗费用负担，使广大参保群众享受更多的医保改革红利。

出台《关于印发〈兰州市城镇职工基本医疗保险付费总额控制管理实施细则(2019年度)〉的通知》《关于调整兰州市城乡居民基本医疗保险结算方式的通知》，调整部分支付政策，扩大合理的支付范围，提高相应的支付标准，同时也限制群众自费的比例，运用医保的间接杠杆作用一定程度上缓解群众看病难、看病贵的问题。

电力、铁路等行业职工14万余人医保执行属地化管理，衔接落实医保政策问题和困难企业无力缴纳职工医保费用导致退休职工无法享受医保政策问题。市医保局先后召开座谈会10余次，认真倾听各方面的意见和建议，制定《兰州市接受纳入部分行业（企业）医保实施方案》，重点解决两个行业医保和兰州市基本医保在政策接续、个性化问题处理、疑难问题解决等一系列问题，推动落实两个行业职工正常享受医保待遇，顺利推进电力、铁路等行业移交工作。

下发《兰州市关于调整城镇职工基本医疗保险有关政策的通知》，实现退休职工医保享受与企业缴纳医保情况适度脱钩。开展职工基本医疗保险和生育保险合并实施，实现参保同步登记、基金合并运行、征缴管理一致、监督管理统一、经办服务一体化，提高基金共济能力，提升管理综合效能，降低管理运行成本，实现两项保险长期稳定可持续发展的制度体系和运行机制。

【服务水平提升】 深化“放管服”改革，大力开展“减证便民”行动，不断优化医保经办流程。医保中心梳理精简业务环节52项，其中修订便民政策10项，取消证明材料17项，缩短办结时限17项，职能下沉8项。出台《兰州市城镇基本医疗保险特殊疾病长期门诊就医管理实施意见》的补充通知，为肝癌患者办理长期门诊，使用谈判药品提供更为便捷的办理程序和服务。

（刘冰）

民族·宗教

民族事务

【概况】 2019年，兰州市民宗委坚定不移贯彻落实党的民族宗教政策，加强民族政策宣传，营造创建工作氛围，利用城市公益广告载体，在1200辆公交车辆电子荧屏滚动播放党的民族团结进步标语口号，制作民族团结进步宣传栏135个，通过微信公众平台、门户网站等新兴媒体发送宣传思想教育信息300万条。兰州市民族中学、城关区伏龙坪街道办事处、甘肃伊真集团等共23家单位和个人分别受到中央和省委的民族团结进步创建的命名和表彰，市委统战部被国务院授予"民族团结进步创建模范集体"称号，七里河区创建为全国民族团结进步创建示范区，城关区创建为全省民族团结进步创建示范区。

【民族团结进步宣传教育】 组织开展全市第16个民族团结进步宣传月活动，采取"互观、互帮、互学"等方式，推进兰州市民族团结进步创建理念、形式、载体创新。先后举办少数民族文化节、民族团结进步百米书画展、"民族团结杯"乒、羽大赛、"中华民族一家亲同心共筑中国梦"庆祝中华人民共和国成立70周年大型民族歌舞文艺汇演、"增强文化认同——越剧进校园"和"百合之都民族团结魅力抖"为主题的抖音大赛等系列宣传活动。在《兰州日报》、今日头条等媒体开设创建专题专栏，并通过"两微一端"新媒体向全市干部群众发送民族团结进步宣传教育信息。

【少数民族流动人口管理】 依托城市网格化管理模式，按照属地管理原则，完善城市少数民族流动人口信息服务管理平台，实现动态监管。开展困难少数民族群众走访慰问，建立少数民族群众流入流出地长效对接机制，着力解决流动人口在就业、教育、就医等方面的难题。依托社区资源优势，在少数民族流动人口中开展以爱国主义为核心的"中国梦"宣传，发挥少数民族代表人士作用，维护外来少数民族合法权益，协调解决涉及外来少数民族矛盾纠纷。

【民族团结进步创建】 贯彻落实全省民族团结进步创建工作"一廊一区一带"行动部署，结合"沿黄河—洮河民族团结进步提升带"区域实际，

由中共兰州市委宣传部、中共兰州市委统战部、兰州市民族宗教事务委员会共同举办的"中华民族一家亲，同心共筑中国梦"文艺汇演8月31日晚在兰州音乐厅举行

制定《关于贯彻落实〈全省民族团结进步创建“一廊一区一带”行动方案〉的实施意见》《“沿黄河—洮河民族团结进步提升带”联创共建工作实施方案》和《兰州市创建全省民族团结进步示范市实施方案》，进一步明确创建目标、找准工作方向、细化具体举措。根据省委统战部和省民委安排，牵头召开“一带”片区民族团结进步创建现场推进会，建立联创共建机制。

【民族经济发展】 大力扶持少数民族特色优势产业，贯彻落实少数民族特需商品定点生产企业贴息贷款政策，培育做大少数民族企业品牌、带动解决少数民族职工就业。积极开展优化营商环境专项活动，走访调研甘肃阿敏生物清真明胶有限公司、甘肃伊和园清真餐饮有限公司等民族企业了解情况，征求意见，宣传政策，主动服务、解决问题。举办“南关民族风味一条街地方特色小吃品鉴暨甘肃好食材推介活动”，来自省内外汉、回、藏、东乡等民族的100余种精品小吃以及多种甘肃绿色健康食材原料集中亮相，促进少数民族饮食文化的传承与交流。继续向保有清真饮食习惯的10个少数民族特困户发放清真牛羊肉价格补贴，完成6500人77.9万元清真牛羊肉价格补贴的申报和经费分配工作。针对全市少数民族困难群众，在各区县举办少数民族特色技能和少数民族家政服务培训班、少数民族特色优势产业培育和特色技能培训班等劳动就业技能培训班。

（吴永升）

宗教工作

【概况】 2019年，宗教界贯彻落实中央政策要求的自觉性明显增强，活动规模明显减小、外地来兰人员明显减少、对周边影响明显减弱、城市管理压力明显减轻，参加宗教活动人员从往年的上万人减少至今年的450人。

【宗教政策法规宣传】 新修订《宗教事务条例》《甘肃省宗教事务条例》印制宣传册6000余本，结合宗教政策法规学习月、“七五”普法等活动，将两个《条例》的学习宣传纳入各类培训中，在民宗干部、宗教活动场所、宗教教职人员及广大信教群众中宣传覆盖面达到90%以上。同时，充分利用“两微一端”、抖音等新媒体手段加大宣传力度，扩大宗教政策法规的宣传范围和知晓率，有效提高党员干部和宗教界的法治意识。

【教职人员培训】 制定“三支队伍”培训规划，组织举办全市民族宗教政策法规培训班、全市宗教教职人员政策法规培训班各1期，指导督促各区县、各市级宗教团体开展政策法规培训，组织佛教、天主教、基督教教职人员赴宗教管理先进的地区进行学习考察，全年培训人数800人次。

【宗教活动场所管理】 制定出台《宗教活动场所管理办法》《宗教活动场所管理长效机制》等制度。完成全市426处宗教活动场所和1132人名宗教教职人员年度考核。严格财务审计，不断提升宗教场所财务监管力度。组织场所负责人和财务人员学习《民间非营利组织会计制度》《宗教活动场所财务监督管理办法》等法律法规，不断提升场所财务管理能力水平。对全市15处宗教活动场所进行财务审计。积极推进“和谐寺观教堂”创建，完成全省第三届和谐寺观教堂创建评选推荐工作，城关区雁滩团结清真寺、七里河区弘法禅寺和榆中县城关基督教堂被评选为先进集体，城关区张生保和安宁区李成龙被评选为先进个人。不断深化宗教界“三学一做”学习教育，实现宗教场所“四进”活动全覆盖。

【宗教团体建设】 按照市委、市政府《加强新时代宗教团体建设的实施意见》要求，培养选拔宗教团体后备人才，确保各团体组织健全、制度完善、财务规范。积极争取资金50万元，用于支持宗教团体建设和宗教教职人员的培养培训。完成兰州市伊斯兰教协会换届工作。

【宗教领域突出问题整改】 加强佛道教领域商业化问题治理，依法妥善处置大型露天宗教造像，拆除兰州新区长城影视地基内的四面佛像和灵丹寺的观音造像，五泉山卧佛寺东侧的露天观音造像，得到中央宗教调查组的肯定。在基督教领域进一步加大防范打击境外渗透工作力度，按照疏堵结合、区别对待、分类处理、纳入管理原则，持续做好基督教私设聚会点治理，采取取缔和劝散方式妥善处理私设聚会点，年内共劝散4处，取缔13处。

（吴永升）

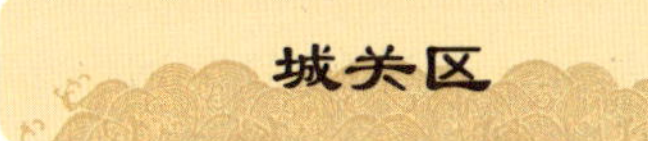

【概况】 2019年，实现地区生产总值1034.98亿元，同比增长4.5%。从三次产业看，第一产业增加值0.61亿元，同比增长1.5%；第二产业增加值150.45亿元，同比增长6%；第三产业增加值883.92亿元，同比增长4.3%。三次产业结构由2018年的0.05∶13.2∶86.75调整为2019年的0.06∶14.54∶85.4。按常住人口计算，人均地区生产总值78118元，比上年增加635元。全年十大生态产业增加值188.59亿元，同比增长7.1%，占全区地区生产总值的18.22%。

年末，全区户籍人口96.43万人。其中，城镇人口95.58万人；农村人口0.85万人。年末全区常住人口133.07万人，比上年末增加1.16万人，其中城镇人口131.37万人，城镇化率98.72%。全年出生率8.12‰，死亡率4.2‰，人口自然增长率3.92‰。

【农业】 全年实现农林牧渔业增加值6406.65万元，同比增长1.9%。其中，农业增加值4934.33万元，同比增长10.18%；林业增加值610.14万元，同比下降36.52%；牧业增加值525.23万元，同比下降0.58%；农林牧渔服务业增加值336.95万元，同比增长7.26%。全年农作物播种面积6069.35亩，较上年增加2543.65亩。

【工业和建筑业】 全年实现工业增加值74.76亿元，同比增长10.5%。其中规模以上工业增加值同比增长11.9%。从企业经营状况看，规模以上工业企业实现主营业务收入107.1亿元，同比增长12.1%；利润总额15亿元，同比下降25%；产品销售率100.1%，同比增长1.4%；主营业务利润率12.39%；每百元主营业务收入中的成本67.23元，较上年提高0.25元。分行业看，医药制造、电力热力生产和供应业、燃气生产和供应业、水的生产和供应业、酒饮料和精制茶制造业等五大重点行业完成工业增加值53.59亿元。

年末具有资质等级的总承包和专业承包建筑业企业290个，全年实现产值401.45亿元，同比增长0.6%。实现增加值76.21亿元，同比增长1.3%。全年房屋建筑施工面积2184.21万平方米，同比增长0.6%；房屋建筑竣工面积396.4万平方米，同比下降7%。建筑企业全年在省外完成产值83.04亿元，占全部产值的20.7%。

规模以上工业重点行业增加值

单位：亿元、%

行业名称	增加值	增速
医药制造业	23.06	-0.4
电力、热力生产和供应业	21.92	23.3
燃气生产和供应业	6.54	8.7
酒、饮料和精制茶制造业	1.76	1.7
水的生产和供应业	0.31	4.8
合计	53.59	9.5

【第三产业】 2019年，实现第三产业增加值883.92亿元，占地区生产总值的85.4%，对地区生产总值的贡献率79.9%。分行业看，批发和零售业增加值127.96亿元，同比增长5.1%；交通运输、仓储和邮政业增加值67.21亿元，同比增长7.9%；住宿和餐饮业增加值23.16亿元，同比增长8%；金融保险业增加值194.01亿元，同比增长8.4%；房地产业增加值106.06亿元，同比增长6.3%；营利性服务业增加值102.19亿元，同比增长6.9%；非营利性服务业增加值262.78亿元，同比下降2.4%。

2019年第三产业增加值分行业构成图

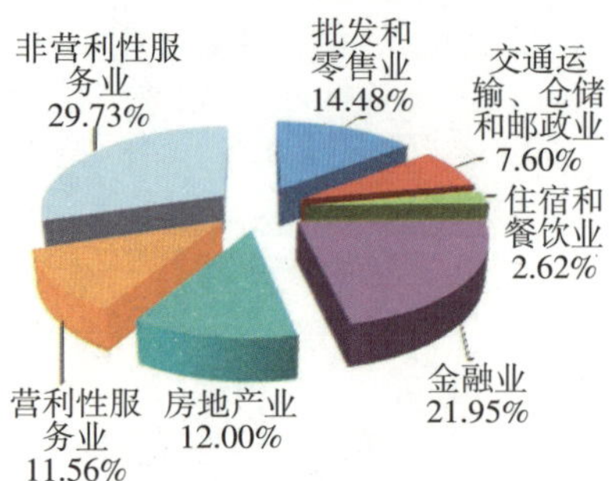

【固定资产投资】 2019年，固定资产投资同比下降5.04%。其中5000万元以下项目投资同比下降12.54%；5000万元以上项目投资同比增长16.59%；房地产开发投资同比下降12.81%。按三次产业分，第一产业无投资；第二产业投资同比下降61.8%，其中工业投资同比下降65.7%；第三产业投资同比下降3.87%。按构成分，建筑安装工程同比下降29.7%，设备工器具购置同比下降2.92%，其他费用同比增长71.89%。房地产开发投资178.87亿元，占固定资产投资的59.4%。商品房销售面积197.02万平方米，同比增长7.56%，其中住宅销售面积183.22万平方米，同比增长18.49%。商品房销售额172.23亿元，同比增长1.41%，其中住宅销售额155.64亿元，同比增长20.86%。

开展"项目建设大比拼"活动，组建市区级项目团队36个，加快推进100个重大项目建设，甘肃财富中心、轨道城市曙光等22个项目开工建设，华鼎中央都会、东湖广场等27个项目进入主体施工，逸丰国际、金凯瑞大厦等13个项目竣工投用，完成投资301亿元。引进中国二冶、海亮集团等"三个500强"企业8家，全年引进招商引资项目133项，累计到位资金302亿元，"兰洽会"签约项目开工率100%。向上争取各类项目资金3.5亿元。

【国内贸易】 全年实现社会消费品零售总额787.12亿元，同比增长6.5%。其中，批发和零售业实现零售额685.4亿元，同比增长5.2%；住宿和餐饮业实现零售额101.72亿元，同比增长16.07%。全区限额以上企业实现商品零售额311.16亿元，同比下降2.4%。其中，粮油、食品类同比增长1.7%；饮料类同比下降9.2%；烟酒类同比下降9%；服装、鞋帽、针纺织品类同比下降12.4%；化妆品类同比增长2.9%；金银珠宝类同比下降11.8%；日用品类同比增长2.1%；体育、娱乐用品类同比下降9.1%；书报杂志类同比增长36.4%；家用电器和音像器材类同比下降7.8%；中西药品类同比下降0.6%；文化办公用品类同比增长2.3%；家具类同比下降1%；通信器材类同比下降5.7%；石油及制品类同比下降4.9%；机电产品及设备类同比下降20.6%；汽车类同比增长7.5%。限额以上批发零售企业通过公共网络实现商品零售额3.36亿元，同比增长55.4%，占限额以上消费品零售额的比重为1.08%，比上年提高0.4个百分点。全区登记注册个体工商户65040户，同比增长4.01%；从业人员178579人，同比增长3.92%。私营企业42682户，同比增长2.2%；从业人员203285人，同比增长5.44%。

【财政和金融】 全年实现地域性财政收入287.43亿元，同比下降5.22%。实现公共财政预算收入37.6亿元，同比下降5.98%。其中，税收收入31.93亿元，同比下降20.05%，占公共财政预算收入的84.9%；非税收入5.67亿元，同比增长37.33%，占公共财政预算收入的15.1%。实现公共财政预算支出55.38亿元，同比下降6.19%。其中民生和社会各项事业支出34亿元，同比增长6.3%，占公共财政预算支出的61.4%。至2019年底，全区金融机构人民币各项存款余额5424.87亿元，同比下降1.17%；人民币各项贷款余额6012.62亿元，同比增长11.73%。

【科技、教育】 全年科学技术支出4096万元，占财政支出的比重0.74%。专利申请量4622件，同比增长21.06%。专利授权量1868件，同比增长13%，其中发明专利授权量460件。每万人口发明专利拥有量21.28件。全年共签订技术合同2027项，同比增长0.4%；技术合同成交金额43.06亿元，同比增长6.98%。举办"创响中国"等双创活动200余场次，建成大学生就业见习基地6个，培育魔方教育等众创空间10家，孵化项目28个，带动就业2万余人。

年末，拥有普通中学49所，招生

1月28日，城关区食药局为确保节会期间食品药品安全开展大检查

10月19日，2019“兰山·跑嗨”在皋兰山大豁岘开跑

19025人，在校生54452人，毕业生17642人；普通小学68所，招生14575人，在校生78465人，毕业生12125人；职业中学2所，在校生153人，毕业生83人；特教学校2所，招生59人，在校生333人，毕业生64人；幼儿园286所，招生10170人，在园幼儿40931人。学前三年毛入园率95.1%，九年义务教育巩固率99.98%，高中阶段毛入学率99.9%。

建成各类一体化办学体17个，涵盖中小学校54所，受益学生近5万人；完成12所学校的104个“超大班额”的分班减额；完成6所市属“出城入园”学校移交办学，推进清华小学等2所学校改扩建工程，回收小区配建学校2所，签订21所幼儿园移交协议、完成6所幼儿园移交工作，新增学位10340个；选拔引进新教师470名，交流教师210人，为10所新建校及一体化办学体选派教师135人，妥善解决新增生源入学矛盾。

【文体、旅游】 全区国有艺术表演团体5个，艺术表演场馆6个，图书馆2所，博物馆11所，文化馆1所，文化站25个。年末广播节目和电视节目综合人口覆盖率均为100%。举办“兰山雪嗨”“跑嗨”等赛事活动200余场次，检查文化经营场所432家。完成50条全民健身路径的建设安装工作；新建5个全民健身园、10个灯光篮球场、3条全民智能跑道及2个国民体质监测中心；围绕马拉松赛道开展城关区第二届百人单车之夜等兰马嘉年华系列活动8场，参演人数5000余人；组织2019年城关区青少年田径运动会等青少年竞赛7项次。

积极创建全域旅游示范区，编制全域旅游发展总体规划；组建文旅投公司，启动全域旅游智慧大数据平台建设；启动天齐庙文物修缮保护工程，完成23个街道文化馆分馆建设；接待游客4800万人次，实现旅游收入455亿元，同比增长16.9%。

【卫生和社会服务】 年末，全区有医疗卫生机构489个，其中医院55个，妇幼保健中心2个，专科医院24个，社区卫生服务中心（站）100个，诊所、卫生所269个。卫生技术人员19429人。其中，执业医师和执业助理医师7141人；注册护士9463人；药剂、检验人员1746人；其他1079人。医疗卫生机构拥有床位数13678张，其中医院拥有床位数12964张。全年总诊疗人次1002.3万人次，出院人数41.97万人。全区有疾病预防控制中心3个，疾病预防控制中心卫生技术人员396人；卫生监督所3个，卫生监督所卫生技术人员101人。五岁以下儿童死亡率3.72‰，婴儿死亡率3.35‰。

大力发展社会养老事业，精心打造“康乐荣养”医养综合为老服务品牌，出台《城关区“康乐荣养”医养托健中心建设方案》，建设社区智慧养老服务平台4个，建成老年人日间照料中心12家，新增养老床位360张。着力完善公共医疗服务体系，新建3个标准化社区卫生服务中心，建成4家社区分级诊疗示范机构，组建医养护一体化签约服务团队358个、签约家庭医生19.71万人。

【资源、环境和安全生产】 不断加强重点领域污染管控，重拳整治“散乱污”企业，持续加大环保执法力度，生态环境保护工作迈上新台阶。空气质量优良天数305天，剔除沙尘后达标率为86.9%，PM10为79μg/m³，PM2.5为32μg/m³。取缔改造小火炉3.21万台，受理各类环境污染投诉件1619件，立案查处环境违法案件21起；累计出动1000余人次对青白石9个行政村进行“散乱污”小型企业整治工作，排查企业664家。建立和完善663家污染源普查企业数据库。

全年发生各类生产安全事故17起，同比下降10.5%；死亡15人，同比下降16.7%；受伤5人，同比下降28.6%；经济损失579.3万元，同比下降41.2%。亿元国内生产总值生产安全事故死亡人数为0.014人/亿元，同比下降22.2%。十二类营运车辆道路交通事故万车死亡人数0.69人/万辆，同比增长2.99%。

【人民生活和社会保障】 全年实现城镇居民人均可支配收入42908元，同比增长8.9%；农村居民人均可支配收入26981元，同比增长10.2%，城乡居民收入比为1.59。城镇居民人均消费支出30584元，同比下降0.7%，恩格尔系数为28.16%；农村居民人均消费支出19216元，同比下降16.6%，恩格尔系数为24.53%。

城镇居民人均可支配收入构成

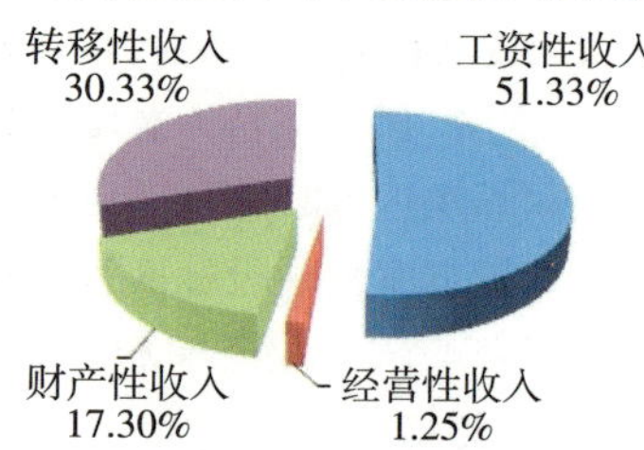

农村居民人均可支配收入构成

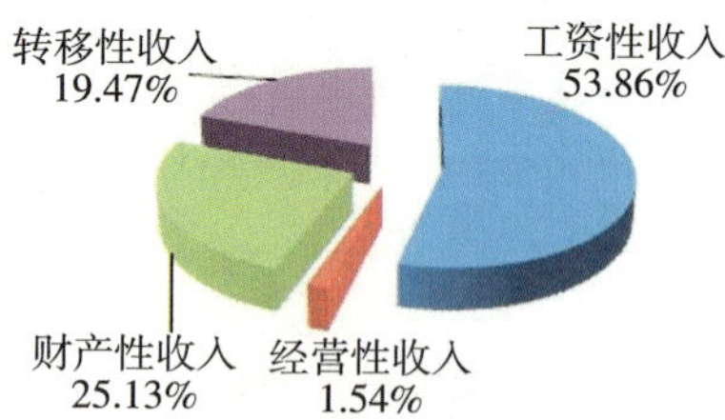

全年城镇新增就业人员41966人，其中失业人员再就业7321人。年末城镇登记失业率3.24%。全年输转城乡富余劳动力8333人，同比增长1.86%。其中，省外输转15人，同比下降92.89%；省内输转8250人，同比增长4.58%；境外就业68人，同比下降16.05%。

年末，全区参加城镇基本养老保险人数17.53万人。其中，灵活就业8.9万人；企业8.63万人。参加城镇居民养老保险人数1.22万人；参加新型农村养老保险人数0.81万人。参加城镇基本医疗保险人数56.13万人，参加失业保险人数7.73万人，参加工伤保险人数9.67万人，参加生育保险人数9.05万人。征缴基本养老保险费144998万元，征缴医疗保险费51382万元，征缴工伤保险费1655万元，征缴生育保险费3198万元。累计为6572名低保对象发放低保金4821万元，为1820名患者发放大病医疗救助金496万元，为4312名困难人员发放临时救助金1105.5万元。

领导名录

区　委

书　记　武和谦

副书记　高文阳（1月免）

　　　　寇桂杰（1月免）

　　　　乔建新（2月任）

　　　　任　钧（4月任）

常　委　武和谦

　　　　高文阳（1月免）

　　　　寇桂杰（1月免）

　　　　乔建新（2月任）

　　　　任　钧（4月任）

　　　　杨斌宏（8月免）

　　　　李东民（10月任）

　　　　王立山（2月免）

　　　　赵春林

　　　　张　森

　　　　蒋毅群

　　　　甘义军

　　　　曹宏亮

　　　　李岁劳

　　　　张海宾（4月任）

区人大常委会

主　任　冯广宸

副主任　姜惠琴

　　　　李春玲

　　　　徐安全（3月免）

　　　　严　刚（3月任）

　　　　闫　琳

　　　　郭建中

　　　　颜春生

区政府

区　长　高文阳（2月免）

　　　　乔建新（3月任）

副区长　王立山（2月免）

　　　　乔建新（2月，任代区长，3月5日，当选为区长）

　　　　蒋毅群

　　　　曹宏亮

　　　　张鹏程（3月任）

　　　　付松华

　　　　刘鹏堂（12月任）

　　　　张海宾（12月免）

　　　　马　强

　　　　曹　民

　　　　张宇奇（3月挂职期满）

　　　　邓素霞（5月挂职）

区政协

主　席　伏禄代

副主席　党瑞舫

　　　　王　满

　　　　张盛明

　　　　王金明

　　　　潘建西

　　　　赵　彬

（赵文娟）

【概况】　七里河区位于东经103°36′～103°54′，北纬35°50′～36°06′。地处兰州市中南部，东至雷坛河，与城关区相壤；南与定西市临洮县为邻；东南至铁冶，与榆中县银山乡相邻；西南至七道梁、摩云关、湖滩，与临洮县、临夏州永靖县交界，西至彭家坪、崔家大滩、深沟桥，与西固区毗邻；北濒黄河，与安宁区和城关区靖远路街道徐家湾隔河相望。距兰州市人民政府驻地5千米。2019年，全区常住人口58.34万人，人口自然增长率1.96‰，其中城镇人口50.55万人，城镇化率86.65%。全区户籍总人口47.67万人，共17.33万户，辖1乡、5镇、9个街道，有汉族、回族等45个民族。

全区总面积397.25平方千米，黄河流经区内15千米，地表及地下水年径流量300多亿立方米。电力资源充足，森林覆盖率26.24%。年平均降水量360毫米，年平均气温10.5℃，全年日照时数平均2446小时，无霜期在180天以上，冬无严寒，夏无酷暑。

境内有煤炭、石英石、石灰石、坩土、沙石、路标石以及地热等7种资源。阿干镇煤矿可开采的煤炭剩余0.0348亿吨。另有石灰石储量0.04亿吨，砂子2亿立方米，天然卵石约1亿立方米，路标石0.5亿立方米，坩泥0.2亿吨，石英矿储藏量1亿吨。探明瓜州路有地热，井深2300米，水温63.5度，富含偏硅酸、氟、铁、偏硼酸等多种微量元素。天然林资源保护森林面积7.21万亩，国家重点公益林管护面积9.025万亩。

【基础设施建设】 2019年，西客站南北方向交通连接的T112#道路正式通车，完成各类管线井盖维修26个(套)，疏通下水5100米，维修塌陷路面7处约4000平方米。综合整治华林坪巷道、工林路牛奶厂巷道、瓜洲路菜市场、彭家坪路4条背街小巷。改造老旧楼院12处，加装电梯50部，实施老旧楼院既有建筑节能改造28万平方米，完成老旧供热管网改造6.6千米。新改建城市公厕22座，新增公共停车泊位1000个，新建标准化菜市场5个。改造农村卫生厕所7294座、农村土炕2607盘、老旧房屋103户，创建清洁村庄43个。完成南滨河路小西湖、吴家园及西津西路肉联厂3处城市积水点改造。拆除各类新生违法建设96处3.85万平方米，整治立面广告4.13万平方米，完成28条46千米空中线缆入地。新建5座消防水鹤、76个消火栓，阀门井30座。新建农村公路26.239千米，养护里程356.569千米，重点公路养护50千米。人防平战结合工事新增中天健广场、甘肃建投二号综合楼、兰牧大院3家单位，开发利用面积30205.7平方米，为社会提供就业岗位68个。

【经济指标】 2019年实现地区生产总值504.68亿元，比上年增加26.28亿元，同比增长4.5%。其中，第一产业实现增加值6.1亿元，同比增长3.55%；第二产业实现增加值187.63亿元，同比增长1.6%；第三产业实现增加值310.95亿元，同比增长6.6%。机构构调整取得积极进展，产业结构进一步优化。三次产业结构由2018年的1.1∶40.0∶58.9，调整为1.2∶37.2∶61.6，全区第三产业增加值占全市的比重达到16.9%。城镇人均可支配收入36468元，农民人均纯收入20435元。全区实现地区性财政收入56.38亿元，同比下降8.8%。其中完成一般预算收入17.51亿元，同比下降18.3%。一般公共预算支出31.85亿元，同比下降13.5%。

【招商引资】 2019年，引进华侨城欢乐谷主题乐园、丰泰里汽车时尚街区等项目33个，总投资310亿元。对接洽谈华西牙科医疗产业园、保利黄河楼马滩景区等产业项目11个，总投资300亿元。雅戈尔时代之星、世茂宏建煦园等11个项目实现当年签约、当年开工。全年实施的重点项目102个，总投资1356亿元。其中投资300亿元的兰州万达城、投资200亿元的华润未来城市已分期开工，投资10亿元以上的温商银滩综合体、华夏文化博览园、鸿森银滩广场等一批项目加快建设，兰州月星环球港、恒大足球小镇、中广国际广场等一批项目顺利推进。

【项目建设】 2019年，签约引进10亿元以上项目10个，执行招商引资项目53个，完成招商引资到位资金270亿元，第25届“兰洽会”项目开工率71.4%，资金到位率30.8%。兰州老街、兰石集团老工业基地改造提升项目、兰州国际旅游港项目等32个续建项目全部复工，复工率100%；大滩片区万达茂、兰州奥体中心、甘肃华夏文化博览园、兰州理工大学西校区、甘肃简牍博物馆、七里河体育场等65个新建项目全部开工，开工率100%。马滩片区地下综合管廊主体全线贯通，T188#道路正式通车，S183#、S185#道路施工过半，基础配套基本完善。彭家坪片区累计建成道路13条，污水厂、110KV变电站已完工投入使用，片区联通工程T210#道路建成通车。彭家坪中央生态公园狸子沟以西已完工并开园迎客。老城区

7月8日，第二十四届石佛沟“花儿会”暨“喜迎大庆谋发展、奇秀石佛续新篇”活动在石佛沟景区云顶山法显广场开幕

电机厂、兰通厂、长征机械厂等15个棚户区项目顺利实施，改造户数7717户。

【农林经济】 2019年，完成第一产业增加值6.1亿元，同比增长3.55%；完成农林牧渔业服务业增加值0.59亿元，同比增长7.3%。“减粮扩经”结构调整继续推进。全年农作物播种面积13.65万亩，同比减少267.97亩，减幅0.2%。其中粮食播种面积1.38万亩，同比减少3674亩，减幅20.9%，粮食产量3697吨，同比减少1148吨，同比减幅23.7%。完成蔬菜、水果等经济作物产量24.02万吨，同比增加1.81万吨，增幅为8.1%，全区粮食种植呈下降趋势，经济作物持续逐年增加。

全年蔬菜种植面积12.1万亩，同比增加3114.6亩，增幅2.64%，蔬菜产量22.77万吨，同比增加6025吨，增幅2.72%。引进蔬菜新品种9个，鲜食玉米品种18个、马铃薯新品种4个等开展试验示范。

全年种植百合面积5.17万亩，同比增加602.4亩，百合产量3.87万吨，同比减少437吨。建成省级百合种植示范园，百合速冻、百合微波烘干等先进生产线，以及兰州百合电商基地与农事体验观光旅游开发项目，实现线上线下的融合销售。“兰州百合”荣获国家农业农村部农产品地理标志认证。七里河区创建为“省级农业科技园区”。

全区生猪出栏2.19万头，同比下降20.5%；生猪存栏1.45万头，同比下降35.7%。羊出栏0.73万只，同比增幅23.6%，羊存栏1.64万只，增幅3%。奶牛养殖大幅下降。奶牛存栏9974头，同比减少1563头，同比下降13.55%，下降幅度较大。

2019年，全区天然林资源保护工程二期有效管护森林面积7.21万亩，国家级公益林管护面积6.4816万亩，管护合格率95%以上。新增造林3100亩、绿地11万平方米，新改建城市小游园2个，3个重点生态小康村完成绿化建设，石佛沟景区步道及周边荒山完成绿化提升改造，栽植树木5410株。

【工业经济】 2019年全区工业企业完成增加值147.71亿元，同比增长1.7%。其中规模以上工业企业完成增加值同比增长1.7%。轻工业受卷烟制造业生产增长带动，实现微幅增长，完成工业增加值108亿元，占规模以上工业的92.7%，同比增长0.3%；重工业受到通用设备制造业和金属制品业增长拉动，实现工业增加值8.5亿元，占规模以上工业的7.3%，同比增长7.1%；公有工业实现增加值111.9亿元，同比增长0.8%；非公有工业实现增加值4.7亿元，同比下降1.1%，增速较公有工业低了1.9个百分点；1—12月，规上工业产销衔接较好，产销率为95.6%，比上年同期提升3.2个百分点。2019年，全区有资质等级的建筑业企业达到62家，完成建筑业总产值309.13亿元，同比增长6.0%，完成全社会建筑业增加值40.61亿元，增速由上年下降0.2%回升1.5个百分点，同比增长1.3%。

【固定资产投资】 2019年，全区在库投资项目134个。其中，5000万以上项目47个；5000万以下项目43个；房地产项目44个。固定资产投资同比下降29.9%。增速比上年同期降低40.61个百分点。

【国内贸易】 2019年，全区消费品市场继续呈现稳步增长态势。全区社会消费品零售总额246.04亿元，同比增长8.9%；其中，限额以上社零额65.02亿元，同比增长4.4%。四大行业增势稳健，平稳上涨，分行业销售额情况来看：批发业实现销售额228.02亿元，同比增长6.49%；零售业实现销售额188.31亿元，同比增长6.59%，住宿业实现营业额3.41亿元，同比增长17.11%，餐饮业实现营业额47.65亿元，同比增长14.63%。

全区三大支柱行业销售有升有降。汽车消费市场实现零售额40.2亿元，同比下降16.6%；金属类实现销售额81.1亿元，同比增长10.6%；医药类实现销售额33.6亿元，同比增长20.7%。

【文化旅游】 2019年，接待旅游人数1435.99万人次，同比增长22.37%；实现旅游收入121.75亿元，比上年同

西果园镇爽口源百合加工扶贫车间

期增长26.14%。新建农家乐20户，改扩建农家乐20户，新建、改（扩）建旅游厕所9座。魏岭乡绿化村、西果园镇袁家湾村被确定为2018—2019年度省级旅游示范村；魏岭乡白家岘、小山口村打造为市级旅游专业村，召开乡村旅游提质升级发展座谈会，邀请西北师范大学城市景观设计研究规划院院长同各乡镇乡村旅游负责人以及星级农家乐代表50余人就七里河区乡村旅游提质升级发展进行研讨。全区文化旅游产业共11个重点项目，总投资175.19亿元。其中兰州老街项目2019年投资2.24亿，项目一期主体工程全部完工，项目二期各标段主体全部封顶；甘肃华夏收藏博览园项目前期投资6.5亿元；甘肃简牍博物馆2019年投资0.5亿元；黄河楼项目主体已封顶；石佛沟景区重点景观节点工程全部完成；兰州岚沐文体旅创意产业园建设已具规模，年底入驻文化、体育、科技企业200余家。

【环境保护】 2019年，七里河区空气质量优良天数297天，达标率81.4%。七里河区可吸入颗粒物年日均值0.077毫克/立方米，与上年同期下降42.1%；细颗粒物年日均值0.034毫克/立方米，与上年同期下降42.4%。水环境质量：包兰桥段面水质稳定达到《地表水环境质量标准》Ⅲ类标准，达标率100%。4个乡镇集中式饮用水水源地水质达标率100%。完成2019年主要污染物总量减排指标，化学需氧量、氨氮、二氧化硫、氮氧化物等主要污染物排放指标均控制在市政府下达的范围内。改造燃煤小火炉4.6万台、取缔燃煤锅炉11台86蒸吨，“兰州蓝”成果巩固提升，全年空气质量达标率82%。

【文化体育】 2019年，新增文化产业单位69家，在册单位数427家。全区6个乡镇文化站、59个乡村舞台、9个街道综合性文化服务中心和80个社区综合性文化服务中心全部建成，构建完善的区、乡（街）、村（社）三级公共文化服务体系。新增全民健身路径34套（408件）、篮球架3副和室外乒乓球台6副，6个乡镇新安装室内健身器材165件，为辖区群众开展各类文化活动提供保障。2019年新办借阅证49个；接待读者540余人次，借阅图书册数2100册（其中成人读物563册，少儿读物1537册），提供读者咨询服务600余人次。全区9396户“户户通”工程的运营正常，关闭非法卫星地面接收设施200台，在阿干镇建设马场和琅峪2个地面无线发射基站。全年举办“献礼改革开放四十周年、喜迎伟大祖国七十华诞”七里河区2019年干部职工春节大型文艺晚会、“我们的中国梦·文化进万家”暨2019年七里河区文化“三下乡”文艺演出、“砥砺七十年，奉献新时代”庆祝中华人民共和国成立七十周年暨民族团结书画展、“七里河区2020年迎新年”文化联欢会等各类大型节庆文艺活动126场次；各乡镇、街道利用综合文化站、街道文化服务中心、行政村乡村舞台、社区综合文化服务中心开展特色群众文化活动1351场次。3月，在岚沐文旅产业园七里河区新时代文明实践中心设立非物质文化遗产保护中心和非遗展示空间，长期面对社会公众免费开放，确定3所“非遗传承基地示范学校”，申报八门拳、汗蒸全羊制作技艺两个项目和两位区级传承人，并新增羊皮筏子区级传承人一位。

【科技与教育】 2019年，新增高新技术企业26家，新增15家企业进入中小科技型企业库，有28家企业入库。全区有国家级众创空间1家，省级众创空间4家，市级众创空间8家，区级众创空间12家，在培育众创空间4家。创业总面积4.7万余平方米，引入在孵企业503家，其中在孵科技企业188家，在孵数据信息类企业40家，解决就业4400余人。

2019年，全区共有学校108所（中学22所，完全小学61所，教学点25所）。辖区在校学生57599人，教职工4411人。辖区幼儿园149所，在园幼儿19057人，教职工2670人。全区学前教育三年毛入学率95.8%，九年义务教育巩固率99.94%，高中阶段毛入学率99.71%。七里河民族幼儿园被评为“全国民族团结进步示范单位”。全区民办培训机构登记在册90所，其中取得《中华人民共和国民办学校办学许可证》42所。2019年高考报名2937人，普通高考本科录取1608人，录取率57.37%。高职（专科）录取565人，录取率20.16%。中等学校对口招生高职（专科）录取122人，录取率95.31%。

【社会保障】 2019年，城镇人均可支配收入36468元，不考虑物价因素，同比增长9%。全年城镇新增就业17878人，城镇登记失业率控制在3.29%以内。全区输转城乡富余劳动力1.7212万人。培训各类劳动力6716人，开展各类招聘活动31场（其中农民工专场招聘会5场、易地搬迁“送岗入户”专场招聘会1场），参会用人单位1351家，进场人次37500人次，提供岗位数21811个，达成意向性协议5210人次。建成居家养老综合服务中心，规范城乡日间照料中心运营，全区居家养老服务人数1036人，年提供服务66万人次。乡镇标准化卫生院、村级标准化卫生室、社区卫生服务机构实现全覆盖，七里河区被国家卫健委评为“国家慢性病综合防控示范区”。2019年全区有城镇职工基本养老保险参保企业2612家，参保人数2.5万人，新增参保企业646家，新增参保人数11970人（其中新增灵活就业参保人员3861人）。办理退役军人基本养老保险关系转接1394人，接续完成率100%。城乡居民基本医疗保险参保登记26.7万人次，征缴医保基金6707万元，结算城乡居民基本医疗保险共31万人次，医保基金支出3.2亿元，大病保险支出7112万元，建档立卡专项资金支出171万元。

【脱贫攻坚】 2019年，全区整合各类财政扶贫资金2.4973亿元，全年新脱贫74户260人，1870户7002人已脱贫人口实现稳定脱贫。对8个自然村297户安装水质净化设施，对3个镇11个村实施自来水入户工程，完成新打机井4眼，新建各类蓄水池30座，农村安全饮水覆盖率100%，自来水入户率98%。认定3家企业为七里河区第二批“扶贫车间”，带动就业88人，其中吸纳建档立卡贫困劳动力40人。402人社会保障卡制卡信息采集已完成并发放，贫困人口住院报销575.52万元，住院费用报销比例85.53%。全区所有村卫生室全部达到建设标准，乡村医生全部配备到位。实施老旧房屋提升改造41户，已竣工并达到入住条件41户，搬迁建档立卡贫困户220户669人，入住率100%，农村四类重点对象存量危房全部清零。召开15次区扶贫开发领导小组会议和5次现场推进会。对照《甘肃省中央脱贫攻坚专项巡视反馈问题整改工作汇总清单》，梳理出4类10个方面20项脱贫攻坚存在问题，制定整改措施49个，20个全面完成整改。对照《国家脱贫攻坚成效考核反馈问题整改方案》，梳理出7类31个存在问题，制定整改措施78个，31个问题全面完成整改。对照《甘肃省脱贫攻坚领导小组办公室〈关于反馈2018年兰州市脱贫攻坚成效考核有关情况〉的通知》，对存在的3类15个问题，制定整改措施43项，15个问题全面完成整改。

【第八届百合文化旅游节】 7月3日至31日，以“风吹百合香 文明七里河”为主题的七里河区第八届兰州百合旅游节盛大召开。此次百合文化旅游节由中共兰州市七里河区委、区政府主办，兰州黄河风情线大景区管理委员会协办。共有“丹青百合画展”“百合花开微视频大赛”“第二十四届石佛沟花儿会”“百合之路山地马拉松”“‘百合之约·一生相守’主题联谊会”“传统文化展演暨第二届水磨沟桃苑中国象棋擂台赛”等6大分项活动。

“丹青百合”画展邀请全国15位画家行走在七里河区美丽的南部山区，在石佛沟、袁家湾、大尖山等地写生采风，用艺术的手法展现“百合之都”的独特魅力。“百合花开”短视频大赛以“百合花开”为主题，面向社会公开征集百合产业、百合美食、百合文化旅游等内容的优秀网络短视频，展现七里河区的特色农产品及文化旅游资源。7月8日，第二十四届石佛沟花儿会在石佛沟国家森林公园风景区开幕。7月13日，“百合之路山地马拉松”以西果园镇袁家湾村为起点，经关山岭，终点至阿干镇马场村，让参与者领略和感受百合谷的美丽风光及鲁冰花海的艳丽多彩，同时培养市民健康的生活方式。7月22日，“百合之约·一生相守”主题联谊会在小西湖公园举行，活动在“百年好合”新人集体婚礼、百人相亲会的基础上，展示汉服及传统婚服，讲述中国传统服饰中蕴含的审美内涵，培养青年人的正确婚恋观。7月26日，传统文化展演暨第二届水磨沟桃苑中国象棋擂台赛展演在兰州百合公园开赛，特级大师柳大华、陶汉明等应邀参加活动。甘肃本土国家大师李家华为擂主的甘肃象棋精英在七里河八里镇花寨子村泉旭桃苑摆擂迎客，国内各路象棋名家及民间高手积极参与这一精品赛事。

领导名录

区　委

书　记　魏晋文
副书记　赵同庆
　　　　杨建英
常　委　魏晋文
　　　　赵同庆
　　　　杨建英
　　　　谢晓东
　　　　孙　洋(女)
　　　　袁志学(9月免)
　　　　杨曾涛(9月免)
　　　　车培东
　　　　查永国（10月任）
　　　　高希明
　　　　张长霖
　　　　谢宏胜
　　　　刘翔宇(10月免)
　　　　柳　青(女，9月任)

区人大常委会

主　任　郑元平
副主任　王海风（女）
　　　　魏宗仪
　　　　何能斌
　　　　王应宏
　　　　黄　林
　　　　路彦龙

区政府

区　长　赵同庆
副区长　车培东
　　　　周　伟(4月免)
　　　　肖　矛
　　　　吴文山
　　　　和　劼(女)
　　　　郭玉宏
　　　　白一方(女，5月任)

区政协

主　席　高佑军
副主席　郎巧莉(女，满族)
　　　　季　霞(女)
　　　　黄启明
　　　　尉德仓
　　　　俞树山
　　　　王正相

（钟　潇）

安宁区

【概况】 安宁区地处甘肃省兰州市西北黄河北岸，区名源自明代军事城堡安宁堡，取“安宁无患、不受侵害”之意，是古丝绸之路的必经之一。介于东经103°34′～103°47′，北纬36°5′～36°10′之间。东起九州台白土梁一带与城关区毗邻，西至虎头崖与西固相接，南邻黄河与七里河、西固隔河相望，北依九州台、大青山、仁寿山、凤凰山与皋兰县接壤。东西长19.6千米，南北宽2.7~7千米，全区总面积82.33平方千米。境内依山傍河，东西两侧高，中间低缓，呈马鞍形，形成狭长河谷平原—安宁平原。海拔1517.3米~2067.2米，相对高差550米。内陆性气候特征明显，日光充足，气候宜人。年降水量349.9毫米，年蒸发量1664毫米。年平均气温8.9℃。年日照2476.4小时，无霜期172天。主要自然灾害有霜冻、冰雹和风灾。绿化覆盖率43.2%，人均公共绿地面积15.63平方米，位居全市第一，获“全国绿化模范县区”称号。

2019年末，全区共辖8个街道办事处60个社区。总人口35万人，人口出生率10.81‰。全区城镇居民人均可支配收入38552元，同比增长9%。有回、蒙古、满、藏等29个少数民族。区内有西北师范大学等17所大中专院校、有省农科院等2所科研机构，各类科技人才3万余人。黄河风情线西段纵贯安宁区全境，有天斧沙宫、仁寿山、银滩湿地公园、兰州植物园、安宁生态文化园、九州台、文溯阁、兰州国学馆等自然、人文景观。盛产蜜桃，是闻名全国的四大蜜桃生产基地，素有“十里桃乡”之称。

2019年，全区实现地区生产总值(GDP)225.06亿元，同比增长5.5%；第一、第二、第三产业增加值分别完成0.12亿元、68.15亿元、156.79亿元，同比分别增长-39.2%、3.8%、7.1%；全社会固定资产投资同比增长15.2%；完成社会消费品零售总额103.84亿元，同比增长8.9%。

【机构改革】 按照省、市机构改革领导小组办公室统一安排部署，根据《兰州市安宁区机构改革方案》相关要求，进行机构改革，全区共设立党政机构37个，其中区委机构12个(区纪委监委机关1个、工作机关11个)，新组建4个。政府工作部门25个，新组建12个。涉改部门于2月底前顺利完成挂牌工作。

根据《兰州市安宁区承担行政职能事业单位改革方案》，完成承担行政职能事业单位职责划转。报经市委编办批复，明确纳入本次承担行政职能改革的事业单位18个，(其中转职能转机构3个，更名机构12个，只转职能不转机构的3个)，纳入综合执法体制改革的事业单位28个。其中撤销3个，新设立3个，更名29个，更名并调整隶属关系56个。

全区2月底前完成新组建机构挂牌和领导干部配备，转隶人员37名，调整行政和事业编制33名，新增行政编制8名、全额拨款事业编制167名、差额拨款事业编制42名。

【第一产业】 全区农业增加值1000万元，其中农林牧渔服务业增加值72.8万元。蔬菜播种面积571.99亩，蔬菜产量938.75吨。水果产量2489吨。免疫各类畜禽7.41万头(只)，重大动物强制免疫100%以上。

【第二产业】 全区工业增加值同比增长3.7%。规模以上5大重点行业中，金属制品业增加值同比增长80.7%；电气机械和器材制造业增加值同比增长1.1%；化学原料和化学制品制造业增加值同比下降2.2%；酒、饮料和精制茶制造业增加值同比下降10.4%；电力、热力生产和供应业增加值同比下降3.9%。

【第三产业】 全区限额以上商贸企业69家。批发业、零售业、住宿业、餐饮业限上销售额分别完成1414.7亿元、52.3亿元、0.83亿元、0.42亿元，同比分别增长1.2%、3.2%、3.3%、-6%。累计完成限上社零额64.4亿元，同比增长20.6%。全年申报商贸流通及服务业企业15家，新增销售额8.05亿元。全区“八大商圈”经济总量1468.29亿元以上。

【建筑业】 全区有资质以上建筑总承包和专业承包企业15家。全年完成建筑业总产值115.3亿元，增速1.7%，完成建筑业增加值12.93亿元，增速4%。

【项目建设】 全区5000万元以上项目累计完成40.2亿元；5000万元以下项目累计完成4.11亿元；房地产项目累计完成37.87亿元。全年商品房销售面积累计完成35.5万平方米，增速-11.6%。2019年，承担的9个省、市列重大项目完成投资19.87亿元。开工率100%。全区实施重点项目60个，开工建设55个，开工率92%，完成投资74.45亿元。

现代服务业提档升级，砂之船(兰州)奥莱项目(当年开工)、鼎泰中汇广场、立达医药物流产业园建成运营；中海环宇城、众邦国贸中心、荣光·陇汇广场等商业项目进展顺利；中车兰州机车高端轨道装备制造基地一期工程基本建成；长风智能机器人、兰飞智能电动伺服控制系统、万里电作动驱动传动系统、兰飞和中车轻量化机车构件等军民融合项目稳步推进；省妇女儿童医疗综合体、兰州联想科技城等项目全面开工。

【招商引资】 全区执行新建、续建省外招商引资项目38个，投资总额

613.15亿元。引进到位资金85.61亿元,完成年计划的114.15%。第36届中国兰州桃花旅游节签约项目12个。第25届"兰洽会"签约项目6个,投资总额70.05亿元,引进到位资金4.73亿元。

【规划引领】 2019年,全面谋划拓展城市发展空间和土地资源综合开发利用,迎门滩商务集中区城市设计通过市规委会审查,完成控规修编,第一批建设土地即将进入供地阶段,城市发展开启产城融合快进模式,片区整体开发、产业集中培育、城市开放崛起的夙愿正式开启落实。

【城乡一体化建设】 全区推进涉农街道(社区)集体产权制度改革,制定《关于稳步推进全区涉农街道(社区)集体产权制度改革的实施方案》。继续发展以城市化、产业化、规模化和集约化相适应的股份合作制经济。开展"空壳社"专项排查清理,全区共排查农民专业合作社15家。以发展壮大村级集体经济为目标,强化农村集体"三资"监管全面完成。坚持"稳川上山进沟"工作思路,以安宁堡街道仁寿山,银滩路街道、孔家崖街道、刘家堡街道插花地为主,建成有机白凤桃种植基地760亩,景观桃园500亩,共定植桃苗40000余株。制定完成《兰州市安宁区农村公路路长制实施方案》。农村公路列养总里程22.283公里,优良路段达到80%。

【工商企业】 全区新增企业1916户,同比增长27.31%;新增注册资本668694.14万元,同比增长31.89%;注销企业486户;企业净增长率26.1%;新增个体工商户2963户,同比下降4.6%;新增注册资本29621.7万元,同比增长5.88%;本年度注销个体工商户1520户;净增长率3.29%。共申请注册商标809件、成功注册656件,累计注册有效商标2425件(其中甘肃省著名商标11件、国家驰名商标1件)。共申请专利2501件,较上年同期增速23.1%。拟发放专利资助资金47.50万元。

【旅游】 全年全区接待游客783.35万人次,同比增长15.98%。实现旅游收入72.985亿元,同比增长22.01%。成功举办第36届"兰州桃花旅游节"、九州台重阳登高健身大会等文体旅游活动。拍摄制作的《以花为媒,促地区发展》新闻短视频,在央视交流媒体播报。

【基础设施】 完善城市各类公共基础设施和服务体系,S101#线安宁段、北环路桃林路匝道、中线连接线主线建成通车;516#路东段等4条道路、BRT西延段、立达过街天桥全面建成。建成公共停车泊位500个。开工建设银滩路等棚户区4个,改造重建安置区63万平方米、4400套。实施老旧小区"穿衣暖民"工程15个;对8条小街巷进行路基、路面、道牙、人行道、排水、上水等项目进行整治。重点治理各类街巷54条、提升改造35条,常态管理街巷179条,完成精品街14条、严管街23条及100条示范街的打造。投资370万元,完成学府路等6个积水点、李黄沟北段、中车截排渠工程化治理,内涝外汛隐患得到根本整治。投资600万元,完成"兰马"赛道立体绿化工程,新建绿色雕塑、修复加固绿色雕塑3组,育植摆放垂吊牵牛133118株。城市管理"五大行动"和"三大片区"环境综合整治展现新成效,拆除沿街私搭乱建1.8万平方米,完成安宁东西路等41.2公里架空线缆入地。违法建设治理取得较大突破,分类治理存量违法建设193万平方米。环卫作业模式由"扫"向"洗"转变,机械化洗扫覆盖率达100%。在全市率先建成分类投放、分类收集、分类运输、分类处理全链条分类体系,全域无垃圾治理形成长效管控,探索出垃圾分类"安宁模式",并荣获中国城市垃圾分类示范奖。

【环境保护】 建成长新南路等3个小游园,完成大青山远景山绿化提升项目一期工程。栽植桃树等各类苗木35万株。绿化覆盖率43.2%,人均公共绿地面积15.63平方米。严格落实"河湖长制",开展保护母亲河"清四乱"专项行动,完成22条洪道及黄河沿线各类排水口清查整治。开展"净空行动"、违法建设消除、黑臭水体治理等专项整治。完成5323台燃煤小火炉取缔改造及洁净煤使用。加强建筑工地监管,严格落实扬尘管控措施,对施工现场围挡、物料堆放、出入车辆冲洗、施工现场地面硬化、拆迁工地和土方外运湿法作业、渣土车辆密闭运输等做到"六个百分百"要求。全年空气优良天数267天,同比增加41天。

【科技与教育】 全区共推荐申报国家、省、市科技项目52项。地区性研究与实验发展经费支出(R&D)总计5.238亿元,占全区GDP的2.7%。科技进步贡献率60.2%,增长2%;完成技术合同交易额8700万元,比上年度增加649万元,增长率超过8%。新增科技创新平台2个,高新技术企业2家,全区高新技术企业达到55家。园区线上线下累计孵化企业114家,注册各类服务型企业79家,招商入驻率达97%。猪八戒网甘肃总部园区开园上线。云创大学城等一批符合全区产业发展导向的项目落地运营,引进到位资金85亿元。申报《兰州市安宁区建设省级创新型县(区)试点工作实施方案》,全力推动"精致兰州品质安宁"建设。

2019年,全区共有各级各类学校35所,在校学生46051人,在职教职员工2503名。全年教育累计支出2.93亿元。九年义务教育巩固率99.8%,高中阶段毛入学率99.11%。加强进城务工就业农民工子女接受义务教育的管理，辖区进城务工随迁子女入学率100%。全年各类教育基建项目累计完成投资约6000万元，累计支出约4780万元。完成孔家崖第一小学等9所学校维修改造项目和水挂庄小学、培黎小学操场改造项目，并投入使用。教育资源不断扩大，北京八中兰州分校初中部开工建设，沙井驿学校三馆一厅一广场主体工程竣工。小区配建幼儿园治理取得新突破。畅通教师职业发展通道，区属中小学教师专业技术高级岗位结构比例总体提高5%，由原来的71个提高至115个。为区属学校购置学生课桌凳2230套，配发办公电脑220台、教学一体机10台，配发图书59227册，实现多媒体触控一体机配备100%。申请落实社区教育经费30万元，创建市级学习型社区18个，区级学习型社区58个，建成街道社区学校8所，成立社区教育工作站16个，有专兼职教师约300人，志愿者人数达到3000余人，社区教育日益完善。

【医疗卫生】 全区共有各类医疗机构232家。其中，医院14家；社卫机构32家；诊所186家。基本公共卫生支出1416.68万元。实现公办医疗机构药品全部网上采购。落实“先诊疗、后付费”“一站式”即时结报。对农村建档立卡贫困人员、城乡低保人员、特困供养人员实行“先诊疗、后付费”，实现基本医疗、大病保险、民政救助“一站式”结算。全年门诊救助2201人，金额5.3万元。组建家庭医生团队92个，居民家庭医生签约7.2万余人。省妇女儿童医疗综合体、区医院翻建工程一期项目有序推进。社区卫生服务中心9家，23家卫生服务站。对新申请定点的医疗机构和零售药店进行准入审核和培训，签订医疗服务和督促履行服务协议。审核新增“两定”机构33家。其中，定点医疗机构15家；定点零售药店18家。

【文化事业】 举办第36届兰州桃花旅游节、庆祝中华人民共和国成立70周年及“我和我的祖国”群众性主题宣传教育系列、九州台重阳登高健身大会等文体旅游活动。《70年70城记住兰州安宁》献礼中华人民共和国成立70周年专题片，专题视频进行全网播放，播放量200万余次，成为全省唯一入选央视网的县区。《兰州市安宁区年鉴2018》荣获第六届全国地方志优秀成果（年鉴类）一等奖。策划推出《爱祖国挂国旗 让安宁“红起来”》系列H5宣传。举办“百名书法家写安宁”“百名摄影家拍安宁”“舞动兰州”广场舞（健身舞）大赛、名家秦腔全本戏专场、群众性优秀文艺团体演出、“幸福安宁、送福到家”送春联猜灯谜、“文化和自然遗产日”非物质文化遗产宣传展示、非遗场馆开放日等系列活动。建成全民健身路径8条。采购安装《大河之恋》文化浮雕景墙一幅。顺利完成2019年兰州国际马拉松赛安宁段各项工作任务。

【民生与社会保障】 全年城镇新增就业9386人，完成率104.29%，失业率3.93%。全年举办各类职业技能培训班等52期，培训各类失业人员、农民工（包括失地农民）3446人，完成率100.46%。全区6家银行共向小微企业、下岗再就业人员等发放普惠金融性质的贷款756笔，共计6.98亿元。

2019年，全区参加机关事业单位养老保险的人数5094人。其中，在职3288人；退休1806人。征缴6060.24万元，发放9470.09万元。被征地农民养老保险参保29200人，占被征地农民总数的95％，应筹集费用总额143787.15万元（其中：筹集政府配套资金89982.46万元〈其中：省级6985万元，市级6925.20万元，经济区170.24万元，区级75902.02万元〉，个人费用53804.69万元）。特困救助供养对象生活补助标准由每人每年11016元提高至每人每年11107元。城市低保标准由每人每月659元提高到每人每月712元，共发放低保资金14210户（次）25850人（次）1239.67万元。全年发放困难残疾人生活补贴8894人（次）88.94万元、护理补贴14820人（次）115.06万元。下拨街道临时救助备用金28.50万元，审核发放临时救助金375户771人109.42万元。开工建设安置房30万平方米、2500套。审核发放公租房租金补贴351户，发放总金额297.72万元。投资约600万元，整治改造老旧楼院3个，涉及居民221户，面积约19600平方米。总投资997.32万元，对9个小区15栋楼宇居民住宅加装外墙、屋面保温674户。加装老旧小区电梯25部。全区各部门、各单位共走访慰问特困户、困难党员、重点优抚对象等2230余户，送去米面油等慰问品及慰问金总价值达150.62万元。区政府确定为民兴办的10件实事，全部办理完成。

【史志工作】 2019年，党史、方志、年鉴编纂本着“编史修志，资政育人”的工作方向，全年出版10余种、8000余册。先后编辑出版《中国共产党兰州市安宁区历次党代会资料文献选编》《中国共产党兰州市安宁区大事记要（2017年）》《中国共产党兰州市安宁区组织史资料（1987—2015）》《兰州市安宁区年鉴（2018）》《兰州市安宁区年鉴（2019）》。编辑出版《兰州市安宁区志（1991—2010）》，该志分为“地理环境”“政治”“经济”“文化”和“民生”5大篇，117万字，全面系统记述1991—2010年安宁区经济社会的发展历程。编纂出版与沙井驿社区（涉农）共同编辑完成《沙井驿村史》。完成《安宁高校概览》终审稿、《安宁旧事》初稿。《安宁区百年大事记》《兰州市安宁区街道社区概览》编辑工作有序推进。编纂出版的《安宁史话》《安宁之歌》《安宁区桃文化》入选安宁区对外文化交流书目。在第六届全国地方志优秀成果（年鉴类）评审中，《兰州市安宁区年鉴（2018）》荣获一等奖。

【社会治理】 全国平安建设先进县区成果进一步巩固拓展。“扫黑除恶”专项斗争纵深推进，全区共核查各类线索274条，办结268条，办结率97.8%，打掉恶势力犯罪集团2个、恶势力团伙4个、黑社会性质组织1个，破获刑事案件27起，查处治安案件24起，抓获涉案人员112人。对照中央扫黑除恶第19督导组反馈的16个具体问题，制定“一方案两台账”，按照整改目标要求，全部整改完毕。

2019年，食品药品质量安全监管力度不断加大，群众饮食用药安全得到有效保障。依法治区工作水平全面提升，“七五”普法高效推进。依法管理宗教事务，全面完成中央宗教工作督查反馈问题整改。落实各项优抚政策。第八次荣获全省双拥模范城称号。

【“放管服”改革】 深化“互联网+政务服务”，提升项目审批效率，完成预算评审共23项。建成运行甘肃政务服务网安宁子站，528个事项全部加载；开通在线办理483项，网上可办率91.48%；进驻政务服务中心可办事项271个，高频事项全部实现“最多跑一次”，企业开办时间压缩至5个工作日。顺利通过国家第三批社会管理和公共服务综合标准化试点考核。持续开展“千企万商大走访”活动，实行服务承诺“四办四清单”管理制度，有效激发非公经济发展活力，新增市场主体4842户。

【综合施策破难题】 积极防范化解政府债务风险；完成清理拖欠民营企业中小企业账款年度任务，专项检查中共涉及各类用人单位317户，其中涉及劳动者3900余人，协调处理案件186起，为401名劳动者协调发放工资483.99万余元，并为1348名农民工办理工资支付“一卡通”。兰天公寓历史遗留问题彻底解决；大沙沟石油管线改迁、530#路复工建设；破解仁寿山景区及周边区域发展瓶颈的思路更清晰。

领导名录

区　委

书　记　郭海泉（1月任）
副书记　雒泽民（1月免）
　　　　席应奇（4月任）
常　委　郭海泉（1月任）
　　　　雒泽民（1月免）
　　　　王立山（1月任）
　　　　席应奇（4月任）
　　　　李东民（10月免）
　　　　张吉彬
　　　　王耀堂
　　　　陈　涛
　　　　贾向红
　　　　杨　军
　　　　鞠　康
　　　　王亚军
　　　　王　宪（5月任）

区人大常委会

主　任　李世祥
副主任　李得林
　　　　高增新
　　　　杨瑞峰
　　　　辛春仓（3月任）

区政府

区　长　雒泽民（1月免）
　　　　王立山（1月任）
副区长　张吉彬
　　　　杨　军
　　　　党梓文（女）
　　　　郭固城（7月免）
　　　　满万金
　　　　王　宪（5月任）
　　　　冯　宁（12月任）

区政协

主　席　黄晓玲（女）
副主席　唐增寿（12月免）
　　　　孙　峨
　　　　尚亚林
　　　　陈小红
　　　　张浩成（12月任）

（蒋小蓉）

西固区

【概况】 西固区位于甘肃省中东部，兰州市区西南部。位于东经103°19′～104°41′，北纬35°38′～36°13′之间。地处陇西黄土高原西部，地形总特征是西南及南部高、东北低。东与七里河区接壤，西与红古区交界，南与永靖县为邻，西北部与永登县毗邻，东北部以黄河为界与安宁区隔河相望。区政府驻福利路街道，距兰州市中心20千米。全区东西长约31千米，南北宽约29千米，总面积385平方千米，其中耕地面积6.41万亩。2019年，西固区辖7个街道、5个镇、1个乡，共70个社区居委会、40个村委会。户籍总人口32.2万人，常住人口36.9万人，人口自然增长率2.25‰。

西固区属温带大陆性半干旱气候。年蒸发量1316.3毫米；年日照时数2100小时至2351小时，年平均无霜期185天至200天，绝对无霜期150天。年平均气温在8.5℃～8.9℃之间，最高36.1°C，最低－23.4°C。年平均降水量在300毫米～500毫米之间，由北部的黄土丘陵区向南部石质山地，随着海拔高度的增加而增加。春季干旱多风；夏季酷暑，降水集中；秋季凉爽；冬季寒冷少雪。

区内电能富集，有八盘峡、柴家峡、黄河河口3座平流式水电站和大唐西固热电、国电热电联产2个火力电站，总装机容量210万千瓦。

西固文化资源丰富，拥有著名的

河口古民居、柳泉碑林、下川水车、孔子文庙等民俗文化设施和“军傩舞”、黄河水车、河口古民居等非物质文化遗产和文物古迹。三江口10万亩湿地、达川千亩枣园、夹滩岛和月亮岛度假休闲区、柴家台原始历史遗迹等景点星罗棋布，形成独具西部风情的黄河梯级旅游；关山原始森林、南山林场、元岿山、石头坪生态园等景区植被繁茂，构成了西固生态屏障和森林旅游带。

有各类企业1000余家，其中中石油兰州石化公司等中央、省、市属大中型企业33家，形成以石油化工、能源、装备制造和新材料“三大板块”为支柱的工业体系，工业经济总量占全区经济的3/5，占兰州市工业经济总量的近2/5，甘肃省的近1/10。

2019年，全年完成地区生产总值411.63亿元，同比增长3%。第一产业增加值完成3.27亿元，同比增长4.2%；第二产业增加值完成233.1亿元，同比下降0.8%，第三产业增加值完成175.26亿元，同比增长6.7%；固定资产投资完成111.54亿元，同比下降26.1%；社会消费品零售总额完成149.52亿元，同比增长8.8%；一般公共预算收入9.42亿元，同比下降8.03%；城镇居民人均可支配收入42043元，同比增长9.1%；农村居民人均可支配收入20263元，同比增长10.2%。

【项目建设】 2019年，西固区根据项目建设“五比五拼”考核要求，按照“一项目一团队”模式，编制印发《西固区2019年投资谋划项目清单》《兰州市西固区2019年重大项目建设服务团队工作方案汇编》，成立西固区重大项目工作指挥部，组建市级项目团队3个，区级项目管理团队8个。全区共凝练投资项目182个，总投资437亿元。其中，35个续建项目全部复工并且9个项目已完工；147个新建项目开工145个，开工率98.6%，开工已入库141个，入库率97.2%。全面完成市委市政府“4月开工40%以上，全年开工90%以上”的目标任务。实施省、市列重大项目共7个，总投资95.87亿元，完成投资31.39亿元。全年引进到位资金108亿元。第三季度在全市项目建设“五比五拼”考核中，西固区综合排名第一。

【陆港经济】 2019年，西部陆海新通道、中亚、中欧、南亚“四大”国际贸易通道提质扩容，中欧木材回程班列实现常态化运营，全年累计发运国际班列168列6536组、货值13亿元。先后与青岛港、北部湾港、重庆西部物流园等多家海港、陆港形成战略合作关系，与新加坡太平船务、中外运等国际物流企业签订合作运营协议；保税物流中心(B型)、汽车整车进口口岸完成建设，设立德国杜伊斯堡和尼泊尔加德满都海外贸易代表处，兰州南亚国际班列公铁联运示范工程项目被交通运输部命名为“国家多式联运示范工程”，甘肃(兰州)国际陆港升级为省级开发区，成功入选全国23个国家物流枢纽建设名单，再度荣获“全国优秀物流园区”。

2019年项目建设情况汇总表

产业类型	项目数(个)			总投资(亿元)				亿元项目(个)
	合计	续建	新建	合计	续建	新建	2019投资	
能　源	2	0	2	7.53	0	7.53	0.15	1
农林牧渔	5	0	5	0.66	0	0.66	0.57	0
社会事业	51	7	44	38.45	29.27	9.18	12.77	8
城　建	20	2	18	70.11	31.55	38.56	9.52	5
工　业	56	6	50	29.49	12.47	17.02	17.53	7
生态环保	3	1	2	1.25	0.5	0.75	1.05	0
经贸物流	17	4	13	63.55	40.12	23.43	20.12	7
房地产	22	15	7	224.12	161.43	62.69	41.86	20
田园综合体	1	0	1	1.43	0	1.43	0.42	1
其　他	5	0	5	0.5	0	0.5	0.5	
合　计	182	35	147	437.09	275.34	161.75	104.49	49

【新农村建设】 2019年，全年流转土地1008亩，新建设施农业200亩，成立专业合作社10家，培育发展百合企业34家，全区中药材种植面积扩增至730亩。新、改扩建健琳生猪养殖场、百绿草业科技有限公司、兴蓉生猪养殖合作社等9家养殖场。研发推出百合酵素、罐头等系列深加工产品。成功举办第二届“农民丰收节”“韭黄开镰节”，特色农产品品牌效应持续增强。

柳泉天然气入户和污水收集工程建成投用，达川、河口自来水厂和污水收集项目有序推进，21个财政奖补项目全面完工。新建农村公路21.6千米。实施危旧土坯房改造215户，改厕2000户。乡镇生活垃圾收集转运覆盖率70%，建成投用5座压缩式垃圾运转站，累计清运积存垃圾3100余吨。

按照“龙头企业+专业合作社+农户资产”发展模式，持续做大做强亿家康、金益昇2个市级农业休闲农庄，培育2个市级示范社和1个市级示范家庭农场，改造提升杏胡台花海等5个农业休闲农庄。达家台农业公园前沿景区主体完工，粉黛乱子草百亩花海建成运营。

【新型工业】 建立健全石化地企联席机制，制定印发《西固区建立全面支持兰州石化公司沟通联系工作机制》;代家河湾精细化工园区启动实施,总投资26亿元的35个石化项目加快推进;24万吨/年小乙烯、300万吨催化裂化、氢气资源优化利用等19个项目完成建设;兰州石化—中川机场航煤管道正式投运,全省首批保税航空煤油成功进军国际市场,“大炼油”向“大化工”转型成效初显。蓝星纤维有限公司实现重大技术革新,全国首家年产1500吨50k(千)大束碳纤维、4000吨原丝项目正式投产。

【现代服务业】 华奥全球商品直销中心、熊猫假日购物公园等项目开工建设,天毅汽车运动工厂建成投用。建成十一街夜市、西固步行街夜市、金城夜市,打造夜间“购物圈、旅游圈、美食圈”,满足不同层次需求。新增兰州三维跨境电子商务公共服务平台引进注册索菲亚、兰州新区陆港物流等30家跨境电商企业,培育268家电商企业入驻,甘肃建投大宗商品交易平台完成注册会员6500家,全年电商销售额4.5亿元。

【文化旅游】 华夏文化展示中心项目主场馆建成运营,大型激光水舞秀《记忆盘古》成功开演,水居丹霞项目道路改造工程与河口古镇民俗院落示范体验项目主体完工,码头酒店具备游客接待条件;河口古镇荣获“2019首届中国金羚奖”,河口村被住建部、国家文物局列为第七批中国历史文化名村,成功获评全市唯一“全省乡村旅游示范村”。金城公园(二期)民宿院落商业区、综合文化展示区、廉政文化教育区全面建成。全年接待游客165万人次、同比增长15.2%,实现旅游收入16.8亿元、同比增长22.1%。

【城乡建设】 编制完成《西固区全域棚户区(城中村)改造行动规划》,与中国铁建投资集团签订《全域棚改战略合作协议》,与兰州石化公司签订《兰州石化公司棚户区项目委托西固区政府改造框架协议》。兰西铁苑、东川棚户区A区等4个棚改项目建成投用,交付房屋8359套;达川三江口、新城、石化学院家属院、力威德、省建四公司临洮街等项目稳步推进;高家咀、石化3#街区等一批项目陆续开工建设,改造面积约32万平方米。

T088#路(深安大道)、古浪路跨线桥、北滨河西延线西固河口段建成通车,南山路辅道基本贯通,福利路、古浪路、环形东路道路提升改造工程基本完成。轨道交通一号线陈官营站、公交换乘站投入运营,优化公交线路,调整19路、57路、125路等公交线路延伸至陈官营地铁站,方便群众出行。

河口古镇木质栈道

【城市管理】 制定《西固区提升城市品质打造精致兰州三年行动方案》及12项配套措施,全面铺开城市垃圾分类工作,科学化、常态化开展全域无垃圾专项行动,累计清理垃圾2267吨,平整场地16.2万平方米,深度环卫保洁面积扩大39.9万平方米。拆除各类违建4.1万平方米,道路线缆入地改造31条,清理规范3条马路市场,建成6条精致文化街巷,古浪路立面精细化改造开工建设,强力整治铁路沿线环境,消除安全隐患44处。建成投用福源小镇污水截流工程,实施道路无障碍人行道改造40条、港湾式公交站21个,新增停车泊位1500个,完成老旧楼院电梯加装30部。

【生态环境建设】 区域空气质量改善工程常态化运行,完成3家燃煤锅炉、1.56万台小火炉改造,六项污染物浓度大幅下降,空气质量优良天数同比增加96天、优良率达73.4%,创历史最好水平。清理整治宣家沟等河洪道52千米,拆除违建42处、1万余平方米;水源地保护项目(二期)加快推进,完成庄浪河等4处生态修复工程。建成3处城市小游园及街边绿地,补植补栽苗木5.4万株,新增改绿地15万平方米,完成生态修复造林5000亩,平整绿化土地1400亩,村庄绿化覆盖率35%。

【社会事业】 兰西铁苑小学、甘肃(兰州)国际陆港学校招生运行,新增学位2430个;小区配建幼儿园治理“西固经验”在全市推广,全区公办幼儿园达到30所;临洮街学校综合楼主体封顶,兰州二十八中教学楼维修项目完工。高考一批重点院校、二批普通院校上线率位居省市前列。区中医院、区妇幼保健院即将建成,区中医院康复分院建成投用,区健康管理信息平台上线运行,建成2个紧密型医共体。全面落实“一免一半五优先”举措,新增设6家医养结合试点单位，国家级紧密型县域医共体建设试点全面推开。

区博物馆金城鲜卑主题展馆开馆，10处自助共享图书馆建成投用，试点建成3处邻里图书馆，改造提升乡村少年宫19家。建成7处文体活动场地和5条健身路径，6所学校体育场地在全省率先向社会免费开放。建成农村精神文明建设“八个一”工程示范点11个。举办迎春灯会、“徒步越野英雄会”“草莓音乐节”“西固之夏”等大型文化活动，形成独具西固特色的品牌效应。组织开展“庆祝新中国成立70周年文艺汇演”“文化三下乡”“我们的节日”等群众性文艺活动2040场次，进一步丰富群众精神文化生活。打造志愿服务品牌20个，开展各类文明志愿服务活动1.1万场次，爱如阳光社工服务中心荣获2019年全国助残先进集体，蝉联双拥模范城“九连冠”，文明指数测评成绩全市第一。

6月30日，兰州黄河徒步越野英雄会比赛在河口古镇开赛

【劳动就业与社会保障】 2019年，发放创业担保贷款3522万元，新增创业企业1022家、就业1.2万人；完成职业技能培训5261人；全面完成机关事业单位养老保险制度改革，为920名失地农民办理养老保险，为10907名困难群众代缴城乡居民养老保险；追回拖欠劳动者工资1250余万元，区劳动保障监察大队获评全国人力资源社会保障系统2017—2019年度优质服务窗口；累计发放各类低保和救助金3507万元，区社会救助中心获评全省民政系统先进集体；3个党群服务中心、4个老年人日间照料中心和6个社区综合服务大厅建成投用，为全区老年人提供居家和社区养老服务110万人次。

【社会治理】 2019年，成功举办中华人民共和国成立七十周年基层社会治理研讨会及成果展，重兵铁拳扫黑除恶，全年调处化解矛盾纠纷2548件，妥善处置信访积案11起，实现重大节会期间进京非访和赴省市集体访零目标。全面办结中央督导组移交线索127件，捣毁黑社会性质犯罪组织1个，摧毁涉恶犯罪团伙2个，打掉“村霸”2个。中华人民共和国成立70周年大庆安保战役全胜全赢，盗窃案件下降46.7%，“两抢”案件发案率为零；成功破获省督“10·8”特大贩运毒品案，获评全省千人县区禁毒工作整体推进先进县区。

【脱贫攻坚】 2019年，围绕“3+1”冲刺清零目标任务，委托兰州大学第三方测评组，对全区151户建档立卡户和200户非建档立卡户开展入户核查验收。区四大家分管领导带队开展脱贫人口“回头看”，全面掌握贫困人口脱贫现状。着力抓好义务教育阶段“控辍保学”工作，对294名疑似失学儿童进行核查清零，实现“一个都不少”的目标。实施河口镇大滩、东川镇龙爪山和陈坪街道孟家山3个行政村的安全饮水工程，着力解决农村492户1974人的饮水不稳定问题，农村水质达标100%。

【深化改革】 全面承接省市下放取消调整行政审批事项197项，90%以上政务服务事项实现在线办理，511项实现“最多跑一次”，新增市场主体3715户。搭建政银企合作平台，向省金控集团推荐25家优质企业，申请贷款金额8.4亿元，到位2.6亿元；清欠民营企业中小企业账款4341万元，超额完成全年清偿目标；党政机构改革重点任务全面完成，精简机构14个，机构设置和职能配置进一步优化；创新实施河口镇行政管理体制改革试点工作，下放行政管理权限114项。

【自身建设】 审计监督力度持续加强，审核财政投资项目150项，累计节约、审减财政资金1241.7万元，“三公”经费同比下降9.6%。办结区人大代表意见建议71件、政协提案110件。公开政府信息1.2万余条，办理“民情通”转办件2.49万件、网络舆情181件，西固区网信办获评“2019年人民网网民留言办理民心汇聚单位”，区乡村三级公共法律服务平台建成运行，“线上+线下”法律服务实现全覆盖。全年行政应诉案件91件，法制审核重大行政决策60项、重大合同113件。持续开展“千企万商大走访”活动，解决项目建设、企业发展难题45个；深入开展“基层减负年”活动和“四察四治”专项行动，全区性会议、文件分别减少31.4%和38%。

领导名录

区　委

书　记　钱承文(2月免)
　　　　雒泽民(2月任)
副书记　马力仁(1月免)
　　　　芮文刚(2月任)
　　　　张君明(4月任)
常　委　雒泽民(2月任)
　　　　芮文刚(2月任)
　　　　张君明
　　　　周　伟(5月任)
　　　　郑　强
　　　　李宗科
　　　　张平华
　　　　刘佃兵(4月任)
　　　　王伟军
　　　　孙　炜
　　　　刘　杰
　　　　任宏伟(5月任)
　　　　钱承文(2月免)
　　　　马力仁(1月免)
　　　　刘永祥(4月免)

区人大常委会

主　任　王延风
副主任　王忠平
　　　　刘明劲
　　　　祁永良
　　　　张林军

区政府

区　长　马力仁(1月免)
　　　　芮文刚(2月任)
副区长　孙　炜(10月任)
　　　　任宏伟(6月任)
　　　　王有祥
　　　　张笑春(女)
　　　　陈　良
　　　　王永胜(6月任)
　　　　王伟军(10月免)
　　　　刘　军(6月免)
　　　　钱国权(8月免)

区政协

主　席　徐春花(女)
副主席　江代莉(女)
　　　　王忠良
　　　　杨世旺
　　　　徐优文

（王晓蓉）

红古区

【概况】　红古地处兰州、西宁两大省会城市的几何中心，东接西固区，西临大通河，南濒湟水河与青海民和回族土族自治县，南北宽不过24千米，最狭窄处仅3.3千米，总面积567.6平方千米。109国道、京藏高速公路、兰青铁路、兰铝铁路专用线贯穿全境，是内地通往青海、西藏的咽喉，也是连接欧亚大陆桥的战略通道。

红古区位于黄河上游，境内有大通河、湟水河。大通河为黄河二级支流，境内河道长16.7千米，在海石湾汇入湟水河。湟水河属黄河一级支流，境内河道长62千米。属黄土高原西部丘陵沟壑区，自南向北大致分为一、二、三级阶地，明显呈现出滩、川、台、山四种地形地貌。地势西北高，东南低，海拔高度1580~2462米。属温带大陆性干旱气候，温差大，降水少、气候干燥，年平均气温7.6℃，全年7月份最热，平均27℃，1月份最冷，平均-6.8℃，阳光充足，冬无严寒，夏无酷暑，气候温和。

红古是甘肃省重要的煤炭和电解铝生产基地、全国主要的炭素生产基地、全国首个清真明胶生产基地、国家级“城市矿产”示范基地。2011年11月成功申报为全国第三批资源枯竭城市，2014年10月所辖兰州经济技术开发区红古园区成功申报为第五批国家“城市矿产”示范基地，2019年10月被国家列为资源循环利用基地，2019年11月被国家列为独立工矿区改造搬迁。

2019年底，红古区辖4个街道、4个镇，22个社区、34个行政村。共有常住人口55319户，143436人，其中，男性73258人，占总人口的51.07%；女性70178人，占总人口，48.93%；与上年相比负增长678人，城镇人口112697人，占总人口的78.57%。出生入户1442人，年出生率10.05%；死亡注销1011人，年死亡率7.05%。有回族、满族、蒙古族、壮族、苗族、瑶族、土家族、朝鲜族、藏族、彝族、裕固族、维吾尔族、侗族、锡伯族、布依族、土族、俄罗斯族、达斡尔族等18个少数民族。

全年完成地区生产总值115.73亿元，下降2.7%。第一产业增加值5.44亿元，增长4.8%；第二产业增加值69.89亿元，下降8.3%；第三产业增加值40.39亿元，增长10%；全社会固定资产投资31.16亿元，增长11%；社会消费品零售总额31.4亿元，增长9.1%；一般公共预算收入6.95亿元，下降22.1%；城镇和农村居民人均可支配收入分别达到32956元、21108元，分别增长8.7%、8.5%。三次产业结构比例由3.7∶59.1∶37.2调整为4.7∶60.4∶34.9。

【农业农村经济】　2019年，全区蔬菜种植面积9.45万亩，产量24.08万吨；粮食总产量0.44万吨；肉、蛋、奶总产量2.267万吨，水产品产量45吨。完成春播面积7.48万亩，新增设施农业面积400亩。建成千亩苗木等特色种植基地12个，新增果园面积100亩。规范运营农村专业合作社14家。引进试验蔬菜、玉米、樱桃等新品种207种，示范推广草莓新品种100多亩，建成150亩的鲜食玉米新品种试验示范基地。农业机械总动力12.1万千瓦，各类拖拉机保有量5760台，完成机械化播种2.7万亩，机耕5.8万亩，完成机收2.5万亩，农机深松完成2万亩，做到农机深松整地GPS检测全覆盖。村集体、农户耕地入股到经营主体1194.45亩、农户劳动力入股179人，参与农户545户，辐射带动农户850户1300余人，农户入股分红48.18万元，其中贫困户分红8.8万元，村集体经济增长19.17万元。完成农村土地承包经营权确权11213户，累计流转农村土地13285.62亩。共投入奖补资金102万元、农村保洁费56.79万元，用于村庄清洁行动，出动人员15010人次，车辆1400余台次，清理各类垃圾11200余吨。改造农村危房25户，铺设农村供水管网15公里。

【园区建设】 经济区红古园区投资2.9亿元，建成南三路西延、涩宁兰天然气复线平安段管线迁改、固废处理中心等重大基础配套工程；连海园区扩区增容规划及规划环评编制完成，循环化改造加快推进；实施总投资39.8亿元的亿通电力器材、陇原蓝天装配式建材、废纸再制造二期等32个重大产业项目，建成16个“城市矿产”示范基地项目。硫酸软骨素胶原蛋白粉产业化等3个项目成功列入全市十大科技创新项目。加快鑫源生态循环农业产业园、兰州农发现代循环经济示范园等5个农业产业园提档升级，新改扩建北山村标准化日光温室、海康百万只肉鸡等特色种养殖基地13个。

【工业经济】 2019年，全区战略性新兴产业增加值14亿元，占全区GDP的比重15%，实现增速12%。规模以上工业企业能源消费总量160.49万吨标煤，同比下降11.11%，万元工业增加值能耗2.5吨标煤/万元。全年工业增加值实现68.8亿元，同比下降8.5%，培育规模以上入库企业5户。

【信息化工作】 2019年，电信业务总量增速120%。继续推进“宽带中国”示范城市建设工作，3G、4G网覆盖城区及34个行政村，覆盖率100%，移动用户16.7万户；固定宽带用户4.3万户，城区及全区34个行政村全部实现光网覆盖；城市家庭20兆比特每秒及以上宽带接入能力100%；固定宽带家庭普及率79%，移动宽带用户普及率88%。农村三网通家入户率65%以上。

【项目建设】 2019年，新建、续建工业项目32项，结转项目10项，新建项目4项。亨润德40万吨洁净钢等项目建成投产；100万台废旧家电拆解等项目即将生产；西部城市矿产工程技术中心项目投入运营；宝方炭材料年产10万吨超高功率石墨电极生产线一期项目石墨化车间建设完成60%；兰铝固废处理中心项目建设项目主体完工；窑街煤电公司三矿洗煤厂项目开始井桩作业。总投资10.37亿元的全省首个脱贫攻坚农村公路PPP项目签约落地，兰西客货运综合枢纽中心、北环路公交枢纽站和京藏高速公路海石湾收费站连接道路改扩建等重大交通互联互通工程启动建设。

【城乡建设】 总计投资2.86亿元，实施重点基础设施建设工程12项。其中，滨河东路道路建设工程等续建项目8项；华源动力公司窑街供热、供水、供电系统维修改造工程等新建项目4项。实施华龙广场、楼宇立面等改造提升工程8个，打造精品街巷17条，完成建筑节能改造13.8万平方米。投资1.3亿元，建成平安镇凤凰路西延、西四路等6条道路，红古镇棚改集中安置工程主体完工，改造提升农村公路30千米，建成美丽乡村示范村3个，完成农村“三改”5200户。打造示范小区(村)4个，生活垃圾分类覆盖率65%。清理疏通排水管道15600米，检查井304座，雨水井422座，更换检查井圈盖166套，雨水井圈盖152套。维修路灯340盏，更换损坏电缆3850米。维修城区混凝土破损路面55800平方米，人行道路面35000平方米，沥青路面17000平

海石湾全景

方米。

【商贸物流】 1—11月，全区进出口总额在全市排名第一，完成进出口总额30.96亿元，占全市进出口总额比重28.08%，占全省进出口总额比重9%。与浙江申联环保集团等公司签订投资合作项目。总投资20亿元的碧桂园玖珑湾、花庄粮库三期扩建等7个商贸物流项目顺利推进，新引进华联超市、国美电器等大型品牌店4家，方大炭素成为首家跨境电商企业，电商交易总额4000万元。各类从事电商业务的企业和个体户共计141家。其中：电商企业30家，新增跨境电商企业1家；各类网点约111家，新增网点30家。本地自建红古家立送等9个电商平台，涉及农产品、城市矿产、旅游体验、信息服务等领域。实现网上交易额1840万元，其中农产品网上交易额204万元。

【招商引资】 全年招商引资项目落实到位资金68.39亿元。第25届"兰洽会"共签约招商合同项目27项，协议项目2项，总投资109.9亿元，市级签约项目13项，总投资58.3亿元。其中，二产项目7项，共计30.3亿元；三产项目6项，共计28亿元。区级签约项目14项，总投资39.4亿元。其中，一产项目1项，共计0.3亿元；二产项目5项，共计4.5亿元；三产项目8项，共计34.6亿元。签约协议项目2个，总投资12.2亿元。

【生态建设】 全年空气质量优良天数320天，空气质量优良率95.8%，大通河、湟水河地表水水质达标率100%，饮用水源水质达标率100%，化学需氧量、氨氮、二氧化硫、氮氧化物等4项主要污染物及降尘量控制在指标范围内。开展蓝天、碧水、净土三大攻坚战，实施十大攻坚行动，运用无人机航拍、定时巡查等措施，全面管控秸秆禁烧。完成兰铝自备电厂超低排放、13家汽修厂挥发性有机物治理等环保项目5个，全面取缔城区经营性燃煤炉灶。清运陈年垃圾、陈腐尾菜33万立方米，治理重点洪道3条、水土流失面积2平方公里。实施沉陷区复绿、面山植绿、城市增绿三大行动，拆除窑街沉陷区危旧房屋3.5万平方米、平整土地500亩、生态绿化378亩，全面启动5万亩北部面山绿化工程，新增造林绿化1.8万亩，建成生态村5个，森林覆盖率18.55%。

【教育科技】 海石湾北区幼儿园建设项目完成场地平整、基础井桩等工程；海石湾第三小学建设项目已完成主体封顶；南区棚户区改造教育设施项目正在进行方案设计；南区实验幼儿园建成并投入使用。学前三年入园率93.5%，九年义务教育巩固率99.7%，高中阶段入学率98.24%，九年义务教育阶段入学率100%；全区小学两科合格率95.14%；初中全科合格率22.49%，平均及格率48.67%；高考成绩上线率99.6%。学前教育资金投入200.9万元，义务教育资金投入991.96万元，高中教育投入资金380.03万元，职教资金投入1572.89万元。全年共资助幼儿园19所，受助幼儿8913人次，发放资助金451.55万元；资助义务教育阶段学生480人，发放资助金12.88125万元；为845名高中家庭经济困难学生发放资助金169万元；为60名新入学建档立卡贫困大学生发放资助款12万元。完成4批245名教师省外培训；组织教师申报课题452项。投入27万元，为全区各校园安装"一键报警"设施，校园校内监控做到100%全覆盖。

2019年，完成技术市场合同交易额0.2亿元；科技进步贡献率55.6%；全区R&D（研究与试验发展）经费支出2.2亿元。方大炭素"600兆瓦示范快堆用含硼石墨研究及其产业化"等3个项目申报为2019年"兰州市十大科技项目""短流程电极制备技术研究"等18个项目申报为区级科技项目。引导企业与高等院校、科研院所科技合作，在新材料、清真明胶和现代农业等方面实施10余项开发项目。阿敏生物等7家企业在第四届兰州科技成果博览会上展出新品种和高新技术。鑫源现代农业等2家企业授牌农业科技示范园。"饲用甜菜+玉米秸秆黄贮提质增效利用技术研究与示范"等6个项目推荐申报"兰州市人才创新创业项目"。方大炭素公司企业技术中心建成博士后科研工作站等3家省部级工程技术中心。方大炭素新材料科技股份有限公司企业技术中心成功申报国家级企业技术中心。签约总投资2亿元的清真明胶蛋白粉年产1000吨生产线等4个项目。落实农业科技特派员78人。发放各类宣传册10000余份；举办各类科技培训7期，参训人数640人次。

【公共卫生】 推进医药卫生体制改革；保障基层用药，落实国家基本药物制度；完善短缺药品监测预警和储备。建立医疗行为智能审核及临床路径管理系统。完善远程会诊系统，远程会诊覆盖率100%。全区累计建立居民健康档案116514人，建档率80.89%；规范化电子档案建档人数125810人，电子建档率87.34%；适龄儿童国家免疫规划疫苗接种率以乡为单位均达95%以上；新生儿访视率90%以上，儿童管理率85%；65岁以上老年人建档14709人，健康管理10873人，健康管理率73.92%；高血压患者健康管理6233人，高血压患者管理率71.6%；糖尿病患者健康管理1950人，规范管理率54%；严重精神障碍患者检出率4.38‰，登记管理592人，在管499人，管理率84%，规范管理率40%。家庭医生签约率32.1%，重点人群签约率68.8%，"一人一策"建档立卡户签约率100%，计划生育特殊困难家庭签约率95%。各类疫苗接种率均在95%以上。建立健全突发公共卫生事件应急机制。

【文体旅游】 启动运行新文体中心,“三馆”(图书馆、文化馆、博物馆)免费开放水平全面提升。窑街街道和平安镇体育健身中心建设完成并投入使用;为3镇1街道和1企业安装10套体育健身器材;为3镇政府安装体育健身器材。新购图书1000余册,新上架图书650册,订阅报刊100余种。组织开展经典诵读、灯谜竞猜、社火展演等系列文化活动;举办迎冬季采摘节、乡村生态文化旅游节、山地汽车越野拉力赛、红古陶器精品展、国家A2赛事河湟之旅·红古半程马拉松赛等系列活动;创作大型纪实现代剧《最美新娘李成环》;实施河湟越野自驾游营地、中农生态农庄等文旅融合项目10个,发展星级农家乐20家。新建旅游厕所6个;规范发展星级农家乐15户;新挖掘羊毛疔挑治疗法等5个非遗项目。全区累计旅游接待人数127.71万人次(其中乡村旅游人数76.091万人次),同比增长16.58%;旅游综合总收入9.715亿元,同比增长22.49%。

【民生保障】 民生领域支出13.3亿元,占财政总支出的68.68%。总投资近10亿元的省人民医院红古分院异地迁建、海石湾南区独立高中等重大民生工程启动实施,南区幼儿园按“公办民营”模式招生运行。城镇居民人均可支配收入32956元,增速8.6%;城镇新增就业4553人。失业人员再就业人数2000人,就业困难人员再就业人数620人;创业担保贷款发放1206万元。就业技能培训1400人,创业培训200人,岗位技能提升培训300人,精准扶贫劳动力培训47人。劳务输转人数10652万人,劳务收入3.03亿元。企业职工基本养老保险基金支出26772万元;机关事业单位养老保险基金支出9270万元。城乡居民基本养老保险贫困人口覆盖率100%;社保卡制卡数据采集入库率99.1%;劳动合同签订率96%;合同签订率96%;城镇登记失业率控制在3.71%以内。设立欠薪维权信访接待室和平安镇劳动保障工作站,实现欠薪问题政府层面“零上访”。健全完善失业预警制度,制定失业应急预案。

【媒体聚焦红古70年成就】 庆祝中华人民共和国成立70周年之际,中央人民广播电台、法制网、中国甘肃网、甘肃经济日报、兰州日报等中央和省市主流媒体深入红古区机关、企业、乡镇(街道)、村组进行采访报道,讲述70年来红古区的奋斗征程和辉煌成就,唱响主旋律,弘扬正能量。

70年来,红古区生产总值由1960年的0.21亿元,增加到1978年的0.59亿元,2018年达到110.72亿元,年均增长11.4%。经济总量1983年突破亿元,达到1.09亿元;1995年突破10亿元大关,达到10.16亿元,近20年,经济实现跨越式发展,2007年跨上40亿元台阶,达到40.71亿元;2011年突破80亿元,达到80.33亿元;2013年首次超过百亿元,达到101.54亿元。兰州日报用5个专版、6组稿件,刊发红古区近年来在文化旅游、交通、教育、医疗卫生等领域取得的辉煌成就;兰州晚报用4个版面,从不同角度对红古区发生的翻天覆地的变化进行宣传报道。

【川海大桥开通】 12月30日,甘青两地“连心桥”——川海大桥通车。该项目2017年3月开工建设,总投资4.6亿元,其中主桥及引桥总投资2.85亿元,主要由青海省海东市负责实施。南邻民和县川垣新区川垣五路,北连国道109线,并与海石湾城区红山路连通,线路总长1656米,桥梁长832.8米,引桥长823.2米,路基宽度31米,全线设计行车速度60公里/小时。红古区负责川海大桥北端省道301线海石湾至岗子沟公路川海大桥连接线工程,项目总投资1.75亿元,路线起点位于海石湾镇海岗公路连接线与红山路交叉口,其后沿线有红山路和规划红山路布线,下穿G109线(平安路)、铁路专用线及兰青铁路后,终点止于海石湾镇南部片区,与规划建设的川海大桥引道顺接,总体走向由北向南,路线长1.625公里。川海大桥的建成通车将进一步促进川海区域合作,实现优势互补、良性互动、共赢发展,强化川海同城化辐射服务功能,发挥川海经济区示范带动作用;将加快推进兰西城市群重要节点城市建设进程,构建甘青大通道重要交通支点和物流基地,促进川海资源要素流动;同时将加快川海经济区深度融合,为实施

川海大桥

“一城五支撑”发展战略，全力打造兰西城市群一体化发展示范区提供交通保障。

领导名录

区　委

书　记　李　荣(2月任)
副书记　薛　蕾(女，2月任)
　　　　郭德涛
常　委　李　荣(2月任)
　　　　薛　蕾(女，2月任)
　　　　郭德涛
　　　　于　军
　　　　王毓亭(10月免)
　　　　杨志勇
　　　　魏世民(9月免)
　　　　汉晓明
　　　　张惠勇
　　　　颜为海
　　　　李　生
　　　　杨建斌(11月任)

区人大常委会

主　任　张玉莲(女)
副主任　马跃贤
　　　　刘学红
　　　　温发源
　　　　席正锐

区政府

区　长　薛　蕾(女，3月任)
副区长　魏世民(9月免)
　　　　李玉秀(女)
　　　　张奇才(5月免)
　　　　杨建斌
　　　　王志高(5月任)
　　　　薛　军(6月任)
　　　　韩鹤峰(12月任)

区政协

主　席　李玉兰(女)
副主席　安永学
　　　　李志敏
　　　　齐向东

（马玉花）

永登县

【概况】　永登县始建于东晋十六国前凉时期，后几经易名，1928年恢复永登县名。因地处河西干旱区，意含祝愿永远五谷丰登之意。地处甘肃省中部，东南与皋兰县、西固区、红古区相邻，西北与天祝藏族自治县、景泰县接壤。全县总面积6090平方千米。年末户籍人口43.9724万人(不含中川、秦川二镇)。全县辖12镇(不含中川、秦川二镇)、4乡，200个村委会，10个社区居委会。有回、满、土、壮、藏等多个少数民族。

境内地形由北向南倾斜。海拔在1500米～3000米之间。全年降水量355.8毫米，日照时数2718.1小时，年均气温5.5℃。年均无霜期173天，绝对无霜期147天。全年多为西北风，风力一般为2～4级，四季分明，阳光充足，冬无严寒，夏无酷暑，气候温和宜人。

有吐鲁沟连城石屏山自然风景区，有建于明初的连城显教寺、妙因寺、石尕石达寺、鲁土司衙门，明弘治年间的红城感恩寺，明正统年间的城关海德寺等人文自然景观。天然林覆盖面积达46万多亩。苦水玫瑰是全国产量最大的地区之一。境内已探明的矿产23种。有色金属矿主要有铁、锰、金、铜等；非金属矿产有石灰石、石英石、大理石、白云石等。

2019年，全县实现地区生产总值112.15亿元，同比增长5%。第一产业实现增加值12.87亿元，同比增长6.9%；第二产业实现增加值30.82亿元，同比下降2.1%。其中，实现规模以上工业增加值26.16亿元，同比下降3%；建筑业增加值完成2.96亿元，同比增长2%；第三产业实现增加值68.46亿元，同比增长8.9%；完成固定资产投资44.94亿元，同比增长14.29%；实现社会消费品零售总额30.01亿元，同比增长8.6%。

【项目建设】　2019年，谋划储备项目176个，新开工152个，入库项目146个，入库率98%，完成投资44.94亿元。开展招商活动15次，新签约项目35个，完成年度计划的104.6%；完成招商引资到位资金75.01亿元，完成年度计划的100.1%。推进省、市重大项目建设，2个市列重大项目完成投资0.98亿元；县列重大项目132个，完成投资37.58亿元。开展“千企万商”大走访活动，对全县33家规模以上工业企业进行走访调研活动，帮助企业解决生产经营中存在的问题与困难。按照围绕园区、产业集群发展思路，引进重点企业进驻树屏产业园。完成甘肃金鹏源建材综合物流园项目、永登邦国建材物流园项目、新建河南黄河水泥制品生产项目、甘肃中创线缆特种电缆项目、甘肃鑫鑫源钢结构研发生产基地和兰州树屏众创城一期项目等25个项目。

【结构调整】　以集中、高效、特色为农业产业发展动力，加快农业产业结构调整。以高原夏菜为主的农业产业结构不断调整，新增蔬菜种植面积达1.44万亩，累计种植规模14.64万亩。推进民乐乡清泉村、河桥镇乐山村2个高标准农田项目建设。建成柳树镇盛世园合作社、大同镇成前蔬菜种植合作社和山里红种植养殖合作社3个蔬菜千亩基地。全县农机总动力35.89万千瓦，完成机播57.5万亩，机耕15万亩，深耕松面积2.08万亩，机械化起垄覆膜8.5万亩。着力做大做强农业十大特色主导产业，稳步推进特色农产品品牌建设。2019年“苦水玫瑰”区域品牌进入中国区域品牌(地理标志产品)百强榜，位列第88位，品牌价值53.8亿元，苦水镇因此获得农业农村部全国“一村一品”示范村镇称号。完成申报无公害农产品认证9个，绿色产品2个。超计划完成脱毒马铃薯推广任务15.01万亩；全垄双膜沟播技术19.52万亩；水产品产量1250吨；肉蛋奶产量4.79万吨。按照“龙头建基地，协会带基地，基地连农户，订单促产业”的经营模式，不断提高农业产业化经营水平和农业生产效益，稳步推动农民收入持续增长。完成申报省级重点农业产业化龙头企业2家；培育县级龙头企业6家。推进农村一二三产业融合发展，建成集产地批发、产品研发、精深加工、物流运输为一体的玫瑰产业集群。

【第三产业发展】 完成批零住餐企业入库3家，批发业增长11%，零售业增长8.4%，住宿业增长12.9%，餐饮业增长27%，成为带动全县经济稳定增长的重要引擎。全年接待游客597.8万人次、旅游总收入45.9亿元，分别增长15%和22%。全县15个重点文化旅游开发项目有序推进，兰州树屏丹霞景区一期道路建设工程项目完成工程总进度的80%。成功创建“旅游示范镇”1个，“旅游专业村”3个，“旅游示范村”2个；开工新（改）建20座旅游厕所；完成40户农家乐创建任务，成功举办“中国玫瑰之乡·兰州玫瑰节”、中国·连城土司文化旅游节、全县乡村文化旅游节等节会。培育建成电子商务骨干企业10家，示范性网店45家，网店总数500家以上，规模以上企业电子商务应用率30%以上，中小企业电子商务应用率达到60%以上，开展网上销售企业销售额占销售总额的30%以上，主要农特产品网络销售额（含电商平台采购额）同比增长35%以上，全县电子商务交易额同比增长30%以上。举办“爱心助农、跌马沟村大节杏爱心购”活动，解决大同跌马沟村大接杏滞销难题，共计销售7.8万斤。全年完成食用农产品监督抽样送检382批次，合格率99.74%；猪肉及其制品抽样送检20批次，不合格食品及时上报处置3批次；餐饮具消毒效果抽样送检100批次，其中不合格5批次，合格率95%；通过快检平台完成快检3648批次。检查生产经营主体337户，检查超市（商场）、集贸市场、批发市场等各类销售场所12次。

【城乡建设】 完成建筑垃圾填埋处理场工程、永登县域公共厕所建设项目、县城南新区支路建设工程、县城2019年主干道道路整治工程、永登县城南新区人行道改造工程、永登县城区滨河路(纬十一路至永登六中)人行道改造等7项工程。争取兰州市特色小城镇建设试点专项资金2750万元，重点打造武胜驿镇、苦水镇、连城镇、红城镇四个特色小城镇，已完成总规实施修编评估报告。同时，特色乡镇基础设施逐步完善，红城镇特色小城镇感恩寺道路建设项目、苦水镇玫一路新建道路工程项目、玫一路停车场建设项目都全面开工。为326户公共租赁户发放住房补贴47.088万元，215户公共租赁住房通过年审，累计收取租费11.132万元。开展农村危房“拾遗补缺、冲刺清零”工作，重新排查新增危房改造840户。落实《永登县2019年生活垃圾分类工作实施方案》，与全县469家餐饮服务单位签订《兰州市永登县餐厨废弃物收运协议》，并选取16个居民小区、4所学校、1家医院开展先行试点，完成垃圾分类居民覆盖率43.36%，完成居民知晓率78%，累计清运垃圾9万吨，洒水5400吨，清理背街小巷、城乡接合部脏源点80余处，清运垃圾2000余吨，清掏旱厕、化粪池污物200吨。制定下发《永登县2019年全域无垃圾三年专项治理行动工作安排意见》，清理无人机航拍的垃圾点位2050个，清理垃圾3.5万吨，实施农村无害化垃圾填埋站建设项目2个、无害化垃圾填埋场建设项目3个。

【生态建设】 空气环境质量达标天数348天，高于全市平均40天，县内饮用水源水质达标率100%。完成新一轮退耕还林补植补造1.02万亩，庄浪河大通河两岸造林绿化工程545亩，启动庄浪河、大通河综合治理工程，全面落实县乡村三级“河长制”。及时、妥善处理“民情通”“12369”等信访件211件，并全部办理答复，结案率97%，及时率100%。主动开展环境现场监察，检查企业335家次，出动执

大接杏

法人员980余人次，下发环境监察意见28份、环境违法行为改正决定书31份，立案行政处罚案件27件，罚款金额275.47万元。推进企业事业单位突发环境事件应急预案备案，并联合红狮水泥开展煤磨内检修煤粉泄露导致一氧化碳中毒应急演练，推进环境安全隐患排查治理，全年完成应急预案备案企业20家，总数达148家。

苦水猪驮山丹霞风貌

【深化改革】 “放管服”改革不断深入，“三集中三到位”工作持续推进，政务大厅进驻单位16家、工作人员28名，进驻事项458项，进驻率94%，除29项特殊事项不能进驻大厅外，其余全部进驻。同时各部门、各单位认领编制首批政务服务事项497项，在中国政务服务平台已公布486项，完成达标率100%。制定《永登县深入学习浙江“千村示范、万村整治”工程经验扎实推进农村人居环境整治工作实施方案》，累计筹集资金6672.68万元，实施4个省级美丽乡村示范村、5个市级美丽乡村示范村和11个城乡融合环境整治项目村建设。坚持失信治理长效机制，健全各行业“红黑名单制度”，全年公示“红白名单”134条，“黑名单”101条。引导市场主体以规范格式向社会作出公开承诺，作为事中事后监管的重要参考，2019年签订信用承诺书777份。

【脱贫攻坚】 2019年退出验收2097户6004人（其中，兜底脱贫820户1916人），剩余119户395人，贫困发生率从1.41%降到0.09%，下降幅度93.6%。完成19887户73449人脱贫人口“回头看”工作，监测293户986人，其中脱贫监督户105户377人，边缘户188户609人。聘请第三方会计事务所，对2016年以来的各项财政专项扶贫资金项目进行全面的绩效评价，共涉及16个乡镇10大类650余个项目。重新打印装订凭证150余册，账本及报表80余册。对2017年以来的财政专项扶贫资金项目进行造价审核、决算审计，形成110余册工程造价审核报告及财务决算审计报告，完善基础设施建设类项目的报账资料。永登、宝坻两县区党政领导互访考察6次，围绕永登实际，充分发挥宝坻区人才、资金等优势，制定产业合作优惠政策。确定扶贫车间32个，吸纳就业人数661人（其中建档立卡户273人），提供专项帮扶资金3109万元，用于干部和人才培养、重点民生工程、劳务协作、基础设施以及产业发展。市县两级280个单位与全县16个乡镇20775户建档立卡户完成关联结队，开展帮扶工作。

【社会事业】 完成统筹就业3667人。其中，失业人员再就业3382人；促成就业困难人员实现实名制就业285人。完成劳动培训10814人次。其中，精准扶贫劳动力培训人数5430人；技能就业培训5209人；创业能力培训175人。城乡居民基本养老保险参保率97%。实施薄弱学校提升工程项目9个，校舍建筑面积1.8万平方米。龙岗小学、宁朔小学、连铝学校等综合教学楼相继完成主体施工。累计培训教师3820人次，选拔省级骨干教师7人，省级农村骨干教师70人，市级骨干教师29人，县级骨干教师69人。全县学前三年入园（班）率93.1%；高中阶段毛入学率98.04%；幼儿园普惠率95%；进城务工人员随迁子女就读比例16.25%。“三残”儿童入学率86.46%；九年义务教育巩固率99.8%，均达到省市指标要求。县医院新增诊疗病种161种，中医院新增95种，乡镇卫生院新增30种，90%的病人留在县域内就诊。积极争取扶贫资金1214万元，为14家卫生院配备了DR，9家卫生院配备了彩超，12家卫生院配备尿机、血细胞分析仪、全自动生化分析仪、急救床等设备，为53家村卫生室配备了健康一体机，提升基层医疗服务能力。围绕扫黑除恶专项斗争，强化社会治安管理，根据涉黑涉恶线索，深挖幕后的“推手”，共收到各类线索383条，已查结295条、查结率77%，并对全县近三年来的169起团伙案件（刑事案件42起、行政案件127起）全部进行跟踪调查和逐一阅卷，切实杜绝民警为黑恶势力拉关系网、充当保护伞。

领导名录

县　委

书　记　魏旭昶

副书记　杨　平（女）

　　　　杨　东

常　委　魏旭昶

杨　平(女)
李长青(1月任)
张海滨
刘宗斌
贾　锐(8月任)
焦浩雁
王　伟(挂职)
李小亮
李文卿
吕江宇(2月任)
罗宏才(8月免)

县人大常委会

主　任　保元德
副主任　吴芳贤(9月免)
　　　　李永兰(女)
　　　　桂国明
　　　　芦天山
　　　　朵建中
　　　　王治民

县政府

县　长　杨　平(女)
副县长　罗宏才(8月免)
　　　　李文卿
　　　　李　琦(女)
　　　　马鹤林
　　　　徐生田
　　　　王　伟
　　　　刘立善(1月任)
　　　　王　剑(3月任)
　　　　贾　锐(8月任)

县政协

主　席　魏周菊(女)
副主席　刘世荣(1月免)
　　　　李玉祥
　　　　李发泉
　　　　胡延山
　　　　熊长青
　　　　潘思亭
　　　　郑大国(1月任)

(谢生军)

榆中县

【综述】　榆中县位于甘肃省中部，介于东经103°50′～104°34′北纬35°34′～36°26′之间。西靠七里河区、城关区，东邻定西市安定区，西南与临洮县交界，北隔黄河与皋兰县相望，东北和靖远县、会宁县接壤。南北长92公里，东西宽54公里，全县总面积3301.64平方公里，其中耕地面积103.02万亩，有森林面积75.83万亩。2019年末，辖11镇9乡268个行政村，1617个村民小组；4城镇社区2农村社区。其中，连搭、定远两镇由兰州高新区托管。

2019年，榆中县年平均气温正常略高，年降水偏多，降水分布不均匀，第一场春季透雨出现时间较早。日照、蒸发偏少。霜冻开始日期为10月5日；霜冻结束日期为4月17日。年平均气温7.5℃，冬季平均气温-5.7℃，春季平均气温9.7℃，夏季平均气温18.1℃，秋季平均气温7.3℃。年极端最高气温出现在8月15日，为32.0℃。年极端最低气温出现在1月31日，为-18.0℃。年降水量494.2毫米。年蒸发量1047.4毫米，年日照时数2341.6小时。

2019年，全县共有户籍人口474658人，增长0.38%。当年出生4238人，人口自然增长率4.98‰。县内有23个少数民族，人口5544人。城镇居民可支配收入25789元，同比增长8.5%；农民人均纯收入11453元，同比增长9.5%。城镇新增就业人数2309人，城镇登记失业率3.05 %。

榆中县地势由西南、东南、东北三面向西北倾斜，南和北部为山区，两山之间为中部川区地带。海拔1400～3700米之间。黄河流经榆中县北部，主要支流有兴隆大河、龛谷河、黑池沟等。气候属温带半干旱性气候。

县内有野外文物307处，其中古遗址147处、古墓葬26处、古建筑89处、石碑石窟4处、近现代文物41处。国家级文物保护单位3个86处，即长城(包括2处墙体、4处山险、1处关堡、30处烽火台)、青城古民居(包括滩戏楼、青城书院、城隍庙、高家祠堂古建筑4处、古民居45处)和明肃王墓；省级文物保护单位有7处，即马家㘵遗址、兴隆山握桥、郭家湾遗址、方家沟遗址、红寺遗址、金崖古建筑群(包括49处古民居、12处古建筑)、夏官营古城(勇士城)等。县级文物保护单位19处，即蒋介石行宫、张一悟故居、张一悟墓、兴隆山烈士陵园、朱家湾砖雕墓、分豁岔遗址、白虎山古墓群、窑坡遗址、唐家峡遗址、祁家崖湾遗址、湖滩遗址、大坪遗址、黄猴洞石刻、尖山大佛寺、凯坪滩遗址、魏家湾遗址、连搭百子宫文昌阁、朱家沟回民小学(榆中县委)旧址、乔家营第一野战军指挥部，一般文物点115处。

【机构改革】　按照省市机构改革领导小组办公室统一安排部署，根据《榆中县机构改革方案》，全县共设立党政机构37个。其中，党委机构10个；政府工作部门27个。涉改部门于2月底前顺利完成挂牌工作。全县共核定党政领导职数117名。其中，部门正职37名(常委兼职6名)；部门副职80名。全县共转隶人员234名，人员转隶已全部到位。3月底完成文化市场、农业、交通运输、市场监管四个综合行政执法队伍的班子配备、挂牌工作。根据《榆中县承担行政职能事业单位改革方案》，完成承担行政职能事业单位职责划转。报经市委编办批复，调整承担行政职能事业单位机构22个。其中，更名16个；更名并调整隶属关系6个。

【国民经济】　2019年，全县生产总值155.7亿元，增长9.6%。其中，第一产业产值14.1亿元，增长7%；第二产业产值72.5亿元，增长13.1%。全部工业增加值67.5亿元，增长13.8%；建筑业增加值4.9亿元，增长4.9%。第三产业产值69.2亿元，增加5.8%。地区性财政收入13.5亿元，下降9.7%，其中一般公共预算收入7.8亿元，增长14.0%；财政总支出56.5亿元，与上年基本持平。固定资产投资增速下降15.3%。社会消费品零售总额42.3亿元，增长9.2%。城镇居民人均可支配收入25789元，增长8.5%；农村居民人均可支配收入11505元，增长10.0%。年末存款余额298.09亿元，贷款余额310.42亿元。

【第一产业】 2019年1—12月，农业增加值14.92亿元，增速6.9%；一产增加值14.09亿元，增长7%；农村居民可支配收入11505元，增长10%。推广双垄沟播技术23.3万亩，夏粮播种面积9.3万亩、秋粮播种面积30.7万亩，全年粮食总产量12.08万吨。全县高原夏菜种植面积30万亩、新增1万亩，总产量62.69万吨，实现总产值12亿元，带动6万户农户参与产业发展。成功创建中国特色农产品优势区，"兰州高原夏菜"国家认证品牌价值58.99亿元，被国家评定为全国特色高原夏菜知名品牌示范区。新建成2000万株蔬菜种苗繁育基地，建成3个蔬菜新品种试验示范基地，引进试验示范蔬菜新品种528个。新增百合种植面积0.5万亩，总面积5.3万亩，总产量1.4万吨，实现总产值2.2亿元。新增中药材种植面积1.05万亩，总面积达到10.5万亩。中药材采挖面积3万亩以上，总产量2.1万吨，实现产值1.7亿元。全县猪、牛、羊、鸡出栏量分别达到14.5万头、0.38万头、12.5万只、52万只，肉蛋奶总产量3.72万吨。

【第二产业】 规模以上工业总产值完成167.24亿元；全部工业增加值完成67.54亿元。其中，规模以上工业增加值41.62亿元；规模以下工业增加值25.92亿元。完成战略性新兴产业增加值22.32亿元，占GDP的比重为13.78%，完成市上下达13.6%的比重计划。

【重大建设项目】 2019年，承担省、市列重大项目12项，总投资316.65亿元，年度计划投资36亿元。完成年度投资44.2亿元，占年度计划投资任务的122.6%。全年重点实施项目100项，总投资概算700亿元，开工复工88项，开复工率88%，完成投资124.5亿元，占年度投资计划77.8%，已完工32项。全年争取到位专项债券资金11.96亿元；争取中央预算内投资项目4项，总投资6586万元，其中中央预算内资金5168万元。

【招商引资】 2019年，招商引资项目68个，总计引进到位资金174.45亿元，占年计划引进到位资金130亿元的134.19%；总计引进省外项目到位资金101.93亿元，占年计划引进产业项目到位资金60亿元的169.88%。

【PPP项目建设】 2019年，在市政设施、公共交通、文化旅游、水利环保等领域共实施PPP项目9项，总投资约30.63亿元，建成2项，在建7项，入选国家财政部PPP项目管理库8项。市民公园单景点、绿化雕塑等基本完工，完成工程量95%，经八、经九路(兴隆山大道及榆三路段)建成通车。10月31日，"榆中万和丽景建投发展有限公司"成功向中国农业发展银行榆中县支行融资贷款5亿元，用于榆中县文化产业园(文成广场)建设PPP项目。

【第三产业】 2019年，第三产业增加值完成总量68.6亿元，增速6%；社会消费品零售总额完成42.05亿元，增速8.5%。批发业完成增速11%；零售业完成增速11%；住宿业完成增速13%；餐饮业完成增速10%；其他营利性服务业完成增速80%。

【电子商务】 2019年，全县电子商务交易额5.78亿元，农产品线上销售额3693.5万元，同比增长61%。完成了8条乡村物流线路，整合顺丰、百世快运等8家快递物流企业；建成县级仓储物流中心、23个乡(镇)级物流分拣中心和218个村级配送网点；农村物流信息管理大数据平台投入使用；购置物流货车10台、快递三轮车25台，从县级物流中心到村级网店48小时内完成配送，日均派件量680件。

【财政收支】 全县地区性财政收入135650万元，下降9.09%。县级一般公共预算收入78274万元，增长县级收入168223万元，增长6.58%。社会保障基金收入55736万元增长5.56%。政府性基金大口径收入176695万元，增长6.49%，其中元，下降12.15%。全县财政总支出586970万元，增长4.41%。其中一般公共预算支出完成341487万元，下降9.75%。政府性基金支出245483万元，增长33.57%。财政八项支出214105万元，占年变动预算数219627万元的97.49%，比上年225079万元减支10974万元，下降4.88%。社会保障基金支出66932万元，增长21.24%。

【税费收入】 全年共组织各项税费收入17.30亿元，同比增长40.56%，增收49917万元。其中，累计完成税收收入106686万元，同比下降12.38%，减少15076万元；社会保险费总收入征收完成66315万元，同比增长74.84%，增收28387万元。按征收项目分：其中增值税58471万元，同比增加10.45%，增收5533万元；企业所得税5454万元，同比减少81.18%，减收23532万元；个人所得税4756万元，同比减少22.93%，减收1415万元；印花税2268万元，同比减少2.45%，减收57万元；土地增值税9830万元，同比增加28.63%，增收2188万元；契税9890万元，同比增加33.58%，增收2486万元；其他各税16017万元。另完成非税收入4079万元，同比增加18.06%，增收624万元。

【金融】 2019年末，榆中县共有银行业金融机构10家。其中，政策性银行为农业发展银行榆中县支行1家；国有商业银行5家，分别为工商银行、农业银行、中国银行、建设银行、邮政储蓄银行榆中县支行；城市商业银行2家，分别为甘肃银行和兰州银行榆中县支行；地方法人金融机构2家，分别为甘肃榆中农村合作银行和榆中浦发村镇银行。有营业网点78个。其中，城区24个；乡镇54个。从业人员874人。有保险业金融机构6家，从业人员1161人；证券公司1家；小额贷款公司9家。榆中县金融机构各项存款余额289.3亿元，较上年同期增加30.65亿元，同比增长11.85%。各项贷款余额308.88亿元（含兰银租赁、小贷公司），较上年同期增加45.71亿元，同比增长17.37%。非存款类金融机构甘肃兰银金融租赁股份有限公司融资租赁62.54亿元。

【农村改革】 全面完成18个乡镇、1569个单位资产核查，核实集体资产14.31亿元。其中，经营性资产1.92亿元；非经营性资产12.39亿元。核实集体土地总面积350.1万亩（农用地324.3万亩、集体建设用地13.6万亩、未利用土地12.2万亩）。土地流转总面积40万亩，收入突破2亿元。完成集体成员身份界定10.58万户、39.7万人。有序推进经营性资产股份合作制改革，成立农村集体股份经济合作社10个，设置集体股5183股，股本总额1385.61万元，设置成员（个人）股24407股，股本总额6226.702万元，印发股权证3万本。农村“三变”改革中，农户入股分红1798万元（其中贫困户获益895万元），村集体经济增长560万元。

【“放管服”改革】 全面落实国家省市“放管服”及审批制度改革等各项工作，简化项目审批流程，履行审批职责，完善审批绿色通道，用好投资项目在线审批监管平台，缩减立项时间，提升项目审批效率。在线审批监管平台共审核办理服务事项154项，总投资216.6亿元，办结151项，办结率98.05%。开展工程项目审批制度改革工作，制定政府投资项目审批、固定资产投资项目节能审查、企业投资项目备案审批模板及办事指南，做到线上线下一张流程图。

【工商企业改革】 12月底，全县新设立企业1689户，累计7969户，同比增长15.13%；新设个体工商户2985户，累计16279户，同比增长12.44%；新设农民专业合作社134户，累计1444户，同比增长-10.09%。累计5783户市场主体通过简易注销程序退出市场。无纸全程电子化登记613户，核准个体工商户名称3766条，查验名称2436条。完成“个转企”133户，占任务130户的102.31%。

【脱贫攻坚】 全县共有建档立卡贫困人口22308户84152人，2014—2019年累计减贫21293户81096人，剩余未脱贫人口1015户3056人，贫困发生率从21.3%下降到0.77%；经县级自验、市级复验认定，114个贫困村全部有序退出；经过县级自评、市级初审、省级行业部门核查认定督导和第三方专项评估检查等退出程序，经省脱贫攻坚领导小组专题会研究同意并公示无异议后，4月29日，省政府发布公告榆中县退出贫困县序列，实现整县脱贫摘帽。

【易地扶贫搬迁】 2019年，实施搬迁的964户农户全部签订旧房拆除协议，符合拆除894户，符合政策可以不拆除70户。拆除旧房782户，拆除率87.5%，复垦复绿20.19万平方米。

【驻村帮扶】 2019年，全县共有帮扶单位304个，其中市级帮扶单位165个。帮扶干部7872人。其中，市级单位帮扶干部4522人；县级单位帮扶干部2463人；乡镇干部887人。有驻村工作队总队长15人、驻村工作队114个，驻村工作队员345人。各级帮扶单位和驻村帮扶工作队共帮办实事2228件，其中：捐款252万元，捐物折资636.7万元，开展义诊111场次、技能培训936场次，争取资金103.7万元，扶持贫困大学生959人，协调争取帮扶项目200个1862.2万元。

【环境保护】 2019年，空气优良天数332天，同比增加64天，优良天数比例91%，全县空气质量综合质量指数3.69，同比下降15.8%。黄河榆中段考核断面水质稳定达到考核要求，达标率100%。集中式饮用水源地水质达标率稳定保持在100%。区域环境噪声和道路交通干线噪声符合二类区环境要求。全年未发生重大环境事件及核与辐射安全事件，无严重环境违法行为。

【水利建设】 2019年，实施农村饮水安全巩固提升工程、提升水窖水质项目、脱贫攻坚农村饮水安全巩固提升工程等3类工程，解决了清水驿、三角城、小康营、上花岔、哈岘等21个乡镇146个行政村23604户，87001人的饮水不稳定、水质不达标等农村饮水安全问题。续建宛川河堤防治理工程（甘草—金崖段），累计建成护坡及护角21.66公里，治理河道20公里。续建兴隆峡支沟防洪治理工程，累计建成护岸14.11公里，疏浚河道6.38公里。

【教育发展】 全县有学校243所（不含高新区）。其中，幼儿园73所；教学点51所；完全小学90所；九年制学校11所；独立初中10所；特教学校1所；完全中学3所；高级中学2所；中等职业学校2所。在校学生4.89万人。其中，学前1.06万人；小学2.03万人；初中9359人；特教学校36人；普通高中6667人；中等职业学校1965人。教职工4099人。其中，专任教师4052人；专任教师中幼儿园288人、小学1964人、初中1031人、特教学校7人、普通高中717人、中等职业学校45人。高考一批上线758人，比上年增加152人，一批上线率17.89%，比上年增长3.54%；二批上线2710人，上线率63.96%，高考一二批上线率创历史最高纪录；全县理科成绩最高651分，列全省第198名，文科成绩最高633分，列全省第54名。

成功承办2019年甘肃省青少年校园足球夏令营，举办“兰州银行杯”榆中县第五届青少年校园足球比赛，中连川小学足球运动发展成为全省乃至全国具有知名度的山区小学足球队，9月，以中连川小学足球队为题材的国内首部校园足球纪录电影《踢球吧孩子》在兰州上映，并荣获第32届中国电影金鸡奖最佳纪录片提名奖。为3896名家庭贫困学生办理国家生源地助学贷款，贷款金额2550.9万元。对新进入高校的家庭贫困学生发放路费补助8.7万元，117名大学生受益。总投入资金8249万元，新建校舍面积2.44万平方米，改善办学条件。

【卫生健康】 全县有医疗卫生机构393个。其中，县属医疗卫生机构7个；乡镇卫生院21个；村卫生室268个；厂矿、学校医务室8个；民营医院3个；个体诊所86个。实际开放床位2145张，专业技术人员2528名。其中，正高7名；副高141名；中级331名；初级及以下2049名。县中医院康复中心建成投入使用，县第二人民医院门诊住院综合楼改扩建项目完成主体工程建设。新建标准化村卫生室13所。县中医院被评为二级甲等中医医院。县第一人民医院被评为全国综合医院中医药工作示范单位。95.7%的乡镇卫生院建成中医综合治疗区，4家社区卫生服务站、246家村卫生室能够提供中医药服务，分别占100%、91.8%。

【社会事业】 2019年，全县职工养老保险参保单位447家32135人，参保缴费人数比上年增长5%，征缴养老保险基金9009万元；城乡居民基本养老保险参保人数236701人，缴费人数149845人，参保缴费率85.9%，征缴养老保险基金3200万元；机关事业单位养老保险参保单位191家11563人，参保人员缴费率99.8%。征缴养老保险基金14374万元；征缴职业年金13204万元。办理被征地农民养老保险累计23866人，累计收缴基金12.55亿元。全县失业保险参保单位587家13397人，参保缴费人数比上年增长1.6%；征缴基金509万元。全年城镇新增就业2304人（其中困难人员就业323人，失业人员再就业1349人），城镇登记失业率2.97%。

全县共有城市低保对象720户1448人，农村低保对象5788户15622人，发放城乡低保金5380.24万元。其中，城市低保金1025万元；农村低保金4353万元；发放低收入取暖补贴2.24万元。全县共有城乡特困供养人员1564户1613人（其中：农村特困供养人员1555户1604人，城市特困供养人员9户9人），累计发放特困供养金1190万元。

【城乡建设】 人民群众住房条件得到进一步改善，建成政府家属楼片区等6个棚改项目。建成市政道路10条9.36公里，改造维修普银公路等县乡道路3条31.4公里，建成农村公路110公里，S217线榆中段、环城东路新建道路及综合管廊工程等项目顺利推进，城乡路网布局不断优化。启动建设第二热源厂集中供热工程，在远郊县区中首家建成天然气供气项目并投入使用，榆中正式步入“天然气时代”。建成雨污管道8.25公里，城市基础设施更加完善。健全城乡管理长效机制，集中力量开展“厕所革命”“垃圾革命”“风貌革命”，全力推进美丽乡村建设，完成农村改厕1.7万座，创建200个“清洁村庄”，城乡人居环境持续向好。

【史志工作】 完成《红色记忆 新民主革命主义时期榆中县党史资料汇编》《黄家庄村志》初稿，《浅议张一悟在甘肃革命斗争中的作用》《浅索榆中县在兰州战役中的作用》2篇党史论文。在《兰州党史》刊发5篇文章，协助中央电视台拍摄完成七集大型纪录片《决战兰州》。出版《榆中县志（1991—2010）》，115万字，全面系统记述了1991—2010年榆中经济社会的发展历程。出版《榆中年鉴2019》《榆中县政协志》和《金城村史·榆中卷》。

【生态创新城建设】 坚持高标准规划引领高质量发展，立足产业、城市、生态多元融合，高质量编制规划并积极与省市对接，确保“一张蓝图”绘到底。加快推进基础性配套工程建设，建成白虎山片区、青龙岭片区生态创新城绿化景观提质增效供水工程，推进生态创新城三个安置点建设，做好生态创新城土地储备工作。全面推进生态创新城植树造林、生态绿化工作，实施生态创新城及周边面山绿化1.3万亩，发挥好龙头项目带动作用，配合做好兰州大学“双一流”建设项目储备，全力推进夏官营军民合用机场、兰州轨道交通4号线兴隆山旅游专用高速公路等交通基础设施建设。积极推进中法生态示范城市合作项目，对接引进中科院兰州分院、兰州文理学院等项目落地建设专项研究与规划编制工作，截至12月16日，13个专项研究规划编制单位已全部完成初步成果。

【榆中生态创新城建设】 榆中生态创新城位于榆中盆地，东起青龙岭，西至白虎山，南起兴隆山，北至北山，规划面积约123平方公里，包括榆中县夏官营镇、城关镇和原三角城乡三个片区。榆中生态创新城建设将紧扣生态和创新两大主题，围绕打造“科技创新、人才汇集、宜居、宜业”的美丽新城。3月26日，榆中生态创新城先期重点项目集中开工仪式在兰州大学榆中校区校园内举行。榆中生态创新城周边绿化提质增效项目、兰州大学“双一流”建设项目、新国道312线清水驿至来紫堡段控制性工程同时开工，标志着榆中生态创新城建设正式拉开帷幕。省委副书记、省长唐仁健出席开工仪式并宣布项目开工。榆中生态创新城周边绿化提质增效项目。涉及夏官营、三角城、清水、金崖等6个乡镇27个村，面积约11万亩。总投资约5亿元。兰州大学“双一流”建设项目包括榆中校区第二教学楼、第二实验楼、综合楼、51-56号学生公寓、学生综合服务中心等基本办学条件用房，建设规模21.6万平方米，总投资约12亿元。G312线清水驿至来紫堡段控制性工程。兰州市“321”环城公路网规划建设的重点项目，线路途经榆中、皋兰、永登和西固“三县一区”。路线长约36公里，路基宽由25.5米拓展为33米。

领导名录

县 委

书 记 冯月旺（5月任）
王晓宁（5月免）

副书记 刘学强（5月任）
王 林（5月免）
高建军

常 委 胡 真
蒋睿智
席应奇（4月免）
钟天雷
李 晶
张宗福
杨荣广
徐 波
成龙奎
赵 伟
王文平（4月任）

县人大常委会

主 任 谢志明

副主任 赵成军（1月免）
孙彦华（1月免）
杨锡辉
刘生保
敬育昆
安治中（2月任）
雍雅明（2月任）
白成虎（12月任）

县政府

县 长 刘学强（5月任代县长，12月28日当选为县长）
王 林（5月免）

副县长 蒋睿智
徐 波（挂职）
成龙奎（挂职）
苏万成
刘燕霞（女）
王兴明（挂职，8月免）
金 刚
梁祖强（挂职，3月免）
许先文（5月任）

县政协

主 席 韩悌勇

副主席 高 权
颜 芳（女）
金培贤
孙志诚
魏习武
杨树盛
白炳升

（周学海）

【概况】 皋兰县地处兰州市东北部，位于东经103°32′～104°22′，北纬36°05′～36°50′之间。东临白银区和榆中县，南接兰州市区，西连永登县，北依景泰县。全县区域总面积2136.69平方千米。2019年末，全县有6个镇，户籍总人口14.8326万人，人口自然增长率8.5‰。

境内属黄土高原丘陵沟壑区，地势呈西北向东南倾斜，山脉多为南北走向，海拔在1459.2～2445.2米之间。属温带半干旱气候，年均气温7.4℃，四季分明，年平均降水量245.9毫米，年蒸发量1675.6毫米。黄河流经皋兰县境内，年均流量311亿立方米。有什川古梨园、黄河奇峡、天斧沙宫、石洞寺森林等人文自然景观。

【国民经济】 2019年，全县地区生产总值完成75.77亿元，增长17.2％；一产增加值完成7.6亿元，增长5.1％；二产增加值完成33.51亿元，增长32.4％；三产增加值完成34.66亿元，增长8.2%。固定资产投资增长27.69％以上。社会消费品零售总额达到24.5亿元，增长8.9%。城镇居民人均可支配收入24355元，增长8.8％；农村居民人均可支配收入11813元，增长9.7%。地区性财政收入14.15亿元，增长20.4％；一般公共预算收入6.95亿元，增长21.06%。

【农业经济】 2019年，全县新扶持发展禾尚头小麦5000亩、兰州白兰瓜1000亩，建成600亩钙果示范基地、年产50万棒蘑菇繁育生产基地和3个百亩设施蔬菜基地，区域特色产业规模持续扩大。年内建成石洞十万头猪场、水阜万头猪场和黑石万头猪场、千头牛场、千头驴场，新建标准化规模养殖场11家，全县标准化养殖场累计100家。现代农业经营体系不断完善，投资600万元在黑石镇建成禾尚头小麦加工厂并投产运营，全县创建省市级示范合作社9家，新培育农业龙头企业2家，带动发展订单农业10万亩，农产品外销量达35万吨。皋兰方常、绿洲贤居等3家农民专业合作社被评为市级“农业科技示范园”。新增县级储备粮2500吨，累计达到4550吨。积极推进撂荒地整治，新增流转土地2414亩，累计达到8.8万亩，全县土地流转率30%。实施小型农田水利工程项目49个，衬砌渠道81千米，修建泵站10座、塘坝6座，农业发展基础不断夯实。实施农村“三大革命”，深入推进“六大行动”，完成农村户厕改造4500座、公厕改造33座、改炕2000户，创建忠和平岘、九合兰沟等9个环境整治示范村，实现市级清洁村庄全覆盖。

【脱贫攻坚】 紧盯“两不愁、三保障”，坚决落实“四不摘”要求，持续加大资金投入和“一户一策”帮扶力度，巩固提升脱贫成果。2019年，整合各类扶贫专项资金2.77亿元，实施农村道路硬化、危房改造、集体经济、产业发展等扶贫项目149个，脱贫质量进一步提升。全面落实帮扶工作责任，调整配备驻村帮扶工作队员78名。全面完成“3+3”冲刺清零任务，投入5358万元实施农村安全饮水巩固提升工程8项，全县农村饮水安全普及率100%。全面落实教育扶贫政策，投入5726万元用于改善农村基础办学条件，义务教育巩固率100%。投资720万元为6个镇卫生院购置医疗设备，全面落实贫困户住院费用报销提高5个百分点政策，受益贫困户4538人次。将5880名贫困群众纳入农村低保保障范围，为全县建档立卡贫困人口及农村低保对象、特困人口、计生“两证户”和重度残疾人等困难群体代缴养老保险金188万元。全面完成中央专项巡视、国家脱贫攻坚成效考核、省委巡视、省级脱贫成效考核等反馈的68个问题整改。开展贫困村合作社规范提升工作，吊销注销合作社36家、规范提升86家，合作社规范率77%。推进东西部扶贫协作，落实财政帮扶资金3169万元，实施产业扶贫、基础设施建设、劳务协作、人才交流等项目30个。全县减贫503户1569人，贫困发生率下降到0.16%。2019年2月，皋兰县被省委省政府评为2018年度全省脱贫攻坚先进集体。

【工业经济】 2019年，全县实施兰州铸石年产120万吨超微粉胶凝材料、年产60万吨洁净废钢等新、扩、续、改工业项目20项，建成甘肃天地印务新厂区、年产30万樘多规格防盗门窗生产线等项目7个。加快推进企业绿色发展，兰鑫钢铁集团入选全国第四批绿色工厂名单，皋兰杰林废钢集散公司入选全国第七批废钢铁加工行业准入企业。甘肃宏鼎磨料等2家企业对环保设施进行改造升级。培育中小企业上规入库，亚成生物科技、甘肃裕润、兰州冀玉水泥3家企业达到规上标准。科技创新水平不断提高，金盾建材、恒通轨道等4家企业被科技部认定为高新技术企业，邦优杰智慧等2家公司被省科技厅认定为省级科技创新型企业。

【商贸服务】 2019年，兰州久和国际农副商贸城一期、优冷供应链等3个市场建成运营，货运西站等5个重点商贸项目顺利推进。鼓励企业开拓国际市场，全县外贸企业达到6家，外贸进出口总额8064万元。推动传统服务业增量升级，引进吉买隆生活超市和万家乐、京东家电等品牌店16家，建成恒洁布克、果唯伊等专业店10家。国家级电子商务进农村综合示范项目有序推进，完成县级电商公共服务中心和县级物流分拣中心改造提升，建设6个镇级电商公共服务站和53个村级电商公共服务点。

【文化旅游】 2019年，举办“奇峡梨园·魅力皋兰”文化旅游节和九合兰沟首届采摘节，兰州龙山滑雪场开业运营。年内创建省市级旅游示范村1个、旅游专业村2个，扶持新建和改造提升农家乐40户，新改建旅游厕所5座。

【重点项目】 2019年，全县共引进宝能物流、碧桂园·公园上城等招商项目21个，总投资近百亿元。组建项目管理团队，实施重大投资项目82项，建成兰州久和建材市场、绿色环保脱水蔬菜加工生产线等项目28个，完成投资70.6亿元。编制完成《兰州市九合片区控制性详细规划》《皋兰县水阜镇控制性详细规划》和忠和镇水源片区、庙儿岔片区控制性详细规划。建成黑石工业园铁路专用线，西山大道、国道341线连接道和黑石工业园道路，什川滨河路拓宽改造项目开工建设，加快推进国道109线忠和段改扩建工程，建成兰州北出口收费站改扩建工程并投入使用。久和汽配城、兰州货运西站和久和糖酒市场污水处理站建成运行。完成中通道、国道341二期、中兰客专等7个重大交通项目征地拆迁工作。年末，园区生产总值57.8亿元，占全县GDP的80%。

【城乡环境】 2019年，编制完成《县城中心城区及中心城区—东湖公园—石洞寺片区控制性详细规划》，完成什川镇上、下泥湾村和九合镇头沟村、水阜镇燕儿坪村村庄规划。投资7600万元，完成县城区、水阜、什川垃圾处理场一期工程建设，县城及周边垃圾处置难题得到有效解决。投资9716万元，实施县城污水厂提标改造及中水回用工程，城市污水处理能力和水资源回收利用率大幅提升。投资900万元，实施名藩大道3.2千米供水管道改造工程，有效解决县城供水水压不足问题。投资550万元，实施县城4.5公里天然气管网扩建工程，让更多居民用上天然气。投资565万元，完成东湖供热站节能减排改造二期工程建设，县城供热保障能力进一步提升。全面完成石洞镇棚户区改造征拆工作，实施魏家庄片区市政道路工程，县城南部综合开发建设取得阶段性成效。加强城市管理，开展全域无垃圾专项治理，清理城市“七乱”7500多处，整治店外经营1200多处，县城面貌明显改观。开展城中村、城乡接合部违法建设治理扫黑除恶工作，拆除违法建设1.4万多平方米。严格落实河长制，扎实开展河湖“四乱”问题专项整治，疏浚河道8.2千米。开展北龙口环境综合整治，拆除农宅520户、企业45家、公墓4家，清理规范户外广告1.2万余平方米，栽植树木1.5万余株，种草绿化900亩。全县新增造林面积6000亩，新建林业生态小康村3个，累计建成48个，全县森林覆盖率13.64%。

【民生保障】 2019年，全县财政民生支出13.6亿元。年内投资8100万元，新建忠和中学教学楼、九合中学实验楼、魏家庄小学教学楼、瞿家尖小学教学楼和忠和中学足球运动场。建成心电、影像等4个县级区域医学中心，投资1200万元为县医院配置核磁共振成像系统，县医院顺利通过市级专家组评审，达到二级甲等医院标准。全面落实行政事业单位干部职工医疗补助政策，城乡居民医保参保率99.13%。发放创业贷款207笔2849万元，输转城乡富余劳动力2.65万人，创劳务收入6.25亿元，甘肃铁邦物流有限公司被认定为省级返乡创业示范基地。注册登记离校未就业应届高校毕业生547人，指导就业498人，就业率91%。建成村级综合文化服务中心12个，图书馆、文化馆分馆10个，多功能展厅1座，对县城体育公园进行改造提升。县居家和社区养老服务管理中心、6个镇级养老服务中心、4个社区为老服务示范驿站、61个村(社区)“幸福兰州为老驿站”和5个健康医养驿站建成运营。城市低保标准由每人每年5940元提高到6420元，农村一、二类低保标准分别由每人每年3720元、3504元提高到4020元、3816元。全面修复豆家庄至小涧沟、崖川至十里店、接官亭至什川和水阜至文山桥等4条水毁道路，对砂岗村、涝池村等4座水毁桥进行维修。为水源、罗官、盐池、六合、李家沟等5个偏远村开通“微公交”，在全省率先实现建制村通公交全覆盖。成功创建全省双拥模范县，全县连续12年无责任退兵，在全省率先发放“八一金穗卡”和公交拥军优抚卡。集中清理拖欠民营企业中小企业账款，偿还8122.83万元，偿还率59.2%。

领导名录

县　委

书　记　尤占海
副书记　杜宁让
　　　　白本第
常　委　尤占海
　　　　杜宁让
　　　　白本第
　　　　范仲阔(土族)
　　　　何正春
　　　　周　宏(女，12月免)
　　　　敬国欣
　　　　张延祥
　　　　王世磊
　　　　彭斌嘉
　　　　杨声远(挂职)
　　　　邓　宇
　　　　牟克显(挂职，5月任)
　　　　狄华春(12月任)

县人大常委会

主　任　辛秀先
副主任　李玉星
　　　　牛万才
　　　　张国文
　　　　魏万玲(女)

县政府

县　长　杜宁让
副县长　彭斌嘉
　　　　杨声远(挂职)
　　　　牟克显(挂职，5月任)
　　　　穆　婷(女)
　　　　张宝成
　　　　王立志(5月任)

县政协

主　席　魏泽邦
副主席　王伊玲(女)
　　　　彭登嘉(1月免)
　　　　张维智(4月赴天津市东丽区挂职)
　　　　颜增鲁
　　　　韦生旺(1月任)

(魏周延)

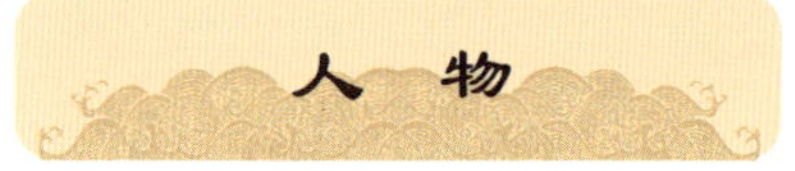

【“共和国之子”戴东】 戴东，甘肃兰州人，1971年出生，著名亲子教育专家，培训师，现担任中国教育发展联盟副主席，中国关心下一代理事会理事，中国关心下一代教育基金会“圆计划”创始人，国际家庭教育行业协会会长，高级心理咨询师，艺博教育创始人。

2014年，戴东与海内外爱心人士联合发起的大型社会公益项目——“圆计划”，为留守儿童圆梦，帮助留守家庭团圆。加速普及家庭教育基础知识，带领艺博专家讲师团在全国贫困地区进行上万场家庭教育公益巡讲，捐赠家庭教育光碟、青少年快乐学习系列丛书等物资。2015年6月，定西市妇联、定西市教育局授予艺博教育公益巡讲牌匾“传递家教智慧，奉献艺博爱心”。2017年2月28日，甘肃省妇女联合会特聘请戴东及艺博教育多位讲师为省妇联家庭教育专家，甘肃省妇联授予“省妇联家庭教育讲师团”荣誉奖牌。2018年首次启动“关爱上一代”计划，聚焦老年人缺乏关怀的问题，以实际行动积极营造尊敬老人、爱护老人、关心老人的良好社会风尚，用爱心、责任、付出为社会传播正能量。

戴东作为家庭教育的践行者与推动者，本人担任国际家庭教育行业协会理事长、中国教育发展联盟副主席、中国关心下一代工作委员会理事、中国管理科学研究院特约研究员、中国儿童少年基金会圆计划公益项目发起人、圆网慈善基金理事会理事/教育基金委员会主席等职务，并出任全国300余所中小学名誉校长。因其在家庭教育行业的深耕细作，先后被授予“科学发展十年辉煌·中国素质教育十大杰出贡献人物”“十年印象·中国教育事业十大公益人物”“践行社会责任·共圆中华梦想”“十二五中国家庭教育领军人物”等荣誉。2019年，经中共中央宣传部联合其他20个部委批准，戴东老师入选中华人民共和国成立70周年纪念邮册“共和国之子”，同时荣登由共青团中央主管、中华全国青年联合会主办的时政类主流人物期刊——《中华儿女》“我与共和国共成长·70年70人”特刊，与其他各行各业杰出代表一起

共现中华优秀儿女的家国情怀。

【兰州城关区爱心驿站会长葛修琼】

葛修琼，1980年10月出生，籍贯四川隆昌，中共党员，兰州市城关区爱心驿站公益协会会长。

2004年来到兰州结婚生子，2008年的汶川大地震开始了她的公益路。12年来，葛修琼个人累计捐款11万余元，义务献血3000毫升，加入中华骨髓库，同时签下了百年之后捐献遗体协议，志愿服务时数2万多小时。荣获2015年城关区优秀志愿者、2017年兰州好人、中国公益网2018年度优秀志愿者、甘肃省第二届学雷锋志愿服务“四个十佳”最佳志愿者、2018兰州市“兰州人·百姓讲堂”汇讲优秀宣讲员、2018年十佳完美兰州好人、兰州晚报代言人。

兰州城关区爱心驿站公益协会成立于2008年汶川大地震期间，是由葛修琼发起、志愿者自发、自愿组成，2017年11月，兰州市城关区民政局批准爱心驿站为合法注册的公益组织。12年从开展各种志愿服务到专注于扶贫济困、脱贫攻坚，从最初的几个人到现在1603名志愿者的庞大团队，“爱心驿站”逐步成长为兰州市社会公益活动提供志愿服务的一个有名的公益平台，爱心走遍陇原，志愿温暖青春。协会主要致力于自然灾害的应急救助、贫困山区助学、助暖、助残、帮扶社区三无、空巢老人、大型赛事服务、医疗救援、爱心车队、社会服务等社会活动。11年来开展活动461场，募集各类物资、款项243.79万元，参与志愿服务13809人次，帮扶对象74682人，志愿服务时长82120小时。主要实施项目有“回归传统文化七彩节日项目”“太阳花助爱成长计划”“脱贫攻坚新时代文明实践志愿服务”等。

葛修琼和志愿者们的足迹遍布

葛修琼为贫困学生送温暖

榆中、庄浪、静宁、永登、平凉、甘南、礼县、白银、临洮、靖远、西和等山区小学、中学，为孩子们送去过书籍、学习用品、体育用品、教学用品、电脑、棉衣、暖水宝等，并成功结对帮扶472名贫困孩子。

“太阳花助爱成长计划项目”，开展助学活动97场，累计捐款捐物65万余元，受助者16118人。2017年，爱心驿站本着基础帮扶、结对、手拉手的目的，整合社会资源，联合甘肃环球医疗救援救护有限公司对通渭县李店乡老庄村曹咀社进行了义务帮扶：为乡村道路安装路灯17盏、修筑水坝、修建文化广场、安装篮球架、乒乓球台、搞乡村环境绿化等活动，共计投入帮扶资金10多万。

“回归传统文化七彩节日项目”，实施活动32场，为6万余人提供志愿服务。依托9个传统节日，葛修琼和志愿者们走上街头、走进社区，开展不同主题的志愿活动，送去雷锋般的真情慰问，一件件鲜红的队服，成为城市中流动着一股股暖流。元宵节，葛修琼和志愿者们自发购买汤圆，为社区居民煮汤圆送汤圆，义演，并策划一系列游戏让大家融入到活动中，一起欢乐过节，增近邻里之间的感情；三八妇女节里，葛修琼和志愿者们自发募捐善款为社区的重疾、残障妇女购买礼物，讲解医学常识、教她们画画、做植物标本摆件等，丰富她们的生活；清明节，葛修琼和志愿者们又集聚到一起，缅怀先烈，向英雄们学习；端午节里，葛修琼和志愿者们为社区的老人、外来打工人员包粽子，献上精彩演出；中秋节，团圆的日子，他们又自发筹款为社区三无、空巢老人送月饼、水果，让老人们不再孤单、感受关爱；重阳节里，他们又相聚在一起，为社区、福利院的爷爷奶奶们演出、剪头发、包饺子，让老人们感受到社会大家庭的温暖；冬至节，他们购买食材为社区老人、环卫工、交警包饺子，煮饺子。三年来，针对特殊人群的“回归传统文化之七彩节日”项目，协会共为社区三无、空巢老人购买年货，米面油鱼等，募集各类物资、款项137.93万元，帮扶对象67400余人。

葛修琼“爱心驿站”连续3年参加春运暖冬行动，2018年组织820人次参与，42天为2.2万人提供了志愿服务，荣获2018年中国青年志愿服务春运“暖冬行动”优秀志愿者组织称号，得到了共青团甘肃省委、共青团兰州市委、城关区文明办的充分肯定。

【国家级“人民满意的公务员”马青】

马青，女，1986年2月出生，2008年9月参加工作,中共党员，现任兰州市生态环境保护综合行政执法队大气执法科科长。从事环境监察工作10余年来，她始终以一名共产党员的标准严格要求自己，以饱满的工作热情和良好的精神状态奋发努力、扎实工作在环境监察一线，用自己的实际行动践行“绿水青山就是金山银山”的理念，用铁肩柔情守卫“兰州蓝”。面对兰州市“冬防常态化、夏防持续化、特殊天气指令化”的实际现象，为确保企业环保设施正常运行，污染物达标排放，数九严寒在企业驻厂；高温酷暑，不分白天黑夜，在企业各个装置中间穿梭开展环境监察工作。为了确保在线监测数据的真实性，经常爬上企业几十米高的在线检测安装入口处、烟囱上查看，爬上厂房房顶高空查看污染物排放口。甚至半夜也是经常爬上漆黑的烟囱上打着手电筒检查。平常时候能“看出来”，关键时候能“站出来”就是她一直坚守的信条。从2010年开始，兰州市冬季大气污染防治攻坚战驻厂期间，马青一进厂区就是48小时或者24小时在厂里开展检查工作不回家。不论假期还是晚上休息，只要企业环保设施出现故障或其他原因造成违法环保相关法律法规，她必然立即出现场，在第一时间锁定、判定企业环保违法行为证据。在承担全市中央环保督察整改工作期间，连续昼夜作战，在最短的时间内梳理全市生态环境整改中存在的问题并行政报告上报政府，下发责任清单，督促各责任单位任务到人、倒排工作，按时上报进展情况，抽时间现场实地检查督促，圆满完成了第二轮中央环保督察对兰州市的督察工作。

多年来，连续被评为省市“先进个人”“优秀共产党员”等光荣称号。2019年6月25日，被中组部、中宣部授予全国“人民满意的公务员”称号并受习近平总书记等党和国家领导人的亲切接见。中华人民共和国成立70周年期间，作为观礼嘉宾受邀到北京参加70周年国庆阅兵观礼庆祝活动和联欢活动。

【国家级表彰荣誉】

姓名	所在单位	荣获称号	颁奖单位	颁奖时间	备注
王　冰	兰州市公安局禁毒处	2018年全国禁毒部门办公室系统先进个人	国家禁毒委员会办公室	2019.01	
李　成	七里河区建兰路消防救援站	改革转制教育整训先进个人	应急管理部消防救援局	2019.01	兰州市七里河区建兰路消防救援站
赵宝瑞	国网兰州供电公司	全国五一巾帼标兵	中华全国总工会	2019.02	
蔚　等	兰州市消防救援支队	巾帼建功标兵	应急管理部消防救援局	2019.03	兰州市消防救援支队
方立民	兰州市公安局经侦支队	一等功	中华人民共和国公安部	2019.04	
马　青	兰州市生态环境保护综合行政执法队	全国“人民满意公务员”	中共中央组织部 中共中央宣传部	2019.06	
巨　龙	兰州市消防救援支队城关区大队	全国消防救援队伍优秀党务工作者	应急管理部消防救援局	2019.07	兰州市城关区消防救援大队
张海峰	兰州市林业局	全国生态建设突出贡献先进个人	全国绿化委员会	2019.09	
张守琪	兰州市林业局	第十二届国际园林博览会表现突出个人奖	中华人民共和国住房和城乡建设部	2019.09	
李　权	兰州市林业局	第十二届国际园林博览会表现突出个人奖	中华人民共和国住房和城乡建设部	2019.09	
张　喆	兰州市林业局	第十二届国际园林博览会表现突出个人奖	中华人民共和国住房和城乡建设部	2019.09	
洪　鎏	国网兰州供电公司	“庆祝中华人民共和国成立70周年”纪念章	中共中央、国务院、中央军委	2019.09	
李　静	兰州生产力促进中心	2018年度生产力促进奖（服务精英）奖	中国生产力促进中心协会	2019.10	
郁文生	民进兰州市委员会	民进全国组织建设先进个人	中国民主促进会中央委员会	2019.10	
杨青云	兰州高新区	中国留学人员创业园建设25周年“突出贡献个人”	中国技术创业协会留学人员创业园联盟	2019.10	
魏沁园	兰州广播电视台	全国新闻界第六届“好记者讲好故事”活动“优秀选手”	新闻战线“三项学习教育”活动领导小组办公室	2019.10	

姓名	所在单位	荣获称号	颁奖单位	颁奖时间	备注
王　成	兰州中川国际机场(消防护卫部急救中心)	《非医疗目的就医行为的分析已对策》论文获民用机场应急救护研讨交流会优秀论文	中国民用机场协会	2019.11	
王小飞	民盟兰州市委员会	民盟思想政治建设和宣传工作先进个人	中国民主同盟中央委员会	2019.11	
李明珊	兰州市农业农村局	全国农业农村系统先进个人	农业农村部	2019.12	
华国春	兰州中川国际机场(安检站)	全国2019年中国民航机场登机桥操作员职业技能大赛优秀奖	中国民航工会全国委员会	2019.12	
姜利庭	兰州中川国际机场(安检站)	全国2019年中国民航机场登机桥操作员职业技能大赛优秀奖	中国民航工会全国委员会	2019.12	
张泷升	兰州中川国际机场(安检站)	全国2019年中国民航机场登机桥操作员职业技能大赛优秀奖	中国民航工会全国委员会	2019.12	
李赫林	兰州市机关事务管理局	全国机关事务管理研究会2019年理论研究评审二等奖	全国机关事务管理研究会	2019.12	
赖兴颖	兰州市机关事务管理局	“2019年绿色出行宣传月和公交出行宣传周活动”先进个人	交通运输部、公安部、国家机关事务管理局、中华全国总工会	2019	
朱天垣	农工党兰州市妇幼保健院总支	全国“最美奋斗者”提名奖	中共中央宣传部、中央组织部等	2019	
苗玉山	兰州市生态环境局西固分局	从事环保工作三十年纪念奖章	中华人民共和国环境保护部	2019	
杜坤坤	兰州市生态环境局	2019年度中国环境报宣传工作先进个人	中国环境报社	2019	
谢成俊	兰州市农研中心	“庆祝中华人民共和国成立70周年”纪念章	中共中央、国务院、中央军委	2019	
谢成俊	兰州市农研中心	第3参加的《旱作农业轮耕技术及配套耕作技术的研究与开发》项目，获全国农牧渔业丰收三等奖	农业部	2019	
尚立香	兰州铁路局兰州车务段	全国铁路劳动模范	人力资源社会保障部、国铁集团	2019	
赵　丕	兰州铁路局兰州西机务段	全国铁路劳动模范	人力资源社会保障部、国铁集团	2019	
马云龙	兰州铁路局嘉峪关机务段	全国铁路劳动模范	人力资源社会保障部、国铁集团	2019	
陈国宏	兰州铁路局嘉峪关工务段	全国铁路劳动模范	人力资源社会保障部、国铁集团	2019	
张学东	兰州铁路局兰州车辆段	全国铁路劳动模范	人力资源社会保障部、国铁集团	2019	
王大林	兰州铁路局机关	全国铁路劳动模范	人力资源社会保障部、国铁集团	2019	
石　瑾	兰州铁路局兰州供电段	全国铁路劳动模范	人力资源社会保障部、国铁集团	2019	
刘世英	兰州市妇联	全国巾帼建功标兵	全国妇联	2019年	

【省部级表彰荣誉】

姓名	所在单位	荣获称号	颁奖单位	颁奖时间	备注
曾彦萍	兰州市社会保险事业服务中心	2018年度甘肃省社会保险统计报表工作先进个人	甘肃省人力资源和社会保障厅 甘肃省医疗保障局	2019.01	
何　雷	兰州市社会保险事业服务中心	2018年度甘肃省社会保险基金财务报表工作先进个人	甘肃省人力资源和社会保障厅 甘肃省医疗保障局	2019.01	
金爱兴	兰州市公安局监管支队	全省优秀人民警察	甘肃省人力资源和社会保障厅 甘肃省公安厅	2019.01	
高　银	兰州市公安局警保处	2018年度甘肃省最美人物	中共甘肃省委宣传部	2019.01	
刘永来	兰州市公安局戒毒所	全省优秀人民警察	甘肃省人力资源和社会保障厅 甘肃省公安厅	2019.01	
张　毅	兰州市公安局七里河分局	全省优秀人民警察	甘肃省人力资源和社会保障厅 甘肃省公安厅	2019.01	
徐建利	兰州市公安局七里河分局	全省优秀人民警察	甘肃省人力资源和社会保障厅 甘肃省公安厅	2019.01	
王永刚	兰州市环境监察局	2017—2018年度京津冀及周边地区大气污染防治强化督查工作表现突出个人	甘肃省环境监察局	2019.01	
刘雪峰	兰州市环境监察局	2017—2018年度京津冀及周边地区大气污染防治强化督查工作表现突出个人	甘肃省环境监察局	2019.01	
杨小洲	兰州市环境监察局	2017—2018年度京津冀及周边地区大气污染防治强化督查工作表现突出个人	甘肃省环境监察局	2019.01	
张瑞勇	兰州市环境监察局	2017—2018年度京津冀及周边地区大气污染防治强化督查工作表现突出个人	甘肃省环境监察局	2019.01	
魏丽龙	兰州市城关区环境保护局	2017—2018年度京津冀及周边地区大气污染防治强化督查工作表现突出个人	甘肃省环境监察局	2019.01	
高莉蓉	兰州市城关区环境保护局	2017—2018年度京津冀及周边地区大气污染防治强化督查工作表现突出个人	甘肃省环境监察局	2019.01	
李彩霞	兰州市科技局	全省科技统计工作先进个人	甘肃省科学技术厅	2019.02	
程　鹏	兰州市公安局七里河分局	全省“我最喜爱的十大人民警察”提名奖	甘肃省公安厅等	2019.02	
刘兰香	兰州市公安局七里河分局	全省“我最喜爱的十大人民警察”提名奖	甘肃省公安厅等	2019.02	

姓名	所在单位	荣获称号	颁奖单位	颁奖时间	备注
高子荫	兰州市城市建设设计院	2018年度全省脱贫攻坚先进个人	甘肃省脱贫攻坚领导小组	2019.02	
刘　超	兰州房地产交易中心	任缸子沟村驻村工作队队长期间所在永登县武胜驿镇缸子沟村驻村工作队被评为全省脱贫攻坚先进集体	甘肃省脱贫攻坚领导小组	2019.02	
刘大勇	兰州市农业农村局	2018年度全省脱贫攻坚帮扶工作先进个人	甘肃省脱贫攻坚领导小组	2019.02	
肖　飞	兰州市农业农村局	2018年度全省脱贫攻坚帮扶工作先进个人	甘肃省脱贫攻坚领导小组	2019.02	
贾　謔	兰州市种子管理局	2018年度全省脱贫攻坚帮扶先进个人	甘肃省脱贫攻坚领导小组	2019.02	
李金录	兰州市兽医中心)	2018年度全省脱贫攻坚帮扶先进个人	甘肃省脱贫攻坚领导小组	2019.02	原兰州经济技术开发区
梁云鹏	兰州市供销合作社联合社	2018年度信息报送工作先进个人	甘肃省供销合作社联合社	2019.03	
孙红斌	兰州市轨道交通有限公司	甘肃省五一劳动奖章	甘肃省总工会	2019.04	
许　文	国网兰州供电公司	甘肃省五一劳动奖章	甘肃省总工会	2019.04	
杨　浩	兰州房地产交易中心	甘肃省优秀共青团员	甘肃省人力资源和社会保障厅、共青团甘肃省委	2019.05	
蒙青雅	国家税务总局兰州高新技术产业开发区税务局	甘肃省优秀共青团员	甘肃省人力资源和社会保障厅、共青团甘肃省委	2019.05	
畅克毅	兰州市消防救援支队	三等功	甘肃省消防救援总队	2019.06	兰州市消防救援支队
管　洁	兰州市消防救援支队	三等功	甘肃省消防救援总队	2019.06	兰州市消防救援支队火调技术处
沈宝昌	兰州市消防救援支队城关区大队	三等功	甘肃省消防救援总队	2019.06	兰州市城关区消防救援大队
侯　燕	兰州中川国际机场航站区管理部	2019年“一封家书”征文活动一等奖	甘肃省总工会	2019.07	
李红星	兰州市林业局	全省区划落界先进个人	甘肃省林业和草原局	2019.07	
崔延强	兰州高新区	甘肃省第三次全国农业普查先进集体和先进个人	甘肃省人力资源和社会保障厅 甘肃省统计局	2019.07	
水　涛	市公房中心靖远路房管所	优秀裁判	甘肃省体育局	2019.07	

姓名	所在单位	荣获称号	颁奖单位	颁奖时间	备注
刘建林	兰州市公安局便衣支队	一等功	甘肃省公安厅	2019.08	
唐浩漩	民盟兰州市委员会	多党合作理论研究工作先进个人	民盟甘肃省委员会	2019.08	
陈　璟	民盟兰州市委员会	多党合作理论研究工作先进个人	民盟甘肃省委员会	2019.08	
王小飞	民盟兰州市委员会	多党合作理论研究工作先进个人	民盟甘肃省委员会	2019.08	
何佳忆	国家税务总局兰州高新技术产业开发区税务局	全省税务系统庆祝建国70周年演讲比赛优秀奖	国家税务总局甘肃省税务局	2019.09	
魏沁园	兰州广播电视台	甘肃省新闻战线第六届“好记者讲好故事”演讲总决赛一等奖	中共甘肃省委宣传部、甘肃省新闻工作者协会	2019.10	
陈　郁	兰州市生态环境保护综合行政执法队	2019年全省生态环境保护执法大练兵比武竞赛业务标兵	甘肃省生态环境厅	2019.10	
金光辉、芦长青、杨　锐、杜济沧、魏　峰、李栋新、刘小刚、陈文博、孙　琰、王文渊、缪培东、许　龙、龚成铭、钟延鹏、肖致远、马小敏、王康本、张　毅、窦　凯、常钦煊、王红荣、党荃铮、蔡　炜、金彦宇、高　云、李昭彤、王太荣、吴文钊、郭松林	兰州市城市建设设计院	参加2019年甘肃省农村危房改造技术服务组织单位及专家先进个人	省土木建筑学会	2019.10	
梁丁月	兰州市农产品质量监督管理中心	第六届全省农产品质量安全检测技能竞赛活动二等奖	甘肃省农业农村厅	2019.10	
詹雪梅	兰州市农产品质量监督管理中心	第六届全省农产品质量安全检测技能竞赛活动二等奖	甘肃省农业农村厅	2019.10	
闫喜柱	兰州中川国际机场(消防护卫部急救中心)	“基层急诊中坚”优秀急诊医师	甘肃省医师协会	2019.11	
何丽娟	兰州中川国际机场(贵宾服务分公司)	2019年重大节会交通运输保障先进个人	甘肃省交通运输厅	2019.11	

姓名	所在单位	荣获称号	颁奖单位	颁奖时间	备注
严发云	兰州市卫生健康委员会	2019年甘肃省卫生应急综合演练先进个人	甘肃省卫生健康委员会	2019.12	
严发云	兰州市卫生健康委员会	2019年甘肃省卫生应急综合演练先进个人	甘肃省卫生健康委员会	2019.12	
齐媛媛	兰州中川国际机场安检站	2019年重大节会交通运输保障先进个人	甘肃省交通运输厅	2019.12	
杨　锐	兰州市城市建设设计院	甘肃省勘察设计协会2019年度先进个人	甘肃省勘察设计协会	2019.12	
朱天垣	农工党兰州市妇幼保健院总支	“不忘合作初心，继续携手前进”主题教育活动“突出贡献奖”	农工党甘肃省委员会	2019	
陶树春	农工党兰州市农牧支部	“不忘合作初心，继续携手前进”主题教育活动“突出贡献奖”	农工党甘肃省委员会	2019	
李　瑛	农工党兰州市教育支部	全省优秀农工党员	农工党甘肃省委员会	2019	
胡晓燕	农工党兰州市文旅总支	全省优秀农工党员	农工党甘肃省委员会	2019	
郁兴菊	农工党兰州市人社支部	全省优秀农工党员	农工党甘肃省委员会	2019	
王　波	农工党兰州市委员会	全省反映社情民意信息工作先进个人	农工党甘肃省委员会	2019	
王汝勃	农工党兰州市委员会	全省反映社情民意信息工作先进个人	农工党甘肃省委员会	2019	
王　波	农工党兰州市委员会	参政议政先进个人三等奖	农工党甘肃省委员会	2019	
朱天垣	农工党兰州市妇幼保健院总支	“改革开放40年感动甘肃•陇人骄子”奖	省委宣传部、省人社厅	2019	
陶生聪	兰州市卫生健康委员会	2019年全省推进居民电子健康卡工作先进个人	甘肃省卫生健康委员会	2019	
巨岩云	中国民主建国会兰州市委员会	民建甘肃省委成立40周年参政议政先进工作者	中国民主建国会甘肃省委员会	2019	
王　骥	兰州市气象局	甘肃省重大气象服务先进个人	甘肃省气象局	2019	
张洋洋	兰州市气象局	甘肃省重大气象服务先进个人	甘肃省气象局	2019	
樊惠蕊	民盟兰州市委员会	社会服务先进个人	民盟甘肃省委员会	2019	

【省委省政府表彰荣誉】

姓名	所在单位	荣获称号	颁奖单位	颁奖时间	备注
马　欣	兰州歌舞剧院	创编的芭蕾舞片段《大梦敦煌》获第九届敦煌文艺奖	中共甘肃省委、甘肃省人民政府	2019.01	
杨　希	兰州歌舞剧院	创编的芭蕾舞片段《大梦敦煌》获第九届敦煌文艺奖	中共甘肃省委、甘肃省人民政府	2019.01	
郭　莹	兰州歌舞剧院	创编的芭蕾舞片段《大梦敦煌》获第九届敦煌文艺奖	中共甘肃省委、甘肃省人民政府	2019.01	
王生凯	兰州画院	油画《与歌同行之56》获甘肃省第就届敦煌文艺奖	中共甘肃省委员会 甘肃省人民政府	2019.01	
张　云	兰州画院	参绘的国画《敦煌印象·丝路虹霓》获甘肃省第九届敦煌文艺奖	中共甘肃省委员会 甘肃省人民政府	2019.01	
高　银	兰州市公安局警保处	2018年度全省脱贫攻坚奖先进个人	中共甘肃省委、甘肃省人民政府	2019.02	
杨文俊	兰州市退役军人事务局	爱国拥军模范	中共甘肃省委、甘肃省人民政府、甘肃省军区	2019.07	
翁志义	兰州战役纪念馆	拥军优属先进个人	中共甘肃省委、甘肃省人民政府、甘肃省军区	2019.07	
宋　燕	兰州市公安局户政处	甘肃省双拥工作先进个人	中共甘肃省委、甘肃省人民政府、甘肃省军区	2019.07	
魏丽龙	兰州市生态环境局城关分局	全省“人民满意的公务员”	中共甘肃省委	2019.07	
魏永胜	兰州市教育局	甘肃省民族团结进步模范个人	中共甘肃省委、甘肃省人民政府	2019.09	
贺有利	兰州市社会科学院	专著《三产化——强国富民的必由之路）》获甘肃省第十一届社会科学优秀成果三等奖；	中共甘肃省委、甘肃省人民政府、甘肃省军区	2019	
魏丽龙	兰州市城关区环境保护局	第六届全省人民满意的公务员	中共甘肃省委 甘肃省人民政府	2019	

荣誉榜

【全国五一劳动奖状】　城关物业服务集团有限公司主要服务于住宅小区、城市管理、办公写字楼、医院保洁、院校教舍等，服务管理面积4000余万平方米，覆盖甘肃省全省并延伸到青海、宁夏、陕西、江苏等地区，是西北地区物业行业管理服务业态最丰富、管理面积最大的物业服务企业。

公司以“做您生活服务的集成商”为使命，通过现代化、信息化、机械化、网络化手段打造智慧社区，为业主开启全新的生活模式。从社区各项服务场景出发，打造创新、全面、共享型的社区生态圈；推进移动互联技术，引入人脸识别系统及车牌识别系统；将缴费、报修、投诉、理财、家政等社区线下业务全面导入线上，建设全新微商圈，并丰富线上各类产务，将物业服务做到家，致力于从服务的生产者向服务的连接者转变，将高品质的商品与高质量的服务对接，从以前单向提供服务转变为双向互通，从而打通业主与物业、业主与商家的链接平台。

多年来，集团公司严格依法纳税，每年纳税千万元，在全国物业服务企业百强中排名第14位。企业先后获得“全国双爱双评先进单位”“全国就业与社会保障先进民营企业”“全国工人先锋号”“全国模范职工之家”“全省就业先进企业”“全省模范职工小家”“全省工资协商先进单位”等荣誉，1人获得“全国劳动模范”“全国五一劳动奖章”，1人获“甘肃省劳动模范”，2人获“甘肃省五一劳动奖章”，集团历年获得各级各类表彰奖励荣誉超过300余项。2019年5月城关物业荣获“全国五一劳动奖状”。

【国家级表彰荣誉】

获奖单位	荣获称号	颁奖单位	颁奖时间	备注
兰州高新区	在“2018年度国家高新区门户网站综合影响力评估”中荣获中国政务网站发展潜力领先奖	国家高新区网站联盟、中国高新技术产业导报、中国信息研究与促进网、中国优秀政务平台推荐及综合影响力评估组	2019.01	
兰州新区商贸物流投资集团有限公司	国际货运代理会员	中国国际物流代运协会	2019.01	
兰州市公安局七里河分局七里河区拘留所	社会矛盾化解工作成绩突出集体	中华人民共和国公安部监所管理局	2019.01	
兰州兰房物业管理有限公司（民安大厦）	优秀示范项目	甘肃省物业管理协会	2019.01	
兰州兰房物业管理有限公司（五泉润翠园）	优秀示范项目	甘肃省物业管理协会	2019.01	
兰州兰房物业管理有限公司	最佳物业企业奖	甘肃省精神文明建设指导委员会办公室、甘肃省总工会、共青团甘肃省委、甘肃省妇联、甘肃省广播电视总台、甘肃省物业管理行业协会	2019.01	
兰州市消防支队城关区消防大队	改革转制教育整训先进大队	应急管理部消防救援局	2019.01	兰州市城关区消防救援大队
兰州中川国际机场(地面服务部“小红帮您”班组	全国民航五一巾帼标兵岗	中国民航工会	2019.02	
兰州市消防救援支队安宁区大队	青少年维权岗	共青团中央、公安部	2019.02	兰州市安宁区消防救援大队
兰州市轨道交通有限公司	2019年度中国城市轨道交通协会城市轨道交通科技进步二等奖	中国城市轨道交通协会	2019.03	
兰州市南北两山环境绿化工程指挥部	关注森林活动20周年突出贡献单位	全国政协人口资源环境委员会、全国绿化委员会、国家林业和草原局、教育部、国家广播电视总局、中华全国总工会、共青团中央、中华全国妇女联合会、中华全国工商业联合会、中国绿化基金会	2019.05	
兰州市渔业监督检查站	全国渔业执法工作先进集体	中华人民共和国农业农村部	2019.05	
兰州市就业和人才服务局	第二届全国创业就业服务展示交流活动优秀项目奖	第二届全国创业就业服务展示交流活动组委会	2019.06	
兰州中川国际机场(地面服务部“小红帮您”班组	2019年春运“情满旅途”活动成绩突出集体	交通运输部	2019.06	
兰州高新区党群工作局	2018年度国家高新技术产业开发区优秀宣传部门	中国高新技术产业导报社	2019.08	
兰州市林业局	全国绿化模范单位	全国绿化委员会	2019.09	
民进兰州市委员会	民进全国组织建设先进地方组织	中国民主促进会中央委员会	2019.10	
兰州市公安局交通警察支队	集体一等功	中华人民共和国公安部	2018.10	
兰州大剧院	《大梦敦煌》获全国专业舞台艺术“优秀保留剧目大奖”称号	国家文化部	2019.10	

获奖单位	荣获称号	颁奖单位	颁奖时间	备注
兰州市环境保护局	2019年度中国环境报宣传工作先进单位	中国环境报社	2019.10	
兰州生产力促进中心	2018年度生产力促进奖(创新发展)	中国生产力促进中心协会	2019.11	
兰州高新区	中国留学人员创业园区孵化基地	中国技术创业协会留学人员创业园联盟	2019.11	
兰州高新区	《传递真诚微笑，共建和谐高新》荣获"首届国家高新区微视频大赛"优秀奖	国家高新区微视频大赛组委会	2019.11	
兰州广播电视传播中心	纪录电影《踢球吧，孩子》获第32届中国电影金鸡奖最佳纪录片提名奖	中国文学艺术界联合会、中国电影家协会	2019.11	
市委讲师团	基层理论宣讲先进集体	中央宣传部办公厅	2019.11	
民革兰州市委员会	2019年度《团结报》发行征订工作先进集体(地市)三等奖	团结报社	2019.11	
兰州民革党员之家	优秀民革党员之家	中国国民党革命委员会中央委员会	2019.11	
民革兰州市委员会第七支部	民革示范支部	中国国民党革命委员会中央委员会	2019.11	
民盟兰州市委员会	民盟思想宣传工作先进集体	中国民主同盟中央委员会	2019.11	
兰州市轨道交通有限公司	兰州市城市轨道交通全生命周期BIM技术应用项目获中国技术创业协会首届智能建造技术创新大赛二等奖	中国技术创业协会	2019.12	
兰州市委党史办公室	《西北孔道》获第十五届全国党员教育电视片观摩交流活动优秀奖	中共中央组织部	2019.12	
兰州中川国际机场(安检站)	全国2019年中国民航机场登机桥操作员职业技能大赛优秀组织奖	中国民航工会全国委员会	2019.12	
兰州中川国际机场有限公司	民航"净空2018"禁毒示范机场	中国民用航空局	2019.12	
兰州日报社	全国报业推动脱贫攻坚和生态文明建设宣传工作先进单位	中国报业协会	2019.12	
兰州市文旅局宣传推广科	新时代·中国最佳文化魅力旅游名城	中共中央宣传部	2019.12	
兰州市文旅局宣传推广科	2020年最值得旅行者去的中国旅游目的地	中共中央宣传部	2019.12	
兰州市个体劳动者协会高新开发区分会	全国个体私营者协会系统先进单位	市场监管总局、中国个体劳动者协会	2019.12	
民盟兰州市委员会	民盟中央群言杂志社2018年度发行工作突出成绩奖	中国民主同盟中央委员会	2019.12	
兰州市机关事务管理局	"庆祝中华人民共和国成立70周年全国公共机构生活垃圾分类随手拍摄影活动"优秀组织奖	国家机关事务管理局	2019	
农工党兰州市委员会	2019年度《前进论坛》发行工作先进单位	农工党中央委员会	2019	
兰州高新区	在"2019年度国家高新区门户网站综合影响力评估"中荣获中国政务网站科技服务领先奖	中国高新技术产业导报社、国家高新区融媒体建设联盟、国家高新区门户网站暨微信公众号综合影响力评估小组	2019	

获奖单位	荣获称号	颁奖单位	颁奖时间	备注
国网兰州供电公司	大型供电企业2018年度档案工作示范级单位	国家电网有限公司	2019	
兰州市社科院	全国先进城市社科院	全国城市社科院第29次院长联席会议	2019	
中国民主建国会兰州市委员会	民建脱贫攻坚先进集体	中国民主建国会中央委员会	2019	
兰州市生态环境保护综合行政执法队	2019年生态环境信访工作表现突出的集体	生态环境部	2019	
兰州铁路局嘉峪关供电段	全国五一劳动奖状	中华全国总工会	2019	
市妇联	全国“维护妇女儿童权益先进集体”	全国妇联	2019	
市妇联	全国“妇女新闻宣传阵地建设突出贡献奖”	全国妇联	2019	
市妇联	“母亲健康快车”感恩15年最佳伙伴	中国妇女发展基金会	2019	

【省委省政府表彰荣誉】

获奖单位	荣获称号	颁奖单位	颁奖时间	备注
兰州市退役军人事务局	双拥模范城	中共甘肃省委、甘肃省人民政府、甘肃省军区	2019.07	
兰州市退役军人事务局	先进双拥工作办公室	中共甘肃省委、甘肃省人民政府、甘肃省军区	2019.07	
兰州市人民政府	2016年度省长金融奖	甘肃省人民政府	2019.11	
兰州戏曲剧院	秦剧《曹操与杨修》获第六届敦煌文艺奖	中共甘肃省委 甘肃省人民政府	2019.12	

【省级部门荣誉】

获奖单位	荣获称号	颁奖单位	颁奖时间	备注
兰州市社会保险事业服务中心	2018年度甘肃省社会保险基金财务报表工作一等奖	甘肃省人力资源和社会保障厅甘肃省医疗保障局	2019.01	
兰州新区商贸物流投资集团有限公司	甘肃省物流行业重大贡献奖	甘肃省物流行业协会、甘肃省交通运输协会、甘肃省道路运输协会	2019.01	
兰州新区商贸物流投资集团有限公司	最佳国际物流企业	甘肃省物流行业协会、甘肃省交通运输协会、甘肃省道路运输协会	2019.01	
市委讲师团	2018年全省理论宣讲工作先进集体	中共甘肃省委宣传部 中共甘肃省委讲师团	2019.01	
中共兰州市委宣传部	2018年度甘肃省宣传思想文化工作创新奖	中共甘肃省委宣传部	2019.01	
中共兰州市委宣传部	2018年全省思想政治工作课题研究优秀组织单位	甘肃省思想政治工作研究会	2019.01	
兰州市公安局七里河分局	全省优秀公安局	甘肃省人力资源和社会保障厅、甘肃省公安厅	2019.01	

获奖单位	荣获称号	颁奖单位	颁奖时间	备注
兰州歌舞剧院	第26届“春城洋溢华夏情及欢乐春节”优秀组织奖	第26届“春城洋溢华夏情及欢乐春节”组委会	2019.01	
兰州市公安消防支队永登县消防大队	甘肃省卫生单位	甘肃省爱国卫生运动委员会	2019.01	永登县消防救援大队
兰州市审计局	2018年度优秀审计项目	甘肃省审计厅	2019.02	
中共兰州市委宣传部	甘肃省第二届“践行社会主义核心价值观建设幸福美好新甘肃”主题微电影网络评比优秀组织奖	中共甘肃省委宣传部	2019.02	
兰州市公安局七里河分局	2018千人县区禁毒工作先进单位	甘肃省禁毒委员会	2019.02	
兰州房地产交易中心	2018年度优质合作伙伴	甘肃省住房资金管理中心	2019.02	
市妇联	全省妇女工作先进单位	甘肃省妇女联合会	2019.02	
市妇联	全省“妇女儿童维权工作奖”	甘肃省妇女联合会	2019.02	
共青团兰州新区工作委员会	2018年度全省陇原脱贫攻坚巾帼先进集体	甘肃省妇女联合会	2019.03	
兰州市计划生育协会	兰州市计划生育协会高校“青春健康”先进集体	甘肃省计划生育协会	2019.03	
兰州市供销合作社联合社	2018年度信息报送工作先进单位	甘肃省供销合作社联合社	2019.03	
兰州市供销合作社联合社	2018中国(甘肃)供销农特产品产销对接活动优胜单位二等奖	甘肃省供销合作社联合社	2019.03	
共青团兰州新区工作委员会	甘肃省五四红旗团委	甘肃省人力资源社会保障厅 共青团甘肃省委	2019.04	
兰州市公安局七里河分局	全省公安机关执法示范单位	甘肃省公安厅	2019.04	
兰州中川国际机场(航站区管理部机械自动化班组)	青年安全生产示范岗	共青团甘肃省委员会办公室	2019.04	
兰州中川国际机场(地面服务部“小红帮您”班组	西北民航先进示范班组	中国民航西北地区管理局工会	2019.04	
兰州中川国际机场(地面服务部)	2018年甘肃省五四红旗团支部	共青团甘肃省委员会	2019.04	
兰州市轨道公司运营分公司通号部通信中心工班	甘肃省工人先锋号	甘肃省总工会	2019.04	
市轨道公司兰州西站综合交通枢纽工程建设管理有限公司	甘肃省五一劳动奖状	甘肃省总工会	2019.04	
兰州中川国际机场(航站区管理部信息运行管理班组)	甘肃省创新型班组	甘肃省总工会	2019.05	
兰州市委老干部局	全省离退休干部党支部建设标准化示范单位	中共甘肃省委老干部局	2019.06	

获奖单位	荣获称号	颁奖单位	颁奖时间	备注
兰州市生态环境局西固分局	2019年甘肃省六五环境日“生态甘肃—指尖上的环保”视频类优秀奖	甘肃省生态环境厅	2019.06	
兰州兰房物业管理有限公司	房地产价格统计调查工作先进集体	国家统计局甘肃调查总队	2019.06	
兰州市消防救援支队城关区大队高新区中队	集体三等功	甘肃省消防救援总队	2019.06	兰州高新技术产业开发区雁南消防救援站
兰州市林业局	全省公益林管理先进集体	甘肃省林业和草原局	2019.07	
兰州市林业勘测设计队	全省区划落界先进集体	甘肃省林业和草原局	2019.07	
兰州歌舞剧院	首届西北五省区藏族舞蹈展演“优秀组织奖”	青海省舞蹈家协会、甘肃省舞蹈家协会等	2019.07	
兰州中川国际机场(消防护卫部急救中心)	甘肃省第二届“中国医师节”医德医风优秀微视频鼓励奖	甘肃省卫生健康委员会	2019.08	
兰州高新区	省级创业就业孵化示范基地	甘肃省人力资源和社会保障厅、甘肃省工业和信息化厅	2019.08	
兰州市供销合作社联合社	2018年全省供销合作社同工种竞赛优胜单位特等奖	甘肃省供销合作社	2019.08	
民盟兰州市委员会	全省多党合作理论研究工作先进集体	中国民主同盟甘肃省委员会	2019.08	
兰州市科学技术局	第八届中国创新创业大赛(甘肃赛区)优秀组织奖	甘肃省科学技术厅 甘肃省发展和改革委员会 甘肃省工商业联合会 中国证监会甘肃监管局 兰州高新技术产业开发区管委会	2019.09	
兰州市渔业技术推广中心	第二届甘肃省水产行业职业技能竞赛水产技术员技能决赛三等奖	甘肃省百万职工职业技能素质提升活动组委会办公室	2019.09	
兰州市卫生健康委员会	2019年甘肃省卫生应急综合演练先进集体	甘肃省卫生健康委员会	2019.10	
兰州市城市建设设计院	参加2019年甘肃省农村危房改造技术服务组织单位及专家获先进单位	甘肃省土木建筑学会	2019.10	
兰州市城市建设设计院	甘肃省第九届“金城杯”建筑表现大赛优秀组织奖	甘肃省土木建筑学会、兰州理工大学	2019.10	
中共兰州市委党史办公室	《西北孔道》获2019年甘肃省党员教育电视片观摩交流活动二等奖	中共甘肃省委组织部	2019.11	
兰州市卫生健康委员会	2019年甘肃省健康扶贫及科普达人演讲比赛“优秀组织奖”	甘肃省卫生健康委员会甘肃省科学技术协会	2019.11	
兰州市生态环境局	2019年甘肃省生态环境系统职工运动会道德风尚奖	甘肃省生态环境厅	2019.11	
兰州中川国际机场(安检站)	集体嘉奖	民航西北地区管理局	2019.12	
兰州市供销合作社联合社	2019年度全省供销合作社财务信息管理工作一等奖	甘肃省供销合作社	2019.12	

获奖单位	荣获称号	颁奖单位	颁奖时间	备注
中共兰州市委宣传部	在第二届“爱我中华爱我国防”全省中小学主题征文比赛优秀组织奖	中共甘肃省委宣传部 甘肃省教育厅 甘肃省国防教育委员会办公室	2019.12	
民盟兰州市委员会	民盟社会服务工作先进集体	中国民主同盟甘肃省委员会	2019.12	
民盟兰州市委员会	思想政治建设和宣传工作先进集体	中国民主同盟甘肃省委员会	2019.12	
民盟兰州市委员会	组织工作先进集体	中国民主同盟甘肃省委员会	2019.12	
甘肃中石油昆仑燃气有限公司	2018年度防雷安全工作先进单位	甘肃省防雷减灾管理局	2019	
兰州市社会保险事业服务中心	2018年度甘肃省社会保险基金财务报表工作三等奖	甘肃省人力资源和社会保障厅	2019	
兰州市社会保险事业服务中心	2018年度甘肃省社会保险统计工作二等奖	甘肃省人力资源和社会保障厅	2019	
农工党兰州市委员会	2018年度参政议政工作先进集体	农工党甘肃省委会	2019	
农工党兰州市委员会	“不忘合作初心、继续携手前进”主题教育活动先进地市级组织	农工党甘肃省委会	2019	
农工党兰州市第一人民医院总支	“不忘合作初心、继续携手前进”主题教育活动先进基层组织	农工党甘肃省委会	2019	
甘肃广播电视大学社区教育学院	终身学习品牌项目	甘肃省教育厅	2019	
兰州市卫生健康委员会	2019年全省推进居民电子健康卡工作先进集体	甘肃省卫生健康委员会	2019	
中国民主建国会兰州市委员会	民建甘肃省委成立四十周年先进集体	中国民主建国会甘肃省委员会	2019	
中国民主建国会兰州市委员会	民建甘肃省委成立四十周年参政议政工作先进集体	中国民主建国会甘肃省委员会	2019	
兰州市环境监察局	全省生态环境保护执法大练兵比武竞赛团体奖二等奖	甘肃省生态环境厅	2019	
兰州市气象台	甘肃省重大气象服务先进集体	甘肃省气象局	2019	
国家税务总局兰州高新技术产业开发区税务局	甘肃省档案工作规范化管理省特级单位	甘肃省档案局	2019	
民盟兰州市委员会	甘肃省档案工作规范化管理省二级单位	甘肃省档案局	2019	
兰州市农产品质量监督管理中心	第六届全省农产品质量安全检测技能竞赛活动团体二等奖	甘肃省农业农村厅	2019	
市妇联	甘肃省反家暴工作示范基地	甘肃省妇女联合会	2019	

地方法规

兰州市大气污染防治条例

（2019年10月30日兰州市第十六届人民代表大会常务委员会第二十三次会议通过　2019年11月29日甘肃省第十三届人民代表大会常务委员会第十三次会议批准）

第一章 总 则

第一条　为了保护和改善环境，防治大气污染，保障公众健康，加强生态文明建设，促进经济社会可持续发展，根据《中华人民共和国环境保护法》《中华人民共和国大气污染防治法》《甘肃省大气污染防治条例》等法律、法规，结合本市实际，制定本条例。

第二条　本条例适用于本市行政区域内大气污染防治及其监督管理活动。法律、法规对大气污染防治活动及其监督管理已有规定的从其规定。

第三条　大气污染防治坚持源头治理、科学防治，政府主导、全民参与，企业主体、损害担责的原则。

第四条　市人民政府对本市的大气污染防治工作及大气环境质量负总责，区（县）人民政府负责本辖区范围内的大气污染防治工作。市人民政府制定本市大气环境质量达标规划，市、区（县）人民政府共同负责做好大气环境质量达标规划的落实工作并承担相应责任。

市、区（县）人民政府应当以大气环境质量改善为目标，制定年度计划，实行绿色发展，采取协同减排措施，优化产业、能源、交通、用地等结构，控制并按照国家要求的标准削减大气污染物的排放总量，使本行政区域的大气环境质量达到国家和本省规定的标准并逐步改善。

市、区（县）人民政府应当将大气污染防治工作纳入本级国民经济和社会发展规划及年度计划，将大气污染防治经费列入本级财政预算。

兰州新区、兰州高新技术产业开发区、兰州经济技术开发区等各类开发区、园区的管理机构及其有关部门执行本条例，负责做好各自管辖区域内的大气污染防治工作。

乡（镇）人民政府、街道办事处根据市、区（县）人民政府和有关部门的工作安排，应当落实属地监管责任，做好本辖区内大气污染防治工作。

基层群众性自治组织应当协助有关部门做好大气污染防治工作。

第五条　市生态环境主管部门及其派出机构对大气污染防治实施统一监督管理，并负责本条例的组织实施。

市、区（县）人民政府其他有关行业主管部门在各自职责范围内，重点履行以下大气污染防治监督管理职责：

（一）发展和改革部门负责优化产业和能源结构以及布局调整，发展循环经济、清洁能源产业，协调低标号燃油退市和提高燃油品质，确定煤炭消费总量控制及削减目标。

（二）工业和信息化部门会同相关部门依法依规负责开展推动落后产能退出工作，加大工业企业技术改造升级和节能降耗等工作，推进清洁生产，监管煤炭专营市场和二级配送网点，推进新能源汽车使用。

（三）住房和城乡建设部门负责对房屋建筑、市政基础设施建设施工工地扬尘污染防治实施监督管理，推进新增集中供热热源、储备热源以及热网工程。

（四）城市管理行政执法部门负责对建筑物拆除、建筑垃圾、工程渣土处置、道路清扫保洁的扬尘及焚烧垃圾、露天烧烤污染防治实施监督管理。

（五）市场监督管理部门负责对燃煤锅炉的节能环保标准执行情况及商品煤、车用燃油生产销售环节、高污染燃料生产销售环节的质量进行监督管理；督促餐饮服务单位安装油烟过滤设备，使用清洁能源。

（六）农业农村部门负责指导农业清洁生产，减少农业、畜牧业、养殖业生产经营活动中土地耕作、农药喷洒、秸秆焚烧、尾菜腐烂恶臭、畜禽粪便气味等大气污染物的排放。

（七）水务部门对河洪道治理工程、各类水利工程等施工中产生的扬尘污染实施监督管理。

（八）自然资源部门对土地整理等施工中产生的扬尘污染实施监督管理。

（九）林业主管部门、南北两山绿化主管部门、黄河风情线大景区管理部门分别负责城乡绿化、南北两山绿化、黄河风情线大景区绿化工作，减少绿化工程扬尘，通过提高绿化覆盖率改善和提高大气环境质量。

（十）交通运输部门对公路建设施工中产生的扬尘污染、汽车维修喷涂产生的污染实施监督管理。

（十一）公安机关交通管理部门配合交通运输、生态环境、城市管理行政执法等部门做好老旧机动车辆淘汰工作、渣土垃圾运输和重型运输等特殊车辆的行驶线路和时间的监管，依法查处上道路行驶的排放检验不合格车辆，配合有关部门对非道路移动机械、集中停放机动车的大气污染物排放状况实施监督检查。

其他大气污染防治的监督管理，由相关部门依照有关法律、法规、规章和县级以上人民政府确定的职责分工实施。

市、区（县）人民政府负有大气环境保护监督管理职责的部门应当严格依法履行职责、协同配合，加强对大气污染物排放的日常监督管理，及时制止并依法处理污染大气环境的违法行为。

第六条 市、区（县）人民政府应当每年向本级人大常委会报告大气环境质量目标和大气污染防治规划实施的情况，并向社会公布。

第七条 市、区（县）人民政府应当推进生态治理，加强防护林带和城市园林绿化建设，提高绿化水平，扩大水域面积，改善大气环境质量。

第八条 市、区（县）人民政府应当制定政策，推广绿色建筑，采用先进的大气污染防治技术，使用清洁能源。

第九条 市、区（县）人民政府应当根据大气环境质量改善计划建立大气污染防治责任清单，实行大气环境保护目标责任制和考核评价制度。

市、区（县）人民政府应当将大气环境保护目标和任务的完成情况作为对本级有关部门和下一级人民政府及其负责人考核的内容。考核结果应当作为政府和各有关部门绩效考核的重要内容，并向社会公布，接受公众监督。

第十条 公民、法人和其他组织依法享有获取大气环境质量信息、参与和监督大气环境保护的权利。

市生态环境主管部门及其派出机构应当依法公开大气环境质量信息，完善公众参与程序，为公众参与和监督大气环境保护提供便利。

第十一条 企业事业单位和其他生产经营者应当履行防治大气污染的法定义务，执行国家和省人民政府规定的大气污染物排放和控制标准，采取有效措施，防治生产经营或者其他活动对大气环境造成的污染，对所造成的损害依法承担责任。

公民应当自觉践行文明、节约、低碳的消费方式和生活习惯，减少向大气排放污染物，共同改善大气环境质量。

行业协会应当加强行业自律，开展大气污染防治法律、法规和相关知识的宣传，督促会员采取有效措施防止和减少大气污染。

鼓励开展大气环境保护公益活动，引导社会组织和志愿者依法有序参与大气环境保护。

第十二条 市、区（县）人民政府及其工作部门应当带头开展大气环境保护法律法规的教育、宣传、培训，增强全社会大气环境保护的国情意识、法治意识和责任意识。

市、区（县）教育行政主管部门和教育机构应当将大气环境保护知识纳入学校教育内容，培养学生的大气环境保护意识。

报纸杂志、广播电视、网络等新闻媒体和户外广告公共设施经营管理单位应当刊播公益广告，开展大气环境保护法律、法规和相关科学知识的宣传，对大气环境违法行为进行舆论监督。

第十三条 市、区（县）人民政府应当对保护和改善大气环境有显著成绩的单位和个人给予奖励。

企业事业单位和其他生产经营者在大气污染物排放符合法定要求的基础上，主动采取新技术、新工艺、新装备进一步减少大气污染物排放的，市、区（县）人民政府应当予以鼓励和支持。

第二章　大气污染防治的监督管理

第十四条　本市实行大气污染防治区域控制制度。市、区（县）城市建成区为大气污染防治重点控制区域，其他地区为协同控制区域。

控制区域范围由市生态环境主管部门划定。

第十五条　大气污染物排放实行重点大气污染物总量控制和浓度控制相结合的管理制度。

向大气排放污染物的单位，应当遵守相关强制性标准，执行区域性、季节性总量控制的相关规定，不得超过市生态环境主管部门核定的大气污染物排放总量指标和浓度指标。

第十六条　本市依照法律规定实行排污许可管理制度。

实行排污许可管理的企业事业单位和其他生产经营者，应当按照国家和本市有关规定向所在地排污许可证核发机关申请核发排污许可证，并按照排污许可证载明的污染物种类、许可排放浓度、许可排放量、排放方式、排放去向和季节性错峰生产等要求排放污染物。

应当取得排污许可证而未取得的，不得排放污染物。

第十七条　对严重污染大气环境的工艺、设备和产品实行淘汰制度。被淘汰的设备和产品，不得转让给他人使用。

生产者、进口者、销售者或者使用者应当在规定期限内停止生产、进口、销售或者使用列入国家综合性产业政策目录中的设备和产品。工艺的采用者应当在规定期限内停止采用列入国家综合性产业政策目录中的淘汰工艺。

第十八条　向大气排放污染物的企业事业单位和其他生产经营者，应当配置大气污染物处理设施，并保持正常使用。

大气污染物处理设施因维修、故障等原因不能正常使用的，排污单位应当采取措施，确保其大气污染物排放达到规定的标准，并立即向市生态环境主管部门及其所在地派出机构报告。

第十九条　重点排污单位应当将重点大气污染物的名称、排放方式、排放浓度和总量、限产减排措施落实情况、污染防治设施的建设和运行情况等如实向社会公开，接受公众监督。

重点排污单位名录由市生态环境主管部门按照国家有关规定，会同有关部门确定，并适时调整，向社会公布。

第二十条　企业事业单位和其他生产经营者应当按照国家有关规定和监测规范，对其排放的工业废气和国家规定名录中所列有毒有害大气污染物进行监测，并保存原始监测记录。其中，重点排污单位应当安装、使用大气污染物排放自动监测设备，与市生态环境主管部门的监控设备联网，保证监测设备正常运行并依法公开排放信息。

第二十一条　生态环境主管部门及其委托的环境监察机构和其他负有大气环境保护监督管理职责的部门，有权通过现场检查监测、自动监测、遥感监测、远红外摄像等方式，对排放大气污染物的企业事业单位和其他生产经营者进行监督检查。被检查者应当如实反映情况，提供必要的资料。实施检查的部门、机构及其工作人员应当为被检查者保守商业秘密。

生态环境主管部门发现重点排污单位的大气污染物排放自动监测设备传输数据异常，应当及时进行调查处理。

第二十二条　企业事业单位和其他生产经营者违反法律法规规定排放大气污染物，造成或者可能造成严重大气污染，或者有关证据可能灭失或者被隐匿的，生态环境主管部门和其他负有大气环境保护监督管理职责的部门，可以对有关设施、设备、物品采取查封、扣押等行政强制措施。

第二十三条　市、区（县）、乡（镇）人民政府和街道办事处应当建立和优化大气污染防治网格化管理体系，形成排查摸底、联动执法、考核问责的长效工作机制。

各区（县）依照乡（镇）人民政府和街道办事处、村（社区）以及社（组）、楼院的辖区或监管范围划定网格。辖区内所有企业事业单位、施工场所、主次干道、背街小巷、公共场所、居民小区等均纳入大气污染防治网格化监管体系。

网格化管理人员应当建立大气污染防治网格化监管台账，应当认真履行监督责任，及时向有关部门报告其所负责区域内的污染大气环境行为，协助相关部门进行处理。

市生态环境主管部门及其派出机构和其他负有大气环境保护监督管理职责的部门，可以动员志愿者，协助监督大气污染防治工作。

第二十四条　市人民政府应当加强大气环境管理信息化建设，建立健全本市的环境空气质量、重点大气污染源监控、综合执法、应急管理、信息发布等为一体的大气环境保护工作数据管理平台，实现部门数据信息交换共享，为全市大气环境保护工作提供信息保障。

市生态环境主管部门及其派出机构应当建立、完善环境信用管理数据库和环境守信激励、失信惩戒机制，并纳入统一的社会信用体系建设。

第二十五条　任何单位和个人有权对污染大气环境的行为进行检举，对行使监督管理职权的部门及其工作人员不依法履行职责的行为进行检举。

市生态环境主管部门及其派出机构和其他负有大气环境保护监督管理职责的部门应当公布检举电话、网络检举平台、电子邮箱等，保证检举渠道畅通，方便公众检举。

接到检举的部门及其工作人员应当及时处理并对检举

人的相关信息予以保密；对实名检举的，应当反馈处理结果，查证属实的，处理结果依法向社会公开，并对检举人给予奖励。

检举人检举所在单位的，该单位不得以解除、变更劳动合同或者其他方式对检举人进行打击报复。

第二十六条 市人民政府应当建立和完善大气环境保护督察制度，及时公开督察情况，强化责任追究，实现督察常态化。

对重大的大气环境违法案件或者突出的大气污染问题，查处不力或者社会反映强烈的，市生态环境主管部门应当重点督查办理，并向社会公开督查办理情况。

第三章 燃煤及机动车船排放污染防治

第二十七条 市、区（县）人民政府应当采取措施，调整能源结构，控制煤炭消费总量。

市人民政府可以划定并公布高污染燃料禁燃区，并根据大气环境质量改善要求，逐步扩大高污染燃料禁燃区范围。

在禁燃区内，禁止销售、燃用高污染燃料；禁止新建、扩建燃用高污染燃料的设施，已建成的，应当在市人民政府规定的期限内改用天然气、页岩气、液化石油气、电或者其他清洁能源。

第二十八条 城市建设应当统筹规划，在燃煤供热地区，推进热电联产和集中供热。在集中供热管网覆盖地区，禁止新建、扩建分散燃煤供热锅炉；已建成的不能达标排放的燃煤供热锅炉，应当在市人民政府规定的期限内拆除。

第二十九条 禁止进口、销售和燃用不符合质量标准的煤炭和石油焦，鼓励燃用优质煤炭。

单位存放煤炭、煤矸石、煤渣、煤灰等物料，应当采取防燃抑尘措施，防止大气污染。

市、区（县）人民政府应当采取措施，加强民用散煤的管理，禁止销售不符合民用散煤质量标准的煤炭，鼓励居民燃用优质煤炭和洁净型煤，推广节能环保型炉灶。

第三十条 市人民政府应当制定扶持政策，鼓励和支持高排放机动车船、非道路移动机械提前报废，扶持在用重型柴油车加装或者更换符合要求的污染控制装置。

市、区（县）人民政府应当采取措施，鼓励发展电动、燃气等新能源汽车，加快充电桩、加气站等配套基础设施建设，推广使用清洁燃料。

第三十一条 本市提倡环保驾驶，鼓励机动车驾驶人在不影响道路通行且需停车三分钟以上的情况下熄灭发动机，减少大气污染物的排放。

第三十二条 机动车污染物排放应当符合本市执行的国家机动车排放标准。

发动机油、氮氧化物还原剂、燃料和润滑油添加剂以及其他添加剂的有害物质含量和其他大气环境保护指标，应当符合有关标准的要求，不得损害机动车船污染控制装置效果和耐久性，不得增加新的大气污染物排放。

机动车污染物排放依照《兰州市机动车排气污染防治条例》的相关规定执行。

第三十三条 船舶污染物排放应当符合国家有关大气污染物排放标准。

第三十四条 非道路移动机械向大气排放污染物，应当符合本市执行的国家排放标准。

非道路移动机械的所有者应当向市生态环境主管部门或者其派出机构申报非道路移动机械的种类、数量、使用场所等情况，领取识别标志，并将识别标志粘贴于显著位置。非道路移动机械申报及管理信息纳入市生态环境主管部门信息平台。

市、区（县）人民政府农业农村、住房和城乡建设等主管部门应当配合生态环境主管部门，按照各自职责，加强对农业机械、施工工程机械等非道路移动机械排放污染物的监督和管理。

第四章 工业、农业及其他污染防治

第三十五条 在本市生产、销售含挥发性有机物的原材料和产品的，其挥发性有机物含量应当符合国家规定的限值标准。高挥发性有机物含量的产品，应当在包装或者说明中标注挥发性有机物含量。

第三十六条 产生含挥发性有机物废气的生产和服务活动，应当在密闭空间或者设备中进行，并按照规定安装、使用污染防治设施。不能密闭的，应当采取措施减少废气排放。

第三十七条 工业涂装企业应当使用低挥发性有机物含量的涂料，并建立台账，记录生产原料、辅料的使用量、废弃量、去向以及挥发性有机物含量。台账保存期限不得少于三年。

其他产生挥发性有机物的工业企业应当按照国家和省的有关规定，建立台账并向生态环境主管部门如实申报原料、辅料的使用等情况。台账保存期限不得少于三年。

第三十八条 石油、化工以及其他生产和使用有机溶剂的企业，应当采取措施对管道、设备进行日常维护、维修，减少物料泄漏，对泄漏的物料应当及时收集处理。

储油储气库、加油加气站、原油成品油码头、原油成品油运输船舶和油罐车、气罐车等，应当按照国家有关规定安装油气回收装置并保持正常使用。

第三十九条 钢铁、建材、有色金属、石油、化工、制药、矿产开采等企业，应当加强精细化管理，采取集中收集处理等措施，严格控制粉尘和气态污染物的排放。

工业生产企业应当采取密闭、围挡、遮盖、清扫、洒水等措施，减少内部物料的堆存、传输、装卸等环节产生的粉尘和气态污染物的排放。

第四十条 工业生产、垃圾填埋或者其他活动产生的可燃性气体应当回收利用，不具备回收利用条件的，应当进行污染防治处理。

可燃性气体回收利用装置不能正常作业的，应当及时修复或者更新。在回收利用装置不能正常作业期间确需排放可燃性气体的，应当将排放的可燃性气体充分燃烧或者采取其他控制大气污染物排放的措施，并向当地生态环境主管部门报告，按照要求限期修复或者更新。

第四十一条 农业生产、园林绿化经营者和管理者应当改进施肥方式，科学合理施用化肥并按照国家有关规定使用农药，减少氨、挥发性有机物等大气污染物的排放。蔬菜种植单位和个人应当科学合理处置尾菜，防治尾菜腐烂的恶臭污染大气。

禁止在人口集中地区对树木、花草喷洒剧毒、高毒农药。

第四十二条 畜禽养殖场、养殖小区应当及时对污水、畜禽粪便和动物尸体等进行收集、贮存、清运和无害化处理，止排放恶臭气体。

第四十三条 市、区（县）人民政府应当鼓励和支持采用先进适用技术，对秸秆、落叶等进行肥料化、饲料化、能源化、工业原料化、食用菌基料化等综合利用，加大对秸秆还田、收集一体化农业机械的财政补贴力度。

区（县）、乡（镇）人民政府应当组织建立秸秆收集、贮存、运输和综合利用服务体系，采用财政补贴等措施支持农村集体经济组织、农民专业合作经济组织、企业等开展秸秆收集、贮存、运输和综合利用服务。

第四十四条 在省人民政府划定的区域内禁止露天焚烧秸秆、垃圾、枯枝落叶和荒草等产生烟尘污染的物质。市、区（县）人民政府应当建立健全长效监管机制，利用遥感监测等技术手段进行监督检测。

第四十五条 禁止在人口集中地区和其他依法需要特殊保护的区域内焚烧沥青、油毡、橡胶、塑料、皮革、垃圾以及其他产生有毒有害烟尘和有害化学、恶臭气体的物质。

第四十六条 排放油烟的餐饮服务业经营者应当安装油烟净化设施并保持正常使用，或者采取其他油烟净化措施，使油烟达标排放，并防止对附近居民的正常生活环境造成污染。

禁止在居民住宅楼、未配套设立专用烟道的商住综合楼以及商住综合楼内与居住层相邻的商业楼层内新建、改建、扩建产生油烟、异味、废气的餐饮服务项目。

任何单位和个人不得在市、区（县）人民政府禁止的区域内露天烧烤食品或者为露天烧烤食品提供场地。

第四十七条 禁止生产、销售和燃放不符合质量标准的烟花爆竹，减少烟花爆竹燃放污染。

燃放烟花爆竹应当符合国家及省市的相关规定。

第四十八条 市、区（县）人民政府应当对祭祀活动加强监督管理，引导公众转变祭祀方式，文明、绿色祭祀。

乡（镇）人民政府、街道办事处在民间祭祀日期间，可以指定固定的地点，提供焚烧容器，引导公众集中焚烧祭祀品，并及时组织清扫。

禁止在黄河风情线沿线、城市绿地、广场、河道等公共场所焚烧祭祀品。

引导寺庙、道观不焚烧污染大气的纸钱和香火。

第五章 扬尘污染防治

第四十九条 市、区（县）人民政府城市管理行政执法、城市市容环境卫生、住房和城乡建设、生态环境、交通运输、自然资源、水务等有关部门应当加强对建设施工和运输的监督管理，保持道路清洁，控制料堆和渣土堆放，扩大绿地、水面、湿地和地面铺装面积，防治扬尘污染。

从事房屋建筑、道路、市政基础设施建设、矿产资源开发、土地整理、河道整治、建筑物拆除等施工工程、物料运输和堆放以及其他产生扬尘污染活动的单位和个人，应当采取防治措施，减少扬尘污染。

第五十条 建设单位应当将防治扬尘污染所需费用列入工程造价，作为不可竞争费用，并在工程承包合同中明确施工单位防治扬尘污染的责任。施工单位应当根据施工工序编制施工扬尘污染防治实施方案，并在施工前十五个工作日内向负责监督管理扬尘污染防治的主管部门提交。施工单位应当将扬尘污染防治纳入工程管理范围。

从事房屋建筑、市政基础设施建设、河道整治以及建筑物拆除等施工单位，应当向负责监督管理扬尘污染防治的主管部门备案。

第五十一条 施工单位应当在施工工地设置硬质围挡，并采取覆盖、分段作业、择时施工、洒水抑尘、冲洗地面和车辆等有效防尘降尘措施。建筑土方、工程渣土、建筑垃圾应当及时清运，在场地内堆存的，应当采用密闭式防尘网遮盖。工程渣土、建筑垃圾应当进行资源化处理。

施工单位应当在施工工地公示扬尘污染防治措施、负责人、扬尘监督管理部门等信息，建立工作台账，记录每日扬尘污染防治措施落实情况、覆盖面积、出入洗车洒水次数和持续时间等信息。

暂时不能开工的建设用地，建设单位应当对裸露地面进行覆盖；超过三个月的，应当进行绿化、铺装或者遮盖。

第五十二条 施工期在三十天以上的，施工单位应当在施工区域设置不低于两点五米的围墙。

施工期在四十八小时以上三十天以下的，施工单位应当设置彩钢围挡等硬质密闭围挡，其中土建工地、市政高架和道路施工等在城市主要干道、景观地区、繁华区域，其边界应当设置高度两点五米以上的封闭式硬质密闭围挡；各类管线敷设工程，其边界应当设置一点八米以上的封闭式硬质密闭围挡。

前款围挡高度可视管理要求适当增加。围挡底端应当设置不低于零点二米的防溢座，围挡之间以及围挡与防溢座之间无缝隙。

第五十三条 开挖面积大于四千平方米(含)或施工期在七个月以上的工地，市生态环境主管部门及其派出机构应当在围挡之后、土方作业之前安装扬尘智能监控系统并与扬尘污染监管部门联网。

施工单位应当积极配合，并保证扬尘智能监控系统正常运行。

第五十四条 拉运渣土、建筑垃圾、商砼、建筑材料等物资的运输车辆，应当为非高排放车辆且一年内尾气检测合格；由市公安机关交通管理部门、市城市管理行政执法部门按照就近运输、避让交通主干道及敏感区域的原则确定行驶线路和时间，并颁发电子通行证。

第五十五条 城市及周边道路保洁作业应当按照清扫保洁作业标准和错峰作业要求，实行机械化清扫清洗为主、人工清扫保洁为辅的作业方式，增加冲洗频次，降低地面积尘负荷。

第五十六条 各类施工工地应当建立完备规范的月度管理(电子)台账，明确工地名称、所有建设手续、建设和施工方、开(复)工时间、施工面积、施工机械类型及数量、扬尘污染智能监控配置、施工扬尘防治措施落实情况、完工时间、现场监督人员及环境违法行为处罚等信息。

第五十七条 建设工程扬尘污染管控施行黑名单制度。市住房和城乡建设主管部门每年一月底前向社会公布纳入黑名单的施工企业。

第六章 重污染天气应对

第五十八条 本市建立重污染天气监测预警和应急处置机制。

市生态环境主管部门应当会同气象等有关部门建立重污染天气预警和会商机制，进行大气环境质量监测和预报。

市、区(县)人民政府应当将重污染天气响应纳入突发事件应急管理体系，制定重污染天气应急预案，报上一级生态环境主管部门备案，向社会公布。应急预案应当适时修改完善。

重点排污单位应当根据所在地重污染天气应急预案，编制本单位重污染天气应急响应预案。

第五十九条 市人民政府依据重污染天气预报信息，进行综合研判，确定预警等级并及时发出预警。

任何单位和个人不得擅自向社会发布重污染天气预报、预警信息。

第六十条 市、区(县)人民政府应当根据重污染天气预警等级，及时启动应急预案，根据应急需要可以采取下列相应措施：

(一)责令有关企业停产、限产或者错峰生产；

(二)限制部分机动车行驶；

(三)禁止燃放烟花爆竹；

(四)停止施工工地土石方作业和建筑物拆除施工；

(五)停止露天烧烤；

(六)停止幼儿园和学校组织的户外活动；

(七)组织开展人工影响天气作业；

(八)其他应急措施。

企业事业单位和其他生产经营者、公民应当配合政府及其有关部门采取的重污染天气应急措施。

第六十一条 预警信息发布后，市、区(县)人民政府及其有关部门应当通过电视、广播、网络、短信等途径告知公众采取健康防护措施，动员公众选用公共交通工具出行，动员有关单位停止组织露天体育比赛以及其他露天举办的群体性活动。

第六十二条 发生大气污染突发环境事件时，市、区(县)人民政府及其有关部门和相关企业事业单位应当立即采取应急处置措施，控制污染扩大，及时向可能受到危害的单位和个人通报，并向生态环境主管部门报告。

市生态环境主管部门及其派出机构应当及时对产生突发环境事件的大气污染物进行监测，并向社会公布监测信息。

第七章 法律责任

第六十三条 违反本条例规定，有下列行为之一的，由市生态环境主管部门或者其派出机构责令改正或者限制生产、停产整治，并处十万元以上一百万元以下罚款；情节严重的，报经有批准权的人民政府批准，责令停业、关闭：

(一)未依法取得排污许可证排放大气污染物的；

(二)超过大气污染物排放标准或者超过重点大气污染物排放总量控制指标排放大气污染物的；

(三)通过逃避监管的方式排放大气污染物的。

第六十四条 违反本条例规定，有下列行为之一的，由市生态环境主管部门或者其派出机构责令改正，处二万元以上二十万元以下的罚款；拒不改正的，责令停产整治：

(一)侵占、损毁或者擅自移动、改变大气环境质量监测设施或者大气污染物排放自动监测设备的；

（二）未按照规定对所排放的工业废气和有毒有害大气污染物进行监测并保存原始监测记录的；

（三）未按照规定安装、使用大气污染物排放自动监测设备或者未按照规定与生态环境主管部门的监控设备联网，并保证监测设备正常运行的；

（四）重点排污单位不公开或者不如实公开自动监测数据的；

（五）未按照规定设置大气污染物排放口的。

第六十五条 违反本条例规定，有下列行为之一的，由市、区（县）市场监督管理部门责令改正，没收原材料、产品和违法所得，并处货值金额一倍以上三倍以下的罚款：

（一）销售不符合质量标准的煤炭、石油焦的；

（二）生产、销售挥发性有机物含量不符合质量标准或者要求的原材料和产品的；

（三）生产、销售不符合标准的机动车船和非道路移动机械用燃料、发动机油、氮氧化物还原剂、燃料和润滑油添加剂以及其他添加剂的；

（四）在禁燃区内销售高污染燃料的。

第六十六条 违反本条例规定，单位燃用不符合质量标准的煤炭、石油焦的，由市生态环境主管部门或者其派出机构责令改正，处货值金额一倍以上三倍以下的罚款。

第六十七条 违反本条例规定，有下列行为之一的，由市生态环境主管部门或者其派出机构责令改正，处二万元以上二十万元以下的罚款；拒不改正的，责令停产整治：

（一）产生含挥发性有机物废气的生产和服务活动，未在密闭空间或者设备中进行，未按照规定安装、使用污染防治设施，或者未采取减少废气排放措施的；

（二）工业涂装企业未使用低挥发性有机物含量涂料或者未建立、保存台账的；

（三）石油、化工以及其他生产和使用有机溶剂的企业，未采取措施对管道、设备进行日常维护、维修，减少物料泄漏或者对泄漏的物料未及时收集处理的；

（四）储油储气库、加油加气站和油罐车、气罐车等，未按照国家有关规定安装并正常使用油气回收装置的；

（五）钢铁、建材、有色金属、石油、化工、制药、矿产开采等企业，未采取集中收集处理、密闭、围挡、遮盖、清扫、洒水等措施，控制、减少粉尘和气态污染物排放的；

（六）工业生产、垃圾填埋或者其他活动中产生的可燃性气体未回收利用，不具备回收利用条件未进行防治污染处理，或者可燃性气体回收利用装置不能正常作业，未及时修复或者更新的。

第六十八条 违反本条例规定，在人口集中地区对树木、花草喷洒剧毒、高毒农药，或者露天焚烧秸秆、落叶等产生烟尘污染的物质，尾菜腐烂、养殖产生恶臭的，由市、区（县）级地方人民政府农村农业、园林绿化等主管部门责令改正，并可以处五百元以上二千元以下的罚款。

违反本条例规定，在人口集中地区和其他依法需要特殊保护的区域内，焚烧沥青、油毡、橡胶、塑料、皮革、垃圾以及其他产生有毒有害烟尘和有害化学、恶臭气体的物质的，由市、区（县）城市管理行政执法部门责令改正，对单位处一万元以上十万元以下的罚款，对个人处五百元以上二千元以下的罚款。

第六十九条 违反本条例规定，排放油烟的餐饮服务业经营者未安装油烟净化设施、不正常使用油烟净化设施或者未采取其他油烟净化措施，超过排放标准排放油烟的，由市生态环境主管部门或者其派出机构责令改正，处五千元以上五万元以下的罚款；拒不改正的，责令停业整治。

违反本条例规定，在居民住宅楼、未配套设立专用烟道的商住综合楼以及商住综合楼内与居住层相邻的商业楼层内新建、改建、扩建产生油烟、异味、废气的餐饮服务项目的，由市、区（县）市场监督管理部门责令改正；拒不改正的，予以关闭，并处一万元以上十万元以下的罚款。

违反本条例规定，在当地人民政府禁止的区域内露天烧烤食品或者为露天烧烤食品提供场地的，由市、区（县）城市管理行政执法部门责令改正，没收烧烤工具和违法所得，并处五百元以上二万元以下的罚款。

第七十条 违反本条例规定，在黄河风情线沿线、城市绿地、广场、河道、区（县）人民政府所在地的镇等公共场所焚烧祭祀品的，由市、区（县）城市管理行政执法部门责令改正，拒不改正的处五十元以上二百元以下的罚款。

第七十一条 违反本条例规定，施工单位有下列行为之一的，由市、区（县）住房和城乡建设、城市管理行政执法等主管部门按照本条例第五条规定的部门职责责令改正，并处一万元以上十万元以下的罚款；拒不改正的，责令停工整治：

（一）施工工地未设置硬质围挡，或者在施工围挡内未采取覆盖、分段作业、择时施工、洒水抑尘、冲洗地面和车辆等有效防尘降尘措施的由市、区（县）住房和城乡建设部门处罚；

（二）施工工地围挡内的建筑土方、工程渣土、建筑垃圾未及时清运，或者未采用密闭式防尘网遮盖的由市、区（县）住房和城乡建设行政主管部门处罚；施工工地围挡外的工程渣土、建筑垃圾、建筑材料等运输造成的扬尘污染和建筑物拆除造成的污染由市、区（县）城市管理行政执法部门处罚；

（三）河洪道治理工程、各类水利工程施工场地内有本条第一项、第二项违法情形的由市、区（县）水务部门处罚，施工场地外的工程渣土、建筑垃圾、建筑材料等运输造成的扬尘污染由市、区（县）城市管理行政执法部门处罚。

违反本条例规定，建设单位未对暂时不能开工的建设用地的裸露地面进行覆盖，或者未对超过三个月不能开工的建设用地的裸露地面进行绿化、铺装或者遮盖的，由市、区（县）住房和城乡建设、水务、城市管理行政执法部门依照前款规定予以处罚。

第七十二条 违反本条例规定，擅自向社会发布重污染天气预报预警信息，构成违反治安管理行为的，由公安机关依法予以处罚。

违反本条例规定，拒不执行停止工地土石方作业或者建筑物拆除施工等重污染天气应急措施的，由市、区（县）城市市容环境卫生主管部门处一万元以上十万元以下的罚款。

第七十三条 市、区（县）、乡（镇）人民政府，市生态环境主管部门及其派出机构，以及市、区（县）人民政府负有大气环境保护监督管理职责的部门及其工作人员，有下列情形之一的，对直接负责的主管人员和其他直接责任人员依法予以处分；构成犯罪的，依法追究刑事责任：

（一）违反法律法规、主体功能区规划、生态环境保护规划等盲目决策，致使大气环境遭受破坏的；

（二）在职责范围内对严重大气污染事件处置不力导致严重后果的；

（三）对不符合行政许可条件准予行政许可的；

（四）应当依法公开大气环境信息而未公开的；

（五）篡改、伪造或者指使篡改、伪造监测数据的；

（六）截留、挪用大气污染防治专项资金的；

（七）发现大气污染违法行为未依法及时纠正和查处的；

（八）包庇大气污染违法行为的；

（九）对检举、投诉不及时查处或者泄露举报人相关信息的；

（十）对应当移送公安机关立案侦查的大气污染案件而不移送的；

（十一）公安机关对移送立案侦查的案件应当接收而不接收的；

（十二）其他滥用职权、玩忽职守、徇私舞弊、弄虚作假的行为。

第七十四条 本条例规定的处罚之外，法律、法规对大气污染防治活动及其监督管理已有处罚规定的，从其处罚。

第八章 附 则

第七十五条 本条例自2020年4月1日起施行。1989年11月18日兰州市第十届人民代表大会常务委员会第十七次会议通过、经2006年和2013年修订的《兰州市实施大气污染防治法办法》同时废止。

兰州市燃气管理条例

（2019年6月25日兰州市第十六届人民代表大会常务委员会第二十一次会议通过　2019年7月25日甘肃省第十三届人民代表大会常务委员会第十一次会议批准）

第一章　总　则

第一条　为了加强燃气管理，保障燃气供应，预防燃气安全事故，保障公民生命、财产安全和公共安全，维护燃气用户和燃气经营者的合法权益，根据有关法律和国务院《城镇燃气管理条例》等的规定，结合本市实际，制定本条例。

第二条　本条例适用于本市行政区域内燃气的规划建设、应急保障、经营服务、安全使用、设施保护、事故预防与处理及相关管理活动。

第三条　燃气管理应当坚持统筹规划、科学设计、保障安全、确保供应、规范服务、节能高效的原则。

第四条　市、县（区）人民政府应当加强对燃气管理工作的领导，并将燃气工作纳入国民经济和社会发展规划。

第五条　市住房和城乡建设行政主管部门是本市行政区域内的燃气管理部门，负责组织实施本条例，其所属的燃气管理机构负责全市燃气监督管理工作。

县、区住房和城乡建设行政主管部门是本行政区域内的燃气管理部门，负责本行政区域内燃气的日常管理工作，并接受市人民政府燃气管理部门及其燃气管理机构的指导和监督。

市、县（区）人民政府其他有关部门在各自职责范围内，做好燃气管理工作。

第六条　市、县（区）人民政府应当鼓励和支持燃气行业开展科学技术研究，推广应用先进技术；引导燃气用户节约用气，提高燃气利用效率。

第七条　燃气管理部门、燃气管理机构、燃气经营者应当加强燃气行业培训教育和燃气安全知识的宣传普及，增强社会公众安全意识，提高防范和应对燃气事故的能力。

任何单位和个人有权对损坏燃气设施的行为进行制止和举报。

第八条　燃气行业协会应当加强行业自律管理，督促燃气经营者提高服务质量和技术水平。

第二章　规划建设与应急保障

第九条　燃气发展规划应当符合环境保护、能源利用规定以及消防、防爆、抗震、防洪等安全要求，由有规划职权的市、县及红古区燃气管理部门会同有关部门编制，报本级人民政府批准后实施，并报上一级人民政府燃气管理部门备案。

无规划职权的城关区、七里河区、西固区、安宁区人民政府应当配合市人民政府燃气管理部门及有关部门做好本行政区域内的燃气发展规划。

第十条　市、县（区）人民政府应当根据燃气发展规划的要求，加大对燃气设施建设的投入，并积极引导社会资金投资建设燃气设施。

第十一条　本市新区建设和旧区改造时，应当按照城乡规划和燃气发展规划，配套建设燃气设施或者预留燃气设施建设用地。

列入燃气发展规划的燃气设施建设用地，非由法定事由、未经法定程序任何单位和个人不得占用或者改变其用途。

管道燃气设施配套建设应当与新建、改建、扩建项目主体工程同时设计、同时施工、同时验收。

第十二条　建设单位新建、改建、扩建燃气设施建设工程应当按照建设工程基本程序进行建设。

自然资源部门在进行燃气建设工程选址和规划方案审查时，应当征求燃气管理部门意见。

第十三条　从事燃气工程勘察、设计、施工、监理活动的单位应当具有相应的资质，并在其资质等级范围内依法从事作业活动。

第十四条　燃气设施建设工程竣工后，建设单位应当组织竣工验收，并自竣工验收合格之日起十五日内，将竣工验收情况报县（区）燃气管理部门备案，同时向城建档案管理机构移交工程建设档案。

第十五条　市人民政府应当建立健全燃气应急储备制度，规划建设燃气应急气源储备基地，组织编制燃气应急预案，采取综合措施提高燃气应急保障能力。

燃气供应严重短缺、供应中断等突发事件发生后，市人民政府应当及时采取动用储备、紧急调度等应急措施，燃气经营者以及其他有关单位和个人应当予以配合，承担相关应急任务。

第三章　经营服务与使用

第十六条　政府投资建设的燃气设施，应当通过招投标方式选择燃气经营者。燃气经营依法实行许可证制度。

从事燃气经营活动的企业，应当具备下列条件：

（一）符合燃气发展规划要求；

（二）有符合国家标准的燃气气源和燃气设施；

（三）有固定的经营场所、完善的安全管理制度和健全的经营方案；

（四）企业的主要负责人、安全生产管理人员以及运行、维护和抢修人员经专业培训并考核合格；

（五）法律、法规规定的其他条件。

符合前款规定条件的，由县级以上人民政府燃气管理部门核发燃气经营许可证。申请跨行政区域管道燃气经营许可的企业，应当向市人民政府燃气管理部门提出申请。申请其他燃气经营的企业，应当向所在地的县（区）燃气管理部门提出申请。

燃气管理部门应当自收到申请材料之日起十五个工作日审核完毕。对符合条件的，依法核发燃气经营许可证；不符合条件的，书面告知申请人并说明理由。

燃气经营者应当按照燃气经营许可证批准的经营范围从事经营活动。禁止个人从事管道燃气经营活动。

第十七条 取得燃气经营许可证的瓶装燃气经营者可以设立瓶装燃气服务点，瓶装燃气服务点应当符合下列条件：

（一）符合燃气发展规划，有设计规范和安全条件的固定经营场所；

（二）有符合标准的燃气计量、消防、安全保护等设施；

（三）有相应的安全管理和经营管理制度和燃气事故处置应急预案；

（四）有经培训合格的专业技术人员和专业服务人员。

瓶装燃气经营者应当对其瓶装燃气服务点的工作人员、送气服务人员和车辆加强培训管理，并承担相应的责任。

未取得燃气经营许可证的，不得设立瓶装燃气服务点，不得从事瓶装燃气送气服务等活动。

第十八条 管道燃气经营者应当与燃气用户签订供用气合同，并按照相关法律法规和本条例的规定以及供用气合同的约定，对其供气范围内的市政燃气设施、建筑区划内业主专有部分以外的燃气设施承担运行、维护、抢修和更新改造的责任，对单位燃气用户的燃气设施承担相应的管理责任。

居民用户室内的燃气计量装置和金属管道及其附属设施，由燃气经营者负责维护和更新；连接金属管道的橡胶软管和其他介质的连接管道及用户燃气燃烧器具等用户设施，由用户负责维护和更新。

非居民用户燃气计量装置和燃气计量装置出口前的管道及其附属设施，由燃气经营者负责维护和更新；燃气计量装置出口后的用户设施由用户负责维护和更新。

乡镇、街道、村（居）民委员会、物业服务企业和燃气用户应当配合燃气经营者做好本条第一款、第二款和第三款所列燃气设施的维护和更新工作。

第十九条 燃气经营者需要停业、歇业的，应当事先对燃气用户的正常供气作出妥善安排，并提前九十个工作日向所在地燃气管理部门报告，经批准方可停业、歇业。

管道燃气经营者因施工、检修等原因需要临时调整供气量或者暂停供气的，应当提前四十八小时将作业时间和影响区域予以公告或者书面通知燃气用户或者物业服务单位，并按照有关规定及时恢复正常供气；因突发事件影响供气的，应当采取紧急措施并及时通知燃气用户。

第二十条 燃气经营者应当向燃气用户持续、稳定、安全供应符合国家质量标准的燃气，指导燃气用户安全用气、节约用气。

管道燃气经营者应当按照优先保证民用的原则进行调峰作业。

第二十一条 燃气经营者应当每两年对居民用户燃气计量装置出口后的用户设施以及燃气器具的安装、使用情况免费进行一次安全检查，并对用户安全用气给予技术指导。安全检查应当做好记录，建立档案。实施安全检查前，应当事先书面告知燃气用户安全检查的日期，并在约定的时间上门检查。其工作人员应当佩戴标识、出示证件。

燃气用户应当对燃气经营者入户检查予以配合，无正当理由不得拒检。

用户所在地的乡镇、街道、村（居）民委员会和物业服务企业应当协助燃气经营单位做好户外燃气设施和燃气入户安全检查，发现有破坏燃气设施行为或燃气泄漏等安全隐患时，及时向有关管理部门报告或者通知燃气经营单位。

第二十二条 燃气经营者不得有下列行为：

（一）拒绝向市政燃气管网覆盖范围内符合用气条件的单位或者个人供气；

（二）倒卖、抵押、出租、出借、转让、涂改燃气经营许可证；

（三）未履行必要告知义务擅自停止供气、调整供气量，或者未经审批擅自停业或者歇业；

（四）向未取得燃气经营许可证的单位或者个人提供用于经营的燃气；

（五）在不具备安全条件的场所储存燃气；

（六）要求燃气用户购买其指定的产品或者接受其提供的服务；

（七）擅自为非自有气瓶充装燃气；

（八）销售未经许可的充装单位充装的瓶装燃气或者销售充装单位擅自为非自有气瓶充装的瓶装燃气；

（九）冒用其他企业名称或者标识从事燃气经营、服务活动。

第二十三条 燃气管理部门及燃气管理机构应当建立健全监督管理制度,依据有关法规、标准和规范,对燃气经营者进行监督检查;向社会公布举报和投诉电话、信箱和电子邮件地址,并受理有关燃气安全、燃气质量及服务质量的举报和投诉。

燃气经营者应当公示业务流程、服务承诺、收费标准和服务热线等信息,并按照国家燃气服务标准提供服务。

第二十四条 燃气经营者应当接受燃气用户申请查询燃气收费、服务等事项,并自收到查询申请之日起五个工作日内予以答复。

燃气用户有权就燃气收费、服务等事项向县级以上人民政府价格行政主管部门、燃气管理机构以及其他有关部门进行投诉,有关部门应当自收到投诉之日起十五个工作日内予以处理。

燃气用户应当按照供用气合同约定,按时、足额缴纳燃气费,不得拖欠或者拒交。

第二十五条 燃气燃烧器具、燃气泄漏安全保护装置、家用燃气泄漏报警器生产单位、销售单位应当设立或者委托设立售后服务站点,配备经考核合格的燃气燃烧器具、燃气泄漏安全保护装置、家用燃气泄漏报警器安装、维修人员,负责售后的安装、维修服务。

燃气燃烧器具、燃气泄漏安全保护装置、家用燃气泄漏报警器的安装、维修,应当符合国家有关标准。

第二十六条 管道燃气销售价格,应当根据购气成本、运营成本和本市经济社会发展水平合理确定并适时调整。市人民政府价格主管部门确定和调整管道燃气销售价格,应当依法听证,征求管道燃气用户、管道燃气经营者和有关方面的意见,并向社会公示经营成本。

瓶装燃气价格按照国家相关规定执行。

第四章　安全管理

第二十七条 市、县(区)人民政府应当制定燃气安全事故预防应急预案,明确应急机构的组成、职责、应急行动方案等内容,并负责预案的组织实施工作。

第二十八条 燃气经营者应当制定燃气抢险抢修应急救援预案,设置抢险抢修电话并向社会公布,抢险抢修应当实行二十四小时值班制度。

发生燃气事故,燃气经营者应当及时组织抢修,并立即向有关部门报告。燃气事故造成人员伤亡、财产损失的,由公安机关、应急管理、燃气管理等行政管理部门和燃气管理机构调查处理。

第二十九条 燃气经营者应当建立健全安全管理制度和技术操作规程,加强对燃气设施的安全检查和设备检修,做好安全工作和事故的预防、处理。

在室内公共场所、地下或者半地下建筑物内使用燃气的,应当安装使用燃气泄漏安全保护装置;未安装使用燃气泄漏安全保护装置的,燃气经营者不得供气。

本市提倡居民用户使用家用燃气泄漏报警器,安装使用燃气泄漏安全保护装置。

第三十条 瓶装燃气经营企业、瓶装燃气服务点,除遵守法律、行政法规和国家标准有关气瓶充装的规定外,还应当遵守下列规定:

(一)不得为非自有气瓶充装燃气;

(二)不得用非法制造、报废、改装的气瓶和超期限未检验或者检验不合格的气瓶充装燃气;

(三)不得用贮罐、槽车直接向气瓶充装燃气或者用气瓶相互倒灌燃气;

(四)存放气瓶的场所与公共建筑和居民住宅建筑的距离必须符合安全要求和有关规定;

(五)充装燃气不得超过国家规定的允许误差;

(六)先抽出残液后再充装燃气;

(七)按照国家规定对燃气设施定期进行检测、检修、更新,保障设施安全运行;

(八)对充装后的燃气气瓶进行角阀塑封,标明充装单位和投诉电话,并做好出站登记;

(九)公示服务标准和收费标准;

(十)法律、法规的其他规定。

第三十一条 燃气用户及相关单位和个人不得有下列行为:

(一)擅自操作公用燃气阀门;

(二)将燃气管道作为负重支架或者接地引线;

(三)安装、使用不符合气源要求的燃气燃烧器具;

(四)擅自安装、改装、拆除户内燃气设施和燃气计量装置;

(五)在不具备安全条件的场所使用、储存燃气;

(六)盗用燃气;

(七)改变燃气用途或者转供燃气。

燃气用户违反本条第一款规定,使用燃气设施造成安全隐患又拒不整改的,燃气经营者可以暂停供气,直至具备安全供气条件后恢复供气。

第三十二条 瓶装燃气用户应当遵守安全规定,禁止下列行为:

(一)加热和摔、砸、倒卧钢瓶;

(二)自行倒灌钢瓶内瓶装燃气;

(三)自行倾倒、排放钢瓶内残液;

(四)擅自拆修或者改换瓶阀、检验标记及瓶体漆色;

(五)对气瓶瓶体进行焊接、切割;

(六)使用已报废的气瓶;

(七)危害燃气使用安全的其他行为。

第五章　设施管理

第三十三条　燃气设施的管理、碰接、改造、更新和维修等，由燃气经营者负责组织实施，有关单位和个人应当予以配合。

第三十四条　县级以上人民政府燃气管理部门应当会同自然资源等有关部门按照国家有关标准和规定划定燃气设施保护范围，并向社会公布。

在燃气设施保护范围内，禁止从事下列危及燃气设施安全的活动：

（一）建设占压地下燃气管线的建筑物、构筑物或者其他设施；

（二）进行爆破、取土等作业或者动用明火；

（三）倾倒、排放腐蚀性物质；

（四）放置易燃易爆危险物品或者种植深根植物；

（五）其他危及燃气设施安全的活动。

燃气经营者应当按照国家有关工程建设标准和安全生产管理规定，设置防腐、绝缘、防雷、降压、隔离等保护装置和安全警示标志，并做好日常巡查和维护。

任何单位和个人不得侵占、毁损、擅自拆除或者移动燃气设施，不得毁损、覆盖、涂改、擅自拆除或者移动燃气设施安全警示标志。

第三十五条　燃气经营者改动市政燃气设施，应当制定改动方案，报县级以上人民政府燃气管理部门批准。

在燃气设施保护范围内，有关单位从事敷设管道、打桩、顶进、挖掘、钻探等可能影响燃气设施安全活动的，应当在开工前与燃气经营者共同制定燃气设施保护方案并签订安全施工协议，按照相关规定采取安全保护措施后施工。

对燃气设施安全施工保护方案有争议的，由燃气管理部门组织有关单位、燃气经营者和专家召开论证会协调处理。

燃气经营者应当加强燃气设施保护范围的日常巡检，对影响燃气设施安全的施工作业现场派专人进行管护和指导。对未采取保护措施强行施工的行为应当予以制止，并及时向当地公安机关和燃气管理部门报告。

第三十六条　燃气经营者使用的燃气贮运容器、气瓶、调压设备，应当符合有关标准，并按规定进行检修或更新。

燃气运输应当执行国家关于危险品运输的有关规定。

第六章　法律责任

第三十七条　违反本条例规定的行为，法律、行政法规已有处罚规定的，从其规定。

第三十八条　违反本条例规定，未取得燃气经营许可证从事燃气经营活动的，由市、县（区）燃气管理部门责令停止违法行为，处五万元以上五十万元以下罚款；有违法所得的，没收违法所得；构成犯罪的，依法追究刑事责任。

违反本条例规定，燃气经营者不按照燃气经营许可证的规定从事燃气经营活动的，由市、县（区）燃气管理部门责令限期改正，处三万元以上二十万元以下罚款；有违法所得的，没收违法所得；情节严重的，吊销燃气经营许可证；构成犯罪的，依法追究刑事责任。

违反本条例规定，未取得燃气经营许可证从事瓶装燃气服务的，或者已取得燃气经营许可证但设立的瓶装燃气服务点不符合本条例第十七条规定的，由市、县（区）燃气管理部门责令限期改正，处一万元以上十万元以下罚款；有违法所得的，没收违法所得；情节严重的，吊销燃气经营许可证；构成犯罪的，依法追究刑事责任。

第三十九条　违反本条例规定，燃气经营者有下列行为之一的，由市、县（区）燃气管理部门责令限期改正，处一万元以上十万元以下罚款；有违法所得的，没收违法所得；情节严重的，吊销燃气经营许可证；造成损失的，依法承担赔偿责任；构成犯罪的，依法追究刑事责任：

（一）拒绝向市政燃气管网覆盖范围内符合用气条件的单位或者个人供气的；

（二）倒卖、抵押、出租、出借、转让、涂改燃气经营许可证的；

（三）未履行必要告知义务擅自停止供气、调整供气量，或者未经审批擅自停业或者歇业的；

（四）向未取得燃气经营许可证的单位或者个人提供用于经营的燃气的；

（五）在不具备安全条件的场所储存燃气的；

（六）要求燃气用户购买其指定的产品或者接受其提供的服务；

（七）未向燃气用户持续、稳定、安全供应符合国家质量标准的燃气，或者未对燃气用户的燃气设施定期进行安全检查。

第四十条　违反本条例规定，瓶装燃气经营者有下列行为之一的，由市、县（区）燃气管理部门责令限期改正；逾期不改正的，责令停业整顿，并可以处两千元以上一万元以下罚款：

（一）用非法制造、改装的气瓶和超期限未检验或者检验不合格的气瓶充装燃气；

（二）用贮罐、槽车直接向气瓶充装燃气或者用气瓶相互倒灌燃气；

（三）存放气瓶的场所与公共建筑和居民住宅建筑的距离不符合安全要求和有关规定；

（四）未按照国家规定对燃气设施定期进行检测、检修、更新，保障设施安全运行。

违反本条例规定，瓶装燃气经营者有下列行为之一的，由市、县（区）燃气管理部门责令限期改正，可以处五百元以上两千元以下罚款：

（一）充装燃气超过国家规定的允许误差；

（二）未对充装后的燃气气瓶进行角阀塑封，并未做出站登记；

（三）未公示服务标准和收费标准。

第四十一条 违反本条例规定，燃气经营者未按照国家有关工程建设标准和安全生产管理的规定，设置燃气设施防腐、绝缘、防雷、降压、隔离等保护装置和安全警示标志的，或者未定期进行巡查、检测、维修和维护的，或者未采取措施及时消除燃气安全事故隐患的，由市、县（区）燃气管理部门责令限期改正，处一万元以上十万元以下罚款。

第四十二条 违反本条例规定，燃气用户及相关单位和个人有下列行为之一的，由市、县（区）燃气管理部门责令限期改正；逾期不改正的，对单位可以处十万元以下罚款，对个人可以处一千元以下罚款；造成损失的，依法承担赔偿责任；构成犯罪的，依法追究刑事责任：

（一）擅自操作公用燃气阀门的；

（二）将燃气管道作为负重支架或者接地引线的；

（三）安装、使用不符合气源要求的燃气燃烧器具的；

（四）擅自安装、改装、拆除户内燃气设施和燃气计量装置的；

（五）在不具备安全条件的场所使用、储存燃气的；

（六）改变燃气用途或者转供燃气的；

（七）未设立售后服务站点或者未配备经考核合格的燃气燃烧器具安装、维修人员的；

（八）燃气燃烧器具的安装、维修不符合国家有关标准的。

盗用燃气的，依照有关治安管理处罚的法律规定进行处罚。

第四十三条 违反本条例规定，在燃气设施保护范围内从事下列活动之一的，由市、县（区）燃气管理部门责令停止违法行为，限期恢复原状或者采取其他补救措施，对单位处五万元以上十万元以下罚款，对个人处五千元以上五万元以下罚款；造成损失的，依法承担赔偿责任；构成犯罪的，依法追究刑事责任：

（一）进行爆破、取土等作业或者动用明火的；

（二）倾倒、排放腐蚀性物质的；

（三）放置易燃易爆物品或者种植深根植物的；

（四）未与燃气经营者共同制定燃气设施保护方案，采取相应的安全保护措施，从事敷设管道、打桩、顶进、挖掘、钻探等可能影响燃气设施安全活动的。

违反本条例规定，在燃气设施保护范围内建设占压地下燃气管线的建筑物、构筑物或者其他设施的，依照有关城乡规划的法律、行政法规的规定进行处罚。

第四十四条 违反本条例规定，侵占、毁损、擅自拆除、移动燃气设施或者擅自改动市政燃气设施的，由市、县（区）燃气管理部门责令限期改正，恢复原状或者采取其他补救措施，对单位处五万元以上十万元以下罚款，对个人处五千元以上五万元以下罚款；造成损失的，依法承担赔偿责任；构成犯罪的，依法追究刑事责任。

违反本条例规定，毁损、覆盖、涂改、擅自拆除或者移动燃气设施安全警示标志的，由市、县（区）燃气管理部门责令限期改正，恢复原状，可以处五千元以下罚款。

第四十五条 违反本条例规定，建设工程施工范围内有地下燃气管线等重要燃气设施，建设单位未会同施工单位与管道燃气经营者共同制定燃气设施保护方案，或者建设单位、施工单位未采取相应的安全保护措施的，由市、县（区）燃气管理部门责令改正，处一万元以上十万元以下罚款；造成损失的，依法承担赔偿责任；构成犯罪的，依法追究刑事责任。

第四十六条 违反本条例规定，瓶装燃气用户有如下行为之一的，由市、县（区）燃气管理部门予以警告，责令限期改正，并对瓶装燃气非经营性个人用户处五十元以上两百元以下罚款，对经营性用户并处五百元以上五千元以下罚款：

（一）加热和摔、砸、倒卧钢瓶；

（二）自行倒灌钢瓶内瓶装燃气；

（三）自行倾倒、排放钢瓶内残液；

（四）擅自拆修或者改换瓶阀、检验标记及瓶体漆色；

（五）对气瓶瓶体进行焊接、切割；

（六）使用已报废的气瓶；

（七）危害燃气使用安全的其他行为。

第四十七条 违反本条例规定，有下列情况之一的，对直接负责的主管人员和其他直接责任人员，依法给予处分；直接负责的主管人员和其他直接责任人员的行为构成犯罪的，依法追究刑事责任：

（一）不依法作出行政许可决定或者办理批准文件的；

（二）发现违法行为或者接到对违法行为的举报不予查处的；

（三）未依照本条例规定履行职责的；

（四）有其他玩忽职守、滥用职权、徇私舞弊行为的。

第七章 附 则

第四十八条 本条例中下列用语的含义：

（一）燃气是指作为燃料使用并符合一定要求的气体燃料，包括天然气（含煤层气）、液化石油气和人工煤气等。

（二）管道燃气是指以管道输送方式向用户提供的燃

气。瓶装燃气是指液化石油气、液化天然气、压缩天然气。

（三）燃气设施是指人工煤气生产厂、燃气储配站、门站、气化站、混气站、加气站、灌装站、供应站、调压站、市政燃气管网等的总称，包括市政燃气设施、建筑区划内业主专有部分以外的燃气设施以及户内燃气设施等。

（四）燃气燃烧器具是指以燃气为燃料的燃烧器具，包括居民家庭和商业用户所使用的燃气灶、热水器、沸水器、采暖器、空调器等器具。

第四十九条 兰州新区、兰州高新技术开发区依照本条例的规定执行。

第五十条 本条例自公布之日起施行。2012年5月1日施行的《兰州市城镇燃气管理条例》同时废止。

兰州市城乡规划条例

（2019年8月28日兰州市第十六届人民代表大会常务委员会第二十二次会议通过　2019年11月29日甘肃省第十三届人民代表大会常务委员会第十三次会议批准）

第一章　总　则

第一条　为了加强城乡规划管理，协调城乡空间布局，优化人居环境，促进经济社会全面协调可持续发展，根据《中华人民共和国城乡规划法》《甘肃省城乡规划条例》等法律、法规，结合本市实际，制定本条例。

第二条　本条例适用于本市行政区域内城乡规划的制定、修改、实施、监督检查。

第三条　本市城乡规划应当落实和细化甘肃省国土空间总体规划，应当主导兰州——西宁城市群的发展，应当体现兰州——白银都市圈的核心，应当体现省会城市的功能定位，应当体现本市“一心(城关区、七里河区、西固区、安宁区)两翼(兰州新区和榆中生态创新城)多节点(红古区、永登县、皋兰县)”的城市空间布局。

第四条　本市城乡规划包括市、县总体规划、详细规划和相关专项规划以及乡镇规划、村庄规划。详细规划包括控制性详细规划和修建性详细规划。

第五条　制定和实施城乡规划，应当围绕都会城市、精致兰州这条主线，并遵循下列原则：

(一)城乡统筹、合理布局、节约土地、集约发展和先规划后建设的原则；

(二)人与自然和谐共生的原则，合理划定生态保护红线、永久基本农田、城镇开发边界三条控制线；

(三)区域协调发展的原则，疏解市区非中心城市功能，构建大中小城市和小城镇协调发展的城镇格局；

(四)社会公众利益优先的原则，符合国防建设、防灾减灾、公共卫生和公共安全的需要，确保公共空间、公共交通和公共配套优先；

(五)特色保护的原则，强化城市风貌保护，加强生态修复和城市修补，注重历史文化的传承与保护，塑造城市风貌特色；

(六)规划管控的原则，维护规划的权威性和稳定性，增强规划的科学性和前瞻性，兼顾规划的可操作性。

第六条　市人民政府城乡规划主管部门负责全市的城乡规划管理工作。

市人民政府城乡规划主管部门必要时根据城乡规划管理工作的需要，经市人民政府批准，可以在城关区、七里河区、西固区、安宁区(以下简称“中心城区”)和兰州高新技术产业开发区、兰州经济技术开发区分区设立或者相邻区联合设立适合规划管理需要的派出机构。

县人民政府城乡规划主管部门负责本行政区域内的城乡规划管理工作，乡、镇人民政府负责本行政区域内的城乡规划管理工作。

市、县(区)人民政府住房和城乡建设、城市管理综合执法等部门应当在职责范围内依法做好城乡规划管理工作。

第七条　市、县人民政府应当设立城乡规划委员会。

城乡规划委员会是本级人民政府进行城乡规划决策的议事协调机构，负责审议本市城乡规划和涉及城乡规划的重大方针政策。城乡规划委员会审议通过的事项，按照法定审批权限由审批机关办理。

市城乡规划委员会应当由市人民政府及相关职能部门代表、中心城区政府的代表、专家、人大代表、政协委员和公众代表组成，其中专家、人大代表、政协委员比例不低于四分之一。县城乡规划委员会参照市城乡规划委员会设立。

城乡规划委员会的议事规则由本级人民政府制定。

第八条　市、县人民政府应当将城乡规划的编制和管理经费纳入本级财政预算，保障城乡规划工作的顺利开展。

第九条　市、县人民政府应当建立城乡规划专家咨询论证和公众听证制度，充分征求、听取专家和公众意见。

城乡规划主管部门应当依法公开各级各类城乡规划及相关信息，听取公众意见，接受公众监督。法律、法规规定不得公开的内容除外。

第十条　各级人民政府应当积极开展规划研究，采用先进的科学技术，提高城乡规划的科学性和前瞻性，增强城乡规划实施及监督管理的效能。

第十一条　任何单位和个人都应当遵守经依法批准并公布的城乡规划，服从规划管理。

任何单位和个人不得随意修改、违规变更已经批准的规划。因国家重大战略调整、重大项目建设或行政区划调整等确需修改的，须先经规划审批机关同意后，方可按法定程序进行修改。

任何单位和个人都有权对城乡规划的制定、实施、修改和监督检查提出意见和建议，城乡规划主管部门应当认真研究、处理并反馈。

第二章　规划的制定与修改

第十二条　本市城乡总体规划由市人民政府组织编

制，经市人民代表大会常务委员会审议后，提请省人民政府审查同意后报国务院审批。

县人民政府所在地镇的总体规划，由县人民政府组织编制，经本级人民代表大会常务委员会审议后，报市人民政府审批。

中心城区所辖镇的总体规划，由镇人民政府组织编制，经同级人民代表大会审议后，经区人民政府审查，报市人民政府审批；其中已经纳入中心城区规划建设用地范围内的镇，不再单独编制镇的总体规划。

其他镇的总体规划由镇人民政府在其上级城乡规划主管部门指导下组织编制，经同级人民代表大会审议后，报上一级人民政府审批。

根据实际情况，可以将县与乡镇城乡规划合并编制，也可以几个乡镇为单元编制乡镇总体规划，报共同上一级人民政府审批。

甘肃省人民政府对县、乡镇城乡规划编制审批内容和程序有新规定的，从其规定。

第十三条 乡、村庄的规划由乡、镇人民政府组织编制，报有规划审批权限的上一级人民政府审批。

乡规划在报送审批前，应当经乡人民代表大会审议，乡人民政府应当对代表的审议意见进行研究处理并反馈处理情况；村庄规划在报送审批前，应当经村民会议或村民代表会议讨论同意。

编制乡规划、村庄规划应当从农村实际出发，尊重村民意愿，优先安排必需的基础设施和公共服务设施建设，体现地方、农村和时代特色。

纳入城市、镇规划建设用地范围内的乡、村庄不再单独编制乡规划、村庄规划。

第十四条 市、县人民政府城乡规划主管部门组织编制城市、县城的控制性详细规划，经本级人民政府审批后，报本级人民代表大会常务委员会和上一级人民政府备案。

镇人民政府在市、县人民政府城乡规划主管部门指导下组织编制镇的控制性详细规划，报有规划审批权限的上一级人民政府审批；七里河区、西固区已纳入城市规划建设用地范围内的镇的控制性详细规划，由市城乡规划主管部门会同所在地的区人民政府组织编制，报市人民政府审批。

永登县、榆中县、皋兰县靠近中心城区已纳入城市规划建设用地范围内的乡镇的控制性详细规划，由市人民政府城乡规划主管部门会同县人民政府组织编制，报市人民政府审批。

新增规划用地的控制性详细规划的制定应当在总体规划批准后的二年内完成。编制旧城区的控制性详细规划，应当按照尊重土地使用权属和优化用地布局相结合的原则划分规划控制地块。

总体规划已经确定的强制性内容，各地块的主要用途及兼容性、建筑密度、建筑高度、容积率、绿地率、基础设施和公共服务设施配套规定等为控制性详细规划的强制性内容。

第十五条 本市在旧城改造中实行片区开发、街坊改造和容积率转移奖励办法，鼓励旧城改造项目实施主体增加公共绿地和开放空间，配建公共服务设施、交通设施及市政设施，配建社区健康服务中心、社区老年人日间照料中心、公共厕所等，承担历史建筑、历史风貌区的保护、修缮、整治和活化。具体办法由市人民政府制定。

第十六条 市、县人民政府城乡规划主管部门和镇人民政府可以组织编制重要地块的修建性详细规划；建设单位可以依据规划条件组织编制建设项目的修建性详细规划，报市、县人民政府城乡规划主管部门审定。修建性详细规划应当符合控制性详细规划。

规模较小的镇，市、县人民政府城乡规划主管部门和镇人民政府可以依据总体规划直接组织编制修建性详细规划，并按照控制性详细规划的有关程序审批、备案、修改、实施。市、县人民政府城乡规划主管部门和镇人民政府可以要求驻地大专院校、大型科研院所、大型企业等单位依据总体规划直接编制所在用地的修建性详细规划，并按照控制性详细规划的有关程序审批、备案、修改、实施。

第十七条 有关部门应当会同市、县人民政府城乡规划主管部门，依据本市、本县的城乡总体规划，组织编制城市、县城、镇规划区内的基础设施和公共服务设施专项规划，按照控制性详细规划的有关程序审批、备案、修改、实施。

基础设施和公共服务设施专项规划的强制性内容包括：总体规划已经确定的强制性内容，各类基础设施主干网络系统布局和规划规模，基础设施枢纽工程的用地，需要政府配套的公共服务设施的用地，绿化、历史街区和重点文物、水体等的保护和控制范围。

专项规划编制完成后，编制单位在报市、县人民政府审批前，应当先经同级人民政府城乡规划主管部门就是否符合城乡总体规划进行审查。

第十八条 兰州新区的城乡总体规划应当纳入兰州市城乡总体规划，由其管理机构负责编制、修改，经市人民政府审查后，报省人民政府批准。其控制性详细规划由其管理机构所属的城乡规划主管部门负责编制和修改，由其管理机构批准。

兰州高新技术产业开发区和兰州经济技术开发区的控制性详细规划应当符合兰州市城乡总体规划。其控制性详细规划应由其管理机构会同市人民政府城乡规划主管部门组织编制，其所在地的区、县人民政府应当同步参与编制工作，并按照控制性详细规划的有关程序审批、备案、修改、实施。

经省、市批准设立的城市新区、功能区、产业区等特定区域的总体规划，应当纳入市城乡总体规划。特定区域总体规划、控制性详细规划由其管理机构会同所在地县级以上人民政府城乡规划主管部门组织编制，并按照总体规划、控制性详细规划的有关程序审批、备案、修改、实施。

在市、县城乡总体规划、镇城乡总体规划确定的建设用地范围以外，不得设立各类开发区和城市新区。

第十九条 在本市城乡总体规划的新城区、黄河市区段及其两岸地区、主要的城乡接合部、南北两山面城部分、城市主要出入口、重点绿地、广场和公园、干道和主要道路交叉口等城市重点地区应当编制城市设计，城市设计应当塑造城市风貌特色，突出宜居、和谐与便民，注重与山水自然的共生，协调市政工程，组织城市公共空间功能，注重建筑空间尺度，提出建筑高度、体量、风格、色彩等控制要求。

市、县人民政府城乡规划主管部门负责组织编制本行政区域内总体城市设计、重点地区的城市设计，并报本级人民政府审批。市人民政府城乡规划主管部门对于中心城区的城市设计，应当征求设计项目所在地的区人民政府的意见，或者会同区人民政府共同编制。重点地区城市设计经市、县人民政府审定后应当纳入控制性详细规划，并落实到控制性详细规划的相关指标中。城市重点地区的控制性详细规划未体现城市设计内容和要求的，应当及时修改完善。

城市重点地区范围以外的地区，可以根据当地实际条件，依据总体城市设计，单独或者结合控制性详细规划等开展城市设计，明确建筑特色、公共空间和景观风貌等方面的要求。

第二十条 规划编制单位编制规划、进行城市设计应当采取论证会、听证会、座谈会、调查问卷、访谈等方式充分征求公众和专家的意见，并在报送组织编制机关的材料中附具意见采纳情况的说明和理由。

第二十一条 规划报送审批前，组织编制机关应当依法将规划草案予以公告，并采取听证会、论证会或者其他方式征求专家和公众的意见。公告的时间不得少于三十日。

组织编制机关应当充分考虑专家和公众的意见，并在报送审批的材料中附具意见采纳情况及理由。

第二十二条 规划批准并备案后，组织编制机关应当在三十日内向社会公布有关成果，法律、行政法规规定不得公开的规划成果除外。

总体规划、控制性详细规划及城镇重要地段修建性详细规划应当永久性公布。

县级以上人民政府城乡规划主管部门应当通过固定场馆或者在其官方网站对城乡规划进行公告、公布。

第二十三条 总体规划、控制性详细规划、专项规划在批准后应当在十五日内按照法律、法规和规章的有关规定进行备案。

城市、县城的控制性详细规划，经本级人民政府批准后，报本级人民代表大会常务委员会和上一级人民政府备案。镇的控制性详细规划，报上一级人民政府审批。县人民政府所在地镇的控制性详细规划，由县人民政府城乡规划主管部门根据镇总体规划的要求组织编制，经县人民政府批准后，报本级人民代表大会常务委员会和上一级人民政府备案。

第二十四条 经批准后的城乡总体规划确需修改的，应当按照以下要求进行：

（一）修改总体规划确定的城镇规模、发展目标和整体功能布局及规划区范围，涉及多项强制性内容调整的，经原批准机关同意，应当按照制定规划的程序进行；

（二）修改总体规划确定的强制性内容，不影响建设用地规模、发展目标和整体功能布局及规划区范围的，应当经原批准机关同意后，进行专题评估，编制修改方案，报原批准机关批准；

（三）修改总体规划的非强制性内容，由组织编制机关在编制下一层次规划中具体作出修改。

第二十五条 经批准后的控制性详细规划、基础设施或公共服务设施专项规划有下列情形之一，可以依法定程序修改：

（一）新编制的总体规划或者修改的总体规划对规划地段有新要求的；

（二）规划地段内出现新的利害关系，需要修改规划解决的；

（三）基础设施或者公共服务设施供给方式发生重大变化的；

（四）经评估确需修改规划的。

修改控制性详细规划、基础设施或者公共服务设施专项规划，组织编制机关应当征求规划地段内利害关系人的意见，并向原批准机关提出专题报告，经同意后方可编制修改方案。

第二十六条 修改控制性详细规划，应当按照以下要求进行：

（一）控制性详细规划组织编制机关应当组织对控制性详细规划修改的必要性进行专题论证；

（二）控制性详细规划组织编制机关应当采用多种方式征求规划地段内利害关系人的意见，必要时应当组织听证；

（三）控制性详细规划组织编制机关提出修改控制性详细规划的建议，并向原审批机关提出专题报告，经原审批机关同意后，方可组织编制修改方案；

（四）修改后应当按法定程序审查报批。报批材料中应当附具规划地段内利害关系人意见及处理结果。

控制性详细规划修改涉及市、县城乡总体规划、镇城乡总体规划强制性内容的，应当先修改总体规划。

第二十七条 修改城乡规划,应当符合《中华人民共和国城乡规划法》《甘肃省城乡规划条例》和国家关于城乡规划政策等有关规定,并按照规定的审批程序报批。

第三章 规划的实施

第二十八条 组织实施城乡规划,应当根据本地经济社会发展水平,集约利用土地,合理利用地下空间,保护各类资源,尊重群众意愿,传承历史风貌和体现本地特色,有计划、分步骤地组织实施城乡规划,引导城市健康有序地发展。

城乡规划主管部门应当定期对城乡规划实施情况进行动态评估,按照规定程序和标准补充、完善相关内容,维护城乡规划的科学性。

第二十九条 本市建设项目规划管理实行建设项目选址意见书、建设用地规划许可证、建设工程规划许可证、建设工程规划竣工验收合格书和乡村建设规划许可证制度。

规划许可证书的办理程序、时限及规划许可附件的内容、格式按照国家和省人民政府的有关规定执行。

第三十条 地下空间的开发和利用应当与本市经济和技术发展水平相适应,遵循统筹安排、综合开发、合理利用的原则,在符合城乡规划、保证公共安全的前提下,充分考虑防灾减灾、人民防空、地下交通和地下管线等需要,并履行规划审批手续。

第三十一条 规划确定的铁路、公路、港口、机场、道路、绿地、输配电设施及输电线路走廊、通信设施、广播电视设施、管道设施、河洪道、水库、水源地、自然保护区、防汛通道、消防通道、核电站、垃圾填埋场及焚烧厂、污水处理厂和公共服务设施的用地以及其他需要依法保护的用地,禁止擅自改变用途。

规划确定的中小学和幼儿园等教育建设用地和卫生、养老、公园、公共厕所、文化体育等城乡公共服务设施用地,禁止擅自改变用途。

第三十二条 建设工程沿道路、铁路、轨道交通、河洪道、绿化带等公共用地安排建设的,建设单位应当按照规划要求代征以上公共用地,代征应当在建设工程规划竣工验收前完成,并向相关部门同步移交。

第三十三条 需要有关部门批准、核准或以划拨方式提供国有土地使用权的建设项目,建设单位在报送有关部门批准或者核准前,应当向城乡规划主管部门申请核发建设项目选址意见书,具体依据有关规定执行。

建设项目选址意见书的核发实行分级管理。国家、省、市重大建设项目应当由县级以上城乡规划主管部门逐级提出初审意见后,上报有管理权限的城乡规划主管部门核发建设项目选址意见书。

建设项目可行性研究报告报请批准时,应当附有城乡规划主管部门的选址意见书,无需办理选址意见书的除外。未取得选址意见书或者与城乡规划选址不符,有关部门不得批准或者核准建设项目。

规划区建设用地以外的建设项目依据城镇体系规划核发建设项目选址意见书;建设项目在城镇体系规划中未确定或与其不符的需征求上级城乡规划主管部门意见(最高至省级)后核发建设项目选址意见书,市人民政府城乡规划主管部门需征求省城乡规划主管部门意见,县人民政府城乡规划主管部门需征求市城乡规划主管部门意见。

第三十四条 市、县人民政府城乡规划主管部门应当结合建设用地的建设现状和近期建设规划,依据控制性详细规划、基础设施和公共服务设施专项规划,结合城市设计要求,核定建设用地的位置、面积、允许建设的范围,确定用地性质、容积率、建筑密度、建筑高度、绿地率等规划条件,作为建设用地规划许可证的法定附件。建设项目用地所在地区已制定了修建性详细规划的,规划条件应当依据修建性详细规划提出。

规划条件应当作为划拨用地决定书的土地使用条件或国有土地使用权出让合同的组成部分。未确定规划条件的地块,不得出让国有土地使用权。规划条件未纳入国有土地使用权出让合同的,该国有土地使用权出让合同无效。国有土地使用权依法转让时,应当附具原规划条件。

需变更规划条件、分割或合并土地的,应当重新申请规划条件,并将规划条件作为土地使用权转让合同的组成部分。新的土地使用权人取得土地使用权后,应当申请换发建设用地规划许可证。

第三十五条 国有土地使用权划拨、出让后,规划条件未经法定程序批准,不得变更。确需变更的,建设单位应当向市、县人民政府城乡规划主管部门提出书面申请。经市、县人民政府城乡规划主管部门审查,对符合控制性详细规划的,应当重新提出规划条件并依法公布;对不符合控制性详细规划的,不得批准,并书面答复和说明理由。

因国家政策变化、规划调整、实施重大基础设施建设或者生态保护、文物保护等原因,需要变更建设项目所在地块规划条件的,城乡规划主管部门应当进行论证,征求建设单位意见,拟定该地块规划条件、调整方案和补偿方案,报本级人民政府批准后实施。

变更规划条件的,土地划拨决定书、国有土地使用权出让合同和建设用地规划许可证应当进行相应变更。

第三十六条 以划拨方式提供国有土地使用权的建设项目和在已有用地上新建、改建、扩建项目,经有关部门批准、核准、备案后,建设单位应当向市、县人民政府城乡规划主管部门申请建设用地规划许可。市、县人民政府城乡规划主管部门确定规划条件后,核发建设用地规划许可证。

建设单位在取得建设用地规划许可证的同时,取得相应的用地手续。

第三十七条 以出让方式提供国有土地使用权的建设项目,在国有土地使用权出让前,市、县人民政府城乡规划主管部门制定国有土地使用权出让方案,并将规划条件作为国有土地使用权出让合同的组成部分。未确定规划条件的地块,不得出让国有土地使用权。

以出让方式取得国有土地使用权的建设项目,建设单位在取得批准、核准、备案文件和签订国有土地使用权出让合同后,领取建设用地规划许可证。

第三十八条 法律、法规对建设项目在环境保护、地质灾害、铁路、轨道交通、无线电、防洪、文物保护等方面有明确要求的,建设单位在申请办理建设用地规划许可证时,城乡规划主管部门应当征求相关部门的意见。

第三十九条 在城市、镇规划区内进行建筑物、构筑物、桥隧道路、管线和其他工程建设的,建设单位或者个人应当向城乡规划主管部门申请办理建设工程规划许可证。

未取得建设工程规划许可证的,有关部门不得办理施工许可和房屋预售许可手续。

第四十条 在乡规划、村规划区内使用农村集体建设用地进行乡镇企业、乡村公共设施和公益事业建设的,建设单位或者个人应当依据乡规划、村庄规划编制的建设工程设计方案等材料,向乡、镇人民政府提出申请。乡、镇人民政府应当自收到材料之日起五个工作日内报城乡规划主管部门,城乡规划主管部门应当在受理之日起二十日内作出是否核发乡村建设规划许可证的决定。

第四十一条 在乡规划、村庄规划区内乡镇企业、乡村公共设施和公益事业建设以及农村村民住宅建设,不得擅自占用农用地;确需占用农用地的,应当依法办理农用地转用审批手续后,由市、县城乡规划主管部门核发乡村建设规划许可证。

建设单位或者个人在取得乡村建设规划许可证后,方可办理用地审批手续。

第四十二条 城乡规划主管部门在核发建设工程规划许可证、乡村建设规划许可证前,应当对拟批准的建设项目的修建性详细规划、建设工程设计方案总平面图依法予以公示,公示时间不得少于七日。建设工程涉及利害关系人的,应当告知利害关系人。利害关系人要求听证的,应当组织听证。

与规划行政审批事项存在重大利害关系的单位和个人,对前款规定的公示事项有异议的,应当在法律、法规规定的期限内提出;要求听证的,应当提供利害关系证明材料,城乡规划主管部门应当在规定期限届满之日起七日内作出是否听证的决定,并告知申请人。

第四十三条 经依法审定的修建性详细规划、建设工程设计方案总平面图不得随意修改;确需修改的,城乡规划主管部门应当采取听证会、论证会等形式,听取利害关系人的意见。经审查符合规划条件的,可以变更规划许可。

第四十四条 乡规划主管部门应当依法依规将审定的修建性详细规划、建设工程设计方案总平面图予以公布,公布时间不少于一年。

建设单位应当在领取施工许可证后十日内将审定的建设工程设计方案的总平面图,以公告牌等形式在建设项目现场的醒目位置公告至规划验收为止,并保持公告牌完好。

第四十五条 建设单位或者个人向城乡规划主管部门申请规划许可,应当如实提交有关材料,反映真实情况,对其申报材料的真实性、准确性和合法性负责,并承担相应的法律责任。

第四十六条 设计单位应当在资质范围内严格按照规划条件、建设工程规划要求进行设计工作。

建设工程设计方案应当依据法律、法规、规章、国家和本市的设计规范和标准进行编制。施工图设计文件应当符合建设工程规划许可证或者乡村建设规划许可证的批准内容。

勘察、设计单位应对技术图纸的真实性、准确性和合法性负责,并承担相应的法律责任。

第四十七条 施工单位不得承接未依法取得规划许可的建设项目;承接取得规划许可的建设项目的,应当按照符合相关标准的施工图设计文件施工。

第四十八条 在城市、县城、镇规划区内确需进行临时建设的,建设单位和个人应当取得城市、县人民政府城乡规划主管部门同意,城乡规划主管部门应当在不影响规划实施的基础上,依据有关规范标准,提出临时用地规划条件,核发临时建设用地规划许可证。

第四十九条 有下列情形之一的,市、县人民政府城乡规划主管部门不得办理临时建设用地规划许可证:

(一)在历史文化街区核心保护区内设置临时建设的;

(二)影响控制性详细规划、基础设施和公共服务设施专项规划实施的;

(三)影响道路交通、公共安全、市容或者其他公共利益的;

(四)侵占公共绿地、水面和广场、公共停车场等活动场地的;

(五)侵占电力、通信、气象观测、河道、防洪保护区或者压占地下管线的;

(六)法律法规禁止的其他情形。

第五十条 取得临时建设用地规划许可证,并完成设计方案的临时建设工程,建设单位或者个人应当向市、县人民政府城乡规划主管部门申请临时建设工程规划许可。市、县人民政府城乡规划主管部门依据临时建设用地规划许可证，核定临时建设工程设计方案，核发临时建设工程规划许可证。

临时建筑物、构筑物使用期一般不得超过二年；确需延长使用期限的，建设单位或者个人应当在期满前三十日内向城乡规划主管部门申请延期，延期只能一次并不得超过一年。

临时建设期满，使用单位或者个人应当在三十日内予以拆除。

第五十一条 建设单位或者个人应当按照建设工程规划许可证或者乡村建设规划许可证的规定组织放线。

建设项目取得施工许可证后，在基础开挖前、施工至正负零和主体封顶后，建设单位或者个人应当向城乡规划主管部门申请验线。城乡规划主管部门或者其委托的许可实施机关应当组织现场核验。验线合格的，建设单位依线组织施工。验线不合格的，应当向申请人书面告知，责令限期整改，整改后重新申请验线。

第五十二条 建设工程竣工后，建设单位可以申请有关主管部门对建设工程实施竣工联合验收。

住房和城乡建设主管部门应当会同城乡规划、消防、城市管理、市场监督管理、水务、档案、交通等主管部门建立建设工程竣工联合验收机制，对申请竣工联合验收的建设工程，实现一次申请、集中验收、统一确认，出具联合验收意见。具体办法由市住房和城乡建设主管部门会同相关部门制定。

对未申请竣工联合验收的建设工程，有关主管部门对建设工程依法独立实施各项验收。

未经验收或者验收不合格的建设工程，自然资源主管部门不予办理不动产登记手续；涉及违法建设的，按照法律、行政法规和本条例有关规定处理。

经城乡规划主管部门规划竣工验收后，建筑物用途不得擅自改变。

建设单位应当在竣工验收后六个月内向原发证的城乡规划主管部门报送有关竣工验收资料。

独立建设的隐蔽性管线等工程在覆埋前，建设单位应向城乡规划主管部门申请管位测量验收。

第五十三条 城乡规划主管部门核发规划许可证依据的建设项目批准、核准、备案文件被撤销、撤回、吊销或者土地使用权被收回的，城乡规划主管部门应当注销相应的规划许可证。

第五十四条 司法及执法机关在处置房屋、土地前应当向城乡规划主管部门了解有关规划情况，城乡规划部门应当予以配合。涉及违法建设的，城乡规划主管部门应当书面告知其违法建设处理结果后，方可处置。

第五十五条 市政公用服务单位办理供水、供电、供气、供热、通讯等服务手续时，应当查验建设工程的规划许可证或者不动产登记证明，对没有规划许可证或者不动产登记证明的，不得提供相应服务。

未取得规划许可的建设项目进行施工的，市政公用服务单位及其他单位不得提供施工用水、用电。以违法建设为经营场所的，有关主管部门不得办理相关证照。

第四章 城市特色保护

第五十六条 本市的规划应当注重延续传统文化和历史遗存，保护历史建筑和历史文化街区，突出历史文化名城特色，弘扬兰州历史悠久的黄河地域文化特色。按照保护传统格局、整体风貌和文化内涵的要求，优化城市形态，提升城市品质，保持新旧建筑协调。

第五十七条 突出山水城市整体格局和组团城市特色，提升城市品质，完善城市功能，推进片区、街区规制，建立与宜居城市相适应的开敞空间系统，建立山、河、园相融合的山水城市景观风貌。

第五十八条 城乡规划主管部门应当不断完善和优化黄河风情线景观规划、南北两山保护专项规划，加强黄河两岸景观风貌的塑造提升，科学有序进行开发建设。

黄河兰州市区段河岸整治与利用应当满足防洪、行洪、通航需要，两岸河堤与南北滨河路间的用地除市政公用设施、航道航运设施及防汛、取水等设施外，禁止新建其他建筑物、构筑物。

在规划绿地、公园、广场、河洪道内严禁修建与绿化、公园、广场、河洪道管理无关的建筑物、构筑物。河洪道上严禁覆盖建筑物、构筑物，河洪道两侧严格按照相关规定控制建设活动。

第五十九条 新城建设应当科学确定区域功能和产业结构，严格保护自然资源和生态环境，紧凑布局，集聚发展，同步配套建设基础设施和公共服务设施。

旧城改造应当实行有机更新，整街区整体规划和设计，优化区域功能结构，保护历史文化遗产和传统风貌，完善基础设施和公共服务设施，疏解城市人口，降低建筑密度。对腾退出的用地空间，优先用于增加城市公共空间、公共设施和公共绿地。

第六十条 县级以上人民政府组织编制历史文化名城、名镇、名村和历史文化街区保护规划，保护规划应当划定历史城区、历史文化街区和特色街区、风景名胜区（公园）、文物保护单位、优秀历史建筑等保护范围，并明确保护要求和保护措施。

在前款规定的保护范围内新建、改建、扩建各类建筑物、构筑物，其规模、高度、造型、色彩等应当与周边传统建筑风格相协调。

第五章 监督检查

第六十一条 城乡规划主管部门应当加强对规划的编制、审批、实施、修改情况的监督检查。

第六十二条 市、县、乡镇人民政府应当每年向本级人民代表大会常务委员会或者乡、镇人民代表大会报告一次城乡规划的编制、修改和实施情况，并接受监督。

中心城区各区的人民政府应当每年向本级人民代表大会常务委员会报告一次参与规划编制和修改、实施、特别是违法建设查处的情况，并接受监督。

市、区（县）人民代表大会常务委员会和乡镇人大主席团应当定期不定期检查本条例的执行情况，必要时可以依法组织专题询问、质询，直至启动罢免程序。

第六十三条 规划执法人员对规划的实施情况进行监督检查，应当包含以下内容：

（一）建设工程是否经规划许可；

（二）建设工程是否按照规划许可的内容进行建设；

（三）临时建设是否按照规定拆除；

（四）建筑物的使用性质是否符合规划许可；

（五）依法应当监督检查的其他事项。

规划执法人员履行前款规定的监督检查职责，应当出示执法证件。被监督检查的单位或者个人应当予以配合，不得阻挠和妨碍。

监督检查情况和处理结果应当依法公开，供公众查阅和监督。

第六十四条 依法承担查处违法建设职责的部门和乡、镇人民政府应当建立健全日常巡查、检查制度，在各自管理范围内制定巡查控管方案、建立台账，明确责任人、责任区域，对规划区内建设活动进行监督检查。

街道办事处对辖区内违法建设的行为，应当配合城乡规划主管部门、市人民政府确定的有关执法部门或者机构等予以处理。

居民委员会、村民委员会、物业服务企业发现本区域内违法建设行为的，应当及时向城乡规划主管部门、市人民政府确定的有关执法部门或者机构、乡镇人民政府、街道办事处报告，并协助处理。

第六十五条 各级人民政府、城乡规划主管部门或者其他有关部门应当公布举报、投诉途径，对违法建设的举报、投诉，应当记录并保存。属于本部门职责范围的，应当及时受理，并依法进行处理；不属于本部门职责范围的，应当及时转交有关部门，并告知举报、投诉人。

有关部门应当自接到举报之日起七个工作日内作出是否受理的决定，并在六十日内作出处理决定。六十日内无法作出处理决定的，经部门负责人批准，可以延长三十日。接受举报或者受理移交举报的部门，应当为举报人、控告人保密。

第六十六条 本市建立城乡规划制定和实施诚信档案制度。

建设单位、规划编制单位、工程设计单位、施工单位、监理单位等有下列情形之一的，由有关部门纳入诚信档案不良记录：

（一）建设单位隐瞒真实情况、提供虚假材料或者以其他非法手段申请规划许可或者建设工程规划竣工验收合格书的；

（二）规划编制单位未按照法律法规有关规划规程规范的规定，编制规划的；

（三）设计单位超越资质进行设计或者未按照规划条件、建设工程规划设计要求设计的；

（四）勘测、建筑设计单位提供虚假勘测、建筑设计成果的；

（五）施工单位对未取得建设工程规划许可证的建设项目施工或者未按照建设工程规划许可证施工的；

（六）监理单位对未按照建设工程规划许可证施工或者未按照规划设计图纸施工的，没有履行或者没有完全履行监理职责的。

对违法建设形成，上述各单位应在其各自职责范围内承担相应的法律责任。

第六章 法律责任

第六十七条 镇人民政府或者县级以上人民政府城乡规划主管部门以及其他相关部门有下列行为之一的，由本级人民政府、上级人民政府城乡规划主管部门或者监察机关依据职权责令改正，通报批评；对直接负责的主管人员和其他直接责任人员依法给予处分：

（一）未依法、依本条例或者未按照城乡总体规划组织编制城市的控制性详细规划、县人民政府所在地镇的控制性详细规划的；

（二）超越职权或者对不符合法定条件的申请人核发选址意见书、建设用地规划许可证、建设工程规划许可证、乡村建设规划许可证的；

（三）对符合法定条件的申请人未在法定期限内核发选址意见书、建设用地规划许可证、建设工程规划许可证、乡村建设规划许可证的；

（四）未依法对经审定的修建性详细规划、建设工程设计方案的总平面图予以公布的；

（五）同意修改修建性详细规划、建设工程设计方案的总平面图前未采取听证会等形式听取利害关系人的意见的；

（六）违反本条例第三十二条规定，擅自改变规划确定的用地用途的；

（七）违反本条例第五十二条规定，应当组织联合竣工验收而没有组织的或者竣工验收改变规划方案的；

（八）发现未依法取得规划许可或者违反规划许可的规定在规划区内进行建设的行为，而不予查处或者接到举报后不依法处理的。

第六十八条 未取得建设工程规划许可证或者未按照建设工程规划许可证的规定进行新建、改建、扩建的，由县级以上人民政府城乡规划主管部门责令停止建设；尚可采取改正措施消除对规划实施的影响的，限期改正。按期改正的，处违法建设工程造价百分之五罚款；逾期不改正的，应当依法强制拆除，并处违法建设工程造价百分之十的罚款。对无法采取改正措施消除对规划实施影响的违法建设，由城乡规划执法部门责令停止建设，限期自行拆除、恢复原状。按期拆除的，可以并处违法建设工程造价百分之十以下的罚款；逾期未自行拆除、恢复原状的，应当依法强制拆除，并处违法建设工程造价百分之十的罚款。不能拆除的，对于没有投入使用的，没收实物；对于投入使用并产生违法收入的，没收实物和违法收入。强制拆除、恢复原状的费用由实施违法建设的单位或者个人承担。违法建设工程处罚（含没收实物或者违法收入）的具体办法由市人民政府制定。

无法采取改正措施消除影响的建设项目主要指违反城乡规划，对城市、县城、镇的空间布局、防灾能力、交通能力、环境质量形成重大影响的建设项目。

除前款规定的情形外，本市的无法采取改正措施消除影响的违法建设项目是指：

（一）影响黄河及其洪道行洪安全的；

（二）影响城市道路两侧景观、占用城市道路以及建筑退缩地带的；

（三）占用城市广场、南北滨河路绿化带和其他公共绿地的；

（四）影响黄河兰州市区段两岸地区景观的；

（五）影响火车站、汽车客货运场站、机场、客运码头、城市出入口地带景观的；

（六）影响历史文化保护区、文物保护单位等景观的；

（七）其他严重影响城市容貌、生态环境的。

第六十九条 城镇临时建设工程未取得临时建设工程规划许可证或者未按照临时建设工程规划许可证许可内容进行建设或者逾期未拆除的，由城乡规划主管部门责令限期拆除，可以并处该建设工程造价一倍以下的罚款。

第七十条 在乡规划、村庄规划区内未依法取得乡村建设规划许可证或者未按照乡村建设规划许可证的规定进行建设的，由乡、镇人民政府责令停止建设、限期改正；逾期不改正的，可以拆除。

第七十一条 执法机关责令违法建设当事人限期拆除或者回填，违法建设当事人逾期不拆除或者回填的，执法机关应当依法催告当事人履行义务。经催告，当事人逾期仍不履行的，执法机关依法实施强制拆除、回填等措施。

第七十二条 执法机关对无法确定违法建设当事人的，可以在公共媒体或者该建设工程所在地发布公告，督促违法建设当事人依法接受处理，责令其限期拆除违法建设，告知其逾期不拆除的，执法机关将依法实施强制拆除，公告期间不得少于十日。公告期间届满后六个月内无人提起行政复议或者行政诉讼的，依法强制拆除或者没收。

第七十三条 市、县城乡规划执法部门作出责令停止违法建设的决定后，可以同时通知供水、供电、供气等管理部门，以上单位应当依据城乡规划执法部门的停工通知停止对违法建设的水电气服务。建设单位和个人仍不停止建设的，城乡规划执法部门应当在停止违法建设决定期满后报告本级人民政府，建设工程所在地县（区）以上人民政府可以责成有关部门采取查封施工现场、强制拆除等措施。

市、县城乡规划执法部门作出限期拆除违法建设的决定后，建设单位和个人在规定期限内拒不拆除的，城乡规划执法部门应当及时报告本级人民政府，建设工程所在地县（区）以上人民政府可以责成有关部门采取查封施工现场、强制拆除等措施。

实施强制停工和强制拆除，公安部门应当依照法定职责及时制止以暴力、威胁或其他方法阻碍执行公务的违法行为，必要时依法实行交通管制、现场管制，对严重破坏治安秩序的违法行为人依法带离现场，依照相关法律规定予以处罚。供水、供电、供气等单位应当停止对违法建设工程的相应服务。

执法机关在实施监督检查时，任何个人有阻碍执法机关依法执行职务的行为，或者隐藏、转移、变卖、损毁查封、扣押的财物的，依法处罚。

第七十四条 违法建设当事人在法定期限内对行政处罚决定不申请行政复议或者提起行政诉讼，又不履行的，执法机关可以依法申请人民法院强制执行。

第七十五条 有关部门或者单位对竣工且未经规划竣工验收的或者正在进行建设的违法建设项目，办理相关手续或者提供相关服务，城乡规划主管部门、城市管理综合执法主管部门应当建议有权机关依据职权责令改正，通报批评，依法追究其法律责任。

第七十六条 独立建设的隐蔽性管线等工程在覆埋前，未向城乡规划主管部门申请管位测量验收的，由城乡规划主管部门责令限期补报；逾期不补报的，处一万元以上五万元以下的罚款。

第七十七条 建设项目单位未按照规定建设配套设

施、公共服务设施的，城乡规划主管部门责令限期改正，处该建设工程造价百分之五以上百分之十以下的罚款；逾期不改的，处应建部分工程造价一倍以上二倍以下的罚款。

建设项目单位的配套设施、公共服务设施按照规定应当移交未移交的，有关主管部门责令限期移交；逾期不移交的，直接收回，并处未移交部分工程造价百分之五以上百分之十以下的罚款。

第七十八条 违反本条例规定的行为，法律、法规已有处罚规定的，从其规定。

违反本条例行为轻微并及时自行纠正，没有造成危害后果的，可以不予行政处罚。

公职人员参与违法工程建设，城乡规划主管部门除按照本条例规定处罚外，还应当移送监察机关给予相应的行政处分；构成犯罪的，依法追究刑事责任。

第七章　附　则

第七十九条 按照《甘肃省城乡规划条例》的规定和省人民政府的批准，红古区具有县的规划管理职责。

第八十条 本条例自2020年4月1日起施行。2002年制定的《兰州市城市重点区域规划管理暂行办法》同时废止。

政府规章

兰州市人民政府令

〔2019〕第1号

《兰州市政府合同管理规定》已经2019年1月7日市政府第56次常务会议讨论通过，现予公布，自2019年3月10日起施行。

市长 张伟文

2019年1月19日

兰州市政府合同管理规定

第一章 总 则

第一条 为了规范政府合同管理，有效维护各方当事人的合法权益，防范合同风险，根据《中华人民共和国合同法》等有关法律、法规的规定，结合本市实际，制定本规定。

第二条 本市行政机关政府合同的谈判、草拟、审查、签订、履行及争议处理等合同管理活动，适用本规定。

本规定所称行政机关，是指市、区（县）人民政府及其工作部门以及由其管理的行政机构。

第三条 本规定所称政府合同，是指本市行政机关在行政管理、公共服务以及经济活动中，作为一方当事人所订立的涉及国有资产、财政资金使用和自然资源、公共资源利用的协议。具体包括以下类型：

（一）国有资产（包括无形资产）的投资、建设、租赁、出让、转让、承包、物业管理等合同；

（二）国有土地、森林、荒地、水流、滩涂、矿藏等自然资源使用权出让、转让、出租、承包经营合同；

（三）基础设施和公用事业特许经营合同、政府和社会资本合作项目合同；

（四）行政征收、征用、收购储备合同；

（五）行政委托、资助、补贴合同；

（六）招商引资合同；

（七）政策信贷、涉及财政性资金使用的合同；

（八）其他政府合同。

意向书、备忘录、承诺函等设定权利义务关系的法律文书的管理适用本规定。

政府集中采购合同、劳动人事合同以及因应对突发事件而采取应急措施订立的政府合同，不适用本规定。

第四条 政府合同管理遵循合法、诚信、公平、审慎的原则，保障国有资产、财政资金的安全，促进自然资源、公共资源的有效利用。

第五条 市政府法制工作机构负责对本市行政机关政府合同管理工作进行监督和指导，组织实施本规定。

政府工作部门应当根据本规定，制定本部门的合同管理细则，加强对本部门及其下属单位政府合同的监督管理。

第六条 订立政府合同应当确定合同承办部门。以市、区（县）政府为一方主体的政府合同由履行职责部门或者市、区（县）政府指定的工作部门作为合同承办部门；其他行政机关为一方主体的政府合同由其自行承办。

第七条 政府合同在签订之前应当进行合法性审查，未经合法性审查，行政机关不得签订政府合同。

以政府为一方主体签订的合同由本级政府法制工作机构负责合法性审查，以其他行政机关为一方主体签订的合同由其内设法制机构或者承担法制工作职责的机构负责合法性审查。

合法性审查的工作范围不包括合同内容中涉及的专业性、技术性问题。

第八条 订立政府合同，禁止下列行为：

（一）超越行政机关职权、政府授权或者委托权限订立合同；

(二)以不具备独立法人资格的临时机构、内设机构作为一方当事人订立政府合同；

(三)违反法律、法规的规定提供担保；

(四)损害国家、社会公共利益订立合同；

(五)法律、法规、规章规定的其他禁止性行为。

第九条 政府合同合法性审查、制度配套以及委托中介组织调研论证等合同管理工作所需经费列入部门年度预算。

第二章 合同的磋商与起草

第十条 行政机关应当按照法律、法规规定的程序和条件确定合同相对人。

市政府作为合同一方主体的，原则上只签订意向性战略合同。

第十一条 起草政府合同时，应当优先使用合同示范文本。

以政府为一方主体签订的合同由合同承办部门负责起草。以其他行政机关为一方主体签订的合同由其自行起草。

第十二条 合同承办部门承担合同管理的主体责任，主要承担以下职责：

(一)对合同相对人的主体资格等资信状况进行调查，并收集、核实有关资料；

(二)负责合同内容的协商、谈判与合同文本的拟定，必要时组织专家进行论证；

(三)负责以政府为一方主体签订合同的合法性初审和其他政府合同的合法性审查；

(四)合同文本经会议审议并作出决定；

(五)需要履行审批程序的，将确定的合同文本及相关资料报批；

(六)负责合同的履行、档案管理和可能出现的争议处理等合同管理工作。

第十三条 政府合同的内容由当事人自愿协商确定，一般应当包括《中华人民共和国合同法》第十二条规定的内容。

政府合同内容涉及国家秘密、商业秘密或者个人隐私的，应当设置保密条款，并采取必要的保密措施。

第三章 政府重大合同的审查

第十四条 以本级政府为一方当事人的政府合同和政府与社会资本合作的PPP项目合同是政府重大合同。

政府重大合同首先由合同承办部门内设法制机构进行初审，提出合法性审查意见。

第十五条 合同承办部门应当将政府重大合同文本报送本级政府办公厅(室)，由政府办公厅(室)按程序批转至本级政府法制工作机构进行合法性审查。

第十六条 合同承办部门向本级政府报送审查时，应当一并提交下列材料：

(一)送审函；

(二)拟签订的合同文本及附件；

(三)与合同有关的情况说明、背景材料，以及需要重点说明的问题；

(四)有关法律、法规和政策依据；

(五)合同承办部门内设法制机构提出的合法性审查意见；

(六)政府法制工作机构认为需要提供的其他材料。

合同承办部门提交的材料不符合以上规定的，政府法制工作机构可以要求合同承办部门在指定期限内补齐有关材料；未在指定期限内补齐的，政府法制工作机构可以将送审材料退回合同承办部门，待相关送审材料补齐后再行报送。

合同承办部门应当对所提交材料的真实性、完整性负责。

第十七条 政府法制工作机构应当组织法律顾问及相关工作人员对送审的合同文本进行合法性审查，重点审查以下内容：

(一)合同主体是否适格；

(二)合同订立是否符合法定程序；

(三)合同内容是否合法；

(四)合同条款是否完备；

(五)合同双方的权利和义务是否明确；

(六)合同内容是否损害国家、社会公共利益或者第三人利益；

(七)合同内容是否违反公平竞争的要求；

(八)其他需要审查的内容。

第十八条 政府重大合同的合法性审查是维护政府合法权益的关键环节，应当预留必要的审查时间。

政府法制工作机构对送审的政府重大合同文本，应当在收齐相关送审材料之日起七个工作日内审查完毕；遇有法律关系复杂的政府重大合同，经政府法制工作机构负责人批准，可再延长七个工作日；审查完毕将书面审查意见经负责人审签后报送本级政府办公厅(室)。

审查时限自合同承办部门将送审资料报送齐全之日起算。需要组织专家论证的，组织及论证期间不计入前款规定的审查时限。

第十九条 政府法制工作机构对送审的政府重大合同文本只做一次合法性审查，只出具一次书面意见。

合同承办部门对涉及合同实质性内容的审查意见有异议的，可以向政府法制工作机构提出异议。异议成立的，政府法制工作机构可以重新出具书面意见；异议不成立的，给予口头解答，不再出具书面意见。

第二十条 政府重大合同的审查意见仅限于行政机关内部工作使用，不直接对外发生效力。行政机关工作人员或者知情人员不得对外泄露相关内容。

第四章 合同的签订和履行

第二十一条 合同承办部门应当根据合法性审查意见对送审的合同文本进行修改，形成合同正式文本，由行政机关法定代表人(负责人)或者法定代表人(负责人)书面授权的其他人员签订，并加盖行政公章或者合同专用章。

法律、法规规定应当报经有关部门批准、登记的合同，由合同承办部门依照法定程序办理。

第二十二条 政府重大合同经合同各方当事人正式签订后，合同承办部门应当于七个工作日内将正式文本抄送本级政府法制工作机构备案。

第二十三条 出现下列情形之一的，合同承办部门或者承担履行职责的行政机关应当及时主张权利，采取措施预防和应对合同履行风险的发生：

(一)出现不可抗力，可能影响合同正常履行的；

(二)合同依据的法律、法规、规章修改或者废止，可能影响合同正常履行的；

(三)订立合同时的客观情况发生重大变化，可能影响合同正常履行的；

(四)合同相对人财产状况恶化导致丧失或者可能丧失履约能力的；

(五)合同相对人预期违约的；

(六)合同相对人涉嫌犯罪，可能被追究刑事责任的；

(七)其他可能存在合同履行风险的情形。

政府重大合同在履行过程中发生以上情况的，合同承办部门或者承担履行职责的行政机关应当及时向本级政府报告。

第二十四条 政府合同订立后或者履行过程中需要订立补充合同或者变更、解除合同的，合同承办部门应当按照本规定中合同订立和合法性审查程序的规定办理。

第二十五条 政府合同发生纠纷时，合同承办部门应当首先采取协商、调解方式解决。

政府合同纠纷经协商不能达成一致意见，合同承办部门应当及时依据合同约定提起仲裁或者诉讼解决。

合同相对方提起仲裁或者诉讼的，合同承办部门应当全面收集证据，及时做好答辩、举证、反诉等应诉工作，防止因证据失权、应诉期限过期等应诉不当行为而导致的败诉风险。

第二十六条 政府合同订立、履行过程中形成的下列档案材料，合同承办部门应当及时予以编号、登记、归档：

(一)合同正式文本、补充合同；

(二)合同谈判、磋商材料；

(三)合同订立的依据、批准文件或者会议纪要；

(四)合法性审查意见；

(五)法院裁判文书、仲裁机构裁决文书、调解文书；

(六)其他需要归档的材料。

一般政府合同档案应当按照档案管理的相关规定办理，政府重大合同档案应当自订立之日起永久存档。

第二十七条 在政府合同磋商、订立、履行及争议处理中，行政机关及其工作人员不得以放弃、减让等方式擅自处分属于行政机关享有的合法权益。

参与政府合同磋商、起草、审查和争议处理等合同管理工作的人员，不得擅自披露或者对外提供有关政府合同的信息和材料。

第五章 监督考核

第二十八条 政府法制工作机构负责对本级合同承办部门的合同管理工作进行监督检查，并将检查内容纳入法治政府建设考核范畴。

合同承办部门对政府重大合同的合法性初审意见被采纳情况纳入年度部门法治政府考核内容。

政府法制工作机构可以通过调阅政府合同的档案和相关资料，对合同承办部门的政府合同进行抽查，监督政府合同的管理工作。

第二十九条 行政机关及其工作人员在政府合同管理过程中玩忽职守、滥用职权、徇私舞弊的，由其所在单位、监察机关或者其他有权机关依法追究行政责任；构成犯罪的，依法追究刑事责任。

第六章 附则

第三十条 本规定自2019年3月10日起施行。

兰州市人民政府令

〔2019〕第 2 号

《兰州市人民政府关于修改〈兰州市机动车停车场管理办法〉的决定》已经2019年7月17日市人民政府第68次常务会议讨论通过，现予公布，自公布之日起施行。

市长 张伟文

2019年7月25日

兰州市人民政府关于修改《兰州市机动车停车场管理办法》的决定

市人民政府决定对《兰州市机动车停车场管理办法》作如下修改：

一、将第二条中“停车场”修改为：“机动车停车场(以下简称停车场)”。

二、将第五条修改为：“市公安机关交通管理部门负责本办法的具体组织实施，对本市停车场使用进行统一监督管理。其所属的兰州市机动车停车场建设服务中心，受其委托，负责日常管理工作。发展改革、自然资源、住建、财政、交通运输、人防、市场监督、税务等行政管理部门在各自的职责范围内，做好停车场的管理工作。”

三、将第七条第一款修改为：“市公安机关交通管理部门应当会同市自然资源等部门，根据城市总体规划和停车需求状况编制停车场专项规划，报市人民政府批准后实施。”

四、将第九条中“补建”修改为：“增建”。

五、将第十一条中“城乡规划行政管理部门”修改为：“停车场设施原审批部门”。

六、将第十二条中“应当优先满足本区域内业主的需要”后逗号改为句号。

七、将第十三条修改为：“城市道路规划红线外与建筑物外缘之间的开放式场地，对于停车供需矛盾突出，确需划设停车位的，属于业主共有的开放式场地，经业主同意由物业管理单位向市公安机关交通管理部门提出申请，符合要求的，由市公安机关交通管理部门统一施划临时停车场；属于非业主所有的开放式场地，由市公安机关交通管理部门征求市自然资源管理部门意见后，施划为临时停车场，参照道路临时停车泊位经营管理。在不能满足公众停车需求的区域，经市公安机关交通管理部门备案，土地权属单位可利用待建土地、空闲场地等设置临时停车场。”

八、将第十四条第一款修改为：“未经原审批部门批准，任何单位和个人不得将停车场挪作他用，不得变更规划确定的停车位。”

九、将第十五条第三款修改为：“具体优惠办法由市公安机关交通管理部门会同相关部门另行制定。”

十、将第十六条中“机动车停车场”修改为：“停车场”。

十一、将第十七条第一款修改为：“市、县(区)政府投资建设的公共停车场，依法实行特许经营，由依法取得特许经营权的经营者负责经营。特许经营权有偿使用收入应当纳入政府非税收入管理，统筹用于公共停车场的建设和管理。”

十二、将第十八条修改为：“从事公共停车场的经营，应当按照规定向市场监督管理部门办理登记，并于登记之日起十五个工作日内向市公安机关交通管理部门备案，备案时应当提交下列材料：(一)经营者基本信息；(二)营业执照及其复印件；(三)土地使用权权属证明及红线图；(四)建设工程竣工验收、消防验收合格证明；(五)停车场设施清单和交通组织图，包括出入口、标志标线、停车泊位设置等内容；(六)经营服务及安全管理制度、管理运营维护方案和应急处置预案；(七)法律、法规规定的其他材料。停车场经营者变更登记事项或者注销的，应当按规定向市场监督管理部门办理相关变更、注销登记手续，并自变更、注销登记之日起十五个工作日内向市公安机关交通管理部门办理备案手续，相应调整或拆除停车场标志牌，同时向社会公告。临时公共停车场经营者申请备案的，需提供前款除第(四)项规定以外的其他材料。”

十三、将第二十一条第二项中“价格行政主管部门”修改为:“发展改革部门”,第五项中“法律法规的其他规定”修改为:“法律、法规规定的其他事项”。

十四、将第二十二条中“价格行政主管部门”修改为:“发展改革部门”。

十五、将第二十三条第三款修改为:“残疾人驾驶残疾人专用车辆在公共停车场停放的,凭本人残疾证免收停车费。残疾人驾驶非残疾人专用车辆在公共停车场停放的,凭本人驾驶证、残疾证,享受单次免费停放四小时的优惠政策,超过四小时的部分,应当按标准计费。”

十六、将第二十六条、第二十七条中“道路停车泊位”修改为:“道路临时停车泊位”。

十七、在第二十九条增加一款,作为第二款:“确需撤除道路临时停车泊位的,应当提前十日向社会公告。”

十八、将第三十条修改为:“道路临时停车泊位依法实行特许经营,由依法取得特许经营权的经营者负责经营。特许经营权有偿使用收入应当纳入政府非税收入管理,统筹用于道路临时停车泊位的建设和管理。”

十九、将第三十一条修改为:“道路临时停车泊位经营者应当依法向市场监督管理部门办理登记”,并将第(三)项中“价格行政管理部门”修改为:“发展改革部门”。

二十、将第三十二条中“道路停车泊位”修改为:“道路临时停车泊位”。

二十一、将第三十五条修改为:“任何单位和个人不得擅自在道路和其他公共区域设置地桩、地锁或者其他障碍物影响机动车停放和行人通行,不得利用公共免费停车泊位收取费用。”

二十二、删除第三十六条。

二十三、将第四十四条改为第四十三条,修改为:“违反本办法第三十五条规定,擅自在道路和其他公共区域设置地桩、地锁或者其他障碍物影响机动车停放和行人通行的,由市公安机关交通管理部门责令限期改正;逾期未改正的,处一千元以上五千元以下罚款。”

二十四、删除第四十五条。

二十五、将第四十七条改为第四十五条,并将其中的“机动车停车场”修改为:“停车场”。

二十六、其他字词和条文顺序做相应调整。本决定自公布之日起施行。《兰州市机动车停车场管理办法》根据本决定作相应修改并对条文顺序作出相应调整,重新公布。

兰州市机动车停车场管理办法

第一章 总 则

第一条 为了加强机动车停车场的管理,规范停车秩序,保障城市道路交通安全、有序和畅通,根据《中华人民共和国道路交通安全法》等有关法律、法规的规定,结合本市实际,制定本办法。

第二条 本市城市规划区范围内机动车停车场(以下简称停车场)的规划、建设、使用及其相关管理活动,适用本办法。

第三条 本办法所称停车场,是指供各类机动车停放的露天或者室内场所,包括公共停车场、专用停车场和道路临时停车泊位。

公共停车场,是指为社会车辆提供停车服务的场所,包括独立建设的公共停车场、建设工程配建公共停车场。

专用停车场,是指为本单位、本住宅区车辆提供停车服务的场所,包括建设工程配建专用停车场、建筑区划内共有部位施划的停车泊位。

道路临时停车泊位,是指在城市道路上依法设置的机动车停放场地,包括免费停车泊位和收费停车泊位。

第四条 市人民政府应当建立综合协调机制,加强对停车场规划、建设和管理的统一领导,决定工作中的重大问题,督促有关部门做好相关工作。

公共停车场建设由市人民政府统一领导、统一规划,实行市区两级分级筹资、分级建设、分级管理。

第五条 市公安机关交通管理部门负责本办法的具体组织实施,对本市停车场使用进行统一监督管理。其所属的兰州市机动车停车场建设服务中心,受其委托,负责日常管理工作。

发展改革、自然资源、住建、财政、交通运输、人防、市场监督、税务等行政管理部门在各自的职责范围内,做好停车场的管理工作。

第六条 停车场的规划、建设、使用和管理应当遵循政府主导、统筹规划、方便群众、有效管理的原则。

第二章 停车场规划与建设

第七条 市公安机关交通管理部门应当会同市自然资

源等部门，根据城市总体规划和停车需求状况编制停车场专项规划，报市人民政府批准后实施。

城市绿线范围内的绿化用地，应当予以严格保护，不得进行经营性开发，不得擅自改变绿线性质。

第八条 新建的公共建筑、居民住宅区等，应当按照停车场配建标准和设计规范，配套建设停车场。

城市公交枢纽、首末站、城市轨道交通换乘中心、城市出入口、大中型商贸或者公共活动场所，应当规划建设公共停车场。

配套建设的停车场应当与主体工程同步设计、同步施工、同步验收、同步交付使用。

第九条 下列公共建筑未按照配建标准和设计规范配套建设停车场的，应当在改建、扩建的同时增建：

(一)火车站、客运站等交通枢纽；

(二)学校、体育(场)馆、影(剧)院、图书馆、展览馆、博物馆、医院、旅游景点、商务办公楼等公共场所；

(三)商场、旅馆、餐饮、娱乐等大(中)型经营性场所；

(四)承担行政事务的办公场所。

改变建(构)筑物使用性质，导致原有配建的停车位达不到规定标准的，应当就近增建或者以其他方式达到配建标准。

第十条 停车场应当按照停车场设置规范和标准，建设照明、通信、排水、通风、消防、安全防范、充电设施等停车场配套设施，并设置相应的标识和交通安全设施，大型公共停车场应当配建残疾人专用停车位。

第十一条 建设工程竣工后，停车场设施原审批部门应当依据规划设计条件和配建标准，对停车场建设情况进行规划核实；凡不符合规划、不满足配建标准和有关工程建设标准的，有关部门不得通过竣工验收。

第十二条 既有住宅区域内的车库、车位，应当优先满足本区域内业主的需要。不能满足需要的，在不影响消防安全、道路通行的前提下，经业主大会或者业主委员会同意，可以在小区内空置场地、道路划设业主共有的停车位。

第十三条 城市道路规划红线外与建筑物外缘之间的开放式场地，对于停车供需矛盾突出，确需划设停车位的，属于业主共有的开放式场地，经业主同意由物业管理单位向市公安机关交通管理部门提出申请，符合要求的，由市公安机关交通管理部门统一施划临时停车场；属于非业主所有的开放式场地，由市公安机关交通管理部门征求市自然资源管理部门意见后，施划为临时停车场，参照道路临时停车泊位经营管理。

在不能满足公众停车需求的区域，经市公安机关交通管理部门备案，土地权属单位可利用待建土地、空闲场地等设置临时停车场。

第十四条 未经原审批部门批准，任何单位和个人不得将停车场挪作他用，不得变更规划确定的停车位。

已经改变用途的，应当自行恢复；未自行恢复的，由市人民政府组织有关部门进行清理，限期恢复。

第十五条 鼓励社会资本投资建设公共停车场；鼓励综合利用地下空间等资源建设公共停车场；鼓励建设机械式立体停车库等集约化的停车设施；鼓励通过旧房改造、功能性改造等方式新增公共停车场。

鼓励企事业单位、居民小区及个人依法利用自有土地、地上地下空间建设停车场，对外开放并取得相应收益。

单位和个人投资建设公共停车场的，按规定给予公共停车场建设优惠，具体优惠办法由市公安机关交通管理部门会同相关部门另行制定。

第十六条 市公安机关交通管理部门组织建设城市区域停车诱导系统，指导停车场经营者、管理者应用现代信息技术、通信技术提高停车设施利用率。停车场经营者、管理者应当按照有关规定和标准，配建停车诱导子系统，并将其停车信息纳入本区域停车诱导系统。

第三章 公共停车场与专用停车场的管理

第十七条 市、县(区)政府投资建设的公共停车场，依法实行特许经营，由依法取得特许经营权的经营者负责经营。特许经营权有偿使用收入应当纳入政府非税收入管理，统筹用于公共停车场的建设和管理。

非政府投资建设的公共停车场，按照“谁投资、谁受益”的原则，自行确定专业管理人员进行日常维护和管理。

第十八条 从事公共停车场的经营，应当按照规定向市场监督管理部门办理登记，并于登记之日起十五个工作日内向市公安机关交通管理部门备案，备案时应当提交下列材料：

(一)经营者基本信息；

(二)营业执照及其复印件；

(三)土地使用权权属证明及红线图；

(四)建设工程竣工验收、消防验收合格证明；

(五)停车场设施清单和交通组织图，包括出入口、标志标线、停车泊位设置等内容；

(六)经营服务及安全管理制度、管理运营维护方案和应急处置预案；

(七)法律、法规规定的其他材料。

停车场经营者变更登记事项或者注销的，应当按规定向市场监督管理部门办理相关变更、注销登记手续，并自变更、注销登记之日起十五个工作日内向市公安机关交通管理部门办理备案手续，相应调整或拆除停车场标志牌，同时向社会公告。

临时公共停车场经营者申请备案的，需提供前款除第

（四）项规定以外的其他材料。

第十九条 公共停车场的经营者应当遵守下列规定：

（一）使用公安机关交通管理部门统一监制的停车场标志；

（二）在停车场出入口的显著位置明示服务时间、收费标准、监督电话等；

（三）确保照明、消防、排水和通讯设备及交通安全设施、电子监控设备等防盗、防破坏系统正常使用；

（四）制定并落实车辆停放、安全保卫、消防管理等制度，发生火灾、盗窃、抢劫及场内交通事故等情况，应当采取相应紧急措施并及时向有关部门报告；

（五）指挥车辆有序进出和停放，维护停车秩序；

（六）定期清点场内车辆，发现长期停放或者可疑车辆，应当向公安机关报告；

（七）不得利用或者容纳他人利用停车场从事道路旅客运输、货物运输以及未经许可擅自从事机动车维修等经营活动；

（八）国家和省、市其他相关停车管理规定。

第二十条 经营性公共停车场不得擅自停止经营。经营者确有特殊原因需要停止经营的，应当报市公安机关交通管理部门同意，并在停止经营的十日前向社会公告。

第二十一条 机动车驾驶人在公共停车场停车时，应当遵守下列规定：

（一）服从停车场管理人员指挥，有序停放车辆；

（二）按照发展改革部门确定的价格标准交纳停车费；

（三）正确使用停车场设施、设备；

（四）不得停放载有易燃、易爆、有毒、有害等危险物品的车辆；

（五）法律、法规规定的其他事项。

第二十二条 停车场收费标准由市发展改革部门会同市公安机关交通管理部门制定。

停车场经营者应当按照有关规定，持市公安机关交通管理部门出具的证明材料，到市发展改革部门办理价格确定手续。

第二十三条 停车场收取停车费应当使用税务部门监制的发票。

停车场经营者未按照规定开具发票的，机动车驾驶人可以拒付停车费。

残疾人驾驶残疾人专用车辆在公共停车场停放的，凭本人残疾证免收停车费。残疾人驾驶非残疾人专用车辆在公共停车场停放的，凭本人驾驶证、残疾证，享受单次免费停放四小时的优惠政策，超过四小时的部分，应当按标准计费。

第二十四条 有条件的单位在满足本单位停车需求的情况下，可以将专用停车场向社会开放，实行错时停车。

专用停车场实行错时停车的，机动车驾驶人应当按照约定的时段停车。超过约定时段拒不驶离的，停车场经营者有权终止约定的停车服务。

专用停车场向社会提供有偿停车服务的，其管理参照本办法有关公共停车场的规定执行。

第四章 道路临时停车泊位管理

第二十五条 城市道路范围内，市公安机关交通管理部门可以依法施划道路临时停车泊位，并规定停车泊位的使用时间。

任何单位和个人不得设置、毁损、撤除道路临时停车泊位、标志和标线，不得妨碍道路临时停车泊位的停车功能，不得将道路临时停车泊位据为专用。

第二十六条 公安机关交通管理部门施划道路临时停车泊位应当严格实行总量控制，对全市道路临时停车泊位状况进行评估，根据道路交通状况和相关单位、市民的意见，适时增减道路临时停车泊位，并向社会公示。

第二十七条 施划设置城市道路临时停车泊位应当符合下列要求：

（一）不影响行人、车辆的通行；

（二）符合区域道路停车总量控制要求；

（三）与区域停放车辆供求状况、车辆通行条件和道路承载能力相适应；

（四）按照国家标准划设道路临时停车泊位标志和标线。

人行道上未施划停车泊位的路段由市建设行政管理部门通过安装道钉、提升道牙高度等方式防止车辆进入。

第二十八条 下列区域禁止施划道路临时停车泊位：

（一）城市主干道、快速路；

（二）人行道上设置停车泊位剩余宽度不足三米的；

（三）消防通道、无障碍通道；

（四）设有燃气管道、光缆线路等地下设施的；

（五）距离能够提供充足停车位的公共停车场三百米以内的；

（六）交叉路口、铁路道口、急弯路、桥梁、陡坡、隧道以及距离上述地点五十米范围内的路段；

（七）学校、幼儿园、医院门前以及距离上述地点五十米范围内的路段；

（八）法律、法规规定的其他禁止临时停车的路段。

第二十九条 有下列情形之一的，公安机关交通管理部门应当撤除道路临时停车泊位：

（一）道路停车已妨碍行人、车辆正常通行的；

（二）妨碍市政设施安全运行的；

（三）道路周边公共停车场已能满足停车需要的；

（四）其他情形需要撤除的。

确需撤除道路临时停车泊位的，应当提前十日向社会公告。

第三十条 道路临时停车泊位依法实行特许经营，由依法取得特许经营权的经营者负责经营。特许经营权有偿使用收入应当纳入政府非税收入管理，统筹用于道路临时停车泊位的建设和管理。

第三十一条 道路临时停车泊位经营者应当依法向市场监督管理部门办理登记，并遵守下列规定：

（一）在停车地点显著位置按规定设置停车标志和载明停放时段、收费依据、收费标准、监督电话的信息公示牌；

（二）按照公安机关交通管理部门施划的停车泊位指挥车辆有序停放；

（三）按照发展改革部门核定的标准收费，并出具税务部门统一监制的专用发票；

（四）按照“先到先使用”的原则，不得以任何形式将停车泊位确定给任何单位和个人固定使用；

（五）采用电子管理系统收费的，应当在醒目位置明示使用说明，并确保设施完好、整洁。

第三十二条 举行重大活动或者遇有突发公共事件时，相关区域道路临时停车泊位的经营者应当按照市公安机关交通管理部门的要求，暂停道路临时停车泊位的经营。

第三十三条 在道路临时停车泊位停车时，机动车驾驶人应当按照规定时间、准停车型和标示的停车方向停放，并按停车实际占用的停车泊位数交纳停车费用。

第三十四条 市公安机关交通管理部门根据社会发展程度，逐步推行地磁等车位检测器，实现道路临时停车泊位收费由车主自助电子支付。

第三十五条 任何单位和个人不得擅自在道路和其他公共区域设置地桩、地锁或者其他障碍物影响机动车停放和行人通行，不得利用公共免费停车泊位收取费用。

第五章 法律责任

第三十六条 违反本办法第十四条规定，经营者擅自将已投入使用的公共停车场、专用停车场挪作他用的，由市公安机关交通管理部门责令限期改正；逾期未改正的，处一万元以上三万元以下罚款。

第三十七条 违反本办法第十六条规定，停车场经营者、管理者未按照有关规定和标准设置与城市公共停车信息系统相配套的实时停车信息数据传输系统，未将停车信息纳入全市公共停车信息系统的，由公安机关交通管理部门责令限期改正；逾期未改正的，处三千元以上一万元以下罚款。

第三十八条 违反本办法第十八条规定，公共停车场经营者未按照规定向市公安机关交通管理部门备案的，由市公安机关交通管理部门责令限期改正；逾期未改正的，处一万元罚款。

第三十九条 违反本办法第十九条规定，公共停车场经营者未遵守相关规定的，由市公安机关交通管理部门责令限期改正；逾期未改正的，处二千元以上一万元以下罚款。

第四十条 违反本办法第二十条规定，公共停车场经营者擅自停止经营的，由市公安机关交通管理部门责令限期改正；逾期未改正的，处一万元以上三万元以下罚款。

第四十一条 违反本办法第二十五条规定，擅自设置、毁损、撤除道路临时停车泊位、标志和标线的，由公安机关交通管理部门责令改正，并按照泊位数量，每个泊位处一千元罚款。

第四十二条 违反本办法第二十一条、第三十三条规定，机动车驾驶人未遵守相关停车规定的，由公安机关交通管理部门责令改正；拒不改正的，处五十元以上二百元以下罚款。

第四十三条 违反本办法第三十五条规定，擅自在道路和其他公共区域设置地桩、地锁或者其他障碍物影响机动车停放和行人通行的，由市公安机关交通管理部门责令限期改正；逾期未改正的，处一千元以上五千元以下罚款。

第四十四条 违反本办法规定的其他行为，法律、法规已有处罚规定的，从其规定。

第四十五条 公安机关交通管理部门及其他有关部门工作人员在停车场管理工作中滥用职权、玩忽职守、徇私舞弊的，由有关行政机关依法给予行政处分；构成犯罪的，依法追究刑事责任。

第六章 附则

第四十六条 榆中县、皋兰县、永登县、红古区的停车场管理参照本办法执行。

第四十七条 本办法自2017年2月1日起施行。2012年7月10日市人民政府发布的《兰州市机动车停车场规划建设和管理暂行办法》（兰州市人民政府令〔2012〕第1号）同时废止。

兰州市人民政府令

〔2019〕第3号

《兰州市人民政府关于修改〈兰州市城市地下空间开发利用管理办法〉的决定》已经2019年7月17日市人民政府第68次常务会议讨论通过，现予公布，自公布之日起施行。

市长 张伟文

2019年7月25日

兰州市人民政府关于修改《兰州市城市地下空间开发利用管理办法》的决定

市人民政府决定对《兰州市城市地下空间开发利用管理办法》作如下修正：

一、将第五条第二款、第三款合并为一款，作为第二款，修改为“市自然资源主管部门负责地下空间开发利用的规划管理、土地供应和不动产登记。”

删去第五条第六款中的“消防安全”。

二、将第八条第三款中的“公安消防”修改为“消防安全”。

三、将第十四条第一项修改为“单一用途符合《划拨用地目录》的单建地下空间建设项目，可以采用划拨方式提供地下建设用地使用权；复合利用的土地按主用途确定土地供应方式，主用途符合《划拨用地目录》的，以划拨方式供应地下空间建设用地使用权，兼容用途用地不符合《划拨用地目录》的，按协议分摊出让方式办理用地手续。”

四、将第十九条修改为“地下空间首次登记由权利人持相关批准文件申请，登记机构严格按照批准文件办理登记并在权利证书上记注相关特殊约定内容。”

五、将第五条、第六条、第八条中“市城乡规划主管部门”“市国土资源主管部门”统一修改为“市自然资源主管部门”；将“市建设行政主管部门”修改为“市住房和城乡建设主管部门”；将“市环境保护主管部门”修改为“市生态环境主管部门”。

本决定自公布之日起施行。

《兰州市城市地下空间开发利用管理办法》根据本决定作相应修改，重新公布。

兰州市城市地下空间开发利用管理办法

（2018年7月30日兰州市人民政府令〔2018〕第6号公布　根据2019年7月17日市人民政府第68次常务会议通过的《兰州市人民政府关于修改〈兰州市城市地下空间开发利用管理办法〉的决定》修正）

第一章　总则

第一条　为了规范地下空间开发利用管理，合理利用地下空间资源，促进土地节约集约利用，适应城市经济社会发展需要，根据《中华人民共和国物权法》《中华人民共和国城乡规划法》《中华人民共和国土地管理法》《中华人民共和国人民防空法》等有关法律、法规的规定，结合本市实际，制定本办法。

第二条 本市城市规划区内地下空间的开发利用和监督管理,适用本办法。

法律、法规对涉及国防、人民防空、防震减灾、文物保护、绿地保护、古树名木保护、遗产要素、矿产资源等地下空间开发利用另有规定的,从其规定。

第三条 本办法所称城市地下空间是指城市规划区内地表以下的空间,包括结建地下空间和单建地下空间。

结建地下空间是指同一主体结合地面建筑一并开发建设的地下空间。

单建地下空间是指独立开发建设的地下空间。利用市政道路、公共绿地、公共广场等公共用地开发的地下空间视为单建地下空间。

第四条 地下空间开发利用应当坚持统筹规划、综合开发、平战结合、公共利益优先、地下与地上相协调的原则,坚持社会效益、经济效益和环境效益相结合。

第五条 市人民政府统一领导本市地下空间的开发利用管理工作,建立地下空间开发利用协调机构,协调解决开发利用中的重大问题,督促有关部门依法履行监督管理工作。

市自然资源主管部门负责地下空间开发利用的规划管理、土地供应和不动产登记。

市住房和城乡建设主管部门负责地下空间开发利用建设项目的工程质量、施工安全的监督管理。

市人民防空主管部门负责地下空间涉及人民防空防护设施建设、使用的监督管理。

市生态环境主管部门负责地下空间开发利用的环境保护监督管理。

市公安机关负责地下空间建设和使用中的治安管理。

其他相关部门应当按照各自职责,做好城市地下空间开发利用的管理工作。

第六条 市人民政府应当建立和完善地下空间信息系统,并实现各专业系统的信息共享。

市自然资源、住建、人防等主管部门应当根据各自职责,开展地下空间普查,并将普查结果纳入地下空间信息系统。

第七条 市、区人民政府应当确保对地下空间普查、规划制定、地下空间综合管理信息系统建设等方面的资金投入,安排专项资金支持地下空间重点建设区域、重点建设项目的开发建设。

市、区人民政府应当制定政策,积极引导社会资本投资开发建设和运营地下空间,探索构建“政府引导、政策扶持、社会参与、市场运作”的地下空间资源开发利用新机制。

第二章　规划编制

第八条 本市地下空间开发利用专项规划编制应当坚持竖向分层、横向连通、立体综合、安全环保的原则。

市自然资源主管部门应当根据城市总体规划编制地下空间开发利用专项规划,报市人民政府批准后实施。

地下空间开发利用专项规划应当优先安排地下交通、应急防灾、消防安全、公共安全、人民防空、垃圾处理、电力设施、通信、水务等城市基础设施和公共服务设施,划定城市地下综合管廊公共工程和特殊工程的地下空间控制范围,并在城市总体规划引领下统筹做好其他涉及地下空间安排的各类专项规划的衔接。

第九条 城市地下空间规划建设应当基于生态底线和生态保护的具体要求,进行合理开发和利用,严格控制不适宜开发的地下空间。

地下空间开发利用专项规划应当与文物保护、古树名木保护规划相衔接,法律、法规对保护文物、古树名木有禁止性规定的,不得规划开发。

第十条 地下空间开发利用专项规划应当包括以下内容:

(一)地下空间的现状和资源分析;

(二)地下空间开发利用的需求预测;

(三)地下空间开发利用战略;

(四)地下空间开发利用的层次和内容;

(五)地下空间开发利用的规模和布局;

(六)地下空间生态、环境保护特殊要求及保障措施;

(七)地下空间开发利用的步骤等。

第十一条 地下空间开发利用专项规划应当遵照城市总体规划的相关要求,并明确规划区内地下空间的开发范围、使用性质、平面及竖向布局、出入口位置和连通方式等内容。

第十二条 经依法批准的地下空间开发利用专项规划,是城乡建设和规划管理的依据,未经法定程序不得修改,确需变更的,须经原批准机关审批。

第三章　用地管理及不动产登记

第十三条 开发利用地下空间,应当依法取得地下建设用地使用权,并按规划实施。

单建地下空间建设项目参照地表建设用地使用权单独办理用地手续。

结建地下空间建设项目与该建设项目一并办理用地手续。

新设立的地下空间建设用地使用权,不得损害已设立的用益物权。

第十四条 地下空间开发利用建设项目的土地供地方式按照下列规定执行:

(一)单一用途符合《划拨用地目录》的单建地下空间建设项目,可以采用划拨方式提供地下建设用地使用权;复合利用的土地按主用途确定土地供应方式,主用途符合《划拨用地目录》的,以划拨方式供应地下空间建设用地使用权,兼容用途用地不符合《划拨用地目录》的,按协议分摊出让方式办理用地手续。

(二)单建地下空间建设项目,属于商业、旅游、娱乐、仓储等经营性用途的,以及同一宗地下空间有两个以上意向用地者的,应当采用招标、拍卖或者挂牌出让等方式提供地下空间建设用地使用权;地下空间建设用地使用权的招标、拍卖或者挂牌出让活动,应当根据有关法律、法规和规章有计划地进行。

(三)结建地下空间建设项目,原地上建设用地使用权人申请开发利用本宗地地下空间作为经营性用途的,可以采用协议补收土地出让价款的方式提供地下空间建设用地使用权。

第十五条 地下空间建设用地使用权除符合划拨用地条件外,应当实行有偿、有期限使用。

单建地下空间建设用地使用权出让年限不得超过相同用途地上建设用地使用权法定出让最高年限。

结建地下空间建设用地使用权出让年限不得超过相同用途地上建设用地使用权法定出让最高年限,并不得超过该宗地地上建设用地使用权出让年限。

第十六条 依法取得的地下建设用地使用权可以依法进行转让和抵押。

对已批准划拨的地下建设用地使用权及其建筑物,在转让或者改变用途时,不符合《划拨用地目录》的,应当按照规定补办土地出让手续,补缴土地出让金。

第十七条 地下空间开发利用施工需要临时使用地上土地的,应当按照规定办理临时用地手续。

第十八条 地下空间不动产登记,应当按照法律、法规和规章办理。

第十九条 地下空间首次登记由权利人持相关批准文件申请,登记机构严格按照批准文件办理登记并在权利证书上记注相关特殊约定内容。

第四章 建设管理

第二十条 地下空间的开发建设应当符合国家、省、市建设管理方面的规定、标准和规范,严格执行地下空间开发利用规划。

第二十一条 因规划需要或者建设单位对相邻地块地下空间有整体开发要求的,可以由整体开发的建设单位统一办理地下空间项目立项、整体设计、统一建设;建成的地下空间可以单独出让,也可以与地上建设用地使用权一并出让。

第二十二条 地下空间建设项目的工程设计应当满足地下空间对环境、安全和设施运行、维护等方面的使用要求,使用功能与出入口设计应当与地面建设相协调。

地下空间建设项目的工程设计文件除符合相关技术规范和要求外,还应当明确地下空间建设项目的使用功能、用途、界址、面积等;配建人民防空设施的,应当明确人民防空工程的位置、面积、类型等。

地下空间建设项目应当按照设计图纸进行施工。建设单位和施工单位需要改变设计方案的,应当由原设计单位进行修改,并重新申请办理审批手续。

第二十三条 规划条件对地下空间建设项目有连通要求的,其设计方案应当明确与相邻建筑的连通方案。相邻建筑已经按照规划预留横向连通位置的,新项目的横向连通位置应当与之相衔接。

规划条件对地下空间建设项目未明确连通要求的,建设单位可以与相邻建筑所有权人就连通位置、连接通道标高、实施建设主体和建设用地使用权人等进行协商。达成协议后,将连通方案纳入地下空间建设项目的工程设计方案,一并提交审核。

规划确定连通的地下空间建设项目分别建设的,先建单位应当按照专业规范预留地下连通工程的接口,后建单位应当负责履行后续地下工程连通义务。

第二十四条 新建地下空间工程,应当充分利用地下空间,以配建地下停车场为主,适当配套商业开发,并可与人防工程结合建设。

建设项目涉及古树名木、文物遗址等特殊保护要素的,建设单位应当制定避让或者保护方案,并经古树名木、文物遗址等保护行政管理部门审查同意。建设和施工单位应当按照批准的避让和保护方案保护古树名木、文物遗址等特殊保护要素,并将保护措施告知相关权利人或者管理人。

建设单位在地下工程开工前,应当与地下设施产权单位签订安全施工协议,制定地下设施保护方案,保护方案需经相关专家论证同意后实施。

地下工程在施工期应当采取有效的安全和防护措施,不得破坏地下城市轨道交通设施、地下综合管廊设施、文物、人防工程和市政管线工程,不得妨碍地表的规划功能和危及地上及地下相邻建筑物、构筑物、附着物的安全及绿化植物的正常生长环境。

第二十五条 地下空间工程的通行、通风、通电、排水等应当符合相关规定、标准和规范的要求,不得对相邻建设用地使用权人造成损害;造成损害的,应当依法予以赔偿。

第二十六条 地下空间建设项目竣工后，建设单位应当组织设计、施工、监理等有关单位进行竣工验收。未经竣工验收或者验收不合格的，不得交付使用。

结建地下空间工程应当与地面建筑工程一并进行规划核实及竣工验收。

地下空间工程竣工验收合格后，建设单位应当依法向城市建设档案馆移交完整的地下空间工程档案。

第五章 使用管理

第二十七条 地下空间建（构）筑物的所有权人、使用权人或者物业单位应当对地下空间建（构）筑物进行日常管理和维护，配合城市基础设施的维护单位对相关设施进行日常维护保养。

第二十八条 地下空间的所有权人及使用权人应当履行下列安全责任：

（一）按照设计用途、使用性质或者其他审批文件记载的合理用途使用；

（二）保持公共通道及出入口畅通，做好各类标识管理和指引工作；

（三）保持给排水、消防、通风、照明、监控、通信等安全设施、设备的正常运行；

（四）配备应急救援物资和器材，进行定期检查、检验、测试，确保足量和有效使用；

（五）开展经常性的安全隐患排查，及时消除安全隐患；

（六）遵守国家、省、市其他有关地下空间安全使用管理规定。

第二十九条 地下空间应当符合民用建筑工程室内环境污染控制规范要求，应当按照环境保护的要求设置通风、排烟、排污等设施，公共场所的空气质量应当符合公共场所卫生标准的要求。

第六章 法律责任

第三十条 地下空间建设项目工程建设管理的单位或者个人违反本办法规定，有下列行为之一的，由市、区人民政府相关主管部门依法追究责任；构成犯罪的，依法追究刑事责任：

（一）未经法定程序修改、变更经依法批准的地下空间开发利用专项规划的；

（二）未依法取得地下建设用地使用权，开发利用地下空间的；

（三）对依法取得的地下建设用地使用权进行非法转让、抵押的；

（四）未经有关主管部门同意，取得地下建设用地使用权后擅自改变地下建设用地的用途和功能的；

（五）未办理临时用地手续，临时使用地表土地的；

（六）未履行地下工程连通义务的；

（七）未经相关部门对竣工后的地下空间建设项目进行验收或者经验收不合格，直接交付使用的；

（八）未履行本办法第二十八条规定的安全责任的；

（九）其他不符合城市规划、建设和管理的行为。

第三十一条 在城市地下空间开发利用的规划建设及相关管理活动中，新设立的地下空间建设用地使用权，不得损害已设立的用益物权与相邻建设用地使用权人的相关权益，造成损害的，应当依法予以赔偿。

第三十二条 地下空间物业管理单位不履行对地下空间物业和设施进行日常管理和维护义务，违反物业管理规定的，由相关主管部门给予警告，责令改正；情节严重的，由相关主管部门根据法律、法规的规定予以处理。

第三十三条 政府相关主管部门及其工作人员，在本市地下空间开发利用建设管理工作中玩忽职守、滥用职权、徇私舞弊的，由其所在单位或者上级主管部门依法给予行政处分；构成犯罪的，依法追究刑事责任。

第七章 附则

第三十四条 榆中县、皋兰县、永登县和红古区参照本办法执行。

第三十五条 本办法自2018年9月20日起施行。

兰州市人民政府令

〔2019〕第4号

《兰州市人民政府关于废止〈兰州市组织机构代码管理办法〉等七件政府规章的决定》已经2019年7月17日市人民政府第68次常务会议讨论通过，现予公布，自公布之日起生效。

市长 张伟文

2019年7月25日

兰州市人民政府关于废止《兰州市组织机构代码管理办法》等七件政府规章的决定

为贯彻落实国务院深化“放管服”改革、优化营商环境的要求，维护法制统一，市人民政府决定对以下七件政府规章予以废止：

1.《兰州市组织机构代码管理办法》（市政府令〔1996〕第5号颁布实施，市政府令〔2013〕第1号修正）

2.《兰州市婚姻介绍管理办法》（市政府令〔2000〕第5号）

3.《兰州市再生资源回收利用管理办法》（市政府令〔2006〕第6号颁布实施，市政府令〔2016〕第4号修正）

4.《兰州市建设领域农民工工资保证金管理暂行办法》（市政府令〔2013〕第7号颁布实施，市政府令〔2017〕第1号修正）

5.《兰州市机动车排气污染防治管理暂行办法》（市政府令〔2013〕第5号）

6.《兰州市粮食流通管理办法》（市政府令〔2006〕第2号）

7.《兰州市小型出租汽车客运管理办法》（市政府令〔1999〕第15号）

兰州市人民政府令

〔2019〕第5号

《兰州市城市地下综合管廊管理办法》已经2019年8月23日市人民政府第72次常务会议讨论通过，现予公布，自2019年10月15日起施行。

市长 张伟文

2019年9月3日

兰州市城市地下综合管廊管理办法

第一章 总 则

第一条 为了规范城市地下综合管廊规划、建设、运营、维护和管理,集约利用和优化城市地下空间,提高城市综合承载能力,根据《中华人民共和国城乡规划法》等法律、法规的规定,结合本市实际,制定本办法。

第二条 本办法适用于本市行政区域内城市地下综合管廊规划、建设、运营、维护和管理等活动。

第三条 本办法所称城市地下综合管廊(以下简称管廊),是指建于城市地下用于容纳两类以上城市工程管线的构筑物及附属设施。

本办法所称城市工程管线,是指城市范围内为满足生活、生产需要的给排水、燃气、热力、电力、通信等市政公用管线。

本办法所称附属设施包括用于维护管廊正常运行的消防、供电、照明、监控、报警、通风、排水、标识等设施。

第四条 管廊管理遵循政府主导、规划先行、统筹建设、有偿使用的原则。

第五条 市、区(县)人民政府应当加强对管廊工作的领导,建立协调机制,解决管廊规划、建设、运营、维护和管理中的重大问题。

第六条 市、区(县)住房和城乡建设主管部门是本行政区域管廊行政主管部门,负责组织管廊专项规划的编制,以及管廊建设、运营、维护的监督、指导和考核等工作。

发展改革、工信、财政、自然资源、生态环境、交通、水务、文旅、林业、市场监管、人防等部门,按照各自职责协同做好相关管理工作。

第七条 市、区(县)人民政府、相关部门和单位,应当按照《中华人民共和国安全生产法》等法律、法规、规章和安全生产规定,在管廊规划、建设、运营、维护过程中履行安全生产监督管理职责。

第八条 管廊的建设资金采取政府投资和多渠道融资相结合的方式筹措。

鼓励社会资本投资管廊的建设和运营。

第二章 规划与建设

第九条 住房和城乡建设主管部门会同自然资源等部门组织编制管廊专项规划。经自然资源部门审查通过,按程序报人民政府批准后实施。

编制管廊专项规划应当征询管线单位的意见,管线单位应当配合管廊专项规划的编制工作。

第十条 管廊专项规划应当符合城市总体规划和控制性详细规划,统筹兼顾城市新区建设和老旧城区改造,与各类地下管线、城市道路交通、地下空间开发利用、城市轨道交通、人民防空、文物保护、城市园林绿化保护等专项规划相衔接。

第十一条 管廊专项规划应当综合考虑城市发展远景,合理确定空间布局、断面形式、平面位置、竖向控制、管线布局、入廊管线种类等,明确建设规模和时序。

管廊专项规划应当符合入廊管线敷设、增容、运行和维护检修的空间要求,配建检修通道,合理设置出入口,便于维护和检修。

第十二条 管廊应当配套建设消防、照明、通风、防洪、给排水、视频监控、标识、安全与警报、智能管理等规范要求的附属设施,兼顾人民防空要求,提高智能化管理水平,确保管廊安全运行。可以根据实际配建地下停车场、环卫设施、地下过街设施以及人文景观等设施。

第十三条 管廊建设单位应当按照建设程序办理管廊建设工程的相关手续。

管廊建设需穿(跨)越或者利用城市道路、人防设施、河道以及堤防设施,或者涉及消防安全、文物古迹保护、军事用地、树木保护等,管廊建设单位应当依法办理相关手续。

第十四条 管廊建设工程竣工后,管廊建设单位应当按照规定组织竣工验收,验收合格后方可交付使用。

第十五条 城市规划区范围内的各类管线原则上敷设于地下空间。已建设管廊的区域内,管廊专项规划规定的所有管线应当按照要求入廊。

住房和城乡建设主管部门应当根据实际情况统筹推进既有管线有序迁移至管廊。行业主管部门和管线单位应当配合住房和城乡建设主管部门做好各自管线入廊工作。

第十六条 已明确纳入管廊的管线,不再保留另外规划的管线位置。管线单位未经许可不得擅自进行地下管线施工。

第十七条 管廊规划建设期间的档案资料应当由管廊建设单位负责收集、整理、归档。管廊竣工验收合格后,管廊建设单位应当将管廊规划建设档案资料完整地移交给管廊运营单位及城建档案管理部门。

第三章 运营与维护

第十八条 管廊本体及其附属设施的运营维护管理工作由管廊运营单位负责,入廊管线的运营维护管理工作由管线单位负责。管线单位可以委托管廊运营单位代管管线。

第十九条 管线入廊实行有偿使用制度。入廊管线单位应当向管廊运营单位缴纳入廊费和日常维护管理费。

收费标准应当统筹考虑建设和运营、成本和收益的关系,具备协商定价条件的管廊,由管廊运营单位与入廊管线单位按照市场化原则协商确定;对暂不具备协商定价条件的管廊,实行政府定价。

第二十条 无收益来源的城市公益性管线进入由政府投资建设的管廊,需报请人民政府批准,减免费用应计入建设成本;进入由企业和社会资本投资建设的管廊,由政府与特许经营单位签订政府购买协议后有偿使用管廊。

第二十一条 管廊运营单位应当与入廊管线单位签订入廊协议,明确入廊管线种类、时间、费用以及各方的权利和义务等事项。

第二十二条 管廊运营单位是管廊运营、维护和管理的责任主体,应当履行下列职责:

(一)遵守管廊安全保护相关的法律、法规、规章、技术标准和技术规范,并接受有关部门监督检查;

(二)保持管廊内的整洁、照明和通风良好;

(三)建立健全值班、检查、档案资料等维护管理制度,配备建筑、机电、给排水等专业技术人员,落实安全监控和巡查等安全保障措施;

(四)负责管廊内共用设施设备养护和维修,保障设施设备正常运转,并建立工程维修档案;

(五)统筹安排管线单位日常维护管理,配合和协助管线单位的巡查、养护和维修;

(六)制定管廊事故应急预案并定期演练;

(七)定期对管廊的运行状况进行检测评定和安全评估;

(八)对管廊及其安全保护范围的施工作业进行安全监督,对影响管廊安全的施工行为予以制止并及时报告有关行政管理部门;

(九)应当履行的其他职责。

第二十三条 管线单位负责所属入廊管线的设施维护和日常管理工作,应当履行下列职责:

(一)建立健全安全责任制,配合管廊运营单位做好管廊的安全运行;

(二)按照相关安全技术规程使用和维护管线;

(三)编制实施管廊内管线维护和巡检计划,并接受管廊运营单位的监督检查;

(四)制作管线定期巡查记录,记录内容应当包括巡查人员、巡查时间、地点(范围)、发现问题与处理措施、报告记录及巡查人员签名等;

(五)施工时对管廊及管廊内已有管线采取有效的保护措施;

(六)在管廊内实施明火作业的,应当事先告知管廊运营单位,制定安全施工方案,落实安全责任;

(七)制定管线应急预案并报管廊运营单位;

(八)应当履行的其他职责。

第二十四条 住房和城乡建设主管部门应当会同自然资源部门,按照管廊建设单位提供的管廊信息,依据国家有关标准或者技术规范,征求相关单位意见后,在管廊及其周边划定安全保护区,向社会公布,并设置安全警示标识。

第二十五条 在管廊安全保护区内,不得从事下列危害管廊的活动:

(一)排放、倾倒腐蚀性液体、气体、污水、建筑泥浆;

(二)堆放易燃易爆物或者有腐蚀性的物质;

(三)擅自移动、覆盖、涂改、拆除、损坏、占用管廊设施或安全警示等标识;

(四)其他可能危害管廊安全的活动。

第二十六条 在管廊安全保护区内,从事下列可能危害管廊安全的活动,应当向住房和城乡建设主管部门报告,提供管廊运营单位认可的施工安全保护方案,并采取安全保护措施:

(一)因工程施工需要挖掘城市道路;

(二)建设或拆除与管廊设施无关的建筑物、构筑物;

(三)进行挖掘、打桩、顶进、降水等作业;

(四)接驳入廊管线;

(五)其他可能危害管廊安全的活动。

第二十七条 任何单位或者个人未经管廊运营单位同意,不得擅自进入管廊。需要进入管廊的,应当向管廊运营单位提出书面申请。

进入管廊施工、巡检、维修的从业人员应当服从管廊运营单位管理,遵守安全生产规章制度及操作规程,确保管廊安全运行。

第二十八条 管线单位在管廊内进行管线变更,需要移动、改建管廊设施的,应当提前将符合有关标准或者技术规范的施工方案及图纸报送管廊运营单位。

第二十九条 入廊管线单位废弃管线的,应当及时向管廊运营单位报告,并自行清理废弃管线,采取有效措施防范安全隐患。

第三十条 管廊运营单位应当根据地下管线信息标准和要求,建立和维护管廊信息系统,负责管廊及入廊管线空间地理信息的收集、储备、更新、提供、利用,保证信息完整、准确、及时录入,实现信息的即时交换、共建共享、动态更新,促进地下管网运行状况的智能化管理。

第四章 法律责任

第三十一条 违反本办法规定的行为,有关法律、法规已有处罚规定的,从其规定。

第三十二条 违反本办法第十五条规定,管线单位的管线应当进入管廊而未入廊的,由住房和城乡建设主管部门责令限期改正,并报告有关行政主管部门依法处理。

第三十三条 违反本办法第二十二条规定,管廊运营单位未按规定履行职责的,由住房和城乡建设主管部门责令限期改正;逾期未改正的,处二千元以上二万元以下的罚款。

第三十四条 违反本办法第二十三条规定,管线单位未按规定履行职责的,由住房和城乡建设主管部门责令限期改正;逾期未改正的,处二千元以上二万元以下的罚款。

第三十五条 违反本办法第二十四条规定,在管廊安全保护区内从事危害管廊安全活动的,由住房和城乡建设主管部门责令停止违法行为,对实施违法行为的个人处五百元以上一千元以下的罚款,对实施违法行为的单位处一万元以上三万元以下的罚款。

第三十六条 违反本办法第二十六条规定,未履行安全保护义务的,由住房和城乡建设主管部门责令限期改正;逾期未改正的,对个人处一百元以上五百元以下的罚款;对单位处一万元以上二万元以下的罚款。

第三十七条 违反本办法第二十七条规定,未经管廊运营单位同意,擅自进入管廊的,由住房和城乡建设主管部门责令改正,予以警告,可以并处二百元以上二千元以下的罚款。

第三十八条 有关行政主管部门和单位工作人员未按规定履行职责,玩忽职守、滥用职权、徇私舞弊的,由其所在单位、监察机关或者其他有权机关依法追究行政责任;构成犯罪的,依法追究刑事责任。

第五章 附 则

第三十九条 本办法自2019年10月15日起施行。

文件选目

中共兰州市委文件

标题	发文号	发文时间
中共兰州市委兰州市人民政府关于全面落实习近平生态文明思想坚决打赢污染防治攻坚战的实施意见	兰发〔2019〕2号	1月18日
中共兰州市委兰州市人民政府关于深入推进城市执法体制改革改进城市管理工作的实施意见	兰发〔2019〕4号	1月18日
中共兰州市委兰州市人民政府关于印发《兰州市全面推进预算绩效管理的实施办法(试行)》的通知	兰发〔2019〕6号	2月2日
中共兰州市委关于印发《2019-2022年兰州市干部教育培训规划》的通知	兰发〔2019〕7号	2月27日
中共兰州市委关于印发《兰州市中央脱贫攻坚专项巡视反馈意见整改工作实施方案》的通知	兰发〔2019〕8号	3月13日
中共兰州市委关于印发《中共兰州市委常委会2019年工作要点》的通知	兰发〔2019〕11号	3月20日
中共兰州市委兰州市人民政府关于进一步做好营造良好营商环境弘扬优秀企业家精神有关工作的通知	兰发〔2019〕12号	3月27日
中共兰州市委关于印发《兰州市贯彻〈中国共产党党务公开条例(试行)〉实施办法》的通知	兰发〔2019〕13号	4月15日
中共兰州市委关于建立市人民政府向市人大常委会报告国有资产管理情况制度的实施意见	兰发〔2019〕14号	6月18日
中共兰州市委关于全面落实习近平总书记重要讲话精神加快建设现代化经济体系在不断开创富民兴陇新局面中发挥省会城市辐射带动作用的决定	兰发〔2019〕15号	7月12日
中共兰州市委印发《中共兰州市委关于开展“不忘初心、牢记使命”主题教育的实施方案》的通知	兰发〔2019〕19号	9月10日
中共兰州市委兰州市人民政府关于加快推进兰州国家自主创新示范区建设的实施意见	兰发〔2019〕20号	11月14日
中共兰州市委关于加强新时代人大工作的实施意见	兰发〔2019〕22号	12月16日

中共兰州市委办公室文件

标题	发文号	发文时间
中共兰州市委办公室兰州市人民政府办公室印发《关于进一步加强信访工作法治化建设构建大信访格局的实施意见》的通知	兰办发〔2019〕14号	3月6日
中共兰州市委办公室兰州市人民政府办公室印发《关于实行城乡社区工作准入制度的意见》的通知	兰办发〔2019〕15号	3月19日
中共兰州市委办公室兰州市人民政府办公室关于印发兰州市深化文化市场、农业、交通运输、生态环境保护、市场监管等5个领域综合行政执法改革实施方案的通知	兰办发〔2019〕16号	3月24日
中共兰州市委办公室兰州市人民政府办公室关于开展优化营商环境专项活动的通知	兰办发〔2019〕17号	3月29日
中共兰州市委办公室兰州市人民政府办公室关于解决形式主义突出问题为基层减负的通知	兰办发〔2019〕22号	5月21日
中共兰州市委办公室印发《关于人大预算审查监督重点向支出预算和政策拓展的实施意见》的通知	兰办发〔2019〕23号	5月28日
中共兰州市委办公室兰州市人民政府办公室关于印发建立健全村务监督委员会实施方案的通知	兰办发〔2019〕25号	5月28日
中共兰州市委办公室兰州市人民政府办公室印发《兰州市关于深入学习浙江“千村示范、万村整治”工程经验全面扎实推进农村人居环境整治工作的实施意见》及10个配套方案的通知	兰办发〔2019〕26号	5月28日
中共兰州市委办公室兰州市人民政府办公室关于印发《平安兰州建设责任制考评奖罚办法》的通知	兰办发〔2019〕27号	6月27日
中共兰州市委办公室印发《关于加强新时代人民政协党的建设工作的实施意见》的通知	兰办发〔2019〕28号	7月4日
中共兰州市委办公室关于印发《兰州市公务员职务与职级并行制度实施方案》的通知	兰办发〔2019〕29号	7月5日
中共兰州市委办公室兰州市人民政府办公室印发《关于推进城市安全发展的实施意见》的通知	兰办发〔2019〕36号	9月30日
中共兰州市委办公室兰州市人民政府办公室关于印发《兰州市创建双拥模范城（县）先进单位和个人奖励办法》的通知	兰办发〔2019〕37号	10月30日
中共兰州市委办公室兰州市人民政府办公室印发《关于深化审评审批制度改革鼓励药品医疗器械创新的实施方案》的通知	兰办发〔2019〕38号	11月12日
中共兰州市委办公室兰州市人民政府办公室政协兰州市委员会办公室关于印发《政协兰州市委员会提案工作办法》的通知	兰办发〔2019〕39号	11月21日
中共兰州市委办公室兰州市人民政府办公室关于印发《兰州市振兴制造业实施方案(2019-2025年)》的通知	兰办发〔2019〕40号	11月21日
中共兰州市委办公室兰州市人民政府办公室印发《关于推进乡镇街道管理体制改革整合基层审批服务执法力量的实施方案》的通知	兰办发〔2019〕41号	11月29日
中共兰州市委办公室关于印发《兰州市党内规范性文件备案审查工作办法》的通知	兰办发〔2019〕43号	12月12日
中共兰州市委办公室兰州市人民政府办公室关于印发《市委文件起草审核工作责任制规定》的通知	兰办发〔2019〕44号	12月12日
中共兰州市委办公室关于严格执行“一票否决”和签订责任状事项的通知	兰办发〔2019〕45号	12月20日
中共兰州市委办公室兰州市人民政府办公室印发《兰州市关于促进小农户和现代农业发展有机衔接的实施方案》的通知	兰办发〔2019〕46号	12月30日
中共兰州市委办公室兰州市人民政府办公室关于印发《兰州市区县领导班子和领导干部年度考核办法》等7个办法的通知	兰办发〔2019〕47号	12月31日
中共兰州市委办公厅兰州市人民政府办公厅关于印发《2018年度市管领导班子和领导干部、全面从严治党、目标管理考核工作方案》的通知	兰办字〔2019〕2号	1月14日
中共兰州市委办公厅兰州市人民政府办公厅关于印发《兰州市推进互联网协议第六版(IPv6)规模部署行动计划实施方案》的通知	兰办字〔2019〕3号	1月15日

标题	发文号	发文时间
中共兰州市委办公厅兰州市人民政府办公厅关于印发《兰州市深化"一窗办一网办简化办马上办"改革推进审批服务便民化工作实施方案》的通知	兰办字〔2019〕4号	1月18日
中共兰州市委办公厅印发《关于开展新时代文明实践中心建设试点工作的实施意见》的通知	兰办字〔2019〕6号	1月23日
中共兰州市委办公厅兰州市人民政府办公厅关于转发兰州市所辖区县机构改革方案的通知	兰办字〔2019〕7号	1月31日
中共兰州市委办公室兰州市人民政府办公室关于成立兰州市解决房屋产权登记发证历史遗留问题工作指挥部的通知	兰办字〔2019〕11号	3月15日
中共兰州市委办公室关于印发《中共兰州市委2019年政党协商计划》的通知	兰办字〔2019〕13号	4月1日
中共兰州市委办公室兰州市人民政府办公室印发《兰州市关于促进工商联所属商会改革和发展的实施意见》的通知	兰办字〔2019〕14号	4月9日
中共兰州市委办公室关于印发《中共兰州市委常委会2018年度民主生活会查摆问题整改方案》的通知	兰办字〔2019〕15号	4月15日
中共兰州市委办公室兰州市人民政府办公室关于印发《兰州市2019年推进创建全国文明城市工作实施方案》的通知	兰办字〔2019〕16号	4月18日
中共兰州市委办公室兰州市人民政府办公室关于调整部分市级单位帮扶村进一步充实优化驻村帮扶力量的通知	兰办字〔2019〕19号	5月22日
中共兰州市委办公室兰州市人民政府办公室关于在全市开展项目建设大比拼活动的通知	兰办字〔2019〕21号	6月6日
中共兰州市委办公室兰州市人民政府办公室关于印发《兰州市2018年省级脱贫攻坚成效考核情况通报问题整改方案》的通知	兰办字〔2019〕23号	6月6日
中共兰州市委办公室兰州市人民政府办公室关于印发《义务教育有保障冲刺清零筛查工作方案》等六个筛查工作方案的通知	兰办字〔2019〕24号	6月6日
中共兰州市委办公室兰州市人民政府办公室关于2018年全面从严治党、市管领导班子和领导干部、目标管理考核情况的通报	兰办字〔2019〕26号	6月17日
中共兰州市委办公室兰州市人民政府办公室关于印发《兰州市隆重庆祝中华人民共和国成立70周年广泛开展"我和我的祖国"群众性主题宣传教育活动实施方案》的通知	兰办字〔2019〕27号	6月25日
中共兰州市委办公室兰州市人民政府办公室关于成立兰州市违建别墅问题清查整治专项行动领导小组的通知	兰办字〔2019〕28号	6月27日
中共兰州市委办公室兰州市人民政府办公室关于调整兰州市榆中生态创新城建设领导小组组成人员和成立兰州榆中生态创新城管委会(筹)的通知	兰办字〔2019〕29号	7月8日
中共兰州市委办公室兰州市人民政府办公室关于贯彻落实《甘肃省密码应用与创新发展实施方案(2018-2022)年》的通知	兰办字〔2019〕30号	7月9日
中共兰州市委办公室兰州市人民政府办公室关于认真贯彻落实《防范和惩治统计造假、弄虚作假督察工作规定》的通知	兰办字〔2019〕31号	7月12日
中共兰州市委办公室兰州市人民政府办公室关于增补兰州市防范化解重大风险工作领导小组的通知	兰办字〔2019〕33号	7月31日
中共兰州市委办公室兰州市人民政府办公室印发《关于进一步把社会主义核心价值观融入法治兰州建设的实施意见》的通知	兰办字〔2019〕35号	8月5日
中共兰州市委办公室兰州市人民政府办公室关于进一步做好从事生产经营活动的市直事业单位改革工作的通知	兰办字〔2019〕36号	8月19日
中共兰州市委办公室兰州市人民政府办公室关于完善促进消费体制机制进一步激发居民消费潜力的通知	兰办字〔2019〕37号	9月9日
中共兰州市委办公室关于成立市委"不忘初心、牢记使命"主题教育领导小组的通知	兰办字〔2019〕38号	9月9日

标题	发文号	发文时间
中共兰州市委办公室兰州市人民政府办公室关于印发《义务教育有保障冲刺清零工作方案》等六个工作方案的通知	兰办字〔2019〕39号	9月16日
中共兰州市委办公室兰州市人民政府办公室兰州警备区动员处关于调整兰州市国防动员委员会及办事机构组成人员的通知	兰办字〔2019〕41号	9月24日
中共兰州市委办公室关于印发《中共兰州市委常委会“不忘初心、牢记使命”主题教育检视问题整改方案》的通知	兰办字〔2019〕43号	11月22日
中共兰州市委办公室关于成立中共兰州市委党史工作领导小组的通知	兰办字〔2019〕44号	11月12日
中共兰州市委办公室关于印发《全市党的十九届四中全会精神学习宣传教育培训工作实施方案》的通知	兰办字〔2019〕45号	11月29日
中共兰州市委办公室关于市纪委派驻机构更名有关事项的通知	兰办字〔2019〕46号	11月29日
中共兰州市委办公室关于做好2020年重点党报党刊发行工作严格规范报刊发行秩序的通知	兰办字〔2019〕47号	12月9日
中共兰州市委办公室兰州市人民政府办公室关于调整《兰州市服务承诺“四办四清单”目录》的通知	兰办字〔2019〕48号	12月16日
中共兰州市委办公室关于印发《党的十八大以来党中央和省、市委制定修订的党内法规执行责任清单》的通知	兰办字〔2019〕50号	12月26日
中共兰州市委办公室兰州市人民政府办公室关于印发《2019年度市管领导班子和领导干部考核工作方案》的通知	兰办字〔2019〕51号	12月31日

兰州市人民政府文件

发文标题	发文号	发文时间
兰州市人民政府关于以出让国有资源资产和资产证券化等多种方式补充基础设施建设项目资本金工作的实施意见	兰政发〔2019〕2号	1月21日
兰州市人民政府关于印发推进市与区县财政事权和支出责任划分改革实施方案的通知	兰政发〔2019〕3号	1月21日
兰州市人民政府关于做好当前和今后一个时期促进就业工作的实施意见	兰政发〔2019〕4号	1月24日
兰州市人民政府关于印发《兰州市建设项目配建公共服务设施规划建设管理办法(试行)》的通知	兰政发〔2019〕5号	5月7日
兰州市人民政府关于机构设置的通知	兰政发〔2019〕6号	2月15日
关于兰州市政府机构设置的备案报告	兰政发〔2019〕7号	2月2日
兰州市人民政府关于印发《兰州市中心城区控制性详细规划调整规定(试行)》的通知	兰政发〔2019〕8号	2月21日
兰州市人民政府关于印发2019年市委市政府为民兴办实事实施方案的通知	兰政发〔2019〕10号	2月28日
兰州市人民政府关于分解落实2019年全市经济社会发展主要预期指标的通知	兰政发〔2019〕11号	2月28日
兰州市人民政府关于印发2019年工作要点的通知	兰政发〔2019〕12号	2月28日
关于城乡规划督查整改工作的报告	兰政发〔2019〕13号	3月25日
关于市十六届人发常委会第十七次会议审议意见办理情况的报告	兰政发〔2019〕14号	4月22日
兰州市人民政府关于印发兰州市2019年国民经济和社会发展计划要点及各专项计划的通知	兰政发〔2019〕15号	4月25日
兰州市人民政府关于公布市政府部门第十七批取消调整和下放行政审批等事项目录的通知	兰政发〔2019〕16号	5月9日
关于兰州市2018年度环境保护工作的报告	兰政发〔2019〕17号	5月22日
关于2019年兰州国际马拉松赛比赛期间实施两部无线电管制的通告	兰政发〔2019〕18号	5月24日
关于甘肃豫兰生物科技有限公司中国好粮油行动示范企业项目推进情况的报告	兰政发〔2019〕19号	5月29日
关于兰州市轨道交通票制票价的通告	兰政发〔2019〕20号	5月30日
关于提请审议《兰州市大气污染防治条例(草案)》的议案	兰政发〔2019〕21号	6月18日
兰州市人民政府关于印发兰州市人口发展规划(2018—2035年)的通知	兰政发〔2019〕22号	6月24日
关于市十六届人大常委会第二十次会议审议意见办理情况的报告	兰政发〔2019〕23号	6月21日
兰州市人民政府关于印发兰州市2019年城乡基础设施项目责任清单的通知	兰政发〔2019〕24号	6月21日
兰州市人民政府关于印发《兰州市改革国有企业工资决定机制实施办法》的通知	兰政发〔2019〕25号	6月28日
兰州市人民政府关于生态环境部西北督察局近期调研督察我市建成区燃煤锅炉淘汰工作情况的通报	兰政发〔2019〕26号	6月27日
兰州市人民政府印发关于在市场监管领域全面推行部门联合“双随机、一公开”监管实施方案的通知	兰政发〔2019〕27号	7月25日
关于印发兰州市大气环境功能区划报告的通知	兰政发〔2019〕28号	7月25日
关于中央第五生态环境保护督察组反馈生态环境问题办理情况的说明	兰政发〔2019〕30号	7月30日
关于提请审议《兰州市气象灾害防御条例(草案)》的议案	兰政发〔2019〕31号	7月31日
关于废止《关于印发兰州市鼓励社会投资建设公共停车场优惠政策的若干规定的通知》的通知	兰政发〔2019〕33号	8月14日

发文标题	发文号	发文时间
关于印发兰州市声环境功能区划调整方案的通知	兰政发〔2019〕34号	8月16日
关于公布市政府部门第十八批取消调整和下放行政审批事项目录的通知	兰政发〔2019〕35号	9月2日
关于表彰兰州市2019年教育工作先进集体和优秀教师的决定	兰政发〔2019〕36号	9月5日
关于提请审议《兰州市物业管理条例(修订草案)》的议案	兰政发〔2019〕37号	10月8日
关于印发《兰州市政府投资项目竣工决(结)算审核管理办法(试行)》的通知	兰政发〔2019〕38号	10月23日
关于市十六届人大常委会第二十一次会议审议意见办理情况的报告	兰政发〔2019〕39号	10月28日
关于印发《兰州市国土空间总体规划(2020-2035年)编制工作方案》的通知	兰政发〔2019〕40号	11月26日
关于划定高排放非道路移动机械禁止使用区域的通告	兰政发〔2019〕41号	12月9日
关于印发《兰州市铁路沿线环境安全综合整治“双段长”责任制工作方案》的通知	兰政发〔2019〕42号	12月1日
关于市十六届人大常委会第二十二次会议审议意见办理情况的报告	兰政发〔2019〕43号	12月25日
关于市十六届人大常委会第二十三次会议审议意见办理情况的报告	兰政发〔2019〕47号	12月25日

兰州市人民政府办公室文件

文件标题	发文号	发文时间
兰州市人民政府办公厅关于印发兰州市城市黑臭水体治理攻坚战实施方案的通知	兰政办发〔2019〕1号	1月14日
兰州市人民政府办公厅关于印发《兰州市城乡规划和国土管理委员会工作章程》《兰州市城乡规划和国土管理委员会主任委员会议事办法》《兰州市城乡规划和国土管理委员会专家委员会工作规则》的通知	兰政办发〔2019〕2号	1月14日
兰州市人民政府办公厅关于印发兰州牛肉拉面提升发展质量行动实施方案的通知	兰政办发〔2019〕3号	1月21日
兰州市人民政府办公厅关于印发兰州市推进农村金融综合服务室建设运行实施方案的通知	兰政办发〔2019〕4号	1月18日
兰州市人民政府办公厅关于印发兰州市基本公共服务领域市与区县共同财政事权和支出责任划分改革方案的通知	兰政办发〔2019〕5号	1月21日
兰州市人民政府办公厅关于印发开好头起好步以钉钉子精神努力实现一季度经济社会发展良好开局的工作方案的通知	兰政办发〔2019〕7号	1月23日
兰州市人民政府办公厅关于印发兰州市工程建设项目审批制度改革实施意见的通知	兰政办发〔2019〕8号	1月23日
兰州市人民政府办公厅关于稳妥处置省广电网络股份有限公司“宽带乡村”建设项目拖欠农民工工资问题的通知	兰政办发〔2019〕10号	1月23日
兰州市人民政府办公厅关于印发兰州市流通领域现代供应链体系试点城市建设工作方案的通知	兰政办发〔2019〕11号	1月24日
兰州市人民政府办公厅关于印发《兰州市农村集体聚餐食品安全管理办法》的通知	兰政办发〔2019〕12号	1月24日
兰州市人民政府办公厅关于印发聚焦企业关切进一步推动优化营商环境政策落实工作方案的通知	兰政办发〔2019〕13号	1月25日
兰州市人民政府办公厅关于对全市城市建设项目开展清查整治工作的通知	兰政办发〔2019〕14号	1月28日
关于印发兰州黄河生态旅游开发有限公司资产划转工作实施方案的通知	兰政办发〔2019〕15号	1月25日
兰州市人民政府办公厅关于印发兰州市全面深入推进绿色交通发展的实施意见的通知	兰政办发〔2019〕16号	1月30日
兰州市人民政府办公厅关于印发兰州市推进运输结构调整三年行动计划工作方案(2018－2020年)的通知	兰政办发〔2019〕17号	1月30日
兰州市人民政府办公厅关于印发兰州市2019年度水污染防治行动工作方案的通知	兰政办发〔2019〕18号	1月31日
兰州市人民政府办公厅关于印发兰州市证明事项保留清单的通知	兰政办发〔2019〕19号	2月15日
兰州市人民政府办公厅关于深入开展饮用水水源地环境保护专项行动的通知	兰政办发〔2019〕20号	1月31日
兰州市人民政府办公厅关于印发贯彻落实四川甘肃经济社会发展合作行动计划(2018－2022年)实施方案的通知	兰政办发〔2019〕21号	1月31日
兰州市人民政府办公厅关于印发兰州市中长期职业技能培训实施意见的通知	兰政办发〔2019〕22号	2月2日
兰州市人民政府办公厅关于进一步加快推进新三年棚户区(城中村)改造攻坚工作的实施意见	兰政办发〔2019〕23号	2月3日
兰州市人民政府办公厅关于印发兰州市2019年社会信用体系建设工作要点的通知	兰政办发〔2019〕24号	2月3日
关于印发兰州市关于保障基础设施领域补短板力度的实施方案的通知	兰政办发〔2019〕25号	2月3日
兰州市人民政府办公厅关于转发《甘肃省推行企业投资项目承诺制改革实施方案(试行)》等5个实施方案的通知	兰政办发〔2019〕26号	2月12日
兰州市人民政府办公厅关于2018年度网络政务服务工作情况的通报	兰政办发〔2019〕27号	2月18日
兰州市人民政府办公厅关于印发《兰州市政务信息系统项目管理暂行办法》的通知	兰政办发〔2019〕28号	2月18日

文　件　标　题	发文号	发文时间
兰州市人民政府办公室关于市政府领导分工的通知	兰政办发〔2019〕30号	2月21日
兰州市人民政府办公室关于2018年度政务公开与互联网+政务服务工作考核情况的通报	兰政办发〔2019〕31号	2月25日
兰州市人民政府办公室关于印发提升城市品质打造精致兰州三年行动方案的通知	兰政办发〔2019〕32号	3月1日
兰州市人民政府办公室关于印发兰州市参与建设丝绸之路经济带和21世纪海上丝绸之路2019年工作要点的通知	兰政办发〔2019〕33号	2月28日
兰州市人民政府办公室关于印发《兰州市建设工程和道路挖掘工地文明施工管理规定(试行)》的通知	兰政办发〔2019〕34号	2月28日
兰州市人民政府办公室关于印发2019年兰州市人民政府常务会议学法方案的通知	兰政办发〔2019〕35号	3月5日
兰州市人民政府办公室关于印发兰州市人民政府机构简称的通知	兰政办发〔2019〕36号	3月6日
兰州市人民政府办公室关于印发解决房屋产权登记发证历史遗留问题实施意见的通知	兰政办发〔2019〕37号	3月6日
兰州市人民政府办公室关于印发兰州市项目建设团队服务办法的通知	兰政办发〔2019〕38号	3月8日
兰州市人民政府办公室关于印发进一步调整优化结构提高教育经费使用效益实施方案的通知	兰政办发〔2019〕39号	3月12日
兰州市人民政府办公室关于印发2019年市列重大项目责任清单的通知	兰政办发〔2019〕40号	3月13日
兰州市人民政府办公室关于印发《兰州市户外广告设施设置管理导则》的通知	兰政办发〔2019〕44号	3月19日
兰州市人民政府办公室关于印发打造“精致兰州”暨城建交通运输工作会议有关任务分解表的通知	兰政办发〔2019〕45号	3月19日
兰州市人民政府办公室关于全力加快全市续建项目办理复工有关事宜的通知	兰政办发〔2019〕46号	3月20日
兰州市人民政府办公室关于印发《2019年度兰州市老旧住宅小区增设电梯工作实施方案》的通知	兰政办发〔2019〕47号	3月22日
兰州市人民政府办公室关于印发兰州市加强质量认证体系建设促进全面质量管理实施方案的通知	兰政办发〔2019〕48号	3月28日
兰州市人民政府办公室关于印发2019年度全市重点审计项目计划的通知	兰政办发〔2019〕49号	3月27日
兰州市人民政府办公室关于印发2019年度兰州市老旧楼院整体改造实施方案的通知	兰政办发〔2019〕50号	4月2日
兰州市人民政府办公室关于印发《兰州市矿山地质环境恢复和综合治理规划2018－2022年)》的通知	兰政办发〔2019〕51号	4月4日
兰州市人民政府办公室关于印发2019年第一批项目团队工作方案的通知	兰政办发〔2019〕52号	4月11日
兰州市人民政府办公室关于印发兰州市生态环境损害赔偿制度改革实施方案的通知	兰政办发〔2019〕54号	4月12日
兰州市人民政府办公室关于印发2019兰州国际马拉松赛总体方案和2019国际田联路跑会议工作方案的通知	兰政办发〔2019〕55号	4月16日
兰州市人民政府办公室关于印发兰州市推进5G通信网络建设发展实施方案的通知	兰政办发〔2019〕57号	4月26日
兰州市人民政府办公室关于分解落实2019年第二季度主要经济发展预期目标的通知	兰政办发〔2019〕57号	5月6日
兰州市人民政府办公室关于做好2019年度全市重点招商引资项目推进工作的通知	兰政办发〔2019〕58号	5月10日
兰州市人民政府办公室关于印发兰州市打击治理电信网络新型违法犯罪专项行动实施方案的通知	兰政办发〔2019〕60号	5月20日
兰州市人民政府办公室关于印发兰州市深入开展消费扶贫助力打赢脱贫攻坚战实施方案的通知	兰政办发〔2019〕61号	5月22日
兰州市人民政府办公室关于对金色家园等4家重大火灾隐患单位挂牌督办的通知	兰政办发〔2019〕62号	5月21日
兰州市人民政府办公室关于印发《2019年兰州市深化“放管服”改革实施方案》的通知	兰政办发〔2019〕63号	5月22日
兰州市人民政府办公室关于印发兰州市水电站生态环境问题整治工作方案的通知	兰政办发〔2019〕64号	6月26日

文　件　标　题	发文号	发文时间
兰州市人民政府办公室关于印发《2019年兰州市重大前期项目清单》的通知	兰政办发〔2019〕65号	5月23日
兰州市人民政府办公室关于印发2019年第二批项目团队工作方案的通知	兰政办发〔2019〕66号	5月30日
兰州市人民政府办公室关于印发兰州市督办化解历史遗留问题工作方案的通知	兰政办发〔2019〕67号	5月24日
兰州市人民政府办公室关于印发第二十五届中国兰州投资贸易洽谈会兰州市工作方案的通知	兰政办发〔2019〕68号	5月24日
兰州市人民政府办公室关于印发兰州市全面推行行政执法公示制度执法全过程记录制度重大执法决定法制审核制度实施方案的通知	兰政办发〔2019〕69号	5月24日
兰州市人民政府办公室关于印发兰州市政府购买城市公共交通服务管理办法（试行）等文件的通知	兰政办发〔2019〕70号	5月29日
兰州市人民政府办公室关于印发兰州市节能减排财政政策综合示范城市中央补助资金调整计划的通知	兰政办发〔2019〕71号	5月29日
兰州市人民政府办公室关于印发《兰州市促进科技成果转移转化实施方案》的通知	兰政办发〔2019〕72号	5月29日
兰州市人民政府办公室关于兰州市轨道交通票制票价有关事宜的通知	兰政办发〔2019〕73号	5月30日
兰州市人民政府办公室关于印发兰州市公交整治提升行动实施方案的通知	兰政办发〔2019〕74号	6月5日
兰州市人民政府办公室关于印发加快推进兰州市城市绿色货运配送示范工程创建实施方案的通知	兰政办发〔2019〕75号	6月6日
兰州市人民政府办公室关于全面做好兰州市2018年土地例行督察发现问题整改等工作的通知	兰政办发〔2019〕76号	6月4日
兰州市人民政府办公室关于贯彻落实全省经济运行调度会议工作任务的通知	兰政办发〔2019〕77号	6月4日
兰州市人民政府办公室关于印发兰州市城市公交票价调整工作实施方案的通知	兰政办发〔2019〕78号	6月6日
兰州市人民政府办公室关于印发兰州市人民政府2019年立法计划的通知	兰政办发〔2019〕79号	6月11日
兰州市人民政府办公室关于印发《兰州市初始排污权分配确权管理办法》的通知	兰政办发〔2019〕80号	6月11日
兰州市人民政府办公室关于印发兰州市工程建设项目审批制度改革工作实施方案的通知	兰政办发〔2019〕81号	6月18日
兰州市人民政府办公室关于印发兰州市政府和社会资本合作管理办法通知	兰政办发〔2019〕82号	6月21日
兰州市人民政府办公室关于印发支持兰州黄河生态旅游开发有限责任公司加快发展的工作方案的通知	兰政办发〔2019〕83号	6月21日
兰州市人民政府办公室关于聘请和续聘兰州市招商引资顾问的通知	兰政办发〔2019〕84号	6月27日
兰州市人民政府办公室关于印发兰州市城镇小区配套幼儿园治理工作方案的通知	兰政办发〔2019〕85号	7月3日
兰州市人民政府办公室关于印发兰州市公共建筑节能改造实施方案的通知	兰政办发〔2019〕86号	7月3日
关于兰州市关停新建部分部门网站和部分网站退出全国政府网站普查系统请示	兰政办发〔2019〕87号	7月3日
兰州市人民政府办公室关于印发《兰州－西宁城市群发展规划兰州市实施方案》的通知	兰政办发〔2019〕89号	7月15日
兰州市人民政府办公室关于印发兰州市深化收费公路制度改革取消高速公路省界收费站暨高速公路ETC推广发行工作方案的通知	兰政办发〔2019〕90号	7月16日
兰州市人民政府办公室关于印发兰州市城乡居民基本养老保险待遇确定和基础养老金正常调整机制实施方案的通知	兰政办发〔2019〕91号	7月16日
兰州市人民政府办公室关于印发兰州市推进数字经济创新发展试验区建设实施方案的通知	兰政办发〔2019〕92号	7月16日
兰州市人民政府办公室关于印发兰州市2019年度地质灾害防治方案的通知	兰政办发〔2019〕93号	7月17日
兰州市人民政府办公室关于印发2019年污染防治攻坚“三大战役”重点任务清单的通知	兰政办发〔2019〕94号	7月23日
兰州市人民政府办公室关于印发《兰州市工程建设领域农民工工资保证金管理办法（试行）》的通知	兰政办发〔2019〕95号	7月26日

文件标题	发文号	发文时间
兰州市人民政府办公室关于印发第九届兰州黄河文化旅游节总体活动方案的通知	兰政办发〔2019〕96号	7月25日
兰州市人民政府办公室关于印发《兰州市建设项目生成管理办法（试行）》等5个办法的通知	兰政办发〔2019〕97号	7月31日
兰州市人民政府办公室关于市政府领导分工的通知	兰政办发〔2019〕98号	8月5日
兰州市人民政府办公室关于分解落实2019年第三季度主要经济发展预期目标的通知	兰政办发〔2019〕99号	8月6日
兰州市人民政府办公室关于印发兰州市5G产业发展行动方案（2019－2022年）的通知	兰政办发〔2019〕100号	8月5日
关于印发兰州市规范校外培训机构发展工作方案的通知	兰政办发〔2019〕101号	8月12日
关于印发兰州市中小学校校厕安全问题整改工作方案的通知	兰政办发〔2019〕102号	8月12日
关于对推动黄河生态文明建设工作不力单位的通报	兰政办发〔2019〕103号	8月16日
关于支持兰州百合产业高质量发展的实施意见（2019-2022年）	兰政办发〔2019〕104号	8月19日
关于兰州市国民经济和社会发展“十四五”规划编制工作的安排意见	兰政办发〔2019〕105号	8月23日
关于印发中国（兰州）跨境电子商务综合试验区扶持政策（试行）的通知	兰政办发〔2019〕106号	8月26日
关于印发第四届兰州科技成果博览会总体方案的通知	兰政办发〔2019〕107号	8月27日
关于印发《兰州市党政机关公务用车管理实施办法》和《兰州市党政机关事业单位办公用房管理实施办法》的通知	兰政办发〔2019〕109号	8月29日
关于印发《兰州市基层综合文化活动场所建设突破行动实施方案》的通知	兰政办发〔2019〕110号	8月30日
关于印发《兰州市县域经济发展综合评价办法（试行）》的通知	兰政办发〔2019〕111号	9月2日
关于做好第25届兰洽会及重大招商活动签约项目推进工作的通知	兰政办发〔2019〕112号	9月3日
关于印发兰州市支持新能源产业发展工作方案的通知	兰政办发〔2019〕113号	9月3日
关于印发兰州市2019年主要污染物减排和碳减排计划的通知	兰政办发〔2019〕114号	9月4日
关于印发加快发展城市“夜经济”实施方案的通知	兰政办发〔2019〕115号	9月4日
关于印发《兰州市市级财政预算管理办法（试行）》的通知	兰政办发〔2019〕116号	9月5日
关于转发市政府国资委以管资本为主推进职能转变实施方案的通知	兰政办发〔2019〕117号	9月12日
关于印发《兰州市市属国有企业重组整合方案》的通知	兰政办发〔2019〕118号	9月12日
关于印发《兰州市首届黄河之滨音乐节活动总体方案》的通知	兰政办发〔2019〕119号	9月12日
关于印发兰州市贯彻落实城镇住宅小区配建学校政策扩大教育资源约谈要求整改方案的通知	兰政办发〔2019〕120号	9月12日
关于促进兰州市高铁沿线经济发展的实施意见	兰政办发〔2019〕121号	9月26日日
关于印发兰州市支持装配式建筑发展的若干意见的通知	兰政办发〔2019〕122号	10月9日
关于切实做好当前有关工作确保完成全年经济增长目标的通知	兰政办发〔2019〕123号	9月20日
关于贯彻落实唐仁健省长调研兰州市稳增长工作安排部署任务的通知	兰政办发〔2019〕124号	9月20日
关于印发兰州市城市供热保障金统筹使用管理办法的通知	兰政办发〔2019〕125号	10月9日
陇海兰新经济促进会第十六次年会总体方案	兰政办发〔2019〕126号	10月9日
关于印发兰州市推进建筑业持续健康发展工作方案的通知	兰政办发〔2019〕127号	10月21日
关于《兰州市城乡规划和国土管理委员会工作章程》《兰州市城乡规划和国土管理委员会主任委员议事办法》《兰州市城乡规划和国土管理委员会专家委员会工作规划》中规范机构名称的通知	兰政办发〔2019〕128号	10月23日
关于印发兰州市2019-2020年度冬季大气污染防治工作方案的通知	兰政办发〔2019〕129号	10月25日
关于印发贯彻落实浙江甘肃经济社会发展合作框架协议任务分工方案的通知	兰政办发〔2019〕130号	10月30日

文件标题	发文号	发文时间
关于印发兰州市自然保护地勘界立标工作方案的通知	兰政办发〔2019〕132号	11月4日
关于印发兰州市2019-2020年冬季天然气压非保民调峰应急预案的通知	兰政办发〔2019〕133号	11月5日
关于印发兰州市建立和完善四级一体化政务服务体系实施方案的通知	兰政办发〔2019〕134号	11月5日
关于违反会议纪律情况的通报	兰政办发〔2019〕135号	11月5日
关于印发中共兰州市人民政府党组“不忘初心、牢记使命”主题教育领导班子整改方案的通知	兰政办发〔2019〕136号	11月7日
关于印发全市高铁沿线安全隐患整治方案的通知	兰政办发〔2019〕137号	11月7日
关于印发《兰州市经济运行调度工作评价办法》的通知	兰政办发〔2019〕138号	11月8日
关于认真做好全市资产负债表编制工作的通知	兰政办发〔2019〕139号	11月8日
关于分解兰州市2019年第四季度生态产业发展目标的通知	兰政办发〔2019〕140号	11月8日
关于印发兰州市红十字会改革方案的通知	兰政办发〔2019〕141号	11月19日
关于切实做好当前工作确保完成全市主要经济指标目标任务的通知	兰政办发〔2019〕142号	11月20日
关于印发兰州市生育保险和基本医疗保险合并实施方案的通知	兰政办发〔2019〕143号	11月21日
关于印发2019年第三批项目团队工作方案的通知	兰政办发〔2019〕144号	11月21日
关于印发兰州市开展货车非法改装和超限载百日专项整治工作实施方案的通知	兰政办发〔2019〕145号	11月25日
关于印发《兰州市在用超标电动自行车残疾人机动轮椅车过渡期管理办法》的通知	兰政办发〔2019〕146号	11月27日
关于印发兰州市高新区经济区土地出让金和财政管理体制调整方案的通知	兰政办发〔2019〕147号	12月2日
关于印发《兰州市扩大教育资源促进教育优质均衡发展专项行动计划(2019-2022年)》的通知	兰政办发〔2019〕148号	12月6日
关于印发兰州市鼓励和规范互联网租赁自行车发展的指导意见(试行)的通知	兰政办发〔2019〕149号	12月10日
关于印发兰州市加快推进农业机械化和农机装备产业转型升级实施方案的通知	兰政办发〔2019〕150号	12月16日
关于做好2020年组建市级项目团队工作的通知	兰政办发〔2019〕151号	12月17日
关于印发《兰州市十大生态产业项目包抓责任制》的通知	兰政办发〔2019〕152号	12月20日
关于印发《兰州市行政机关法律顾问遴选管理办法》的通知	兰政办发〔2019〕153号	12月23日
关于印发兰州市职业技能提升行动实施方案(2019-2021年)的通知	兰政办发〔2019〕154号	12月25日
关于印发2020年兰州市人民政府常务会议学法方案的通知	兰政办发〔2019〕155号	12月31日
关于印发《兰州市加强和规范事中事后监管的实施方案》的通知	兰政办发〔2019〕156号	12月31日

2019年甘肃省国民经济和社会发展统计公报

甘肃省统计局 国家统计局甘肃调查总队

（2020年3月20日）

2019年，面对错综复杂的国内外经济环境，在省委省政府的坚强领导下，全省各级各部门以习近平新时代中国特色社会主义思想为指导，深入贯彻落实习近平总书记对甘肃重要讲话和指示精神，全面贯彻党的十九大和十九届二中、三中、四中全会精神，坚持稳中求进工作总基调，坚持以供给侧结构性改革为主线，坚持新发展理念，积极推动高质量发展，全力做好"六稳"工作，统筹推进稳增长、促改革、调结构、惠民生、防风险、保稳定，落实落细"四补"稳增长措施，全省经济运行保持总体平稳、稳中向好的发展态势，人民生活福祉持续改善，各项社会事业繁荣发展，为全面建成小康社会奠定了坚实基础。

一、综合

初步核算，全年全省地区生产总值8718.3亿元，比上年增长6.2%。其中，第一产业增加值1050.5亿元，增长5.8%；第二产业增加值2862.4亿元，增长4.7%；第三产业增加值4805.4亿元，增长7.2%。三次产业结构比为12.05∶32.83∶55.12。按常住人口计算，人均地区生产总值32995元，比上年增长5.7%。全员劳动生产率53019元/人，增长6.3%。

全年全省十大生态产业增加值2061.9亿元，比上年增长7.8%，占全省地区生产总值的23.7%。

年末全省常住人口2647.43万人，比上年末增加10.17万人。其中，城镇人口1283.74万人，占常住人口比重(常住人口城镇化率)为48.49%，比上年末提高0.8个百分点。全年出生人口28.06万人，出生率为10.60‰；死亡人口17.87万人，死亡率为6.75‰；人口自然增长率为3.85‰。

表1 2019年甘肃省年末人口数及其构成

指 标	年末数(万人)	比重(%)
全省常住人口	2647.43	100.0
其中：城镇	1283.74	48.49
乡村	1363.69	51.51
其中：男性	1350.19	51.00
女性	1297.24	49.00
其中：0-14岁[1]	461.18	17.42
15-64岁	1878.88	70.97
65岁及以上	307.37	11.61

年末全省就业人员1549.45万人，其中城镇就业人员656.66万人。全年城镇新增就业39.22万人，其中失业人员再就业16.2万人。城镇登记失业率为3.0%。全年输转城乡富余劳动力518.5万人，其中，省外输转191.1万人，省内输转327.4万人。

全年居民消费价格比上年上涨2.3%。商品零售价格上涨1.9%。工业生产者出厂价格下降1.7%。工业生产者购进价格下降1.0%。固定资产投资价格上涨2.6%。农产品生产者价格上涨9.9%。农业生产资料价格上涨1.1%。

表2　2019年甘肃省居民消费价格比上年涨跌幅度

指　　标	全　省		
		城　市	农　村
居民消费价格	2.3	2.2	2.4
其中:食品烟酒	5.4	5.3	5.4
衣　着	0.7	0.9	0.2
居　住	1.7	0.6	3.7
生活用品及服务	0.8	0.9	0.6
交通和通信	-1.0	-0.6	-1.7
教育文化和娱乐	0.7	1.0	0.0
医疗保健	2.0	2.5	1.3
其他用品和服务	2.8	2.9	2.7

按照每人每年3218元(2010年不变价)的农村贫困标准计算，年末全省农村贫困人口46万人，比上年末减少75万人；贫困发生率2.2%，比上年下降3.6个百分点。全年贫困地区农村居民人均可支配收入8591.7元，比上年增长11.8%。

二、农业

全年全省粮食种植面积258.1万公顷，比上年减少6.4万公顷。油料种植面积29.0万公顷，减少3.6万公顷。蔬菜种植面积38.1万公顷，增加2.9万公顷。中药材种植面积27.1万公顷，增加3.7万公顷。果园面积31.9万公顷，增加0.5万公顷。

全年粮食产量1163万吨，比上年增产1.0%。其中，夏粮产量328万吨，增产2.0%；秋粮产量835万吨，增产0.6%。

全年蔬菜产量1388.8万吨，比上年增产7.4%。园林水果产量438.5万吨，增产18.5%。中药材产量113.2万吨，增产11.1%。

全年肉类产量101.7万吨，比上年增长0.5%。牛奶产量44.1万吨，增长8.9%。年末牛存栏458.2万头，增长4.0%；牛出栏214.8万头，增长6.4%。羊存栏1987.1万只，增长5.4%；羊出栏1548.2万只，增长5.8%。生猪存栏480.3万头，下降11.9%；生猪出栏648.7万头，下降6.2%。

表3　2019年甘肃省主要农产品产量及其增长速度

产品名称	产量(万吨)	比上年增长(%)
粮食	1163	1.0
#夏粮	328	2.0
秋粮	835	0.36
#小麦	281.1	0.2
玉米	594.1	0.7
薯类	206.9	2.2
油料	63.2	-10.3
#油菜籽	35.6	0.2
棉花	3.3	-7.5
甜菜	26.5	5.2

产品名称	产量(万吨)	比上年增长(%)
烟叶	0.5	-10.4
中药材	113.2	11.1
园林水果	438.5	18.5
蔬菜	1388.8	7.4
肉类	101.7	0.5
猪肉	48.0	-5.2
牛肉	22.7	6.3
羊肉	25.0	5.9
禽肉	4.8	7.1
牛奶	44.1	8.9
禽蛋	15.1	7.1
水产品	1.4	1.4

三、工业和建筑业

全年全省全部工业增加值2319.7亿元,比上年增长4.9%。规模以上工业增加值增长5.2%。在规模以上工业中,分经济类型看,国有及国有控股企业增加值增长4.8%;集体企业下降16.1%,股份制企业增长4.3%,外商及港澳台投资企业增长9.9%;私营企业增长14.6%。分隶属关系看,中央企业增长4.2%,省属企业增长5.2%,省以下地方企业增长7.4%。分轻重工业看,轻工业增长1.9%,重工业增长5.7%。分门类看,采矿业增长7.9%,制造业增长3.9%,电力、热力、燃气及水生产和供应业增长6.5%。

表4　2019年甘肃省规模以上工业分行业增加值

行业	比上年增长(%)	占规模以上工业增加值比重(%)
合计	5.2	100.0
煤炭工业	4.6	5.9
电力工业	6.3	15.8
冶金工业	7.3	7.6
有色工业	9.5	9.9
石化工业	2.8	32.3
机构工业	4.0	3.5
电子工业	11.3	1.8
食品工业	3.0	10.7
建材工业	8.5	8.1
纺织工业	-8.8	0.2
医药工业	1.8	2.6
其他工业	13.9	1.4

表5　2019年甘肃省主要工业产品产量及其增长速度

产品名称	单位	产量	比上年增长(%)
卷烟	万箱	94.3	0.0
原煤	万吨	3663.1	1.3

产品名称	单位	产量	比上年增长(%)
原油	万吨	903.5	5.1
天然气	亿立米	1.6	-30.4
原油加工量	万吨	1465.6	1.8
发电量	亿千瓦时	1479.6	2.2
火力发电量	亿千瓦时	786.3	-2.0
水力发电量	亿千瓦时	377.2	8.7
铁矿石原矿	万吨	896.0	-0.1
电石	万吨	80.2	-3.5
水泥	万吨	4409.5	14.2
生铁	万吨	659.1	5.4
粗钢	万吨	877.8	9.4
钢材	万吨	936.7	13.7
十种有色金属	万吨	329.0	-1.9
#铜	万吨	58.0	7.7
铅	万吨	2.8	-0.8
锌	万吨	35.7	6.7
铝	万吨	217.8	5.9
集成电器	亿块	389.9	22.7

年末全省发电装机容量5265.9万千瓦，比上年末增长3.0%。其中，火电装机容量2104.1万千瓦，增长2.0%；水电装机容量943.1万千瓦，增长1.7%；风电装机容量1297.2万千瓦，增长1.2%；太阳能发电装机容量921.5万千瓦，增长9.8%。

全年规模以上工业企业利润251.8亿元，比上年下降10.8%，其中国有及国有控股企业利润183.5亿元，增长6.3%。规模以上工业企业每百元营业收入中的成本为86.91元。年末规模以上工业企业资产负债率为62.7%，营业收入利润率为2.75%。

全年建筑业增加值553.0亿元，比上年增长3.6%。年末具有资质的总承包和专业承包建筑业企业1814个，比上年末增加243个。

四、服务业

全年全省交通运输、仓储和邮政业增加值438.4亿元，比上年增长8.0%；批发和零售业增加值646.3亿元，增长7.9%；住宿和餐饮业增加值158.3亿元，增长9.3%；金融业增加值862.3亿元，增长10.6%；房地产业增加值470.5亿元，增长4.7%。规模以上服务业企业营业收入比上年增长4.9%。

全年各种运输方式完成货物运输周转量2710.6亿吨公里，比上年增长3.9%；旅客运输周转量674.7亿人公里，增长2.4%。甘肃省民航机场集团完成旅客吞吐量1796.4万人次，比上年增长11.6%；货邮吞吐量7.5万吨，增长18.6%。年末全省公路里程15.1万公里，其中等级公路14.6万公里。

表6　2019年甘肃省主要运输方式完成货物、旅客运输量及其增长速度

指标	单位	绝对数	比上增增长(%)
货物运输总量	万吨	73748.0	4.8
#铁路	万吨	5385.7	-11.8
公路	万吨	68365.2	6.4
货物运输周转量	亿吨公里	2710.6	3.9
#铁路	亿吨公里	1516.7	1.7
公路	亿吨公里	1193.8	6.7

指标	单位	绝对数	比上增增长(%)
旅客运输总量	万人次	42321.3	-0.1
#铁路	万人次	5968.9	9.1
公路	万人次	36084.6	-1.5
旅客运输周转量	亿人公里	674.7	2.4
#铁路	亿人公里	419.1	4.4
公路	亿人公里	227.8	-2.3

年末全省民用汽车保有量364.1万辆，比上年末增长1.6%，其中私人汽车保有量311.4万辆，增长0.9%。民用轿车保有量162.0万辆，增长8.5%，其中私人轿车保有量143.6万辆，增长8.9%。

全年完成邮政行业业务总量38.6亿元，比上年增长24.4%。邮政业全年完成邮政函件业务722.0万件；包裹业务70.8万件；快递业务量1.04亿件，增长16.4%；快递业务收入22.6亿元，增长20.1%。全年完成电信业务总量1958.9亿元，增长64.3%。年末电话用户3082.9万户，其中移动电话用户2751.2万户，4G移动电话用户2205.4万户。移动电话普及率104.3部/百人，比上年增加0.1部/百人。固定互联网宽带接入用户870.7万户，其中固定互联网光纤宽带接入用户830.2万户，移动宽带用户2323.1万户。全年移动互联网用户接入流量22.7亿GB，比上年增长72.8%。年末互联网宽带接入端口1405.8万个，增长23.0%。移动宽带接入用户普及率90.8部/百人，固定宽带接入用户普及率33.0部/百人。

五、国内贸易和对外经济

全年全省社会消费品零售总额3700.3亿元，比上年增长7.7%。按经营地统计，城镇消费品零售额3055.3亿元，增长7.4%；乡村消费品零售额645.0亿元，增长9.0%。按消费形态统计，商品零售额3249.9亿元，增长7.5%；餐饮收入额450.3亿元，增长9.1%。

在限额以上单位商品零售额中，粮油、食品类零售额比上年增长17.4%，烟酒类增长1.8%，化妆品类增长14.6%，金银珠宝类增长1.1%，日用品类增长4.2%，中西药品类增长1.3%，汽车类增长1.6%，服装、鞋帽、针纺织品类下降2.4%，家用电器和音像器材类下降14.3%，石油及制品类下降0.1%。限额以上批零住餐企业通过公共网络实现零售额增长40.3%。

全年进出口总额379.9亿元，比上年下降3.9%。其中，出口131.4亿元，下降10.0%；进口248.5亿元，下降0.4%。对“一带一路”沿线国家进出口总额200.9亿元，比上年增长2.8%，占全省进出口总额的52.9%。其中，出口61.6亿元，下降14.1%；进口139.3亿元，增长12.6%。

全年外商直接投资合同项目17个，外商直接投资实际使用金额8205万美元，比上年增长62.8%。对外承包工程完成营业额35169万美元，增长33.0%。对外承包工程新签合同金额33380万美元，增长1.6%。

六、固定资产投资

全年全省固定资产投资比上年增长6.6%。按三次产业分，第一产业投资下降9.7%；第二产业投资增长23.8%，其中工业投资增长24.4%；第三产业投资增长4.3%。基础设施投资增长2.4%。民间固定资产投资增长4.8%。

全年项目投资比上年增长4.2%。其中，制造业投资增长24.8%，电力、热力、燃气及水生产和供应业投资增长27.3%，交通运输、仓储和邮政业投资增长21.1%，水利、环境和公共设施管理业投资下降20.8%。

表7　2019年甘肃省分行业项目投资情况

行业	比上年增长(%)	占项目投资比重(%)
项目投资	4.2	100.0
农林牧渔业	-9.7	5.5
采矿业	14.6	3.0
制造业	24.8	11.5
电力、热力、及水的生产和供应业	27.3	10.1
建筑业	-69.4	0.04
批发和零售业	-12.9	1.9

行业	比上年增长(%)	占项目投资比重(%)
交通运输、仓储和邮政业	21.1	29.0
住宿和餐饮业	-6.3	1.1
信息传输、软件和信息技术服务业	-25.2	1.2
金融业	-53.8	0.03
房地产业	-1.2	10.0
租赁和商务服务业	8.6	2.0
科学研究和技术服务业	33.0	0.7
水利、环境和公共设施管理业	-20.8	13.3
居民服务和其他服务业	31.3	0.3
教育	8.1	3.9
卫生、社会保障和社会福利业	-1.2	2.3
文化、体育和娱乐业	-9.4	2.7
公共管理和社会组织	-48.8	1.1

全年房地产开发投资比上年增长12.7%,其中住宅投资增长28.8%。房屋施工面积10977.3万平方米,增长16.4%,其中住宅施工面积7473.3万平方米,增长21.2%。在房屋施工面积中,房屋新开工面积3307.3万平方米,增长35.4%,其中住宅新开工面积2406.6万平方米,增长49.3%。房屋竣工面积674.1万平方米,下降10.4%,其中住宅竣工面积470.5万平方米,下降5.6%。商品房销售面积1705.3万平方米,增长6.9%,其中住宅销售面积1569.2万平方米,增长9.1%。

全年城镇棚户区住房改造开工18.27万套,棚户区改造基本建成12.35万套。农村危房改造3.92万户,其中农村地区建档立卡贫困户危房改造2.13万户。

七、财政金融

全年全省一般公共预算收入850.2亿元,比上年下降2.4%;考虑政策性减税因素,同口径增长5.2%。其中,税收收入577.6亿元,下降5.4%;非税收入272.6亿元,增长4.6%。从主体税种看,国内增值税276.6亿元,下降5.7%;企业所得税64.8亿元,下降13.2%;个人所得税20.3亿元,下降33.5%。一般公共预算支出3956.7亿元,增长4.9%。其中,民生支出3185.1亿元,增长6.0%。扶贫支出331.1亿元,增长3.9%。

年末全省金融机构本外币各项存款余额19768.5亿元,比上年末增长5.8%,其中人民币各项存款余额19717.0亿元,增长6.2%。金融机构本外币各项贷款余额20677.9亿元,增长6.7%,其中人民币各项贷款余额20424.3亿元,增长7.0%。

表8 2019年甘肃省金融机构本外币各项存贷款余额及其增长速度

指标	绝对数(亿元)	比上年增长(%)
金融机构本外币各项存款余额	19768.5	5.8
#境内存款	19757.9	5.9
#住户存数	11181.9	12.4
非金融企业存款	4940.3	0.4
广义政府存款	3182.0	-3.6
金融机构本外币各项贷款余额	20677.9	6.7
#境内贷款	20530.9	6.7
#住户贷款	5464.2	7.9
非金融企业及机关团体贷款	15065.7	6.2

年末全省境内上市公司33家,与上年末持平。股票总市值2159.4亿元,增长20.3%。全年发行、配售股票筹集资金16.6

亿元。

全年保险公司原保险保费收入444.3亿元，比上年增长11.4%；支付各类赔款及给付151.6亿元，增长9.0%。

表9 2019年甘肃省保险业务情况

指标	年末数(亿元)	比上年末增长(%)
原保险保费收入	444.3	11.4
财产险收入	138.0	9.7
人身险收入	306.3	12.1
赔付支出	151.6	9.0
财产险赔款	109.1	18.8
人身险赔付	42.4	1.1

八、居民收入消费和社会保障

全年全省城镇居民人均可支配收入32323.4元，比上年增长7.9%；农村居民人均可支配收入9628.9元，增长9.4%。

全年全省城镇居民人均消费支出24453.9元，比上年增长8.2%；农村居民人均消费支出9693.9元，增长6.9%。城镇居民恩格尔系数为28.6%，农村居民恩格尔系数为29.2%。

表10 2019年甘肃省城乡居民家庭人均收支情况

指标	城镇		农村	
	绝对数(元)	比上年增长(%)	绝对数(元)	比上年增长(%)
可支配收入	32323.4	7.9	9623.9	9.4
工资性收入	21707.5	8.9	2769.2	9.3
经营净收入	2483.9	6.4	4322.0	13.0
财产净收入	2539.2	0.5	129.5	−38.8
转移净收入	5592.8	8.3	2408.2	7.8
生活消费支出	24453.9	8.2	9693.9	6.9
食品烟酒	6996.1	7.8	2827.0	4.9
衣着	1920.1	0.7	551.9	−1.1
居住	5621.8	11.1	1866.9	8.2
生活服务用品及服务	1455.0	0.6	577.6	12.4
交通通信	3050.2	24.6	1195.5	10.9
教育文化娱乐	2554.8	4.7	1330.5	10.7
医疗保健	2224.2	0.8	1183.0	4.5
其他用品和服务	631.7	4.6	161.5	0.9

年末全省共有40万人享受城市居民最低生活保障，138万人享受农村居民最低生活保障，9.3万人享受农村特困人员救助供养。

年末全省共有各类社区养老机构和设施7829个。其中，社区服务指导中心13个，社区服务中心589个，社区服务站2377个，社区养老照料机构和设施955个，社区互助型养老设施3631个。

九、科学技术和教育

全省共有国家工程技术研究中心5个，国家级企业技术中心25家。全年登记省级科技成果1479项，其中，基础理论504项，应用技术类成果922项，软科学53项。获得奖励152项。专利申请量27637件，比上年下降0.88%；专利授权量14894件，增长6.71%，其中发明专利授权量1154件，下降9.84%。有效发明专利7432件，每万人口发明专利拥有量2.82件。共签订技术合同5921项，增长16.7%；技术合同成交金额196.42亿元，增长8.6%。

全年研究生教育招生1.51万人，在学研究生4.25万人，毕业生1.04万人。普通本专科招生17.1万人，在校生52.49万人，毕业生12.33万人。中等职业教育招生7.61万人，在校生18.67万人，毕业生5.97万人。普通高中招生17.2万人，在校生52.63万人，毕业生19.36万人。初中招生30万人，在校生88.18万人，毕业生28.59万人。普通小学招生35.24万人，在校生194.14万人，毕业生30.36万人。特殊教育招生0.38万人，在校生1.93万人。幼儿园在园幼儿93.28万人。

十、文化旅游、卫生健康和体育

年末全省广播节目综合人口覆盖率98.57%，比上年末提高0.12个百分点；电视节目综合人口覆盖率98.9%，提高0.09个百分点。

全年接待国内游客3.7亿人次，比上年增长24.0%；国内旅游收入2676亿元，增长30.0%。接待入境游客19.82万人次，增长98.0%。其中，接待外国游客11.37万人次，增长99.8%；接待港澳台同胞8.45万人次，增长95.6%。国际旅游外汇收入5904.6万美元，增长108.7%。旅游人均花费716元，比上年增加34元。

年末全省共有医疗卫生机构26692个。其中医院718个，医院中有综合医院381个，中医医院123个，专科医院165个；基层医疗卫生机构24758个，其中，社区卫生服务中心（站）675个，卫生院1379个，村卫生室16458个；专业公共卫生机构1123个，其中，疾病预防控制中心103个，妇幼保健院（所、站）99个，卫生监督所（中心）94个，计划生育技术服务机构784个。年末卫生技术人员17.88万人。其中，执业医师和执业助理医师6.29万人，注册护士7.95万人。医疗卫生机构床位17.26万张。其中，医院13.43万张，卫生院2.79万张。全年总诊疗人次12732.2万人次，出院人数520.9万人。

全省共有体育场地61439个，体育场地面积3721.37万平方米，人均体育场地面积1.41平方米。全年体育获得各类奖牌296枚，其中金牌78枚。

十一、资源、环境和应急管理

全年全省水资源总量326.36亿立方米。人均水资源量1232立方米，比上年下降8.0%。年末全省大中型水库蓄水总量46.85亿立方米，比上年末下降6.8%。全年总用水量106.96亿立方米，比上年下降4.8%。其中，生活用水量9.06亿立方米，下降0.5%；工业用水量8.7亿立方米，下降5.9%；农业用水量84.82亿立方米，下降4.9%；生态用水量7.37亿立方米，增长57.8%。人均用水量415立方米，下降5.7%。

全省共有自然保护区56个，其中国家级自然保护区21个。国家地质公园12个，省级地质公园24个。

全年全省规模以上工业能源消费量4708.1万吨标准煤，比上年下降2.7%。六大高耗能行业能源消费量4293.5万吨标准煤，下降2.3%。

省内38个地表水监测断面中，达到或优于Ⅲ类断面比例为94.7%。全年全省14个市州空气质量优良天数比率为93.1%，比上年提高4.5个百分点。省内监测的14个城市中，城市区域声环境评价（昼间）总体较好，14个城市区域声环境质量等级均为二级。

全年全省平均气温为8.9℃，与上年持平。年日照小时数2200小时，比上年减少134小时。年降水量491.1毫米，比上年减少23.8毫米。全省气象雷达观测站点8个，卫星云图接收站点10个。

全省共有地震台站（点）427个，其中，有人值守的地震监测台站27个，无人值守的地震监测台站（点）400个。

全年农作物受灾面积16.14万公顷，比上年下降69.84%；农作物成灾面积9.92万公顷，下降71.7%。全年实际发生地质灾害33起，造成直接经济损失28678.91万元，下降41.1%。各类自然灾害造成直接经济损失57.43亿元。

全年共发生各类生产安全事故843起，比上年下降11.7%；死亡709人，下降8.6%；受伤617人，下降13.2%；直接经济损失1.65亿元，下降14.6%。亿元地区生产总值生产安全事故死亡人数为0.081人，下降13.6%；工矿商贸企业就业人员10万人生产安全事故死亡人数2.92人，增长8.6%；煤矿百万吨死亡人数0.244人，增长75.5%；十二类营运车辆道路交通事故万车死亡人数11.66人，下降6.2%。

注：

1.本公报各项数据均为初步统计数，正式数据以《甘肃发展年鉴2020》为准。部分数据因四舍五入的原因，存在着总计与分项合计不等的情况。

2.地区生产总值、三次产业及相关行业增加值和人均地区生产总值绝对数按现价计算，增长速度按不变价格计算。

3.全员劳动生产率为地区生产总值（按2015年价格计算）与全部就业人员的比率。

4.农产品生产者价格是指农产品生产者直接出售其产品时的价格。

5.减贫人口等于当年贫困人口减去上年贫困人口,也相当于当年脱贫人口减去当年返贫人口。

6.贫困发生率是指贫困人口占目标调查人口的比重。

7.工业增加值、利润、原油、天然气产量含长庆油田甘肃境内部分。

8.主要工业产品产量中发电量数据为规模以上工业企业发电量。

9.规模以上工业企业财务指标增速及变化按可比口径计算。

10.规模以上服务业统计范围包括年营业收入1000万元及以上,或年末从业人员50人及以上的交通运输、仓储和邮政业,信息传输、软件和信息技术服务业,房地产业(不含房地产开发经营),租赁和商务服务业,科学研究和技术服务业,水利、环境和公共设施管理业,教育,卫生和社会工作;年营业收入500万元及以上,或年末从业人员50人及以上的居民服务、修理和其他服务业,文化、体育和娱乐业法人单位。

11.邮政业务总量按2010年不变价格计算。

12.电信业务总量按2015年不变价格计算。

13."一带一路"是指"丝绸之路经济带"和"21世纪海上丝绸之路"。

14.基础设施投资包括交通运输、邮政业,电信、广播电视和卫星传输服务业,互联网和相关服务业,水利、环境和公共设施管理业投资(其中不含土地管理业)。

15.民间固定资产投资是指具有集体、私营、个人性质的内资企事业单位以及由其控股(包括绝对控股和相对控股)的企业单位建造或购置固定资产的投资。

16.原保险保费收入是指保险企业确认的原保险合同保费收入。

17.体育场地相关数据来源于第七次全国体育场地普查结果,体育场地普查调查对象不包括军队、铁路系统所属体育场地,数据为截至2018年年底。

18.资料来源:本公报中城镇登记失业率、城镇新增就业人员数据来自甘肃省人力资源和社会保障厅;发电装机容量数据来自甘肃省电力公司;财政数据来自甘肃省财政厅;进出口数据来自兰州海关;利用外资数据来自甘肃省商务厅;交通运输数据来自甘肃省交通运输厅、甘肃省公安厅交警总队、中国铁路兰州局集团有限公司、甘肃省民航机场集团、东航甘肃分公司;邮政数据来自甘肃省邮政管理局;通信数据来自甘肃省通信管理局;棚户区改造、农村地区建档立卡贫困户危房改造数据来自甘肃省住房和城乡建设厅;旅游数据来自甘肃省文化和旅游厅;金融数据来自中国人民银行兰州中心支行;保险数据来自中国保监会甘肃监管局;证券数据来自中国证监会甘肃监管局;城乡低保、农村特困人员救助供养、社会服务数据来自甘肃省民政厅;教育数据来自甘肃省教育厅;除国家级企业技术中心数据外,其他科技数据来自甘肃省科技厅;专利数据来自甘肃省市场监督管理局(知识产权局);广播、电视数据来自甘肃省广播电视局;卫生数据来自甘肃省卫生健康委员会;体育数据来自甘肃省体育局;用水量数据来自甘肃省水利厅;自然灾害、安全生产数据来自甘肃省应急管理厅;自然保护区、地质公园数据来自甘肃省林业和草原局;环境监测数据来自甘肃省生态环境厅;地质灾害数据来自甘肃省自然资源厅;气象数据来自甘肃省气象局;地震数据来自甘肃省地震局。

2019年兰州市国民经济和社会发展统计公报

兰州市统计局　国家统计局兰州调查队

（2020年3月27日）

2019年，是习近平总书记时隔六年再次视察兰州，也是兰州发展历程中意义非凡的一年。全市上下坚持以习近平新时代中国特色社会主义思想为指导，深入贯彻党的十九大和十九届二中、三中、四中全会精神，全面落实习近平总书记在甘肃重要讲话和指示精神，始终坚持新发展理念，积极应对错综复杂的国内外经济环境，坚持稳中求进工作总基调，落实高质量发展要求，着力做好"六稳"工作，落实落细"五个补"稳增长硬措施，全市经济运行总体平稳，民生保障稳步提升，各项社会事业繁荣发展，为全面建成小康社会奠定了坚实基础。

一、综合

初步核算，全年全市地区生产总值2837.36亿元，比上年增长6%。其中，第一产业增加值51.68亿元，增长5.5%；第二产业增加值945.38亿元，增长1.9%；第三产业增加值1840.3亿元，增长8.4%。三次产业结构比为1.82∶33.32∶64.86。按常住人口计算，人均地区生产总值71772元，比上年增长5.1%。

年末全市户籍人口为331.92万人，其中，城镇人口235.72万人，乡村人口96.2万人。年末全市常住人口379.09万人，比上年末增加3.73万人。其中，城镇人口307.21万人，占常住人口比重（常住人口城镇化率）为81.04 %，比上年末提高 0.01 个百分点。全年出生人口3.41万人，出生率为9.0‰；死亡人口2.1万人，死亡率为5.53‰；人口自然增长率为3.47 ‰。

表1　2019年兰州市年末人口数及其构成

指　标	年末数（万人）	比重（%）
全市常住人口	379.09	
其中：城镇	307.21	81.04
乡村	71.88	18.96
其中：男性	192.58	50.8
女性	186.51	49.2
其中：0-14岁	54.06	14.26
15-64岁	274.23	72.34
65岁及以上	50.8	13.4

年末全市就业人员230.86万人，其中城镇就业人员165.46万人。全年城镇新增就业9.36万人，其中失业人员再就业3.75万人。年末城镇登记失业率为3.38%。全年输转城乡富余劳动力25.94万人，创劳务收入64.17亿元。

全年居民消费价格累计上涨2.2%。其中，食品烟酒上涨5.6%，衣着上涨1.3%，生活用品及服务上涨1.2%，医疗保健上涨2.5%，教育文化和娱乐上涨0.8%，其他用品和服务上涨2.5%，交通和通信下降0.4%，居住下降0.1%。商品零售价格累计上涨2.0%。

表2 2019年兰州市居民消费价格

类 别	累计指数(%)
居民消费价格总指数	102.2
商品零售价格总指数	102.0
服务项目价格指数	100.5
食品	108.0
其中:粮食	100.8
食用油	102.5
畜肉类	120.3
禽肉类	115.9
蛋类	106.3
水产品	100.8
菜	105.3
糖果糕点	100.7
干鲜瓜果类	113.4
奶类	101.6
在外餐饮	101.4

按照每人每年3800元(2010年不变价)的农村贫困标准计算,年末全市农村贫困人口为0.38万人,比上年末减少1.02万人;农村贫困发生率0.32%,比上年下降0.9个百分点。

二、农业

全年全市粮食作物播种面积114.61万亩,比上年减少2.67万亩。油料播种面积13.63万亩,增加1.55万亩。蔬菜播种面积82.96万亩,增加5.04万亩。中药材播种面积13.78万亩,增加2万亩。果园面积13.40万亩,减少0.21万亩。

全年粮食产量30.33万吨,增产1.88%。其中,夏粮产量9.71万吨,增产0.71%;秋粮产量20.62万吨,增产2.44%。

全年蔬菜产量180.49万吨,比上年增产8.14%。园林水果产量13.22万吨,增产12.72%。中药材产量3.26万吨,增产2.92%。

全年肉类产量4.30万吨,比上年下降6.82%。牛奶产量8.47万吨,增长7.15%。年末大牲畜存栏7.06万头,比上年末下降5.3%,其中牛存栏4.95万头,下降3.7%;羊存栏67.9万只,增长3.90%;生猪存栏37.74万头,增长1.74%。牛出栏1.07万头,下降10.05%;羊出栏38.39万只,增长6.12%。生猪出栏40.77万头,下降4.18%。

表3 2019年兰州市主要农产品产量及其增长速度

产品名称	单位	产量	比上年增长(%)
粮食	万吨	30.33	1.88
#夏粮	万吨	9.71	0.71
秋粮	万吨	20.62	2.44
#小麦	万吨	7.86	-0.12
玉米	万吨	13.81	4.71
油料	万吨	1.81	11.21
#油菜籽	万吨	0.43	-7.31
中药材	万吨	3.26	2.92
园林水果	万吨	13.22	12.72
蔬菜	万吨	180.49	8.14

产品名称	单位	产量	比上年增长(%)
肉类	万吨	4.30	-6.82
# 猪肉	万吨	2.94	-4.18
牛肉	万吨	0.11	-9.62
羊肉	万吨	0.70	11.92
禽肉	万吨	0.54	-31.63
牛奶	万吨	8.47	7.15
水产品	万吨	0.06	-48.10
年末大牲畜存栏数	万头	7.06	-5.3
# 牛存栏	万头	4.95	-3.7
羊存栏	万只	67.9	3.9
猪存栏	万头	37.74	1.74
牛出栏	万头	1.07	-10.05
羊出栏	万只	38.39	6.12
猪出栏	万头	40.77	-4.18

三、工业和建筑业

全年全市工业增加值749.98亿元,比上年增长2.0%。规模以上工业增加值增长2.0%。在规模以上工业中,分经济类型看,国有及国有控股企业增加值增长2.6%,集体企业增加值下降48.5%,股份制企业增加值增长1.2%,外商及港澳台投资企业增加值增长5.3%。分隶属关系看,中央企业增加值增长1.5%,地方企业增加值增长3.0%。分轻重工业看,轻工业增加值增长1.6%,重工业增加值增长2.2%。分门类看,采矿业增加值增长0.1%,制造业增加值增长1.0%,电力、热力、燃气及水生产和供应业增加值增长10.0%。

表4　2019年兰州市规模以上工业分行业增加值

行 业	比上年增长(%)
合 计	2.0
煤炭工业	-0.1
电力工业	10.4
冶金工业	21.6
有色工业	-9.5
石化工业	-3.6
机械工业	2.3
电子工业	25.9
食品工业	1.4
建材工业	2.5
纺织工业	-8.0
医药工业	1.7
其他工业	11.8

表5　2019年兰州市主要工业产品产量及其增长速度

产品名称	单位	产量	比上年增长(%)
卷烟	万箱	56.99	2.4
原煤	万吨	509.17	1.17
原油	万吨	2.83	8.91
原油加工量	万吨	914.73	-1.32
发电量	亿千瓦时	144.75	-3.67
#火力发电量	亿千瓦时	114.53	-7.25
水力发电量	亿千瓦时	29.55	13.31
水泥	万吨	1088.99	40.6
生铁	万吨	216.81	6.6
粗钢	万吨	377.51	18.2
钢材	万吨	419.43	23.3
原铝	万吨	50.75	-26.4
乙烯	万吨	53.34	-17.2
平板玻璃	万重量箱	556.51	4.0

年末全市发电装机容量682.41万千瓦，比上年末增长0.57%。其中，火电装机容量331.5万千瓦，增长0%；水电装机容量338.4万千瓦，增长0.09%；并网太阳能发电装机容量12.51万千瓦，增长39.76%。

全年规模以上工业企业利润19.7亿元，比上年下降71.2%。规模以上工业企业每百元主营业务收入中的成本为80.13元。年末规模以上工业企业资产负债率为62.5%。每百元营业收入中的费用为7.65元，产成品存货周转天数为7.2天，营业收入利用率为1.14%。

全年建筑业增加值197.19亿元，比上年增长1.6%。年末具有资质等级的总承包和专业承包建筑业企业459个，比上年末减少1个。

四、服务业

全年全市交通运输、仓储和邮政业增加值255.14亿元，比上年增长8.9%；批发和零售业增加值223.43亿元，增长9.6%；住宿和餐饮业增加值43.03亿元，增长10.3%；金融业增加值421.58亿元，增长11.7%；房地产业增加值191.94亿元，增长5.3%。规模以上服务业企业营业收入比上年增长5.9%。

全年各种运输方式完成货物周转量218.24亿吨公里，比上年增长8.1%；旅客周转量42.92亿人公里，下降39.07%。兰州中川国际机场完成旅客吞吐量1530.30万人次，比上年增长10.43%；货邮吞吐量7.2万吨，增长17.17%。年末全市公路里程0.84万公里，其中等级公路0.83万公里。全年新建二级以上公路88.3公里。

表6　2019年兰州市主要运输方式完成货物、旅客运输量及其增长速度

指 标	单位	绝对数	比上年增长(%)
货运量	万吨	14114.62	4.46
#铁路	万吨	834.09	-4.12
公路	万吨	13280.53	5.03
货物周转量	亿吨公里	218.24	8.1
#铁路	亿吨公里	—	—
公路	亿吨公里	218.24	8.1
客运量	万人次	6450.11	-7.1
#铁路	万人次	2837.25	11.22

指标	单位	绝对数	比上年增长(%)
公路	万人次	3612.86	-17.74
旅客周转量	亿人公里	42.92	-39.07
#铁路	亿人公里	—	—
公路	亿人公里	42.92	-39.07

年末全市机动车保有量109.50万辆，比上年末增长3.2%，其中私人汽车保有量69.77万辆，增长4.2%。民用轿车保有量44.94万辆，增长4.3%，其中私人轿车保有量37.61万辆，增长4.0%。

全年邮政业务总量14.78亿元，比上年增长26.98%。邮政业完成邮政函件业务454.65万件；包裹业务8.85万件；快递业务量5255.75万件，增长14%；快递业务收入12.06亿元，增长20.04%。电信业务总量526.81亿元，增长52.13%。年末电话用户665.5万户，其中移动电话用户594.1万户，4G移动电话用户491.1万户。移动电话普及率156.7部/百人，比上年增加2.9部/百人。固定互联网宽带接入用户197.3万户，其中固定互联网光纤宽带接入用户185.1万户。年末互联网宽带接入端口336.5万个，增长15.6%。固定宽带接入用户普及率52.04部/百人。

五、国内贸易和对外经济

全年全市社会消费品零售总额1454.94亿元，比上年增长7.6 %。按经营地统计，城镇消费品零售额1246.95亿元，增长7.5%，乡村消费品零售额207.99亿元，增长8.26%。按消费类型统计，商品零售额1290.26亿元，增长7.20%，餐饮收入额164.67亿元，增长10.88%。

全年全市限额以上企业实现商品零售额507.43亿元，比上年增长2.44%。其中，石油及制品类零售额108.35亿元，下降3.6%；汽车类零售额171.46亿元，增长3.0%；粮油、食品类零售额24.80亿元，增长1.3%；服装鞋帽、针纺织品类零售额41.24亿元，下降0.2%；中西药类零售额34.44亿元，下降0.9%；家用电器和音像器材类零售额14.61亿元，下降9.0%；金银珠宝类零售额11.42亿元，增长0.9%。限额以上批零住餐企业通过公共网络实现零售额增长19.1%。

全年进出口总额119.41亿元，比上年下降10.36%。其中，出口71.83亿元，下降4.58%；进口47.58亿元，下降17.86 %。对“一带一路”沿线国家进出口总额62.93亿元，比上年增长44.47%，占全市进出口总额的52.7%。其中，出口38.37亿元，增长7.1%；进口24.56亿元，增长217.72%。

全年对外承包工程营业额32267.9万美元，增长39.9%。对外承包工程新签合同金额51599.47万美元，增长123.2%。

六、固定资产投资

全年固定资产投资比上年下降4.7%。按三次产业分，第一产业投资增长82.95%；第二产业投资增长20.74%，其中工业投资增长21.31%；第三产业投资下降8.62%，基础设施投资下降16.78%。民间固定资产投资下降2.88%。

全年项目投资比上年下降3.75%。其中，制造业投资增长22.89%，交通运输、仓储和邮政业投资增长20.52%，房地产业投资下降4.5%，水利、环境和公共设施管理业投资下降36.92%。

表7　2019年兰州市分行业项目投资增长速度

行 业	比上年增长(%)	占项目投资比重(%)
项目投资	-3.75	100
农林牧渔业	82.95	5.44
采矿业	51.84	1.6
制造业	22.89	13.03
电力、热力、燃气及水的生产和供应业	8.79	4.24
建筑业	-42.91	0.08
批发和零售业	-6.03	2.87
交通运输、仓储和邮政业	20.52	19.79
住宿和餐饮业	-76.59	0.31

行 业	比上年增长(%)	占项目投资比重(%)
信息传输、软件和信息技术服务业	-28.06	3.26
金融业	-65.24	0.06
房地产业	-4.5	16.47
租赁和商务服务业	-27.69	2.3
科学研究和技术服务业	23.96	0.98
水利、环境和公共设施管理业	-36.92	15.14
居民服务和其他服务业	41.67	0.2
教育	-1.74	6.81
卫生、社会保障和社会福利业	-6.74	3.02
文化、体育和娱乐业	20.76	3.32
公共管理和社会组织	-25.28	1.08

全年房地产开发投资比上年下降5.83%,其中住宅投资增长12.71%。房屋施工面积5305.04万平方米,增长16.90%,其中住宅施工面积3532.28万平方米,增长21.74%。在房屋施工面积中,房屋新开工面积1471.01万平方米,增长78.43%,其中住宅新开工面积1064.50万平方米,增长112.55%。房屋竣工面积131.10万平方米,下降19.14%,其中住宅竣工面积88.06万平方米,增长7.75%。商品房销售面积731.25万平方米,增长9.34%,其中住宅销售面积684.96万平方米,增长16.01%。

全年全市城镇棚户区住房改造开工13296套,棚户区改造基本建成14413套,新筹集公租房688套。农村危房改造172户,其中农村地区建档立卡贫困户危房改造12户。

七、财政金融

全年全市大口径财政收入679.51亿元,比上年下降5.82%,一般公共预算收入233.23亿元,下降0.1%。其中,税收收入177.33亿元,增长2.63%;非税收入55.9亿元,下降7.9%。从主体税种看,国内增值税64.98亿元,下降5.21%;企业所得税17.77亿元,下降6.67%;个人所得税6.13亿元,下降19.44%。一般公共预算支出456.66亿元,下降1.93%。其中,民生支出330.95亿元,下降0.4%。扶贫支出12.8亿元,下降17.26%。

年末全市金融机构本外币各项存款余额8875.5亿元,比上年末增长0.69%,金融机构本外币各项贷款余额12272.83亿元,比上年末增长8.91%。金融机构人民币各项存款余额8834.46亿元,比上年末增长1.35%,金融机构人民币各项贷款余额12028.51亿元,比上年末增长9.25%。

表8 2019年兰州市金融机构各项存贷款余额及其增长速度

指 标	本外币		人民币	
	年末数(亿元)	比上年末增长(%)	年末数(亿元)	比上年末增长(%)
金融机构各项存款余额	8875.5	0.69	8834.46	1.35
住户存款	3594.48	9.98	3517.18	10.08
非金融企业存款	3141.6	-0.97	3130.46	0.88
金融机构各项贷款余额	12272.83	8.91	12028.51	9.25
住户贷款	1737.71	18.01	1737.5	18.01
非金融企业及机关团体贷款	10387.07	7.44	10276.57	7.86

年末全市境内上市公司20家。股票总市值1033.39亿元,增长2.78%。全年发行、配售股票筹集资金22.05亿元。

全年保费收入157.9亿元,比上年增长16.08%;赔付额65.1亿元,增长22.22%。

表9 2019年兰州市保险业务情况

指标	绝对数(亿元)	比上年增长(%)
保费收入	157.9	16.08
财产险收入	52.0	10.52
人身险收入	105.9	19.02
赔付支出	65.1	22.22
财产险赔款	27.7	25.55
人身险赔付	37.4	19.88

八、居民收入消费和社会保障

全年全市城镇居民人均可支配收入38095元,增长8.8%;农村居民人均可支配收入13605元,增长10.0%。

全年全市城镇居民人均消费支出27035元,比上年增长3.5%,恩格尔系数为30.0%;农村居民人均消费支出11245元,增长16.0%,恩格尔系数为31.7%。

表10 2019年兰州市城乡居民家庭人均收支情况

指标	城镇		农村	
	绝对数(元)	比上年增长(%)	绝对数(元)	比上年增长(%)
可支配收入	38095	8.8	13605	10.0
工资性收入	21383	7.7	6874	11.5
经营净收入	1232	15.2	4436	6.8
财产净收入	4468	5.7	256	13.3
转移净收入	11012	11.6	2038	11.7
生活消费支出	27035	3.5	11245	16.0
食品烟酒	8104	9.3	3565	13.9
衣着	2081	9.6	725	7.8
居住	6681	4.8	2265	7.7
生活用品及服务	1528	-6.2	578	15.4
交通通信	2905	7.6	1467	40.2
教育文化娱乐	2584	0.4	1252	13.6
医疗保健	2312	-6.1	1162	21.0
其他用品和服务	839	-22.0	232	26.5

年末全市共有3.3万人享受城镇居民最低生活保障,4.4万人享受农村居民最低生活保障,0.34万人享受农村特困人员救助供养。全年315.8万人参加基本医疗保险,医疗救助资助保险人数35.3万次。全市共有社区服务机构和设施1269个。其中,社会服务中心52个,社区服务站390个,社区养老机构和设施170个,社区互助型养老设施503个,其他社区服务机构和设施154个。

九、科学技术和教育

全市共有国家工程技术研究中心3个。全年登记市级科技成果1026项,其中,基础理论485项,应用技术类成果521项,软科学47项。获得国家级科技奖励2项。专利申请量13728件,比上年增长28.2%;专利授权量6385件,增长22.1%,其中发明专利授权量840件,下降5.9%。有效发明专利4897件,每万人口发明专利拥有量12.92件。共签订技术合同4653项,增长16%;技术合同成交金额67.18亿元,增长6.87%。

全年研究生教育招生1.5万人,在校生4.21万人,毕业生1.02万人。普通高等教育招生16.95万人,在校生54.66万人,毕业生14.52万人。中等职业教育招生1.31万人，在校生3.5万人，毕业生1.3万人。普通高中招生2.06万人，在校生6.3万人，毕业生2.26万人。初中招生3.53万人，在校生10.2万人，毕业生3.25万人。普通小学招生4.34万人，在校生23.39万人，毕业生3.55万人。特殊教育招生0.02万人，在校生0.06万人。幼儿园在园幼儿12.02万人。学龄儿童入学率为100%，九年义务教育巩固率为100.31%，高中阶段毛入学率为99.04%。

表11　2019年兰州市各类教育招生和在校生情况

指标	招生数（万人）	比上年增长（%）	在校生数（万人）	比上年增长（%）	毕业生数（万人）	比上年增长（%）
研究生教育	1.5	9.49	4.21	11.08	1.02	8.51
普通高等教育	16.95	5.89	54.66	2.09	14.52	5.29
中等职业教育	1.31	4.8	3.5	7.65	1.3	5.8
普通高中	2.06	4.04	6.3	3.52	2.26	0
普通初中	3.53	5.06	10.2	2.2	3.25	5.88
普通小学	4.34	1.4	23.39	3.36	3.55	3.5

十、文化旅游、卫生健康和体育

年末广播综合人口覆盖率99.74%，比上年末提高0.09个百分点；电视综合人口覆盖率99.75%，提高0.05个百分点。

全年接待国内游客8205.02万人次，比上年增长22.12%；国内旅游收入765.27亿元，增长28.95%。接待入境游客5.78万人次，增长73.07%。其中，接待外国游客3.79万人次，增长15.40%；接待港澳台同胞2.38万人次，下降17.27%。国际旅游外汇收入1861.6万美元，增长92.41%。旅游人均花费933元，同比增加49元。

年末全市共有医疗卫生机构2275个，其中，医院、卫生院196个，妇幼保健院（所、站）10个，专科疾病防治院（所、站）2个，社区卫生服务中心（站）251个，诊所、卫生所、医务室922个。卫生技术人员3.97万人，其中，执业医师和执业助理医师1.44万人，注册护士1.93万人。疾病预防控制中心（防疫站）10个，疾病预防控制中心（防疫站）卫生技术人员582人；卫生监督所（中心）8个，卫生监督所（中心）卫生技术人员181人。乡镇卫生院67个，乡镇卫生院卫生技术人员1581人。医疗卫生机构拥有床位数3.14万张，其中医院、卫生院拥有床位2.86万张。全年总诊疗人次2447.50万人次，出院人数92.02万人。

全年全市共获得国家级金牌1枚、银牌6枚、铜牌3枚，国际赛事金牌1枚，合计全年体育获得各类奖牌11枚，比上年增加2枚。

十一、资源、环境和应急管理

全年水资源总量3.53亿立方米。人均水资源量93.04立方米，比上年下降1%。全年总用水量12.5亿立方米，比上年增长0.6%。其中，生活用水量3.09亿立方米，增长29.26%；工业用水量2.75亿立方米，下降20.61%；农业用水量5.69亿立方米，下降3.17%；生态用水量0.96亿立方米，增长41.2%。人均用水量329.74立方米，下降12.83%。

全年全市规模以上工业能源消费量1587.34万吨标准煤，比上年下降4.54%。六大高耗能行业能源消费量1502.32万吨标准煤，比上年下降5.14%。

全年全市空气质量达标天数296天，同比增加39天，空气质量优良天数比率为81.1%，比上年提高15.2个百分点。

全年平均气温为11.2℃，比上年上升0.2℃。年日照小时数2088.3小时，比上年减少122.5小时。年降水量367.9毫米，比上年减少89.2毫米。全市气象雷达观测站点1个，卫星云图接收站点2个。

全市地震台站（点）97个，其中，有人值守的地震监测台站1个，无人值守的地震监测台站（点）96个。全年发生5.0级以上的地震0次。

全年农作物受灾面积7.45万亩，比上年下降70.46%；农作物成灾面积5.24万亩，下降71.16%。全年实际发生各类地质灾害13起，造成直接经济损失29万元。

全年共发生各类生产安全事故164起，比上年下降1.2%。死亡126人，下降9.35%；受伤110人，下降17.91%；直接经济损失3762.4万元，下降47.58%。煤矿百万吨死亡人数3人，百万吨死亡率0.58；十二类营运车辆道路交通事故万车死亡人数72人，下降19.1%。

注：

1.本公报各项数据均为初步统计数，正式数据以《兰州统计年鉴(2020)》为准。部分数据因四舍五入的原因，存在着总计与分项合计不等的情况。

2.公报中地区生产总值、各产业增加值和人均地区生产总值绝对数按现价计算，增长速度按不变价格计算。

3.农业生产数据增长速度根据第三次全国农业普查结果修订后的2017年数据为基数计算。

4.主要工业产品产量数据均为规模以上工业产品产量。

5.规模以上工业企业增加值增速及变化按可比口径计算。

6.邮政业务总量按2010年不变价格计算，电信业务总量按2015年不变价格计算。

7.基础设施投资包括交通运输、邮政业，电信、广播电视和卫星传输服务业，互联网和相关服务业、水利管理业、生态保护和环境治理业、公共设施管理业。

8.规模以上工业企业能耗指标按等价值计算。

9.年末电话用户数、移动电话用户数、固定互联网宽带接入用户数、年末互联网宽带接入端口数等指标较之前年份调整统计口径，以省通信管理局提供数据为准。

10.“一带一路”是指“丝绸之路经济带”和“21世纪海上丝绸之路”。

11.资料来源：本公报中物价、粮食产量、人民生活数据来自国家统计局兰州调查队，城镇登记失业率、城镇新增就业人员、社会保障数据来自兰州市人力资源和社会保障局；财政数据来自兰州市财政局；发电装机容量数据来自甘肃省电力公司兰州供电公司；外贸数据来自兰州市商务局；交通运输数据来自兰州市交通运输委员会、兰州市公安局交警支队、中国铁路兰州局集团有限公司、兰州中川国际机场有限公司；邮政数据来自兰州市邮政管理局；通信数据来自甘肃省通信管理局；艺术表演团体、文化馆、公共图书馆、博物馆和旅游数据来自兰州市文化和旅游局；金融数据来自中国人民银行兰州中心支行；保险、证券数据来自兰州市政府金融工作办公室；城乡低保、农村特困人员救助供养、社会服务数据来自兰州市民政局；农村贫困人口相关数据来自兰州市扶贫开发办公室；教育数据来自兰州市教育局；科技数据来自兰州市科技局；专利数据来自兰州市市场监督管理局(知识产权局)；广播、电视数据来自兰州市广播电视局；卫生数据来自兰州市卫生健康委员会；体育数据来自兰州市体育局；用水量数据来自兰州市水务局；棚户区改造、安全生产数据来自兰州市应急管理局，环境监测数据来自兰州市生态环境局；地质公园、地质灾害数据来自兰州市自然资源局；气象数据来自兰州市气象局；地震数据来自兰州市地震局。

兰州市2019年环境状况公报

兰州市生态环境局　兰州市统计局

根据《中华人民共和国环境保护法》规定，现发布《兰州市2019年环境状况公报》。

环境状况

2019年，全市空气质量达标天数296天，同比增加39天，空气质量达标率81.1%，城区环境空气质量综合质量指数5.27。

黄河兰州段地表水水质标准达标率100%，城市集中式饮用水源水质达标率100%。

昼间区域声环境质量等级为二级，昼间道路交通噪声强度等级为二级，声环境质量评价均为“较好”。

大气环境

一、空气质量状况

(1)达标天数：2019年兰州市空气质量达标天数296天，同比增加39天，空气质量达标率81.1%，未发生人为因素导致的重度及以上污染天气；

(2)大气污染物浓度值：1—12月份城区可吸入颗粒物(PM10)浓度79μg/m³，同比下降6.0%；细颗粒物(PM2.5)浓度36μg/m³，同比下降7.7%；二氧化硫(SO_2)浓度18μg/m³，同比下降10.0%；二氧化氮(NO_2)浓度50μg/m³，同比下降2.0%；臭氧(O_3)第90百分位数浓度151μg/m³，同比下降1.9%、一氧化碳(CO)第95百分位数浓度为2.5 mg/m³，与去年同期持平；其中二氧化硫(SO_2)、臭氧(O_3)，一氧化碳(CO)浓度达标；

(3)其他考核指标：城区环境空气质量综合指数5.27，同比下降4.2%；轻度污染及以上污染天气中O_3为首要污染物的26天，占污染天气36.6%；PM2.5为首要污染物的17天，占污染天气23.9%；PM10为首要污染的15天，占污染天气21.1%；NO_2为首要污染物的13天，占污染天气18.3%；无CO、SO_2为首要污染物的污染天气；

(4)沙尘天气影响情况：1—12月，城区共出现沙尘天气11次，同比减少4次，影响天数18天，同比减少28天。

二、措施与行动

一是着力开展散煤污染治理。开展城市建成区煤炭二级配送市场的清理取缔，继续开展剩余9万台居民小火炉的改造工作，以及县级及以上城市建成区10蒸吨及以下燃煤锅炉淘汰工作。二是着力加强工业污染治理。实施燃煤发电机组超低排放改造，在已完成范坪电厂、西固电厂和兰铝自备电厂1号机组超低排放改造的基础上，2019年完成了兰铝自备电厂2#、3#机组超低排放改造；督促兰鑫钢铁有限公司、酒钢集团榆钢公司开展超低排放改造前期工作；二热电厂“上大压小”异地扩建项目2018年12月1日实现新厂供热、原厂机组2019年冬防期全面停运；督促开展兰石化及其“厂中厂”VOCs治理，全面完成泄露与检测修复工作。冬防期间，对已实现和未实现的超低排放的企业，分别实行污染物排放“双控”要求和“五限”措施，使各企业实现更低排放。三是着力加强汽车尾气治理。按照《兰州市机动车排气污染防治条例》，加强机动车尾气治理，压减汽车尾气排放量；强化机动车尾气遥感监测工作。加大城市各大出入口和城区主干道的机动车尾气管理，全面排查和筛选高排车辆并依法依规限期治理；严格落实大吨位过境车辆绕行措施，坚决杜绝大型运输车进入市区，严禁高排车、黑烟车、低速机动车进入近郊四区；2019年1月1日按期实现国六燃油上市，开展打击非法生产、销售不合格油品行为的专项行动。2019年9月3日，兰州市交通委、市生态环境局、市公安局、市市场监管局联合印发了《兰州市机动车排放检验与维护(I/M)制度实施方案》，坚持“油、路、车”统筹治理，大力实施清洁柴油车、清洁柴油机、清洁运输、清洁油品等“四清”行动 。四是着力加强科学分析研判。加强对治污动态、气象条件等方面的科学分析、精准研判，常态化开展污染天气监测预警预报，基本实现7天精准预测；每天对气象条件进行会商研判、发出警示提示，及时调整工作部署和力量配备；做好突发重污染天气的研究应对工作，加强重点时段、重点区域污染指数的分析监测，及时提出解决问题的具体举措，确保污染指数控制在相对稳定的范围。五是实施技防优先，初步实现精准滴灌、靶向治污。实施技防优先战略，将科技手段的综合应用作为治污最大的助力，通过重点污染源在线监控，拓展网格监测效用，开展扬尘智能监控执法、无人机全域巡航、机动车尾气红外遥感检测、走航雷达监测、秸秆禁烧远程监控，全时段全方位监控工业、农业、汽车尾气等各类污染源排放情况，为靶向定位、精准治污、科学管控和区域考核提供支撑和依据，提高了监管效率。六是推行差别化管控，细化工地扬尘管控。对所有施工工地，无论是否涉及土方作业，只要能够做到"六个百分之百"抑尘要求的，可全天候进行施工作业。在调动企业加大扬尘管控力度的同时，最大限度地加快城市建设步伐。七是开展"散乱污"企业整治。集中整治"散乱污"企业，按照时间节点对已核实的"散乱污"企业进行整治，并加强日常巡查，杜绝已取缔"散乱污"企业异地转移和死灰复燃；同时对194家高排放企业实行冬季错峰限停产措施。按照三个一批的要求，经过开展"散乱污"综合整治，全市181家砖瓦企业已关闭103家，整治其他企业154家，取缔关闭企业37家、搬迁企业31家、整治达标87家。

水环境

一、饮用水源水质

2019年兰州市饮用水水源总取水量为20217.49万吨，年达标供水量为20217.49万吨，饮用水源水质达标率为100%。

二、兰州市地表水水质

2019年兰州市地表水水质总体良好，黄河干流扶和桥、新城桥、包兰桥、石川桥均为Ⅱ类，水质状况为优，一级支流湟水河桥面断面为Ⅲ类水质，水质状况为良；民和桥（自助站）断面为Ⅳ类水质，水质状况为轻度污染，按水质目标达标。一级支流庄浪河界牌村断面为Ⅱ类水质，水质状况为优。二级支流大通河享堂和先明峡断面为Ⅱ类水质，水质状况为优。

三、措施与行动

2019年继续深入贯彻落实《水十条》和河长制有关要求，持续推进年度水污染防治各项目标任务。制定印发《兰州市2019年度水污染防治行动工作方案》并组织实施。全市黄河兰州段各断面水质稳定达到国家考核要求，全市6个县级以上集中式饮用水水源地水质达标率100%，6个地下水考核点位水质保持稳定，32个重点任务和14个重点工程全面完成年度任务。开展湟水河流域红古段和黄河流域（榆中段）水污染防治综合治理，各类项目按计划有序推进。组织开展2019年度全市水源地环境保护专项行动，完成县级以上地表水型水源地清理整治；组织完成全市地级、区县级、乡镇级饮用水水源地环境基础状况评估，全市乡镇以上集中式饮用水水源地均完成防护围网、界标、警示牌等基础设施建设。按照省生态环境厅有关水污染物减排任务指标，每月对污水处理厂等重点减排工程进行调度，确保出水水质稳定达标排放，2019年度水污染物减排任务全面完成。组织发改、水务、工信、公安、卫计等部门开展枯水期黄河干流岸门桥水源地上游枯水期水污染联防联控工作，有力保障了枯水期水质安全。完成黄河兰州段水环境承载能力调查评估工作，启动黄河兰州段入河排污口及流域生态环境调查工作。

声环境

一、区域环境噪声

2019年，兰州市昼间区域环境噪声平均等效声级为54.5dB(A)，与上年相比下降0.2dB(A)。区域环境噪声达标率为94.8%，较上年上升1.9个百分点。噪声声源构成比例为：生活42.9%、交通26%、工业2.8%、施工噪声0.5%、其他27.8%，噪声源构成仍以生活噪声源为主。行政区昼间区域环境噪声中，安宁区平均等效声级为49.3 dB(A)，达标率为100%，区域声环境质量总体水平等级为"一级"，评价为"好"；城关区和西固区平均等效声级分别为54.6dB(A)和54.2dB(A)，达标率为96.9%和89.5%，区域声环境质量总体水平等级均为二级，声环境质量评价为"较好"；七里河区平均等效声级为55.5 dB(A)，达标率为95.3%，区域声环境质量总体水平等级为三级，声环境质量评价为"一般"。

二、道路交通噪声

2019年，城区道路交通噪声昼间平均等效声级为68.8 dB(A)，与上年相比上升0.3dB(A)；城区道路交通噪声昼间测点达标数106个，测点达标率75.2%，与上年相比下降11.3个百分点。道路交通噪声昼间平均等效声级最低为安宁区67.6 dB(A)，测点达标率为100%；最高为城关区68.3 dB(A)，测点达标率为63.2%；西固区平均等效声级为68.0dB(A)，测点达标率为94.1%；七里河区平均等效声级为68.3dB(A)，测点达标率为77.4%；安宁区和西固区道路交通噪声强度等级均为一级，评价为

"好",城关区和七里河区道路交通噪声强度等级均为二级,评价为"较好"。

三、功能区噪声

2019年功能区噪声监测中,1类功能区平均等效声级昼、夜间分别为52.7dB(A)和46.5dB(A);2类功能区平均等效声级昼、夜间分别为57.4dB(A)和51.9dB(A);3类功能区平均等效声级昼、夜间分别为55.5dB(A)和48.8dB(A);4a类功能区平均等效声级昼、夜间分别为65.1dB(A)和64.1dB(A),其中3类功能区平均等效声级昼、夜间均达标,1类、2类和4a类功能区平均等效声级昼间达标、夜间均超标,分别超标1.5dB(A)、1.9dB(A)和9.1dB(A)。

与上年相比,1类功能区平均等效声级昼、夜间分别上升1.9dB(A)和2.2dB(A);2类功能区平均等效声级昼间下降0.1dB(A)、夜间上升0.2dB(A);3类功能区平均等效声级昼、夜间分别下降0.8dB(A)和6.4dB(A);4a功能区平均等效声级昼、夜间分别下降3.3dB(A)和1.3dB(A)。

四、措施与行动

健全完善噪声污染防治长效工作机制,加强道路交通噪声治理监管力度,开展城区公共场所环境噪声专项整治,加大建筑施工噪声污染防治工作力度,加强厂界噪声污染监管力度,全面对噪声污染进行整治,解决好噪声扰民问题。为确保"两考"顺利进行,市生态环境、公安、城管委等单位联合下发《关于加强中考高考期间环境噪音污染整治的通知》,对两考期间环境综合整治活动进行了安排部署。

从规划、制度、机制方面强化完善噪声污染防治开展,市大气办制定印发了《兰州市环境噪声综合整治行动方案》,各相关部门相继开展噪声污染违法行为整治工作。开展整治行动期间共进行噪声排查3562起;办理城市管理"12319"投诉平台2019年度全市建筑施工夜间扰民投诉总数4142件,办理商业噪声扰民投诉1300件;中央第二轮生态环境保护督察组督察期间,共办理涉及噪声投诉336件/次。

固体废物

一、医疗垃圾与城市生活垃圾

2019年,集中收集处置医疗垃圾4020.31吨,城区处理生活垃圾87.04万吨。

二、措施与行动

开展市级危险废物规范化管理督查考核工作,各区县生态环境分局、高新区环保局对辖区内38家危险废物产生和经营单位进行了抽查考核。危险废物产生单位考核达标率为99%,经营单位考核达标率为100%。2019年共计对9家单位处罚金合计69.88万元。坚持从源头加强危险废物重点源动态管理,2019年全市共有1618家危险废物产生单位和10家危险废物经营单位纳入甘肃省固体废物管理信息系统。督促企业完成危险废物管理计划备案和申报登记工作,掌握全市危险废物产生和处置的动态变化情况。联合市卫健委举办全市医疗废物专项培训,开展医疗废物大排查暨专项整治行动。全市各区县共计出动检查373人次,车辆114车次,排查医疗机构713余家,未发现非法收运处置医疗废物单位,但存在台账建立不规范、未张贴分类标识牌、规章制度未上墙等问题,责令限期整改。开展危险废物专项整治工作,对辖区经营单位、重点行业产废单位进行了排查,累计出动419余人次,排查情况上传至生态环境部危险废物专项治理APP,共填报排查企业35家,问题29个,整改情况已填报,无化工园区。

生态环境

一、森林状况

全市林业用地面积525.89万亩,其中,有林地面积69.87万亩,疏林地面积0.66万亩,灌木林地面积182.38万亩,未成林造林地面积35.07万亩,苗圃地面积0.55万亩,无立木林地面积27.18万亩,宜林地面积209.95万亩,林业辅助生产用地面积0.23万亩。森林覆盖率13.94%(不包括兰州新区和兴隆山面积)。

二、动植物种类

全市有陆生脊椎动物4纲28目83科422种,其中两栖类1目3科5种,爬行纲2目6科14种,鸟纲19目56科329种,哺乳纲6目18科74种。全市共有高等植物1614种。

三、自然保护区

全市现有国家级自然保护区2个,占地面积775.136平方公里;森林公园9个,占地面积460.4173平方公里。自然保护区占全市国土面积的5.9%。

四、耕地

兰州市(不含兰州新区)国土调查总面积为1234734.08公顷,其中耕地面积为254932.91公顷,占总用地面积的20.65%。

五、气候

2019年兰州市各区县年平均气温在6.4℃~11.2℃之间,与历年相比,偏高0.5℃~0.8℃。年降水量在276.4~494.2毫米之间,较常年同期全市各地偏多1~3成。

六、措施与行动

2019年,全市围绕服务于打造“精致兰州”工作大局,按照“城市园林化、道路林荫化、小区景观化”的要求,我市全力实施了城市“增容扩绿”工程,着力植树造景、拓建增绿,扩充城市绿地空间,提升城市生态景观,增加城市绿色总量,取得了显著成绩:城市建成区新增、改造园林绿地114.16公顷(新增40公顷、改造74.16公顷),超出年初计划42.7%;推广立体绿化9.63万平方米(垂直绿化8.96万平方米、屋顶绿化0.67万平方米);提升改造300多条城市主次干道的绿化景观,行道树补植6000多株、灌木70万株、野花组合4万平方米;实施了五泉山公园、白塔山公园、兰州植物园、兰州碑林基础设施改造、斑秃区域补植和古建筑安保消防工程配套,推进了金城公园二期、滩尖子湿地公园、安宁湿地公园新建重建工程。通过保护开发黄河湿地,实施重点区域景观改造,着力打造“城市绿肺”,让百里“黄河风情线”成为全国最长的沿河开放式公园和绿色生态长廊;通过拓建主题公园、改造老旧公园,建立和完善长效管理机制,扩展服务功能,塑造了城市特色风景;通过拓建小广场、小游园、小绿地,建设城区主次干道林荫路系统,让“300米见绿、500米见园”融入了市民生活;结合市政项目、城市重点工程,有序推进了庭院绿化、小区绿化和园林化单位创建,并积极推广垂直绿化、屋顶绿化,见缝插绿、拆墙透绿,增加城市绿量,提高绿色品质,大力提升了城市绿色内核。坚持每年举办金秋菊花展等花事活动,点缀了城市生态空间,丰富了旅游休闲的好去处。

2019—2020年兰州市经济形势分析与预测

2019年以来，在市委市政府的坚强领导下，全市上下以习近平新时代中国特色社会主义思想为指导，全面落实习近平总书记视察甘肃重要讲话和指示精神，坚持稳中求进的工作总基调，克服了错综复杂形势带来的严峻挑战，全市经济保持总体平稳、稳中提质的发展态势，但经济发展环境稳中有变、变数增多，经济下行压力有所加大，总体来看，我市经济平稳健康发展的基本面没有改变，但宏观经济环境将更加错综复杂。

一、2019年以来全市经济运行情况

2019年上半年，全市实现地区生产总值1341.52亿元，同比增长5.2%，增速比一季度回落1.4个百分点，比去年同期回落1.3个百分点，低于甘肃省同期0.6个百分点。分产业看，第一产业增加值17.25亿元，同比增长5.8%；第二产业增加值429.75亿元，增长3.3%；第三产业增加值894.52亿元，增长6.3%。

(一)供给面稳中有升

1.农业生产形势良好，夏粮再获丰收

上半年，全市实现农业增加值10.93亿元，同比增长8.36%，牧业增加值6.25亿元，同比增长2.27%。全市夏粮产量预计9.8万吨，增长1.66%；蔬菜产量53.9万吨，增长8.46%；水果产量2.44万吨，增长5.14%。

全市生猪出栏25.97万头，增长3.14%；肉牛出栏0.54万头，增长5.87%；羊出栏18.92万只，增长5.63%；鸡出栏87.38万只，增长2.32%；禽蛋产量1.3万吨，下降0.86%；牛奶产量4.11万吨，增长0.38%；水产品产量572.41吨，增长2.2%。

2.工业生产呈回落态势规模，工业发展稳中有变

上半年，全市规模以上工业增加值同比下降2.1%，比一季度回落2.3个百分点。从隶属关系看，中央企业下降6.1%，地方企业增长5.0%；从轻重工业看，轻重工业比重为27.39∶72.61，轻工业下降0.6%，重工业下降2.6%。

3.服务业发展势头良好

1—5月，全市规模以上服务业企业完成营业收入317.24亿元，同比增长10.50%，增速较上月加快3.6个百分点；其中：其他营利性服务业企业营业收入同比增长14.7%；非营利性服务业中营利活动企业营业收入同比增长7.1%。规模以上服务业企业转亏为盈，实现营业利润4.66亿元。

重点行业收入较快增长。占比63.5%的交通运输、仓储和邮政业营业收入增长12.7%，信息传输、软件和信息技术服务业营业收入增长5.2%，租赁和商务服务业营业收入增长18.5%。

4.金融存贷款稳定增长

6月末，全市金融机构本外币存款余额9204.29亿元，同比增长3.75%，金融机构本外币贷款余额12089.81亿元，同比增长12.24%。全市金融机构人民币存款余额9163.9亿元，同比增长4.14%，金融机构人民币贷款余额11846.55亿元，同比增长12.84%。

(二)需求面总体稳中有忧

1.固定资产投资继续下降

上半年，全市固定资产投资下降15.84%，低于全省18.24个百分点。其中5000万元以上项目投资下降11.65%，500万~5000万元项目投资下降17.52%；房地产开发投资下降20.08%。

工业投资较快增长。其中，第一产业投资增长40.04%，第二产业投资10.97%，其中工业投资增长14.45%，自3月起连续4个月呈正增长；第三产业投资下降19.35%。

2.消费品市场平稳增长，汽车类销售降幅收窄。

上半年，全市实现社会消费品零售总额664.7亿元，同比增长7.0%。其中，城镇实现消费品零售额570.4亿元，增长7.0%；

乡村实现消费品零售额94.3亿元，增长7.0%。按消费形态分，餐饮收入75.2亿元，增长10.8%；商品零售收入589.6亿元，增长6.5%。

网上零售业态快速发展。1—6月全市通过公共网络实现零售额1.95亿元，同比增长40.3%，比1—5月加快6.5个百分点。

1—6月，汽车类销售实现零售额76.34亿元，同比下降0.8%，降幅比1—5月收窄1.9个百分点，其中6月当月同比增长8.4%。

3.房地产对经济拉动作用减弱

房地产市场方面，受限购等政策的影响，房地产待售面积持续回落。6月末全市商品房待售面积164.38万平方米，同比下降19.28%，连续26个月呈现回落。其中住宅待售面积73.30万平方米，同比下降24.60%。

（三）效益面整体平稳

1.财政收支保持稳定

1—6月，全市一般公共预算收入131.13亿元，同比增长2.55%。其中：税收收入94.65亿元，下降1.27%；非税收入36.48亿元，增长14.02%。一般公共预算支出228.13亿元，增长2.49%。

2.工业企业效益下降，工业生产者价格涨幅回落

1—5月，规模以上工业实现主营业务收入739.2亿元，同比下降6.6%；实现利润9.8亿元，实现税金118.3亿元，营业收入利润率1.2%，资产负债率64.58%。上半年，全省工业生产者出厂价格同比下降0.6%，降幅比1—5月扩大0.4个百分点；工业生产者购进价格上涨1.2%，涨幅回落0.2个百分点。6月份，工业生产者出厂价格同比下降2.2%，环比下降0.7%；工业生产者购进价格同比上涨0.2%，环比上涨0.7%。

3.居民消费价格涨势温和

上半年，兰州市居民消费价格总水平上涨1.9%。其中，食品价格上涨6.5%，非食品价格上涨0.8%，消费品价格上涨2.9%，服务价格上涨0.1%。

八大类价格同比呈现“六升二降”态势。食品烟酒价格上涨4.8%，衣着上涨1.6%，生活用品及服务上涨1.4%，教育文化和娱乐上涨0.6%，医疗保健上涨3.2%，其他用品和服务上涨1.4%，居住下降0.6%，交通和通信下降0.3%。

4.城乡居民收入稳步增长，农村收入增长快于城镇

上半年，全市城镇居民人均可支配收入19508元，同比增长9.4%；农村居民人均可支配收入6213元，同比增长10%。城乡收入比3.14（以农为1），同比缩小0.02个百分点。城乡居民收入增速分别高于GDP增速4.2个、4.8个百分点，城乡居民收入增速连续10个季度跑赢GDP。

5.就业形势保持稳定

上半年，全市城镇新增就业5.79万人，完成全年目标任务的64.34%。城镇登记失业率2.03%，失业人员实现再就业2.44万人；劳务输转24.46万人，实现劳务收入37.92亿元。

二、经济运行环境分析

（一）国际环境稳中有变、变数增多

随着世界经济形势的深刻复杂变化，预计未来世界经济增速将小幅回落，主要经济体增长态势进一步分化。

1.发达经济体增长动能有所减缓，增速将普遍回落。尽管2018年以来全球经济出现普遍性的同步复苏，但随着贸易保护主义和其他下行风险日益突出，全球经济复苏不均衡、不稳固、不确定性更加突出。国际权威机构陆续下调全球经济增长预期，国际货币基金组织（IMF）7月23日发布的最新《世界经济展望报告》中，再次调降了对2019年和2020年世界经济增长的预期，预计2019年全球经济增长3.2%，2020年回升至3.5%，比4月WEO对今明两年的预测再均下调0.1个百分点。9月20日，经济合作与发展组织（OECD）将其对全球经济增长的预测从3.2%下调至2.9%，为10年来的最低水平。经合组织预测，2019年世界经济将仅增长2.9%，这将是自2009年以来的最低预测；到2020年，预计增长将达到3%。而就在18个月前，该组织还预计经济增长将达到4%。根据国际货币基金组织（IMF）过去使用的定义，全球经济增长3%或更低就构成了经济衰退。主要经济体方面，美国在财政扩张、减税等政策带动下，经济将延续上行趋势，但特朗普以单边提高关税的方式冲击现行贸易规则，使全球陷入贸易战的风险，再加上通胀、资产泡沫上行、利率提升等因素，或将推动美国经济加速赶顶，在减税边际效应递减，贸易摩擦滞后效应逐步显现情况下，预计2019年经济增速将由2018年的2.9%回落到2.3%。欧元区将逐步推进货币政策正常化，贸易风险、内部协调难等影响加大，经济将见顶回落，预计2019年经济增速回落至1.9%。日本将维持宽松货币政策，但在贸易战、国内消费低迷等影响下，经济增长仍较乏力，预计2019年经济增速将回落至0.9%。

2.新兴和发展中经济体保持较快增长，对全球经济增长的作用仍在不断加大，截至2018年已经贡献了全球增长的74%，

但困难较多、下行压力大。新兴经济体多数保持持续复苏态势，印度经济仍将保持旺盛的增长态势，预计2019年可达5.9%，在主要经济体中遥遥领先。在国际油价上涨、大宗商品价格稳定的背景下，中东与非洲国家将继续保持复苏态势；俄罗斯和巴西经济延续复苏步伐，并对独联体经济体、拉美与加勒比海地区形成较强的辐射效应。但在发达经济体货币、外贸政策外溢冲击下，普遍面临资本外流、金融动荡等风险，再加上地缘政治局势紧张以及石油进口成本上升等因素影响，经济下行压力较大。

（二）国内增长基础尚在，但下行压力有所加大

1.国内经济平稳发展的基础仍较好。一是政策有空间。一方面，经过债务置换和财政整固之后，各级政府债务压力有所缓解，实施积极财政政策仍有一定空间，特别是将重点转向减税降费的空间较大。另一方面，我国防范化解金融风险措施逐步显效，整体杠杆率稳中趋降，金融风险有所释放，同时通货膨胀水平温和，因而具备加大金融对实体经济的支持、保持良好金融环境的条件。二是改革有动力。正值改革开放40周年，各项改革举措正在稳步推进，特别是完善体制机制方面有了长足进步，进一步缓解地方政府压力、调动积极性、激发活力的潜力巨大。三是开放有红利。我国开放服务业特别是金融业、大力改善营商环境、加强知识产权保护、主动扩大进口等重大开放举措将逐步释放政策红利。四是市场有潜力。我国拥有全世界人数最多的中等收入群体、增长最快的消费市场，面对外部环境的深刻变化，扩内需的潜力较大。

2.经济领域的各类风险需提高警惕。一是中美贸易摩擦不断升级风险。中美贸易摩擦升级对国内经济的影响将逐步显现：加征关税直接影响对美出口订单，影响企业供应链生态，特别是部分可替代性较强的产品受到的冲击更加突出，即便是部分难以替代的商品，加征关税意味着售价上涨，也会抑制其需求。二是产业体系重构风险。国内多年积累的门类齐全的产业体系正被内外部环境的改变所打破。一方面，中美贸易摩擦使部分企业开始谋求在中国以外的地区设厂生产，甚至有跨国企业调整未来全球发展战略，对国内产业链生态造成深远影响。另一方面，环保督查力度加大和生态治理，部分企业甚至被迫关门停产，或将产业链转向海外。三是实体企业预期不佳风险。一方面，中美贸易摩擦前景不明导致企业家预期不稳，个别企业甚至暂停后续投资；另一方面，实体企业减税降费获得感不强，在“营改增”过程中，未充分考虑规范征管给部分小微企业带来的税负增加影响；再就是环保治理政策的不确定性增添企业家投资顾虑，“一刀切”式的环保治理做法使部分企业频繁实施限产停产，部分企业即使环保达标也无法正常生产。四是资本市场动荡向金融系统蔓延风险。我国股市、债市、汇市的大幅度波动，资本市场直接融资对实体经济的支持作用将有所减弱。同时，资本市场动荡、债券违约、汇率波动等因素导致银行风险控制加强，流动性进一步收紧，风险溢价提高将导致企业融资成本攀升，冲击实体经济，进一步加大金融系统风险。

三、兰州市发展面临的机遇

1.宏观经济形势稳定的机遇

2018年，全国全省经济总量迈上新台阶，全国GDP总量超过90万亿，全省GDP总量超过8000亿，甘肃省GDP比2017年增长6.3%，增速比上年提高2.7个百分点。2019年一季度，全省GDP同比增长7.9%，增速居全国第7位，增速分别比去年同期和去年全年提高2.6和1.6个百分点。全国经济增速已连续14个季度稳定在6.6%~6.9%区间，全省经济增速平均增速也保持在6%以上，经济的稳定性和韧性增强。此外，改革开放力度进一步加大，供给侧结构性改革深入推进，更大规模减税降费以及近期十部委发布的促进消费增长的实施方案等政策，将有助于全国、全省经济继续运行在合理区间，实现总体平稳增长。

2.重要发展战略带来的机遇

继2018年2月22日国务院批复同意《兰州—西宁城市群发展规划》后，3月20日，国家发展和改革委员会、住房和城乡建设部正式印发《兰州—西宁城市群发展规划》（以下简称《规划》）。《规划》明确，到2035年，兰西城市群协同发展格局基本形成，各领域发展取得长足进步，发展质量明显提升，在全国区域协调发展战略格局中的地位更加巩固。《规划》提出，将通过以点带线、由线到面拓展区域发展新空间，加快兰州—白银、西宁—海东都市圈建设，重点打造兰西城镇发展带，带动周边节点城镇，构建“一带双圈多节点”空间格局。提升兰州区域中心城市功能，提高兰州新区建设发展水平，加快建设兰白科技创新改革试验区，推进白银资源枯竭型城市转型发展，稳步提高城际互联水平，推动石油化工、有色冶金等传统优势产业转型升级，做大做强高端装备制造、新材料、生物医药等主导产业，加快都市圈同城化、一体化进程。根据《规划》，兰西城市群将携手共建对外开放大通道。充分发挥沟通西南西北交通枢纽优势，打造兰州—西宁全国性综合开放门户。构建经新疆向西向北的新亚欧大陆桥通道，经川渝滇黔桂至东盟的南向出海陆路新通道。

2018年10月甘肃省政府办公厅印发《关于加快发展口岸经济的意见》（以下简称《意见》）。《意见》指出，到2020年，兰州国际陆港、兰州国际空港、敦煌国际空港完成口岸基础设施和查验设施建设；到2025年，全面完成兰州、天水、武威三大国际陆港和兰州、嘉峪关、敦煌三大国际空港建设任务。《意见》指出，以兰州铁路口岸为重点，加快推进兰州新区进境粮食指定口岸和甘肃（兰州）国际陆港汽车整车进口指定口岸建设。加快申报甘肃（兰州）国际陆港保税物流中心。兰州国际空港重点建设兰州中川国际机场三期扩建项目，建成国际联检大厅、中转厅、候检厅和国际货运监管场所。甘肃（兰州）国际陆港要依托兰州铁路

口岸国际集装箱场站、货运车站等基础设施和查验设施，建设南亚国际班列公铁联运示范工程、多式联运物流园等项目，打造兰州多式联运综合体。

此外，我市还面临“一带一路”发展战略、高铁经济发展、建设兰州国家自主创新示范区、《甘肃省乡村振兴战略实施规划（2018—2022年）》、承接产业转移、东西部扶贫协作、脱贫攻坚、绿色发展绿色崛起等带来的发展机遇。

3.承接产业转移的机遇

承接产业转移是兰州市参与“一带一路”建设，打造兰州成为丝绸之路经济带核心节点城市和国家向西开放战略平台的重要一环。东南沿海经济较发达地区和其他内陆经济高地面临产业转型升级的压力，会逐渐引导部分劳动密集型产业和附加值较低的产业向外转移。兰州市可以抓住这一机遇，充分发挥行业资源比较优势，依托现有骨干龙头企业、优势产品，对照需求、精准对接，多领域、多渠道广泛征集线索项目，正好立足当地资源环境承受能力和比较优势，合理确定产业承接发展重点，以兰洽会、药博会为契机，会同相关区县和链条上下游企业，做好项目推介、精准对接、深度洽谈，对接洽谈一批对振兴县域工业经济有明显推动作用的项目，全力推进招商引资线索项目转化。2018年12月25日，兰州市工信委通报，截至当年11月底，兰州市在建承接产业转移项目295个，其中完工项目74个，在建项目221个，到位资金已完成全年任务的90.98%。

四、兰州市经济形势研判

从经济运行趋势看，近十年来，我市经济增长趋势与全国、全省基本一致，虽增长速度有波动，但在面对各种挑战和压力的情况下，全市经济增速一直保持5.5%以上，延续了稳中向好、稳中有进的发展态势，长期向好的基本面没有根本性改变。从“稳就业、稳金融、稳外贸、稳外资、稳投资、稳预期”看，我市就业稳定，金融存贷款、外贸、服务业增长较快，主要经济指标的预期目标完成较好。投资增速虽有所回落，但投资总体稳定。从抢抓战略机遇看，年初召开的市委经济工作会议对全市2019年经济工作进行了全面安排具体部署，明确了多项重点工作任务，将有力推动经济高质量发展。从增长动能看，投资方面，创新驱动战略加快实施，新兴技术制造业投资增长加快，补短板力度加大。消费方面，促进消费增长、优化营商环境政策措施效果持续显现，新型消费业态、新商业模式迅速发展。生产方面，粮食产量、畜产品产量总体稳定，特色优势农产品销售前景向好；工业上，黑色金属冶炼和压延加工业、非金属矿物制品业、煤炭开采和洗选业、汽车制造业增长、烟草制品业等重点工业行业运行情况良好，为工业提供增长动能；服务业上，规模以上其他营利性服务业增长较快，高铁、航空、高速公路等交通体系逐渐完善，为康养旅游等服务业发展提供助力。促进民营经济健康发展政策措施的逐步落实，将进一步释放民营经济发展潜力。

综合以上分析初步预测，2019年下半年及2020年，传统产业预期仍将保持稳健增长，新兴产业加速发展并释放新的动能，如果全市上下继续保持招商引资、项目建设、企业培育、总部经济引进等经济工作的力度和热度，并在转型升级等方面取得实质性突破，在全国、全省经济总体稳定的形势下，2019年全市经济有望实现5.8%~6.2%的增长速度，建议把2020年全市经济增长目标定为5.7%~6.0%，略低于全国和省上增速，物价控制在3%左右。

五、兰州市经济运行发展的对策建议

（一）夯实工业发展基础

一是加强企业帮扶。要以开展“基层减负年”“千企万商大走访”优化营商环境活动为契机，进一步优化营商环境。要着力加强重点企业帮扶，加强银企帮扶对接，着力破解“融资难、融资贵”瓶颈，继续落实落细减税降费政策，增强企业发展信心。指导企业有效应对中美贸易摩擦。加强与重点企业互动，及时将有关信息推送给企业，有针对性地组织企业参加各种经贸活动和境外展会，引导企业开展产品注册认证和国际认证咨询，增强产品国际竞争力，支持企业拓展一带一路销售渠道。二是建强产业链条。结合兰州产业基础和特点，在传统产业改造上，重点促进工业化与信息化深度融合，推进新一代信息技术为制造业“赋能”，大力培育“专精特新”企业，加快产业和产品向价值链中高端跃升，推动制造业“二次飞跃”，重振“兰州制造”。在新兴产业培育上，着力主攻十大生态产业，聚力发展以“夜经济”“口岸贸易”“互联网+”“健康养生”为重点的文化旅游、通道物流、数据信息、生物医药等优势产业，加快构建具有兰州特色的生态产业体系，有针对性地向上下游建链、补链、强链、延链，不断推动优势产业“全产业链”集成、创新、升级。三是建优产业平台。继续抓好园区生产、生活要素配套设施的建设，扶优做强龙头企业，鼓励支持龙头企业以商招商，推进园区专业化、特色化发展。四是进一步加大开放力度。紧紧抓住一带一路、东部地区产业转移的机遇，进一步引导好兰州外贸企业参加境内外重点展会，鼓励中小企业开拓一带一路沿线国家新兴市场，走出口市场多元化道路。

（二）增强项目投资后劲

紧扣产业项目建设年目标，以全省招商引资暨陇商大会为契机，认真贯彻落实省委、省政府关于进一步加强招商引资的决策部署，大力开展“招商引资百日大会战”继续加大招商引资力度，吸引大项目好项目落地见效，加快在建项目施工进度，尽快投产，实现新的增量。一是做好重大项目的引进工作。抓住国家向西开放的新机遇，落实支持国家和省上承接产业转移示范区发展的相关政策，积极对接东部发达地区，加强同国家、省有关部门的沟通衔接，瞄准各类资金支持重点和方向，加强重大项目规划、储备、实施，围绕补短板、增后劲的重点项目，推进精准招商、专业招商、以商引商和全产业链招商，引进大项目、好项目，加快培育创新型、引领型、效益型投资新增长点。二是加大在建项目的建设力度。做好项目建设服务保障工作，及时帮助解决项目建设过程中遇到的困难和问题，提高招商引资项目的落地率和开工率，推进建设项目尽早开工建设，加快在建项目的施工进度。三是激发民间投资活力。抓好鼓励民间投资的政策落实，切实加大对民间投资的融资支持力度，注重引导民间资本进入乡村振兴、文化旅游产业、教育卫生健康产业、能源环保以及现代服务业等新兴业态。

（三）以加快建设丝绸之路信息港为契机，深度融入“一带一路”建设

近两年是兰州市抢抓国家实施大数据战略机遇，加快推进大数据、智慧城市和数字经济发展的关键时期。积极响应国家和省上的战略部署，加快建设大数据服务中心、智慧兰州时空信息云平台等重点项，启动实施5G通讯、移动支付和无限城市建设，建成开通兰州新区互联网国际通信专用通道，支持运用互联网开展服务模式创新，发展以数据为关键要素的数字经济。巩固提升兰州新区综合保税区和兰州国际陆港开放功能，推动兰州新区综合保税区—航空口岸—铁路口岸“区港联动”一体化融合发展；抓住兰州国际陆港获批第二批国家示范物流园区的难得机遇，完善五大核心功能，推动物流中心、多式联运中心和陆港信息中心建设，高标准建设“兰州无水港”，努力将其打造成为服务国家向西开放的重要枢纽和战略平台。争取开通更多国际货运班列，把兰州打造成面向“一带一路”的国际货运班列中转枢纽和国际物流集散中心。加强国际产能合作，围绕装备制造、新能源、新材料、生物医药等优势产业，推进建设一批产能合作大项目。加强对外经贸联系，组织企业赴外参加产品推介会和合作洽谈会，举办更多国际性贸易洽谈会。

（四）积极加快布局地铁经济

一要全面评估兰州进入“地铁时代”对城市产生的影响。合理规划地铁周边总体布局，加快形成新兴商业中心。优越的交通条件是商业中心形成的最重要条件之一，地铁站点周边在这方面具有得天独厚的优势。要围绕地铁进行综合开发，合理规划站点附近商住、公建设施等的布局，科学安排开发周期和开发区域，因地制宜推行地铁上盖物业模式，建成一批商务、住宅高楼及商贸综合体，打造宜居、功能复合的商业圈。二是优化站点周边环境，大力发展地铁文化。开展站点周边环境综合整治，集中清理脏、乱、差问题，提升环境卫生。进一步完善与公交系统的连接，形成地铁与地面公交的合理配套，做到公交线与地铁线路根据人流量不重叠设置或减少线路设置，并实现公交站点与地铁站合理接驳的格局。突出“丝路山水名城”“黄河之滨也很美”的特色，以兰州自身所特有的文化作为统领，建设地铁文化，充分展示城市形象、传播地域文化、丰富市民生活，将地铁站点打造成兰州的一张“名片”

（五）大力发展现代服务业，加快第三产业发展

兰州市2019年1—5月，全市规模以上服务业企业完成营业收入317.24亿元，同比增长10.50%，第三产业增加值894.52亿元，增长6.3%。第三产业占GDP总量的66.68%，可见第三产业的发展对兰州市经济总量的影响举足轻重，要保持兰州市经济又好又快平稳发展，必须继续加大第三产业的扶持力度。要进一步转变思想观念，加强对第三产业的总体规划和引导发展，加大投入力度，抓实第三产业的分类指导和企业培育，补齐第三产业发展短板。一是要加强规划引领。从我们最近调研的情况看，部分县区第三产业发展的总体规划和思路仍不明确，发展存在一定的盲目性，部分县区之间存在内部不良竞争和资源浪费。因此，有必要进一步强化第三产业发展的规划引领，科学规划布局，明确各县区发展重点，强化规划执行效果和引导作用。二是要切实加大第三产业各行业要素投入力度和项目建设力度。要加强对第三产业发展的扶持引导和要素投入，注重第三产业项目的引进与投产，夯实发展基础，增强服务业发展后劲；三是要打造第三产业龙头企业。要努力打造一批有竞争力的服务业龙头企业，培育服务业品牌，充分发挥其示范效应、集聚效应和辐射带动效应。四是要加强对新兴服务业的重点扶持。当前全市互联网服务业、电子商务、健康养老等新兴服务业发展初现端倪，这些新兴产业新兴业态，要出台新政策、研究新方法，重点扶持。

摘自兰州市社科院编著的《兰州市经济社会发展蓝皮书》(2019—2020)

1949—2019兰州市主要指标

地区生产总值

年份	地区生产总值（万元）	第一产业增加值	第二产业增加值	#工业	第三产业增加值	人均地区生产总值（元）
1949年	3300	1700	600	600	1000	47
1950年	5700	1800	1000	900	2900	78
1951年	8600	1800	1900	1400	4900	112
1952年	11300	1800	2500	2000	7000	143
1953年	14600	2000	3600	2400	9000	179
1954年	17600	2100	4600	3200	10900	202
1955年	24300	2300	8500	5900	13500	255
1956年	33100	2400	15200	9300	15500	308
1957年	37200	2600	17000	10600	17600	313
1958年	49900	2500	26500	20100	20900	388
1959年	76900	2500	52300	43900	22100	548
1960年	80900	2500	58800	48900	19600	553
1961年	45200	2500	26200	24500	16500	314
1962年	43200	2400	23700	22400	17100	314
1963年	58200	2900	36700	34200	18600	421
1964年	79400	3400	53900	50700	22100	544
1965年	100100	3900	70900	64800	25300	647
1966年	98500	4000	69100	66900	25400	609
1967年	117000	4100	88000	85200	24900	702
1968年	129200	4300	101500	98200	23400	759
1969年	135500	4600	106800	104000	24100	786
1970年	149900	5200	119200	115100	25500	856
1971年	162200	5300	130300	127800	26600	896
1972年	179600	5300	143400	138900	30900	958
1973年	189100	5300	149100	142600	34700	981
1974年	208400	6600	164000	158200	37800	1063
1975年	227000	6700	178900	172300	41400	1143
1976年	226900	6900	177600	171000	42400	1130
1977年	218200	7000	167800	162100	43400	1077
1978年	218000	7400	165600	158500	45000	1067
1979年	245400	7800	186000	177200	51600	1180

地区生产总值（续表）

年 份	地区生产总值（万元）					人均地区生产总值（元）
		第一产业 增加值	第二产业增加值		第三产业 增加值	
				# 工业		
1980 年	256800	9400	188000	176400	59400	1209
1981 年	240100	8000	167500	156100	64600	1116
1982 年	258200	8400	180900	166700	68900	1179
1983 年	294900	11200	208900	192500	74800	1326
1984 年	354000	14000	237400	218000	102600	1579
1985 年	435000	19000	281600	254600	134400	1915
1986 年	507900	22000	320100	286600	165800	2198
1987 年	561100	23300	339500	296800	198300	2383
1988 年	643000	30600	367700	321500	244700	2682
1989 年	736900	38000	426000	385200	272900	3015
1990 年	778900	42600	450500	401300	285800	3126
1991 年	852300	50100	455000	401700	347200	3364
1992 年	1005700	55300	525200	461100	425200	3918
1993 年	1267200	65400	736500	646400	465300	4878
1994 年	1724900	95700	1009200	876900	620000	6548
1995 年	2104300	118300	1208500	1030100	777500	7844
1996 年	2250100	137200	1192500	968200	920400	8228
1997 年	2374200	140800	1193600	940400	1039800	8532
1998 年	2525500	152400	1210600	920900	1162500	8949
1999 年	2674600	156100	1256500	944200	1261900	9360
2000 年	3003200	158900	1407100	1070400	1437200	10387
2001 年	3416800	168900	1563800	1163700	1714200	11638
2002 年	3814100	176800	1668700	1263800	1968500	12768
2003 年	4336500	183800	1887000	1431900	2265700	14328
2004 年	5002500	206100	2183000	1677000	2613400	16335
2005 年	5670400	221300	2499900	1977000	2949200	18296
2006 年	6384700	227300	2903800	2308800	3253600	20419
2007 年	7327600	260900	3360800	2678800	3705900	23155
2008 年	8474700	281000	4085200	3189300	4108500	25664
2009 年	9259821	305453	4336200	3312200	4618168	27904
2010 年	11003898	337900	5291848	3990648	5374149	30672
2011 年	13600299	400000	6565480	4972480	6634819	37570
2012 年	15644079	451400	7447000	5624200	7745679	43175
2013 年	18289800	491200	7825600	5725900	9973000	50301
2014 年	20009389	536429	8292264	5942700	11180696	54771
2015 年	20959920	562233	7826545	5350400	12571142	56972
2016 年	22871600	603600	7950600	5318000	14317400	61207
2017 年	25008019	383513	8817386	6071341	15807120	67269
2018 年	27329373	429810	9379822	6464774	17519742	73042

地区生产总值指数

年份	地区生产总值指数（上年=100）	第一产业	第二产业	#工业	第三产业	人均地区生产总值指数（上年=100）
1949年						
1950年	136.4	122.4	138	138	140.2	133.8
1951年	126.9	123.1	157.3	145	116.9	120.4
1952年	123.7	117.8	122.3	123.6	127.3	120.7
1953年	123.2	103.3	136.4	123.5	125.6	119.3
1954年	120.2	103.1	130.3	121.8	121.1	111.9
1955年	119.7	103.3	125.2	124.1	122.8	109.3
1956年	119.6	104.2	135.6	126.5	114.3	106.2
1957年	116	105.1	124.6	130.2	112.7	105.1
1958年	128	92.4	150.9	163.9	118.4	118.3
1959年	128.5	82.4	156.7	168.8	108.9	117.8
1960年	111.9	100.1	128.8	135.8	89.7	107.3
1961年	61.9	99.2	50.1	48.6	80.5	63
1962年	107.4	107.9	115.6	120.2	97	112.4
1963年	120.6	118.6	128.6	125	108.9	119.9
1964年	122.9	119.8	124.4	124.4	120.9	116.3
1965年	124.9	118.9	130.8	128.1	115.5	118
1966年	102.3	102.9	100.7	107.2	105.6	97.6
1967年	92.4	103	87.6	86	99.6	89.9
1968年	102.3	103.3	107.1	107.4	93.9	100.1
1969年	108.1	103.7	111.2	113.1	103	106.7
1970年	111	104.8	114.1	113.2	106.1	109.3
1971年	107.5	100.6	109.4	113.7	104.7	104
1972年	110.3	100.6	110.8	110.3	111.5	106.4
1973年	105.9	97.1	103.9	103.5	112.9	103.1
1974年	109.4	124	108.5	108.8	108.8	107.6
1975年	113.4	101.4	116.5	117.2	109.2	112.1
1976年	100.5	100.6	99.6	99.6	102.7	99.4
1977年	100.2	100.7	98.9	99	102.8	99.3
1978年	102.2	95.6	102.5	102.1	102.7	101.3
1979年	109.7	102.1	108.6	108.5	113.6	107.8
1980年	100.5	103.9	100	99.5	109.7	101
1981年	96.7	80.8	92.6	87.5	106.8	95.5
1982年	106.9	110.1	107.5	106.5	105.5	105.1
1983年	111.4	124.9	112.2	113	108.5	109.7

地区生产总值指数（续表）

年 份	地区生产总值指数（上年 =100）					人均地区生产总值指数（上年 =100）
		第一产业	第二产业	# 工业	第三产业	
1984 年	117	117.8	110.9	111	127	116.1
1985 年	113.5	128.5	110.6	109	115.9	112.1
1986 年	112.3	109.9	109.6	108	116.3	110.4
1987 年	107.8	97.5	108.1	106	108.9	105.8
1988 年	103.8	100.5	108	108	98.7	101.9
1989 年	103.8	109.6	106.4	107.5	99.3	101.8
1990 年	104.6	110.9	106.7	107	100.7	102.6
1991 年	102.2	112.5	98.8	98	106.3	101.2
1992 年	110.3	107.2	110.4	109.8	110.7	108.9
1993 年	111.6	102.7	114.9	115.3	107.9	110.3
1994 年	114.5	101.2	119.6	118.8	110.9	110.3
1995 年	109.2	101.2	110.3	109.3	108.9	107.2
1996 年	109.2	105.8	109.3	108.4	109.5	107.1
1997 年	108.9	103.6	108.8	107.0	109.5	107.0
1998 年	108.7	107.1	106.6	105.0	111.3	107.2
1999 年	108.2	104.5	107.4	107.0	109.5	106.9
2000 年	109.2	104.0	108.2	107.9	110.8	107.2
2001 年	110.5	105.5	109.9	110.1	111.6	108.9
2002 年	110.8	104.8	110.8	110.8	111.4	108.9
2003 年	111.0	104.8	111.6	111.9	111.0	109.6
2004 年	111.6	103.3	112.7	113.6	111.4	110.3
2005 年	112.0	104.1	113.8	116.5	111.2	109.7
2006 年	112.0	103.1	115.0	116.6	110.1	111.0
2007 年	112.5	103.7	115.8	117.1	110.2	111.2
2008 年	111.5	105.7	111.4	113.2	112.0	110.8
2009 年	110.8	106.2	110.2	109.4	111.6	110.2
2010 年	112.8	105.0	113.7	111.8	112.4	111.3
2011 年	115.0	105.2	116.3	115.2	114.3	114.9
2012 年	113.4	106.7	112.2	111.8	114.8	113.2
2013 年	113.4	105.8	113.5	114.1	113.6	113.1
2014 年	110.4	106.3	109.1	108.2	111.8	109.9
2015 年	109.1	105.9	106.8	106.1	111.2	108.4
2016 年	108.3	106.0	104.3	102.8	110.9	107.7
2017 年	105.7	105.9	103.1	104.6	107.2	105.2
2018 年	106.5	106.0	104.9	105.8	107.4	105.8

人口和劳动工资

年份	年末户籍总人口（万人）	#城镇人口	出生率（‰）	死亡率（‰）	自然增长率（‰）	单位从业人员平均劳动报酬（元）	在岗职工平均工资
1949年	69.95	19.96					
1950年	75.6	22.28					
1951年	77.93	23.69					
1952年	79.23	24.87				664	
1953年	83.23	29.97				681	
1954年	91.3	36.8				689	
1955年	99.59	44.15				724	
1956年	115.68	57.56				798	
1957年	122.07	61.59				769	
1958年	134.98	69.04				719	
1959年	145.49	79.73				634	
1960年	147.07	81.44				598	
1961年	140.51	72.72				625	
1962年	134.32	65.74				649	
1963年	142.23	70.22				723	
1964年	149.93	74.32				736	
1965年	159.23	79.52				723	
1966年	164.56	81.83					
1967年	168.61	82.74					
1968年	172.09	82.96					
1969年	172.65	79.96				646	
1970年	177.69	81.68				628	
1971年	184.24	84.74				646	
1972年	190.76	87.92				703	
1973年	194.82	90.67				667	
1974年	197.5	91.2					
1975年	199.68	91.32					
1976年	201.86	91.87					
1977年	203.23	91.38					
1978年	205.6	93.78	15.75	4.43	11.31	756	
1979年	210.35	97.75	14.36	4.73	9.63	834	
1980年	214.5	100.17	11.01	4.85	6.16	872	
1981年	215.98	102.42	16.27	4.82	11.45	908	
1982年	221.96	103.56	16.46	4.70	11.76	939	
1983年	222.84	107.63	15.63	4.68	10.95	987	

人口和劳动工资（续表）

年 份	年末户籍总人口（万人）	# 城镇人口	出生率（‰）	死亡率（‰）	自然增长率（‰）	单位从业人员平均劳动报酬（元）	在岗职工平均工资
1984年	225.59	109.68	14.91	4.62	10.29	1226	
1985年	228.71	112.69	13.87	4.55	9.32	1388	
1986年	233.4	116.53	16.12	4.46	11.66	1562	
1987年	237.49	119.24	16.48	4.69	11.79	1773	
1988年	241.98	122.66	16.13	4.67	11.46	2011	
1989年	246.74	125.56	14.48	3.87	10.61	2248	
1990年	251.69	127.1	12.92	3.79	9.13	2507	
1991年	255.01	129.85	13.55	4.92	8.63	2664	
1992年	258.38	132.2	13.04	5.12	7.92	3031	
1993年	261.21	133.87	12.98	4.12	8.86	3241	
1994年	265.67	138.7	12.04	3.85	8.19	4618	
1995年	270.84	142.99	14.40	4.62	9.78	5564	
1996年	276.09	147.54	15.27	4.54	10.73	6188	
1997年	280.46	150.65	12.34	5.28	7.06	6578	
1998年	283.93	153.75	11.24	5.56	5.68	6828	7450
1999年	287.19	156.58	9.39	3.85	5.54	7863	8038
2000年	290.68	159.75	13.62	6.88	6.74	9147	9377
2001年	296.51	164.87	11.00	3.48	7.52	10452	10510
2002年	300.95	170.09	9.40	4.22	5.18	11861	11861
2003年	304.36	175.54	8.62	4.10	4.52	13489	13489
2004年	308.11	180.27	9.96	5.96	4.00	14644	14854
2005年	311.74	183.93	10.59	3.61	6.98	16960	16960
2006年	313.64	185.69	9.99	4.15	5.84	18822	19090
2007年	319.28	198.53	11.49	3.85	7.64	22152	22569
2008年	322.28	201.63	10.47	4.20	6.27	25849	26118
2009年	323.59	202.77	9.81	5.46	4.35	28569	28995
2010年	323.54	202.92	11.06	8.00	3.06	33340	33966
2011年	323.3	202.67	9.46	3.51	5.95	37754	38965
2012年	321.52	202.5	10.60	6.32	4.28	43685	44492
2013年	321.43	201.41	10.67	3.68	6.99	46621	48017
2014年	321.64	200.99	12.71	4.57	8.14	51928	54005
2015年	321.9	214.17	10.84	5.17	5.67	58967	60330
2016年	324.23	222.73	11.86	4.11	7.75	64551	67011
2017年	325.55	226.05	10.11	4.74	5.37	69555	72286
2018年	328.47	231.25	12.89	8.11	4.78	82480	85575

工业发展

年份	工业增加值(万元)	工业增加值指数(上年=100)	规模以上工业增加值(万元)	规模以上工业增加值指数(上年=100)
1979年	177174	108.5		
1980年	176356	99.5		
1981年	156142	87.5		
1982年	166653	106.5		
1983年	192461	113.0		
1984年	218007	111.0		
1985年	254647	109.0		
1986年	286571	108.0		
1987年	296764	106.0		
1988年	321494	108.0		
1989年	385201	107.5		
1990年	401259	107.0		
1991年	401739	98.0		
1992年	461109	109.8		
1993年	646352	115.3		
1994年	876935	113.2		
1995年	1030058	109.2		
1996年	968213	108.4		
1997年	940371	107.0		
1998年	920899	105.0	828299	103.7
1999年	944221	107.0	846121	105.8
2000年	1070358	107.9	963358	107.7
2001年	1163695	110.1	1049095	110.0
2002年	1263817	110.9	1137817	110.9
2003年	1431915	111.9	1295515	112.1
2004年	1677000	113.6	1517200	114.6
2005年	1977008	116.5	1813854	118.4
2006年	2308800	116.6	2123855	117.2
2007年	2678794	117.1	2479248	118.0
2008年	3189304	113.2	2965904	113.5
2009年	3312200	109.4	3081700	109.8
2010年	3990648	111.8	3726746	112.3
2011年	4967190	115.2	4650000	115.0
2012年	5624200	111.8	5381538	111.5
2013年	6144500	114.1	5751291	114.2
2014年	5942700	108.2	5650000	108.1
2015年	5350400	106.1	5150000	105.5
2016年	5268300	102.8	5020000	102.6
2017年	6071300	104.6	5836900	104.8
2018年	6464800	105.8	6149800	106.0

注:规上工业增加值自1998年起统计。

能源消费和用电量

年 份	能源消费总量(万吨)	全社会用电量(亿千瓦时)	
			# 工业用电量
2005 年	1426.35		
2006 年	1557.01		
2007 年	1676.96		
2008 年	1772.62		
2009 年	1848.3		
2010 年	1984.89	273.75	226.2
2011 年	2027.63	292.16	241.98
2012 年	2210.11	298.88	247.65
2013 年	2393.11	314.49	263.3
2014 年	2502.95	315.22	260.27
2015 年	2405.25	292.37	234.34
2016 年	2250.58	281.77	219.37
2017 年	2354.69	301.88	235.21
2018 年	2486.20	302.40	229.99

邮电业务

年份	邮政业务总量（万元）	电信业务总量（万元）	固定电话用户（万户）	移动电话用户（万户）
1949年	37.6	73.6		
1950年	43.3	90.9	0.06	
1951年	56.9	121.8	0.07	
1952年	71.6	97.2	0.08	
1953年	79.9	129.9	0.11	
1954年	81.7	113.7	0.13	
1955年	117.7	188.5	0.13	
1956年	187.8	185.1	0.16	
1957年	222.5	121.2	0.2	
1958年	243.2	192.4	0.25	
1959年	271.3	308.6	0.32	
1960年	764.6		0.45	
1961年	370.9		0.45	
1962年	296.3		0.45	
1963年	331.2	156.6	0.45	
1964年	209.1	322.4	0.46	
1965年	229.3	321.3	0.47	
1966年	194.8	325.4	0.51	
1967年	180.1	313	0.52	
1968年	184.9	274.9	0.49	
1969年	215.7	282.4	0.46	
1970年	220.9	325	0.47	
1971年	238.4	332.9	0.51	
1972年	262.1	441.7	0.55	
1973年	272.8	459.8	0.52	
1974年	504		0.56	
1975年	288	242	0.67	
1976年	344	213	0.49	
1977年	344	234	0.72	
1978年	351	451	0.78	
1979年	379	458	0.83	
1980年	398	340	0.85	
1981年	514	476	0.88	
1982年	399	670	0.95	
1983年	591	745	1.04	

邮电业务（续表）

年 份	邮政业务总量（万元）	电信业务总量（万元）	固定电话用户（万户）	移动电话用户（万户）
1984 年	496	839	1.16	
1985 年	540	851	1.35	
1986 年	688	1151	1.47	
1987 年	701	1351	1.66	
1988 年	839	1532	2.14	
1989 年	1293	1889	2.57	
1990 年	2765	3454	2.97	
1991 年	3128	5579	3.53	
1992 年	3719	8137	4.53	
1993 年	4533	12401	6.17	
1994 年	4342	18314	11.57	
1995 年	5213	28933	17.73	1.45
1996 年	6054	43200	24.47	2.5
1997 年	7526	62808	28.84	4.98
1998 年	13937	89435	35.18	9.39
1999 年	9663	117099	47.24	16.5
2000 年	11771	73100	68.56	38.35
2001 年	25032	10537	87.0	69.65
2002 年	198300		104.8	86.2
2003 年	21600	185700	111.0	101.79
2004 年	20600	185100	142.0	112.0
2005 年	21700	227000	153.0	44.0
2006 年	21000	250400	153.14	182.48
2007 年	21200	273500	145.96	245.12
2008 年	19200	265800	113.92	263.9
2009 年	17200	276400	98.38	293.54
2010 年	17000	343500	104.66	249.25
2011 年	18400	424300	105.45	390.04
2012 年	17600	471400	94.39	418.93
2013 年	19800	514000	92.57	469.36
2014 年	48400	645000	76.72	527.37
2015 年	59500	864400	64.61	461.32
2016 年	84900	1365700	74.81	335.53
2017 年	99900	1338100	61.86	609.68
2018 年	116400	3462800	60.27	663.9

交通运输

年 份	客运量合计（万人）	铁路	公路	民航	货运量合计（万吨）	铁路	公路	民航
1983 年	833	389	444		1616	1007	609	
1984 年	1165	452	709	5	1721	1040	681	0.11
1985 年	1000	466	527	7	1541	817	724	0.17
1986 年	1121	503	606	12	1723	942	781	0.17
1987 年	1167	517	638	12	1977	1073	904	0.2
1988 年								
1989 年	1273	510	753	10	2075	905	1170	0.23
1990 年	1037	405	620	12	2282	892	1390	0.18
1991 年	1163	409	736	18	2529	896	1633	0.25
1992 年	1250	434	790	26	3015	1191	1824	0.3
1993 年	1303	447	828	29	2701	703	1998	0.3
1994 年	1342	460	863	19	2849	599	2249	0.35
1995 年	1381	448	904	29	3245	724	2521	0.4
1996 年	1477	416	1003	59	3559	725	2833	0.32
1997 年	1569	431	1082	55	3932	742	3190	0.34
1998 年	1693	443	1224	26	4273	698	3574	0.35
1999 年	1832	459	1345	28	4749	764	3985	0.41
2000 年	2002	476	1483	43	5167	815	4351	0.53
2001 年	2141	499	1608	33	5401	758	4642	0.6
2002 年	2253	556	1662	35	5634	824	4809	0.99
2003 年	2209	474	1695	40	5581	653	4927	0.8
2004 年	2416	567	1798	51	5786	783	5002	0.88
2005 年	2546	587	1896	63	5972	821	5151	0.64
2006 年	2732	636	1996	100	6264	903	5360	0.75
2007 年	2926	673	2112	141	6839	1235	5604	0.95
2008 年	3150	777	2253	120	7207	1319	5887	1.01
2009 年	3373	847	2346	153	7358	1202	6155	1.04
2010 年	3802	976	2627	199	8054	1221	6832	1.14
2011 年	4389	1042	2966	381	8908	1215	7664	2.68
2012 年	4829	997	3374	458	9672	1004	8664	3.6
2013 年	5327	1042	3720	565	10510	974	9531	4.18
2014 年	5656	1084	3871	700	11140	936	10199	4.7
2015 年	6153	1277	4067	809	11801	799	10997	5.0
2016 年	6951	1649	4213	1089	12209	742	11461	5.94
2017 年	7685	2039	4364	1282	12882	837	12039	6.09
2018 年	8329	2551	4392	1386	13519	870	12642	6.15

建筑业

年份	企业个数(个)	企业平均人数(万人)	建筑业总产值(万元)	
				#国有
1978年	11	1.0	3658	2251
1979年	16	1.5	5790	3236
1980年	18	1.6	7102	3894
1981年	57	2.2	9012	4289
1982年	50	2.2	8981	4113
1983年	72	9.5	53148	47596
1984年	94	9.8	62501	53917
1985年	65	9.8	74114	63644
1986年	57	9.6	88252	75828
1987年	73	10.7	107064	91006
1988年	90	10.9	123312	104033
1989年	91	10.0	129292	111192
1990年	77	9.5	132838	117554
1991年	91	10.0	144845	123907
1992年	93	10.0	181208	151812
1993年	108	10.4	249670	195629
1994年	121	11.6	325241	263845
1995年	123	10.9	393762	290931
1996年	187	12.95	472222	314122
1997年	190	12.5	529514	364905
1998年	213	13.1	587069	420138
1999年	205	12.9	597964	367137
2000年	187	12.3	608744	377167
2001年	182	12.5	740364	451347
2002年	196	13.61	844090	458986
2003年	295	16.14	1057518	551597
2004年	386	16.21	1412501	614863
2005年	372	14.43	1287260	671997
2006年	294	15.78	1418292	743932
2007年	287	11.85	1563497	691587
2008年	346	11.53	1910375	655736
2009年	343	12.45	2547578	817937
2010年	329	14.29	3349300	1019327
2011年	327	14.26	4049283	1900512
2012年	464	15.41	5706216	2558635
2013年	493	14.36	7646428	2374630
2014年	492	17.76	8452820	2113150
2015年	494	19.03	9178621	1889544
2016年	470	20.25	10032031	2156037
2017年	466	23.14	9712706	1761866
2018年	458	21.43	9971285	1640319

固定资产投资

单位：万元

年份	固定资产投资总额	国有经济	集体经济	个体经济	其他经济	市属固定资产投资总额
1978 年	25910	25910				5207
1979 年	30970	30970				8875
1980 年	45515	45189				8629
1981 年	49608	46869				14099
1982 年	65863	54724				17282
1983 年	68185	63869				18693
1984 年	80607	73520	7087			24117
1985 年	106617	92987	11230	2401		32386
1986 年	135289	120540	10166	4583		40495
1987 年	170828	155704	9647	5477		49620
1988 年	184714	161854	14337	8523		50458
1989 年	163592	142486	13312	7794		50598
1990 年	203301	186193	8878	8230		60796
1991 年	205313	188241	8505	8567		57760
1992 年	255004	231065	15316	8623		79856
1993 年	362019	275363	42470	10629	33557	130755
1994 年	545365	405267	46822	18178	75098	174739
1995 年	660237	528561	40131	16630	74915	179779
1996 年	902797	732937	57879	16140	95841	186265
1997 年	1036486	841993	59069	18058	117366	209781
1998 年	1248269	993449	62958	21496	170366	322432
1999 年	1391029	1080780	60885	44423	204941	429830
2000 年	1537434	1188921	69891	33154	245468	596366
2001 年	1724216	1230185	46631	50677	396723	667010
2002 年	1945440	1389500	68088	48789	439063	807061
2003 年	2106367	1420813	41905	46482	597167	908420
2004 年	2319181	1469824	50025	42277	757055	1024253
2005 年	2595851	1520212	96180	48942	930517	1237937
2006 年	2982056	1572539	82446	40928	1286143	1607977
2007 年	3586085	1726413	98337	46380	1714955	2099459
2008 年	4319841	2084418	152440	81385	2001598	2626370
2009 年	5061847	2736103	151086	85631	2089027	2961185
2010 年	6606877	3432545	191678	64072	2918582	3683399
2011 年	8705683	3815066	249850	19436	4621331	5701293
2012 年	12391809	5089519	321357	259869	6721064	9525441
2013 年	13168629	5679060	241479		7248090	9708727
2014 年	16106818	5178419	198120	12240	10718039	12045301
2015 年	18037526	5079472	307645	82329	12568080	15059612
2016 年	19909541	4217895	100726	40963	15549957	16389407
2017 年	13153496	4921582	4461	4570	8222883	11050966
2018 年	–	–	–	–	–	–

注：1. 2012 年起国有经济投资专业发生变化；2014 年统计口径发生变化，房地产、国有也包括国有独资。

2. 根据国家规定，2018 年投资数据不对外公布绝对量。

房地产开发

单位:万平方米

年份	房屋施工面积		房屋竣工面积		商品房销售面积	
		住宅		住宅		住宅
1990 年	69.00	62.00	28.00	26.00		
1991 年	64.18	52.15	31.74	24.80		
1992 年	70.63	56.66	25.20	19.49		
1993 年	99.00	81.00	35.00	29.00		
1994 年	155.00	127.00	38.00	32.00		
1995 年	206.00	160.00	58.00	52.00		
1996 年	240.00	161.00	69.00	58.00		
1997 年	262.00	161.00	76.00	60.00		
1998 年	272.00	180.00	68.00	58.00		
1999 年	291.00	195.00	101.00	82.00		
2000 年	317.00	216.00	98.00	71.00	55.26	45.65
2001 年	393.00	256.00	131.00	106.00	71.55	65.53
2002 年	421.02	304.40	111.55	91.51	78.22	69.10
2003 年	636.23	494.36	116.45	97.01	86.14	81.04
2004 年	933.13	720.92	188.85	149.07	142.38	128.99
2005 年	891.87	705.06	191.84	155.71	191.38	168.22
2006 年	901.58	690.21	163.41	140.44	206.17	193.87
2007 年	896.94	686.84	165.43	132.89	214.39	201.63
2008 年	947.39	746.75	140.49	121.66	142.20	135.88
2009 年	1258.93	987.72	209.58	164.89	242.51	223.16
2010 年	1467.21	1119.44	209.97	155.90	228.21	206.81
2011 年	1671.55	1306.61	175.97	143.06	175.65	155.17
2012 年	2547.53	1908.88	193.53	152.04	214.26	198.71
2013 年	2971.32	2261.25	183.13	146.40	292.22	272.03
2014 年	3640.62	2684.47	158.26	120.70	510.28	467.47
2015 年	4187.36	2948.79	231.16	191.22	676.55	620.51
2016 年	4368.69	296.33	306.12	194.38	883.93	763.44
2017 年	4407.62	2892.81	212.70	151.90	733.66	644.54
2018 年	4537.93	2901.42	162.14	81.73	668.79	590.43

注:1990 年以前,房屋所有权为公有制,房屋实行分配制,而非货币购买;房地产开发经营无实质内容,故年鉴上无房地产开发数据。

农林牧渔总产值

单位：万元

年份	农林牧渔总产值	农业	林业	牧业	渔业	农林牧渔总产值指数（上年=100）
1949年	4300.04	3562.09	6.41	731.54		
1950年	4393.75	3587.10	11.44	795.21		1.02
1951年	4493.78	3611.94	16.54	865.30		1.02
1952年	4580.81	3636.65	21.60	922.56		1.02
1953年	4956.22	3976.62	32.50	947.10		1.08
1954年	5334.78	4316.17	44.10	974.51		1.08
1955年	5681.40	4620.50	58.70	1002.20		1.06
1956年	6064.78	4955.69	78.78	1030.31		1.07
1957年	6505.05	5334.27	92.41	1078.37		1.07
1958年	6415.09	5297.20	77.30	1046.59		0.99
1959年	6324.71	5247.90	61.21	1015.60		0.99
1960年	6236.42	5204.60	47.11	984.71		0.99
1961年	6141.40	5161.20	29.50	950.40		0.98
1962年	6058.10	5117.38	16.24	924.48		0.99
1963年	7286.94	6231.24	41.20	1013.92	0.58	1.20
1964年	8514.60	7341.43	63.30	1109.20	0.67	1.17
1965年	9741.27	8459.73	87.77	1192.80	0.97	1.14
1966年	10057.04	8740.56	93.74	1222.10	0.64	1.03
1967年	10372.51	9008.24	101.42	1262.21	0.64	1.03
1968年	10879.93	9458.50	105.30	1315.31	0.82	1.05
1969年	11561.17	10047.87	118.18	1393.69	1.43	1.06
1970年	13029.14	11403.07	127.60	1497.26	1.21	1.13
1971年	13112.63	11440.91	150.45	1520.08	1.19	1.01
1972年	13182.48	11488.17	161.10	1532.10	1.11	1.01
1973年	13257.40	11538.77	178.95	1539.15	0.53	1.01
1974年	13343.71	11593.20	196.11	1553.40	1.00	1.01
1975年	13460.18	11679.69	216.85	1561.81	1.83	1.01
1976年	15634.45	11942.03	248.00	3443.12	1.30	1.16
1977年	14288.35	12035.62	242.30	2008.84	1.59	0.91
1978年	15047.68	12695.45	208.83	2143.20	0.20	1.05
1979年	13955.42	11444.95	201.60	2306.80	2.07	0.93
1980年	16809.95	13870.70	241.56	2696.08	1.61	1.20
1981年	14446.02	11214.83	351.29	2878.31	1.59	0.86
1982年	15246.90	11352.69	828.79	3062.34	3.08	1.06
1983年	20111.75	15427.17	1229.25	3453.71	1.62	1.32

农林牧渔总产值（续表）

单位：万元

年份	农林牧渔总产值					农林牧渔总产值指数（上年=100）
		农业	林业	牧业	渔业	
1984年	25244.11	19046.39	1807.39	4387.66	2.67	1.26
1985年	34127.16	26369.77	1893.07	5856.97	7.35	1.35
1986年	39830.74	30364.95	1656.73	7775.95	33.11	1.17
1987年	42292.81	31764.23	1337.46	9106.54	84.58	1.06
1988年	56637.20	38711.91	1364.81	16258.01	302.47	1.34
1989年	67809.00	47959.00	1320.40	18311.80	217.80	1.20
1990年	72006.48	51444.59	1652.27	18545.35	364.27	1.06
1991年	80823.83	57084.56	1916.26	21364.68	458.33	1.12
1992年	88478.37	64261.18	1742.39	21903.08	571.72	1.09
1993年	98266.11	72315.30	1953.83	23408.60	588.38	1.11
1994年	155137.46	111043.26	3596.82	39539.48	957.90	1.58
1995年	215772.79	154477.56	4135.38	55838.59	1321.26	1.39
1996年	245037.63	183846.58	4491.82	55210.77	1488.46	1.14
1997年	234093.54	169397.58	5354.05	57856.16	1485.75	0.96
1998年	259146.20	198514.52	5720.89	53163.64	1747.15	1.11
1999年	259443.56	200031.75	5107.65	51908.84	2395.32	1.00
2000年	258452.46	200278.31	6360.60	49926.00	1887.55	1.00
2001年	279884.65	219734.51	7016.43	50983.00	2150.71	1.08
2002年	292992.71	229655.70	5387.49	56006.68	1942.84	1.05
2003年	309389.58	235344.43	7628.89	58651.25	1905.88	1.06
2004年	345609.96	253160.93	7063.04	76759.17	1878.70	1.12
2005年	371505.35	276876.28	3439.75	81838.07	2250.79	1.07
2006年	384100.08	282750.96	3907.23	86484.61	2509.46	1.03
2007年	415625.46	311831.62	4313.40	87643.71	2506.08	1.08
2008年	426154.25	321942.58	4337.85	75347.66	2872.39	1.03
2009年	440276.77	333282.94	4624.28	76151.41	2695.01	1.03
2010年	468906.80	349843.72	5545.69	87918.40	749.68	1.07
2011年	518620.38	373496.30	6629.19	100777.06	851.34	1.11
2012年	554788.06	393770.31	7355.69	111070.89	856.39	1.07
2013年	596279.36	418889.69	7775.68	121022.15	1156.85	1.07
2014年	603157.49	416730.20	7301.43	123172.86	1003.35	1.01
2015年	623544.50	422756.66	10207.21	128008.91	1091.11	1.03
2016年	650833.69	437710.16	12447.71	132312.17	1042.20	1.04
2017年	674283.36	455808.79	13670.34	129831.64	918.46	1.04
2018年	786311.79	533895.58	14963.87	159837.03	1244.17	1.17

注：自2007年起，农业相关数据为农普口径统计数据。

农林牧渔增加值

年份	农林牧渔增加值(万元)	农业	林业	牧业	渔业	服务业	农林牧渔 增加值指数(上年=100)
1979年	7788.36	6638.07	110.88	1038.06	1.38		91.22
1980年	9392.15	8045.01		1213.24	1.04		116.38
1981年	7994.08	6504.60		1295.24	1.03		80.78
1982年	8420.08	6584.56		1378.05	2.00		110.09
1983年	11178.75	8947.76		1553.05	1.85		124.86
1984年	14017.15	11046.91	994.06	1974.45	1.73		117.78
1985年	18976.08	15294.47	1041.19	2635.64	4.78		128.48
1986年	22036.67	17611.67	911.00	3492.48	21.52		109.90
1987年	23296.91	18423.25	746.92	4077.74	49.00		97.50
1988年	30603.00	22452.91	741.23	7239.48	169.38		100.60
1989年	38054.41	27624.39	716.71	9578.27	135.05		109.64
1990年	42605.00	31278.31	1198.86	9800.29	327.54		110.88
1991年	50054.63	36455.46	1287.62	11901.63	409.92		112.49
1992年	55261.00	41527.47	968.69	12226.92	537.92		107.23
1993年	65390.76	49687.61	1320.88	13853.49	528.78		102.74
1994年	95391.00	67546.45	2431.70	24568.40	844.45		101.18
1995年	118296.96	89095.33	2856.17	25149.63	1195.83		101.20
1996年	137205.13	103602.91	3229.78	29073.27	1299.17		105.83
1997年	140826.62	101431.00	3262.37	34891.39	1240.97		103.60
1998年	152430.54	116295.29	3248.73	31399.17	1487.35		107.10
1999年	156129.94	119674.18	2851.99	31506.43	2097.34		120.42
2000年	158915.80	121106.04	3299.07	33007.61	1503.08		107.60
2001年	168914.30	129533.55	2800.48	34706.09	1874.18		105.50
2002年	176821.31	135578.93	2300.11	37217.84	1724.43		104.80
2003年	185709.77	140560.98	2754.87	38760.00	1700.40		104.90
2004年	206062.21	147959.34	2409.67	51800.50	1665.82	2226.83	103.27
2005年	221299.01	162258.36	1174.17	53642.65	1880.66	2343.17	104.05
2006年	227335.06	165709.78	1634.15	55151.49	2141.87	2697.77	103.11
2007年	249095.68	185817.04	1425.23	56683.07	2091.22	3079.11	103.69
2008年	255928.27	197291.18	1756.52	48730.67	2519.92	5629.98	105.71
2009年	265297.55	206741.04	1911.75	48165.23	2363.50	6116.03	106.17
2010年	281891.41	216749.79	2861.69	55397.90	421.21	6460.82	105.01
2011年	320621.16	240724.30	3864.69	65924.39	522.49	9585.28	105.20
2012年	341144.51	253311.47	3845.21	72606.31	530.47	10851.04	106.70
2013年	361652.44	265459.22	3544.55	79484.76	830.82	12333.10	105.80
2014年	363735.10	265149.02	2964.97	80627.20	706.96	14286.95	106.28
2015年	375055.05	271663.43	3492.91	83103.39	810.37	15984.96	105.90
2016年	389268.98	277934.41	5331.40	87713.14	786.46	17503.58	106.03
2017年	402768.22	287681.77	5070.89	90013.67	746.83	19255.07	105.91
2018年	449666.52	303510.60	5507.78	119846.40	945.24	19856.50	105.76

注:自2007年起,农业相关数据为农普口径统计数据。

主要农产品产量

年 份	粮食产量(吨)	油料产量(吨)	中药材产量(吨)	水果产量(吨)	蔬菜产量(吨)	肉类总产量(吨)
1949年	107790	1527		5824	19112	1190
1950年	115065	1425		5761	24595	1272
1951年	129440	1661		6325	25717	1351
1952年	143110	2245		6606	26814	1384
1953年	107400	1754		6372	33876	1409
1954年	168695	1607		6675	44739	1163
1955年	160280	2716		6011	46741	1380
1956年	222930	3499		7787	78910	1597
1957年	153105	1764		7911	90734	2044
1958年	194900	2683		8542	138527	2023
1959年	144115	2756		6521	171362	1832
1960年	123130	1887		7729	184751	945
1961年	94355	712		7023	212177	961
1962年	122515	844		5600	166285	1678
1963年	171395	1780		6982	112150	2202
1964年	224700	4087		12861	120190	2695
1965年	214315	3754		13803	150320	3364
1966年	151030	2744		14722	153369	2594
1967年	279810	3575		15111	145067	2589
1968年	190495	2701		16090	138418	2751
1969年	226630	3132		17273	157285	3144
1970年	271075	4129		18014	168448	3782
1971年	270570	3155	55	18487	174745	4839
1972年	288625	3503	40	15920	211596	4860
1973年	265086	3545		14983	233680	4330
1974年	273349	3680	105	20037	268795	4491
1975年	292828	4409	209	22105	254965	5253
1976年	263150	5304	123	22438	257606	6959
1977年	280627	6617	145	27735	280764	9555
1978年	255415	4790	52	11647	247518	11942
1979年	234897	4030	71	10910	224845	7866
1980年	262132	5556	6	32303	193779	8552
1981年	158335	3418	0	34079	197688	7360
1982年	161696	3480	34	27986	267867	8388
1983年	240965	5883	182	23126	247122	7458
1984年	251267	7237	136	34444	270965	8124

主要农产品产量（续表）

年 份	粮食产量(吨)	油料产量(吨)	中药材产量(吨)	水果产量(吨)	蔬菜产量(吨)	肉类总产量(吨)
1985 年	257360	10897	48	45659	301247	12060
1986 年	263814	13264	55	52298	340793	16046
1987 年	234336	11369	48	56664	366380	18509
1988 年	243539	10818	60	63686	421452	18602
1989 年	260870	12291	62	62084	463592	19523
1990 年	269292	12870	175	68273	456634	22115
1991 年	300627	13207	178	71658	460018	23550
1992 年	329941	14144	1056	80985	485752	24547
1993 年	349375	15271	1441	91235	510500	28281
1994 年	335228	14962	615	97522	564333	32480
1995 年	295733	12013	680	92181	656289	38052
1996 年	397461	18502		99213	655372	38006
1997 年	362906	16636	904	94035	705933	37448
1998 年	447525	15772	425	98148	763341	33247
1999 年	444622	17941	712	104413	829722	31167
2000 年	334553	15829	1557	99944	998579	33690
2001 年	366908	19630	7109	82797	1079545	34161
2002 年	375362	19939	8500	106048	1194304	36088
2003 年	352295	24372	8400	104803	1314968	36699
2004 年	327748	22367	7700	99225	1437994	37690
2005 年	322987	23870	7000	105807	1528634	38983
2006 年	300095	21740	7400	118532	1639112	40388
2007 年	307142	22607	8425	112451	861050	39557
2008 年	344048	21481	7613	114293	893027	34590
2009 年	330101	20100	5977	115417	978547	33822
2010 年	318386	21508	3692	116128	1014202	33776
2011 年	355401	20793	7021	114208	1074293	31403
2012 年	349297	23587	9643	127334	1125154	33035
2013 年	357601	25554	13839	134238	1263007	33999
2014 年	345755	18417	19688	146451	1364472	37460
2015 年	325831	17575	21715	140744	1465309	36709
2016 年	309028	17620	20740	142568	1468009	43226
2017 年	300407	16670	26748	139973	1591127	44714
2018 年	297705	16258	31695	117279	1669149	46155

注：自 2007 年起，农业相关数据为农普口径统计数据。

贸 易

年 份	社会消费品零售总额（万元）	进出口总值(亿美元)
1949 年	3289	
1950 年	5218	
1951 年	8937	
1952 年	10481	
1953 年	18026	
1954 年	19332	
1955 年	18424	
1956 年	29678	
1957 年	36817	
1958 年	24330	
1959 年	44000	
1960 年	46949	
1961 年	33021	
1962 年	29887	
1963 年	26867	
1964 年	28578	
1965 年	32956	
1966 年	32972	
1967 年	32692	
1968 年	29780	
1969 年	33588	
1970 年	34248	
1971 年	33199	
1972 年	37743	
1973 年	43453	
1974 年	43275	
1975 年	53728	
1976 年	51934	
1977 年	52733	
1978 年	58510	
1979 年	61608	
1980 年	79602	
1981 年	92916	0.44
1982 年	98106	0.45
1983 年	109073	0.49
1984 年	166936	0.57

贸 易（续表）

年 份	社会消费品零售总额（万元）	进出口总值(亿美元)
1985 年	203181	0.86
1986 年	238390	1.18
1987 年	267759	1.34
1988 年	366358	1.44
1989 年	408412	1.62
1990 年	354709	3.2
1991 年	394014	3.4
1992 年	493967	3.6
1993 年	605588	3.7
1994 年	770741	4.2
1995 年	966709	4.47
1996 年	1104678	4.8
1997 年	1218665	5.02
1998 年	1354030	3.84
1999 年	1474674	3.22
2000 年	1600561	4.04
2001 年	1738827	4.6
2002 年	1905594	5.1
2003 年	2065349	7.5
2004 年	2280165	6.8
2005 年	2566724	7.16
2006 年	2897169	7.88
2007 年	3375659	7.15
2008 年	3950438	7.15
2009 年	4697711	4.88
2010 年	5451055	10.6
2011 年	6397231	18.8
2012 年	7491157	33.94
2013 年	8438727	40.56
2014 年	10568321	45.6
2015 年	11521498	315.07
2016 年	12633456	270.61
2017 年	13587245	125.11
2018 年	13520905	133.18

注:1. 2015 年之前计量单位为亿美元,2015 年之后包括 2015 年单位为亿元人民币。2013、2016 为国家统计局官网公布数据。

2. 2016 年国家官网公布数据为 40.74 亿美元,按照当年平均汇率 6.6423 计算,折合人民币 270.61 亿元人民币。

财政金融

年 份	财政收入（万元）	# 一般公共预算收入	一般公共预算支出（万元）	金融机构人民币存款余额（万元）	金融机构人民币贷款余额（万元）
1953 年	358.9		692.8		
1954 年	665.6		961.4		
1955 年	1969.8		2035.8		
1956 年	2358.1		5514.5		
1957 年	3731.4		4902		
1958 年	2805		8283.3		
1959 年	22178.1		15229.1		
1960 年	26357.6		10908.3		
1961 年	6168		3464.6		
1962 年	6425.1		2094.6		
1963 年	8255.1		2734.1		
1964 年	9019.2		3776.8		
1965 年	10868.2		5271.5		
1966 年	13126.8		4681.3		
1967 年	8554.4		3768.3		
1968 年	9126.6		2731.9		
1969 年	15379.3		4450.5		
1970 年	22325.2		6832.6		
1971 年	26398.9		9082.8		
1972 年	30497.9		11029.8		
1973 年	33278.6		8271.7		
1974 年	35678.8		10830.7		
1975 年	39364.1		10341.5		
1976 年	40300.4		11301.4		
1977 年	40367.7		11198.9		
1978 年	43324.3		14345.8		
1979 年	41303.7		17373.6		
1980 年	40940.7		15493.1		
1981 年	38085.4		14325.4		
1982 年	39192		18242.9		
1983 年	43014.6		18296.2		
1984 年	46913.9		23804.9		
1985 年	48931.9		28210.1		
1986 年	55929.9		37230.1		

财政金融（续表）

年份	财政收入（万元）	#一般公共预算收入	一般公共预算支出（万元）	金融机构人民币存款余额（万元）	金融机构人民币贷款余额（万元）
1987年	61395.9		37229.9		
1988年	72020.3		45962.3		
1989年	84727.5		58210.3		
1990年	92072.1		66241.2		
1991年	100512		63656.5		
1992年	111908		70109		
1993年	147391		91550	1236871	1326208
1994年	158204	88841	102846	1511708	1556596
1995年	186819	100866	117743	2183210	1943984
1996年	208080	119915	143837	3500425	3299226
1997年	231957	134178	156669	3901243	3918242
1998年	254583	150415	186051	4742756	4669231
1999年	267742	169540	195471	5786731	5474052
2000年	273425	166061	212701	6719379	5888242
2001年	347000	196111	314756	8020464	6495277
2002年	388905	210615	340254	8960520	7892123
2003年	729368	205660	365731	10678953	9521164
2004年	845186	249521	409025	12390052	10875786
2005年	961312	289256	502206	14219174	10894222
2006年	1061856	331417	631321	16155138	11889019
2007年	1340643	466256		17911232	13465829
2008年	1524443	508618	995551	21562875	15202583
2009年	2548033	570385	1198342	26211979	20071912
2010年	3041332	727579	1469264	32358448	23592799
2011年	3506307	864897	1751935	38335471	29178762
2012年	4060754	1037303	2025976	45892564	36728523
2013年	3948217	1244956	2423426	55228650	47177122
2014年	4674809	1523299	2801041	66175146	56127233
2015年	5938067	1851917	3440019	78031226	68920175
2016年	6067450	2154794	4241597	86231121	84015554
2017年	6716478	2342001	4293614	85135870	96435474
2018年	7215296	2533169	4656417	87164372	110105399

注：1. 1994年及以后为一般预算收入。
2. 2007年财政支出科目变动，部分指标无数据。

人民生活

年 份	城镇居民人均可支配收入（元）	城镇居民人均生活消费支出（元）	城镇居民人均居住面积（平方米）	农村居民人均可支配收入（元）	农村居民人均生活消费支出（元）	农村居民人均居住面积（平方米）
1978 年	363	344		90	78	
1979 年	378	356		92	79	
1980 年	448	414		96	82	
1981 年	488	464		99	91	
1982 年	514	476		108	88	
1983 年	530	513		182	143	
1984 年	637	595		261	201	
1985 年	731	705		353	270	
1986 年	863	821		386	333	11.97
1987 年	943	915		412	357	13.29
1988 年	1142	1241		461	412	14
1989 年	1322	1250		490	452	14.1
1990 年	1432	1238		563	460	17.2
1991 年	1660	1479	8.07	603	521	15.7
1992 年	2028	1607	8.26	650	531	17.4
1993 年	2463	2029	8.18	723	576	16.27
1994 年	3085	2626	8.68	882	748	16.52
1995 年	3540	3118	8.81	1142	1121	17.21
1996 年	3804	3307	8.90	1366	1219	17.4
1997 年	3906	3197	10.33	1563	1190	18.12
1998 年	4554	3567	10.77	1738	1169	19.59
1999 年	5128	4506	13.60	1924	1137	16.91
2000 年	5850	5048	12.10	2005	1410	17.21
2001 年	6325	5238	12.19	2134	1444	16.59
2002 年	6555	5688	14.51	2268	1494	16.69
2003 年	7094	5679	15.04	2398	1540	24.74
2004 年	7683	6483	15.67	2550	1872	20.34
2005 年	8529	7181	16.69	2713	1693	22.32
2006 年	9418	7469	17.98	2898	2137	21.94
2007 年	10271	8050	17.00	3103	2420	22.37
2008 年	11677	9034	17.63	3503	2843	22.9
2009 年	12761	9653	17.80	4001	3317	24.26
2010 年	14062	10930	18.46	4587	3686	25.0
2011 年	15953	12352	18.42	5252	4331	24.0
2012 年	18443	14168	19.08	6224	5019	31.0
2013 年	20767	15749	22.45	7114	6186	33.99
2014 年	23030	18853	33.50	8067	7130	31.0
2015 年	27088	20156	34.67	9621	7940	32.0
2016 年	29661	22893	36.18	10391	8717	32.86
2017 年	32331	24071	36.42	11305	9442	33.0
2018 年	35014	26130	41.24	12368	9697	34.2

公共服务

年 份	道路长度（公里）		桥梁数(个)	公共汽(电)车营运车辆(辆)	出租汽车(辆)
		#高速公路			
1949 年					
1950 年	90				
1951 年	90				
1952 年	90				
1953 年	92				
1954 年	99				
1955 年	113				
1956 年	111				
1957 年	122				
1958 年	132				
1959 年	168				
1960 年	185				
1961 年	185				
1962 年	185				
1963 年	185				
1964 年	190				
1965 年	198				
1966 年	230				
1967 年	232				
1968 年	232				
1969 年	232				
1970 年	265				
1971 年	265				
1972 年	265				
1973 年	286				
1974 年	300				
1975 年	311				
1976 年	313				
1977 年	313				
1978 年	314		74	363	
1979 年	319		78	386	
1980 年	319		80	386	25
1981 年	325		81	359	27
1982 年	336		83	386	28
1983 年	339		83	429	32

公共服务（续表）

年 份	道路长度（公里）	# 高速公路	桥梁数(个)	公共汽(电)车营运车辆(辆)	出租汽车(辆)
1984 年	412		73	439	42
1985 年	419		74	475	67
1986 年	449		74	491	323
1987 年	455		74	501	325
1988 年	409		79	456	1000
1989 年	416		81	456	985
1990 年	420		104	457	1007
1991 年	420		104	526	841
1992 年	503		112	620	1594
1993 年	503		112	653	2226
1994 年	503		112	646	5383
1995 年	1009		129	694	5707
1996 年	1009		129	938	5684
1997 年	1010		129	1278	6680
1998 年	1020		129	1369	6587
1999 年	874		129	1113	6468
2000 年	878		136	1547	6566
2001 年	888		138	1667	6638
2002 年	906		141	1782	6580
2003 年	919		142	2013	6620
2004 年	914		143	1884	6538
2005 年	1002		156	2252	5847
2006 年	1136		162	2034	6358
2007 年	925		177	2016	6718
2008 年	857		192	2135	5616
2009 年	969		210	2130	6738
2010 年	907	290	199	2149	6738
2011 年	910	354	202	2163	6738
2012 年	927	354	205	2270	6738
2013 年	1093	354	206	2745	7913
2014 年	1514	354	254	2769	7591
2015 年	1679	354	337	2739	8221
2016 年	1834	354	375	2800	9583
2017 年	1963	354	419	2801	9648
2018 年	2213	452	423	3319	10309

文化医疗

年 份	小学在校 学生数（万人）	普通中学在校学生数（万人）	普通高等学校在校学生数（万人）	卫生技术人员（万人）	# 执业（助理）医师（人）	医院及卫生院 床位数（张）
1949 年	4.44	0.36	0.17	0.05	423	356
1950 年	4.49	0.40	0.17	0.06	490	421
1951 年	5.27	0.35	0.19	0.06	540	503
1952 年	6.56	0.47	0.27	0.08	682	562
1953 年	8.29	0.62	0.28	0.11	1001	589
1954 年	8.73	0.95	0.38	0.15	1213	1004
1955 年	10.22	1.23	0.48	0.17	1368	973
1956 年	13.64	1.78	0.71	0.29	2282	1599
1957 年	14.98	2.49	0.79	0.34	2627	1610
1958 年	18.87	2.86	0.94	0.43	3399	3501
1959 年	23.29	3.45	1.18	0.62	5058	4817
1960 年	22.36	3.47	1.57	0.74	6042	5892
1961 年	17.15	2.81	1.52	0.71	5785	7168
1962 年	15.38	2.75	1.19	0.53	4259	5275
1963 年	16.87	3.13	1.10	0.60	4742	5588
1964 年	21.43	3.60	0.97	0.61	4644	5477
1965 年	26.02	4.24	1.03	0.65	4916	6359
1966 年				0.66	4952	7116
1967 年				0.69	5161	6739
1968 年				0.68	4924	6342
1969 年				0.45	3044	3831
1970 年	24.96	11.65		0.81	5853	5314
1971 年	27.68	11.84	0.37	0.74	5222	5790
1972 年	30.11	12.69	0.44	0.80	5931	6091
1973 年	32.05	13.47	0.66	0.96	7499	6352
1974 年	33.28	16.02	0.85	1.01	4783	7061
1975 年	34.69	18.70	0.93	1.10	4220	7248
1976 年	35.61	20.79	0.97	1.18	4644	7684
1977 年	36.15	19.35	1.08	1.21	4836	8417
1978 年	37.19	17.75	1.21	1.33	5315	8980
1979 年	36.97	17.32	1.52	1.38	5421	9442
1980 年	36.62	15.13	1.77	1.44	6083	9678
1981 年	33.94	15.71	1.47	1.57	6454	9895
1982 年	31.93	16.87	1.55	1.62	6581	10291
1983 年	28.84	17.43	1.85	1.68	6994	10567

文化医疗（续表）

年 份	小学在校 学生数（万人）	普通中学在校学生数（万人）	普通高等学校在校学生数（万人）	卫生技术人员（万人）	#执业(助理)医师(人)	医院及卫生院 床位数(张)
1984年	28.06	16.36	2.27	1.73	7106	10840
1985年	27.19	16.34	2.38	1.60	6784	9711
1986年	25.94	16.30	2.75	1.66	6916	10033
1987年	24.88	15.26	2.91	1.75	7403	10508
1988年	24.03	15.31	2.87	1.79	7405	10921
1989年	23.98	13.69	2.89	1.78	7699	11303
1990年	23.72	13.30	2.79	1.87	8326	11772
1991年	23.57	13.40	2.76	1.90	8403	12450
1992年	23.96	13.29	2.90	1.95	8790	12650
1993年	25.02	12.57	3.43	2.09	9432	13552
1994年	26.45	12.44	3.83	2.09	9351	13743
1995年	27.61	13.00	3.87	2.13	9585	14098
1996年	28.94	13.66	4.06	1.76	7197	13786
1997年	30.14	14.11	4.25	1.76	7195	13857
1998年	30.41	14.64	4.51	1.75	7143	14263
1999年	29.79	15.54	5.31	1.71	6926	14192
2000年	29.11	17.02	7.23	1.67	6860	14164
2001年	28.21	18.60	9.04	1.68	6903	14373
2002年	27.58	19.71	11.68	1.63	6604	14921
2003年	26.68	21.74	13.04	1.67	6818	15366
2004年	25.78	22.02	17.99	1.65	6703	16260
2005年	25.78	21.32	17.99	1.87	7951	14825
2006年	25.10	21.57	20.08	2.07	8801	15658
2007年	24.92	21.08	21.91	2.06	9076	17045
2008年	23.46	20.80	24.00	2.07	9138	24207
2009年	22.16	20.35	26.18	2.24	9560	21873
2010年	21.76	19.89	27.74	2.44	10178	25498
2011年	20.88	18.74	29.37	2.64	26363	25411
2012年	20.38	18.42	30.66	2.79	11149	27545
2013年	20.28	18.06	31.15	2.85	11349	23614
2014年	20.35	17.82	31.54	3.09	12252	24873
2015年	20.80	17.01	31.50	3.10	12354	22774
2016年	21.20	16.69	31.89	3.22	13133	26538
2017年	21.78	16.53	32.54	3.53	13692	29164
2018年	22.60	16.51	33.69	3.68	13954	30655

兰州市统计局提供

省级部门个人荣誉

姓名	所在单位	荣获称号	颁奖单位	颁奖时间	备注
刘 波	兰州市动物卫生监督所	全省兽医工作先进个人	甘肃省农牧厅	2005.02	
刘天生	兰州城市供水(集团)有限公司	甘肃省五一劳动奖章	甘肃省总工会	2005.04	
袁建新	兰州市渔业技术推广站	全省渔业技术推广先进个人	甘肃省农牧厅	2005.04	
梁成仁	兰州市城市建设设计院	2004年度甘肃省建设系统“安康杯”竞赛优秀组织者	省建设工会工作委员会	2005.05	
黄 磊	兰州市环境保护局环境信息中心	甘肃省环境科技奖三等奖	甘肃省环境科技奖评审委员会	2005.07	
王永刚	兰州市建设稽查执法支队	获奖项目:建筑物图围结构传染系数现场检测方法研究(二等奖)	甘肃省住房和城乡建设厅	2005.08	
魏丽红	兰州市人大常委会	参政议政社会服务先进	中国农工民主党甘肃省委员会	2005.08	农工党兰州市委员会
许 媛	国家税务总局兰州高新技术产业开发区税务局	甘肃省税务系统先进工作者	甘肃省国家税务局	2005.08	
文书平	兰州黄河风情线大景区管委会	全省林业系统提合理化建议和技术革新先进个人	甘肃省林业工会	2005.10	
董进明	兰州市畜牧兽医工作站	甘肃省农牧渔业丰收奖二等奖	甘肃省农牧厅	2005.11	
俞成乾	兰州市农业机械化技术推广站	甘肃省农牧渔业丰收奖三等奖(第1完成人)	甘肃省农牧厅	2005.11	
戴乃昌	兰州市审计局	全省纪检监察系统查办案件先进个人	中共甘肃省纪律监察委员会 中共甘肃省委组织部 甘肃省监察厅 甘肃省人事厅	2005.12	
周忠辉	兰州市审计局	全省纪检监察系统查办案件先进个人	中共甘肃省纪律监察委员会 中共甘肃省委组织部 甘肃省监察厅 甘肃省人事厅	2005.12	
岳建军	兰州市审计局	全省纪检监察系统查办案件先进个人	中共甘肃省纪律监察委员会 中共甘肃省委组织部 甘肃省监察厅 甘肃省人事厅	2005.12	
张海芸	兰州高新区	甘肃省第一次全国经济普查工作先进个人	甘肃省人事厅 甘肃省人民政府经济普查领导小组办公室	2005.12	
段宇红	兰州市农业技术推广中心	科学技术贡献　　三等奖	甘肃省科学技术奖励委员会	2005.12	

姓 名	所在单位	荣获称号	颁奖单位	颁奖时间	备注
柳培彪	兰州市环境监理所	打击环境违法行为先进个人	甘肃省环境保护局	2005	
刘雪峰	兰州市环境监理所	全省环境监察先进个人	甘肃省环境保护局	2005	
李淑霞	兰州市环境保护局	五好文明家庭	甘肃省"五好文明家庭"创建活动协调小组	2005	
李淑霞	兰州市环境保护局	全省绿色学校创建工作先进个人	甘肃省环保局、省教育厅	2005	
李淑霞	兰州市环境保护局	2005年度实施清洁能源'123'计划先进个人	甘肃省环保局	2005	
金应书	兰州市农业机械化技术推广站	甘肃省农牧渔业丰收奖三等奖（"引大灌区小型水利调蓄节水技术研究与示范"项目）	甘肃省农牧厅	2005	
井彩巧、郭晓红、宋学栋	原农科所	《辣杂一代优势利用研究》获甘肃省科技进步三等奖	甘肃省科技厅	2005	
庄 建	兰州市农科所	辣椒杂交一优势利用研究三等奖	甘肃省科学技术奖励委员会	2005	
刘世英	市妇联	甘肃省"五四青年奖章"	共青团甘肃省委	2005	
贾联国	兰州市农业技术推广中心	全省农业系统"四五普法"工作先进个人	甘肃省农牧厅	2006.01	
杨明光	兰州市城市建设设计院	甘肃省555创新人才工程二层次第三批	中共甘肃省委组织部、甘肃省人事厅	2006.03	
李雅琴	兰州市城市建设设计院	甘肃省555创新人才工程第一、二层次第三批	中共甘肃省委组织部、甘肃省人事厅	2006.03	
张明宗	兰州市农业技术推广中心	甘肃省农产品质量安全工作先进个人	甘肃省农牧厅	2006.03	
郑建礼	兰州市种子管理站	全省种子行业先进工作者	甘肃省种子管理总站	2006.02	
魏锁利	兰州市环境监理所	全省环境监察工作先进个人	甘肃省环境保护局	2006.08	
陆 晴	国家税务总局兰州高新技术产业开发区税务局	甘肃省国税系统"办税服务能手"	甘肃省国家税务局	2006.08	
王淑萍	兰州市妇联	全省群众体育先进个人	甘肃省体育局	2006.08	
马俊源	市民宗委	全省少先队工作先进个人	甘肃省关工委	2006.09	
董进明	兰州市畜牧兽医工作站	甘肃省农牧渔业丰收奖三等奖	甘肃省农牧厅	2006.10	
王育民	兰州市科技联合服务中心	甘肃省"安康杯"竞赛优秀组织个人	甘肃省安康杯竞赛组委会	2006.12	
苏佩花	兰州市林业局	全省退耕还林工程先进个人	甘肃省林业厅	2006	
孙润田	兰州市环境保护局	政务信息工作先进个人	甘肃省环保局	2006	
孙润田	兰州市环境保护局	好信息撰稿人	甘肃省环保局	2006	
金庆森	兰州市环境保护局	2004年及2005年度全省环境统计先进个人	甘肃省环保局	2006	
李淑霞	兰州市环境保护局	全省整治违法排污环保专项行动先进个人	甘肃省环保局	2006	

姓 名	所在单位	荣获称号	颁奖单位	颁奖时间	备注
井彩巧	原兰州市农科所	甘肃省优秀专家	中共甘肃省委组织部、甘肃省人力资源和社会保障厅	2006	
张亚君	甘肃广播电视大学	甘肃省教育宣传先进个人	甘肃省委宣传部、甘肃省教育厅	2007.01	
曹兴伟	兰州市建设稽查执法支队	三等功	甘肃省公安厅警卫局委员会	2007.01	
邓林昌	兰州市种子管理站	全省种子行业管理先进工作者	甘肃省农牧厅	2007.01	
李维明	兰州市种子管理站	全省种子行业管理先进工作者	甘肃省农牧厅	2007.01	
文书平	兰州黄河风情线大景区管委会	全省退耕还林工程建设先进个人	甘肃省林业厅	2007.02	
马 颖	兰州市文化市场综合执法队	2006年度全省“扫黄打非”先进个人	甘肃省扫黄打非工作小组	2007.02	
张晓艳	兰州市人力资源和社会保障局	2006年度全省组织系统优秀信息员	中共甘肃省委组织部	2007.04	
姚 鑫	兰州市卫生健康委员会（原兰州市卫生局）	甘肃省学校健康教育先进工作	甘肃省爱国卫生运动委员会 甘肃省教育厅 甘肃省卫生厅	2007.04	
王 黎	兰州市档案馆	甘肃省石油天然气管道设施保护及油田整治先进工作者	甘肃省石油天然气管道设施保护工作联席会议办公室	2007.05	
严月萍	兰州技术市场服务中心	2006年技术市场工作先进个人	甘肃科学技术厅	2007.05	
朱荣周	兰州市审计局	全省审计系统继续教育兰州商学院第三期培训班优秀学员	甘肃省审计厅	2007.07	
俞成乾	兰州市农业机械化技术推广站	优秀工作者	甘肃省农业机械学会	2007.12	
陈 璟	民盟兰州市委员会	甘肃省国税系统计算机操作应用能手	民盟甘肃省委员会	2007.08	
董进明	兰州市畜牧兽医工作站	全省畜牧科技工作先进个人	甘肃省农牧厅	2007.08	
黄 磊	兰州市环境保护局环境信息中心	甘肃省环境科技奖三等奖	甘肃省环境科技奖评审委员会	2007.09	
李震宇	国家税务总局兰州高新技术产业开发区税务局	撰写的《加强地税文化建设促进地税和谐发展》一文荣获“和谐杯”税收文化征文三等奖	甘肃省地方税务局	2007.12	
车明程	兰州市公安局技侦支队	一等功	甘肃省公安厅	2007.12	
黄志清	兰州市人力资源和社会保障局	全省国有企业破产改制工作先进个人	甘肃省人民政府办公厅	2007.12	
王 泉	兰州市绿化委员会办公室	全国森林资源连续清查第五次复查先进个人	甘肃省林业厅	2007	
董晨生	兰州市林业局	全国森林资源连续清查第五次复查先进个人	甘肃省林业厅	2007	

姓　名	所在单位	荣获称号	颁奖单位	颁奖时间	备注
韩爱兰	兰州市绿化委员会办公室	甘肃省退耕还林工程先进个人	甘肃省林业厅	2007	
王自礼	兰州市林业局	甘肃省退耕还林工程先进个人	甘肃省林业厅	2007	
苏佩花	兰州市林业局	甘肃省退耕还林工程先进个人	甘肃省林业厅	2007	
文书平	兰州市林业局	甘肃省退耕还林工程先进个人	甘肃省林业厅	2007	
金宝盆	兰州市林业局	甘肃省退耕还林工程先进个人	甘肃省林业厅	2007	
张军跃	兰州市林政稽查大队队长	全省森林资源林政管理先进个人	甘肃省林业厅	2007	
张　虹	兰州市环境监理所	全省环保专项行动先进个人	甘肃省环境保护局	2007	
王兰祥	兰州市环境监察局	个人全省环保系统争做人民满意公务员(工作人员)活动先进个人	甘肃省环境保护局	2007	
张建军	兰州铁路局嘉峪关车辆段	甘肃省五一劳动奖章	甘肃省总工会	2007	
盛华彤	兰州铁路局机关	甘肃省五一劳动奖章	甘肃省总工会	2007	
李维明	兰州市种子管理局	全省种子检验先进个人	甘肃省种子管理总站	2008.01	
房先平	兰州市社科院	甘肃省党的理论创新成果“进乡镇,入社区”战役先进个人	中共甘肃省委宣传部	2008.01	
高涪平	兰州市安监局	2007年度煤炭安全监管工作先进个人	甘肃省煤炭安全生产监督管理局	2008.02	兰州市应急管理局
邹岩军	兰州市文化市场综合执法队	2007年度全省“扫黄打非”先进个人	甘肃省扫黄打非工作小组	2008.03	
马建武	市民宗委	甘肃省第二次全国农业普查先进个人	甘肃省人民政府第二次全国农业普查领导小组办公室　甘肃省人事厅	2008.05	
张　亮	兰州高新区	甘肃省第二次全国农业普查工作先进个人	甘肃省人民政府第二次全国农业普查领导小组办公室　甘肃省人事厅	2008.05	
滕汉祥	榆中县三角城乡人民政府	甘肃省第二次全国农业普查先进个人	甘肃省人民政府第二次全国农业普查领导小组办公室 甘肃省人社厅	2008.05	兰州市生态环境局榆中分局
滕汉玮	兰州市农技推广中心	《兰州高寒阴湿区蔬菜生产技术研究及示范推广》,甘肃农牧渔业丰收二等奖	甘肃省农牧厅	2008.08	
蒋惠萍	兰州市统计局	第二次全国农业普查先进个人	甘肃省人事厅、甘肃省人民政府第二次全国农业普查领导小组办公室	2008.08	
张俭勇	兰州市统计局	第二次全国农业普查先进个人	甘肃省人事厅、甘肃省人民政府第二次全国农业普查领导小组办公室	2008.08	
杨棣华	兰州市统计局	第二次全国农业普查先进个人	甘肃省人事厅、甘肃省人民政府第二次全国农业普查领导小组办公室	2008.08	

姓 名	所在单位	荣获称号	颁奖单位	颁奖时间	备注
刘玉香	兰州市统计局	第二次全国农业普查先进个人	甘肃省人事厅、甘肃省人民政府第二次全国农业普查领导小组办公室	2008.08	
周晓玲	兰州市统计局	第二次全国农业普查先进个人	甘肃省人事厅、甘肃省人民政府第二次全国农业普查领导小组办公室	2008.08	
陈 亮	兰州市人大常委会	汶川抗震救灾荣誉称号	四川省公安厅	2008.08	兰州市公安局
曹兴伟	兰州市建设稽查执法支队	三等功	甘肃省公安厅警卫局	2008.10	
于永富	市民宗委	全省“五五”普法中期先进个人	中共甘肃省委宣传部、甘肃省司法厅、甘肃省依法治省办公室	2008.11	
陈 伟	民进兰州市委员会	民进甘肃省优秀会员	民进甘肃省委员会	2008.12	
齐新龙	民进兰州市委员会	民进甘肃省优秀会员	民进甘肃省委员会	2008.12	
李文祥	兰州市委老干部局	全省老干部宣传信息工作先进个人	中共甘肃省委老干部工作局	2008.12	
杨海林	兰州市公安局交通治安分局	全省公安机关“三基工程”建设优秀人民警察	甘肃省公安厅	2008.12	
唐浩漩	民盟兰州市委	甘肃省职业教育先进工作者	甘肃省教育厅	2008.12	
张小琴	兰州戏曲剧院	首届甘肃省中青年德艺双馨文艺工作者	中共甘肃省委组织部、中共甘肃省委宣传部、甘肃省文学艺术界联合	2008.12	
陈治谓	兰州高新区	甘肃省火炬计划实施20周年先进个人	甘肃省科技厅	2008.12	
冯 云	兰州高新区	甘肃省火炬计划实施20周年先进个人	甘肃省科技厅	2008.12	
石 威	兰州高新区	甘肃省火炬计划实施20周年先进个人	甘肃省科技厅	2008.12	
陈昱屹	兰州高新区	甘肃省火炬计划实施20周年先进个人	甘肃省科技厅	2008.12	
李文辉	兰州市市场监管局高新分局	甘肃省火炬计划实施20周年先进个人	甘肃省科技厅	2008.12	
杨永滨	甘肃广播电视大学	甘肃省职业教育先进工作者	甘肃省教育厅	2008	
樊惠蕊	民盟兰州市委员会	2007年度工作成绩表现突出专职干部	民盟甘肃省委员会	2008	
李 恒	兰州铁路局机关	甘肃省五一劳动奖章	甘肃省总工会	2008	
李晓东	兰州铁路局兰州西机务段	甘肃省五一劳动奖章	甘肃省总工会	2008	
丁树森	兰州市种子管理站	甘肃省农作物品种区域试验工作先进工作者	甘肃省农牧厅	2009.01	
卢凤琴	兰州市农业广播电视学校	全省农业广播电视学校优秀教师	甘肃省农业广播电视学校	2009.03	
王 芜	兰州市审计局	抗震救灾资金物资审计先进个人	甘肃省审计厅	2009.02	

姓 名	所在单位	荣获称号	颁奖单位	颁奖时间	备注
张丽霞	兰州市南北两山环境绿化工程指挥部	甘肃省实施万名医师支援农村卫生工程县乡联动项目支持奖获得者	甘肃省卫生厅	2009.02	
陈 卫	兰州市公安局交警支队	甘肃省五一劳动奖章	甘肃省总工会	2009.04	
胡向龙	兰州市公安局网安支队	全省公安机关追逃能手	甘肃省公安厅	2009.04	
魏孔泉	兰州市公安局七里河分局	全省公安机关追逃能手	甘肃省公安厅	2009.04	
马满江	兰州市城市建设设计院	2009年度甘肃省优秀共青团员	共青团甘肃省委员会	2009.04	
王永刚	兰州市建设稽查执法支队	全省2007-2008年墙改工作先进个人	甘肃省墙改领导小组办公室	2009.04	
唐浩漩	民盟兰州市委	2007—2008年度参政议政工作先进个人	民盟甘肃省委	2009.04	
窦 娟	兰州市审计局	全省地震灾后重建项目审计先进工作者	甘肃省人力资源和社会保障厅 甘肃省审计厅	2009.05	
王兰祥	兰州市环境保护局环境信息中心	2009年度甘肃省“环境科学技术奖”二等奖	甘肃省环境科学学会	2009.06	
谢学军	兰州市环境保护局环境信息中心	甘肃省环境科学技术奖二等奖	甘肃省环境科学学会	2009.06	
庄立君	兰州市环境保护局环境信息中心	甘肃省环境科学技术奖二等奖	甘肃省环境科学学会	2009.06	
黄 磊	兰州市环境保护局环境信息中心	甘肃省环境科学技术奖二等奖	甘肃省环境科学学会	2009.06	
肖 娟	国家税务总局兰州高新技术产业开发区税务局	2009年全省模范军队转业干部	中共甘肃省委组织部	2009.07	
仲英杰	兰州市公安局特警支队	一等功	甘肃省公安厅	2009.08	
蒋 炜	兰州市农业广播电视学校	全省农民培训先进工作者	甘肃省农广校	2009.09	
王 茜	兰州市审计局	《新时期审计机关文化建设的思考》一文被评为 2009年度全省审计系统青年论坛论文一等奖	甘肃省审计厅	2009.11	
俞成乾	兰州市农业机械化技术推广站	优秀会员	甘肃省农业机械学会	2009.12	
宋伟明	兰州市森林公安局	甘肃省森林公安转制工作先进个人	甘肃省森林公安局	2009	
马玺晔	中国民主建国会兰州市委员会	民建甘肃省委成立三十周年全省优秀会员	中国民主建国会甘肃省委员会	2009	
张 晖	兰州市环境保护局	全省环境统计先进个人	甘肃省生态环境厅	2009	

姓　名	所在单位	荣获称号	颁奖单位	颁奖时间	备注
叶燕华	兰州市气象局	甘肃省技术标兵	甘肃省总工会、甘肃省人力资源和社会保障厅、甘肃省工业和信息化委员会、甘肃省人民政府国有资产监督管理委员会	2009	
樊惠蕊	民盟兰州市委员会	2007--2008年度参政议政先进个人	民盟甘肃省委员会	2009	
康新方	民盟兰州市委员会	2007--2008年度参政议政先进个人	民盟甘肃省委员会	2009	
肖迎珺	兰州市妇联	甘肃省军转工作先进工作者	甘肃省人力资源和社会保障厅	2009	
周忠辉	兰州市审计局	全省审计系统先进工作者荣誉称号	甘肃省人力资源和社会保障厅 甘肃省审计厅	2010.01	
郝俊杰	国家税务总局兰州高新技术产业开发区税务局	全国税务系统优秀税务工作者	甘肃省国家税务局	2010.01	
朱　丹	市民宗委	2009年度全省宗教系统信息工作先进个人	甘肃省宗教事务局	2010.02	
刘玉香	兰州市统计局	甘肃省第二次全国经济普查优秀组织工作者	甘肃省人力资源和社会保障厅、甘肃省第二次全国经济普查领导小组办公室	2010.03	
徐静斌	兰州市统计局	甘肃省第二次全国经济普查先进个人	甘肃省人力资源和社会保障厅、甘肃省第二次全国经济普查领导小组办公室	2010.03	
贾慧娟	兰州市统计局	甘肃省第二次全国经济普查先进个人	甘肃省人力资源和社会保障厅、甘肃省第二次全国经济普查领导小组办公室	2010.03	
郭永平	兰州市统计局	甘肃省第二次全国经济普查先进个人	甘肃省人力资源和社会保障厅、甘肃省第二次全国经济普查领导小组办公室	2010.03	
王红霞	兰州市统计局	甘肃省第二次全国经济普查先进个人	甘肃省人力资源和社会保障厅、甘肃省第二次全国经济普查领导小组办公室	2010.03	
高爱霞	兰州市卫生健康委员会 （原兰州市卫生局）	2009年度全省妇幼保健工作先进个人	甘肃省卫生厅	2010.04	
张允文	兰州市委老干部局	全省关心下一代工作先进工作者	甘肃省关心下一代工作委员会　　甘肃省精神文明建设指导委员会办公室	2010.05	
景　军	兰州市生态环境局七里河分局	甘肃省第一次全国污染源普查工作先进个人	甘肃省第一次全国污染源普查工作领导小组办公室、省环境保护厅、省统计局、省农牧厅	2010.05	

姓　名	所在单位	荣获称号	颁奖单位	颁奖时间	备注
王学军	兰州市安宁区环境保护局	甘肃省第一次全国污染源普查先进个人	甘肃省环境保护厅 甘肃省统计局 甘肃省农牧厅 甘肃省第一次污染源普查领导小组办公室	2010.05.	
吴鹏程	兰州市渔业技术推广中心	甘肃渔业技术推广工作先进个人	甘肃省农牧厅	2010.05.	
饶英惠	兰州市建设稽查执法支队	获奖项目：挤塑式聚苯乙烯泡沫保温板（XPS）薄抹灰外墙保温施工技术（二等奖）	甘肃省住房和城乡建设厅	2010.07	
张　伟	兰州生产力促进中心	兰州市中小企业创新能力现状分析及对策研究项目获甘肃省高校社科成果奖二等奖	甘肃省教育厅	2010.08	
王宗元	兰州市农业委员会	全省畜牧科技推广先进工作者	甘肃省农牧厅	2010.08	
裴婕妤	兰州市农研中心	《兰州市干旱半干旱区作物增产增效技术研究与示范》，甘肃农牧渔业丰收奖二等奖	甘肃省农牧厅	2010.08	
裴婕妤	兰州市农研中心	《辣椒抗病、丰产砧木筛选及嫁接栽培技术研究》，甘肃农牧渔业丰收奖三等奖	甘肃省农牧厅	2010.08	
陶树春	兰州市农研中心	甘肃省农牧渔业丰收奖	甘肃省农牧厅	2010.08	
王彦博	国家税务总局兰州高新技术产业开发区税务局	全省国税系统"优秀纳税评估人员"	甘肃省国家税务局	2010.09	
李震宇	国家税务总局兰州高新技术产业开发区税务局	撰写的《对强化税源管理，建立地税收入可持续增长机制的思考》荣获全省税收理论研究优秀成果三等奖	甘肃省税务学会	2010.10	
谭正岗	兰州市城市建设设计院	甘肃省技术能手	省人力资源保障厅	2010.11	
史俊成	兰州城市供水（集团）有限公司	甘肃省五一劳动奖章	甘肃省总工会	2010.12	
马峰山	兰州市公安局国保支队	一等功	甘肃省公安厅	2010.12	
杨文海	兰州市公安局特警支队	一等功	甘肃省公安厅	2010.12	
柴长久	兰州市公安局特警支队	一等功	甘肃省公安厅	2010.12	
腊亚红	兰州市公安局特警支队	一等功	甘肃省公安厅	2010.12	
刘梅珍	兰州市公安局七里河分局	一等功	甘肃省公安厅	2010.12	
司劭松	兰州市城建档案馆	全国城乡建设档案工作先进个人	住房和城乡建设部城建档案工作办公室	2010.12	
高涪平	兰州市安监局	2010年度煤矿安全生产统计工作先进个人	甘肃省煤矿安全监察局	2010.12	兰州市应急管理局

姓　名	所在单位	荣获称号	颁奖单位	颁奖时间	备注
王克选	兰州市农业经营管理指导站	全省农业科技推广工作先进个人	甘肃省人力资源和社会保障厅、甘肃省农牧厅	2010.12	
师瑞堂	兰州市环境监察局	甘肃省第一次全国污染源普查先进个人	省环保厅、甘肃省第一次污染源普查领导小组、省统计局、省农牧厅	2010	
吴文勇	兰州市环境监察局	甘肃省第一次全国污染源普查先进个人	省环保厅、甘肃省第一次污染源普查领导小组、省统计局、省农牧厅	2010	
赵玉国	兰州市环境监察局	甘肃省第一次全国污染源普查先进个人	省环保厅、甘肃省第一次污染源普查领导小组、省统计局、省农牧厅	2010	
吴文勇	兰州市环境监察局	环境监察标兵队长	甘肃省环境保护厅	2010	
吴文勇	兰州市环境监察局	环境监察工作先进个人	甘肃省环境保护厅	2010	
常纪民	兰州市环境监察局	环境监察工作先进个人	甘肃省环境保护厅	2010	
刘雪峰	兰州市环境监察局	环境监察工作先进个人	甘肃省环境保护厅	2010	
郑志强	兰州市环境保护局	全省污染源普查动态更新调查工作先进个人	甘肃省环境保护厅	2010	
李美超	兰州市环境保护局	被评为查动态更新调查工作先进个人	甘肃省环境保护厅	2010	
杨永生	兰州市环境保护局	全省污染源普查动态更新调查工作先进个人	甘肃省环境保护厅	2010	
武卫红	兰州市环境保护局	“全省环保系统政务信息工作先进个人”	甘肃省环境保护厅	2010	
孙振荣	兰州市农研中心	甘肃省测土配方施肥先进工作者	省农牧厅	2010	
满开泉	集团公司机关	甘肃省五一劳动奖章	甘肃省总工会	2010	
陈立忠	兰州市统计局	甘肃省第六次全国人口普查先进个人	甘肃省人力资源和社会保障厅、甘肃省人民政府第六次全国人口普查领导小组办公室	2011.01	
王如琼	兰州市统计局	甘肃省第六次全国人口普查先进个人	甘肃省人力资源和社会保障厅、甘肃省人民政府第六次全国人口普查领导小组办公室	2011.01	
苏　琳	兰州市统计局	甘肃省第六次全国人口普查先进个人	甘肃省人力资源和社会保障厅、甘肃省人民政府第六次全国人口普查领导小组办公室	2011.01	
朱学泉	兰州市公安局七里河分局	2010年全省打击银行卡犯罪专项行动先进个人	甘肃省公安厅	2011.01	
许　媛	国家税务总局兰州高新技术产业开发区税务局	2010年度全省国税系统“信息调研先进个人”	甘肃省国家税务局	2011.02	
裴婕妤	兰州市农研中心	全省经济作物技术推广先进工作者	甘肃省农牧厅	2011.02	

姓 名	所在单位	荣获称号	颁奖单位	颁奖时间	备注
张延河	兰州市农研中心	全省经济作物技术推广先进工作者	甘肃省农牧厅	2011.02	
邹明蔚	兰州技术市场服务中心	2010年度甘肃省技术交易贡献奖	甘肃科学技术厅	2011.03	
姚 雯	兰州市公安局警保处	2009-2010年甘肃省“巾帼建功”标兵	甘肃省城镇妇女“巾帼建功”活动协调领导小组	2011.03	
景 军	兰州市生态环境局七里河分局	全省环境监察工作先进个人	甘肃省环境保护厅	2011.03	
赵 晖	兰州市环境监察局	环境监察工作先进个人全省	甘肃省环境保护厅	2011.03	
关铁力	国网兰州供电公司	甘肃省五一劳动奖章	甘肃省总工会	2011.04	
郭卫涛	国家税务总局兰州高新技术产业开发区税务局	甘肃省学法用法模范公务员	中共甘肃省委组织部、中共甘肃省委宣传委、中共甘肃省直属机关工委、甘肃省司法厅、甘肃省依法治省工作领导小组办公室	2011.04	
唐浩漩	民盟兰州市委	2009—2010年度参政议政工作先进个人	中国民主同盟甘肃省委员会	2011.04	
陈 宽	兰州市就业和人才服务局	全省优秀组工干部	中共甘肃省委组织部	2011.06	兰州市委组织部
刘兴伍	兰州市公安局户政处	全省政法系统优秀党员干警	中共甘肃省委政法委员会	2011.06	
刘 庆	兰州市公安局交通治安分局	全省公安机关执法标兵	甘肃省公安厅	2011.06	
杨俊年	兰州市公安局城关分局	全省政法系统优秀党务工作者	中共甘肃省委政法委员会	2011.06	
邹书轶	国家税务总局兰州高新技术产业开发区税务局	全省国税系统纪纪念建党九十周年暨弘扬“甘肃国税精神”演讲比赛一等奖	甘肃省国家税务局	2011.06	
郭 强	兰州市绿色公园	兰州市古树名木保护复壮技术研究 二等奖	甘肃省住房和城乡建设厅	2011.08	
王生明	兰州市种子管理局	全省农业系统“五五”普法先进个人	甘肃省农牧厅	2011.08	
孙晓伟	兰州市农研中心	《韭黄主要病虫无公害防治与栽培技术研究》,甘肃省农牧渔业丰收奖三等奖	甘肃省农牧厅	2011.09	
杨 森	兰州市农研中心	《无公害蔬菜穴盘基质育苗技术研究及开发》,甘肃省农牧渔业丰收奖二等奖	甘肃省农牧厅	2011.09	
罗晓琴	兰州市动物卫生监督所	甘肃省首届农产品质量安全检测技术大比武一等奖	甘肃省农牧厅	2011.09	
刘 凯	兰州市农研中心	《无公害蔬菜穴盘基质育苗技术研究及开发》,甘肃省农牧渔业丰收二等奖	甘肃省农牧厅	2011.09	
裴婕妤	兰州市农研中心	《无公害蔬菜穴盘基质育苗技术研究及开发》,甘肃农牧渔业丰收奖二等奖	甘肃省农牧厅	2011.09	
陶树春	兰州市农研中心	甘肃省农牧渔业丰收奖	甘肃省农牧厅	2011.09	

姓　名	所在单位	荣获称号	颁奖单位	颁奖时间	备注
于　威	兰州市农研中心	《无公害蔬菜穴盘基质育苗技术研究及开发》，甘肃省农牧渔业丰收奖二等奖	甘肃省农牧厅	2011.09	
金　莉	兰州市兽医局	全省动物防疫工作先进个人	甘肃省防治重大动物疫病指挥部	2011.09	
常　虹	兰州市卫生健康委员会（原兰州市卫生局）	2011年全省卫生系统先进会计工作者	甘肃省卫生厅	2011.10	
王　亚	兰州市卫生健康委员会（原兰州市卫生局）	甘肃省第六次全国人口普查先进个人	甘肃省人力资源和社会保障厅 甘肃省人民政府第六次全国人口普查领导小组办公室	2011.10	
马　青	兰州市环境保护局	全省污染源普查动态更新调查工作先进个人	甘肃省环境保护厅	2011.10	
丁　霞	甘肃广播电视大学	甘肃省教科文卫系统优秀女职工	甘肃省教科文卫工会	2011.11	
梁得丰	兰州市公安局户政处	全省公安机关第六次全国人口普查户政整顿工作先进个人	甘肃省公安厅	2011.11	
家新春	兰州市公安局缉毒支队	一等功	甘肃省公安厅	2011.11	
耿　玲	兰州市农业广播电视学校	全省参政议政先进个人	九三学社甘肃省委员会	2011.11	
杨淑娟	兰州市卫生健康委员会（原兰州市卫生局）	2011年度全省人口和计划生育系统优秀工作者	甘肃省人口和计划生育委员会	2011.12	
郭星岩	兰州市体育局群体处	先进管理工作者	甘肃省体育局	2011.12	
张轩宁	兰州市体育局群体处	先进个人	甘肃省体育局	2011.12	
王艺潼	兰州歌舞剧院	表演的《爱有来生》荣获第二届甘肃舞蹈“飞天奖”大赛独双三表演金奖	中共甘肃省委宣传部、甘肃省文联、甘肃省文化厅、甘肃省教育厅、甘肃省广电总台	2011.12	
王艺潼	兰州歌舞剧院	表演的《画中仙》荣获第二届甘肃舞蹈“飞天奖”大赛独双三表演金奖	中共甘肃省委宣传部	2011.12	
霍文英	兰州市农产品质量监督管理中心	全省农业生态环境保护工作先进个人	甘肃省农牧厅	2011.12	
王　敏	甘肃广播电视大学	全省中小学教师教育技术能力建设项目先进个人	甘肃省教育厅	2011	
武卫国	八路军兰州办事处纪念馆	2011年“全省文博系统文化遗产工作先进工作者”	甘肃省人力资源和社会保障厅、甘肃省文物局	2011	
张　晖	兰州市环境保护局	“十一五”全省环境统计工作先进个人	甘肃省生态环境厅	2011	
赵　莉	兰州市环境监察局	2011年度排污申报核定先进个人	甘肃省环境监察局	2011	
杨小洲	兰州市环境监察局	2011年度排污费征收先进个人	甘肃省环境监察局	2011	

姓 名	所在单位	荣获称号	颁奖单位	颁奖时间	备注
安心巍	兰州市环境监察局	2011年度排污费征收先进个人	甘肃省环境监察局	2011	
陈红卫	兰州市农业委员会	2008-2010年度全省农情信息工作先进个人	甘肃省农牧厅	2011	
王瑞卿	兰州市农业委员会	全省农业系统"五五"普法先进个人	甘肃省农牧厅	2011	
李增光	兰州铁路局定西工务段	甘肃省五一劳动奖章	甘肃省总工会	2011	
张晓晟	兰州铁路局陇西车务段	甘肃省五一劳动奖章	甘肃省总工会	2011	
李 宁	兰州市妇联	甘肃省技术标兵	甘肃省总工会、甘肃省人力资源和社会保障厅	2011	
周永福	兰州市公安局戒毒所	全省禁毒工作先进个人	甘肃省禁毒委员会	2012.01	
郭宪明	兰州市公安局城关分局	一等功	甘肃省公安厅	2012.01	
张世杰	兰州市公安局城关分局	全省禁毒工作先进个人	甘肃省禁毒委员会	2012.01	
车 磊	兰州新区公安局	全省禁毒工作先进个人	甘肃省禁毒委员会	2012.01	
李锦龙	兰州市农研中心	全省先进工作者	甘肃省农牧厅检站	2012.01	
陆丽莉	兰州市森林病虫害防治检疫站	"十一五"林业有害生物防治工作先进单位	甘肃省林业厅	2012.02	
寇志军	市民宗委	2011年度全省民委系统信息工作先进个人	甘肃省民族事务委员会	2012.02	
张 锐	兰州市公安局警保处	全省公安机关装备财务工作先进个人	甘肃省公安厅	2012.02	
吴明洲	兰州市公安局七里河分局	全省公安机关装备财务工作先进个人	甘肃省公安厅	2012.02	
杨 森	兰州市农研中心	全省经济作物技术推广先进工作者	甘肃省经济作物技术推广站、甘肃省果业管理办公室	2012.02	
邹明蔚	兰州技术市场服务中心	2011年度甘肃省技术市场工作先进个人	甘肃省科学技术厅	2012.03	
王华林	甘肃广播电视大学	甘肃省教科文卫系统优秀女职工工作者	甘肃省教科文卫工会	2012.03	
张明宗	兰州市农产品质量监督管理中心	全省行政执法争先创优优秀执法人员	甘肃省依法行政工作领导小组办公室	2012.03	
王生明	兰州市种子管理局	全省种子管理工作先进个人	甘肃省农牧厅	2012.03	
耿 玲	兰州市农业广播电视学校	甘肃省农村能源建设先进个人	甘肃省农牧厅	2012.03	
廖永梅	兰州市农业广播电视学校	全省农村能源建设先进个人	甘肃省农牧厅	2012.03	
刘 波	兰州市动物卫生监督所	首届甘肃农产品质量安全基层检测技术人员大比武"盐酸克伦特罗速测"二等奖	甘肃省农牧厅	2012.04	

姓　名	所在单位	荣获称号	颁奖单位	颁奖时间	备注
王妮妮	兰州市农产品质量监督管理中心	首届甘肃省农产品质量安全基层检测技术人员大比武“蔬菜农药残留定量检测”三等奖	甘肃省农牧厅	2012.04	
宋秉红	兰州市城市建设设计院	2012年全省测绘行业优秀技能人才	甘肃省测绘局	2012.06	
刘得斌	兰州市城市建设设计院	2012年全省测绘行业优秀技能人才	甘肃省测绘局	2012.06	
杨　斌	甘肃广播电视大学	2011年全省党员教育电视片评选三等奖	甘肃省农村党员干部代远程教育管理办公室	2012.07	
杨　斌	甘肃广播电视大学	甘肃省实施国家教育体制改革试点项目论文评选二等奖	中共甘肃省委宣传部 甘肃省教育厅	2012.08	
董进明	兰州市动物卫生监督所	甘肃省农牧渔业丰收奖二等奖	甘肃省农牧厅	2012.08	
杨　森	兰州市农研中心	《兰州市旱作区马铃薯无害化高效栽培技术研究及示范推广》，甘肃省农牧渔业丰收奖二等奖	甘肃省农牧厅	2012.08	
杨　森	兰州市农研中心	《兰州百合增产关键技术研究与示范》，甘肃省农牧渔业丰收奖三等奖	甘肃省农牧厅	2012.08	
丁　霞	甘肃广播电视大学	甘肃省师德标兵	甘肃省教科文卫工会	2012.09	
王宗元	兰州市农业委员会	全省畜牧科技推广先进工作者	甘肃省农牧厅	2012.09	
吴鹏程	兰州市渔业技术推广中心	甘肃渔业技术推广工作先进个人	甘肃省农牧厅	2012.09	
范玉峰	兰州市渔业技术推广中心	甘肃渔业技术推广工作先进个人	甘肃省农牧厅	2012.09	
张　侠	市民宗委	全省流动人口服务管理先进工作者	甘肃省社会治理综合治理委员会办公室、甘肃省公安厅	2012.10	
哈荣星	兰州市公安局反恐支队	一等功	甘肃省公安厅	2012.10	
卢凤琴	兰州市农业广播电视学校	2012年全省农业广播电视学校教学能手	甘肃省农业广播电视学校	2012.11	
王　铁	兰州市人力资源和社会保障局	甘肃省普通院校毕业生就业工作 先进个人	甘肃省人力资源和社会保障厅　甘肃省普通高校毕业生就业工作领导小组办公室	2012.12	
杨　斌	甘肃广播电视大学	甘肃省第三届大学生DV创作大赛获优秀指导教师。	甘肃省文明办 甘肃省高校工委	2012.12	
王　健	国网兰州供电公司	甘肃省五一劳动奖章	甘肃省总工会	2012.12	
宋秉红	兰州市城市建设设计院	2012年全省职工技能大赛优秀选手	甘肃省总工会、甘肃省人力资源和社会保障厅、甘肃省工业和信息化委员会、甘肃省科技厅、甘肃省国有资产管理委员会	2012.12	

姓 名	所在单位	荣获称号	颁奖单位	颁奖时间	备注
刘得斌	兰州市城市建设设计院	2012年全省职工技能大赛优秀选手	甘肃省总工会、甘肃省人力资源和社会保障厅、甘肃省工业和信息化委员会、甘肃省科技厅、甘肃省国有资产管理委员会	2012.12	
孙 智	国家税务总局兰州高新技术产业开发区税务局	2012年先进工作者	甘肃省国家税务局	2012.12	
张晓艳	兰州市人力资源和社会保障局	流动人口服务和管理先进个人	甘肃省公安厅	2012	
赖兴颖	兰州市机关事务管理局	甘肃省学生资助工作先进个人	甘肃省财政厅、甘肃省教育厅	2012	永登县财政局
潘建西	农工党兰州中医骨伤科医院总支	"甘肃省名中医"	省卫生厅	2012	
文天翔	兰州市档案馆	2008-2011年度全省档案工作先进个人	甘肃省人力资源和社会保障厅 甘肃省档案局	2012	
齐思钺	农工党兰州市直属基层委员会	"甘肃省光彩事业"先进个人	省光彩会	2012	
李其格	农工党兰州市卫生支部	全省新型农村合作医疗先进工作者	省卫生厅	2012	
王永强	兰州市环境监察局	2012年甘肃省污染源自动监控管理甘肃先进个人	甘肃省环境监察局	2012	
魏锁利	兰州市环境监察局	全省环境监察业务大比武获得环境监察业务标兵	甘肃省环保厅	2012	
赵 晖	兰州市环境监察局	全省环境监察业务大比武获得环境监察业务标兵	甘肃省环保厅	2012	
焦玉峰	兰州市环境监察局	2012年度环境监察先进个人	甘肃省环保厅	2012	
平 俊	兰州市环境监察局	2012年度环境监察先进个人	甘肃省环保厅	2012	
赵昌才	兰州市环境监察局	2012年度环境监察先进个人	甘肃省环保厅	2012	
陈 静	兰州市环境监察局	2012年度全省排污申报核定与排污费征收工作先进个人	甘肃省环境监察局	2012	
张 鹏	兰州市环境保护局	全省环保系统政务信息工作先进个人	甘肃省环境保护厅	2012	
闫子江	兰州市环境保护局	全省核与辐射安全暨监管工作先进个人	甘肃省环境保护厅	2012	
魏万福	兰州市农业机械化技术推广站	全省农业机械化技术推广先进个人	甘肃省农牧厅	2012	
杨 东	兰州市林业局	全省森林资源保护管理工作先进个人	甘肃省林业厅	2013.01	
安成红	兰州市林业勘测设计队	全省森林资源规划设计调查先进个人	甘肃省林业厅	2013.01	
魏谦荣	兰州市林政稽查队	全省林政执法先进个人	甘肃省林业厅	2013.01	

姓　名	所在单位	荣获称号	颁奖单位	颁奖时间	备注
魏存亮	兰州市卫生健康委员会（原兰州市卫生局）	2012年度全省人口和计划生育系统优秀工作者	甘肃省卫生健康委员会（原原甘肃省卫生厅）	2013.01	
赵志军	兰州市公安局监管支队	全省“扫黄打非”先进个人	甘肃省“扫黄打非”工作小组	2013.01	
康岸桥	兰州市公安局城关分局	第三届甘肃省敬业奉献道德模范	中共甘肃省委宣传部等	2013.01	
李建奎	兰州市安监局	全省安全生产监管系统先进个人	甘肃省安监局	2013.01	兰州市应急管理局
李锦龙	兰州市农研中心	全省先进工作者	甘肃省农牧厅	2013.01	
陈　璟	民盟兰州市委员会	2011--2012年度参政议政先进个人	民盟甘肃省委员会	2013.03	
冯振清	民盟兰州市委员会	2011--2012年度参政议政先进个人	民盟甘肃省委员会	2013.03	
漆柏林	国网兰州供电公司	甘肃省五一劳动奖章	甘肃省总工会	2013.04	
饶英惠	兰州市建设稽查执法支队	荣获2013年甘肃省中等专业学校技能大赛建筑设备安装与调控（给排水）项目比赛“优秀指导教师奖”	甘肃省教育厅、甘肃省人力资源和社会保障厅	2013.04	
李震宇	国家税务总局兰州高新技术产业开发区税务局	撰写的《对促进经济欠发达地区税收可持续增长的思考》论文荣获2011年度甘肃省国际税收研究会调研论文一等奖	甘肃省国际税收研究会	2013.04	
寇志军	市民宗委	全省民族团结进步宣传月活动先进个人	中共甘肃省委统战部、甘肃省民族事务委员会	2013.05	
董进明	兰州市动物卫生监督所	甘肃省农牧渔业丰收奖二等奖	甘肃省农牧厅	2013.06	
俞成乾	兰州市农业机械化技术推广站	甘肃省农牧渔业丰收奖三等奖（第1完成人）	甘肃省农牧厅	2013.06	
张　薇	兰州技术市场服务中心	2012年度甘肃省技术市场工作先进个人	甘肃科学技术厅	2013.07	
王　茜	兰州市审计局	《基层审计机关如何有效发挥国家审计在国家治理中的作用》被评为2013年全省优秀审计论文三等奖	甘肃省审计厅	2013.08	
周永福	兰州市公安局戒毒所	2011-2012年度全省优秀人民警察	甘肃省公安厅	2013.08	
吴兴平	兰州市公安局交通治安分局	全省优秀人民警察	甘肃省公安厅	2013.08	
文书平	兰州黄河风情线大景区管委会	参加设计的兰州新区林业生态建设与产业发展项目2012年造林任务作业设计项目获甘肃省2013年度优秀工程勘察设计三等奖	甘肃省住房和城乡建设厅	2013.11	

姓 名	所在单位	荣获称号	颁奖单位	颁奖时间	备注
刘 波	兰州市动物卫生监督所	全省第二届农产品质量安全检测技能竞赛个人优秀奖	甘肃省农牧厅、甘肃省人力资源和社会保障厅、甘肃省总工会	2013.11	
陈 宽	兰州市就业和人才服务局	2013年度全省机构编制工作先进工作者	甘肃省机构编制委员会办公室甘肃省财政厅	2013.12	
马王继	兰州市林业局	林业统计优秀统计工作者	甘肃省林业厅	2013.12	
屈 鹏	兰州市林业勘测设计队	三北防护林体系建设先进个人	甘肃省林业厅三北防护林建设局	2013.12	
黄文刚	兰州市林业局	三北防护林体系建设先进个人	甘肃省林业厅三北防护林建设局	2013.12	
张海峰	兰州市林业局	三北防护林体系建设先进个人	甘肃省林业厅三北防护林建设局	2013.12	
洪 鎏	国网兰州供电公司	甘肃省五一劳动奖章	甘肃省总工会	2013.12	
霍文英	兰州市农产品质量监督管理中心	全省农业生态环境保护工作先进个人	甘肃省农牧厅	2013.12	
齐思铖	农工党兰州市直属基层委员会	甘肃省十大优秀女企业家	省妇联	2013	
张 虎	农工党兰州市直属基层委员会	全省民主党派“同心•突出贡献”先进个人	省委统战部	2013	
李其格	农工党兰州市卫生支部	2012—2013年度优秀党员	农工党甘肃省委会	2013	
范译文	农工党兰州市农牧支部	2012—2013年度优秀党员	农工党甘肃省委会	2013	
裴婕妤	农工党兰州市农牧支部	2012—2013年度优秀党员	农工党甘肃省委会	2013	
田 镔	农工党兰州市妇幼保健院总支	2012—2013年度优秀党员	农工党甘肃省委会	2013	
李周明	市委宣传部	甘肃省科普工作先进工作者，以及全省思想政治工作课题研究论文三等奖等荣誉	甘肃省委宣传部、甘肃省科协	2013	
吴文勇	兰州市环境监察局	全省环境监察先进个人	甘肃省环保厅	2013	
张 宁	兰州市气象局	甘肃省技术标兵	甘肃省总工会、甘肃省人力资源和社会保障厅、甘肃省工业和信息化委员会、甘肃省人民政府国有资产监督管理委员会	2013	
把 黎	兰州市气象局	甘肃省重大气象服务先进个人	甘肃省气象局	2013	
魏万福	兰州市农业机械化技术推广站	甘肃省农牧渔业丰收奖三等奖	甘肃省农牧厅	2013	
郭天梅	兰州市农业机械化技术推广站	甘肃省农牧渔业丰收奖三等奖	甘肃省农牧厅	2013	
井彩巧	兰州市农研中心	全省农业先进个人	甘肃省农牧厅	2013	
李丰实	兰州铁路局天水工务材料段	甘肃省五一劳动奖章	甘肃省总工会	2013	

姓　名	所在单位	荣获称号	颁奖单位	颁奖时间	备注
张元博	兰州铁路局兰州通信段	甘肃省五一劳动奖章	甘肃省总工会	2013	
牛　犇	兰州铁路局嘉峪关车辆段	甘肃省五一劳动奖章	甘肃省总工会	2013	
邢　涛	兰州铁路局机关	甘肃省五一劳动奖章	甘肃省总工会	2013	
妈晶晶	兰州市妇联	甘肃省三八红旗手	甘肃省妇联	2013	
曾彦萍	兰州市社会保险事业管理局	2013年度甘肃省社会保险统计工作先进个人	甘肃省社会保险事业管理局	2014.01	
甘文杰	兰州市公安局特警支队	一等功	武警新疆总队	2014.01	
金　璟	国家税务总局兰州高新技术开发区税务局	全国税务系统“善读书 净心灵 强素质”读书活动“读书之星”	甘肃省国家税务局	2014.01	
王　旭	国家税务总局兰州高新技术开发区税务局	全省国税系统“优秀办税服务厅主任”称号	甘肃省国家税务局	2014.01	
姚晓波	兰州市公安局戒毒所	全省联村联户为民富民行动标兵奖	中共甘肃省委双联行动协调推进领导小组	2014.02	
成睿畦	兰州市农业委员会	2012年度全省农业产业化和一村一品发展情况统计调查工作先进个人	甘肃省农业产业化办公室	2014.02	
张小琴	兰州戏曲剧院	荣获甘肃省戏剧大省建设突出贡献奖	中共甘肃省委宣传部、甘肃省文化厅	2014.03	
王艺潼	兰州歌舞剧院	甘肃省三八红旗手	甘肃省妇女联合会	2014.03	
刘　翔	兰州市环境保护局	2013年全省核与辐射安全监管工作先进个人	甘肃省环境保护厅	2014.03	
张婷婷	兰州市公安消防支队	全省公安系统巾帼建功创建活动先进工作者	甘肃省公安厅、甘肃省妇联	2014.03	兰州市消防救援支队
王志伟	兰州市林业局	甘肃绿化奖章获得者	甘肃省人力资源和社会保障厅　甘肃省绿化委员会　甘肃省林业厅	2014.04	
杨兰英	兰州市公安局缉毒支队	一等功	甘肃省公安厅	2014.05	
张政才	兰州市公安局反恐支队	一等功	甘肃省公安厅	2014.05	
杜新军	兰州市公安局城关分局	一等功	甘肃省公安厅	2014.05	
殷辉林	兰州市动物卫生监督所	2012—2013年度全省动物卫生监督兽药饲料监察工作先进个人	甘肃省农牧厅	2014.05	
邹明蔚	兰州技术市场服务中心	2013年度甘肃省技术市场工作先进个人	甘肃科学技术厅	2014.06	
司继勇	兰州市农产品质量监督管理中心	全省农产品质量安全监管工作先进个人	甘肃省农牧厅	2014.06	
张明宗	兰州市农产品质量监督管理中心	中国农业银行甘肃省分行“三农金融辅导”专家辅导员聘书	中国农业银行股份有限公司甘肃省分行	2014.06	

姓 名	所在单位	荣获称号	颁奖单位	颁奖时间	备注
常 虹	兰州市卫生健康委员会（原兰州市卫生局）	2013年度会计工作业绩突出集体和个人	甘肃省财政厅	2014.07	
张明宗	兰州市农产品质量监督管理中心	甘肃省农牧渔业丰收奖一等奖“农产品质量安全监管模式师范应用”项目第10完成人	甘肃省农牧厅	2014.08	
刘 凯	兰州市农研中心	《兰州市高原夏菜优质高效旱作栽培技术研究与示范》，甘肃省农牧渔业丰收一等奖	甘肃省农牧厅	2014.08	
柴宗华	兰州市种子管理局	全省农业系统“六五”普法先进个人	甘肃省农牧厅	2014.09	
李 璐	国网兰州供电公司	甘肃省五一劳动奖章	甘肃省总工会	2014.12	
王艺潼	兰州歌舞剧院	第三届甘肃省中青年德艺双馨文艺工作者	中共甘肃省委组织部、中共甘肃省委宣传部、甘肃省文学艺术界联合	2014.12	
王艺潼	兰州歌舞剧院	表演的《钗头凤》荣获第三届甘肃舞蹈“飞天奖”大赛独双三表演金奖	中共甘肃省委宣传部、甘肃省文联、甘肃省文化厅、甘肃省教育厅、甘肃省广电总台	2014.12	
冯 龙	兰州歌舞剧院	表演的《兰陵王》荣获第三届甘肃舞蹈“飞天奖”大赛独双三表演金奖	中共甘肃省委宣传部、甘肃省文联、甘肃省文化厅、甘肃省教育厅、甘肃省广电总台	2014.12	
属玉霞	国家税务总局兰州高新技术产业开发区税务局	全省地税系统“业务标兵”	甘肃省地方税务局	2014.12	
姚锦亭	兰州市兽医局	全省动物防疫工作先进个人	甘肃省防治重大动物疫病指挥部	2014.12	
倪佳君	兰州市档案馆	全省档案宣传工作先进个人	甘肃省档案局	2014	
张 虎	农工党兰州市直属基层委	甘肃省诚信企业家	甘肃省工商联	2014	
李周明	市委宣传部	全省“学雷锋活动常态化”征文大赛全省一等奖	甘肃省委宣传部	2014	
李 杨	中国民主建国会兰州市委员会	中国民主建国会甘肃省委员会优秀会员	中国民主建国会甘肃省委员会	2014	
李 琦	兰州市环境保护局	中国环境报宣传工作先进个人	中国环境报社甘肃记者站	2014	
田祎楠	兰州市气象局	甘肃省优秀预报员	甘肃省气象局	2014	
王有明	兰州铁路局敦煌铁路公司	甘肃省五一劳动奖章	甘肃省总工会	2014	
何 雷	兰州市社会保险事业管理局	全省城乡居民基本养老保险数据质量年活动优秀工作者	甘肃省人力资源和社会保障厅	2015.01	
郭晓钟	兰州市公安局经侦支队	一等功	甘肃省公安厅	2015.01	
石旭东	兰州市畜禽育种推广中心	2013—2014年度全省畜牧科技推广工作先进个人	甘肃省农牧厅	2015.01	

姓 名	所在单位	荣获称号	颁奖单位	颁奖时间	备注
曾彦萍	兰州市社会保险事业管理局	2014年度甘肃省社会保险统计工作先进个人	甘肃省人力资源和社会保障厅	2015.03	
刘永福	甘肃广播电视大学	甘肃省第五届DV创作大赛优秀教师指导奖	甘肃省教育厅	2015.03	
李文祥	兰州市委老干部局	全省离退休干部先进工作者	中共甘肃省委组织部 中共甘肃省委老干部工作局 甘肃省人力资源和社会保障厅	2015.03	
黄跃金	兰州市公安局特警支队	一等功	甘肃省公安厅	2015.03	
任宏伟	兰州市公安局特警支队	一等功	甘肃省公安厅	2015.03	
赵平惠	兰州市公安局特警支队	一等功	甘肃省公安厅	2015.03	
唐浩漩	民盟兰州市委	2013—2014年度参政议政工作先进个人	民盟甘肃省委员会	2015.03	
王 黎	兰州市档案馆	2014年度全省党委系统督查工作先进个人	中共甘肃省委办公厅	2015.04	
南 锋	兰州市公安局便衣支队	甘肃青年五四奖章	共青团甘肃省委员会、甘肃省青年联合会	2015.04	
金江海	兰州市公安局经侦支队	一等功	甘肃省公安厅	2015.04	
张令飞	兰州市公安局城关分局	一等功	甘肃省公安厅	2015.04	
吕虹瑾	兰州市建设稽查执法支队	荣获2015年甘肃省中等专业学校技能大赛建筑设备模特表演(平面模特展示)比赛"优秀指导教师奖"	甘肃省教育厅、甘肃省人力资源和社会保障厅、甘肃省财政厅、甘肃省卫生和计划生育委员会	2015.04	
刘建栋	兰州市公安消防支队七里河区大队龚家湾中队	全省公安机关2013-2014年度优秀人民警察	甘肃省公安厅	2015.07	兰州市七里河区龚家湾消防救援站
俞建勋	兰州技术市场服务中心	2014年度甘肃省技术市场工作先进个人	甘肃科学技术厅	2015.07	
杨 纲	兰州市城市建设设计院	甘肃省测绘地理信息行业优秀技能人才	省百万职工职业技术能素质提升办公室、甘肃省测绘地理信息局	2015.08	
雒文斌	兰州市城市建设设计院	甘肃省测绘地理信息行业优秀技能人才	省百万职工职业技术能素质提升办公室、甘肃省测绘地理信息局	2015.08	
闫亚杰	兰州市农业机械监理所	甘肃省农机安全监理为民服务创先争优示范岗位标兵	甘肃省农牧厅、甘肃省安全生产监督管理局	2015.08	
王 玺	兰州市农业机械监理所	甘肃省农机安全监理为民服务创先争优示范岗位标兵	甘肃省农牧厅、甘肃省安全生产监督管理局	2015.08	

姓 名	所在单位	荣获称号	颁奖单位	颁奖时间	备注
俞成乾	兰州市农业广播电视学校	甘肃省农牧渔业丰收奖三等奖(第1完成人)	甘肃省农牧厅	2015.08	
何立群	甘肃广播电视大学	2015年“学子返乡”甘肃省大中专学生暑期社会实践活动 先进个人奖	中共甘肃省委宣传部、甘肃省文明办、甘肃省教育厅、甘肃省文化厅、甘肃省科学技术厅、甘肃省卫生厅、甘肃省关工委、甘肃省学生联合会	2015.09	
宋婷婷	甘肃广播电视大学	2015年“学子返乡”甘肃省大中专学生暑期社会实践活动先进个人	省委宣传部、团省委、省文明办、省教育厅、省文化厅、省科学技术厅、省卫生厅、生关工委、省学生联合会	2015.09	
牛铮超	兰州市社会科学院	论文《兰州新区国家级科技创新大平台建设的构想与对策》获2015年甘肃省学术年会优秀论文奖	甘肃省学术年会组织委员会	2015.09	
杨发忠	兰州市农产品质量监督管理中心	全省农业生态环境保护工作先进个人	甘肃省农牧厅	2015.09	
张想平	兰州市城市建设设计院	甘肃省测绘地理信息局“微视测绘”微视频大赛优秀奖	甘肃省测绘地理信息局	2015.11	
周义丽	兰州市农业委员会	2014-2015年度全省农情信息工作先进个人	甘肃省农牧厅	2015.12	
何 峰	国网兰州供电公司	甘肃省五一劳动奖章	甘肃省总工会	2015.12	
高子雯	兰州市兽医局	2014—2015年度甘肃农业网全省信息联播工作先进个人	甘肃省农牧厅	2015.12	
廖永梅	兰州市农业广播电视学校	全省农民教育培训先进个人	甘肃省农牧厅	2015.12	
王世卿	兰州市委老干部局	2011—2015年全省关心下一代工作先进个人	甘肃省关心下一代工作委员会 甘肃省精神文明建设指导委员会办公室 甘肃省人力资源和社会保障厅	2015.12	
张 虎	农工党兰州市直属基层委员会	双联行动精准扶贫先进个人	农工党甘肃省委会	2015	
王金飞	农工党兰州市直属基层委员会	双联行动精准扶贫先进个人	农工党甘肃省委会	2015	
李明杨	农工党兰州市直属基层委员会	双联行动精准扶贫先进个人	农工党甘肃省委会	2015	
张 勰	农工党兰州市直属基层委员会	双联行动精准扶贫先进个人	农工党甘肃省委会	2015	
张 虎	农工党兰州市直属基层委	全省民族团结进步模范个人	省民委	2015	
巨岩云	中国民主建国会兰州市委员会	2008年以来民建甘肃省参政议政先进个人	中国民主建国会甘肃省委员会	2015	

姓　名	所在单位	荣获称号	颁奖单位	颁奖时间	备注
蔡兰平	兰州市文化馆	小品《对待阳光》在“美丽甘肃一城一品——甘肃省青少年才艺大赛”荣获一等奖	中共甘肃省委宣传部	2015	
杨小洲	兰州市环境监察局	全省环境监察业务大比武获得环境监察业务标兵	甘肃省环保厅	2015	
张　宁	兰州市气象局	甘肃省重大气象服务先进个人	甘肃省气象局	2015	
魏万福	兰州市农业机械化技术推广站	全省农业机械化技术推广先进工作者	甘肃省农牧厅	2015	
魏万福	兰州市农业机械化技术推广站	甘肃省农牧渔业丰收奖三等奖	甘肃省农牧厅	2015	
郭天梅	兰州市农业机械化技术推广站	甘肃省农牧渔业丰收奖三等奖	甘肃省农牧厅	2015	
徐　琼	兰州市农研中心	甘肃省经济作物技术推广先进工作者	甘肃省农牧厅	2015	
陈学喜	兰州铁路局定西工务段	甘肃省五一劳动奖章	甘肃省总工会	2015	
牛军璋	兰州铁路局信达工程公司	甘肃省五一劳动奖章	甘肃省总工会	2015	
李　刚	兰州铁路局敦煌铁路公司	甘肃省五一劳动奖章	甘肃省总工会	2015	
肖迎珺	兰州市妇联	甘肃省“三八”红旗手	甘肃省妇联	2015	
曾彦萍	兰州市社会保险事业管理局	2015年度甘肃省社会保险统计工作先进个人	甘肃省人力资源和社会保障厅	2016.01	
毛润平	国家税务总局兰州高新技术产业开发区税务局	全省国税系统金税三期工程推广上线表现优秀记三等功	甘肃省国家税务局	2016.01	
史安平	兰州市审计局	2015年度全省稳增长等政策措施落实跟踪审计先进个人	甘肃省审计厅	2016.02	
朱荣周	兰州市审计局	2015年度全省稳增长等政策措施落实跟踪审计先进个人	甘肃省审计厅	2016.02	
贾　莹	兰州市审计局	2016年度全省稳增长等政策措施落实跟踪审计先进个人	甘肃省审计厅	2016.02	
赵　勇	兰州市审计局	2017年度全省稳增长等政策措施落实跟踪审计先进个人	甘肃省审计厅	2016.02	
杨　洁	兰州市公安局办公室	全省三八红旗手	甘肃省妇女联合会	2016.03	
彭淑珍	兰州市兽医局	2014—2015年度全省兽医工作先进个人	甘肃省兽医局	2016.05	
丁　强	国家税务总局兰州高新技术产业开发区税务局	全省地税系统优秀工作者	甘肃省地方税务局	2016.06	
丁　强	国家税务总局兰州高新技术产业开发区税务局	全省地税系统优秀工作者（2013—2016年）	中共甘肃省地方税务局党组、甘肃省地方税务局	2016.06	

姓 名	所在单位	荣获称号	颁奖单位	颁奖时间	备注
石代智	国家税务总局兰州高新技术产业开发区税务局	全省地税系统优秀工作者(2013年-2016年)	中共甘肃省地方税务局党组、甘肃省地方税务局	2016.06	
刘 凯	兰州市农研中心	《兰州市不同结构节能日光温室性能差异研究》,甘肃省农牧渔业丰收二等奖	甘肃省农牧厅	2016.06	
杨 森	兰州市农研中心	《兰州市不同结构节能日光温室性能差异研究》,甘肃省农牧渔业丰收奖二等奖	甘肃省农牧厅	2016.06	
于 威	兰州市农研中心	《兰州市不同结构节能日光温室性能差异研究》,甘肃省农牧渔业丰收奖二等奖	甘肃省农牧厅	2016.06	
俞成乾	兰州市农业广播电视学校	甘肃省农牧渔业丰收奖三等奖(第1完成人)	甘肃省农牧厅	2016.06	
杨发忠	兰州市农产品质量监督管理中心	"纪念中国共产党成立95周年网上党史知识竞赛"优秀个人	中共甘肃省委组织部、中共甘肃省直属机关工委、中共甘肃省委党史研究室、共青团甘肃省委、甘肃省教育厅	2016.07	
张小勇	国网兰州供电公司	甘肃省首届丝绸之路(敦煌)国际文化博览会工作先进个人	中共甘肃省委办公厅、甘肃省人民政府办公厅	2016.11	
韩 彬	国网兰州供电公司	甘肃省首届丝绸之路(敦煌)国际文化博览会工作先进个人	中共甘肃省委办公厅、甘肃省人民政府办公厅	2016.11	
柴宗涛	兰州市公安局内保支队	全省脱贫攻坚先进个人	甘肃省脱贫攻坚帮扶工作协调领导小组	2016.11	
杨立强	兰州市文化和旅游局	甘肃省首届丝绸之路(敦煌)国际文化博览会工作先进个人	甘肃省委办公厅 甘肃省政府办公室	2016.11	
金小平	兰州市文化和旅游局	甘肃省首届丝绸之路(敦煌)国际文化博览会工作先进个人	甘肃省委办公厅 甘肃省政府办公室	2016.11	
张明宗	兰州市农产品质量监督管理中心	全省12316工作优秀专家	甘肃省农牧厅	2016.12	
周尚臻	兰州市农产品质量安全监督中心	首届丝绸之路(敦煌)国际文化博览会农牧系统先进个人	甘肃省农牧厅	2016.12	
李锦龙	兰州市农研中心	全省12316工作优秀专家	甘肃省农牧厅	2016.12	
刘军德	兰州市农业经营管理指导站	全省12316工作优秀专家	甘肃省农牧厅	2016.12	
张 杰	兰州城市供水(集团)有限公司	甘肃省五一劳动奖章	甘肃省总工会	2016	
蔡兰平	兰州市文化馆	在"第十二届青春中国甘肃省青少年才艺大赛"甘肃总决赛优秀指导教师	中共甘肃省委宣传部	2016	
张生财	兰州市气象局	甘肃省重大气象服务先进个人	甘肃省气象局	2016	
朱 丹	兰州市气象局	甘肃省技术标兵	甘肃省总工会	2016	
王瑞卿	兰州市农业委员会	全省农业系统"六五"普法先进个人	甘肃省农牧厅	2016	

姓　名	所在单位	荣获称号	颁奖单位	颁奖时间	备注
魏万福	兰州市农业机械化技术推广站	甘肃省农牧渔业丰收奖三等奖	甘肃省农牧厅	2016年	
郭天梅	兰州市农业机械化技术推广站	甘肃省农牧渔业丰收奖三等奖	甘肃省农牧厅	2016	
张　鹏	兰州市农研中心	甘肃省耕地质量建设与管理工作先进个人	省农牧厅	2016	
田　斌	兰州铁路局嘉峪关供电段	甘肃省五一劳动奖章	甘肃省总工会	2016	
李延红	兰州铁路局兰州电务段	甘肃省五一劳动奖章	甘肃省总工会	2016	
曾彦萍	兰州市社会保险事业管理局	2016年度甘肃省社会保险统计报表工作先进个人	甘肃省人力资源和社会保障厅	2017.01	
王新友	甘肃广播电视大学	甘肃省高等学校科学研究优秀成果三等奖	甘肃省教育厅	2017.01	
马　建	兰州市公安局刑警支队	一等功	甘肃省公安厅	2017.01	
黄立进	兰州市公安局城关分局	一等功	甘肃省公安厅	2017.01	
魏万仁	兰州市畜禽育种推广中心	全省农业科技推广工作先进个人	甘肃省农牧厅	2017.01	
包国光	兰州市农业机械监理所	甘肃省农机安全监理为民服务创先争优示范岗位标兵	甘肃省农牧厅、甘肃省安全生产监督管理局	2017.01	
梁丁月	兰州市农产品质量监督管理中心	全省农业科技推广工作先进个人	甘肃省人力资源和社会保障厅、甘肃省农牧厅	2017.01	
刘军德	兰州市农业经营管理指导站	全省农业科技推广工作先进个人	甘肃省人力资源和社会保障厅、甘肃省农牧厅	2017.01	
杨永欣	兰州市档案馆	2012—2016年度全省档案工作先进工作者	甘肃省人力资源和社会保障厅 甘肃省档案局	2017.02	
罗　宁	兰州市城建档案馆	2012—2016年度全省档案工作先进工作者	甘肃省人力资源和社会保障厅 甘肃省档案局	2017.02	
严发云	兰州市卫生健康委员会（原兰州市卫生和计划生育委员会）	2016年度全省政府系统应急服务工作先进个人	甘肃省人民政府办公厅	2017.03	
张巧丽	甘肃广播电视大学	2016年甘肃省大中专学生暑假社会实践活动优秀指导教师	中共甘肃省委宣传部、共青团甘肃省委、甘肃省文明办公室、甘肃省教育厅、甘肃省文化厅、甘肃省科学技术厅、甘肃省卫生计生委、甘肃省关工委、甘肃省学生联合会	2017.03	

姓 名	所在单位	荣获称号	颁奖单位	颁奖时间	备注
徐 龙	甘肃广播电视大学	2016年甘肃省大中专学生暑期社会实践活动优秀指导教师	中共甘肃省委宣传部、共青团甘肃省委、甘肃省文明办公室、甘肃省教育厅、甘肃省文化厅、甘肃省科学技术厅、甘肃省卫生计生委、甘肃省关工委、甘肃省学生联合会	2017.03	
王新友	甘肃广播电视大学	甘肃省大中专学生暑期社会实践活动先进个人	中共甘肃省委宣传部、共青团甘肃省委、甘肃省文明办公室、甘肃省教育厅、甘肃省文化厅、甘肃省科学技术厅、甘肃省卫生计生委、甘肃省关工委、甘肃省学生联合会	2017.03	
宋婷婷	甘肃广播电视大学	2016年甘肃省大中专学生暑期社会实践活动优秀指导教师	省委宣传部、团省委、省文明办、省教育厅、省文化厅、省科学技术厅、省卫生厅、生关工委、省学生联合会	2017.03	
赵 鑫	甘肃广播电视大学	2016年甘肃省大中专学生暑期社会实践活动先进个人	省委宣传部、团省委、省文明办、省教育厅、省文化厅、省科学技术厅、省卫生厅、生关工委、省学生联合会	2017.03	
蔺雪琰	市民宗委	2016年度全省民委系统信息工作先进个人	甘肃省民族事务委员会	2017.03	
唐浩漩	民盟兰州市委	第三期党外干部领导力提升进修班优秀班干部	甘肃社会主义学院	2017.03	
王新友	甘肃广播电视大学	甘肃省教学成果奖(教育厅级)	甘肃省教学成果奖评审委员会	2017.04	
宋军光	国网兰州供电公司	甘肃省五一劳动奖章	甘肃省总工会	2017.04	
蒋 炜	兰州市农业广播电视学校	2016年甘肃省农牧渔业丰收奖三等奖	甘肃省农牧厅	2017.04	
任雪林	兰州市供销合作社联合社	2016年全省供销合作社信息工作先进单位	甘肃省供销合作社	2017.05	
马 建	兰州市公安局刑警支队	第三届甘肃省直青年五四奖章	共青团甘肃省直属机关工作委员会	2017.05	
杨明光	兰州市城市建设设计院	第八届理事会先进个人	甘肃省测绘学会	2017.05	
刘宗林	兰州市林业技术推广中心	全省林业科技创新先进个人	甘肃省林业厅	2017.06	
徐钰萍	兰州市科技局	2011-2015年度全省实施妇女儿童发展规划先进个人	甘肃省人民政府妇女儿童工作委员会 甘肃省人力资源和社会保障厅	2017.07	2019年机构改革随兰州市外专局转隶至兰州市科技局
俞建勋	兰州技术市场服务中心	2016年甘肃省技术市场工作先进个人	甘肃科学技术厅	2017.07	

姓　名	所在单位	荣获称号	颁奖单位	颁奖时间	备注
高祝军	兰州市公安局监管支队	甘肃省巾帼建功标兵	甘肃省人力资源和社会保障厅、甘肃省妇女联合会	2017.07	
王淑萍	兰州市妇联	甘肃省巾帼建功标兵	甘肃省人社厅、甘肃省妇联	2017.07	
魏丽红	兰州市人大常委会	2016年度全省脱贫攻坚帮扶工作先进个人	甘肃省脱贫攻坚帮扶工作协调领导小组	2017.09	七里河区人民政府
武太忠	兰州市林木种苗管理站	2016年度全省脱贫攻坚帮扶工作优秀驻村帮扶工作队长	甘肃省脱贫攻坚帮扶工作协调领导小组	2017.09	
蒙青雅	国家税务总局兰州高新技术产业开发区税务局	2017年纳税服务和征管评估业务大比武个人优胜奖	甘肃省国家税务局	2017.09	
陈菁玮	兰州市渔业技术推广中心	全省水生动物病害防治员省级一类竞赛个人三等奖	甘肃省百万职工职业技能素质提升活动组委会办公室	2017.09	
张守琪	兰州市生态建设管理局	全省退耕还林工作先进个人	甘肃省林业厅	2017.10	
张海峰	兰州市生态建设管理局	全省退耕还林工作先进个人	甘肃省林业厅	2017.10	
刘永福	甘肃广播电视大学	甘肃省高等学校科研成果三等奖	甘肃省教育厅	2017.10	
韩文军	国家税务总局兰州高新技术产业开发区税务局	营改增试点工作个人嘉奖	甘肃省地方税务局	2017.10	
韩文军	国家税务总局兰州高新技术产业开发区税务局	2019年全省百万职工职业技能素质提升活动个人嘉奖	甘肃省地方税务局	2017.10	
刘文胜	国家税务总局兰州高新技术产业开发区税务局	营改增试点工作个人嘉奖	甘肃省国家税务局	2017.10	
张　莉	国家税务总局兰州高新技术产业开发区税务局	营改增试点工作个人三等功	甘肃省国家税务局	2017.10	
白　雪	国家税务总局兰州高新技术产业开发区税务局	营改增试点工作先进个人	甘肃省国家税务局	2017.10	
毛润平	国家税务总局兰州高新技术产业开发区税务局	营改增试点工作个人三等功	甘肃省国家税务局	2017.10	
蒙青雅	国家税务总局兰州高新技术产业开发区税务局	营改增试点工作个人嘉奖	甘肃省国家税务局	2017.10	
属玉霞	国家税务总局兰州高新技术产业开发区税务局	全省地税系统业务大比武“专业骨干”	甘肃省地方税务局	2017.11	
赵小元	兰州市农产品质量监督管理中心	第四届全省农产品质量安全检测技能竞赛活动二等奖	甘肃省农牧厅	2017.11	

姓 名	所在单位	荣获称号	颁奖单位	颁奖时间	备注
赵小元	兰州市农产品质量安全监督中心	2017年“甘肃省技术标兵”称号	甘肃省总工会、省人力资源和社会保障厅、省工业和信息化厅、省科学技术厅、省人民政府国有资产监督管理委员会	2017.12	
周尚臻	兰州市农产品质量安全监督中心	2017年“甘肃省技术标兵”称号	甘肃省总工会、省人力资源和社会保障厅、省工业和信息化厅、省科学技术厅、 省人民政府国有资产监督管理委员会	2017.12	
刘雪峰	兰州市环境监察局	甘肃省技术标兵	甘肃省总工会、甘肃省人力资源和社会保障厅、甘肃省工业和信息化委员会、甘肃省科学技术厅	2017.12	
孙 肖	兰州市城市建设设计院	2017年甘肃省职工技能大赛优秀选手	甘肃省总工会、甘肃省人力资源和社会保障厅、甘肃省工业和信息化委员会、甘肃省科学技术厅、甘肃省国有资产监督管理委员会	2017.12	
刘得斌	兰州市城市建设设计院	2018年甘肃省职工技能大赛优秀选手	甘肃省总工会、甘肃省人力资源和社会保障厅、甘肃省工业和信息化委员会、甘肃省科学技术厅、甘肃省国有资产监督管理委员会	2017.12	
陈菁玮	兰州市渔业技术推广中心	甘肃省技术标兵	甘肃省总工会、甘肃省人力资源和社会保障厅、甘肃省工业和信息化委员会、甘肃省科学技术厅、甘肃省国有资产监督管理委员会	2017.12	
杨小洲	兰州市环境监察局	环境执法业务标兵	甘肃省环保厅	2017	
刘雪峰	兰州市环境监察局	环境执法业务标兵	甘肃省环保厅	2017	
杨小洲	兰州市环境监察局	全省环境执法大练兵活动中荣获环境执法业务标兵	甘肃省环保厅	2017	
陈 郁	兰州市环境监察局	全省环境执法大练兵活动中荣获环境执法业务能手	甘肃省环保厅	2017	
李秋明	兰州市气象局	甘肃省重大气象服务先进个人	甘肃省气象局	2017	
王 骥	兰州市气象局	甘肃省技术标兵	甘肃省总工会、甘肃省人力资源和社会保障厅、甘肃省工业和信息化委员会、甘肃省科学技术厅、甘肃省国有资产监督管理委员会	2017	

姓名	所在单位	荣获称号	颁奖单位	颁奖时间	备注
狄慧	兰州市气象局	甘肃省技术标兵	甘肃省总工会、甘肃省人力资源和社会保障厅、甘肃省工业和信息化委员会、甘肃省科学技术厅、甘肃省国有资产监督管理委员会	2017	
曾彦萍	兰州市社会保险事业管理局	2017年度甘肃省社会保险统计工作先进个人	甘肃省人力资源和社会保障厅	2018.01	
何雷	兰州市社会保险事业管理局	2017年度甘肃省社会保险基金财务报表工作先进个人	甘肃省人力资源和社会保障厅	2018.01	
梁龙	甘肃广播电视大学	2017年度会计工作业绩突出个人	甘肃省财政厅	2018.01	
刘沛奇	兰州市委老干部局	全省离退休干部“畅谈十八大以来变化、展望十九大胜利召开”活动先进个人	中共甘肃省委老干部工作局	2018.01	
刘建林	兰州市公安局便衣支队	“工行杯”感动甘肃·2017十大陇人娇子	中共甘肃省委宣传部	2018.01	
邢磊	兰州市安监局	全省安全生产工作先进个人	甘肃省人社厅、甘肃省安委会办公室、甘肃省安监局	2018.01	兰州市应急管理局
贾国强	兰州市公安消防支队城关区大队	全省“安全生产月”活动先进个人	甘肃省人社厅、甘肃省安委会办公室、甘肃省安监局	2018.01	兰州市城关区消防救援大队
唐浩漩	民盟兰州市委	撰写的《关于对自媒体时代统一战线宣传工作的思考与对策》一文获2017年度全省统战理论政策研究优秀成果奖	中共甘肃省委统战部	2018.01	
唐浩漩	民盟兰州市委	《关于建议把精准扶贫与美丽乡村建设和新型城镇化工作相结合的提案》被评为省政协优秀提案	政协甘肃省委员会、甘肃省人力资源和社会保障厅	2018.01	
丁喜琴	兰州市卫生健康委员会（原兰州市卫生和计划生育委员会）	2017年H7N9流感防控工作先进个人	甘肃省卫生健康委员会（原甘肃省卫生和计划生育委员会）	2018.02	
石铭	兰州市卫生健康委员会（原兰州市卫生和计划生育委员会）	2017年H7N9流感防控工作先进个人	甘肃省卫生健康委员会（原甘肃省卫生和计划生育委员会）	2018.02	
王元昌	兰州市生态建设管理局	全省集体林权制度改革先进个人	甘肃省人力资源和社会保障厅 甘肃省林业厅	2018.02	
郑存军	兰州市生态建设管理局	全省集体林权制度改革先进个人	甘肃省人力资源和社会保障厅 甘肃省林业厅	2018.02	
张海峰	兰州市生态建设管理局	全省集体林权制度改革先进个人	甘肃省人力资源和社会保障厅 甘肃省林业厅	2018.02	
赵宝瑞	国网兰州供电公司	甘肃省五一巾帼奖	甘肃省人力资源和社会保障厅、甘肃省总工会	2018.03	

姓 名	所在单位	荣获称号	颁奖单位	颁奖时间	备注
任淑云	兰州市公安局城关分局	甘肃省"三八"红旗手	甘肃省妇女联合会	2018.03	
魏丽龙	兰州市生态环境局城关分局	京津冀及周边地区大气污染防治第二十三轮次强化督查表现突出个人	甘肃省环境监察局	2018.03	
郭 锐	国网兰州供电公司	甘肃省五一劳动奖章	甘肃省总工会	2018.04	
李振宇	兰州更新城市建设发展有限公司	甘肃省优秀工程咨询成果一等奖	甘肃省工程咨询协会	2018.04	
高树森	民盟兰州市委员会	2017年度参政议政工作先进个人	民盟甘肃省委员会	2018.04	
李 瑞	兰州市公安局城关分局	甘肃省青年五四奖章	甘肃省人力资源和社会保障厅	2018.05	
雷亚莉	国家税务总局兰州高新技术产业开发区税务局	全省国税系统"践行中国税务精神"主题演讲比赛一等奖	甘肃省国家税务局	2018.05	
雷亚莉	国家税务总局兰州高新技术产业开发区税务局	2018年省直机关"中国梦·劳动美"——学习宣传贯彻习近平新时代中国特色社会主义思想和党的十九大精神主题演讲比赛一等奖	甘肃省直属机关工会工作委员会	2018.05	
任雪林	兰州市供销合作社联合社	全省供销合作社系统先进个人	甘肃省人力资源和社会保障厅、甘肃省供销合作社联合社	2018.06	
高 银	兰州市公安局警保处	2017年度全省脱贫攻坚帮扶工作先进帮扶队长	甘肃省脱贫攻坚帮扶工作协调领导小组	2018.06	
马国纲	兰州市城市建设设计院	第一届甘肃省工程勘察设计大师	甘肃省人社厅、甘肃省住建厅	2018.06	
杨盛泉	兰州市粮食和物资储备局	"一带一路"粮食安全高峰论坛暨"中国好粮油——陇上行"先进个人。	甘肃省粮食局	2018.07	
陆丽莉	兰州市森林病虫害防治检疫站	全省绿化模范单位	甘肃省绿化委员会 甘肃省人力资源和社会保障厅 甘肃省林业厅	2018.07	
刘永福	甘肃广播电视大学	甘肃省第七届微电影大赛优秀教师指导奖	甘肃省教育厅、甘肃省高等学校工作委员会	2018.07	
曾晓燕	兰州市粮食和物资储备局	"一带一路"粮食安全高峰论坛暨"中国好粮油——陇上行"先进个人。	甘肃省粮食局	2018.07	
赵旭东	兰州市粮食和物资储备局	"一带一路"粮食安全高峰论坛暨"中国好粮油——陇上行"先进个人。	甘肃省粮食局	2018.07	
李治成	兰州市粮食和物资储备局	"一带一路"粮食安全高峰论坛暨"中国好粮油——陇上行"先进个人。	甘肃省粮食局	2018.07	

姓　名	所在单位	荣获称号	颁奖单位	颁奖时间	备注
张苏北	兰州市粮食和物资储备局	“一带一路”粮食安全高峰论坛暨“中国好粮油——陇上行”先进个人。	甘肃省粮食局	2018.07	
王有婷	兰州市粮食和物资储备局	“一带一路”粮食安全高峰论坛暨“中国好粮油——陇上行”先进个人。	甘肃省粮食局	2018.07	
周成强	兰州市粮食和物资储备局	“一带一路”粮食安全高峰论坛暨“中国好粮油——陇上行”先进个人。	甘肃省粮食局	2018.07	
冯青麟	兰州市粮食和物资储备局	“一带一路”粮食安全高峰论坛暨“中国好粮油——陇上行”先进个人。	甘肃省粮食局	2018.07	
刘　燕	兰州市粮食和物资储备局	“一带一路”粮食安全高峰论坛暨“中国好粮油——陇上行”先进个人。	甘肃省粮食局	2018.07	
吴　斌	兰州市粮食和物资储备局	“一带一路”粮食安全高峰论坛暨“中国好粮油——陇上行”先进个人。	甘肃省粮食局	2018.07	
张成玉	兰州市粮食和物资储备局	“一带一路”粮食安全高峰论坛暨“中国好粮油——陇上行”先进个人。	甘肃省粮食局	2018.07	
赵淑芸	兰州市粮食和物资储备局	“一带一路”粮食安全高峰论坛暨“中国好粮油——陇上行”先进个人。	甘肃省粮食局	2018.07	
李丽雪	兰州市粮食和物资储备局	“一带一路”粮食安全高峰论坛暨“中国好粮油——陇上行”先进个人。	甘肃省粮食局	2018.07	
杨　勇	兰州市粮食和物资储备局	“一带一路”粮食安全高峰论坛暨“中国好粮油——陇上行”先进个人。	甘肃省粮食局	2018.07	
成秀芳	兰州新区中川园区综合执法局	2018年甘肃省食品药品稽查执法技能大比武食品组第三名	甘肃省食品药品监督管理局	2018.08	
杨盛泉	兰州市粮食和物资储备局	“一带一路”粮食安全高峰论坛暨“中国好粮油——陇上行”先进个人。	甘肃省粮食局、甘肃省农牧厅、甘肃省教育厅、甘肃省科学技术厅、甘肃省妇女联合会	2018.10	
谢学军	兰州市环境保护局环境信息中心	甘肃省测绘科学技术(科技进步)一等奖	甘肃省测绘地理信息局 甘肃省测绘地理信息学会	2018.10	
谢江涛	兰州市公安局城关分局	一等功	甘肃省公安厅	2018.11	
王理镶	兰州新区中川园区综合执法局	2018“甘肃省技术标兵”称号	甘肃省总工会、甘肃省人力资源和社会保障厅、甘肃省工业和信息化委员会、甘肃省科学技术厅、甘肃省人民政府国有资产监督管理委员会	2018.12	

姓 名	所在单位	荣获称号	颁奖单位	颁奖时间	备注
成秀芳	兰州新区中川园区综合执法局	2018“甘肃省技术标兵”称号	甘肃省总工会、甘肃省人力资源和社会保障厅、甘肃省工业和信息化委员会、甘肃省科学技术厅、甘肃省人民政府国有资产监督管理委员会	2018.12	
杨晓帆	甘肃广播电视大学	甘肃省高校“不忘初心跟党走，牢记使命勇担当”主题征文二等奖	中共甘肃省委教育工委、省教育厅	2018.12	
郭延兵	甘肃广播电视大学	甘肃省高校“不忘初心跟党走，牢记使命勇担当”主题征文一等奖	中共甘肃省委教育工委、省教育厅	2018.12	
张远哲	兰州市人大常委会	甘肃省2017年投入产出调查先进个人	甘肃省统计局	2018.12	
张丽霞	兰州市南北两山环境绿化工程指挥部	参政议政工作先进个人	九三学社甘肃省委员会	2018.12	
党悦立	兰州市公安局城关分局	甘肃省2017年投入产出调查先进个人	甘肃省统计局	2018.12	
白　涛	兰州市文化和旅游局	第三届甘肃曲艺牡丹奖表演奖	甘肃省文学艺术界联合、甘肃省曲艺家协会	2018.12	
徐文军	兰州市生态环境局七里河分局	2018年环境执法大练兵表现突出个人	甘肃省生态环境厅	2018.12	
陈译文	国家税务总局兰州高新技术开发区税务局	2019年甘肃省职工技能大赛“优秀选手”称号	甘肃省总工会、甘肃省人力资源和社会保障厅、甘肃省工业和信息化委员会、甘肃省科学技术厅、甘肃省人民政府国有资产监督管理委员会	2018.12	
属玉霞	国家税务总局兰州高新技术产业开发区税务局	2018“甘肃省技术标兵”称号	甘肃省总工会、甘肃省人力资源和社会保障厅、甘肃省工业和信息化委员会、甘肃省科学技术厅、甘肃省人民政府国有资产监督管理委员会	2018.12	
属玉霞	国家税务总局兰州高新技术产业开发区税务局	2018年全省百万职工职业技能素质提升活动甘肃省技术标兵	甘肃省总工会、甘肃省人力资源和社会保障厅、甘肃省工业和信息化委员会、甘肃省科学技术厅、甘肃省人民政府国有资产监督管理委员会	2018.12	
薛丽薇	国家税务总局兰州高新技术产业开发区税务局	2018年甘肃省职工技能大赛“优秀选手”称号	甘肃省总工会、甘肃省人力资源和社会保障厅、甘肃省工业和信息化委员会、甘肃省科学技术厅、甘肃省人民政府国有资产监督管理委员会	2018.12	

姓　名	所在单位	荣获称号	颁奖单位	颁奖时间	备注
罗晓琴	兰州市动物卫生监督所	甘肃省技术标兵	甘肃省总工会、甘肃省人力资源和社会保障厅、甘肃省工业和信息化委员会、甘肃省科学技术厅、甘肃省人民政府国有资产监督管理委员会	2018.12	
刘世英	市妇联	甘肃省“三八”红旗手	甘肃省妇联	2018	
胡晓燕	农工党兰州市文旅总支	坚持和发展中国特色社会主义学习实践活动“全省优秀农工党员”	农工党甘肃省委员会	2018	
朱天垣	农工党兰州市妇幼保健院总支	坚持和发展中国特色社会主义学习实践活动“全省优秀农工党员”	农工党甘肃省委员会	2018	
李　瑛	农工党兰州市市教育支部	坚持和发展中国特色社会主义学习实践活动“全省优秀农工党员”	农工党甘肃省委员会	2018	
张　勰	农工党兰州市市直属基层委	坚持和发展中国特色社会主义学习实践活动“全省优秀农工党员”	农工党甘肃省委员会	2018	
魏周福	农工党兰州中医骨伤科医院总支	坚持和发展中国特色社会主义学习实践活动“全省优秀农工党员”	农工党甘肃省委员会	2018	
吕茹悦	农工党兰州市文旅总支	坚持和发展中国特色社会主义学习实践活动“全省优秀农工党员”	农工党甘肃省委员会	2018	
王汝勃	农工党兰州市委员会	坚持和发展中国特色社会主义学习实践活动“全省优秀党务工作者”	农工党甘肃省委员会	2018	
梁启龙	农工党兰州市第二人民医院支部	坚持和发展中国特色社会主义学习实践活动“全省优秀党务工作者”	农工党甘肃省委员会	2018	
宁雪峰	农工党兰州市中医院支部	坚持和发展中国特色社会主义学习实践活动“全省优秀党务工作者”	农工党甘肃省委员会	2018	
杨含璞	农工党兰州市教育支部	坚持和发展中国特色社会主义学习实践活动“全省优秀党务工作者”	农工党甘肃省委员会	2018	
滕汉义	兰州城市供水(集团)有限公司	甘肃省五一劳动奖章	甘肃省总工会	2018	
焦玉峰	兰州市环境监察局	全省环境执法大练兵活动中荣获“向生态环境部推荐表现突出个人”	甘肃省生态环境厅	2018	
张宁	兰州市气象局	甘肃省重大气象服务先进个人	甘肃省气象局	2018	
徐学军	兰州市农业科技研究推广中心	2017年度全省脱贫攻坚帮扶工作先进驻村帮扶工作队长	甘肃省脱贫攻坚领导小组	2018	
刘　勇	兰州铁路局兰州北车站	甘肃省五一劳动奖章	甘肃省总工会	2018	

姓 名	所在单位	荣获称号	颁奖单位	颁奖时间	备注
张雅莉	兰州铁路局陇西车务段	甘肃省五一劳动奖章	甘肃省总工会	2018	
张永忠	兰州铁路局嘉峪关机务段	甘肃省五一劳动奖章	甘肃省总工会	2018	
李海军	兰州铁路局兰州高铁段	甘肃省五一劳动奖章	甘肃省总工会	2018	
丁岩龙	兰州铁路局兰州供电段	甘肃省五一劳动奖章	甘肃省总工会	2018	
梁 超	兰州铁路局兰州车辆段	甘肃省五一劳动奖章	甘肃省总工会	2018	
马汉青	兰州铁路局嘉峪关工务段	甘肃省劳动模范	甘肃省总工会	2018	
李 宁	兰州市妇联	全省脱贫攻坚先进个人	甘肃省脱贫攻坚领导小组	2018	
秦继红	七里河区教育局	省园丁奖	省委 省政府	1998.09	
秦继红	七里河区教育局	“两基”工作先进个人	省委 省政府	2012.08	
王雷刚	市政府应急办	全省政府系统应急服务工作先进个人	省政府办公厅	2016.03	
许先勇	兰州市海事局	全省应急服务工作先进个人	省政府办公厅	2017.03	
张 虹	市政府应急办	全省政府系统应急服务工作先进个人	省政府办公厅	2017.03	
严发云	市卫健委应急办	全省应急服务工作先进个人	省政府办公厅	2017.03	
王雪霏	市政府办公室	全省政务信息工作先进个人	省政府办公厅	2017.03	

省级部门单位荣誉

获奖单位	荣获称号	颁奖单位	颁奖时间	备注
兰州市审计局	全省经济责任审计工作先进单位	甘肃省经济责任审计工作联席会议	2005.01	
兰州市委办公厅	全省党政密码工作先进单位	中共甘肃省委办公厅	2005.03	
兰州市供销合作社联合社	2004年度扭亏增盈先进单位	甘肃省供销合作社	2005.03	
兰州市委办公厅	全省保密工作先进集体	中共甘肃省委保密委员会办公室、甘肃省国家保密局	2005.09	
兰州市关心下一代工作委员会	全省关心下一代工作先进集体	甘肃省关心下一代工作委员会 甘肃省精神文明建设指导委员会办公室	2005.11	
兰州兰房物业管理有限公司（民安大厦）	甘肃省物业管理优秀大厦	甘肃省建设厅 甘肃省房地产业协会	2005.11	
兰州市委党史办	《中国共产党兰州历史》上卷（1925—1949获甘肃省党史学科优秀成果，一等奖	中共甘肃省委史研究室 甘肃省中共党史学会	2005.12	
兰州市委党史办	《陇上英烈张一悟》（电视片）获甘肃省党史学科优秀成果，一等奖	中共甘肃省委史研究室 甘肃省中共党史学会	2005.12	

获奖单位	荣获称号	颁奖单位	颁奖时间	备注
兰州市委党史办	《兰州革命故事》获甘肃省党史学科优秀成果，二等奖	中共甘肃省委史研究室　甘肃省中共党史学会	2005.12	
兰州市委党史办	《兰州革命历史人物传略》获甘肃省党史学科优秀成果，三等奖	中共甘肃省委史研究室	2005.12	
兰州市森林病虫害防治检疫站	全省林业有害生物防治先进单位	甘肃省林业厅	2005	
兰州市社会保险事业管理局	2005年9月全省社会保险稽核工作先进单位	甘肃省社会保险事业管理局	2005	
兰州供电公司	甘肃省职工职业道德建设十佳单位	甘肃省总工会、甘肃省委宣传部、甘肃省精神文明建设指导委员会办公室、甘肃省人民政府国有资产监督管理委员会、甘肃省经济委员会	2005	
兰州市渔业技术推广站	全省渔业技术推广先进单位	甘肃省农牧厅	2005	
兰州市供销合作社联合社	二〇〇五年度综合业绩考核先进单位	甘肃省供销合作社	2006.01	
兰州技术市场管理办公室	2005年度甘肃省技术市场管理先进单位	甘肃省科学技术厅	2006.03	
兰州市环境保护局	全省环境保护先进集体	甘肃省人事厅 甘肃省环境保护局	2006.09	
兰州文化稽查队	2005年“全省文化市场管理工作先进集体	甘肃省文化厅	2006.12	
兰州市劳动人事争议仲裁办公室(仲裁院)	2004至2005年度全省劳动争议先进仲裁委员会	甘肃省劳动和社会保障厅	2006	
兰州市林业局	甘肃省森林资源林政管理先进单位	甘肃省林业厅	2006	
兰州市环保局	全省环境保护先进集体	省人事厅、省环保局	2006	
兰州市环保局	2004年及2005年度全省环境统计工作先进单位	省环保局	2006	
兰州市环保局	2004—2005年度全省环保系统政务信息工作先进单位	省环保局	2006	
兰州市公安消防支队西固消防大队西固中队	青年文明号	共青团甘肃省委、甘肃省政府国资委、甘肃省劳动和社会保障厅	2006	兰州市西固区合水路消防救援站
国家税务总局兰州高新技术产业开发区税务局	青年文明号	共青团甘肃省委员会、甘肃省国家税务局	2006	
民盟兰州市委员会	参政议政工作先进集体	中国民主同盟甘肃省委员会	2006	
兰州市农业机械监理所	全省农机监理系统行业建设先进单位	甘肃省农牧厅	2006	
兰州市种子管理站	甘肃省种子行业先进单位	甘肃省种子管理总站	2006	
兰州文化稽查队	2006年省“扫黄打非”工作先进集体	甘肃省“扫黄打非”工作小组	2007.02	
兰州技术市场管理办公室	2006年度技术市场经营工作先进单位	甘肃省科学技术厅	2007.05	

获奖单位	荣获称号	颁奖单位	颁奖时间	备注
兰州市环境保护局环境信息中心	甘肃省环境科技奖三等奖	甘肃省环境科技奖评审委员会	2007.09	
兰州市退耕还林领导小组办公室	甘肃省退耕还林工程建设先进单位	甘肃省林业厅	2007	
甘肃广播电视大学	甘肃省高等学校思想政治工作先进集体	中共甘肃省高等学校工作委员会	2007	
兰州市教育局	关于公布全省"推普五优"评选活动获奖名单的通知(专题片一等奖)	甘肃省语言工作委员会、甘肃省教育厅	2007	
兰州市教育局	第三批全省绿色学校创建活动先进单位	甘肃省环保局、甘肃省教育厅	2007	
兰州市教育局	全省教育宣传工作先进集体	甘肃省省委宣传部、甘肃省教育厅	2007	
兰州市教育局	全省社会治安综合治理先进集体	甘肃省省人事厅、甘肃省综治委	2007	
兰州市教育局	全省离退休教育工作先进单位	甘肃省离退休协会	2007	
兰州市教育局	第二届中小学生艺术展演活动优秀组织奖	甘肃省教育厅	2007	
兰州市种子管理站	全省种子行业管理先进单位	甘肃省农牧厅	2007	
兰州市农业机械化技术推广站	全省保护性耕作技术推广工作先进单位	甘肃省农业机械管理局	2007	
兰州铁路局定西工务段	甘肃省五一劳动奖状	甘肃省总工会	2007	
兰州铁路局兰州西机务段运用车间西线西区第二指导组	甘肃省五一劳动奖状	甘肃省总工会	2007	
兰州戏曲剧院	甘肃省千台大戏送农村战役先进集体	中共甘肃省委宣传部、甘肃省文化厅	2008.01	
兰州市审计局	"五五"普法中期先进单位	中共甘肃省委宣传部 甘肃省司法厅 甘肃省依法治省办公室	2008.11	
兰州市审计局	2007年度优秀审计项目	甘肃省审计厅	2008.01	
兰州市审计局	纪念改革开放30周年暨审计机关成立25周年文艺汇三等奖——兰州市审计局相声《二人世界》	甘肃省审计厅	2008.04	
兰州市城市建设设计院	2007年甘肃省投入产出调查先进集体	省投入产出调查工作领导小组	2008.11	
兰州市城市建设设计院	省优秀勘察设计企业(院)	甘肃省勘察设计协会	2008.11	
兰州高新区管委会	甘肃省火炬计划实施20周年先进集体	甘肃省科技厅	2008.12	
兰州市社科院	《兰州学刊》获甘肃省优秀期刊	甘肃省新闻出版局	2008.12	
兰州市城乡建设局	抗震救灾先进集体	甘肃省建设厅	2008.12	
兰州市城市建设设计院	抗震救灾先进集体	甘肃省建设厅	2008.12	
兰州市公安消防支队特勤大队一中队	2008年度青年文明号	甘肃省公安厅、共青团甘肃省委	2008.12	兰州市消防救援支队特勤大队一站

获奖单位	荣获称号	颁奖单位	颁奖时间	备注
兰州铁路局兰州车站客运乙班	甘肃省“工人先锋号”	甘肃省总工会	2008	
甘肃省广播电视中等专业学校	甘肃省中等职业学校第四届学生技能大赛团体优秀奖	甘肃省教育厅、甘肃省劳动与社会保障厅	2008	
中国民主建国会兰州市委员会	2007年度参政议政先进集体	中国民主建国会甘肃省委员会	2008	
兰州车辆段兰州运用车间	甘肃省五一劳动奖状	甘肃省总工会	2008	
兰州市审计局	2008年度优秀审计项目	甘肃省审计厅	2009.01	
兰州市公安局强制隔离戒毒所	2006—2008年禁毒工作基层先进单位	甘肃省禁毒委员会	2009.02	
兰州技术市场管理办公室	2008年度技术市场管理工作先进单位	甘肃科学技术厅	2009.03	
兰州市工商联	甘肃省工商联系统纪念改革开放三十周年文艺汇演优秀组织奖	甘肃省工商业联合会	2009.03	
兰州市城市建设设计院	2008年度技术市场经营工作先进单位	甘肃省科学技术厅	2009.03	
民盟兰州市委员会	2007—2008年度参政议政工作先进集体	中国民主同盟甘肃省委员会	2009.04	
兰州市城市建设设计院地勘队	2008年度甘肃省青年创新创效先进集体	团省委、省政府国有资产监督管理委员会、省劳动和社会保防厅	2009.05	
兰州市公安消防支队城关区大队盐场中队	2008年度全省青年文明号	甘肃省公安厅、共青团甘肃省委	2009.05	兰州市城关区盐场消防救援站
兰州市文化馆	第四届甘肃省文化产业博览交易会文化产品金奖	中共甘肃省委宣传部	2009.06	
兰州房地产交易中心	甘肃省房地产价格调查工作先进集体	国家统计局甘肃调查总队	2009.06	
兰州市社科院	《兰州学刊》获中国北方优秀期刊	中国北方期刊奖评选委员会	2009.08	
兰州歌舞剧院	甘肃省“三八红旗集体”	甘肃省妇女联合会	2009.09	
兰州市公安消防支队高新区中队	十大标兵消防中队	中共甘肃省委宣传部、共青团甘肃省委、甘肃省公安厅、甘肃省广播电影电视局、甘肃省安全生产监督管理局、甘肃日报社	2009.11	兰州高新技术产业开发区雁南消防救援站
兰州市公安消防支队西固消防大队西固中队	十大标兵消防中队	中共甘肃省委宣传部、共青团甘肃省委、甘肃省公安厅、甘肃省广播电影电视局、甘肃省安全生产监督管理局、甘肃日报社	2009.11	兰州市西固区合水路消防救援站
中国民主建国会兰州市委员会	民建甘肃省委成立三十周年全省先进集体	中国民主建国会甘肃省委员会	2009	
兰州市环境保护局	兰州市环境监控信息化研究与应用项目获甘肃省环境科学技术奖二等奖	甘肃省环境科学学会	2009	

获奖单位	荣获称号	颁奖单位	颁奖时间	备注
兰州市种子管理站	全省农作物品种区域试验先进单位	甘肃省农牧厅	2009	
兰州铁路局武威工务段	甘肃省五一劳动奖状	甘肃省总工会	2009	
兰州铁路局兰州车务段天祝车站	甘肃省“工人先锋号”	甘肃省总工会	2009	
兰州铁路局兰州西车辆段兰西运用车间到达乙班	甘肃省“工人先锋号”	甘肃省总工会	2009	
兰州市审计局	甘肃省审计系统2009年度目标任务完成三等奖	甘肃省审计厅	2010.01	
兰州市外国专家局	甘肃省引进国外智力先进单位	甘肃省人力资源和社会保障厅	2010.01	
兰州市审计局	2009年度优秀审计项目	甘肃省审计厅	2010.01	
兰州技术市场管理办公室	甘肃省技术市场管理工作先进单位	甘肃科学技术厅	2010.03	
兰州市审计局	二〇一〇年度市州审计工作目标管理考核先进单位	甘肃省审计厅	2010.05	
兰州市关心下一代工作委员会	全省关心下一代工作先进集体	甘肃省关心下一代工作委员会 甘肃省精神文明建设指导委员会办公室	2010.05	
兰州市七里河区第一次全国污染源普查工作领导小组办公室	甘肃省第一次全国污染源普查工作先进集体	甘肃省第一次全国污染源普查工作领导小组办公室、省环境保护厅、省统计局、省农牧厅	2010.05	
兰州市审计局	“甘审杯”审计法律法规知识竞赛组织奖	甘肃省审计厅	2010.06	
兰州市第二次全国经济普查领导小组	甘肃省第二次全国经济普查先进集体	甘肃省人民政府第二次全国经济普查领导小组	2010.09	
兰州房地产交易中心	全省集中清理执行积案活动先进集体	甘肃省委政法委、甘肃省高级法院	2010.09	
兰州交响乐团	首届西北音乐节组委会颁发的“首届中国西北音乐节长安音乐会”演奏金奖	中共陕西、甘肃、宁夏、青海、新疆党委宣传部；陕西、甘肃、宁夏、青海、新疆文学联合会	2010.10	
兰州市社会保险事业管理局	2009年度全省社会保险会计报表工作 一等奖	甘肃省社会保险事业管理中心	2010.11	
兰州市社会保险事业管理局	2009年度全省养老保险统计报表工作 一等奖	甘肃省社会保险事业管理中心	2010.11	
兰州市环境监察局	甘肃省环境监察暨环境应急业务知识大比武市州代表队团体三等奖	甘肃省环境保护厅	2010.11	
兰州市环境监测站	2009年度全省环境监测业务信息工作先进单位	甘肃省环境保护厅	2010.11	
兰州市审计局	甘肃省审计学会优秀绩效审计论文	甘肃省审计学会	2010.12	
兰州市委党史办公室	《中国共产党兰州历史》(上卷)获党的十七大以来全省党史优秀成果奖编著类特别奖	中共甘肃省委史研究室　　甘肃省中共党史学会	2010.12	

获奖单位	荣获称号	颁奖单位	颁奖时间	备注
中共兰州市委党史办	《河汇百流 九曲不回--兰州改革开放30年研究文集》获党的十七大以来全省党史部门党史优秀成果奖编著类一等奖	中共甘肃省委史研究室 甘肃省中共党史学会	2010.12	
兰州市环境保护局	2009年度全省环境统计工作先进单位	甘肃省环境保护厅	2010.12	
兰州市城市建设设计院	全省建设系统舟曲抢险救灾和灾后重建先进集体	甘肃省住建厅	2010.12	
兰州市公安消防支队	全省公安机关舟曲抢险救灾先进集体	甘肃省公安厅	2010.12	兰州市消防救援支队
兰州市劳动人事争议仲裁办公室(仲裁院)	2008至2009年度全省劳动争议先进仲裁委员会	甘肃省劳动和社会保障厅	2010	
农工党兰州市委员会	庆祝中国农工民主党成立80周年先进集体	农工党甘肃省委员会	2010	
兰州供电公司	2010年度全省工业经济运行工作先进单位	甘肃省工业和信息化委员会	2010	
兰州市环保局	全省环保系统政务信息工作先进单位	省环境保护厅	2010	
兰州市环境监察局	全省污染源普查动态更新调查工作先进单位	省环境保护厅	2010	
兰州市渔业技术推广中心	甘肃渔业技术推广先进单位	甘肃省农牧厅	2010	
兰州市农业经营管理指导站	全省农经统计工作先进集体	甘肃省农牧厅	2010	
兰州市农业经营管理指导站	全省村级财务管理规范化工作先进集体	甘肃省农牧厅	2010	
兰州市审计局	二〇一〇年度全省审计工作考核目标任务完成奖	甘肃省审计厅	2011.01	
兰州市环境保护局	2010年度全省环保系统政务信息工作先进单位	甘肃省环境保护厅	2011.01	
兰州市环境监测站	2010年度全省环境监测业务信息工作先进单位	甘肃省环境监测站	2011.01	
兰州市文化市场行政执法支队	2010年全省"扫黄打非"先进集体	甘肃省"扫黄打非"工作小组	2011.03	
兰州市环境监察局	甘肃省环境监察工作先进集体	甘肃省环境保护厅	2011.03	
兰州市审计局	甘肃省学法用法示范机关	中共甘肃省委组织部 中共甘肃省委宣传部 中共甘肃省直属机关工委 甘肃省司法厅 甘肃省依法治省工作领导小组办公室	2011.04	
甘肃中石油昆仑燃气有限公司	甘肃省五一劳动奖状	甘肃省总工会	2011.04	
兰州市文化市场行政执法支队	全省社会治安综合治理先进集体	甘肃省社会治安综合治理委员会、甘肃省人力资源与社会保障厅	2011.05	

获奖单位	荣获称号	颁奖单位	颁奖时间	备注
兰州市公安局七里河分局七里河区拘留所	推行拘留所管理教育新模式先进单位	甘肃省公安厅	2011.09	
兰州市防治重大动物疫病指挥部(兽医局)	全省动物防疫目标管理责任制考核先进单位	甘肃省防治重大动物疫病指挥部	2011.09	
兰州市城乡建设局	全国住房城乡建设系统“五五”普法工作先进单位	住建部	2011.11	
兰州市老年人体育协会	先进单位	甘肃省体育局	2011.12	
兰州市体育总会	先进单位	甘肃省体育局	2011.12	
兰州市体育局	先进事迹	甘肃省体育局	2011.12	
兰州市公安消防支队城关区大队广场中队	2011年度全省青年文明号	甘肃省公安厅、共青团甘肃省委	2011	兰州市城关区广场消防救援站
甘肃广播电视大学	甘肃省“十一五”教育信息化工作先进集体	甘肃省教育厅	2011	
兰州市环境监察局	2010年度全省污染源普查动态更新调查工作先进单位	甘肃省环境保护厅	2011	
兰州市农业委员会	2008—2010全省农情信息工作先进单位	甘肃省农牧厅	2011	
兰州市农业委员会	2011年甘肃农牧渔业丰收奖二等奖	甘肃省农牧厅	2011	
兰州市农业生态环境保护站	全省农业生态环境保护工作先进集体	甘肃省农牧厅	2011	此单位已撤销
兰州市农业机械监理所	2010年度全省农机监理工作先进单位	甘肃省农机监理站	2011	
兰州市农产品质量监督管理中心	全省农业生态环境保护工作先进集体	甘肃省农牧厅	2011	
兰州市农产品质量监督管理中心	全省农业系统农资打假工作先进单位	甘肃省农牧厅	2011	
兰州市农业经营管理指导站	全省农村集体资金资产资源管理工作先进集体	甘肃省农牧厅	2011	
兰州铁路局兰州供电段岌岭接触网工区	甘肃省“工人先锋号”	甘肃省总工会	2011	
兰州铁路局甘肃华澳铁路综合工程有限公司陇海线K1733项目部	甘肃省“工人先锋号”	甘肃省总工会	2011	
兰州铁路局兰州客运段	甘肃省五一劳动奖状	甘肃省总工会	2011	
兰州市审计局	二〇一一年度全省审计工作目标考核二等奖	甘肃省审计厅	2012.01	
兰州市社会保险事业管理局	2011年度全省社会保险基金财务工作 先进单位	甘肃省社会保险事业管理局	2012.01	
兰州市林业局	全省棚户区改造先进单位	甘肃省林业厅	2012.02	

获奖单位	荣获称号	颁奖单位	颁奖时间	备注
兰州市林业局	全省集体林权制度改革工作先进单位	甘肃省林业厅	2012.02	
兰州市林业局	全省林业工作先进单位	甘肃省林业厅	2012.02	
兰州市森林病虫害防治检疫站	“十一五”林业有害生物防治工作先进单位	甘肃省林业厅	2012.02	
兰州市公安局警务保障处	全省公安机关装备财务工作先进集体	甘肃省公安厅	2012.02	
兰州市公安局警务保障处	全省公安机关公用经费本级保障成绩突出单位	甘肃省公安厅	2012.02	
兰州市文化市场行政执法支队	文化市场综合执法特等奖	甘肃省“扫黄打非”工作小组	2012.02	
兰州市农业广播电视学校	全省农村能源建设先进集体	甘肃省农牧厅	2012.03	
兰州技术市场管理办公室	2011年度甘肃省技术市场工作先进管理单位	甘肃省科学技术厅	2012.03	
兰州市公安消防支队安宁区大队	甘肃省“清剿火患”战役排查整治工作成绩突出公安消防大队	甘肃省公安厅	2012.04	兰州市安宁区消防救援大队
兰州市文化市场行政执法支队	全省文化体制改革工作先进单位	甘肃省委宣传部、甘肃省文化厅、甘肃省广播电影电视局、 甘肃省新闻出版局	2012.06	
兰州市城市建设设计院	2012年全省职工职业技能大赛“工程测量”省级决赛优秀组织奖	甘肃省测绘局	2012.06	
兰州市工商联	光彩事业组织奖	甘肃省光彩事业促进会	2012.07	
兰州市体育局	先进单位	甘肃省体育局	2012.09	
兰州市公安局城关分局	全省流动人口服务于管理工作先进集体	甘肃省公安厅	2012.10	
兰州市公安局七里河分局户政室	全省流动人口服务于管理工作先进集体	甘肃省公安厅	2012.10	
兰州市公安局西固分局	全省流动人口服务于管理工作先进集体	甘肃省公安厅	2012.10	
兰州市公安局红古分局海石湾派出所	全省流动人口服务于管理工作先进集体	甘肃省公安厅	2012.10	
兰州市文研中心	作品《约会》在甘肃省首届“百姓戏剧小品艺术节”中获三等奖	中共甘肃省委宣传部、甘肃省文化厅、甘肃省文学艺术界联合会	2012.10	
兰州市文研中心	作品《隆隆的鼓声》获2016年甘肃省微电影网络剧大赛三等奖	甘肃省新闻出版广电局	2012.10	
兰州市全民健身指导中心	甘肃省卫生单位	甘肃省爱国卫生运动委员会	2012.11	
兰州市环境监察局	甘肃2012年环境监察业务大比武获得团体三等奖	甘肃省环境保护厅	2012.11	
兰州市社会保险事业管理局	社会保险业务档案管理优秀单位	甘肃省人力资源和社会保障厅 甘肃省档案局	2012.12	

获奖单位	荣获称号	颁奖单位	颁奖时间	备注
兰州市劳动人事争议仲裁办公室（仲裁院）	全省劳动人事争议仲裁实体化建设示范点	甘肃省人力资源和社会保障厅	2012	
国网兰州供电公司	2010—2011年度甘肃省纳税信用等级评定A级单位	甘肃省国家税务局、甘肃省地方税务局	2012	
兰州市教育局	全省实施妇女儿童发展规划先进集体	甘肃省人民政府妇女儿童工作委员会	2012	
兰州市教育局	全国第四届中小学生艺术展演暨甘肃省中小学生艺术展演活动优秀组织奖	甘肃省教育厅	2012	
兰州市环保局	全省环保系统政务信息工作评为先进单位	省环境保护厅	2012	
兰州市环境保护局	全省核与辐射安全暨监管评为工作先进单位	省环境保护厅	2012	
兰州市公安消防支队西固消防大队西固中队	2011—2012年度全省优秀公安基层单位	甘肃省公安厅	2012	兰州市西固区合水路消防救援站
兰州市工商行政管理局兰州高新技术产业开发区分局	甘肃省青年文明号	共青团甘肃省委、甘肃省国资委、甘肃省人力资源和社会保障厅	2012	
兰州市渔业技术推广中心	全省渔业先进单位	甘肃省农牧厅	2012	
兰州市农产品质量监督管理中心	首届全省农产品质量安全基层检测技术人员“大比赛”团体二等奖	甘肃省农牧厅	2012	
兰州市农业经营管理指导站	全省农民专业合作社建设指导工作	甘肃省农牧厅	2012	
兰州市种子管理局	全省种子管理工作先进单位	甘肃省农牧厅	2012	
兰州市农业机械化技术推广站	全省农业机械化技术推广先进单位	甘肃省农牧厅	2012	
兰州市农业机械监理所	2011年度全省农机监理工作先进单位	甘肃省农机监理总站	2012	
兰州铁路局兰州客运段深圳车队（K132/1次列车）	甘肃省“工人先锋号”	甘肃省总工会	2012	
兰州铁路局武威南车务段北河车站	甘肃省“工人先锋号”	甘肃省总工会	2012	
兰州市审计局	二〇一二年度目标管理考核完成任务奖	甘肃省审计厅	2013.01	
武警兰州森林大队	森林资源保护管理工作先进集体	甘肃省林业厅	2013.01	
兰州市林业勘测设计队	全省林地保护利用规划编制和林地落界工作先进集体	甘肃省林业厅	2013.01	
兰州市林政稽查大队	全省林政执法先进集体	甘肃省林业厅	2013.01	
兰州市林业局	兰州地区重点区域绿化工程建设中成绩突出	甘肃省林业厅	2013.01	

获奖单位	荣获称号	颁奖单位	颁奖时间	备注
兰州市林业局	2012年度全省造林绿化工作中成绩突出	甘肃省林业厅	2013.01	
兰州市工商联	2012年全省工商联工作先进集体二等奖	甘肃省工商联	2013.01	
兰州市安监局监管四处	全省安全生产监管系统先进单位	甘肃省安监局	2013.01	兰州市应急管理局
兰州市体育局	完成目标任务奖	甘肃省体育局	2013.03	
民盟兰州市委员会	2010—2012年度组织工作先进集体	中国民主同盟甘肃省委员会	2013.03	
民盟兰州市委员会	2011—2012年度参政议政工作先进集体	中国民主同盟甘肃省委员会	2013.03	
民进兰州市委员会	学习践行社会主义核心价值体系先进集体	民进甘肃省委员会	2013.04	
兰州市社会保险事业管理局	2012年度甘肃省社会保险基金财务报表工作 三等奖	甘肃省社会保险事业管理局	2013.05	
兰州市社会保险事业管理局	2012年度甘肃省社会保险统计工作 三等奖	甘肃省社会保险事业管理局	2013.05	
兰州技术市场管理办公室	2012年度甘肃省技术市场工作先进管理单位	甘肃省科学技术厅	2013.07	
民进兰州市委员会	全省民主党派“同心·突出贡献”先进集体	中共甘肃省委统战部	2013.07	
兰州市公安局七里河分局小西湖派出所	2011-2012年度全省优秀公安基层单位	甘肃省公安厅	2013.08	
兰州市工商联	2013年全省工商联系统信息工作先进集体	甘肃省工商联	2013.12	
兰州市审计局	2013年内部审计宣传年活动先进单位	甘肃省内部审计师协会	2013.12	
兰州市林业局	林业统计先进单位	甘肃省林业厅	2013.12	
兰州市林业局	林业财务决算先进单位	甘肃省林业厅	2013.12	
兰州市文化市场行政执法支队	2013年全省“扫黄打非”先进集体。	甘肃省“扫黄打非”工作小组	2013.12	
甘肃广播电视大学	全省教师普法知识竞赛优秀组织奖	甘肃省教育厅	2013	
甘肃广播电视大学	2012年度甘肃省宣传思想文化工作创新奖	中共甘肃省委宣传部	2013	
兰州市农产品质量监督管理中心	全省农药管理工作先进单位	甘肃省农牧厅	2013	
兰州市农业机械监理所	2012年度全省农机监理工作先进单位	甘肃省农机监理总站	2013	
兰州铁路局嘉峪关货运中心绿化货运班组	甘肃省“工人先锋号”	甘肃省总工会	2013	
兰州铁路局嘉峪关机务段武南运用车间张建强指导组	甘肃省“工人先锋号”	甘肃省总工会	2013	

获奖单位	荣获称号	颁奖单位	颁奖时间	备注
兰州铁路局甘肃铁联运输服务有限公司天水分公司客票代售营业部	甘肃省“工人先锋号”	甘肃省总工会	2013	
兰州铁路局嘉峪关工务段	甘肃省五一劳动奖状	甘肃省总工会	2013	
农工党兰州市委员会	全省民主党派“同心•突出贡献”先进集体	甘肃省委统战部	2013	
农工党兰州市委员会	2012—2013年度先进集体	农工党甘肃省委员会	2013	
兰州市农产品质量监督管理中心	全省农业生态环境保护工作先进集体	甘肃省农牧厅	2013	
市妇联	全省实施“两规划”先进集体	甘肃省妇联	2013	
兰州市审计局	2013年度目标管理考核先进单位	甘肃省审计厅	2014.01	
兰州市审计局	2013年度优秀审计项目	甘肃省审计厅	2014.01	
兰州市社会保险事业管理局	2013年度甘肃省社会保险基金财务报表工作 三等奖	甘肃省社会保险事业管理局	2014.01	
兰州市社会保险事业管理局	2013年度甘肃省社会保险统计工作 三等奖	甘肃省社会保险事业管理局	2014.01	
兰州市林业局	2013年度全省造林绿化工作先进单位	甘肃省林业厅	2014.01	
兰州市环境保护局	2013年全省核与辐射安全监管先进单位	甘肃省生态环境厅	2014.03	
兰州大学	2013年度全省绿化工作模范单位	甘肃省人力资源和社会保障厅 甘肃省绿化委员会 甘肃省林业厅	2014.04	
兰州市第九中学	2013年度全省绿化工作模范单位	甘肃省人力资源和社会保障厅 甘肃省绿化委员会 甘肃省林业厅	2014.04	
兰州技术市场管理办公室	2013年度甘肃省技术市场工作先进管理单位	甘肃省科学技术厅	2014.06	
兰州市环境监察局	全省环境执法实兵演练暨环境监察业务大比武三等奖	甘肃省环境保护厅	2014.09	
兰州市供销合作社联合社	2013年全省供销合作社系统统计同工种竞赛优胜单位	甘肃省供销合作社	2014.11	
兰州市供销合作社联合社	2014年度财务分析优胜单位	甘肃省供销合作社	2014.12	
兰州市工商联	2014年度全省工商联工作先进集体二等奖	甘肃省工商业联合会	2014.12	
兰州演艺集团	第三届甘肃舞蹈“飞天奖”大赛优秀组织奖	中共甘肃省委宣传部、甘肃省文学艺术界联合会	2014.12	
兰州歌舞剧院	第三届甘肃舞蹈“飞天奖”大赛优秀组织奖	中共甘肃省委宣传部、甘肃省文学艺术界联合会	2014.12	
兰州歌舞剧院艺术分校	首届甘肃“小桃李杯”校园舞蹈比赛特授予优秀组织奖	中共甘肃省委宣传部、甘肃省文学艺术界联合会	2014.12	
兰州市防治重大动物疫病指挥部(兽医局)	全省动物防疫目标管理责任制考核先进单位	甘肃省防治重大动物疫病指挥部	2014.12	
兰州铁路局兰州供电段武威接触网工区	甘肃省“工人先锋号”	甘肃省总工会	2014	

获奖单位	荣获称号	颁奖单位	颁奖时间	备注
兰州铁路局嘉峪关机务段嘉峪关东运用车间张吉平指导组	甘肃省“工人先锋号”	甘肃省总工会	2014	
兰州铁路局兰州枢纽工程建设指挥部工程管理部	甘肃省“工人先锋号”	甘肃省总工会	2014	
兰州铁路局敦煌铁路有限责任公司工程部	甘肃省“工人先锋号”	甘肃省总工会	2014	
兰州铁路局天平铁路有限公司安全质量部	甘肃省“工人先锋号”	甘肃省总工会	2014	
兰州铁路局敦煌铁路有限责任公司	甘肃省五一劳动奖状	甘肃省总工会	2014	
兰州铁路局中川铁路有限公司	甘肃省五一劳动奖状	甘肃省总工会	2014	
兰州铁路局兰新铁路甘青有限公司	甘肃省五一劳动奖状	甘肃省总工会	2014	
甘肃中石油昆仑燃气有限公司	2013年度防雷安全工作先进单位	甘肃省防雷减灾管理局	2014	
甘肃广播电视大学	2013年度省直和中央在兰单位档案工作检查优秀单位	甘肃省档案局	2014	
兰州高新区	甘肃省博士后创新实践基地	甘肃省人力资源和社会保障厅	2014	
兰州市教育局	甘肃省维护稳定优秀调研文章三等奖	省维稳办	2014	
兰州市教育局	甘肃省“新华杯我的中国梦”主题征文大赛先进集体	甘肃省教育厅、甘肃省高校委员会	2014	
兰州市教育局	全省扶残助残先进集体	甘肃省人社厅、甘肃省残工委	2014	
兰州市教育局	甘肃省“我的梦·中国梦”青少年书信文化大赛	甘肃省教育厅、共青团甘肃省委、甘肃省少工委、甘肃省邮政公司	2014	
兰州市教育局	甘肃省节俭养德主题征文大赛优秀组织奖	中共甘肃省委宣传部、甘肃省发展和改革委员会	2014	
兰州市气象局	科技创新驱动业务发展工作优秀单位	甘肃省气象局	2014	
民盟兰州市委员会	2013年度宣传工作优秀组织单位	中国民主同盟甘肃省委员会	2014	
兰州市农业机械监理所	2013年度全省农机监理工作先进单位	甘肃省农机监理总站	2014	
兰州市审计局	2014年度优秀审计项目	甘肃省审计厅	2015.01	
兰州市审计局	2014年度目标管理考核先进单位	甘肃省审计厅	2015.02	
兰州市社会保险事业管理局	2014年度甘肃省社会保险统计工作一等奖	甘肃省人力资源和社会保障厅	2015.03	
兰州市老年艺术团	全省离退休干部先进集体	省委组织部、省委老干部局、省人力资源和社会保障厅	2015.03	
兰州技术市场管理办公室	2014年度甘肃省技术市场工作先进管理单位	甘肃省科学技术厅	2015.07	

获奖单位	荣获称号	颁奖单位	颁奖时间	备注
兰州市社科院	2014版《兰州学刊》获全国中文核心期刊	北京大学图书馆	2015.07	
兰州市出入境管理处外国人管理科	2013—2014年度全省优秀公安基层单位	甘肃省公安厅	2015.07	
兰州市公安局刑事警察支队一大队	2013—2014年度全省优秀公安基层单位	甘肃省公安厅	2015.07	
兰州市公安局城关分局刑侦直属大队	2013—2014年度全省优秀公安基层单位	甘肃省公安厅	2015.07	
兰州市公安局七里河分局小西湖派出所	2013—2014年度全省优秀公安基层单位	甘肃省公安厅	2015.07	
兰州市公安局红古分局下窑派出所	2013—2014年度全省优秀公安基层单位	甘肃省公安厅	2015.07	
兰州市公安局安宁分局缉毒大队	2013—2014年度全省优秀公安基层单位	甘肃省公安厅	2015.07	
兰州市公安消防支队城关区大队	2013—2014年度全省优秀公安基层单位	甘肃省公安厅	2015.07	兰州市城关区消防救援大队
兰州市审计局	2014年度优秀审计科研课题 三等奖:兰州市审计局课题组《我省审计监督全覆盖路径研究》	甘肃省审计厅	2015.08	
兰州市城市建设设计院测量队	甘肃省测绘地理信息局关于表彰“微视测绘”微视频大赛优秀组织奖	甘肃省测绘地理信息局办公室	2015.10	
兰州市审计局	2015年度优秀审计项目	甘肃省审计厅	2015.12	
兰州房地产交易中心	全省执行工作联动机制建设先进单位	中共甘肃省委政法委员、甘肃省高级人民法院	2015.12	
兰州市兽医局	2014—2015年度甘肃农业信息网全省信息联播工作先进集体	甘肃省农牧厅	2015.12	
兰州市委市政府督查室	全国网民留言办理先进单位	人民网	2015.12	
甘肃中石油昆仑燃气有限公司	2014年度防雷安全工作先进单位	甘肃省防雷减灾管理局	2015	
农工党兰州市委员会	双联行动精准扶贫先进集体	农工党甘肃省委会	2015	
农工党兰州市委员会	“学精神、学党章、学党史”知识竞赛优秀组织奖	农工党甘肃省委会	2015	
甘肃广播电视大学	《高原下栽种植技术》在2015年全省党员教育电视片观摩评比中被评为三等奖作品	中共甘肃省委组织部	2015	
甘肃广播电视大学	《心翼》在2015年“弘扬社会主义核心价值观 共筑中国梦”主题原创网络视听节目征集活动暨“甘肃广电网络杯”微电影网络剧大赛中被评为“二等奖”	甘肃省新闻出版广电局	2015	
兰州市教育局	全省关心下一代先进工作集体	甘肃省关心下一代工作委员会、省文明办、省人力资源和社会保障厅	2015	
兰州市教育局	三区支教先进集体	甘肃省教育厅	2015	

获奖单位	荣获称号	颁奖单位	颁奖时间	备注
兰州市气象局	一星级气象台站	甘肃省气象局	2015	
兰州市气象台	党员先锋岗	兰州市直属机关工作委员会	2015	
兰州市气象台	甘肃省重大气象服务先进集体	甘肃省气象局	2015	
民盟兰州市委员会	2013—2014年度参政议政工作先进集体	中国民主同盟甘肃省委员会	2015	
兰州市农业机械化技术推广中	全省农业机械化技术推广先进集体	甘肃省农牧厅	2015	
兰州市农业机械化技术推广中	甘肃省农牧渔业丰收奖	甘肃省农牧厅	2015	
兰州市农业机械监理所	2014年度全省农机监理工作先进单位	甘肃省农机监理总站	2015	
兰州市农产品质量监督管理中心	全省农业生态环境保护工作先进集体	甘肃省农牧厅	2015	
兰州市农业经营管理指导站	甘肃省农村经营管理先进集体	甘肃省农牧厅	2015	
兰州市种子管理局	2015年度全省农业宣传工作先进单位	甘肃省农牧厅	2015	
兰州市农业机械监理所	2014年度全省农机监理工作先进单位	甘肃省农机监理总站	2015	
市妇联	全省“两癌”贫困妇女培训工作先进集体	甘肃省妇联	2015	
兰州市审计局	2015年度目标管理考核先进单位	甘肃省审计厅	2016.01	
兰州市社会保险事业管理局	2015年度甘肃省社会保险统计工作 三等奖	甘肃省人力资源和社会保障厅	2016.01	
兰州市生态建设管理局	2015年度全省林业双增目标考核工作先进单位	甘肃省林业厅	2016.01	
兰州市工商联	2015年全省工商联工作先进集体二等奖	甘肃省工商业联合会	2016.01	
兰州市审计局	2015年度全省稳增长等政策措施落实跟踪审计先进集体	甘肃省审计厅	2016.02	
兰州演艺集团	全国卫生文化“三下乡”先进集体	中共甘肃省委宣传部、甘肃精神文明办等	2016.03	
兰州市文化市场行政执法支队	全省文化市场管理工作先进集体	甘肃省文化厅	2016.03	
中共兰州市委党史办	《红色记忆》获全省党史部门党史优秀成果著作类一等奖	中共甘肃省委党史研究室 甘肃省中共党史学会	2016.05	
兰州技术市场管理办公室	2015年度甘肃省技术市场工作先进管理单位	甘肃省科学技术厅	2016.06	
兰州新区消防支队	全省消防部队实战业务 技能比武竞赛（楼层火灾救人操）第一名	甘肃省公安消防总队	2016.07	
兰州市城建档案馆	甘肃省档案工作规范化管理省一级档案馆	甘肃省档案局	2016.11	

获奖单位	荣获称号	颁奖单位	颁奖时间	备注
兰州市公安消防支队高新区中队	2015—2016年度全省青年文明号	甘肃省公安厅、共青团甘肃省委	2016.11	兰州高新技术产业开发区雁南消防救援站
兰州新区	甘肃省首届丝绸之路(敦煌)国际文化博览会工作先进集体	中共甘肃省委办公厅、甘肃省人民政府办公厅	2016.11	
中共兰州市委宣传部	甘肃省首届丝绸之路(敦煌)国际文化博览会工作先进集体	中共省委办公厅、甘肃省人民政府办公厅	2016.11	
兰州演艺集团	甘肃省首届丝绸之路(敦煌)国际文化博览会“先进集体”	中共甘肃省委办公厅、甘肃省人民政府办公厅	2016.11	
兰州戏曲剧院	甘肃省首届丝绸之路(敦煌)国际文化博览会工作先进集体	甘肃省委办公厅 甘肃省政府办公厅	2016.11	
兰州演艺集团	甘肃省首届丝绸之路(敦煌)国际文化博览会先进集体称号	甘肃省委办公厅 甘肃省政府办公厅	2016.11	
兰州市供销合作社联合社	2015年全省供销合作社系统统计同工种竞赛优胜单位特等奖	甘肃省供销合作社	2016.12	
兰州市供销合作社联合社	2016年度财务分析优胜单位	甘肃省供销合作社	2016.12	
兰州大剧院	全国地方戏曲剧种(甘肃)普查工作先进集体	甘肃省文化厅	2016.12	
兰州市社科院	《兰州学刊》获甘肃省“十佳期刊”提名(社科类)	甘肃省新闻出版广电局	2016.12	
市妇联	全省“《现代妇女》杂志宣传推广优秀奖”	省妇联	2016	
市妇联	全省妇女工作先进单位	甘肃省妇联	2016	
市妇联	首届“陇原妹”家政服务职业技能大赛优秀组织奖	甘肃省妇联	2016	
甘肃中石油昆仑燃气有限公司	2015年度防雷安全工作先进单位	甘肃省防雷减灾管理局	2016	
兰州高新区	第二届“中国创翼”青年创业创新大赛甘肃省初赛优秀组织奖	第二届“中国创翼”青年创业创新大赛甘肃省组委会	2016	
兰州市气象台	甘肃省重大气象服务先进集体	甘肃省气象局	2016	
兰州市农业机械监理所	2015年度全省农机监理工作先进单位	甘肃省农机监理总站	2016	
兰州市农产品质量监督管理中心	首届丝绸之路(敦煌)国家文化博览会农牧系统先进集体	甘肃省农牧厅	2016	
兰州市农研中心	甘肃省耕地质量建设与管理工作先进单位	甘肃省农牧厅	2016	
兰州市农业委员会	全省农牧系统“六六”普法工作先进单位	甘肃省农牧厅	2016	
兰州市农业机械监理所	2015年度全省农机监理工作先进单位	甘肃省农机监理总站	2016	
兰州铁路局定西工务段陇西线路车间	甘肃省“工人先锋号”	甘肃省总工会	2016	

获奖单位	荣获称号	颁奖单位	颁奖时间	备注
兰州铁路局天平公司工程管理部	甘肃省"工人先锋号"	甘肃省总工会	2016	
兰州铁路局	甘肃省五一劳动奖状	甘肃省总工会	2016	
兰州市审计局	甘肃省档案工作规范化管理省特级单位	甘肃省档案局	2017.01	
兰州市社会保险事业管理局	2016年度甘肃省社会保险基金财务报表工作 三等奖	甘肃省人力资源和社会保障厅	2017.01	
兰州市社会保险事业管理局	2016年度甘肃省社会保险统计工作 一等奖	甘肃省人力资源和社会保障厅	2017.01	
兰州市委老干部局	甘肃省离退休干部正能量活动先进集体	中共甘肃省委老干部工作局	2017.01	
兰州新区现代农业投资集团有限公司	全省水利工作先进集体	甘肃省人力资源和社会保障厅、甘肃省水利厅	2017.01	
兰州新区消防支队	2016年度执勤训练工作先进中队	公安部消防局	2017.01	
中共兰州市委宣传部	2016年度甘肃省宣传思想文化工作创新提名奖	中共甘肃省委宣传部	2017.01	
兰州市公安局城关分局	2013—2016年度全省维护稳定工作先进集体	甘肃省人力资源和社会保障厅	2017.01	
兰州房地产交易中心	2016年度住房公积金业务合作优质合作伙伴	甘肃省住房资金管理中心	2017.01	
兰州市审计局企业审计处	2016年度全省重大政策落实跟踪审计先进集体	甘肃省审计厅	2017.03	
兰州歌舞剧院	2015—2016年度全省文艺志愿活动"先进集体"	甘肃省文学艺术界联合会、甘肃省文联文艺志愿服务团	2017.03	
兰州市科学技术局	第二届甘肃省科普讲解大赛优秀组织奖	中共甘肃省委宣传部 甘肃省科技厅 甘肃省科学技术协会	2017.05	
兰州市供销合作社联合社	2016年全省供销合作社信息工作先进单位	甘肃省供销合作社	2017.05	
兰州技术市场管理办公室	2016年度甘肃省技术市场工作先进管理单位	甘肃省科学技术厅	2017.07	
兰州市卫生和计划生育委员会	2011—2015年全省实施妇女儿童发展规划先进集体	甘肃省政府妇女儿童工作委员会、甘肃省人力资源和社会保障厅	2017.07	
兰州市科学技术局	第六届中国创新创业大赛(甘肃赛区)优秀组织奖	甘肃省科学技术厅 甘肃省发展和改革委员会	2017.08	
兰州市社会保险事业管理局	社保业务电子档案示范单位	甘肃省社会保险事业管理局	2017.08	
兰州市生态建设管理局	2016年度全省脱贫攻坚帮扶工作先进集体	甘肃省脱贫攻坚帮扶工作协调领导小组	2017.09	
兰州市生态建设管理局	全省退耕还林工作先进集体	甘肃省林业厅	2017.10	
兰州新区商贸物流投资集团有限公司	甘肃省物流行业协会副会长单位	甘肃省物流行业协会	2017.10	
兰州新区商贸物流投资集团有限公司	委员会主任单位	甘肃省物流行业协会	2017.10	

获奖单位	荣获称号	颁奖单位	颁奖时间	备注
兰州市环境监察局	甘肃省2017年环境执法大练兵省级决赛获集体一等奖	甘肃省环境保护厅	2017.10	
兰州市公安消防支队榆中县大队榆中中队	集体三等功	甘肃省公安厅	2017.11	榆中县兴隆消防救援站
兰州市计划生育协会	兰州市计划生育协会高校“青春健康”先进集体	甘肃省计划生育协会	2017.12	
兰州新区中川北站物流园	品牌价值百强物流园区西部物流百强企业(专线运输)	四川省现代物流协会、宁夏现代物流协会、甘肃省物流行业协会等11家物流行业协会	2017.12	
兰州市供销合作社联合社	2016年全省供销合作社系统统计同工种竞赛优胜单位特等奖	甘肃省供销合作社	2017.12	
兰州市公安局七里河分局	2017年禁毒重点整治工作先进单位	甘肃省禁毒委员会	2017.12	
兰州市公安局七里河分局	2017年缉毒破案工作突出贡献奖	甘肃省禁毒委员会	2017.12	
兰州市私营企业协会高新技术产业开发区分会	全省个体私营企业协会系统先进单位	甘肃省人力资源和社会保障厅、甘肃省工商行政管理局、甘肃省个体劳动者协会、甘肃省私营企业协会	2017.12	
甘肃中石油昆仑燃气有限公司	2016年度防雷安全工作先进单位	甘肃省防雷减灾管理局	2017	
农工党兰州市委会	2016年度参政议政工作先进集体	农工党甘肃省委员会	2017	
甘肃广播电视大学信息中心	网络安全宣传周活动先进单位	甘肃省委网信办	2017	
国网兰州供电公司	甘肃省档案工作规范化管理省特级单位	甘肃省档案局	2017	
国网兰州供电公司达朝宗劳模创新工作室	甘肃省示范性劳模创新工作室	甘肃省总工会	2017	
兰州市教育局	甘肃省青少年校园足球优秀组织奖	甘肃省教育厅	2017	
兰州市教育局	全省中等学校“校歌大汇唱”优秀组织奖	甘肃省教育厅	2017	
兰州市教育局	第十三届全国学生运动会甘肃代表团先进单位	甘肃省教育厅	2017	
兰州市环境监察局	2017年环境执法大练兵省级决赛一等奖	甘肃省生态环境厅	2017	
兰州市气象台	甘肃省重大气象服务先进集体	甘肃省气象局	2017	
兰州市渔业技术推广中心	全省水产动物病害防治员省级一类竞赛团体三等奖	甘肃省百万职工职业技能素质提升活动组委会办公室	2017	
国家税务总局兰州高新技术产业开发区税务局	营改增试点工作集体嘉奖	甘肃省国家税务局	2017	
兰州市农业机械监理所	2016年度全省农机监理工作先进单位	甘肃省农机监理总站	2017	

获奖单位	荣获称号	颁奖单位	颁奖时间	备注
兰州市农产品质量监督管理中心	第四届全省农产品质量安全检测技能竞赛活动团体二等奖	甘肃省农牧厅	2017	
兰州市种子管理局	全省农业科技推广工作先进集体	甘肃省人力资源和社会保障厅、甘肃省农牧厅	2017	
兰州市农业委员会	第四届全省农产品质量安全检测技能竞赛活动团体三等奖	甘肃省农牧厅、甘肃省总工会	2017	
兰州铁路局嘉峪关供电段嘉峪关接触网工区	甘肃省“工人先锋号”	甘肃省总工会	2017	
市妇联	全省“新媒体建设先进单位”	省妇联	2017	
兰州市社会保险事业管理局	2017年度甘肃省社会保险基金财务报表工作 一等奖	甘肃省人力资源和社会保障厅	2018.01	
兰州市社会保险事业管理局	2017年度甘肃省社会保险统计工作 二等奖	甘肃省人力资源和社会保障厅	2018.01	
兰州市委老干部局	全省离退休干部“畅谈十八大以来变化、展望十九大胜利召开”活动先进集体	中共甘肃省委老干部工作局	2018.01	
兰州市安全生产监察支队	全省安全生产工作先进单位	甘肃省人社厅、甘肃省安委会办公室、甘肃省安监局	2018.01	
市妇联	全省妇联新媒体建设先进单位	甘肃省妇女联合会	2018.01	
兰州市审计局	2017年度优秀审计项目	甘肃省审计厅	2018.02	
兰州市生态建设管理局	全省林权制度改革先进集体	甘肃省人社厅甘肃省林业厅	2018.02	
兰州新区消防支队	2017年度全省公安消防部队先进支队	中共甘肃省公安消防总队委员会	2018.02	
兰州市文化市场行政执法支队	2017年甘肃省“扫黄打非”先进集体	甘肃省“扫黄打非”工作小组	2018.02	
市民宗委	2017年度全省民委系统工作目标管理考核良好单位	甘肃省民族事务委员会	2018.03	
兰州市公安消防支队城关区大队	三八红旗集体	甘肃省人社厅、甘肃省妇联	2018.03	兰州市城关区消防救援大队
兰州市公安消防支队七里河区大队七里河中队	集体三等功	甘肃省公安厅	2018.03	兰州市七里河区建兰路消防救援站
民盟兰州市委员会	2017年度民盟参政议政工作模范集体	中国民主同盟甘肃省委员会	2018.04	
兰州市渔业监督检查站	全省禁渔执法工作先进单位	甘肃省渔政管理总站	2018.04	
兰州新区消防支队	先进基层党组织	中共甘肃省公安消防总队委员会	2018.06	
兰州市工商联	2017年度全省脱贫攻坚帮扶工作先进单位	甘肃省脱贫攻坚帮扶工作协调领导小组	2018.06	
兰州市供销合作社联合社	全省供销合作社系统先进集体	甘肃省人力资源和社会保障厅、甘肃省供销合作社联合社	2018.06	
兰州歌舞剧院	上海合作组织青岛峰会灯光焰火艺术表演奖项	中国共产党青岛市委员会宣传部	2018.06	

获奖单位	荣获称号	颁奖单位	颁奖时间	备注
兰州市粮食局	“一带一路”粮食安全高峰论坛暨“中国好粮油—陇上行”先进集体。	甘肃省粮食局	2018.07	
兰州市粮食局	“一带一路”粮食安全高峰论坛暨“中国好粮油—陇上行”优秀组织单位。	甘肃省粮食局	2018.07	
兰州市生态建设管理局	全省绿化模范单位	甘肃省绿化委员会甘肃省人力资源和社会保障厅甘肃省林业厅	2018.07	
兰州市绿色文化博览园管理处	全省绿化模范单位	甘肃省绿化委员会甘肃省人力资源和社会保障厅甘肃省林业厅	2018.07	
兰州技术市场管理办公室	2017年度甘肃省技术市场管理工作先进单位	甘肃省科学技术厅	2018.07	
市民宗委	(甘肃省第九届少数民族传统体育运动会)体育道德风尚奖	甘肃省第九届少数民族传统体育运动会组委会	2018.07	
兰州绿色文化博览园管理处	全省绿化模范单位	甘肃省绿化委员会、甘肃省人力资源和社会保障厅、甘肃省林业厅	2018.07	
兰州市科学技术局	第七届中国创新创业大赛(甘肃赛区)优秀组织奖	甘肃省科学技术厅 甘肃省发展和改革委员会 甘肃省工商业联合会 中国证监会甘肃监管局	2018.08	
中共兰州市委宣传部	全省“读者”杯“爱我国防,爱我中华”中小学生主题征文大赛优秀组织奖	中共甘肃省委宣传部 甘肃省教育厅 甘肃省国防教育委员会办公室 甘肃省军区政治工作局	2018.08	
兰州新区中川北站物流园	2017—2018年度西部物流百强企业	四川省现代物流协会、宁夏现代物流协会、甘肃省物流行业协会等11家物流行业协会	2018.09	
兰州市环境保护局	甘肃省测绘科学技术(科技进步)一等奖	甘肃省测绘地理信息局 甘肃省测绘地理信息学会	2018.10	
兰州演艺集团	甘肃省第三届丝绸之路(敦煌)国际文化博览会展演活动优秀组织单位	第三届丝绸之路(敦煌)国际文化博览会	2018.10	
兰州歌舞剧院	甘肃省第三届丝绸之路(敦煌)国际文化博览会展演活动优秀组织单位	第三届丝绸之路(敦煌)国际文化博览会	2018.10	
兰州交响乐团	甘肃省第三届丝绸之路(敦煌)国际文化博览会展演活动优秀组织单位	第三届丝绸之路(敦煌)国际文化博览会	2018.10	
兰州市供销合作社联合社	2017年全省供销合作社统计同工种竞赛优胜单位特等奖	甘肃省供销合作社	2018.11	
兰州市文研中心	第五届甘肃戏剧红梅奖剧目奖·编剧奖	中共甘肃省委宣传部、甘肃省文化和旅游厅、甘肃省文学艺术界联合会、甘肃省戏剧家协会	2018.11	
兰州市维权服务中心	甘肃省“妇女维权示范基地”	甘肃省妇女联合会	2018.11	
兰州市维权服务中心	甘肃省“反家暴工作示范基地”	甘肃省妇女联合会	2018.11	
民进兰州市委员会	坚持和发展中国特色社会主义学习实践活动先进集体	民进甘肃省委员会	2018.12	

获奖单位	荣获称号	颁奖单位	颁奖时间	备注
兰州新区现代农业投资集团有限公司	甘肃省农业产业化重点龙头企业	甘肃省农业产业化办公室	2018.12	
兰州新区商贸物流投资集团有限公司	甘肃省外贸新型企业	甘肃省商务厅	2018.12	
兰州新区商贸物流投资集团有限公司	甘肃省外贸骨干企业	甘肃省商务厅	2018.12	
兰州三毛实业股份有限公司	甘肃省外贸骨干企业	甘肃省商务厅	2018.12	
兰州市供销合作社联合社	2018年度全系统财务信息工作创先争优财务报表一等奖	甘肃省供销合作社联合社	2018.12	
兰州市城关区环境监察局	2018年环境执法大练兵表现突出集体	甘肃省生态环境厅	2018.12	
中共兰州市委宣传部	敦煌文博会优秀组织奖	甘肃省委宣传部	2018	
甘肃中石油昆仑燃气有限公司	2017年度防雷安全工作先进单位	甘肃省防雷减灾管理局	2018	
农工党兰州市委员会	坚持和发展中国特色社会主义学习实践活动“先进地市级组织”	农工党甘肃省委员会	2018	
农工党兰州市第二人民医院支部	坚持和发展中国特色社会主义学习实践活动“先进基层组织”	农工党甘肃省委员会	2018	
农工党兰州市委员会	2015—2017年度理论研究先进组织工作奖	农工党甘肃省委员会	2018	
甘肃广播电视大学	甘肃省文明校园	甘肃省精神文明建设指导委员会	2018	
甘肃广播电视大学职业技术学院	全省教育考试招生工作先进集体	甘肃省人力资源和社会保障厅、甘肃省教育厅	2018	
兰州市教育局	“绿茵风采足球之美”2018全省青少年校园足球摄影展优秀组织奖	甘肃教育社	2018	
兰州市环境监察局	向生态环境部推荐表现突出市级集体	甘肃省生态环境厅	2018	
兰州市气象台	甘肃省重大气象服务先进集体	甘肃省气象局	2018	
兰州市	甘肃省平安农机市	甘肃省农牧厅、甘肃省安全生产监督管理局	2018	
兰州市委农工办	2018年度全省脱贫攻坚领导小组	甘肃省脱贫攻坚领导小组	2018	
兰州市农业委员会	第五届全省农产品质量安全检测技能竞赛团体二等奖	甘肃省农牧厅、甘肃省总工会	2018	
兰州市农业机械监理所	2017年度全省农机监理工作二等奖	甘肃省农机监理总站	2018	
兰州铁路局兰州供电段榆中高铁接触网工区	甘肃省工人先锋号	甘肃省总工会	2018	
兰州铁路局兰州房建段兰州水暖车间	甘肃省工人先锋号	甘肃省总工会	2018	
兰州铁路局兰州西机务段兰州西动车运用车间	甘肃省工人先锋号	甘肃省总工会	2018	
市妇联	全省“第四届未成年人工作先进单位”	省妇联	2018	

说 明

一、本索引采用分析索引法，按标引词首字汉语拼音字母顺序排序；第一字相同，按第二字音序排序。以此类推。

二、标引词后有多个页码，则表示互见、内容所在位置。

三、本年鉴的“特载”“大事记”“法规文件”“附录”等均未作索引。

D

E

F

G

H

J

K

L

M

N

P

Q

R

S

T

W

X

Y

Z